宁夏高等学校人文社科西夏历史文化重点研究基地资助出版

北方民族大学学术文库

西夏译华严宗著作研究

聂鸿音　孙伯君 ◎著

中華書局　黄河出版传媒集团
宁夏人民出版社

北方民族大学学术文库

西夏译华严宗著作研究

聂鸿音　孙伯君 ◎著

中華書局　黄河出版传媒集团 宁夏人民出版社

图书在版编目(CIP)数据

西夏译华严宗著作研究 / 聂鸿音，孙伯君著． — 银川：宁夏人民出版社；北京：中华书局，2018.12
ISBN 978-7-227-07015-3

Ⅰ．①西… Ⅱ．①聂… ②孙… Ⅲ．①华严宗—研究 Ⅳ．① B946. 4

中国版本图书馆 CIP 数据核字（2018）第 289003 号

西夏译华严宗著作研究
XIXIA YI HUAYANZONG ZHUZUO YANJIU
聂鸿音 孙伯君 著

责任编辑 管世献
责任校对 白 雪
封面设计 沈家菡
责任印制 肖 艳

黄河出版传媒集团
宁夏人民出版社 出版发行

地 址 宁夏银川市北京东路 139 号出版大厦（750001）
网 址 http://www.yrpubm.com
网上书店 http://www.hh-book.com
电子信箱 nxrmcbs@126.com
邮购电话 0951-5052104 5052106
经 销 全国新华书店
印刷装订 宁夏凤鸣彩印广告有限公司
印刷委托书号 （宁）0012061

开 本 787 mm × 1092 mm 1/16
印 张 50.25 字 数 1180 千字
版 次 2018 年 12 月第 1 版
印 次 2018 年 12 月第 1 次印刷
书 号 ISBN 978-7-227-07015-3
定 价 480.00 元

目录

凡　例

一、以下对每件文献的解读分为“释读”“译文”“注释”三步。

二、西夏书籍仿中原格式，文中注释作小字双行。本书为排版方便，将原注一律改为大字单行，以圆括号标识。

三、解读的各部分对西夏原文一律予以标点及分段。现代通行汉文本大藏经多仅采用“。”断句，其间或有讹误。本书参照西夏文意改用新式标点，以便读者参考。为阅读方便，解读各部分于西夏译文分段处一律分段，于文字过多的段落亦偶尔酌情在中间分段，最终分段结果不强求与通行汉文本一致。

四、“释读”采用西夏录文、拟音、汉文对译和译文四行对照。西夏录文凡遇原件句中文字讹误衍脱残佚，均尽目前所知予以订补，并以脚注形式说明，其中暂无力拟补的文字标以“□”。

五、西夏文字结构复杂，因刻工或书字人疏忽而导致的鲁鱼亥豕之讹在所难免。凡遇此类失误，录文径改为正确字形，亦不出校语说明。

六、西夏字音采用李范文《夏汉字典》中所引用的龚煌城的拟音。

七、汉文对译的目的在于确定西夏译文词语与汉文原本词语的对当关系，并不强行套用通行夏汉词典释义，以求展示西夏译者的翻译思路，亦可为今后研究西夏词义积累素材。

八、汉文对译若遇西夏虚字，在汉本或通行字书中有对应词语的以对应词语标示，没有对应词语的以“△”标示。

九、西夏文本的语句大多从汉文原本直译而来，故“译文”部分主要以汉文原本为基础。汉夏两种语言之间虚字用法的差异一般不予苛求，唯当实词或文句语义差别较大时则据西夏本直译。

十、“注释”部分的目的有二：其一是提示西夏译文与汉文原本的歧异之处，由于目前尚不能确定这些歧异是来自不同的汉文原本还是来自西夏译者对原本的不同表述，故不可一概视为校勘中发现的古书异文；其二是提示不见于存世汉本的语句出处，亦即展示汉译文或汉文构拟的依据。

十一、西夏原件时有残佚。残佚若在一二句之间，“译文”则据汉本补出相应内容并标以“[ ]”。若卷首、卷尾残佚文字较多，则在“注释”中酌情提示相应汉文起讫。

十二、为了标注方便，本书索引部分把《禅源诸诠集都序》《中华传心地禅门师资承袭图》《注华严法界观门通玄记》《修华严奥旨妄尽还原观》《金狮子章云间类解》等文本分别用“1”“2”“3”“4”“5”代替，索引所收词语按照汉语拼音音序排列，所对应的西夏文的出处按照“书名—页次—行次”的顺序，如“1.55.3”表明该词汇所在位置是《禅源诸诠集都序》中的第 55 页第 3 行。

导　言

1036年，党项首领李元昊率部攻陷瓜、沙、肃三州，取代回鹘成为河西的主宰，两年后在“东尽黄河，西界玉门，南接萧关，北控大漠”的广袤地域建立了“白高大夏国”，中原史书习称“西夏”。在建国前后，西夏多次从宋朝赎买“大藏经”[①]，并由政府组织将其译为西夏文。译经活动历经景宗、毅宗、惠宗、崇宗四朝皇帝，费时53年，译出佛经凡812部，3579卷[②]。仁宗皇帝（1140—1193年在位）当政后，更是掀起了前所未有的译经和校经的高潮，他不仅下令从梵文、藏文佛经中选取密教经典译成汉文、西夏文，同时还下令校理前朝已经翻译的典籍。西夏热衷传行的佛教经典与中原根系相连，在这些佛教经典中，《华严经》占有极其重要的地位。

《华严经》的传行在唐武周时代（684—705）进入鼎盛，中原佛教的“华严宗”也于此正式创立。这时的华严经学历经百年积累，通过法顺（557—640）、智俨（602—668）、法藏（643—712）等一批义学大师的阐发，终于形成了完整的思想体系。其后从安史之乱（755—763）到唐武宗会昌（841—846）灭佛的90年间，以澄观（738—838?）和宗密（780—841）为代表的华严义学历经与密宗、禅宗的交融，创造性地把外来宗教哲学与中国传统的儒道思想相融合，对宋代以后的禅学乃至哲学均产生了深远的影响。北宋后期，“华严四大家”之一的晋水净源（1011—1088）以杭州慧因寺为基地，弘扬华严义理，曾一度把华严宗带入中兴，他本人也因此被后世尊称为“中兴教主”。

目前尚不知道华严宗传入西夏的具体时间。佛教史籍里关于这方面的记载很少，我们目前对西夏华严宗的了解基本依靠1909年科兹洛夫地理考察队在内蒙古额济纳旗黑水城遗址发掘出的西夏文献。这些文献现存俄罗斯科学院东方文献研究所，其中90%以上是佛教著作。由于西夏佛经刊布工作的滞后，西夏的佛教面貌迄今还远没有研究清晰，不过，根据克恰诺夫整理的《西夏文佛教文献目录》可以知道[③]，在西夏翻译的中土著述中，最重要的当是“华严七祖”以及唐宋时期华严禅教派宗师的经典著作。

从华严宗创立伊始，历代宗师都借助对《华严经》的诠释来阐发自己的思想观念，这些阐释亦毫无例外地在信众中广泛传行。就目前所知，现存西夏文文献中除了《华严经》之外，中土撰述中以法藏、宗密的译著为最多，概有法藏述《修华严奥旨妄尽还源观》、宗密的《中华心地传禅门师资承袭图》和《禅源诸诠集都序》，此外还有晋水净源的《金师子章云间类解》、考为宋广智大师本嵩为宗密《注华严法界

---

①罗福苌:《西夏赎经记》,《国立北平图书馆馆刊》第4卷第3号,1932年;史金波:《西夏佛教史略》,宁夏人民出版社,1988年,第59～62页。

②史金波:《西夏文〈过去庄严劫千佛名经〉发愿文译证》,《世界宗教研究》1981年第1期。

③Е. И. Кычанов, Каталог тангутских буддийских памятников, Киото: Университет Киото, 1999.

观门》所作的讲疏《注华严法界观门通玄记》，以及便于记诵的《华严法界观科文》等等[①]。这些译本说明中原华严教派尊奉的经典亦被西夏奉为圭臬。不过，正如会昌之后的华严宗发展历史那样，当时的人们主要致力于建立专弘华严教理的基地，搜集、整理散失的典籍，普及华严学基础知识，却没有进一步发展以往的华严哲学思想[②]，或者说，西夏人也仅仅是华严宗理论的传播者，而不是继往开来的创造者，他们致力于把华严宗师的作品翻译成西夏文以广流传，却没有形成阐发自身思想的新著。当然从佛教文献学的角度来看，这些西夏译本的最大价值在于为我们保存了大量经典的原始面貌。

《嘉兴大藏经》中收有一部《大方广佛华严经海印道场十重行愿常遍礼忏仪》[③]，原本刻于明崇祯十四年（1641），款题“唐兰山云岩慈恩寺护法国师一行沙门慧觉依经录”，其卷42列出了“大夏国弘扬华严诸师”，详细记述了华严宗在西夏乃至元代的传承[④]：

南无大方广佛华严经中讲经律论重译诸经正趣净戒鲜卑真义国师；
南无大方广佛华严经中传译经者救脱三藏鲁布智云国师；
南无大方广佛华严经中令观门增盛者真国妙觉寂照帝师；
南无大方广佛华严经中流传印造大疏钞者新圆真证帝师；
南无大方广佛华严经中开演疏钞久远流传卧利华严国师；
南无大方广佛华严经中传译开演自在呤咩海印国师；
南无大方广佛华严经中开演流传智辩无碍颇尊者觉国师；
南无大方广佛华严经中西域东土依大方广佛华严经十种法行劝赞随喜一切法师；
南无大方广佛华严经中兰山云岩慈恩寺流通忏法护国一行慧觉法师。

这里提到的法师中有几位可以在其他资料中得到验证：

鲜卑真义国师，可以勘同榆林窟第29窟壁画供养人榜题的“真义国师鲜卑智海”（[illegible]）[⑤]。

鲁布智云国师，可以勘同中国国家图书馆藏西夏文《现在贤劫千佛名经》卷首版画《西夏译经图》中的“鲁布智云”（[illegible]）[⑥]。

寂照帝师，可以勘同西夏文《求生净土法要门》（[illegible]）的传经者“寂照国师”（[illegible]）[⑦]。

---

①Е.И.Кычанов, Каталог тангутских буддийских памятников, стр. 453–455、465–466、614.

②魏道儒：《中国华严宗通史》，凤凰出版社，2008年，第9页。

③《大方广佛华严经海印道场十重行愿常遍礼忏仪》，全书42卷，为明末云南丽江土司木增携其子孙捐资，由常熟毛氏汲古阁雕刊。见《嘉兴大藏经》第15册，新文丰出版社影印版，1987年。

④参考白滨：《元代西夏一行慧觉法师辑汉文〈华严忏仪〉补释》，杜建录主编《西夏学》（第一辑），宁夏人民出版社，2006年；李灿、侯浩然：《西夏遗僧一行慧觉生平、著述新探》，《西夏学》（第六辑），2010年，第183～197页。

⑤王静如：《敦煌莫高窟和安西榆林窟中的西夏壁画》，《文物》1980年第9期。姓氏“鲜卑”旧译“西壁”。

⑥史金波：《〈西夏译经图〉解》，《文献》1979年第1期。

⑦孙伯君：《元代白云宗译刊西夏文文献综考》，《文献》2011年第2期。不过，西夏文《求生净土法要门》记载的寂照师承有所不同，那段文字可以译作：“师次者：西辩上人传清觉禅师（孔禅师也），清觉禅师传法慧国师（郭国师也），法慧国师传寂照国师（良卫国师）。”

一行慧觉法师，即《大方广佛华严经海印道场十重行愿常遍礼忏仪》的编录者，他生于西夏，父为显官，夏亡后出家，寺籍为贺兰山云岩慈恩寺，曾慕“扶宗弘教大师释源宗主江淮诸路都总摄鸿胪卿赠司空护法大师”龙川和尚行育之名，到白马寺修习圆教，元世祖皇帝时曾随护法大师校经于燕[①]。他还曾应永昌王之邀回凉州讲学，大兴佛教，并创寿光、觉海二寺。晚年回白马寺主持佛事，最终于皇庆二年（1313）五月甲寅卒于白马寺。《过去庄严劫千佛名经》发愿文提到他从至元七年（1270）开始着手整修西夏旧藏，校订原有旧经，翻译原来没有的经典[②]，为整理刊行《河西藏》作出了重大贡献。中国国国家图书馆收藏的元刊本《现在贤劫千佛名经》卷首还保存着他编纂的一篇《涤罪礼忏要门》（[illegible]），题署“兰山一行沙门慧觉集”（[illegible]）[③]。

西夏华严宗的传承一直延续到了元代。在檐八上师、杨琏真珈等释教上层官员的护持下，入元的西夏僧侣以白云宗为依托，曾被允许在民间组织募集资金刊定《普宁藏》和《河西藏》，补刻《碛砂藏》，这期间最重要的佛事活动就是组织印施《华严经》。山西崇善寺藏本践字函《大宗地玄文本论》卷三有一篇施经发愿文，记载了当时施印《华严经》等经典的盛况，除了印施“华严大经一千余部，经、律、论、疏钞三百余部，华严道场忏仪百余部”“金银字书写大华严、法华等经，共计百卷”，还“开建传法讲席，日逐自诵大华严经一百部”。发愿文还提到“管主八钦此胜缘，印造三十余藏，及华严大经、梁皇宝忏、华严道场忏仪各百余部，焰口施食仪轨千有余部，施于宁夏、永昌等路寺院，永远流通。”[④]其中所言《华严道场忏仪》应即一行慧觉所录《大方广佛华严经海印道场十重行愿常遍礼忏仪》的简称。这些记载也可以通过存世西夏文《华严经》的绝对数量之多来佐证。施经发愿文提及的汉文《华严经》应是《普宁藏》里的《大方广佛华严经》。据《大方广佛华严经》卷40所存“元本终识”记载[⑤]，这次刊印是至元二十六年（1289）由“宣授浙西道杭州等路白云宗僧录南山普宁寺住持传三乘教九世孙慧照大师沙门道安”发起组织的[⑥]。

有关元代西夏裔僧侣施印、抄写《华严经》的记载还有很多。中国国家图书馆收藏有一种大藏经零本《不空罥索心咒王经》，在卷中末尾存有两方牌记，一方是汉文，另一方为西夏文，记载施经人番国贺兰山佛祖院摄禅园和尚李慧月为报福恩，印制十二部大藏契经及五十四部《华严》[⑦]，这个牌记与日本守屋孝藏所搜集的泥金书《华严经》卷尾施经题记可互相补充印证[⑧]。

《普宁藏》本清觉《初学记》以及道安的注释清楚地表明，元代白云宗尊奉的本是源自宗密的华严教

---

①《故释源宗主宗密圆融大师塔铭》，见洛阳市史志编纂委员会编《洛阳市志》卷15，《白马寺·龙门石窟志》，中州古籍出版社，1996年，第99～100页。转载于崔红芬：《西夏遗僧慧觉考略》，《黑水城文献研究回顾与展望学术研讨会论文集》（上），河北师范大学历史文化学院、河北省社会科学院，2009年，第197～209页。

②史金波：《西夏文〈过去庄严劫千佛名经〉发愿文译证》，《世界宗教研究》1981年第1期。

③宁夏社会科学院：《中国国家图书馆藏西夏文献》第2册，2006，Xix3.15C。

④引自李富华、何梅：《汉文佛教大藏经研究》，宗教文化出版社，2003年，第291～292页。

⑤《大方广佛华严经》卷40，见《大正藏》卷10，第849页上栏至851页下栏。

⑥李富华、何梅：《汉文佛教大藏经研究》，第316～354页。又，俄藏黑水城文献中有一部《三代相照言文集》，署为节亲主慧照和道慧所编，题记的西夏文和译文如下：“[illegible]。”（净信发愿者节亲主慧照，净信助发愿僧道慧，新集活字者陈项金。）这里提到的“节亲主慧照”应该与“慧照大师沙门道安”为同一人。

⑦史金波：《西安市文管处藏西夏文物》，《文物》1982年第4期。

⑧李际宁：《佛经版本》，江苏古籍出版社，2002年，第142～144页。

义。据《释氏稽古略》卷 4 记载，在立宗之始，白云宗主清觉（1043—1121）被“道俗请就正济寺讲《华严经》”[①]。除了主述《华严》，清觉还主张儒释道三教圆通，并将果位分为十地三乘，所谓“参用华严之名，横榻大品之义，笼络诸经，自成一家，意在通而不局也。”[②]

到目前为止，只有索罗宁对华严禅宗在西夏的传播进行过比较系统的梳理[③]。他的研究主要是在黑水城出土西夏文献的基础上分析其中来自中原、吐蕃和契丹的思想因素，特别是指出了西夏华严禅宗与辽僧道殿之间存在或多或少的源流关系，这个结论颇为值得关注。不过，由于西夏时代翻译的华严禅宗文献为数众多，索罗宁很难凭一己之力在短时期内将其全部译出，所以我们在这里愿意提供几部西夏译中原华严宗名著的解读和考证，目的是为今后研究西夏佛教史补充资料。

除去少量残叶以外，当今存世的西夏译华严宗著作都于 1909 年出自内蒙古额济纳旗的黑水城遗址。相关的书题著录首见戈尔巴乔娃和克恰诺夫的《西夏文写本和刊本》[④]，详细描述则见克恰诺夫的《西夏文佛教文献目录》[⑤]。此外，西田龙雄在 20 世纪 70 年代也曾对部分文献做过基础的鉴定[⑥]。不过由于相关资料存量过大，对全部文献的鉴定和整理工作还远未完成，其中有不少书籍我们至今仍不能寻到相应的汉文底本并据以给出确切的解读。事实上，尽管学界在西夏语言文字领域已经有了一个多世纪的研究积累，但是我们关于西夏词汇的知识长期以来还局限在中原儒家著述和常见佛教经籍的范围之内，而对于华严禅宗文献和藏传佛教文献这些特殊领域的涉猎不过刚刚起步。现在我们设想，如果能够先行解读一些具有明确来源的禅学文献，从中总结出一批本专业特有词语的夏汉对当关系，同时摸清西夏人对这些文献的理解方式和翻译手法，那么，今后对西夏乃至宋元时代禅宗文献的解读道路或许就会由此而变得更加通畅，而中华禅宗思想在 12—14 世纪中国北方的传播和发展脉络也或许就会由此而变得更加清晰。

作为实现这一目标的探索，我们从俄罗斯科学院东方文献研究所的黑水城特藏中选取了 5 部华严禅宗著作试为解读[⑦]，解读依据的西夏原件照片是上海古籍出版社的蒋维崧、严克勤二位先生根据中俄双方合作协议于 2000 年在圣彼得堡拍摄的。这 5 部西夏文译著的汉文底本——《禅源诸诠集都序》《中华传心地禅门师资承袭图》《注华严法界观门通玄记》《修华严奥旨妄尽还源观》和《金师子章云间类解》历来被视为中国禅宗史上最著名的文献，其基本内容不会让学界感到陌生。

《禅源诸诠集都序》上下二卷[⑧]，唐圭峰山沙门宗密造，绵州刺史裴休序。原为宗密所编百卷本《禅源诸诠集》的总序，《禅源诸诠集》成书百余年后亡佚，只有这篇序言以单行本形式保存了下来。序言以

---

①《释氏稽古略》卷 4，载《大正藏》卷 49，第 886 页上栏。

②道安对《初学记》“欲得不遭欺诳，莫离十地三乘”一句的注释。《中华大藏经》第 71 册，第 30 页。

③К. Ю. Солонин, Обретение учения, Традиция Хуаянь-Чань в буддизме тангутского государства Сися, Санкт-Петербург: Издательство Санкт-Петербургского университета, 2007。

④З. И. Горбачева и Е. И. Кычанов, Тангутские рукописи и ксилографы, Москва: Издательство восточной литературы, 1963.

⑤Е. И. Кычанов, Каталог тангутских буддийских памятников, Киото: Университет Киото, 1999.

⑥西田龙雄：《西夏文华严经》第 3 卷，京都大学文学部，1977 年。

⑦这 5 部译著于近年均经过初步研究，其版本脉络已经基本清楚，所以本书的解读重点放在西夏文和汉文的对译上面。

⑧通行汉本作四卷，系后人因原书字数过多，故将原上、下二卷各自再分为一、二。

《大乘起信论》为思想基础，希望通过解说禅教合一的义理来调和当时禅门教下诸宗的禅法冲突。该书的西夏译本卷上保存完整，卷下仅存其半。译者对禅宗义理的把握相当精准，但对裴休序言中所引中原儒家典籍的理解则显不足①。

《中华传心地禅门师资承袭图》一卷，唐圭峰山沙门宗密撰。系宗密为裴休来信询问禅宗诸派义理的一封长篇复信，其中叙述了禅宗诸派的传承和主旨，并加以个人评论，评论中推崇荷泽为正宗，以其余诸宗为浅。该书正文的西夏译本保存基本完整，仅缺第13页。卷尾有大段文字为通行的《卍续藏》本所无，且与现代校点本多有不同，足资今后校勘参考。

《注华严法界观门通玄记》三卷，考为宋广智大师本嵩为宗密名著《注华严法界观门》做的讲疏，旨在进一步阐发华严初祖杜顺"三重观门"的思想。相应的汉文原本已佚，西夏译本仅存卷三，所涉内容为"周遍含容观"②，参照汉文本《华严法界观门》和相关资料可以对之作出大致的构拟，从而为禅宗思想史研究补充一份新的资料。

《修华严奥旨妄尽还源观》一卷，唐贤首国师法藏述，旨在阐发圆融法界无尽缘起的思想。西夏译本所存内容约为全书的五分之三，且译文较汉文原本稍有节略③，目前还没有确切的证据表明这些节略是出自不同的汉文底本还是出自西夏译者的自作主张。

《金师子章云间类解》一卷，宋晋水沙门净源述。系对唐贤首国师法藏所撰《华严金师子章》所做的讲疏，旨在进一步借金狮子为喻，全面讲解华严法界的核心道理。西夏译本所存内容约为全书的十分之九，且译文较汉文原本既有节略也有补充④，似乎表明当时另有汉文别本行世，在此基础上的原本构拟可供今后校勘参考。

从现有的证据看，华严禅宗在西夏似乎仅仅流传于民间，而没有像在中原那样得到过中央政府的首肯，因此我们见到的这类著作均非官方出资翻译刊行，上面也难出现附加的序言或者题记以提示译刊的缘起。在上述5种著作中，《禅源诸诠集都序》《中华传心地禅门师资承袭图》《修华严奥旨妄尽还源观》和《金师子章云间类解》汉文原本的作者已经不成问题，唯有《注华严法界观门通玄记》的作者还需略加说明。

汉文《华严法界观门》为唐代杜顺所撰，原书已佚，其内容见于法藏的《发菩提心章》、澄观的《法界玄镜》，以及宗密的《注华严法界观门》，尤以后者最为著名，这里讨论的《注华严法界观门通玄记》当属这一系统的著作。现存的佛教典籍里没有《通玄记》的汉文原本，可靠的史料记载也仅有一处，见《华严七字经题法界观三十门颂》卷首，题署"夷门山广智大师本嵩述"⑤：

> 师，本京人也。始听华严大经，深通玄奥；终历诸祖禅林，洞明宗旨。于神宗元丰六年（1083）甲子，罢参隐嵩。少间，无尽居士向师德，于元祐戊辰（1088）岁，谨率群贤，邀师入京，请讲此观。被禅教二种学徒，造《通玄记》三卷，剖文析义，映古夺今。述《七字经题

---

①聂鸿音：《〈禅源诸诠集都序〉的西夏译本》，载杜建录主编《西夏学》（第五辑），上海古籍出版社，2010年。

②聂鸿音：《西夏文〈注华严法界观门通玄记〉初探》，《民俗典籍文字研究》（第八辑），商务印书馆，2011年。

③孙伯君：《西夏文〈修华严奥旨妄尽还源观〉考释》，载杜建录主编《西夏学》（第六辑），上海古籍出版社，2010年。

④孙伯君：《黑水城出土西夏文〈金师子章云间类解〉考释》，《西夏研究》2010年第1期，第60～74页。

⑤《大正新修大藏经》第45册，第692页下栏。

并三十观门颂》，纪纲经观节要，显出禅门眼目。天觉群贤，皆展卷而时时听之，大异其辩耳。乃辄出疏帖，强请出世，住开封夷门大刹，又奏特赐广智大师佳号。后住报本禅寺而终焉。

这是听讲弟子为本嵩大师写的小传，其中提到的《通玄记》即是《注华严法界观门通玄记》，殆无疑义。据此我们知道，《通玄记》是本嵩于北宋元祐戊辰年（1088）在开封宣讲华严禅理的记录，而存世的西夏文《注华严法界观门通玄记》正是这份记录的译本。

至于这些著作的西夏译者，只有《注华严法界观门通玄记》保留了一条模糊的信息——这部著作的卷尾有一则款题，原文作“□□□□□□□□□□”，译成汉文是“妙喜寺院沙门慧海译校”。如果把“慧海”这个名字视为线索，我们似乎可以联想到西夏的僧官周慧海，他的名字见于夏仁宗时代翻译的《圣胜慧到彼岸功德宝集偈》①、《圣观自在大悲心总持功能依经录》和《胜相顶尊总持功能依经录》②，其称号是“显密法师功德司副嚷卧利沙门”，其中“功德司”是西夏主管佛教的政府机构，“嚷卧利”是西夏特有的职官品阶，大致相当于中原的五品官。现在我们如果遵从邓如萍的假定，把“慧海”勘同“周慧海”，认为他最初出家在妙喜寺，后来才进入政府担任功德司的副使，那么也许就可以把《注华严法界观门通玄记》的翻译时间定在12世纪中叶③。至于其他几种著作的翻译时间是否也在此前后，则实在不得而知。然而即便如此，我们似也不能确认这些著作的刊刻时间一定等于译成时间，事实上即使是在西夏灭亡之后，西夏文也还在原西夏境内的某些地区继续行用，这就是说，河西党项人在12世纪中叶到14世纪中叶的任何时间刊刻这些著作都是不无可能的。

这5种西夏译著的现存部分没有真正意义上的版刻标记，只是在《中华传心地禅门师资承袭图》的第24、25、30、35诸页版口下端署有捐资人姓名，分别作“□ mə̣^{1} □ dzjụ^{2} □ zjɨ^{1} □ ljụ^{2} □ bju^{1} □ njạ^{1} □ njɨ^{2}”（没藏④氏妙明黑等）、“□ mjɨ^{1} □ njijr^{1} □ ɣạ^{2} □ ·wạ^{2} □ zji^{1}”（弥泥女媚）、“□ we^{2} □ mji^{1} □ zjɨ^{1} □ ɣạ^{2} □ ·wạ^{2} □ mja^{1}”（嵬名氏岳母）和“□ lhiọw^{1} □ śjwi^{2} □□ ljɨ^{1}”（牢施三宝）⑤。从字面上看，这些人为一家人，长辈姓没藏和嵬名，携其女婿认捐了四块刻版的费用，其中“没藏氏”（□□）和“嵬名氏”（□□□）是典型的西夏姓氏，由此我们想到，现存的西夏文《中华传心地禅门师资承袭图》刻本一定是通过民间集资完成的，且部分捐资人可以肯定是党项人。

另外一个值得注意的情况是书籍的装订。我们看到，西夏译本《禅源诸诠集都序》卷下那一册是普通的蝴蝶装，而卷上那一册则是在蝴蝶装的基础上又加了线订。令人不解的是，无论是卷上还是卷下，装订后的页次都是错乱的，也就是说，除了偶然的巧合以外，原件中的纸页都没有处在正确的位置上。

---

①陈炳应：《天梯山石窟西夏文佛经译释》，《考古与文物》1983年第3期；段玉泉：《西夏文〈圣胜慧到彼岸功德宝集偈〉考论》，载杜建录主编《西夏学》（第四辑），宁夏人民出版社，2009年。

②松泽博：《敦煌出土西夏语佛典研究序说（4）》，《东洋史苑》第70、71号，龙谷大学东洋史学研究会，2008年；段玉泉：《西夏文〈胜相顶尊总持功能依经录〉再研究》，《宁夏社会科学》2008年第5期。

③邓如萍：《西夏佛典中的翻译史料》，《中华文史论丛》第95辑，2009年。应该承认，把“慧海”勘同“周慧海”时会遇到一个稍难解释的问题，即功德司副周慧海的工作是翻译藏传佛典，而妙喜寺的慧海翻译的却是汉传禅宗著作。

④西夏姓氏“没藏”，一般作“□□(mə^{1}–dzow^{1})”。

⑤党项姓名除“嵬名”外尚不能确切解读，所以这里一概采用字母转写。转写形式据李范文：《夏汉字典》，中国社会科学出版社，1997年。

通过与汉文本对读可以看出，西夏本装订的错乱似乎还有某种规律，即经常都是以三页为一组形成的。下面是卷上前九页的正确次序和原装次序的对照：

正确次序：1 2 3 4 5 6 7 8 9

原装次序：3 2 1 6 5 4 9 8 7

再看卷下现存最后八页（28–35）的正确次序和原装次序的对照：

正确次序：28 29 30 31 32 33 34 35

原装次序：16 15 14 19 18 17 21 20

西夏译本《中华传心地禅门师资承袭图》也出现了类似的叶次错乱情况。我们实在难以想象当时工匠的具体操作步骤，不过可以肯定的是，现在这个样子应该不是书籍最初的面貌，而一定是书页脱胶散落又经后人重新粘合装订的结果。另外，从事装订和负责质量检查的人员一定不认识西夏字，这两卷书在重装完成后也一定没有人读过，因为书页次序错乱到如此地步会让每一个读书人都感到不能容忍。由此我们想到，黑水城出土的这几卷书尽管刊印时间不明，但应该是个年代很晚的重装本，那次重装很可能只是寺院定期整理书库时的例行公事，而并非针对某部具体的书①。

毋庸讳言，有关这几部书的几个基本问题我们目前还无法给出圆满的解释——那需要以大量的文献阅读和史实考据作为基础，更需要西夏学和佛教史专家们共同努力来开创未来。未来虽然遥远，但毕竟值得期待。

①聂鸿音:《〈禅源诸诠集都序〉的西夏译本》,载杜建录主编《西夏学》(第五辑),上海古籍出版社,2010年。

禅源诸诠集都序

俄罗斯科学院东方文献研究所编号 инв. № 735 和 800，译自唐圭峰山沙门宗密（780—841）为其所编《禅源诸诠集》写的一个长篇序言。著录始见戈尔巴乔娃和克恰诺夫的《西夏文写本和刊本》①。原件 22 厘米×14 厘米，天头 5 厘米，地脚 2 厘米，6 行 13 字。两件刻本系出自同一套雕版的上、下卷，大约就是考虑到这一情况，克恰诺夫在 1999 年将它们合并著录为 735 号②。该书正文存 100 个蝴蝶页（克恰诺夫记作 99 页），其中 735 号为卷上，凡 80 页，保存完好，并有蓝布护封；800 号为卷下，残存 20 页，即第 16 页左半至第 35 页，内容相当于汉本的“有称理顿说，有随机渐说”至“真有不变随缘二义，妄有体空成事二义”。原书经过后人重装导致页次错乱，下面的解读对西夏本的页次进行了复原。

解读参考邱高兴校释本（中州古籍出版社，2008 年）。

释读：

1.1.1

rjur^{1}	tshjiij^{1}	śjã^{1}	ɣjow^{1}	śioo^{1}	gu^{2}	bu^{1}	·jij^{1}	phie^{2}	śji^{1}	ɣu^{1}	tja^{1}	dji^{2}
[illegible]	[illegible]	[illegible]	[illegible]	[illegible]	[illegible]	[illegible]	[illegible]	[illegible]	（[illegible]	[illegible]	[illegible]	[illegible]
诸	诠	禅	源	集	都	序	之	解	（先	前	者	字
khwej^{2}	njijr^{2}	wo^{2}	mji^{1}	dźju^{1}	twụ^{1}	bjiij^{2}	wu^{2}	kjij^{1}	lew^{2}			
[illegible]	[illegible]	[illegible]	[illegible]	[illegible]，	[illegible]	[illegible]	[illegible]	[illegible]	[illegible]。）			
大	面	义	不	明，	各	注	以	释	所。）			

禅源诸诠集都序叙(先前大字印本义有不明,逐句释之。)[1]

1.1.2

mjij^{1}	tśjiw^{1}	tshə^{1}	śiə^{1}	phej^{2}	·jɨr^{2}	ɣjɨr^{1}
[illegible]	[illegible]	[illegible]	[illegible]	[illegible]	[illegible]	[illegible]
绵	州	刺	史	裴	休	造

绵州刺史裴休造 [2]

①З.И.Горбачева и Е.И.Кычанов, Тангутские рукописи и ксилографы, Москва: Издательство восточной литературы, 1963, с. 108, 145.

②Е. И. Кычанов, Каталог тангутских буддийских памятников, Киото: Университет Киото, 1999, стр. 465–466, 610–611.

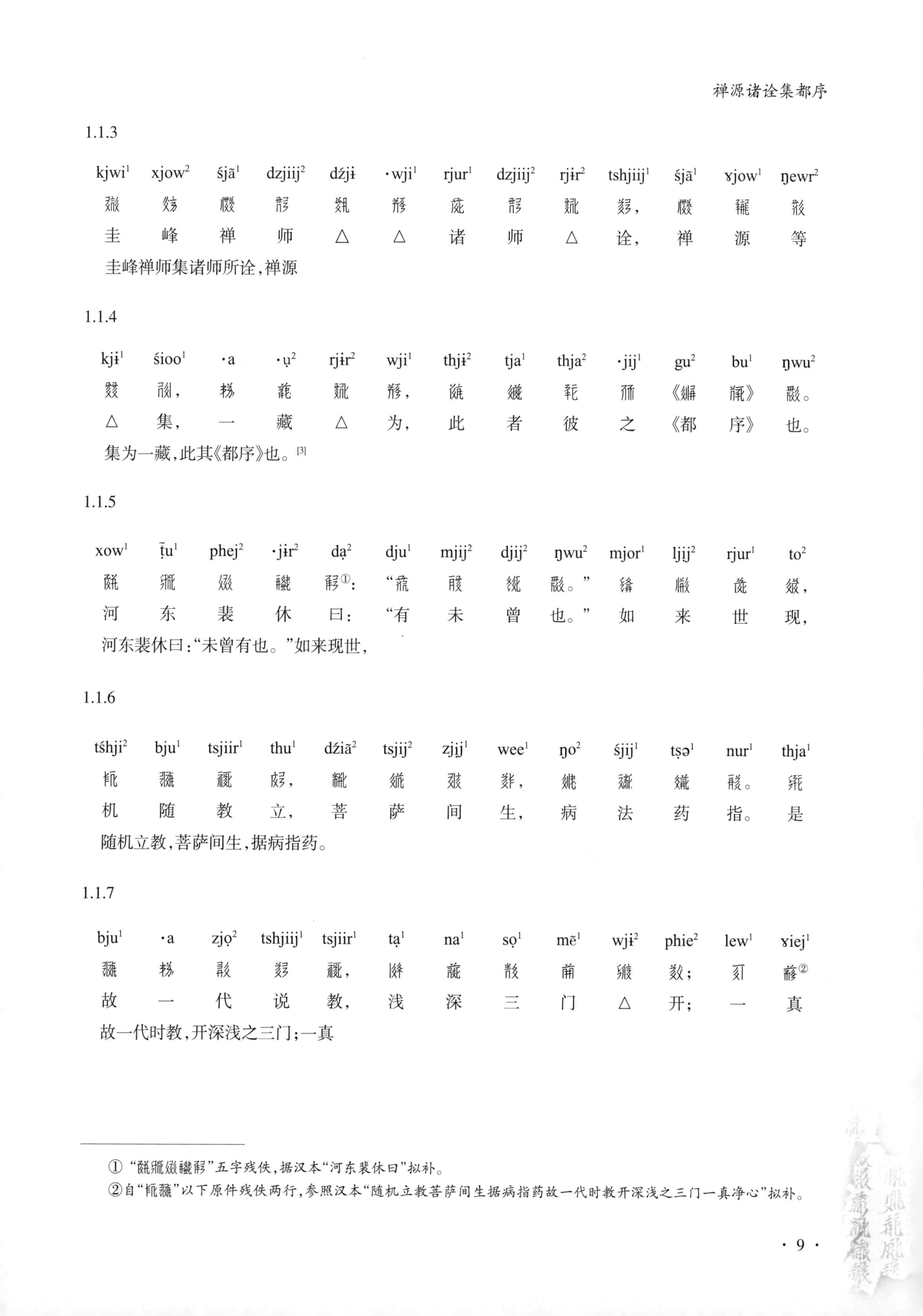

1.1.3

kjwi^{1} xjow^{2} śjā^{1} dzjiij^{2} dźjɨ ·wji^{1} rjur^{1} dzjiij^{2} rjɨr^{2} tshjiij^{1} śjā^{1} ɣjow^{1} ŋewr^{2}

[illegible]

圭 峰 禅 师 △ △ 诸 师 △ 诠， 禅 源 等

圭峰禅师集诸师所诠，禅源

1.1.4

kjɨ^{1} śioo^{1} ·a ·ụ^{2} rjɨr^{2} wji^{1} thjɨ^{2} tja^{1} thja^{2} ·jij^{1} gu^{2} bu^{1} ŋwu^{2}

[illegible]

△ 集， 一 藏 △ 为， 此 者 彼 之 《都 序》 也。

集为一藏，此其《都序》也。[3]

1.1.5

xow^{1} ţu^{1} phej^{2} ·jɨr^{2} dạ^{2} dju^{1} mjij^{2} djij^{2} ŋwu^{2} mjor^{1} ljij^{2} rjur^{1} to^{2}

[illegible]①

河 东 裴 休 曰： "有 未 曾 也。" 如 来 世 现，

河东裴休曰："未曾有也。"如来现世，

1.1.6

tśhji^{2} bju^{1} tsjiir^{1} thu^{1} dźiā^{2} tsjij^{2} zjịj^{1} wee^{1} ŋo^{2} śjij^{1} tsə^{1} nur^{1} thja^{1}

[illegible]

机 随 教 立， 菩 萨 间 生， 病 法 药 指。 是

随机立教，菩萨间生，据病指药。

1.1.7

bju^{1} ·a zjọ^{2} tshjiij^{1} tsjiir^{1} tạ^{1} na^{1} sọ^{1} mẽ^{1} wjɨ^{2} phie^{2} lew^{1} ɣiej^{1}

[illegible]②

故 一 代 说 教， 浅 深 三 门 △ 开； 一 真

故一代时教，开深浅之三门；一真

① "[illegible]"五字残佚，据汉本"河东裴休曰"拟补。

②自"[illegible]"以下原件残佚两行，参照汉本"随机立教菩萨间生据病指药故一代时教开深浅之三门一真净心"拟补。

1.1.8

sej^{1}	njiij^{1}	tsjiir^{2}	·jij^{1}	do^{2}	pha^{1}	wjɨ^{2}	kjij^{1}	tsor^{2}	we^{1}	njɨɨ^{1}	mjijr^{2}	zjɨ^{2}
[illegible]	[illegible],	[illegible]	[illegible]	[illegible]	[illegible]	[illegible]	[illegible]。	[illegible]	[illegible]	[illegible]	[illegible],	[illegible]
净	心,	性	相	差	别	△	演。	马	龙	二	士,	皆

净心,演性相之别法。马龙二士,皆

1.1.9

mjor^{1}	ljij^{2}	·jij^{1}	tsjiir^{1}	wejr^{1}	gjii^{2}	bju^{1}	ŋa^{1}	tsjiir^{2}	mər^{2}	do^{2}	njwi^{2}	sew^{2}
[illegible]	[illegible]	[illegible]	[illegible]	[illegible]	[illegible]	[illegible],	[illegible]	[illegible]	[illegible]	[illegible];	[illegible]	[illegible]
如	来	之	说	弘	愿	依,	空	性	宗	异;	能	秀

弘如来之说,而空性异宗[4];能秀

1.1.10

njɨɨ^{1}	dzjiij^{2}	zjɨ^{2}	tha^{2}	mo^{2}	·jij^{1}	njiij^{1}	deej^{1}	gjii^{2}	nioow^{1}	twụ^{2}	tśjɨɨ^{1}	twụ^{1}
[illegible]	[illegible],	[illegible]	[illegible]	[illegible]	[illegible]	[illegible]	[illegible]	[illegible]	[illegible],	[illegible]	[illegible]	[illegible]
二	师,	俱	达	磨	之	心	传	愿	因,	顿	渐	殊

二师,俱传达磨之心,而顿渐殊

1.1.11

lhjij^{2}	xow^{1}	tśhiə^{1}	nwə^{1}	ljij^{2}	twụ^{2}	nur^{1}	kiow^{2}	sji^{1}	ŋowr^{2}	ŋowr^{2}	zji^{2}	ɣiej^{1}
[illegible]。	[illegible]	[illegible]	[illegible]	[illegible]	[illegible]	[illegible],	[illegible]	[illegible]	[illegible]	[illegible]	[illegible]	[illegible];
禀。	荷	泽	知	见	直	指,	江	西	一	切	皆	真;

禀。荷泽直指知见,江西一切皆真;

1.1.12

thjɨj^{1}	thej^{1}	sọ^{1}	bioo^{1}	ɣa^{2}	gjii^{2}	gjiiw^{1}	thew^{2}	lew^{1}	tsjiir^{1}	mji^{1}	dju^{1}
[illegible]	[illegible]	[illegible]	[illegible]	[illegible]	[illegible],	[illegible]	[illegible]	[illegible]	[illegible]	[illegible]	[illegible]。
天	台	三	观	于	依,	牛	头	一	法	无	有。

天台专依三观,牛头无有一法。

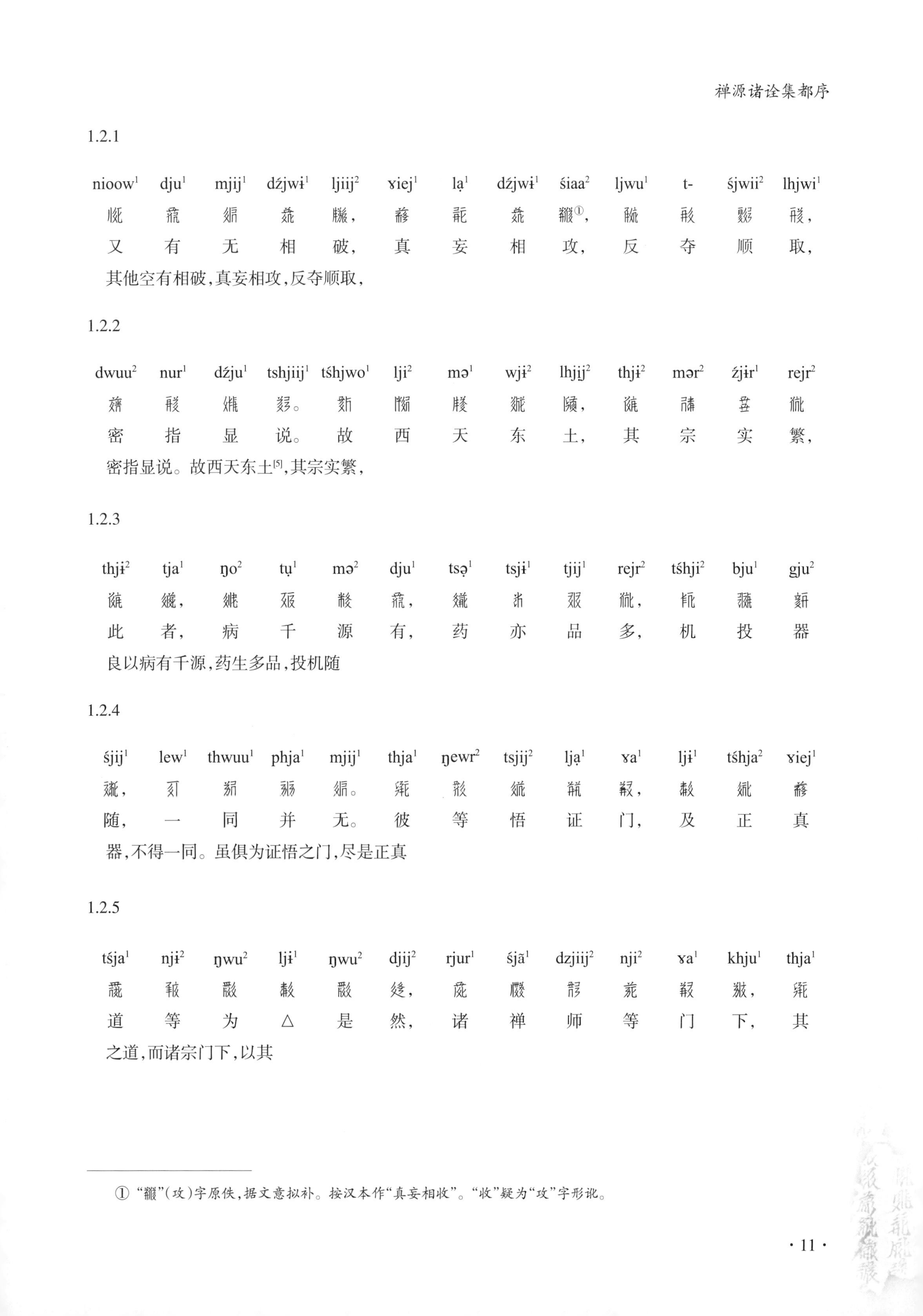

1.2.1

nioow^{1} dju^{1} mjij^{1} dźjwɨ^{1} ljiij^{2} ɣiej^{1} lạ^{1} dźjwɨ^{1} śiaa^{2} ljwu^{1} t- śjwii^{2} lhjwi^{1}

又 有 无 相 破， 真 妄 相 攻①， 反 夺 顺 取，

其他空有相破，真妄相攻，反夺顺取，

1.2.2

dwuu^{2} nur^{1} dźju^{1} tshjiij^{1} tśhjwo^{1} lji^{2} mə^{1} wjɨ^{2} lhjij^{2} thjɨ^{2} mər^{2} źjɨr^{1} rejr^{2}

密 指 显 说。 故 西 天 东 土， 其 宗 实 繁，

密指显说。故西天东土[5]，其宗实繁，

1.2.3

thjɨ^{2} tja^{1} ŋo^{2} tụ^{1} mə^{2} dju^{1} tsə̣^{1} tsjɨ^{1} tjij^{1} rejr^{2} tśhji^{2} bju^{1} gju^{2}

此 者， 病 千 源 有， 药 亦 品 多， 机 投 器

良以病有千源，药生多品，投机随

1.2.4

śjij^{1} lew^{1} thwuu^{1} phja^{1} mjij^{1} thja^{1} ŋewr^{2} tsjij^{2} lja̱^{1} ɣa^{1} ljɨ^{1} tśhja^{2} ɣiej^{1}

随， 一 同 并 无。 彼 等 悟 证 门， 及 正 真

器，不得一同。虽俱为证悟之门，尽是正真

1.2.5

tśja^{1} njɨ^{2} ŋwu^{2} ljɨ^{1} ŋwu^{2} djij^{2} rjur^{1} śjā^{1} dzjiij^{2} nji^{2} ɣa^{1} khju^{1} thja^{1}

道 等 为 △ 是 然， 诸 禅 师 等 门 下， 其

之道，而诸宗门下，以其

① “[illegible]”（攻）字原佚，据文意拟补。按汉本作“真妄相收”。“收”疑为“攻”字形讹。

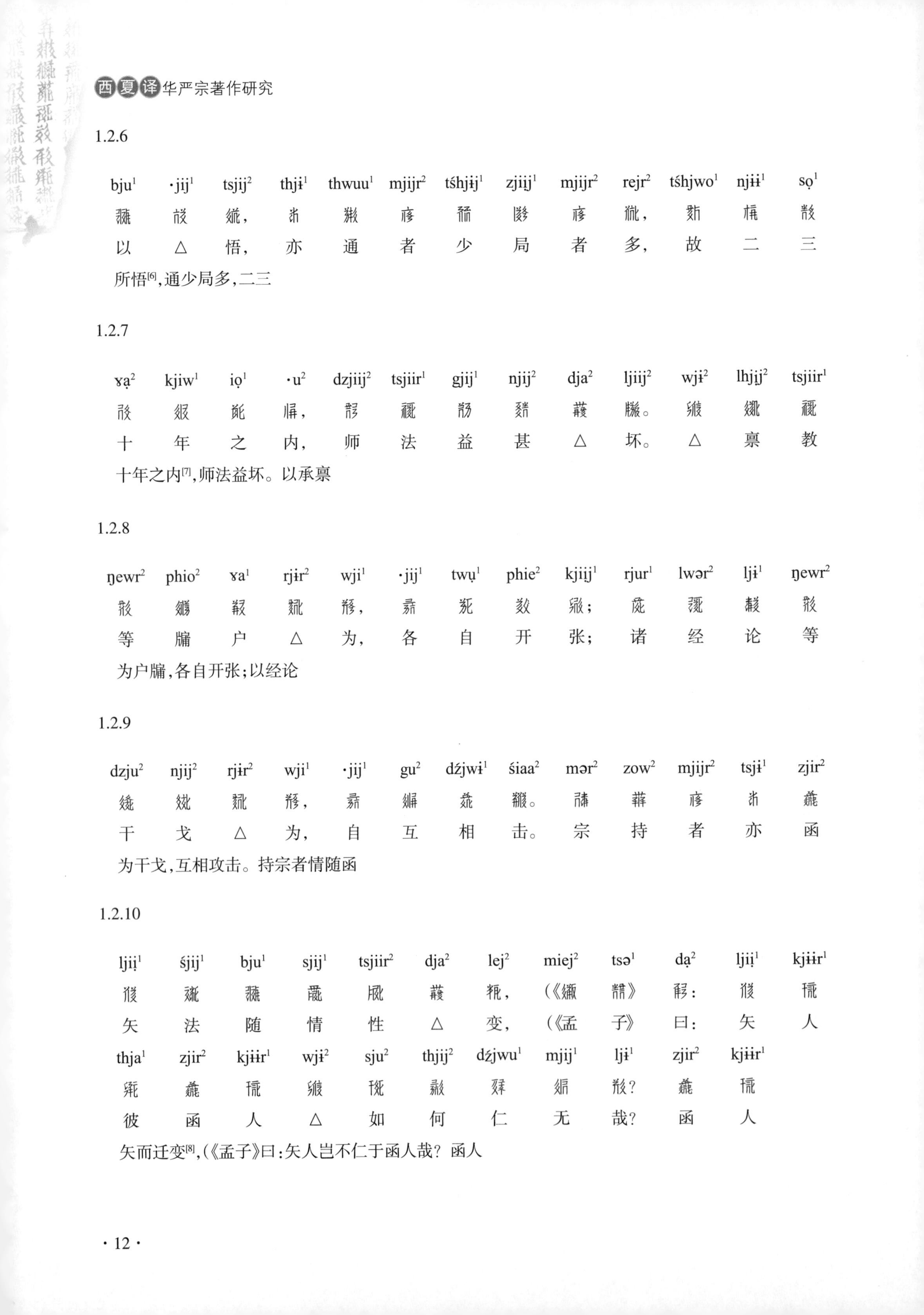

1.2.6

bju1 ·jij1 tsjij2 thjɨ1 thwuu1 mjijr2 tśhjɨj1 zjiij1 mjijr2 rejr2 tśhjwo1 njɨɨ1 sọ1

以 △ 悟， 亦 通 者 少 局 者 多， 故 二 三

所悟[6]，通少局多，二三

1.2.7

ɣạ2 kjiw1 iọ1 ·u2 dzjiij2 tsjiir1 gjij1 njij2 dja2 ljiij2 wjɨ2 lhjịj2 tsjiir1

十 年 之 内， 师 法 益 甚 △ 坏。 △ 禀 教

十年之内[7]，师法益坏。以承禀

1.2.8

ŋewr2 phio2 ɣa1 rjɨr2 wji1 ·jij1 twụ1 phie2 kjiij1 rjur1 lwər2 ljɨ1 ŋewr2

等 牖 户 △ 为， 各 自 开 张； 诸 经 论 等

为户牖，各自开张；以经论

1.2.9

dzju2 njij2 rjɨr2 wji1 ·jij1 gu2 dźjwɨ1 śiaa2 mər2 zow2 mjijr2 tsjɨ1 zjir2

干 戈 △ 为， 自 互 相 击。 宗 持 者 亦 函

为干戈，互相攻击。持宗者情随函

1.2.10

ljiị1 śjij1 bju1 sjij1 tsjiir2 dja2 lej2 miej2 tsə1 dạ2 ljiị1 kjɨɨr1

矢 法 随 情 性 △ 变， (《孟 子》 曰： 矢 人

thja1 zjir2 kjɨɨr1 wjɨ2 sju2 thjij2 dźjwu1 mjij1 ljɨ1 zjir2 kjɨɨr1

彼 函 人 △ 如 何 仁 无 哉？ 函 人

矢而迁变[8]，(《孟子》曰：矢人岂不仁于函人哉？函人

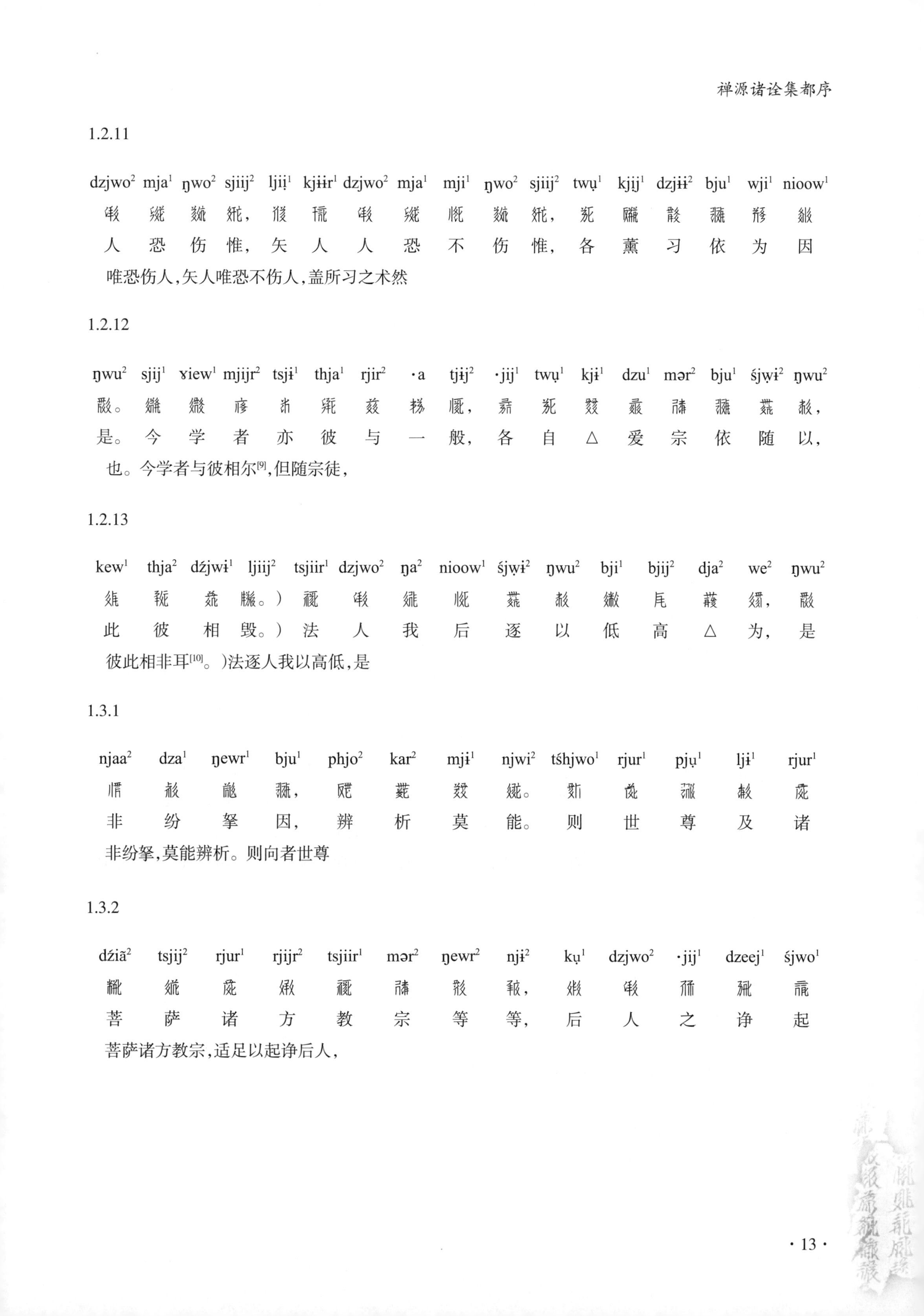

1.2.11

dzjwo^2 mja^1 ŋwo^2 sjiij^2 ljiị^1 kjɨɨr^1 dzjwo^2 mja^1 mji^1 ŋwo^2 sjiij^2 twụ^1 kjịj^1 dzjɨɨ^2 bju^1 wji^1 nioow^1

人 恐 伤 惟， 矢 人 人 恐 不 伤 惟， 各 薰 习 依 为 因

唯恐伤人，矢人唯恐不伤人，盖所习之术然

1.2.12

ŋwu^2 sjij^1 ɣiew^1 mjijr^2 tsjɨ^1 thja^1 rjir^2 ·a tjɨj^2 ·jij^1 twụ^1 kjɨ^1 dzu^1 mər^2 bju^1 śjwɨ^2 ŋwu^2

是。 今 学 者 亦 彼 与 一 般， 各 自 △ 爱 宗 依 随 以，

也。今学者与彼相尔[9]，但随宗徒，

1.2.13

kew^1 thja^2 dźjwɨ^1 ljiij^2 tsjiir^1 dzjwo^2 ŋa^2 nioow^1 śjwɨ^2 ŋwu^2 bji^1 bjij^2 dja^2 we^2 ŋwu^2

此 彼 相 毁。） 法 人 我 后 逐 以 低 高 △ 为， 是

彼此相非耳[10]。）法逐人我以高低，是

1.3.1

njaa^2 dza^1 ŋewr^1 bju^1 phjo^2 kar^2 mjɨ^1 njwi^2 tśhjwo^1 rjur^1 pjụ^1 ljɨ^1 rjur^1

非 纷 拏 因， 辨 析 莫 能。 则 世 尊 及 诸

非纷拏，莫能辨析。则向者世尊

1.3.2

dźiã^2 tsjij^2 rjur^1 rjijr^2 tsjiir^1 mər^2 ŋewr^2 nji^2 kụ^1 dzjwo^2 ·jij^1 dzeej^1 śjwo^1

菩 萨 诸 方 教 宗 等 等， 后 人 之 净 起

菩萨诸方教宗，适足以起诤后人，

1.3.3

tji̤^{2}	mər^{2}	ljɨ^{1}	źjɨ^{1}	njɨɨ^{2}	·jij^{1}	lhjɨ^{1}	gjij^{1}	dja^{2}	we^{2}	mjɨ^{1}	djij^{2}	gji̤j^{1}
[illegible]	[illegible]，	[illegible]	[illegible]	[illegible]	[illegible]	[illegible]	[illegible]	[illegible]	[illegible]	[illegible]	[illegible]，	[illegible]
可	宗，	及	烦	恼	之	增	倍	△	为	未	然，	利

增烦恼病，何利

1.3.4

ɣie^{2}	wa^{2}	dju^{1}
[illegible]	[illegible]	[illegible]?
益	何	有?

益之有哉?

译文：

禅源诸诠集都序叙（先前大字印本义有不明，逐句释之。）[1]

绵州刺史裴休造[2]

圭峰禅师集诸师所诠，禅源为一藏，此其《都序》也。[3]河东裴休曰："未曾有也。"

如来现世，随机立教，菩萨间生，据病指药。故一代时教，开深浅之三门；一真净心，演性相之别法。马龙二士，皆弘如来之说，而空性异宗[4]；能秀二师，俱传达磨之心，而顿渐殊禀。荷泽直指知见，江西一切皆真；天台专依三观，牛头无有一法。其他空有相破，真妄相攻，反夺顺取，密指显说。故西天东土[5]，其宗实繁，良以病有千源，药生多品，投机随器，不得一同。虽俱为证悟之门，尽是正真之道，而诸宗门下，以其所悟[6]，通少局多，二三十年之内[7]，师法益坏。以承禀为户牖，各自开张；以经论为干戈，互相攻击。持宗者情随函矢而迁变[8]，（《孟子》曰：矢人岂不仁于函人哉？函人唯恐伤人，矢人唯恐不伤人，盖所习之术然也。今学者与彼相尔[9]，但随宗徒，彼此相非耳[10]。）法逐人我以高低，是非纷拏，莫能辨析。则向者世尊菩萨诸方教宗，适足以起诤后人，增烦恼病，何利益之有哉？

注释：

[1]先前大字印本义有不明逐句释之，西夏本题下双行小注，不见汉文原本。按西夏本裴休叙小注与汉本有所不同，于中原典故多有删削甚至误解，且行文浅显，当经西夏译者删改。

[2]造，汉本作"述"。

[3]圭峰禅师集诸师所诠禅源为一藏此其都序也，汉本作"圭峰禅师集禅源诸诠为禅藏而都序之"。

[4]如来，汉本作"调御"，即"调御丈夫"省称，如来十号之一。

[5]西天东土，汉本作"天竺中夏"。

[6]"以其所悟"四字不见于汉本。

[7]二三十年之内，汉本作"故数十年来"。

[8]"持宗者"三字不见于汉本。

[9]“与彼相尔”四字不见于汉本。

[10]汉本以下原有“函字《唐韵》从金，函者，铠甲也。《周礼》函人为甲，即造甲之人。古字多单为之，故《孟子》亦单作”数句，旨在解释汉文“函”字形义，与西夏字形无关，故西夏本略去未译。

释读：

1.3.4

kjwi^1	xjow^2	ljij^2	dzjiij^2	·ju^2	zjir^2	djiij^2	dạ^2	mjo^2	thjɨ^2
[illegible]	[illegible]	[illegible]	[illegible]	[illegible]	[illegible]	[illegible]	[illegible]:“	[illegible]	[illegible]
圭	峰	大	师	长	久	叹	曰:“	吾	此

圭峰大师久而叹曰:“吾丁此

1.3.5

sju^2	dzjɨj^1	djụ^1	mjɨ^2	mji^2	tji^2	mjij^1	·jɨ$^?$	goor^1	no^2	mur^1
[illegible]	[illegible]	[illegible]，	[illegible]	[illegible]	[illegible]	[illegible]	[illegible]”	（[illegible]	[illegible]	[illegible]
如	时	遇，	默	然	可	无	谓。”	（孔	子	俗
·jwɨr^2	·jɨ^2	djọ^2	tja^1	tshow^1	tjɨj^2	wejr^1	phji^1	nioow^1	ŋwu^2	zji^2
[illegible]	[illegible]	[illegible]	[illegible]，	[illegible]	[illegible]	[illegible]	[illegible]	[illegible]	[illegible]，	[illegible]
文	重	修	者，	礼	乐	兴	令	为	是，	皆

时，不可以默矣。（孔子重修俗文者，为兴盛礼乐也[1]，皆

1.3.6

·jij^1	mjɨ^1	dzju^2	bju^1	rjɨr^2	wji^1	·jij^1	phji^1	njaa^2
[illegible]	[illegible]	[illegible]	[illegible]	[illegible]	[illegible]，	[illegible]	[illegible]	[illegible]
自	不	主	依	△	为，	己	意	非
sju^2	dzjiij^2	tsjɨ^1	rejr^2	dzjɨj^1	tha^1	tsjiir^1	……	
[illegible]。	[illegible]	[illegible]	[illegible]	[illegible]	[illegible]	[illegible]	……）	
如。	师	亦	久	时	佛	法	……①）	

不得已而为之，非如本意。师亦久修当宗佛法……[2]）

①以上原本双行小注残佚一行。按此处西夏译者对汉文理解错误，故本文未敢拟补佚失文字。

1.3.7

tśhjwo[1]	bju[1]	mjor[1]	ljij[2]	·jij[1]	so̩[1]	mə[2]	tsjiir[1]	wo[2]	ŋwu[2]	śjã[1]	mər[2]	·jij[1]
[illegible]	[illegible]	[illegible]	[illegible]	[illegible]	[illegible]	[illegible]	[illegible]	[illegible]	[illegible]，	[illegible]	[illegible]	[illegible]
故	由	如	来	之	三	种	教	义	以，	禅	宗	之

于是以如来三种教义，印禅宗

1.3.8

so̩[1]	mər[2]	tsjiir[1]	ɣa[1]	nja[1]	tjɨj[2]	ljɨj[2]	lhjoor[1]	dźjwa[1]	khjwɨ[1]	lwu[1]	lew[1]	kię̣[1]	we[2]
[illegible]	[illegible]	[illegible]	[illegible]	[illegible]	[illegible]。	[illegible]	[illegible]	[illegible]	[illegible]	[illegible]	[illegible]	[illegible]	[illegible]，
三	种	法	门	△	印。	瓶	盘	钗	钏	融	一	金	为，

三种法门。融瓶盘钗钏为一金，

1.3.9

njwɨ[1]	lhə	wji̩[1]	正齿音	lwu̩[1]	lew[1]	wji̩[1]	śjɨj[1]	ka̩	ŋwu[2]	zow[2]	ku[1]	la[2]
[illegible]	[illegible]	[illegible]	[illegible]	[illegible]	[illegible]	[illegible]	[illegible]	[illegible]	[illegible]	[illegible]	[illegible]	[illegible]
酥	酪	醍	醐	搅	一	味	为。	纲	领	振	而	举

搅酥酪醍醐为一味。振纲领而举

1.3.10

zjij[1]	zji[2]	bju[1]	swẽ[1]	tsə[1]	kha[1]	tshjiij[1]	dzjo̩[1]	ŋwə[1]	noo[1]	ŋwu[2]	lhwu[1]	ŋwu[2]
[illegible]	[illegible]	[illegible]	（《[illegible]	[illegible]》	[illegible]	[illegible]：	[illegible]	[illegible]	[illegible]	[illegible]	[illegible]	[illegible]
时	皆	顺	（《荀	子》	中	云：	如	五	指	以	裘	领
la[2]	zjij[1]	twu̩[1]	tśjɨj[1]	zji[2]	nej[2]	nioow[1]	śjij[1]	śjwii[2]	tsjɨ[1]	tśja[1]	·jɨ[2]	
[illegible]	[illegible]，	[illegible]	[illegible]	[illegible]	[illegible]，	[illegible]	[illegible]	[illegible]	[illegible]	[illegible]	[illegible]）。	
振	时，	直	正	皆	安，	又	顺	合	亦	谓	道[3]）。	

者皆顺（《荀子》云：如以五指振裘领，直正皆安，又顺合亦谓道[3]。）

1.3.11

tshji[1]	ljwu[2]	do[2]	ljiij[2]	lja[1]	mjijr[2]	zji[2]	thjɨ[1]	tśjiw[1]	·ji[1]	kha[1]
[illegible]	[illegible]	[illegible]	[illegible]	[illegible]	[illegible]	[illegible]	[illegible]	（《[illegible]	[illegible]》	[illegible]
要	会	于	据	来	者	同	趋	（《周	易》	中
tshjiij[1]	tjij[1]	tshji[1]	ljwu[2]	bju[1]	·a	rjijr[2]	bioo[1]	zjij[1]	tśhjiw[1]	ŋwej[2]
[illegible]：	[illegible]	[illegible]	[illegible]	[illegible]	[illegible]	[illegible]	[illegible]	[illegible]，	[illegible]	[illegible]
云：	若	要	会	据	一	方	观	时，	六	合

据会要而来者同趋（《周易》云：若据会要以观一方，则六合

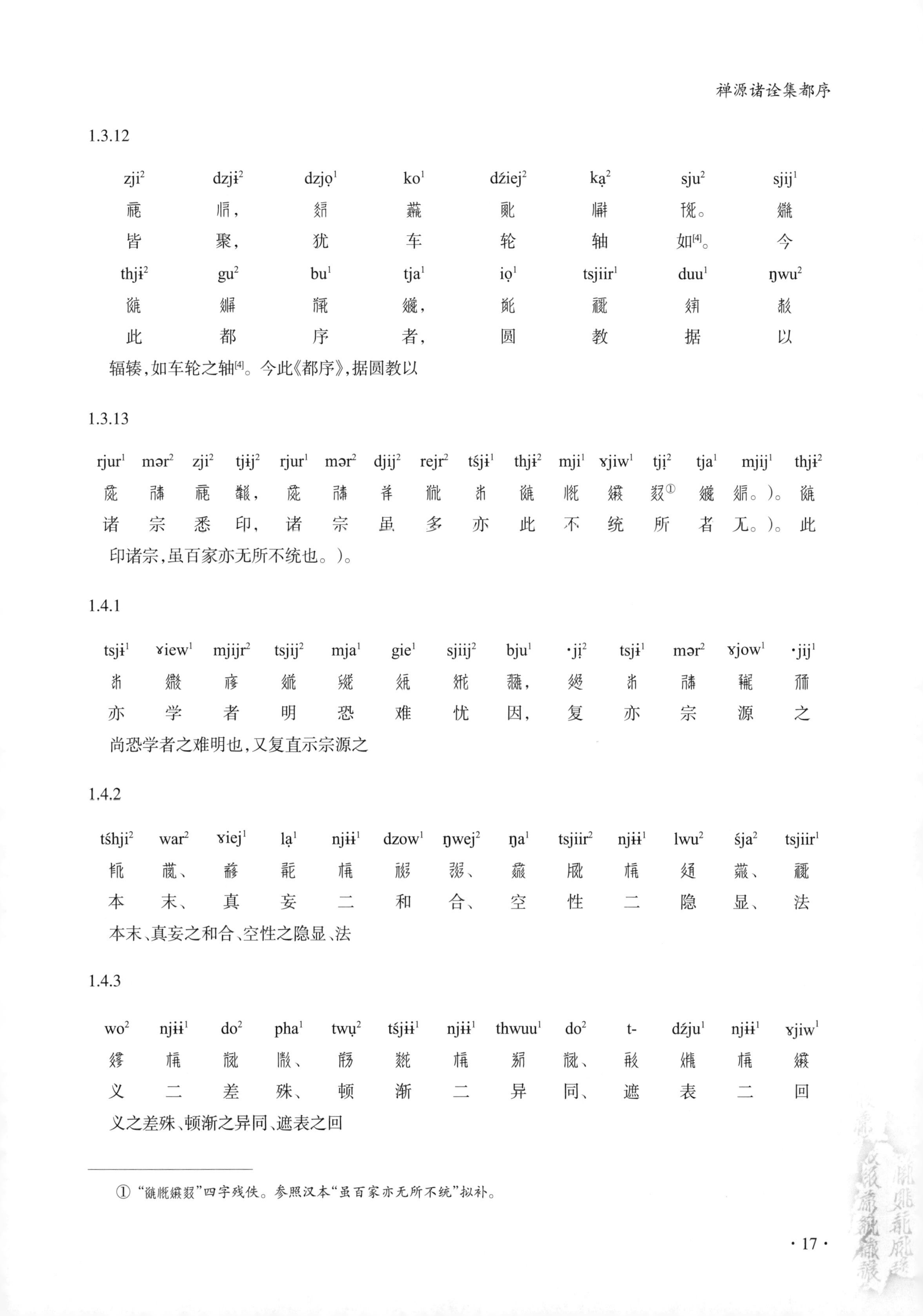

1.3.12

zji^2 dzjɨ^2 dzjọ^1 ko^1 dźiej^2 ką^2 sju^2 sjij^1

[illegible]

皆 聚， 犹 车 轮 轴 如[4]。 今

thjɨ^2 gu^2 bu^1 tja^1 iọ^1 tsjiir^1 duu^1 ŋwu^2

[illegible]

此 都 序 者， 圆 教 据 以

辐辏，如车轮之轴[4]。今此《都序》，据圆教以

1.3.13

rjur^1 mər^2 zji^2 tjɨj^2 rjur^1 mər^2 djij^2 rejr^2 tśjɨ^1 thjɨ^2 mji^1 ɣjiw^1 tjị^2 tja^1 mjij^1 thjɨ^2

[illegible]①

诸 宗 悉 印， 诸 宗 虽 多 亦 此 不 统 所 者 无。）。 此

印诸宗，虽百家亦无所不统也。）。

1.4.1

tsjɨ^1 ɣiew^1 mjijr^2 tsjij^2 mja^1 gie^1 sjiij^2 bju^1 ·jị^2 tsjɨ^1 mər^2 ɣjow^1 ·jij^1

[illegible]

亦 学 者 明 恐 难 忧 因， 复 亦 宗 源 之

尚恐学者之难明也，又复直示宗源之

1.4.2

tśhji^2 war^2 ɣiej^1 lạ^1 njɨɨ^1 dzow^1 ŋwej^2 ŋa^1 tsjiir^2 njɨɨ^1 lwu^2 śja^2 tsjiir^1

[illegible]

本 末、 真 妄 二 和 合、 空 性 二 隐 显、 法

本末、真妄之和合、空性之隐显、法

1.4.3

wo^2 njɨɨ^1 do^2 pha^1 twụ^2 tśjɨɨ^1 njɨɨ^1 thwuu^1 do^2 t- dźju^1 njɨɨ^1 ɣjiw^1

[illegible]

义 二 差 殊、 顿 渐 二 异 同、 遮 表 二 回

义之差殊、顿渐之异同、遮表之回

① "[illegible]"四字残佚。参照汉本"虽百家亦无所不统"拟补。

1.4.4

lwu^{1}	njir^{2}	źjɨr^{1}	njɨɨ^{1}	tạ^{1}	na^{1}	thwuu^{1}	zjij^{1}	njɨɨ^{1}	ŋwu^{2}	njaa^{2}	śjij^{1}	thjɨ^{2}	ŋwej^{2}
[illegible]、	[illegible]	[illegible]	[illegible]	[illegible]	[illegible]、	[illegible]	[illegible]	[illegible]	[illegible]	[illegible]	[illegible]，	[illegible]	[illegible]
互、	权	实	二	浅	深、	通	局	二	是	非	法，	此	等

互、权实之深浅、通局之是非，如此等等[5]

1.4.5

thjɨ^{2}	rjɨr^{2}	khju^{1}	tja^{1}	dźju^{1}	sjwij^{1}	tshjiij^{1}	ŋwu^{2}	dzjwo^{2}	·jij^{1}	tsjij^{2}
（[illegible]	[illegible]	[illegible]	[illegible]，	[illegible]	[illegible]	[illegible]	[illegible]	[illegible]	[illegible]	[illegible]
（此	以	下	者，	显	明	述	而	人	△	悟
kiẹj^{2}	sjij^{2}	ŋwu^{2}	nju^{1}	la^{2}	wji^{1}	ŋwu^{2}	tshjiij^{1}	wji^{1}	nju^{1}	la^{2}
[illegible]	[illegible]	[illegible]）。	[illegible]	[illegible]	[illegible]	[illegible]	[illegible]	[illegible]	（[illegible]	[illegible]
欲	智	是[6]）。	耳	提	为	而	告	为	（耳	提

（此下叙述显明而欲人悟之智也[6]）。提耳而告之（提耳

1.4.6

wji^{1}	ŋwu^{2}	tshjiij^{1}	tja^{1}	thju^{1}	thju^{1}	phji^{1}	·o^{1}	wji^{1}	□□□	pjạ^{1}
[illegible]	[illegible]	[illegible]	[illegible]，	[illegible]	[illegible]	[illegible]	[illegible]	[illegible]	□□□①），	[illegible]
为	而	告	者，	诚	谛	意	说	为	□□□），	掌
ɣa^{2}	nur^{1}	ŋwu^{2}	ljij^{2}	phji^{1}	pjạ^{1}	gu^{2}	war^{2}	ljij^{2}	□□	□□
[illegible]	[illegible]	[illegible]	[illegible]	[illegible]，	（[illegible]	[illegible]	[illegible]	[illegible]	□□	□□
于	指	而	视	令，	（掌	中	物	见	□□	□□

而告之者，意说诚谛之甚[7]），指掌而示之（见掌中物……也[8]），

1.4.7

□□	nioow^{1}	ŋwu^{2}	·o̱^{1}	喉音	ŋwu^{2}	kwə^{2}	dzu^{1}	wəə^{1}	ŋwu^{2}	śio^{1}
□□②	[illegible]	[illegible]。）	[illegible]	[illegible]	[illegible]	[illegible]，	[illegible]	[illegible]	[illegible]	[illegible]
□□	因	也。）	嚬	呻	以	吼，	爱	软	以	诱。
thjɨ^{2}	rjɨr^{2}	khju^{1}	tja^{1}	□	sjiij^{2}	gji^{2}	·jur^{1}	sju^{2}	lə	
（[illegible]	[illegible]	[illegible]	[illegible]，	□	[illegible]	[illegible]	[illegible]	[illegible]	[illegible]	
（此	以	下	者，	□	忧	子	养	如	念	

嚬呻以吼之，爱软以诱之（此下叹慈悲忧念，如养赤子也）。

---

①以上原本双行小注残佚六字。按此处西夏译者对汉文理解错误，本文据下文补“[illegible]”，余三字未敢拟补。

②以上四字残佚，二字漫漶，未敢拟补。

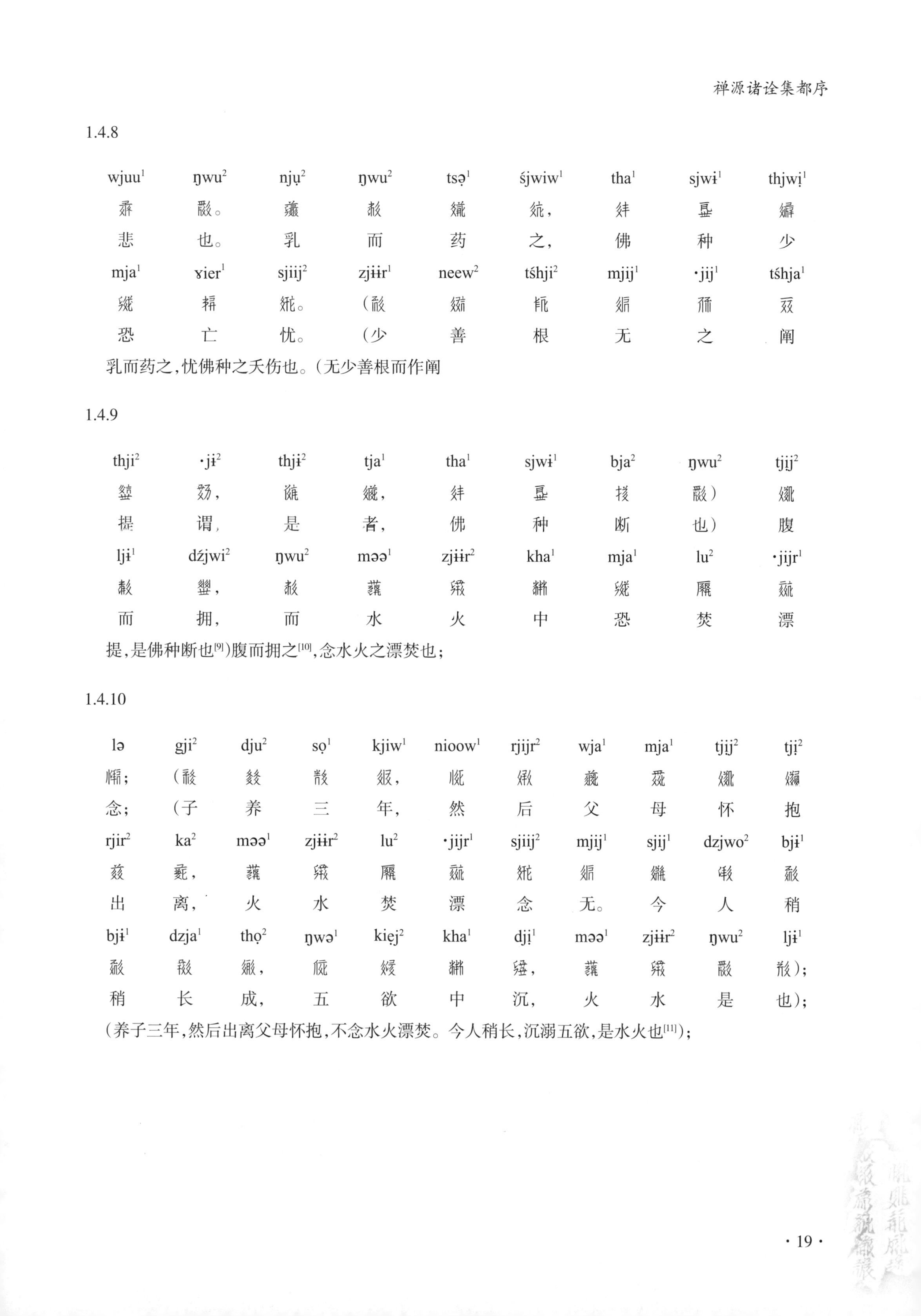

1.4.8

wjuu^{1}	ŋwu^{2}	njų^{2}	ŋwu^{2}	tsə̣^{1}	śjwiw^{1}	tha^{1}	sjwɨ^{1}	thjwị^{1}
悲	也。	乳	而	药	之，	佛	种	少
mja^{1}	ɣier^{1}	sjiij^{2}	zjɨɨr^{1}	neew^{2}	tśhji^{2}	mjij^{1}	·jij^{1}	tśhja^{1}
恐	亡	忧。	（少	善	根	无	之	阐

乳而药之，忧佛种之夭伤也。（无少善根而作阐

1.4.9

thji^{2}	·jɨ^{2}	thjɨ^{2}	tja^{1}	tha^{1}	sjwɨ^{1}	bja^{2}	ŋwu^{2}	tjij^{2}
提	谓，	是	者，	佛	种	断	也）	腹
ljɨ^{1}	dźjwi^{2}	ŋwu^{2}	məə^{1}	zjɨɨr^{2}	kha^{1}	mja^{1}	lu^{2}	·jijr^{1}
而	拥，	而	水	火	中	恐	焚	漂

提，是佛种断也[9]）腹而拥之[10]，念水火之漂焚也；

1.4.10

lə	gji^{2}	dju^{2}	sọ^{1}	kjiw^{1}	nioow^{1}	rjijr^{2}	wja^{1}	mja^{1}	tjij^{2}	tjị^{2}
念；	（子	养	三	年，	然	后	父	母	怀	抱
rjir^{2}	ka^{2}	məə^{1}	zjɨɨr^{2}	lu^{2}	·jijr^{1}	sjiij^{2}	mjij^{1}	sjij^{1}	dzjwo^{2}	bjɨ^{1}
出	离，	火	水	焚	漂	念	无。	今	人	稍
bjɨ^{1}	dzja^{1}	thọ^{2}	ŋwə^{1}	kięj^{2}	kha^{1}	djị^{1}	məə^{1}	zjɨɨr^{2}	ŋwu^{2}	ljɨ^{1}
稍	长	成，	五	欲	中	沉，	火	水	是	也）；

（养子三年，然后出离父母怀抱，不念水火漂焚。今人稍长，沉溺五欲，是水火也[11]）；

1.4.11

dow^{1}	tsəj^{1}	kha^{1}	mja^{1}	ljɨ^{1}	·jɨ^{2}	nioow^{1}	sjwi^{2}	ŋwu^{2}	dzju^{1}	dzjiij^{2}	ɣwej^{1}	dwər^{1}
[illegible]	[illegible]	[illegible]	[illegible]	[illegible]	[illegible]	[illegible]，	[illegible]	[illegible]	[illegible]	[illegible]；	[illegible]	[illegible]
邪	小	中	惧	陷	谓	故，	挈	而	教	导；	斗	争

挈而导之，惧邪小之迷陷也[12]；

1.4.12

mjijr^{2}	mja^{1}	na^{1}	sjiij^{2}	bju^{1}	du^{1}	ŋwu^{2}	tśhjow^{1}	ka^{2}
[illegible]	[illegible]	[illegible]	[illegible]	[illegible]，	[illegible]	[illegible]	[illegible]	[illegible]。
者	悲	深	忧	故，	挥	而	离	散。

挥而散之，悲斗争之牢固也。

译文：

圭峰大师久而叹曰："吾丁此时，不可以默矣。（孔子重修俗文者，为兴盛礼乐也[1]，皆不得已而为之，非如本意。师亦久修当宗佛法……[2]）"于是以如来三种教义，印禅宗三种法门。融瓶盘钗钏为一金，搅酥酪醍醐为一味。振纲领而举者皆顺（《荀子》云：如以五指振裘领，直正皆安，又顺合亦谓道[3]。）据会要而来者同趋（《周易》云：若据会要以观一方，则六合辐辏，如车轮之轴[4]。今此《都序》，据圆教以印诸宗，虽百家亦无所不统也。）尚恐学者之难明也，又复直示宗源之本末、真妄之和合、空性之隐显、法义之差殊、顿渐之异同、遮表之回互、权实之深浅、通局之是非，如此等等[5]（此下叙述显明而欲人悟之智也[6]）。提耳而告之（提耳而告之者，意说诚谛之甚[7]），指掌而示之（见掌中物……也[8]），哪呻以吼之，爱软以诱之（此下叹慈悲忧念，如养赤子也）。乳而药之，忧佛种之夭伤也。（无少善根而作阐提，是佛种断也[9]）腹而拥之[10]，念水火之漂焚也；（养子三年，然后出离父母怀抱，不念水火漂焚。今人稍长，沉溺五欲，是水火也[11]）；挈而导之，惧邪小之迷陷也[12]；挥而散之，悲斗争之牢固也。

注释：

[1]此上汉本注释原作"仲尼删《诗》《书》，正《礼》《乐》，皆不得已而为之，故述而不作，乃圣人贵道不贵迹意"，夏译者对原注理解有误。

[2]西夏本残。汉本作"道吾久修当宗佛法，今忽和会诸宗，岂欲立迹哉？不得已也。丁，当也，正当须和会之时也"。按"丁，当也"以下解释"丁"字字义，以西夏本残佚字数推算，知夏人略去未译。

[3]此上汉本注释作"《荀子》云：如振裘领，屈五指而顿之，顺者不可胜数也"。原出《荀子·劝学》"若挈裘领，诎五指而顿之，顺者不可胜数也"，夏译文不知所云。

[4]此上汉本注释作"《周易略例》云：据会要以观方来，则六合辐辏，未足多也"，夏译不切。又，汉本句首原有"趋字，平声呼之"一句，解释"趋"字字音，夏人略去未译。

[5]"如此等等"诸字不见于汉本。

[6]此下叙述显明而欲人悟之智也，汉本作“此下叹叙述显明而丁宁，欲人悟也”，则夏人似未解“丁宁”词义。下同。

[7]此上汉本注释作：“《毛诗》云：匪面命之，言提其耳。当时疾彼人不修德荒乱，言我不对面向汝说，又提耳起耳，就耳边告汝，汝终不改也。意说丁宁之甚。”夏译有删节，其中“[illegible][illegible]”（诚谛）似为“丁宁”误解。

[8]此上汉本注释作：“《论语》云：知其说者之于天下也，其如视诸斯乎？指其掌。言夫子语了，指自手掌示弟子，言见此事分明，如掌中之物易了。”引《论语·八佾》“指掌”典故，内容似为夏译所删。西夏注释残存文字意为“见掌中物……也”，似来自汉本“如掌中之物易了”。

[9]佛种断，汉本作“夭伤”。

[10]此下汉本有注释：“《毛诗》云：腹我顾我。言慈母念幼子。腹中抱我。暂起去又回头顾我，念惜之深也。”全段为夏译所删。

[11]此段汉本注释仅有“欲是水火”四字。

[12]此段汉本注释“既有善根，又离五欲，复恐不入于大乘也”已为夏译所删。

释读：

1.4.12

ljij^{2}	swew^{1}	djij^{2}	ŋwu^{2}
[illegible]	[illegible]	[illegible]	[illegible]，
大	明	虽	是，

大明

1.5.1

tsjɨ^{1}	gji^{2}	dźjo^{1}	na^{1}	·jij^{1}	ljiij^{2}	mjɨ^{1}	njwi^{2}	njij^{2}	mja^{1}	djij^{2}	ŋwu^{2}	tsjɨ^{1}
[illegible]	[illegible]	[illegible]	[illegible]	[illegible]	[illegible]	[illegible]	[illegible]；	[illegible]	[illegible]	[illegible]	[illegible]，	[illegible]
亦	夜	长	昏	之	破	不	能，	慈	母	虽	是，	亦

不能破长夜之昏，慈母

1.5.2

sjɨ^{1}	kụ^{1}	gji^{2}	·jij^{1}	mjii^{2}	mjɨ^{1}	ljɨɨ^{1}	thjɨ^{2}	rjɨr^{2}	khju^{1}	wjuu^{1}	sjij^{2}
[illegible]	[illegible]	[illegible]	[illegible]	[illegible]	[illegible]	[illegible]。	（[illegible]	[illegible]	[illegible]	[illegible]	[illegible]
死	后	子	之	保	不	能。	（此	以	下	悲	智

tha^{1}	rjir^{2}	thwuu^{1}	·jij^{1}	·jow^{2}	tha^{1}	be^{2}	·a	ljɨ^{1}	wejr^{1}	djij^{2}
[illegible]	[illegible]	[illegible]	[illegible]	[illegible]。	[illegible]	[illegible]	[illegible]	[illegible]	[illegible]	[illegible]，
佛	与	同	之	叹。	佛	日	△	虽	盛	然，

不能保身后之子。（此下叹悲智与佛同也。佛日虽盛，

1.5.3

kụ1	ŋa2	dzjiij2	dźjɨ	wji1	kowr2	kejr2	zji2	·a	swew1	phji1	tha1	wjuu1	zji2	ɣa2
[illegible]	[illegible]	[illegible]	[illegible]	[illegible]	[illegible]	[illegible]	[illegible]	[illegible]	[illegible]	[illegible]；	[illegible]	[illegible]	[illegible]	[illegible]
后	吾	师	△	△	回	光	悉	△	照	令；	佛	悲	皆	虽
nji2	djij2	kụ1	ŋa2	dzjiij2	dźjɨ	wji1	gjij1	ɣie2	gjij1	·a	ljij1	phji1	sjij1	ŋa2
[illegible]	[illegible]，	[illegible]	[illegible]	[illegible]	[illegible]	[illegible]	[illegible]	[illegible]	[illegible]	[illegible]	[illegible]	[illegible]。）	[illegible]	[illegible]
普	然，	后	吾	师	△	△	弘	益	弥	△	多	令。）	今	吾

得吾师然后回光曲照；佛慈悲虽普，得吾师然后弘益弥多。）若吾

1.5.4

dzjiij2	tja1	tha1	be2	zow2	ŋwu2	twụ1	lhjwij1	zji2	swew1	·jiw2	na1	zji2
[illegible]	[illegible]，	[illegible]	[illegible]	[illegible]	[illegible]	[illegible]	[illegible]	[illegible]	[illegible]，	[illegible]	[illegible]	[illegible]
师	者，	佛	日	捧	而	委	曲	悉	照，	疑	噎	尽

师者，捧佛日而委曲回照，疑噎尽

1.5.5

tjij1	tha1	njiij1	śjwii2	ŋwu2	ljij2	wjuu1	zji2	njɨ2	kja2	sji1	gjij1	rjir1
[illegible]；	[illegible]	[illegible]	[illegible]	[illegible]	[illegible]	[illegible]	[illegible]	[illegible]，	[illegible]	[illegible]	[illegible]	[illegible]。
除；	佛	心	顺	而	大	悲	遍	至，	劫	穷	益	蒙。

除；顺佛心而横亘大悲，穷劫蒙益。

1.5.6

tśhjwo1	rjur1	pjụ1	tsjiir1	phie2	tshjii2	mjijr2	wə1	śjɨj1	ŋa2	dzjiij2	tsjiir1	dźjwow1
[illegible]	[illegible]	[illegible]	[illegible]	[illegible]	[illegible]	[illegible]	[illegible]	[illegible]，	[illegible]	[illegible]	[illegible]	[illegible]①
则	世	尊	教	阐	释	者	主	为，	吾	师	教	宣

则世尊为阐教之主，吾师为会教

1.5.7

ror2	mjijr2	dzjwo2	ŋwu2	tśhji2	war2	dźjwɨ1	bjij2	njij1	khwa1	dźjwɨ1	swew1	thjɨ2
[illegible]	[illegible]	[illegible]	[illegible]，	[illegible]	[illegible]	[illegible]	[illegible]，	[illegible]	[illegible]	[illegible]	[illegible]，	[illegible]
会	者	人	是，	本	末	相	扶，	近	远	相	照，	此

之人，本末相扶，远近相照，

①自“[illegible]”以下一行，每字残存右半，“[illegible]”十三字参照汉本“则世尊为阐教之主吾师为会教之人”补。

1.5.8

tja^{1}	tha^{1}	·a	zjọ^{2}	rjɨr^{2}	tshjiij^{1}	tsjiir^{1}	·jij^{1}	njwi^{2}	dạ^{2}	tja^{1}	zji^{2}	·a
[illegible]，	[illegible]	[illegible]	[illegible]	[illegible]	[illegible]	[illegible]	[illegible]	[illegible]	[illegible]	[illegible]	[illegible]	[illegible]
者，	佛	一	代	△	演	教	之	能	事	者	皆	△

可谓毕一代时教之能事矣。

1.5.9

ɣu^{2}	dźjwa^{1}	phji^{1}	·jɨ^{2}	wo^{2}	śji^{1}	rjur^{1}	pjụ^{1}	ɣa^{2}	śjwo^{1}	thjɨ^{2}	dzjɨj^{1}	ɣa^{2}
[illegible]	[illegible]	[illegible]	[illegible]	[illegible]。	（[illegible]	[illegible]	[illegible]	[illegible]	[illegible]	[illegible]	[illegible]	[illegible]
完	毕	令	谓	可。	（前	世	尊	自	始	此	时	于
njɨ^{2}	rjɨr^{2}	tshjiij^{1}	tsjiir^{1}	ŋewr^{2}	zji^{2}	kjɨ^{1}	śioo^{1}	ror^{2}	sjij^{1}	thjɨ^{2}	do^{2}	
[illegible]	[illegible]	[illegible]	[illegible]	[illegible]，	[illegible]	[illegible]	[illegible]	[illegible]	[illegible]	[illegible]	[illegible]	
至	△	演	教	等，	皆	△	会	集	今	此	处	

（自世尊演教至今日，会而通之，

1.5.10

zji^{2}	kjɨ^{1}	thwuu^{1}	phji^{1}	tśhjwo^{1}	njwi^{2}	dạ^{2}	·a	dźjwa^{1}	·jɨ^{2}
[illegible]	[illegible]	[illegible]	[illegible]，	[illegible]	[illegible]	[illegible]	[illegible]	[illegible]	[illegible]。）
悉	△	通	令，	故	能	事	△	毕	谓。）
·jɨr^{1}	dạ^{2}	iọ^{1}	mjor^{1}	ljij^{2}	rjɨr^{2}	tshjiij^{1}	tsjiir^{1}	ŋewr^{2}	
[illegible]	[illegible]：“	[illegible]	[illegible]	[illegible]	[illegible]	[illegible]	[illegible]	[illegible]，	
问	曰：“	大	如	来	△	演	教	等，	

能事方毕。）问曰[1]：“自如来演教，

1.5.11

·a	iọ^{1}	śioo^{1}	ror^{2}	thwuu^{1}	phji^{1}	mjij^{2}	djij^{2}	sjij^{1}	dzjɨj^{1}	mər^{2}	tshwew^{1}	wjɨ^{2}
[illegible]	[illegible]	[illegible]	[illegible]	[illegible]	[illegible]	[illegible]	[illegible]，	[illegible]	[illegible]	[illegible]	[illegible]	[illegible]
△	都	会	集	通	令	未	尝，	今	时	宗	趣	△

未尝大都而通之[2]，今一旦违宗趣，

1.5.12

dźjiɨr^{1}	tshji^{1}	ɣa^{1}	dja^{2}	wjij^{2}	tja^{1}	dwuu^{2}	lhwu^{1}	tśja^{1}	śjwii^{2}	rjir^{2}	dja^{2}	mja^{1}
[illegible]，	[illegible]	[illegible]	[illegible]	[illegible]	[illegible]，	[illegible]	[illegible]	[illegible]	[illegible]	[illegible]	[illegible]	[illegible]
违，	关	防	△	废	者，	秘	藏	道	合	与	△	恐

废关防，无乃乖秘藏之道乎[3]？”

1.6.1

wja¹	ljwu¹	kụ²	dạ²	mjor¹	ljij²	śji¹	sọ¹	·ụ²	pha¹	ljɨ¹	rjɨr²	tshjiij¹
[illegible]	[illegible]	[illegible]	[illegible]	[illegible]	[illegible]	[illegible]	[illegible]	[illegible]	[illegible]	[illegible]	[illegible]	[illegible]
乖	背？”	答	曰：“	如	来	先	三	乘	别	虽	△	说，

答曰："如来先说三乘之别，

1.6.2

djij²	kụ¹	kjɨ¹	śioo¹	lew¹	tśja¹	dja²	we²	sọ¹	ɣa²	kjiw¹
[illegible]	[illegible]	[illegible]	[illegible]	[illegible]	[illegible]	[illegible]	[illegible]	[illegible]	[illegible]	[illegible]
然	后	△	会，	一	道	△	成。	（三	十	年
ɣwə²	rjir²	zjij¹	tśhioow¹	·ụ²	tsəj¹	tshjiij¹	tśhioow¹	ŋa¹	tsjiir¹	tshjiij¹
[illegible]	[illegible]	[illegible]	[illegible]	[illegible]	[illegible]	[illegible]	[illegible]	[illegible]	[illegible]	[illegible]
之	前	时，	或	乘	小	说，	或	空	教	说，

然后会之，乃成一道。（三十年之前，或说小乘，或说空教，

1.6.3

tśhioow¹	·jij¹	tsjiir¹	tshjiij¹	tśhioow¹	tsjiir²	tsjiir¹	tshjiij¹	mji¹	mjijr²	nji²	·jij¹
[illegible]	[illegible]	[illegible]	[illegible]	[illegible]	[illegible]	[illegible]	[illegible]	[illegible]	[illegible]	[illegible]	[illegible]
或	相	教	说，	或	性	教	说，	闻	者	等	自
twụ¹	tśhji²	bju¹	·a	ljɨ¹	tsjij²	djij²	·jij¹	gu²	mji¹	thwuu¹	ljiɨr¹
[illegible]	[illegible]	[illegible]	[illegible]	[illegible]	[illegible]	[illegible]	[illegible]	[illegible]	[illegible]	[illegible]	[illegible]
各	派	以	△	虽	解，	然	自	都	不	通。	四
ɣạ²	kjiw¹	nioow¹	rjijr²	khjwɨ¹	ŋər¹	dzuu²	zjọ²	sọ¹	·ụ²		
[illegible]	[illegible]	[illegible]	[illegible]	[illegible]	[illegible]	[illegible]	[illegible]	[illegible]	[illegible]		
十	年	后	方	崛	山	坐	时，	三	乘		

或说相教，或说性教，闻者以本派解之，自不得都而通之。四十年之后坐崛山，乃会三乘，

1.6.4

kjɨ¹	ljwu²	kju¹	śiə¹	lhjɨj²	njɨ²	lew¹	tsjiir²	·a	dźju¹	phji¹	śji¹
[illegible]	[illegible]	[illegible]	[illegible]	[illegible]	[illegible]	[illegible]	[illegible]	[illegible]	[illegible]	[illegible]	[illegible]
乃	会，	慈	氏	国	至，	一	性	△	明	令。	前
kụ¹	tsjiir¹	tjɨj²	thjɨ²	sju²	ŋwu²	lhạ²	mjijr²	mjij²	tsjij²	mjɨ¹	djij²
[illegible]	[illegible]	[illegible]	[illegible]	[illegible]	[illegible]	[illegible]	[illegible]	[illegible]	[illegible]	[illegible]	[illegible]
后	教	法	此	如	也。）	味	者	不	觉	未	然，

至慈氏国，明其一性。前后教法如此也[4]。）

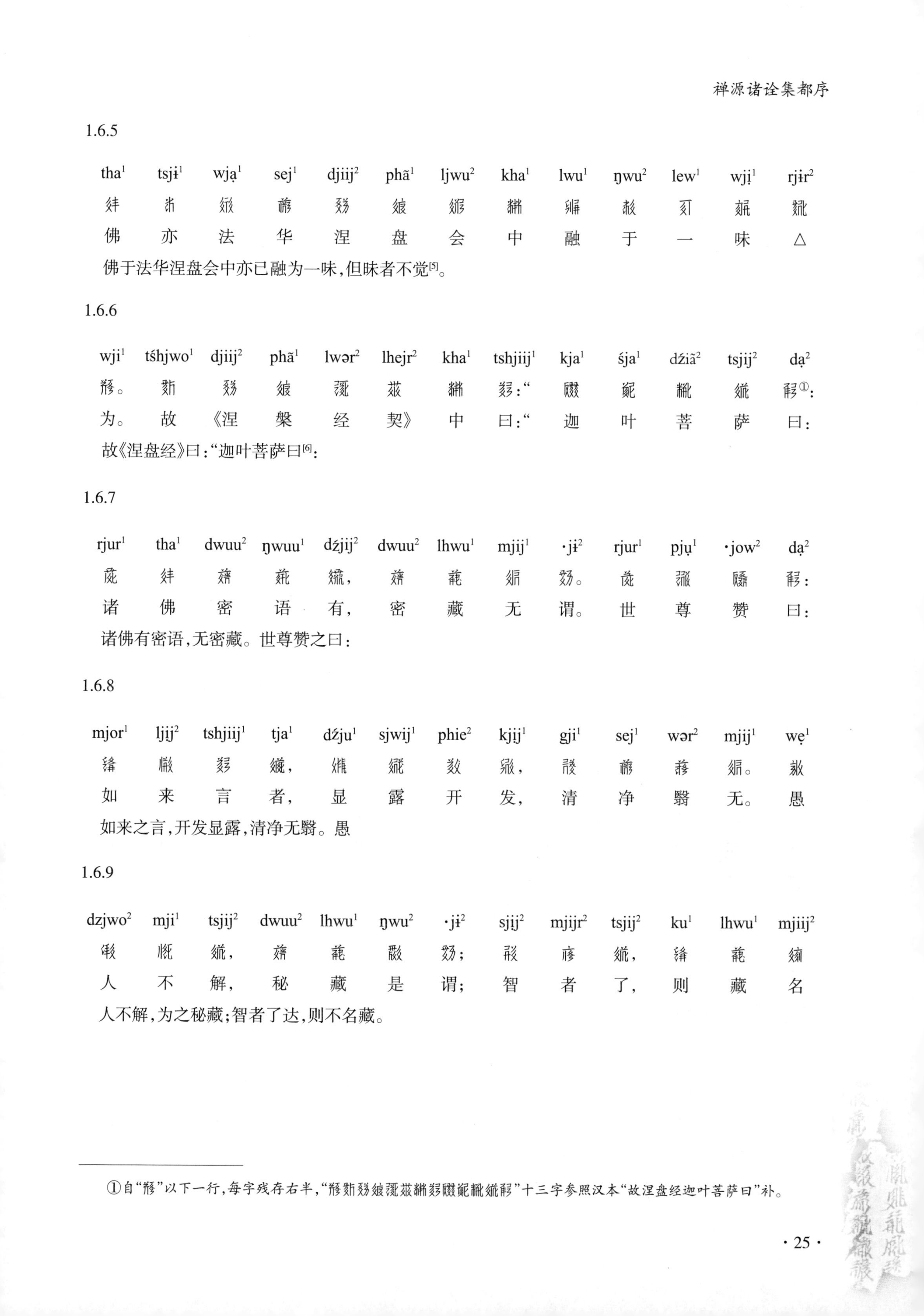

1.6.5

tha¹	tsjɨ¹	wją¹	sej¹	djiij²	phã¹	ljwu²	kha¹	lwu¹	ŋwu²	lew¹	wjị¹	rjɨr²
佛	亦	法	华	涅	盘	会	中	融	于	一	味	△

佛于法华涅盘会中亦已融为一味，但昧者不觉[5]。

1.6.6

wji¹	tśhjwo¹	djiij²	phã¹	lwər²	lhejr²	kha¹	tshjiij¹	kja¹	śja¹	dźiã²	tsjij²	dạ²
为。	故	《涅	槃	经	契》	中	曰：“	迦	叶	菩	萨	曰：

故《涅盘经》曰：“迦叶菩萨曰[6]：

1.6.7

rjur¹	tha¹	dwuu²	ŋwuu¹	dźjij²	dwuu²	lhwu¹	mjij¹	·jɨ²	rjur¹	pjụ¹	·jow²	dạ²
诸	佛	密	语	有，	密	藏	无	谓。	世	尊	赞	曰：

诸佛有密语，无密藏。世尊赞之曰：

1.6.8

mjor¹	ljij²	tshjiij¹	tja¹	dźju¹	sjwij¹	phie²	kjij¹	gji¹	sej¹	wər²	mjij¹	wẹ¹
如	来	言	者，	显	露	开	发，	清	净	翳	无。	愚

如来之言，开发显露，清净无翳。愚

1.6.9

dzjwo²	mji¹	tsjij²	dwuu²	lhwu¹	ŋwu²	·jɨ²	sjij²	mjijr²	tsjij²	ku¹	lhwu¹	mjiij²
人	不	解，	秘	藏	是	谓；	智	者	了，	则	藏	名

人不解，为之秘藏；智者了达，则不名藏。

---

①自“[illegible]”以下一行，每字残存右半，“[illegible]”十三字参照汉本“故涅盘经迦叶菩萨曰”补。

1.6.10

mji^{1}	·jɨ^{2}	dźju^{1}	sji^{2}	thjɨ^{2}	ŋwu^{2}	io̱^{1}	njij^{2}	tśja^{1}	wejr^{1}	ku^{1}	djɨr^{2}	ɣa^{1}
[illegible]	[illegible]。	[illegible]	[illegible]	[illegible]	[illegible]。”	[illegible]	[illegible]	[illegible]	[illegible]	[illegible]	[illegible]	[illegible]
不	谓。	名	能	此	也。”	故	王	道	兴	则	外	户

此其证也。”故王道兴则外户

1.6.11

mji^{1}	tjɨj^{1}	·jiw^{2}	lew^{2}	tja^{1}	bju^{2}	sa^{2}	lhjij^{2}	ŋwu^{2}	tha^{1}	tśja^{1}	ŋowr^{2}	ku^{1}
[illegible]	[illegible]，	[illegible]	[illegible]	[illegible]	[illegible]	[illegible]	[illegible]	[illegible]；	[illegible]	[illegible]	[illegible]	[illegible]
不	闭，	守	所	者	边	沿	国	是；	佛	道	备	则

不闭，而守在戎夷；佛道备则

1.6.12

rjur^{1}	tsjiir^{1}	zji^{2}	·jiij^{1}	·jiw^{2}	lew^{2}	tja^{1}	ljiij^{2}	tśja^{1}
[illegible]	[illegible]	[illegible]	[illegible]；	[illegible]	[illegible]	[illegible]	[illegible]	[illegible]
诸	法	总	持，	防	所	者	魔	道
nioow^{1}	ŋwu^{2}	djiij^{2}	phã^{1}	rjɨr^{2}	tshjiij^{1}	zjo̱^{2}	njij^{2}	
[illegible]	[illegible]，	（《[illegible]	[illegible]》	[illegible]	[illegible]	[illegible]	[illegible]	
外	是，	（《涅	盘》	△	演	时	昔	

诸法总持，而防在魔外，（《涅盘》圆教和会

1.7.1

rjur^{1}	tsjiir^{1}	kjɨ^{1}	dzow^{1}	ŋwej^{2}	phji^{1}	tsjiir^{1}	gjij^{1}	lew^{2}	tja^{1}	lew^{1}	ljiij^{2}
[illegible]	[illegible]	[illegible]	[illegible]	[illegible]	[illegible]，	[illegible]	[illegible]	[illegible]	[illegible]，	[illegible]	[illegible]
诸	法	△	和	会	令，	简	别	所	者，	唯	魔
tshjiij^{1}	ljɨ^{1}	tśja^{1}	nioow^{1}	dow^{1}	mər^{2}	ŋwu^{2}	thjɨ^{2}	sju^{2}	tsjiir^{1}	kha^{1}	nioow^{1}
[illegible]	[illegible]	[illegible]	[illegible]	[illegible]	[illegible]	[illegible]。）	[illegible]	[illegible]	[illegible]	[illegible]	[illegible]
说	及	道	外	邪	宗	是。）	此	如	法	中	复

诸法，唯简别魔说及外道邪宗耳。）

1.7.2

sjij^{1}	zow^{2}	zew^{2}	tśjɨ^{1}	tja^{1}	ljo̱^{2}	wo^{2}	ŋo^{2}	djiij^{2}	ku̱^{1}	ɣiew^{1}	mjijr^{2}	njɨ^{2}
[illegible]	[illegible]	[illegible]	[illegible]	[illegible]	[illegible]	[illegible]？	[illegible]	[illegible]，	[illegible]	[illegible]	[illegible]	[illegible]！
情	执	臂	攘	者	岂	当？	呜	呼，	后	学	者	等！

不当复执情攘臂于其间也。呜呼，后之学者！

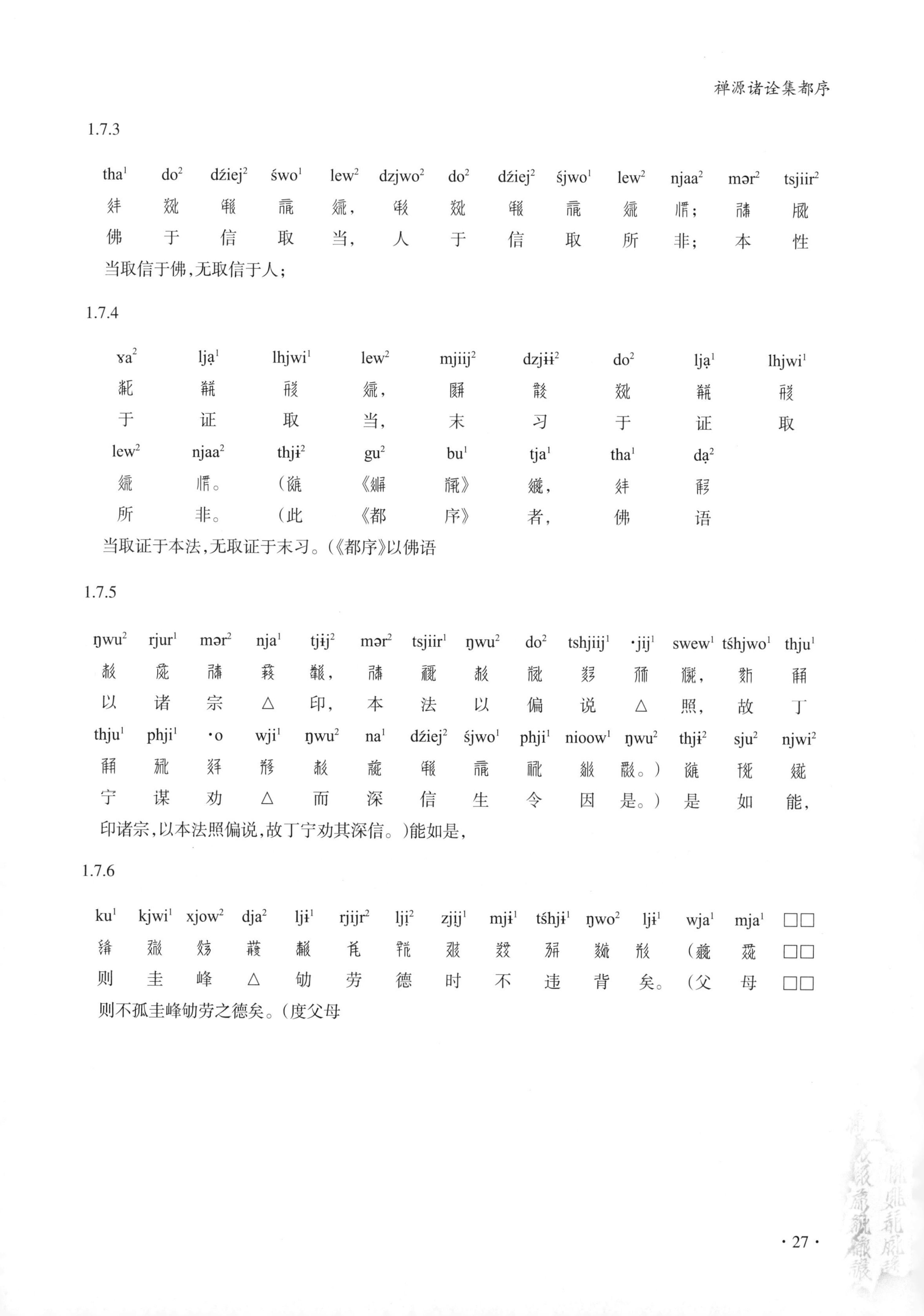

1.7.3

tha¹ do² dźiej² śwo¹ lew², dzjwo² do² dźiej² śjwo¹ lew² njaa²; mər² tsjiir²

佛 于 信 取 当，人 于 信 取 所 非；本 性

当取信于佛，无取信于人；

1.7.4

ɣa² lja̱¹ lhjwi¹ lew², mjiij² dzjɨɨ² do² lja̱¹ lhjwi¹

于 证 取 当，末 习 于 证 取

lew² njaa²。(thjɨ² gu² bu¹ tja¹, tha¹ da̱²

所 非。（此 《都 序》 者，佛 语

当取证于本法，无取证于末习。（《都序》以佛语

1.7.5

ŋwu² rjur¹ mər² nja¹ tjɨj², mər² tsjiir¹ ŋwu² do² tshjiij¹ ·jij¹ swew¹, tśhjwo¹ thju¹

以 诸 宗 △ 印，本 法 以 偏 说 △ 照，故 丁

thju¹ phji¹ ·o wji¹ ŋwu² na¹ dźiej² śjwo¹ phji¹ nioow¹ ŋwu²。) thjɨ² sju² njwi²

宁 谋 劝 △ 而 深 信 生 令 因 是。）是 如 能，

印诸宗，以本法照偏说，故丁宁劝其深信。）能如是，

1.7.6

ku¹ kjwi¹ xjow² dja² ljɨ¹ rjijr² lji² zjij¹ mjɨ¹ tśhjɨ¹ ŋwo² ljɨ¹ (wja¹ mja¹ □□

则 圭 峰 △ 劬 劳 德 时 不 违 背 矣。（父 母 □□

则不孤圭峰劬劳之德矣。（度父母

1.7.7

ljɨ^{1}	rjijr^{2}	ɣa^{2}	dza^{2}	ku^{1}	mjo^{2}	dzjiij^{2}	ljị^{2}	tja^{1}	thja^{1}	su^{1}	tsjɨ^{1}
劬	劳	于	度，	则	吾	师	德	者，	是	于	亦
dzjiij^{1}	kụ^{1}	dzjwo^{2}	thjɨ^{2}	tja^{1}	ljij^{2}	zjịj^{1}	ljị^{2}	mji^{1}	sjiij^{2}	ku^{1}	sji^{1}
过。	后	人	其	法	观	时	德	不	感，	则	木
lụ^{1}	rjir^{2}	wa^{2}	źju^{2}	thjɨ^{2}	nioow^{1}	□	bjuu^{1}	lew^{2}	ɣiej^{1}	ljɨ^{1}	
石	与	何	异？	且	故	□	重	须	真	也。）	

劬劳之德[7],吾师之德过于是矣。后之人观其法而不生悲感,木石无异。且须保重也。）

译文：

大明不能破长夜之昏，慈母不能保身后之子。（此下叹悲智与佛同也。佛日虽盛，得吾师然后回光曲照；佛慈悲虽普，得吾师然后弘益弥多。）若吾师者，捧佛日而委曲回照，疑噎尽除；顺佛心而横亘大悲，穷劫蒙益。则世尊为阐教之主，吾师为会教之人，本末相扶，远近相照，可谓毕一代时教、之能事矣。（自世尊演教至今日，会而通之，能事方毕。）问曰[1]：“自如来演教，未尝大都而通之[2]，今一旦违宗趣，废关防，无乃乖秘藏之道乎[3]？”答曰：“如来先说三乘之别，然后会之，乃成一道。（三十年之前，或说小乘，或说空教，或说相教，或说性教，闻者以本派解之，自不得都而通之。四十年之后坐崛山，乃会三乘，至慈氏国，明其一性。前后教法如此也[4]。）佛于法华涅盘会中亦已融为一味，但昧者不觉[5]。故《涅盘经》曰：“迦叶菩萨曰[6]：诸佛有密语，无密藏。世尊赞之曰：如来之言，开发显露，清净无翳。愚人不解，为之秘藏；智者了达，则不名藏。此其证也。”故王道兴则外户不闭，而守在戎夷；佛道备则诸法总持，而防在魔外，（《涅盘》圆教和会诸法，唯简别魔说及外道邪宗耳。）不当复执情攘臂于其间也。呜呼，后之学者！当取信于佛，无取信于人；当取证于本法，无取证于末习。（《都序》以佛语印诸宗，以本法照偏说，故丁宁劝其深信。）能如是，则不孤圭峰劬劳之德矣。（度父母劬劳之德[7]，吾师之德过于是矣。后之人观其法而不生悲感，木石无异。且须保重也。）

注释：

[1]问曰，汉本作“或曰”。

[2]自如来未尝大都而通之，汉本脱“演教”二字。

[3]“今一旦”以下汉本作“今一旦违宗趣而不守，废关防而不据，无乃乖秘藏密契之道乎”，西夏译文疑脱“不守”“不据”“密契”诸义。

[4]自“如来先说三乘之别”以下不见于汉本。

[5]上两句因果关系西夏本倒置，意同汉本“昧者不觉，但佛于法华涅盘会中亦已融为一味”。

[6]《涅盘经》曰迦叶菩萨曰，汉本作“《涅盘经》迦叶菩萨曰”。

［7］汉本注释引《诗·小雅·蓼莪》“哀哀父母，生我劬劳”句，夏译原本有佚字，似与原典不切。

释读：

1.7.8

rjur^{1}	tshjiij^{1}	śjã^{1}	ɣjow^{1}	śioo^{1}	gu^{2}	bu^{1}	phju^{2}	来日音	nioow^{1}
[illegible]	[illegible]	[illegible]	[illegible]	[illegible]	[illegible]	[illegible]	[illegible]	[illegible]	（[illegible]
诸	诠	禅	源	集	都	序	上	卷	（又
mjiij^{2}	śjã^{1}	no^{1}	wo^{2}	dźjɨ	rjur^{1}	tshjiij^{1}	śioo^{1}	tsjɨ^{1}	·jɨ^{2}
[illegible]	[illegible]	[illegible]	[illegible]	[illegible]	[illegible]	[illegible]	[illegible]	[illegible]	[illegible]）
名	禅	那	理	行	诸	诠	集	亦	谓）

禅源诸诠集都序卷上（亦名禅那理行诸诠集）

1.7.9

kjwi^{1}	xjow^{2}	ŋər^{1}	śia^{1}	mẽ^{1}	mər^{2}	dwuu^{2}	ɣjɨr^{1}
[illegible]	[illegible]	[illegible]	[illegible]	[illegible]	[illegible]	[illegible]	[illegible]
圭	峰	山	沙	门	宗	密	造

圭峰山沙门宗密造[1]

1.7.10

rjur^{1}	tshjiij^{1}	śjã^{1}	ɣjow^{1}	śioo^{1}	tja^{1}	rjur^{1}	dzjiij^{2}	ŋewr^{2}	rjɨr^{2}	tshjiij^{1}	śjã^{1}	ɣa^{1}
《[illegible]	[illegible]	[illegible]	[illegible]	[illegible]》	[illegible]，	[illegible]	[illegible]	[illegible]	[illegible]	[illegible]	[illegible]	[illegible]
《诸	诠	禅	源	集》	者，	诸	师	等	所	述	禅	门

《禅源诸诠集》者，集诸家所述禅门

1.7.11

·jij^{1}	tśhji^{2}	ɣjow^{1}	tśja^{1}	wo^{2}	·jwɨr^{2}	dji^{2}	gjwi^{2}	ljaa^{1}	kjɨ^{1}	śioo^{1}	·a	·ų^{2}
[illegible]	[illegible]	[illegible]	[illegible]	[illegible]、	[illegible]	[illegible]	[illegible]	[illegible]	[illegible]	[illegible]	[illegible]	[illegible]
之	根	源	道	理、	文	字	句	偈	△	集	一	藏

根源道理、文字句偈为一藏[2]，

1.7.12

rjɨr^{2}	wji^{1}	kų^{1}	śjij^{1}	deej^{1}	dźjij^{1}	lew^{2}	we^{2}	tśhjwo^{1}	·a	io̱^{1}	thjɨ^{2}	mjiij^{2}
[illegible]	[illegible]，	[illegible]	[illegible]	[illegible]	[illegible]	[illegible]	[illegible]，	[illegible]	[illegible]	[illegible]	[illegible]	[illegible]
△	为，	后	代	传	行	△	为，	故	都	总	此	名

以贻后代，故都题此名也。

1.8.1

kjɨ^{1}	·o^{1}	śjã^{1}	tja^{1}	xiwã^{1}	ŋwuu^{1}	ŋwu^{2}	ŋowr^{2}	·jɨ^{2}	ku^{1}	śjã^{1}	no^{1}	mji^{2}
△	题。	禅	者	梵	语	是，	具	云	则	禅	那，	番

禅是梵语[3]，具云禅那，番

1.8.2

ŋwuu^{1}	lhej^{2}	ku^{1}	sjwɨ^{1}	lə	djọ^{2}	·jɨ^{2}	nioow^{1}	mjij^{1}	sjwɨ^{1}	tsjɨ^{1}	·jɨ^{2}	zji^{2}
语	翻	则	思	惟	修	谓，	又	静	虑	亦	谓，	皆

语翻为思惟修[4]，亦名静虑，皆

1.8.3

djɨj^{2}	źjɨr^{1}	·jij^{1}	gu^{2}	mjiij^{2}	ŋwu^{2}	ɣjow^{1}	tja^{1}	·ji^{1}	wee^{1}	ŋowr^{2}	ŋowr^{2}	·jij^{1}
定	慧	之	通	称	也。	源	者，	众	生	一	切	之

定慧之通称也。源者，是一切众生

1.8.4

mər^{2}	dwewr^{2}	ɣiej^{1}	tsjiir^{2}	ŋwu^{2}	tha^{1}	tsjiir^{2}	tsjɨ^{1}	·jɨ^{2}	njiij^{1}	ljɨ^{2}	tsjɨ^{1}	·jɨ^{2}
本	觉	真	性	是，	佛	性	亦	谓，	心	地	亦	谓。

本觉真性，亦名佛性，亦名心地。

1.8.5

tsjij^{2}	ku^{1}	źjɨr^{1}	·jɨ^{2}	djọ^{2}	ku^{1}	djɨj^{2}	·jɨ^{2}	djɨj^{2}	źjɨr^{1}	·jij^{1}	gu^{2}	mjiij^{2}
悟	则	慧	谓，	修	则	定	谓，	定	慧	之	通	称

悟之名慧，修之名定，定慧通称

1.8.6

ŋwu^{2}	nioow^{1}	tśhjwo^{1}	śjã^{1}	no^{1}	·jɨ^{2}	thjɨ^{2}	tsjiir^{2}	tja^{1}	śjã^{1}	·jij^{1}	mər^{2}	ɣjow^{1}	ŋwu^{2}
是	因，	故	禅	那	谓。	此	性	者，	禅	之	本	源	是，①

为禅那。此性是禅之本源，

1.8.7

nioow^{1}	tśhjwo^{1}	śjã^{1}	ɣjow^{1}	·jɨ^{2}	nioow^{1}	śjã^{1}	no^{1}	wo^{2}	dźjɨ	·jɨ^{2}	tja^{1}	thjɨ^{2}
因	故	禅	源	云。	亦	禅	那	理	行	谓	者，	此

故云禅源。亦名禅那理行者，此

1.8.8

mər^{2}	ɣjow^{1}	tja^{1}	śjã^{1}	wo^{2}	ŋwu^{2}	sjij^{1}	·jijr^{2}	śjwii^{2}	ku^{1}	śjã^{1}	dźjɨ	ŋwu^{2}
本	源	者	禅	理	是，	情	忘	契	则	禅	行	是，

之本源是禅理，忘情契之是禅行，

1.8.9

tśhjwo^{1}	wo^{2}	dźjɨ	·jɨ^{2}	sjij^{1}	rjur^{1}	dzjiij^{2}	rjɨr^{2}	tshjiij^{1}	kjɨ^{1}	śioo^{1}	ŋewr^{2}	śjã^{1}
故	理	行	云。	今	诸	师	△	述	△	集	等，	禅

故云理行。然今所集诸家述作，

1.8.10

wo^{2}	tshjiij^{1}	mjijr^{2}	rejr^{2}	śjã^{1}	dźjɨ	tshjiij^{1}	mjijr^{2}	tśhjɨj^{1}	thjɨ^{2}	nioow^{1}	tśhjwo^{1}	lew^{1}
理	谈	者	多，	禅	行	谈	者	少，	是	由	故	且

多谈禅理，少谈禅行，故且

---

①自“[illegible]”以下一行，每字残存右半，“[illegible]”十四字参照汉本“定慧通称为禅那此性是禅之本源”补。

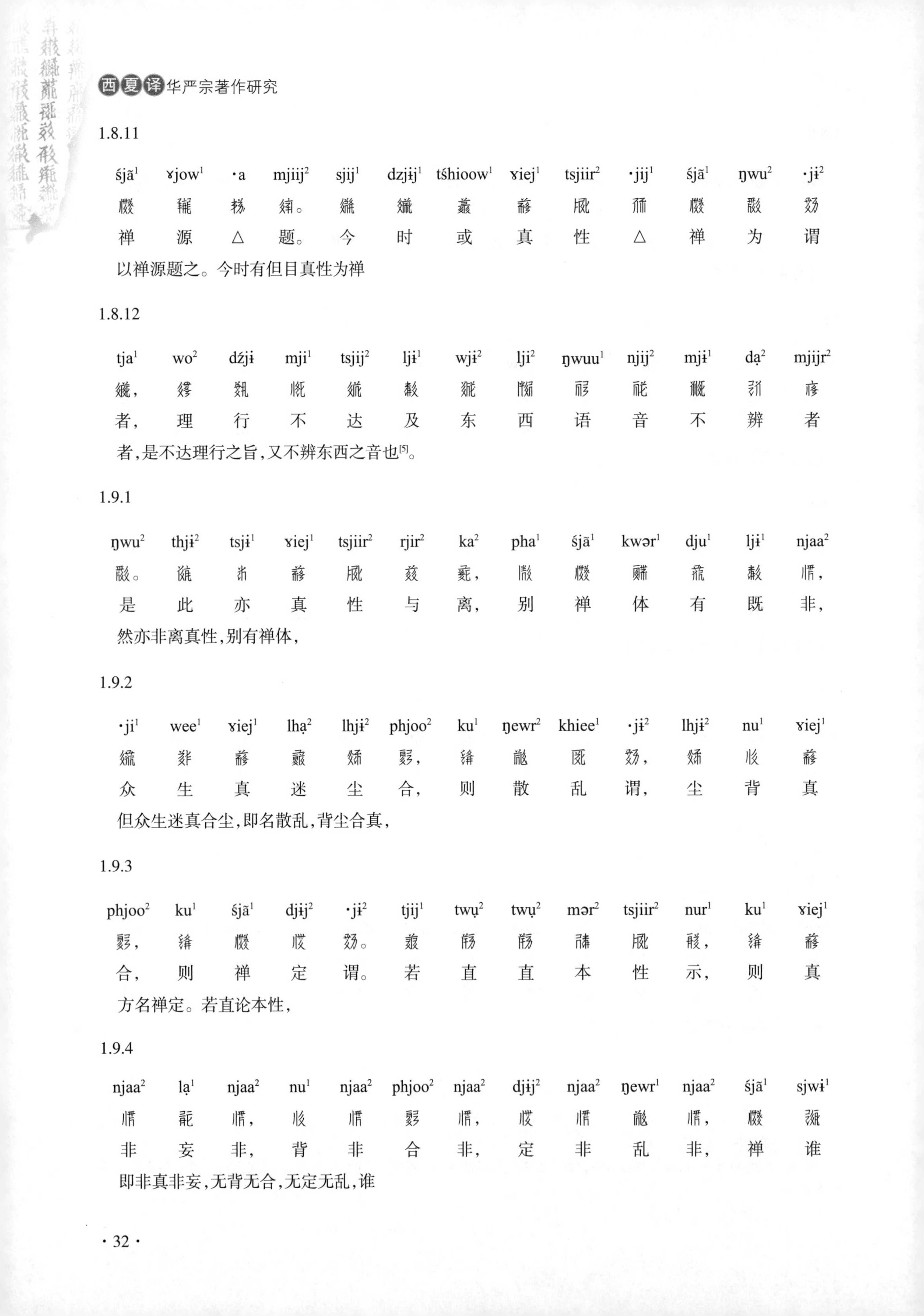

1.8.11

śjã1 ɣjow1 ·a mjiij2 sjij1 dzjɨj1 tśhioow1 ɣiej1 tsjiir2 ·jij1 śjã1 ŋwu2 ·jɨ2

禅 源 △ 题。 今 时 或 真 性 △ 禅 为 谓

以禅源题之。今时有但目真性为禅

1.8.12

tja1 wo2 dźjɨ mji1 tsjij2 ljɨ1 wjɨ2 lji2 ŋwuu1 njij2 mjɨ1 dạ2 mjijr2

者， 理 行 不 达 及 东 西 语 音 不 辨 者

者，是不达理行之旨，又不辨东西之音也[5]。

1.9.1

ŋwu2 thjɨ2 tsjɨ1 ɣiej1 tsjiir2 rjir2 ka2 pha1 śjã1 kwər1 dju1 ljɨ1 njaa2

是 此 亦 真 性 与 离， 别 禅 体 有 既 非，

然亦非离真性，别有禅体，

1.9.2

·jɨ1 wee1 ɣiej1 lhạ2 lhjɨ2 phjoo2 ku1 ŋewr2 khiee1 ·jɨ2 lhjɨ2 nu1 ɣiej1

众 生 真 迷 尘 合， 则 散 乱 谓， 尘 背 真

但众生迷真合尘，即名散乱，背尘合真，

1.9.3

phjoo2 ku1 śjã1 djɨj2 ·jɨ2 tjij1 twụ2 twụ2 mər2 tsjiir2 nur1 ku1 ɣiej1

合， 则 禅 定 谓。 若 直 直 本 性 示， 则 真

方名禅定。若直论本性，

1.9.4

njaa2 lạ1 njaa2 nu1 njaa2 phjoo2 njaa2 djɨj2 njaa2 ŋewr1 njaa2 śjã1 sjwɨ1

非 妄 非， 背 非 合 非， 定 非 乱 非， 禅 谁

即非真非妄，无背无合，无定无乱，谁

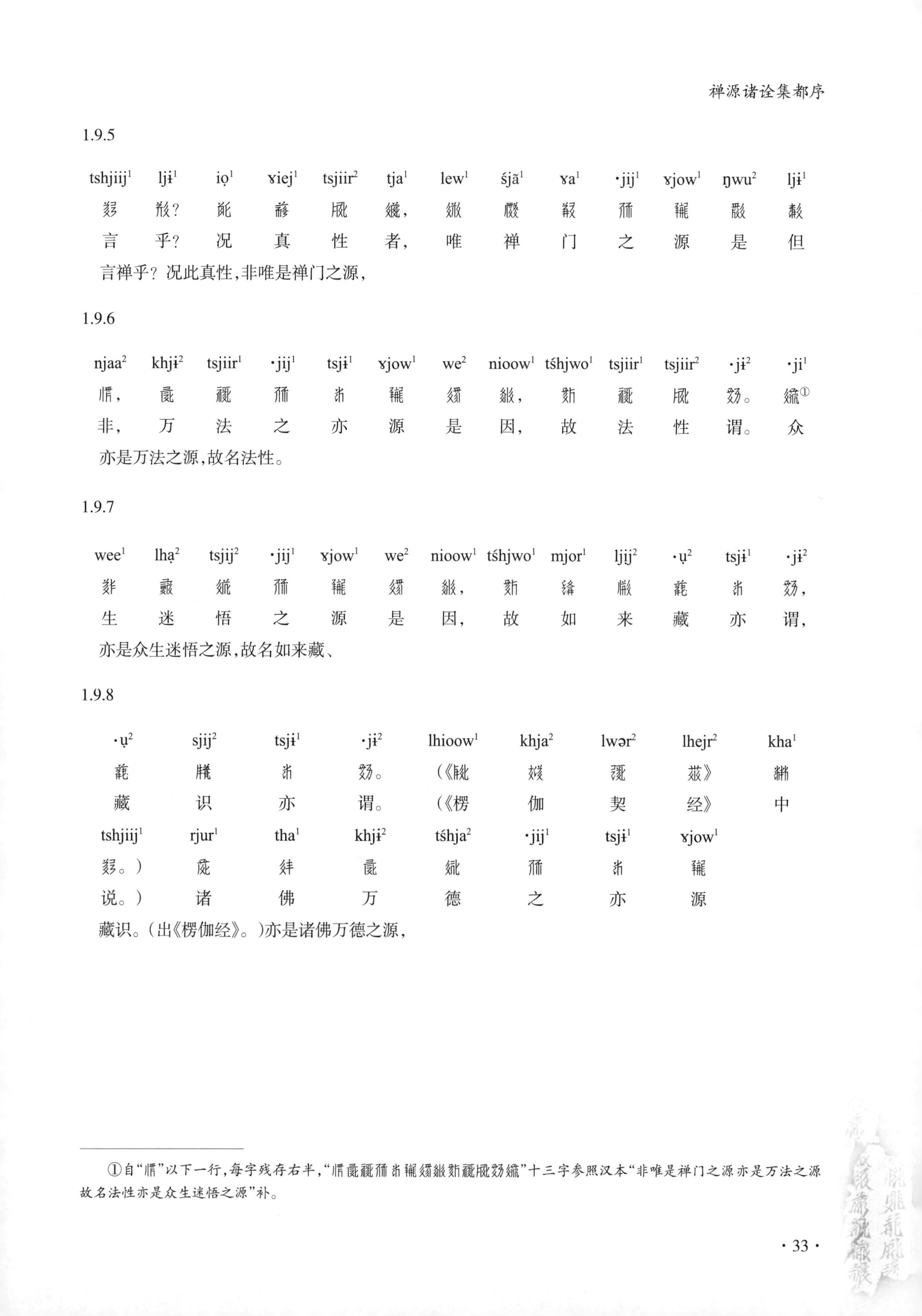

1.9.5

tshjiij1	ljɨ1	iọ1	ɣiej1	tsjiir2	tja1	lew1	śjã1	ɣa1	·jij1	ɣjow1	ŋwu2	ljɨ1
言	乎？	况	真	性	者，	唯	禅	门	之	源	是	但

言禅乎？况此真性，非唯是禅门之源，

1.9.6

njaa2	khjɨ2	tsjiir1	·jij1	tsjɨ1	ɣjow1	we2	nioow1	tśhjwo1	tsjiir1	tsjiir2	·jɨ2	·ji1
非，	万	法	之	亦	源	是	因，	故	法	性	谓。	众①

亦是万法之源，故名法性。

1.9.7

wee1	lhạ2	tsjij2	·jij1	ɣjow1	we2	nioow1	tśhjwo1	mjor1	ljij2	·ụ2	tsjɨ1	·jɨ2
生	迷	悟	之	源	是	因，	故	如	来	藏	亦	谓，

亦是众生迷悟之源，故名如来藏、

1.9.8

·ụ2	sjij2	tsjɨ1	·jɨ2	lhioow1	khja2	lwər2	lhejr2	kha1
藏	识	亦	谓。	（《楞	伽	契	经》	中
tshjiij1	rjur1	tha1	khjɨ2	tśhja2	·jij1	tsjɨ1	ɣjow1	
说。）	诸	佛	万	德	之	亦	源	

藏识。（出《楞伽经》。）亦是诸佛万德之源，

---

①自"[illegible]"以下一行，每字残存右半，"[illegible]"十三字参照汉本"非唯是禅门之源亦是万法之源故名法性亦是众生迷悟之源"补。

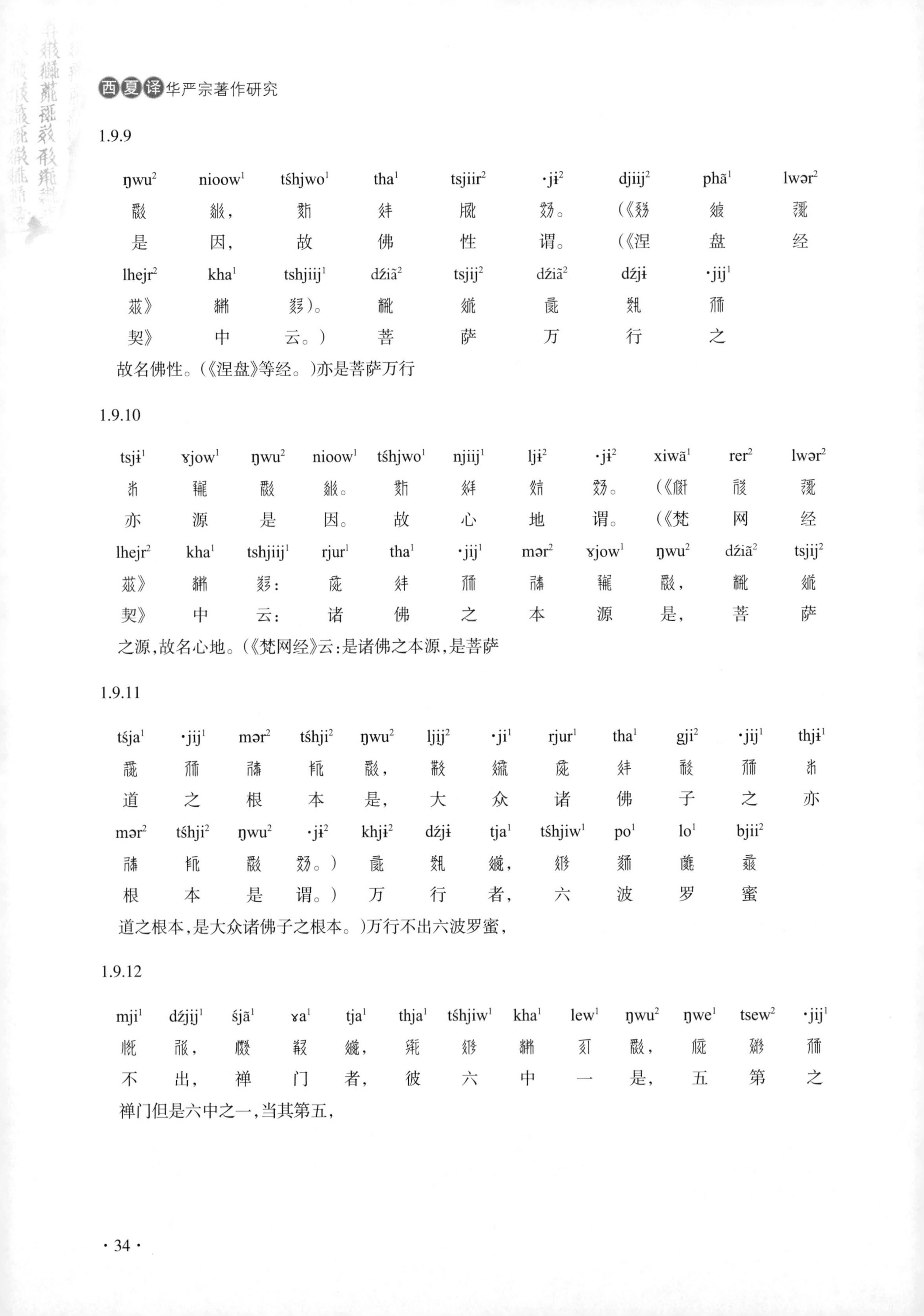

1.9.9

ŋwu^2 nioow^1 tśhjwo^1 tha^1 tsjiir^2 ·jɨ^2 djiij^2 phã^1 lwər^2

[illegible]

是 因， 故 佛 性 谓。（《涅 盘 经

lhejr^2 kha^1 tshjiij^1 dźiã^2 tsjij^2 dźiã^2 dźjɨ ·jij^1

[illegible]

契》 中 云。） 菩 萨 万 行 之

故名佛性。(《涅盘》等经。)亦是菩萨万行

1.9.10

tsjɨ^1 ɣjow^1 ŋwu^2 nioow^1 tśhjwo^1 njiij^1 ljɨ^2 ·jɨ^2 xiwã^1 rer^2 lwər^2

[illegible]

亦 源 是 因。 故 心 地 谓。（《梵 网 经

lhejr^2 kha^1 tshjiij^1 rjur^1 tha^1 ·jij^1 mər^2 ɣjow^1 ŋwu^2 dźiã^2 tsjij^2

[illegible]

契》 中 云： 诸 佛 之 本 源 是， 菩 萨

之源，故名心地。(《梵网经》云：是诸佛之本源，是菩萨

1.9.11

tśja^1 ·jij^1 mər^2 tśhji^2 ŋwu^2 ljij^2 ·ji^1 rjur^1 tha^1 gji^2 ·jij^1 thjɨ^1

[illegible]

道 之 根 本 是， 大 众 诸 佛 子 之 亦

mər^2 tśhji^2 ŋwu^2 ·jɨ^2 khjɨ^2 dźjɨ tja^1 tśhjiw^1 po^1 lo^1 bjii^2

[illegible]

根 本 是 谓。） 万 行 者， 六 波 罗 蜜

道之根本，是大众诸佛子之根本。)万行不出六波罗蜜，

1.9.12

mji^1 dźjij^1 śjã^1 ɣa^1 tja^1 thja^1 tśhjiw^1 kha^1 lew^1 ŋwu^2 ŋwe^1 tsew^2 ·jij^1

[illegible]

不 出， 禅 门 者， 彼 六 中 一 是， 五 第 之

禅门但是六中之一，当其第五，

1.10.1

·jɨ^{2}	thjɨ^{2}	bju^{1}	sjiij^{2}	ku^{1}	thja^{1}	ɣiej^{1}	tsjiir^{2}	tja^{1}	thjij^{2}	sjo^{2}	lew^{1}	śjā^{1}
[illegible]，	[illegible]	[illegible]	[illegible]，	[illegible]	[illegible]	[illegible]	[illegible]	[illegible]	[illegible]	[illegible]	[illegible]	[illegible]
谓，	此	以	思，	则	其	性	真	者	如	何	惟	禅

以此目之，则其真性如何

1.10.2

dźjɨ	we^{2}	ljɨ^{1}	io̧^{1}	śjā^{1}	djɨj^{2}	lew^{1}	dźjɨ	tja^{1}	zji^{2}	kha^{1}	mjijr^{2}	thjoo^{1}
[illegible]	[illegible]	[illegible]？	[illegible]	[illegible]	[illegible]	[illegible]	[illegible]	[illegible]，	[illegible]	[illegible]	[illegible]	[illegible]，
行	为	哉？	然	禅	定	一	行	者，	最	中	神	妙，

为禅行哉[6]？然禅定一行，最为神妙，

1.10.3

·jij^{1}	kwər^{1}	tsjiir^{2}	ɣa^{2}	rar^{2}	mjij^{1}	sjij^{2}	źjɨr^{1}	thjoo^{1}	·ioow^{1}	ŋowr^{2}	ŋowr^{2}	khjɨ^{2}
[illegible]	[illegible]	[illegible]	[illegible]	[illegible]	[illegible]	[illegible]	[illegible]，	[illegible]	[illegible]	[illegible]	[illegible]，	[illegible]
自	体	性	上	漏	无	智	慧。	妙	用	一	切，	万

自体性上无漏智慧[7]。一切妙用，万

1.10.4

tśhja^{2}	khjɨ^{2}	dźjɨ	rjɨr^{2}	njɨ^{2}	mee^{2}	mjijr^{2}	bji^{1}	swew^{1}	zji^{2}	djɨj^{2}	bju^{1}	śjwo^{1}
[illegible]	[illegible]	[illegible]，	[illegible]	[illegible]	[illegible]	[illegible]	[illegible]	[illegible]，	[illegible]	[illegible]	[illegible]	[illegible]
德	万	行，	乃	至	神	通	光	明，	皆	定	从	发。

德万行，乃至神通光明，皆从定发。

1.10.5

tśhjwo^{1}	so̧^{1}	·u̧^{2}	ɣiew^{1}	mjijr^{2}	śjɨj^{2}	tśja^{1}	kju̧^{1}	kiej^{2}	ku^{1}	kjɨ^{1}	djɨj^{2}	śjā^{1}
[illegible]	[illegible]	[illegible]	[illegible]	[illegible]	[illegible]	[illegible]	[illegible]	[illegible]，	[illegible]	[illegible]	[illegible]	[illegible]
故	三	乘	学	人	圣	道	求	欲，	则	必	定	禅

故三乘学人欲求圣道，必须修禅，

1.10.6

djo̧^{2}	lew^{2}	thjɨ^{2}	rjɨr^{2}	nioow^{1}	ɣa^{1}	mjij^{1}	thjɨ^{2}	rjɨr^{2}	nioow^{1}	tśja^{1}	mjij^{1}	rjɨr^{2}
[illegible]	[illegible]，	[illegible]	[illegible]	[illegible]	[illegible]	[illegible]，	[illegible]	[illegible]	[illegible]	[illegible]	[illegible]。	[illegible]
修	须，	此	外	更	门	无，	此	外	更	路	无。	乃

离此无门，离此无路。

1.10.7

njɨ^{2}	tha^{1}	lə	sej^{1}	lhjịj^{2}	wee^{1}	kjụ^{1}	tsjɨ^{1}	ɣạ^{2}	tśhjiw^{1}	śjã^{1}	bioo^{1}	ljɨ^{1}
[illegible]	[illegible]	[illegible]	[illegible]	[illegible]	[illegible]	[illegible]，	[illegible]	[illegible]	[illegible]	[illegible]	[illegible]，	[illegible]
至	佛	念	净	土	生	求，	亦	十	六	禅	观，	及

至于念佛求生净土，亦须修十六观禅，及

1.10.8

tha^{1}	lə	sã^{1}	mej^{2}	pa^{2}	tśjiw^{1}	sã^{1}	mej^{2}	njɨ^{2}	djọ^{2}	śjwo^{1}
[illegible]	[illegible]	[illegible]	[illegible]、	[illegible]	[illegible]	[illegible]	[illegible]	[illegible]	[illegible]	[illegible]。
佛	念	三	昧、	般	舟	三	昧	等	修	须。

念佛三昧、般舟三昧。

译文：

禅源诸诠集都序卷上（亦名禅那理行诸诠集）

圭峰山沙门宗密造[1]

《禅源诸诠集》者，集诸家所述禅门根源道理、文字句偈为一藏[2]，以贻后代，故都题此名也。禅是梵语[3]，具云禅那，番语翻为思惟修[4]，亦名静虑，皆定慧之通称也。源者，是一切众生本觉真性，亦名佛性，亦名心地。悟之名慧，修之名定，定慧通称为禅那。此性是禅之本源，故云禅源。亦名禅那理行者，此之本源是禅理，忘情契之是禅行，故云理行。然今所集诸家述作，多谈禅理，少谈禅行，故且以禅源题之。

今时有但目真性为禅者，是不达理行之旨，又不辨东西之音也[5]。然亦非离真性，别有禅体，但众生迷真合尘，即名散乱，背尘合真，方名禅定。若直论本性，即非真非妄，无背无合，无定无乱，谁言禅乎？况此真性，非唯是禅门之源，亦是万法之源，故名法性。亦是众生迷悟之源，故名如来藏、藏识。（出《楞伽经》。）亦是诸佛万德之源，故名佛性。（《涅盘》等经。）亦是菩萨万行之源，故名心地。（《梵网经》云：是诸佛之本源，是菩萨道之根本，是大众诸佛子之根本。）万行不出六波罗蜜，禅门但是六中之一，当其第五，以此目之，则其真性如何为禅行哉[6]？然禅定一行，最为神妙，自体性上无漏智慧[7]。一切妙用，万德万行，乃至神通光明，皆从定发。故三乘学人欲求圣道，必须修禅，离此无门，离此无路。至于念佛求生净土，亦须修十六观禅，及念佛三昧、般舟三昧。

注释：

[1]造，汉本作“述”。

[2]本句汉本作“写录诸家所述诠表禅门根源道理、文字句偈，集为一藏”，则夏译脱“诠表”义。

[3]梵语，汉本作“天竺之语”。

[4]番语，汉本作“中华”。

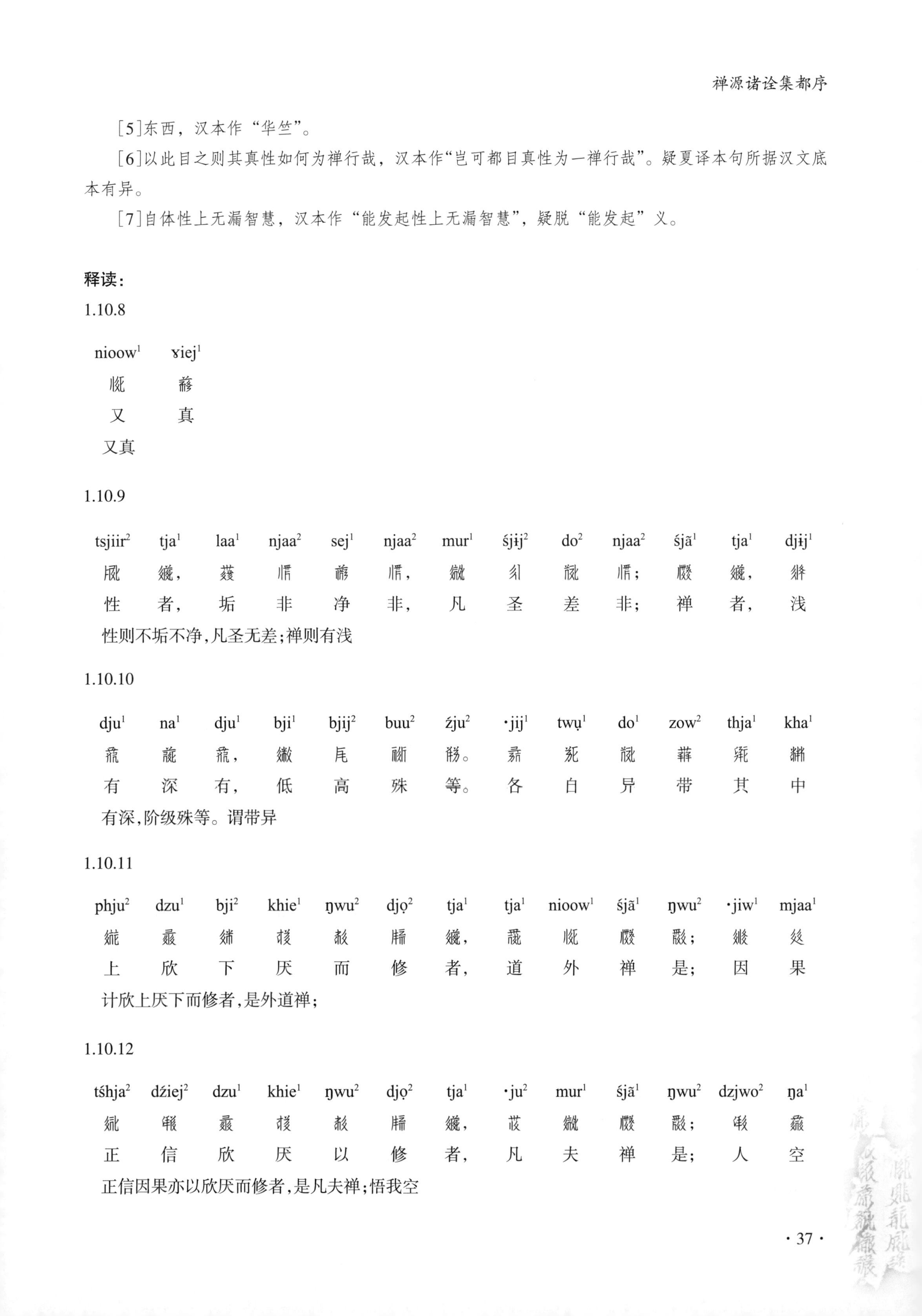

[5]东西，汉本作“华竺”。

[6]以此目之则其真性如何为禅行哉，汉本作“岂可都目真性为一禅行哉”。疑夏译本句所据汉文底本有异。

[7]自体性上无漏智慧，汉本作“能发起性上无漏智慧”，疑脱“能发起”义。

释读：

1.10.8

nioow1	ɣiej1
又	真

又真

1.10.9

tsjiir2	tja1	laa1	njaa2	sej1	njaa2	mur1	śjɨj2	do2	njaa2	śjã1	tja1	djɨj1
性	者，	垢	非	净	非，	凡	圣	差	非；	禅	者，	浅

性则不垢不净，凡圣无差；禅则有浅

1.10.10

dju1	na1	dju1	bji1	bjij2	buu2	źju2	·jij1	twụ1	do1	zow2	thja1	kha1
有	深	有，	低	高	殊	等。	各	自	异	带	其	中

有深，阶级殊等。谓带异

1.10.11

phju2	dzu1	bji2	khie1	ŋwu2	djọ2	tja1	tja1	nioow1	śjã1	ŋwu2	·jiw1	mjaa1
上	欣	下	厌	而	修	者，	道	外	禅	是；	因	果

计欣上厌下而修者，是外道禅；

1.10.12

tśhja2	dźiej2	dzu1	khie1	ŋwu2	djọ2	tja1	·ju2	mur1	śjã1	ŋwu2	dzjwo2	ŋa1
正	信	欣	厌	以	修	者，	凡	夫	禅	是；	人	空

正信因果亦以欣厌而修者，是凡夫禅；悟我空

1.11.1

ɣiej^1	·jij^1	phiaa^1	wo^2	tsjij^2	ŋwu^2	djọ^2	tja^1	·ụ^2	tsəj^1	śjã^1	ŋwu^2	dzjwo^2
真	之	偏	理	悟	而	修	者，	乘	小	禅	是；	人

偏真之理而修者，是小乘禅；

1.11.2

tsjiir^1	njɨɨ^1	ŋa^1	dźju^1	lew^2	ɣiej^1	wo^2	tsjij^2	ŋwu^2
法	二	空	显	所	真	理	悟	而
djọ^2	tja^1	ljij^2	·ụ^2	śjã^1	ŋwu^2	śji^1	·o^1	ljɨɨr^1
修	者，	大	乘	禅	是。	（上	述	四

悟我法二空所显真理而修者，是大乘禅。（上四

1.11.3

mə^2	tja^1	·jij^1	twụ^1	ljɨɨr^1	ŋa^1	ljɨɨr^1	tsə̣^{1}	do^2
类	者，	皆	各	四	空	四	色	差
pha^1	dju^1	tjij^1	·jij^1	njiij^1	mər^2	ɣa^2	gji^1	
异	有。）	若	自	心	本	来	清	

类，皆有四色四空之异也。）若顿悟自心本来清

1.11.4

sej^1	mər^2	źjị^{1}	njɨ^2	mjij^1	rar^2	mjij^1	sjij^2	tsjiir^2	mər^2	·jij^1	ŋowr^2	lhə
净，	元	烦	恼	无，	漏	无	智	性，	本	自	具	足，

净，元无烦恼，无漏智性，本自具足，

1.11.5

thjɨ^2	njiij^1	tha^1	ŋwu^2	rjɨr^2	njɨ^2	do^2	mjij^1	thjɨ^2	bju^1	twụ^2	tsjij^2	ŋwu^2
此	心	佛	是，	毕	竟	异	无，	此	依	顿	悟	而

此心即佛，毕竟无异，依此而

1.11.6

djọ^{2}	tja^{1}	zji^{2}	phju^{2}	·ụ^{2}	śjā^{1}	ŋwu^{2}	nioow^{1}	mjor^{1}	ljij^{2}	gji^{1}	sej^{1}	śjā^{1}
修	者，	最	上	乘	禅	是，	又	如	来	清	净	禅

修者，是最上乘禅，亦名如来清净禅，

1.11.7

tsjɨ^{1}	·jɨ^{2}	lew^{1}	dźjɨ	sā^{1}	mej^{2}	tsjɨ^{1}	·jɨ^{2}	mjor^{1}	ɣiej^{1}	sā^{1}	mej^{2}	tsjɨ^{1}
亦	谓，	一	行	三	昧	亦	谓，	真	如	三	昧	亦

亦名一行三昧，亦名真如三昧。

1.11.8

·jɨ^{2}	thjɨ^{2}	tja^{1}	sā^{1}	mej^{2}	ŋowr^{2}	ŋowr^{2}	·jij^{1}	mər^{2}	tśhji^{2}	ŋwu^{2}	tjij^{1}	lə
谓。	此	者，	三	昧	一	切	之	根	本	是，	若	念

此是一切三昧根本，若能念

1.11.9

lə	djọ^{2}	dzjɨɨ^{2}	njwi^{2}	ku^{1}	thja^{1}	śjij^{1}	mjiij^{2}	mjiij^{2}	·jir^{2}	tụ^{1}	sā^{1}	mej^{2}
念	修	习	能，	则	自	然	渐	渐	百	千	三	昧

念修习，自然渐得百千三昧。

1.11.10

rjir^{1}	tha^{2}	mo^{2}	ɣa^{1}	khju^{1}	tśjɨɨ^{1}	bju^{1}	dźjwɨ^{1}	do^{2}	wjɨ^{2}	deej^{1}	tja^{1}	lew^{1}
得。	达	摩	门	下	次	依	相	处	△	传	者，	唯

达摩门下展转相传者，是

1.11.11

thjɨ^{2}	śjā^{1}	ŋwu^{2}	tha^{2}	mo^{2}	mjij^{2}	ljij^{2}	zjọ^{2}	śji^{1}	·o^{1}	rjur^{1}	dzjiij^{2}	ŋewr^{2}
此	禅	是。	达	摩	未	到	时，	先	祖	诸	师	等

此禅也。达摩未到，古来诸家所

1.11.12

·a	tsjij^{2}	tja^{1}	zji^{2}	śji^{1}	ljɨɨr^{1}	śjã^{1}	·jar^{1}	djɨj^{2}	bju^{1}	ŋwu^{2}	rjur^{1}	sjij^{2}
△	解	者，	皆	前	四	禅	八	定	依	是，	诸	智

解，皆是前四禅八定，诸高僧

1.12.1

mjijr^{2}	njɨ^{2}	thja^{1}	bju^{1}	rjɨr^{2}	djọ^{2}	zji^{2}	rjijr^{2}	·ioow^{1}	rjir^{1}	zjɨr^{2}	ŋər^{1}	thjɨj^{1}
者	等	此	依	△	修，	皆	功	用	得。	南	岳	天

依此修之[1]，皆得功用。南岳天

1.12.2

thej^{1}	sọ^{1}	dźjar^{2}	wo^{2}	ɣa^{2}	gji^{2}	ŋwu^{2}	sọ^{1}	tạ^{1}	sọ^{1}	bioo^{1}	rjɨr^{2}	wji^{1}
台，	三	谛	理	于	依，	而	三	止	三	观	△	修。

台，令依三谛之理，修三止三观。

1.12.3

tsjiir^{1}	wo^{2}	iọ^{1}	thjoo^{1}	ljɨ^{1}	ŋwu^{2}	djij^{2}	thja^{1}	tsjɨ^{1}	tśjɨɨ^{1}	bju^{1}	·o^{2}	śjij^{1}
教	义	圆	妙	虽	是	然，	其	亦	次	依	入	趣

教义虽最圆妙，然其趣入次第[2]，

1.12.4

ŋwu^{2}	śji^{1}	·o^{1}	rjur^{1}	śjã^{1}	dźjɨ	·jij^{1}	rjir^{2}	lew^{2}	lew^{1}	tha^{2}	mo^{2}	wjɨ^{2}
是，	前	述	诸	禅	行	相	与	同。	唯	达	摩	△

亦只是前之诸禅行相。唯达摩

1.12.5

deej^{1}	tja^{1}	twụ^{1}	tha^{1}	kwər^{1}	rjir^{2}	thwuu^{1}	rjur^{1}	ɣa^{1}	su^{1}	buu^{2}	tśhjwo^{1}	djọ^{2}	dzjɨɨ^{2}
传	者，	顿	佛	体	与	同，	诸	门	于	胜，	故	修	习

所传者，顿同佛体，迥异诸门，故宗习

1.12.6

mjijr^2	thjɨ^2	wo^2	lhjụ^2	gie^1	lhjụ^2	ku^1	śjɨj^2	we^2	to^2	zji^2	po^1	tjɨj^1
者	其	旨	得	难。	得	即	圣	成，	悉	皆	菩	提

者难得其旨。得即成圣，疾证菩提；

1.12.7

ljạ^1	lhjo^1	ku^1	dow^1	we^2	tśhjɨ^1	rjar^2	niow^2	tshwew^1	ljɨ^1	phju^2	tjụ^2	lə
证；	失	即	邪	成，	立	即	恶	趣	堕。	先	祖	昧

失即成邪，速入涂炭。先祖

1.12.8

tjij^1	lhạ^2	·jijr^2	sjiij^2	nioow^1	njir^2	lew^1	dzjwo^2	lew^1	deej^1	kụ^1	śjij^1	dźiej^2
防	惑	失	思	故，	且	一	人	一	传；	后	代	凭

革昧防失，故且人传一人；后代

1.12.9

lew^2	dja^2	we^2	nioow^1	tśhjwo^1	tụ^1	tjij^1	tụ^1	swew^1	nioow^1	rjijr^2	kjiw^1	·jaar^2
所	△	为	因，	故	千	灯	千	照。	后	方	年	日

已有所凭，故任千灯千照。

1.12.10

rar^2	bju^1	tsjiir^1	mjiij^2	mjiij^2	dja^2	ljiij^2	dza^1	lhạ^2	kjɨ^1	lạ^2	lwər^2	ljɨ^1
过	因，	法	渐	渐	△	坏，	错	谬	△	多，	经	论

洎乎法久成弊，错谬者多，故经论

1.12.11

ɣiew^1	mjijr^2	·jiw^2	pjo^1	gjij^1	rejr^2	iọ^1	tha^1	tja^1	twụ^2	tsjiir^1	tśjɨɨ^1	tsjiir^1
学	人，	疑	谤	殊	众。	夫	佛	者	顿	教、	渐	教、

学人，疑谤亦众。原夫佛说顿教、渐教，

1.12.12

rjɨr^2	tshjiij^1	śjā^1	nji^2	twụ^2	ɣa^1	tśjɨɨ^1	ɣa^1	wjɨ^2	phie^2	njɨɨ^1	tsjiir^1	njɨɨ^1
△	说，	禅	人	顿	门、	渐	门	△	开，	二	教	二

禅开顿门、渐门，二教二

1.13.1

ɣa^1	·jij^1	gu^2	dźju^1	phjoo^2	sjij^1	tsjiir^1	tshjiij^1	mjijr^2	lew^1	tśjɨɨ^1	wo^2	dźju^1
门，	各	相	符	契。	今	教	讲	者	唯	渐	义	彰，

门，各相符契。今讲者偏彰渐义，

1.13.2

śjā^1	djọ^2	mjijr^2	lew^1	twụ^2	mər^2	nur^1	śjā^1	mjijr^2	tshjiij^1	mjijr^2	dźju^2	zjij^1
禅	修	者	唯	顿	宗	播，	禅	者	讲	者	逢	时，

禅者偏播顿宗，禅讲相逢，

1.13.3

phə^1	zar^1	dźjwɨ^1	khie^1	wjɨ^2	sju^2	mər^2	dwuu^2	njwo^2	zjọ^2	wa^2	rjɨr^2	dzjɨɨ^2	bju^1
羌	汉	相	隔	△	如。	宗	密	宿	生	何	△	学	依，

羌汉之隔[3]。宗密不知宿生何作，

1.13.4

thjɨ^2	njiij^1	kjij^1	rjir^1	mjɨ^1	nwə^1	·jij^1	tśjɨɨr^2	mjij^2	ljij^2	mjɨ^1	tśjɨɨr^2	phie^2
此	心	熏	得	不	知，	自	缚	未	脱，	他	解	缚

熏得此心，自未解脱，欲解他

1.13.5

kieḛj²	sej¹	mjiij²	dạ²	·jij¹	tjij¹	tśjɨɨr²	dźjiij¹	mjɨ¹	tśjɨɨr²	phie²
[illegible]，	（《[illegible]	[illegible]》	[illegible]：	[illegible]	[illegible]	[illegible]	[illegible]，	[illegible]	[illegible]	[illegible]
欲，	（《净	名》	云：	自	若	缚	在，	他	缚	解
tja¹	thja¹	dạ²	njaa²	·jɨ²	wji¹	mjɨ¹	njwi²	ljɨ¹	kją¹	
[illegible]，	[illegible]	[illegible]	[illegible]	[illegible]。	[illegible]	[illegible]	[illegible]	[illegible]	[illegible]	
者，	其	言	非	谓。	为	不	能	虽	罢	
djij²	thja¹	njwo²	zjọ²	kjij¹	ɣie¹	lhej²	ljij¹	gie¹	nioow¹	
[illegible]，	[illegible]	[illegible]	[illegible]	[illegible]	[illegible]	[illegible]	[illegible]	[illegible]	[illegible]。）	
然，	是	宿	世	熏	力	改	变	难	故。）	

缚，（亦如《净名》云：若自有缚，能解他缚，无有是处。然欲罢不能[4]，是宿世熏力难改。）[5]

1.13.6

tsjiir¹	nioow¹	lju̱²	ką¹	wjɨ²	dźjɨɨr¹	dźiã²	wjuu¹	rjɨr¹	njiij¹	ŋo²	gju¹	njɨɨ²
[illegible]	[illegible]	[illegible]	[illegible]	[illegible]	[illegible]，	[illegible]①	[illegible]	[illegible]	[illegible]	[illegible]	[illegible]。	[illegible]
法	为	躯	命	△	忘，	人	悯	骨	心	痛	切。	日

为法忘于躯命，悯人切于神情。

1.13.7

njɨɨ²	ŋo²	djiij²	dạ²	dzjwo²	tsjiir¹	rjir²	dja²	ljwu¹	tsjiir¹	dzjwo²	bju¹	dja²
[illegible]	[illegible]	[illegible]	[illegible]，	[illegible]	[illegible]	[illegible]	[illegible]	[illegible]，	[illegible]	[illegible]	[illegible]	[illegible]
日	嗟	叹	曰，	人	法	与	△	差，	法	人	为	△

每叹人与法差，法为人

1.13.8

ŋwo²	thja¹	bju¹	lwər¹	dzjɨj¹	ljɨ¹	·jij¹	gjɨɨ²	rjɨr²	wji¹	kie¹	djɨj²	źjɨr¹
[illegible]，	[illegible]	[illegible]	[illegible]	[illegible]	[illegible]	[illegible]	[illegible]	[illegible]	[illegible]，	[illegible]	[illegible]	[illegible]
病，	是	故	经	律	论	之	疏	△	撰，	戒	定	慧

病，故别撰经律论疏，大开戒定慧

①自"[illegible][illegible]"以下每字残存右半，"[illegible][illegible][illegible][illegible][illegible][illegible][illegible]"七字参照汉本"为法忘于躯命悯人切于神情"补。

1.13.9

·jij^{1}	ɣa^{1}	wjɨ^{2}	phie^{2}	tśjɨɨ^{1}	djọ^{2}	twụ^{2}	tsjij^{2}	·jij^{1}	·wụ^{2}	we^{2}	wjɨ^{2}	dźju^{1}
[illegible]	[illegible]	[illegible]	[illegible]	[illegible]	[illegible]	[illegible]	[illegible]	[illegible]	[illegible]	[illegible]	[illegible]	[illegible]
之	门	△	开；	渐	修	顿	悟	之	资	为	△	显，

门；显顿悟资于渐修，

1.13.10

tha^{1}	njiij^{1}	dzjiij^{2}	tshjiij^{1}	rjir^{2}	phjoo^{2}	ŋwu^{2}	dja^{2}	sjwij^{1}	tha^{1}	njiij^{1}	tśhji^{2}	war^{2}
[illegible]	[illegible]	[illegible]	[illegible]	[illegible]	[illegible]	[illegible]	[illegible]	[illegible]	[illegible]	[illegible]	[illegible]	[illegible]
佛	意	师	说	于	合	是	△	证。	佛	意	本	末

证师说符于佛意。意既本末

1.13.11

zji^{2}	djij^{2}	dźju^{1}	tśjɨ^{1}	·jwɨr^{2}	ŋewr^{2}	wạ^{2}	ljij^{2}	xja^{1}	·ju^{2}	gie^{1}	ljɨ^{1}	ɣiew^{1}
[illegible]	[illegible]	[illegible]	[illegible]	[illegible]	[illegible]	[illegible]	[illegible]	[illegible]	[illegible]	[illegible]	[illegible]	[illegible]
皆	当	示，	而	文	等	浩	博	速	寻	难	也。	学

而委示，文乃浩博而难寻。泛学

1.13.12

mjijr^{2}	rejr^{2}	tsjɨ^{1}	kjur^{2}	zow^{2}	tja^{1}	tśhjɨj^{1}	mjiij^{2}	·jij^{1}	kjɨ^{1}	lwu^{1}	kię^{1}	ŋur^{1}
[illegible]	[illegible]	[illegible]	[illegible]	[illegible]	[illegible]	[illegible]	[illegible]	[illegible]	[illegible]	[illegible]	[illegible]	[illegible]
者	多，	而	志	秉	者	少，	名	相	△	参，	金	鍮

虽多,秉志者少,况迹涉名相,谁辨金鍮?

1.14.1

sjwɨ^{1}	phjo^{2}	tśhji^{2}	·jiw^{1}	mjij^{2}	ljij^{2}	lwow^{1}	·jij^{1}	ljɨ^{1}	rjijr^{2}	tha^{1}	tshjiij^{1}	wjuu^{1}
[illegible]	[illegible]	[illegible]	[illegible]	[illegible]	[illegible]	[illegible]	[illegible]	[illegible]	[illegible]	[illegible]	[illegible]	[illegible]
谁	辨？	机	感	未	见，	徒	自	疲	劳。	佛	说	悲

徒自疲劳,未见机感。虽佛说悲

1.14.2

gjij^{1}	ku^{1}	dźjɨ	ŋwu^{2}	ljɨ^{1}	·jɨ^{2}	djij^{2}	mjo^{2}	sjiij^{2}	dzu^{1}	ljij^{2}	tja^{1}	zji^{2}
[illegible]	[illegible]	[illegible]	[illegible]	[illegible]	[illegible]	[illegible]	[illegible]	[illegible]	[illegible]	[illegible]	[illegible]	[illegible]
增	故	行	是	虽	说	然，	我	虑	爱	见	者	最

增是行,而自虑爱见难防,

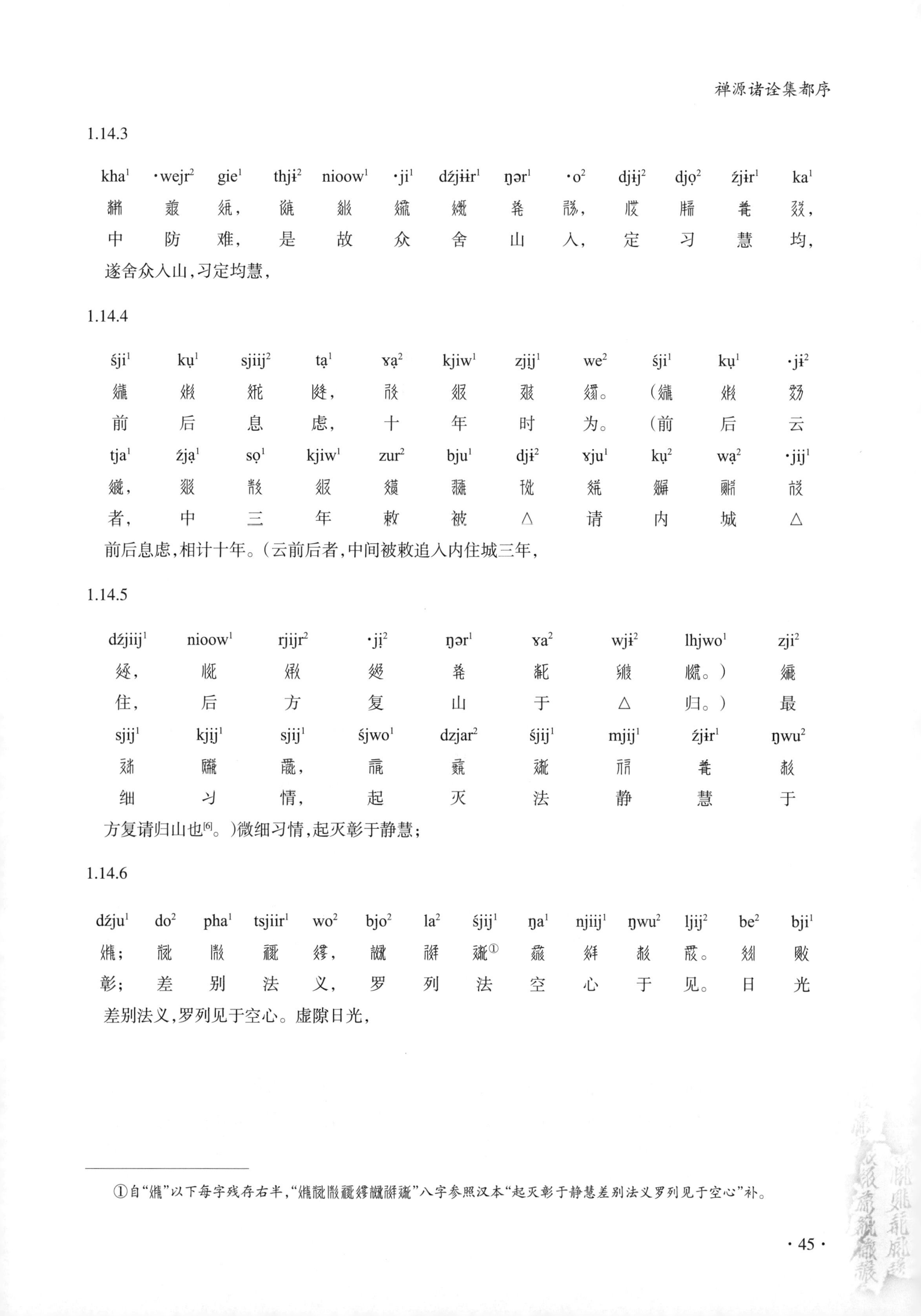

1.14.3

kha^1	·wejr^2	gie^1	thjɨ^2	nioow^1	·ji^1	dźjɨɨr^1	ŋər^1	·o^2	djɨj^2	djọ^2	źjɨr^1	ka^1
中	防	难，	是	故	众	舍	山	入，	定	习	慧	均，

遂舍众入山，习定均慧，

1.14.4

śji^1	kụ^1	sjiij^2	tạ^1	ɣạ^2	kjiw^1	zjij^1	we^2	śji^1	kụ^1	·jɨ^2
前	后	息	虑，	十	年	时	为。	（前	后	云
tja^1	źją^1	sọ^1	kjiw^1	zur^2	bju^1	djɨ^2	ɣju^1	kụ^2	wạ^2	·jij^1
者，	中	三	年	敕	被	△	请	内	城	△

前后息虑，相计十年。（云前后者，中间被敕追入内住城三年，

1.14.5

dźjiij^1	nioow^1	rjijr^2	·jị^2	ŋər^1	ɣa^2	wjɨ^2	lhjwo^1	zji^2
住，	后	方	复	山	于	△	归。）	最
sjij^1	kjij^1	sjij^1	śjwo^1	dzjar^2	śjij^1	mjij^1	źjɨr^1	ŋwu^2
细	习	情，	起	灭	法	静	慧	于

方复请归山也[6]。）微细习情，起灭彰于静慧；

1.14.6

dźju^1	do^2	pha^1	tsjiir^1	wo^2	bjo^2	la^2	śjij^1	ŋa^1	njiij^1	ŋwu^2	ljij^2	be^2	bji^1
彰；	差	别	法	义，	罗	列	法①	空	心	于	见。	日	光

差别法义，罗列见于空心。虚隙日光，

①自"[西夏字]"以下每字残存右半，"[西夏字]"八字参照汉本"起灭彰于静慧差别法义罗列见于空心"补。

1.14.7

phio^2	·u^2	zjɨɨr^1	lhjɨ^2	ŋewr^1	ŋewr^1	sej^1	·jaar^2	zjɨɨr^2	khju^1	rər^2	swu^2	dźju^1
隙	中，	纤	埃	扰	扰；	清	潭	水	底，	影	像	昭

纤埃扰扰；清潭水底，影像昭

1.14.8

dźju^1	dzjij^2	pha^1	lwow^1	mjɨ^2	dźjiij^1	wẹ^1	lə	śjã^1	ljɨ^1	lew^1	·jwɨr^2	tjoo^1
昭。	差	别	空	默	守	愚	痴	禅，	及	但	文	寻

昭。岂比夫空守默之痴禅，但寻文

1.14.9

ljoor^1	źjɨr^1	śjwo^1	mjijr^2	rjir^2	dźjwɨ^1	ɣa^2	dza^2	tjị^2	ljọ^2	wjij^2	thjɨ^2	tsjɨ^1
狂	慧	生	者	与	相	于	比	处	岂	在？	此	亦

之狂慧者？然本因了

1.14.10

śji^1	ɣu^1	·jij^1	njiij^1	·a	tsjij^2	bju^1	rjur^1	tsjiir^1	phjo^2	kar^2	ku^1	tśhjwo^1
原	本	自	心	△	了	因	诸	教	分	辨，	则	故

自心而辨诸教，故

1.14.11

njiij^1	mər^2	ɣa^2	·jɨr^2	śjwo^1	nioow^1	rjur^1	tsjiir^1	wjɨ^2	phjo^2	bju^1	njiij^1	djọ^2
心	宗	于	恳	生；	又	诸	教	△	分	因	心	修

恳情于心宗；又因辨诸教而解修心，

1.14.12

śjij^1	·a	tsjij^2	ku^1	tśhjwo^1	tsjiir^1	wo^2	ɣa^2	·jij^1	tjɨj^1	tsjiir^1	tja^1	rjur^1	tha^1
法	△	解，	则	故	教	义	于	自	虔。	教	者，	诸	佛

故虔诚于教义。教也者，诸佛

1.15.1

dźiã^2	tsjij^2	wjɨ^2	tji^2	lwər^2	ljɨ^1	ŋwu^2	śjã^1	tja^1	rjur^1	neew^2	nwə^1	sjij^2
菩	萨	△	留	经	论	也；	禅	者，	诸	善	知	识

菩萨所留经论也；禅也者，诸善知识

1.15.2

rjɨr^2	wji^1	gjwi^2	ljaa^1	ŋwu^2	tha^1	lwər^2	phie^2	kjij^1	ljij^2	tụ^1	·jar^1	djij^1
△	述	句	偈	也。	佛	经	开	张，	大	千	八	部

所述句偈也。但佛经开张，罗大千八部

1.15.3

·ji^1	·jij^1	ɣjiw^1	śjã^1	ljaa^1	śioo^1	ror^2	thjɨ^2	lhjij^2	·a	djɨj^1	tśhji^2	·jij^1
众	△	罗；	禅	偈	撮	略，	此	方	一	类	机	△

之众；禅偈撮略，就此方一类之机。

1.15.4

śiaa^2	·ji^1	ɣjiw^1	ku^1	wạ^2	zjij^1	bju^1	gie^1	tśhji^2	śiaa^2	ku^1	twụ^2	nur^1
就。	众	罗	则	广	阔	依	难，	机	就	即	的	指

罗众则漭荡难依，就机即指的易用。

1.15.5

ljij^2	ljɨ^2	sjij^1	śioo^1	ror^2	tja^1	śiaa^2	śjij^1	thjɨ^2	sju^2
见	易。	今	纂	集	者，	意	法	斯	如。

今之纂集，意在斯焉。

译文：

又真性则不垢不净，凡圣无差；禅则有浅有深，阶级殊等。谓带异计欣上厌下而修者，是外道禅；正信因果亦以欣厌而修者，是凡夫禅；悟我空偏真之理而修者，是小乘禅；悟我法二空所显真理而修者，是大乘禅。（上四类，皆有四色四空之异也。）若顿悟自心本来清净，元无烦恼，无漏智性，本自具足，此心即佛，毕竟无异，依此而修者，是最上乘禅，亦名如来清净禅，亦名一行三昧，亦名真如三昧。此是一切三昧根本，若能念念修习，自然渐得百千三昧。达摩门下展转相传者，是此禅也。达摩未到，古来诸家所解，皆是前四禅八定，诸高僧依此修之[1]，皆得功用。南岳天台，令依三谛之理，修三止三观。教义虽最圆妙，然其趣入次第[2]，亦只是前之诸禅行相。唯达摩所传者，顿同佛体，迥异诸门，故宗习者难得其旨。得即成圣，疾证菩提；失即成邪，速入涂炭。先祖革昧防失，故且人传一人；后代已有所凭，故任千灯千照。洎乎法久成弊，错谬者多，故经论学人，疑谤亦众。

原夫佛说顿教、渐教，禅开顿门、渐门，二教二门，各相符契。今讲者偏彰渐义，禅者偏播顿宗，禅讲相逢，羌汉之隔[3]。宗密不知宿生何作，熏得此心，自未解脱，欲解他缚，（亦如《净名》云：若自有缚，能解他缚，无有是处。然欲罢不能[4]，是宿世熏力难改。）[5]为法忘于躯命，悯人切于神情。每叹人与法差，法为人病，故别撰经律论疏，大开戒定慧门；显顿悟资于渐修，证师说符于佛意。意既本末而委示，文乃浩博而难寻。泛学虽多，秉志者少，况迹涉名相，谁辨金鍮？徒自疲劳，未见机感。虽佛说悲增是行，而自虑爱见难防，遂舍众入山，习定均慧，前后息虑，相计十年。（云前后者，中间被敕追入内住城三年，方复请归山也[6]。）微细习情，起灭彰于静慧；差别法义，罗列见于空心。虚隙日光，纤埃扰扰；清潭水底，影像昭昭。岂比夫空守默之痴禅，但寻文之狂慧者？然本因了自心而辨诸教，故恳情于心宗；又因辨诸教而解修心，故虔诚于教义。教也者，诸佛菩萨所留经论也；禅也者，诸善知识所述句偈也。但佛经开张，罗大千八部之众；禅偈撮略，就此方一类之机。罗众则莽荡难依，就机即指的易用。今之纂集，意在斯焉。

注释：

[1]诸高僧依此修之，汉本无“依此”二字。

[2]汉本“次第”上有“门户”二字。

[3]羌汉，汉本作“胡越”。

[4]欲罢不能，汉本下衍“验”字。

[5]“熏力”二字汉本无。又按，以上双行小注汉本误入“悯人切于神情”句下。

[6]方复请归山也，汉本作“方却表请归山也”。

释读：

1.15.5

·jɨr¹	dạ²	iọ¹
𗗙	𗓁:“	[illegible]
问	曰:“	夫

问:“夫

1.15.6

śioo^{1} ror^{2} tja^{1} ·jwɨr^{2} kjɨ^{1} djɨj^{2} ljow^{2} wo^{2} kjɨ^{1} djɨj^{2} ŋowr^{2} wo^{2} bju^{1}

[illegible]

撮 略 者, 文 必 定 简, 义 必 定 周 足 故,

言撮略者,文须简约,义须周足,理应

1.15.7

ku^{1} rejr^{2} wo^{2} śioo^{1} ror^{2} ljow^{2} ·jwɨr^{2} kha^{1} dźju^{1} śjwo^{1} rjur^{1} tha^{1} lwər^{2}

[illegible]

则 多 义 撮 束 少 文 中 明 应。 诸 佛 经

撮束多义在少文中。且诸佛

1.15.8

lhejr^{2} rjɨr^{2} tshjiij^{1} tja^{1} tsjiir^{1} tsjiir^{1} kwər^{1} wo^{2} ɣiej^{1} wo^{2} ·jiw^{1}

[illegible]

契 △ 说 者 法 (法 体)、 义 (义 理)、 因

so̱^{1} mee^{2} ɣa̱^{2} ljɨ^{2} so̱^{1} ɣa̱^{2} śja̱^{1} phiaa^{2} ɣa̱^{2} po^{1}

[illegible]

(三 贤、 十 地、 三 十 七 分、 十 波

说经,皆具法(法体)、义(义理)、因(三贤、十地、三十七品、十波

1.15.9

lo^{1} bjii^{2} njɨ^{2} ŋwu^{2} mjaa^{1} tha^{1} ·jij^{1} tśhja^{2} dźjɨ dźiej^{2} tsjiir^{1}

[illegible]

罗 蜜 等 是)、 果 (佛 之 正 行)、 信 (信

dźiej^{2} tsjij^{2} wo^{2} tsjij^{2} djo̱^{2} mjii^{1} daa^{2} ·jiw^{1} djo̱^{2} lja̱^{1}

[illegible]

法)、 解 (解 义)、 修 (位 历 因 修)、 证

罗蜜)、果(佛之正行[1])、信(信法)、解(解义)、修(历位修因)、证

1.15.10

mjaa^{1} lja̱^{1} njɨ^{2} zji^{2} ŋowr^{2} rjur^{1} kię^{2} twụ^{1} do^{2} dzjiij^{2} śjij^{1} mji^{1} lew^{2} ljɨ^{1}

[illegible]

(证 果)、 等 皆 具。 世 界 各 异, 化 仪 不 同 虽

(证果)。虽世界各异,化仪不同,

1.15.11

ŋwu^{2}	djij^{2}	thja^{1}	thu^{1}	lew^{2}	tsjiir^{1}	thjɨ^{2}	·jar^{1}	mə^{2}	mji^{1}	ŋowr^{2}	mjij^{1}	tśhjwo^{1}
[illegible]	[illegible],	[illegible]	[illegible]	[illegible]	[illegible],	[illegible]	[illegible]	[illegible]	[illegible]	[illegible]	[illegible],	[illegible]
是	然,	其	立	所	教,	此	把	种	不	备	无,	故

其所立教,无不备此,故

1.15.12

wją^{1}	ljuu^{2}	lwər^{2}	lhejr^{2}	kha^{1}	·a	ljwu^{2}	·a	mjii^{1}	dźjwa^{1}	zjij^{1}	śja^{1}	rjijr^{2}
《[illegible]	[illegible]	[illegible]	[illegible]》	[illegible]	[illegible]	[illegible]、	[illegible]	[illegible]	[illegible]	[illegible],	‘[illegible]	[illegible]
《华	严	契	经》	中	一	会、	一	位	毕	时,	‘十	方

《华严》每会、每位皆结云‘十方

1.16.1

rjur^{1}	kięj^{2}	tsjɨ^{1}	zji^{2}	thjɨ^{2}	tshjiij^{1}	rjir^{2}	lew^{2}	·jɨ^{2}	śiaa^{2}	zu^{2}	wji^{1}	sjij^{1}
[illegible]	[illegible]	[illegible]	[illegible]	[illegible]	[illegible]	[illegible]	[illegible]	[illegible],	[illegible]	[illegible]	[illegible]’。	[illegible]
世	界	亦	悉	此	说	与	同	谓,	结	续	为’。	今

世界悉同此说’。今

1.16.2

kjɨ^{1}	śioo^{1}	śjã^{1}	lhwu^{1}	kjɨ^{1}	·juu^{1}	rjɨr^{2}	mjaa^{2}	·jɨr^{1}	bju^{1}	ljɨɨ^{1}	·jɨr^{1}	sjwɨ^{1}
[illegible]	[illegible]	[illegible]	[illegible]	[illegible]	[illegible],	[illegible]	[illegible]	[illegible]	[illegible]	[illegible]	[illegible],	[illegible]
△	集	禅	述	△	览,	△	多	问	随	反	质,	旋

览所集诸家禅述,多是随问反质,旋

1.16.3

śjɨj^{1}	śjwɨ^{1}	ljiij^{2}	tśjɨɨ^{1}	bju^{1}	wo^{2}	mjij^{1}	ɣu^{1}	mjiij^{2}	mjɨ^{1}	sjwij^{1}	thjɨ^{2}	sju^{2}
[illegible]	[illegible]	[illegible],	[illegible]	[illegible]	[illegible]	[illegible],	[illegible]	[illegible]	[illegible]	[illegible],	[illegible]	[illegible]
立	旋	破,	次	依	义	无,	始	终	不	见,	此	如

立旋破,无斯纶绪,不见始终,

1.16.4

ku^{1}	tha^{1}	tsjiir^{1}	śioo^{1}	ror^{2}	thjij^{2}	sjo^{2}	we^{2}	ljɨ^{1}	kụ^{2}	dạ^{2}	tha^{1}	rjur^{1}
[illegible]	[illegible]	[illegible]	[illegible]	[illegible]	[illegible]	[illegible]	[illegible]	[illegible]?”	[illegible]	[illegible]:“	[illegible]	[illegible]
则	佛	教	撮	略	云	何	为	耶?”	答	曰:“	佛	世

岂得名为撮略佛教?”答:“佛

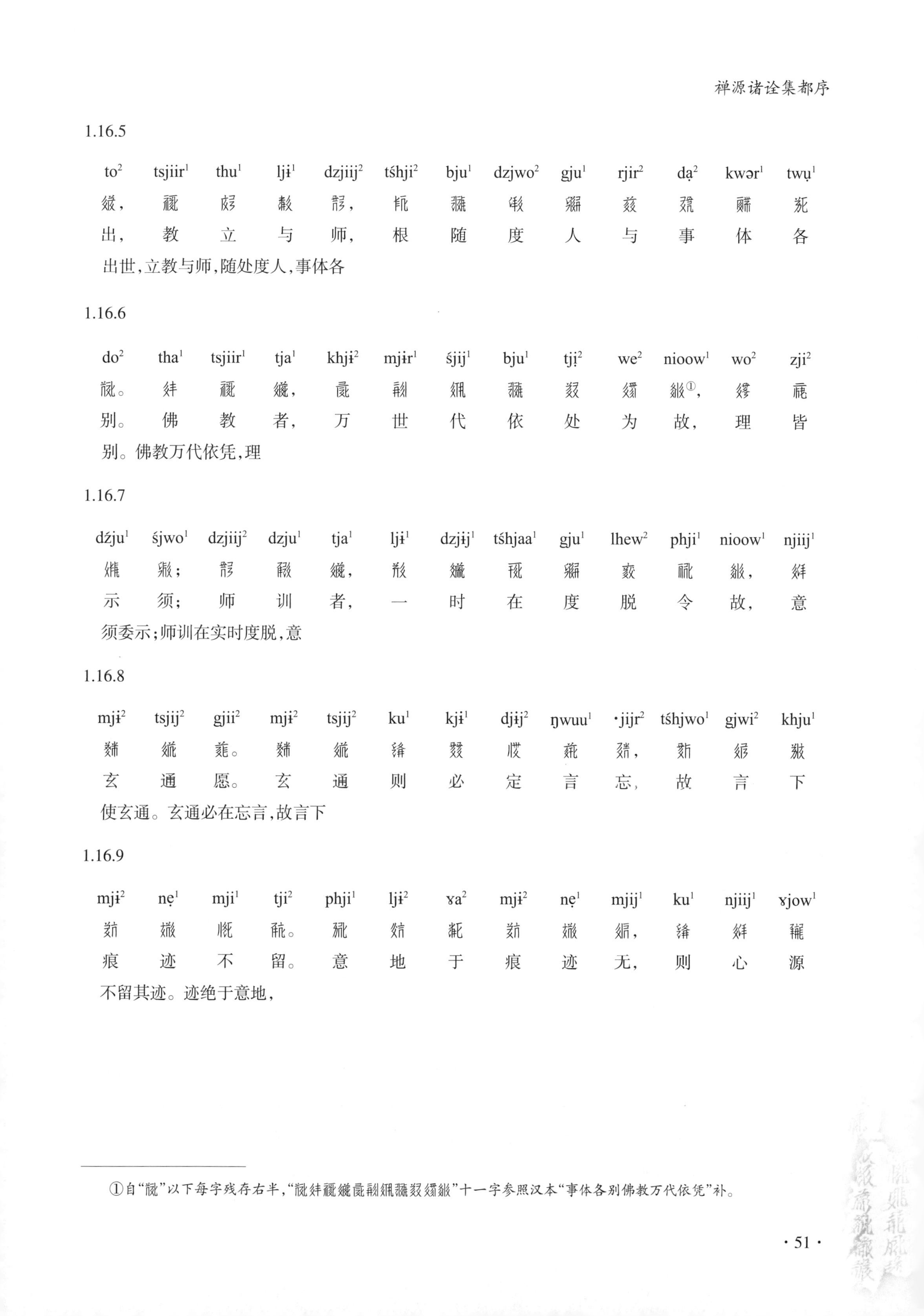

1.16.5

to2	tsjiir1	thu1	ljɨ1	dzjiij2	tśhji2	bju1	dzjwo2	gju1	rjir2	dạ2	kwər1	twụ1
出，	教	立	与	师，	根	随	度	人	与	事	体	各

出世，立教与师，随处度人，事体各

1.16.6

do2	tha1	tsjiir1	tja1	khjɨ2	mjɨr1	śjij1	bju1	tjị2	we2	nioow1	wo2	zji2
别。	佛	教	者，	万	世	代	依	处	为	故①，	理	皆

别。佛教万代依凭，理

1.16.7

dźju1	śjwo1	dzjiij2	dzju1	tja1	ljɨ1	dzjɨj1	tśhjaa1	gju1	lhew2	phji1	nioow1	njiij1
示	须；	师	训	者，	一	时	在	度	脱	令	故，	意

须委示；师训在实时度脱，意

1.16.8

mjɨ2	tsjij2	gjii2	mjɨ2	tsjij2	ku1	kjɨ1	djɨj2	ŋwuu1	·jijr2	tśhjwo1	gjwi2	khju1
玄	通	愿。	玄	通	则	必	定	言	忘，	故	言	下

使玄通。玄通必在忘言，故言下

1.16.9

mjɨ2	nẹ1	mji1	tji2	phji1	ljɨ2	ɣa2	mjɨ2	nẹ1	mjij1	ku1	njiij1	ɣjow1
痕	迹	不	留。	意	地	于	痕	迹	无，	则	心	源

不留其迹。迹绝于意地，

---

①自“[illegible]”以下每字残存右半，“[illegible]”十一字参照汉本“事体各别佛教万代依凭”补。

1.16.10

do^2	ɣiej^1	wo^2	wjɨ^2	śja^2	thja^1	bju^1	dźiej^2	tsjij^2	djo̜^{2}	lja̜^{1}	mji^1	dzjɨɨ^2
[illegible]	[illegible]	[illegible]	[illegible]	[illegible]。	[illegible]	[illegible]	[illegible]	[illegible]	[illegible]	[illegible]	[illegible]	[illegible]，
于	真	理	△	现。	是	以	信	解	修	证	不	学，

理现于心源。即信解修证不为，

1.16.11

tsjɨ^1	thja^1	śjij^1	śjɨj^1	·jiw^2	lwər^2	dzjɨj^1	ljɨ^1	gjɨɨ^2	mji^1	ɣiew^1	tsjɨ^1	thja^1
[illegible]	[illegible]	[illegible]	[illegible]	[illegible]；	[illegible]	[illegible]	[illegible]	[illegible]	[illegible]	[illegible]，	[illegible]	[illegible]
而	自	然	成	就；	经	律	论	疏	不	习，	而	自

而自然成就；经律疏论不习，而自

1.16.12

śjij^1	·jij^1	tsjij^2	tśhjwo^1	tśja^1	thjij^2	sjo^2	djo̜^{2}	·jɨr^1	zjij^1	ku̜^{2}	da̜^{2}	djo̜^{2}
[illegible]	[illegible]	[illegible]。	[illegible]	[illegible]	[illegible]	[illegible]	[illegible]	[illegible]	[illegible]，	[illegible]	[illegible]	[illegible]
然	自	通。	故	道	如	何	修	问	时，	答	云	修

然冥通。故有问修道，即答以无修；

1.17.1

lew^2	mjij^1	·jɨ^2	bie^2	ljij^2	thjij^2	sjo^2	kju̜^{1}	·jɨr^1	zjij^1	ku̜^{2}	da̜^{2}	sjwɨ^1
[illegible]	[illegible]	[illegible]；	[illegible]	[illegible]	[illegible]	[illegible]	[illegible]	[illegible]	[illegible]，	[illegible]	[illegible]	[illegible]
所	无	谓；	解	脱	如	何	求	问	时，	答	云	谁

有求解脱，即反质谁缚。

1.17.2

nja^1	tśjɨɨr^2	nja^2	·jɨ^2	tha^1	śjɨj^1	tśja^1	·a	dju^1	·jɨr^1	zjij^1	ku̜^{2}	da̜^{2}
[illegible]	[illegible]	[illegible]	[illegible]。	[illegible]	[illegible]	[illegible]	[illegible]	[illegible]	[illegible]	[illegible]，	[illegible]	[illegible]
△	缚	汝	谓。	佛	成	路	△	有	问	时，	答	云

有问成佛之路，即云

1.17.3

mər^2	ɣa^2	·ju^2	mur^1	mjij^1	·jɨ^2	dzjar^2	bjij^2	njiij^1	no^2	śjij^1	·jɨr^1	zjij^1
[illegible]	[illegible]	[illegible]	[illegible]	[illegible]	[illegible]；	[illegible]	[illegible]	[illegible]	[illegible]	[illegible]	[illegible]	[illegible]，
本	来	凡	夫	无	谓；	终	临	心	安	法	问	时，

本无凡夫；有问临终安心，

1.17.4

kụ^2	dạ^2	mər^2	ɣa^2	dạ^2	mjij^1	·jɨ^2	tśhioow^1	nioow^1	thjɨ^2	tja^1	lạ^1	thjɨ^2
[illegible]	[illegible]	[illegible]	[illegible]	[illegible]	[illegible]	[illegible]。	[illegible]	[illegible]	[illegible]	[illegible]	[illegible]，	[illegible]
答	云	本	来	事	无	谓。	或	亦	此	者	妄，	此

即云本来无事。或亦云：此是妄，此

1.17.5

tja^1	ɣiej^1	thjɨ^2	sju^2	njiij^1	dźjij^1	thjɨ^2	sju^2	sjwɨj^1	tạ^1	·jɨ^2	ljɨ^1	·jɨ^2
[illegible]	[illegible]，	[illegible]	[illegible]	[illegible]	[illegible]，	[illegible]	[illegible]	[illegible]	[illegible]	[illegible]	[illegible]	[illegible]
者	真，	是	如	心	用，	是	如	业	息	曰	虽	未

是真，如是用心，如是息业，

1.17.6

djij^2	io̱^{1}	dạ^2	kwər^1	śiaa^2	śjij^1	tja^1	lew^1	thja^1	dzjɨj^1	wa^2	dạ^2	nioow^1
[illegible]，	[illegible]	[illegible]	[illegible]	[illegible]	[illegible]	[illegible]①，	[illegible]	[illegible]	[illegible]	[illegible]	[illegible]	[illegible]，
然，	凡	言	体	要	法	者，	但	彼	时	何	事	随，

举要而言，但是随当时事，

1.17.7

tśhji^2	tsjiir^2	wa^2	rjir^2	śjwii^2	thja^1	bju^1	kụ^2	lew^2	·ja	duu^2	po^1	tjɨj^1
[illegible]	[illegible]	[illegible]	[illegible]	[illegible]。	[illegible]	[illegible]	[illegible]	[illegible]。	[illegible]	[illegible]	[illegible]	[illegible]
时	性	何	与	当。	是	如	答	之。	阿	耨	菩	提

应当时机。何有定法，名阿耨菩提？

1.17.8

·jɨ^2	tja^1	djɨj^2	tsjiir^1	ljo̱^{2}	dju^1	ma^2	ŋa^2	pa^2	rja^2	·jɨ^2	tja^1	djɨj^2
[illegible]	[illegible]，	[illegible]	[illegible]	[illegible]	[illegible]？	[illegible]	[illegible]	[illegible]	[illegible]	[illegible]	[illegible]，	[illegible]
谓	者，	定	法	何	有？	摩	诃	般	若	谓	者，	定

岂有定行，名摩诃般若？

①自“[illegible]”以下每字残存右半，“[illegible]”七字参照汉本“举要而言”补。

1.17.9

dźjɨ thjij^{2} tshjiij^{1} tjị^{1} tjij^{1} sjij^{1} lə lew^{2} mjij^{1} phji^{1} wji^{1} lew^{2} mjij^{1}

[illegible] [illegible] [illegible]？ [illegible] [illegible] [illegible] [illegible] [illegible] [illegible]， [illegible] [illegible] [illegible] [illegible]，

行 岂 言？ 设 若 情 念 所 无， 意 为 所 无，

但得情无所念，意无所为，

1.17.10

njiij^{1} śjwo^{1} lew^{2} mjij^{1} źjɨr^{1} dźjiij^{1} lew^{2} mjij^{1} lew^{1} thjɨ^{2} sju^{2} rjir^{1} ku^{1}

[illegible] [illegible] [illegible] [illegible]， [illegible] [illegible] [illegible] [illegible]， [illegible] [illegible] [illegible] [illegible]， [illegible]

心 生 所 无， 慧 住 所 无， 唯 此 如 得， 则

心无所生，慧无所住，即

1.17.11

ɣiej^{1} dźiej^{2} ɣiej^{1} tsjij^{2} ɣiej^{1} djọ^{2} ɣiej^{1} ljạ^{1} ŋwu^{2} tjij^{1} ·jij^{1} njiij^{1} mji^{1}

[illegible] [illegible]、 [illegible] [illegible]、 [illegible] [illegible]、 [illegible] [illegible] [illegible]。 [illegible] [illegible] [illegible] [illegible]

真 信、 真 解、 真 修、 真 证 也。 若 自 心 不

真信、真解、真修、真证也。若不了自心，

1.17.12

tsjij^{2} lew^{1} mjiij^{2} tsjiir^{1} zow^{2} ŋwu^{2} tha^{1} tśja^{1} kjụ^{1} kiej^{2} tja^{1} dzjọ^{1} lụ^{1}

[illegible]， [illegible] [illegible] [illegible] [illegible] [illegible] [illegible] [illegible] [illegible] [illegible] [illegible]， [illegible] [illegible]

了， 但 名 执 教 而 佛 道 求 欲 者， 譬 石

但执名教，欲求佛道者，譬

1.18.1

·ji^{1} bia^{2} gjii^{2} sju^{2} thja^{1} tja^{1} mji^{1} tjɨj^{2} thja^{1} bju^{1} sjij^{1} mjor^{1} rjur^{1}

[illegible] [illegible] [illegible] [illegible] [illegible] [illegible] [illegible] [illegible]。 [illegible] [illegible] [illegible] [illegible] [illegible]

烹 粥 求 若 彼 者 无 稽， 是 以 今 现 诸

若烹石求粥之无稽，是以现

1.18.2

dzjwo^{2} dji^{2} sjij^{2} lwər^{2} do^{1} djij^{2} io̱^{1} ljạ^{1} tsjij^{2} lew^{2} mjij^{1} ljɨ^{1} ·jwɨr^{2}

[illegible]， [illegible] [illegible] [illegible] [illegible] [illegible] [illegible] [illegible]， [illegible] [illegible] [illegible] [illegible]； [illegible]

人， 字 识 经 看 虽 具 得， 悟 所 无 也； 文

今之人[2]，岂不现见；识字看经，元不证悟；

1.18.3

phie^{2}	wo^{2}	kjịj^{1}	tsjɨ^{1}	gjịj^{1}	lẹj^{2}	tshjạ^{1}	·a	wejr^{1}	sji^{2}	thjɨ^{2}	sju^{2}	rejr^{2}
[illegible]	[illegible]	[illegible]，	[illegible]	[illegible]	[illegible]	[illegible]	[illegible]	[illegible]	[illegible]？	[illegible]	[illegible]	[illegible]
销	义	释，	尔	特	贪	嗔	△	炽	能？	知	如	此

销文释义，唯炽贪嗔耶？

1.18.4

dju^{1}	thjij^{2}	mji^{1}	ljij^{2}	nji^{2}	nioow^{1}	·ja	na^{1}	rejr^{2}	mji^{1}	zji^{2}	·jiij^{1}	ŋwu^{2}
[illegible]，	[illegible]	[illegible]	[illegible]	[illegible]？	[illegible]	[illegible]	[illegible]	[illegible]	[illegible]	[illegible]	[illegible]	[illegible]，
有，	岂	不	见	焉？	又	阿	难	多	闻	总	持	是，

况阿难多闻总持，

1.18.5

tsjɨ^{1}	rejr^{2}	kjiw^{1}	śjɨj^{2}	mjaa^{1}	mjij^{2}	rjir^{1}	nioow^{1}	tạ^{1}	mər^{2}	ɣjow^{1}	swew^{1}	thjuu^{1}
[illegible]	[illegible]	[illegible]	[illegible]	[illegible]	[illegible]	[illegible]	[illegible]；	[illegible]	[illegible]	[illegible]	[illegible]	[illegible]，
亦	多	岁	圣	果	不	登	故；	息	本	源	反	见，

积岁不登圣果；息缘反照，

1.18.6

tśhjɨ^{2}	rjar^{2}	wee^{1}	mjij^{1}	kjɨ^{1}	ljạ^{1}	thja^{1}	bju^{1}	tsjiir^{1}	dzjɨɨ^{2}	gjịj^{1}	ɣie^{2}	dzjwo^{2}
[illegible]	[illegible]	[illegible]	[illegible]	[illegible]	[illegible]。	[illegible]	[illegible]	[illegible]	[illegible]	[illegible]	[illegible]、	[illegible]①
暂	时	生	无	△	证。	是	以	教	法	利	益、	人

暂时即证无生。即知乘教之益、度人

1.18.7

gju^{1}	tśier^{1}	·ju^{2}	·jij^{1}	twụ^{1}	nioow^{1}	dju^{1}	thja^{1}	·jwɨr^{2}	dji^{2}	nioow^{1}	źier^{1}	tja^{1}
[illegible]	[illegible]	[illegible]，	[illegible]	[illegible]	[illegible]	[illegible]，	[illegible]	[illegible]	[illegible]	[illegible]	[illegible]	[illegible]
度	方	便，	自	各	由	有，	其	文	字	于	责	者

之方，各有其由，不应于文字而责也。”

①自“[illegible]”以下一行，每字残存右半，“[illegible]”十三字参照汉本“暂时即证无生即知乘教之益度人之方”补。

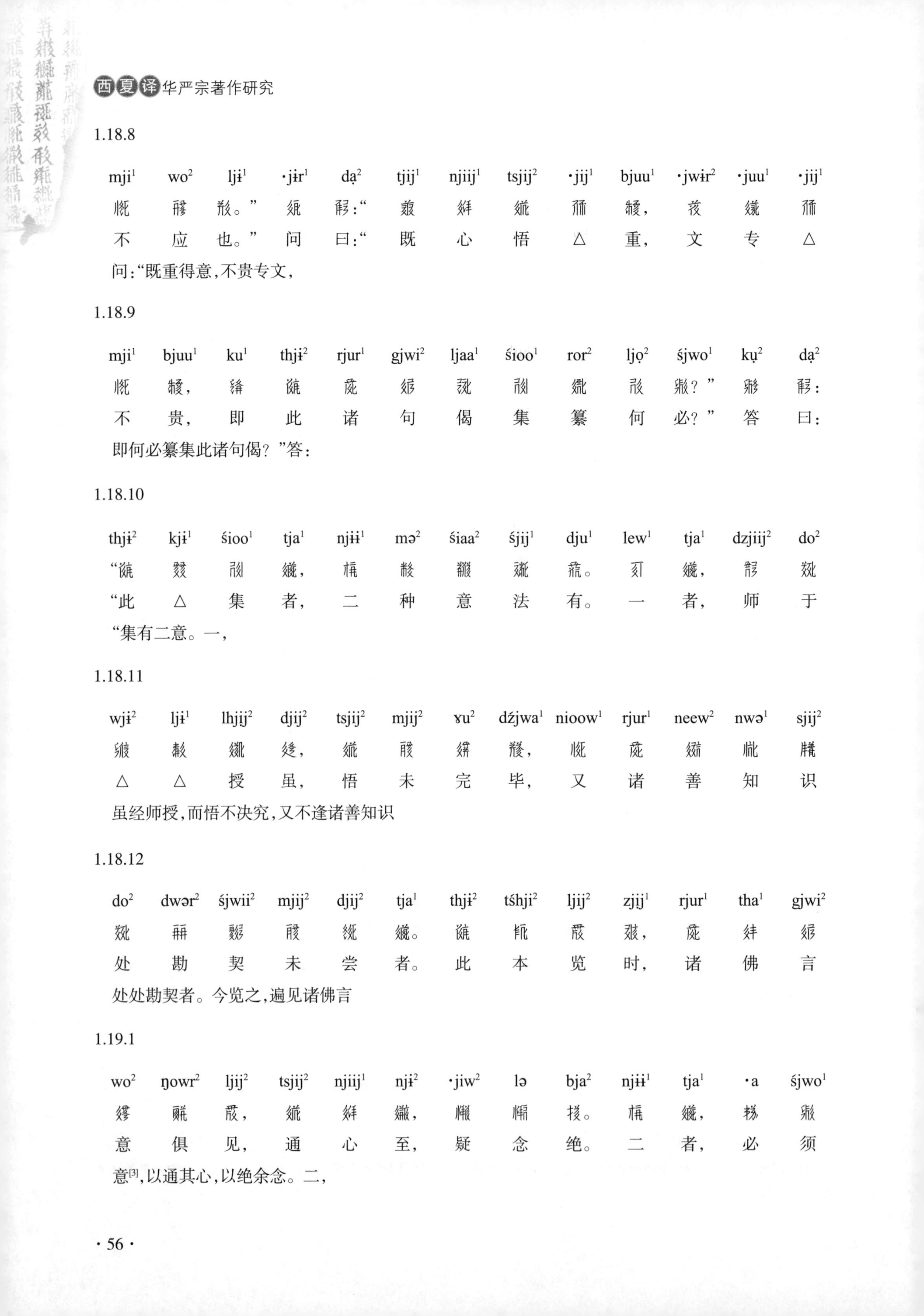

1.18.8

mji^1 wo^2 ljɨ^1 ·jɨr^1 dạ^2 tjij^1 njiij^1 tsjij^2 ·jij^1 bjuu^1 ·jwɨr^2 ·juu^1 ·jij^1

[illegible]

不 应 也。” 问 曰:“ 既 心 悟 △ 重, 文 专 △

问:“既重得意,不贵专文,

1.18.9

mji^1 bjuu^1 ku^1 thjɨ^2 rjur^1 gjwi^2 ljaa^1 śioo^1 ror^2 ljọ^2 śjwo^1 kụ^2 dạ^2

[illegible]

不 贵, 即 此 诸 句 偈 集 纂 何 必?” 答 曰:

即何必纂集此诸句偈?”答:

1.18.10

thjɨ^2 kjɨ^1 śioo^1 tja^1 njɨɨ^1 mə^2 śiaa^2 śjij^1 dju^1 lew^1 tja^1 dzjiij^2 do^2

[illegible]

“此 △ 集 者, 二 种 意 法 有。 一 者, 师 于

“集有二意。一,

1.18.11

wjɨ^2 ljɨ^1 lhjij^2 djij^2 tsjij^2 mjij^2 ɣu^2 dźjwa^1 nioow^1 rjur^1 neew^2 nwə^1 sjij^2

[illegible]

△ △ 授 虽, 悟 未 完 毕, 又 诸 善 知 识

虽经师授,而悟不决究,又不逢诸善知识

1.18.12

do^2 dwər^2 śjwii^2 mjij^2 djij^2 tja^1 thjɨ^2 tśhji^2 ljij^2 zjij^1 rjur^1 tha^1 gjwi^2

[illegible]

处 勘 契 未 尝 者。 此 本 览 时, 诸 佛 言

处处勘契者。今览之,遍见诸佛言

1.19.1

wo^2 ŋowr^2 ljij^2 tsjij^2 njiij^1 njɨ^2 ·jiw^2 lə bja^2 njɨɨ^1 tja^1 ·a śjwo^1

[illegible]

意 俱 见, 通 心 至, 疑 念 绝。 二 者, 必 须

意[3],以通其心,以绝余念。二,

1.19.2

tsjij^{2}	djij^{2}	mjɨ^{1}	·jij^{1}	dzjiij^{2}	wji^{1}	kięj^{2}	tja^{1}	thjɨ^{2}	tśhji^{2}	ljij^{2}	zjij^{1}	mji^{1}
悟	虽，	人	之	师	为	欲	者。	此	本	览	时，	闻

为悟解了者，欲为人师。

1.19.3

ljij^{2}	wą^{2}	ljij^{2}	khio^{2}	njwi^{2}	lhu^{1}	dzja^{1}	tsjij^{2}	bju^{1}	·ji^{1}	ɣjiw^{1}	·jɨr^{1}	kụ^{2}
见	广	大，	善	巧	增	盛，	解	依	众	摄，	问	答

令广其见闻，增其善巧，依解摄众，答问

1.19.4

dzju^{1}	dzjiij^{2}	njwi^{2}	we^{2}	tśhjwo^{1}	śji^{1}	tshjiij^{1}	tụ^{1}	kięj^{2}	ɣjiw^{1}	ku^{1}	wą^{2}	zjij^{1}
教	授	能	为。	即	上	云：	千	界	罗	即	广	阔

教授也。即上云：罗千界即漭荡

1.19.5

bju^{1}	gie^{1}	·a	rjijr^{2}	śiaa^{2}	ku^{1}	twụ^{2}	nur^{1}	ljij^{2}	ljɨ^{2}	·jɨ^{2}	thjɨ^{2}	tsjɨ^{1}
依	难，	一	方	就	即	指	的	见	易	谓。	此	亦

难依，就一方即指的易用也。

1.19.6

twụ^{2}	twụ^{2}	ŋwuu^{1}	·jijr^{2}	ɣa^{1}	·jij^{1}	·wụ^{2}	bjij^{2}	ljɨ^{1}	njaa^{2}	nioow^{1}	wjɨ^{2}	deej^{1}
直	直	言	忘	门	之	祐	助	但	非，	亦	△	垂

然又非直资忘言之门，亦兼垂

1.19.7

tsjiir^{1}	·jij^{1}	gjij^{1}	ɣie^{2}	lhu^{1}	wjij^{1}	tsjɨ^{1}	ŋwu^{2}	nioow^{1}	lew^{1}	thjɨ^{2}	njiij^{1}	twụ^{2}
禅	之	利	益	增	兼	亦	是，	由	但	此	心	直

禅教之益，非但令意

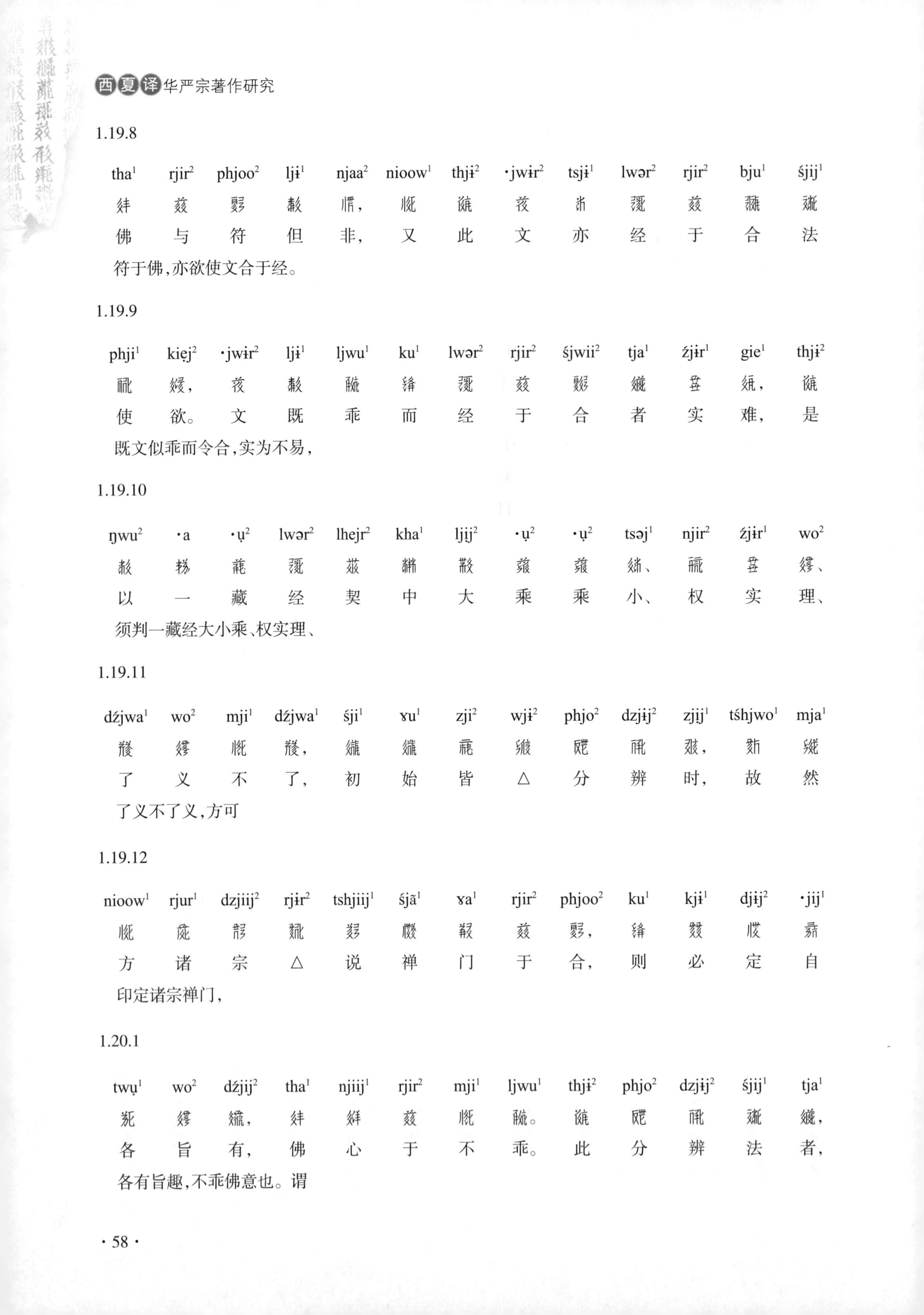

1.19.8

tha1 rjir2 phjoo2 ljɨ1 njaa2 nioow1 thjɨ2 ·jwɨr2 tsjɨ1 lwər2 rjir2 bju1 śjij1

佛 与 符 但 非， 又 此 文 亦 经 于 合 法

符于佛，亦欲使文合于经。

1.19.9

phji1 kięj2 ·jwɨr2 ljɨ1 ljwu1 ku1 lwər2 rjir2 śjwii2 tja1 źjɨr1 gie1 thjɨ2

使 欲。 文 既 乖 而 经 于 合 者 实 难， 是

既文似乖而令合，实为不易，

1.19.10

ŋwu2 ·a ·ụ2 lwər2 lhejr2 kha1 ljij2 ·ụ2 ·ụ2 tsəj1 njir2 źjɨr1 wo2

以 一 藏 经 契 中 大 乘 乘 小、 权 实 理、

须判一藏经大小乘、权实理、

1.19.11

dźjwa1 wo2 mji1 dźjwa1 śji1 ɣu1 zji2 wjɨ2 phjo2 dzjɨj2 zjij1 tśhjwo1 mja1

了 义 不 了， 初 始 皆 △ 分 辨 时， 故 然

了义不了义，方可

1.19.12

nioow1 rjur1 dzjiij2 rjɨr2 tshjiij1 śjã1 ɣa1 rjir2 phjoo2 ku1 kjɨ1 djɨj2 ·jij1

方 诸 宗 △ 说 禅 门 于 合， 则 必 定 自

印定诸宗禅门，

1.20.1

twụ1 wo2 dźjij2 tha1 njiij1 rjir2 mji1 ljwu1 thjɨ2 phjo2 dzjɨj2 śjij1 tja1

各 旨 有， 佛 心 于 不 乖。 此 分 辨 法 者，

各有旨趣，不乖佛意也。谓

1.20.2

·a	lhwu[1]	lwər[2]	ljɨ[1]	śioo[1]	sọ[1]	mə[2]	we[2]	śjã[1]	ɣa[1]	dzju[1]	dạ[2]	tsjɨ[1]
[illegible]	[illegible]	[illegible]	[illegible]	[illegible]	[illegible]	[illegible]	[illegible]，	[illegible]	[illegible]	[illegible]	[illegible]，	[illegible]
一	藏	经	论	统	三	种	为，	禅	门	言	教，	亦

一藏经论统唯三种，禅门言教，亦

1.20.3

bjuu[2]	sọ[1]	mər[2]	ŋwu[2]	rjɨr[2]	khju[1]	·jwɨr[2]	kha[1]	·jij[1]	twụ[1]
[illegible]	[illegible]	[illegible]	[illegible]，	（[illegible]	[illegible]	[illegible]	[illegible]	[illegible]	[illegible]
统	三	宗	为，	（以	下	文	中	各	自
pha[1]	phie[2]	thjɨ[2]	bju[1]	·jij[1]	gu[2]	phjoo[2]	śjwii[2]		
[illegible]	[illegible]。）	[illegible]	[illegible]	[illegible]	[illegible]	[illegible]	[illegible]，		
别	释。）	是	以	自	相	符	合，		

统唯三宗，（各在下文别释。）配对相符，

1.20.4

ku[1]	tśhjwo[1]	iọ[1]	ljij[2]	śjɨj[1]
[illegible]	[illegible]	[illegible]	[illegible]	[illegible]。”
故	方	圆	见	成。”

方成圆见。”

译文：

问：“夫言撮略者，文须简约，义须周足，理应撮束多义在少文中。且诸佛说经，皆具法（法体）、义（义理）、因（三贤、十地、三十七品、十波罗蜜）、果（佛之正行[1]）、信（信法）、解（解义）、修（历位修因）、证（证果）。虽世界各异，化仪不同，其所立教，无不备此，故《华严》每会、每位皆结云‘十方世界悉同此说’。今览所集诸家禅述，多是随问反质，旋立旋破，无斯纶绪，不见始终，岂得名为撮略佛教？”答：“佛出世，立教与师，随处度人，事体各别。佛教万代依凭，理须委示；师训在实时度脱，意使玄通。玄通必在忘言，故言下不留其迹。迹绝于意地，理现于心源。即信解修证不为，而自然成就；经律疏论不习，而自然冥通。故有问修道，即答以无修；有求解脱，即反质谁缚。有问成佛之路，即云本无凡夫；有问临终安心，即云本来无事。或亦云：此是妄，此是真，如是用心，如是息业，举要而言，但是随当时事，应当时机。何有定法，名阿耨菩提？岂有定行，名摩诃般若？但得情无所念，意无所为，心无所生，慧无所住，即真信、真解、真修、真证也。若不了自心，但执名教，欲求佛道者，譬若烹石求粥之无稽，是以现今之人[2]，岂不现见：识字看经，元不证悟；销文释义，唯炽贪嗔耶？况阿难多闻总持，积岁不登圣果；息缘反照，暂时即证无生。即知乘教之益、度人之方，各有其由，不应于文字而责也。”

问：“既重得意，不贵专文，即何必纂集此诸句偈？”答：“集有二意。一，虽经师授，而悟不决究，又不逢诸善知识处处勘契者。今览之，遍见诸佛言意[3]，以通其心，以绝余念。二，为悟解了者，欲为人师。令广其见闻，增其善巧，依解摄众，答问教授也。即上云：罗千界即漭荡难依，就一方即指的易用也。然又非直资忘言之门，亦兼垂禅教之益，非但令意符于佛，亦欲使文合于经。既文似乖而令合，实为不易，须判一藏经大小乘、权实理、了义不了义，方可印定诸宗禅门，各有旨趣，不乖佛意也。谓一藏经论统唯三种，禅门言教，亦统唯三宗，（各在下文别释。）配对相符，方成圆见。”

注释：

[1]正行汉本作“妙用”。

[2]“譬若烹石求粥之无稽，是以现今之人”两句不见于汉本。按“烹石求粥”之喻不似中原典籍，疑为西夏人据民间俗谚所增。《新集锦合辞》有“米中有石，烧煮百年，难以成粥”之句，疑即此说所本。参看李范文《夏汉字典》882页。

[3]诸佛，汉本作“诸师”。

释读：

1.20.4

·jɨr^{1}	dạ^{2}	sjij^{1}	śjã^{1}	tshjiij^{1}	śioo^{1}	ku^{1}	lwər^{2}
[illegible]	[illegible]:“	[illegible]	[illegible]	[illegible]	[illegible]，	[illegible]	[illegible]
问	曰:“	今	禅	诠	集，	则	经

问:“今集禅诠[1]，

1.20.5

ljɨ^{1}	ljọ^{2}	śjwo^{1}	kụ^{2}	dạ^{2}	ɣạ^{2}	mə^{2}	nioow^{1}	dju^{1}	lwər^{2}	ljɨ^{1}	njir^{2}	źjɨr^{1}
[illegible]	[illegible]	[illegible]？”	[illegible]	[illegible]:“	[illegible]	[illegible]	[illegible]	[illegible]。	[illegible]	[illegible]	[illegible]	[illegible]
论	何	须？”	答	曰:“	十	种	因	有。	经	论	权	实

何关经论？”答:“有十所以。须知经论权实，

1.20.6

nwə^{1}	ku^{1}	rjur^{1}	dzjiij^{2}	ŋwu^{2}	njaa^{2}	phjo^{2}	ljɨɨ^{1}	nioow^{1}	śjã^{1}	njiij^{1}	tsjiir^{2}	·jij^{1}
[illegible]，	[illegible]	[illegible]	[illegible]	[illegible]	[illegible]	[illegible]	[illegible]。	[illegible]	[illegible]	[illegible]	[illegible]	[illegible]
知，	方	诸	师	是	非	辨	得。	又	禅	心	性	相

方辨诸师是非[2]。又须识禅心性相，

1.20.7

sjij²	ku¹	lwər²	ljɨ¹	wo²	dạ²	tsjij²	njwi²
[illegible]，	[illegible]	[illegible]	[illegible]	[illegible]	[illegible]	[illegible]	[illegible]。
识，	方	经	论	理	事	解	能。

方解经论理事。

1.20.8

lew¹	dzjiij²	tśhji²	war²	dju¹	tśhji²	bju¹	war²	tjɨj²	nioow¹
[illegible]，	[illegible]	[illegible]	[illegible]	[illegible]，	[illegible]	[illegible]	[illegible]	[illegible]	[illegible]；
一，	师	本	末	有，	本	凭	末	印	故；

一，师有本末，凭本印末故；

1.20.9

njɨɨ¹	śjã¹	rjur¹	mər²	dju¹	·jij¹	gu²	ljwu¹	nu¹	nioow¹
[illegible]，	[illegible]	[illegible]	[illegible]	[illegible]，	[illegible]	[illegible]	[illegible]	[illegible]	[illegible]；
二，	禅	诸	宗	有，	互	相	违	阻	故；

二，禅有诸宗，互相违阻故；

1.20.10

sọ¹	lwər²	lwər²	lu²	sju²	twụ¹	lhjwij¹	dza²	djɨj²	nioow¹
[illegible]，	[illegible]	[illegible]	[illegible]	[illegible]，	[illegible]	[illegible]	[illegible]	[illegible]	[illegible]；
三，	经	墨	绳	如，	正	邪	楷	定	故；

三，经如绳墨，楷定邪正故；

1.20.11

ljɨɨr¹	lwər²	njir²	źjɨr¹	dju¹	wo²	dźjwa¹	gjị²	lew²	nioow¹
[illegible]，	[illegible]	[illegible]	[illegible]	[illegible]，	[illegible]	[illegible]	[illegible]	[illegible]	[illegible]；
四，	经	权	实	有，	义	了	依	须	故；

四，经有权实，须依了义故；

1.20.12

ŋwə¹	kaar¹	sọ¹	mə²	dju¹	phjoo²	śjwii²	thwuu¹	śjwo¹	nioow¹
[illegible]，	[illegible]	[illegible]	[illegible]	[illegible]，	[illegible]	[illegible]	[illegible]	[illegible]	[illegible]；
五，	量	三	种	有，	勘	契	同	须	故；

五，量有三种，勘契须同故；

1.21.1

tśhjiw^1	·jiw^2	rejr^2	mə^2	dju^1	ŋowr^2	zji^2	phja^1	śjwo^1	nioow^1
[illegible],	[illegible]	[illegible]	[illegible]	[illegible],	[illegible]	[illegible]	[illegible]	[illegible]	[illegible]；
六,	疑	有	般	多,	具	皆	决	须	故;

六,疑有多般,须具通决故;

1.21.2

śja̱^{1}	tsjiir^1	wo^2	mji^1	lew^2	phjo^2	kar^2	njwi^2	śjwo^1	nioow^1
[illegible],	[illegible]	[illegible]	[illegible]	[illegible],	[illegible]	[illegible]	[illegible]	[illegible]	[illegible]；
七,	法	义	不	同,	辨	别	善	须	故;

七,法义不同,善须辨识故;

1.21.3

·jar^1	njiij^1	tsjiir^2	·jij^1	gu^2	mjiij^2	lew^2	wo^2	do^2	nioow^1
[illegible],	[illegible]	[illegible]	[illegible]	[illegible],	[illegible]	[illegible]	[illegible]	[illegible]	[illegible]；
八,	心	性	相	通,	名	同	义	别	故;

八,心通性相,名同义别故;

1.21.4

gjɨɨ^1	tsjij^2	djo̱^{2}	twu̱^{2}	tśjɨɨ^1	da̱^{2}	ljwu^1	nu^1	sju^2	nioow^1
[illegible],	[illegible]	[illegible]	[illegible]	[illegible],	[illegible]	[illegible]	[illegible]	[illegible]	[illegible]；
九,	悟	修	顿	渐,	言	违	反	似	故;

九,悟修顿渐,言似违反故;

1.21.5

ɣa̱^{2}	dzjiij^2	deej^1	tśier^1	·ju^2	ŋo^2	tsə̱^{1}	sjij^2	śjwo^1	nioow^1
[illegible],	[illegible]	[illegible]	[illegible]	[illegible],	[illegible]	[illegible]	[illegible]	[illegible]	[illegible]。
十,	师	授	方	便,	药	病	识	须	故。

十,师授方便,须识药病故。

1.21.6

lew1 dzjiij2 tśhji2 war2 dju1 tśhji2 bju1 war2 tjɨj2 nioow1 ·jɨ2 tja1 rjur1

□，□ □ □ □，□ □ □ □ □ □ □，□①

初，师 本 末 有，本 从 印 末 故 言 者，诸

初，言师有本末者，谓诸

1.21.7

mər2 ɣu1 dzjiij2 kjiw1 kja1 ·jij1 ŋwu2 lwər2 tja1 tha1 dạ2 ŋwu2 śjã1

□ □ □ □ □ □ □，□ □ □ □ □，□

宗 始 祖 释 迦 即 是，经 者 佛 语 是，禅

宗始祖即是释迦，经是佛语，禅

1.21.8

tja1 tha1 njiij1 ŋwu2 rjur1 tha1 njiij1 ljaa2 kjɨ1 djɨj2 mji1 ljwu1 rjur1

□ □ □ □。□ □ □ □，□ □ □ □，□

者 佛 意 是。诸 佛 心 口，必 定 不 违，诸

是佛意。诸佛心口，必不相违，诸

1.21.9

dzjiij2 twẹ2 twẹ2 mər2 tśhji2 tja1 tha1 ·jij1 mjor1 wjɨ2 deej1 dźiã2 tsjij2

□ □ □，□ □ □ □ □ □ □ □。□ □

祖 相 承，根 本 者 佛 自 亲 △ 传。菩 萨

祖相承，根本是佛亲付。菩萨

1.21.10

tśjɨɨ1 bju1 ljɨ1 wji1 tja1 lew1 tha1 lwər2 wejr1 phji1 kja1 śja1 lew1 tsew2 mər2 dzjiij2

□ □ □ □ □，□ □ □ □ □。□ □ （□ □ □ □。）

次 第 论 造 者，唯 佛 经 弘 令，迦 叶 （一 第 祖 师。）

造论始末，唯弘佛经，况迦叶（第一祖师）

---

①自"□"以下一行，每字残存右半，"□□□□□□□□□□□□□"十三字参照汉本"初言师有本末者谓诸宗始祖即是释迦"补。

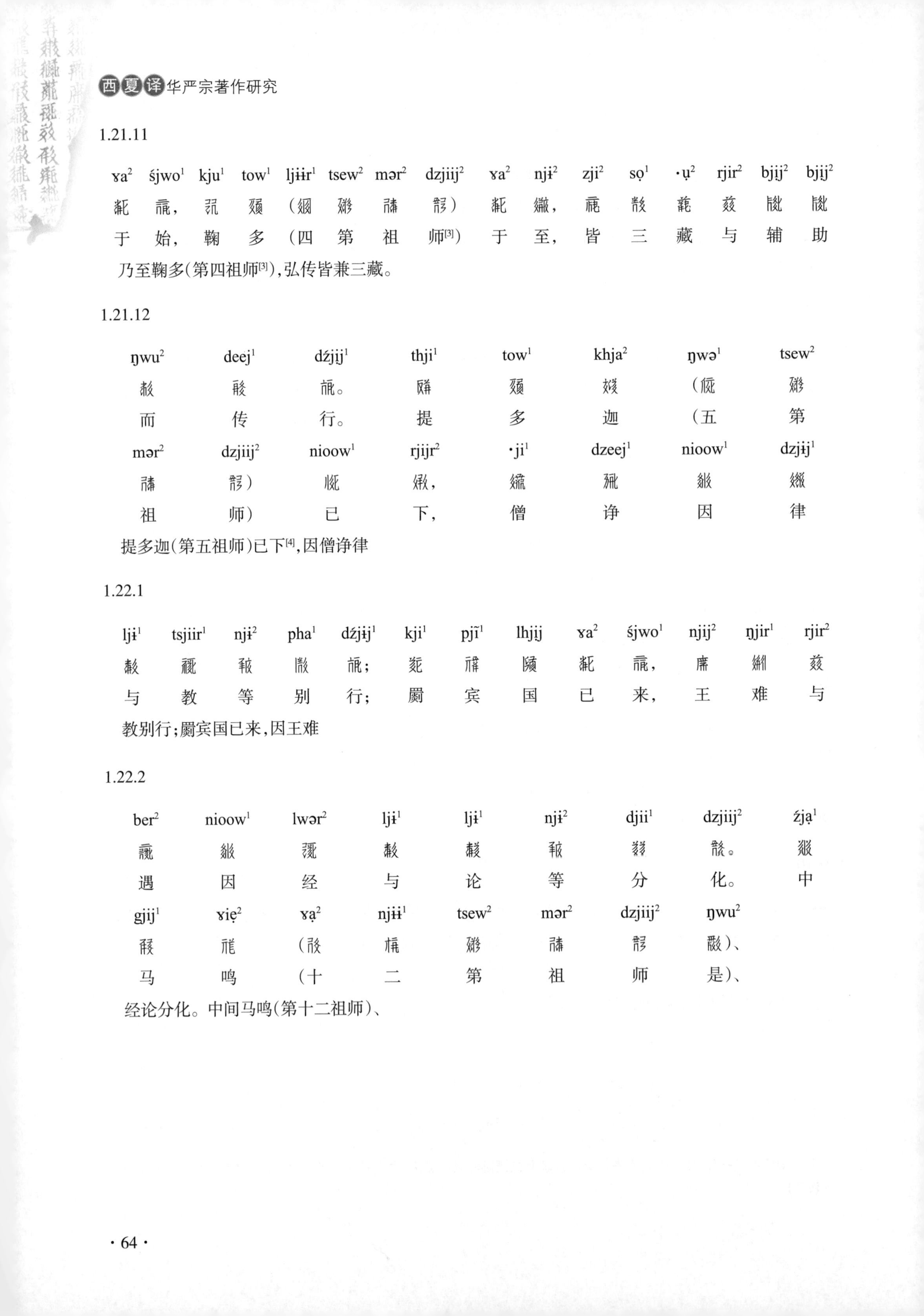

1.21.11

ɣa^2	śjwo^1	kju^1	tow^1	ljɨɨr^1	tsew^2	mər^2	dzjiij^2	ɣa^2	njɨ^2	zji^2	so̱^{1}	·u̱^{2}	rjir^2	bjij^2	bjij^2
于	始，	鞠	多	（四	第	祖	师[3]）	于	至，	皆	三	藏	与	辅	助

乃至鞠多(第四祖师[3]),弘传皆兼三藏。

1.21.12

ŋwu^2	deej^1	dźjij^1	thji^1	tow^1	khja^2	ŋwə^1	tsew^2
而	传	行。	提	多	迦	（五	第
mər^2	dzjiij^2	nioow^1	rjijr^2	·ji^1	dzeej^1	nioow^1	dzjɨj^1
祖	师）	已	下，	僧	诤	因	律

提多迦(第五祖师)已下[4],因僧诤律

1.22.1

ljɨ^1	tsjiir^1	njɨ^2	pha^1	dźjɨj^1	kji^1	pjĩ^1	lhjịj	ɣa^2	śjwo^1	njij^2	ŋjir^1	rjir^2
与	教	等	别	行；	罽	宾	国	已	来，	王	难	与

教别行;罽宾国已来,因王难

1.22.2

ber^2	nioow^1	lwər^2	ljɨ^1	ljɨ^1	njɨ^2	djii^1	dzjiij^2	źja̱^{1}
遇	因	经	与	论	等	分	化。	中
gjij^1	ɣię^2	ɣa̱^{2}	njɨɨ^1	tsew^2	mər^2	dzjiij^2	ŋwu^2	
马	鸣	（十	二	第	祖	师	是）、	

经论分化。中间马鸣(第十二祖师)、

1.22.3

we[1]	phu[2]	ɣa̱[2]	ljɨɨr[1]	tsew[2]	mər[2]	dzjiij[2]	ŋwu[2]
[illegible]	[illegible]	([illegible]	[illegible]	[illegible]	[illegible]	[illegible]	[illegible]),
龙	树	(十	四	第	祖	师	是),
zjɨ[2]	mər[2]	dzjiij[2]	ŋwu[2]	ljɨ[1]	ɣjɨr[1]	lwər[2]	phie[2]
[illegible]	[illegible]	[illegible]	[illegible],	[illegible]	[illegible]	[illegible]	[illegible]
悉	祖	师	是,	论	造	经	释

龙树(第十四祖师[5]),悉是祖师,造论释经,

1.22.4

sji[2]	ljaa[1]	da̱[2]	njɨɨ[1]	so̱[1]	ɣa̱[2]	khjɨ[2]	rjɨr[2]	wji[1]	thjɨ[2]	bju[1]	sjiij[2]	ku[1]
[illegible],	[illegible]	[illegible]	[illegible]	[illegible]	[illegible]	[illegible]	[illegible]	[illegible]。	[illegible]	[illegible]	[illegible],	[illegible]
能,	偈	语	二	三	十	万	△	为。	此	以	思,	则

为二三十万偈[6]。以此思之[7],

1.22.5

tśhji[2]	bioo[1]	dźiã[2]	dzjiij[2]	tjɨj[2]	da̱[2]	mji[1]	djɨj[2]	tśhjɨ[1]	zjo̱[2]	tshjiij[1]	mjijr[2]	śjã[1]
[illegible]	[illegible]	[illegible]	[illegible],	[illegible]	[illegible]	[illegible]	[illegible],	[illegible]	[illegible]	[illegible]	[illegible]	[illegible]
风	观	物	化、	仪	事	不	定,	尔	时	讲	者	禅

观风化物、无定事仪,未有讲者

1.22.6

pjo[1]	śjã[1]	mjijr[2]	tshjiij[1]	pjo[1]	tja[1]	ljo̱[2]	dju[1]	tha[2]
[illegible]、	[illegible]	[illegible]	[illegible]	[illegible]	[illegible]	[illegible]	[illegible]?	[illegible]
毁、	禅	者	讲	毁	者	岂	有?	达
mo[2]	njɨɨ[1]	ɣa̱[2]	·jar[1]	tsew[2]	mər[2]	dzjiij[2]	ŋwu[2]	
[illegible]①	([illegible]	[illegible]	[illegible]	[illegible]	[illegible]	[illegible]	[illegible]②)	
摩	(二	十	八	第	祖	师	是)	

毁禅、禅者毁讲。达摩(第二十八祖师[8])

---

① “[illegible]”十字每字残存右半,参照汉本“未有讲者毁禅禅者毁讲达摩受法天竺”补。

② “[illegible]”三字每字残存右半,参照上文双行小注补。

1.22.7

lji^2	mə^1	njiij^1	tsjiir^1	wjɨ^2	lhjij^2	wjɨ^2	lhjij^2	njɨ^2	ljij^2	thjɨ^2	kięj^2	ɣiew^1
西	天	心	法	△	受，	东	土	至	来，	此	方	学

受法西天，躬至东土[9]，见此方学

1.22.8

mjijr^2	kjɨ^1	ljij^2	rjɨr^2	mjaa^2	njiij^1	tsjiir^1	mjij^2	rjir^1	lew^1	mjiij^2	ŋewr^2	ŋwu^2
人	△	见	△	多	心	法	未	得，	唯	名	数	以

人多未得法，唯以名数

1.22.9

tsjij^2	we^2	dạ^2	·jij^1	ŋwu^2	dźjɨ	we^2	lhjɨj^2	noo^1	ɣa^2	mji^1	dźjiij^1	tsjiir^1
解	为，	事	相	以	行	为，	月	指	于	不	在，	法

为解，事相为行，欲令知月不在指，法

1.22.10

ŋa^2	njiij^1	bju^1	dju^1	nwə^1	phji^1	kięj^2	nioow^1	tśhjwo^1	njiij^1	ŋwu^2	njiij^1	deej^1
我	心	依	有	知	令	欲	因，	故	心	以	心	传，

是我心，故但以心传心，

1.22.11

·jwɨr^2	dji^2	mji^1	thu^1	·jij^1	mər^2	dźju^1	phji^1	rjur^1	zow^2	ljiij^2	nioow^1	thjɨ^2
文	字	不	立。	本	宗	显	令	诸	执	破	故，	斯

不立文字。显本宗而破诸执[10]，

1.22.12

dạ^2	rjɨr^2	tshjiij^1	mjɨ^1	djij^2	·jwɨr^2	dji^2	rjir^2	ka^2	pha^1	bie^2	lhew^2	śjij^1
言	△	说	未	然，	文	字	与	离	别	解	脱	法

故有斯言，非离文字说解脱也。

1.23.1

tshjiij^{1}	ljɨ^{1}	njaa^{2}	thja^{1}	bju^{1}	tsjij^{2}	mjijr^{2}	do^{2}	sjwɨ^{1}	sjwɨ^{1}	kię^{1}	dźja^{2}	lẽ^{1}	khja^{2}
[illegible]	[illegible]	[illegible]。	[illegible]	[illegible]	[illegible]	[illegible]	[illegible]	[illegible]	[illegible]	《[illegible]	[illegible]》	《[illegible]	[illegible]①》
说	与	非。	是	以	悟	者	处	频	频	《金	刚》	《楞	伽》

故教授得意之者,即频赞《金刚》《楞伽》

1.23.2

·jij^{1}	·jow^{2}	dạ^{2}	thjɨ^{2}	njɨɨ^{1}	djij^{1}	lwər^{2}	ŋa^{2}	·jij^{1}	njiij^{1}	tshji^{1}	wo^{2}	ŋwu^{2}
[illegible]	[illegible]	[illegible]:	[illegible]	[illegible]	[illegible]	[illegible]	[illegible]	[illegible]	[illegible]	[illegible]	[illegible]	[illegible]
△	赞	云:	此	二	部	经	我	之	心	要	义	是

云:此二经是我心要。

1.23.3

·jɨ^{2}	sjij^{1}	dzjɨj^{1}	dzjiij^{2}	gji^{2}	·jij^{1}	gu^{2}	mər^{2}	ɣjow^{1}	dja^{2}	lhạ^{2}	njiij^{1}	djọ^{2}
[illegible]。	[illegible]	[illegible]	[illegible]	[illegible],	[illegible]	[illegible]	[illegible]	[illegible]	[illegible]	[illegible],	[illegible]	[illegible]
谓。	今	时	弟	子,	自	相	本	源	△	迷,	心	修

今时弟子,彼此迷源,修心

1.23.4

mjijr^{2}	tja^{1}	lwər^{2}	ljɨ^{1}	·jij^{1}	pha^{1}	mər^{2}	ŋwu^{2}	·jɨ^{2}	tsjiir^{1}	tshjiij^{1}	mjijr^{2}	tja^{1}
[illegible]	[illegible]	[illegible]	[illegible]	[illegible]	[illegible]	[illegible]	[illegible]	[illegible],	[illegible]	[illegible]	[illegible]	[illegible]
人	者	经	论	以	别	宗	是	谓,	法	说	人	者

者以经论为别宗,讲说者

1.23.5

śjā^{1}	ɣa^{1}	·jij^{1}	pha^{1}	tsjiir^{1}	ŋwu^{2}	·jɨ^{2}	·jiw^{1}	mjaa^{1}	djọ^{2}	ljạ^{1}	mji^{1}	zjij^{1}
[illegible]	[illegible]	[illegible]	[illegible]	[illegible]	[illegible]	[illegible]。	[illegible]	[illegible]	[illegible]	[illegible]	[illegible]	[illegible],
禅	门	以	别	法	是	谓。	因	果	修	证	闻	时,

以禅门为别法。闻谈因果修证,

① "[illegible]"字原残,据汉本"伽"字对音补。

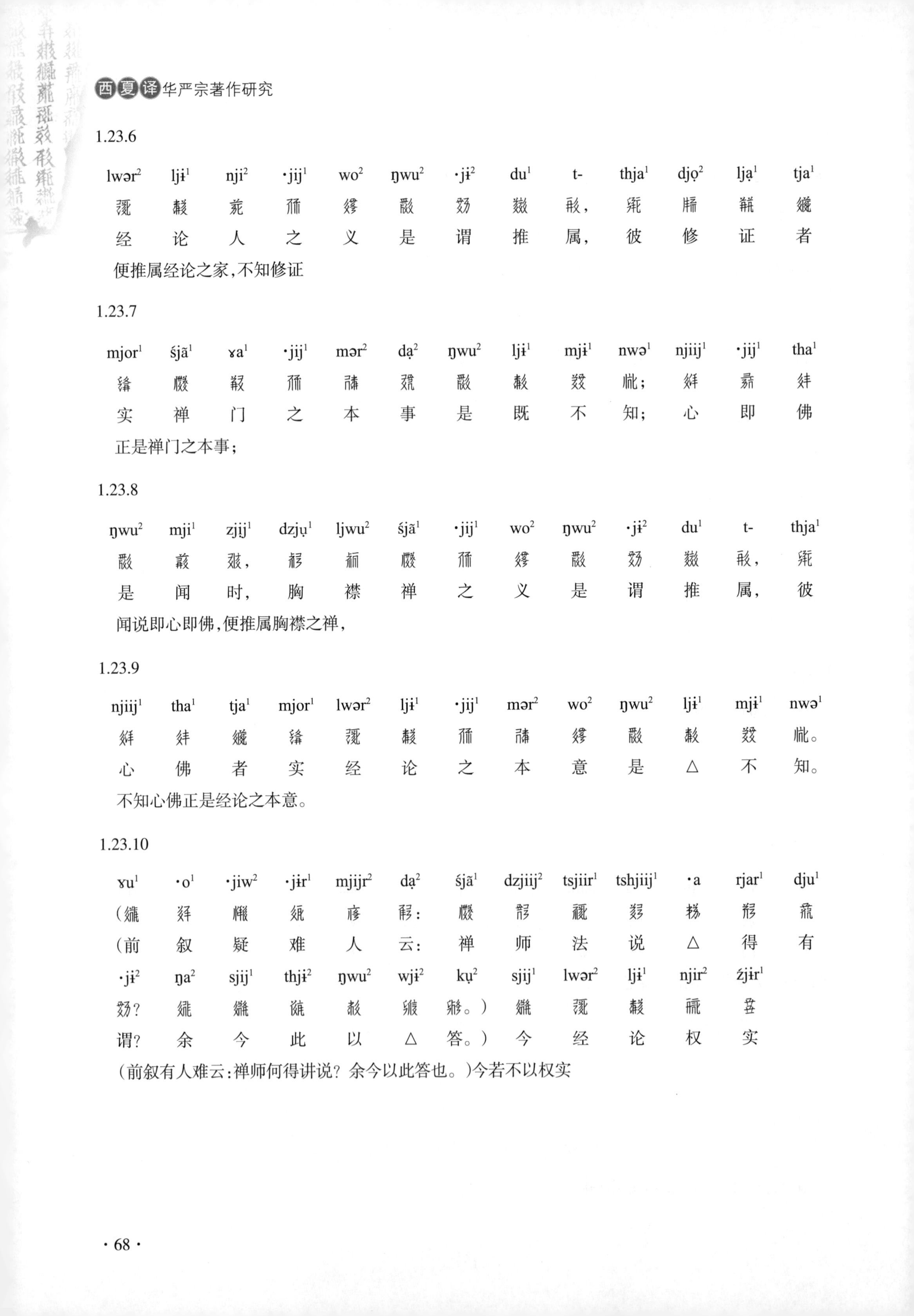

1.23.6

lwər^{2} ljɨ^{1} nji^{2} ·jij^{1} wo^{2} ŋwu^{2} ·jɨ^{2} du^{1} t- thja^{1} djo̱^{2} lja̱^{1} tja^{1}

经 论 人 之 义 是 谓 推 属， 彼 修 证 者

便推属经论之家，不知修证

1.23.7

mjor^{1} śjã^{1} ɣa^{1} ·jij^{1} mər^{2} da̱^{2} ŋwu^{2} ljɨ^{1} mjɨ^{1} nwə^{1} njiij^{1} ·jij^{1} tha^{1}

实 禅 门 之 本 事 是 既 不 知； 心 即 佛

正是禅门之本事；

1.23.8

ŋwu^{2} mji^{1} zjij^{1} dzju̱^{1} ljwu^{2} śjã^{1} ·jij^{1} wo^{2} ŋwu^{2} ·jɨ^{2} du^{1} t- thja^{1}

是 闻 时， 胸 襟 禅 之 义 是 谓 推 属， 彼

闻说即心即佛，便推属胸襟之禅，

1.23.9

njiij^{1} tha^{1} tja^{1} mjor^{1} lwər^{2} ljɨ^{1} ·jij^{1} mər^{2} wo^{2} ŋwu^{2} ljɨ^{1} mjɨ^{1} nwə^{1}

心 佛 者 实 经 论 之 本 意 是 △ 不 知。

不知心佛正是经论之本意。

1.23.10

ɣu^{1} ·o^{1} ·jiw^{2} ·jɨr^{1} mjijr^{2} da̱^{2} śjã^{1} dzjiij^{2} tsjiir^{1} tshjiij^{1} ·a rjar^{1} dju^{1}

（前 叙 疑 难 人 云： 禅 师 法 说 △ 得 有

·jɨ^{2} ŋa^{2} sjij^{1} thjɨ^{2} ŋwu^{2} wjɨ^{2} ku̱^{2} sjij^{1} lwər^{2} ljɨ^{1} njir^{2} źjɨr^{1}

谓？ 余 今 此 以 △ 答。） 今 经 论 权 实

（前叙有人难云：禅师何得讲说？余今以此答也。）今若不以权实

1.23.11

mji¹	phjo²	śjã¹	mər²	djɨj¹	na¹	rjir²	mji¹	dwər²	ku¹	tsjiir¹	ŋwu²	njiij¹
[illegible]												
不	辨，	禅	宗	浅	深	与	不	配，	则	教	以	心

之经论对配深浅禅宗，

1.23.12

swew¹	njiij¹	ŋwu²	tsjiir¹	tsjij²	thjij²	sjo²	we²	ljɨ¹
[illegible]								
照，	心	以	教	解	云	何	为	耶？

焉得以教照心，以心解教？

译文：

问："今集禅诠[1]，何关经论？"答："有十所以。须知经论权实，方辨诸师是非[2]。又须识禅心性相，方解经论理事。

一，师有本末，凭本印末故；

二，禅有诸宗，互相违阻故；

三，经如绳墨，楷定邪正故；

四，经有权实，须依了义故；

五，量有三种，勘契须同故；

六，疑有多般，须具通决故；

七，法义不同，善须辨识故；

八，心通性相，名同义别故；

九，悟修顿渐，言似违反故；

十，师授方便，须识药病故。

初，言师有本末者，谓诸宗始祖即是释迦，经是佛语，禅是佛意。诸佛心口，必不相违，诸祖相承，根本是佛亲付。菩萨造论始末，唯弘佛经，况迦叶（第一祖师）乃至鞠多（第四祖师[3]），弘传皆兼三藏。提多迦（第五祖师）已下[4]，因僧诤律教别行；罽宾国已来，因王难经论分化。中间马鸣（第十二祖师）、龙树（第十四祖师[5]），悉是祖师，造论释经，为二三十万偈[6]。以此思之[7]，观风化物、无定事仪，未有讲者毁禅、禅者毁讲。达摩（第二十八祖师[8]）受法西天，躬至东土[9]，见此方学人多未得法，唯以名数为解，事相为行，欲令知月不在指，法是我心，故但以心传心，不立文字。显本宗而破诸执[10]，故有斯言，非离文字说解脱也。故教授得意之者，即频赞《金刚》《楞伽》云：此二经是我心要。今时弟子，彼此迷源，修心者以经论为别宗，讲说者以禅门为别法。闻谈因果修证，便推属经论之家，不知修证正是禅门之本事；闻说即心即佛，便推属胸襟之禅，不知心佛正是经论之本意。（前叙有人难云：禅师何得讲说？余今以此答也。）今若不以权实之经论对配深浅禅宗，焉得以教照心，以心解教？

1.24.11

zji^{2}	dju^{1}	·jɨ^{2}	tśhioow^{1}	tha^{1}	tsjɨ^{1}	mjij^{1}	·jɨ^{2}	tśhioow^{1}	njiij^{1}	śja^{1}	wją^{2}	lew^{2}
悉	存	云，	或	佛	亦	泯	云。	或	志	放	任	应

悉存，有兼佛亦泯。有放任其志，

1.24.12

·jɨ^{2}	tśhioow^{1}	njiij^{1}	tśhjwɨj^{1}	rjir^{2}	lew^{2}	·jɨ^{2}	tśhioow^{1}	lwər^{2}	dzjɨj^{1}	bju^{1}	gjɨ^{2}	tjɨ^{2}
曰，	或	心	拘	束	应	曰，	或	经	律	以	依	所

有拘束其心，有以经律为所依，

1.25.1

wji^{1}	tśhioow^{1}	lwər^{2}	dzjɨj^{1}	tśja^{1}	lə^{1}	·jɨ^{2}	thjɨ^{2}	ŋewr^{2}	lew^{1}	lwow^{1}	·jɨ^{2}	ljɨ^{1}
为，	或	经	律	道	障	曰。	此	等	唯	泛	语	既

有以经律为障道。非唯泛语，

1.25.2

njaa^{2}	nioow^{1}	tsjɨ^{1}	gjwɨ^{1}	lwo^{2}	zow^{2}	ŋwu^{2}	tshjiij^{1}	·jij^{1}	mər^{2}	wejr^{1}	phji^{1}	dzjij^{2}
非，	又	乃	坚	牢	执	而	言，	自	宗	弘	令，	余

而乃确言，确弘其宗，确毁余类。

1.25.3

mər^{2}	ljiij^{2}	wji^{1}	kụ^{1}	ɣiew^{1}	ŋwuu^{1}	zow^{2}	śiaa^{2}	lhạ^{2}	ljij^{2}	zjịj^{1}	ljwu^{1}	ɣię^{2}
宗	毁	为。	后	学	言	执	意	迷	见	著，	乖	张

后学执言迷意，渐次乖张[4]，

1.25.4

mjiij^{2}	mjiij^{2}	dźjwɨ^{1}	tśjɨɨ^{1}	ljɨ^{1}	thjɨ^{2}	sju^{2}	ku^{1}	thjij^{2}	sjo^{2}	mji^{1}	ŋwej^{2}	śjwii^{2}
渐	渐	相	次	也，	此	如	则	争	得	不	和	会

争不和会也？”

①据汉本“兼佛亦泯”，西夏本疑脱“[illegible]”（兼）字。

1.23.11

mji^1	phjo^2	śjã^1	mər^2	djɨj^1	na^1	rjir^2	mji^1	dwər^2	ku^1	tsjiir^1	ŋwu^2	njiij^1
不	辨，	禅	宗	浅	深	与	不	配，	则	教	以	心

之经论对配深浅禅宗，

1.23.12

swew^1	njiij^1	ŋwu^2	tsjiir^1	tsjij^2	thjij^2	sjo^2	we^2	ljɨ^1
照，	心	以	教	解	云	何	为	耶？

焉得以教照心，以心解教？

译文：

问："今集禅诠[1]，何关经论？"答："有十所以。须知经论权实，方辨诸师是非[2]。又须识禅心性相，方解经论理事。

一，师有本末，凭本印末故；

二，禅有诸宗，互相违阻故；

三，经如绳墨，楷定邪正故；

四，经有权实，须依了义故；

五，量有三种，勘契须同故；

六，疑有多般，须具通决故；

七，法义不同，善须辨识故；

八，心通性相，名同义别故；

九，悟修顿渐，言似违反故；

十，师授方便，须识药病故。

初，言师有本末者，谓诸宗始祖即是释迦，经是佛语，禅是佛意。诸佛心口，必不相违，诸祖相承，根本是佛亲付。菩萨造论始末，唯弘佛经，况迦叶（第一祖师）乃至鞠多（第四祖师[3]），弘传皆兼三藏。提多迦（第五祖师）已下[4]，因僧诤律教别行；罽宾国已来，因王难经论分化。中间马鸣（第十二祖师）、龙树（第十四祖师[5]），悉是祖师，造论释经，为二三十万偈[6]。以此思之[7]，观风化物、无定事仪，未有讲者毁禅、禅者毁讲。达摩（第二十八祖师[8]）受法西天，躬至东土[9]，见此方学人多未得法，唯以名数为解，事相为行，欲令知月不在指，法是我心，故但以心传心，不立文字。显本宗而破诸执[10]，故有斯言，非离文字说解脱也。故教授得意之者，即频赞《金刚》《楞伽》云：此二经是我心要。今时弟子，彼此迷源，修心者以经论为别宗，讲说者以禅门为别法。闻谈因果修证，便推属经论之家，不知修证正是禅门之本事；闻说即心即佛，便推属胸襟之禅，不知心佛正是经论之本意。(前叙有人难云：禅师何得讲说？余今以此答也。）今若不以权实之经论对配深浅禅宗，焉得以教照心，以心解教？

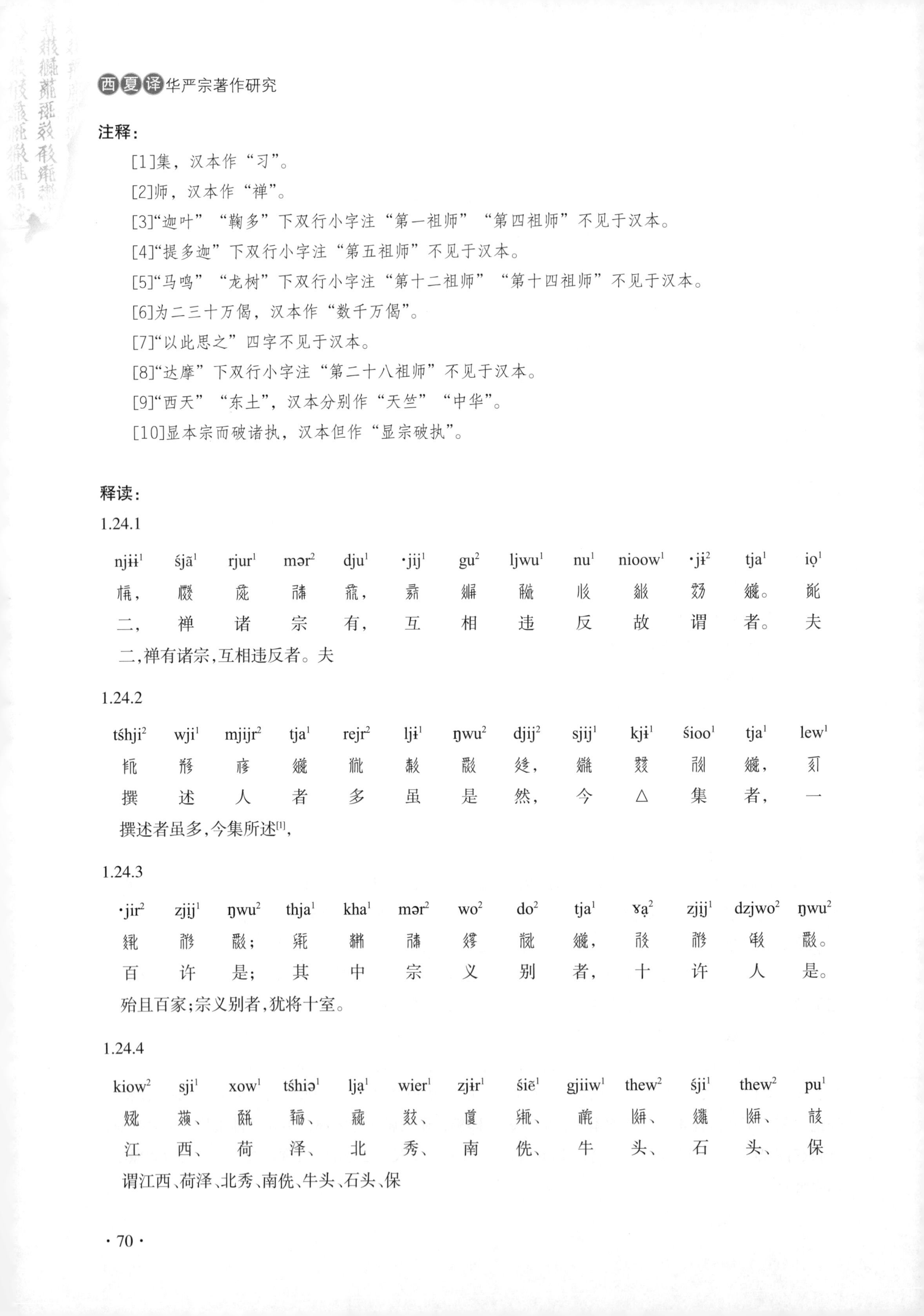

注释：

[1]集，汉本作“习”。

[2]师，汉本作“禅”。

[3]“迦叶”“鞠多”下双行小字注“第一祖师”“第四祖师”不见于汉本。

[4]“提多迦”下双行小字注“第五祖师”不见于汉本。

[5]“马鸣”“龙树”下双行小字注“第十二祖师”“第十四祖师”不见于汉本。

[6]为二三十万偈，汉本作“数千万偈”。

[7]“以此思之”四字不见于汉本。

[8]“达摩”下双行小字注“第二十八祖师”不见于汉本。

[9]“西天”“东土”，汉本分别作“天竺”“中华”。

[10]显本宗而破诸执，汉本但作“显宗破执”。

释读：

1.24.1

njɨɨ^{1} śjā^{1} rjur^{1} mər^{2} dju^{1} ·jij^{1} gu^{2} ljwu^{1} nu^{1} nioow^{1} ·jɨ^{2} tja^{1} io̩^{1}

[illegible]

二， 禅 诸 宗 有， 互 相 违 反 故 谓 者。 夫

二,禅有诸宗,互相违反者。夫

1.24.2

tśhji^{2} wji^{1} mjijr^{2} tja^{1} rejr^{2} ljɨ^{1} ŋwu^{2} djij^{2} sjij^{1} kjɨ^{1} śioo^{1} tja^{1} lew^{1}

[illegible]

撰 述 人 者 多 虽 是 然， 今 △ 集 者， 一

撰述者虽多,今集所述[1],

1.24.3

·jir^{2} zjij^{1} ŋwu^{2} thja^{1} kha^{1} mər^{2} wo^{2} do^{2} tja^{1} ɣa̩^{2} zjij^{1} dzjwo^{2} ŋwu^{2}

[illegible]

百 许 是； 其 中 宗 义 别 者， 十 许 人 是。

殆且百家;宗义别者,犹将十室。

1.24.4

kiow^{2} sji^{1} xow^{1} tśhiə^{1} lja̩^{1} wier^{1} zjɨr^{1} śiẽ^{1} gjiiw^{1} thew^{2} śji^{1} thew^{2} pu^{1}

[illegible]

江 西、 荷 泽、 北 秀、 南 侁、 牛 头、 石 头、 保

谓江西、荷泽、北秀、南侁、牛头、石头、保

1.24.5

thow1	sjwa1	śjɨ2	khjiw2	no1	thjɨj1	thej1	njɨ2	·jij1	nji2	ŋowr2	·a	tśjɨ1
唐、	宣	什、	求	那、	天	台	等，	本	人	全	△	悟

唐、宣什及求那[2]、天台等，本人悟

1.24.6

tsjij2	dźjwɨ1	gu2	ɣię2	nu1	mjij1	djij2	mər2	thu1	nur1	deej1	śjij1	ŋwuu1
解，	互	相	乖	阻	无	虽。	宗	立	取	传	法，	言①

解俱全，互相虽无乖阻[3]。立宗传法，

1.24.7

dźjwɨ1	ljwu1	rejr2	tśhioow1	ŋa1	ŋwu2	mər2	we2	tśhioow1	nwə1	ŋwu2	ɣjow1	we2
相	乖	阻。	或	空	以	本	为，	或	知	以	源	为，

互相乖阻。有以空为本，有以知为源，

1.24.8

tśhioow1	mjij1	mjɨ2	ɣiej1	we2	·jɨ2	tśhioow1	dźjij1	dzuu2	zji2	ŋwu2	·jɨ2	tśhioow1
或	寂	默	真	为	云，	或	行	坐	皆	是	谓。	或

有云寂默方真，有云行坐皆是。

1.24.9

sjij1	ku1	njɨɨ2	gjɨ2	phjo2	kar2	wji1	wji1	ŋowr2	ŋowr2	zji2	lą1	·jɨ2
今	则	朝	暮	分	别	为	作	一	切	皆	妄	云，

有云见今朝暮分别为作一切皆妄，

1.24.10

tśhioow1	wji1	wji1	phjo2	kar2	ŋowr2	ŋowr2	zji2	ɣiej1	·jɨ2	tśhioow1	khjɨ2	dźjɨ
或	为	作	分	别	一	切	皆	真	云，	或	万	行

有云分别为作一切皆真，有万行

(Tangut character rows above each gloss line: [Tangut characters illegible])

①自"[Tangut]"以下一行，每字残存右半，"[Tangut ×13]"十三字不见译文，今据残存笔画及上下文意拟补。

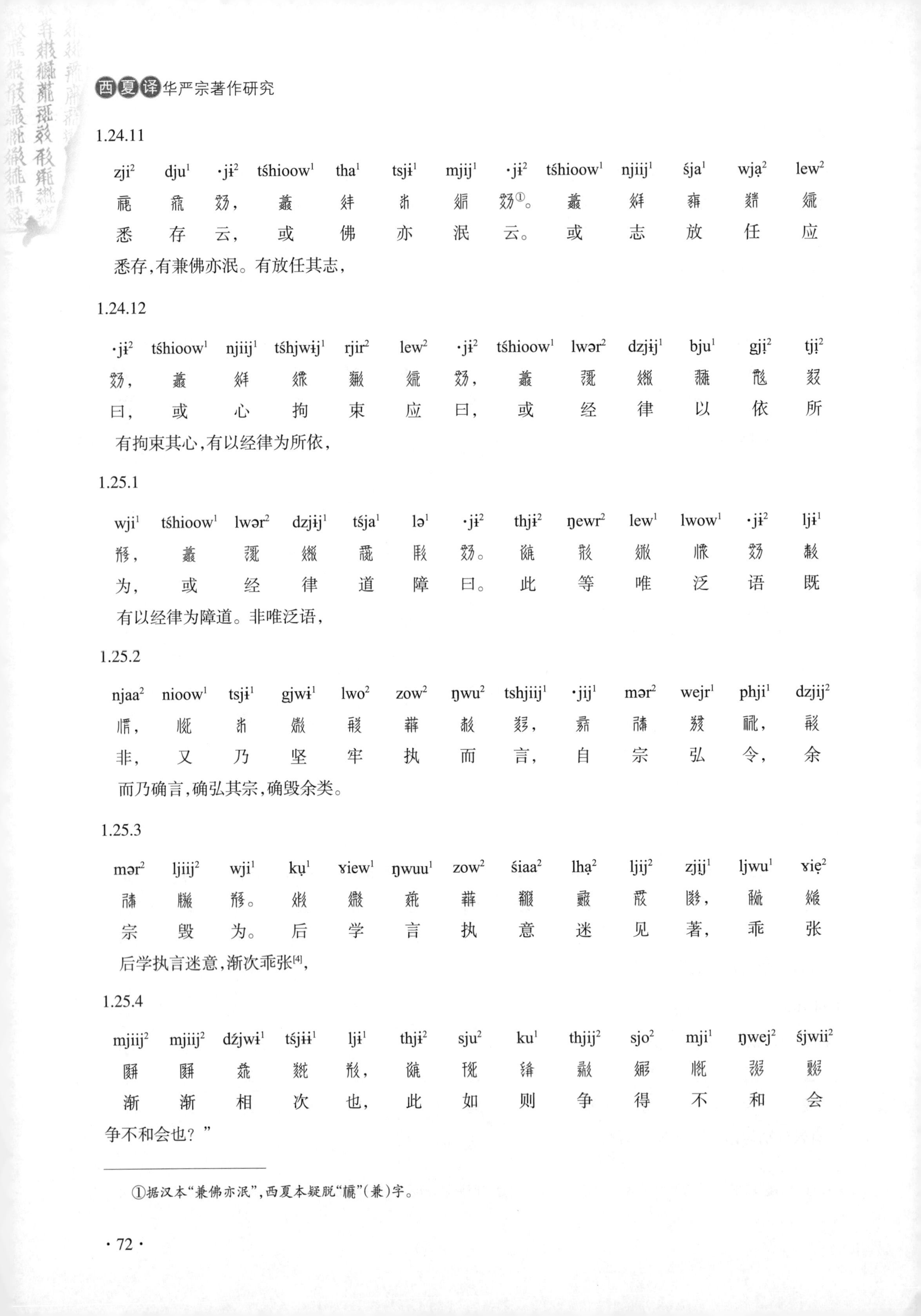

1.24.11

zji^{2} dju^{1} ·jɨ^{2} tśhioow^{1} tha^{1} tsjɨ^{1} mjij^{1} ·jɨ^{2} tśhioow^{1} njiij^{1} śja^{1} wją^{2} lew^{2}

悉 存 云， 或 佛 亦 泯 云①。 或 志 放 任 应

悉存，有兼佛亦泯。有放任其志，

1.24.12

·jɨ^{2} tśhioow^{1} njiij^{1} tśhjwɨj^{1} rjir^{2} lew^{2} ·jɨ^{2} tśhioow^{1} lwər^{2} dzjɨj^{1} bju^{1} gjį^{2} tjɨ^{2}

曰， 或 心 拘 束 应 曰， 或 经 律 以 依 所

有拘束其心，有以经律为所依，

1.25.1

wji^{1} tśhioow^{1} lwər^{2} dzjɨj^{1} tśja^{1} lə^{1} ·jɨ^{2} thjɨ^{2} ŋewr^{2} lew^{1} lwow^{1} ·jɨ^{2} ljɨ^{1}

为， 或 经 律 道 障 曰。 此 等 唯 泛 语 既

有以经律为障道。非唯泛语，

1.25.2

njaa^{2} nioow^{1} tsjɨ^{1} gjwɨ^{1} lwo^{2} zow^{2} ŋwu^{2} tshjiij^{1} ·jij^{1} mər^{2} wejr^{1} phji^{1} dzjij^{2}

非， 又 乃 坚 牢 执 而 言， 自 宗 弘 令， 余

而乃确言，确弘其宗，确毁余类。

1.25.3

mər^{2} ljiij^{2} wji^{1} kụ^{1} ɣiew^{1} ŋwuu^{1} zow^{2} śiaa^{2} lhạ^{2} ljij^{2} zjij^{1} ljwu^{1} ɣię^{2}

宗 毁 为。 后 学 言 执 意 迷 见 著， 乖 张

后学执言迷意，渐次乖张[4]，

1.25.4

mjiij^{2} mjiij^{2} dźjwɨ^{1} tśjɨɨ^{1} ljɨ^{1} thjɨ^{2} sju^{2} ku^{1} thjij^{2} sjo^{2} mji^{1} ŋwej^{2} śjwii^{2}

渐 渐 相 次 也， 此 如 则 争 得 不 和 会

争不和会也？”

---

①据汉本“兼佛亦泯”，西夏本疑脱“[illegible]”（兼）字。

1.25.5

lew²	·jɨr¹	dạ²	thja¹	kha¹	ŋwu²	tja¹	lhjwi¹	njaa²	tja¹	dźjɨɨr¹	ku¹	ŋwu²
[illegible]？”	[illegible]	[illegible]：“	[illegible]	[illegible]	[illegible]	[illegible]	[illegible]，	[illegible]	[illegible]	[illegible]，	[illegible]	[illegible]
应？”	问	曰：“	其	中	是	者	收，	非	者	拣，	则	是

问：“是者即收，非者即拣，

1.25.6

ɣjɨr¹	nioow¹	sjij¹	sjij¹	ŋwej²	śjwii²	ljọ²	śjwo¹	kụ²	dạ²	tśhioow¹	ŋa¹
[illegible]	[illegible]	[illegible]	[illegible]	[illegible]	[illegible]	[illegible]	[illegible]？”	[illegible]	[illegible]：“	[illegible]	[illegible]①
实	又	委	曲	和	会	何	须？”	答	曰：“	或	空

何须委曲和会？”答：“或空

1.25.7

tśhioow¹	dju¹	tśhioow¹	tsjiir²	tśhioow¹	·jij¹	zji²	dow¹	tśhjuu²	ljɨ¹	njaa²	djij²	lew¹
[illegible]	[illegible]，	[illegible]	[illegible]	[illegible]	[illegible]，	[illegible]	[illegible]	[illegible]	[illegible]	[illegible]	[illegible]，	[illegible]
或	有，	或	性	或	相，	悉	邪	僻	虽	非	然，	唯

或有，或性或相，悉非邪僻，

1.25.8

·jij¹	dạ²	ŋwu²	mjɨ¹	dạ²	njaa²	phji¹	·jij¹	twụ²	źjɨr¹	zow²	thjɨ²	bju¹
[illegible]	[illegible]	[illegible]，	[illegible]	[illegible]	[illegible]	[illegible]，	[illegible]	[illegible]	[illegible]	[illegible]，	[illegible]	[illegible]
己	言	是，	彼	语	非	令，	自	方	确	执，	是	以

但缘各皆党己为是，斥彼为非，彼此确定，

1.25.9

ku¹	tśhjwo¹	ŋwej²	śjwii²	śjwo¹	ljɨ¹	·jɨr¹	dạ²	tjij¹	zji²	dow¹	tśhjuu²	ljɨ¹
[illegible]	[illegible]	[illegible]	[illegible]	[illegible]	[illegible]。”	[illegible]	[illegible]：“	[illegible]	[illegible]	[illegible]	[illegible]	[illegible]
则	故	和	会	须	也。”	问	曰：“	若	皆	邪	僻	既

故须和会。”问：“既皆非邪，

1.25.10

njaa²	ku¹	·jij¹	twụ¹	źjɨr¹	zow²	bju¹	rjijr²	ŋwu²	nioow¹	ŋwej²	śjwii²	ljọ²
[illegible]，	[illegible]	[illegible]	[illegible]	[illegible]	[illegible]	[illegible]	[illegible]	[illegible]，	[illegible]	[illegible]	[illegible]	[illegible]
非，	则	自	方	确	执	依	任	是，	又	和	会	何

即各任确定，何必会之？”

---

①自“[illegible]”以下一行，每字残存右半，“[illegible]”十二字参照汉本“何须委曲和会答或空或有”拟补。

1.25.11

śjwo^1	kụ^2	dạ^2	ɣiej^1	tśja^1	lew^1	ŋwu^2	thjoo^1	wo^2	mji^1	njɨɨ^1	njɨɨ^1	we^2
[illegible]？”	[illegible]	[illegible]：“	[illegible]	[illegible]	[illegible]	[illegible]，	[illegible]	[illegible]	[illegible]	[illegible]，	[illegible]	[illegible]
须？”	答	曰：“	真	道	一	是，	精	义	不	二，	两	存

答：“至道归一，精义无二，不应两存；

1.25.12

phja^1	mjij^1	ɣiej^1	tśja^1	bju^2	njaa^2	dźjwa^1	wo^2	mji^1	twej^1	tjɨj^1	lhjwi^1	phja^1
[illegible]	[illegible]；	[illegible]	[illegible]	[illegible]	[illegible]，	[illegible]	[illegible]	[illegible]	[illegible]，	[illegible]	[illegible]	[illegible]
并	无；	真	道	边	非，	了	义	不	偏，	单	取	并

至道非边，了义不偏，不应单取。

1.26.1

mjij^1	thjɨ^2	nioow^1	kjɨ^1	djɨj^2	ŋwej^2	śjwii^2	lew^1	we^2	zji^2	io̜^{1}	thjoo^1	phji^1
[illegible]	[illegible]	[illegible]	[illegible]	[illegible]	[illegible]	[illegible]	[illegible]	[illegible]，	[illegible]	[illegible]	[illegible]	[illegible]
无。	此	因	必	定	和	会	一	为，	皆	圆	妙	令

故必须会之为一，令皆圆妙。”

1.26.2

śjwo^1	ljɨ^1	·jɨr^1	dạ^2	dzjọ^1	məə^1	·wọ^1	lwụ^1	ku^1	zjɨ^2	ŋowr^2	phja^1	mjij^1
[illegible]	[illegible]。”	[illegible]	[illegible]：“	[illegible]	[illegible]	[illegible]	[illegible]，	[illegible]	[illegible]	[illegible]	[illegible]	[illegible]；
须	也。”	问	曰：“	如	火	冰	杂，	势	两	全	并	无；

问：“以冰杂火，势不俱全；

1.26.3

bẹ^1	rer^2	dwər^1	ku^1	lọ^2	buu^2	mji^1	tjɨj^2	rjur^1	mər^2	zow^2	mjijr^2	·jij^1
[illegible]	[illegible]	[illegible]，	[illegible]	[illegible]	[illegible]	[illegible]	[illegible]。	[illegible]	[illegible]	[illegible]	[illegible]，	[illegible]
矛	盾	敌，	则	双	胜	不	律。	诸	宗	执	者，	互

将矛刺盾，功不双胜。诸宗所执，

1.26.4

gu^2	ljwu^1	nu^1	ljɨ^1	ŋwu^2	ku^1	ljɨ^1	ŋwu^2	ljɨ^1	njaa^2	thjij^2	sjo^2	ŋwej^2
[illegible]	[illegible]	[illegible]	[illegible]	[illegible]，	[illegible]	[illegible]	[illegible]	[illegible]	[illegible]，	[illegible]	[illegible]	[illegible]
相	违	背	既	是，	则	一	是	一	非，	如	何	和

既互相违，一是则有一非，如何

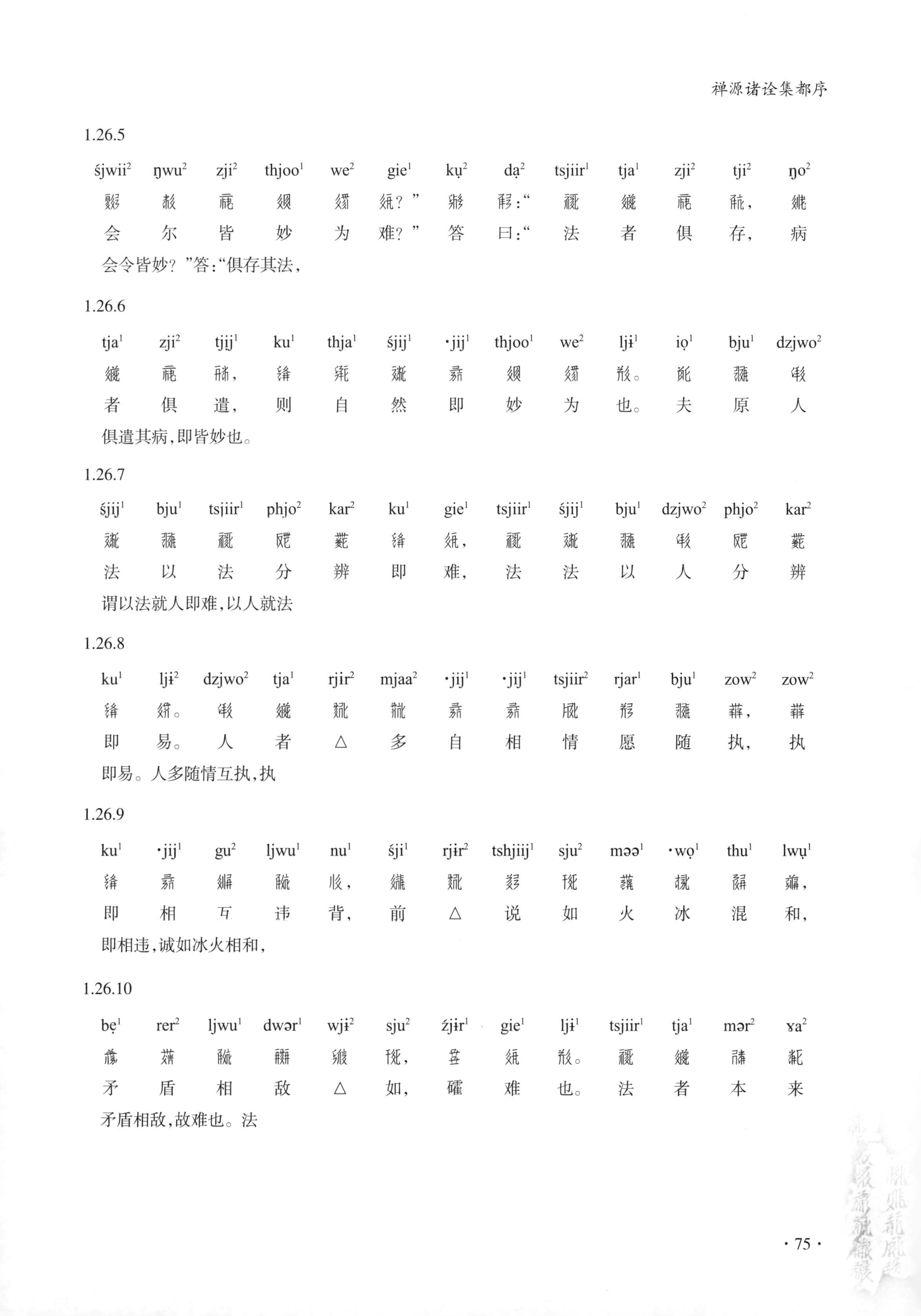

1.26.5

śjwii² ŋwu² zji² thjoo¹ we² gie¹ kụ² dạ² tsjiir¹ tja¹ zji² tji² ŋo²

[illegible]

会 尔 皆 妙 为 难？” 答 曰：“ 法 者 俱 存， 病

会令皆妙？”答：“俱存其法，

1.26.6

tja¹ zji² tjij¹ ku¹ thja¹ śjij¹ ·jij¹ thjoo¹ we² ljɨ¹ iọ¹ bju¹ dzjwo²

[illegible]

者 俱 遣， 则 自 然 即 妙 为 也。 夫 原 人

俱遣其病，即皆妙也。

1.26.7

śjij¹ bju¹ tsjiir¹ phjo² kar² ku¹ gie¹ tsjiir¹ śjij¹ bju¹ dzjwo² phjo² kar²

[illegible]

法 以 法 分 辨 即 难， 法 法 以 人 分 辨

谓以法就人即难，以人就法

1.26.8

ku¹ ljɨ² dzjwo² tja¹ rjir² mjaa² ·jij¹ ·jij¹ tsjiir² rjar¹ bju¹ zow² zow²

[illegible]

即 易。 人 者 △ 多 自 相 情 愿 随 执， 执

即易。人多随情互执，执

1.26.9

ku¹ ·jij¹ gu² ljwu¹ nu¹ śji¹ rjɨr² tshjiij¹ sju² mәә¹ ·wọ¹ thu¹ lwụ¹

[illegible]

即 相 互 违 背， 前 △ 说 如 火 冰 混 和，

即相违，诚如冰火相和，

1.26.10

bẹ¹ rer² ljwu¹ dwәr¹ wjɨ² sju² źjɨr¹ gie¹ ljɨ¹ tsjiir¹ tja¹ mәr² ɣa²

[illegible]

矛 盾 相 敌 △ 如， 確 难 也。 法 者 本 来

矛盾相敌，故难也。法

1.26.11

njij² wo² rjir² bju¹ śjwii² ·jij¹ gu² njɨ² thwuu¹ thwuu¹ ku¹ bju¹ śjij¹

[illegible] [illegible] [illegible] [illegible] [illegible]， [illegible] [illegible] [illegible] [illegible]， [illegible] [illegible] [illegible] [illegible]

古 理 与 依 和， 相 互 通 顺， 通 则 自 然

本称理互通，通即互顺，自然

1.26.12

kjɨ¹ djɨj² kur² ljụ¹ zji² zjɨɨr² mja¹ dźjwa¹ zji² kię¹ tśhjwo¹ ljɨ² ljɨ¹

[illegible] [illegible] [illegible] [illegible] [illegible] [illegible]， [illegible] [illegible] [illegible] [illegible]， [illegible] [illegible] [illegible]。

必 定 凝 流 皆 水， 镮 钏 皆 金， 故 易 也。

凝流皆水，镮钏皆金，故易也。

1.27.1

dạ² kạ² śiaa² śjij¹ tja¹ zjij¹ ku¹ zji² njaa² śjwii² ku¹ zji² ŋwu²

[illegible] [illegible]， [illegible] [illegible] [illegible] [illegible] [illegible] [illegible] [illegible]， [illegible] [illegible] [illegible] [illegible]。

言 要， 意 随 者 局 则 皆 非， 会 则 皆 是。

举要而言，局之则皆非，会之则皆是。

1.27.2

tjij¹ zur² dạ² ŋwu² ·jij¹ twụ¹ wo² mji¹ nur¹ dźjo¹ mji¹ lhjwi¹ sọ¹

[illegible] [illegible] [illegible] [illegible] [illegible] [illegible] [illegible] [illegible] [illegible]， [illegible] [illegible] [illegible]， [illegible]

若 敕 语 以 各 自 意 不 示， 长 不 收， 三

若不以佛语各示其意，各收其长，

1.27.3

mər² mji¹ śioo¹ sọ¹ tsjiir¹ rjir² mji¹ dwər² ku¹ ·a zjọ² rjɨr² tshjiij¹

[illegible] [illegible] [illegible]， [illegible] [illegible] [illegible] [illegible] [illegible]， [illegible] [illegible] [illegible] [illegible] [illegible]

宗 不 统， 三 教 与 不 对， 则 一 代 △ 说

统为三宗，对于三教，则

1.27.4

tsjiir¹ ŋewr² thjoo¹ tshji¹ tsjiir¹ ɣa¹ thjij² sjo² śjɨj¹ ljɨ¹ sjij¹ ·jij¹ twụ¹

[illegible] [illegible]， [illegible] [illegible] [illegible] [illegible] [illegible] [illegible] [illegible] [illegible]？ [illegible] [illegible] [illegible]

教 等， 妙 要 法 门 何 以 成 耶？ 今 自 各

何以会为一代善巧俱成要妙法门[5]？

1.27.5

zow²	zjij¹	sjij¹	·jijr²	thwuu¹	sjij²	ŋjow²	·u²	·o²
[illegible]	[illegible]	[illegible]	[illegible]，	[illegible]	[illegible]	[illegible]	[illegible]	[illegible]
执	著	忘	情，	同	智	海	内	入
lew²	lew¹	tha¹	do²	tshjiij¹	tja¹	·jij¹	thwuu¹	ŋwu²
[illegible]。	（[illegible]	[illegible]	[illegible]	[illegible]	[illegible]，	[illegible]	[illegible]	[illegible]
应。	（唯	佛	异	说	者，	即	同	是

各执着忘情[6],同归智海。(唯佛所说,

1.27.6

nioow¹	tśhjwo¹	tha¹	lwər²	bju¹	so̱¹	śjwii²	lew¹	śjɨj¹	ljɨ¹
[illegible]，	[illegible]	[illegible]	[illegible]	[illegible]，	[illegible]	[illegible]	[illegible]	[illegible]	[illegible]①。）
因，	故	佛	经	约，	三	会	一	为	也。）

即异而同,故约佛经,会三为一。)

译文：

二，禅有诸宗，互相违反者。夫撰述者虽多，今集所述[1]，殆且百家；宗义别者，犹将十室。谓江西、荷泽、北秀、南侁、牛头、石头、保唐、宣什及求那[2]、天台等，本人悟解俱全，互相虽无乖阻[3]。立宗传法，互相乖阻。有以空为本，有以知为源，有云寂默方真，有云行坐皆是。有云见今朝暮分别为作一切皆妄，有云分别为作一切皆真，有万行悉存，有兼佛亦泯。有放任其志，有拘束其心，有以经律为所依，有以经律为障道。非唯泛语，而乃确言，确弘其宗，确毁余类。后学执言迷意，渐次乖张[4]，争不和会也?”问：“是者即收，非者即拣，何须委曲和会?”答：“或空或有，或性或相，悉非邪僻，但缘各皆党己为是，斥彼为非，彼此确定，故须和会。”问：“既皆非邪，即各任确定，何必会之?”答：“至道归一，精义无二，不应两存；至道非边，了义不偏，不应单取。故必须会之为一，令皆圆妙。”问：“以冰杂火，势不俱全；将矛刺盾，功不双胜。诸宗所执，既互相违，一是则有一非，如何会令皆妙?”答：“俱存其法，俱遣其病，即皆妙也。谓以法就人即难，以人就法即易。人多随情互执，执即相违，诚如冰火相和，矛盾相敌，故难也。法本称理互通，通即互顺，自然凝流皆水，镮钏皆金，故易也。举要而言，局之则皆非，会之则皆是。若不以佛语各示其意，各收其长，统为三宗，对于三教，则何以会为一代善巧俱成要妙法门[5]?各执着忘情[6]，同归智海。（唯佛所说，即异而同，故约佛经，会三为一。）

注释：

[1]“夫撰述者虽多”一句汉本无。

[2]求那，汉本作“稠那”，为“惠稠、求那”之省。

① “[illegible]”五字原残佚，参照汉本“会三为一”拟补。

[3]"本人悟解俱全，互相虽无乖阻"不见于汉本，且与前后文意似有未合，疑误。

[4]渐次乖张，汉本作"情见乖张"，疑误。

[5]一代所说之教何以成要妙法门，汉本作"何以会为一代善巧俱成要妙法门"。

[6]各执着忘情，汉本作"各忘其情"。

释读：

1.27.7

sọ^{1}	lwər^{2}	dźjọ^{2}	lu^{2}	sju^{2}	twụ^{1}	lhjwij^{1}	dza^{2}	djɨj^{2}	nioow^{1}	·jɨ^{2}	tja^{1}	dźjọ^{2}
[illegible]，	[illegible]	[illegible]	[illegible]	[illegible]，	[illegible]	[illegible]	[illegible]	[illegible]	[illegible]	[illegible]	[illegible]。	[illegible]
三，	经	墨	绳	如，	正	邪	揩	定	故	谓	者。	墨

三，经如绳墨，揩定邪正者。

1.27.8

lu^{2}	khio^{2}	njaa^{2}	kjɨɨr^{1}	rjijr^{1}	tja^{1}	kjɨ^{1}	djɨj^{2}	dźjọ^{2}	lu^{2}	ɣa^{2}	tha^{2}	śjwo^{1}
[illegible]	[illegible]	[illegible]，	[illegible]	[illegible]	[illegible]	[illegible]	[illegible]	[illegible]	[illegible]	[illegible]	[illegible]	[illegible]；
绳	巧	非，	工	巧	者	必	定	绳	墨	上	凭	须；

绳墨非巧，工巧者必以绳墨为凭；

1.27.9

lwər^{2}	ljɨ^{1}	śjã^{1}	njaa^{2}	śjã^{1}	deej^{1}	mjijr^{2}	kjɨ^{1}	djɨj^{2}	lwər^{2}	ljɨ^{1}	ɣa^{2}	bju^{1}
[illegible]	[illegible]	[illegible]	[illegible]，	[illegible]	[illegible]	[illegible]	[illegible]	[illegible]	[illegible]	[illegible]	[illegible]	[illegible]
经	论	非	禅，	禅	传	者	必	定	经	论	以	准

经论非禅，传禅者必以经论为准。

1.27.10

wo^{2}	gu^{2}	mjiij^{2}	tśhji^{2}	tja^{1}	lew^{1}	dzjiij^{2}	ɣa^{2}	bju^{1}	gjị^{2}	dzjiij^{2}	thja^{2}	·jij^{1}
[illegible]。	[illegible]	[illegible]	[illegible]	[illegible]，	[illegible]	[illegible]	[illegible]	[illegible]	[illegible]，	[illegible]	[illegible]	[illegible]
应。	中	下	根	者，	但	师	于	随	依，	师	彼	之

中下根者，但可依师，师

1.27.11

tśhji^{2}	tsjiir^{2}	bioo^{1}	ŋwu^{2}	wa^{2}	kjɨ^{1}	wo^{2}	bju^{1}	nur^{1}	lhjij^{2}	phji^{1}	lew^{2}	phju^{2}
[illegible]	[illegible]	[illegible]	[illegible]	[illegible]	[illegible]	[illegible]	[illegible]	[illegible]	[illegible]	[illegible]	[illegible]。	[illegible]
根	性	观	而	何	△	分	随	指	授	令	应。	上

自观根，随分指授。上

1.27.12

tśhji²	mjijr²	tja¹	iọ¹	thwuu¹	tsjij²	śjwo¹	tjij¹	tha¹	dạ²	tsjij²	ɣiej¹	mjij²
根	人	等，	圆	通	悟	须。	若	佛	言	悟	真	未

根之辈，悟须圆通，未究佛言，

1.28.1

wji¹	ku¹	tha¹	ljij²	rjir²	thjij²	sjo²	thwuu¹	we²	·jɨr¹	dạ²	tha¹	śiə¹
为，	则	佛	见	与	云	何	同	为？”	问	曰：“	佛	△

何同佛见？”问：

1.28.2

tshjiij¹	lwər²	lhejr²	rjur¹	rjur¹	zji²	dźjij²	ɣiew¹	mjijr²	·jij¹	nji²	do¹	·juu¹
说	经	契	所	在	皆	有，	学	者	自	身	读	勘

“所在皆有佛经，任学者

1.28.3

ŋwu²	kjij¹	śjwii²	ku¹	ljọ²	mjɨ¹	nej²	sjij¹	śjā¹	ɣa¹	śioo¹	ror²	lwər²
而	△	会，	则	何	不	妥？	今	禅	门	集	纂，	经

转读勘会，有何不妥[1]？今集禅要，

1.28.4

rjir²	dwər²	tja¹	ljọ²	śjwo¹	thjɨ²	·jij¹	kụ²	dạ²	rjɨr²	khju¹	·jwɨr²	ŋwu²
与	辨	者	何	须？”	此	△	答	曰：“	以	下	文	是。”

何必辨经？”答之曰：“下文便是[2]。”

1.28.5

ljɨɨr¹	lwər²	njir²	źjɨr¹	dju¹	wo²	dźjwa¹	gji²	lew²	nioow¹	·jɨ²	tja¹	tha¹
四，	经	权	实	有，	义	了	依	须	故	谓	者。	佛

四，经有权实，须依了义者。谓佛

1.28.6

rjur^{1}	lwər^{2}	rjɨr^{2}	tshjiij^{1}	kha^{1}	·jij^{1}	phji^{1}	rjir^{2}	bju^{1}	dạ^{2}	tsjɨ^{1}	dju^{1}	tsjij^{1}
[illegible]	[illegible]	[illegible]	[illegible]	[illegible]，	[illegible]	[illegible]	[illegible]	[illegible]	[illegible]	[illegible]	[illegible]，	[illegible]
诸	经	△	说	中，	自	意	与	随	语	亦	有，	他

说诸经，有随自意语，

1.28.7

phji^{1}	rjir^{2}	bju^{1}	dạ^{2}	tsjɨ^{1}	dju^{1}	zji^{2}	dźjwa^{1}	wo^{2}	rjir^{2}	bju^{1}	tsjɨ^{1}	dju^{1}
[illegible]	[illegible]	[illegible]	[illegible]	[illegible]	[illegible]，	[illegible]	[illegible]	[illegible]	[illegible]	[illegible]	[illegible]	[illegible]，
意	与	随	语	亦	有，	毕	竟	理	与	称	亦	有，

有随他意语，有称毕竟之理，

1.28.8

tśhjɨ^{1}	dzjɨj^{1}	tśhji^{2}	rjir^{2}	bju^{1}	tsjɨ^{1}	dju^{1}	tsjiir^{2}	·jij^{1}	rjɨr^{2}	tshjiij^{1}	tsjɨ^{1}	dju^{1}
[illegible]	[illegible]	[illegible]	[illegible]	[illegible]	[illegible]	[illegible]，	[illegible]	[illegible]	[illegible]	[illegible]	[illegible]	[illegible]，
当	时	机	与	随	亦	有，	性	相	△	诠	亦	有，

有随当时之机，有诠性相，

1.28.9

twụ^{2}	tśjɨɨ^{1}	ljij^{2}	tsəj^{1}	tsjɨ^{1}	dju^{1}	wo^{2}	dźjwa^{1}	mji^{1}	dźjwa^{1}	tsjɨ^{1}	dju^{1}	·jwɨr^{2}
[illegible]	[illegible]	[illegible]	[illegible]	[illegible]	[illegible]，	[illegible]	[illegible]、	[illegible]	[illegible]	[illegible]	[illegible]。	[illegible]
顿	渐	大	小	亦	有，	了	义、	不	了	亦	有。	文

有顿渐大小，有了义、不了义。文

1.28.10

ljɨ^{1}	·jij^{1}	gu^{2}	dźjwɨ^{1}	ljwu^{1}	sju^{2}	djij^{2}	wo^{2}	kjɨ^{1}	djɨj^{2}	iọ^{1}	thwuu^{1}	ɣię^{2}
[illegible]	[illegible]	[illegible]	[illegible]	[illegible]	[illegible]	[illegible]，	[illegible]	[illegible]	[illegible]	[illegible]	[illegible]	[illegible]
虽	自	互	相	违	如	然，	义	必	定	圆	通	碍

或敌体相违，义必圆通无碍。

1.28.11

mjij^{1}	we^{1}	·ụ^{2}	na^{1}	wạ^{2}	śiaa^{2}	zu^{2}	thjij^{2}	ljij^{2}	thja^{1}	bju^{1}	sjij^{1}	·a
[illegible]。	[illegible]	[illegible]	[illegible]	[illegible]，	[illegible]	[illegible]	[illegible]	[illegible]？	[illegible]	[illegible]	[illegible]	[illegible]
无。	龙	藏	深	广，	旨	归	何	见？	是	故	今	都

龙藏浩汗，何见旨归？故今都

1.28.12

iọ^1	zji^2	wjɨ^2	phjo^2	kar^2	ljɨ^1	dzjɨj^1	tśhjaa^1	tha^1	·jij^1	śiaa^2	śjij^1	iọ^1
总	皆	△	抉	择，	一	时	上	佛	之	意	法	圆

决择之[3]，令一时圆见佛意

1.29.1

sə^1	zji^2	kjɨ^1	ljij^2	phji^1	tha^1	śiaa^2	ljij^2	nioow^1	·a	·ụ^2	lwər^2	lhejr^2
满	皆	△	见	令，	佛	意	见，	复	一	藏	契	经

后[4]，即备寻一藏，

1.29.2

·juu^1	ku^1	tśhjwo^1	mja^1	nioow^1	gjwi^2	gjwi^2	mər^2	tsjij^2	ljɨ^1
寻，	则	故	然	后	句	句	宗	知	也。

即句句知宗。

1.29.3

ŋwə^1	kaar^1	sọ^1	mə^2	dju^1	phjoo^2	śjwii^2	thwuu^1	śjwo^1	nioow^1	·jɨ^2	ţja^1	lji^2
五，	量	三	种	有，	勘	契	同	须	故	谓	者。	西

五，量有三种，勘契须同者。西

1.29.4

mə^1	rjur^1	mee^2	śjɨj^2	njɨ^2	tsjiir^1	wo^2	phie^2	zjij^1	zji^2	sọ^1	kaar^1	ŋwu^2
天	诸	贤	圣	等	法	义	解	时，	皆	三	量	以

天诸贤圣所解法义[5]，皆以三量

1.29.5

djɨj^2	wji^1	lew^1	bju^1	kaar^1	njɨɨ^1	mjor^1	kaar^1	sọ^1	zur^2	kaar^1	ŋwu^2	kaar^1
定	为：	一	比	量，	二	现	量，	三	敕	量	是。	量

为定：一比量，二现量，三佛言量。量

1.29.6

tja^{1}	dzjọ^{1}	dụ^{2}	kaar^{1}	ŋwu^{2}	mə^{2}	war^{2}	kaar^{1}	dza^{2}	zji^{2}	nwə^{1}	njwi^{2}	sju^{2}
[illegible]，	[illegible]	[illegible]	[illegible]	[illegible]，	[illegible]	[illegible]	[illegible]	[illegible]	[illegible]	[illegible]	[illegible]	[illegible]①。
者，	犹	升	斗	是，	种	物	度	量	皆	知	能	如。

者，如度量升斗，量物知定也。

1.29.7

bju^{1}	kaar^{1}	tja^{1}	·jiw^{1}	nioow^{1}	dzjọ^{1}	dza^{2}	ɣa^{2}	bju^{1}	gjị^{2}	ŋwu^{2}	kaar^{1}	dzjọ^{1}
[illegible]	[illegible]	[illegible]，	[illegible]	[illegible]	[illegible]	[illegible]	[illegible]	[illegible]	[illegible]	[illegible]	[illegible]，	[illegible]
比	量	者，	因	由	譬	喻	上	因	依	以	比，	如

比量者，以因由譬喻比度也，如

1.29.8

dźjo^{1}	dźjo^{1}	ɣju^{1}	ljij^{2}	zjij^{1}	kjɨ^{1}	djɨj^{2}	thja^{1}	do^{2}	məə^{1}	dju^{1}	nwə^{1}	məə^{1}
[illegible]	[illegible]	[illegible]	[illegible]	[illegible]，	[illegible]	[illegible]	[illegible]	[illegible]	[illegible]	[illegible]	[illegible]，	[illegible]
远	远	烟	见	时，	必	定	其	处	火	有	知，	火

远见烟，必知有火，

1.29.9

mjij^{2}	ljij^{2}	tsjɨ^{1}	lạ^{1}	ljoor^{1}	njaa^{2}	ljɨ^{1}	mjor^{1}	kaar^{1}	tja^{1}	·jij^{1}	mjor^{1}	·ju^{2}
[illegible]	[illegible]，	[illegible]	[illegible]	[illegible]	[illegible]	[illegible]。	[illegible]	[illegible]	[illegible]，	[illegible]	[illegible]	[illegible]
未	见，	亦	虚	妄	非	也。	现	量	者，	自	亲	现

虽不见火，亦非虚妄。现量者，亲自现

1.29.10

ljij^{2}	ŋwu^{2}	pjụ^{1}	kaar^{1}	mji^{1}	gjii^{2}	thja^{1}	śjij^{1}	sjwij^{1}	ljɨ^{1}	zur^{2}	kaar^{1}	tja^{1}
[illegible]	[illegible]，	[illegible]	[illegible]	[illegible]	[illegible]，	[illegible]	[illegible]	[illegible]	[illegible]。	[illegible]	[illegible]	[illegible]
见	是，	推	度	不	假，	自	然	明	也。	敉	量	者，

见，不假推度，自然定也。佛言量者，

1.29.11

rjur^{1}	lwər^{2}	lhejr^{2}	kha^{1}	dạ^{2}	śio^{1}	ŋwu^{2}	thjɨ^{2}	wo^{2}	djɨj^{2}	wji^{1}	nioow^{1}	phjoo^{2}
[illegible]	[illegible]	[illegible]	[illegible]	[illegible]	[illegible]	[illegible]	[illegible]	[illegible]	[illegible]	[illegible]。	[illegible]	[illegible]
诸	经	契	中	言	引	以	此	理	定	为。	又	勘

以诸经所言为定理[6]。谓勘

①自"[illegible]"以下一行，每字残存右半，"[illegible]"十二字参照汉本"如度量升斗量物知定"补。

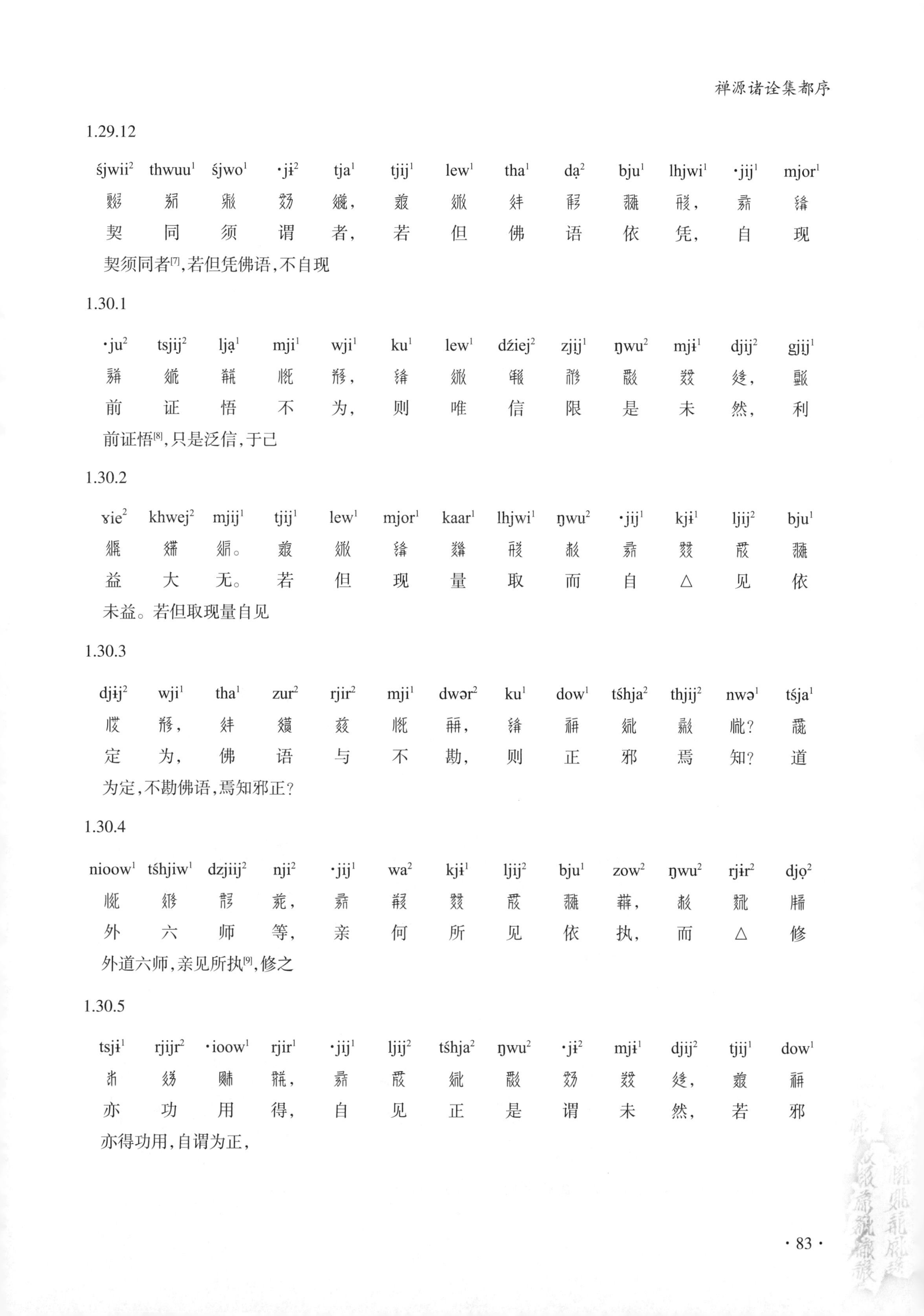

1.29.12

śjwii^{2} thwuu^{1} śjwo^{1} ·jɨ^{2} tja^{1} tjij^{1} lew^{1} tha^{1} dạ^{2} bju^{1} lhjwi^{1} ·jij^{1} mjor^{1}

[illegible]

契 同 须 谓 者， 若 但 佛 语 依 凭， 自 现

契须同者[7]，若但凭佛语，不自现

1.30.1

·ju^{2} tsjij^{2} ljạ^{1} mji^{1} wji^{1} ku^{1} lew^{1} dźiej^{2} zjij^{1} ŋwu^{2} mjɨ^{1} djij^{2} gjij^{1}

[illegible]

前 证 悟 不 为， 则 唯 信 限 是 未 然， 利

前证悟[8]，只是泛信，于己

1.30.2

ɣie^{2} khwej^{2} mjij^{1} tjij^{1} lew^{1} mjor^{1} kaar^{1} lhjwi^{1} ŋwu^{2} ·jij^{1} kjɨ^{1} ljij^{2} bju^{1}

[illegible]

益 大 无。 若 但 现 量 取 而 自 △ 见 依

未益。若但取现量自见

1.30.3

djɨj^{2} wji^{1} tha^{1} zur^{2} rjir^{2} mji^{1} dwər^{2} ku^{1} dow^{1} tśhja^{2} thjij^{2} nwə^{1} tśja^{1}

[illegible]

定 为， 佛 语 与 不 勘， 则 正 邪 焉 知？ 道

为定，不勘佛语，焉知邪正？

1.30.4

nioow^{1} tśhjiw^{1} dzjiij^{2} nji^{2} ·jij^{1} wa^{2} kjɨ^{1} ljij^{2} bju^{1} zow^{2} ŋwu^{2} rjɨr^{2} djọ^{2}

[illegible]

外 六 师 等， 亲 何 所 见 依 执， 而 △ 修

外道六师，亲见所执[9]，修之

1.30.5

tsjɨ^{1} rjijr^{2} ·ioow^{1} rjir^{1} ·jij^{1} ljij^{2} tśhja^{2} ŋwu^{2} ·jɨ^{2} mjɨ^{1} djij^{2} tjij^{1} dow^{1}

[illegible]

亦 功 用 得， 自 见 正 是 谓 未 然， 若 邪

亦得功用，自谓为正，

1.30.6

ŋwu^{2}	ku^{1}	thjij^{2}	sjo^{2}	nwə^{1}	njwi^{2}	tjij^{1}	lew^{1}	bju^{1}	kaar^{1}	lhjwi^{1}	tha^{1}	zur^{2}
[illegible]	[illegible]	[illegible]	[illegible]	[illegible]	[illegible]？	[illegible]	[illegible]	[illegible]	[illegible]	[illegible]，	[illegible]	[illegible]①
是	则	如	何	知	能？	若	但	比	量	用，	佛	言

岂知是邪？若但用比量者，

1.30.7

ljɨ^{1}	mjor^{1}	kaar^{1}	njɨ^{2}	mjij^{1}	ku^{1}	wa^{2}	ɣa^{2}	bju^{1}	kaar^{1}	ljɨ^{1}	nioow^{1}	bju^{1}
[illegible]	[illegible]	[illegible]	[illegible]	[illegible]，	[illegible]	[illegible]	[illegible]	[illegible]	[illegible]	[illegible]？	[illegible]	[illegible]
既	现	量	等	无，	则	何	约	比	度	也？	又	比

既无佛言及现量[10]，约何比度？比

1.30.8

kaar^{1}	lew^{2}	wja^{1}	wa^{2}	ŋwu^{2}	tśhjwo^{1}	sọ^{1}	kaar^{1}	thwuu^{1}	ku^{1}	kjɨ^{1}	djɨj^{2}	thju^{1}
[illegible]	[illegible]	[illegible]	[illegible]	[illegible]？	[illegible]	[illegible]	[illegible]	[illegible]，	[illegible]	[illegible]	[illegible]	[illegible]
度	所	云	何	是？	故	三	量	同，	方	决	定	真

度何法？故须三量勘同，方为决定。

1.30.9

ka^{1}	we^{2}	ljɨ^{1}	rjur^{1}	śjã^{1}	mər^{2}	kha^{1}	rjɨr^{2}	mjaa^{2}	mjor^{1}	kaar^{1}	bju^{1}	kaar^{1}
[illegible]	[illegible]	[illegible]。	[illegible]	[illegible]	[illegible]	[illegible]	[illegible]	[illegible]	[illegible]	[illegible]、	[illegible]	[illegible]
实	为	也。	诸	禅	宗	中	△	多	现	量、	比	量

禅宗已多有现、比

1.30.10

njɨɨ^{1}	dju^{1}	sjij^{1}	·jị^{2}	lwər^{2}	ljɨ^{1}	ŋwu^{2}	tjɨj^{2}	ku^{1}	tśhjwo^{1}	sọ^{1}	kaar^{1}	ŋowr^{2}
[illegible]	[illegible]，	[illegible]	[illegible]	[illegible]	[illegible]	[illegible]	[illegible]，	[illegible]	[illegible]	[illegible]	[illegible]	[illegible]
二	有，	今	更	经	论	以	印，	则	故	三	量	备

二量，今更以经论印之，则三量备

1.30.11

lhə	we^{2}
[illegible]	[illegible]。
足	矣。

矣。

① “[illegible]”五字残存右半，参照汉本“但用比量者既无圣教”补。

译文：

三，经如绳墨，揩定邪正者。绳墨非巧，工巧者必以绳墨为凭；经论非禅，传禅者必以经论为准。中下根者，但可依师，师自观根，随分指授。上根之辈，悟须圆通，未究佛言，何同佛见？”问：“所在皆有佛经，任学者转读勘会，有何不妥[1]？今集禅要，何必辨经？”答之曰：“下文便是[2]。”

四，经有权实，须依了义者。谓佛说诸经，有随自意语，有随他意语，有称毕竟之理，有随当时之机，有诠性相，有顿渐大小，有了义、不了义。文或敌体相违，义必圆通无碍。龙藏浩汗，何见旨归？故今都决择之[3]，令一时圆见佛意后[4]，即备寻一藏，即句句知宗。

五，量有三种，勘契须同者。西天诸贤圣所解法义[5]，皆以三量为定：一比量，二现量，三佛言量。量者，如度量升斗，量物知定也。比量者，以因由譬喻比度也，如远见烟，必知有火，虽不见火，亦非虚妄。现量者，亲自现见，不假推度，自然定也。佛言量者，以诸经所言为定理[6]。谓勘契须同者[7]，若但凭佛语，不自现前证悟[8]，只是泛信，于己未益。若但取现量自见为定，不勘佛语，焉知邪正？外道六师，亲见所执[9]，修之亦得功用，自谓为正，岂知是邪？若但用比量者，既无佛言及现量[10]，约何比度？比度何法？故须三量勘同，方为决定。禅宗已多有现、比二量，今更以经论印之，则三量备矣。

注释：

[1]“有何不妥”一句不见于汉本。

[2]答之曰下文便是，汉本作“答：此意即其次之文，便是答此问也”。

[3]都决择之，汉本作“但以十余纸都决择之”。

[4]令一时圆见佛意后，汉本作“令一时圆见佛意，见佛意后”。

[5]西天，汉本作“西域”。

[6]以诸经所言为定理，汉本作“以诸经为定”。

[7]“谓”字不见于汉本。

[8]不自现前证悟，汉本作“不自比度证悟自心”。

[9]亲见所执，汉本作“亲见所执之理”。

[10]既无佛言及现量，汉本作“既无圣教及自所见”。

释读：

1.30.12

tśhjiw^{1}	·jiw^{2}	rejr^{2}	mə^{2}	dju^{1}	ŋowr^{2}	zji^{2}	phja^{1}	śjwo^{1}	nioow^{1}	·jɨ^{2}	tja^{1}	njɨɨ^{1}
[illegible]，	[illegible]	[illegible]	[illegible]	[illegible]，	[illegible]	[illegible]	[illegible]	[illegible]	[illegible]	[illegible]	[illegible]。	[illegible]
六，	疑	多	般	有，	具	皆	决	须	故	谓	者。	二

六，疑有多般，须具通决者。二

1.31.1

sọ^1	ɣạ^2	kjiw^1	iọ^1	·u^2	lwər^2	ljɨ^1	ɣiew^1	mjijr^2	mjo^2	·jij^1	śjwɨ^1	śjwɨ^1
[西夏字]	[西夏字]	[西夏字]	[西夏字]	[西夏字]，	[西夏字]	[西夏字]	[西夏字]	[西夏字]	[西夏字]	[西夏字]	[西夏字]	[西夏字]
三	十	年	之	中，	经	论	学	者	余	△	频	频

三十年中[1]，频有学经论者

1.31.2

·jɨr^1	dạ^2	ljɨɨr^1	śjã^1	·jar^1	djɨj^2	zji^2	phju^2	kiẹj^2	dju^1	thjɨ^2	kiẹj^2	śjã^1
[西夏字]	[西夏字]：	[西夏字]	[西夏字]	[西夏字]	[西夏字]，	[西夏字]	[西夏字]	[西夏字]	[西夏字]，	[西夏字]	[西夏字]	[西夏字]
问	曰：	四	禅	八	定，	皆	上	界	在，	此	界	禅

问余曰[2]：四禅八定，皆在上界，此界

1.31.3

mjij^1	rjur^1	śjã^1	djọ^2	mjijr^2	lwər^2	ljɨ^1	ɣa^2	gjị^2	la^1	phju^2	kiẹj^2	śjã^1
[西夏字]。	[西夏字]	[西夏字]	[西夏字]	[西夏字]，	[西夏字]	[西夏字]	[西夏字]	[西夏字]	[西夏字]	[西夏字]	[西夏字]	[西夏字]
无。	诸	禅	修	者，	经	论	于	依	而	上	界	禅

无禅。凡修禅者，须依经论引取上界禅

1.31.4

djɨj^2	śio^1	lhjwi^1	thjɨ^2	kiẹj^2	·u^2	djọ^2	djọ^2	dzjɨɨ^2	śjɨj^1	mjijr^2	zji^2	thja^2
[西夏字]	[西夏字]	[西夏字]，	[西夏字]	[西夏字]	[西夏字]	[西夏字]。	[西夏字]	[西夏字]	[西夏字]	[西夏字]，	[西夏字]	[西夏字]
定	引	取，	此	界	内	修。	修	习	成	者，	皆	彼

定，而于此界修习。修习成者，皆

1.31.5

śjã^1	ŋwu^2	rjur^1	tsjiir^1	kha^1	ŋowr^2	dźju^1	thjɨ^2	su^1	dzjij^1	mjij^1	nji^2	thjɨ^2
[西夏字]	[西夏字]，	[西夏字]	[西夏字]	[西夏字]	[西夏字]	[西夏字]，	[西夏字]	[西夏字]	[西夏字]	[西夏字]。	[西夏字]	[西夏字]
禅	是，	诸	教	中	具	明，	此	超	出	无。	汝	此

是彼禅，诸教具明，无出此者。

1.31.6

rjir^2	ka^2	pha^1	śjã^1	ɣa^1	gjɨ^2	tshjii^2	nja^2	djij^2	tja^1	thjij^2	ɣiej^1	lwər^2
[西夏字]	[西夏字]	[西夏字]	[西夏字]	[西夏字]	[西夏字]	[西夏字]	[西夏字]	[西夏字]	[西夏字]	[西夏字]	[西夏字]？	[西夏字]①
与	分	离	禅	门	别	说	汝	然	者	如	何？	经

如何离此别说禅门？

①自“[西夏字]”以下一行，每字残存右半，“[西夏字]×13”十三字参照汉本“如何离此别说禅门既不依经”补。

1.31.7

ɣa^{2}	mji^{1}	gji^{2}	ku^{1}	kjɨ^{1}	djɨj^{2}	dow^{1}	tśja^{1}	ŋwu^{2}	·ji^{2}	nioow^{1}	·jɨr^{1}	dạ^{2}
[illegible]	[illegible]	[illegible]，	[illegible]	[illegible]	[illegible]	[illegible]	[illegible]	[illegible]	[illegible]。	[illegible]	[illegible]	[illegible]：
于	不	依，	则	必	定	邪	道	是	谓。	又	问	曰：

既不依经，即是邪道。又有问曰：

1.31.8

lwər^{2}	lhejr^{2}	kha^{1}	tshjiij^{1}	tśjɨɨ^{1}	djọ^{2}	ku^{1}	rejr^{2}	kja^{2}	mja^{1}	nioow^{1}	po^{1}	tjij^{1}
[illegible]	[illegible]	[illegible]	[illegible]，	[illegible]	[illegible]	[illegible]	[illegible]	[illegible]	[illegible]	[illegible]	[illegible]	[illegible]
经	契	中	云，	渐	修	则	多	劫	然	后	菩	提

经云，渐修多劫方证菩提[3]；

1.31.9

ljạ^{1}	·jɨ$^{?}$	sjij^{1}	śjã^{1}	mər^{2}	nji^{2}	tshjiij^{1}	twụ^{2}	tsjij^{2}	ku^{1}	tśhia^{1}	no^{1}	ljiij^{1}
[illegible]	[illegible]；	[illegible]	[illegible]	[illegible]	[illegible]	[illegible]，	[illegible]	[illegible]	[illegible]	[illegible]	[illegible]	[illegible]
证	谓；	今	禅	宗	人	称，	顿	悟	便	刹	那	住

禅称，顿悟刹那便成

1.31.10

zjij^{1}	tśhja^{2}	dwewr^{2}	śjɨj^{1}	·ji^{2}	lwər^{2}	tja^{1}	tha^{1}	zur^{2}	ŋwu^{2}	śjã^{1}	tja^{1}	sẽ^{1}
[illegible]	[illegible]	[illegible]	[illegible]	[illegible]。	[illegible]	[illegible]	[illegible]	[illegible]	[illegible]，	[illegible]	[illegible]	[illegible]
时	正	觉	成	谓。	经	者	佛	语	是，	禅	者	僧

正觉。经是佛语，禅是僧

1.31.11

dạ^{2}	ŋwu^{2}	tha^{1}	ljwu^{1}	sẽ^{1}	bjuu^{1}	thji^{2}	nioow^{1}	·jiw^{2}	ŋa^{2}	·ji^{2}	nioow^{1}	·jɨr^{1}
[illegible]	[illegible]，	[illegible]	[illegible]	[illegible]	[illegible]，	[illegible]	[illegible]	[illegible]	[illegible]	[illegible]。	[illegible]	[illegible]：
言	是，	佛	违	僧	遵，	是	以	疑	我	谓。	又	问：

言，违佛遵僧，是以疑之[4]。又

1.31.12

śjã^{1}	ɣa^{1}	tshji^{1}	wo^{2}	ŋwu^{2}	mjij^{1}	njaa^{2}	mjij^{1}	bjɨr^{1}	khjwɨ^{1}	śja^{1}	ma^{2}	mji^{1}
[illegible]	[illegible]	[illegible]	[illegible]，	[illegible]	[illegible]	[illegible]	[illegible]；	[illegible]	[illegible]	[illegible]	[illegible]，	[illegible]
禅	门	要	旨，	是	无	非	无；	刀	割	香	涂，	不

有问曰：禅门要旨，无是无非；刀割涂香，不

1.32.1

tshjạ^{1}	mji^{1}	de^{2}	ljwij^{1}	njij^{1}	tśhja^{2}	ka^{1}	·jɨ^{2}	wa^{2}	bju^{1}	zjɨr^{1}	njwi^{2}	ljạ^{1}
[illegible]	[illegible]	[illegible]，	[illegible]	[illegible]	[illegible]	[illegible]	[illegible]。	[illegible]	[illegible]	[illegible]	[illegible]	[illegible]
嗔	不	喜，	怨	亲	平	等	谓。	何	以	南	能	北

嗔不喜，怨亲平等[5]。何以南能北

1.32.2

sew^{2}	məə^{1}	zjɨɨr^{2}	sju^{2}	dźjwɨ^{1}	khie^{1}	xow^{1}	tśhiə^{1}	xow^{1}	tśjiw^{1}	wjij^{2}	zjɨ^{1}	sju^{2}
[illegible]，	[illegible]	[illegible]	[illegible]	[illegible]	[illegible]；	[illegible]	[illegible]	[illegible]	[illegible]，	[illegible]	[illegible]	[illegible]
秀，	火	水	如	相	嫌；	荷	泽	洪	州，	仇	敌	如

秀，水火之嫌；荷泽洪州，仇敌之

1.32.3

dźjwɨ^{1}	khwụ^{2}	·jɨ^{2}	nioow^{1}	·jɨr^{1}	tśhjiw^{1}	śjij^{1}	śjā^{1}	mər^{2}	dzjiij^{2}	lhji^{2}	dzjiij^{2}	gji^{2}
[illegible]	[illegible]	[illegible]？	[illegible]	[illegible]：	[illegible]	[illegible]	[illegible]	[illegible]	[illegible]	[illegible]	[illegible]	[illegible]
相	隙	谓？	有	曰：	六	代	禅	宗	师	傅	弟	子

隙[6]？又有问曰：六代禅宗师资

1.32.4

·jij^{1}	śjā^{1}	tsjiir^{1}	lhjij^{2}	phji^{1}	zjij^{1}	zji^{2}	·u^{2}	dwuu^{2}	dạ^{2}	deej^{1}	djɨr^{2}	dźiej^{2}
[illegible]	[illegible]	[illegible]	[illegible]	[illegible]	[illegible]，	[illegible]	[illegible]	[illegible]	[illegible]	[illegible]，	[illegible]	[illegible]
△	禅	法	受	令	时，	皆	内	密	语	传，	外	信

传授禅法，皆云内授密语，外

1.32.5

lhwu^{1}	khjow^{1}	lhwu^{1}	tsjiir^{1}	dźjwɨ^{1}	bjij^{2}	phjoo^{2}	tjɨj^{2}	we^{2}	·jɨ^{2}	tshew^{1}	khji^{2}	nioow^{1}
[illegible]	[illegible]，	[illegible]	[illegible]	[illegible]	[illegible]，	[illegible]	[illegible]	[illegible]	[illegible]。	[illegible]	[illegible]	[illegible]
衣	予，	衣	法	相	资，	符	印	为	谓。	曹	溪	后

传信衣，衣法相资，以为符印。曹溪

1.32.6

rjijr^{2}	thjɨ^{2}	dạ^{2}	mjij^{2}	mji^{1}	sjij^{1}	mjor^{1}	dzjwo^{2}	dzjiij^{2}	zjij^{1}	dwuu^{2}	dạ^{2}	·a
[illegible]，	[illegible]	[illegible]	[illegible]	[illegible]。	[illegible]	[illegible]	[illegible]	[illegible]	[illegible]	[illegible]	[illegible]	[illegible]
方，	此	事	未	闻。	今	现	人	化	时	密	语	△

已后，不闻此事。未审今时化人说密语

1.32.7

tshjiij^1	tjij^1	mji^1	tshjiij^1	ku^1	thja^1	wjɨ^2	deej^1	tja^1	tha^2	mo^2	tsjiir^1	njaa^2
[illegible]？	[illegible]	[illegible]	[illegible]	[illegible]	[illegible]	[illegible]	[illegible]	[illegible]	[illegible]	[illegible]	[illegible]	[illegible]，
说？	若	不	说	则	彼	所	传	者	达	摩	法	非，

否？不说则所传者非达摩之法，

1.32.8

tjij^1	rjɨr^2	tshjiij^1	ku^1	mji^1	mjijr^2	zji^2	lhwu^1	rjir^1	wo^2	·jɨ^2	nioow^1	śjā^1
[illegible]	[illegible]	[illegible]	[illegible]	[illegible]	[illegible]	[illegible]	[illegible]	[illegible]	[illegible]	[illegible]。	[illegible]	[illegible]
若	△	说	则	闻	者	尽	衣	得	合	谓。	又	禅

说则闻者尽合得衣。又有禅

1.32.9

djọ^2	mjijr^2	·jɨr^1	dạ^2	tha^2	mo^2	njiij^1	deej^1	·jwɨr^2	dji^2	mji^1	thu^1	nji^2
[illegible]	[illegible]	[illegible]	[illegible]：	[illegible]	[illegible]	[illegible]	[illegible]，	[illegible]	[illegible]	[illegible]	[illegible]。	[illegible]
修	者	问	曰：	达	摩	心	传，	文	字	不	立。	汝

德问曰：达摩传心，不立文字。汝

1.32.10

sjij^1	wa^2	bju^1	mər^2	dzjiij^2	·jij^1	ljwu^1	ŋwu^2	ljɨ^1	phie^2	lwər^2	deej^1	nja^2
[illegible]	[illegible]	[illegible]	[illegible]	[illegible]	[illegible]	[illegible]，	[illegible]	[illegible]	[illegible]	[illegible]	[illegible]	[illegible]
今	何	故	祖	师	△	违，	而	论	解	经	传	汝

何违背先祖，讲论传经？

1.32.11

·jɨ^2	nioow^1	mjɨ^1	rur^1	·jị^2	·jɨr^1	dạ^2	sej^1	mjiij^2	no^2	dzuu^2	·jij^1	źier^1
[illegible]？	[illegible]	[illegible]	[illegible]	[illegible]	[illegible]	[illegible]：	《[illegible]	[illegible]》	[illegible]	[illegible]	[illegible]	[illegible]，
谓？	又	此	刻	复	问	曰：	《净	名》	宴	坐	△	呵，

近复问曰：《净名》已呵宴坐，

1.32.12

xow^1	tśhiə^1	njiij^1	tạ^1	·jij^1	pjo^1	tshew^1	khji^2	tśja^1	dzuu^2	dzjwo^2	ljij^2	·jij^1
[illegible]	[illegible]	[illegible]	[illegible]	[illegible]	[illegible]。	[illegible]	[illegible]	[illegible]	[illegible]	[illegible]	[illegible]，	[illegible]
荷	泽	心	凝	△	斥。	曹	溪	结	跏	人	见，	自

荷泽每斥凝心。曹溪见人结跏，曾自

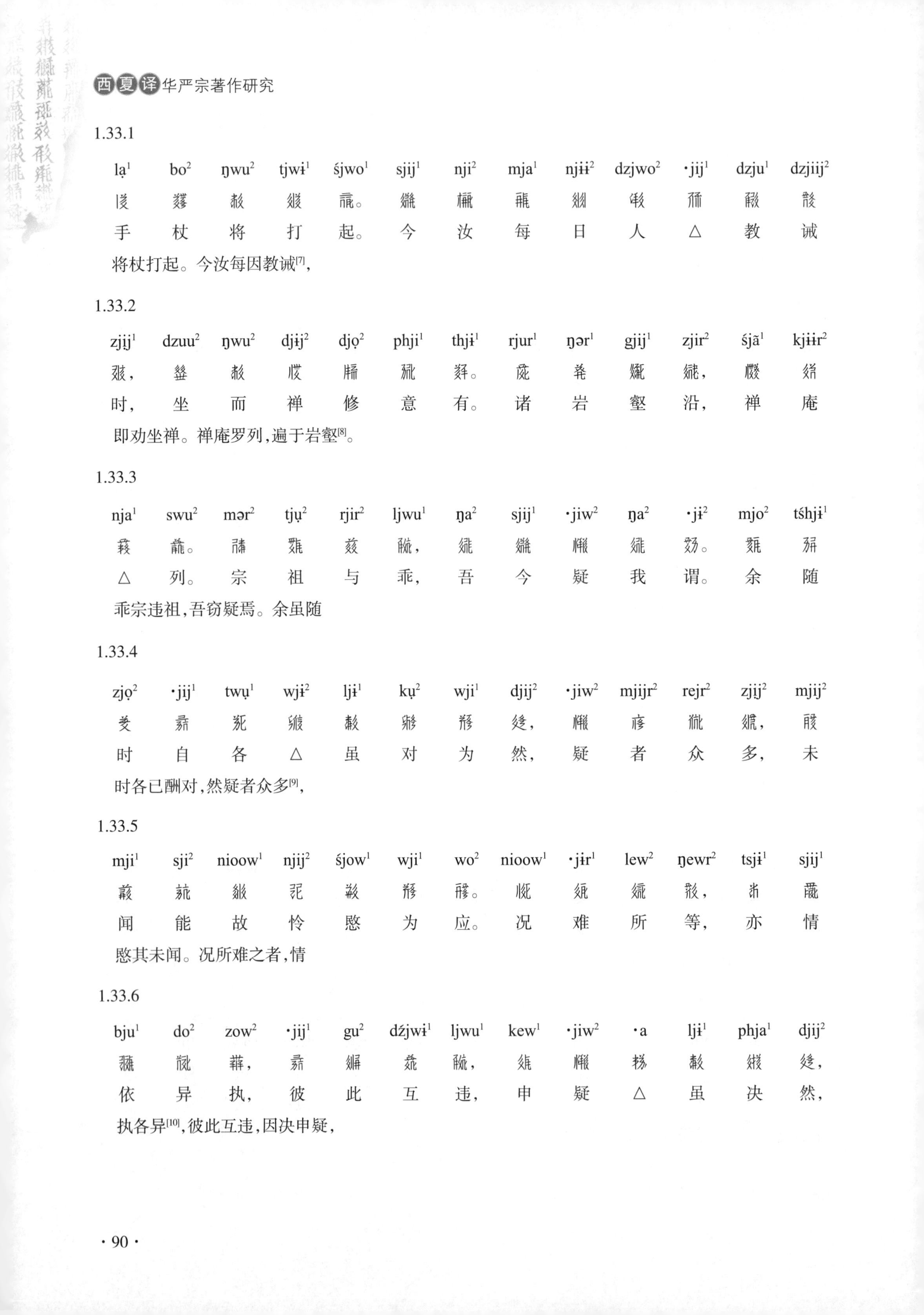

1.33.1

la̱¹ bo² ŋwu² tjwɨ¹ śjwo¹ sjij¹ nji² mja¹ njɨɨ² dzjwo² ·jij¹ dzju¹ dzjiij²

手 杖 将 打 起。 今 汝 每 日 人 △ 教 诫

将杖打起。今汝每因教诫[7]，

1.33.2

zjij¹ dzuu² ŋwu² djɨj² djo̱² phji¹ thjɨ¹ rjur¹ ŋər¹ gjij¹ zjir² śjã¹ kjiɨr²

时， 坐 而 禅 修 意 有。 诸 岩 壑 沿， 禅 庵

即劝坐禅。禅庵罗列，遍于岩壑[8]。

1.33.3

nja¹ swu² mər² tju̱² rjir² ljwu¹ ŋa² sjij¹ ·jiw² ŋa² ·jɨ² mjo² tśhjɨ¹

△ 列。 宗 祖 与 乖， 吾 今 疑 我 谓。 余 随

乖宗违祖，吾窃疑焉。余虽随

1.33.4

zjo̱² ·jij¹ twu̱¹ wjɨ² ljɨ¹ ku̱² wji¹ djij² ·jiw² mjijr² rejr² zjij² mjij²

时 自 各 △ 虽 对 为 然， 疑 者 众 多， 未

时各已酬对，然疑者众多[9]，

1.33.5

mji¹ sji² nioow¹ njij² śjow¹ wji¹ wo² nioow¹ ·jɨr¹ lew² ŋewr² tsjɨ¹ sjij¹

闻 能 故 怜 愍 为 应。 况 难 所 等， 亦 情

愍其未闻。况所难之者，情

1.33.6

bju¹ do² zow² ·jij¹ gu² dźjwɨ¹ ljwu¹ kew¹ ·jiw² ·a ljɨ¹ phja¹ djij²

依 异 执， 彼 此 互 违， 申 疑 △ 虽 决 然，

执各异[10]，彼此互违，因决申疑，

1.33.7

thja²	ŋo²	gjij¹	njij²	·a	ljij¹	thjɨ²	nioow¹	sọ¹	ɣa¹	wo²	phie²	ŋwu²
[illegible]	[illegible]	[illegible]	[illegible]	[illegible]	[illegible]。	[illegible]	[illegible]	[illegible]	[illegible]	[illegible]	[illegible]，	[illegible]
其	病	转	倍	△	增。	是	故	三	门	义	开，	而

其病倍增[11]。故须开三门义，

1.33.8

·a	·ụ²	lwər²	tjɨj²	thjɨ²	ŋwu²	śji¹	·jiw²	zji²	kụ²	wo²	mji¹	dźjwa¹
[illegible]	[illegible]	[illegible]	[illegible]，	[illegible]	[illegible]	[illegible]	[illegible]	[illegible]	[illegible]，	[illegible]	[illegible]	[illegible]
一	藏	经	印，	是	以	前	疑	总	答，	理	彻	无

评一藏经，总答前疑，无不通彻。

1.33.9

mjij¹	thjɨ²	rjɨr²	khju¹	kụ²	śjij¹	·jwɨr²	wo²	ljɨ¹	ljɨ¹	khju¹
[illegible]。	（[illegible]	[illegible]	[illegible]	[illegible]	[illegible]	[illegible]	[illegible]，	[illegible]	[illegible]	[illegible]
不。	（此	以	下	答	所	文	义，	一	一	下
bjij²	nur¹	ŋwu²	thjɨ²	rjur¹	·jɨr¹	·jij¹	wjɨ²	kụ²	wji¹	tjij¹
[illegible]	[illegible]，	[illegible]	[illegible]	[illegible]	[illegible]	[illegible]	[illegible]	[illegible]	[illegible]。	[illegible]
注	指，	而	此	诸	难	△	△	答	为。	若
kụ²	śjij¹	ljij²	kiej²	ku¹	bjij²	·jwɨr²	tjoo¹	ŋwu²	seew²	lew²
[illegible]	[illegible]	[illegible]	[illegible]，	[illegible]	[illegible]	[illegible]	[illegible]	[illegible]	[illegible]	[illegible]。）
答	处	见	欲，	则	注	文	检	而	察	须。）

（此下所答文义[12]，一一脚注指之，答此诸难。欲见答处，须检注文也。）

译文：

六，疑有多般，须具通决者。二三十年中[1]，频有学经论者问余曰[2]：四禅八定，皆在上界，此界无禅。凡修禅者，须依经论引取上界禅定，而于此界修习。修习成者，皆是彼禅，诸教具明，无出此者。如何离此别说禅门？既不依经，即是邪道。又有问曰：经云，渐修多劫方证菩提[3]；禅称，顿悟刹那便成正觉。经是佛语，禅是僧言，违佛遵僧，是以疑之[4]。又有问曰：禅门要旨，无是无非；刀割涂香，不嗔不喜，怨亲平等[5]。何以南能北秀，水火之嫌；荷泽洪州，仇敌之隙[6]？又有问曰：'六代禅宗师资传授禅法，皆云内授密语，外传信衣，衣法相资，以为符印。曹溪已后，不闻此事。未审今时化人说密语否？不说则所传者非达摩之法，说则闻者尽合得衣。又有禅德问曰：达摩传心，不立文字。汝何违背先祖，讲论传经？近复问曰：《净名》已呵宴坐，荷泽每斥凝心。曹溪见人结跏，曾自将杖打起。今汝每因教诫[7]，即劝坐禅。禅庵罗列，遍于岩壑[8]。乖宗违祖，吾窃疑焉。余虽随时各已酬对，然疑者众多[9]，愍其未闻。况所难之者，情执各异[10]，彼此互违，因决申疑，其病倍增[11]。故须开三门义，评一藏经，总答前疑，无不通彻。（此下所答文义[12]，一一脚注指之，答此诸难。欲见答处，须检注文也。）

注释：

[1]二三十年，汉本作“数十年”。

[2]学经论者，汉本作“经论大德”。

[3]多劫，汉本作“祇劫”，即“阿僧祇劫”省称，华言“无数劫”。夏译不切。

[4]是以疑之，汉本作“窃疑未可”。

[5]刀割涂香不嗔不喜怨亲平等，汉本作“涂割怨亲，不嗔不喜”。夏译其意不明。

[6]仇敌，汉本作“参商”，夏译大误。按汉语“参商”为二星名，喻指永不相逢，所谓“人生不相见，动如参与商。”

[7]汉本“今”下有“问”字。

[8]禅庵罗列遍于岩壑，西夏本作“沿诸岩壑，禅庵遍布”。

[9]众多，汉本作“千万”。

[10]情执各异，汉本作“情皆遍执，所执各异”。

[11]其病倍增，汉本作“复增已病”。

[12]此下答处文义，汉本作“下随相当文义”。

释读：

1.33.10

śjạ¹	tsjiir¹	wo²	mji¹	lew²	phjo²	kar²	njwi²	śjwo¹	nioow¹	·jɨ²	tja¹	iọ¹
[illegible]，	[illegible]	[illegible]	[illegible]	[illegible]，	[illegible]	[illegible]	[illegible]	[illegible]	[illegible]	[illegible]	[illegible]。	[illegible]
七，	法	义	不	同，	分	辨	善	须	故	谓	者。	凡

七，法义不同，善须辨识者。凡

1.33.11

rjur¹	tsjiir¹	tsjiir²	·jij¹	dźju¹	tsjij²	kiẹj²	ku¹	śji¹	ɣu¹	tsjiir¹	wo²	phjo²
[illegible]	[illegible]	[illegible]	[illegible]	[illegible]	[illegible]	[illegible]，	[illegible]	[illegible]	[illegible]	[illegible]	[illegible]	[illegible]
诸	法	性	相	明	解	欲，	则	首	先	法	义	分

欲明解诸法性相，先须辨得法义。

1.33.12

kar²	śjwo¹	ljɨ¹	tsjiir¹	bju¹	wo²	tsjij²	wo²	·jij¹	dźju¹	sjwij¹	wo²	bju¹
[illegible]	[illegible]	[illegible]。	[illegible]	[illegible]	[illegible]	[illegible]，	[illegible]	[illegible]	[illegible]	[illegible]；	[illegible]	[illegible]
辨	须	也。	法	依	义	解，	义	即	分	明；	义	以

依法解义，义即分明；以义

1.34.1

tsjiir¹ tshjiij¹ tsjiir¹ ·jij¹ bjo² la² sjij¹ njir² rjur¹ kha¹ war² bju¹ dźju¹

[illegible]

法 诠， 法 即 显 著。 今 且 世 中 物 约 明

诠法，法即显著。今且约世物明

1.34.2

phji¹ ku¹ dzjọ¹ kię¹ ɣiej¹ tja¹ kjɨɨr¹ njɨ² nioow¹ ŋwu² mə² mə² gju²

[illegible]

令， 则 如 金 真 者 匠 等 缘 随 种 种 器

之，如真金随工匠等缘作种种器

1.34.3

wji¹ thja¹ kię¹ tsjiir² tja¹ kjɨ¹ djɨj² wjɨ² lej² rər² śjow¹ mji¹ we²

[illegible]

作， 其 金 性 者 必 定 转 变 铜 铁 不 为。

物[1]，金性必不变为铜铁。

1.34.4

kię¹ tja¹ tsjiir¹ ŋwu² mji¹ lej² nioow¹ śjwɨ² tja¹ wo² ŋwu² tjij¹ dzjwo²

[illegible]

金 者 法 是， 不 变 缘 随 者 义 是。 设 人

金即是法，不变随缘是义。设有人

1.34.5

·jɨr¹ dạ² wa² sju² war² mji¹ lej² wa² sju² war² nioow¹ śjwɨ² ·jɨ²

[illegible]

问 曰， 何 如 物 不 变， 何 如 物 缘 随 说

问，说何物不变，何物随缘，

1.34.6

zjij¹ lew¹ kụ² dạ² kię¹ ŋwu² ·jɨ² lew² ·a ·ụ² lwər² ljɨ¹ tsjiir¹

[illegible]

时， 只 答 云 金 也 谓 合。 一 藏 经 论 义

只合答云金也。以喻一藏经论义

---

①自“[illegible]”以下一行，每字残存右半，“[illegible]”十三字参照汉本“只合答云金也以喻一藏经论义理”补。

1.34.7

wo^{2}	zji^{2}	lew^{1}	thjɨ^{2}	njiij^{1}	tshjiij^{1}	njiij^{1}	·jij^{1}	tsjiir^{1}	ŋwu^{2}	ŋowr^{2}	ŋowr^{2}	wo^{2}
理	皆	只	此	心	说，	心	即	法	是，	一	切	义

理只是说心，心即是法，一切

1.34.8

ŋwu^{2}	tśhjwo^{1}	lwər^{2}	lhejr^{2}	kha^{1}	tshjiij^{1}	mjɨ^{1}	pjụ^{1}	wo^{2}	tja^{1}	lew^{1}	tsjiir^{1}	bju^{1}
是。	故	经	契	中	云：	无	量	义	者，	一	法	从

是义。故经云，无量义者，从一法

1.34.9

śjwo^{1}	·jɨ^{2}	thja^{1}	mjɨ^{1}	pjụ^{1}	wo^{2}	śioo^{1}	njɨɨ^{1}	mə^{2}	we^{2}	lew^{1}	mji^{1}	lej^{2}
生	谓。	然	无	量	义	统	二	种	为：	一	不	变，

生。然无量义统唯二种：一不变，

1.34.10

njɨɨ^{1}	nioow^{1}	śjwɨ^{2}	rjur^{1}	lwər^{2}	lhejr^{2}	kha^{1}	lew^{1}	thjɨ^{2}	njiij^{1}	tshjiij^{1}	lhạ^{2}	tsjij^{2}
二	缘	随。	诸	经	契	中	只	此	心	说，	迷	悟

二随缘。诸经只说此心，随迷

1.34.11

nioow^{1}	śjwɨ^{2}	bju^{1}	laa^{1}	sej^{1}	mur^{1}	śjɨj^{2}	źji^{1}	njɨɨ^{2}	po^{1}	tjɨj^{1}	rar^{2}	dju^{1}
缘	随	依，	垢	净、	凡	圣、	烦	恼、	菩	提、	漏	有、

悟缘，成垢净、凡圣、烦恼、菩提、有漏、

1.34.12

rar^{2}	mjij^{1}	njɨ^{2}	dja^{2}	we^{2}	·jɨ^{2}	thja^{1}	ŋewr^{2}	djij^{2}	we^{2}	tsjɨ^{1}	thjɨ^{2}	njiij^{1}
漏	无	等	△	成	谓	彼	等	当	为，	亦	此	心

无漏等，亦只说此心

1.35.1

mər^{2} ɣa^{2} mji^{1} lej^{2} ·ju^{2} ·jij^{1} mjij^{1} nwə^{1} źjɨr^{1} ɣiej^{1} mjor^{1} mjor^{1} tjij^{1}

[illegible]

元 来 不 变， 常 自 寂 知， 真 实 如 如。 设

元来不变[2]，常自寂知[3]，真实如如等。设

1.35.2

dzjwo^{2} ·jɨr^{1} dạ^{2} wa^{2} sju^{2} tsjiir^{1} mji^{1} lej^{2} wa^{2} sju^{2} tsjiir^{1} nioow^{1} śjwɨ^{2}

[illegible]

有 问 曰， 何 如 法 不 变， 何 如 法 缘 随

有人问，说何法不变，何法随缘，

1.35.3

·jɨ^{2} zjij^{1} lew^{1} thjɨ^{2} kụ^{2} dạ^{2} njiij^{1} ŋwu^{2} ·jɨ^{2} lew^{2} mji^{1} lej^{2} tsjiir^{2}

[illegible]

说 时， 只 此 答 云 心 也 谓 合。 不 变 性

只合答云心也。不变

1.35.4

ŋwu^{2} nioow^{1} śjwɨ^{2} ·jij^{1} ŋwu^{2} tsjiir^{2} ·jij^{1} zjɨ^{2} njɨɨ^{1} lew^{1} njiij^{1} ·jij^{1} wo^{2}

[illegible]

是， 缘 随 相 是， 性 相 双 双 只 心 之 义

是性，随缘是相，当知性相皆是一心上义。

1.35.5

ŋwu^{2} sjij^{1} tsjiir^{2} ·jij^{1} njɨɨ^{1} mə^{2} ·jij^{1} gu^{2} dźjwɨ^{1} pjo^{1} tja^{1} ɣiej^{1} njiij^{1}

[illegible]

是。 今 性 相 二 宗 彼 此 相 非 者， 真 心

今性相二宗互相非者，

1.35.6

mjij^{2} sjij^{2} nioow^{1} ŋwu^{2} mja^{1} njɨɨ^{2} njiij^{1} dji^{2} mji^{1} zjij^{1} lew^{1} ·jar^{1} sjij^{2}

[illegible]①

不 识 由 是。 每 日 心 字 闻 时， 只 八 识

良由不识真心。每闻心字，

---

① “[illegible]”原残存右半，据汉本“良由不识真心”补。

1.35.7

mja^1 ŋwu^2 ·jɨ^2 thja^1 ·jar^1 sjij^2 tja^1 ɣiej^1 njiij^1 ·jij^1 nioow^1 śjwɨ^2 wo^2

[illegible]

将 是 谓， 彼 八 识 者 真 心 △ 缘 随 义

将谓只是八识，不知八识但是真心上随缘之义。

1.35.8

ŋwu^2 tja^1 mjɨ^1 nwə^1 ljɨ^1 tśhjwo^1 gjij^1 ɣię^2 dźiā^2 tsjij^2 lew^1 njiij^1 tja^1

[illegible]

是 者 不 知 也。 故 马 鸣 菩 萨 一 心 者

故马鸣菩萨以一心

1.35.9

tsjiir^1 ŋwu^2 mjor^1 ɣiej^1 wee^1 dzjar^2 njɨɨ^1 ɣa^1 tja^1 wo^2 ŋwu^2 ·jɨ^2 dźiej^2 śjwo^1

[illegible]

法 为， 真 如 生 灭 二 门 者 义 为 谓。《起 信

为法，以真如生灭二门为义。《起信

1.35.10

ljɨ^1 kha^1 tshjiij^1 lew^1 thjɨ^2 njiij^1 bju^1 ma^2 ŋa^2 ·jā^2 wo^2 dźju^1 nur^1

[illegible]

论》 中 云： 只 此 心 依， 摩 诃 衍 义 显 示。

论》云[4]：依于此心，显示摩诃衍义。

1.35.11

njiij^1 mjor^1 ɣiej^1 tja^1 kwər^1 tsjiir^2 ŋwu^2 njiij^1 wee^1 dzjar^2 tja^1 ·jij^1 ·ioow^1

[illegible]

心 真 如 者 体 性 是， 心 生 灭 者 相 用

心真如是体性[5]，心生灭是相用。

1.35.12

ŋwu^2 lew^1 thjɨ^2 njiij^1 mji^1 ljij^1 lej^2 ku^1 mjor^1 ·jɨ^2 mji^1 dź- lą^1

[illegible]

是。 只 此 心 不 改 变， 故 如 云； 不 虚 妄，

只说此心不虚妄，故云真；不变易，

1.36.1

ku¹	ɣiej¹	·jɨ²	thjɨ²	nioow¹	dźiej²	śjwo¹	ljɨ¹	kha¹	ljɨ¹	ljɨ¹	tshjiij¹	dạ²
故	真	云。	是	以	《起	信	论》	中	一	一	说	云:

故云如。是以《起信论》中一一云[6]:

1.36.2

njiij¹	mjor¹	ɣiej¹	njiij¹	wee¹	dzjar²	·jɨ²	sjij¹	dzjɨj¹	śjā¹	djọ²	mjijr²	rjɨr²
心	如	真、	心	生	灭	谓。	今	时	禅	修	者	△

心真如、心生灭。今时禅者

1.36.3

mjaa²	wo²	mjɨ¹	sjij²	nioow¹	njiij¹	·jij¹	śjā¹	·jɨ²	tsjiir¹	tshjiij¹	mjijr²	rjɨr²
多	义	不	识	故,	心	△	禅	为;	法	讲	者	△

多不识义,故但呼心为禅;讲者

1.36.4

mjaa²	tsjiir¹	mjɨ¹	sjij²	nioow¹	mjiij²	·jij¹	wo²	·jɨ²	mjiij²	śjwɨ²	zow²	śjwo¹
多	法	不	识	故,	名	△	义	说。	名	随	执	生,

多不识法,故但约名说义。随名生执,

1.36.5

ŋwej²	śjwii²	gie¹	ljɨ¹	njiij¹	mji¹	zjij¹	djɨj¹	·jɨ²	tsjiir²	mji¹	zjij¹	na¹
会	通	难	也,	心	闻	时	浅	为,	性	闻	时	深

难可会通,闻心为浅,闻性谓深。

1.36.6

·jɨ²	tśhioow¹	tsjiir²	tja¹	tsjiir¹	ŋwu²	·jɨ²	njiij¹	tja¹	wo²	ŋwu²	·jɨ²	thjɨ²
谓。	或	性	者	法	为	谓,	心	者	义	为	谓,	此

或却以性为法,以心为义,

1.36.7

nioow¹ śjã¹ ·jij¹ sọ¹ mər² ŋwu² tha¹ ·jij¹ sọ¹ mə² tsjiir¹ rjir² dwər²

[illegible]

故 禅 之 三 宗 以 佛 之 三 种 教 与 对，

故以禅之三宗对照佛之三教[7]，

1.36.8

ku¹ tsjiir¹ wo² dźju¹ śja² lew¹ njiij¹ ɣa² ·o² thja¹ śjij¹ dzeej¹ mjij¹

[illegible]

则 法 义 显 现， 但 心 于 归， 自 然 净 无

法义既显，但归一心，自然无净。

1.36.9

ljɨ¹

[illegible]。

也。

译文：

七，法义不同，善须辨识者。凡欲明解诸法性相，先须辨得法义。依法解义，义即分明；以义诠法，法即显著。今且约世物明之，如真金随工匠等缘作种种器物[1]，金性必不变为铜铁。金即是法，不变随缘是义。设有人问，说何物不变，何物随缘，只合答云金也。以喻一藏经论义理只是说心，心即是法，一切是义。故经云，无量义者，从一法生。然无量义统唯二种：一不变，二随缘。诸经只说此心，随迷悟缘，成垢净、凡圣、烦恼、菩提、有漏、无漏等，亦只说此心元来不变[2]，常自寂知[3]，真实如如等。设有人问，说何法不变，何法随缘，只合答云心也。不变是性，随缘是相，当知性相皆是一心上义。今性相二宗互相非者，良由不识真心。每闻心字，将谓只是八识，不知八识但是真心上随缘之义。故马鸣菩萨以一心为法，以真如生灭二门为义。《起信论》云[4]：依于此心，显示摩诃衍义。心真如是体性[5]，心生灭是相用。只说此心不虚妄，故云真；不变易，故云如。是以《起信论》中一一云[6]：心真如、心生灭。今时禅者多不识义，故但呼心为禅；讲者多不识法，故但约名说义。随名生执，难可会通，闻心为浅，闻性谓深。或却以性为法，以心为义，故以禅之三宗对照佛之三教[7]，法义既显，但归一心，自然无净。

注释：

[1]汉本“种种器物”上有“镮钏碗盏”四字。

[2]汉本“此心”下有“垢净等时”四字。

[3]寂知，汉本作“寂灭”。

[4]《起信论》，即马鸣菩萨所造《大乘起信论》。汉本但作“论”。

[5]汉本“体”下脱“性”字。

[6]《起信论》，汉本但作“论”。

[7]故以禅之三宗对照佛之诸教，汉本作“故须约三宗经论相对照之”。

释读：

1.36.9

·jar^{1}	njiij^{1}	tsjiir^{2}	·jij^{1}	gu^{2}	mjiij^{2}	lew^{2}	wo^{2}	do^{2}	nioow^{1}	·jɨ^{2}	tja^{1}	rjur^{1}
[illegible]，	[illegible]	[illegible]	[illegible]	[illegible]，	[illegible]	[illegible]	[illegible]	[illegible]	[illegible]	[illegible]	[illegible]。	[illegible]
八，	心	性	相	通，	名	同	义	别	故	谓	者。	诸

八，心通性相，名同义别者。诸

1.36.10

lwər^{2}	lhejr^{2}	kha^{1}	tśhioow^{1}	njiij^{1}	źiei^{1}	kjwir^{1}	ŋwu^{2}	·ji^{2}	·jar^{2}	ŋwu^{2}	phja^{1}	phji^{1}
[illegible]	[illegible]	[illegible]	[illegible]	[illegible]	[illegible]	[illegible]	[illegible]	[illegible]，	[illegible]	[illegible]	[illegible]	[illegible]；
经	契	中	或	心	毁	贼	是	谓，	制	以	断	令；

经或毁心是贼，制令断除；

1.36.11

tśhioow^{1}	njiij^{1}	·jow^{2}	tha^{1}	ŋwu^{2}	·jɨ^{2}	phji^{1}	thjɨ^{1}	djọ^{2}	phji^{1}	tśhioow^{1}	njiij^{1}	neew^{2}
[illegible]	[illegible]	[illegible]	[illegible]	[illegible]	[illegible]，	[illegible]	[illegible]	[illegible]	[illegible]。	[illegible]	[illegible]	[illegible]
或	心	赞	佛	是	谓，	意	有	修	令。	或	心	善

或赞心是佛，劝令修习。或云善心

1.36.12

njiij^{1}	niow^{2}	njiij^{1}	sej^{1}	njiij^{1}	laa^{1}	njiij^{1}	lej^{2}	njiij^{1}	tshjạ^{1}	njiij^{1}	njij^{2}	njiij^{1}
[illegible]	[illegible]、	[illegible]	[illegible]	[illegible]	[illegible]、	[illegible]	[illegible]	[illegible]	[illegible]、	[illegible]	[illegible]	[illegible]
心	恶、	心	净	心	垢、	心	贪	心	嗔、	心	慈	心

恶心、净心垢心、贪心嗔心、慈心

1.37.1

wjuu^{1}	·jɨ^{2}	tśhioow^{1}	mjɨɨ^{2}	bju^{1}	njiij^{1}	śjwo^{1}	·jɨ^{2}	tśhioow^{1}	njiij^{1}	bju^{1}	mjɨɨ^{2}	śjwo^{1}
[illegible]	[illegible]，	[illegible]	[illegible]	[illegible]	[illegible]	[illegible]	[illegible]，	[illegible]	[illegible]	[illegible]	[illegible]	[illegible]
悲	云，	或	境	托	心	生	云，	或	心	于	境	生

悲心，或云托境心生，或云心生于境，

1.37.2

·jɨ2	tśhioow1	mjij1	dzjar2	njiij1	ŋwu2	·jɨ2	tśhioow1	thjuu1	seew2	njiij1	ŋwu2	·jɨ2
[illegible],	[illegible]	[illegible]	[illegible]	[illegible]	[illegible]	[illegible],	[illegible]	[illegible]	[illegible]	[illegible]	[illegible]	[illegible],
云,	或	寂	灭	心	为	云,	或	缘	虑	心	为	云,

或云寂灭为心,或云缘虑为心,

1.37.3

rjɨr2	njɨ2	mə2	mə2	dźjwɨ1	ljwu1	tjij1	rjur1	mər2	rjir2	·jij1	gu2	dwər2
[illegible]	[illegible]	[illegible]	[illegible]	[illegible]	[illegible]。	[illegible]	[illegible]	[illegible]	[illegible]	[illegible]	[illegible]	[illegible]
乃	至	种	种	相	违。	若	诸	宗	与	自	相	对

乃至种种相违。若不以诸宗相对

1.37.4

ŋwu2	mji1	dźju1	nur1	ku1	lwər2	do1	mjijr2	rejr2	mə2	njiij1	dju1	mo2
[illegible]	[illegible]	[illegible]	[illegible],	[illegible]	[illegible]	[illegible]	[illegible]	[illegible]	[illegible]	[illegible]	[illegible]	[illegible]?
以	不	显	示,	则	经	看	者	多	种	心	有	耶?

显示,则看经者何以辨之?

1.37.5

lew1	mə2	njiij1	ŋwu2	thjij2	sjo2	phjo2	kar2	thjɨ2	nioow1	sjij1	dzjɨj1	mjiij2
[illegible]	[illegible]	[illegible]	[illegible],	[illegible]	[illegible]	[illegible]	[illegible]?	[illegible]	[illegible]	[illegible]	[illegible]	[illegible]
一	般	心	是?	何	以	辨	之?	是	故	今	时	名

为当有多种心,为复只是一般心耶?今

1.37.6

kwər1	ljow2	nur1	śjwo1	ljɨ1	io̱1	bju1	njiij1	·jɨ2	tja1	bjuu2	ljɨɨr1	mə2
[illegible]	[illegible]	[illegible]	[illegible]	[illegible]。	[illegible]	[illegible]	[illegible]	[illegible]	[illegible],	[illegible]	[illegible]	[illegible]①
体	略	示	且	也。	凡	从	心	言	者,	略	四	种

且略示名体。泛言心者,略有四种,

1.37.7

dju1	xiwã1	ŋwuu1	twụ1	do2	lhej2	śjij1	tsjɨ1	pha1	lew1	·jɨr2	rjir1	thow1
[illegible],	[illegible]	[illegible]	[illegible]	[illegible],	[illegible]	[illegible]	[illegible]	[illegible]。	[illegible]	[illegible]	[illegible]	[illegible]
有,	梵	语	各	别,	译	法	亦	殊。	一	纥	利	陀

梵语各别,翻译亦殊。一纥利陀

---

①自"[illegible]"以下一行,每字残存右半,"[illegible]"十三字参照汉本"略示名体泛言心者略有四种"补。

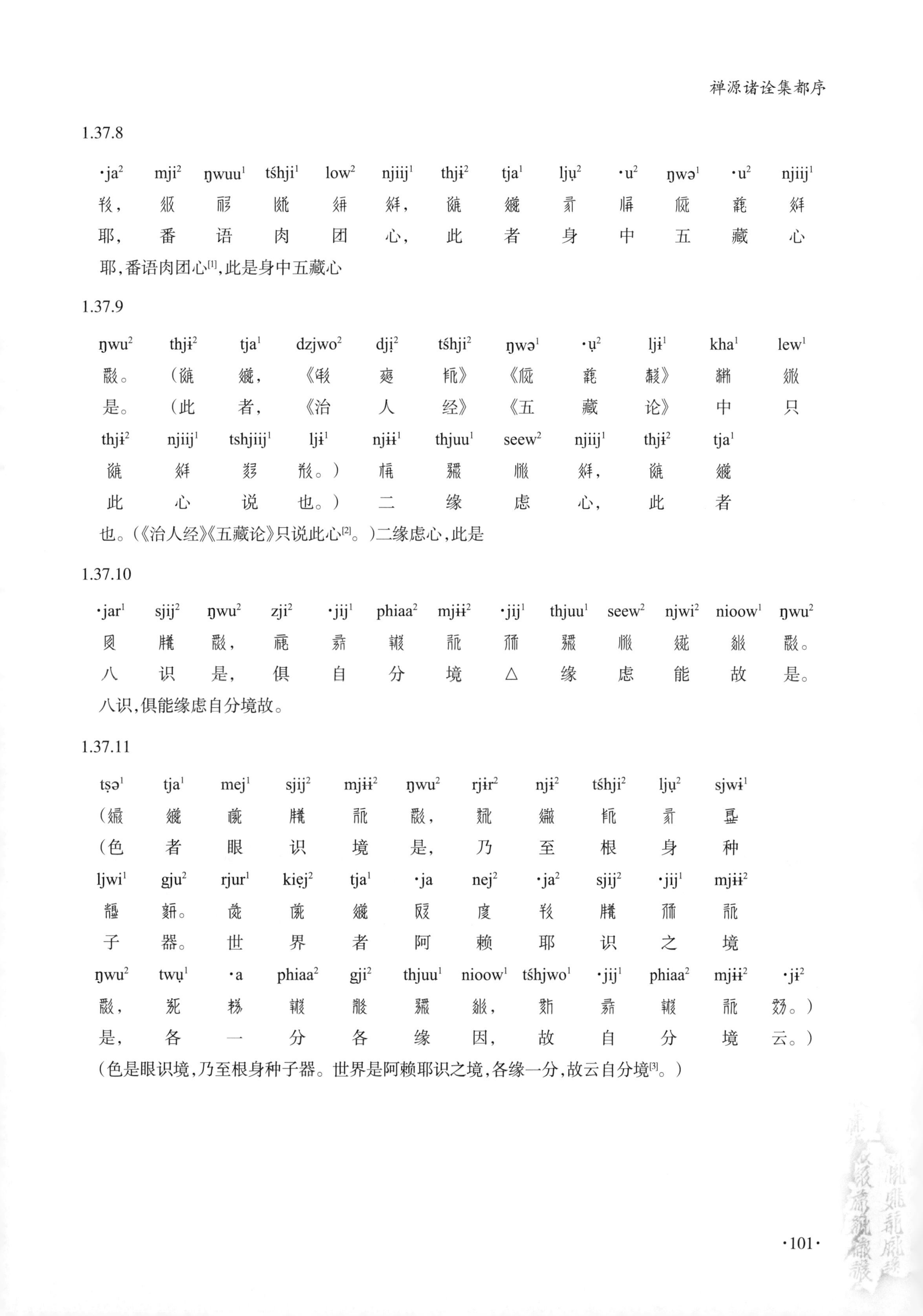

1.37.8

·ja² mji² ŋwuu¹ tśhji¹ low² njiij¹ thjɨ² tja¹ ljụ² ·u² ŋwə¹ ·u² njiij¹

耶， 番 语 肉 团 心， 此 者 身 中 五 藏 心

耶，番语肉团心[1]，此是身中五藏心

1.37.9

ŋwu² thjɨ² tja¹ dzjwo² djị² tśhji² ŋwə¹ ·ụ² ljɨ¹ kha¹ lew¹

是。 （此 者， 《治 人 经》 《五 藏 论》 中 只

thjɨ² njiij¹ tshjiij¹ ljɨ¹ njɨɨ¹ thjuu¹ seew² njiij¹ thjɨ² tja¹

此 心 说 也。） 二 缘 虑 心， 此 者

也。（《治人经》《五藏论》只说此心[2]。）二缘虑心，此是

1.37.10

·jar¹ sjij² ŋwu² zji² ·jij¹ phiaa² mjɨɨ² ·jij¹ thjuu¹ seew² njwi² nioow¹ ŋwu²

八 识 是， 俱 自 分 境 △ 缘 虑 能 故 是。

八识，俱能缘虑自分境故。

1.37.11

tsə¹ tja¹ mej¹ sjij² mjɨɨ² ŋwu² rjɨr² njɨ² tśhji² ljụ² sjwɨ¹

（色 者 眼 识 境 是， 乃 至 根 身 种

ljwi¹ gju² rjur¹ kiej² tja¹ ·ja nej² ·ja² sjij² ·jij¹ mjɨɨ²

子 器。 世 界 者 阿 赖 耶 识 之 境

ŋwu² twụ¹ ·a phiaa² gji² thjuu¹ nioow¹ tśhjwo¹ ·jij¹ phiaa² mjɨɨ² ·jɨ²

是， 各 一 分 各 缘 因， 故 自 分 境 云。）

（色是眼识境，乃至根身种子器。世界是阿赖耶识之境，各缘一分，故云自分境[3]。）

1.37.12

thjɨ²	·jar¹	·jij¹	twụ¹	njiij¹	·jij¹	dju¹	lew²	tsjiir¹	kha¹	tśhioow¹	lew¹	la¹
[illegible]	[illegible]	[illegible]	[illegible]	[illegible]	[illegible]	[illegible]	[illegible]	[illegible]	[illegible]，	[illegible]	[illegible]	[illegible]
此	八	自	各	心	△	有	所	教	中，	或	唯	记

此八各有心所，或唯

1.38.1

mjij¹	·jɨ²	tśhioow¹	neew²	niow²	gu²	·jɨ²	rjur¹	lwər²	lhejr²	kha¹	tshjiij¹	rjur¹
[illegible]	[illegible]，	[illegible]	[illegible]	[illegible]	[illegible]	[illegible]，	[illegible]	[illegible]	[illegible]	[illegible]	[illegible]	[illegible]
无	谓，	或	善	恶	通	谓，	诸	经	契	中	曰	诸

无记，或通善恶[4]，诸经之中曰诸

1.38.2

njiij¹	·jij¹	dju¹	lew²	tsjiir¹	ŋewr²	zji²	mjiij²	njiij¹	·jɨ²	thja¹	rjur¹	njiij¹
[illegible]	[illegible]	[illegible]	[illegible]	[illegible]	[illegible]	[illegible]	[illegible]	[illegible]	[illegible]。	[illegible]	[illegible]	[illegible]
心	△	有	所	教	等	总	名	心	也。	彼	诸	心

心所总名心也。诸心

1.38.3

·jij¹	dju¹	lew²	tja¹	neew²	njiij¹	niow²	njiij¹	njɨ²	·jij¹	·jɨ²	sọ¹	tśjɨ¹
[illegible]	[illegible]	[illegible]	[illegible]，	[illegible]	[illegible]、	[illegible]	[illegible]	[illegible]	[illegible]	[illegible]。	[illegible]	[illegible]
△	有	所	者，	善	心、	恶	心	等	△	谓。	三	质

所者[5]，谓善心、恶心等。三质

1.38.4

tow¹	·ja²	mji²	ŋwuu¹	dzjɨ²	śjwo¹	njiij¹	lew¹	·jar¹	tsew²	sjij²	sjwɨ¹	ljwi¹
[illegible]	[illegible]，	[illegible]	[illegible]	[illegible]	[illegible]	[illegible]，	[illegible]	[illegible]	[illegible]	[illegible]	[illegible]	[illegible]
多	耶，	番	语	集	起	心，	唯	八	第	识	种	子

多耶，番语集起心，唯第八识

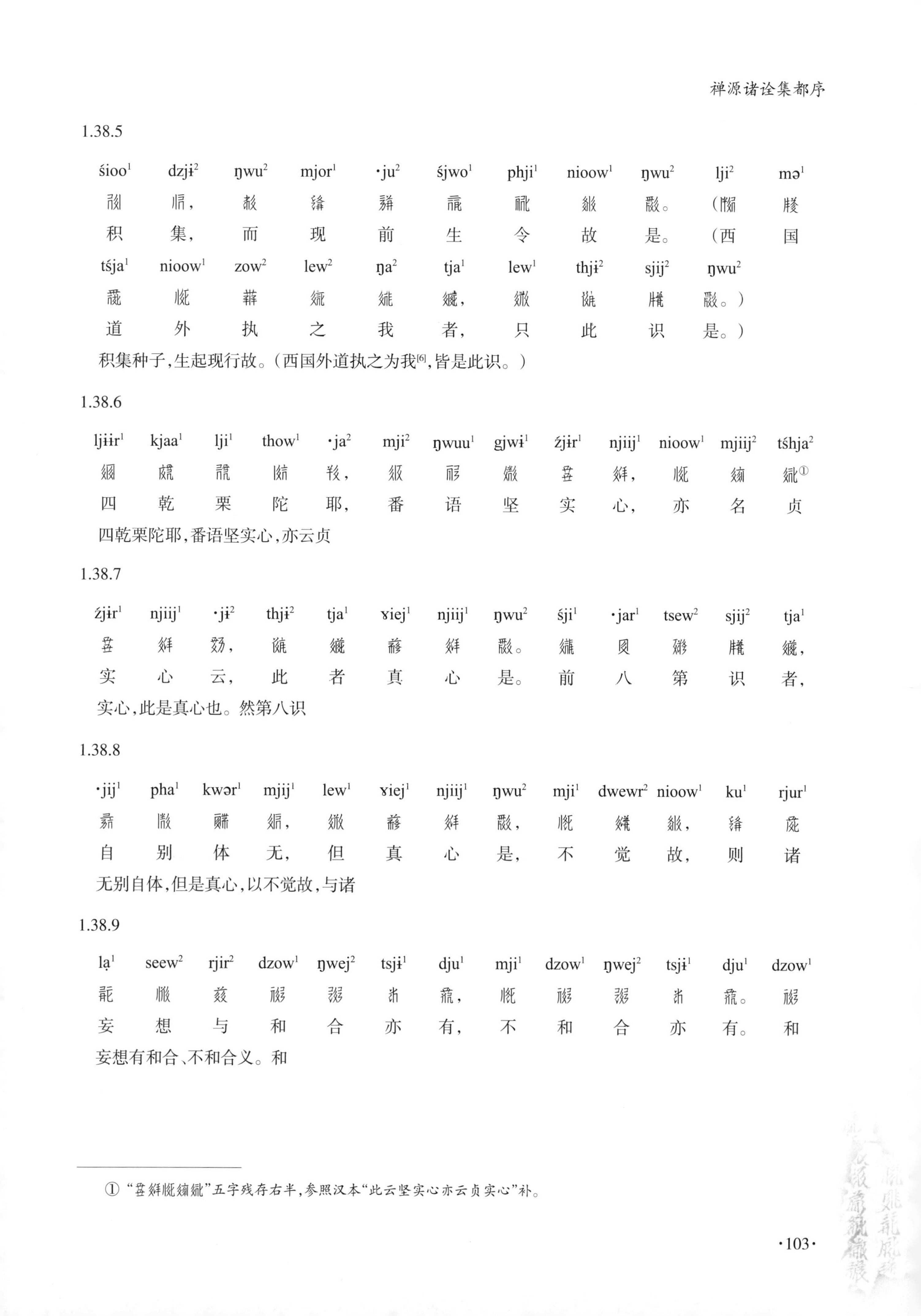

1.38.5

śioo1 dzjɨ2 ŋwu2 mjor1 ·ju2 śjwo1 phji1 nioow1 ŋwu2 lji2 mə1

[illegible]

积 集， 而 现 前 生 令 故 是。（西 国

tśja1 nioow1 zow2 lew2 ŋa2 tja1 lew1 thjɨ2 sjij2 ŋwu2

[illegible]

道 外 执 之 我 者， 只 此 识 是。）

积集种子，生起现行故。（西国外道执之为我[6]，皆是此识。）

1.38.6

ljɨɨr1 kjaa1 lji1 thow1 ·ja2 mji2 ŋwuu1 gjwɨ1 źjɨr1 njiij1 nioow1 mjiij2 tśhja2

[illegible]①

四 乾 栗 陀 耶， 番 语 坚 实 心， 亦 名 贞

四乾栗陀耶，番语坚实心，亦云贞

1.38.7

źjɨr1 njiij1 ·jɨ2 thjɨ2 tja1 ɣiej1 njiij1 ŋwu2 śji1 ·jar1 tsew2 sjij2 tja1

[illegible]

实 心 云， 此 者 真 心 是。 前 八 第 识 者，

实心，此是真心也。然第八识

1.38.8

·jij1 pha1 kwər1 mjij1 lew1 ɣiej1 njiij1 ŋwu2 mji1 dwewr2 nioow1 ku1 rjur1

[illegible]

自 别 体 无， 但 真 心 是， 不 觉 故， 则 诸

无别自体，但是真心，以不觉故，与诸

1.38.9

la̱1 seew2 rjir2 dzow1 ŋwej2 tsjɨ1 dju1 mji1 dzow1 ŋwej2 tsjɨ1 dju1 dzow1

[illegible]

妄 想 与 和 合 亦 有， 不 和 合 亦 有。 和

妄想有和合、不和合义。和

① “[illegible]”五字残存右半，参照汉本“此云坚实心亦云贞实心”补。

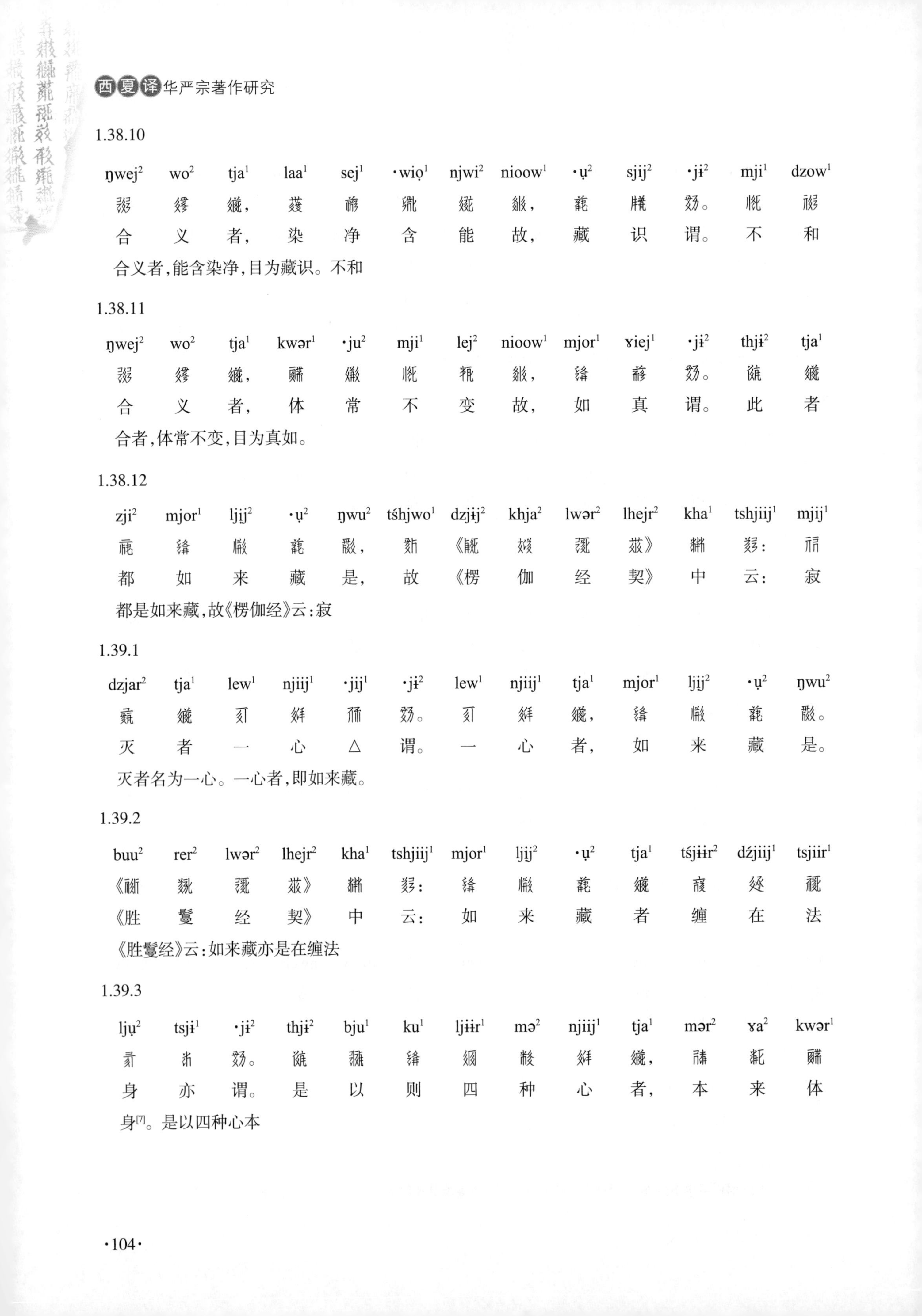

1.38.10

ŋwej^{2} wo^{2} tja^{1} laa^{1} sej^{1} ·wio̧^{1} njwi^{2} nioow^{1} ·u̧^{2} sjij^{2} ·jɨ^{2} mji^{1} dzow^{1}

合 义 者， 染 净 含 能 故， 藏 识 谓。 不 和

合义者，能含染净，目为藏识。不和

1.38.11

ŋwej^{2} wo^{2} tja^{1} kwər^{1} ·ju^{2} mji^{1} lej^{2} nioow^{1} mjor^{1} ɣiej^{1} ·jɨ^{2} thjɨ^{2} tja^{1}

合 义 者， 体 常 不 变 故， 如 真 谓。 此 者

合者，体常不变，目为真如。

1.38.12

zji^{2} mjor^{1} ljij^{2} ·u̧^{2} ŋwu^{2} tśhjwo^{1} dzjɨj^{2} khja^{2} lwər^{2} lhejr^{2} kha^{1} tshjiij^{1} mjij^{1}

都 如 来 藏 是， 故 《楞 伽 经 契》 中 云： 寂

都是如来藏，故《楞伽经》云：寂

1.39.1

dzjar^{2} tja^{1} lew^{1} njiij^{1} ·jij^{1} ·jɨ^{2} lew^{1} njiij^{1} tja^{1} mjor^{1} ljij^{2} ·u̧^{2} ŋwu^{2}

灭 者 一 心 △ 谓。 一 心 者， 如 来 藏 是。

灭者名为一心。一心者，即如来藏。

1.39.2

buu^{2} rer^{2} lwər^{2} lhejr^{2} kha^{1} tshjiij^{1} mjor^{1} ljij^{2} ·u̧^{2} tja^{1} tśjɨɨr^{2} dźjiij^{1} tsjiir^{1}

《胜 鬘 经 契》 中 云： 如 来 藏 者 缠 在 法

《胜鬘经》云：如来藏亦是在缠法

1.39.3

lju̧^{2} tsjɨ^{1} ·jɨ^{2} thjɨ^{2} bju^{1} ku^{1} ljɨɨr^{1} mə^{2} njiij^{1} tja^{1} mər^{2} ɣa^{2} kwər^{1}

身 亦 谓。 是 以 则 四 种 心 者， 本 来 体

身[7]。是以四种心本

1.39.4

thwuu¹ dwuu² śjwo² lwər² lhejr² kha¹ tshjiij¹ tha¹ tshjiij¹ mjor¹ ljij² ·ụ² tśjɨɨr² dźjiij¹

[illegible]

同[8]。《密 严 经 契》 中 云： 佛 说 如 来 藏，（缠 在

同一体[8]。故《密严经》云：佛说如来藏，

1.39.5

tsjiir¹ ljụ² ·jij¹ mjiij² ŋwu² ·ja nej² ·ja² ·jij¹

[illegible]

法 身 之 名 是。） 阿 赖 耶 △

·jɨ² ·ụ² sjij² ·ụ² ·jij¹ nej² ·ja² ŋwu²

[illegible]

谓 （藏 识）。 藏 即 赖 耶 识，

（法身在缠之名。）以为阿赖耶（藏识）。

1.39.6

niow² źjɨr¹ nwə¹ mjɨ¹ njwi² tśhioow¹ tshjiij¹ mjor¹ ɣiej¹ nej² ·ja²

[illegible]①。

恶 慧 知 不 能。 （或 说 真 如 赖 耶

rjir² kwər¹ do² ·jɨ² tja¹ ·jij¹ niow² źjɨr¹ ŋwu² □□□□□□□

[illegible]。 □□□□□□□。②）

与 体 别 谓 者， 即 是 恶 慧。 □□□□□□□。）

恶慧不能知，藏即赖耶识。（有执真如与赖耶体别者，是恶慧。）

1.39.7

mjor¹ ljij² gji¹ sej¹ ·ụ² rjur¹ kha¹ ·ja nej² ·ja² kiẹ¹ ljɨ¹ khjwɨ¹

[illegible]

如 来 清 净 藏， 世 间 阿 赖 耶。 金 与 指

如来清净藏，世间阿赖耶。如金与指

①据汉本及地婆诃罗译《大乘密严经》卷三，西夏本“[illegible]”（藏即是赖耶）及“[illegible]”（恶慧不能知）二句误倒。

②自“[illegible]”以下十一字小注全佚，今据汉本“是恶慧”补“[illegible]”（即是恶慧）四字，余七字字义不见汉本，未敢拟补。

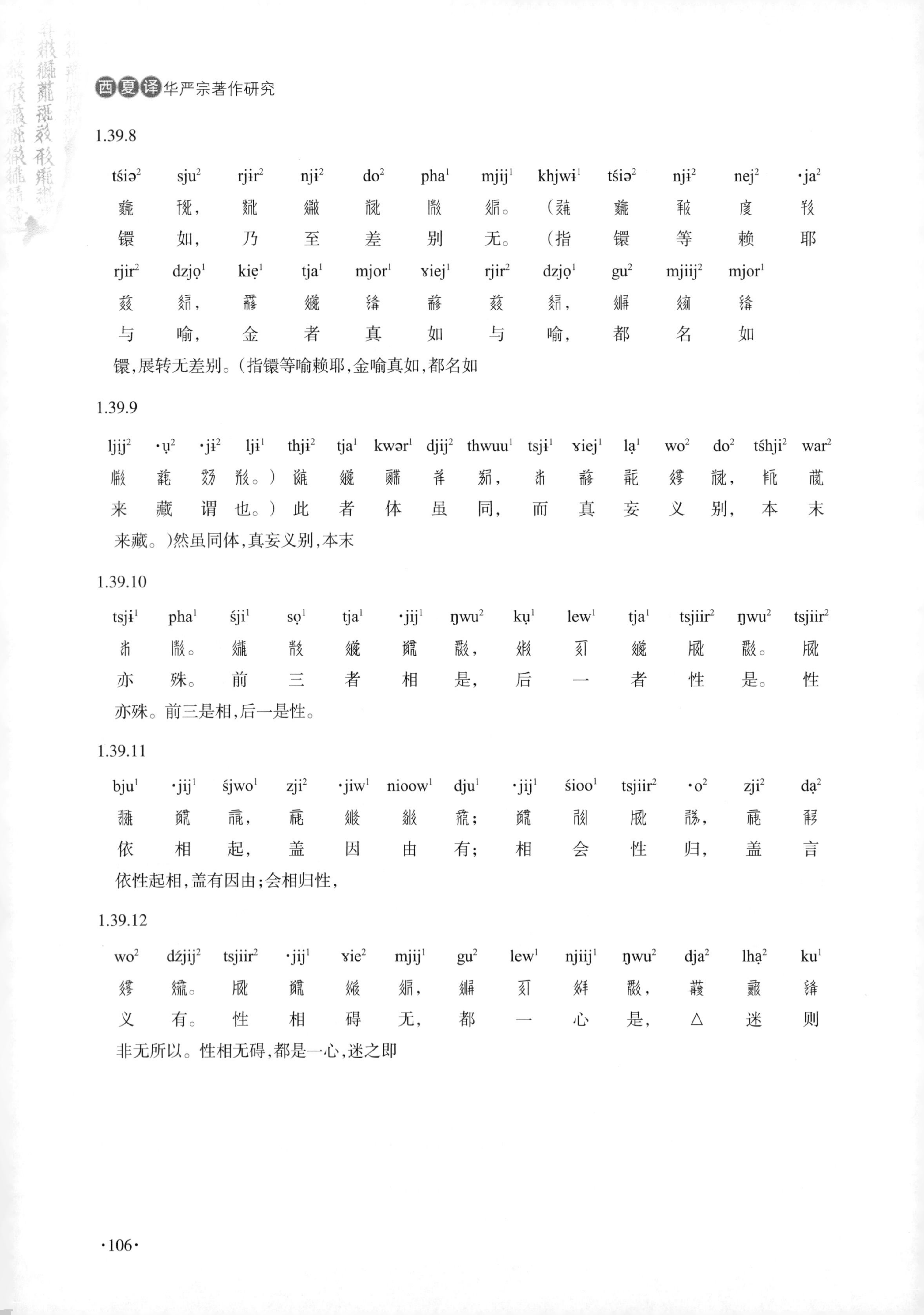

1.39.8

tśiə^{2} sju^{2} rjɨr^{2} njɨ^{2} do^{2} pha^{1} mjij^{1} khjwɨ^{1} tśiə^{2} njɨ^{2} nej^{2} ·ja^{2}

[illegible]

镮 如， 乃 至 差 别 无。 （指 镮 等 赖 耶

rjir^{2} dzjọ^{1} kię^{1} tja^{1} mjor^{1} ɣiej^{1} rjir^{2} dzjọ^{1} gu^{2} mjiij^{2} mjor^{1}

[illegible]

与 喻， 金 者 真 如 与 喻， 都 名 如

镮,展转无差别。(指镮等喻赖耶,金喻真如,都名如

1.39.9

ljij^{2} ·ụ^{2} ·jɨ^{2} ljɨ^{1} thjɨ^{2} tja^{1} kwər^{1} djij^{2} thwuu^{1} tsjɨ^{1} ɣiej^{1} lạ^{1} wo^{2} do^{2} tśhji^{2} war^{2}

[illegible]

来 藏 谓 也。） 此 者 体 虽 同， 而 真 妄 义 别， 本 末

来藏。)然虽同体,真妄义别,本末

1.39.10

tsjɨ^{1} pha^{1} śji^{1} sọ^{1} tja^{1} ·jij^{1} ŋwu^{2} kụ^{1} lew^{1} tja^{1} tsjiir^{2} ŋwu^{2} tsjiir^{2}

[illegible]

亦 殊。 前 三 者 相 是， 后 一 者 性 是。 性

亦殊。前三是相,后一是性。

1.39.11

bju^{1} ·jij^{1} śjwo^{1} zji^{2} ·jiw^{1} nioow^{1} dju^{1} ·jij^{1} śioo^{1} tsjiir^{2} ·o^{2} zji^{2} dạ^{2}

[illegible]

依 相 起， 盖 因 由 有； 相 会 性 归， 盖 言

依性起相,盖有因由;会相归性,

1.39.12

wo^{2} dźjij^{2} tsjiir^{2} ·jij^{1} ɣie^{2} mjij^{1} gu^{2} lew^{1} njiij^{1} ŋwu^{2} dja^{2} lhạ^{2} ku^{1}

[illegible]

义 有。 性 相 碍 无， 都 一 心 是， △ 迷 则

非无所以。性相无碍,都是一心,迷之即

1.40.1

bji̩^{1} rjijr^{2} njijr^{2} tshwew^{1} ·a tsjij^{2} ku^{1} khjɨ^{2} tsjiir^{1} tjɨj^{2} dju̩^{1} sju^{2} tjij^{1} lwow^{1}

墙 方 面 向， △ 悟 则 万 法 镜 临 如。 若 空

触面向墙，悟之即万法临镜。若空

1.40.2

·jwɨr^{2} gjwi^{2} ·ju^{2} tjij^{1} ·jij^{1} dzju̩^{1} ljwu^{2} dźiej^{2} ku^{1} thjɨ^{2} lew^{1} njiij^{1} ɣa^{2}

文 句 寻， 或 自 胸 襟 信， 则 此 一 心 于，

寻文句，或信胸襟，于此一心，

1.40.3

tsjiir^{2} ·jij^{1} thjij^{2} sjo^{2} tsjij^{2} śjwii^{2} njwi^{2} ljɨ^{1}

性 相 如 何 了 会 能 耶？

性相如何了会？

译文：

八，心通性相，名同义别者。诸经或毁心是贼，制令断除；或赞心是佛，劝令修习。或云善心恶心、净心垢心、贪心嗔心、慈心悲心，或云托境心生，或云心生于境，或云寂灭为心，或云缘虑为心，乃至种种相违。若不以诸宗相对显示，则看经者何以辨之？为当有多种心，为复只是一般心耶？今且略示名体。泛言心者，略有四种，梵语各别，翻译亦殊。一纥利陀耶，番语肉团心[1]，此是身中五藏心也。（《治人经》《五藏论》只说此心[2]。）二缘虑心，此是八识，俱能缘虑自分境故。（色是眼识境，乃至根身种子器。世界是阿赖耶识之境，各缘一分，故云自分境[3]。）此八各有心所，或唯无记，或通善恶[4]，诸经之中曰诸心所总名心也。诸心所者[5]，谓善心、恶心等。三质多耶，番语集起心，唯第八识积集种子，生起现行故。（西国外道执之为我[6]，皆是此识。）四乾栗陀耶，番语坚实心，亦云贞实心，此是真心也。然第八识无别自体，但是真心，以不觉故，与诸妄想有和合、不和合义。和合义者，能含染净，目为藏识。不和合者，体常不变，目为真如。都是如来藏，故《楞伽经》云：寂灭者名为一心。一心者，即如来藏。《胜鬘经》云：如来藏亦是在缠法身[7]。是以四种心本同一体[8]。故《密严经》云：佛说如来藏，（法身在缠之名。）以为阿赖耶（藏识）。恶慧不能知，藏即赖耶识。（有执真如与赖耶体别者，是恶慧。）如来清净藏，世间阿赖耶。如金与指镮，展转无差别。（指镮等喻赖耶，金喻真如，都名如来藏。）然虽同体，真妄义别，本末亦殊。前三是相，后一是性。依性起相，盖有因由；会相归性，非无所以。性相无碍，都是一心，迷之即触面向墙，悟之即万法临镜。若空寻文句，或信胸襟，于此一心，性相如何了会？

注释：

[1]番语,西夏据汉本“此云”改译。下“此云集起心”“此云坚实心”同。

[2]《治人经》《五藏论》只说此心，其中“治人经”一语来历不详。汉本作“具如《黄庭经》《五藏论》说也”。

[3]据西夏本则汉本“分”下脱“境”字。

[4]“或唯无记，或通善恶”，汉本作“善恶之殊”。

[5]“诸心所者”四字不见于汉本。

[6]西国外道执之为我，汉本上有“《黄庭经》《五藏论》目之为神”一句。

[7]本句汉本作“如来藏亦是在缠法身如《胜鬘经》说”。

[8]是以，汉本作“故知”。

释读：

1.40.4

gjɨɨ¹	tsjij²	djọ²	twụ²	tśjɨɨ¹	dạ²	ljwu¹	nu¹	sju²	nioow¹	·jɨ²	tja¹	rjur¹
[illegible]，	[illegible]	[illegible]	[illegible]	[illegible]，	[illegible]	[illegible]	[illegible]	[illegible]	[illegible]	[illegible]	[illegible]。	[illegible]
九，	悟	修	顿	渐，	言	反	符	似	故	谓	者。	诸

九，悟修顿渐，似反而符者。谓诸

1.40.5

lwər²	ljɨ¹	ljɨ¹	rjur¹	śjā¹	ɣa¹	kha¹	tśhioow¹	tshjiij¹	śji¹	ɣu¹	tśjɨɨ¹	djọ²
[illegible]	[illegible]	[illegible]	[illegible]	[illegible]	[illegible]	[illegible]，	[illegible]	[illegible]：	[illegible]	[illegible]	[illegible]	[illegible]
经	论	及	诸	禅	门	中，	或	云：	先	前	渐	修

经论及诸禅门，或云：先因渐修

1.40.6

·ioow¹	śjɨj¹	thja¹	śjij¹	twụ²	tsjij²	·jɨ²	tśhioow¹	tshjiij¹	śji¹	twụ²	tsjij²	zjij¹
[illegible]	[illegible]，	[illegible]	[illegible]	[illegible]	[illegible]	[illegible]；	[illegible]	[illegible]：	[illegible]	[illegible]	[illegible]	[illegible]①，
功	成，	豁	然	顿	悟	谓；	或	云：	先	顿	悟	时，

功成，豁然顿悟；或云：先须顿悟，

1.40.7

tśhjwo¹	mja¹	nioow¹	tśjɨɨ¹	djọ²	lew²	·jɨ²	tśhioow¹	tshjiij¹	twụ²	djọ²	nioow¹	ku¹
[illegible]	[illegible]	[illegible]	[illegible]	[illegible]	[illegible]	[illegible]；	[illegible]	[illegible]：	[illegible]	[illegible]	[illegible]	[illegible]
故	然	后	渐	修	可	谓；	或	云：	顿	修	由	故

方可渐修；或云：由顿修故

① “[illegible]”四字残存右半，参照汉本“先须顿悟”补。

1.40.8

tśjɨɨ¹	tsjij²	·jɨ²	tśhioow¹	tsjij²	djọ²	zjɨ²	mjɨɨ¹	tśjɨɨ¹	·jɨ²	tśhioow¹	tsjij²	djọ²
渐	悟	谓。	或	悟	修	双	双	渐	云，	或	悟	修

渐悟。或云悟修皆渐，或云悟修

1.40.9

zjɨ²	njɨɨ¹	twụ²	·jɨ²	tśhioow¹	tshjiij¹	tsjiir¹	ɣa²	twụ²	tśjɨɨ¹	mjij¹	twụ²	tśjɨɨ¹
双	双	顿	云。	或	云：	法	于	顿	渐	无，	顿	渐

皆顿[1]。或云：法无顿渐，顿渐

1.40.10

tśhji²	tsjiir²	bju¹	ŋwu²	·jɨ²	thjɨ²	śji¹	tshjiij¹	ŋewr²	·jij¹	twụ¹	śiaa²	wo²
本	性	在	是	谓。	此	上	说	等，	自	各	意	义

在性[2]。如上等说，各有意义。

1.40.11

zjɨ²	dźjij²	nioow¹	dạ²	ljwu¹	nu¹	sju²	·jɨ²	tja¹	twụ¹	twụ¹	·a	ljɨ¹
都	有。	又	言	违	反	如	谓	者，	顿	顿	△	既

言以反者，谓既

1.40.12

tsjij²	ku¹	·jij¹	tha¹	dja²	we²	mər²	źjị¹	njɨɨ²	mjij¹	·jɨ²	djọ²	phja¹
悟，	则	即	佛	△	成，	本	烦	恼	无，	复	修	断

悟，即成佛，本无烦恼，何得复须修断[3]？

1.41.1

ljọ²	śjwo¹	tśjɨɨ¹	djọ²	·jɨ²	tja¹	phja¹	mjij¹	ljɨ¹	tśjɨɨ¹	djọ²	ljɨ¹	·jɨ²
何	须？	渐	修	谓	者	涯	无	也。	渐	既	谓	修，

谓渐修者无涯。既谓渐修，

1.41.2

ku^1	źji̱^{1}	njɨɨ^2	mjij^2	sji^1	·jiw^1	dźjɨ	mjij^2	io̱^{1}	mjaa^1	tśhja^2	mjij^2	swu^2
则	烦	恼	未	尽，	因	行	未	圆，	果	德	未	满，

则烦恼未尽[4]，因行未圆，果德未满，

1.41.3

twụ^2	tsjij^2	thjij^2	·jɨ^2	twụ^2	ku^1	tśjɨɨ^1	njaa^2	tśjɨɨ^1	ku^1	twụ^2	njaa^2	tśhjwo^1
顿	悟	何	谓？	顿	即	渐	非，	渐	即	顿	非，	故

何名为顿？顿即非渐，渐即非顿，故

1.41.4

da̱^{2}	ljwu^1	nu^1	sju^2	·jɨ^2	thjɨ^2	wjɨ^2	rjɨr^2	khju^1	·a	dwər^2	ku^1	twụ^2
云	相	反	如	谓。	此	时	以	下	△	对，	即	顿

云相反。如下对会，即顿

1.41.5

tśjɨɨ^1	·jij^1	gu^2	ljwu^1	mjij^1	mji^1	dźjij^1	nioow^1	tsji^1	·jij^1	gu^2	dźjwɨ^1	bjij^2
渐	互	相	乖	无	不	仅，	反	而	互	相	资	助。

渐非唯不相乖，反而乃互相资也。

1.41.6

ɣa̱^{2}	dzjiij^2	dzjiij^2	deej^1	lhjij^2	tsə^1	ŋo^2	sjij^2	śjwo^1	nioow^1	·jɨ^2	tja^1	śji^1
十，	师	资	传	授，	药	病	识	须	故	谓	者。	上

十，师资传授，须识药病者。谓承上

1.41.7

·o^1	deej^1	lhjij^2	śjij^1	tśier^1	·ju^2	tja^1	śji^1	ɣu^1	mər^2	tsjiir^2	phie^2	nur^1	tśhjwo^1
祖	传	授	方	便	承	者，	首	先	本	性	开	示，	故

传授方便，皆先开示本性，方令

1.41.8

mja^1	nioow^1	tsjiir^2	bju^1	śjã^1	djọ^2	tsjiir^2	tsjij^2	gie^1	nioow^1	rjɨr^2	mjaa^2	·jij^1
[illegible]	[illegible]	[illegible]	[illegible]	[illegible]	[illegible]。	[illegible]	[illegible]	[illegible]	[illegible]，	[illegible]	[illegible]	[illegible]
然	后	性	依	禅	修。	性	悟	难	故，	△	多	相

依性修禅。性不易悟，多由执相，

1.41.9

zow^2	tsjiir^2	wo^2	dźju^1	ljɨ^1	kiej^2	ku^1	zow^2	śji^1	ljiij^2	lew^2	zow^2	ljiij^2
[illegible]，	[illegible]	[illegible]	[illegible]	[illegible]	[illegible]，	[illegible]	[illegible]	[illegible]	[illegible]	[illegible]。	[illegible]	[illegible]
执，	性	理	显	既	欲，	则	执	先	破	须。	执	破

故欲显性，先须破执。破执

1.41.10

tśier^1	·ju^2	tja^1	mur^1	śjɨj^2	zjɨ^2	t-	·ioow^1	dźjar^2	lọ^2	·jijr^2	kie^1	tja^1
[illegible]	[illegible]	[illegible]，	[illegible]	[illegible]	[illegible]	[illegible]，	[illegible]	[illegible]	[illegible]	[illegible]。	[illegible]	[illegible]
方	便	者，	凡	圣	俱	泯，	功	过	齐	祛。	戒	者

方便，须凡圣俱泯，功过齐祛。戒

1.41.11

tsjụ^1	mjij^1	·jiij^1	mjij^1	śjã^1	tja^1	djɨj^2	mjij^1	ŋewr^1	mjij^1	sọ^1	ɣạ^2	njɨɨ^1
[illegible]	[illegible]	[illegible]	[illegible]，	[illegible]	[illegible]	[illegible]	[illegible]	[illegible]	[illegible]。	[illegible]	[illegible]	[illegible]
犯	无	持	无，	禅	者	定	无	乱	无。	三	十	二

即无犯无持，禅即无定无乱。三十二

1.41.12

·jij^1	zji^2	ŋa^1	wją^1	ŋwu^2	sọ^1	ɣạ^2	śją^1	phiaa^2	ŋowr^2	mjiij^1	wjɨ^1	sju^2
[illegible]，	[illegible]	[illegible]	[illegible]	[illegible]；	[illegible]	[illegible]	[illegible]	[illegible]，	[illegible]	[illegible]	[illegible]	[illegible]。
相，	都	空	花	是；	三	十	七	分，	皆	梦	幻	如。

相，都是空花；三十七品，皆为梦幻。

1.42.1

thjɨ^2	śiaa^2	śjij^1	tja^1	njiij^1	zjij^1	lew^2	mjij^1	ku^1	tśhjwo^1	nioow^1	śjã^1	djọ^2
[illegible]	[illegible]	[illegible]	[illegible]，	[illegible]	[illegible]	[illegible]	[illegible]，	[illegible]	[illegible]	[illegible]	[illegible]	[illegible]
此	意	法	者，	心	著	所	无，	则	方	后	禅	修

意使心无所著，方可修禅。

1.42.2

lew^2	·jɨ^2	kụ^1	ɣiew^1	sjij^2	djɨj^1	lew^1	thjɨ^2	dạ^2	zow^2	ŋwu^2	zji^2	dźjwa^1
可	谓。	后	学	识	浅，	只	此	言	执	以	究	竟

后学浅识，便但只执此言为究竟

1.42.3

tśja^1	ŋwu^2	·jɨ^2	nioow^1	thjɨ^2	ɣa^1	bju^1	djọ^2	mjijr^2	rjɨr^2	mjaa^2	śja^1	wją^2
道	为	谓，	又	此	门	以	修	者	△	多	放	逸，

道，又以修习之门人多放逸，

1.42.4

thjɨ^2	nioow^1	·jɨ^2	dzu^1	khie^1	pjo^1	źier^1	lẹj^2	tshjạ^1	ljaa^1	·jow^2	·jɨr^2	dzjaa^1
是	故	复	欣	厌、	毁	责、	贪	恚、	赞	叹、	勤	俭、

故复广说欣厌、毁责、贪恚、赞叹、勤俭、

1.42.5

ljụ^2	dzjɨɨ^2	ɣię^2	dzjɨɨ^2	tshu^1	tsəj^1	tśjɨɨ^1	bju^1	njɨ^2	rjɨr^2	tshjiij^1	kụ^1	dzjwo^2
身	调、	息	调、	粗	细	次	第	等	△	说。	后	人

调身、调息、粗细次第。后人

1.42.6

thjɨ^2	mji^1	·jɨ^2	tsjɨ^1	mər^2	sjij^2	·jij^1	·ioow^1	ɣa^2	dja^2	lhạ^2	·a	śjij^1
此	闻，	复	又	本	觉	之	用	上	△	迷，	一	向

闻此，又迷本觉之用，便一向

1.42.7

·jij^1	ɣa^2	kjɨ^1	zjij^1	lew^1	tśhji^2	dźja^2	kjur^2	gjwɨ^1	mjijr^2	tja^1	ɣu^1	śjwo^1
相	上	△	执。	唯	根	利	志	坚	人	者，	始	自

执相。唯根利志坚者，始

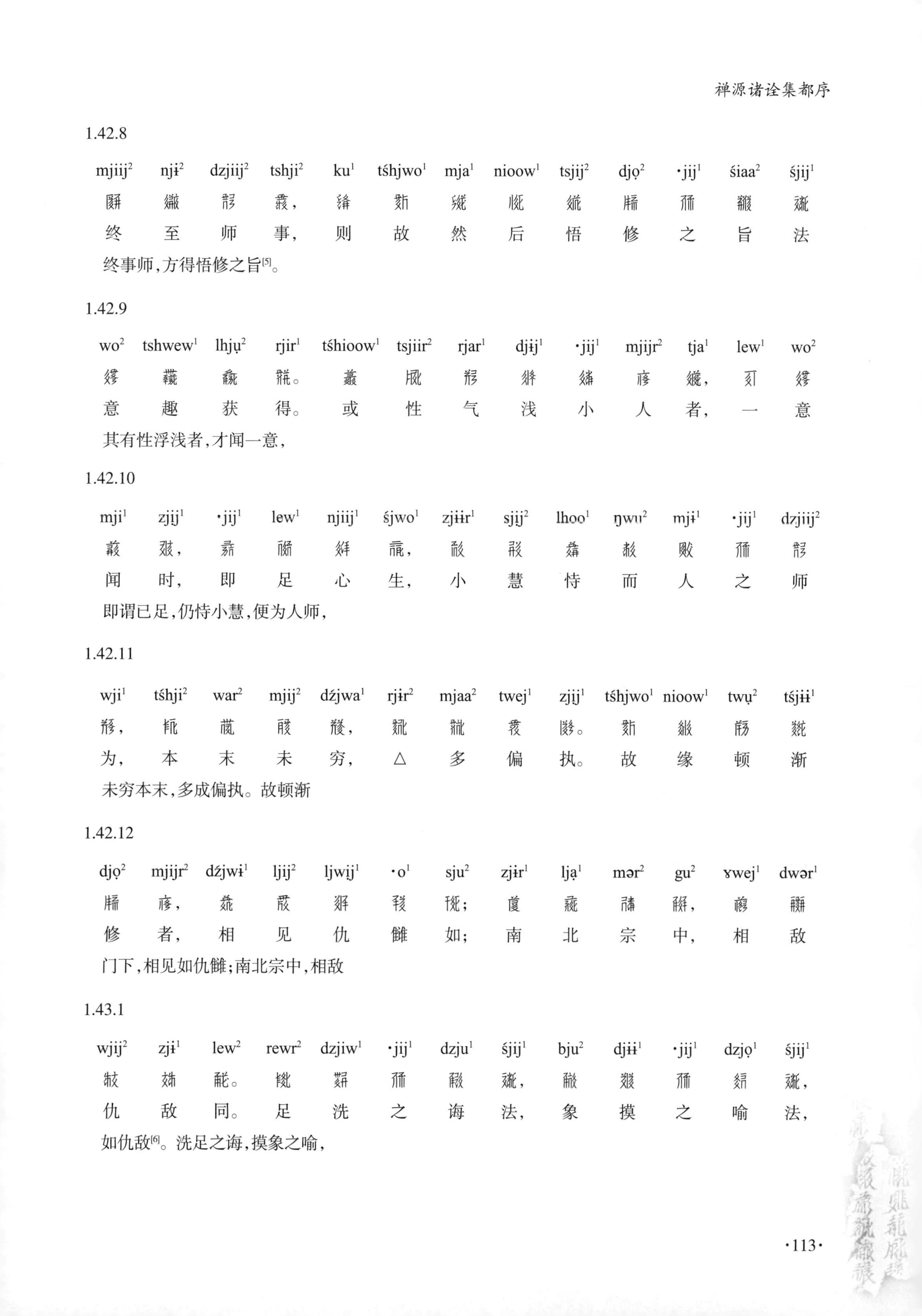

1.42.8

mjiij^{2} njɨ^{2} dzjiij^{2} tshji^{2} ku^{1} tśhjwo^{1} mja^{1} nioow^{1} tsjij^{2} djọ^{2} ·jij^{1} śiaa^{2} śjij^{1}

终 至 师 事， 则 故 然 后 悟 修 之 旨 法

终事师，方得悟修之旨[5]。

1.42.9

wo^{2} tshwew^{1} lhjụ^{2} rjir^{1} tśhioow^{1} tsjiir^{2} rjar^{1} djɨj^{1} ·jij^{1} mjijr^{2} tja^{1} lew^{1} wo^{2}

意 趣 获 得。 或 性 气 浅 小 人 者， 一 意

其有性浮浅者，才闻一意，

1.42.10

mji^{1} zjij^{1} ·jij^{1} lew^{1} njiij^{1} śjwo^{1} zjɨɨr^{1} sjij^{2} lhoo^{1} ŋwu^{2} mjɨ^{1} ·jij^{1} dzjiij^{2}

闻 时， 即 足 心 生， 小 慧 恃 而 人 之 师

即谓已足，仍恃小慧，便为人师，

1.42.11

wji^{1} tśhji^{2} war^{2} mjij^{2} dźjwa^{1} rjɨr^{2} mjaa^{2} twej^{1} zjij^{1} tśhjwo^{1} nioow^{1} twụ^{2} tśjɨɨ^{1}

为， 本 末 未 穷， △ 多 偏 执。 故 缘 顿 渐

未穷本末，多成偏执。故顿渐

1.42.12

djọ^{2} mjijr^{2} dźjwɨ^{1} ljij^{2} ljwij^{1} ·o^{1} sju^{2} zjɨr^{1} ljạ^{1} mər^{2} gu^{2} ɣwej^{1} dwər^{1}

修 者， 相 见 仇 雠 如； 南 北 宗 中， 相 敌

门下，相见如仇雠；南北宗中，相敌

1.43.1

wjij^{2} zjɨ^{1} lew^{2} rewr^{2} dzjiw^{1} ·jij^{1} dzju^{1} śjij^{1} bju^{2} djɨɨ^{1} ·jij^{1} dzjọ^{1} śjij^{1}

仇 敌 同。 足 洗 之 诲 法， 象 摸 之 喻 法，

如仇敌[6]。洗足之诲，摸象之喻，

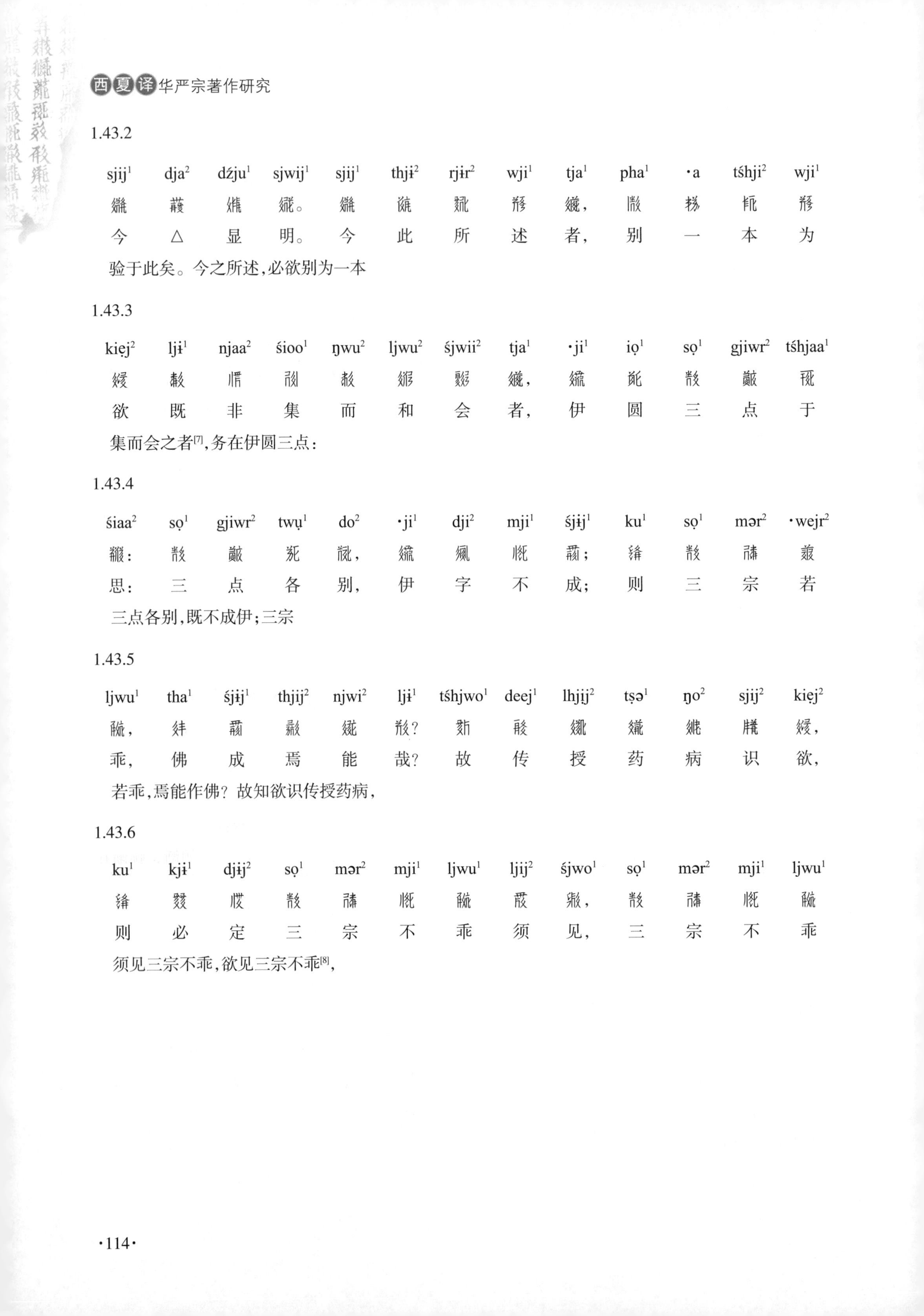

1.43.2

sjij^{1} dja^{2} dźju^{1} sjwij^{1} sjij^{1} thjɨ^{2} rjɨr^{2} wji^{1} tja^{1} pha^{1} ·a tśhji^{2} wji^{1}

[illegible]。 [illegible]， [illegible]

今 △ 显 明。 今 此 所 述 者， 别 一 本 为

验于此矣。今之所述，必欲别为一本

1.43.3

kiej^{2} ljɨ^{1} njaa^{2} śioo^{1} ŋwu^{2} ljwu^{2} śjwii^{2} tja^{1} ·ji^{1} iọ^{1} sọ^{1} gjiwr^{2} tśhjaa^{1}

[illegible]， [illegible]

欲 既 非 集 而 和 会 者， 伊 圆 三 点 于

集而会之者[7]，务在伊圆三点：

1.43.4

śiaa^{2} sọ^{1} gjiwr^{2} twụ^{1} do^{2} ·ji^{1} dji^{2} mji^{1} śjɨj^{1} ku^{1} sọ^{1} mər^{2} ·wejr^{2}

[illegible]： [illegible]， [illegible]； [illegible]

思： 三 点 各 别， 伊 字 不 成； 则 三 宗 若

三点各别，既不成伊；三宗

1.43.5

ljwu^{1} tha^{1} śjɨj^{1} thjij^{2} njwi^{2} ljɨ^{1} tśhjwo^{1} deej^{1} lhjij^{2} tsə̣^{1} ŋo^{2} sjij^{2} kiej^{2}

[illegible]， [illegible]？ [illegible]，

乖， 佛 成 焉 能 哉？ 故 传 授 药 病 识 欲，

若乖，焉能作佛？故知欲识传授药病，

1.43.6

ku^{1} kjɨ^{1} djɨj^{2} sọ^{1} mər^{2} mji^{1} ljwu^{1} ljij^{2} śjwo^{1} sọ^{1} mər^{2} mji^{1} ljwu^{1}

[illegible]， [illegible]

则 必 定 三 宗 不 乖 须 见， 三 宗 不 乖

须见三宗不乖，欲见三宗不乖[8]，

1.43.7

ljij^2	kięj^2	ku^1	kjɨ^1	djɨj^2	sọ^1	mə^2	tha^1	tsjiir^1
[illegible]	[illegible]，	[illegible]	[illegible]	[illegible]	[illegible]	[illegible]	[illegible]	[illegible]
见	欲，	则	必	定	三	种	佛	教
tsjij^2	śjwo^1	śji^1	·o^1	·jɨr^1	dạ^2	śjã^1	dzjiij^2	
[illegible]	[illegible]。	（[illegible]	[illegible]	[illegible]①	[illegible]	[illegible]	[illegible]	
解	须。	（前	叙	难	云	禅	师	

须解三种佛教。（前叙有人难云"禅师

1.43.8

tja^1	tsjiir^1	tshjiij^1	·a	rjar^1	dju^1	·jɨ^2	zjij^1	sjij^1	thjɨ^2	ɣạ^2	wo^2
[illegible]	[illegible]	[illegible]	[illegible]	[illegible]	[illegible]	[illegible]"	[illegible]，	[illegible]	[illegible]	[illegible]	[illegible]
者	讲	说	△	可	得	谓"	时，	今	此	十	意
ŋwu^2	wjɨ^2	kụ^2	tśhjwo^1	śji^1	rjɨr^2	tshjiij^1	kha^1	lji^2	mə^1	mər^2	
[illegible]	[illegible]	[illegible]。	[illegible]	[illegible]	[illegible]	[illegible]	[illegible]	[illegible]	[illegible]	[illegible]	
以	△	答。	故	初	已	叙	中	西	域	祖	
dzjiij^2	njɨ^2	tsjɨ^1	zji^2	lwər^2	ljɨ^1	rjɨr^2	wejr^1	phji^1	sji^2	·jɨ^2	
[illegible]	[illegible]，	[illegible]	[illegible]	[illegible]	[illegible]	[illegible]	[illegible]	[illegible]	[illegible]	[illegible]。）	
师	等，	亦	皆	经	论	△	弘	令	能	谓。）	

何得讲说"，余今总以此十意答也。故初已叙西域祖师，皆弘经论耳也。）

译文：

九，悟修顿渐，似反而符者。谓诸经论及诸禅门，或云：先因渐修功成，豁然顿悟；或云：先须顿悟，方可渐修；或云：由顿修故渐悟。或云悟修皆渐，或云悟修皆顿[1]。或云：法无顿渐，顿渐在性[2]。如上等说，各有意义。言以反者，谓既悟，即成佛，本无烦恼，何得复须修断[3]？谓渐修者无涯。既谓渐修，则烦恼未尽[4]，因行未圆，果德未满，何名为顿？顿即非渐，渐即非顿，故云相反。如下对会，即顿渐非唯不相乖，反而乃互相资也。

十，师资传授，须识药病者。谓承上传授方便，皆先开示本性，方令依性修禅。性不易悟，多由执相，故欲显性，先须破执。破执方便，须凡圣俱泯，功过齐祛。戒即无犯无持，禅即无定无乱。三十二相，都是空花；三十七品，皆为梦幻。意使心无所著，方可修禅。后学浅识，便但只执此言为究竟道，又以修习之门人多放逸，故复广说欣厌、毁责、贪恚、赞叹、勤俭、调身、调息、粗细次第。后人闻此，又迷本觉之用，便一向执相。唯根利志坚者，始终事师，方得悟修之旨[5]。其有性浮浅者，才闻一意，即谓已足，仍恃小慧，便为人师，未穷本末，多成偏执。故顿渐门下，相见如仇雠；南北

① "[illegible]"三字原佚，参照汉本"前叙有人"拟补。

宗中，相敌如仇敌[6]。洗足之诲，摸象之喻，验于此矣。今之所述，必欲别为一本集而会之者[7]，务在伊圆三点：三点各别，既不成伊；三宗若乖，焉能作佛？故知欲识传授药病，须见三宗不乖，欲见三宗不乖[8]，须解三种佛教。（前叙有人难云“禅师何得讲说”，余今总以此十意答也。故初已叙西域祖师，皆弘经论耳也。）

注释：

[1]汉本无“悟修”二字。

[2]性，汉本作“机”。

[3]何得复须修断，汉本作“名为顿者，即不应修断，何得复云渐修”。

[4]谓渐修者无涯既谓渐修则烦恼未尽，汉本作“渐修即是烦恼未尽”。

[5]悟修之旨，西夏本作“悟修之要旨理趣”。

[6]仇敌，西夏用以译“楚汉”。

[7]必欲别为一本集而会之者，汉本作“岂欲别为一本集而会之”。

[8]汉本脱“欲见三宗不乖”一句。

释读：

1.43.9

·jɨ²	·o¹	rjɨr²	tshjiij¹	ɣa̱²	mə²	·jij¹	wo²	zji²	dźju¹	sjwij¹	ŋwu²	nioow¹
[illegible]	[illegible]	[illegible]	[illegible]	[illegible]	[illegible]	[illegible]	[illegible]，	[illegible]	[illegible]	[illegible]	[illegible]，	[illegible]
上	来	△	说	十	种	之	意，	皆	昭	然	是，	但

上来十意，理例昭然，但

1.43.10

rjɨr²	khju¹	śjā¹	·jij¹	so̱¹	mər²	ljɨ¹	tsjiir¹	·jij¹	so̱¹	mə²	njɨ²	sjij¹
[illegible]	[illegible]	[illegible]	[illegible]	[illegible]	[illegible]	[illegible]	[illegible]	[illegible]	[illegible]	[illegible]	[illegible]	[illegible]
以	下	禅	之	三	宗	与	教	之	三	种	等	详

下来细对详禅之三宗[1]、教之三种，

1.43.11

sjij¹	dwər²	ku¹	dzjo̱¹	du̱²	kaar¹	tśhjaa¹	zar²	sju²	djɨj¹	na¹	djɨj¹	sjwij¹
[illegible]	[illegible]，	[illegible]	[illegible]	[illegible]	[illegible]	[illegible]	[illegible]	[illegible]，	[illegible]	[illegible]	[illegible]	[illegible]。
细	对，	则	犹	斗	称	上	经	如，	浅	深	足	明。

如经斗称，足定浅深。

1.43.12

sjij1 śji1 ɣu1 śjã1 ɣa1 phie2 tshjiij1 nioow1 rjijr2 tsjiir1 ŋwu2 śjã1 lja̱1

[illegible]

今 首 先 禅 门 叙 说， 后 方 教 以 禅 证。

先叙禅门，后以教证禅[2]。

1.44.1

śjã1 so̱1 mər2 tja1 lew1 la̱1 ta̱1 njiij1 djo̱2 mər2 njɨɨ1 ·jijr2 sji1

[illegible]

禅 三 宗 者， 一 妄 息 心 修 宗， 二 泯 绝

禅三宗者，一息妄修心宗，二泯绝

1.44.2

gji̱2 mjij1 mər2 so̱1 njiij1 tsjiir2 twu̱2 dźju1 mər2 tsjiir1 so̱1 mə2 tja1

[illegible]

寄 无 宗， 三 心 性 直 显 宗。 教 三 种 者，

无寄宗，三直显心性宗。教三种者，

1.44.3

lew1 tsjiir2 bju1 ·jij1 tshjiij1 śiaa2 dwuu2 tsjiir1 njɨɨ1 tsjiir2 bju1 ·jij1 ljiij2

[illegible]

一 性 依 相 说 意 密 教， 二 性 依 相 破

一密意依性说相教，二密意破相

1.44.4

śiaa2 dwuu2 tsjiir1 so̱1 ɣiej1 njiij1 tsjiir2 ŋwu2 dźju1 nur1 tsjiir1 sjij1 thjɨ2

[illegible]

意 密 教， 三 真 心 性 是 显 示 教。 今 此

显性教，三显示真心即性教。右此

1.44.5

so̱1 tsjiir1 ŋwu2 śji1 so̱1 mər2 lji1 lji1 rjir2 tśjɨɨ1 bju1 ŋewr2 tjij2

[illegible]

三 教 以， 前 三 宗 一 一 与 次 如 对 勘

三教，如次同前三宗相对，

1.44.6

ŋwu^{2}	dwər^{2}	ku^{1}	tśhjwo^{1}	mja^{1}	nioow^{1}	śioo^{1}	lew^{1}	wji̤^{1}	we^{2}	sjij^{1}	ɣu^{1}	ɣu^{1}
[illegible]	[illegible],	[illegible]	[illegible]	[illegible]	[illegible]	[illegible]	[illegible]	[illegible]	[illegible]。	[illegible]	[illegible]	[illegible]
而	证，	则	故	然	后	总	一	味	为。	今	首	先

一一证之，然后总会为一味。今且先

1.44.7

śjā^{1}	·jij^{1}	sọ^{1}	mər^{2}	phie^{2}
[illegible]	[illegible]	[illegible]	[illegible]	[illegible]。
禅	之	三	宗	叙。

叙禅之三宗[3]。

1.44.8

lew^{1}	lạ^{1}	tạ^{1}	njiij^{1}	djọ^{2}	mər^{2}	tja^{1}	·ji^{1}	wee^{1}	mər^{2}	ɣa^{2}	tha^{1}	tsjiir^{2}
[illegible],	[illegible]	[illegible]	[illegible]	[illegible]	[illegible]	[illegible]。	[illegible]	[illegible]	[illegible]	[illegible]	[illegible]	[illegible]
一，	妄	息	心	修	宗	者。	众	生	本	来	佛	性

初，息妄修心宗者。说众生虽本有佛性，

1.44.9

ljɨ^{1}	dźjij^{2}	djij^{2}	ɣu^{1}	mjij^{1}	ɣa^{2}	śjwo^{1}	bju^{1}	mjij^{1}	nja^{1}	phoo^{1}	tsjiir^{2}	mji^{1}
[illegible]	[illegible]	[illegible],	[illegible]	[illegible]	[illegible]	[illegible]	[illegible]	[illegible]	[illegible]	[illegible],	[illegible]	[illegible]
虽	有	然，	始	无	于	始	明	无	△	覆，	性	不

而无始无明覆之不见，

1.44.10

ljij^{2}	nioow^{1}	tśhjwo^{1}	mə^{2}	wee^{1}	dźiə^{2}	dźiej^{2}	rjur^{1}	tha^{1}	lạ^{1}	seew^{2}	·a	phja^{1}
[illegible]	[illegible],	[illegible]	[illegible]	[illegible]	[illegible]	[illegible]。	[illegible]	[illegible]	[illegible]	[illegible]	[illegible]	[illegible],
见	因，	故	死	生	轮	回。	诸	佛	妄	想	已	断，

故轮回生死。诸佛已断妄想，

1.44.11

tsjiir^{2}	ljij^{2}	dźju^{1}	sjwij^{1}	nioow^{1}	tśhjwo^{1}	mə^{2}	wee^{1}	lho	ka^{2}	mee^{2}	mjijr^{2}	·jij^{1}
[illegible]	[illegible]	[illegible]	[illegible]	[illegible],	[illegible]	[illegible]	[illegible]	[illegible]	[illegible],	[illegible]	[illegible]	[illegible]
性	见	了	了	因，	故	死	生	出	离，	神	通	自

见性了了，故出离生死[4]，神通自

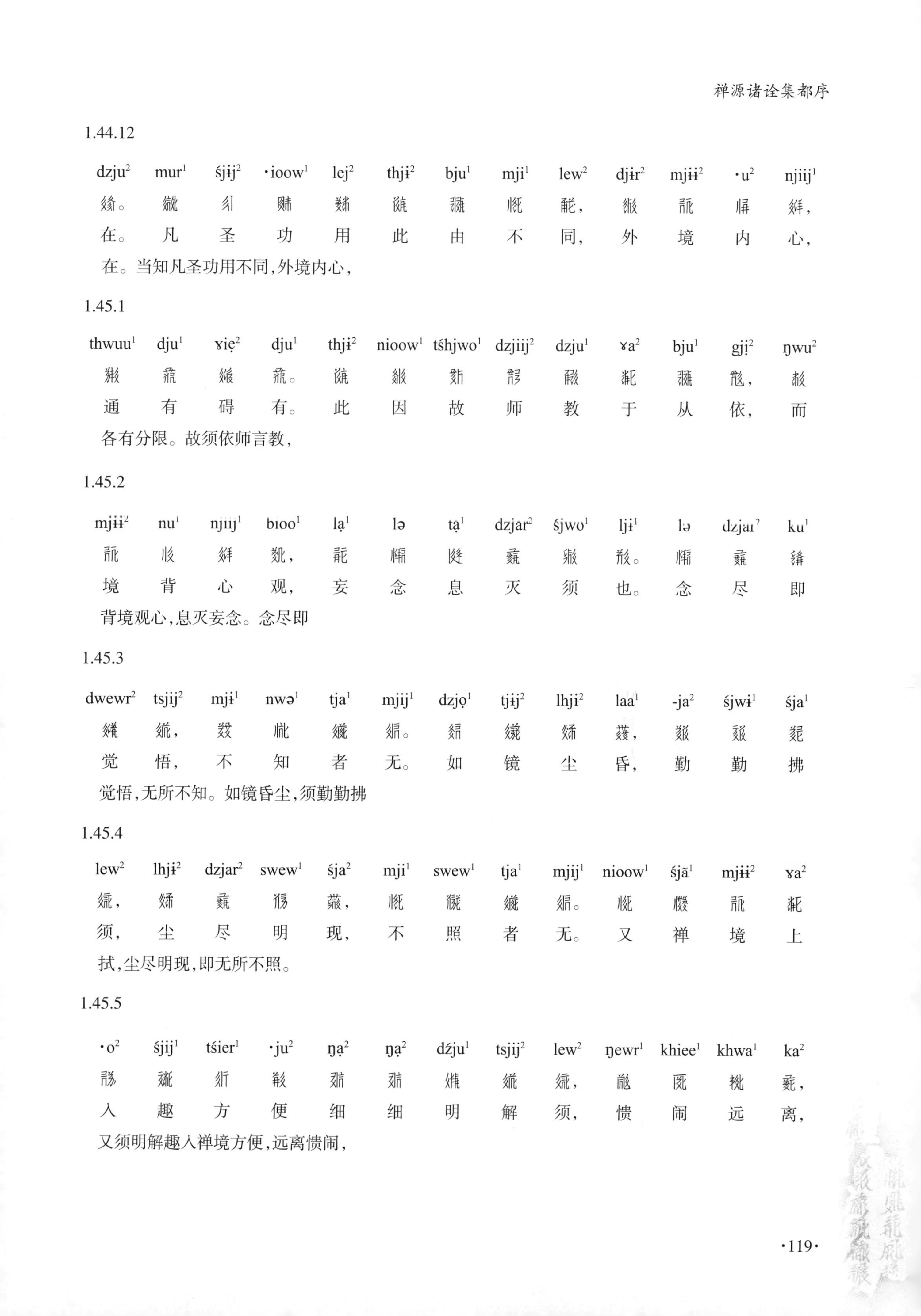

1.44.12

dzju^2 mur^1 śjɨj^2 ·ioow^1 lej^2 thjɨ^2 bju^1 mji^1 lew^2 djɨr^2 mjɨɨ^2 ·u^2 njiij^1

在。凡 圣 功 用 此 由 不 同， 外 境 内 心，

在。当知凡圣功用不同，外境内心，

1.45.1

thwuu^1 dju^1 ɣię^2 dju^1 thjɨ^2 nioow^1 tśhjwo^1 dzjiij^2 dzju^1 ɣa^2 bju^1 gji^2 ŋwu^2

通 有 碍 有。此 因 故 师 教 于 从 依， 而

各有分限。故须依师言教，

1.45.2

mjɨɨ^2 nu^1 njiij^1 bioo^1 lạ^1 lə tạ^1 dzjar^2 śjwo^1 ljɨ^1 lə dzjar^2 ku^1

境 背 心 观， 妄 念 息 灭 须 也。念 尽 即

背境观心，息灭妄念。念尽即

1.45.3

dwewr^2 tsjij^2 mjɨ^1 nwə^1 tja^1 mjij^1 dzjọ^1 tjij^2 lhjɨ^2 laa^1 -ja^2 śjwɨ^1 śja^1

觉 悟， 不 知 者 无。如 镜 尘 昏， 勤 勤 拂

觉悟，无所不知。如镜昏尘，须勤勤拂

1.45.4

lew^2 lhjɨ^2 dzjar^2 swew^1 śja^2 mji^1 swew^1 tja^1 mjij^1 nioow^1 śjã^1 mjɨɨ^2 ɣa^2

须， 尘 尽 明 现， 不 照 者 无。又 禅 境 上

拭，尘尽明现，即无所不照。

1.45.5

·o^2 śjij^1 tśier^1 ·ju^2 ŋạ^2 ŋạ^2 dźju^1 tsjij^2 lew^2 ŋewr^1 khiee^1 khwa^1 ka^2

入 趣 方 便 细 细 明 解 须， 愦 闹 远 离，

又须明解趣入禅境方便，远离愦闹，

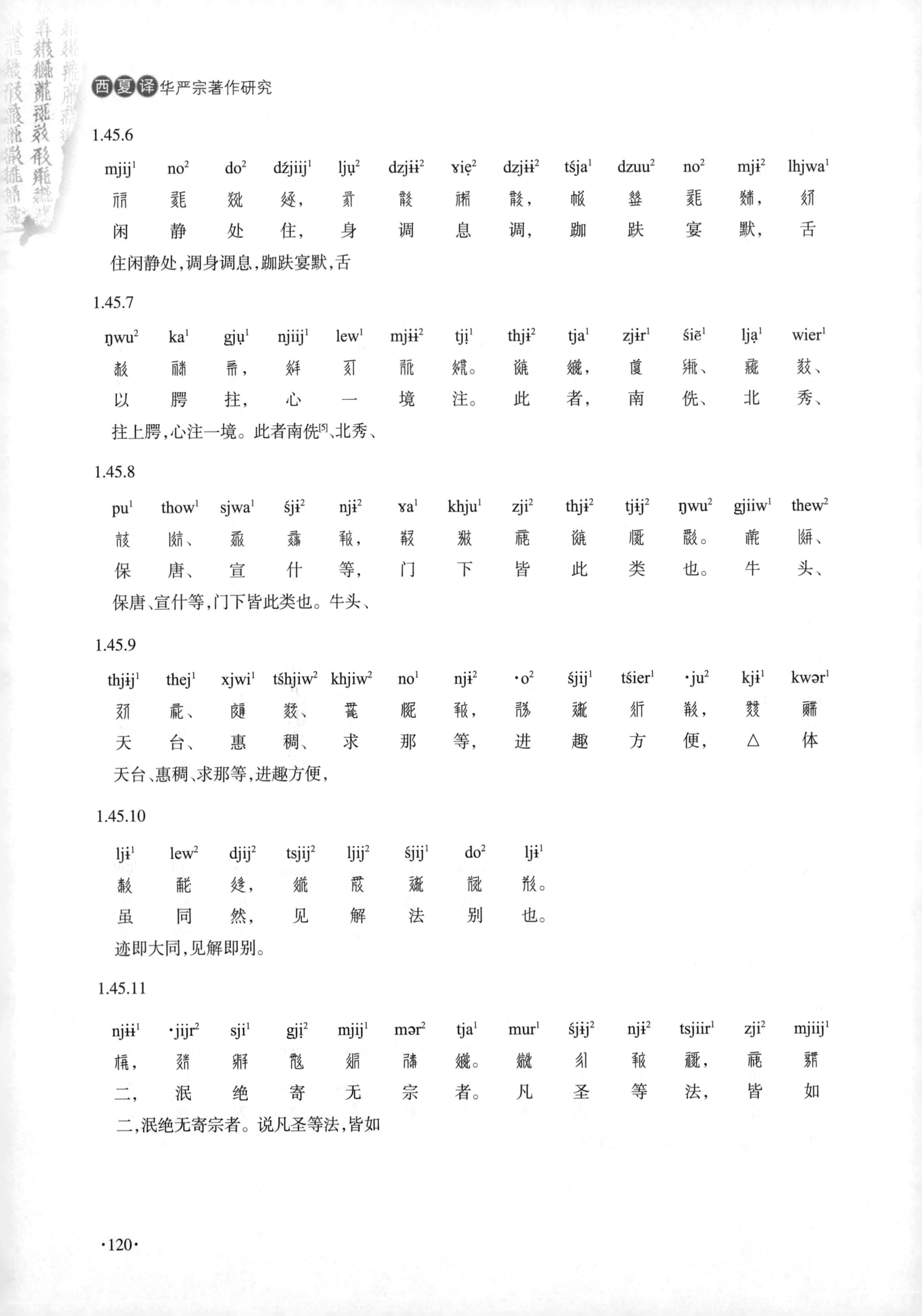

1.45.6

mjij¹ no² do² dźjiij¹ lju̧² dzjɨɨ² ɣie̜² dzjɨɨ² tśja¹ dzuu² no² mjɨ² lhjwa¹

闲 静 处 住， 身 调 息 调， 跏 趺 宴 默， 舌

住闲静处，调身调息，跏趺宴默，舌

1.45.7

ŋwu² ka¹ gju̧¹ njiij¹ lew¹ mjɨɨ² tji̧¹ thjɨ² tja¹ zjɨr¹ śiẽ¹ lja̧¹ wier¹

以 腭 拄， 心 一 境 注。 此 者， 南 侁、 北 秀、

拄上腭，心注一境。此者南侁[5]、北秀、

1.45.8

pu¹ thow¹ sjwa¹ śjɨ² njɨ² ɣa¹ khju¹ zji² thjɨ² tjɨj² ŋwu² gjiiw¹ thew²

保 唐、 宣 什 等， 门 下 皆 此 类 也。 牛 头、

保唐、宣什等，门下皆此类也。牛头、

1.45.9

thjɨj¹ thej¹ xjwi¹ tśhjiw² khjiw² no¹ njɨ² ·o² śjij¹ tśier¹ ·ju² kjɨ¹ kwər¹

天 台、 惠 稠、 求 那 等， 进 趣 方 便， △ 体

天台、惠稠、求那等，进趣方便，

1.45.10

ljɨ¹ lew² djij² tsjij² ljij² śjij¹ do² ljɨ¹

虽 同 然， 见 解 法 别 也。

迹即大同，见解即别。

1.45.11

njɨɨ¹ ·jijr² sji¹ gji² mjij¹ mər² tja¹ mur¹ śjɨj² njɨ² tsjiir¹ zji² mjiij¹

二， 泯 绝 寄 无 宗 者。 凡 圣 等 法， 皆 如

二，泯绝无寄宗者。说凡圣等法，皆如

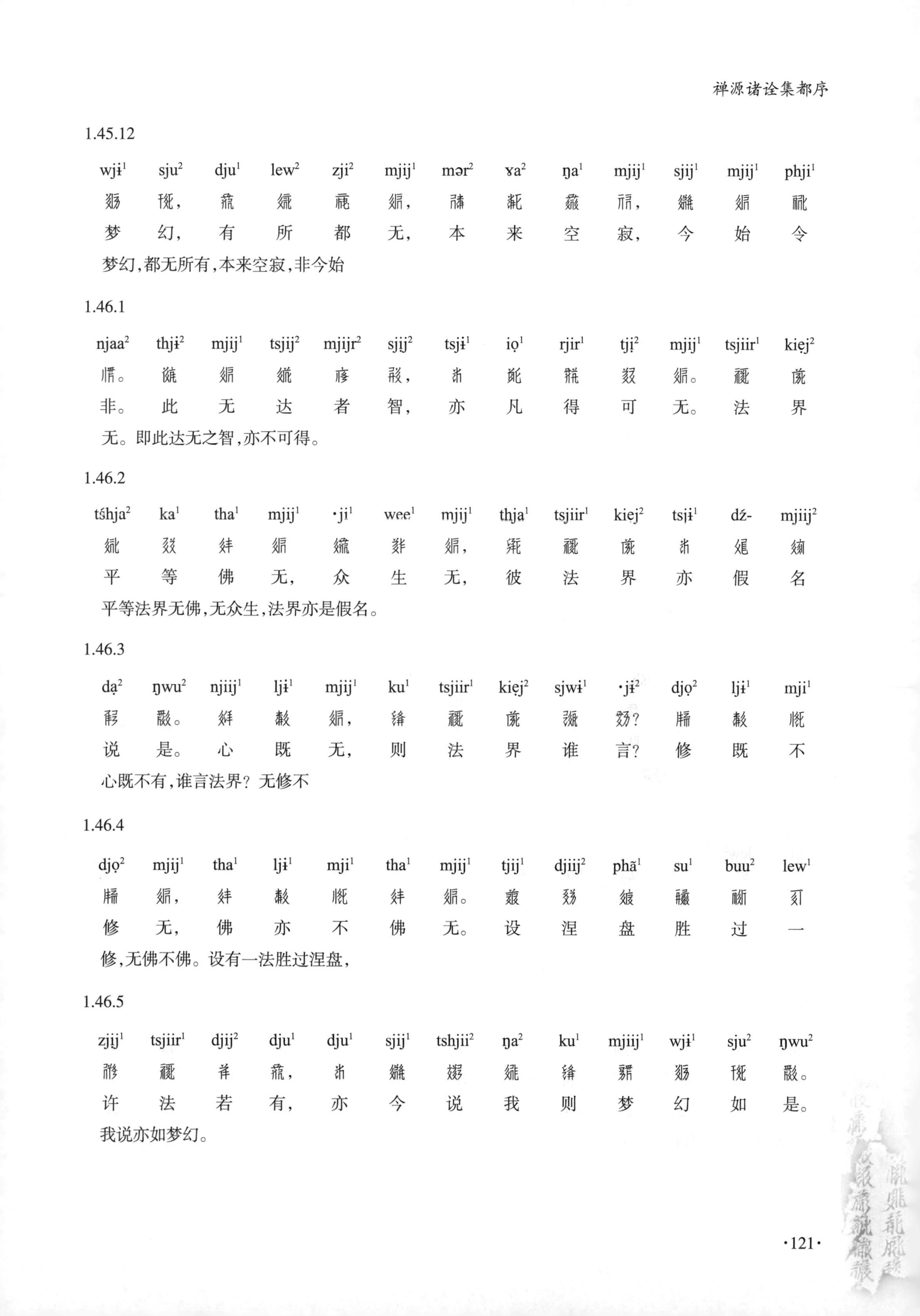

1.45.12

wjɨ^{1} sju^{2} dju^{1} lew^{2} zji^{2} mjij^{1} mər^{2} ɣa^{2} ŋa^{1} mjij^{1} sjij^{1} mjij^{1} phji^{1}

梦 幻， 有 所 都 无， 本 来 空 寂， 今 始 令

梦幻，都无所有，本来空寂，非今始

1.46.1

njaa^{2} thjɨ^{2} mjij^{1} tsjij^{2} mjijr^{2} sjij^{2} tsjɨ^{1} io̜^{1} rjir^{1} tji̜^{2} mjij^{1} tsjiir^{1} kie̜j^{2}

非。 此 无 达 者 智， 亦 凡 得 可 无。 法 界

无。即此达无之智，亦不可得。

1.46.2

tśhja^{2} ka^{1} tha^{1} mjij^{1} ·ji^{1} wee^{1} mjij^{1} thja^{1} tsjiir^{1} kie̜j^{2} tsjɨ^{1} dź- mjiij^{2}

平 等 佛 无， 众 生 无， 彼 法 界 亦 假 名

平等法界无佛，无众生，法界亦是假名。

1.46.3

da̜^{2} ŋwu^{2} njiij^{1} ljɨ^{1} mjij^{1} ku^{1} tsjiir^{1} kie̜j^{2} sjwɨ^{1} ·jɨ^{2} djo̜^{2} ljɨ^{1} mji^{1}

说 是。 心 既 无， 则 法 界 谁 言？ 修 既 不

心既不有，谁言法界？无修不

1.46.4

djo̜^{2} mjij^{1} tha^{1} ljɨ^{1} mji^{1} tha^{1} mjij^{1} tjij^{1} djiij^{2} phã^{1} su^{1} buu^{2} lew^{1}

修 无， 佛 亦 不 佛 无。 设 涅 盘 胜 过 一

修，无佛不佛。设有一法胜过涅盘，

1.46.5

zjij^{1} tsjiir^{1} djij^{2} dju^{1} dju^{1} sjij^{1} tshjii^{2} ŋa^{2} ku^{1} mjiij^{1} wjɨ^{1} sju^{2} ŋwu^{2}

许 法 若 有， 亦 今 说 我 则 梦 幻 如 是。

我说亦如梦幻。

1.46.6

tśhjwɨj¹	lew²	tsjiir¹	mjij¹	we²	lew²	tha¹	mjij¹	rjur¹	wji¹	lew²	ŋewr²	zji²
拘	可	法	无，	作	可	佛	无，	诸	作	所	等，	皆

无法可拘，无佛可作，凡有所作，皆

1.46.7

lhạ²	lạ¹	ŋwu²	thjɨ²	bju¹	tśjɨ¹	tsjij²	mər²	ɣa²	dạ²	mjij¹	ku¹	njiij¹
迷	妄	是。	此	如	了	达，	本	来	事	无，	则	心

是迷妄。如此了达，本来无事，心

1.46.8

gjị²	tjị²	mjij¹	tśhjwo¹	tśhjɨɨ²	tśhjuu²	ka²	bie²	lhew²	mjiij²	we²	śji¹	thew²
寄	所	无，	故	颠	倒	免，	解	脱	名	为。	石	头、

无所寄，方免颠倒，始名解脱。石头、

1.46.9

gjiiw¹	thew²	rjɨr²	njɨ²	kjij¹	śiã¹	ɣa²	njɨ²	zji²	thjɨ²	wo²	bju¹	nur¹
牛	头，	乃	至	径	山	于	至，	皆	此	理	依	示。

牛头，下至径山，皆示此理。

1.46.10

njiij¹	ljɨ¹	dźjɨ	njɨ²	thjɨ²	rjir²	bju¹	śjij¹	lew¹	zjij¹	tsjiir¹	ɣa²	zow²
心	与	行	等	此	与	相	应，	一	许	法	上	执

便令心行与此相应，不令滞情于一法上。

1.46.11

zjij¹	lew²	mjij¹	dzjɨj¹	dźjo¹	·jɨr²	njɨ²	lhjɨ²	kjij¹	·jij¹	dzjar²	thja¹	bju¹
著	可	无。	日	久	功	至，	尘	习	自	亡。	是	以

日久功至，尘习自亡。则于

1.46.12

ljwij^1	njij^1	tśjị^1	rejr^2	njɨ^2	ŋowr^2	ŋowr^2	ɣiẹ^2	mjij^1	thjɨ^2	bju^1	śji^1	tsjiir^1
怨	亲	苦	乐	等，	一	切	碍	无。	此	因	道	士、

怨亲苦乐，一切无碍。因此便有一类道士、

1.47.1

rjijr^2	ŋwuu^1	ŋwej^2	ɣiã^1	njɨ^2	śjã^1	wo^2	tshwew^1	·jɨr^1	mjijr^2	·a	djij^1	wjɨ^2
儒	生、	僧	闲	等	禅	理	参	问	者	一	类	△

儒生、闲僧泛参禅理者，

1.47.2

to^2	zji^2	thjɨ^2	dạ^2	zow^2	zji^2	dźjwa^1	ŋwu^2	·jɨ^2	thjɨ^2	mər^2	lew^1	ŋwuu^1
出，	皆	此	言	执，	臻	极	是	谓。	此	宗	但	言

皆说此言，便为臻极。不知此宗

1.47.3

dạ^2	bju^1	tsjiir^1	mji^1	we^2	tja^1	iọ^1	mjɨ^1	tśji^1	ljɨ^1	xow^1	tśhiə^1	kiow^2
语	以	法	不	为	者	凡	不	知	也，	荷	泽、	江

不但以此言为法，荷泽、江

1.47.4

sji^1	thjɨj^1	thej^1	njɨ^2	ɣa^1	khju^1	tsjɨ^1	thjɨ^2	wo^2	tshjiij^1	ljɨ^1	tshjiij^1	djij^2
西、	天	台	等	门	下	亦	此	理	说，	虽	说	然，

西、天台等门下亦说此理，

1.47.5

thjɨ^2	mər^2	mji^1	zow^2
此	宗	不	执。

然非所宗。

译文：

上来十意，理例昭然，但下来细对详禅之三宗[1]、教之三种，如经斗称，足定浅深。先叙禅门，后以教证禅[2]。禅三宗者，一息妄修心宗，二泯绝无寄宗，三直显心性宗。教三种者，一密意依性说相教，二密意破相显性教，三显示真心即性教。右此三教如次，同前三宗相对，一一证之，然后总会为一味。

今且先叙禅之三宗[3]。

初，息妄修心宗者。说众生虽本有佛性，而无始无明覆之不见，故轮回生死。诸佛已断妄想，见性了了，故出离生死[4]，神通自在。当知凡圣功用不同，外境内心，各有分限。故须依师言教，背境观心，息灭妄念。念尽即觉悟，无所不知。如镜昏尘，须勤勤拂拭，尘尽明现，即无所不照。又须明解趣入禅境方便，远离愦闹，住闲静处，调身调息，跏趺宴默，舌拄上腭，心注一境。此者南侁[5]、北秀、保唐、宣什等，门下皆此类也。牛头、天台、惠稠、求那等，进趣方便，迹即大同，见解即别。

二，泯绝无寄宗者。说凡圣等法，皆如梦幻，都无所有，本来空寂，非今始无。即此达无之智，亦不可得。平等法界无佛，无众生，法界亦是假名。心既不有，谁言法界？无修不修，无佛不佛。设有一法胜过涅盘，我说亦如梦幻。无法可拘，无佛可作，凡有所作，皆是迷妄。如此了达，本来无事，心无所寄，方免颠倒，始名解脱。石头、牛头，下至径山，皆示此理。便令心行与此相应，不令滞情于一法上。日久功至，尘习自亡。则于怨亲苦乐，一切无碍。因此便有一类道士、儒生、闲僧泛参禅理者，皆说此言，便为臻极。不知此宗不但以此言为法，荷泽、江西、天台等门下亦说此理，然非所宗。

注释：

[1]“下来”二字不见于汉本。

[2]汉本脱“禅”字。

[3]先叙禅之三宗，汉本作“先叙禅宗”。

[4]故，汉本在上句“见性了了”之上。

[5]“此者”二字不见于汉本。

释读：

1.47.6

sọ^{1}	njiij^{1}	tsjiir^{2}	twụ^{2}	dźju^{1}	mər^{2}	tja^{1}	rjur^{1}	tsjiir^{1}	ŋowr^{2}	ŋowr^{2}	tjij^{1}	dju^{1}
[illegible]，	[illegible]	[illegible]	[illegible]	[illegible]	[illegible]	[illegible]。	[illegible]	[illegible]	[illegible]	[illegible]	[illegible]	[illegible]
三，	心	性	直	显	宗	者。	诸	法	一	切	若	有

三，直显心性宗者。说一切诸法若有

1.47.7

tjij1	mjij1	zji2	ɣiej1	tsjiir2	ŋwu2	ɣiej1	tsjiir2	·jij1	mjij1	rar2	mjij1	wji1
[illegible]	[illegible]，	[illegible]	[illegible]	[illegible]	[illegible]，	[illegible]	[illegible]	[illegible]	[illegible]	[illegible]	[illegible]	[illegible]
若	空，	皆	真	性	是，	真	性	相	无	迹	无	为

若空，皆唯真性，真性无相无迹无为[1]。

1.47.8

mjij1	kwər1	ŋowr2	ŋowr2	njaa2	thjɨ2	tja1	mur1	njaa2	śjɨj2	njaa2	·jiw1	njaa2
[illegible]。	[illegible]	[illegible]	[illegible]	[illegible]，	[illegible]	[illegible]，	[illegible]	[illegible]	[illegible]	[illegible]、	[illegible]	[illegible]
无。	体	一	切	非，	此	者，	凡	非	圣	非、	因	非

体非一切，此谓非凡非圣[2]、非因

1.47.9

mjaa1	njaa2	neew2	njaa2	niow2	njaa2	njɨ2	ŋwu2	djij2	kwər1	·jij1	·ioow1	ŋwu2
[illegible]	[illegible]、	[illegible]	[illegible]	[illegible]	[illegible]	[illegible]	[illegible]	[illegible]，	[illegible]	[illegible]	[illegible]	[illegible]
果	非、	善	非	恶	非	等	是	然，	体	之	用	而

非果、非善非恶等，然即体之用而

1.47.10

mə2	mə2	wji1	njwi2	thjɨ2	tja1	mur1	njwi2	śjɨj2	njwi2	tsə1	śja2	·jij1
[illegible]	[illegible]	[illegible]	[illegible]，	[illegible]	[illegible]，	[illegible]	[illegible]	[illegible]	[illegible]，	[illegible]	[illegible]	[illegible]
种	种	作	能，	此	者，	凡	能	圣	能，	色	现	相

能造作种种，此谓能凡能圣，现色现相

1.47.11

śja2	njɨ2	njwi2	thjɨ2	kha1	njiij1	tsjiir2	nur1	śjij1	nioow1	njɨɨ1	mə2	dju1
[illegible]	[illegible]	[illegible]。	[illegible]	[illegible]	[illegible]	[illegible]	[illegible]	[illegible]，	[illegible]	[illegible]	[illegible]	[illegible]。
现	等	能。	其	中	心	性	指	示，	复	二	类	有。

等。于中指示心性，复有二类。

1.47.12

lew1	tja1	sjij1	mjor1	ŋwuu1	dạ2	mju2	ljɨj2	wji1	ɣjɨr1	lẹj2	tshjạ1	njij2
[illegible]	[illegible]，	[illegible]	[illegible]	[illegible]	[illegible]	[illegible]	[illegible]	[illegible]	[illegible]、	[illegible]	[illegible]	[illegible]
一	者，	今	现	语	言	行	动	作	为、	贪	嗔	慈

一云，即今能语言动作、贪嗔慈

1.48.1

zeew^{2}	neew^{2}	wji^{1}	niow^{2}	wji^{1}	tśjị^{1}	lhjịj^{2}	rejr^{2}	lhjịj^{2}	njɨ^{2}	njwi^{2}	tja^{1}	nji^{2}
忍、	善	造	恶	造、	苦	受	乐	受	等	能	者，	汝

忍、造善造恶、受苦受乐等[3]，即汝

1.48.2

tha^{1}	tsjiir^{2}	ŋwu^{2}	thjɨ^{2}	tja^{1}	mər^{2}	ɣa^{2}	tha^{1}	ŋwu^{2}	thjɨ^{2}	rjɨr^{2}	nioow^{1}	tha^{1}
佛	性	是，	此	者	本	来	佛	是，	此	以	外	佛

佛性，即此本来是佛，除此无别佛也。

1.48.3

mjij^{1}	thjɨ^{2}	mjor^{1}	ɣiej^{1}	mər^{2}	ɣa^{2}	njij^{2}	thja^{1}	śjij^{1}	·jij^{1}	dju^{1}	tsjij^{2}	ku^{1}
无。	此	如	真	本	上	古	其	法	自	有	了，	故

了此天真自然，故

1.48.4

njiij^{1}	śjwo^{1}	ŋwu^{2}	tśja^{1}	mji^{1}	djọ^{2}	lew^{2}	tśja^{1}	·jij^{1}	njiij^{1}	ŋwu^{2}	nioow^{1}	njiij^{1}
心	起	以	道	不	修	可。	道	即	心	是，	还	心

不可起心修道。道即是心，

1.48.5

ŋwu^{2}	thja^{1}	njiij^{1}	djọ^{2}	tjị^{2}	mjij^{1}	niow^{2}	tsjɨ^{1}	njiij^{1}	ŋwu^{2}	nioow^{1}	njiij^{1}	ŋwu^{2}
将	彼	心	修	可	无；	恶	亦	心	是，	还	心	将

不可将心还修于心；恶亦是心，不可将心

1.48.6

thja^{1}	njiij^{1}	phja^{1}	tjị^{2}	mjij^{1}	mji^{1}	phja^{1}	mji^{1}	djọ^{2}	ŋwe^{1}	bju^{1}	·jij^{1}	dzju^{2}
彼	心	断	可	无。	不	断	不	修，	运	任	自	在，

还断于心。不断不修，任运自在，

1.48.7

tśhjwo[1]	bie[2]	lhew[2]	·jɨ[2]	tsjiir[2]	tshọ[2]	ŋa[1]	sju[2]	mji[1]	lhu[1]	mji[1]	tjij[1]	lhjɨ[1]
故	解	脱	谓。	性	虚	空	如，	不	增	不	减，	添

方名解脱。性如虚空，不增不减，何假添

1.48.8

gjij[1]	ljọ[2]	śjwo[1]	lew[1]	dzjɨj[1]	dzjɨj[1]	dźjiij[1]	twụ[1]	sjwɨj[1]	tạ[1]	źjɨr[1]	·jur[1]	śjɨj[2]
补	何	假？	但	随	时	在	处	业	息	神	养，	圣

补？但随时随处息业养神，圣

1.48.9

·o[1]	dzja[1]	ljij[1]	phji[1]	ku[1]	thjoo[1]	mjijr[2]	thja[1]	śjij[1]	dźju[1]	śja[2]	thjɨ[2]	tja[1]
胎	增	长	令，	则	神	妙	自	然	显	现。	此	者，

胎增长，显发自然神妙。此即是为

1.48.10

ɣiej[1]	tsjij[2]	ɣiej[1]	djọ[2]	ɣiej[1]	ljạ[1]	ŋwu[2]	njɨɨ[1]	tja[1]	rjur[1]	tsjiir[1]	mjiij[1]
真	悟、	真	修、	真	证	是。	二	者，	诸	法	梦

真悟、真修、真证也。二云，诸法如梦，

1.48.11

sju[2]	rjur[1]	śjɨj[2]	gu[2]	tshjiij[1]	tśhjwo[1]	lạ[1]	lə	mər[2]	mjij[1]	lhjɨ[2]	mjɨɨ[2]	mər[2]
如，	诸	圣	同	说，	故	妄	念	本	寂，	尘	境	本

诸圣同说，故妄念本寂，尘境本

1.48.12

ŋa[1]	ŋa[1]	mjij[1]	·jij[1]	njiij[1]	mjijr[2]	nwə[1]	mji[1]	ljwɨj[1]	lew[1]	thjɨ[2]	ŋa[1]	mjij[1]
空，	空	寂	之	心，	灵	知	不	昧。	唯	此	空	寂

空，空寂之心，灵知不昧。即此空寂

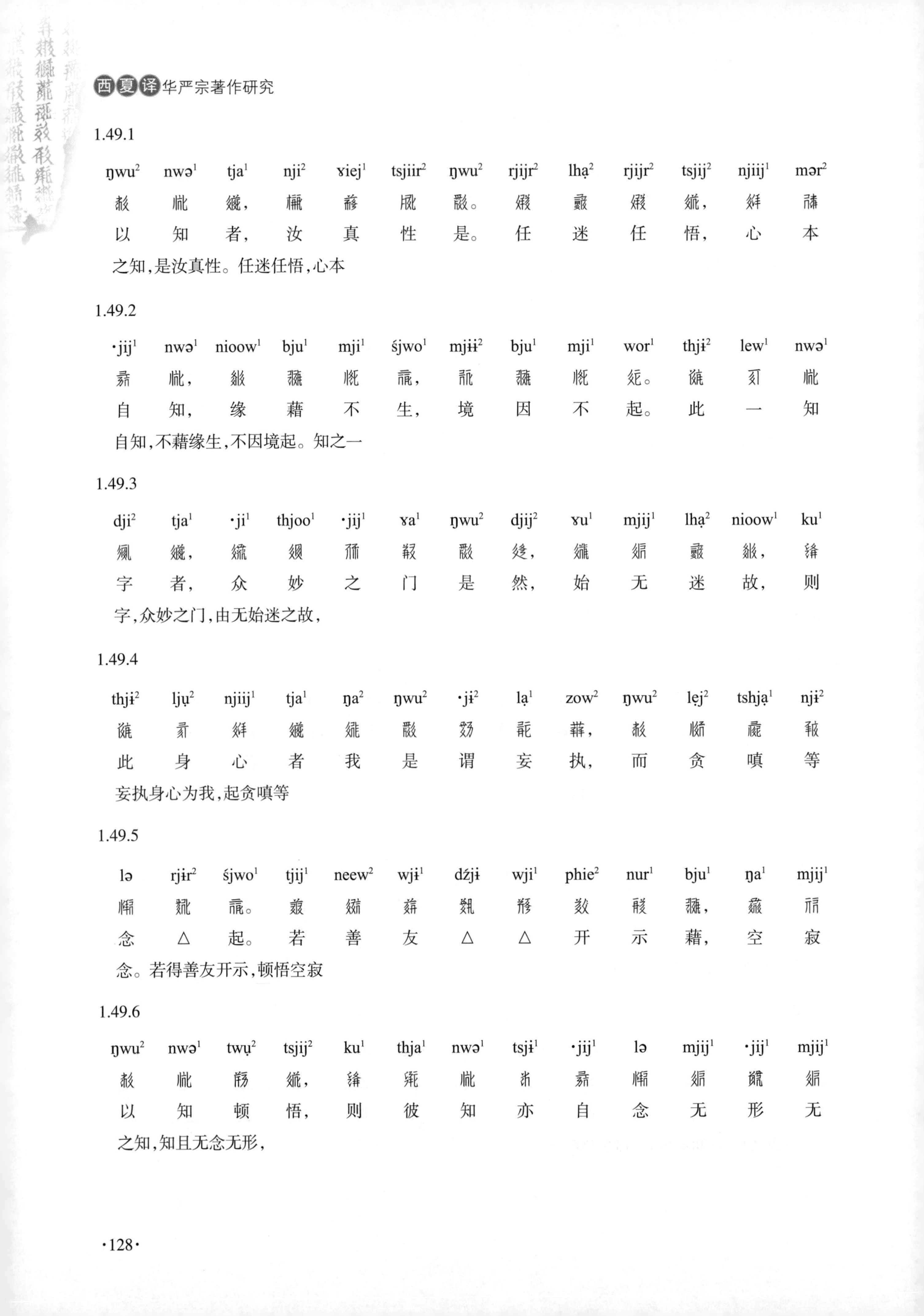

1.49.1

ŋwu^{2} nwə^{1} tja^{1} nji^{2} ɣiej^{1} tsjiir^{2} ŋwu^{2} rjijr^{2} lhạ^{2} rjijr^{2} tsjij^{2} njiij^{1} mər^{2}

以 知 者， 汝 真 性 是。 任 迷 任 悟， 心 本

之知，是汝真性。任迷任悟，心本

1.49.2

·jij^{1} nwə^{1} nioow^{1} bju^{1} mji^{1} śjwo^{1} mjɨɨ^{2} bju^{1} mji^{1} wor^{1} thjɨ^{2} lew^{1} nwə^{1}

自 知， 缘 藉 不 生， 境 因 不 起。 此 一 知

自知，不藉缘生，不因境起。知之一

1.49.3

dji^{2} tja^{1} ·ji^{1} thjoo^{1} ·jij^{1} ɣa^{1} ŋwu^{2} djij^{2} ɣu^{1} mjij^{1} lhạ^{2} nioow^{1} ku^{1}

字 者， 众 妙 之 门 是 然， 始 无 迷 故， 则

字，众妙之门，由无始迷之故，

1.49.4

thjɨ^{2} ljụ^{2} njiij^{1} tja^{1} ŋa^{2} ŋwu^{2} ·jɨ^{2} lạ^{1} zow^{2} ŋwu^{2} lẹj^{2} tshjạ^{1} njɨ^{2}

此 身 心 者 我 是 谓 妄 执， 而 贪 嗔 等

妄执身心为我，起贪嗔等

1.49.5

lə rjɨr^{2} śjwo^{1} tjij^{1} neew^{2} wjɨ^{1} dźjɨ wjɨ^{1} phie^{2} nur^{1} bju^{1} ŋa^{1} mjij^{1}

念 △ 起。 若 善 友 △ △ 开 示 藉， 空 寂

念。若得善友开示，顿悟空寂

1.49.6

ŋwu^{2} nwə^{1} twụ^{2} tsjij^{2} ku^{1} thja^{1} nwə^{1} tsjɨ^{1} ·jij^{1} lə mjij^{1} ·jij^{1} mjij^{1}

以 知 顿 悟， 则 彼 知 亦 自 念 无 形 无

之知，知且无念无形，

1.49.7

kha^{1}	nioow^{1}	ŋa^{2}	·jij^{1}	dzjwo^{2}	·jij^{1}	sjwɨ^{1}	we^{2}	rjur^{1}	·jij^{1}	ŋa^{1}	dwewr^{2}	njiij^{1}
中，	更	我	相	人	相	谁	为？	诸	相	空	觉，	心

谁为我相人相？觉诸相空，心

1.49.8

·jij^{1}	lə	mjij^{1}	lə	śjwo^{1}	·jij^{1}	dwewr^{2}	dwewr^{2}	tsjɨ^{1}	·jij^{1}	mjij^{1}	dźjɨ	djọ^{2}
自	念	无，	念	起	即	觉，	觉	亦	即	无。	行	修

自无念，念起即觉，觉之即无。修行

1.49.9

thjoo^{1}	ɣa^{1}	thjɨ^{2}	su^{1}	dzjɨj^{1}	mjij^{1}	khjɨ^{2}	dźjɨ	ŋowr^{2}	·jij^{1}	djọ^{2}	tsjɨ^{1}	lew^{1}
妙	门，	此	于	过	无。	万	行	备	虽	修，	亦	唯

妙门，莫过于此[4]。故虽备修万行，唯

1.49.10

lə	mjij^{1}	ŋwu^{2}	mər^{2}	we^{2}	lew^{1}	lə	mjij^{1}	ŋwu^{2}	nwə^{1}	we^{2}	ku^{1}	dzu^{1}
念	无	以	宗	为，	唯	念	无	以	知	为，	则	爱

以无念为宗，唯以无念为知[5]，则爱

1.49.11

khie^{1}	thja^{1}	śjij^{1}	bji^{1}	·jij^{1}	wjuu^{1}	sjij^{2}	thja^{1}	śjij^{1}	wejr^{1}	ljij^{1}	dzwej^{1}	sjwɨj^{1}
恶	自	然	弱	小，	悲	智	自	然	茂	盛，	罪	业

恶自然淡泊，悲智自然增明，罪业

1.49.12

thja^{1}	śjij^{1}	tjij^{1}	bja^{2}	·ioow^{1}	dźjɨ	thja^{1}	śjij^{1}	lhu^{1}	dzja^{1}	tjij^{1}	rjur^{1}	·jij^{1}
自	然	除	断，	功	行	自	然	增	长。	若	诸	相

自然断除，功行自然增进。既了诸相

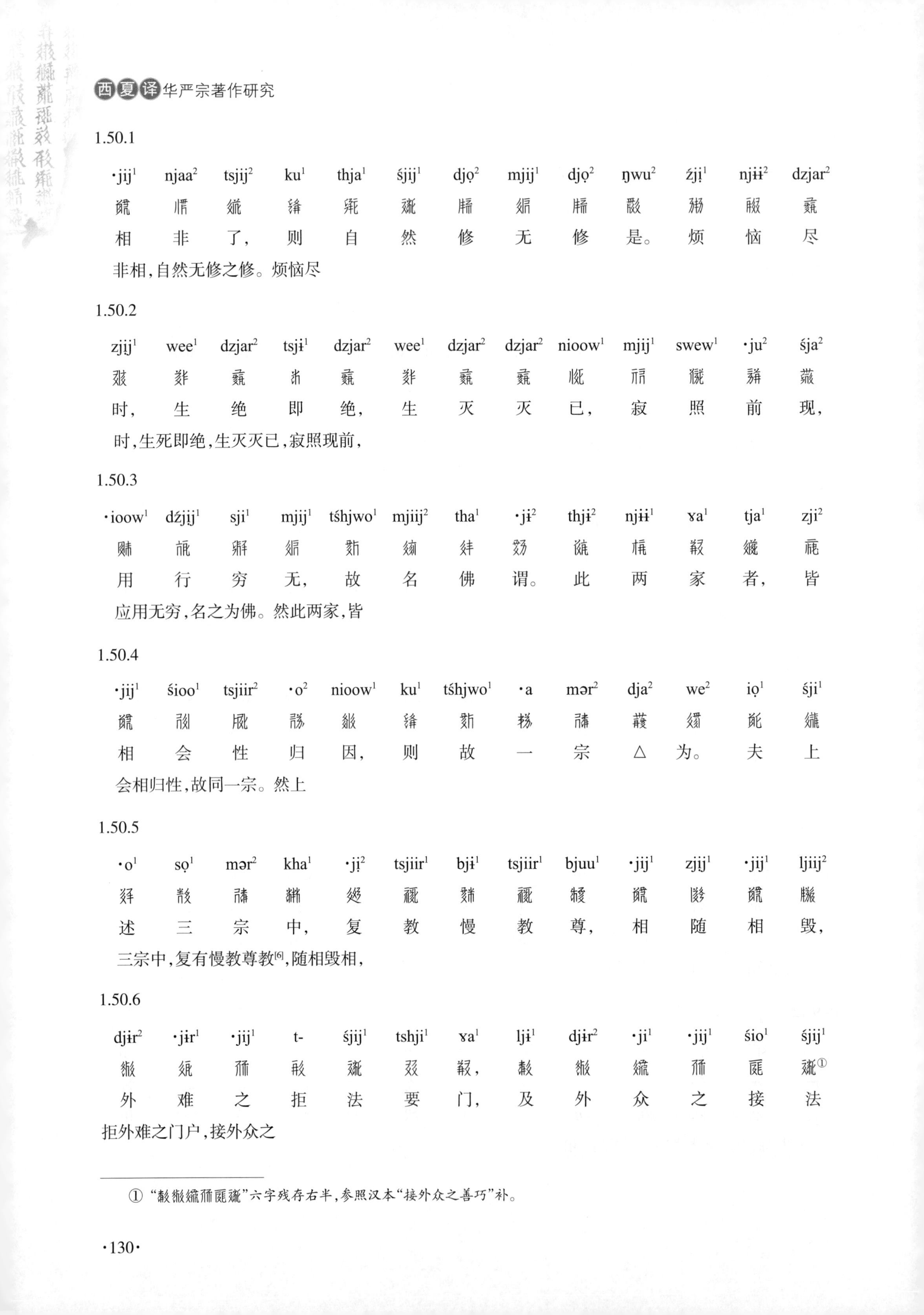

1.50.1

·jij^{1} njaa^{2} tsjij^{2} ku^{1} thja^{1} śjij^{1} djọ^{2} mjij^{1} djọ^{2} ŋwu^{2} źji^{1} njɨɨ^{2} dzjar^{2}

相 非 了， 则 自 然 修 无 修 是。 烦 恼 尽

非相，自然无修之修。烦恼尽

1.50.2

zjij^{1} wee^{1} dzjar^{2} tsjɨ^{1} dzjar^{2} wee^{1} dzjar^{2} dzjar^{2} nioow^{1} mjij^{1} swew^{1} ·ju^{2} śja^{2}

时， 生 绝 即 绝， 生 灭 灭 已， 寂 照 前 现，

时，生死即绝，生灭灭已，寂照现前，

1.50.3

·ioow^{1} dźjij^{1} sji^{1} mjij^{1} tśhjwo^{1} mjiij^{2} tha^{1} ·jị^{2} thjɨ^{2} njɨɨ^{1} ɣa^{1} tja^{1} zji^{2}

用 行 穷 无， 故 名 佛 谓。 此 两 家 者， 皆

应用无穷，名之为佛。然此两家，皆

1.50.4

·jij^{1} śioo^{1} tsjiir^{2} ·o^{2} nioow^{1} ku^{1} tśhjwo^{1} ·a mər^{2} dja^{2} we^{2} iọ^{1} śji^{1}

相 会 性 归 因， 则 故 一 宗 △ 为。 夫 上

会相归性，故同一宗。然上

1.50.5

·o^{1} sọ^{1} mər^{2} kha^{1} ·jị^{2} tsjiir^{1} bjɨ^{1} tsjiir^{1} bjuu^{1} ·jij^{1} zjij^{1} ·jij^{1} ljiij^{2}

述 三 宗 中， 复 教 慢 教 尊， 相 随 相 毁，

三宗中，复有慢教尊教[6]，随相毁相，

1.50.6

djɨr^{2} ·jɨr^{1} ·jij^{1} t- śjij^{1} tshji^{1} ɣa^{1} ljɨ^{1} djɨr^{2} ·ji^{1} ·jij^{1} śio^{1} śjij^{1}

外 难 之 拒 法 要 门， 及 外 众 之 接 法①

拒外难之门户，接外众之

① “[illegible]”六字残存右半，参照汉本“接外众之善巧”补。

1.50.7

tśier^{1}	·ju^{2}	nioow^{1}	dzjiij^{2}	gji^{2}	·jij^{1}	dzju^{1}	dzjiij^{2}	śjij^{1}	tsjiir^{1}	tjɨj^{2}	njɨ^{2}	mə^{2}
善	巧，	复	弟	子	△	教	学	法	仪	轨	等，	种

善巧，教弟子之仪轨，种

1.50.8

mə^{2}	mji^{1}	lew^{2}	tja^{1}	zji^{2}	njɨɨ^{1}	gjij^{1}	dźjɨ	ɣa^{1}	ŋwu^{2}	·jij^{1}	twụ^{1}	dzjɨj^{2}
种	不	同	者，	皆	二	利	行	门	是，	各	自	便

种不同，皆是二利行门，各随其便，

1.50.9

bju^{1}	wji^{1}	dźjij^{1}	dzji^{1}	dạ^{2}	lew^{2}	mjij^{1}	twụ^{1}	zow^{2}	lew^{2}	mər^{2}	njɨɨ^{1}	we^{2}
随	为，	行	失	误	所	无。	他	执	所	宗，	二	为

亦无所失。但所宗之理，即

1.50.10

phja^{1}	mjij^{1}	tśhjwo^{1}	tha^{1}	tsjiir^{1}	bju^{1}	ljwu^{2}	śjwii^{2}	thwuu^{1}	phji^{1}	śjwo^{1}	ljɨ^{1}	tśjɨɨ^{1}
合	无，	故	佛	法	约	和	会	同	令	须	也。	次，

不合有二，故须约佛和会也。次，

译文：

三，直显心性宗者。说一切诸法若有若空，皆唯真性，真性无相无迹无为[1]。体非一切，此谓非凡非圣[2]、非因非果、非善非恶等，然即体之用而能造作种种，此谓能凡能圣，现色现相等。于中指示心性，复有二类。一云，即今能语言动作、贪嗔慈忍、造善造恶、受苦受乐等[3]，即汝佛性，即此本来是佛，除此无别佛也。了此天真自然，故不可起心修道。道即是心，不可将心还修于心；恶亦是心，不可将心还断于心。不断不修，任运自在，方名解脱。性如虚空，不增不减，何假添补？但随时随处息业养神，圣胎增长，显发自然神妙。此即是为真悟、真修、真证也。二云，诸法如梦，诸圣同说，故妄念本寂，尘境本空，空寂之心，灵知不昧。即此空寂之知，是汝真性。任迷任悟，心本自知，不藉缘生，不因境起。知之一字，众妙之门，由无始迷之故，妄执身心为我，起贪嗔等念。若得善友开示，顿悟空寂之知，知且无念无形，谁为我相人相？觉诸相空，心自无念，念起即觉，觉之即无。修行妙门，莫过于此[4]。故虽备修万行，唯以无念为宗，唯以无念为知[5]，则爱恶自然淡泊，悲智自然增明，罪业自然断除，功行自然增进。既了诸相非相，自然无修之修。烦恼尽时，生死即绝，生灭灭已，寂照现前，应用无穷，名之为佛。然此两家，皆会相归性，故同一宗。

然上三宗中，复有慢教尊教[6]，随相毁相，拒外难之门户，接外众之善巧，教弟子之仪轨，种种不同，皆是二利行门，各随其便，亦无所失。但所宗之理，即不合有二，故须约佛和会也。

注释：

[1]无相无迹无为，汉本无“无迹”二字。

[2]此谓非凡非圣，汉本无“此”字。下“此谓能凡能圣”同。

[3]造善造恶受苦受乐，汉本作“造善恶、受苦乐”。

[4]莫过于此，汉本作“唯在此也”。

[5]唯以无念为知，汉本作“但得无念知见”。

[6]慢教尊教，汉本作“遵教慢教”。

释读：

1.50.11

rjɨr²	khju¹	·a	io̧¹	tha¹	tsjiir¹	phjo²	dzjɨj²	gu²	so̧¹	mə²	ŋwu²	kha¹
[illegible]	[illegible]	[illegible]	[illegible]	[illegible]	[illegible]	[illegible]	[illegible]	[illegible]	[illegible]	[illegible]	[illegible]	[illegible]：
以	下	总	凡	佛	教	分	判	共	三	种	是	中：

下判佛教总为三种者：

1.50.12

lew¹	tsjiir²	bju¹	·jij¹	tshjiij¹	śiaa²	dwuu²	tsjiir¹	tja¹	tha¹
[illegible]，	[illegible]	[illegible]	[illegible]	[illegible]	[illegible]	[illegible]	[illegible]	[illegible]。	（[illegible]
一，	性	依	相	说	意	密	教	者。	（佛
so̧¹	kiej²	tśhjiw¹	tśja¹	ljij²	zjij¹	zji²	ɣiej¹	tsjiir²	
[illegible]	[illegible]	[illegible]	[illegible]	[illegible]	[illegible]，	[illegible]	[illegible]	[illegible]	
三	界	六	道	见	时，	悉	真	性	

一，密意依性说相教。（佛见三界六道，悉是真性

1.51.1

·jij1	·jij1	ŋwu2	lew1	thja1	·ji1	wee1	tsjiir2	lhạ2	bju1	śjwo1	pha1
之	相	是。	但	彼	众	生	性	迷	由	起，	别
·jij1	kwər1	mjij1	nioow1	ku1	tśhjwo1	tsjiir2	bju1	·jɨ2	nioow1	tśhji2	
自	体	无	因，	则	故	性	依	云。	又	根	
lwəj1	dzjwo2	xja1	dźju1	tsjij2	gie1	nioow1	thja1	nji2	·jij1	mej1	
钝	人	卒	开	悟	难	故，	他	人	之	目	

之相。但是众生迷性而起，无别自体，故云依性。然根钝者卒难开悟，故目随他

1.51.2

rjir2	ljij2	lew2	mjɨɨ2	·jij1	bju1	tsjiir1	tshjiij1	wji1	ŋwu2	mjiij2
前	见	所	境	相	随，	法	说	为	而	渐
mjiij2	gju1	phji1	kięj2	nioow1	ku1	tśhjwo1	·jij1	tshjiij1	·jɨ2	dźju1
渐	度	令	欲	因，	则	故	说	相	云。	彰
sjwij1	phji1	ŋwu2	tshjiij1	njaa2	nioow1	ku1	tśhjwo1	śiaa2	dwuu2	·jɨ2
显	令	而	说	非	因，	则	故	意	密	云。）

所见境相说法渐度，故云说相。说未彰显，故云密意也。）

1.51.3

thjɨ2	lew1	tsjiir1	kha1	nioow1	sọ1	mə2	dju1	□	lew1	dzjwo2	mə1	·jiw1
此	一	教	中	又	三	类	有：	□	一，	人	天	因

此一教中自有三类：一，人天因

1.51.4

mjaa1	tsjiir1	thjɨ2	tja1	neew2	niow2	sjwɨj1	tshja2	tshjiij1	·jiw1	mjaa1	mji1	ljwu1
果	教。	此	者，	善	恶	业	报	说，	因	果	不	差

果教。说善恶业报，令知因果不差，

1.51.5

nwə^{1}	phji^{1}	sọ^{1}	niow^{2}	tśjị^{1}	kją^{1}	dzjwo^{2}	mə^{1}	rejr^{2}	kjụ^{1}	mjii^{1}	kie^{1}	śjã^{1}
[illegible]	[illegible]，	[illegible]	[illegible]	[illegible]	[illegible]，	[illegible]	[illegible]	[illegible]	[illegible]，	[illegible]	[illegible]	[illegible]
知	令，	三	途	苦	惧，	人	天	乐	求，	施	戒	禅

惧三途苦，求人天乐，修施戒禅

1.51.6

djɨj^{2}	njɨ^{2}	neew^{2}	dźjɨ	ŋowr^{2}	ŋowr^{2}	djọ^{2}	ŋwu^{2}	dzjwo^{2}	tśja^{1}	mə^{1}	tśja^{1}	rjɨr^{2}
[illegible]	[illegible]	[illegible]	[illegible]	[illegible]	[illegible]	[illegible]，	[illegible]	[illegible]	[illegible]、	[illegible]	[illegible]，	[illegible]
定	等	善	行	一	切	修，	而	人	道、	天	道，	乃

定等一切善行，得生人道、天道，乃

1.51.7

njɨ^{2}	tsə^{1}	kiej^{2}	mjij^{1}	tsə^{1}	kiej^{2}	wee^{1}	rjir^{1}
[illegible]	[illegible]	[illegible]、	[illegible]	[illegible]	[illegible]	[illegible]	[illegible]
至	色	界、	无	色	界	生	得
nioow^{1}	tśhjwo^{1}	dzjwo^{2}	mə^{1}	·jiw^{1}	mjaa^{1}	tsjiir^{1}	
[illegible]，	[illegible]	[illegible]	[illegible]	[illegible]	[illegible]	[illegible]	
因，	故	人	天	因	果	教	

至色界、无色界，此名人天教。

1.51.8

·jɨ^{2}	njɨɨ^{1}	źjị^{1}	phja^{1}	tśjị^{1}	rejr^{2}	dzjar^{2}	tsjiir^{1}	thjɨ^{2}	tja^{1}	sọ^{1}	kiej^{2}
[illegible]。	[illegible]，	[illegible]	[illegible]	[illegible]	[illegible]	[illegible]	[illegible]。	[illegible]	[illegible]，	[illegible]	[illegible]
谓。	二，	惑	断	苦	乐	灭	教。	此	者，	三	界

二，说断惑灭苦乐教。说三界

1.51.9

mji^{1}	no^{2}	dzjọ^{1}	məə^{1}	nji^{1}	·jij^{1}	tśjị^{1}	sju^{2}	tshjiij^{1}	sjwɨj^{1}	źjị^{1}	·jij^{1}	śioo^{1}
[illegible]	[illegible]	[illegible]	[illegible]	[illegible]	[illegible]	[illegible]	[illegible]	[illegible]，	[illegible]	[illegible]	[illegible]	[illegible]
不	安	犹	火	宅	之	苦	如	说，	业	惑	之	集

不安皆如火宅之苦，令断业惑之集，

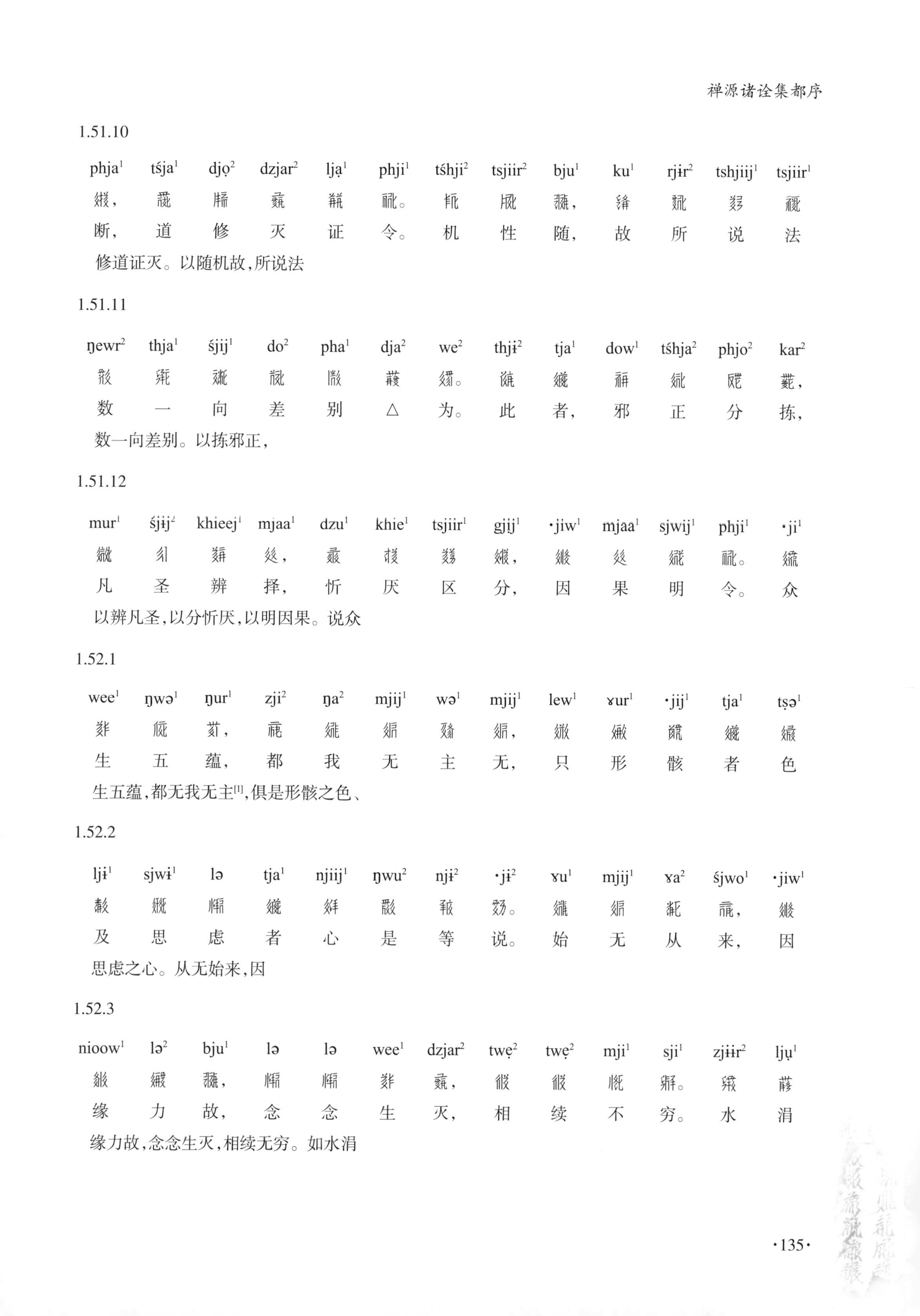

1.51.10

phja1 tśja1 djọ2 dzjar2 ljạ1 phji1 tśhji2 tsjiir2 bju1 ku1 rjɨr2 tshjiij1 tsjiir1

断， 道 修 灭 证 令。 机 性 随， 故 所 说 法

修道证灭。以随机故，所说法

1.51.11

ŋewr2 thja1 śjij1 do2 pha1 dja2 we2 thjɨ2 tja1 dow1 tśhja2 phjo2 kar2

数 一 向 差 别 △ 为。 此 者， 邪 正 分 拣，

数一向差别。以拣邪正，

1.51.12

mur1 śjɨj2 khieej1 mjaa1 dzu1 khie1 tsjiir1 gjij1 ·jiw1 mjaa1 sjwij1 phji1 ·ji1

凡 圣 辨 择， 忻 厌 区 分， 因 果 明 令。 众

以辨凡圣，以分忻厌，以明因果。说众

1.52.1

wee1 ŋwə1 ŋur1 zji2 ŋa2 mjij1 wə1 mjij1 lew1 ɣur1 ·jij1 tja1 tsə1

生 五 蕴， 都 我 无 主 无， 只 形 骸 者 色

生五蕴，都无我无主[1]，俱是形骸之色、

1.52.2

ljɨ1 sjwɨ1 lə tja1 njiij1 ŋwu2 njɨ2 ·jɨ2 ɣu1 mjij1 ɣa2 śjwo1 ·jiw1

及 思 虑 者 心 是 等 说。 始 无 从 来， 因

思虑之心。从无始来，因

1.52.3

nioow1 lə2 bju1 lə lə wee1 dzjar2 twẹ2 twẹ2 mji1 sji1 zjɨɨr2 ljụ1

缘 力 故， 念 念 生 灭， 相 续 不 穷。 水 涓

缘力故，念念生灭，相续无穷。如水涓

1.52.4

ljụ1	sju2	tjij1	ljoor1	ljoor1	lew2	ljụ2	njiij1	dź-	ŋwej2	lew1	sju2	·ju2
[illegible]	[illegible]，	[illegible]	[illegible]	[illegible]	[illegible]，	[illegible]	[illegible]	[illegible]	[illegible]，	[illegible]	[illegible]	[illegible]
涓	如，	灯	焰	焰	如，	身	心	假	合，	一	似	常

涓，如灯焰焰，身心假合，似一似常。

1.52.5

sju2	wẹ1	mur1	mji1	dwewr2	zow2	ŋa2	we2	phji1	thjɨ2	ŋa2	wier1	nioow1
[illegible]。	[illegible]	[illegible]	[illegible]	[illegible]，	[illegible]	[illegible]	[illegible]	[illegible]，	[illegible]	[illegible]	[illegible]	[illegible]，
似。	凡	愚	不	觉，	执	我	为	令，	此	我	宝	故，

凡愚不觉，执之为我，宝此我故，

1.52.6

tśhjɨ2	rjar2	lẹj2	mjiij2	gjij1	lẹj2	nioow1	ŋa2	wejr1
[illegible]	[illegible]	[illegible]	（[illegible]	[illegible]	[illegible]	[illegible]	[illegible]	[illegible]
立	即	贪	（名	利	贪	因	我	荣
phji1	ŋwu2	tshjạ1	ljwu1	nu1	·jij1	tshjạ1	ŋa2	·jij1
[illegible]	[illegible]。）、	[illegible]	（[illegible]	[illegible]	[illegible]	[illegible]，	[illegible]	[illegible]
令	是。）、	嗔	（违	背	之	嗔，	我	△
mja1	ŋwo2	ɣiẹ2	sjiij2	lə	tshwew1	twụ1	dzji1	tsjij2
[illegible]	[illegible]	[illegible]	[illegible]。）、	[illegible]①	（[illegible]	[illegible]	[illegible]	[illegible]②，
恐	侵	损	忧。）、	痴	（触	向	错	解，

即起贪（贪名利荣我。）、嗔（嗔违情境，恐侵损我。）、痴（触向错解，

1.52.7

wo2	njaa2	dza2	rjar1	njɨ2	sọ1	do1	·a	śjwo1	sọ1	do1	phji1	sjij2	kjɨ1	tsjụ1
[illegible]	[illegible]	[illegible]	[illegible]。）	[illegible]	[illegible]	[illegible]	[illegible]③	[illegible]。	[illegible]	[illegible]	[illegible]	[illegible]④	[illegible]	[illegible]，
理	非	计	校。）	等	三	毒	△	起。	三	毒	意	识	△	击，

非理计校。）等三毒。三毒击于意识，

①以上正文“[illegible]”五字残存右半，参照汉本“即起贪嗔痴”补。

②“[illegible]”二字全部残佚，参照汉本“错解”拟补。

③“[illegible]”三字全部残佚，参照汉本“起三毒”拟补。

④“[illegible]”四字残存左半，参照汉本“三毒击于意识”补。

1.52.8

ljụ²	ljaa²	mju²	śjwo¹	sjwɨj¹	ŋowr²	ŋowr²	wji¹	sjwɨj¹	śjɨj¹	bji²	gie¹	rər²	dźiwe¹
身	口	动	发，	业	一	切	造。	业	成	逃	难，	（影	随

发动身口，造一切业。业成难逃，（影随

1.52.9

ljụ²	ɣiẹ²	nioow¹	śio¹	sju²	tśhjwo¹	ŋwə¹	tśja¹	tśjɨ¹	rejr²
身，	声	又	应	如。）	故	五	道	苦	乐
njɨ²	ljụ²	lhjịj²	thjɨ²	tja¹	pha¹	sjwɨj¹	bju¹	ŋwu²	sọ¹
等	身	受，	（此	者	别	业	由	是），	三

形，响应声。）故受五道苦乐等身（此是别业所感），生三

1.52.10

kiẹj²	buu²	dźju²	njɨ²	do²	wee¹	dźjiij¹	tjị²	ŋwu²	thjɨ²
界	胜	劣	等	处	生。	（居	处	是。	此
tja¹	gu²	sjwɨj¹	bju¹	rjir¹	thja¹	wjɨ²	lhjịj²	ljụ²	
者	共	业	有	得。）	其	△	受	身	

界胜劣等处[2]。（所居处。此是共业所感。）于所受身，

1.52.11

ɣa²	·jị²	ŋa²	kjɨ¹	zow²	·jị²	lẹj²	njɨ²	śjwo¹	sjwɨj¹	wji¹	tshja²	lhjịj²
于，	还	我	△	执，	还	贪	等	起，	业	造	报	受。

还执为我，还起贪等，造业受报。

1.52.12

ljụ²	tja¹	wee¹	nar²	ŋo²	sjɨ¹	sjɨ¹	nioow¹	·jị²	wee¹	kiẹj²	tja¹	śjɨj¹
身	者	生	老	病	死，	死	又	复	生；	界	者	成

身则生老病死，死而还生；界则

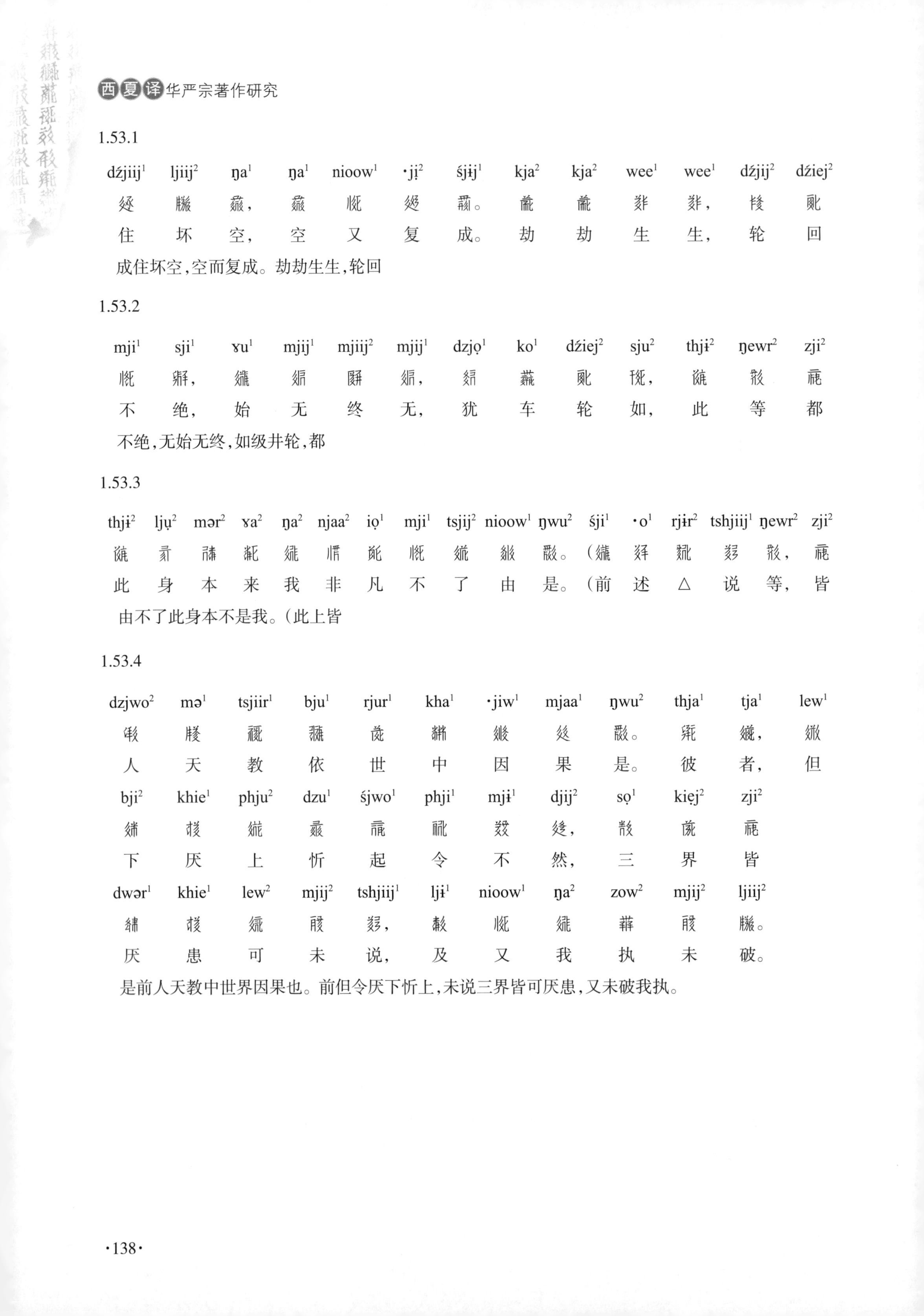

1.53.1

dźjiij^{1} ljiij^{2} ŋa^{1} ŋa^{1} nioow^{1} ·ji^{2} śjɨj^{1} kja^{2} kja^{2} wee^{1} wee^{1} dźjij^{2} dźiej^{2}

住 坏 空， 空 又 复 成。 劫 劫 生 生， 轮 回

成住坏空，空而复成。劫劫生生，轮回

1.53.2

mji^{1} sji^{1} ɣu^{1} mjij^{1} mjiij^{2} mjij^{1} dzjọ^{1} ko^{1} dźiej^{2} sju^{2} thjɨ^{2} ŋewr^{2} zji^{2}

不 绝， 始 无 终 无， 犹 车 轮 如， 此 等 都

不绝，无始无终，如级井轮，都

1.53.3

thjɨ^{2} ljụ^{2} mər^{2} ɣa^{2} ŋa^{2} njaa^{2} iọ^{1} mji^{1} tsjij^{2} nioow^{1} ŋwu^{2} śji^{1} ·o^{1} rjɨr^{2} tshjiij^{1} ŋewr^{2} zji^{2}

此 身 本 来 我 非 凡 不 了 由 是。（前 述 △ 说 等， 皆

由不了此身本不是我。（此上皆

1.53.4

dzjwo^{2} mə^{1} tsjiir^{1} bju^{1} rjur^{1} kha^{1} ·jiw^{1} mjaa^{1} ŋwu^{2} thja^{1} tja^{1} lew^{1}

人 天 教 依 世 中 因 果 是。 彼 者， 但

bji^{2} khie^{1} phju^{2} dzu^{1} śjwo^{1} phji^{1} mjɨ^{1} djij^{2} sọ^{1} kiej^{2} zji^{2}

下 厌 上 忻 起 令 不 然， 三 界 皆

dwər^{1} khie^{1} lew^{2} mjij^{2} tshjiij^{1} ljɨ^{1} nioow^{1} ŋa^{2} zow^{2} mjij^{2} ljiij^{2}

厌 患 可 未 说， 及 又 我 执 未 破。

是前人天教中世界因果也。前但令厌下忻上，未说三界皆可厌患，又未破我执。

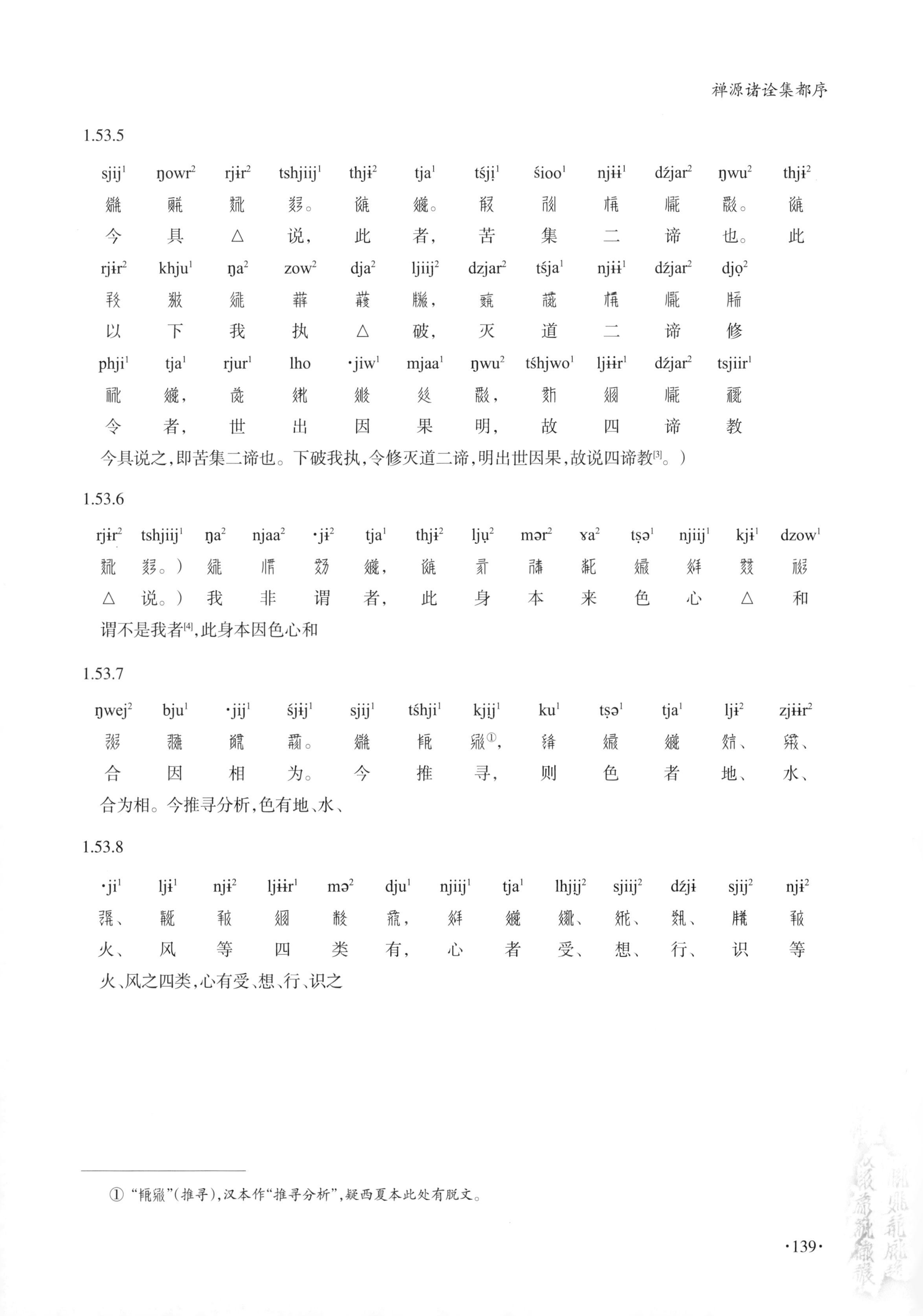

1.53.5

sjij1	ŋowr2	rjɨr2	tshjiij1	thjɨ2	tja1	tśjị1	śioo1	njɨɨ1	dźjar2	ŋwu2	thjɨ2
今	具	△	说，	此	者，	苦	集	二	谛	也。	此
rjɨr2	khju1	ŋa2	zow2	dja2	ljiij2	dzjar2	tśja1	njɨɨ1	dźjar2	djọ2	
以	下	我	执	△	破，	灭	道	二	谛	修	
phji1	tja1	rjur1	lho	·jiw1	mjaa1	ŋwu2	tśhjwo1	ljɨɨr1	dźjar2	tsjiir1	
令	者，	世	出	因	果	明，	故	四	谛	教	

今具说之，即苦集二谛也。下破我执，令修灭道二谛，明出世因果，故说四谛教[3]。）

1.53.6

rjɨr2	tshjiij1	ŋa2	njaa2	·jɨ2	tja1	thjɨ2	ljụ2	mər2	ɣa2	tsə1	njiij1	kjɨ1	dzow1
△	说。）	我	非	谓	者，	此	身	本	来	色	心	△	和

谓不是我者[4]，此身本因色心和

1.53.7

ŋwej2	bju1	·jij1	śjɨj1	sjij1	tśhji1	kjij1	ku1	tsə1	tja1	ljɨ2	zjɨɨr2
合	因	相	为。	今	推	寻①，	则	色	者	地、	水、

合为相。今推寻分析，色有地、水、

1.53.8

·ji1	ljɨ1	njɨ2	ljɨɨr1	mə2	dju1	njiij1	tja1	lhjij2	sjiij2	dźjɨ	sjij2	njɨ2
火、	风	等	四	类	有，	心	者	受、	想、	行、	识	等

火、风之四类，心有受、想、行、识之

① "[illegible]"（推寻），汉本作"推寻分析"，疑西夏本此处有脱文。

1.53.9

ljɨɨr^1	mə^2	ŋwu^2	ŋạ^2	niow^2	ɣiwej^1	·jij^1	lhjịj^2	·jɨ^2	·jij^1
[illegible]	[illegible]	[illegible]。	（[illegible]	[illegible]	[illegible]	[illegible]	[illegible]	[illegible]，	[illegible]
四	类	是。	（好	恶	领	△	纳	谓，	相
lhjwi^1	lə	·jij^1	sjiij^2	·jɨ^2	wji^1	ɣjɨr^1	·jij^1	dźjɨ	·jɨ^2
[illegible]	[illegible]	[illegible]	[illegible]	[illegible]，	[illegible]	[illegible]	[illegible]	[illegible]	[illegible]。
取	念	△	思	谓，	作	造	△	行	谓，
phjo^2	kar^2	·jij^1	sjij^2	·jɨ^2	thji^2	ljɨɨr^1	ljɨ^1	tsə̣^{1}	
[illegible]	[illegible]	[illegible]	[illegible]	[illegible]①。	[illegible]	[illegible]	[illegible]	[illegible]	
分	别	△	了	谓。	此	四	与	色	

四类。（领纳好恶之事，思念取相[5]，行造作事[6]，一一了别。此四与色，

1.53.10

njɨ^2	gu^2	mjiij^2	ŋwə^1	ŋur^1	·jɨ^2	zji^2	ŋa^2	ŋwu^2
[illegible]，	[illegible]	[illegible]	[illegible]	[illegible]	[illegible]。）	[illegible]	[illegible]	[illegible]，
等，	都	名	五	蕴	谓。）	皆	我	是，
ku^1	·jar^1	ŋa^2	dja^2	we^2	nioow^1	thja^1	tsə̣^{1}	
[illegible]	[illegible]	[illegible]	[illegible]	[illegible]。	[illegible]	[illegible]	[illegible]	
即	八	我	△	成。	复	彼	色	

都名五蕴。）若皆是我，即成八我。况色

1.53.11

kha^1	sọ^1	·jir^2	tśhjiw^1	ɣạ^2	tsewr^1	rjɨr^2	tśhju^1	tsewr^1	tsewr^1	twụ^1	do^2	mji^1
[illegible]	[illegible]	[illegible]	[illegible]	[illegible]	[illegible]	[illegible]	[illegible]，	[illegible]	[illegible]	[illegible]	[illegible]	[illegible]
中	三	百	六	十	段	骨	有，	段	段	各	别	除

中复有三百六十段骨，段段各别，

1.53.12

dźjij^1	dźjɨ^1	mej^2	tśhji^1	gju^2	sji^2	njiij^1	pjwɨɨr^2	low^2	ljɨ^1	ljɨ^1	do^2	ŋwu^2
[illegible]，	[illegible]	[illegible]	[illegible]	[illegible]、	[illegible]	[illegible]	[illegible]	[illegible]，	[illegible]	[illegible]	[illegible]	[illegible]。
外，	皮	毛	肉	筋、	肝	心	肺	肾，	一	一	非	是。

皮毛筋肉、肝心肺肾，各不相是。

①据汉本，以上四句小注当分列"[illegible]""[illegible]""[illegible]""[illegible]"四字之下。

1.54.1

dźjɨ^{1} tja^{1} mej^{2} njaa^{2} njɨ^{2} sju^{2} rjur^{1} njiij^{1} ·jij^{1}

（[illegible] [illegible] [illegible] [illegible] [illegible] [illegible]。） [illegible] [illegible] [illegible]

（皮 者 毛 非 等 如。） 诸 心 之

dju^{1} lew^{2} ŋewr^{2} tsjɨ^{1} ·jij^{1} twụ^{1} mji^{1} lew^{2}

[illegible] [illegible] [illegible]， [illegible] [illegible] [illegible] [illegible] [illegible]，

有 可 数， 亦 各 自 不 同，

（皮不是毛等。）诸心数等，亦各不同，

1.54.2

ljij^{2} tja^{1} mji^{1} njaa^{2} de^{2} tja^{1} tshjạ^{1} njaa^{2} thjɨ^{2} sju^{2} ·ji^{1} rejr^{2} djij^{1}

[illegible] [illegible] [illegible] [illegible]， [illegible] [illegible] [illegible] [illegible]。 [illegible] [illegible] [illegible] [illegible] [illegible]

见 者 闻 非， 喜 者 怒 非。 此 如 众 多 类

见不是闻，喜不是怒。既有此众多之物，

1.54.3

kha^{1} ljɨ^{1} tja^{1} ŋa^{2} ŋwu^{2} mjɨ^{1} nwə^{1} zji^{2} ŋa^{2} ŋwu^{2} ku^{1} ŋa^{2} ·jir^{2}

[illegible]， [illegible] [illegible] [illegible] [illegible] [illegible] [illegible]。 [illegible] [illegible] [illegible]， [illegible] [illegible] [illegible]

中， 何 者 我 为 不 知。 皆 我 是， 则 我 百

不知何者为我[7]。若皆是我，我

1.54.4

tụ^{1} we^{2} thja^{1} ·a lju̧^{2} ·u^{2} rejr^{2} wə^{1} ŋewr^{2} ŋewr^{2} thjɨ^{2} ·jij^{1} rjɨr^{2}

[illegible] [illegible]， [illegible] [illegible] [illegible] [illegible]， [illegible] [illegible] [illegible] [illegible]， [illegible] [illegible] [illegible]

千 为， 彼 一 身 中， 多 主 纷 乱， 此 之 以

即百千，一身之中，多主纷乱，离此

1.54.5

nioow^{1} nioow^{1} pha^{1} tsjiir^{1} mjij^{1} djɨ^{2} ljɨɨ^{1} ·jij^{1} ljɨɨ^{1} ŋa^{2} tśhji^{1} kjij^{1} ku^{1}

[illegible]， [illegible] [illegible] [illegible] [illegible]。 [illegible] [illegible] [illegible] [illegible] [illegible] [illegible] [illegible]， [illegible]

外， 复 别 法 无。 △ 翻 △ 覆 我 推 想， 则

之外，复无别法。翻覆推我，

1.54.6

zji^{2}	rjir^{1}	tjị^{2}	mjij^{1}	thja^{1}	bju^{1}	tśhjɨ^{2}	rjar^{2}	thjɨ^{2}	ljụ^{2}	njiij^{1}	njɨ^{2}	lew^{1}
皆	得	可	无，	此	由	立	便	此	身	心	等	只

皆不可得，便悟此身心等俱

1.54.7

·ji^{1}	nioow^{1}	ŋwu^{2}	dzow^{1}	ŋwej^{2}	·jij^{1}	sju^{2}	iọ^{1}	lew^{1}	kwər^{1}	njaa^{2}	ŋa^{2}	dzjwo^{2}
众	缘	是，	和	合	相	似，	元	一	体	非，	我	人

是众缘，似和合相，元非一体，似我人

1.54.8

·jij^{1}	sju^{2}	iọ^{1}	ŋa^{2}	dzjwo^{2}	njaa^{2}	tsjij^{2}	ljɨ^{1}	tjij^{1}	thjɨ^{2}	sju^{2}	ku^{1}	sjwɨ^{1}
相	似，	元	我	人	非	悟	也。	若	此	如，	则	谁

相，元非我人。若此则为谁

1.54.9

nioow^{1}	lẹj^{2}	tshjạ^{1}	sjwɨ^{1}	nioow^{1}	sja^{1}	kjwir^{1}	sjwɨ^{1}	mjii^{1}	kie^{1}	djọ^{2}	sjwɨ^{1}	dzjwo^{2}
为	贪	嗔？	谁	为	杀	盗？	谁	戒	施	修？	谁	人

贪嗔[8]？为谁杀盗？谁修戒施？谁

1.54.10

mə^{1}	wee^{1}	tśjị^{1}	dźjar^{2}	nwə^{1}	ŋwu^{2}	thjɨ^{2}	nioow^{1}	ku^{1}	tśhjwo^{1}	sọ^{1}	kiẹj^{2}	rar^{2}	dju^{1}	neew^{2}
天	生？	（苦	谛	知	也。）	次	因	则	故	三	界	漏	有	善

生人天？（知苦谛也[9]。）遂不滞心于三界有漏善

1.54.11

niow^{2}	ɣa^{2}	njiij^{1}	mji^{1}	śjwɨ^{2}	zjij^{1}	śioo^{1}	dźjar^{2}	phja^{1}	ŋwu^{2}	lew^{1}	ŋa^{2}	mjij^{1}	bioo^{1}	sjij^{2}
恶	于	心	不	住	滞，	（断	集	谛	也。）	但	我	无	观	智

恶，（断集谛也。）但修无我观智，

1.54.12

djọ[2] ŋwu[2] tśja[1] dźjar[2] djọ[2] ŋwu[2] lej[2] tshjạ[1] njɨ[2] ·jij[1] tjij[1] phja[1] rjur[1] sjwɨj[1] tạ[1]

□，□（□ □ □ □①）□ □ □ □ □ □，□ □ □

修，以（道 谛 修 也。）贪 嗔 等 △ 禁 断，诸 业 止

（修道谛也[10]。）以断贪嗔等，止息诸

1.55.1

dzjar[2] ŋa[2] ŋa[1] mjor[1] ɣiej[1] ljạ[1] sju[2] thow[1] xwã[1] mjaa[1] rjir[1] rjɨr[2] njɨ[2]

□，□ □ □ □ □，□ □ □ □ □，□ □

息，我 空 真 如 证，须 陀 洹 果 得，乃 至

业，证得我空真如，得须陀洹果，乃至

1.55.2

źjị[1] njɨɨ[2] dzjar[2] sji[1] ·ja lo[1] xã[1] mjaa[1] rjir[1] dzjar[2] dźjar[2] ljạ[1] ŋwu[2] ljụ[2] pju[2]

□ □ □ □，□ □ □ □ □。（□ □ □ □。）□ □

患 累 灭 尽，阿 罗 汉 果 得。（灭 谛 证 也。）身 灰

灭尽患累，得阿罗汉果。（证灭谛也[11]。）灰身灭

1.55.3

sjij[2] dzjar[2] rjur[1] tśjị[1] tśjo ka[2] rjur[1] ·ja xã[1] njɨ[2] tśhjiw[1] ·jir[2] ɣạ[2]

□ □，□ □ □ □。（□《□ □》□ □ □ □

智 灭，诸 苦 永 离。（诸《阿 含》等 六 百 十

智，永离诸苦。（诸《阿含》等六百一十

1.55.4

·jar[1] 来日音 lwər[2] lhejr[2] ljɨ[1] pho[1] śia[1] kju[1] śja[1] njɨ[2] tśhjiw[1] ·jir[2] gjɨɨ[1]

□ □ □ □、□《□ □》《□ □》□ □ □ □

八 卷 经 契、及《婆 沙》《俱 舍》等 六 百 九

八卷经、《婆沙》《俱舍》等六百九

1.55.5

ɣạ[2] ·jar[1] 来日音 mər[2] mja[1] njɨ[2] kha[1] zji[2] thjɨ[2] ·ụ[2] tsəj[1] ljɨ[1] śji[1]

□ □ □ □ □ □ □，□ □ □ □ □ □

十 八 卷 本 母 等 中，皆 此 乘 小 及 前

十八卷论，皆唯说此小乘及前

①此四字小注当在"□"字之下。

1.55.6

dzjwo²	mə¹	mə¹	mjaa¹	njɨ²	tshjiij¹	ljɨ¹	rejr²	djij²	wo²	thjɨ²
[illegible]	[illegible]	[illegible]	[illegible]	[illegible]	[illegible]。	[illegible]	[illegible]	[illegible]，	[illegible]	[illegible]
人	天	因	果	等	说。	虽	多	然，	理	此

人天因果。虽多[12],理

1.55.7

mji¹	dzjij¹
[illegible]	[illegible]①。
不	出。）

不出此也。）

译文：

次，下判佛教总为三种者：

一，密意依性说相教。（佛见三界六道，悉是真性之相。但是众生迷性而起，无别自体，故云依性。然根钝者卒难开悟，故目随他所见境相说法渐度，故云说相。说未彰显，故云密意也。）此一教中自有三类：

一，人天因果教。说善恶业报，令知因果不差，惧三途苦，求人天乐，修施戒禅定等一切善行，得生人道、天道，乃至色界、无色界，此名人天教。

二，说断惑灭苦乐教。说三界不安皆如火宅之苦，令断业惑之集，修道证灭。以随机故，所说法数一向差别。以拣邪正，以辨凡圣，以分忻厌，以明因果。说众生五蕴，都无我无主[1]，俱是形骸之色、思虑之心。从无始来，因缘力故，念念生灭，相续无穷。如水涓涓，如灯焰焰，身心假合，似一似常。凡愚不觉，执之为我，宝此我故，即起贪（贪名利荣我。）、嗔（嗔违情境，恐侵损我。）、痴（触向错解，非理计校。）等三毒。三毒击于意识，发动身口，造一切业。业成难逃，（影随形，响应声。）故受五道苦乐等身（此是别业所感），生三界胜劣等处[2]。（所居处。此是共业所感。）于所受身，还执为我，还起贪等，造业受报。身则生老病死，死而还生；界则成住坏空，空而复成。劫劫生生，轮回不绝，无始无终，如级井轮，都由不了此身本不是我。（此上皆是前人天教中世界因果也。前但令厌下忻上，未说三界皆可厌患，又未破我执。今具说之，即苦集二谛也。下破我执，令修灭道二谛，明出世因果，故说四谛教[3]。）谓不是我者[4]，此身本因色心和合为相。今推寻分析，色有地、水、火、风之四类，心有受、想、行、识之四类。（领纳好恶之事，思念取相[5]，行造作事[6]，一一了别。此四与色，都名五蕴。）若皆是我，即成八我。况色中复有三百六十段骨，段段各别，皮毛筋肉、肝心肺肾，各不相是。（皮不是毛等。）诸心数等，亦各不同，见不是闻，喜不是怒。既有此众多之物，不知何者为我[7]。若皆是我，我即百千，一身之中，多主纷乱，离此之外，复无别法。翻覆推我，皆不可得，便悟此身心等俱是众缘，似和合相，元非一体，似我人相，元非我人。若此则为谁贪嗔[8]？为谁杀

①自"[illegible]"以下原为双行小注,西夏本误作正文。

盗？谁修戒施？谁生人天？（知苦谛也[9]。）遂不滞心于三界有漏善恶，（断集谛也。）但修无我观智，（修道谛也[10]。）以断贪嗔等，止息诸业，证得我空真如，得须陀洹果，乃至灭尽患累，得阿罗汉果。（证灭谛也[11]。）灰身灭智，永离诸苦。（诸《阿含》等六百一十八卷经、《婆沙》《俱舍》等六百九十八卷论，皆唯说此小乘及前人天因果。虽多[12]，理不出此也。）

注释：

[1]都无我无主，汉本作“都无我主”。

[2]生三界胜劣等处，汉本句上脱“生”字。

[3]说，汉本作“名”。

[4]谓不是我者，汉本无“谓”字。

[5]思念取相，汉本作“取像”。

[6]行造作事，汉本作“造作一切”。

[7]汉本“何者”上有“定取”二字。

[8]“若此则”三字不见于汉本。

[9]苦谛，汉本误作“苦集”。

[10]修道谛也，汉本但作“道谛”。

[11]证灭谛也，汉本但作“灭谛”。

[12]据汉本，知西夏本“虽多”上脱“部帙”二字。

释读：

1.55.7

so̤1	sjij2	ŋwu2	mjɨɨ2	ljiij2	tsjiir1	śji1	rjɨr2	tshjiij1	mjɨɨ2	·jij1	ŋewr2	tjij1	śjwo1	tjij1	dzjar2
[illegible]，	[illegible]	[illegible]	[illegible]	[illegible]	[illegible]。	（[illegible]	[illegible]	[illegible]	[illegible]	[illegible]①	[illegible]，	[illegible]	[illegible]	[illegible]	[illegible]，
三，	识	以	境	破	教。	（前	所	说	境	相	等，	若	起	若	灭，

三，将识破境教。（说前所说境相，若起若灭，

① “[illegible][illegible][illegible][illegible][illegible]”五字残佚，参照汉本“前所说境相”拟补。

1.55.8

lew^{1}	ŋa^{2}	mjij^{1}	mji^{1}	dźjij^{1}	nioow^{1}	rjɨr^{2}	tshjiij^{1}	tsjiir^{1}	dạ^{2}
[illegible]	[illegible]	[illegible]	[illegible]	[illegible]，	[illegible]	[illegible]	[illegible]	[illegible]	[illegible]
唯	我	无	不	仅，	又	所	说	法	言
njɨ^{2}	tsjɨ^{1}	mjij^{1}	lew^{1}	zow^{2}	sjij^{2}	dź-	lạ^{1}	ŋwu^{2}	dja^{2}
[illegible]	[illegible]	[illegible]，	[illegible]	[illegible]	[illegible]	[illegible]	[illegible]	[illegible]	[illegible]
等	亦	无，	但	执	识	虚	妄	以	△

wjɨ^{1}	sji^{2}	dźjij^{1}	ŋwu^{2}	nioow^{1}	tśhjwo^{1}	sjij^{2}	ŋwu^{2}	mjɨɨ^{2}	ljiij^{2}	·jɨ^{2}
[illegible]	[illegible]	[illegible]	[illegible]	[illegible]，	[illegible]	[illegible]	[illegible]	[illegible]	[illegible]	[illegible]。）
变	能	起	是	因，	故	识	将	境	破	云。）

非唯无我，亦无如上等法，但是情识虚妄变起，故云将识破境也。）

1.55.9

śji^{1}	tshjiij^{1}	wee^{1}	dzjar^{2}	njɨ^{2}	tsjiir^{1}	mjor^{1}	ɣiej^{1}	ljɨ^{1}	njaa^{2}	lew^{1}	·ji^{1}	wee^{1}
[illegible]	[illegible]	[illegible]	[illegible]	[illegible]	[illegible]	[illegible]	[illegible]	[illegible]	[illegible]，	[illegible]	[illegible]	[illegible]
上	说	生	灭	等	法	如	真	既	非，	但	众	生

说上生灭等法不关真如，但各是众生

1.55.10

ɣu^{1}	mjij^{1}	rjɨr^{2}	ljij^{2}	mər^{2}	ɣa^{2}	njij^{2}	·jar^{1}	mə^{2}	sjij^{2}	dźjij^{2}	thja^{1}	kha^{1}
[illegible]	[illegible]	[illegible]	[illegible]	[illegible]	[illegible]	[illegible]	[illegible]	[illegible]	[illegible]	[illegible]，	[illegible]	[illegible]
始	无	已	来	元	本	昔	八	种	识	有，	其	中

无始已来元本有八种识[1]，于中

1.55.11

·jar^{1}	tsew^{2}	·ụ^{2}	sjij^{2}	tja^{1}	mər^{2}	tśhji^{2}	ŋwu^{2}	tśhji^{2}	ljụ^{2}	gju^{2}	kiẹj^{2}	sjwɨ^{1}
[illegible]	[illegible]	[illegible]	[illegible]	[illegible]	[illegible]	[illegible]	[illegible]，	[illegible]	[illegible]	[illegible]	[illegible]	[illegible]
八	第	藏	识	者	根	本	是，	根	身	器	界	种

第八藏识是其根本，顿变根身器界种

1.55.12

ljwi^{1}	njɨ^{2}	twụ^{2}	twụ^{2}	dja^{2}	wjɨ^{1}	tśjɨɨ^{1}	bju^{1}	śjạ^{1}	sjij^{2}	·a	śjwo^{1}	·jij^{1}
[illegible]	[illegible]	[illegible]	[illegible]	[illegible]	[illegible]，	[illegible]	[illegible]	[illegible]	[illegible]	[illegible]	[illegible]，	[illegible]
子	等	顿	然	△	变，	次	依	七	识	△	生，	各

子，转生七识，各

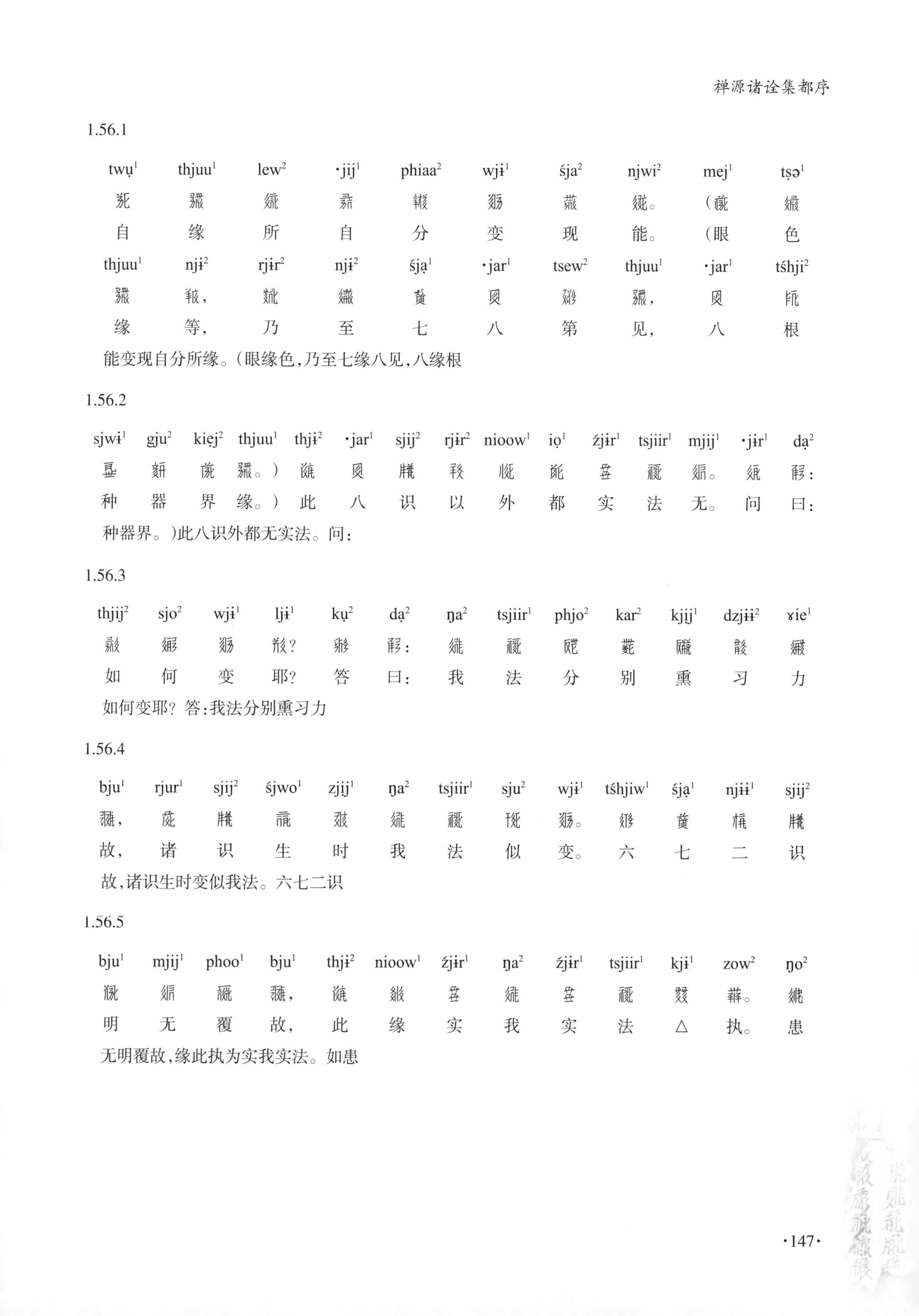

1.56.1

twụ^1 thjuu^1 lew^2 ·jij^1 phiaa^2 wjɨ^1 śja^2 njwi^2 mej^1 tsə̣^{1}

自 缘 所 自 分 变 现 能。 (眼 色

thjuu^1 njɨ^2 rjɨr^2 njɨ^2 śją^1 ·jar^1 tsew^2 thjuu^1 ·jar^1 tśhji^2

缘 等， 乃 至 七 八 第 见， 八 根

能变现自分所缘。(眼缘色,乃至七缘八见,八缘根

1.56.2

sjwɨ^1 gju^2 kięj^2 thjuu^1 thjɨ^2 ·jar^1 sjij^2 rjɨr^2 nioow^1 iọ^1 źjɨr^1 tsjiir^1 mjij^1 ·jɨr^1 dạ^2

种 器 界 缘。) 此 八 识 以 外 都 实 法 无。 问 曰：

种器界。)此八识外都无实法。问:

1.56.3

thjij^2 sjo^2 wjɨ^1 ljɨ^1 kụ^2 dạ^2 ŋa^2 tsjiir^1 phjo^2 kar^2 kjij^1 dzjɨɨ^2 ɣie^1

如 何 变 耶？ 答 曰： 我 法 分 别 熏 习 力

如何变耶？答:我法分别熏习力

1.56.4

bju^1 rjur^1 sjij^2 śjwo^1 zjij^1 ŋa^2 tsjiir^1 sju^2 wjɨ^1 tśhjiw^1 śją^1 njɨɨ^1 sjij^2

故， 诸 识 生 时 我 法 似 变。 六 七 二 识

故,诸识生时变似我法。六七二识

1.56.5

bju^1 mjij^1 phoo^1 bju^1 thjɨ^2 nioow^1 źjɨr^1 ŋa^2 źjɨr^1 tsjiir^1 kjɨ^1 zow^2 ŋo^2

明 无 覆 故， 此 缘 实 我 实 法 △ 执。 患

无明覆故,缘此执为实我实法。如患

1.56.6

sju^{2}	ŋo^{2}	ljɨɨ^{1}	njiij^{1}	lhạ^{2}	bju^{1}	dzjwo^{2}	war^{2}	njɨ^{2}	do^{2}
[illegible]	([illegible]	[illegible]	[illegible]	[illegible]	[illegible]，	[illegible]	[illegible]	[illegible]	[illegible]
如	(病	重	心	昏	故，	人	物	等	异
thjuu^{1}	mjiij^{1}	sju^{2}	tsjij^{2}	□	ŋo^{2}	mjiij^{1}	ɣie^{1}	bju^{1}	njiij^{1}
[illegible]①。)	[illegible]	[illegible]	([illegible]	□②。)	[illegible]	[illegible]	[illegible]	[illegible]，	[illegible]
见。)	梦	如	(知	□。)	患	梦	力	故，	心

(病重心昏见异色人物。)梦(梦相所见可知。)者，患梦力故，心

1.56.7

mə^{2}	mə^{2}	sju^{2}	djɨr^{2}	mjɨɨ^{2}	·jij^{1}	śja^{2}	mjiij^{1}	dzjɨj^{1}	djɨr^{2}	mjɨɨ^{2}	źjɨr^{1}	dju^{1}
[illegible]	[illegible]	[illegible]	[illegible]	[illegible]③	[illegible]	[illegible]，	[illegible]	[illegible]	[illegible]	[illegible]	[illegible]	[illegible]
种	种	似	外	境	相	现，	梦	时	外	境	实	有

似种种外境相现，梦时执为实有

1.56.8

kjɨ^{1}	zow^{2}	gji^{1}	zjij^{1}	mjiij^{1}	ŋwu^{2}	dja^{2}	wjɨ^{1}	tśhjwo^{1}	dwewr^{2}	ŋa^{2}	thjɨ^{2}	ljụ^{2}
[illegible]	[illegible]，	[illegible]	[illegible]	[illegible]	[illegible]	[illegible]	[illegible]	[illegible]	[illegible]。	[illegible]	[illegible]	[illegible]
△	执，	寤	时	梦	以	所	变	方	知。	我	此	身

外物，寤来方知唯梦所变。我此身

1.56.9

·jij^{1}	nioow^{1}	thja^{1}	djɨr^{2}	mjɨɨ^{2}	zji^{2}	thjɨ^{2}	rjir^{2}	·a	tjɨj^{2}	lew^{1}	sjij^{2}	bju^{1}
[illegible]	[illegible]	[illegible]	[illegible]	[illegible]	[illegible]	[illegible]	[illegible]	[illegible]	[illegible]，	[illegible]	[illegible]	[illegible]
相	及	彼	外	境	皆	是	与	一	般，	唯	识	由

相及于外境亦复如是，唯识

1.56.10

wjɨ^{1}	lhạ^{2}	nioow^{1}	ŋa^{2}	ljɨ^{1}	rjur^{1}	mjɨɨ^{2}	dju^{1}	zow^{2}	tjij^{1}	ŋa^{2}	tsjiir^{1}	mər^{2}
[illegible]，	[illegible]	[illegible]	[illegible]	[illegible]	[illegible]	[illegible]	[illegible]	[illegible]。	[illegible]	[illegible]	[illegible]	[illegible]
变，	迷	故	我	及	诸	境	有	执。	若	我	法	本

所变，迷故执有我及诸境。既悟本无我法，

①“[illegible]”五字残存右半，参照汉本“见异色人物”补。

②[illegible]□，西夏文小注二字，与汉本“梦相所见可知”全然不合，故残缺一字未敢拟补。

③“[illegible]”五字残存左半，参照汉本“心似种种外境相现”补。

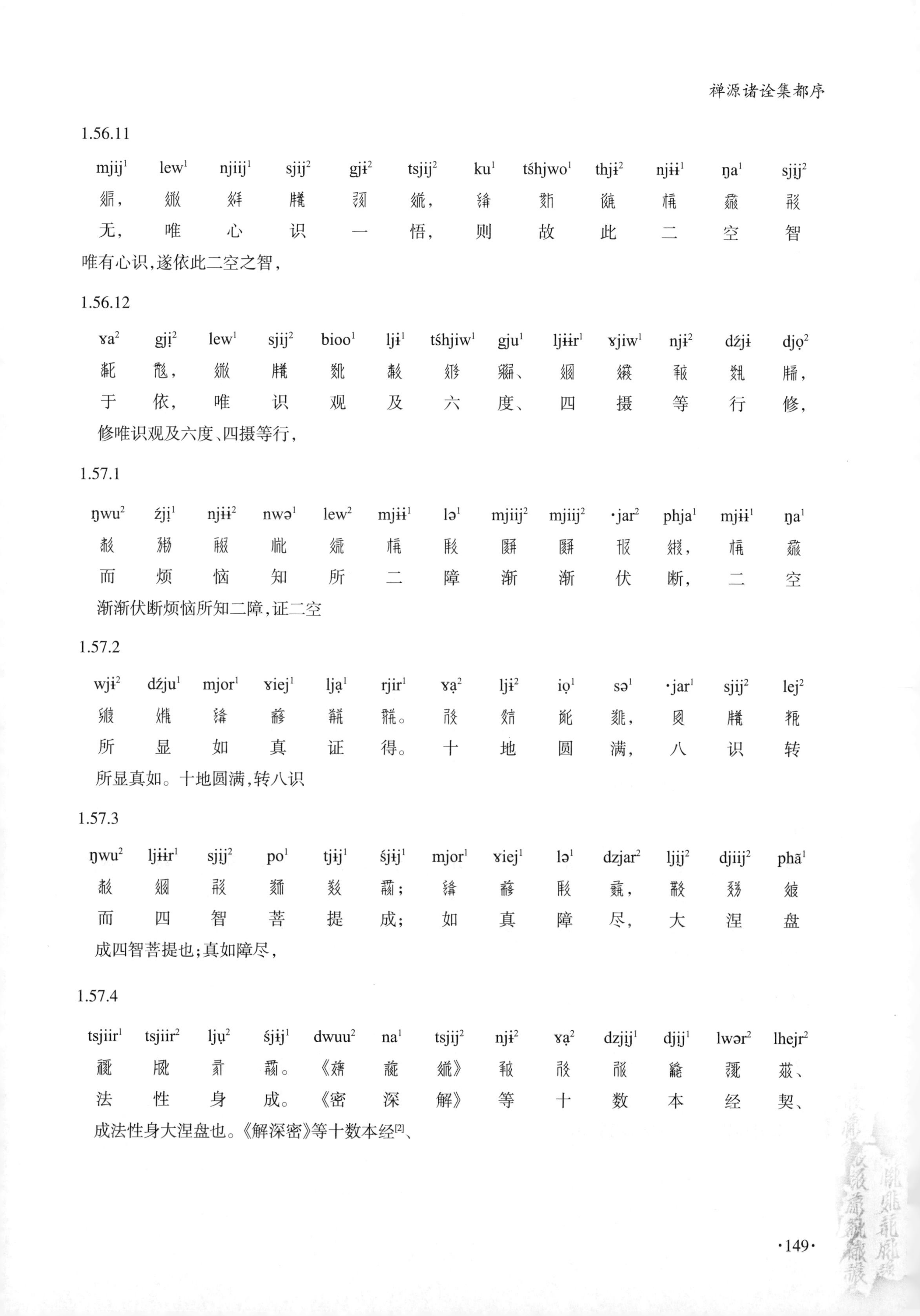

1.56.11

mjij^{1} lew^{1} njiij^{1} sjij^{2} gjɨ^{2} tsjij^{2} ku^{1} tśhjwo^{1} thjɨ^{2} njɨɨ^{1} ŋa^{1} sjij^{2}

无， 唯 心 识 一 悟， 则 故 此 二 空 智

唯有心识，遂依此二空之智，

1.56.12

ɣa^{2} gji̱^{2} lew^{1} sjij^{2} bioo^{1} ljɨ^{1} tśhjiw^{1} gju^{1} ljɨɨr^{1} ɣjiw^{1} njɨ^{2} dźjɨ djo̱^{2}

于 依， 唯 识 观 及 六 度、 四 摄 等 行 修，

修唯识观及六度、四摄等行，

1.57.1

ŋwu^{2} źji̱^{1} njɨɨ^{2} nwə^{1} lew^{2} mjɨɨ^{1} lə^{1} mjiij^{2} mjiij^{2} ·jar^{2} phja^{1} mjɨɨ^{1} ŋa^{1}

而 烦 恼 知 所 二 障 渐 渐 伏 断， 二 空

渐渐伏断烦恼所知二障，证二空

1.57.2

wjɨ^{2} dźju^{1} mjor^{1} ɣiej^{1} lja̱^{1} rjir^{1} ɣa̱^{2} ljɨ^{2} io̱^{1} sə^{1} ·jar^{1} sjij^{2} lej^{2}

所 显 如 真 证 得。 十 地 圆 满， 八 识 转

所显真如。十地圆满，转八识

1.57.3

ŋwu^{2} ljɨɨr^{1} sjij^{2} po^{1} tjɨj^{1} śjɨj^{1} mjor^{1} ɣiej^{1} lə^{1} dzjar^{2} ljij^{2} djiij^{2} phã^{1}

而 四 智 菩 提 成； 如 真 障 尽， 大 涅 盘

成四智菩提也；真如障尽，

1.57.4

tsjiir^{1} tsjiir^{2} lju̱^{2} śjɨj^{1} dwuu^{2} na^{1} tsjij^{2} njɨ^{2} ɣa̱^{2} dzjij^{1} djij^{1} lwər^{2} lhejr^{2}

法 性 身 成。 《密 深 解》 等 十 数 本 经 契、

成法性身大涅盘也。《解深密》等十数本经[2]、

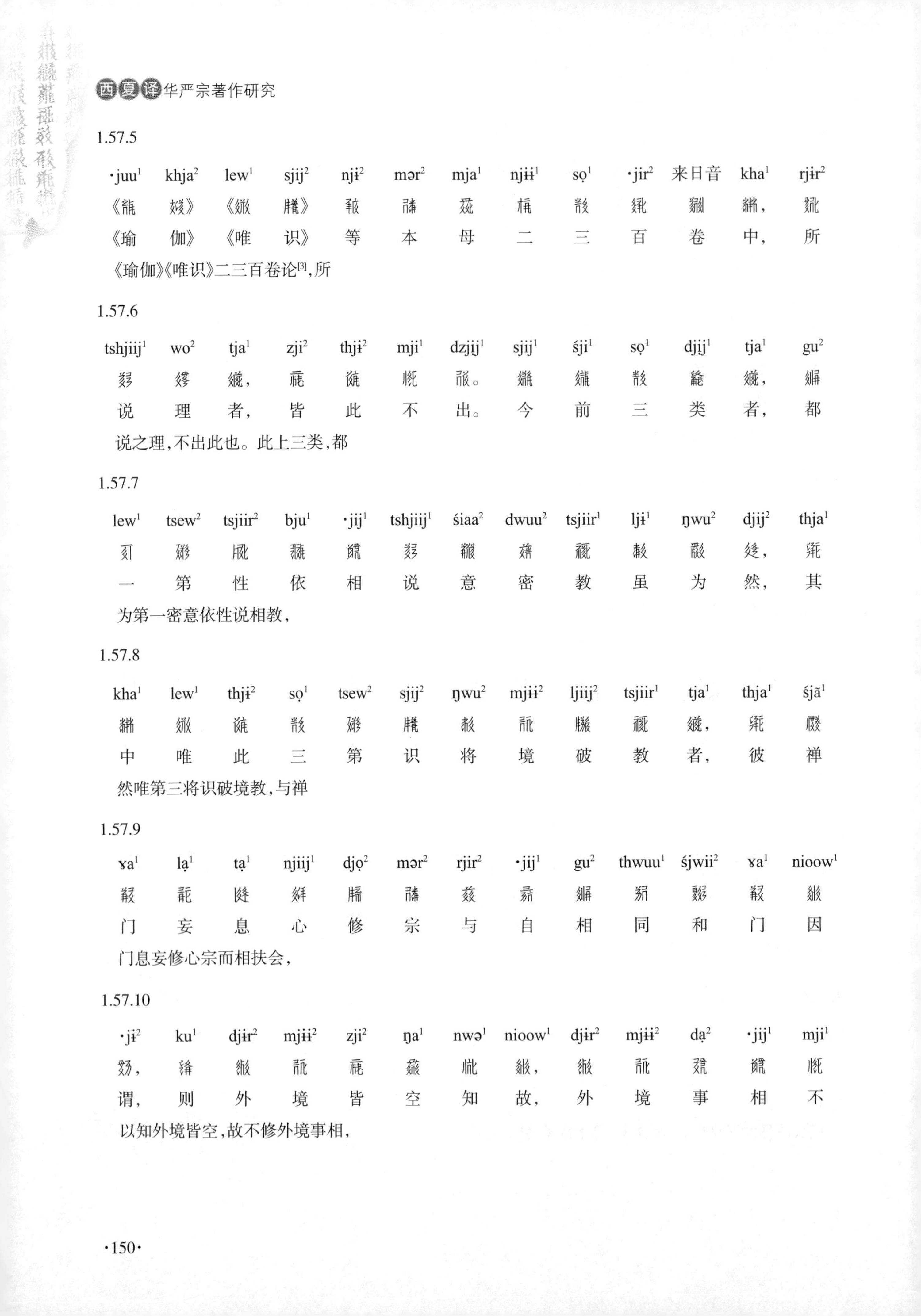

1.57.5

·juu1 khja2 lew1 sjij2 nji2 mər2 mja1 njɨɨ1 so̱1 ·jir2 来日音 kha1 rjɨr2

《瑜 伽》《唯 识》 等 本 母 二 三 百 卷 中， 所

《瑜伽》《唯识》二三百卷论[3]，所

1.57.6

tshjiij1 wo2 tja1 zji2 thjɨ2 mji1 dzjij1 sjij1 śji1 so̱1 djij1 tja1 gu2

说 理 者， 皆 此 不 出。 今 前 三 类 者， 都

说之理，不出此也。此上三类，都

1.57.7

lew1 tsew2 tsjiir2 bju1 ·jij1 tshjiij1 śiaa2 dwuu2 tsjiir1 ljɨ1 ŋwu2 djij2 thja1

一 第 性 依 相 说 意 密 教 虽 为 然， 其

为第一密意依性说相教，

1.57.8

kha1 lew1 thjɨ2 so̱1 tsew2 sjij2 ŋwu2 mjɨɨ2 ljiij2 tsjiir1 tja1 thja1 śjā1

中 唯 此 三 第 识 将 境 破 教 者， 彼 禅

然唯第三将识破境教，与禅

1.57.9

ɣa1 la̱1 ta̱1 njiij1 djo̱2 mər2 rjir2 ·jij1 gu2 thwuu1 śjwii2 ɣa1 nioow1

门 妄 息 心 修 宗 与 自 相 同 和 门 因

门息妄修心宗而相扶会，

1.57.10

·jɨ2 ku1 djɨr2 mjɨɨ2 zji2 ŋa1 nwə1 nioow1 djɨr2 mjɨɨ2 da̱2 ·jij1 mji1

谓， 则 外 境 皆 空 知 故， 外 境 事 相 不

以知外境皆空，故不修外境事相，

1.57.11

djọ^{2}	lew^{1}	lạ^{1}	tạ^{1}	njiij^{1}	djọ^{2}	ljɨ^{1}	lạ^{1}	tạ^{1}	tja^{1}	ŋa^{2}	tsjiir^{1}	·jij^{1}
[illegible]，	[illegible]	[illegible]	[illegible]	[illegible]	[illegible]	[illegible]。	[illegible]	[illegible]	[illegible]，	[illegible]	[illegible]	[illegible]
修，	唯	妄	息	心	修	也。	妄	息	者，	我	法	之。

唯息妄修心也。息妄者，息我法之

1.57.12

lạ^{1}	tạ^{1}	njiij^{1}	djọ^{2}	tja^{1}	lew^{1}	sjij^{2}	·jij^{1}	njiij^{1}	djọ^{2}	thjɨ^{2}	sju^{2}	ljɨ^{1}
[illegible]	[illegible]，	[illegible]	[illegible]	[illegible]，	[illegible]	[illegible]	[illegible]	[illegible]	[illegible]。	[illegible]	[illegible]	[illegible]
妄	息，	心	修	者，	唯	识	之	心	修。	此	如	既

妄，修心者，修唯识之心。既然如此，

1.58.1

ŋwu^{2}	ku^{1}	lew^{1}	sjij^{2}	tsjiir^{1}	rjir^{2}	lew^{2}	lew^{1}	sjij^{2}	tsjiir^{1}	rjir^{2}	lew^{2}	ku^{1}
[illegible]，	[illegible]	[illegible]	[illegible]	[illegible]	[illegible]	[illegible]。	[illegible]	[illegible]	[illegible]	[illegible]	[illegible]，	[illegible]
然，	则	唯	识	教	与	同。	唯	识	教	与	同，	则

则同唯识之教。同唯识之教，则

1.58.2

tha^{1}	rjɨr^{2}	tshjiij^{1}	tsjiir^{1}	ŋwu^{2}	tha^{1}	rjɨr^{2}	tshjiij^{1}	ljɨ^{1}	ŋwu^{2}	ku^{1}	tsjij^{1}	·jij^{1}
[illegible]	[illegible]	[illegible]	[illegible]	[illegible]，	[illegible]	[illegible]	[illegible]	[illegible]	[illegible]，	[illegible]	[illegible]	[illegible]
佛	△	说	教	同，	佛	△	说	既	同，	则	他	之

与佛说教同[4]，如何

1.58.3

tśjɨɨ^{1}	ɣa^{1}	lạ^{1}	tạ^{1}	sej^{1}	thjuu^{1}	dzjɨj^{1}	dzjɨj^{1}	śjɨ^{1}	śja^{1}	njiij^{1}	tạ^{1}	njiij^{1}
[illegible]	[illegible]	[illegible]	[illegible]	[illegible]	[illegible]、	[illegible]	[illegible]	[illegible]	[illegible]、	[illegible]	[illegible]	[illegible]
渐	门	妄	息	净	看、	时	时	拂	拭、	心	凝	心

毁他渐门息妄看净、时时拂拭、凝心

1.58.4

djɨj^{2}	lew^{1}	mjɨɨ^{2}	tji^{1}	śiaa^{2}	tśja^{1}	dzuu^{2}	ljụ^{2}	dzjɨɨ^{2}	ɣię^{2}	dzjɨɨ^{2}	njɨ^{2}	·jij^{1}
[illegible]、	[illegible]	[illegible]	[illegible]	[illegible]，	[illegible]	[illegible]、	[illegible]	[illegible]	[illegible]	[illegible]	[illegible]	[illegible]
住、	一	境	专	注，	跏	趺、	身	调	息	调	等	△

住心、专注一境，及跏趺、调身调息等也？

1.58.5

thjij^{2}	sjo^{2}	pjo^{1}	ljɨ^{1}	thjɨ^{2}	ŋewr^{2}	mə^{2}	mə^{2}	tśier^{1}	·ju^{2}	tja^{1}	zji^{2}	tha^{1}
[illegible]	[illegible]	[illegible]	[illegible]？	[illegible]	[illegible]	[illegible]	[illegible]	[illegible]	[illegible]	[illegible]，	[illegible]	[illegible]
如	何	毁	也？	此	等	种	种	方	便	者，	悉	佛

此等种种方便，悉是佛

1.58.6

·jij^{1}	·jow^{2}	lew^{2}	ŋwu^{2}	tśhjwo^{1}	wji^{2}	mo^{2}	lwər^{2}	lhejr^{2}	kha^{1}	tshjiij^{1}	twụ^{2}	dzuu^{2}
[illegible]	[illegible]	[illegible]	[illegible]。	[illegible]	《[illegible]	[illegible]	[illegible]	[illegible]》	[illegible]	[illegible]：“	[illegible]	[illegible]①
之	赞	所	是。	故	《维	摩	经	契》	中	云：“	顿	坐

所劝赞。故《维摩经》云[5]：“不必坐，

1.58.7

tsjɨ^{1}	njaa^{2}	twụ^{2}	mji^{1}	dzuu^{2}	tsjɨ^{1}	njaa^{2}	·jɨ^{2}	thjɨ^{2}	nioow^{1}	dzuu^{2}	ljɨ^{1}	mji^{1}
[illegible]	[illegible]，	[illegible]	[illegible]	[illegible]	[illegible]	[illegible]	[illegible]。”	[illegible]	[illegible]	[illegible]	[illegible]	[illegible]
亦	非，	顿	不	坐	亦	非	谓。”	此	因	坐	与	不

不必不坐。”坐与不

1.58.8

dzuu^{2}	tśhji^{2}	tsjiir^{2}	bju^{1}	wji^{1}	lew^{2}	njiij^{1}	tạ^{1}	njiij^{1}	dźjij^{1}	kjij^{1}	tsjiir^{2}	ɣa^{2}
[illegible]，	[illegible]	[illegible]	[illegible]	[illegible]	[illegible]；	[illegible]	[illegible]	[illegible]	[illegible]，	[illegible]	[illegible]	[illegible]
坐，	机	性	依	为	所；	心	凝	心	运，	习	性	于

坐，任逐机宜；凝心运心，

1.58.9

·juu^{1}	lew^{2}	tśhjɨ^{1}	zjọ^{2}	thow^{1}	kew^{1}	tṣu^{1}	ŋwər^{1}	dzjwɨ^{1}	ɣa^{2}	śjwo^{1}	xjwā^{1}	tṣu^{1}
[illegible]	[illegible]。	[illegible]	[illegible]	[illegible]	[illegible]	[illegible]	[illegible]	[illegible]	[illegible]	[illegible]	[illegible]	[illegible]
量	所。	尔	时	唐	高	宗	大	帝	于	始	玄	宗

各量习性。当高宗大帝乃至玄宗

1.58.10

njij^{2}	śjij^{1}	njɨ^{2}	iọ^{1}	twụ^{2}	mər^{2}	tsjiir^{1}	ljạ^{1}	rjijr^{2}	mjij^{2}	njɨ^{2}	lew^{1}	śjɨ^{1}
[illegible]	[illegible]	[illegible]，	[illegible]	[illegible]	[illegible]	[illegible]	[illegible]	[illegible]	[illegible]	[illegible]，	[illegible]	[illegible]
王	朝	至，	圆	顿	宗	教	北	方	未	至，	唯	神

朝时，圆顿本宗未行北地，唯神

① “[illegible]”四字残存右半，参照汉本“《净名》云不必坐”补。

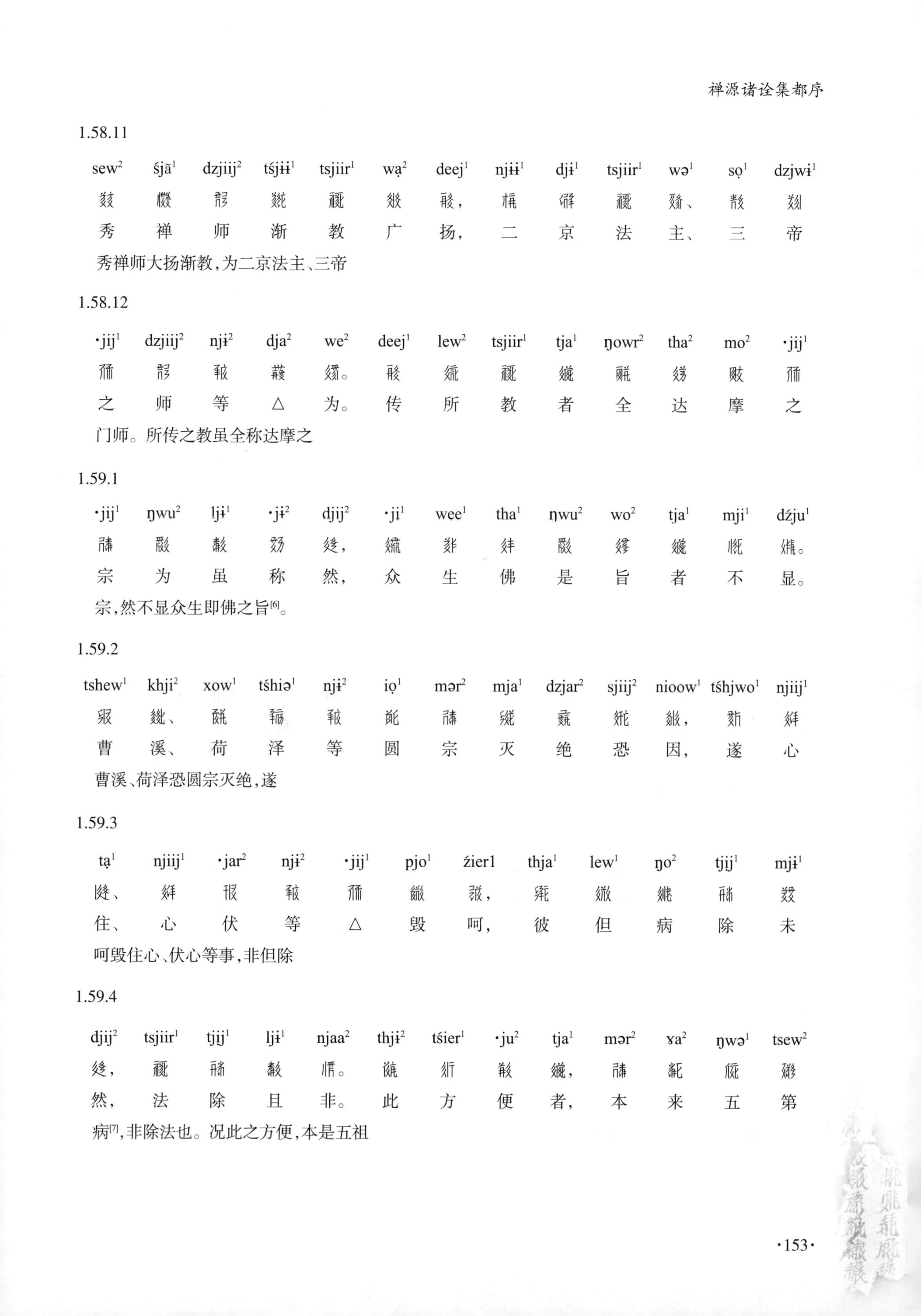

1.58.11

sew^2 śjā^1 dzjiij^2 tśjɨɨ^1 tsjiir^1 wạ^2 deej^1 njɨɨ^1 djɨ^1 tsjiir^1 wə^1 sọ^1 dzjwɨ^1

秀 禅 师 渐 教 广 扬， 二 京 法 主、 三 帝

秀禅师大扬渐教，为二京法主、三帝

1.58.12

·jij^1 dzjiij^2 njɨ^2 dja^2 we^2 deej^1 lew^2 tsjiir^1 tja^1 ŋowr^2 tha^2 mo^2 ·jij^1

之 师 等 △ 为。 传 所 教 者 全 达 摩 之

门师。所传之教虽全称达摩之

1.59.1

·jij^1 ŋwu^2 ljɨ^1 ·jɨ^2 djij^2 ·ji^1 wee^1 tha^1 ŋwu^2 wo^2 tja^1 mji^1 dźju^1

宗 为 虽 称 然， 众 生 佛 是 旨 者 不 显。

宗，然不显众生即佛之旨[6]。

1.59.2

tshew^1 khji^2 xow^1 tśhiə^1 njɨ^2 iọ^1 mər^2 mja^1 dzjar^2 sjiij^2 nioow^1 tśhjwo^1 njiij^1

曹 溪、 荷 泽 等 圆 宗 灭 绝 恐 因， 遂 心

曹溪、荷泽恐圆宗灭绝，遂

1.59.3

tạ^1 njiij^1 ·jar^2 njɨ^2 ·jij^1 pjo^1 źier1 thja^1 lew^1 ŋo^2 tjij^1 mjɨ^1

住、 心 伏 等 △ 毁 呵， 彼 但 病 除 未

呵毁住心、伏心等事，非但除

1.59.4

djij^2 tsjiir^1 tjij^1 ljɨ^1 njaa^2 thjɨ^2 tśier^1 ·ju^2 tja^1 mər^2 ɣa^2 ŋwə^1 tsew^2

然， 法 除 且 非。 此 方 便 者， 本 来 五 第

病[7]，非除法也。况此之方便，本是五祖

1.59.5

ljij^{2}	dzjiij^{2}	dźjɨ	wji^{1}	kjɨ^{1}	la^{1}	·jij^{1}	twụ^{1}	·a	rjijr^{2}	dzjiij^{2}	we^{2}	wo^{2}
[illegible]	[illegible]	[illegible]	[illegible]	[illegible]	[illegible]，	[illegible]	[illegible]	[illegible]	[illegible]	[illegible]	[illegible]	[illegible]
大	师	△	△	所	授，	自	各	一	方	师	为	可

大师教授，各皆可为一方师[8]。

1.59.6

·jɨ^{2}	tha^{2}	mo^{2}	tsjɨ^{1}	dzjwo^{2}	dzjiij^{2}	zjij^{1}	bjị^{1}	bioo^{1}	ŋwu^{2}	njiij^{1}	no^{2}	phji^{1}
[illegible]。	[illegible]	[illegible]	[illegible]	[illegible]	[illegible]	[illegible]	[illegible]	[illegible]	[illegible]	[illegible]	[illegible]	[illegible]
谓。	达	摩	亦	人	教	时	壁	观	以	心	安	令

达摩以壁观教人安心，

1.59.7

śjij^{1}	dạ^{2}	djɨr^{2}	rjur^{1}	nioow^{1}	tạ^{1}	·u^{2}	njiij^{1}	mji^{1}	mju^{2}	ljụ^{2}	we^{2}	bjị^{1}
[illegible]	[illegible]，	[illegible]	[illegible]	[illegible]	[illegible]，	[illegible]	[illegible]	[illegible]	[illegible]，	[illegible]	[illegible]	[illegible]
法	说，	外	诸	缘	止，	内	心	不	动，	身	墙	壁

外止诸缘，内心不动[9]，身如墙壁，

1.59.8

sju^{2}	njiij^{1}	lhjwạ^{1}	dạ^{2}	sju^{2}	thjɨ^{2}	ŋwu^{2}	tśja^{1}	·o^{2}	·jɨ^{2}	thjɨ^{2}	tja^{1}	dzuu^{2}
[illegible]，	[illegible]	[illegible]	[illegible]	[illegible]，	[illegible]	[illegible]	[illegible]	[illegible]	[illegible]，	[illegible]	[illegible]	[illegible]
如，	心	灰	死	如，	此	以	道	入	谓，	此	者	坐

心如死灰[10]，可以入道，岂不正是坐

1.59.9

ŋwu^{2}	śjā^{1}	djọ^{2}	śjij^{1}	tsjiir^{1}	mjor^{1}	njaa^{2}	ljɨ^{1}	mo^{2}	nioow^{1}	lju^{2}	śiā^{1}	ɣjwā^{1}
[illegible]	[illegible]	[illegible]	[illegible]	[illegible]	[illegible]	[illegible]	[illegible]	[illegible]？	[illegible]	[illegible]	[illegible]	[illegible]
以	禅	修	之	法	实	非	也	乎？	又	庐	山	远

禅之法？又庐山远

1.59.10

kow^{1}	lji^{2}	mə^{1}	ŋwej^{2}	·ji^{1}	xjɨ^{1}	thow^{1}	·ja^{2}	śja^{1}	njɨ^{2}	njɨɨ^{1}	rjir^{2}	tha^{2}
[illegible]	[illegible]	[illegible]	[illegible]	[illegible]	[illegible]	[illegible]	[illegible]	[illegible]	[illegible]	[illegible]	[illegible]	《[illegible]
公	西	天	和	尚	佛	陀	耶	舍	等	二	与	《达

公与佛陀耶舍二西天和尚所译《达

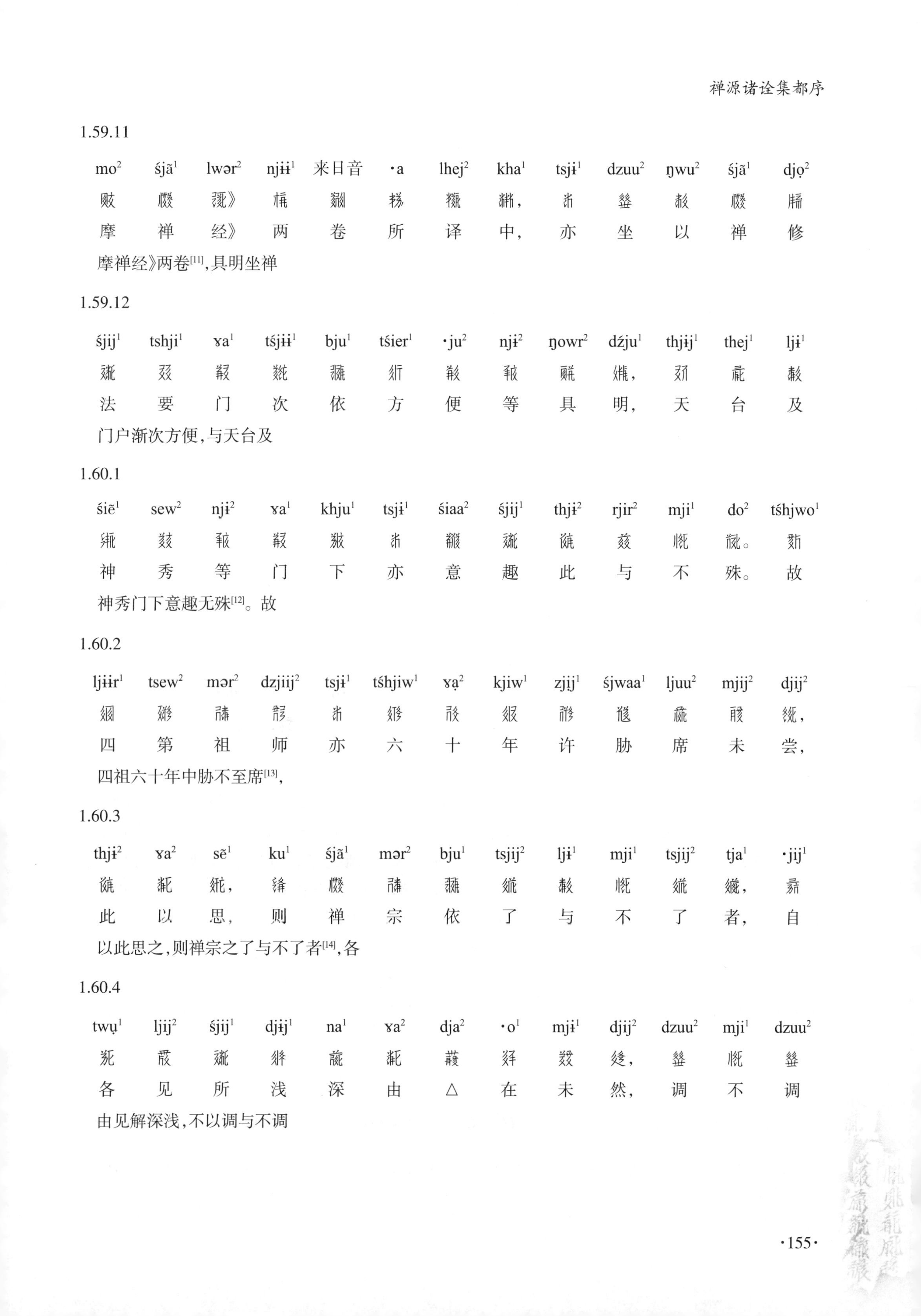

1.59.11

mo² śjã¹ lwər² njɨɨ¹ 来日音 ·a lhej² kha¹ tsjɨ¹ dzuu² ŋwu² śjã¹ djọ²

[illegible]

摩 禅 经》 两 卷 所 译 中， 亦 坐 以 禅 修

摩禅经》两卷[11]，具明坐禅

1.59.12

śjij¹ tshji¹ ɤa¹ tśjɨɨ¹ bju¹ tśier¹ ·ju² njɨ² ŋowr² dźju¹ thjɨj¹ thej¹ ljɨ¹

[illegible]

法 要 门 次 依 方 便 等 具 明， 天 台 及

门户渐次方便，与天台及

1.60.1

śiẽ¹ sew² njɨ² ɤa¹ khju¹ tsjɨ¹ śiaa² śjij¹ thjɨ² rjir² mji¹ do² tśhjwo¹

[illegible]

神 秀 等 门 下 亦 意 趣 此 与 不 殊。 故

神秀门下意趣无殊[12]。故

1.60.2

ljɨɨr¹ tsew² mər² dzjiij² tsjɨ¹ tśhjiw¹ ɤạ² kjiw¹ zjij¹ śjwaa¹ ljuu² mjij² djij²

[illegible]

四 第 祖 师 亦 六 十 年 许 胁 席 未 尝，

四祖六十年中胁不至席[13]，

1.60.3

thjɨ² ɤa² sẽ¹ ku¹ śjã¹ mər² bju¹ tsjij² ljɨ¹ mji¹ tsjij² tja¹ ·jij¹

[illegible]

此 以 思， 则 禅 宗 依 了 与 不 了 者， 自

以此思之，则禅宗之了与不了者[14]，各

1.60.4

twụ¹ ljij² śjij¹ djɨj¹ na¹ ɤa² dja² ·o¹ mjɨ¹ djij² dzuu² mji¹ dzuu²

[illegible]

各 见 所 浅 深 由 △ 在 未 然， 调 不 调

由见解深浅，不以调与不调

1.60.5

nji²	dźjɨ	bju¹	tsjiir¹	wo²	twej¹	io̱¹	thjij²	sjo²	djɨj²	wji¹	lew¹	·jij¹
[illegible]										?		
等	行	以	法	义	偏	圆	如	何	定	为?	但	自

之行而定法义偏圆，但自

1.60.6

·jij¹	ŋo²	śjij¹	bju¹	ŋewr¹	dji̱²	lew²	thjɨ²	·jow²	thja²	pjo¹	ljo̱²	śjwo¹
[illegible]						，						①?
已	病	所	随	对	治	应，	此	赞	彼	毁	岂	须?

随病对治，不须赞此毁彼。

1.60.7

śji¹	tśhjiw¹	tsew²	kha¹	tśhioow¹	·jɨr¹	dzju¹	dzjiij²	śjā¹	djo̱²	mjijr²	·jij¹	dzuu²	ŋwu²
（[illegible]						“							②
（前	六	第	中	或	问	“教	诫	禅	修	者	△	坐	以
djɨj²	djo̱²	phji¹	·o¹	thjij²	lew²	·jɨ²	tja¹	ŋa²	sjij¹	thjɨ²	ŋwu²	wjɨ²	kụ²
[illegible]						”	，						。）
禅	修	意	有	何	如	谓”	者，	余	今	此	以	△	答。）

（前第六有人问“教诫何以劝修禅者坐以修禅”[15]，余今以此答也。）

译文：

三，将识破境教。（说前所说境相，若起若灭，非唯无我，亦无如上等法，但是情识虚妄变起，故云将识破境也。）说上生灭等法不关真如，但各是众生无始已来元本有八种识[1]，于中第八藏识是其根本，顿变根身器界种子，转生七识，各能变现自分所缘。（眼缘色，乃至七缘八见，八缘根种器界。）此八识外都无实法。问：如何变耶？答：我法分别熏习力故，诸识生时变似我法。六七二识无明覆故，缘此执为实我实法。如患（病重心昏见异色人物。）梦（梦相所见可知。）者，患梦力故，心似种种外境相现，梦时执为实有外物，寤来方知唯梦所变。我此身相及于外境亦复如是，唯识所变，迷故执有我及诸境。既悟本无我法，唯有心识，遂依此二空之智，修唯识观及六度、四摄等行，渐渐伏断烦恼所知二障，证二空所显真如。十地圆满，转八识成四智菩提也；真如障尽，成法性身大涅盘也。

---

①自“[illegible]”以下一行，每字残存右半，“[illegible]”十三字参照汉本“但自随病对治不须赞此毁彼”补。

②自“[illegible]”以下一行，每字残存左半，“[illegible]”十四字参照汉本“前叙有人问难余云何以劝坐禅者”及上文“第六”补。

《解深密》等十数本经[2]、《瑜伽》《唯识》二三百卷论[3]，所说之理，不出此也。

此上三类，都为第一密意依性说相教，然唯第三将识破境教，与禅门息妄修心宗而相扶会，以知外境皆空，故不修外境事相，唯息妄修心也。息妄者，息我法之妄，修心者，修唯识之心。既然如此，则同唯识之教。同唯识之教，则与佛说教同[4]，如何毁他渐门息妄看净、时时拂拭、凝心住心、专注一境，及跏趺、调身调息等也？此等种种方便，悉是佛所劝赞。故《维摩经》云[5]："不必坐，不必不坐。"坐与不坐，任逐机宜；凝心运心，各量习性。当高宗大帝乃至玄宗朝时，圆顿本宗未行北地，唯神秀禅师大扬渐教，为二京法主、三帝门师。所传之教虽全称达摩之宗，然不显众生即佛之旨[6]。曹溪、荷泽恐圆宗灭绝，遂呵毁住心、伏心等事，非但除病[7]，非除法也。况此之方便，本是五祖大师教授，各皆可为一方师[8]。达摩以壁观教人安心，外止诸缘，内心不动[9]，身如墙壁，心如死灰[10]，可以入道，岂不正是坐禅之法？又庐山远公与佛陀耶舍二西天和尚所译《达摩禅经》两卷[11]，具明坐禅门户渐次方便，与天台及神秀门下意趣无殊[12]。故四祖六十年中胁不至席[13]，以此思之，则禅宗之了与不了者[14]，各由见解深浅，不以调与不调之行而定法义偏圆，但自随病对治，不须赞此毁彼。（前第六有人问"教诫何以劝修禅者坐以修禅"[15]，余今以此答也。）

注释：

[1]元本，汉本作"法尔"。

[2]十数本经，汉本作"数十本经"，误。按《解深密经》五卷为唐玄奘译本，此前异译另有求那跋陀罗译《相续解脱经》一卷、菩提流支译《深密解脱经》五卷、真谛译《解节经》一卷，注疏则有圆测《解深密经疏》十卷、道伦《解深密经注》五卷、令因《解深密经疏》十一卷、玄范《解深密经疏》十卷等，总数相加，似仅得"十数本经"。

[3]二三百卷，汉本作"数百卷"。

[4]"既然"至"佛说教同"，汉本但作"故同唯识之教，既与佛同"，其间似有脱文。

[5]故《维摩经》云，汉本作"《净名》云"。

[6]"所传"至"之旨"，汉本但作"全称达摩之宗又不显即佛之旨"，其间似有脱文。

[7]非但除病，夏译疑误，汉本作"但是除病"，是。

[8]汉本作"各皆印可为一方师"，据西夏本则"印"字疑衍。

[9]内心不动，汉本作"内心无喘"，疑误。

[10]身如墙壁心如死灰，汉本但作"心如墙壁"。

[11]西天和尚，汉本作"梵僧"。

[12]神秀，西夏本作"侁秀"。

[13]六十年，汉本作"数十年"。按中土禅宗四祖即道信，《景德传灯录》卷三谓其"胁不至席者仅六十年"。

[14]以此思之则禅宗之了与不了者，汉本作"即知了与不了之宗"。

[15]前第六有人问教诫何以劝修禅者坐以修禅，出上文第六"汝每因教诫，即劝坐禅"，汉本作"此注通前叙有人问难余云何以劝坐禅者"，似不及夏本为佳。

释读：

1.60.8

njɨɨ^{1}	tsjiir^{2}	bju^{1}	·jij^{1}	ljiij^{2}	śiaa^{2}	dwuu^{2}	tsjiir^{1}	tja^{1}	źjɨr^{1}
二，	性	显	相	破	意	密	教	者。	（实
ɣiej^{1}	wo^{2}	dźjwa^{1}	bju^{1}	tshjiij^{1}	ku^{1}	lạ^{1}	zow^{2}	mər^{2}	
真	义	了	据	说，	即	妄	执	本	

二，密意破相显性教。（据真实了义，即妄执本

1.60.9

ŋa^{1}	nioow^{1}	ljiij^{2}	lew^{2}	mjij^{1}	rar^{2}	mjij^{1}	rjur^{1}	tsjiir^{1}	mər^{2}	ɣiej^{1}	tsjiir^{2}
空，	更	破	可	无；	无	漏	诸	法	本	真	性
ŋwu^{2}	nioow^{1}	śjwɨ^{2}	thjoo^{1}	·ioow^{1}	tśjo	mji^{1}	dzjwɨr^{1}	bja^{2}	nioow^{1}	ljiij^{2}	
是，	缘	随	妙	用	永	不	断	绝，	又	破	
mji^{1}	wo^{2}	ljɨ^{1}	ŋwu^{2}	djij^{2}	lew^{1}	·a	djij^{1}	·ji^{1}	wee^{1}	dź-	
不	应	虽	是	然，	但	一	类	众	生	虚	

空，更无可破；无漏诸法本是真性，随缘妙用永不断绝，又不应破，但为一类众生执虚

1.60.10

lạ^{1}	·jij^{1}	zow^{2}	źjɨr^{1}	ɣiej^{1}	tsjiir^{2}	lə^{1}	na^{1}	tsjij^{2}	gie^{1}	nioow^{1}	tha^{1}
妄	相	执、	实	真	性	障，	玄	悟	难	故，	佛
dźjɨ	wji^{1}	njir^{2}	neew^{2}	niow^{2}	laa^{1}	sej^{1}	tsjiir^{2}	·jij^{1}	ŋowr^{2}	ŋowr^{2}	
△	△	且	善	恶	垢	净	性	相	一	切	
mji^{1}	phjo^{2}	kar^{2}	zji^{2}	dja^{2}	ljiij^{2}	thja^{1}	ɣiej^{1}	tsjiir^{2}	ljɨ^{1}	thjoo^{1}	
不	分	拣，	皆	△	破。	彼	真	性	及	妙	

妄相、障真实性，难得玄悟，故佛且不拣善恶垢净性相，一切呵破。以真性及妙

1.60.11

·ioow^{1}	nji^{2}	mji^{1}	mjij^{1}	kha^{1}	sjij^{1}	mjij^{1}	rjir^{2}	tshjiij^{1}	nioow^{1}	tśhjwo^{1}	śiaa^{2}
用	等	不	无	中，	今	无	且	云	因，	故	意
dwuu^{2}	·ji^{2}	nioow^{1}	ŋwuu^{1}	bju^{1}	·jij^{1}	ljiij^{2}	djij^{2}	śiaa^{2}	lew^{2}	tsjiir^{2}	
密	云。	又	语	依	相	破	然，	意	所	性	
dźju^{1}	gjii^{2}	njiij^{1}	khju^{1}	śiaa^{2}	lew^{2}	tja^{1}	ŋwuu^{1}	bju^{1}	mjij^{2}	dźju^{1}	
显	愿，	心	下	意	所	者	言	中	不	显	

用不无，今且云无[1]，故云密意。又意在显性，语乃破相，意不形于言中，

1.60.12

phji^{1}	nioow^{1}	ku^{1}	tśhjwo^{1}	dwuu^{2}	·ji^{2}	śji^{1}	·o^{1}	
令	因，	则	故	密	云。）	前	述	
rjir^{2}	tshjiij^{1}	tsjiir^{1}	kha^{1}	wji^{1}	lew^{2}	mjii^{2}	tja^{1}	……
△	说	教	中	变	所	境	者	……①

故云密也。）说前教中所变之境……

1.61.1

rjir^{1}	mjij^{1}	tsji^{1}	mjij^{1}	sjwij^{1}	mjij^{1}	djo^{2}	mjij^{1}	lja^{1}	mjij^{1}	lhji^{2}
得	无	亦	无。	业	无	修	无，	证	无	死

无得[2]。无业无报，无修无证。生死

1.61.2

wee^{1}	djiij^{2}	phā^{1}	tśhja^{2}	ka^{1}	wji^{1}	sju^{2}	lew^{1}	ŋowr^{2}	ŋowr^{2}	ɣa^{2}	mji^{1}	dźjiij^{1}
生	涅	盘，	平	等	幻	如，	但	一	切	以	不	住、

涅盘，平等如幻，但以不住一切、

①西夏本此处佚一叶，内容相当于汉本“既皆虚妄”至“无四谛无智”。

1.61.3

zow²	mjij¹	zjij¹	mjij¹	thjɨ²	ŋwu²	tśja¹	djọ²	rjur¹	djij¹	pa²	rja²	tụ¹
执	无	著	无，	此	以	道	修。	诸	部	《般	若》	千

无执无著而为道行。诸部《般若》千

1.61.4

dzjij¹	来日音	lwər²	nioow¹	gu²	·jir²	ɣa¹	nji²	sọ¹	mər²	mja¹	ljɨ¹	wạ²
余	卷	经，	及	《中》	《百》	《门》	等	三	本	母	及	《广

余卷经，及《中》《百》《门》等三论、《广

1.61.5

·jir²	ljɨ¹	nji²	kha¹	zji²	thjɨ²	sju²	tshjiij¹	sjij²	gju¹
百	论》	等	中，	皆	说	此	也。	（《智	度
mər²	mja¹	kha¹	thjɨ¹	thjɨ²	wo²	tshjiij¹	ljɨ¹	tshjiij¹	djij²
本	母》	中	亦	此	理	说	虽	说	然

百论》等，皆说此也。（《智度论》亦说此理[3]，

1.61.6

thja¹	mər²	mja¹	wji¹	mjijr²	·jij¹	thwuu¹	tsjij²	mjijr²	ŋwu²
彼	本	母	造	者	自	通	达	者	是
mji¹	zow²	zjij¹	bju¹	ljij²	·ụ²	·ụ²	□□□□□	□□□□□	□□□□
不	执	著	故，	大	乘	乘	□□□□□	□□□□□	□□□□①

但论主通达不执，故该收大小乘法相，淹同后一真性宗。）

1.61.7

thwuu¹	phji¹	thjɨ²	tsjiir¹	thja¹	śjã¹	ɣa¹	·jijr²	sji¹	gjɨ²	mjij¹	mər²	rjir²	ŋowr²
通	令。）	此	教	彼	禅	门	泯	绝	寄	无	宗	与	全②

此教与禅门泯绝无寄宗全

---

①以上小注十四字残损，内容相当于汉本“该收大小乘法相潜同后一真性宗”，西夏字未敢擅补。

②“緀蘢荄賘”四字残存左半，参照汉本“与禅门泯绝无寄宗全同”补。

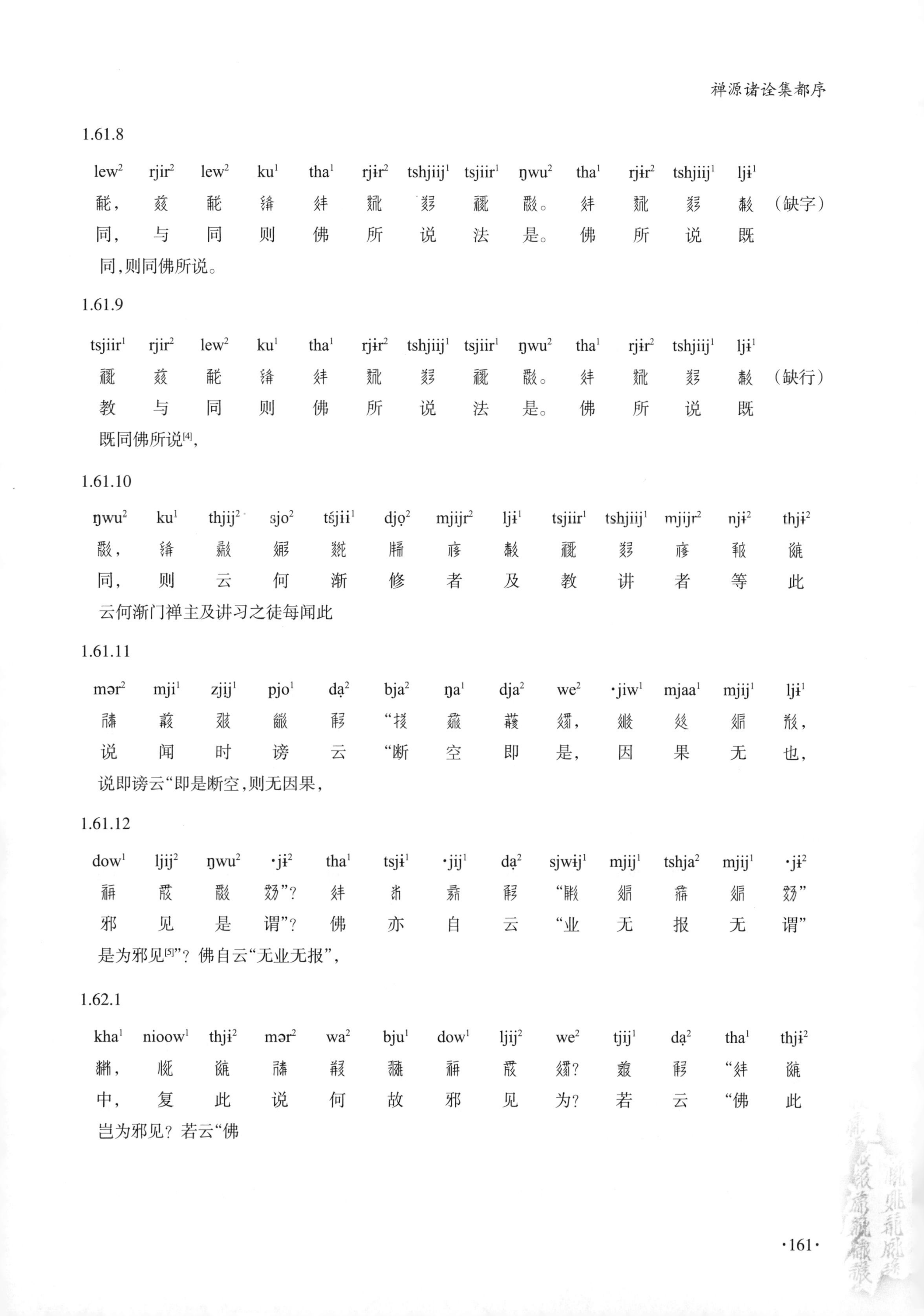

1.61.8

lew^2 rjir^2 lew^2 ku^1 tha^1 rjɨr^2 tshjiij^1 tsjiir^1 ŋwu^2 tha^1 rjɨr^2 tshjiij^1 ljɨ^1

□， □ □ □ □ □ □ □ □。 □ □ □ □ （缺字）

同， 与 同 则 佛 所 说 法 是。 佛 所 说 既

同，则同佛所说。

1.61.9

tsjiir^1 rjir^2 lew^2 ku^1 tha^1 rjɨr^2 tshjiij^1 tsjiir^1 ŋwu^2 tha^1 rjɨr^2 tshjiij^1 ljɨ^1

□ □ □ □ □ □ □ □ □。 □ □ □ □ （缺行）

教 与 同 则 佛 所 说 法 是。 佛 所 说 既

既同佛所说[4]，

1.61.10

ŋwu^2 ku^1 thjij^2 sjo^2 tśjii^1 djọ^2 mjijr^2 ljɨ^1 tsjiir^1 tshjiij^1 mjijr^2 njɨ^2 thjɨ^2

□， □ □ □ □ □ □ □ □ □ □ □ □

同， 则 云 何 渐 修 者 及 教 讲 者 等 此

云何渐门禅主及讲习之徒每闻此

1.61.11

mər^2 mji^1 zjij^1 pjo^1 dạ^2 bja^2 ŋa^1 dja^2 we^2 ·jiw^1 mjaa^1 mjij^1 ljɨ^1

□ □ □ □ □ “□ □ □ □， □ □ □ □，

说 闻 时 谤 云 “断 空 即 是， 因 果 无 也，

说即谤云“即是断空，则无因果，

1.61.12

dow^1 ljij^2 ŋwu^2 ·jɨ^2 tha^1 tsjɨ^1 ·jij^1 dạ^2 sjwɨj^1 mjij^1 tshja^2 mjij^1 ·jɨ^2

□ □ □ □”？ □ □ □ □ “□ □ □ □ □”

邪 见 是 谓”？ 佛 亦 自 云 “业 无 报 无 谓”

是为邪见[5]”？佛自云“无业无报”，

1.62.1

kha^1 nioow^1 thjɨ^2 mər^2 wa^2 bju^1 dow^1 ljij^2 we^2 tjij^1 dạ^2 tha^1 thjɨ^2

□， □ □ □ □ □ □ □ □？ □ □ “□ □

中， 复 此 说 何 故 邪 见 为？ 若 云 “佛 此

岂为邪见？若云“佛

1.62.2

tshjiij¹	tja¹	na¹	wo²	pha¹	dju¹	·jɨ²	ku¹	thjɨ²	mər²	djọ²	mjijr²	thjij²
[illegible]	[illegible]	[illegible]	[illegible]	[illegible]	[illegible]	[illegible]”,	[illegible]	[illegible]	[illegible]	[illegible]	[illegible]	[illegible]
说	者	言	深	意	有	谓”,	则	此	说	修	者	如

说此言自有深意”者，岂禅门此说

1.62.3

sjo²	na¹	wo²	mjij¹	ljɨ¹	·ji²	dạ²	wjɨ²	kaar¹	ŋa²	ku¹	na¹	wo²
[illegible]	[illegible]	[illegible]	[illegible]	[illegible]?	[illegible]	[illegible]	“[illegible]	[illegible]	[illegible]	[illegible]	[illegible]	[illegible]
何	深	意	无	耶?	复	云	“△	推	我	则	深	意

无深意耶？若云“我曾推征觉

1.62.4

mjij¹	ljɨ¹	lji²	ŋa²	·jɨ²	ku¹	thjɨ²	tja¹	·jij¹	·jij¹	mji¹	tsjij²	dźjar²
[illegible]	[illegible]	[illegible]	[illegible]	[illegible]”,	[illegible]	[illegible]	[illegible]	[illegible]	[illegible]	[illegible]	[illegible]	[illegible]
无	也	觉	我	谓”,	则	此	者	自	之	不	解	过

无深”者，自是汝遇不解之流[6]，

1.62.5

ŋwu²	mjɨ¹	djij²	tsjiir¹	·jij¹	pjo¹	tsjij²	ljọ²	wo²	thjɨ²	śji¹	njɨɨ¹	tsjiir¹
[illegible]	[illegible]	[illegible],	[illegible]	[illegible]	[illegible]	[illegible]	[illegible]	[illegible]?	[illegible]	[illegible]	[illegible]	[illegible]
是	未	然,	法	△	嫌	斥	岂	可?	此	前	二	教

岂可斥法？此上二教，

1.62.6

tja¹	tha¹	mər²	njaa²	ɣa²	dźjwɨ¹	ljwu¹	ljɨ¹	mjij¹	djij²	kụ¹	ɣiew¹	deej¹
[illegible],	[illegible]	[illegible]	[illegible]	[illegible]	[illegible]	[illegible]	[illegible]	[illegible]	[illegible],	[illegible]	[illegible]	[illegible]①
者,	佛	本	意	据	相	违	虽	无	然,	后	学	习

据佛本意虽不相违，然后学

1.62.7

mjijr²	nji²	rjɨr²	mjaa²	·jwɨr²	zow²	wo²	lhạ²	tśhioow¹	·jij¹	twụ¹	gji²	mə²
[illegible]	[illegible]	[illegible]	[illegible]	[illegible]	[illegible]	[illegible]	[illegible]。	[illegible]	[illegible]	[illegible]	[illegible]	[illegible]
者	等	所	多	文	执	旨	迷。	或	自	各	一	种

所传多执文迷旨。或各执一见，

---

①自“[illegible]”以下一行，每字残存右半，“[illegible]”十三字参照汉本“据佛本意虽不相违然后学所传”补。

1.62.8

ljij^2	zow^2	·jij^1	gu^2	dźjwɨ^1	pjo^1	tśhioow^1	zjɨ^2	njɨɨ^1	dźiej^2	mur^1	mur^1	mji^1
[illegible]	[illegible]，	[illegible]	[illegible]	[illegible]	[illegible]；	[illegible]	[illegible]	[illegible]	[illegible]，	[illegible]	[illegible]	[illegible]
见	执，	彼	此	相	非；	或	兼	二	信，	浑	沌	不

彼此相非；或二皆泛信，浑沌不

1.62.9

tsjij^2	tśhjwo^1	we^1	phu^2	thji^1	pho^1	njɨ^2	dźiã^2	tsjij^2	·jij^1	ljiij^2	tsjiir^1	bju^1
[illegible]。	[illegible]	[illegible]	[illegible]、	[illegible]	[illegible]	[illegible]	[illegible]	[illegible]，	[illegible]	[illegible]	[illegible]	[illegible]
晓。	故	龙	树、	提	婆	等	菩	萨，	相	破	教	依

晓。故龙树、提婆等菩萨，依破相教

1.62.10

ŋa^1	wo^2	wạ^2	tshjiij^1	dju^1	zow^2	dja^2	ljiij^2	ɣiej^1	ŋa^1	tsjij^2	phji^1	ɣiej^1
[illegible]	[illegible]	[illegible]	[illegible]，	[illegible]	[illegible]	[illegible]	[illegible]，	[illegible]	[illegible]	[illegible]	[illegible]。	[illegible]
空	义	广	说，	有	执	△	破，	真	空	解	令。	真

广说空义，破其执有，令解真

1.62.11

ŋa^1	tja^1	dju^1	rjir^2	mji^1	ljwu^1	ŋa^1	ŋwu^2	zjij^1	mjij^1	mə^1	njij^1	njɨ^2
[illegible]	[illegible]，	[illegible]	[illegible]	[illegible]	[illegible]	[illegible]	[illegible]。	[illegible]	[illegible]、	[illegible]	[illegible]	[illegible]
空	者，	有	与	不	违	空	是。	著	无、	天	亲	等

空。真空者，是不违有之空也。无著、天亲等

1.62.12

dźiã^2	tsjij^2	lew^1	sjij^2	tsjiir^1	bju^1	mjiij^2	·jij^1	wạ^2	tshjiij^1	tsjiir^2	·jij^1	mji^1
[illegible]	[illegible]，	[illegible]	[illegible]	[illegible]	[illegible]	[illegible]	[illegible]	[illegible]	[illegible]，	[illegible]	[illegible]	[illegible]
菩	萨，	唯	识	教	依	名	相	广	说，	性	相	不

菩萨，依唯识教广说名相，分析性相不

1.63.1

lew^2	laa^1	sej^1	twụ^1	do^2	zji^2	wjɨ^2	phjo^2	kar^2	thja^1	ŋa^1	zow^2	dja^2
[illegible]、	[illegible]	[illegible]	[illegible]	[illegible]	[illegible]	[illegible]	[illegible]	[illegible]，	[illegible]	[illegible]	[illegible]	[illegible]
同、	染	净	各	别	皆	△	分	别，	其	空	执	△

同、染净各别，破其执空，

1.63.2

ljiij^2	thjoo^1	dju^1	tsjij^2	phji^1	thjoo^1	dju^1	tja^1	ŋa^1	rjir^2	mji^1	ljwu^1	dju^1
[illegible],	[illegible]	[illegible]	[illegible]	[illegible]。	[illegible]	[illegible]	[illegible],	[illegible]	[illegible]	[illegible]	[illegible]	[illegible]
破，	妙	有	令	解。	妙	有	者，	空	与	不	违	有

令解妙有。妙有者,是不违空之有也。

1.63.3

ŋwu^2	śji^1	thjɨ^2	njɨɨ^1	mər^2	zow^2	mjijr^2	·jij^1	twụ^1	lew^1	wo^2	gji^2	nja^1
[illegible]。	[illegible]	[illegible]	[illegible]	[illegible]	[illegible]	[illegible],	[illegible]	[illegible]	[illegible]	[illegible]	[illegible]	[illegible]
是。	前	此	二	宗	执	者，	自	各	一	义	独	△

此上二宗虽各述一义[7],

1.63.4

ljɨ^1	bjij^2	djij^2	·jij^1	kwər^1	iọ^1	ŋowr^2	tśhjwo^1	ljwu^1	mjij^1	ljɨ^1	·jɨr^2	dạ^2
[illegible]	[illegible]	[illegible]	[illegible]	[illegible]	[illegible]	[illegible],	[illegible]	[illegible]	[illegible]	[illegible]。	[illegible]	[illegible]:
虽	述	然，	自	体	圆	具，	故	违	无	也。	问	曰：

而举体圆具,故无违也。问:

1.63.5

thjɨ^2	sju^2	ljɨ^1	ŋwu^2	ku^1	sej^1	nwə	tsjiir^1	·wejr^2	njɨ^2	rjur^1	ljɨ^1	dzjiij^2
"[illegible]	[illegible]	[illegible]	[illegible],	[illegible]	[illegible]	[illegible]、	[illegible]	[illegible]	[illegible]	[illegible]	[illegible]	[illegible]
"此	若	既	是，	则	清	辨、	护	法	等	诸	论	师

"若尔,何故已后有清辨、护法等诸论师

1.63.6

ŋewr^2	·jij^1	gu^2	thjij^2	sjo^2	dźjwɨ^1	ljiij^2	ljɨ^1	kụ^2	dạ^2	thjɨ^2	tsjɨ^1	dźjwɨ^1
[illegible]	[illegible]	[illegible]	[illegible]	[illegible]	[illegible]	[illegible]	[illegible]?"	[illegible]	[illegible]:"	[illegible]	[illegible]	[illegible]
等	自	互	何	故	相	破	耶？"	答	曰："	此	亦	相

互相破耶?"答:"此乃是相

1.63.7

śjɨj^1	ŋwu^2	mji^1	djij^2	dźjwɨ^1	ljiij^2	ljɨ^1	njaa^2	wa^2	nioow^1	·jɨ^2	ku^1	thja^1
[illegible]	[illegible]	[illegible]	[illegible],	[illegible]	[illegible]	[illegible]	[illegible]。	[illegible]	[illegible]	[illegible]?	[illegible]	[illegible]
成	是	未	然，	相	破	既	非。	何	故	谓？	则	其

成,不是相破。何者?以

1.63.8

kụ1 ɣiew1 mjijr2 tśhji2 tsjiir2 dźju2 lwəj1 dju1 ŋa1 twụ1 zow2 thjɨ2 nioow1

[illegible]

末 学 人 根 器 弱 钝， 有 空 互 执， 是 故

末学人根器渐钝，互执空有故，

1.63.9

sej1 nwə njɨ2 źjɨr1 dju1 zow2 ·jij1 dja2 ljiij2 ɣiej1 ŋa1 wjɨ2 dźju1

[illegible]

清 辨 等 实 有 执 之 △ 破， 真 空 △ 彻

清辨等破执实有之相[8]，令彻真空[9]。

1.63.10

phji1 ɣiej1 ŋa1 dźju1 ku1 tśhjwo1 mja1 nioow1 thja1 nioow1 śjwo1 thjoo1 dju1

[illegible]

令。 真 空 彻， 则 故 方 乃 彼 缘 起 妙 有

彻真空故[10]，方乃成彼缘起妙有。

1.63.11

dja2 śjɨj1 tsjiir1 ·wejr2 njɨ2 bja2 dzjar2 ŋa1 ·jij1 dja2 ljiij2 thjoo1 dju1

[illegible]

△ 成。 护 法 等 断 灭 空 △ △ 破， 妙 有

护法等破断灭偏空，意存妙有。

1.63.12

kjɨ1 rjir2 thjoo1 dju1 rjir2 ku1 tśhjwo1 mja1 nioow1 thja1 tsjiir2 mjij1 ɣiej1

[illegible]

△ 存。 妙 有 存， 则 故 方 乃 彼 性 无 真

妙有存故，方乃是彼无性真

1.64.1

ŋa1 dja2 śjɨj1 ·jwɨr2 ljɨ1 dźjwɨ1 ljiij2 sju2 djij2 śiaa2 lew2 dźjwɨ1 śjɨj1

[illegible]

空 △ 成。 文 即 相 破 如 然， 意 应 相 成

空。文即相破，意即相成，

1.64.2

phji^1	ljɨ^1	śji^1	·o^1	·jiw^2	mjijr^2	zjɨr^1	lja̩^{1}	śjã^1	ɣa^1	dźjwɨ^1	pjo^1
令	也，	（前	叙	疑	者	南	北	禅	门	相	竞
·jɨ^2	tja^1	ŋa^2	sjij^1	thjɨ^2	ŋwu^2	·a	phja^1	thjɨ^2	tja^1	thjoo^1	dju^1
谓	者，	我	今	此	于	△	决。）	此	者，	妙	有、

（叙前疑南北禅门相竞，今于此决也。）由妙有、

1.64.3

ɣiej^1	ŋa^1	njɨɨ^1	mə^2	wo^2	dju^1	nioow^1	ŋwu^2	lew^1	dźjwɨ^1	ljwu^1	wo^2	·jij^1
真	空	二	种	义	有	故	是。	一，	相	违	义，	自

真空有二义故。一，相违义，

1.64.4

gu^2	dźjwɨ^1	ljiij^2	ŋowr^2	t-	tśjo	sji^1	phji^1	·jij^1	·jɨ^2	njɨɨ^1	dźjwɨ^1	śjij^1
互	相	害，	全	夺	永	尽	令	△	谓；	二，	相	顺

谓互相害，全夺永尽；二，相顺

1.64.5

wo^2	phjoo^2	lew^1	·jij^1	we^2	kwər^1	bju^1	ŋowr^2	ɣjiw^1	·jij^1	·jɨ^2	tjij^1	dźjwɨ^1
义，	合	一	相	为，	体	举	全	摄	△	谓。	若	相

义，谓冥合一相，举体全摄。若不相

1.64.6

mji^1	t-	ŋowr^2	mji^1	sji^1	phji^1	ku^1	kwər^1	bju^1	ŋowr^2	ɣjiw^1	tji^2	mjij^1
不	夺	全	不	尽	令，	则	体	举	全	收	可	无①，

夺全尽，无以举体全收，

① "[illegible]"六字残存右半，参照汉本"无以举体全收"补。

1.64.7

thjɨ²	nioow¹	śji¹	ɣu¹	dźjwɨ¹	ljwu¹	ku¹	tśhjwo¹	mja¹	nioow¹	dźjwɨ¹	śjij¹	we²
此	故	初	始	相	违	则	故	方	乃	相	顺	为。

故相违方相顺也。

1.64.8

we¹	phu²	zjij¹	mjij¹	njɨ²	dźjwɨ¹	śjij¹	ɣa¹	bju¹	dźjwɨ¹	śjɨj¹	phji¹	sej¹
龙	树、	著	无	等	相	顺	门	就，	相	成	令；	清

龙树、无著等就相顺门，故相成；清

1.64.9

nwə	tsjiir¹	·wejr²	njɨ²	dźjwɨ¹	ljwu¹	ɣa¹	bju¹	dźjwɨ¹	ljiij²	wji¹	śjij¹	ljwu¹
辨、	法	护	等	相	违	门	据，	相	破	为。	顺	违

辨、护法等据相违门，故相破。违顺

1.64.10

·jij¹	dzju²	śjɨj¹	ljiij²	ɣię²	mjij¹	thja¹	bju¹	rjur¹	tsjiir¹	mji¹	ljwu²	thwuu¹
自	在，	成	破	碍	无，	是	以	诸	法	不	和	会

自在，成破无碍，即于诸法无不和会

1.64.11

mjij¹	ŋo²	djiij²	thjɨ²	kiej²	dju¹	ŋa¹	njɨɨ¹	mər²	kụ¹	ɣiew¹	mjijr²	nji²
无。	哀	哉！	此	方	有、	空	两	宗，	后	学	者	等

耳。哀哉！此方空、有两宗[11]，后学者

1.64.12

·jij¹	gu²	dźjwɨ¹	pjo¹	ljwij¹	·o¹	mji¹	do²	thjɨ²	sju²	ku¹	wee¹	mjij¹
自	互	相	斥，	仇	雠	不	异，	此	入	则	生	无

互相非斥[12]，不异仇雠，何时得证无生

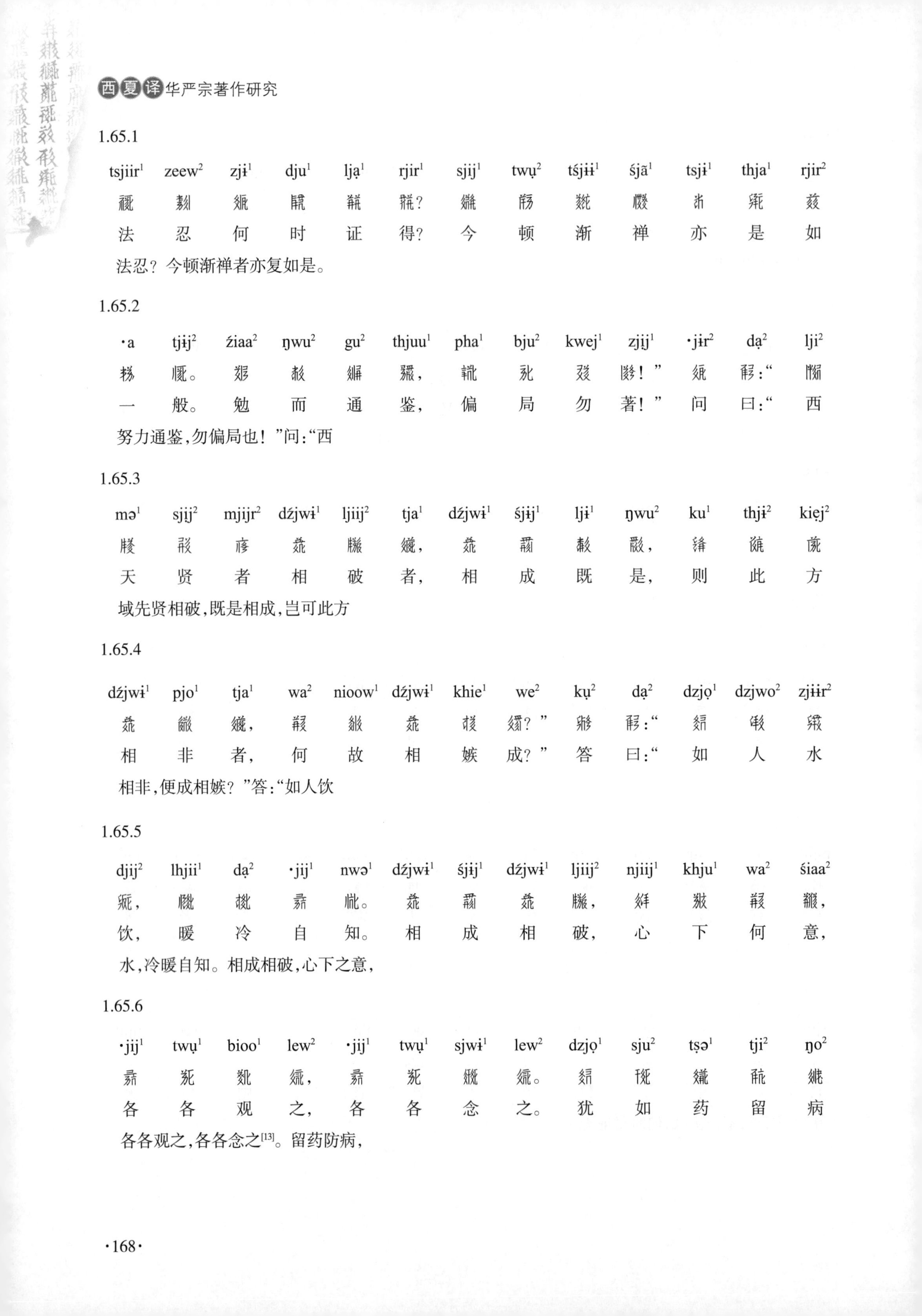

1.65.1

tsjiir^{1} zeew^{2} zjɨ^{1} dju^{1} ljạ^{1} rjir^{1} sjij^{1} twụ^{2} tśjɨɨ^{1} śjã^{1} tsjɨ^{1} thja^{1} rjir^{2}

[illegible]

法 忍 何 时 证 得? 今 顿 渐 禅 亦 是 如

法忍？今顿渐禅者亦复如是。

1.65.2

·a tjɨj^{2} źiaa^{2} ŋwu^{2} gu^{2} thjuu^{1} pha^{1} bju^{2} kwej^{1} zjij^{1} ·jɨr^{2} dạ^{2} lji^{2}

[illegible]

一 般。 勉 而 通 鉴, 偏 局 勿 著!” 问 曰:“ 西

努力通鉴,勿偏局也!”问:“西

1.65.3

mə^{1} sjij^{2} mjijr^{2} dźjwɨ^{1} ljiij^{2} tja^{1} dźjwɨ^{1} śjɨj^{1} ljɨ^{1} ŋwu^{2} ku^{1} thjɨ^{2} kiẹj^{2}

[illegible]

天 贤 者 相 破 者, 相 成 既 是, 则 此 方

域先贤相破,既是相成,岂可此方

1.65.4

dźjwɨ^{1} pjo^{1} tja^{1} wa^{2} nioow^{1} dźjwɨ^{1} khie^{1} we^{2} kụ^{2} dạ^{2} dzjọ^{1} dzjwo^{2} zjɨɨr^{2}

[illegible]

相 非 者, 何 故 相 嫉 成?” 答 曰:“ 如 人 水

相非,便成相嫉?”答:“如人饮

1.65.5

djij^{2} lhjii^{1} dạ^{2} ·jij^{1} nwə^{1} dźjwɨ^{1} śjɨj^{1} dźjwɨ^{1} ljiij^{2} njiij^{1} khju^{1} wa^{2} śiaa^{2}

[illegible]

饮, 暖 冷 自 知。 相 成 相 破, 心 下 何 意,

水,冷暖自知。相成相破,心下之意,

1.65.6

·jij^{1} twụ^{1} bioo^{1} lew^{2} ·jij^{1} twụ^{1} sjwɨ^{1} lew^{2} dzjọ^{1} sju^{2} tsə^{1} tji^{2} ŋo^{2}

[illegible]

各 各 观 之, 各 各 念 之。 犹 如 药 留 病

各各观之,各各念之[13]。留药防病,

1.65.7

kja̧^{1}	ŋo^{2}	mjij^{1}	nioow^{1}	njaa^{2}	tsjiir^{1}	thu^{1}	niow^{2}	·jiw^{2}	sjij^{2}	mjijr^{2}	nioow^{1}	njaa^{2}
[illegible]，	[illegible]	[illegible]	[illegible]	[illegible]；	[illegible]	[illegible]	[illegible]	[illegible]，	[illegible]	[illegible]	[illegible]	[illegible]。”
防，	病	无	为	非；	法	立	奸	防，	贤	士	为	非。”

不为健人；立法防奸，不为贤士。”

译文：

二，密意破相显性教。（据真实了义，即妄执本空，更无可破；无漏诸法本是真性，随缘妙用永不断绝，又不应破，但为一类众生执虚妄相、障真实性，难得玄悟，故佛且不拣善恶垢净性相，一切呵破。以真性及妙用不无，今且云无[1]，故云密意。又意在显性，语乃破相，意不形于言中，故云密也。）说前教中所变之境……无得[2]。无业无报，无修无证。生死涅盘，平等如幻，但以不住一切、无执无著而为道行。诸部《般若》千余卷经，及《中》《百》《门》等三论、《广百论》等，皆说此也。（《智度论》亦说此理[3]，但论主通达不执，故该收大小乘法相，淹同后一真性宗。）此教与禅门泯绝无寄宗全同，则同佛所说。既同佛所说[4]，云何渐门禅主及讲习之徒每闻此说即谤云“即是断空，则无因果，是为邪见[5]”？佛自云“无业无报”，岂为邪见？若云“佛说此言自有深意”者，岂禅门此说无深意耶？若云“我曾推征觉无深”者，自是汝遇不解之流[6]，岂可斥法？此上二教，据佛本意虽不相违，然后学所传多执文迷旨。或各执一见，彼此相非；或二皆泛信，浑沌不晓。故龙树、提婆等菩萨，依破相教广说空义，破其执有，令解真空。真空者，是不违有之空也。无著、天亲等菩萨，依唯识教广说名相，分析性相不同、染净各别，破其执空，令解妙有。妙有者，是不违空之有也。此上二宗虽各述一义[7]，而举体圆具，故无违也。问：“若尔，何故已后有清辨、护法等诸论师互相破耶？”答：“此乃是相成，不是相破。何者？以末学人根器渐钝，互执空有故，清辨等破执实有之相[8]，令彻真空[9]。彻真空故[10]，方乃成彼缘起妙有。护法等破断灭偏空，意存妙有。妙有存故，方乃是彼无性真空。文即相破，意即相成，（叙前疑南北禅门相竞，今于此决也。）由妙有、真空有二义故。一，相违义，谓互相害，全夺永尽；二，相顺义，谓冥合一相，举体全摄。若不相夺全尽，无以举体全收，故相违方相顺也。龙树、无著等就相顺门，故相成；清辨、护法等据相违门，故相破。违顺自在，成破无碍，即于诸法无不和会耳。哀哉！此方空、有两宗[11]，后学者互相非斥[12]，不异仇雠，何时得证无生法忍？今顿渐禅者亦复如是。努力通鉴，勿偏局也！”问：“西域先贤相破，既是相成，岂可此方相非，便成相嫉？”答：“如人饮水，冷暖自知。相成相破，心下之意，各各观之，各各念之[13]。留药防病，不为健人；立法防奸，不为贤士。”

注释：

[1]今且云无，汉本作“而且云无”。

[2]以上西夏本残佚。据汉本内容当作：“既皆虚妄；能变之识，岂独真实？心境互依，空而似有故也。且心不孤起，托境方生；境不自生，由心故现。心空即境谢，境灭即心空。未有无境之心，曾无无心之境。如梦见物，似能见所见之殊，其实同一虚妄，都无所有。诸识诸境，亦复如是。以皆假托众缘无自性故，未曾有一法不从因缘生，是故一切法无不是空者。凡所有相，皆是虚妄。是故空中

无色，无眼耳鼻舌身意，无十八界，无十二因缘，无四谛，无智亦无得。”

[3]“智度论”下汉本有“百卷”二字。

[4]则同佛所说既同佛所说，汉本作“既同世尊所说、菩萨所弘”。

[5]即是断空则无因果是为邪见，汉本作“拨无因果”。据夏译则汉本似有讹脱。

[6]汉本下有“但可嫌人”四字。

[7]“此上二宗”四字不见于汉本。

[8]执实有之相，汉本作“定有之相”。

[9]令彻真空，夏译疑有脱文。汉本作“令尽彻至毕竟真空”。

[10]“彻真空故”四字不见于汉本。

[11]此方空有两宗，汉本脱“空有”二字。

[12]后学者互相非斥，汉本作“后学经论之者相非相斥”，其间衍“之”字，则原本当作“后学经论者相非相斥”。

[13]“相成”至“念之”，汉本作“各各观心各各察念”，句上似有脱文。

释读：

1.65.8

sọ^{1}	ɣiej^{1}	njiij^{1}	tsjiir^{2}	ŋwu^{2}	dźju^{1}	nur^{1}	tsjiir^{1}	·jɨ^{2}
[illegible]，	[illegible]	[illegible]	[illegible]	[illegible]	[illegible]	[illegible]	[illegible]	[illegible]
三，	真	心	性	即	显	示	教	为
tja^{1}	·jij^{1}	njiij^{1}	twụ^{2}	nur^{1}	lew^{1}	ɣiej^{1}	tsjiir^{2}	ŋwu^{2}
[illegible]，	（[illegible]	[illegible]	[illegible]	[illegible]，	[illegible]	[illegible]	[illegible]	[illegible]。
者，	（自	心	直	指，	即	真	性	是。

三，显示真心即性教，（直指自心，即是真性。

1.65.9

thja^{1}	dạ^{2}	·jij^{1}	bju^{1}	nur^{1}	neej^{2}	ljɨ^{1}	njaa^{2}	nioow^{1}	·jij^{1}	ljiij^{2}	bju^{1}
[illegible]	[illegible]	[illegible]	[illegible]	[illegible]	[illegible]	[illegible]	[illegible]，	[illegible]	[illegible]	[illegible]	[illegible]
彼	事	相	约	示	教	既	非，	又	相	破	约
thjɨ^{1}	mji^{1}	nur^{1}	nioow^{1}	tśhjwo^{1}	tsjiir^{2}	ŋwu^{2}	·jɨ^{2}	tśier^{1}	·ju^{2}	wji^{1}	
[illegible]	[illegible]	[illegible]	[illegible]，	[illegible]	[illegible]	[illegible]	[illegible]。	[illegible]	[illegible]	[illegible]	
亦	不	示	因，	故	性	即	云。	方	便	为	
ŋwu^{2}	dwuu^{2}	lwu^{2}	wo^{2}	tsjɨ^{1}	njaa^{2}	ku^{1}	tśhjwo^{1}	dźju^{1}	nur^{1}	·jɨ^{2}	
[illegible]	[illegible]	[illegible]	[illegible]	[illegible]	[illegible]，	[illegible]	[illegible]	[illegible]	[illegible]	[illegible]。）	
而	隐	密	意	亦	非，	则	故	显	示	云。）	

不约事相而示，亦不约破相而示[1]，故云即性。不是方便隐密之意，故云显示也。）

1.65.10

·ji^{1}	wee^{1}	ŋowr^{2}	ŋowr^{2}	zji^{2}	ŋa^{1}	mjij^{1}	ɣiej^{1}	njiij^{1}	dźjij^{2}	ɣu^{1}	mjij^{1}	rjɨr^{2}
众	生	一	切	皆	空	寂	真	心	有，	始	无	本

一切众生皆有空寂真心，无始本

1.65.11

ljij^{2}	·jij^{1}	tsjiir^{2}	gji^{1}	sej^{1}	źjɨ^{1}	njɨɨ^{2}	nioow^{1}	sej^{1}	śjɨj^{1}	njaa^{2}	nioow^{1}	tśhjwo^{1}
来	自	性	清	净。	（烦	恼	因	净	成	肺	因，	故
·jij^{1}	tsjiir^{2}	gji^{1}	sej^{1}	·jɨ^{2}	ljɨ^{1}	tsjiir^{2}	mər^{2}	mja^{1}	kha^{1}	tshjiij^{1}	gji^{1}	
自	性	清	净	云。	《宝	性	本	母》	中	云：	清	

来性自清净。（不因断惑成净，故云自性清净。《宝性论》云：清

1.65.12

sej^{1}	njɨɨ^{1}	mə^{2}	dju^{1}	lew^{1}	·jij^{1}	tsjiir^{2}	gji^{1}	sej^{1}	njɨɨ^{1}	ror^{2}	ka^{2}
净	二	种	有。	一，	自	性	清	净；	二，	离	垢
gji^{1}	sej^{1}	·jɨ^{2}	buu^{2}	rer^{2}	lwər^{2}	lhejr^{2}	kha^{1}	tshjiij^{1}	·jij^{1}	tsjiir^{2}	gji^{1}
清	净	谓。	《胜	鬘	经	契》	中	云：	自	性	清
sej^{1}	nwə^{1}	tsjij^{2}	gie^{1}	ljɨ^{1}	thjɨ^{2}	njiij^{1}	źjɨ^{1}	njɨɨ^{2}	kjɨ^{1}		
净	了	知	难	也。	此	心	烦	恼	所		

净有二。一，自性清净；二，离垢清净。《胜鬘经》云：自性清净心难可了知。此心为烦恼所

1.66.1

laa^{1}	thja^{1}	tsjɨ^{1}	nwə^{1}	tsjij^{2}	gie^{1}	ljɨ^{1}	·jɨ^{2}	phie^{2}	dạ^{2}	thjɨ^{2}
染，	彼	亦	了	知	难	也	谓。	释	云：	此
njiij^{1}	śji^{1}	dju^{1}	mjij^{1}	njɨɨ^{1}	mər^{2}	·jij^{1}	wo^{2}	su^{1}	wjɨ^{2}	dzjij^{1}
心	前	有	无	二	宗	之	理	出	△	超
nioow^{1}	ku^{1}	tśhjwo^{1}	nwə^{1}	tsjij^{2}	gie^{1}	ljɨ^{1}	·jɨ^{2}	swew^{1}	swew^{1}	
因，	则	故	了	知	难	也	谓。）	明	明	

染，亦难可了知。释云：此心超出前空有二宗之理，故难可了知也。）明明

1.66.2

mji^{1}	na^{1}	dźju^{1}	dźju^{1}	·ju^{2}	nwə^{1}	rjɨr^{2}	khju^{1}	tha^{1}
不	昧，	了	了	常	知，	（以	下	佛
lwər^{2}	lhejr^{2}	śio^{1}	mjij^{2}	ljij^{2}	zjọ^{2}	sji^{1}	·ju^{2}	
契	经	引。）	未	来	世	尽，	常	

不昧，了了常知，（下引佛经[2]。）尽未来际，常

1.66.3

dźjiij^{1}	mji^{1}	dzjar^{2}	tśhjwo^{1}	tha^{1}	tsjiir^{2}	·jɨ^{2}	mjor^{1}	ljij^{2}	·ụ^{2}	tsjɨ^{1}	·jɨ^{2}	njiij^{1}
住	不	灭，	故	佛	性	谓，	如	来	藏	亦	谓，	心

住不灭，名为佛性，亦名如来藏，亦名心

1.66.4

ljɨ^{2}	tsjɨ^{1}	·jɨ^{2}	tha^{2}	mo^{2}	wjɨ^{2}	nur^{1}	tja^{1}	lew^{1}	thjɨ^{2}
地	亦	谓。	（达	摩	所	传	者，	唯	此
njiij^{1}	ŋwu^{2}	ɣu^{1}	mjij^{1}	rjɨr^{2}	ljij^{2}	lạ^{1}	seew^{2}		
心	是。）	始	无	△	来，	妄	想		

地。（达摩所传是此心也。）从无始际，妄想

1.66.5

kjɨ^{1}	lə^{1}	·jij^{1}	mji^{1}	lja̱^{1}	rjir^{1}	bju^{1}	lhji^{2}	wee^{1}	laa^{1}	zjij^{1}	ljij^{2}	dwewr^{2}
△	翳，	自	不	证	得	由，	死	生	耽	著。	大	觉

翳之，不自证得，耽著生死。大觉

1.66.6

wjuu^{1}	bju^{1}	rjur^{1}	kha^{1}	wjɨ^{2}	to^{2}	lhji^{2}	wee^{1}	njɨ^{2}	tsjiir^{1}	ŋowr^{2}	ŋowr^{2}	zji^{2}
愍	由，	世	于	△	出，	死	生	等	法	一	切	皆

愍之，出现于世，为说生死等法一切皆

1.66.7

ŋa^{1}	rjɨr^{2}	tshjiij^{1}	thjɨ^{2}	njiij^{1}	rjur^{1}	tha^{1}	rjir^{2}	ŋowr^{2}	thwuu^{1}	kjɨ^{1}	nur^{1}	tśhjwo^{1}
空	△	说，	此	心	诸	佛	与	全	同	△	示。	故

空，开示此心全同诸佛。如

1.66.8

wja̱^{1}	śjwo^{2}	to^{2}	śja^{2}	tjij^{1}	kha^{1}	tshjiij^{1}	tha^{1}	gji^{2}	lew^{1}	zjij^{1}	·ji^{1}	wee^{1}
《华	严·	出	现	品》	中	云：	佛	子！	一	许	众	生

《华严·出现品》云：佛子！无一众生

1.66.9

mjor^{1}	ljij^{2}	sjij^{2}	źjɨr^{1}	ŋowr^{2}	mji^{1}	dźjij^{2}	mjij^{1}	lew^{1}	la̱^{1}	seew^{2}	zow^{2}	zjij^{1}
如	来	智	慧	具	不	有	无，	只	妄	想	执	著

而不具有如来智慧，俱以妄想执着，

1.66.10

nioow^{1}	tśhjwo^{1}	mji^{1}	lja̱^{1}	rjir^{1}	tjij^{1}	la̱^{1}	seew^{2}	ka^{2}	ku^{1}	ŋowr^{2}	ŋowr^{2}	sjij^{2}
以，	故	不	证	得。	若	妄	想	离，	则	一	切	智、

而不证得。若离妄想，一切智、

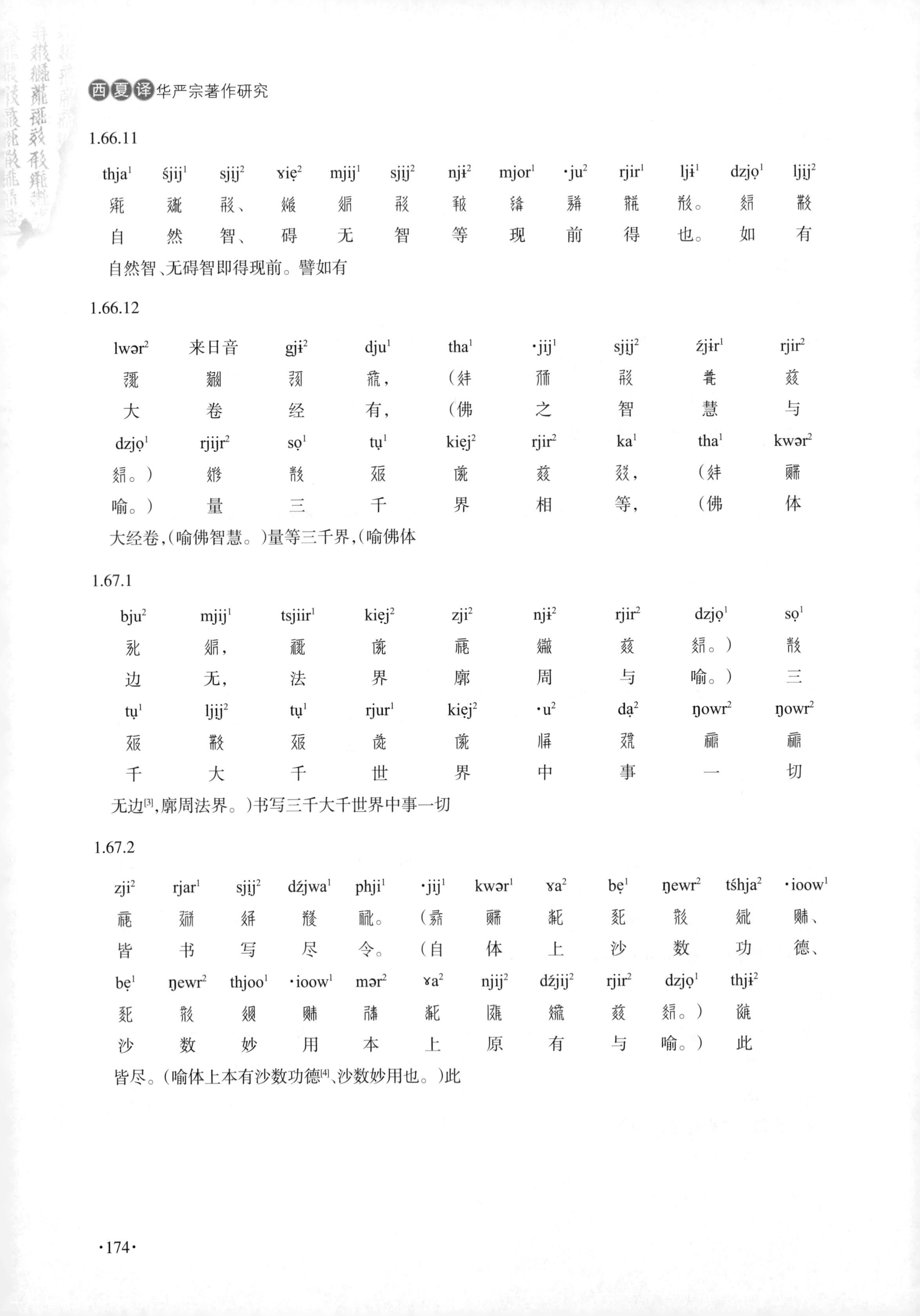

1.66.11

thja1	śjij1	sjij2	ɣię2	mjij1	sjij2	njɨ2	mjor1	·ju2	rjir1	ljɨ1	dzjọ1	ljij2
自	然	智、	碍	无	智	等	现	前	得	也。	如	有

自然智、无碍智即得现前。譬如有

1.66.12

lwər2	来日音	gjɨ2	dju1	tha1	·jij1	sjij2	źjɨr1	rjir2
大	卷	经	有,	(佛	之	智	慧	与
dzjọ1	rjijr2	sọ1	tụ1	kięj2	rjir2	ka1	tha1	kwər2
喻。)	量	三	千	界	相	等,	(佛	体

大经卷,(喻佛智慧。)量等三千界,(喻佛体

1.67.1

bju2	mjij1	tsjiir1	kięj2	zji2	njɨ2	rjir2	dzjọ1	sọ1
边	无,	法	界	廓	周	与	喻。)	三
tụ1	ljij2	tụ1	rjur1	kięj2	·u2	dạ2	ŋowr2	ŋowr2
千	大	千	世	界	中	事	一	切

无边[3],廓周法界。)书写三千大千世界中事一切

1.67.2

zji2	rjar1	sjij2	dźjwa1	phji1	·jij1	kwər1	ɣa2	bẹ1	ŋewr2	tśhja2	·ioow1
皆	书	写	尽	令。	(自	体	上	沙	数	功	德、
bẹ1	ŋewr2	thjoo1	·ioow1	mər2	ɣa2	njij2	dźjij2	rjir2	dzjọ1	thjɨ2	
沙	数	妙	用	本	上	原	有	与	喻。)	此	

皆尽。(喻体上本有沙数功德[4]、沙数妙用也。)此

1.67.3

ljij^2	lwər^2	来日音	ljij^2	tụ^1	rjur^1	kięj^2	rjir^2	rjijr^2	ka^1	ljɨ^1	ŋwu^2	djij^2
[illegible]												
大	经	卷	大	千	世	界	与	量	等	虽	是	然，

大经卷虽复量等大千世界，

1.67.4

ŋowr^2	ŋowr^2	lew^1	zjɨɨr^1	lhjɨ^2	gu^2	tśhju^1	tha^1	sjij^2	ŋowr^2	ŋowr^2
[illegible]										
全	都	一	微	尘	中	在，	（佛	智	全	都
·ji^1	wee^1	ljụ^2	·u^2	iọ^1	sə^1	ŋowr^2	lhə	dźjij^2	rjir^2	dzjọ^1
[illegible]										
众	生	身	中	圆	满	具	足	在	与	喻。）

而全住在一微尘中，（喻佛智全在众生身中圆满具足也。）如

1.67.5

lew^1	zjɨɨr^1	lhjɨ^2	thjɨ^2	sju^2	ku^1	lew^1	·ji^1	wee^1	·a
[illegible]					①				
一	微	尘	此	如	则	（一	众	生	△
mjiij^2	ku^1	zji^2	thjɨ^2	tjɨj^2	ŋwu^2	zjɨɨr^1	lhjɨ^2	ŋowr^2	
[illegible]									
举，	则	皆	此	仿	也。）	微	尘	一	

一微尘。（举一众生，则皆仿此也[5]。）一切微尘，

1.67.6

ŋowr^2	zji^2	tsjɨ^1	thjɨ^2	sju^2	tśhjɨ^1	dzjɨj^1	dzjwo^2	gjɨ^2	sjij^2	źjɨr^1	dźju^1	tsjij^2
[illegible]												
切，	皆	亦	是	如。	尔	时	人	一，	智	慧	明	达，

皆亦如是。时有一人，智慧明达，

1.67.7

rjur^1	pjụ^1	rjir^2	dzjọ^1	gji^1	sej^1	mə^1	mej^1	ŋowr^2	lhə	śjɨj^1	·jiw^2	thjɨ^2	ljij^2	lwər^2
[illegible]														
（世	尊	与	喻。）	清	净	天	眼	具	足	成	就，	此	大	经

（喻世尊也。）具足成就清净天眼，见此经

① "[illegible]""[illegible]"二字疑衍。汉本作"如一微尘"，是。

1.67.8

来日音	zjɨɨr^1	lhjɨ^2	gu^2	dja^2	tśhju^1	ljij^2	mə^1	mej^1	ɣie^1	bju^1
卷	微	尘	内	△	在	见，	(天	眼	力	以
lə^1	gjị^2	tṣə^1	ljij^2	tja^1	tha^1	mej^1	ɣie^1	źji^1	njɨɨ^2	lə^1
障	隔	色	见	者，	佛	眼	力	烦	恼	障

卷在微尘内，(天眼力隔障见色，喻佛眼力隔烦恼

1.67.9

gu^2	tha^1	sjij^2	tsjiir^2	ljij^2	rjir^2	dzjọ^1	rjur^1	·ji^1	wee^1	·jij^1	zjɨɨr^1	rjijr^2	gjij^1	tsjɨ^1	mjij^1 nioow^1
中	佛	智	性	见	与	喻。)	诸	众	生	于	少	许	利	亦	无 故，

见佛智也。)于诸众生无少利益，

1.67.10

dzjọ^1	lhạ^2	dzjɨj^1	thja^1	·ioow^1	ŋowr^2	mji^1	ɣie^2	rjir^1	ku^1	zjɨɨr^1	rjijr^2
(喻	迷	时	其	用	都	不	益	得，	则	少	许
djij^2	dju^1	tsjɨ^1	mjij^1	rjir^2	mji^1	do^2	xja^1	tśier^1	·ju^2	ŋwu^2	thja^1
虽	有，	亦	无	与	不	别。)	即	方	便	以，	彼

(喻迷时都不得其用，则虽有少许，亦与无不别[6]。)即起方便，

1.67.11

zjɨɨr^1	lhjɨ^2	ljiij^2	tsjiir^1	tshjiij^1	lə^1	tjij^1	rjir^2	dzjọ^1
微	尘	破，	(法	说	障	除	与	喻。)
thjɨ^2	ljij^2	lwər^2	来日音	wjɨ^2	la^2	thja^1	bju^1	
此	大	经	卷	△	出，	是	以	

破彼微尘，(喻说法除障。)出此大经卷，

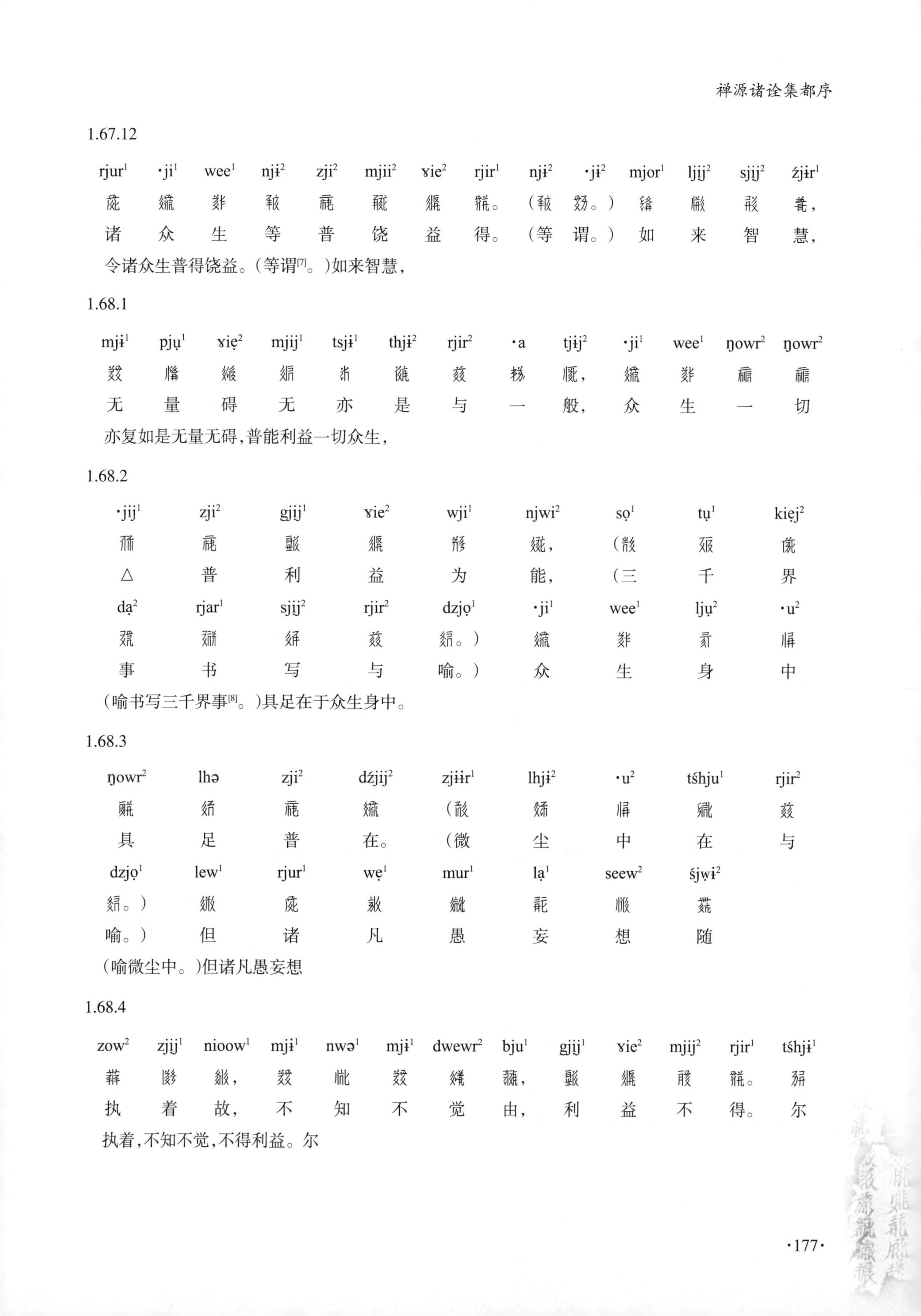

1.67.12

rjur¹ ·ji¹ wee¹ njɨ² zji² mjii² ɣie² rjir¹ njɨ² ·jɨ² mjor¹ ljij² sjij² źjɨr¹

诸 众 生 等 普 饶 益 得。（等 谓。） 如 来 智 慧，

令诸众生普得饶益。（等谓[7]。）如来智慧，

1.68.1

mjɨ¹ pju̱¹ ɣie̱² mjij¹ tsjɨ¹ thjɨ² rjir² ·a tjɨj² ·ji¹ wee¹ ŋowr² ŋowr²

无 量 碍 无 亦 是 与 一 般， 众 生 一 切

亦复如是无量无碍，普能利益一切众生，

1.68.2

·jij¹ zji² gjij¹ ɣie² wji¹ njwi² so̱¹ tu̱¹ kie̱j²

△ 普 利 益 为 能，（三 千 界

da̱² rjar¹ sjij² rjir² dzjo̱¹ ·ji¹ wee¹ lju̱² ·u²

事 书 写 与 喻。） 众 生 身 中

（喻书写三千界事[8]。）具足在于众生身中。

1.68.3

ŋowr² lhə zji² dźjij² zjɨɨr¹ lhjɨ² ·u² tśhju¹ rjir²

具 足 普 在。（微 尘 中 在 与

dzjo̱¹ lew¹ rjur¹ we̱¹ mur¹ la̱¹ seew² śjwɨ²

喻。） 但 诸 凡 愚 妄 想 随

（喻微尘中。）但诸凡愚妄想

1.68.4

zow² zjij¹ nioow¹ mjɨ¹ nwə¹ mjɨ¹ dwewr² bju¹ gjij¹ ɣie² mjij² rjir¹ tśhjɨ¹

执 着 故， 不 知 不 觉 由， 利 益 不 得。 尔

执着，不知不觉，不得利益。尔

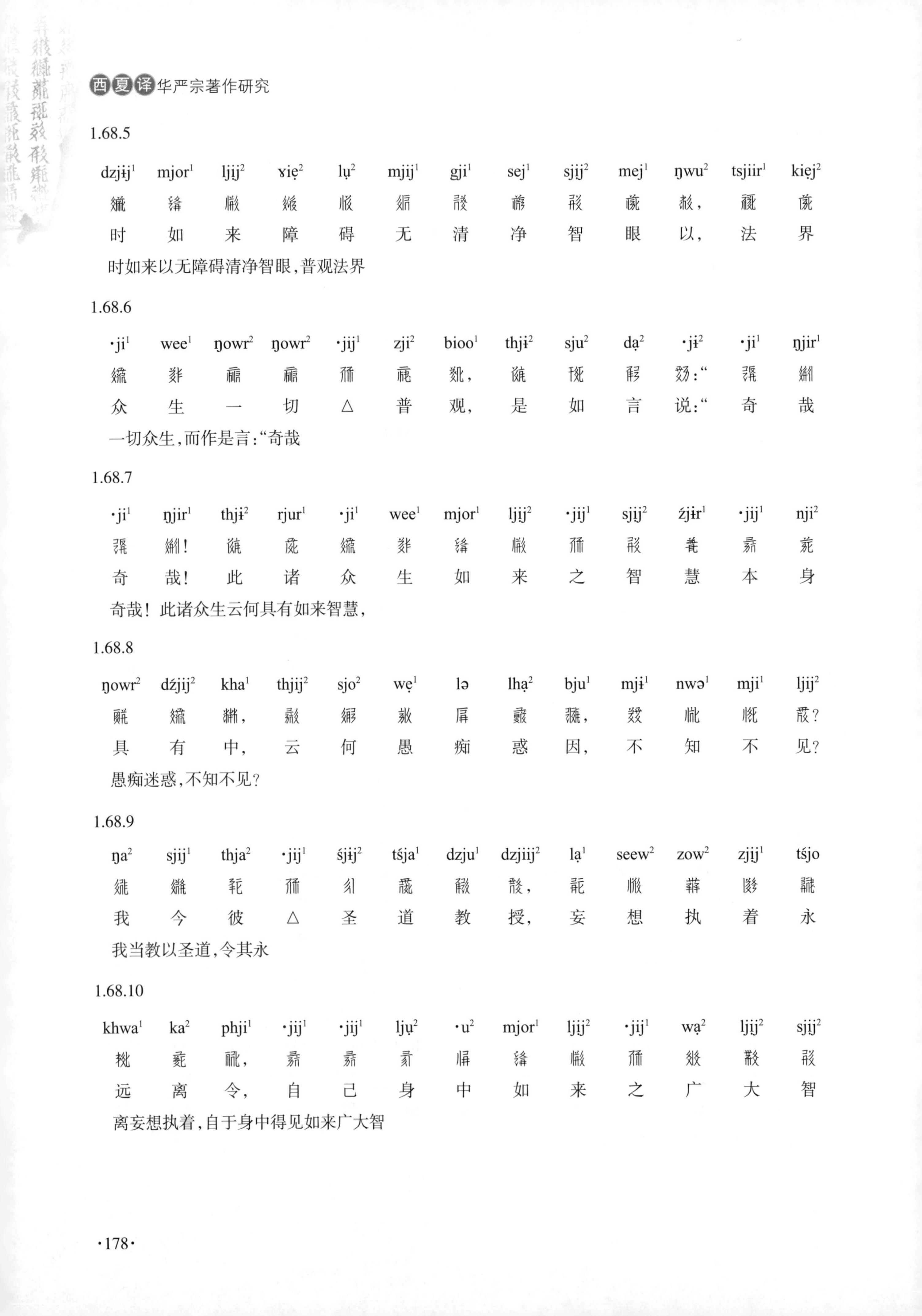

1.68.5

dzjɨj1	mjor1	ljij2	ɣię2	lụ2	mjij1	gji1	sej1	sjij2	mej1	ŋwu2	tsjiir1	kięj2
时	如	来	障	碍	无	清	净	智	眼	以，	法	界

时如来以无障碍清净智眼，普观法界

1.68.6

·ji1	wee1	ŋowr2	ŋowr2	·jij1	zji2	bioo1	thjɨ2	sju2	dạ2	·jɨ2	·ji1	ŋjir1
众	生	一	切	△	普	观，	是	如	言	说：“	奇	哉

一切众生，而作是言：“奇哉

1.68.7

·ji1	ŋjir1	thjɨ2	rjur1	·ji1	wee1	mjor1	ljij2	·jij1	sjij2	źjɨr1	·jij1	nji2
奇	哉！	此	诸	众	生	如	来	之	智	慧	本	身

奇哉！此诸众生云何具有如来智慧，

1.68.8

ŋowr2	dźjij2	kha1	thjij2	sjo2	wẹ1	lə	lhạ2	bju1	mjɨ1	nwə1	mji1	ljij2
具	有	中，	云	何	愚	痴	惑	因，	不	知	不	见？

愚痴迷惑，不知不见？

1.68.9

ŋa2	sjij1	thja2	·jij1	śjij2	tśja1	dzju1	dzjiij2	lạ1	seew2	zow2	zjij1	tśjo
我	今	彼	△	圣	道	教	授，	妄	想	执	着	永

我当教以圣道，令其永

1.68.10

khwa1	ka2	phji1	·jij1	·jij1	ljụ2	·u2	mjor1	ljij2	·jij1	wạ2	ljij2	sjij2
远	离	令，	自	己	身	中	如	来	之	广	大	智

离妄想执着，自于身中得见如来广大智

1.68.11

źjɨr^1 tha^1 rjir^2 mji^1 do^2 ljij^2 phji^1 thja^2 ·ji^1 wee^1 dzjiij^2 śjɨj^2 tśja^1

慧， 佛 与 不 异 见 令。” 彼 众 生 教， 圣 道

慧,与佛无异。”即教彼众生,修习圣道,

1.68.12

djọ^2 dzjɨɨ^2 tśhjiw^1 po^1 lo^1 bjii^2 sọ^1 ɣạ^2 śjạ^1 phiaa^2 tsjiir^1

修 习， （六 波 罗 蜜、 三 十 七 道 品

njɨ^2 ·jij^1 ·jɨ^2 lạ^1 seew^2 ka^2 phji^1 lạ^1 seew^2 ka^2

等 △ 谓。） 安 想 离 令， 安 想 离，

（六波罗蜜、三十七道品等。）令离妄想,离妄想已,证得

1.69.1

ku^1 mjor^1 ljij^2 ·jij^1 mjɨ^1 pjụ^1 sjij^2 źjɨr^1 ljạ^1 ·ji^1 wee^1 ŋowr^2 ŋowr^2

则 如 来 之 无 量 智 慧 证， 众 生 一 切

如来无量智慧,

1.69.2

zji^2 gjij^1 ɣie^2 no^2 rejr^2 rjir^1 ·jɨr^1 dạ^2 śji^1 tshjiij^1 ·jij^1 tsjiir^2 dźju^1

皆 利 益 安 乐 得。 问 曰：“ 既 云 自 性 了

利益安乐一切众生。问:“上既云自性了

译文：

三，显示真心即性教，（直指自心，即是真性。不约事相而示，亦不约破相而示[1]，故云即性。不是方便隐密之意，故云显示也。）一切众生皆有空寂真心，无始本来性自清净。（不因断惑成净，故云自性清净。《宝性论》云：清净有二。一，自性清净；二，离垢清净。《胜鬘经》云：自性清净心难可了知。此心为烦恼所染，亦难可了知。释云：此心超出前空有二宗之理，故难可了知也。）明明不昧，了了常知，（下引佛经[2]。）尽未来际，常住不灭，名为佛性，亦名如来藏，亦名心地。（达摩所传是此心也。）从无始际，妄想翳之，不自证得，耽著生死。大觉愍之，出现于世，为说生死等法一切皆空，开示此心全同诸佛。如《华严·出现品》云：佛子！无一众生而不具有如来智慧，但以妄想执着，而不证得。若离妄想，一切智、自然智、无碍智即得现前。譬如有大经卷，（喻佛智慧。）量等三千界，（喻佛体无边[3]，廓周法界。）书写三千大千世界中事一切皆尽。（喻体上本有沙数功德[4]、沙数

妙用也。）此大经卷虽复量等大千世界，而全住在一微尘中，（喻佛智全在众生身中圆满具足也。）如一微尘。（举一众生，则皆仿此也[5]。）一切微尘，皆亦如是。时有一人，智慧明达，（喻世尊也。）具足成就清净天眼，见此经卷在微尘内，（天眼力隔障见色，喻佛眼力隔烦恼见佛智也。）于诸众生无少利益，（喻迷时都不得其用，则虽有少许，亦与无不别[6]。）即起方便，破彼微尘，（喻说法除障。）出此大经卷，令诸众生普得饶益。（等谓[7]。）如来智慧，亦复如是无量无碍，普能利益一切众生，（喻书写三千界事[8]。）具足在于众生身中。（喻微尘中。）但诸凡愚妄想执着，不知不觉，不得利益。尔时如来以无障碍清净智眼，普观法界一切众生，而作是言："奇哉奇哉！此诸众生云何具有如来智慧，愚痴迷惑，不知不见？我当教以圣道，令其永离妄想执着，自于身中得见如来广大智慧，与佛无异。"即教彼众生，修习圣道，（六波罗蜜、三十七道品等。）令离妄想，离妄想已，证得如来无量智慧，利益安乐一切众生。

注释：

[1]破相，汉本作"心相"。

[2]佛经，汉本作"佛说"。

[3]喻佛体无边，汉本作"智体无边"。

[4]沙数，具言"恒河沙数"，喻指数量极多。汉本作"恒沙"，下同。

[5]举一众生则皆仿此也，汉本作"举一众生为例"。

[6]则虽有少许亦与无不别，汉本但作"与无不别"，疑句上有脱文。

[7]等谓，汉本作"云云乃至"，均未详其意。

[8]喻，汉本作"合"，下"喻微尘中"同。

释读：

1.69.3

dźju1	·ju2	nwə1	·jɨ2	ku1	lew1	śjow1	nioow1	rjur1	tha1	phie2	nur1	ljo̱2
[illegible]	[illegible]	[illegible]	[illegible]，	[illegible]	[illegible]	[illegible]，	[illegible]	[illegible]	[illegible]	[illegible]	[illegible]	[illegible]
了	常	知	谓，	则	足	矣，	又	诸	佛	开	示	何

了常知，则足矣[1]，何须诸佛开示？"

1.69.4

śjwo1	kụ2	dạ2	thja1	nwə1	·jɨ2	tja1	lja̱1	nwə1	ljɨ1	njaa2	śiaa2	śjij1
[illegible]？"	[illegible]	[illegible]："	[illegible]	[illegible]	[illegible]	[illegible]，	[illegible]	[illegible]	[illegible]	[illegible]。	[illegible]	[illegible]
须？"	答	曰："	此	知	言	者，	证	知	既	非。	意	法

答："此言知者，不是证知。意说

1.69.5

wo^2	tja^1	ɣiej^1	tsjiir^2	tshọ^2	ŋa^1	sji^1	lụ^1	rjir^2	mji^1	lew^2	bju^1	tśhjwo^1
□	□	□	□	□	□	□	□	□	□	□	□，	□
义	者	真	性	虚	空	木	石	与	不	同	因，	故

真性不同虚空木石，故

1.69.6

nwə^1	·jɨ^2	nioow^1	mjɨɨ^2	thjuu^1	phjo^2	kar^2	sjij^2	sju^2	tsjɨ^1	njaa^2	kwər^1	swew^1
□	□。	□	□	□	□	□	□	□	□	□，	□	□
知	云。	又	境	缘	分	别	识	如	亦	非，	体	照

云知也。非如缘境分别之识，非如照体

1.69.7

tśji^1	tsjij^2	sjij^2	sju^2	tsjɨ^1	njaa^2	twụ^1	twụ^1	lew^1	mjor^1	ɣiej^1	·jij^1	tsjiir^2
□	□	□	□	□	□，	□	□	□	□	□	□	□，
了	达	智	如	亦	非，	直	至	只	如	真	自	性，

了达之智，直是一真如之性，

1.69.8

thja^1	śjij^1	·ju^2	nwə^1	tja^1	ŋwu^2	tśhjwo^1	gjij^1	ɣię^2	dźiã^2	tsjij^2	dạ^2	mjor^1
□	□	□	□	□	□。	□	□	□	□	□	□：	□
自	然	常	知	者	是。	故	马	鸣	菩	萨	云：	如

自然常知。故马鸣菩萨云：

1.69.9

ɣiej^1	tja^1	·jij^1	kwər^1	źjɨr^1	ɣiej^1	nwə^1	sjij^2	·jɨ^2	nioow^1	wją^1	ljuu^2	lwər^2
□	□，	□	□	□	□	□	□	□。	□	《□	□	□
真	者，	自	体	真	实	识	知	谓。	又	《华	严	经

真者，自体实真知识谓。又《华严契

1.69.10

lhejr^2	ljɨɨ^1	tshwew^1	tjij^1	kha^1	tshjiij^1	mjor^1	ɣiej^1	tja^1	dźju^1	swew^1	ŋwu^2	tsjiir^2
□	□	□	□》	□	□：	□	□	□，	□	□	□	□
契	回	向	品》	中	云：	如	真	者，	照	明	而	性

经·回向品》亦云：真如照明为性。

1.69.11

we^2 ·ji^2 nioow^1 dźju^1 ·jɨr^1 tjij^1 kha^1 tshjiij^1 nwə^1 ljɨ^1 sjij^2 njɨ^2 do^2

[illegible]

为 谓。 又 《明 问 品》 中 说： 知 与 智 等 异。

又据《问明品》说：知与智异。

1.69.12

sjij^2 tja^1 lew^1 śjɨj^2 ɣa^2 njɨ^2 mur^1 ɣa^2 mjɨ^1 njɨ^2 nwə^1 tja^1 mur^1

[illegible]

智 者 但 圣 于 局， 凡 于 不 通， 知 者 凡

智局于圣，不通于凡，知即凡

1.70.1

śjɨj^2 zji^2 dźjij^2 wo^2 sjij^2 zji^2 thwuu^1 tśhjwo^1 dwewr^2 ɣu^1 njɨ^2 gjɨɨ^1 dźiã^2

[illegible]

圣 皆 有， 理 智 皆 通。 故 觉 首 等 九 菩

圣皆有，通于理智。故觉首等九菩

1.70.2

tsjij^2 mã^1 śjuu^1 sjɨ^1 lji^2 ·jij^1 ·jɨr^1 dạ^2 tha^1 ·jij^1 mjɨɨ^2 kiẹj^2 sjij^2

[illegible]

萨 文 殊 师 利 △ 问 言： 佛 之 境 界 智

萨问文殊师利言：云何佛境界智？

1.70.3

tja^1 ljɨ^1 kjɨ^1 ŋwu^2 ljạ^1 tsjij^2 sjij^2 ·jij^1 ·ji^2 tha^1 ·jij^1 mjɨɨ^2 kiẹj^2 nwə^1 tja^1 ljɨ^1

[illegible]

者 何 △ 是？ （证 悟 智 △ 谓。） 佛 之 境 界 知 者 何

（谓证悟之智[2]。）云何佛境界知？

1.70.4

kjɨ^1 ŋwu^2 mər^2 ɣa^2 ɣiej^1 njiij^1 ·jij^1 ·ji^2 mã^1 śjuu^1 śjɨ^1 lji^2 sjij^2 kụ^2 dạ^2 rjur^1 tha^1

[illegible]

△ 是？ （本 来 真 心 △ 谓。） 文 殊 师 利 智 答 云： 诸 佛

（谓本有真心。）文殊师利答智云[3]：诸佛

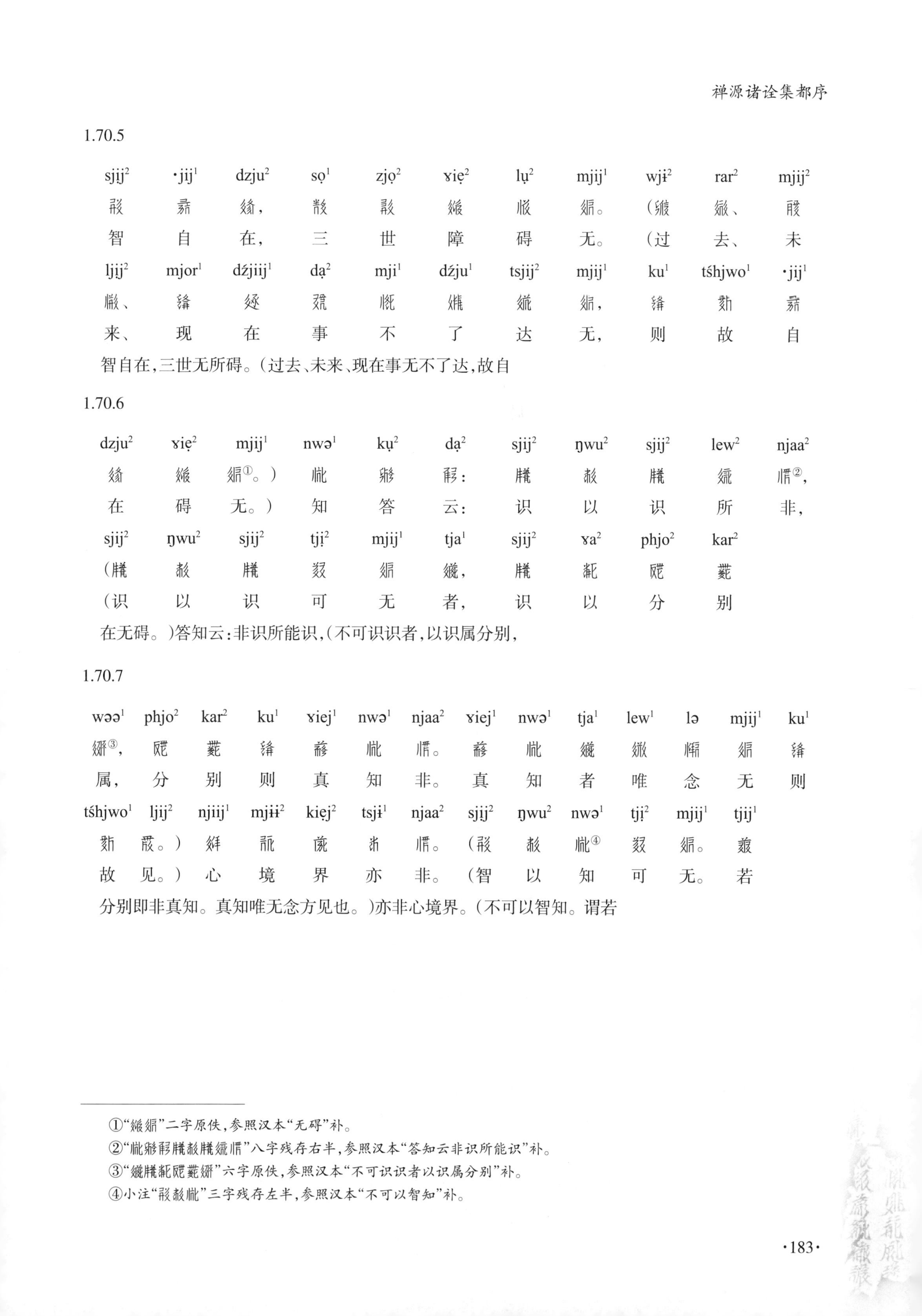

1.70.5

sjij²	·jij¹	dzju²	sọ¹	zjọ²	ɣiẹ²	lụ²	mjij¹	wjɨ²	rar²	mjij²
智	自	在，	三	世	障	碍	无。	（过	去、	未
ljij²	mjor¹	dźjiij¹	dạ²	mji¹	dźju¹	tsjij²	mjij¹	ku¹	tśhjwo¹	·jij¹
来、	现	在	事	不	了	达	无，	则	故	自

智自在，三世无所碍。（过去、未来、现在事无不了达，故自

1.70.6

dzju²	ɣiẹ²	mjij¹	nwə¹	kụ²	dạ²	sjij²	ŋwu²	sjij²	lew²	njaa²
在	碍	无①。）	知	答	云：	识	以	识	所	非②，
sjij²	ŋwu²	sjij²	tjɨ²	mjij¹	tja¹	sjij²	ɣa²	phjo²	kar²	
（识	以	识	可	无	者，	识	以	分	别	

在无碍。）答知云：非识所能识，（不可识识者，以识属分别，

1.70.7

wəə¹	phjo²	kar²	ku¹	ɣiej¹	nwə¹	njaa²	ɣiej¹	nwə¹	tja¹	lew¹	lə	mjij¹	ku¹
属③，	分	别	则	真	知	非。	真	知	者	唯	念	无	则
tśhjwo¹	ljij²	njiij¹	mjɨɨ²	kiej²	tsjɨ¹	njaa²	sjij²	ŋwu²	nwə¹	tjɨ²	mjij¹	tjij¹	
故	见。）	心	境	界	亦	非。	（智	以	知④	可	无。	若	

分别即非真知。真知唯无念方见也。）亦非心境界。（不可以智知。谓若

①“[西夏文]”二字原佚，参照汉本“无碍”补。

②“[西夏文]”八字残存右半，参照汉本“答知云非识所能识”补。

③“[西夏文]”六字原佚，参照汉本“不可识识者以识属分别”补。

④小注“[西夏文]”三字残存左半，参照汉本“不可以智知”补。

1.70.8

sjij^{2}	ŋwu^{2}	lja̱^{1}	rjir^{1}	we^{2}	ku^{1}	kjɨ^{1}	djɨj^{2}	lja̱^{1}	lew^{2}	mjɨɨ^{2}	wəə^{1}
[illegible]	[illegible]	[illegible]	[illegible]	[illegible]，	[illegible]	[illegible]	[illegible]	[illegible]	[illegible]	[illegible]	[illegible]。
智	以	证	得	为，	则	必	定	证	所	境	属。
ɣiej^{1}	nwə^{1}	tja^{1}	mjɨɨ^{2}	kie̱j^{2}	njaa^{2}	nioow^{1}	tśhjwo^{1}	sjij^{2}	ŋwu^{2}	lja̱^{1}	
[illegible]	[illegible]	[illegible]	[illegible]	[illegible]	[illegible]	[illegible]，	[illegible]	[illegible]	[illegible]	[illegible]	
真	知	者	境	界	非	因，	故	智	以	证	
tji^{2}	mjij^{1}	lhjwɨ^{2}	ŋwu^{2}	thjuu^{1}	njiij^{1}	śjwo^{1}	tja^{1}	ɣiej^{1}	nwə^{1}	njaa^{2}	
[illegible]	[illegible]。	[illegible]	[illegible]	[illegible]	[illegible]	[illegible]	[illegible]，	[illegible]	[illegible]	[illegible]。	
可	无。	瞥	以	照	心	起	者，	真	知	非。	

以智证之，即属所证之境。真知非境界，故不可以智证。瞥起照心，即非真知也。

1.70.9

tśhjwo^{1}	dźiej^{2}	lhejr^{2}	kha^{1}	tshjiij^{1}	·jij^{1}	njiij^{1}	ŋwu^{2}	·jij^{1}	njiij^{1}	lhjwi^{1}	
[illegible]	[illegible]	[illegible]	[illegible]	[illegible]：	[illegible]	[illegible]	[illegible]	[illegible]	[illegible]	[illegible]，	
故	经	契	中	云：	自	心	以	自	心	取，	
wjɨ^{1}	njaa^{2}	wjɨ^{1}	tsjiir^{1}	śjɨj^{1}	·jɨ^{2}	dźiej^{2}	śjwo^{1}	ljɨ^{1}	kha^{1}	tshjiij^{1}	
[illegible]	[illegible]	[illegible]	[illegible]	[illegible]	[illegible]	《[illegible]	[illegible]	[illegible]》	[illegible]	[illegible]：	
幻	非	幻	法	成	谓。	《信	起	论》	中	云：	
njiij^{1}	njiij^{1}	mji^{1}	ljij^{2}	·jɨ^{2}	xow^{1}	tśhiə^{1}	ljij^{2}	dzjiij^{2}	da̱^{2}	njiij^{1}	śjwo^{1}
[illegible]	[illegible]	[illegible]	[illegible]	[illegible]。	[illegible]	[illegible]	[illegible]	[illegible]	[illegible]：	[illegible]	[illegible]
心	心	不	见	谓。	荷	泽	大	师	云：	心	拟

故经云：自心取自心，非幻成幻法。《起信论》云[4]：心不见心。荷泽大师云：拟心

1.70.10

ku^{1}	nu^{1}	lja̱^{1}	mər^{2}	njiij^{1}	gji^{1}	sej^{1}	źji^{1}	ror^{2}	thjuu^{1}	nioow^{1}
[illegible]	[illegible]。	[illegible]	[illegible]	[illegible]	[illegible]	[illegible]，	（[illegible]	[illegible]	[illegible]	[illegible]，
即	差。	北	宗	心	看	故，	（惑	垢	看	因，
ɣiej^{1}	wo^{2}	dja^{2}	ljwu^{1}	njiij^{1}	thjuu^{1}	dźjij	ku^{1}	mjɨɨ^{2}	kie̱j^{2}	we^{2}
[illegible]	[illegible]	[illegible]	[illegible]。	[illegible]	[illegible]	[illegible]，	[illegible]	[illegible]	[illegible]	[illegible]
真	旨	△	失。	心	看	可，	即	境	界	是
nioow^{1}	tśhjwo^{1}	njiij^{1}	·jij^{1}	mjɨɨ^{2}	kie̱j^{2}	njaa^{2}	·jɨ^{2}	·jij^{1}	tsjiir^{2}	mər^{2}
[illegible]，	[illegible]	[illegible]	[illegible]	[illegible]	[illegible]	[illegible]	[illegible]。）	[illegible]	[illegible]	[illegible]
因，	故	心	之	境	界	非	云。）	自	性	本

即差。故北宗看心，是失真旨。心若可看，即是境界，故此云非心境界。）其性本

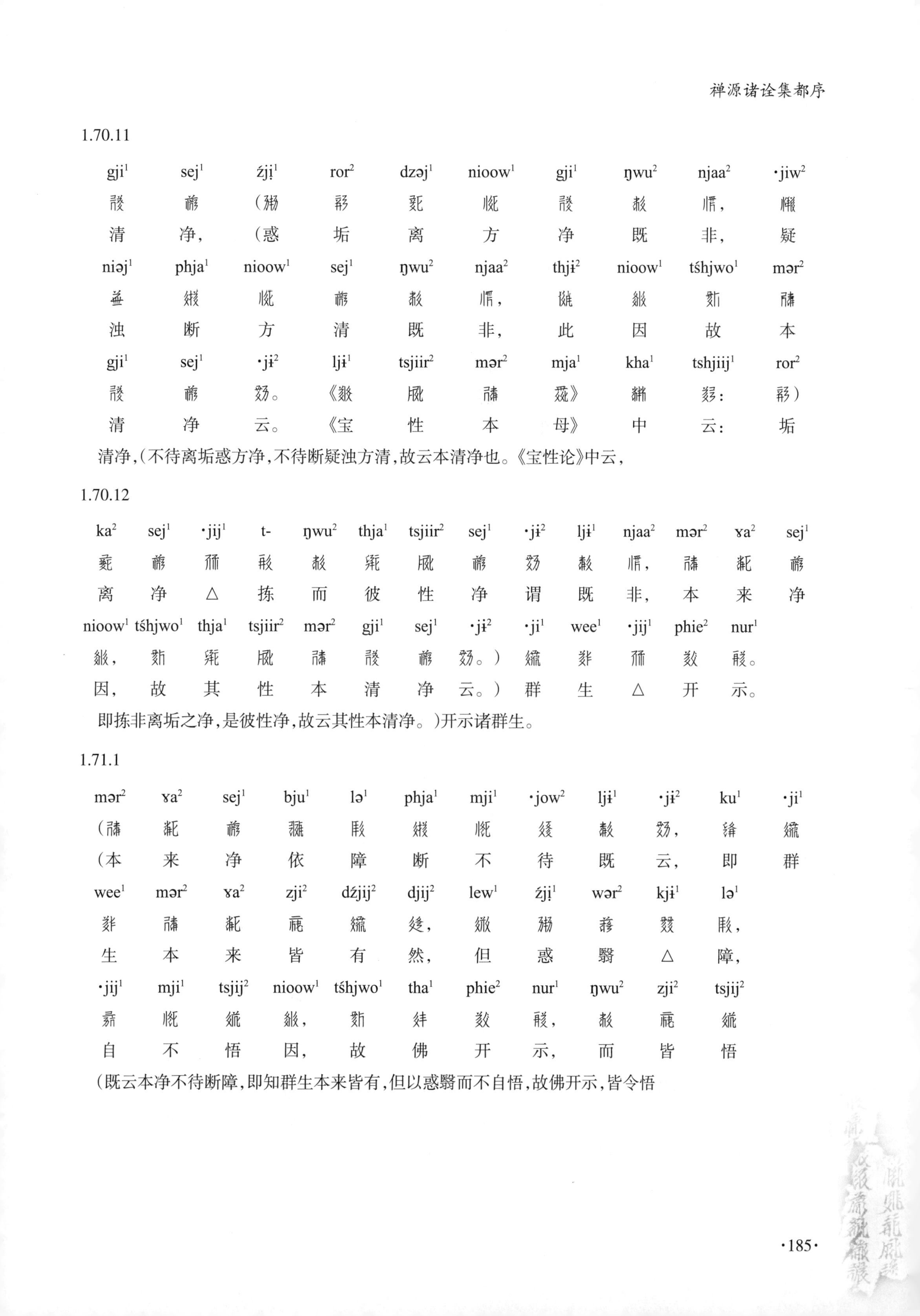

1.70.11

gji1 sej1 źjị1 ror2 dzəj1 nioow1 gji1 ŋwu2 njaa2 ·jiw2
清 净，（惑 垢 离 方 净 既 非，疑
niəj1 phja1 nioow1 sej1 ŋwu2 njaa2 thjɨ2 nioow1 tśhjwo1 mər2
浊 断 方 清 既 非，此 因 故 本
gji1 sej1 ·jɨ2 ljɨ1 tsjiir2 mər2 mja1 kha1 tshjiij1 ror2
清 净 云。《宝 性 本 母》 中 云： 垢

清净，(不待离垢惑方净，不待断疑浊方清，故云本清净也。《宝性论》中云，

1.70.12

ka2 sej1 ·jij1 t- ŋwu2 thja1 tsjiir2 sej1 ·jɨ2 ljɨ1 njaa2 mər2 ɣa2 sej1
离 净 △ 拣 而 彼 性 净 谓 既 非， 本 来 净
nioow1 tśhjwo1 thja1 tsjiir2 mər2 gji1 sej1 ·jɨ2 ·ji1 wee1 ·jij1 phie2 nur1
因， 故 其 性 本 清 净 云。） 群 生 △ 开 示。

即拣非离垢之净，是彼性净，故云其性本清净。)开示诸群生。

1.71.1

mər2 ɣa2 sej1 bju1 lə1 phja1 mji1 ·jow2 ljɨ1 ·jɨ2 ku1 ·ji1
（本 来 净 依 障 断 不 待 既 云， 即 群
wee1 mər2 ɣa2 zji2 dźjij2 djij2 lew1 źjị1 wər2 kjɨ1 lə1
生 本 来 皆 有 然， 但 惑 翳 △ 障，
·jij1 mji1 tsjij2 nioow1 tśhjwo1 tha1 phie2 nur1 ŋwu2 zji2 tsjij2
自 不 悟 因， 故 佛 开 示， 而 皆 悟

(既云本净不待断障，即知群生本来皆有，但以惑翳而不自悟，故佛开示，皆令悟

1.71.2

·o^{2} phji^{1} wją^{1} sej^{1} lwər^{2} lhejr^{2} kha^{1} tshjiij^{1} phie^{2} nur^{1} tsjij^{2} ·o^{2}

入 令。《华 净 经 契》 中 云： 开 示 悟 入，

tha^{1} tśji^{1} ljij^{2} ŋwu^{2} ·jɨ^{2} śji^{1} rjɨr^{2} tshjiij^{1} sju^{2} tha^{1} rjur^{1}

佛 知 见 是 谓。 前 所 说 如， 佛 世

kha^{1} wjɨ^{2} to^{2} tja^{1} mər^{2} ɣa^{2} lew^{1} thjɨ^{2} dạ^{2} nioow^{1} ŋwu^{2}

间 △ 出 者， 本 来 只 此 事 为 也。

入。《莲华经》云：开示悟入[5]，佛之知见。如上所引，佛本出世，只为此事也。

1.71.3

thja^{1} wją^{1} sej^{1} kha^{1} tśhjwo^{1} gji^{1} sej^{1} rjir^{1} ·jɨ^{2} tja^{1} ljɨ^{1} tsjiir^{2}

彼 《华 净》 中 故 清 净 得 云 者， 《宝 性》

kha^{1} tshjiij^{1} ror^{2} ka^{2} gji^{1} sej^{1} ·jij^{1} ·jɨ^{2} thjɨ^{2} njiij^{1} ·jij^{1}

中 云 垢 离 清 净 △ 谓。 此 心 自

tsjiir^{2} gji^{1} sej^{1} ljɨ^{1} ŋwu^{2} djij^{2} kjɨ^{1} djɨj^{2} tsjij^{2} ŋwu^{2} djọ^{2}

性 清 净 虽 是 然， 必 须 悟 而 修，

《莲华》云故得清净者[6]，即《宝性》中离垢清净也。此心虽自性清净，终须悟修，

1.71.4

ku^{1} tśhjwo^{1} mja^{1} nioow^{1} tsjiir^{2} ·jij^{1} iọ^{1} sej^{1} rjir^{1} ·jɨ^{2} tśhjwo^{1} sọ^{1}

则 故 方 才 性 相 圆 净 得 谓， 故 三

ɣạ^{2} djij^{1} zjij^{1} lwər^{2} lhejr^{2} mər^{2} mja^{1} kha^{1} zji^{2} njɨɨ^{1} mə^{2}

十 本 许 经 契 本 母 中， 皆 二 种

gji^{1} sej^{1} njɨɨ^{1} mə^{2} bie^{2} lhew^{2} tshjiij^{1} sjij^{1} dzjɨj^{1} ɣiew^{1} djɨj^{1}

清 净、 二 种 解 脱 说。 今 时 学 浅

方得性相圆净，故三十本经论[7]，皆说二种清净、二种解脱。今时学浅

1.71.5

mjijr^{2}	njɨ^{2}	tśhioow^{1}	lew^{1}	ror^{2}	ka^{2}	gji^{1}	sej^{1}	ror^{2}	ka^{2}	bie^{2}	lhew^{2}
[illegible]	[illegible]，	[illegible]	[illegible]	[illegible]	[illegible]	[illegible]	[illegible]、	[illegible]	[illegible]	[illegible]	[illegible]
者	等，	或	只	垢	离	清	净、	垢	离	解	脱
nwə^{1}	bju^{1}	tśhjɨ^{2}	rjar^{2}	śjã^{1}	ɣa^{1}	bju^{1}	njiij^{1}	·jij^{1}	tha^{1}	ŋwu^{2}	
[illegible]	[illegible]，	[illegible]	[illegible]	[illegible]	[illegible]	[illegible]	[illegible]	[illegible]	[illegible]	[illegible]	
知	故，	立	即	禅	门	由	心	即	佛	即	
·jɨ^{2}	·jij^{1}	pjo^{1}	tśhioow^{1}	lew^{1}	·jij^{1}	tsjiir^{2}	gji^{1}	sej^{1}	tsjiir^{2}	sej^{1}	
[illegible]	[illegible]	[illegible]；	[illegible]	[illegible]	[illegible]	[illegible]	[illegible]	[illegible]、	[illegible]	[illegible]	
谓	△	毁；	或	只	自	性	清	净、	性	净	

之人，或只知离垢清净、离垢解脱，故毁禅门即心即佛；或只知自性清净、性净

1.71.6

bie^{2}	lhew^{2}	nwə^{1}	bju^{1}	tśhjɨ^{2}	rjar^{2}	tsjiir^{1}	tshjiij^{1}	mji^{1}
[illegible]	[illegible]	[illegible]	[illegible]，	[illegible]	[illegible]	[illegible]	[illegible]	[illegible]
解	脱	知	故，	立	即	教	说	不
bjuu^{1}	dzjɨj^{1}	·jiij^{1}	śjã^{1}	dzuu^{2}	djọ^{2}	dzjɨɨ^{2}	njɨ^{2}	……
[illegible]，	[illegible]	[illegible]、	[illegible]	[illegible]、	[illegible]	[illegible]	[illegible]	……
敬，	律	持、	禅	坐、	修	习	等	……

解脱，故轻于教相，持律、坐禅、调伏……[8]

1.71.7

śjwo^{1}	tśjɨɨ^{1}	thja^{1}	bju^{1}	djọ^{2}	ku^{1}	tśhjwo^{1}	ror^{2}	ka^{2}	gji^{1}	sej^{1}	lə^{1}
[illegible]，	[illegible]	[illegible]	[illegible]	[illegible]，	[illegible]	[illegible]	[illegible]	[illegible]	[illegible]	[illegible]、	[illegible]
须，	渐	此	依	修，	则	故	垢	离	清	净、	障
ka^{2}	bie^{2}	lhew^{2}	rjir^{1}	iọ^{1}	sə^{1}	gji^{1}	sej^{1}	zji^{2}	dźjwa^{1}	bie^{2}	
[illegible]	[illegible]	[illegible]	[illegible]，	[illegible]	[illegible]	[illegible]	[illegible]、	[illegible]	[illegible]	[illegible]	
离	解	脱	得，	圆	满	清	净、	究	竟	解	
lhew^{2}	śjɨj^{1}	mjɨ^{1}	nwə^{1}	ljɨ^{1}	tjij^{1}	ljụ^{2}	tjij^{1}	njiij^{1}	ɣię^{2}	lụ^{2}	
[illegible]	[illegible]	[illegible]	[illegible]	[illegible]。	[illegible]	[illegible]	[illegible]	[illegible]，	[illegible]	[illegible]	
脱	成	不	知	也。	若	身	若	心，	壅	滞	

渐修令得离垢清净、离障解脱，成圆满清净、究竟解脱。若身若心，无所壅滞，

1.71.8

mjij¹	ku¹	·jij¹	rjur¹	tha¹	rjir²	lew²	ljɨ¹	nioow¹
[illegible]，	[illegible]	[illegible]	[illegible]	[illegible]	[illegible]	[illegible]	[illegible]。）	[illegible]
无，	则	即	诸	佛	与	同	也。）	又
ljɨ¹	·ụ²	mər²	mja¹	kha¹	tsjɨ¹	tshjiij¹	dju¹	nwə¹
《[illegible]	[illegible]	[illegible]	[illegible]》	[illegible]	[illegible]	[illegible]：	[illegible]	[illegible]
《宝	藏	本	母》	中	亦	云：	有	知

同诸佛也。）《宝藏论》亦云：知有

1.71.9

ljiij²	dju¹	mjij¹	nwə¹	ljiij²	mjij¹	·ji²	thjɨ²	tja¹
[illegible]	[illegible]，	[illegible]	[illegible]	[illegible]	[illegible]	[illegible]。	（[illegible]	[illegible]
坏	有，	无	知	败	无	谓。	（此	者
dju¹	mjij¹	nwə¹	njwi²	sjij²	·jij¹	·ji²	thja¹	nwə¹
[illegible]	[illegible]	[illegible]	[illegible]	[illegible]	[illegible]	[illegible]。）	[illegible]	[illegible]
有	无	知	能	智	之	谓。）	彼	知

有坏，知无无败。（此皆能知有无之智。）真知

1.71.10

nwə¹	mjijr²	tja¹	dju¹	mjij¹	mji¹	wəə¹	dju¹	mjij¹	mji¹	wəə¹
[illegible]	[illegible]	[illegible]，	[illegible]	[illegible]	[illegible]	[illegible]。	（[illegible]	[illegible]	[illegible]	[illegible]
知	人	者，	有	无	不	计。	（有	无	不	计
ljɨ¹	·ji²	ku¹	·jij¹	tsjiir²	phjo²	kar²	mjij¹	nwə¹	·jij¹	·ji²
[illegible]	[illegible]，	[illegible]	[illegible]	[illegible]	[illegible]	[illegible]	[illegible]	[illegible]	[illegible]	[illegible]。）
既	谓，	则	自	性	分	别	无	知	△	谓。）

之知，有无不计。（既不计有无，即自性无分别之知。）

1.71.11

mjijr²	nwə¹	njiij¹	tja¹	thjɨ²	bju¹	phie²	nur¹	ku¹	·jij¹	ɣiej¹	tsjiir²	ŋwu²
[illegible]	[illegible]	[illegible]	[illegible]，	[illegible]	[illegible]	[illegible]	[illegible]，	[illegible]	[illegible]	[illegible]	[illegible]	[illegible]，
灵	知	心	者，	是	如	开	示，	则	即	真	性	是，

如是开示灵知之心，即是真性，

1.71.12

tha^{1}	rjir^{2}	mji^{1}	do^{2}	thjɨ^{2}	nioow^{1}	tśhjwo^{1}	ɣiej^{1}	njiij^{1}	tsjiir^{2}	ŋwu^{2}	dźju^{1}	nur^{1}
[illegible]												
佛	与	不	异。	此	因	故	真	心	性	即	显	示

与佛无异。故显示真心即性

1.72.1

tsjiir^{1}	·jɨ^{2}	wją^{1}	ljuu^{2}	dwuu^{2}	ljuu^{2}	io̱^{1}	dwewr^{2}	tha^{1}	tśjiw^{2}	buu^{2}	rer^{2}	mjor^{1}
[illegible]												
教	谓。	《华	严》	《密	严》	《圆	觉》	《佛	顶》	《胜	鬘》	《如

教也。《华严》《密严》《圆觉》《佛顶》《胜鬘》《如

1.72.2

ljij^{2}	·u̱^{2}	wją^{1}	sej^{1}	djiij^{2}	phã^{1}	njɨ^{2}	ljɨɨr^{1}	ɣą^{2}	dzjij^{1}	djij^{1}	lwər^{2}	lhejr^{2}
[illegible]												
来	藏》	《华	净》	《涅	盘》	等	四	十	余	部	经	契，

来藏》《法华》《涅盘》等四十余部经，

1.72.3

ljɨ^{1}	ljɨ^{1}	tsjiir^{2}	tha^{1}	tsjiir^{2}	dźiej^{2}	śjwo^{1}	ɣą^{2}	ljɨ^{2}	tsjiir^{1}	kięj^{2}	djiij^{2}	phã^{1}
[illegible]												
及	《宝	性》	《佛	性》	《信	起》	《十	地》	《法	界》	《涅	盘》

《宝性》《佛性》《起信》《十地》《法界》《涅盘》

1.72.4

njɨ^{2}	ɣą^{2}	ŋwə^{1}	djij^{1}	ljɨ^{1}	njɨ^{2}	kha^{1}	tśhioow^{1}	twụ^{2}	tśhioow^{1}	tśjɨɨ^{1}	mji^{1}	ljɨ^{1}
[illegible]												
等	十	五	部	论	等	中，	或	顿	或	渐	不	虽

等十五部论，虽或顿或渐不

1.72.5

lew^{2}	djij^{2}	dźju^{1}	lew^{2}	tsjiir^{1}	kwər^{1}	tja^{1}	zji^{2}	thjɨ^{2}	tsjiir^{1}	kha^{1}	ɣjiw^{1}	śjã^{1}
[illegible]												
同	然，	显	所	法	体	者，	皆	此	教	中	属，	禅

同，据所显法体，皆属此教，全同禅

1.72.6

ɣa^{1}	so̱^{1}	tsew^{2}	njiij^{1}	tsjiir^{2}	twụ^{2}	dźju^{1}	mər^{2}	rjir^{2}	ŋowr^{2}	thwuu^{1}	śji^{1}	·o^{1}
门	三	第	心	性	直	显	宗	与	全	同。	前	述

门第三直显心性之宗。既

1.72.7

gjij^{1}	ɣiẹ^{2}	njiij^{1}	nur^{1}	mər^{2}	ɣjow^{1}	we^{2}	phji^{1}	mã^{1}	śjuu^{1}	nwə^{1}	tsjiir^{1}	ɣiej^{1}
马	鸣	心	标	本	源	为	令，	文	殊	知	拣	真

马鸣标心为本源，文殊拣知为真

1.72.8

kwər^{1}	ŋwu^{2}	ljɨ^{1}	·jɨ^{2}	ku^{1}	thja^{1}	·jij^{1}	ljiij^{2}	djij^{1}	nji^{2}	wa^{2}	nioow^{1}	lew^{1}
体	为	虽	谓，	则	彼	相	破	党	人	何	如	但

体，如何破相之党但

1.72.9

mjij^{1}	dzjar^{2}	·jɨ^{2}	ɣiej^{1}	nwə^{1}	rjar^{1}	mjij^{1}	phji^{1}	thja^{1}	·jij^{1}	tshjiij^{1}	djij^{1}	nji^{2}
寂	灭	云，	真	知	许	无	令？	彼	相	说	党	人

云寂灭，不许真知？说相之家

1.72.10

wa^{2}	nioow^{1}	mur^{1}	zow^{2}	śjɨj^{2}	rjir^{2}	do^{2}	·jɨ^{2}	·ji^{1}	wee^{1}	tha^{1}	ŋwu^{2}	rjar^{1}
何	如	凡	执	圣	与	异	谓，	众	生	佛	即	许

执凡异圣，

1.72.11

mjij^{1}	phji^{1}	sjij^{1}	tha^{1}	tsjiir^{1}	ŋwu^{2}	phjo^{2}	kar^{2}	phja^{1}	dzjɨj^{2}	tja^{1}	lew^{1}	thjɨ^{2}
无	令？	今	佛	教	以	分	别	判	定	者，	只	斯

不许即佛？今约佛教判定，

1.72.12

sju^{2}	dzjwo^{2}	nioow^{1}	ŋwu^{2}	tśhjwo^{1}	śji^{1}	tshjiij^{1}	lji^{2}	mə^{1}	njiij^{1}	deej^{1}	mjijr^{2}	rjɨr^{2}
如	人	因	是，	故	前	叙	西	天	心	传	者	△

正为斯人，故前叙西天传心者

1.73.1

mjaa^{2}	lwər^{2}	ljɨ^{1}	rjir^{2}	bjij^{2}	bjij^{2}	ŋwu^{2}	njiij^{1}	deej^{1}	mjɨɨ^{1}	tśja^{1}	njaa^{2}	·jɨ^{2}
多	经	论	与	相	助	以	心	传，	二	途	非	谓。

多兼经论以传心[9]，无二途也。

1.73.2

lew^{1}	thjɨ^{2}	kięj^{2}	dzjwo^{2}	njiij^{1}	lhạ^{2}	·jwɨr^{2}	zow^{2}	mjiij^{2}	ŋwu^{2}	kwər^{1}	we^{2}	phji^{1}
但	此	方	人	心	迷	文	执，	名	以	体	为	令

但以此方迷心执文，以名为体

1.73.3

nioow^{1}	tha^{2}	mo^{2}	khio^{2}	njwi^{2}	tśier^{1}	·ju^{2}	ŋwu^{2}	·jwɨr^{2}	·jijr^{2}	njiij^{1}	deej^{1}	mjiij^{2}
故，	达	摩	善	巧	方	便	以，	文	拣	心	传，	名

故，达摩以善巧方便[10]，拣文传心，

1.73.4

tja^{1}	dźju^{1}	mjiij^{2}	njiij^{1}	tja^{1}	mjiij^{2}	ŋwu^{2}	kwər^{1}	tja^{1}
者	显	标，	（心	是	名	也。）	体	者
mjɨ^{2}	nur^{1}	nwə^{1}	tja^{1}	njiij^{1}	ŋwu^{2}	bji^{1}	bioo^{1}	rjir^{2}
默	示，	（知	者	心	是。）	壁	观	以

标举其名，（心是名也。）默示其体，（知是心也。）

1.73.5

dzjọ^{1}	śji^{1}	rjɨr^{2}	tshjiij^{1}	sju^{2}	rjur^{1}	lə	dzjar^{2}	phji^{1}
[illegible]，	（[illegible]	[illegible]	[illegible]	[illegible]。）	[illegible]	[illegible]	[illegible]	[illegible]。”
喻，	（前	所	叙	如。）	诸	缘	绝	令。”

喻以壁观,(如上所叙。)令绝诸缘。”

译文：

问：“上既云自性了了常知，则足矣[1]，何须诸佛开示?”答：“此言知者，不是证知。意说真性不同虚空木石，故云知也。非如缘境分别之识，非如照体了达之智，直是一真如之性，自然常知。故马鸣菩萨云：真如者，自体真实识知。《华严经·回向品》亦云：真如照明为性。又据《问明品》说：知与智异。智局于圣，不通于凡，知即凡圣皆有，通于理智。故觉首等九菩萨问文殊师利言：云何佛境界智？（谓证悟之智[2]。）云何佛境界知？（谓本有真心。）文殊师利答智云[3]：诸佛智自在，三世无所碍。（过去、未来、现在事无不了达，故自在无碍。）答知云：非识所能识，（不可识识者，以识属分别，分别即非真知。真知唯无念方见也。）亦非心境界。（不可以智知。谓若以智证之，即属所证之境。真知非境界，故不可以智证。瞥起照心，即非真知也。故经云：自心取自心，非幻成幻法。《起信论》云[4]：心不见心。荷泽大师云：拟心即差。故北宗看心，是失真旨。心若可看，即是境界，故此云非心境界。）其性本清净，（不待离垢惑方净，不待断疑浊方清，故云本清净也。《宝性论》中云，即拣非离垢之净，是彼性净，故云其性本清净。）开示诸群生。（既云本净不待断障，即知群生本来皆有，但以惑翳而不自悟，故佛开示，皆令悟入。《莲华经》云：开示悟入[5]，佛之知见。如上所引，佛本出世，只为此事也。《莲华》云故得清净者[6]，即《宝性》中离垢清净也。此心虽自性清净，终须悟修，方得性相圆净，故三十本经论[7]，皆说二种清净、二种解脱。今时学浅之人，或只知离垢清净、离垢解脱，故毁禅门即心即佛；或只知自性清净、性净解脱，故轻于教相，持律、坐禅、调伏……[8]渐修令得离垢清净、离障解脱，成圆满清净、究竟解脱。若身若心，无所壅滞，同诸佛也。）《宝藏论》亦云：知有有坏，知无无败。（此皆能知有无之智。）真知之知，有无不计。（既不计有无，即自性无分别之知。）如是开示灵知之心，即是真性，与佛无异。故显示真心即性教也。《华严》《密严》《圆觉》《佛顶》《胜鬘》《如来藏》《法华》《涅盘》等四十余部经，《宝性》《佛性》《起信》《十地》《法界》《涅盘》等十五部论，虽或顿或渐不同，据所显法体，皆属此教，全同禅门第三直显心性之宗。既马鸣标心为本源，文殊拣知为真体，如何破相之党但云寂灭，不许真知？说相之家执凡异圣，不许即佛？今约佛教判定，正为斯人，故前叙西天传心者多兼经论以传心[9]，无二途也。但以此方迷心执文，以名为体故，达摩以善巧方便[10]，拣文传心，标举其名，（心是名也。）默示其体，（知是心也。）喻以壁观，（如上所叙。）令绝诸缘。”

注释：

[1]“则足矣”三字不见于汉本。

[2]谓证悟之智，汉本无“谓”字。下“谓本有真心”同。

[3]文殊师利，汉本作“文殊”。

[4]起信论，汉本但作“论”。

[5]《莲华经》云，汉本作“法华中”。按“法华经”夏译均作“莲华经”，下同。

[6]《莲华》云故得清净者，汉本作“彼云使得清净者”。

[7]三十本，汉本作“数十本”。

[8]据汉本，西夏本此下脱“不知必须顿悟自性清净、性自解脱”。

[9]西天传心者多兼经论以传心，汉本作“西域传心多兼经论”。

[10]达摩以善巧方便，汉本但作“达摩善巧”，似有脱文。

释读：

1.73.5

rjur^{1}	lə	dzjar^{2}	ku^{1}	bja^{2}	dzjar^{2}
“[illegible]	[illegible]	[illegible]，	[illegible]	[illegible]	[illegible]
“诸	缘	绝，	则	断	灭

“诸缘绝时[1],有断灭

1.73.6

mja^{1}	we^{2}	·jɨ^{2}	kụ^{2}	dạ^{2}	rjur^{1}	lə	djij^{2}	dzjar^{2}	bja^{2}	dzjar^{2}	mji^{1}	we^{2}
[illegible]	[illegible]	[illegible]？”	[illegible]	[illegible]：“	[illegible]	[illegible]	[illegible]	[illegible]，	[illegible]	[illegible]	[illegible]	[illegible]。”
是	否	谓？”	答	曰：“	诸	念	虽	绝，	断	灭	不	为。”

否？”答：“虽绝诸念,亦不断灭。”

1.73.7

·jɨr^{1}	mji^{1}	bja^{2}	dzjar^{2}	tja^{1}	dźju^{1}	sji^{2}	wa^{2}	dju^{1}	kụ^{2}	dạ^{2}	dźju^{1}	dźju^{1}
[illegible]：“	[illegible]	[illegible]	[illegible]	[illegible]，	[illegible]	[illegible]	[illegible]	[illegible]？”	[illegible]	[illegible]：“	[illegible]	[illegible]
问：“	不	断	灭	者，	证	验	何	有？”	答	曰：“	了	了

问：“以何证验,云不断灭？”答：“了了

1.73.8

·jij^{1}	nwə^{1}	ŋwuu^{1}	dạ^{2}	mjɨ^{1}	lhjụ^{2}	·jɨ^{2}	dzjiij^{2}	tśhjɨ^{2}	rjar^{2}	tjɨj^{2}	dạ^{2}	thjɨ^{2}
[illegible]	[illegible]，	[illegible]	[illegible]	[illegible]	[illegible]	[illegible]。”	[illegible]	[illegible]	[illegible]	[illegible]	[illegible]：“	[illegible]
自	知，	言	语	不	及	谓。”	师	立	即	印	云：“	此

自知,言不可及。”师即印云：“只此

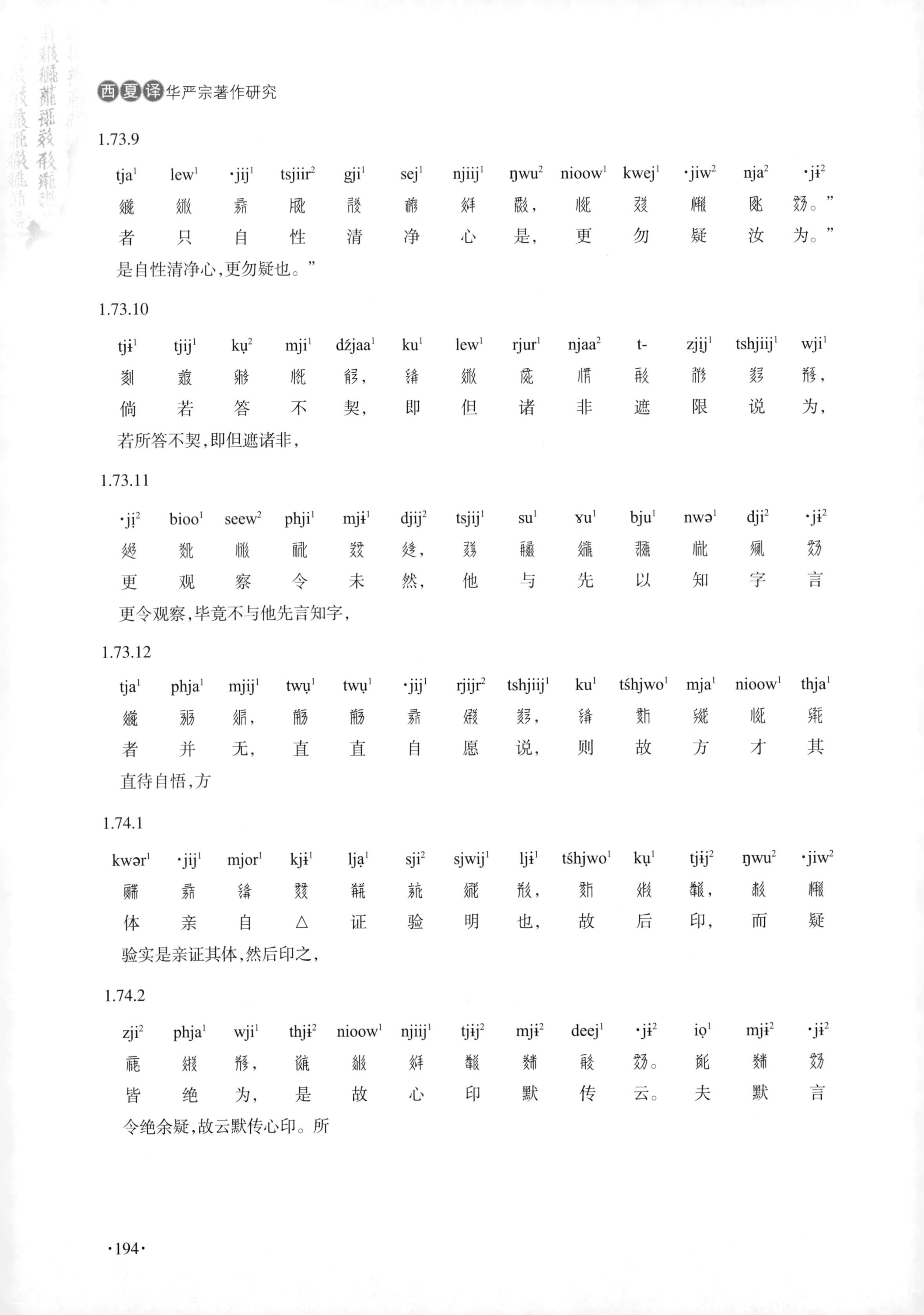

1.73.9

tja^{1} lew^{1} ·jij^{1} tsjiir^{2} gji^{1} sej^{1} njiij^{1} ŋwu^{2} nioow^{1} kwej^{1} ·jiw^{2} nja^{2} ·jɨ^{2}

者 只 自 性 清 净 心 是， 更 勿 疑 汝 为。”

是自性清净心，更勿疑也。”

1.73.10

tjɨ^{1} tjij^{1} kụ^{2} mji^{1} dźjaa^{1} ku^{1} lew^{1} rjur^{1} njaa^{2} t- zjịj^{1} tshjiij^{1} wji^{1}

倘 若 答 不 契， 即 但 诸 非 遮 限 说 为，

若所答不契，即但遮诸非，

1.73.11

·jị^{2} bioo^{1} seew^{2} phji^{1} mjɨ^{1} djij^{2} tsjij^{1} su^{1} ɣu^{1} bju^{1} nwə^{1} dji^{2} ·jɨ^{2}

更 观 察 令 未 然， 他 与 先 以 知 字 言

更令观察，毕竟不与他先言知字，

1.73.12

tja^{1} phja^{1} mjij^{1} twụ^{1} twụ^{1} ·jij^{1} rjijr^{2} tshjiij^{1} ku^{1} tśhjwo^{1} mja^{1} nioow^{1} thja^{1}

者 并 无， 直 直 自 愿 说， 则 故 方 才 其

直待自悟，方

1.74.1

kwər^{1} ·jij^{1} mjor^{1} kjɨ^{1} lja̱^{1} sji^{2} sjwij^{1} ljɨ^{1} tśhjwo^{1} kụ^{1} tjɨj^{2} ŋwu^{2} ·jiw^{2}

体 亲 自 △ 证 验 明 也， 故 后 印， 而 疑

验实是亲证其体，然后印之，

1.74.2

zji^{2} phja^{1} wji^{1} thjɨ^{2} nioow^{1} njiij^{1} tjɨj^{2} mjɨ^{2} deej^{1} ·jɨ^{2} io̱^{1} mjɨ^{2} ·jɨ^{2}

皆 绝 为， 是 故 心 印 默 传 云。 夫 默 言

令绝余疑，故云默传心印。所

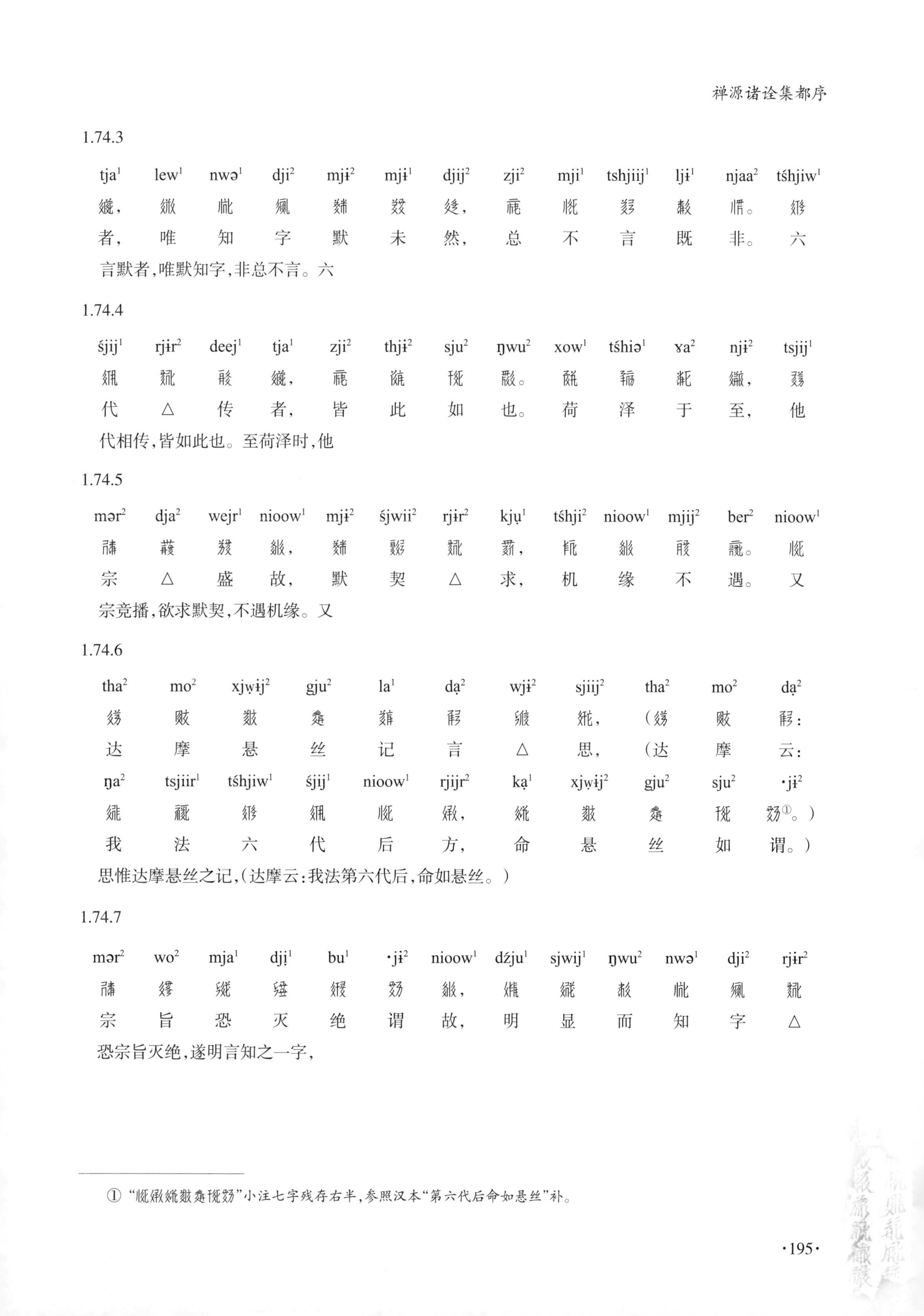

1.74.3

tja1 lew1 nwə1 dji2 mjɨ2 mjɨ1 djij2 zji2 mji1 tshjiij1 ljɨ1 njaa2 tśhjiw1

[illegible]

者， 唯 知 字 默 未 然， 总 不 言 既 非。 六

言默者，唯默知字，非总不言。六

1.74.4

śjij1 rjɨr2 deej1 tja1 zji2 thjɨ2 sju2 ŋwu2 xow1 tśhiə1 ɣa2 njɨ2 tsjij1

[illegible]

代 △ 传 者， 皆 此 如 也。 荷 泽 于 至， 他

代相传，皆如此也。至荷泽时，他

1.74.5

mər2 dja2 wejr1 nioow1 mjɨ2 śjwii2 rjɨr2 kjụ1 tśhji2 nioow1 mjij2 ber2 nioow1

[illegible]

宗 △ 盛 故， 默 契 △ 求， 机 缘 不 遇。 又

宗竞播，欲求默契，不遇机缘。又

1.74.6

tha2 mo2 xjwɨj2 gju2 la1 dạ2 wjɨ2 sjiij2 tha2 mo2 dạ2

[illegible]

达 摩 悬 丝 记 言 △ 思，（达 摩 云：

ŋa2 tsjiir1 tśhjiw1 śjij1 nioow1 rjijr2 kạ1 xjwɨj2 gju2 sju2 ·jɨ2

[illegible]

我 法 六 代 后 方， 命 悬 丝 如 谓。）

思惟达摩悬丝之记，（达摩云：我法第六代后，命如悬丝。）

1.74.7

mər2 wo2 mja1 djị1 bu1 ·jɨ2 nioow1 dźju1 sjwij1 ŋwu2 nwə1 dji2 rjɨr2

[illegible]

宗 旨 恐 灭 绝 谓 故， 明 显 而 知 字 △

恐宗旨灭绝，遂明言知之一字，

---

① “[illegible]”小注七字残存右半，参照汉本“第六代后命如悬丝”补。

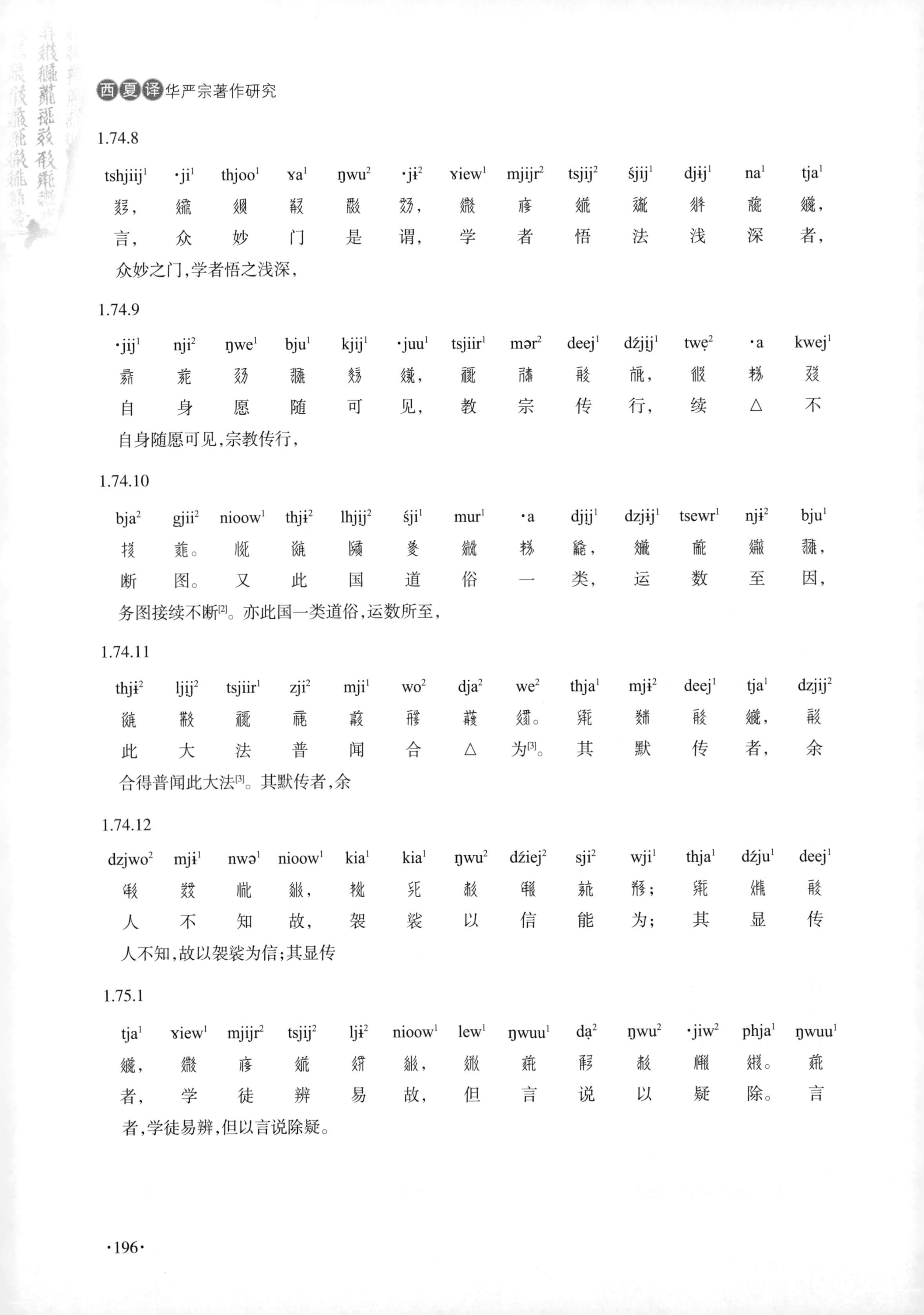

1.74.8

tshjiij^{1} ·ji^{1} thjoo^{1} ɣa^{1} ŋwu^{2} ·ji^{2} ɣiew^{1} mjijr^{2} tsjij^{2} śjij^{1} djɨj^{1} na^{1} tja^{1}

言， 众 妙 门 是 谓， 学 者 悟 法 浅 深 者，

众妙之门，学者悟之浅深，

1.74.9

·jij^{1} nji^{2} ŋwe^{1} bju^{1} kjij^{1} ·juu^{1} tsjiir^{1} mər^{2} deej^{1} dźjij^{1} twẹ^{2} ·a kwej^{1}

自 身 愿 随 可 见， 教 宗 传 行， 续 △ 不

自身随愿可见，宗教传行，

1.74.10

bja^{2} gjii^{2} nioow^{1} thjɨ^{2} lhjij^{2} śji^{1} mur^{1} ·a djij^{1} dzjɨj^{1} tsewr^{1} njɨ^{2} bju^{1}

断 图。 又 此 国 道 俗 一 类， 运 数 至 因，

务图接续不断[2]。亦此国一类道俗，运数所至，

1.74.11

thjɨ^{2} ljij^{2} tsjiir^{1} zji^{2} mji^{1} wo^{2} dja^{2} we^{2} thja^{1} mjɨ^{2} deej^{1} tja^{1} dzjij^{2}

此 大 法 普 闻 合 △ 为[3]。 其 默 传 者， 余

合得普闻此大法[3]。其默传者，余

1.74.12

dzjwo^{2} mjɨ^{1} nwə^{1} nioow^{1} kia^{1} kia^{1} ŋwu^{2} dźiej^{2} sji^{2} wji^{1} thja^{1} dźju^{1} deej^{1}

人 不 知 故， 袈 裟 以 信 能 为； 其 显 传

人不知，故以袈裟为信；其显传

1.75.1

tja^{1} ɣiew^{1} mjijr^{2} tsjij^{2} ljɨ^{2} nioow^{1} lew^{1} ŋwuu^{1} dạ^{2} ŋwu^{2} ·jiw^{2} phja^{1} ŋwuu^{1}

者， 学 徒 辨 易 故， 但 言 说 以 疑 除。 言

者，学徒易辨，但以言说除疑。

1.75.2

thjwɨ1 ljɨ1 ŋwu2 ku1 thja1 lwər2 ljɨ1 njɨ2 śio1 ŋwu2 lja̱1 sji2 wji1

形 既 是， 则 彼 经 论 等 引 而 证 能 为

况既形言，足可引经论等为证。

1.75.3

wo2 śji1 ·o1 gie1 da̱2 sjij1 dzjɨj1 tsjiir1 deej1 mjijr2 dwuu2

可。 （前 叙 难 云： 今 时 法 传 者 密

da̱2 ·a tshjiij1 ·jɨ2 tja1 sjij1 thjɨ2 ŋwu2 wjɨ2 ku̱2 tsjiir1

语 △ 说 谓 者， 今 此 以 △ 答。 法

tja1 tha2 mo2 ·jij1 tsjiir1 ŋwu2 nioow1 tśhjwo1 mji1 mjijr2 djɨj1

者 达 摩 之 法 是 因， 故 闻 者 浅

（前叙难云[4]：今时传法者说密语否，今以此答也。法是达摩之法，故闻者浅

1.75.4

na1 zji2 gjij1 ɣie2 we2 lew1 śji1 dwuu2 sjij1 dźju1 nioow1 tśhjwo1 dwuu2 ŋwuu1

深 皆 利 益 为。 但 昔 密 今 显 因， 故 密 语

mji1 ·jɨ2 mjɨ1 djij2 mjiij2 do2 tsjiir1 tsjɨ1 do2 ŋwu2 ·jɨ2 tji2 ljo̱2 wjij2

不 名 未 然， 名 别 法 亦 别 是 谓 可 岂 在？）

深皆益。但昔密而今显，故不名密语，岂可名别法亦别耶？）

译文：

“诸缘绝时[1]，有断灭否？”答：“虽绝诸念，亦不断灭。”问：“以何证验，云不断灭？”答：“了了自知，言不可及。”师即印云：“只此是自性清净心，更勿疑也。”若所答不契，即但遮诸非，更令观察，毕竟不与他先言知字，直待自悟，方验实是亲证其体，然后印之，令绝余疑，故云默传心印。所言默者，唯默知字，非总不言。六代相传，皆如此也。至荷泽时，他宗竞播，欲求默契，不遇机缘。又思惟达摩悬丝之记，（达摩云：我法第六代后，命如悬丝。）恐宗旨灭绝，遂明言知之一字，众妙之门，学者悟之浅深，自身随愿可见，宗教传行，务图接续不断[2]。亦此国一类道俗，运数所至，合得普闻此大法[3]。其默传者，余人不知，故以袈裟为信；其显传者，学徒易辨，但以言说除疑。况既形言，

足可引经论等为证。（前叙难云[4]：今时传法者说密语否，今以此答也。法是达摩之法，故闻者浅深皆益。但昔密而今显，故不名密语，岂可名别法亦别耶?）

注释：

[1]汉本句首有“问”字。

[2]“学者”以下，汉本作“任学者悟之浅深，且务图宗教不断”。

[3]“亦此国一类道俗”以下，汉本作“亦是此国大法，运数所至，一类道俗，合得普闻，故感应如是”。

[4]汉本“难”上有“外”字。

释读：

1.75.4

·jɨr¹	dạ²
[illegible]	[illegible]：
问	曰：

问：

1.75.5

thjɨ²	njiij¹	·a	tsjij²	nioow¹	rjijr²	djọ²	śjij¹	thjij²	sjo²	śji¹	tshjiij¹	·jij¹
“[illegible]	[illegible]	[illegible]	[illegible]，	[illegible]	[illegible]	[illegible]	[illegible]	[illegible]	[illegible]?	[illegible]	[illegible]	[illegible]
“此	心	已	悟，	后	方	修	法	如	何?	初	说	相

“悟此心已，如何修之？还依初说相

1.75.6

tsjiir¹	mər²	bju¹	dzuu²	ŋwu²	djij²	wji¹	ku¹	·a	tśhjɨ¹	rjar¹	dju¹	kụ²
[illegible]	[illegible]	[illegible]	[illegible]	[illegible]	[illegible]	[illegible]①	[illegible]	[illegible]	[illegible]	[illegible]	[illegible]?”	[illegible]
教	禅	依	坐	而	定	为	则	△	还	许	有?”	答

教中令坐禅否？”答：

1.75.7

dạ²	thjɨ²	tja¹	njɨɨ¹	mə²	wo²	dju¹	tjij¹	mur¹	djị¹	ljɨɨ¹	ạ¹	nioow¹
[illegible]：“	[illegible]	[illegible]	[illegible]	[illegible]	[illegible]	[illegible]。	[illegible]	[illegible]	[illegible]	[illegible]	[illegible]	[illegible]
曰：“	此	者	二	种	意	有。	若	昏	沈	厚	重	故

“此有二意。谓昏沈厚重

① “[illegible]”七字残存右半，参照汉本“依初说相教中令坐禅否”补。

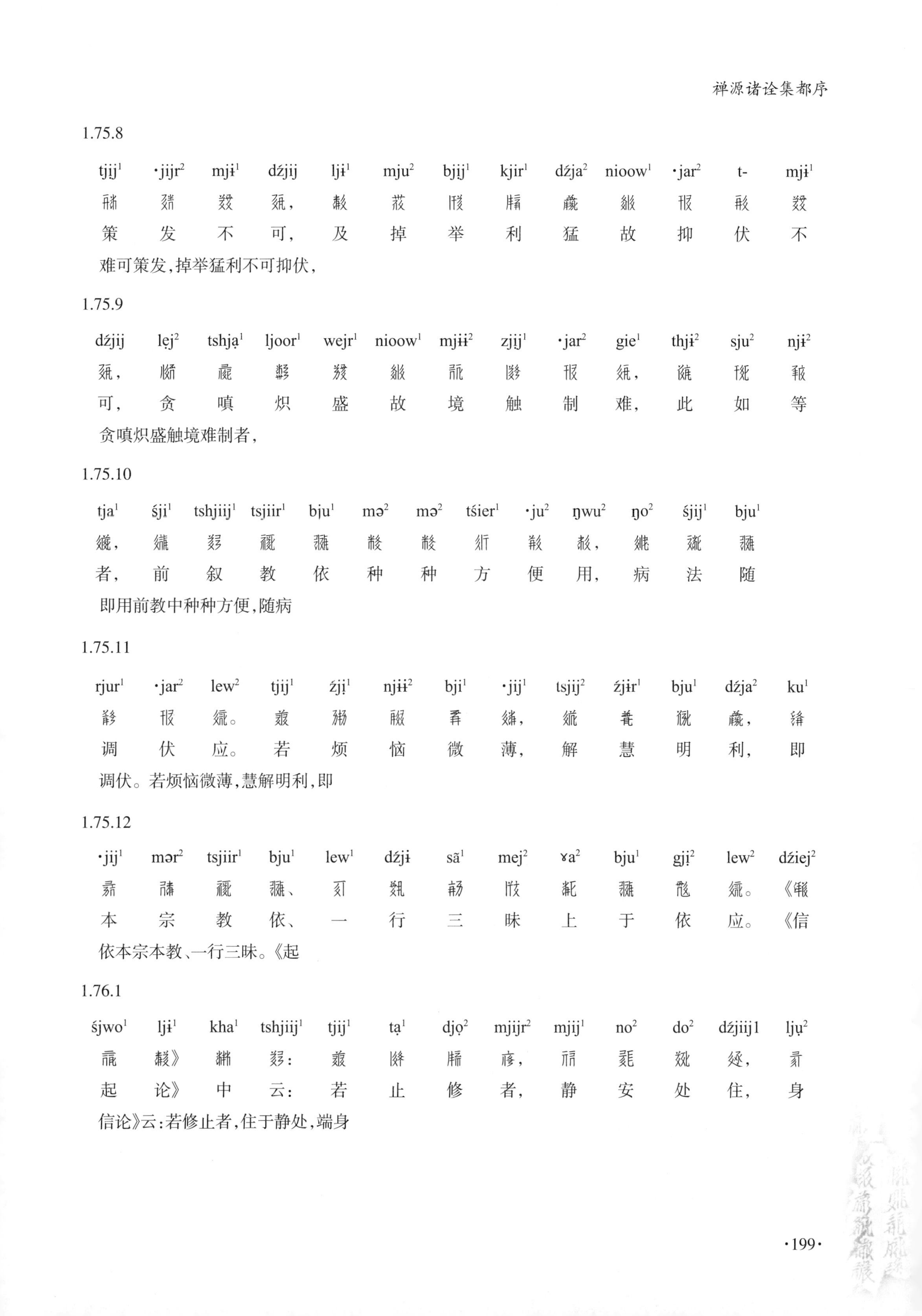

1.75.8

tjij1 ·jijr2 mjɨ1 dźjij ljɨ1 mju2 bjij1 kjir1 dźja2 nioow1 ·jar2 t- mjɨ1

策 发 不 可, 及 掉 举 利 猛 故 抑 伏 不

难可策发,掉举猛利不可抑伏,

1.75.9

dźjij lẹj2 tshjạ1 ljoor1 wejr1 nioow1 mjɨɨ2 zjij1 ·jar2 gie1 thjɨ2 sju2 njɨ2

可, 贪 嗔 炽 盛 故 境 触 制 难, 此 如 等

贪嗔炽盛触境难制者,

1.75.10

tja1 śji1 tshjiij1 tsjiir1 bju1 mə2 mə2 tśier1 ·ju2 ŋwu2 ŋo2 śjij1 bju1

者, 前 叙 教 依 种 种 方 便 用, 病 法 随

即用前教中种种方便,随病

1.75.11

rjur1 ·jar2 lew2 tjij1 źji1 njɨɨ2 bji1 ·jij1 tsjij2 źjɨr1 bju1 dźja2 ku1

调 伏 应。 若 烦 恼 微 薄, 解 慧 明 利, 即

调伏。若烦恼微薄,慧解明利,即

1.75.12

·jij1 mər2 tsjiir1 bju1 lew1 dźjɨ sã1 mej2 ɣa2 bju1 gjị2 lew2 dźiej2

本 宗 教 依、 一 行 三 昧 上 于 依 应。 《信

依本宗本教、一行三昧。《起

1.76.1

śjwo1 ljɨ1 kha1 tshjiij1 tjij1 tạ1 djọ2 mjijr2 mjij1 no2 do2 dźjiij1 ljụ2

起 论》 中 云: 若 止 修 者, 静 安 处 住, 身

信论》云:若修止者,住于静处,端身

1.76.2

tśjɨj^{1}	njiij^{1}	twụ^{1}	ɣię^{2}	ljɨ^{1}	tṣə^{1}	·jij^{1}	ɣa^{2}	mji^{1}	gjị^{2}	rjɨr^{2}	njɨ^{2}	lew^{1}
[illegible]	[illegible]	[illegible]，	[illegible]	[illegible]	[illegible]	[illegible]	[illegible]	[illegible]	[illegible]，	[illegible]	[illegible]	[illegible]
端	意	正，	气	及	色	形	于	不	依，	乃	至	唯

正意，不依气息形色，乃至唯

1.76.3

njiij^{1}	ŋwu^{2}	djɨr^{2}	mjɨɨ^{2}	kięj^{2}	mjij^{1}	kię^{1}	dźja^{2}	sã^{1}	mej^{2}	lwər^{2}	lhejr^{2}	kha^{1}
[illegible]	[illegible]，	[illegible]	[illegible]	[illegible]	[illegible]。	《[illegible]	[illegible]	[illegible]	[illegible]	[illegible]	[illegible]》	[illegible]
心	是，	外	境	界	无。	《金	刚	三	昧	经	契》	中

心，无外境界。《金刚三昧经》

1.76.4

tshjiij^{1}	śjā^{1}	·jij^{1}	mju^{2}	ŋwu^{2}	mji^{1}	mju^{2}	mji^{1}	śjā^{1}	thjɨ^{2}	tja^{1}	wee^{1}	mjij^{1}
[illegible]：	[illegible]	[illegible]	[illegible]	[illegible]，	[illegible]	[illegible]	[illegible]	[illegible]，	[illegible]	[illegible]	[illegible]	[illegible]
云：	禅	即	动	是，	不	动	不	禅，	此	者	生	无

云：禅即是动，不动不禅，是无生禅。

1.76.5

śjā^{1}	ŋwu^{2}	·jɨ^{2}	tsjiir^{1}	gjwi^{2}	lwər^{2}	lhejr^{2}	kha^{1}	tshjiij^{1}	tjij^{1}	rjur^{1}	sã^{1}	mej^{2}
[illegible]	[illegible]	[illegible]。	《[illegible]	[illegible]	[illegible]	[illegible]》	[illegible]	[illegible]：	[illegible]	[illegible]	[illegible]	[illegible]
禅	是	谓。	《法	句	契	经》	中	云：	若	诸	三	昧

《法句经》云：若学诸三昧，

1.76.6

ɣiew^{1}	mju^{2}	ŋwu^{2}	śjā^{1}	dzuu^{2}	njaa^{2}	njiij^{1}	mjɨɨ^{2}	kięj^{2}	bju^{1}	ljụ^{1}	thjij^{2}	sjo^{2}
[illegible]，	[illegible]	[illegible]	[illegible]	[illegible]	[illegible]，	[illegible]	[illegible]	[illegible]	[illegible]	[illegible]，	[illegible]	[illegible]
学，	动	是	禅	坐	非，	心	境	界	随	流，	云	何

是动非坐禅，心随境界流，云何

1.76.7

djɨj^{2}	mjiij^{2}	rjir^{1}	·jɨ^{2}	wji^{2}	mo^{2}	lwər^{2}	lhejr^{2}	kha^{1}	tshjiij^{1}	dzjar^{2}	djɨj^{2}	mji^{1}
[illegible]	[illegible]	[illegible]	[illegible]？	《[illegible]	[illegible]①	[illegible]	[illegible]》	[illegible]	[illegible]：	[illegible]	[illegible]	[illegible]
定	名	得	谓？	《维	摩	经	契》	中	云：	灭	定	不

名为定？《维摩经》云[1]：不起灭定，

① “[illegible]”六字残存左半，参照汉本“云何名为定净名”补。

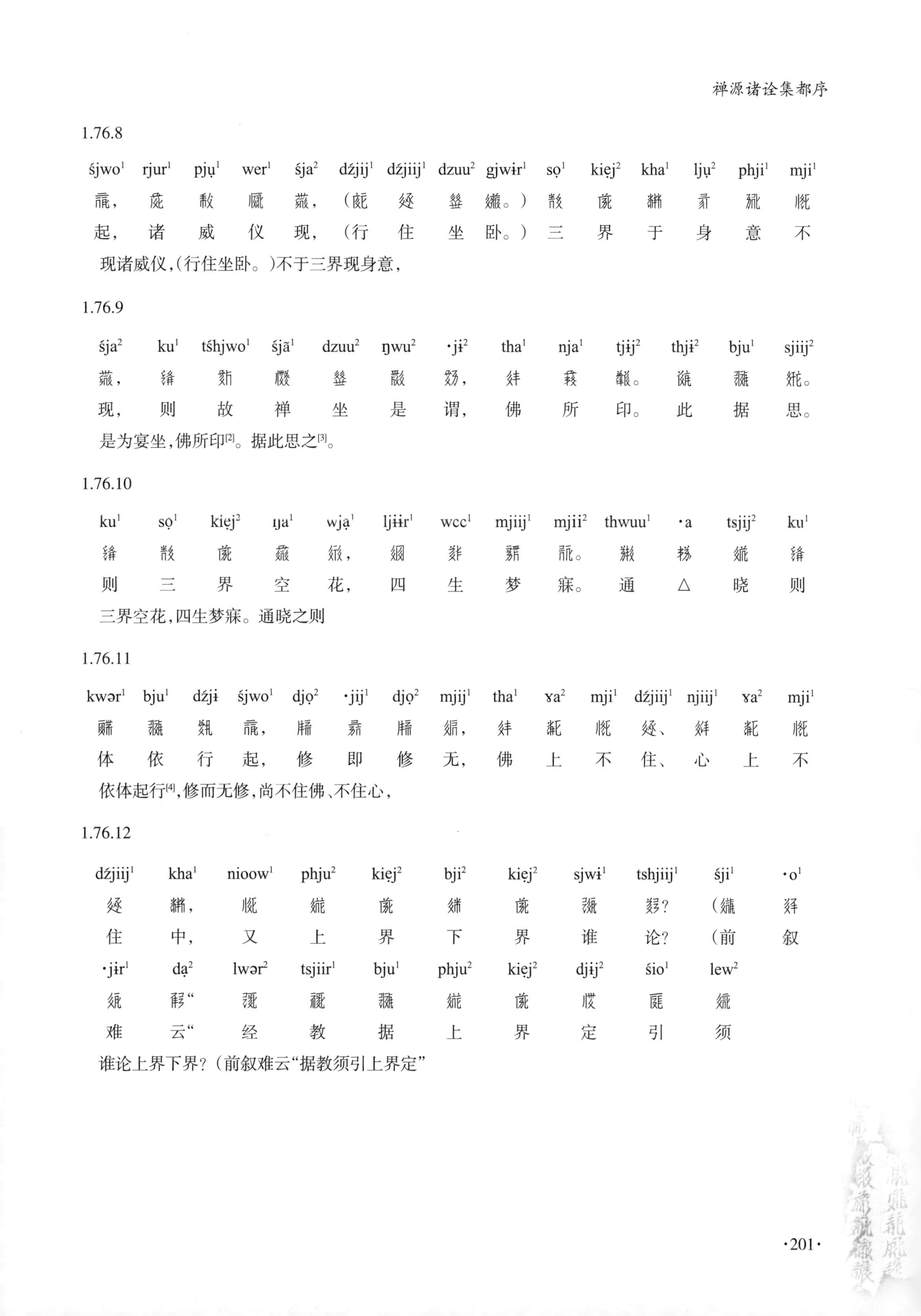

1.76.8

śjwo1 rjur1 pjụ1 wer1 śja2 dźjij1 dźjiij1 dzuu2 gjwɨr1 sọ1 kięj2 kha1 ljụ2 phji1 mji1

起，诸 威 仪 现，（行 住 坐 卧。）三 界 于 身 意 不

现诸威仪，（行住坐卧。）不于三界现身意，

1.76.9

śja2 ku1 tśhjwo1 śjã1 dzuu2 ŋwu2 ·jɨ2 tha1 nja1 tjɨj2 thjɨ2 bju1 sjiij2

现，则 故 禅 坐 是 谓，佛 所 印。此 据 思。

是为宴坐，佛所印[2]。据此思之[3]。

1.76.10

ku1 sọ1 kięj2 ŋa1 wja1 ljɨɨr1 wcc1 mjiij1 mjii2 thwuu1 ·a tsjij2 ku1

则 三 界 空 花，四 生 梦 寐。通 △ 晓 则

三界空花，四生梦寐。通晓之则

1.76.11

kwər1 bju1 dźjɨ śjwo1 djọ2 ·jij1 djọ2 mjij1 tha1 ɣa2 mji1 dźjiij1 njiij1 ɣa2 mji1

体 依 行 起，修 即 修 无，佛 上 不 住、心 上 不

依体起行[4]，修而无修，尚不住佛、不住心，

1.76.12

dźjiij1 kha1 nioow1 phju2 kięj2 bji2 kięj2 sjwɨ1 tshjiij1 śji1 ·o1

住 中，又 上 界 下 界 谁 论？（前 叙

·jɨr1 dạ2 lwər2 tsjiir1 bju1 phju2 kięj2 djɨj2 śio1 lew2

难 云“经 教 据 上 界 定 引 须

谁论上界下界？（前叙难云“据教须引上界定”

1.77.1

·jɨ^{2} tja^{1} sji^{1} meej^{2} mə^{1} ·juu^{1} sju^{2} ŋwu^{2} lew^{1} ·a mər^{2} ·jij^{1}

[illegible]

谓” 者， 木 管 天 窥 如 是， 但 一 宗 之

tshjiij^{1} śjij^{1} kjɨ^{1} zow^{2} mjɨ^{1} djij^{2} thjɨ^{2} sju^{2} wo^{2} dźjwa^{1} tsjiir^{1}

[illegible]

说 法 △ 执 未 然， 此 如 理 了 教

na^{1} ljij^{2} zjij^{1} kjɨ^{1} djɨj^{2} ·ju^{1} zar^{2} śjwo^{1} ŋwu^{2} ·jij^{1} źier^{1}

[illegible]

深 见 时， 必 定 羞 惭 生 而 自 责

者，以管窥天，但执一宗之说，见此了教理，应怀惭而退。）

1.77.2

njiij^{1} dźjow^{1} ljɨ^{1} nioow^{1} thjɨ^{2} tsjiir^{1} kha^{1} lew^{1} ɣiej^{1} njiij^{1} tsjiir^{2} bju^{1} laa^{1} sej^{1}

[illegible]

心 退 也。） 又 此 教 中 一 真 心 性 以， 染 净

然此教中以一真心性，对染净

1.77.3

rjur^{1} tsjiir^{1} rjir^{2} ŋowr^{2} t- ŋowr^{2} ɣjiw^{1} thja^{1} ŋowr^{2} t- tja^{1} śji^{1} rjɨr^{2}

[illegible]

诸 法 对， 全 拣 全 收。 彼 全 拣 者， 上 所

诸法，全拣全收。全拣者，如上所

1.77.4

tshjiij^{1} sju^{2} lew^{1} kwər^{1} mjor^{1} tśhjaa^{1} mjijr^{2} nwə^{1} twụ^{2} nur^{1} ·jij^{1} njiij^{1} tsjiir^{2}

[illegible]

说 如， 但 体 克 上 灵 知 直 指， 即 心 性

说，但克体直指灵知，即是心性，

1.77.5

ŋwu^{2} dzjij^{2} zji^{2} dź- lạ^{1} tśhjwo^{1} sjij^{2} ŋwu^{2} sjij^{2} lew^{2} njaa^{2} njiij^{1} mjɨɨ^{2}

[illegible]

是， 余 皆 虚 妄。 故 识 以 识 所 非， 心 境

余皆虚妄。故云非识所识，非心境

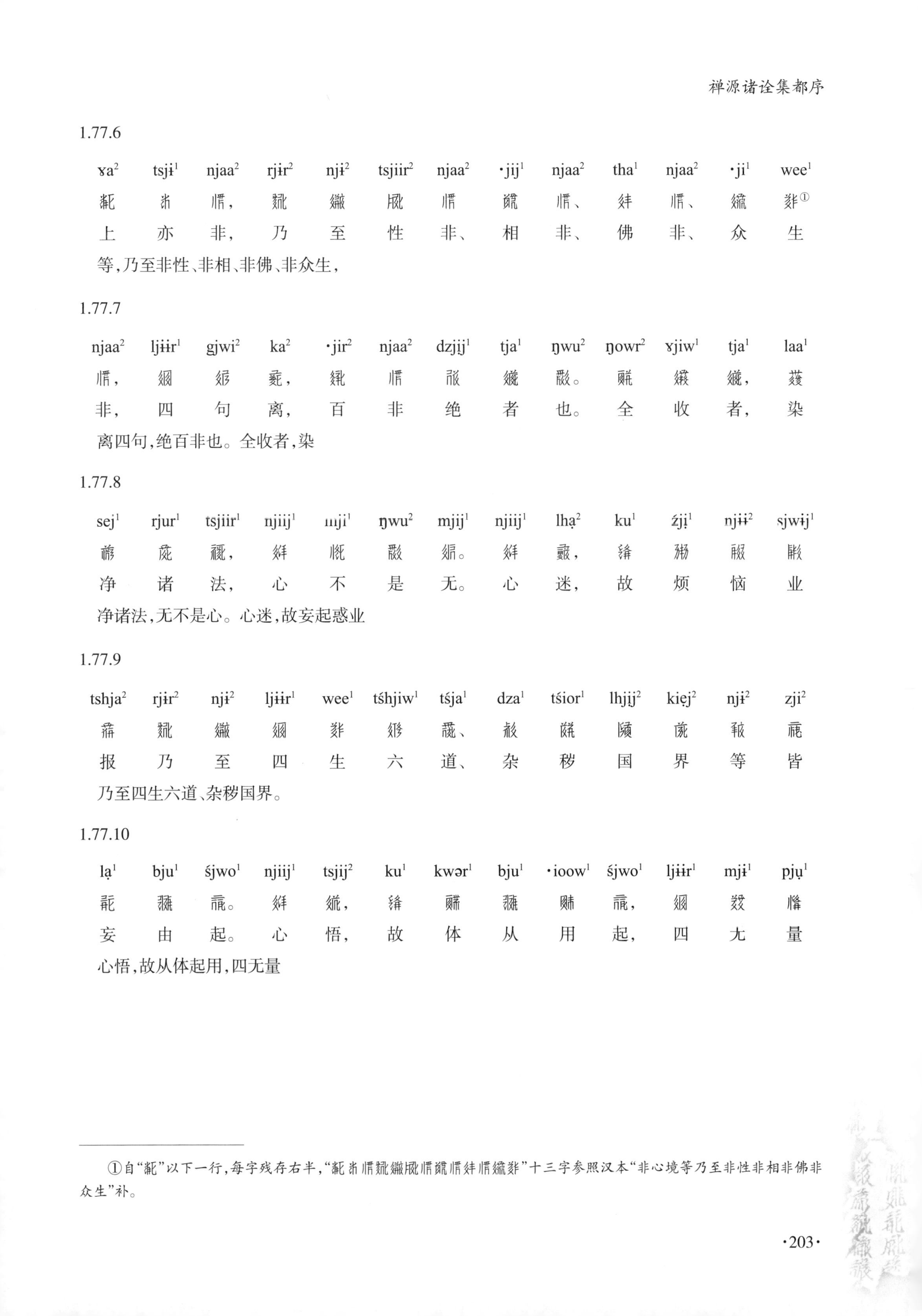

1.77.6

ɣa² tsjɨ¹ njaa² rjɨɨr² njɨ² tsjiir² njaa² ·jij¹ njaa² tha¹ njaa² ·ji¹ wee¹

[illegible]①

上 亦 非， 乃 至 性 非、 相 非、 佛 非、 众 生

等，乃至非性、非相、非佛、非众生，

1.77.7

njaa² ljɨɨr¹ gjwi² ka² ·jir² njaa² dzjij¹ tja¹ ŋwu² ŋowr² ɣjiw¹ tja¹ laa¹

[illegible]

非， 四 句 离， 百 非 绝 者 也。 全 收 者， 染

离四句，绝百非也。全收者，染

1.77.8

sej¹ rjur¹ tsjiir¹ njiij¹ mji¹ ŋwu² mjij¹ njiij¹ lhạ² ku¹ źjị¹ njɨɨ² sjwɨj¹

[illegible]

净 诸 法， 心 不 是 无。 心 迷， 故 烦 恼 业

净诸法，无不是心。心迷，故妄起惑业

1.77.9

tshja² rjɨɨr² njɨ² ljɨɨr¹ wee¹ tśhjiw¹ tśja¹ dza¹ tśior¹ lhjij² kiej² njɨ² zji²

[illegible]

报 乃 至 四 生 六 道、 杂 秽 国 界 等 皆

乃至四生六道、杂秽国界。

1.77.10

lạ¹ bju¹ śjwo¹ njiij¹ tsjij² ku¹ kwər¹ bju¹ ·ioow¹ śjwo¹ ljɨɨr¹ mjɨ¹ pjụ¹

[illegible]

妄 由 起。 心 悟， 故 体 从 用 起， 四 无 量

心悟，故从体起用，四无量

①自“[illegible]”以下一行，每字残存右半，“[illegible]”十三字参照汉本“非心境等乃至非性非相非佛非众生”补。

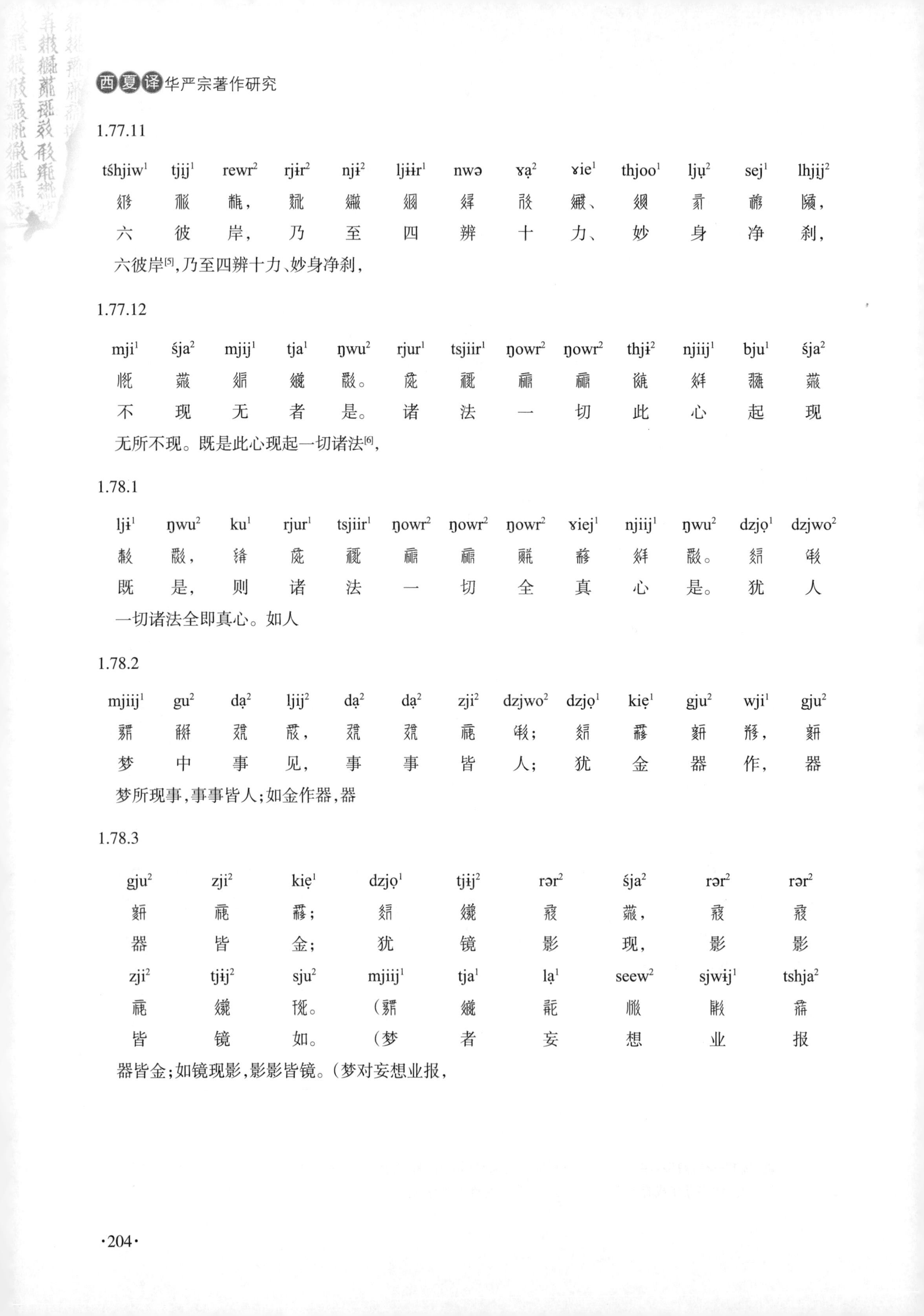

1.77.11

tśhjiw¹ tjij¹ rewr² rjɨr² njɨ² ljɨɨr¹ nwə ɣạ² ɣie¹ thjoo¹ ljụ² sej¹ lhjij²

[illegible]

六 彼 岸， 乃 至 四 辨 十 力、 妙 身 净 刹，

六彼岸[5]，乃至四辨十力、妙身净刹，

1.77.12

mji¹ śja² mjij¹ tja¹ ŋwu² rjur¹ tsjiir¹ ŋowr² ŋowr² thjɨ² njiij¹ bju¹ śja²

[illegible]

不 现 无 者 是。 诸 法 一 切 此 心 起 现

无所不现。既是此心现起一切诸法[6]，

1.78.1

ljɨ¹ ŋwu² ku¹ rjur¹ tsjiir¹ ŋowr² ŋowr² ŋowr² ɣiej¹ njiij¹ ŋwu² dzjọ¹ dzjwo²

[illegible]

既 是， 则 诸 法 一 切 全 真 心 是。 犹 人

一切诸法全即真心。如人

1.78.2

mjiij¹ gu² dạ² ljij² dạ² dạ² zji² dzjwo² dzjọ¹ kię¹ gju² wji¹ gju²

[illegible]

梦 中 事 见， 事 事 皆 人； 犹 金 器 作， 器

梦所现事，事事皆人；如金作器，器

1.78.3

gju² zji² kię¹ dzjọ¹ tjɨj² rər² śja² rər² rər²

[illegible]

器 皆 金； 犹 镜 影 现， 影 影

zji² tjɨj² sju² mjiij¹ tja¹ lạ¹ seew² sjwɨj¹ tshja²

[illegible]

皆 镜 如。 （梦 者 妄 想 业 报

器皆金；如镜现影，影影皆镜。（梦对妄想业报，

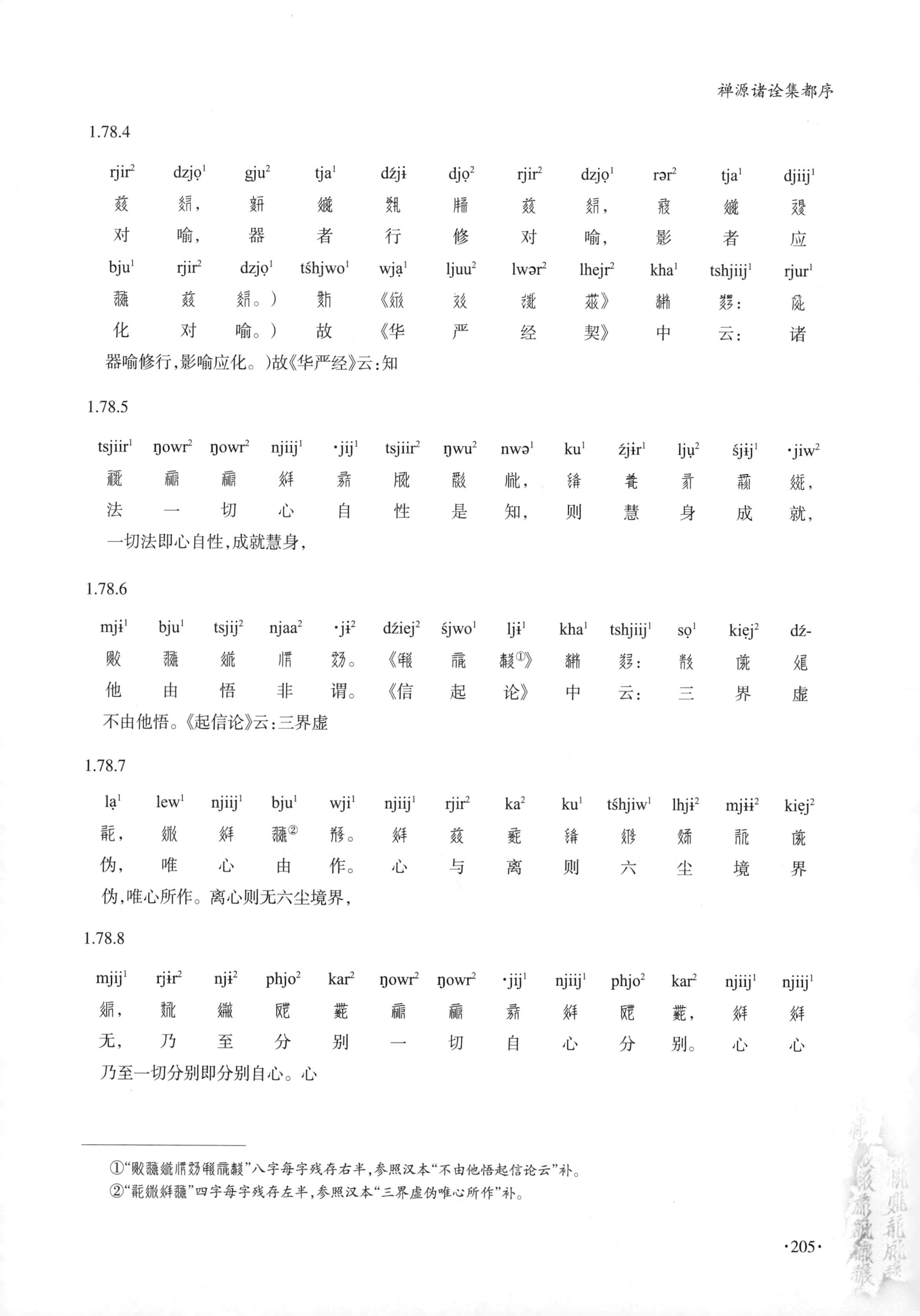

1.78.4

rjir^{2} dzjọ^{1} gju^{2} tja^{1} dźjɨ djọ^{2} rjir^{2} dzjọ^{1} rər^{2} tja^{1} djiij^{1}

对 喻， 器 者 行 修 对 喻， 影 者 应

bju^{1} rjir^{2} dzjọ^{1} tśhjwo^{1} wją^{1} ljuu^{2} lwər^{2} lhejr^{2} kha^{1} tshjiij^{1} rjur^{1}

化 对 喻。） 故 《华 严 经 契》 中 云： 诸

器喻修行，影喻应化。）故《华严经》云：知

1.78.5

tsjiir^{1} ŋowr^{2} ŋowr^{2} njiij^{1} ·jij^{1} tsjiir^{2} ŋwu^{2} nwə^{1} ku^{1} źjɨr^{1} ljụ^{2} śjɨj^{1} ·jiw^{2}

法 一 切 心 自 性 是 知， 则 慧 身 成 就，

一切法即心自性，成就慧身，

1.78.6

mjɨ^{1} bju^{1} tsjij^{2} njaa^{2} ·jɨ^{2} dźiej^{2} śjwo^{1} ljɨ^{1} kha^{1} tshjiij^{1} sọ^{1} kięj^{2} dź-

他 由 悟 非 谓。 《信 起 论①》 中 云： 三 界 虚

不由他悟。《起信论》云：三界虚

1.78.7

lạ^{1} lew^{1} njiij^{1} bju^{1} wji^{1} njiij^{1} rjir^{2} ka^{2} ku^{1} tśhjiw^{1} lhjɨ^{2} mjɨɨ^{2} kięj^{2}

伪， 唯 心 由② 作。 心 与 离 则 六 尘 境 界

伪，唯心所作。离心则无六尘境界，

1.78.8

mjij^{1} rjɨr^{2} njɨ^{2} phjo^{2} kar^{2} ŋowr^{2} ŋowr^{2} ·jij^{1} njiij^{1} phjo^{2} kar^{2} njiij^{1} njiij^{1}

无， 乃 至 分 别 一 切 自 心 分 别。 心 心

乃至一切分别即分别自心。心

---

①“[illegible]”八字每字残存右半，参照汉本“不由他悟起信论云”补。

②“[illegible]”四字每字残存左半，参照汉本“三界虚伪唯心所作”补。

1.78.9

mji^{1}	ljij^{2}	·jij^{1}	rjir^{1}	tji̠^{2}	mjij^{1}	ku^{1}	tśhjwo^{1}	tsjiir^{1}	ŋowr^{2}	ŋowr^{2}	tjɨj^{2}	gu^{2}
不	见，	相	得	可	无，	则	故	法	一	切	镜	中

不见心，无相可得，故一切法如镜中

1.78.10

swu^{2}	sju^{2}	·jɨ^{2}	lẽ^{1}	khja^{2}	lwər^{2}	lhejr^{2}	kha^{1}	tshjiij^{1}	mjij^{1}	dzjar^{2}	tja^{1}	lew^{1}
相	如	云。	《楞	伽	经	契》	中	云：	寂	灭	者，	一

相。《楞伽》云：寂灭者，名为一

1.78.11

njiij^{1}	ŋwu^{2}	lew^{1}	njiij^{1}	tja^{1}	mjor^{1}	ljij^{2}	·u̠^{2}	ŋwu^{2}	tshwew^{1}	wee^{1}	ŋowr^{2}	ŋowr^{2}
心	是。	一	心	者，	如	来	藏	是，	趣	生	一	切

心。一心者，名如来藏，能遍兴造一切趣生。

1.78.12

zji^{2}	wji^{1}	śjwo^{1}	njwi^{2}	thjɨ^{2}	tja^{1}	neew^{2}	wji^{1}	niow^{2}	wji^{1}	tśji̠^{1}	lhjij^{2}	rejr^{2}
遍	造	兴	能。	此	者，	善	造	恶	造，	苦	受	乐

造善造恶，受苦受乐，

1.79.1

lhjij^{2}	zji^{2}	·jiw^{1}	rjir^{2}	ka^{1}	tśhjwo^{1}	ŋowr^{2}	ŋowr^{2}	njiij^{1}	njaa^{2}	tja^{1}	mjij^{1}	·jɨ^{2}
受，	皆	因	与	俱，	故	一	切	心	非	者	无	谓。

皆与因俱[7]，故知一切无非心也。

1.79.2

ŋowr^{2}	t-	ɣa^{1}	ŋwu^{2}	śji^{1}	njɨɨ^{1}	tsew^{2}	·jij^{1}	ljiij^{2}	tsjiir^{1}	·jij^{1}	ɣjiw^{1}	ŋowr^{2}
全	拣	门	以	前	二	第	相	破	教	△	摄，	全

全拣门摄前第二破相教，全

1.79.3

ɣjiw1	ɣa1	ŋwu2	śji1	lew1	tsew2	·jij1	tshjiij1	tsjiir1	·jij1	ɣjiw1	śji1	ŋwu2
[illegible]	[illegible]	[illegible]	[illegible]	[illegible]	[illegible]	[illegible]	[illegible]	[illegible]	[illegible]	[illegible]。	[illegible]	[illegible]
收	门	以	前	一	第	相	说	教	△	摄。	前	以

收门摄前第一说相教。将

1.79.4

thjɨ2	dwər2	thjɨ2	tja1	śji1	rjir2	do2	ɣiej1	thjɨ2	ŋwu2	śji1	ɣjiw1	thjɨ2
[illegible]	[illegible]，	[illegible]	[illegible]	[illegible]	[illegible]	[illegible]	[illegible]；	[illegible]	[illegible]	[illegible]	[illegible]	[illegible]
此	摄，	此	者	将	于	异	真；	此	于	异	真；	此

前望此，此则迥异于前；将此摄前，

1.79.5

tja1	śji1	rjir2	ŋowr2	thwuu1	na1	kjɨ1	djɨj2	djɨj1	ɣjiw1	djɨj1	tja1	na1
[illegible]	[illegible]	[illegible]	[illegible]	[illegible]。	[illegible]	[illegible]	[illegible]	[illegible]	[illegible]，	[illegible]	[illegible]	[illegible]
者	前	于	全	同。	深	必	定	浅	该，	浅	者	深

前则全同于此。深必该浅，浅不至深。

1.79.6

mji1	djɨj2	njɨ2	na1	tja1	ɣiej1	njiij1	·jij1	kwər1	twụ1	twụ1	dźju1	nur1
[illegible]	[illegible]	[illegible]。	[illegible]	[illegible]	[illegible]	[illegible]①	[illegible]	[illegible]	[illegible]	[illegible]	[illegible]	[illegible]，
不	必	至。	深	者	真	心	之	体	直	直	显	示，

深者直显出真心之体，

1.79.7

tśhjwo1	mja1	nioow1	mja1	tśhjɨ1	ŋowr2	ŋowr2	t-	ŋowr2	ŋowr2	ɣjiw1	we2	thjɨ2
[illegible]	[illegible]	[illegible]	[illegible]	[illegible]	[illegible]	[illegible]	[illegible]、	[illegible]	[illegible]	[illegible]	[illegible]。	[illegible]②
故	方	才	如	是	一	切	拣、	一	切	收	为。	是

方于中拣一切、收一切也。如是

1.79.8

sju2	ɣjiw1	t-	·jij1	dzju2	tsjiir2	·jij1	ɣiẹ2	mjij1	ku1	tsjiir1	ŋowr2	ŋowr2
[illegible]	[illegible]	[illegible]	[illegible]	[illegible]，	[illegible]	[illegible]	[illegible]	[illegible]，	[illegible]	[illegible]	[illegible]	[illegible]
如	收	拣	自	在，	性	相	碍	无，	方	法	一	切

收拣自在，性相无碍，方能于一切

① "[illegible]"七字残存右半，参照汉本"浅不至深深者直显出真心之体"补。

② 自"[illegible]"以下一行，每字残存其半，"[illegible]"十三字参照汉本"方于中拣一切收一切"补。

1.79.9

ɣa² zji² dźjiij¹ mjij¹ njwi² thjɨ² ·jij¹ mjiij² wo² dźjwa¹ ·jɨ² nioow¹ njiij¹

[illegible]

于 悉 住 无 能， 此 之 名 义 了 谓。 更 心

法悉无所住，唯此名为了义。更有心

1.79.10

tsjiir² thwuu¹ do² twụ² tśjɨɨ¹ ljwu¹ ɣię² ljɨ¹ nioow¹ rjur¹ dzjiij² rjɨr² tshjiij¹

[illegible]①

性 同 异、 顿 渐 违 妨， 及 后 诸 师 △ 言

性同异、顿渐违妨，及所排诸家言

1.79.11

dzju¹ tshjii² djij¹ 来日 njɨ² tśjɨɨ¹ bju¹ kjɨ¹ śioo¹ śiaa² śjij¹ ljij² wo²

[illegible]②

教 旨 部 帙 等 次 第 所 集， 述 法 大 意，

教部帙次第、述作大意，

1.79.12

zji² mjiij² 来日音 kha¹ dźju¹ śjã¹ ɣjow¹ śioo¹ phju² 来日音 dźjwa¹

[illegible]

悉 下 卷 中 明。《禅 源 集》 上 卷 竟。

悉在下卷。《禅源集》上卷 竟。

译文：

问："悟此心已，如何修之？还依初说相教中令坐禅否？"答："此有二意。谓昏沈厚重难可策发，掉举猛利不可抑伏，贪嗔炽盛触境难制者，即用前教中种种方便，随病调伏。若烦恼微薄，慧解明利，即依本宗本教、一行三昧。《起信论》云：若修止者，住于静处，端身正意，不依气息形色，乃至唯心，无外境界。《金刚三昧经》云：禅即是动，不动不禅，是无生禅。《法句经》云：若学诸三昧，是动非坐禅，心随境界流，云何名为定？《维摩经》云[1]：不起灭定，现诸威仪，（行住坐卧。）不于三界现身意，是为宴坐，佛所印[2]。据此思之[3]。三界空花，四生梦寐。通晓之则依体起行[4]，修而无修，尚不住佛、不住心，谁论上界下界？（前叙难云"据教须引上界定"者，以管窥天，但执一宗之说，见此了教理，应怀惭而退。）然此教中以一真心性，对染净诸法，全拣全收。全拣者，如上所说，但克体直指灵知，即是心性，余皆虚妄。故云非识所识，非心境等，乃至非性、非相、非佛、非众生，

①"[illegible]"三字原残，参照汉本"更有心性"补。

②"[illegible]"七字残存右半，参照汉本"言教部帙次第"补。

离四句，绝百非也。全收者，染净诸法，无不是心。心迷，故妄起惑业乃至四生六道、杂秽国界。心悟，故从体起用，四无量六彼岸[5]，乃至四辨十力、妙身净刹，无所不现。既是此心现起一切诸法[6]，一切诸法全即真心。如人梦所现事，事事皆人；如金作器，器器皆金；如镜现影，影影皆镜。（梦对妄想业报，器喻修行，影喻应化。）故《华严经》云：知一切法即心自性，成就慧身，不由他悟。《起信论》云：三界虚伪，唯心所作。离心则无六尘境界，乃至一切分别即分别自心。心不见心，无相可得，故一切法如镜中相。《楞伽》云：寂灭者，名为一心。一心者，名如来藏，能遍兴造一切趣生。造善造恶，受苦受乐，皆与因俱[7]，故知一切无非心也。全拣门摄前第二破相教，全收门摄前第一说相教。将前望此，此则迥异于前；将此摄前，前则全同于此。深必该浅，浅不至深。深者直显出真心之体，方于中拣一切、收一切也。如是收拣自在，性相无碍，方能于一切法悉无所住，唯此名为了义。更有心性同异、顿渐违妨，及所排诸家言教部帙次第、述作大意，悉在下卷。

《禅源集》上卷　竟。

注释：

[1]维摩经，汉本作“净名”。

[2]汉本“印”下有“身”字。

[3]据此思之，汉本作“据此即以答”。

[4]汉本无“通晓之则”四字。

[5]四无量六彼岸，汉本作“四等六度”。

[6]一切诸法，汉本无“一切”二字。下句“一切诸法全即真心”同。

[7]皆与因俱，汉本无“皆”字。按《宗镜录》卷三十四引作“果与因俱”。

释读：

1.80.7

mji^{1}	djij^{2}	ɣiej^{1}	wo^{2}	rjir^{2}	phjoo^{2}	ŋwu^{2}	twụ^{2}	tshjiij^{1}	dju^{1}	tśhji^{2}	tsjiir^{2}	rjir^{2}
[illegible]	[illegible]①，	[illegible]	[illegible]	[illegible]	[illegible]	[illegible]	[illegible]	[illegible]	[illegible]，	[illegible]	[illegible]	[illegible]
不	同，	真	理	与	称	而	顿	说	有，	机	性	与

……不同，有称理顿说，有随机

1.80.8

bju^{1}	śjij^{1}	tśjɨɨ^{1}	tshjiij^{1}	dju^{1}	tśhjwo^{1}	twụ^{2}	tsjiir^{1}	tśjɨɨ^{1}	tsjiir^{1}	·jɨ^{2}	mjɨ^{1}	djij^{2}
[illegible]	[illegible]	[illegible]	[illegible]	[illegible]，	[illegible]	[illegible]	[illegible]	[illegible]	[illegible]	[illegible]	[illegible]	[illegible]，
随	法	渐	说	有，	故	顿	教	渐	教	谓	未	然，

渐说，故复名顿教渐教，

①卷二自卷首至“但以世尊说时仪式不同”残佚。

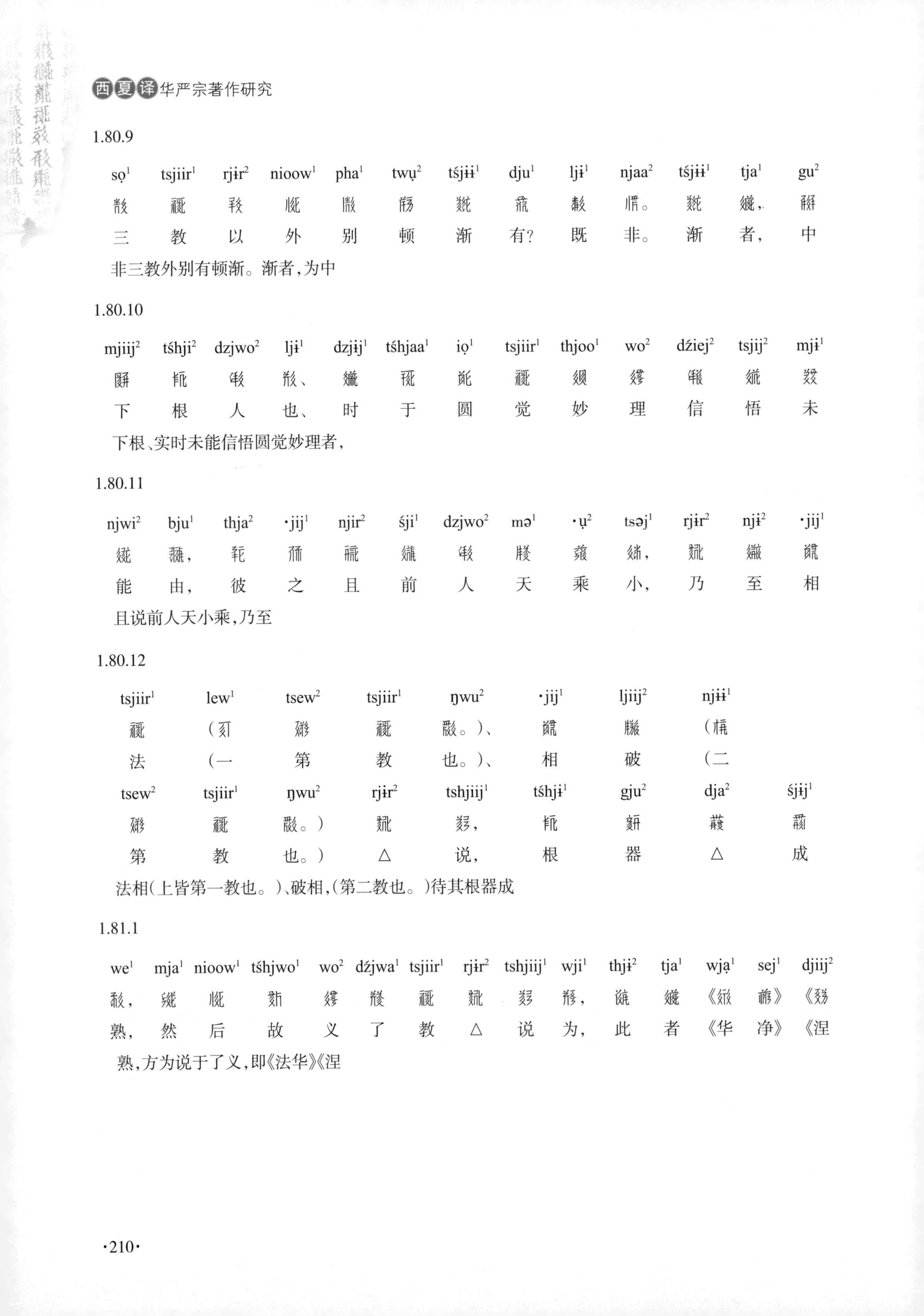

1.80.9

sọ^{1} tsjiir^{1} rjɨr^{2} nioow^{1} pha^{1} twụ^{2} tśjɨɨ^{1} dju^{1} ljɨ^{1} njaa^{2} tśjɨɨ^{1} tja^{1} gu^{2}

[illegible]

三 教 以 外 别 顿 渐 有? 既 非。 渐 者, 中

非三教外别有顿渐。渐者,为中

1.80.10

mjiij^{2} tśhji^{2} dzjwo^{2} ljɨ^{1} dzjɨj^{1} tśhjaa^{1} iọ^{1} tsjiir^{1} thjoo^{1} wo^{2} dźiej^{2} tsjij^{2} mjɨ^{1}

[illegible]

下 根 人 也、 时 于 圆 觉 妙 理 信 悟 未

下根、实时未能信悟圆觉妙理者,

1.80.11

njwi^{2} bju^{1} thja^{2} ·jij^{1} njir^{2} śji^{1} dzjwo^{2} mə^{1} ·ụ^{2} tsəj^{1} rjɨr^{2} njɨ^{2} ·jij^{1}

[illegible]

能 由, 彼 之 且 前 人 天 乘 小, 乃 至 相

且说前人天小乘,乃至

1.80.12

tsjiir^{1} lew^{1} tsew^{2} tsjiir^{1} ŋwu^{2} ·jij^{1} ljiij^{2} njɨɨ^{1}

[illegible]

法 (一 第 教 也。)、 相 破 (二

tsew^{2} tsjiir^{1} ŋwu^{2} rjɨr^{2} tshjiij^{1} tśhji^{1} gju^{2} dja^{2} śjɨj^{1}

[illegible]

第 教 也。) △ 说, 根 器 △ 成

法相(上皆第一教也。)、破相,(第二教也。)待其根器成

1.81.1

we^{1} mja^{1} nioow^{1} tśhjwo^{1} wo^{2} dźjwa^{1} tsjiir^{1} rjɨr^{2} tshjiij^{1} wji^{1} thjɨ^{2} tja^{1} wjạ^{1} sej^{1} djiij^{2}

[illegible]

熟, 然 后 故 义 了 教 △ 说 为, 此 者 《华 净》 《涅

熟,方为说于了义,即《法华》《涅

1.81.2

phã1	lwər2	lhejr2	ŋwu2	thjɨ2	ɣa2	śjwo1	rjɨr2	khju1	tśhji2
盘》	经	契	是。	（此	于	始	以	下	机
bju1	twụ2	tsjiir1	ɣa2	njɨ2	·a	śjij1	sọ1	tsew2	tsjiir1
逐	顿	教	于	及，	一	并	三	第	教

盘》等经是也。（此及下逐机顿教，合为第三教

1.81.3

ŋwu2	thja1	dzjiij2	tjɨj2	bju1	twụ2	·a	mə2	ŋwu2	thjɨ2	sọ1	mə2
也。	其	化	仪	逐	顿	一	般	以	此	三	般
zji2	ɣjiw1	lji2	mə1	thjɨ2	kięj2	njwo2	sjij1	tśhja2	mjijr2	njɨ2	
总	摄。	西	天	此	方	古	今	德	士	等，	
rjur1	tsjiir1	dja2	phjo2	kar2	sọ1	dzjɨj1	ŋwə1	dzjɨj1	rjɨr2	wji1	
诸	教	所	分	判	三	时	五	时	所	为	

也。逐其化仪顿一般即总摄此三般[1]。西域此方古今诸德，所判教为三时五时

1.81.4

tja1	lew1	tśjɨɨ1	tsjiir1	·a	mə2	ŋwu2	mjɨ1	djij2	wją1	śjwo2	tha1	tśjiw2	io̧1
者，	但	渐	教	一	类	是	未	然，	《华	严》	《佛	顶》	《圆
dwewr2	kię1	dźja2	sã1	mej2	njɨ2	lwər2	lhejr2	mji1	ɣjiw1	twụ2	tja1	nioow1	njɨɨ1
觉》	《金	刚	三	昧》	等	经	契	不	摄。）	顿	者	复	二

者，但是渐教一类，不摄《华严》《佛顶》《圆觉》《金刚三昧》等经[2]。）顿者复二：

1.81.5

mə2	dju1	lew1	tśhji2	tsjiir2	bju1	twụ2	njɨɨ1	dzjiij2	tjɨj2	bju1	twụ2	lew1
般	有：	一	机	性	逐	顿，	二	化	仪	逐	顿。	一

一逐机顿，二化仪顿。一

1.81.6

tśhji^{2}	tsjiir^{2}	bju^{1}	twụ^{2}	tja^{1}	·ju^{2}	mur^{1}	phju^{2}	tśhji^{2}	sjij^{2}	dźja^{2}	rjir^{2}	ber^{2}
机	性	逐	顿	者，	凡	夫	上	根	智	利	与	遇

逐机顿者[3]，遇凡夫上根利智，

1.81.7

zjij^{1}	ɣiej^{1}	tsjiir^{2}	twụ^{2}	nur^{1}	mji^{1}	xja^{1}	twụ^{2}	tsjij^{2}	tha^{1}	mjaa^{1}	rjir^{2}	ŋowr^{2}
时，	真	性	直	示。	闻	即	顿	悟，	佛	果	与	全

直示真性。闻即顿悟，全同佛果，

1.81.8

thwuu^{1}	wją^{1}	ljuu^{2}	lwər^{2}	lhejr^{2}	kha^{1}	tshjiij^{1}	ɣu^{1}	njiij^{1}	bie^{2}	zjij^{1}	·ja	duu^{2}
同，	《华	严	经	契》	中	云：“	初	心	发	时，	阿	耨

如《华严经》中“初发心时，即得阿耨

1.81.9

po^{1}	tjɨj^{1}	rjir^{1}	·jɨ^{2}	io^{1}	dwewr^{2}	lwər^{2}	lhejr^{2}	kha^{1}	tshjiij^{1}	bioo^{1}	dźjɨ	śjɨj^{1}
菩	提	得	谓。”	《圆	觉	经	契》	中	云：“	观	行	成

菩提”，《圆觉经》中“观行成

1.81.10

zjij^{1}	tha^{1}	mjɨɨ^{2}	rjir^{2}	thwuu^{1}	we^{2}	·jɨ^{2}	ljij^{2}	tha^{1}	tśjiw^{2}	lwər^{2}	lhejr^{2}	kha^{1}
时，	佛	境	与	同	为	谓。”	《大	佛	顶	经	契》	中

时，即成佛道“，《大佛顶经》中

1.81.11

tshjiij^{1}	sjij^{2}	ŋur^{1}	dzjar^{2}	ku^{1}	xja^{1}	ɣạ^{2}	ljɨ^{2}	dzjij^{1}	twụ^{2}	mjor^{1}	ljij^{2}	·jij^{1}
云：“	识	阴	尽，	则	速	十	地	超，	顿	如	来	△

“识阴尽，则速超十地，顿入于如来

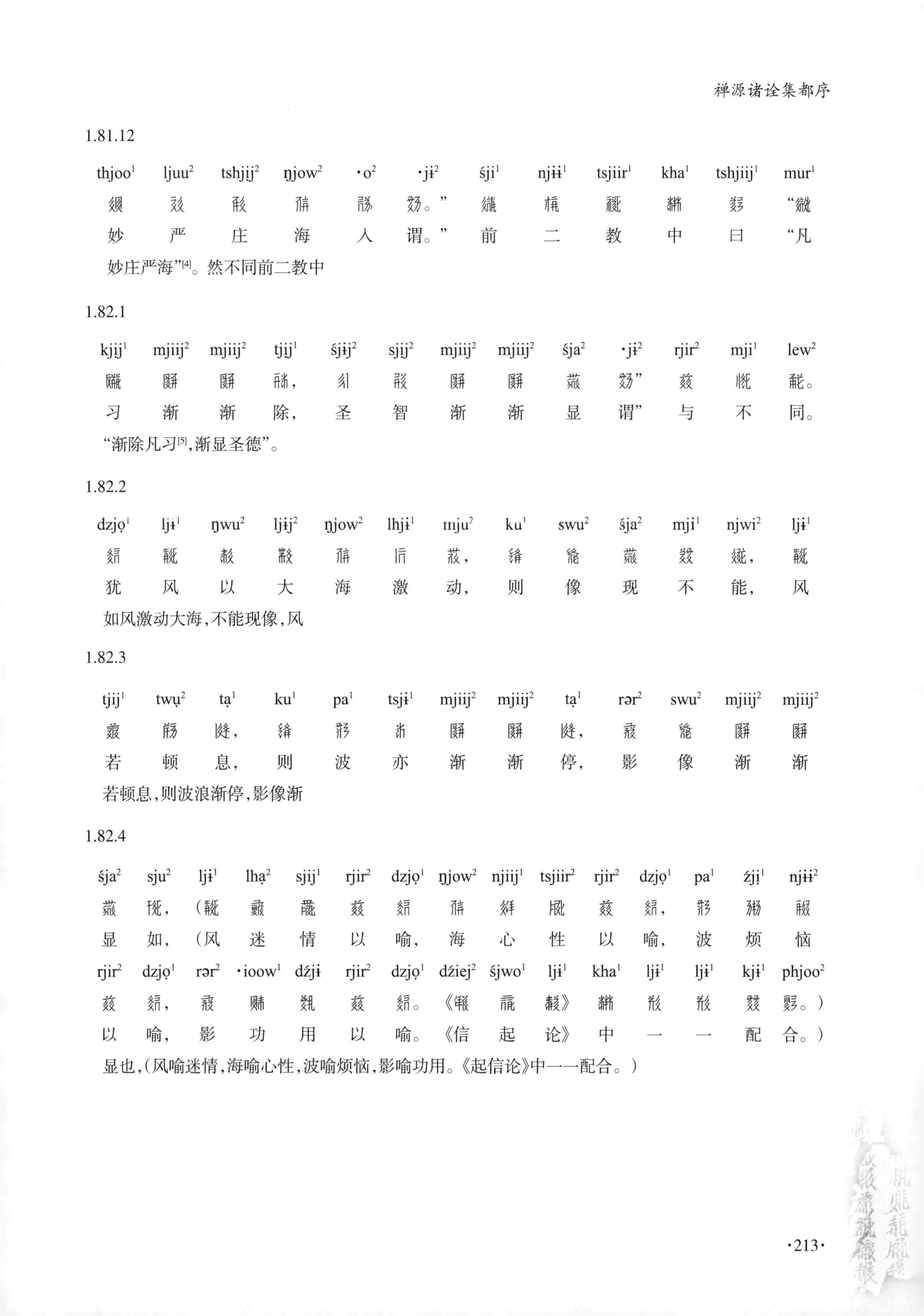

1.81.12

thjoo^{1} ljuu^{2} tshjij^{2} ŋjow^{2} ·o^{2} ·jɨ^{2} śji^{1} njɨɨ^{1} tsjiir^{1} kha^{1} tshjiij^{1} mur^{1}

妙 严 庄 海 入 谓。” 前 二 教 中 曰 “凡

妙庄严海”[4]。然不同前二教中

1.82.1

kjij^{1} mjiij^{2} mjiij^{2} tjij^{1} śjɨj^{2} sjij^{2} mjiij^{2} mjiij^{2} śja^{2} ·jɨ^{2} rjir^{2} mji^{1} lew^{2}

习 渐 渐 除, 圣 智 渐 渐 显 谓” 与 不 同。

“渐除凡习[5],渐显圣德”。

1.82.2

dzjọ^{1} ljɨ^{1} ŋwu^{2} ljɨj^{2} ŋjow^{2} lhjɨ^{1} mju^{2} ku^{1} swu^{2} śja^{2} mji^{1} njwi^{2} ljɨ^{1}

犹 风 以 大 海 激 动, 则 像 现 不 能, 风

如风激动大海,不能现像,风

1.82.3

tjij^{1} twụ^{2} tạ^{1} ku^{1} pa^{1} tsjɨ^{1} mjiij^{2} mjiij^{2} tạ^{1} rər^{2} swu^{2} mjiij^{2} mjiij^{2}

若 顿 息, 则 波 亦 渐 渐 停, 影 像 渐 渐

若顿息,则波浪渐停,影像渐

1.82.4

śja^{2} sju^{2} ljɨ^{1} lhạ^{2} sjij^{1} rjir^{2} dzjọ^{1} ŋjow^{2} njiij^{1} tsjiir^{2} rjir^{2} dzjọ^{1} pa^{1} źjị^{1} njɨɨ^{2}

显 如, (风 迷 情 以 喻, 海 心 性 以 喻, 波 烦 恼

rjir^{2} dzjọ^{1} rər^{2} ·ioow^{1} dźjɨ rjir^{2} dzjọ^{1} dźiej^{2} śjwo^{1} ljɨ^{1} kha^{1} ljɨ^{1} ljɨ^{1} kjɨ^{1} phjoo^{2}

以 喻, 影 功 用 以 喻。《信 起 论》 中 一 一 配 合。)

显也,(风喻迷情,海喻心性,波喻烦恼,影喻功用。《起信论》中一一配合。)

1.82.5

thjɨ^{2}	tja^{1}	wją^{1}	śjwo^{2}	·a	phiaa^{2}	ljɨ^{1}	iọ^{1}	dwewr^{2}	tha^{1}	tśjiw^{2}	dwuu^{2}	śjwo^{2}
此	者，	《华	严》	一	分	及	《圆	觉》	《佛	顶》	《密	严》

即《华严》一分及《圆觉》《佛顶》《密严》

1.82.6

buu^{2}	rer^{2}	mjor^{1}	ljij^{2}	·ụ^{2}	njɨ^{2}	njɨɨ^{1}	ɣạ^{2}	dzjij^{1}	djij^{1}	lwər^{2}	lhejr^{2}	ŋwu^{2}
《胜	鬘》	《如	来	藏》	等	二	十	余	部	经	契	是。

《胜鬘》《如来藏》之类二十余部经是也。

1.82.7

tśhji^{2}	bạ^{2}	ku^{1}	tshjiij^{1}	śji^{1}	kụ^{1}	mji^{1}	djɨj^{2}	śjã^{1}	ɣa^{1}	bju^{1}	sọ^{1}	tsew^{2}
机	遇	则	说，	初	后	不	定，	禅	门	逐	三	第

遇机即说，不定初后，与禅门第三

1.82.8

njiij^{1}	tsjiir^{2}	twụ^{2}	dźju^{1}	mər^{2}	rjir^{2}	ŋowr^{2}	thwuu^{1}	njɨɨ^{1}	dzjiij^{2}	tjɨj^{2}	bju^{1}	twụ^{2}
心	性	直	显	宗	与	全	同。	二	化	仪	逐	顿，

直显心性宗全相同也。二化仪顿，

1.82.9

tja^{1}	tha^{1}	ɣu^{1}	tśhja^{2}	dwewr^{2}	dja^{2}	śjɨj^{1}	zjọ^{2}	njwo^{2}	zjọ^{2}	nioow^{1}	we^{1}	phju^{2}
者，	佛	初	道	觉	△	成	时，	宿	世	缘	熟	上

谓佛初成道，为宿世缘熟上

1.82.10

tśhji^{2}	djij^{1}	·jij^{1}	tsjiir^{2}	·jij^{1}	wo^{2}	dạ^{2}	·ji^{1}	wee^{1}	khjɨ^{2}	źjị^{1}	dźiã^{2}	tsjij^{2}
根	流	为	性	相	理	事，	众	生	万	惑，	菩	萨

根之流一时顿说性相理事，众生万惑，菩萨

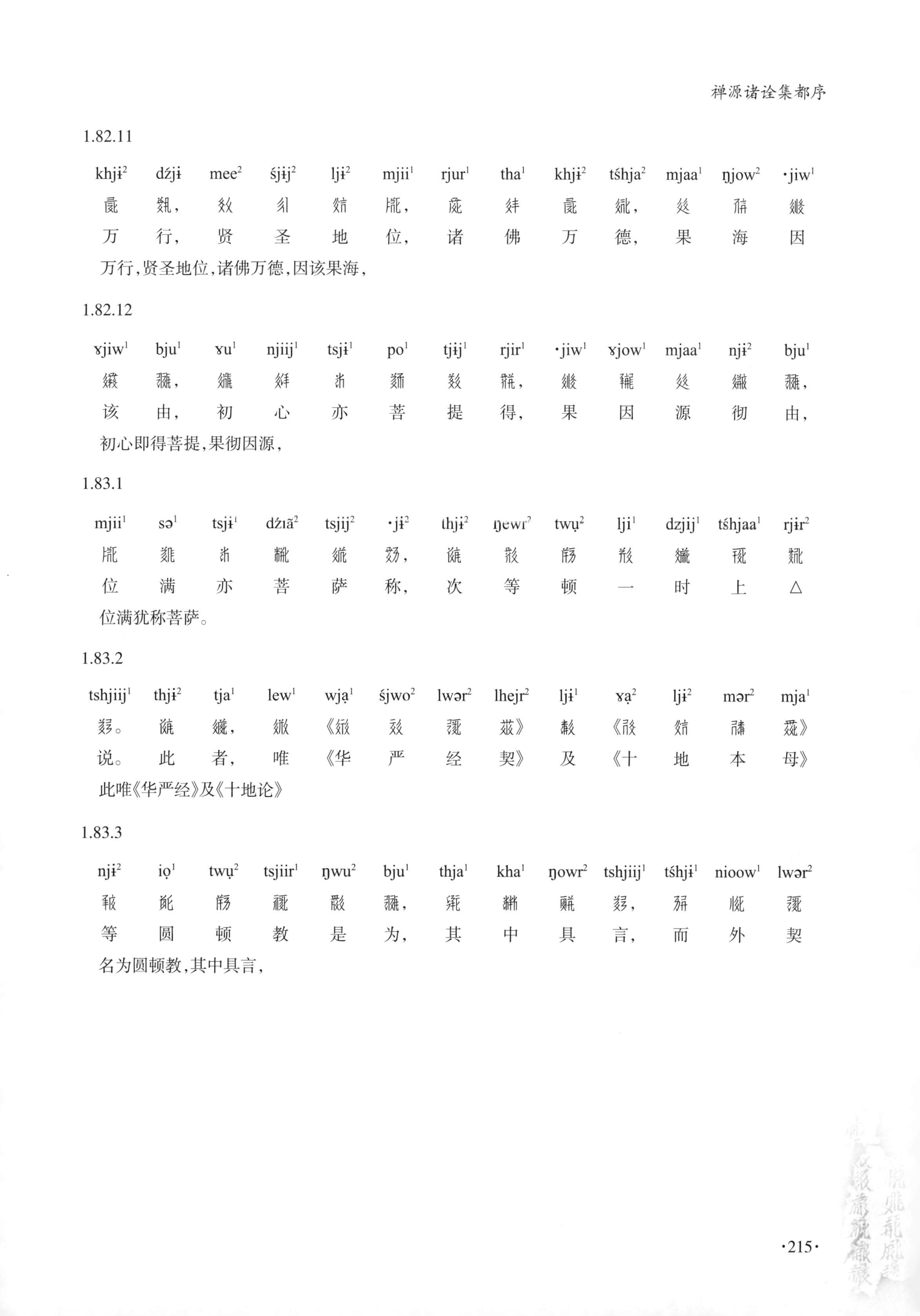

1.82.11

khjɨ²	dźjɨ	mee²	śjɨj²	ljɨ²	mjii¹	rjur¹	tha¹	khjɨ²	tśhja²	mjaa¹	ŋjow²	·jiw¹
万	行，	贤	圣	地	位，	诸	佛	万	德，	果	海	因

万行，贤圣地位，诸佛万德，因该果海，

1.82.12

ɣjiw¹	bju¹	ɣu¹	njiij¹	tsjɨ¹	po¹	tjɨj¹	rjir¹	·jiw¹	ɣjow¹	mjaa¹	njɨ²	bju¹
该	由，	初	心	亦	菩	提	得，	果	因	源	彻	由，

初心即得菩提，果彻因源，

1.83.1

mjii¹	sə¹	tsjɨ¹	dźɪã²	tsjij²	·jɨ²	thjɨ²	ŋewr²	twụ²	lji¹	dzjij¹	tśhjaa¹	rjɨr²
位	满	亦	菩	萨	称，	次	等	顿	一	时	上	△

位满犹称菩萨。

1.83.2

tshjiij¹	thjɨ²	tja¹	lew¹	wją¹	śjwo²	lwər²	lhejr²	ljɨ¹	ɣą²	ljɨ²	mər²	mja¹
说。	此	者，	唯	《华	严	经	契》	及	《十	地	本	母》

此唯《华严经》及《十地论》

1.83.3

njɨ²	ịọ¹	twụ²	tsjiir¹	ŋwu²	bju¹	thja¹	kha¹	ŋowr²	tshjiij¹	tśhjɨ¹	nioow¹	lwər²
等	圆	顿	教	是	为，	其	中	具	言，	而	外	契

名为圆顿教，其中具言，

1.83.4

lhejr^{2}	kha^{1}	rjijr^{2}	tshjiij^{1}	tsjɨ^{1}	njaa^{2}	śji^{1}	·o^{1}	·jɨr^{1}	dạ^{2}	twụ^{2}
[illegible]	[illegible]	[illegible]	[illegible]	[illegible]	[illegible]。	([illegible]	[illegible]	[illegible]	[illegible]	“[illegible]
经	中	备	说	亦	非。	(前	叙	难	云	“顿

tsjij^{2}	tha^{1}	śjij^{1}	ku^{1}	lwər^{2}	lhejr^{2}	rjir^{2}	ljwu^{1}	·jɨ^{2}	tja^{1}	ŋa^{2}
[illegible]	[illegible]	[illegible]，	[illegible]	[illegible]	[illegible]	[illegible]	[illegible]	[illegible]”	[illegible]，	[illegible]
悟	佛	成，	则	经	契	与	违	谓”	者，	余

余经皆不备[6]。(前叙难云“顿悟成佛[7]，是违经者”，余

1.83.5

sjij^{1}	thjɨ^{2}	ŋwu^{2}	wjɨ^{2}	kụ^{2}	thjɨ^{2}	kha^{1}	rjɨr^{2}	tshjiij^{1}	rjur^{1}	tsjiir^{1}	tja^{1}	ŋowr^{2}	lew^{1}	njiij^{1}	·jij^{1}
[illegible]	[illegible]	[illegible]	[illegible]	[illegible]。)	[illegible]	[illegible]	[illegible]	[illegible]	[illegible]	[illegible]	[illegible]，	[illegible]	[illegible]	[illegible]	[illegible]
今	此	于	△	通。)	其	中	所	说	诸	法	者，	全	一	心	之

今于此通了。)其中所说诸法，是全一心之

1.83.6

rjur^{1}	tsjiir^{1}	ŋwu^{2}	lew^{1}	njiij^{1}	tja^{1}	ŋowr^{2}	rjur^{1}	tsjiir^{1}	·jij^{1}	lew^{1}	njiij^{1}	ŋwu^{2}
[illegible]	[illegible]	[illegible]；	[illegible]	[illegible]	[illegible]，	[illegible]	[illegible]	[illegible]	[illegible]	[illegible]	[illegible]	[illegible]。
诸	法	是；	一	心	者，	全	诸	法	之	一	心	是。

证法；一心，是全诸法之一心。

1.83.7

tsjiir^{2}	·jij^{1}	io̱^{1}	lwu^{1}	lew^{1}	rejr^{2}	·jij^{1}	dzju^{2}	ku^{1}	tśhjwo^{1}	rjur^{1}	tha^{1}	·ji^{1}
[illegible]	[illegible]	[illegible]	[illegible]，	[illegible]	[illegible]	[illegible]	[illegible]，	[illegible]	[illegible]	[illegible]	[illegible]	[illegible]
性	相	圆	融，	一	多	自	在，	则	故	诸	佛	众

性相圆融，一多自在，故诸佛与众

1.83.8

wee^{1}	rjir^{2}	·jij^{1}	gu^{2}	thu^{1}	lwu^{1}	sej^{1}	lhjij^{2}	laa^{1}	lhjij^{2}	rjir^{2}	dźjwɨ^{1}	kha^{1}
[illegible]	[illegible]	[illegible]	[illegible]	[illegible]	[illegible]，	[illegible]	[illegible]	[illegible]	[illegible]	[illegible]	[illegible]	[illegible]
生	与	自	相	彻	交，	净	土	秽	土	与	各	自

生交彻，净土与秽土

1.83.9

dźjwɨ^{1}	tśhju^{1}	tsjiir^{1}	tsjiir^{1}	zji^{2}	kew^{1}	thja^{2}	phəə^{1}	tśja^{1}	lhjɨ^{2}	lhjɨ^{2}	zji^{2}	rjur^{1}
互	融，	法	法	皆	此	彼	交	络，	尘	尘	悉	世

融通，法法皆彼此互收，尘尘悉

1.83.10

kiej^{2}	io̱^{1}	·wio̱^{1}	dźjwɨ^{1}	ɣjiw^{1}	dźjwɨ^{1}	·o^{2}	io̱^{1}	lwu^{1}	ɣie̱^{2}	mjij^{1}	ɣa̱^{2}	thjoo^{1}
界	包	含。	相	摄	相	入，	圆	融	碍	无，	十	玄

包含世界。相摄相入[8]，无碍镕融，具十玄

1.83.11

ɣa^{1}	ŋowr^{2}	rjɨj^{2}	rjɨj^{2}	mji^{1}	sji^{1}	thjɨ^{2}	tja^{1}	mjiij^{2}	lə^{1}	ɣie̱^{2}	mjij^{1}	tsjiir^{1}
门	具，	重	重	不	尽，	此	者	名	障	碍	无	法

门，重重无尽，名为无障碍法界。

译文：

……不同，有称理顿说，有随机渐说，故复名顿教渐教，非三教外别有顿渐。渐者，为中下根、实时未能信悟圆觉妙理者，且说前人天小乘，乃至法相（上皆第一教也。）、破相，（第二教也。）待其根器成熟，方为说于了义，即《法华》《涅盘》等经是也。（此及下逐机顿教，合为第三教也。逐其化仪顿一般即总摄此三般[1]。西域此方古今诸德，所判教为三时五时者，但是渐教一类，不摄《华严》《佛顶》《圆觉》《金刚三昧》等经[2]。）顿者复二：一逐机顿，二化仪顿。一逐机顿者[3]，遇凡夫上根利智，直示真性。闻即顿悟，全同佛果，如《华严经》中"初发心时，即得阿耨菩提"，《圆觉经》中"观行成时，即成佛道"，《大佛顶经》中"识阴尽，则速超十地，顿入于如来妙庄严海"[4]。然不同前二教中"渐除凡习[5]，渐显圣德"。如风激动大海，不能现像，风若顿息，则波浪渐停，影像渐显也，（风喻迷情，海喻心性，波喻烦恼，影喻功用。《起信论》中一一配合。）即《华严》一分及《圆觉》《佛顶》《密严》《胜鬘》《如来藏》之类二十余部经是也。遇机即说，不定初后，与禅门第三直显心性宗全相同也。二化仪顿，谓佛初成道，为宿世缘熟上根之流一时顿说性相理事，众生万惑，菩萨万行，贤圣地位，诸佛万德，因该果海，初心即得菩提，果彻因源，位满犹称菩萨。此唯《华严经》及《十地论》名为圆顿教，其中具言，余经皆不备[6]。（前叙难云"顿悟成佛[7]，是违经者"，余今于此通了。）其中所说诸法，是全一心之证法；一心，是全诸法之一心。性相圆融，一多自在，故诸佛与众生交彻，净土与秽土融通，法法皆彼此互收，尘尘悉包含世界。相摄相入[8]，无碍镕融，具十玄门，重重无尽，名为无障碍法界。

注释：

[1]逐其化仪顿一般即总摄此三般，汉本作“其化仪顿即总摄三般”，疑其间有脱文。

[2]《华严》《佛顶》《圆觉》《金刚三昧》等经，汉本但作“华严经等”，其间当有脱文。

[3]汉本句上无“一”字。

[4]“《大佛顶经》中‘识阴尽，则速超十地，顿入于如来妙庄严海’”一句汉本脱。原文当出自《大佛顶如来密因修证了义诸菩萨万行首楞严经》卷十：“识阴若尽，则汝现前诸根互用。从互用中，能入菩萨金刚乾慧。圆明精心，于中发化，如净琉璃内含宝月。如是乃超十信、十住、十行、十回向、四加行心、菩萨所行金刚十地，等觉圆明，入于如来妙庄严海。”

[5]不同前二教中，汉本作“始同前二教中行门”，疑误。

[6]其中具言余经皆不备，汉本但作“余皆不备”。

[7]汉本“难”上有“外”字。

[8]相摄相入，汉本作“相入相即”。

释读：

1.83.12

kiẹj^{2}	·jɨ^{2}	thjɨ^{2}	śji^{1}	twụ^{2}	tśjɨɨ^{1}	tja^{1}	zji^{2}	tha^{1}	bju^{1}	dzjiij^{2}	bju^{1}	rjɨr^{2}
[illegible]	[illegible]。	[illegible]	[illegible]	[illegible]	[illegible]	[illegible]，	[illegible]	[illegible]	[illegible]	[illegible]	[illegible]	[illegible]
界	谓。	此	前	顿	渐	者，	皆	佛	就	教	约	△

此上顿渐，皆就佛约教而

1.84.1

tshjiij^{1}	tjij^{1}	tsjij^{2}	djọ^{2}	bju^{1}	tshjiij^{1}	ku^{1}	śiaa^{2}	śjij^{1}	mji^{1}	lew^{2}	śji^{1}	rjɨr^{2}
[illegible]。	[illegible]	[illegible]	[illegible]	[illegible]	[illegible]，	[illegible]	[illegible]	[illegible]	[illegible]	[illegible]。	[illegible]	[illegible]
说。	若	悟	修	约	说，	则	意	法	不	同。	前	所

说。若约悟修说者[1]，意又不同。如前所

1.84.2

tshjiij^{1}	rjur^{1}	dzjiij^{2}	kha^{1}	tśhioow^{1}	dạ^{2}	śji^{1}	ɣu^{1}	tśjɨɨ^{1}	djọ^{2}	·ioow^{1}	śjɨj^{1}	zjij^{1}
[illegible]	[illegible]	[illegible]	[illegible]，	[illegible]	[illegible]	“[illegible]	[illegible]	[illegible]	[illegible]	[illegible]	[illegible]	[illegible]，
叙	诸	师	中，	或	云	“先	前	渐	修	功	成	时，

叙诸家，有云“先因渐修功成，

1.84.3

thja^{1}	śjij^{1}	twụ^{2}	tsjij^{2}	·jɨ^{2}	dzjọ^{1}	sju^{2}	sji^{1}	khjwɨ^{1}	tśjɨɨ^{1}	bju^{1}	tśjaa^{1}	wji^{1}	ljɨ^{1}
豁	然	顿	悟	谓”，	（犹	如	木	伐，	次	依	斫	为，	一
dzjɨj^{1}	twụ^{2}	tśja^{1}	ljɨ^{1}	nioow^{1}	dzjọ^{1}	dzjwo^{2}	khwa^{1}	śjwo^{1}	njij^{2}	we^{2}	do^{2}	sjɨ^{1}	
时	顿	倒。	及	复	犹	人	远	发	王	城	处	诣，	

而豁然顿悟”，(犹如伐木，片片渐斫，一时顿倒。亦如远诣都城，

1.84.4

tśjɨɨ^{1}	bju^{1}	dźji	ŋwu^{2}	njɨɨ^{2}	twụ^{2}	mjɨ^{2}	wjɨ^{2}	sju^{2}	tśhioow^{1}
依	次	行，	而	日	顿	到	△	如。）	或
dạ^{2}	twụ^{2}	djọ^{2}	bju^{1}	tśjɨɨ^{1}	tsjij^{2}	·jɨ^{2}	dzjọ^{1}	khia^{1}	
云	“因	顿	修	而	悟	渐”，	（犹	射	

步步渐行，一日顿到也。)有云“因顿修而渐悟”，

1.84.5

ɣiew^{1}	mjijr^{2}	njiij^{1}	khju^{1}	gu^{2}	pə^{1}	tśhjaa^{1}	śiaa^{2}	djij^{2}	tśjɨɨ^{1}	bju^{1}	·jaar^{2}
学	人，	心	下	于	中	在	意	然，	次	依	日
rar^{2}	mja^{1}	nioow^{1}	mjiij^{2}	mjiij^{2}	不详	wji^{1}	mjiij^{2}	mjiij^{2}	gu^{2}	pə^{1}	
久	方	始	渐	渐	亲	为，	渐	渐	于	中	
sju^{2}	thjɨ^{2}	tja^{1}	njiij^{1}	dźjij^{1}	twụ^{2}	djọ^{2}	·jij^{1}	·jɨ^{2}	mjɨ^{1}	djij^{2}	
如。	此	者，	心	运	顿	修	△	说	未	然，	

(如人学射，箭箭直注[2]，意在中的，渐者日久方始渐亲渐中。此说运心顿修，

1.84.6

·ioow^{1} dźjɨ twụ^{2} dźjwa^{1} ·jij^{1} ljɨ^{1} mji^{1} ·jɨ^{2} tśhioow^{1} dạ^{2} tśjɨɨ^{1}

[illegible]

功 行 顿 毕 △ 既 不 言。） 或 云 “渐

djọ^{2} bju^{1} tśjɨɨ^{1} tsjij^{2} ·jɨ^{2} dzjọ^{1} tsewr^{1} njir^{2} tśhjaa^{1} śjɨ^{1} tsewr^{1}

[illegible]

修 因 渐 悟 谓” （犹 层 台 上 登， 层

不言功行顿毕。)有云“因渐修而渐悟”(如登层台，层

1.84.7

tsewr^{1} mjiij^{2} mjiij^{2} bjij^{2} ku^{1} mjɨɨ^{2} kiej^{2} tsjɨ^{1} mjiij^{2} mjiij^{2} khwa^{1} ljij^{2}

[illegible]

层 渐 渐 高， 则 境 界 亦 渐 渐 远 见

wjɨ^{2} sju^{2} tśhioow^{1} dzjwo^{2} dạ^{2} tjij^{1} tụ^{1} bjuu^{2} zji^{2} ljij^{2} ljɨ^{1}

[illegible]

△ 如。 或 人 云： 若 千 里 悉 见 既

kiej^{2} ku^{1} nioow^{1} du^{1} ·a tsewr^{1} tśhjaa^{1} śjɨ^{1} lew^{2} ·jɨ^{2}

[illegible]

欲， 则 更 楼 一 层 上 往 须 谓。）

层渐高[3]，所见渐远。故有人云：欲穷千里目，更上一层楼。）

1.84.8

thjɨ^{2} tja^{1} zji^{2} lja^{1} tsjij^{2} bju^{1} rjɨr^{2} tshjiij^{1} tśhioow^{1} dzjwo^{2} dạ^{2} śji^{1} ɣu^{1}

[illegible]

此 者， 皆 证 悟 约 △ 说。 或 人 云 “先 前

等者，皆说证悟也。有云“先

1.84.9

twụ^{2} tsjij^{2} mja^{1} nioow^{1} tśhjwo^{1} tśjɨɨ^{1} djọ^{2} lew^{2} ·jɨ^{2} tja^{1} tśjɨ^{1} tsjij^{2} bju^{1}

[illegible]

顿 悟， 然 后 故 渐 修 可 谓” 者， 解 悟 约

须顿悟，方可渐修”者，此约解悟

1.84.10

ŋwu^{2} thji̠^{2} tja^{1} duu^{2} phja^{1} bju^{1} tshjiij^{1} ku^{1} dzjo̠^{1} be^{2} twu̠^{2} to^{2}

[illegible]，（[illegible]，[illegible]，

也，（此 者， 障 断 约 说 则 犹 日 顿 出，

zər^{2} wər^{2} mjiij^{2} mjiij^{2} dźjwi^{1} dzjar^{2} sju^{2} tśhja^{2} śjɨj^{1} bju^{1} tshjiij^{1}

[illegible]。[illegible]

露 霜 渐 渐 消 灭 如。 德 成 约 说

ku^{1} dzjo̠^{1} zjɨ^{1} nwu^{1} dju^{2} zjij^{1} ljɨɨr^{1} war^{2} tśhjiw^{1} tśhji^{2} twu̠^{2}

[illegible]，[illegible]

则 犹 孩 子 生 时， 四 肢 六 根 顿

也，（约断障说如日顿出，霜露渐消。约成德说如孩子生，即顿具四肢六根，

1.84.11

ŋowr^{2} tja̠^{1} kjur^{2} ɣie^{1} ·ioow^{1} dźjɨ mjiij^{2} mjiij^{2} dzja^{1} tho̠^{2} ŋwu^{2} lhjɨ^{1}

[illegible]，[illegible]

具 备， 志 气 功 业 渐 渐 生 长 而 渐

lhji^{2} śjɨj^{1} ·jiw^{2} sju^{2} tśhjwo^{1} wja̠^{1} śjwo^{2} lwər^{2} lhejr^{2} kha^{1} tshjiij^{1}

[illegible]。）[illegible]《[illegible]》[illegible]：

渐 成 就 如。） 故 《华 严 经 契》 中 说：

长即渐成志气功业。）故《华严经》说：

1.84.12

ɣu^{1} njiij^{1} ·a bie^{2} zjo̠^{2} njij^{2} tśhja^{2} dwewr^{2} dja^{2} śjɨj^{1} ·jɨ^{2} thja^{1} nioow^{1}

"[illegible]。" [illegible]

"初 心 △ 发 时 昔 正 觉 △ 成 谓。" 然 后

"初发心时即成正觉。"然后

1.85.1

so̠^{1} mee^{2} ɣa̠^{2} śjɨj^{2} tja^{1} tśjɨɨ^{1} bju^{1} djo̠^{2} ŋwu^{2} lja̠^{1} rjir^{1} tjij^{1} mjij^{2}

[illegible]，[illegible]。[illegible]

三 贤 十 圣 者， 次 第 修 而 证 得。 若 未

三贤十圣，次第修证。若未

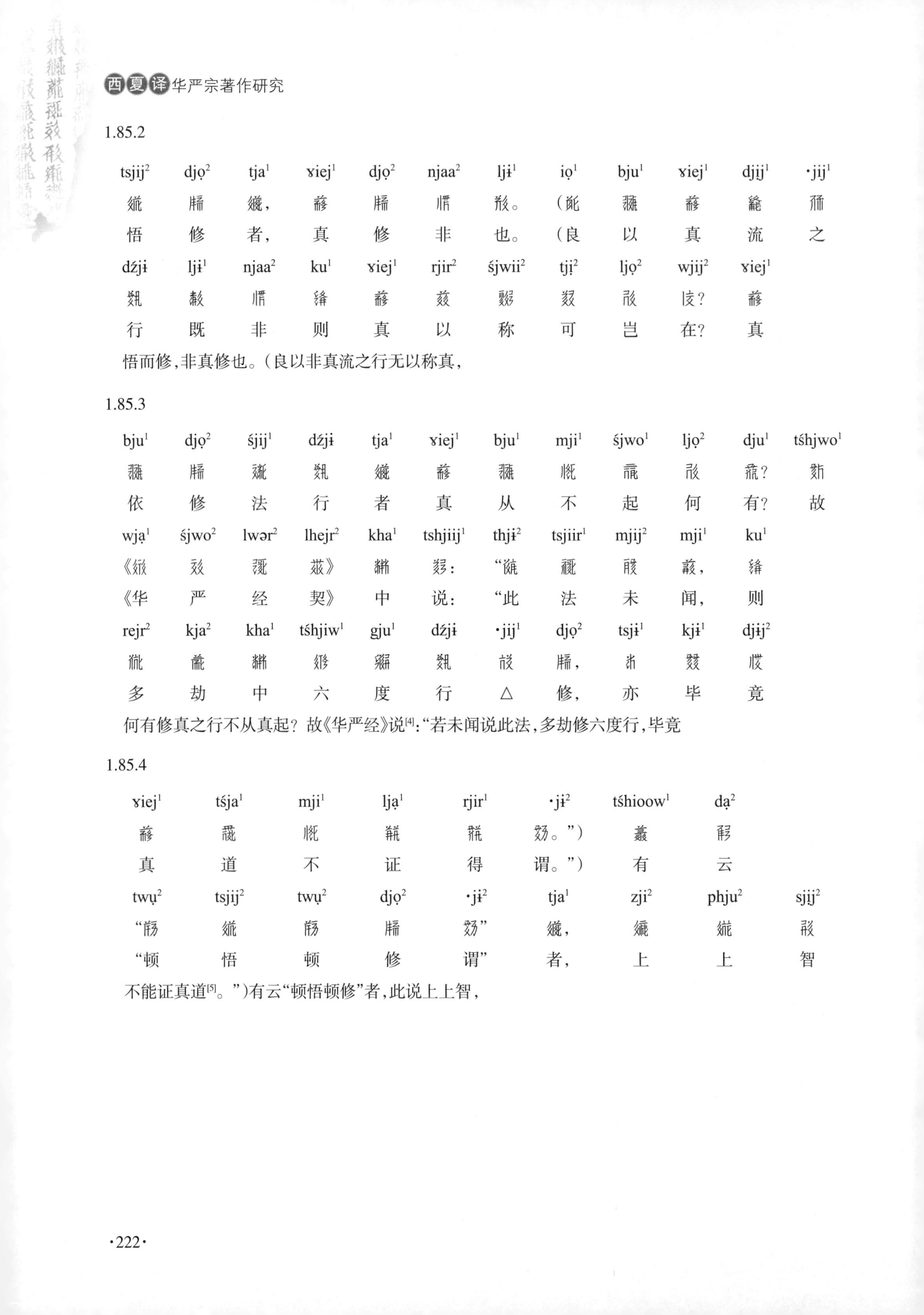

1.85.2

tsjij^2	djọ^2	tja^1	ɣiej^1	djọ^2	njaa^2	ljɨ^1	iọ^1	bju^1	ɣiej^1	djij^1	·jij^1
悟	修	者，	真	修	非	也。	（良	以	真	流	之
dźjɨ	ljɨ^1	njaa^2	ku^1	ɣiej^1	rjir^2	śjwii^2	tjị^2	ljọ^2	wjij^2	ɣiej^1	
行	既	非	则	真	以	称	可	岂	在？	真	

悟而修，非真修也。（良以非真流之行无以称真，

1.85.3

bju^1	djọ^2	śjij^1	dźjɨ	tja^1	ɣiej^1	bju^1	mji^1	śjwo^1	ljọ^2	dju^1	tśhjwo^1
依	修	法	行	者	真	从	不	起	何	有？	故
wją^1	śjwo^2	lwər^2	lhejr^2	kha^1	tshjiij^1	thjɨ^2	tsjiir^1	mjij^2	mji^1	ku^1	
《华	严	经	契》	中	说：	“此	法	未	闻，	则	
rejr^2	kja^2	kha^1	tśhjiw^1	gju^1	dźjɨ	·jij^1	djọ^2	tsjɨ^1	kjɨ^1	djɨj^2	
多	劫	中	六	度	行	△	修，	亦	毕	竟	

何有修真之行不从真起？故《华严经》说[4]：“若未闻说此法，多劫修六度行，毕竟

1.85.4

ɣiej^1	tśja^1	mji^1	ljạ^1	rjir^1	·jɨ^2	tśhioow^1	dạ^2	
真	道	不	证	得	谓。”）	有	云	
twụ^2	tsjij^2	twụ^2	djọ^2	·jɨ^2	tja^1	zji^2	phju^2	sjij^2
“顿	悟	顿	修	谓”	者，	上	上	智

不能证真道[5]。”）有云“顿悟顿修”者，此说上上智，

1.85.5

mjijr^2 bju^1 tshjiij^1 tśhji^2 tsjiir^2 tśhji^2 buu^2 nioow^1 tsjij^2

者 依 说， 根 性 （根 胜 故 悟。）、

dzu^1 ŋwe^1 zji^2 buu^2 dzu^1 buu^2 nioow^1 djọ^2 lew^1

乐 欲 俱 胜， （欲 胜 故 修。） 一

根性、（根胜故悟[6]。）乐欲俱胜，（欲胜故修。）一

1.85.6

mji^1 tụ^1 tsjij^2 ljịj^2 zji^2 ·jiij^1 rjir^1 ·a lə mji^1 śjwo^1 śji^1 kụ^1

闻 千 悟， 大 总 持 得， 一 念 不 生， 前 后

闻千悟，得大总持，一念不生，前后

1.85.7

bju^2 bja^2 thjɨ^2 tja^1 lə^1 phja^1 bju^1 tshjiij^1 ku^1 dzjọ^1 ɣạ^2 rjijr^1 ŋwu^2 lew^1 wjar^1 gju^2

际 断。（此 者 障 断 依 说， 则 犹 剑 利 以 一 緉 丝

phja^1 khjɨ^2 bieẹj^1 twụ^2 bja^2 sju^2 tśhja^2 djọ^2 bju^1 tshjiij^1 ku^1 dzjọ^1 lew^1 wjar^1 gju^2 tshjwu^1

斩， 万 条 顿 断 如； 德 修 依 说， 则 犹 一 緉 丝 染，

际断。（断障如以利剑斩一緉丝，万条顿断；修德如染一緉丝，

1.85.8

khjɨ^2 bieẹj^1 ka^1 tsə̣^{1} sju^2 xow^1 tśhiə^1 ljịj^2 dzjiij^2 dạ^2 lə mjij^1

万 条 顿 色 如。 荷 泽 大 师 云： “念 无

kwər^1 ljij^2 ku^1 mjɨɨ^2 nioow^1 mji^1 śjwɨ^2 ·ji^2 nioow^1 dạ^2 ·a

体 见， 则 境 外 不 逐 谓。” 又 云： “一

lə mər^2 tsjiir^2 rjir^2 bju^1 śjij^1 ku^1 tśhjɨ^2 rjar^2 bẹ^1 ŋewr^2

念 本 性 与 相 应， 则 立 便 沙 数

万条顿色也。荷泽大师云[7]：“见无念体，不逐物生。”又云：“一念与本性相应，便具沙数

1.85.9

tśhja² ·ioow¹ ŋowr² lhə ·jar¹ khjɨ² ljɨɨr¹ tụ¹ po¹ lo¹ bjii² ɣa¹
[illegible]
德 功 具 足, 八 万 四 千 波 罗 蜜 门,
ljɨ¹ dzjɨj¹ ka¹ djọ² ŋwu² ·jɨ² thjɨ² dzjwo² sọ¹ sjwɨj¹ lew¹ ·jij¹
[illegible]
一 时 齐 用 也 谓。”) 此 人 三 业, 唯 自

功德[8],八万四千波罗蜜门,一时齐用也。”)此人三业,唯独自

1.85.10

tjij² ·a tsjij² dzjij² dzjwo² ·jij¹ ljij² lew² mji¹
[illegible]
独 △ 了, 余 人 之 见 所 不
we² kiẹ¹ dźja² sã¹ mej² lwər² lhejr² kha¹ tshjiij¹
[illegible]
为。 (《金 刚 三 昧 经 契》 中 云:

明了,余人所不见。(《金刚三昧经》云:

1.85.11

njiij¹ ŋa¹ mji¹ mju² ku¹ tśhjiw¹ po¹ lo¹ bjii² tsjiir¹ ŋowr²
[illegible]
“心 空 不 动, 则 六 波 罗 蜜 法 具
·jɨ² wjạ¹ sej¹ lwər² lhejr² kha¹ tshjiij¹ wja¹ mja¹ ɣa²
[illegible]
谓。” 《华 净 经 契》 中 说: “父 母 于
wjɨ² wee¹ mej¹ ŋwu² sọ¹ tụ¹ kiej² njɨ² zji² ljij² ·jɨ²
[illegible]
所 生, 眼 以 三 千 界 彻 悉 见 谓。”)

“空心不动,具六波罗蜜。”《法华》亦说:“父母所生,眼彻见三千界等也[9]。”)

1.85.12

sjij¹ dạ² rjar² bju¹ tshjiij¹ ku¹ dzjọ¹ gjiiw¹ thew² low² tsjiir¹ lwu¹ ljij²
[illegible]
今 事 迹 就 言, 则 犹 牛 头 慧 教 融 大

且就事迹而言之,如牛头融大

1.86.1

dzjiij^{2} wjɨ^{2} sju^{2} ŋwu^{2} thjɨ^{2} ɣa^{1} njɨɨ^{1} mə^{2} wo^{2} dju^{1} tjij^{1} tsjij^{2} bju^{1}

师 △ 如 也。 此 门 二 种 意 有： 若 悟 因

师之类也。此门有二意：若因悟

1.86.2

djọ^{2} ku^{1} tśjɨ^{1} tsjij^{2} ŋwu^{2} tjij^{1} djọ^{2} bju^{1} tsjij^{2} ku^{1} ljạ^{1} tsjij^{2} ŋwu^{2}

修， 即 解 悟 是； 若 修 因 悟， 即 证 悟 是。

而修，即是解悟；若因修而悟，即是证悟。

1.86.3

thjɨ^{2} ŋewr^{2} zji^{2} thjɨ^{2} zjọ^{2} bju^{1} rjir^{2} tshjiij^{1} tjij^{1} njwo^{2} zjọ^{2} khwa^{1} kjij^{1}

次 等 皆 今 生 约 △ 论， 若 宿 世 远 推，

然上皆只约今生而论，若远推宿世，

1.86.4

ku^{1} lew^{1} tśjɨɨ^{1} ŋwu^{2} twụ^{2} mjij^{1}

则 唯 渐 是 顿 无。

则唯渐无顿。

译文：

此上顿渐，皆就佛约教而说。若约悟修说者[1]，意又不同。如前所叙诸家，有云“先因渐修功成，而豁然顿悟”，（犹如伐木，片片渐斫，一时顿倒。亦如远诣都城，步步渐行，一日顿到也。）有云“因顿修而渐悟”，（如人学射，箭箭直注[2]，意在中的，渐者日久方始渐亲渐中。此说运心顿修，不言功行顿毕。）有云“因渐修而渐悟”（如登层台，层层渐高[3]，所见渐远。故有人云：欲穷千里目，更上一层楼。）等者，皆说证悟也。有云“先须顿悟，方可渐修”者，此约解悟也，（约断障说如日顿出，霜露渐消。约成德说如孩子生，即顿具四肢六根，长即渐成志气功业。）故《华严经》说：“初发心时即成正觉。”然后三贤十圣，次第修证。若未悟而修，非真修也。（良以非真流之行无以称真，何有修真之行不从真起？故《华严经》说[4]：“若未闻说此法，多劫修六度行，毕竟不能证真道[5]。”）有云“顿悟顿修”者，此说上上智，根性（根胜故悟[6]。）、乐欲俱胜，（欲胜故修。）一闻千悟，得大总持，一念不生，前后际断。（断障如以利剑斩一綟丝，万条顿断；修德如染一綟丝，万条顿色也。荷泽大师云[7]：“见无念体，不逐物生。”又云：“一念与本性相应，便具沙数功德[8]，八万四千波罗蜜

门，一时齐用也。”）此人三业，唯独自明了，余人所不见。（《金刚三昧经》云：“空心不动，具六波罗蜜。”《法华》亦说：“父母所生，眼彻见三千界等也[9]。”）且就事迹而言之，如牛头融大师之类也。此门有二意：若因悟而修，即是解悟；若因修而悟，即是证悟。然上皆只约今生而论，若远推宿世，则唯渐无顿。

注释：

[1]汉本“约悟”上有“就机”二字。

[2]箭箭直注，据汉本则上脱“顿者”二字。

[3]层层，汉本作“足履”。

[4]华严经，汉本作“彼经”。

[5]不能证真道，汉本作“不能证真也”。

[6]根胜故悟，汉本双行小注在“乐欲俱胜”下。

[7]汉本无“大师”二字。

[8]沙数，汉本作“河沙”，均为“恒河沙数”省称。

[9]汉本“眼”下有“耳”字。

释读：

1.86.4

sjij^{1}	twụ^{2}	tsjij^{2}	mjijr^{2}	tja^{1}	thja^{1}	tsjɨ^{1}
[illegible]	[illegible]	[illegible]	[illegible]	[illegible]，	[illegible]	[illegible]
今	顿	见	人	者，	彼	亦

今顿见者，

1.86.5

rejr^{2}	zjọ^{2}	kha^{1}	tśjɨɨ^{1}	bju^{1}	rjɨr^{2}	kjịj^{1}	nioow^{1}	tśhjwo^{1}	mjor^{1}	·ju^{2}	·a	śjwo^{1}
[illegible]	[illegible]	[illegible]	[illegible]	[illegible]	[illegible]	[illegible]	[illegible]，	[illegible]	[illegible]	[illegible]	[illegible]	[illegible]。
多	生	中	次	依	△	熏	因，	故	现	前	△	发。

已是多生渐熏而发现也。

1.86.6

tśhioow^{1}	tshjiij^{1}	tsjiir^{1}	ɣa^{2}	twụ^{2}	tśjɨɨ^{1}	mjij^{1}	twụ^{2}	tśjɨɨ^{1}	tśhji^{2}	tsjiir^{2}	bju^{1}	ŋwu^{2}
[illegible]	[illegible]	“[illegible]	[illegible]	[illegible]	[illegible]	[illegible]，	[illegible]	[illegible]	[illegible]	[illegible]	[illegible]	[illegible]
或	云	“法	于	顿	渐	无，	顿	渐	机	性	在	是

有云“法无顿渐，顿渐在机”

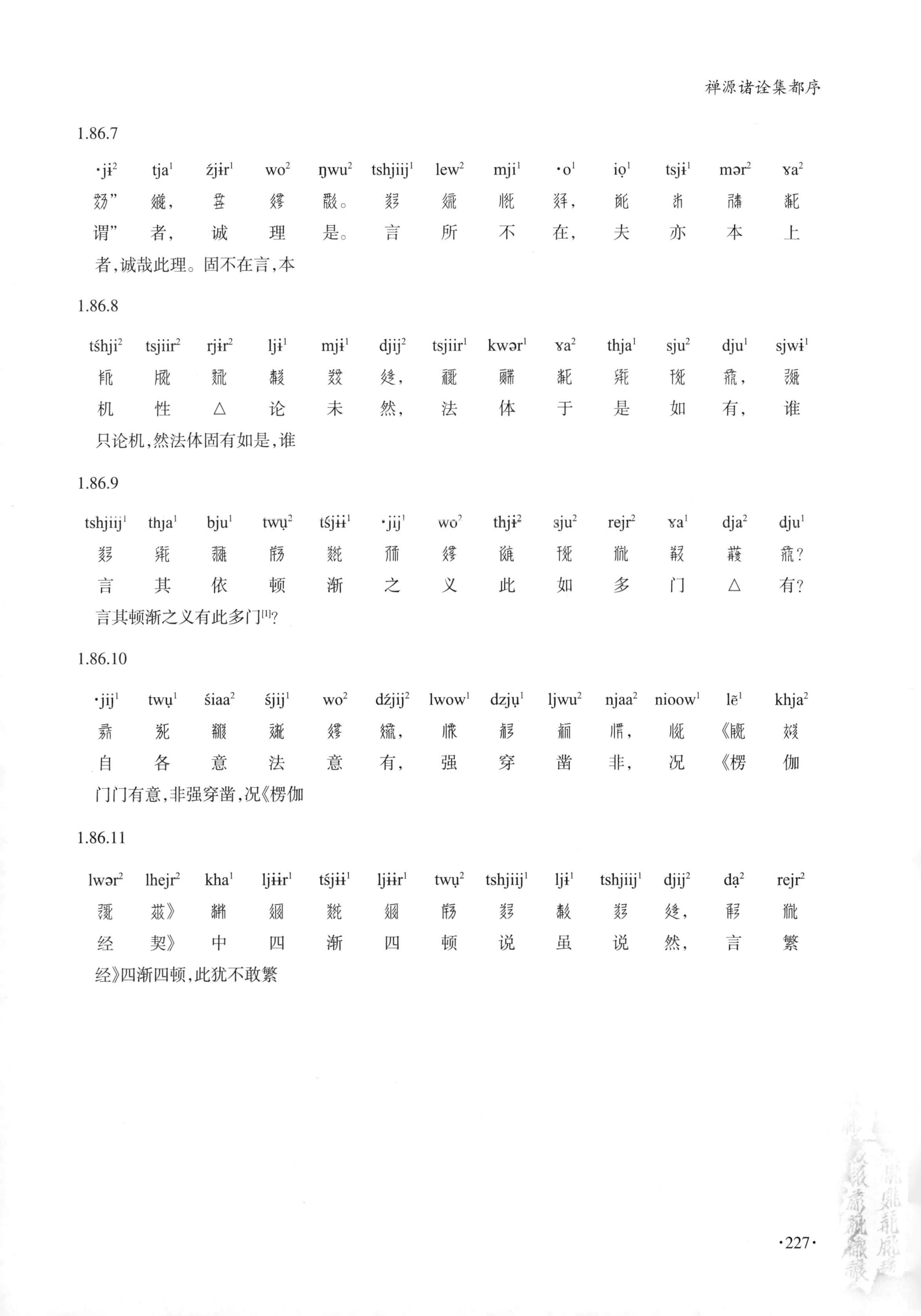

1.86.7

·jɨ2	tja1	źjɨr1	wo2	ŋwu2	tshjiij1	lew2	mji1	·o1	io̱1	tsjɨ1	mər2	ɣa2
谓”	者,	诚	理	是。	言	所	不	在,	夫	亦	本	上

者,诚哉此理。固不在言,本

1.86.8

tśhji2	tsjiir2	rjɨr2	ljɨ1	mjɨ1	djij2	tsjiir1	kwər1	ɣa2	thja1	sju2	dju1	sjwɨ1
机	性	△	论	未	然,	法	体	于	是	如	有,	谁

只论机,然法体固有如是,谁

1.86.9

tshjiij1	thja1	bju1	twu̱2	tśjɨɨ1	·jij1	wo2	thjɨ2	sju2	rejr2	ɣa1	dja2	dju1
言	其	依	顿	渐	之	义	此	如	多	门	△	有?

言其顿渐之义有此多门[1]?

1.86.10

·jij1	twu̱1	śiaa2	śjij1	wo2	dźjij2	lwow1	dzju̱1	ljwu2	njaa2	nioow1	lẽ1	khja2
自	各	意	法	意	有,	强	穿	凿	非,	况	《楞	伽

门门有意,非强穿凿,况《楞伽

1.86.11

lwər2	lhejr2	kha1	ljɨɨr1	tśjɨɨ1	ljɨɨr1	twu̱2	tshjiij1	ljɨ1	tshjiij1	djij2	da̱2	rejr2
经	契》	中	四	渐	四	顿	说	虽	说	然,	言	繁

经》四渐四顿,此犹不敢繁

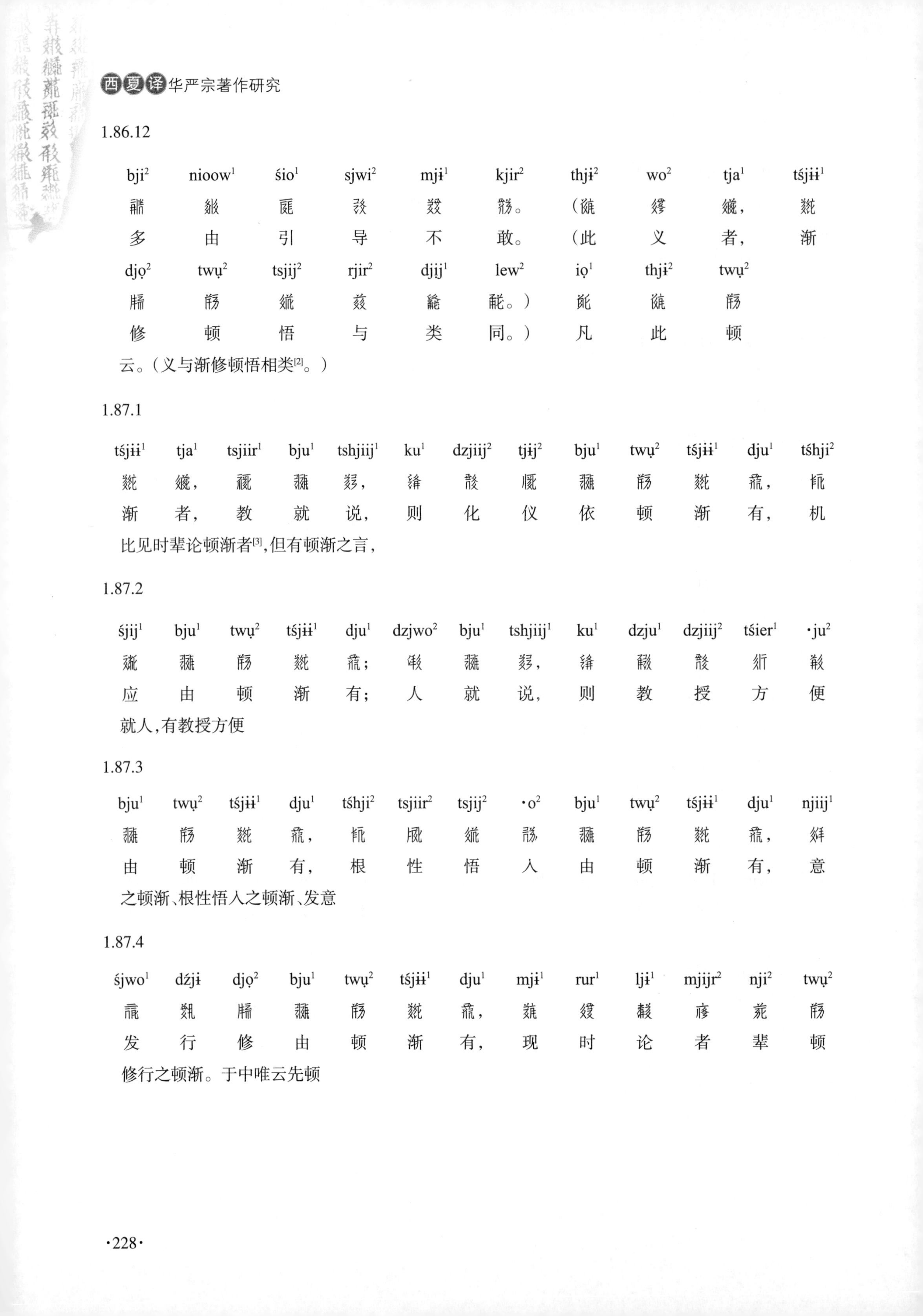

1.86.12

bji^{2} nioow^{1} śio^{1} sjwi^{2} mjɨ^{1} kjir^{2} thjɨ^{2} wo^{2} tja^{1} tśjɨɨ^{1}

[illegible]

多 由 引 导 不 敢。（此 义 者， 渐

djọ^{2} twụ^{2} tsjij^{2} rjir^{2} djij^{1} lew^{2} iọ^{1} thjɨ^{2} twụ^{2}

[illegible]

修 顿 悟 与 类 同。） 凡 此 顿

云。（义与渐修顿悟相类[2]。）

1.87.1

tśjɨɨ^{1} tja^{1} tsjiir^{1} bju^{1} tshjiij^{1} ku^{1} dzjiij^{2} tjɨj^{2} bju^{1} twụ^{2} tśjɨɨ^{1} dju^{1} tśhji^{2}

[illegible]

渐 者， 教 就 说， 则 化 仪 依 顿 渐 有， 机

比见时辈论顿渐者[3],但有顿渐之言,

1.87.2

śjij^{1} bju^{1} twụ^{2} tśjɨɨ^{1} dju^{1} dzjwo^{2} bju^{1} tshjiij^{1} ku^{1} dzju^{1} dzjiij^{2} tśier^{1} ·ju^{2}

[illegible]

应 由 顿 渐 有； 人 就 说， 则 教 授 方 便

就人,有教授方便

1.87.3

bju^{1} twụ^{2} tśjɨɨ^{1} dju^{1} tśhji^{2} tsjiir^{2} tsjij^{2} ·o^{2} bju^{1} twụ^{2} tśjɨɨ^{1} dju^{1} njiij^{1}

[illegible]

由 顿 渐 有， 根 性 悟 入 由 顿 渐 有， 意

之顿渐、根性悟入之顿渐、发意

1.87.4

śjwo^{1} dźjɨ djọ^{2} bju^{1} twụ^{2} tśjɨɨ^{1} dju^{1} mjɨ^{1} rur^{1} ljɨ^{1} mjijr^{2} nji^{2} twụ^{2}

[illegible]

发 行 修 由 顿 渐 有， 现 时 论 者 辈 顿

修行之顿渐。于中唯云先顿

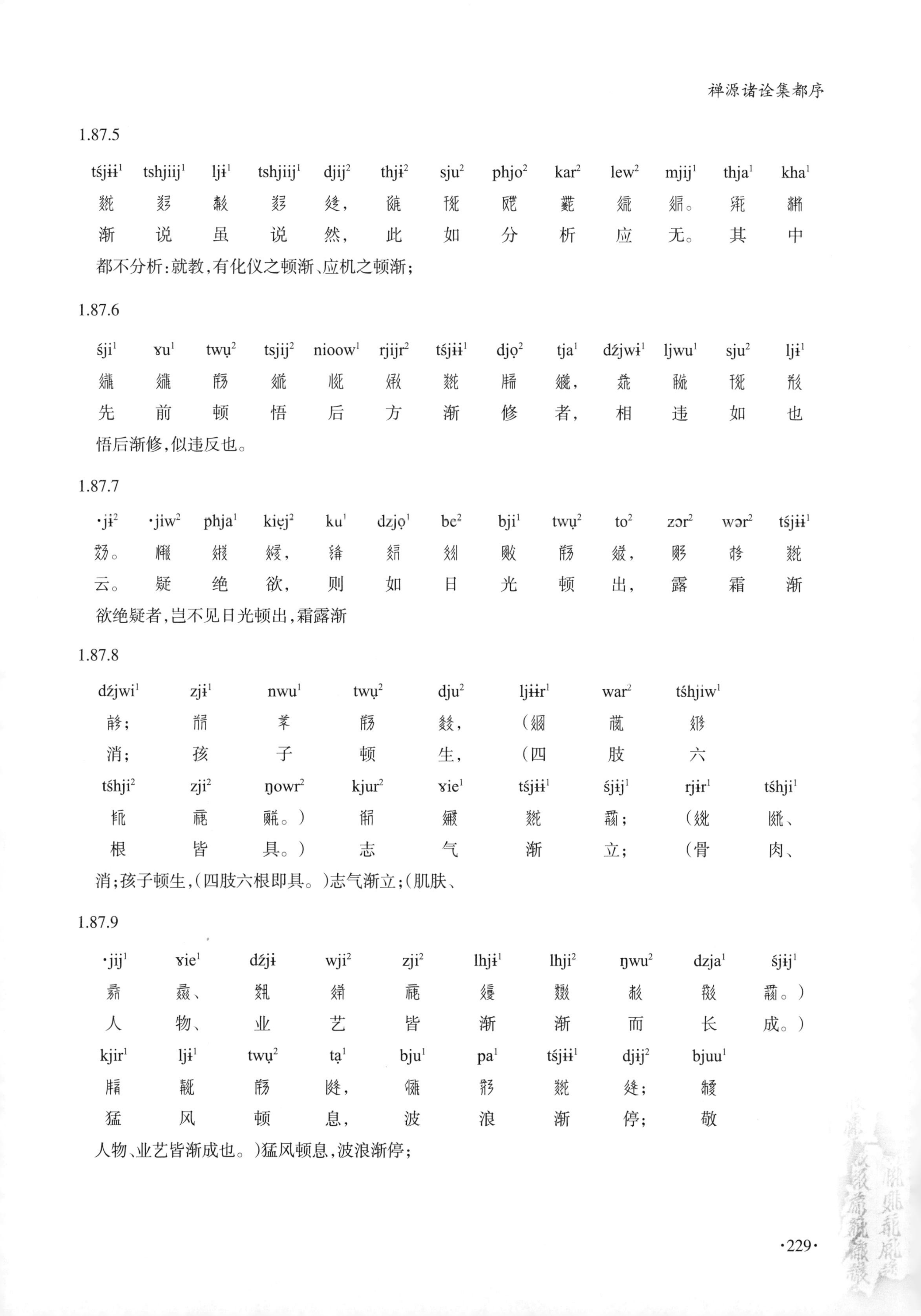

1.87.5

tśjɨɨ¹ tshjiij¹ ljɨ¹ tshjiij¹ djij² thjɨ² sju² phjo² kar² lew² mjij¹ thja¹ kha¹

渐 说 虽 说 然， 此 如 分 析 应 无。 其 中

都不分析：就教，有化仪之顿渐、应机之顿渐；

1.87.6

śji¹ ɣu¹ twụ² tsjij² nioow¹ rjijr² tśjɨɨ¹ djọ² tja¹ dźjwɨ¹ ljwu¹ sju² ljɨ¹

先 前 顿 悟 后 方 渐 修 者， 相 违 如 也

悟后渐修，似违反也。

1.87.7

·jɨ² ·jiw² phja¹ kięj² ku¹ dzjọ¹ be² bji¹ twụ² to² zər² wər² tśjɨɨ¹

云。 疑 绝 欲， 则 如 日 光 顿 出， 露 霜 渐

欲绝疑者，岂不见日光顿出，霜露渐

1.87.8

dźjwi¹ zjɨ¹ nwu¹ twụ² dju² ljɨɨr¹ war² tśhjiw¹

消； 孩 子 顿 生， （四 肢 六

tśhji² zji² ŋowr² kjur² ɣie¹ tśjɨɨ¹ śjɨj¹ rjɨr¹ tśhji¹

根 皆 具。） 志 气 渐 立； （骨 肉、

消；孩子顿生，（四肢六根即具。）志气渐立；（肌肤、

1.87.9

·jij¹ ɣie¹ dźjɨ wji² zji² lhjɨ¹ lhji² ŋwu² dzja¹ śjɨj¹

人 物、 业 艺 皆 渐 渐 而 长 成。）

kjir¹ ljɨ¹ twụ² tạ¹ bju¹ pa¹ tśjɨɨ¹ djɨj² bjuu¹

猛 风 顿 息， 波 浪 渐 停； 敬

人物、业艺皆渐成也。）猛风顿息，波浪渐停；

1.87.10

gji^2	twụ^2	śjɨj^1	tshow^1	tjɨj^2	tśjɨɨ^1	ɣiew^1	dzjọ^1	bjuu^1	lo	gji^2
子	顿	成，	乐	礼	渐	学？	（犹	贵	富	子
·jij^1	njij^2	lwow^1	mjɨ^1	kha^1	nja^1	ljɨ^1	tśhjwor^2	dja^2	we^2	
小	时	乱	他	中	△	陷，	奴	△	为，	

明良顿成，礼乐渐学？（如高贵子孙于小时乱，没落为奴，

1.87.11

wjɨ^2	zjị^2	ɣa^2	śjwo^1	·jij^1	bjuu^1	lo	gji^2	ŋwu^2	tja^1	mjɨ^1	nwə^1
△	生	上	始	自	贵	富	子	是	者	不	知，
kụ^1	wja^1	mja^1	dźiow^2	njɨ^1	dźjiw^1	rjir^2	tjɨ^1	njɨɨ^2	iọ^1	·u^2	
后	父	母	状	告	访	得，	当	日	限	内	
·jij^1	ljụ^2	ŋowr^2	bjuu^1	dzjwo^2	ŋwu^2	dja^2	we^2	djij^2	dźjɨ	liej	
自	身	全	贵	人	而	△	是	然，	行	迹	

生来自不知贵，时请父母访得，当日全身是贵人，而行迹

1.87.12

tsjiir^2	rjar^1	xja^1	lhej^2	tji^2	mjij^1	nioow^1	tśhjwo^1	tśjɨɨ^1	bju^1	ɣiew^1
性	格	顿	改	可	无	因，	故	次	依	学
wji^1	śjwo^1	sju^2	thji^2	nioow^1	tśhjwo^1	twụ^2	tśjɨɨ^1	·jij^1	wo^2	tshji^1
为	须	如。）	是	以	故	顿	渐	之	义，	要

去就不可顿改，故须渐学。）是知顿渐之义，

1.88.1

no^2	ɣiej^1	ŋwu^2	iọ^1	thjɨ^2	tśhji^2	kjɨ^1	śioo^1	mər^2	ɣa^2	śiaa^2	śjij^1	tja^1
甚	真	矣。	夫	此	文	△	总	本	上	意	法	者，

甚为要矣。然总此文本意[4]，

1.88.2

lew^1	rjur^1	dzjiij^2	nji^2	rjɨr^2	tshjiij^1	ŋewr^2	kjɨ^1	ljɨ^1	śioo	djij^2	thja^1	kha^1
但	诸	师	辈	△	诠	数	△	△	集	然，	其	中

虽但叙诸师之诠[5]，

1.88.3

tha^2	mo^2	·jij^1	·a	mər^2	tja^1	tha^1	tsjiir^1	ŋowr^2	ŋowr^2	·jij^1	gu^2	kwər^1
达	摩	之	一	宗	者，	佛	法	一	切	之	通	体

缘达摩一宗，是佛法通体，

1.88.4

ŋwu^2	rjur^1	dzjiij^2	nji^2	tshjiij^1	śjij^1	thja^1	rjir^2	mji^1	lew^2	dja^2	we^2	sji^2
是，	诸	师	辈	述	法	彼	与	不	同	△	谓	能

诸家所述又各不同，

1.88.5

nioow^1	tśhjwo^1	bju^1	kjɨ^1	śioo^1	·a	·u̥^{2}	rjɨr^2	wji^1	wo^2	dạ^2	ŋowr^2	lhə
因，	故	因	△	集	一	藏	△	为，	理	事	具	足

今集为一藏，都成理事具足。

1.88.6

dja^2	we^2	rjɨr^2	nji^2	tśjɨ^1	tsjij^2	djọ^2	ljạ^1	ɣa^1	tsjɨ^1	ɣu^1	mjiij^2	iọ^1
△	成。	乃	至	悟	解	修	证	门，	亦	始	终	周

至于悟解修证门户，亦始终周

1.88.7

sə^1	tśhjwo^1	twụ^2	tśjɨɨ^1	lja^1	śjij^1	dzjọ^1	sjij^1	źjɨr^2	twẹ^2	twẹ^2	sju^2	tśhji^2
圆，	故	顿	渐	来	法，	犹	血	脉	连	续	如，	本

圆，故所叙之顿渐，

1.88.8

war^{2}	tśjɨɨ^{1}	bju^{1}	śiaa^{2}	śjij^{1}	ŋowr^{2}	lhə	ljij^{2}	phji^{1}	śjwo^{1}	ljɨ^{1}	tjij^{1}	tśhji^{2}
[illegible]	[illegible]	[illegible]，	[illegible]	[illegible]	[illegible]	[illegible]	[illegible]	[illegible]	[illegible]	[illegible]。	[illegible]	[illegible]
末	纶	绪，	意	法	具	足	见	令	须	也。	若	本

须备尽其意，令血脉连续，本

1.88.9

war^{2}	tśjɨɨ^{1}	bju^{1}	ljij^{2}	kiej^{2}	ku^{1}	śji^{1}	·o^{1}	sọ^{1}	mə^{2}	twụ^{2}	tshjiij^{1}	tśjɨɨ^{1}
[illegible]	[illegible]	[illegible]	[illegible]	[illegible]，	[illegible]	[illegible]	[illegible]	[illegible]	[illegible]	[illegible]	[illegible]、	[illegible]
末	纶	绪	见	欲，	先	前	述	三	种	顿	说、	渐

末有绪。欲见本末纶绪，先须推穷此上三种顿说、渐

1.88.10

tshjiij^{1}	dzjiij^{2}	kha^{1}	rjɨr^{2}	tshjiij^{1}	tsjiir^{1}	ŋewr^{2}	mər^{2}	ɣa^{2}	ljọ^{2}	rjɨr^{2}	ljij^{2}	sjij^{1}
[illegible]	[illegible]	[illegible]	[illegible]	[illegible]	[illegible]	[illegible]	[illegible]	[illegible]	[illegible]	[illegible]	[illegible]，	[illegible]
说	教	中	所	诠	法	等	本	从	何	△	来，	今

说教中所诠之法本从何来，

1.88.11

mjor^{1}	ljọ^{2}	ljọ^{2}	njɨ^{2}	śji^{1}	ɣu^{1}	tśhjii^{1}	kiọ^{1}	lew^{2}	nioow^{1}	rjur^{1}	tha^{1}	rjur^{1}
[illegible]	[illegible]	[illegible]	[illegible]，	[illegible]	[illegible]	[illegible]	[illegible]	[illegible]。	[illegible]	[illegible]	[illegible]	[illegible]
现	何	△	在，	先	前	推	穷	须。	又	诸	佛	诸

见在何处。又须仰观诸佛

1.88.12

tsjiir^{1}	rjɨr^{2}	tshjiij^{1}	sji^{2}	tja^{1}	mər^{2}	ɣa^{2}	śiaa^{2}	śjij^{1}	wa^{2}	dạ^{2}	nioow^{1}	ŋwu^{2}
[illegible]	[illegible]	[illegible]	[illegible]	[illegible]，	[illegible]	[illegible]	[illegible]	[illegible]	[illegible]	[illegible]	[illegible]	[illegible]，
教	△	说	能	者，	本	来	意	法	何	事	由	是，

说此教，意本为何事。

1.89.1

sjij^{1}	sjij^{1}	bioo^{1}	lew^{2}	thjɨ^{2}	bju^{1}	bioo^{1}	ku^{1}	thja^{1}	·a	·ụ^{2}	lwər^{2}	lhejr^{2}
[illegible]	[illegible]	[illegible]	[illegible]，	[illegible]	[illegible]	[illegible]，	[illegible]	[illegible]	[illegible]	[illegible]	[illegible]	[illegible]
细	细	观	须，	此	以	观，	则	彼	一	藏	经	契

以此观之，则一藏经

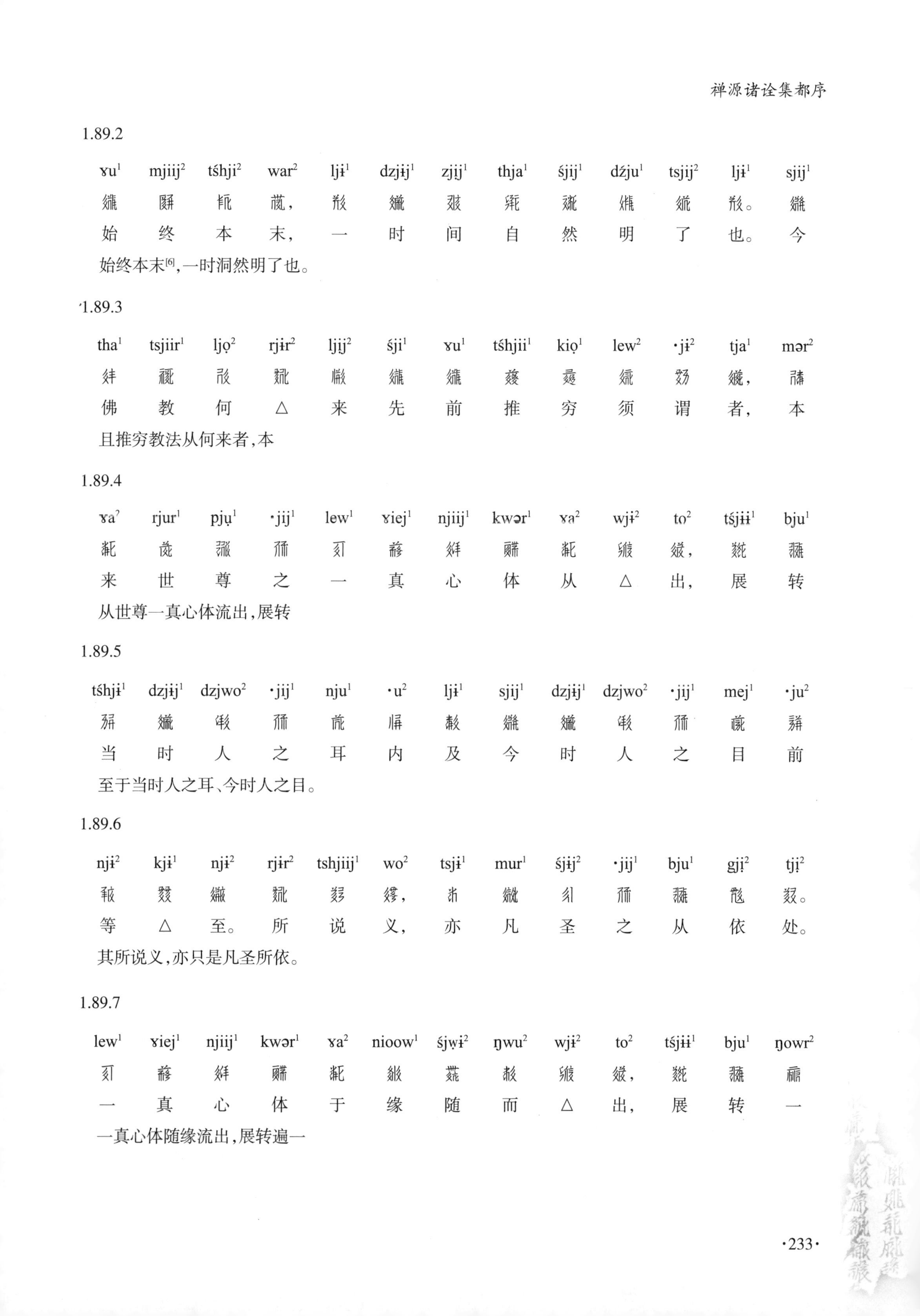

1.89.2

ɣu^{1} mjiij^{2} tśhji^{2} war^{2} ljɨ^{1} dzjɨj^{1} zjij^{1} thja^{1} śjij^{1} dźju^{1} tsjij^{2} ljɨ^{1} sjij^{1}

[illegible]

始 终 本 末， 一 时 间 自 然 明 了 也。 今

始终本末[6]，一时洞然明了也。

1.89.3

tha^{1} tsjiir^{1} ljọ^{2} rjɨr^{2} ljij^{2} śji^{1} ɣu^{1} tśhjii^{1} kiọ^{1} lew^{2} ·jɨ^{2} tja^{1} mər^{2}

[illegible]

佛 教 何 △ 来 先 前 推 穷 须 谓 者， 本

且推穷教法从何来者，本

1.89.4

ɣa^{2} rjur^{1} pjụ^{1} ·jij^{1} lew^{1} ɣiej^{1} njiij^{1} kwər^{1} ɣa^{2} wjɨ^{2} to^{2} tśjɨɨ^{1} bju^{1}

[illegible]

来 世 尊 之 一 真 心 体 从 △ 出， 展 转

从世尊一真心体流出，展转

1.89.5

tśhjɨ^{1} dzjɨj^{1} dzjwo^{2} ·jij^{1} nju^{1} ·u^{2} ljɨ^{1} sjij^{1} dzjɨj^{1} dzjwo^{2} ·jij^{1} mej^{1} ·ju^{2}

[illegible]

当 时 人 之 耳 内 及 今 时 人 之 目 前

至于当时人之耳、今时人之目。

1.89.6

njɨ^{2} kjɨ^{1} njɨ^{2} rjɨr^{2} tshjiij^{1} wo^{2} tsjɨ^{1} mur^{1} śjɨj^{2} ·jij^{1} bju^{1} gjị^{2} tjị^{2}

[illegible]

等 △ 至。 所 说 义， 亦 凡 圣 之 从 依 处。

其所说义，亦只是凡圣所依。

1.89.7

lew^{1} ɣiej^{1} njiij^{1} kwər^{1} ɣa^{2} nioow^{1} śjwɨ^{2} ŋwu^{2} wjɨ^{2} to^{2} tśjɨɨ^{1} bju^{1} ŋowr^{2}

[illegible]

一 真 心 体 于 缘 随 而 △ 出， 展 转 一

一真心体随缘流出，展转遍一

1.89.8

ŋowr² do² ljɨ¹ ·ji¹ wee¹ ŋowr² ŋowr² ·jij¹ ljụ² njiij¹ ·u² njɨ² kjɨ¹

[illegible] [illegible] [illegible] [illegible] [illegible] [illegible] [illegible] [illegible] [illegible] [illegible] [illegible] [illegible] [illegible]

切 处 及 众 生 一 切 之 身 心 中 等 △

切处，遍一切众生身心之中，

1.89.9

njɨ² lew¹ twụ¹ ·jij¹ njiij¹ lə mjij¹ ɣiej¹ wo² rjir² bju¹ phji¹ ŋwu²

[illegible]， [illegible] [illegible] [illegible] [illegible] [illegible] [illegible]， [illegible] [illegible] [illegible] [illegible] [illegible] [illegible]

遍， 但 各 自 心 念 静， 真 理 与 如 令 以

但各于自心静念，如理

1.89.10

seew² sjiij² ku¹ thjɨ² sju² thjɨ² sju² dźju¹ śja²

[illegible] [illegible]， [illegible] [illegible] [illegible] [illegible] [illegible] [illegible] [illegible]

思 惟， 即 是 如 是 如 显 现

ljɨ¹ wją¹ śjwo² lwər² lhejr² kha¹ tshjiij¹ thjɨ² sju²

[illegible]。 （《[illegible] [illegible] [illegible] [illegible]》 [illegible] [illegible] “[illegible] [illegible]

也。 （《华 严 经 契》 中 云 “是 如

思惟，则是如是如显现也。（《华严经》云“如是

1.89.11

thjɨ² sju² sjwɨ¹ lə thjɨ² sju² thjɨ² sju² dźju¹ śja² ljɨ¹ ·jɨ²

[illegible] [illegible] [illegible] [illegible]， [illegible] [illegible] [illegible] [illegible] [illegible] [illegible] [illegible] [illegible]”。）

是 如 思 惟， 是 如 是 如 显 现 也 谓”。）

如是思惟，如是如是显现”也。）

译文：

今顿见者，已是多生渐熏而发现也。有云“法无顿渐，顿渐在机”者，诚哉此理。固不在言，本只论机，然法体固有如是，谁言其顿渐之义有此多门[1]？门门有意，非强穿凿，况《楞伽经》四渐四顿，此犹不敢繁云。（义与渐修顿悟相类[2]。）比见时辈论顿渐者[3]，但有顿渐之言，都不分析：就教，有化仪之顿渐、应机之顿渐；就人，有教授方便之顿渐、根性悟入之顿渐、发意修行之顿渐。于中唯云先顿悟后渐修，似违反也。欲绝疑者，岂不见日光顿出，霜露渐消；孩子顿生，（四肢六根即具。）志气渐立；（肌肤、人物、业艺皆渐成也。）猛风顿息，波浪渐停；明良顿成，礼乐渐学？（如高贵子孙于小时乱，没落为奴，生来自不知贵，时请父母访得，当日全身是贵人，而行迹去就不可顿改，故须渐学。）是知顿渐之义，甚为要矣。

然总此文本意[4]，虽但叙诸师之诠[5]，缘达摩一宗，是佛法通体，诸家所述又各不同，今集为一藏，都成理事具足。至于悟解修证门户，亦始终周圆，故所叙之顿渐，须备尽其意，令血脉连续，本末有绪。欲见本末纶绪，先须推穷此上三种顿说、渐说教中所诠之法本从何来，见在何处。又须仰观诸佛说此教，意本为何事。以此观之，则一藏经始终本末[6]，一时洞然明了也。且推穷教法从何来者，本从世尊一真心体流出，展转至于当时人之耳、今时人之目。其所说义，亦只是凡圣所依。一真心体随缘流出，展转遍一切处，遍一切众生身心之中，但各于自心静念，如理思惟，即如是如是而显现也。(《华严经》云“如是如是思惟，如是如是显现”也。)

注释：

[1]然法体固有如是谁言其顿渐之义有此多门，汉本作“谁言法体顿渐义意有此多门”，似不及夏译为佳。

[2]义与渐修顿悟相类，汉本双行小注在“《楞伽》四渐四顿”下。

[3]汉本“论”下无“顿渐”二字。

[4]汉本无“总”字。

[5]诸师之诠，汉本作“禅诠”。

[6]以此观之则一藏经始终本末，汉本作“即一大藏经始终本末”。

释读：

1.89.11

tśjɨɨ1	tha1	rjɨr2	tshjiij1	lwər2	lhejr2	ŋewr2	mər2
[illegible]	[illegible]	[illegible]	[illegible]	[illegible]	[illegible]	[illegible]	[illegible]
次	佛	△	说	经	契	等	本

次观佛说经本

1.89.12

ɣa2	śiaa2	śjij1	wa2	dạ2	nioow1	ŋwu2	bioo1	lew2	·jɨ2	tja1	wją1	sej1
[illegible]	[illegible]	[illegible]	[illegible]	[illegible]	[illegible]	[illegible]	[illegible]	[illegible]	[illegible]	[illegible]。	《[illegible]	[illegible]
来	意	法	何	事	由	是	观	须	谓	者。	《法	华

意者。《法华

1.90.1

lwər2	lhejr2	kha1	tshjiij1	rjur1	pjṳ1	·jij1	dạ2	ŋa2	mər2	ɣa2	śiaa2	śjij1
[illegible]	[illegible]》	[illegible]	[illegible]：	“[illegible]	[illegible]	[illegible]	[illegible]：	[illegible]	[illegible]	[illegible]	[illegible]	[illegible]
经	契》	中	云：	“世	尊	自	云：	我	本	来	意	法

经》云[1]：“世尊自云：我本意

1.90.2

tja^1	lew^1	ljij^2	dạ^2	·jiw^1	nioow^1	bju^1	rjur^1	kha^1	wjɨ^2	to^2	lew^1	ljij^2
[illegible]，	[illegible]	[illegible]	[illegible]	[illegible]	[illegible]，	[illegible]	[illegible]	[illegible]	[illegible]	[illegible]。	[illegible]	[illegible]
者，	一	大	事	因	缘，	故	世	于	△	现。	一	大

唯为一大事因缘，故出现于世。一大

1.90.3

dạ^2	tja^1	rjur^1	·ji^1	wee^1	·jij^1	tha^1	nwə^1	ljij^2	phie^2	ljɨ^1	tha^1	nwə^1
[illegible]	[illegible]，	[illegible]	[illegible]	[illegible]	[illegible]	[illegible]	[illegible]	[illegible]	[illegible]	[illegible]	[illegible]	[illegible]
事	者，	诸	众	生	△	佛	知	见	开	及	佛	知

事者，欲令众生开佛知

1.90.4

ljij^2	tsjij^2	rjɨr^2	njɨ^2	tha^1	nwə^1	ljij^2	tśja^1	ɣa^2	·o^2	phji^1	kięj^2	bju^1
[illegible]	[illegible]，	[illegible]	[illegible]	[illegible]	[illegible]	[illegible]	[illegible]	[illegible]	[illegible]	[illegible]	[illegible]	[illegible]，
见	悟，	乃	至	佛	知	见	道	于	入	令	欲	故，

见，悟佛知见[2]，乃至入佛知见道故，

1.90.5

wa^2	sju^2	wji^1	wji^1	·ju^2	lew^1	ljij^2	dạ^2	nioow^1	lew^1	tha^1	nwə^1	ljij^2
[illegible]	[illegible]	[illegible]	[illegible]，	[illegible]	[illegible]	[illegible]	[illegible]	[illegible]，	[illegible]	[illegible]	[illegible]	[illegible]
何	如	所	作，	常	一	大	事	为，	唯	佛	知	见

诸有所作，常为一事，唯以佛之知见

1.90.6

bju^1	·ji^1	wee^1	·jij^1	nur^1	wji^1	ŋwu^2	tsjij^2	phji^1	tjij^1	njɨɨ^1	tjij^1	sọ^1
[illegible]	[illegible]	[illegible]	[illegible]	[illegible]	[illegible]	[illegible]	[illegible]	[illegible]，	[illegible]	[illegible]	[illegible]	[illegible]
以	众	生	△	示	为	而	悟	令，	若	二	若	三

示悟众生，无有余乘若二若三。

1.90.7

dzjij^2	·ụ^2	mji^1	dju^1	sọ^1	zjọ^2	śja^1	rjijr^2	rjur^1	tha^1	tsjiir^1	tsji^1	zji^2
[illegible]	[illegible]	[illegible]	[illegible]。	[illegible]	[illegible]	[illegible]	[illegible]	[illegible]	[illegible]，	[illegible]	[illegible]	[illegible]
余	乘	不	有。	三	世	十	方	诸	佛，	法	亦	皆

三世十方诸佛，法亦

1.90.8

thjɨ^{2} sju^{2} ŋwu^{2} mjɨ^{1} pjụ^{1} ŋewr^{2} mjij^{1} tśier^{1} ·ju^{2} ljɨ^{1} mə^{2} mə^{2} ·jiw^{1}

是 如 也。 无 量 数 无 方 便 及 种 种 因

如是。虽以无量无数方便、种种因

1.90.9

nioow^{1} dzjọ^{1} dza^{2} ŋwuu^{1} dạ^{2} ŋwu^{2} ·ji^{1} wee^{1} ŋowr^{2} ŋowr^{2} ·jij^{1} rjur^{1} tsjiir^{1}

缘, 譬 喻 言 词 以 众 生 一 切 之 诸 法

缘、譬喻言词而为一切众生演说诸法,

1.90.10

wạ^{2} rjijr^{2} tshjiij^{1} tsjɨ^{1} thja^{1} tsjiir^{1} ŋewr^{2} zji^{2} lew^{1} tha^{1} ·ụ^{2} nioow^{1} ŋwu^{2}

广 演 说, 亦 是 法 等 皆 一 佛 乘 故 是。

是法皆为一佛乘故。

1.90.11

tśhjwo^{1} ŋa^{2} po^{1} tjɨj^{1} phu^{2} khju^{1} ɣu^{1} tśhja^{2} dwewr^{2} dja^{2} śjɨj^{1} zjọ^{2} ·ji^{1}

故 我 菩 提 树 下 初 正 觉 △ 成 时, 众

故我于菩提树下初成正觉,

1.90.12

wee^{1} ŋowr^{2} ŋowr^{2} tsjɨ^{1} zji^{2} tśhja^{2} dwewr^{2} dja^{2} śjɨj^{1} ljij^{2} rjɨr^{2} nji^{2} ·ji^{1}

生 一 切 亦 皆 正 觉 △ 成 见, 乃 至 众

普见一切众生皆成正觉,乃至

1.91.1

wee^{1} ŋowr^{2} ŋowr^{2} zji^{2} pa^{2} djiij^{2} phã^{1} ljij^{2} wjạ^{1} śjwo^{2} to^{2} śja^{2}

生 一 切 皆 般 涅 盘 见。 (《华 严 ·出 现

tjij^{1} kha^{1} tshjiij^{1} mjor^{1} ljij^{2} ɣu^{1} tśhja^{2} dwewr^{2} dja^{2} śjɨj^{1} zjọ^{2} ·ji^{1}

品》 中 云: 如 来 初 正 觉 △ 成 时, 众

普见一切众生皆般涅盘。(《华严·出现品》云:如来成正觉时,

1.91.2

wee^{1} ŋowr^{2} ŋowr^{2} tsjɨ^{1} zji^{2} tśhja^{2} dwewr^{2} dja^{2} śjɨj^{1} ljij^{2} nji^{2}

生 一 切 亦 皆 正 觉 △ 成 见 等

·jɨ^{2} ·ji^{1} wee^{1} ŋowr^{2} ŋowr^{2} lẹj^{2} tshjạ^{1} lə rjur^{1} źji^{1}

谓。） 众 生 一 切 贪 恚 痴 诸 烦

普见众生皆成正觉等[3]。）普见一切众生贪恚痴诸烦

1.91.3

njɨɨ^{2} kha^{1} mjor^{1} ljij^{2} ·jij^{1} ljụ^{2} sjij^{2} dźjij^{2} ·ju^{2} ror^{2} laa^{1} mjij^{1} tśhja^{2}

恼 中 如 来 之 身 智 有， 常 染 污 无， 德

恼中有如来身智，常无染污，德

1.91.4

·jij^{1} ŋowr^{2} lhə zji^{2} ljij^{2} mjor^{1} ljij^{2} ·ụ^{2} lwər^{2} lhejr^{2} kha^{1} tshjiij^{1} lew^{1} zjij^{1} ·ji^{1} wee^{1} mjor^{1}

相 备 足 普 见。（《如 来 藏 经 契》 中 云。） 一 许 众 生 如

相备足。（《如来藏经》文也。）无一众生

1.91.5

ljij^{2} ·jij^{1} sjij^{2} źjɨr^{1} ŋowr^{2} mji^{1} dźjij^{2} mjij^{1} lew^{1} lạ^{1} seew^{2} zow^{2} zjij^{1}

来 之 智 慧 具 不 有 无， 但 妄 想 执 着

而不具有如来智慧，但以妄想执着

1.91.6

nioow^{1} mji^{1} ljạ^{1} rjir^{1} ŋa^{2} thja^{1} nji^{2} ·jij^{1} śjɨj^{2} tśja^{1} dzju^{1} nur^{1} lạ^{1}

以 不 证 得。 我 彼 等 △ 圣 道 教 示， 妄

而不证得。我欲教以圣道，

1.91.7

seew^{2} tśjo ka^{2} ·jij^{1} ·jij^{1} ljụ^{2} ·u^{2} mjor^{1} ljij^{2} ·jij^{1} wạ^{2} ljij^{2} sjij^{2}

想 永 离， 自 己 身 中 如 来 之 广 大 智

令其永离妄想，自于身中得见如来广大智

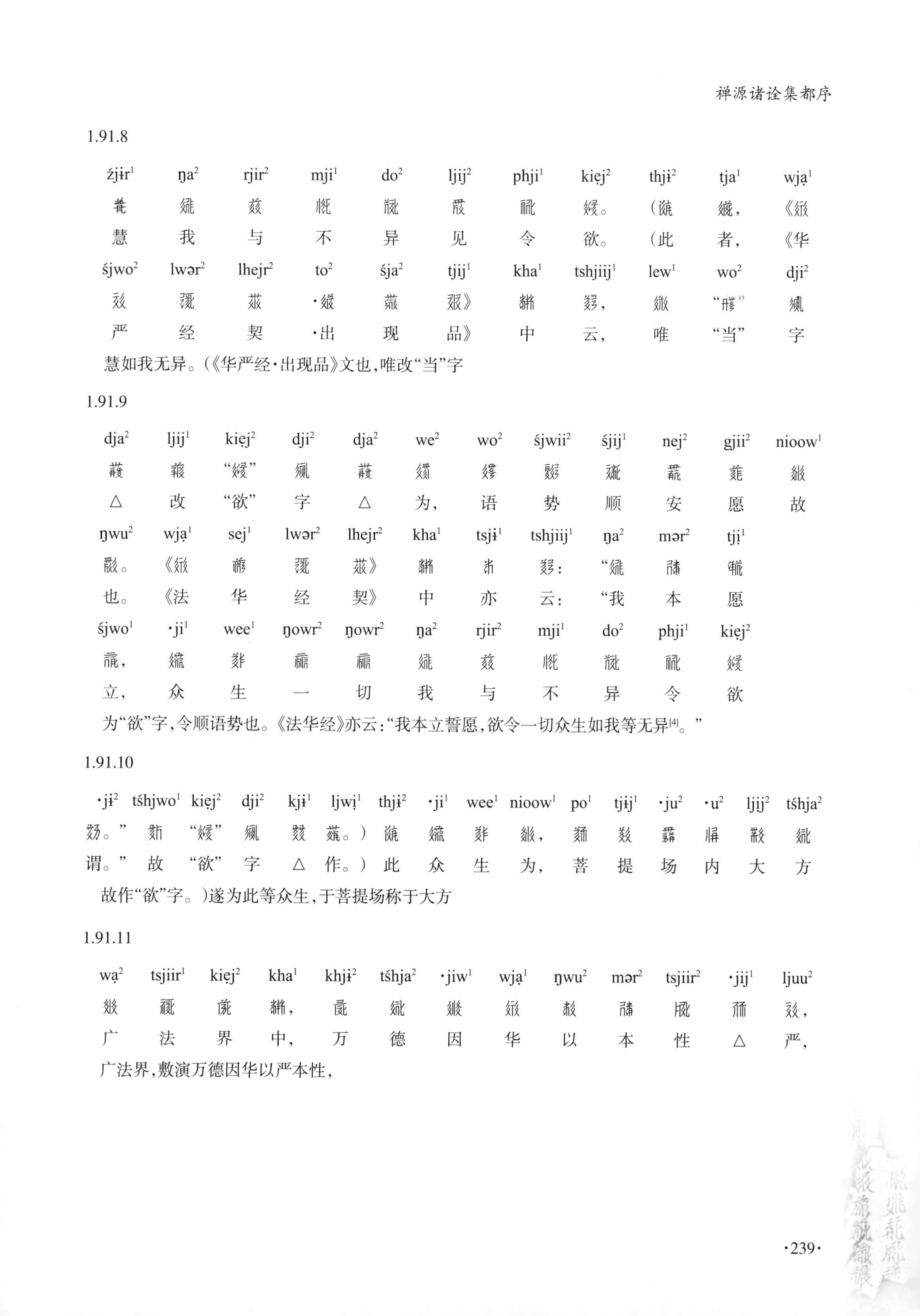

1.91.8

źjɨr^1 ŋa^2 rjir^2 mji^1 do^2 ljij^2 phji^1 kię̣j^2 thjɨ^2 tja^1 wją^1

慧 我 与 不 异 见 令 欲。（此 者，《华

śjwo^2 lwər^2 lhejr^2 to^2 śja^2 tjij^1 kha^1 tshjiij^1 lew^1 wo^2 dji^2

严 经 契 ·出 现 品》 中 云， 唯 “当” 字

慧如我无异。（《华严经·出现品》文也，唯改“当”字

1.91.9

dja^2 ljij^1 kię̣j^2 dji^2 dja^2 we^2 wo^2 śjwii^2 śjij^1 nej^2 gjii^2 nioow^1

△ 改 “欲” 字 △ 为， 语 势 顺 安 愿 故

ŋwu^2 wją^1 sej^1 lwər^2 lhejr^2 kha^1 tsjɨ^1 tshjiij^1 ŋa^2 mər^2 tjị^1

也。《法 华 经 契》 中 亦 云：“我 本 愿

śjwo^1 ·ji^1 wee^1 ŋowr^2 ŋowr^2 ŋa^2 rjir^2 mji^1 do^2 phji^1 kię̣j^2

立， 众 生 一 切 我 与 不 异 令 欲

为“欲”字，令顺语势也。《法华经》亦云：“我本立誓愿，欲令一切众生如我等无异[4]。”

1.91.10

·jɨ^2 tśhjwo^1 kię̣j^2 dji^2 kjɨ^1 ljwị^1 thjɨ^2 ·ji^1 wee^1 nioow^1 po^1 tjɨj^1 ·ju^2 ·u^2 ljij^2 tśhja^2

谓。” 故 “欲” 字 △ 作。） 此 众 生 为， 菩 提 场 内 大 方

故作“欲”字。）遂为此等众生，于菩提场称于大方

1.91.11

wą^2 tsjiir^1 kię̣j^2 kha^1 khjɨ^2 tśhja^2 ·jiw^1 wją^1 ŋwu^2 mər^2 tsjiir^2 ·jij^1 ljuu^2

广 法 界 中， 万 德 因 华 以 本 性 △ 严，

广法界，敷演万德因华以严本性，

1.91.12

khjɨ^{2}	tśhja^{2}	tha^{1}	mjaa^{1}	śjɨj^{1}	phji^{1}	śjij^{1}	rjɨr^{2}	tshjiij^{1}	njwo^{2}	kja^{2}	kha^{1}	ŋa^{2}
万	德	佛	果	成	令	法	敷	演。	往	劫	中	我

令成万德佛果。其有往劫与我

1.92.1

rjir^{2}	gu^{2}	neew^{2}	tśhji^{2}	rjɨr^{2}	ljị^{1}	ljɨ^{1}	nioow^{1}	thja^{1}	kja^{2}	ŋjow^{2}	kha^{1}	ŋa^{2}
与	同	善	根	△	种，	及	又	彼	劫	海	中	我

同种善根，曾得我于劫海中

1.92.2

·jij^{1}	ljɨɨr^{1}	ɣjiw^{1}	tsjiir^{1}	ŋwu^{2}	ɣjiw^{1}	ɣiwej^{1}	rjir^{1}	djij^{2}	mjijr^{2}	tja^{1}	tśhjwo^{1}	ŋa^{2}
之	四	摄	法	以	摄	受	得	曾	人	者，	故	我

以四摄法而摄受者[5]，始见我

1.92.3

ljụ^{2}	ljij^{2}	dźjiw^{1}	·jiir^{2}	sã^{1}	mej^{2}	lu^{1}	tśja^{1}	no^{1}	ljụ^{2}	ŋa^{2}	rjɨr^{2}
身	见。	（频	呻	三	昧	卢	舍	那	身。）	我	所
tshjiij^{1}	mji^{1}	śji^{1}	·o^{1}	wjạ^{1}	śjwo^{2}	lwər^{2}	lhejr^{2}	rjɨr^{2}	tshjiij^{1}	·jij^{1}	·jɨ^{2}
说	闻，	（前	述	《华	严	经	契》	所	说	△	谓。）

身。（频呻三昧卢舍那身。）闻我所说，（说上《华严》。）

1.92.4

zji^{2}	dźiej^{2}	ɣiwej^{1}	njwi^{2}	mjor^{1}	ljij^{2}	źjɨr^{1}	ɣa^{2}	·o^{2}	rjɨr^{2}	njɨ^{2}	śji^{2}	tow^{1}
皆	信	受	能，	如	来	慧	于	入。	乃	至	逝	多

即皆信受，入如来慧。乃至逝多

1.92.5

bo¹ kha¹ ŋa² ka² tśjij² dźjiw¹ ·jiir² sã¹ mej² kjɨ¹ ·o² zjọ² ljij²

[illegible]

林 中， 我 师 子 频 呻 三 昧 △ 入 时， 大

林，我入师子频呻三昧，大

1.92.6

·ji¹ zji² tsjiir¹ kięj² kjɨ¹ ljạ¹ śji¹ ·ụ² tsəj¹ ɣiew¹ dzjɨɨ² mjijr² ljɨ¹

[illegible]

众 皆 法 界 △ 证。 先 乘 小 学 习 者 虽，

众皆证法界。先虽习学小乘者[6]，

1.92.7

thjɨ² tja¹ tha¹ wjạ¹ sej¹ ljwu² kha¹ dźjiij¹ zjọ² rjɨr² tshjiij¹ dạ²

[illegible]

（此 者， 佛 华 净 会 中 在 时 △ 说， 曰

njwo² wjạ¹ ljuu² ljwu² kha¹ ·jij¹ dźjiij¹ ŋa² zjọ² ŋwə¹ ·jir²

[illegible]

“昔 华 严 会 中 △ 在 我 时， 五 百

ɣię² mji¹ məə¹ sju² ba¹ sju² tha¹ ·jij¹ mjɨɨ² kięj² mji¹

[illegible]

声 闻 聋 如 盲 如， 佛 之 境 界 不

（佛在法华会说“昔在华严会中，五百声闻如聋如盲，不见佛境界，

1.92.8

ljij² io̱¹ lwu¹ tsjiir¹ mji¹ mji¹ ·jɨ² njɨ² ŋwu² nioow¹ tshjiij¹ ŋa²

[illegible]

见， 圆 融 法 不 闻 谓” 等 是。 次 云 “我

sjij¹ thjɨ² njɨ² ·jij¹ thjɨ² lwər² lhejr² kjɨ¹ mji¹ phji¹ bju¹

[illegible]

今 此 等 △ 此 经 契 △ 闻 令 因，

tha¹ źjɨr¹ ɣa² kjɨ¹ ·o² rjɨr² njɨ² ljɨɨr¹ ɣạ² kjiw¹ nioow¹

[illegible]

佛 慧 于 △ 入， 乃 至 四 十 年 后

不闻圆融法”是也。次云“我今亦令得闻此经，入于佛慧，即直至四十年后

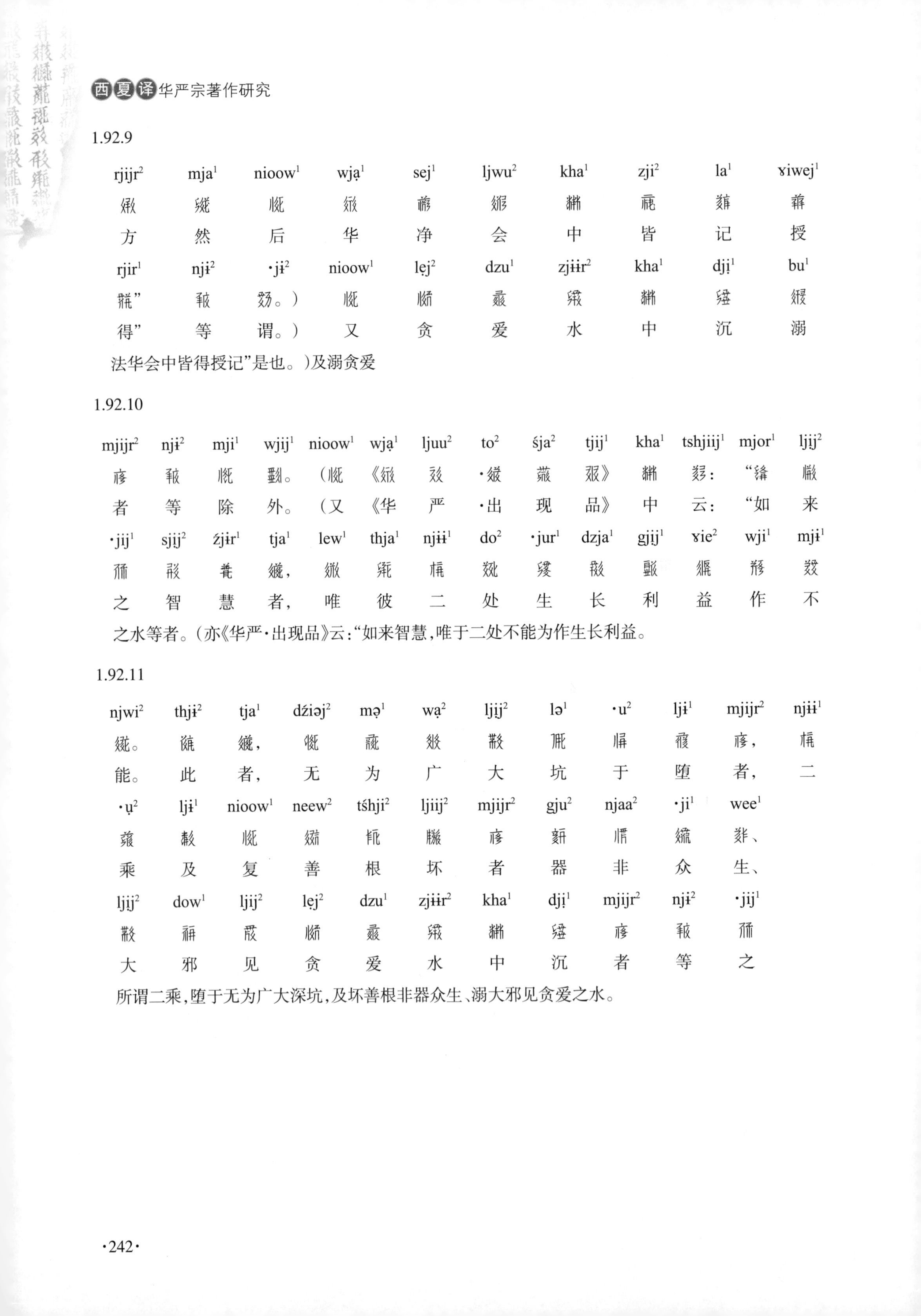

1.92.9

rjijr²	mja¹	nioow¹	wją¹	sej¹	ljwu²	kha¹	zji²	la¹	ɣiwej¹
方	然	后	华	净	会	中	皆	记	授
rjir¹	njɨ²	·jɨ²	nioow¹	lej²	dzu¹	zjɨɨr²	kha¹	djị¹	bu¹
得”	等	谓。）	又	贪	爱	水	中	沉	溺

法华会中皆得授记”是也。）及溺贪爱

1.92.10

mjijr²	njɨ²	mji¹	wjij¹	nioow¹	wją¹	ljuu²	to²	śja²	tjij¹	kha¹	tshjiij¹	mjor¹	ljij²
者	等	除	外。	（又	《华	严	·出	现	品》	中	云：	“如	来
·jij¹	sjij²	źjɨr¹	tja¹	lew¹	thja¹	njɨɨ¹	do²	·jur¹	dzja¹	gjij¹	ɣie²	wji¹	mjɨ¹
之	智	慧	者，	唯	彼	二	处	生	长	利	益	作	不

之水等者。（亦《华严·出现品》云：“如来智慧，唯于二处不能为作生长利益。

1.92.11

njwi²	thjɨ²	tja¹	dźiəj²	mə¹	wą²	ljij²	lə¹	·u²	ljɨ¹	mjijr²	njɨɨ¹
能。	此	者，	无	为	广	大	坑	于	堕	者，	二
·ụ²	ljɨ¹	nioow¹	neew²	tśhji²	ljiij²	mjijr²	gju²	njaa²	·ji¹	wee¹	
乘	及	复	善	根	坏	者	器	非	众	生、	
ljij²	dow¹	ljij²	lej²	dzu¹	zjɨɨr²	kha¹	djị¹	mjijr²	njɨ²	·jij¹	
大	邪	见	贪	爱	水	中	沉	者	等	之	

所谓二乘，堕于无为广大深坑，及坏善根非器众生、溺大邪见贪爱之水。

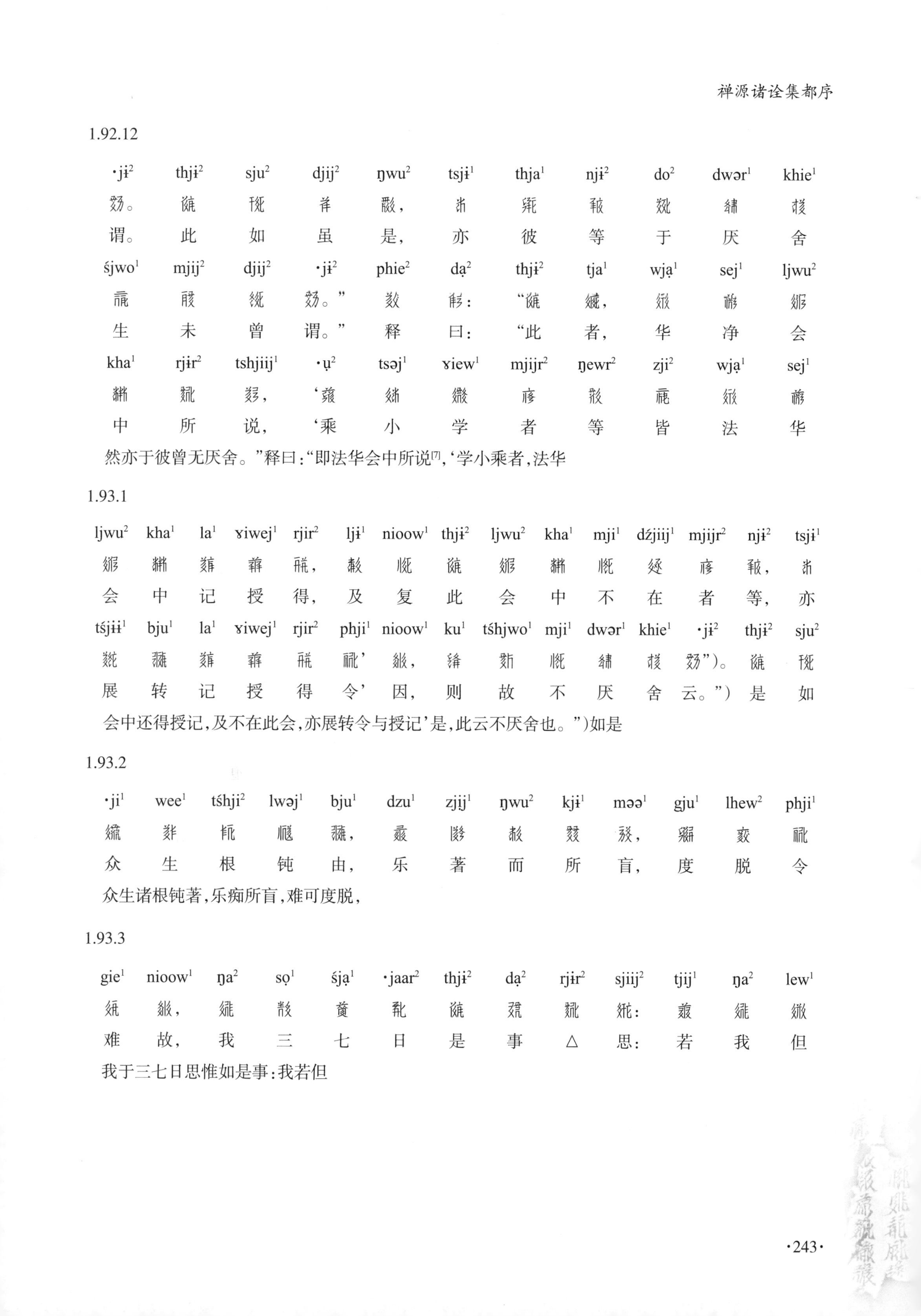

1.92.12

·jɨ^{2} thjɨ^{2} sju^{2} djij^{2} ŋwu^{2} tsjɨ^{1} thja^{1} njɨ^{2} do^{2} dwər^{1} khie^{1}

谓。 此 如 虽 是， 亦 彼 等 于 厌 舍

śjwo^{1} mjij^{2} djij^{2} ·jɨ^{2} phie^{2} dạ^{2} thjɨ^{2} tja^{1} wją^{1} sej^{1} ljwu^{2}

生 未 曾 谓。” 释 曰： “此 者， 华 净 会

kha^{1} rjɨr^{2} tshjiij^{1} ·ụ^{2} tsəj^{1} ɣiew^{1} mjijr^{2} ŋewr^{2} zji^{2} wją^{1} sej^{1}

中 所 说， ‘乘 小 学 者 等 皆 法 华

然亦于彼曾无厌舍。”释曰：“即法华会中所说[7]，‘学小乘者，法华

1.93.1

ljwu^{2} kha^{1} la^{1} ɣiwej^{1} rjir^{2} ljɨ^{1} nioow^{1} thjɨ^{2} ljwu^{2} kha^{1} mji^{1} dźjiij^{1} mjijr^{2} njɨ^{2} tsjɨ^{1}

会 中 记 授 得， 及 复 此 会 中 不 在 者 等， 亦

tśjɨɨ^{1} bju^{1} la^{1} ɣiwej^{1} rjir^{2} phji^{1} nioow^{1} ku^{1} tśhjwo^{1} mji^{1} dwər^{1} khie^{1} ·jɨ^{2} thjɨ^{2} sju^{2}

展 转 记 授 得 令’ 因， 则 故 不 厌 舍 云。”） 是 如

会中还得授记，及不在此会，亦展转令与授记’是，此云不厌舍也。”）如是

1.93.2

·ji^{1} wee^{1} tśhji^{2} lwəj^{1} bju^{1} dzu^{1} zjij^{1} ŋwu^{2} kji^{1} məə^{1} gju^{1} lhew^{2} phji^{1}

众 生 根 钝 由， 乐 著 而 所 盲， 度 脱 令

众生诸根钝著，乐痴所盲，难可度脱，

1.93.3

gie^{1} nioow^{1} ŋa^{2} sọ^{1} śją^{1} ·jaar^{2} thjɨ^{2} dạ^{2} rjɨr^{2} sjiij^{2} tjij^{1} ŋa^{2} lew^{1}

难 故， 我 三 七 日 是 事 △ 思： 若 我 但

我于三七日思惟如是事：我若但

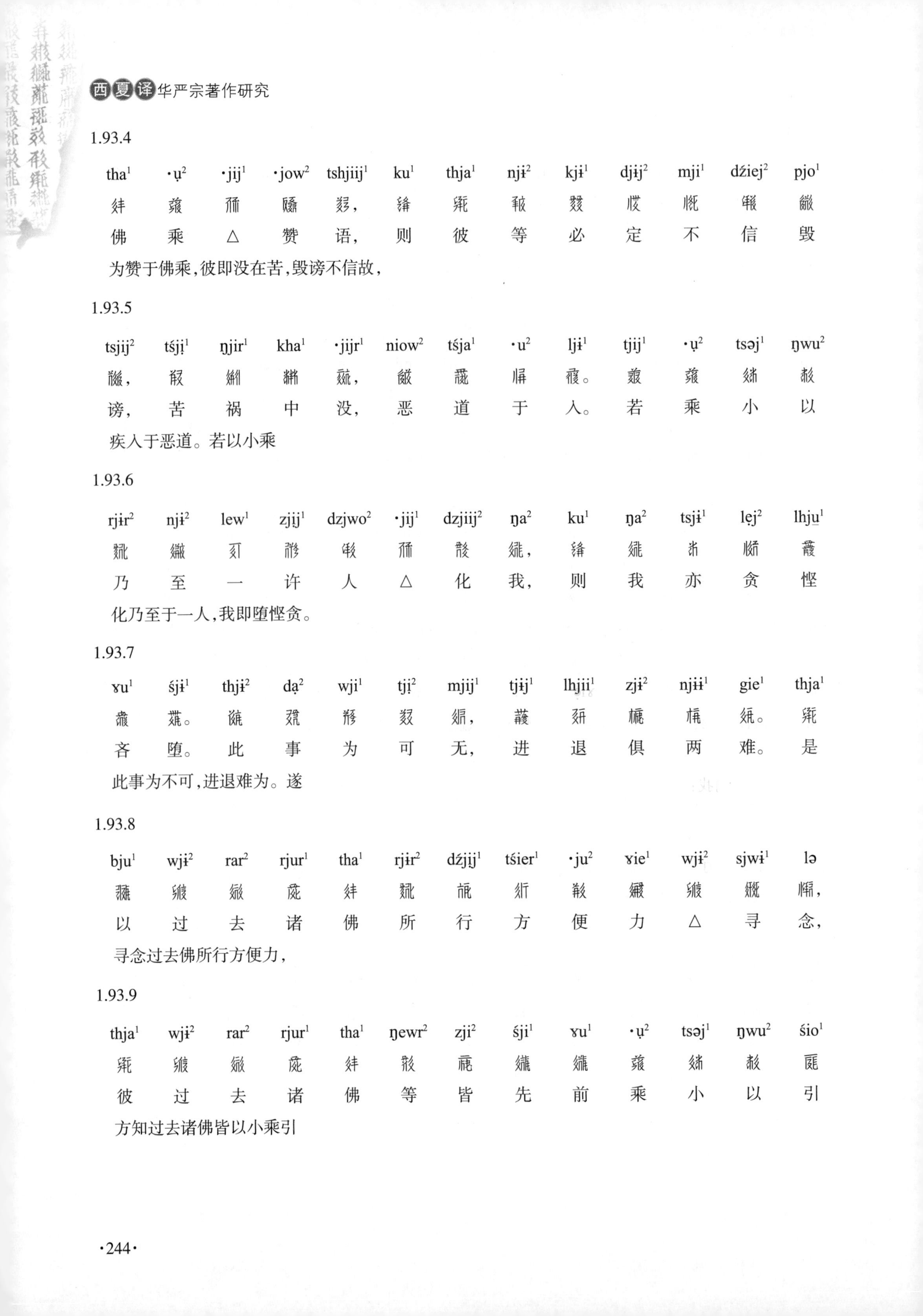

1.93.4

tha^{1} ·ụ^{2} ·jij^{1} ·jow^{2} tshjiij^{1} ku^{1} thja^{1} njɨ^{2} kjɨ^{1} djɨj^{2} mji^{1} dźiej^{2} pjo^{1}

佛 乘 △ 赞 语， 则 彼 等 必 定 不 信 毁

为赞于佛乘，彼即没在苦，毁谤不信故，

1.93.5

tsjij^{2} tśjị^{1} ŋjir^{1} kha^{1} ·jijr^{1} niow^{2} tśja^{1} ·u^{2} ljɨ^{1} tjij^{1} ·ụ^{2} tsəj^{1} ŋwu^{2}

谤， 苦 祸 中 没， 恶 道 于 入。 若 乘 小 以

疾入于恶道。若以小乘

1.93.6

rjɨr^{2} njɨ^{2} lew^{1} zjij^{1} dzjwo^{2} ·jij^{1} dzjiij^{2} ŋa^{2} ku^{1} ŋa^{2} tsjɨ^{1} lej^{2} lhju̱^{1}

乃 至 一 许 人 △ 化 我， 则 我 亦 贪 悭

化乃至于一人，我即堕悭贪。

1.93.7

ɣu^{1} śjɨ^{1} thjɨ^{2} dạ^{2} wji^{1} tji^{2} mjij^{1} tjɨj^{1} lhjii^{1} zji^{2} njɨɨ^{1} gie^{1} thja^{1}

吝 堕。 此 事 为 可 无， 进 退 俱 两 难。 是

此事为不可，进退难为。遂

1.93.8

bju^{1} wjɨ^{2} rar^{2} rjur^{1} tha^{1} rjɨr^{2} dźjij^{1} tśier^{1} ·ju^{2} ɣie^{1} wjɨ^{2} sjwɨ^{1} lə

以 过 去 诸 佛 所 行 方 便 力 △ 寻 念，

寻念过去佛所行方便力，

1.93.9

thja^{1} wjɨ^{2} rar^{2} rjur^{1} tha^{1} ŋewr^{2} zji^{2} śji^{1} ɣu^{1} ·ụ^{2} tsəj^{1} ŋwu^{2} śio^{1}

彼 过 去 诸 佛 等 皆 先 前 乘 小 以 引

方知过去诸佛皆以小乘引

1.93.10

dzjiij2	nioow1	rjijr2	zji2	dźjwa1	lew1	·ụ2	kha1	rjɨr2	·o2	phji1	sji2	kjɨ1
[illegible]	[illegible]	[illegible]	[illegible]	[illegible]	[illegible]	[illegible]	[illegible]	[illegible]	[illegible]	[illegible]	[illegible]	[illegible]
诱，	后	方	究	竟	一	乘	中	△	入	令	能	△

诱，然后令人究竟一乘，

1.93.11

nwə1	nioow1	tśhjwo1	ŋa2	sjij1	ljạ1	rjir1	tśja1	tsjɨ1	sọ1	·ụ2	bju1	tshjiij1
[illegible]	[illegible]	[illegible]	[illegible]	[illegible]	[illegible]	[illegible]	[illegible]	[illegible]	[illegible]	[illegible]	[illegible]	[illegible]
知	因，	故	我	今	证	得	道，	亦	三	乘	依	说

故我今所得道，亦应说三乘。

1.93.12

wo2	lji1	ŋa2	thji2	sju2	sjwɨ1	lə	dzjɨj1	tśhjaa1	śja1	rjijr2	rjur1	tha1
[illegible]	[illegible]	[illegible]	[illegible]	[illegible]	[illegible]	[illegible]	[illegible]	[illegible]	[illegible]	[illegible]	[illegible]	[illegible]
应	也。	我	是	如	思	惟	时	于，	十	方	诸	佛

我如是思惟时，十方佛

1.94.1

zji2	wjɨ2	śja2	xiwã1	ɣię2	ŋwu2	ŋa2	·jij1	·o1	njiij1	ljwį1	wji1	ljij2
[illegible]	[illegible]	[illegible]	[illegible]	[illegible]	[illegible]	[illegible]	[illegible]	[illegible]	[illegible]	[illegible]	[illegible]	[illegible]
皆	△	现，	梵	音	以	我	△	腹	心	入	为	来

皆现，梵音慰喻我：

1.94.2

dạ2	tjij2	rjijr2	śjɨ2	kja1	·jwɨr2	phju2	tsew2	śio1	dzjiij2	śjij1	thjɨ2	zji2
[illegible]	[illegible]	[illegible]	[illegible]	[illegible]	[illegible]	[illegible]	[illegible]	[illegible]	[illegible]	[illegible]	[illegible]	[illegible]
曰：	善	哉	释	迦	文，	上	第	导	师	法，	是	无

善哉释迦文[8]，第一之导师，得是无

1.94.3

phju2	tsjiir1	rjir1	rjur1	tha1	ŋowr2	ŋowr2	bju1	tśier1	·ju2	ŋwu2	dźjij1	lew2
[illegible]	[illegible]	[illegible]	[illegible]	[illegible]	[illegible]	[illegible]	[illegible]	[illegible]	[illegible]	[illegible]	[illegible]	[illegible]
上	法	得，	诸	佛	一	切	随，	方	便	而	行	应

上法，随诸一切佛，而用方便力。

1.94.4

·jɨ^{2}

[illegible]。

谓。

译文：

次观佛说经本意者。《法华经》云[1]：“世尊自云：我本意唯为一大事因缘，故出现于世。一大事者，欲令众生开佛知见，悟佛知见[2]，乃至入佛知见道故，诸有所作，常为一事，唯以佛之知见示悟众生，无有余乘若二若三。三世十方诸佛，法亦如是。虽以无量无数方便、种种因缘、譬喻言词而为一切众生演说诸法，是法皆为一佛乘故。故我于菩提树下初成正觉，普见一切众生皆成正觉，乃至普见一切众生皆般涅盘。（《华严·出现品》云：如来成正觉时，普见众生皆成正觉等[3]。）普见一切众生贪恚痴诸烦恼中有如来身智，常无染污，德相备足。（《如来藏经》文也。）无一众生而不具有如来智慧，但以妄想执着而不证得。我欲教以圣道，令其永离妄想，自于身中得见如来广大智慧如我无异。（《华严经·出现品》文也，唯改“当”字为“欲”字，令顺语势也。《法华经》亦云：“我本立誓愿，欲令一切众生如我等无异[4]。”故作“欲”字。）遂为此等众生，于菩提场称于大方广法界，敷演万德因华以严本性，令成万德佛果。其有往劫与我同种善根，曾得我于劫海中以四摄法而摄受者[5]，始见我身。(频呻三昧卢舍那身。）闻我所说，（说上《华严》。）即皆信受，入如来慧。乃至逝多林，我入师子频呻三昧，大众皆证法界。先虽习学小乘者[6]，（佛在法华会说“昔在华严会中，五百声闻如聋如盲，不见佛境界，不闻圆融法”是也。次云“我今亦令得闻此经，入于佛慧，即直至四十年后法华会中皆得授记”是也。）及溺贪爱之水等者。（亦《华严·出现品》云：“如来智慧，唯于二处不能为作生长利益。所谓二乘，堕于无为广大深坑，及坏善根非器众生、溺大邪见贪爱之水。然亦于彼曾无厌舍。”释曰：“即法华会中所说[7]，‘学小乘者，法华会中还得授记，及不在此会，亦展转令与授记’是，此云不厌舍也。”）如是众生诸根钝著，乐痴所盲，难可度脱，我于三七日思惟如是事：我若但为赞于佛乘，彼即没在苦，毁谤不信故，疾入于恶道。若以小乘化乃至于一人，我即堕悭贪。此事为不可，进退难为。遂寻念过去佛所行方便力，方知过去诸佛皆以小乘引诱，然后令入究竟一乘，故我今所得道，亦应说三乘。我如是思惟时，十方佛皆现，梵音慰喻我：

善哉释迦文[8]，第一之导师，得是无上法，随诸一切佛，而用方便力。

注释：

[1]汉本脱“法华经云”四字。按以下所述实出《妙法莲华经》卷一：“诸佛世尊唯以一大事因缘，故出现于世。诸佛世尊欲令众生开佛知见，使得清净，故出现于世。欲示众生佛之知见，故出现于世。欲令众生悟佛知见，故出现于世。欲令众生入佛知见道，故出现于世。舍利弗！是为诸佛以一大事因缘故出现于世。佛告舍利弗：诸佛如来但教化菩萨，诸有所作，常为一事，唯以佛之知见示悟众生。舍利弗！如来但以一佛乘故为众生说法，无有余乘若二若三。舍利弗！一切十方诸佛，法亦如

是。舍利弗！过去诸佛以无量无数方便、种种因缘、譬喻言辞而为众生演说诸法，是法皆为一佛乘故。”

[2]汉本脱“悟佛知见”四字。按《妙法莲华经》卷一亦作“欲令众生悟佛知见故出现于世”。

[3]双行小注西夏本有脱文。汉本作：“《华严·妙严品》云：佛在摩竭提国菩提场中始成正觉。其地坚固，金刚所成。其菩提树高广严显。《出现品》云：如来成正觉时，普见众生等。一一如文。”

[4]汉本“众”下脱“生”字，下又脱“故作‘欲’字”四字。

[5]汉本有双行小注“亦《妙严品》文也”，西夏本脱。

[6]先虽习学小乘者，汉本作“除先修习学小乘者”。

[7]法华，汉本误作“华严”。按下文言及“法华会”一事，实出《妙法莲华经》。

[8]释迦文，本为“释迦牟尼”别译。西夏本以“[illegible]”（文字，书）意译“文”字，大误。

释读：

1.94.4

ŋa^{2}	thjɨ^{2}	dạ^{2}	mji^{1}	nioow^{1}	rjur^{1}	tha^{1}	śiaa^{2}	śjij^{1}	rjir^{2}	kjɨ^{1}	bju^{1}
[illegible]	[illegible]	[illegible]	[illegible]，	[illegible]	[illegible]	[illegible]	[illegible]	[illegible]	[illegible]	[illegible]	[illegible]
我	此	言	闻，	又	诸	佛	意	法	与	△	随

我闻慰喻，随顺诸佛意故，

1.94.5

śjij^{1}	phji^{1}	tśhjwo^{1}	śji^{1}	ɣu^{1}	po^{1}	lo^{1}	deej^{2}	lhjij^{2}	·u^{2}	rjɨr^{2}	śji^{2}	ljɨɨr^{1}
[illegible]	[illegible]，	[illegible]	[illegible]	[illegible]	[illegible]	[illegible]	[illegible]	[illegible]	[illegible]	[illegible]	[illegible]，	[illegible]
顺	令，	故	先	前	波	罗	奈	国	内	△	往，	四

先往波罗奈国[1]，转四

1.94.6

dźjar^{2}	tsjiir^{1}	dźiej^{2}	wjɨ^{2}	deej^{1}	kjiw^{1}	tśhjĩ^{1}	źjwu^{2}	njɨ^{2}	ŋwə^{1}	dzjwo^{2}	·jij^{1}	wjɨ^{2}
[illegible]	[illegible]	[illegible]	[illegible]	[illegible]，	[illegible]	[illegible]	[illegible]	[illegible]	[illegible]	[illegible]	[illegible]	[illegible]
谛	法	轮	△	转，	憍	陈	如	等	五	人	△	△

谛法轮，度憍陈如等五人。

1.94.7

gju^{1}	mjiij^{2}	mjiij^{2}	rjur^{1}	rjur^{1}	rjɨr^{2}	njɨ^{2}	tụ^{1}	khjɨ^{2}	dzjọ^{1}	·jij^{2}	ko^{1}	sju^{2}	nioow^{1}	tjij^{1}
[illegible]。	[illegible]	[illegible]	[illegible]	[illegible]，	[illegible]	[illegible]	[illegible]	[illegible]。	（[illegible]	[illegible]	[illegible]	[illegible]。）	[illegible]	[illegible]
度。	渐	渐	诸	处，	乃	至	千	万。	（犹	羊	车	如。）	又	独

渐渐诸处，至千万。（如羊车也。）亦为求独

1.94.8

dwewr2 kjụ1 mjijr2 ·jij1 ɣạ2 njɨɨ1 ·jiw1 nioow1 rjɨr2 tshjiij1 wji1 dzjọ1 twụ1 ko1 sju2

[Tangut script]

觉 求 者 为 十 二 因 缘 △ 说 为，（犹 鹿 车 如。）

觉者说十二因缘[2]，（如鹿车也。）

1.94.9

ljij2 ·ụ2 kjụ1 mjijr2 ·jij1 tśhjiw1 po1 lo1 bjii2 rjɨr2 tshjiij1 wji1 dzjọ1 gur1

[Tangut script]

大 乘 求 者 为 六 波 罗 蜜 △ 说 为，（犹 牛

亦为求大乘者说六波罗蜜，（如牛

1.94.10

ko1 sju2 śji1 ·o1 rjɨr2 tshjiij1 ŋewr2 zji2 lew1 tsew2 tsjiir2 bju1

[Tangut script]

车 如。 前 述 △ 说 等 皆 一 第 性 依

·jij1 tshjiij1 śiaa2 dwuu2 tsjiir1 ŋwu2 thjɨ2 sọ1 ko1 tja1 zji2

[Tangut script]

相 说 意 密 教 是。 此 三 车 者， 皆

mәә1 nji1 ·u2 kjɨ1 nur1 dạ2 zji2 ɣa1 nioow1 dźjiij1 ŋwu2

[Tangut script]

火 宅 中 △ 指 云 皆 门 外 在 是

车也。此上皆当第一密意依性说相教。此上三车，皆是火宅中指云在门外

1.94.11

·jɨ2 thjɨ2 ŋewr2 tja1 njir2 tsjiir1 sọ1 ko1 rjir2 dzjọ1

[Tangut script]

谓。 此 等 者， 权 教 三 乘 以 喻。）

thja1 njɨɨ1 njɨɨ1 ljwu1 nioow1 zji2 na1 pa2 rja2

[Tangut script]

彼 二 二 间 又 甚 深 般 若

者[3]，以喻权教三乘。）中间又为说甚深般若

1.94.12

po^{1} lo^{1} bjii^{2} rjɨr^{2} tshjiij^{1} śji^{1} ·o^{1} ɣię^{2} mji^{1} wjɨ^{2} t- gjij^{1} ljɨ^{1}

[illegible]

波 罗 蜜 △ 说。 前 述 声 闻 △ 淘 汰， 及

波罗蜜。淘汰如上声闻，

1.95.1

rjur^{1} dźiã^{2} tsjij^{2} tsəj^{1} ·jij^{1} tjɨj^{1} ·o^{2} phji^{1} thjɨ^{2} tja^{1}

[illegible]

诸 菩 萨 小 △ 进 趣 令。（此 者

njɨɨ^{1} tsew^{2} tsjiir^{2} bju^{1} ·jij^{1} ljiij^{2} śiaa^{2} dwuu^{2} tsjiir^{1} ŋwu^{2}

[illegible]

二 第 性 显 相 破 意 密 教 也。）

进趣诸小菩萨。（此当第二密意破相显性教也。）

1.95.2

mjiij^{2} mjiij^{2} tśhji^{2} we^{1} kjɨ^{1} ljij^{2} tśhjwo^{1} khjwɨ^{1} ŋər^{1} kha^{1} mjor^{1} ljij^{2} nwə^{1}

[illegible]

渐 渐 根 熟 △ 见， 遂 崛 山 中 如 来 知

渐渐见其根熟，遂于灵鹫山开示如来知

1.95.3

ljij^{2} wjɨ^{2} phie^{2} nur^{1} to^{2} zji^{2} ·ja duu^{2} tow^{1} lo^{1} sã^{1} mjiw^{2} sã^{1}

[illegible]

见 △ 开 示， 普 皆 阿 耨 多 罗 三 藐 三

见，普皆与授阿耨多罗三藐三

1.95.4

po^{1} tjɨj^{1} kjɨ^{1} la^{1} thjɨ^{2} tja^{1} zji^{2} dźjwa^{1} lew^{1} ·ų^{2} ŋwu^{2} dzjọ^{1}

[illegible]

菩 提 △ 记。（此 者， 究 竟 一 乘 是， 犹

ljɨɨr^{1} tśja^{1} gu^{2} ·o^{1} rjar^{1} ljij^{2} gur^{1} phiow^{1} ko^{1} sju^{2} ŋwu^{2} thja^{1}

[illegible]

四 道 中 有 而 大 牛 白 车 如 也。 彼

菩提记。（究竟一乘，如四衢道中白牛车也。

1.95.5

njir^2	tsjiir^1	gur^1	ko^1	ljij^2	·ụ^2	ljɨ^1	thjɨ^2	źjɨr^1	tsjiir^1	gur^1	phiow^1	ko^1	lew^1	·ụ^2
权	教	牛	车	大	乘	与	此	实	教	牛	白	车	一	乘
njɨ^2	mji^1	lew^2	·jɨ^2	tja^1	sọ^1	ɣạ^2	·jij^1	dzjij^1	djij^1	zjij^1	lwər^2	ljɨ^1	kha^1	dźju^1
等	不	同	谓	者，	三	十	△	余	本	许	经	论	中	明

权教牛车大乘与实教白牛车一乘不同者，三十余本经论具有明

1.95.6

·jwɨr^2	mjor^1	dju^1	sọ^1	·ụ^2	tsjiir^1	ljụ^2	dźju^1	nur^1	tśhja^2	ka^1	lew^1	·ụ^2
文	具	有。）	三	乘	法	身	显	示，	平	等	一	乘

文。）显示三乘法身，平等入一乘

1.95.7

tśja^1	ɣa^2	kjɨ^1	·o^2	phji^1	rjɨr^2	njɨ^2	ŋa^2	kjɨ^1	mjij^2	gju^1	dzjar^2	·jij^1
道	于	△	入	令。	乃	至	我	△	未	度	灭	欲

道。乃至我临欲灭度，

1.95.8

zjij^1	kju^1	śjɨ^1	no^1	we^2	so^2	lo^1	phu^2	bar^2	źją^1	dźjiij^1	ljij^2	ka^2
时，	拘	尸	那	城	娑	罗	树	双	间	在	大	师

在拘尸那城娑罗双树间作大师

1.95.9

tśjij^2	kwə^2	wji^1	·ju^2	dźjiij^1	tsjiir^1	kjɨ^1	djɨj^2	tshjiij^1	·jij^1	·a	dźju^1	phji^1
子	吼	作，	常	住	法	决	定	说	△	△	显	令，

子吼，显常住法决定说，

1.95.10

·ji¹ wee¹ ŋowr² ŋowr² zji² tha¹ tsjiir² dźjij² ljɨ¹ kjɨ¹ njiij¹ dju¹ tja¹

[Tangut] [Tangut] [Tangut] [Tangut] [Tangut] [Tangut] [Tangut] [Tangut]，[Tangut] [Tangut] [Tangut] [Tangut] [Tangut]，

众 生 一 切 皆 佛 性 有， 何 所 心 有 者，

言一切众生皆有佛性，凡是有心，

1.95.11

kjɨ¹ djɨj² tha¹ we² rjɨr² njɨ² djiij² phã¹ ·ju² rejr² ŋa² sej¹ zji²

[Tangut] [Tangut] [Tangut] [Tangut]，[Tangut] [Tangut] [Tangut] [Tangut]，[Tangut] [Tangut] [Tangut] [Tangut]，[Tangut]

必 定 佛 作， 究 竟 涅 盘， 常 乐 我 净， 皆

定当作佛，究竟涅盘，常乐我净，皆

1.95.12

dwuu² rjɨj² ·ụ² kha¹ no² rjɨr² dźjiij¹ phji¹ ·jɨ² wją¹

[Tangut] [Tangut] [Tangut] [Tangut] [Tangut] [Tangut] [Tangut] [Tangut] [Tangut]。（《[Tangut]

秘 密 藏 中 安 △ 住 令 谓。 （《华

sej¹ lwər² lhejr² kha¹ njir² sọ¹ ·ụ² kjɨ¹ ɣjiw¹

[Tangut] [Tangut] [Tangut] [Tangut] [Tangut] [Tangut] [Tangut] [Tangut] [Tangut]，

净 经 契》 中 且 三 乘 △ 收，

令安住秘密藏中。（《法华经》且收三乘，

1.96.1

djiij² phã¹ lwər² lhejr² ɣa² njɨ² ku¹ tśhjiw¹ tśja¹ zji² kjɨ¹ ɣjiw¹ njir²

《[Tangut] [Tangut] [Tangut] [Tangut]》[Tangut] [Tangut] [Tangut] [Tangut] [Tangut] [Tangut] [Tangut] [Tangut]，[Tangut]

《涅 盘 经 契》 于 至 则 六 道 普 △ 收， 权

ɣjiw¹ źjɨr¹ ɣa² ·o² nioow¹ tśhjwo¹ tśjɨɨ¹ bju¹ we² śjwo¹ thjɨ² tja¹ wją¹

[Tangut] [Tangut] [Tangut] [Tangut] [Tangut]，[Tangut] [Tangut] [Tangut] [Tangut] [Tangut]。）[Tangut] [Tangut]，[Tangut]

收 实 于 入 因， 故 渐 次 为 须。） 此 者， 华

至《涅盘经》方普收六道，会权入实，须渐次故也。）

1.96.2

śjwo² ŋjow² ljwu² kha¹ ka² tśjij² dźjiw¹ ·jiir² ljij² ·ji¹ twụ² ljạ¹ rjir²

[Tangut] [Tangut] [Tangut] [Tangut] [Tangut] [Tangut] [Tangut] [Tangut] [Tangut] [Tangut] [Tangut] [Tangut] [Tangut]

严 海 会 中 师 子 频 呻 大 众 顿 证 与

即与华严海会师子频呻大众顿证

1.96.3

do^{2}	pha^{1}	mji^{1}	dju^{1}	wją^{1}	sej^{1}	djiij^{2}	phā^{1}	njɨ^{2}	tja^{1}	tśjɨɨ^{1}	tsjiir^{1}	kha^{1}
别	异	不	有。	(《华	净》	《涅	盘》	等	者,	渐	教	中
njɨ^{2}	dźjwa^{1}	tjị^{2}	ŋwu^{2}	wją^{1}	śjwo^{2}	njɨ^{2}	twụ^{2}	tsjiir^{1}	rjir^{2}	djɨj^{1}	na1	mji^{1}
终	极	处	是,	《华	严》	等	顿	教	与	浅	深	不

无有别异。(《法华》《涅盘》,是渐教中之终极,与《华严》等顿教深浅无

1.96.4

do^{2}	gu^{2}	sọ^{1}	tsew^{2}	ɣiej^{1}	njiij^{1}	tsjiir^{2}	ŋwu^{2}	dźju^{1}	nur^{1}
异,	都	三	第	真	心	性	即	显	示
tsjiir^{1}	we^{2}	ŋa^{2}	gju^{1}	wo^{2}	tja^{1}	zji^{2}	wjɨ^{2}	gju^{1}	phji^{1}
教	为。)	我	度	应	者	皆	△	度	令,

异,都为第三显示真心即性教也。)我既所应度者皆以度讫,

1.96.5

gju^{1}	mjij^{2}	rjir^{1}	tja^{1}	gju^{1}	rjir^{1}	śjij^{1}	·jiw^{1}	nioow^{1}	kjɨ^{1}	wji^{1}	dja^{2}	dźjwa^{1}
度	未	得	者	度	得	法	因	缘	已	为	△	讫,

未得度者已为作得度因缘,

1.96.6

tśhjwo^{1}	phu^{2}	źją^{1}	ljij^{2}	mjij^{1}	dzjar^{2}	djɨj^{2}	ɣa^{2}	kjɨ^{1}	·o^{2}	mər^{2}	ljɨɨ^{1}	ɣjow^{1}
故	树	双	大	寂	灭	定	于	△	入,	本	反	源

故于双树间入大寂灭定,反本还源,

1.96.7

lhjwo^{1}	śja^{1}	rjijr^{2}	sọ^{1}	zjọ^{2}	rjur^{1}	tha^{1}	ŋowr^{2}	ŋowr^{2}	rjir^{2}	·ju^{2}	tsjiir^{1}	kiej^{2}
还,	十	方	三	世	诸	佛	一	切	与	常	法	界

与十方三世一切诸佛常住法界,

1.96.8

dźjiij¹ ·ju² mjij¹ ·ju² swew¹ ŋwu²

[illegible]，[illegible] [illegible] [illegible] [illegible] [illegible]。

住，常 寂 常 照 也。

常寂常照也。

译文：

我闻慰喻，随顺诸佛意故，先往波罗奈国[1]，转四谛法轮，度憍陈如等五人。渐渐诸处，至千万。（如羊车也。）亦为求独觉者说十二因缘[2]，（如鹿车也。）亦为求大乘者说六波罗蜜，（如牛车也。此上皆当第一密意依性说相教。此上三车，皆是火宅中指云在门外者[3]，以喻权教三乘。）中间又为说甚深般若波罗蜜。淘汰如上声闻，进趣诸小菩萨。（此当第二密意破相显性教也。）渐渐见其根熟，遂于灵鹫山开示如来知见，普皆与授阿耨多罗三藐三菩提记。（究竟一乘，如四衢道中白牛车也。权教牛车大乘与实教白牛车一乘不同者，三十余本经论具有明文。）显示三乘法身，平等入一乘道。乃至我临欲灭度，在拘尸那城娑罗双树间作大师子吼，显常住法决定说，言一切众生皆有佛性，凡是有心，定当作佛，究竟涅盘，常乐我净，皆令安住秘密藏中。（《法华经》且收三乘，至《涅盘经》方普收六道，会权入实，须渐次故也。）即与华严海会师子频呻大众顿证无有别异。（《法华》《涅盘》，是渐教中之终极，与《华严》等顿教深浅无异，都为第三显示真心即性教也。）我既所应度者皆以度讫，未得度者已为作得度因缘，故于双树间入大寂灭定，反本还源，与十方三世一切诸佛常住法界，常寂常照也。

注释：

[1]先往波罗奈国，汉本作“方往波罗奈国”。“方”疑为“先”字形讹。

[2]求独觉者，汉本作“求缘觉”。

[3]汉本“宅”上脱“火”字。

释读：

1.96.8

dzjɨj² dạ² śji¹ ·o¹ kjɨ¹

[illegible] [illegible]：[illegible] [illegible] [illegible]

评 曰：上 来 所

评曰：上来

1.96.9

śio^{1} sọ^{1} dźjij^{2} zjij^{1} kjwɨj^{1} ɣa^{2} dạ^{2} tja^{1} ŋowr^{2} rjur^{1} lwər^{2} lhejr^{2} kha^{1}

引 三 证 许 纸 上 说 者， 全 诸 经 契 中

三纸，全是于诸经中

1.96.10

tha^{1} ·jij^{1} rjɨr^{2} tshjiij^{1} dạ^{2} dźjij^{1} ŋwu^{2} śioo^{1} rjar^{1} bjij^{2} ljọ^{2} sa^{2} ɣor^{2}

佛 自 △ 言 语 纯 是 录， 抄 时 何 连 缀

录佛自言也，但以抄录之故，不免于连续缀合

1.96.11

wo^{2} twụ^{1} njɨɨ^{1} dji^{2} sọ^{1} dji^{2} lhu^{1} tjij^{1} mji^{1} wji^{1} tjị^{2} mjij^{1} śji^{1} ·o^{1} wją^{1} ljuu^{2}

应 处 两 字 三 字 加 减 不 为 可 无。（上 叙 《华 严》

之处，或加减三字两字而已。（上叙《华严》

1.96.12

dạ^{2} kjɨ^{1} śio^{1} kha^{1} ljij^{2} tśhja^{2} wạ^{2} tsjiir^{1} kięj^{2} ɣa^{2} śjwo^{1} khjɨ^{2} tśhja^{2} tha^{1} mjaa^{1} śjɨj^{1}

言 所 引 中 "大 方 广 法 界" 于 始 "万 德 佛 果 成"

ɣa^{2} njɨ^{2} lew^{1} khjɨɨ^{2} khwə^{1} tja^{1} lwər^{2} lhejr^{2} ·a mjiij^{2} ŋwu^{2} tha^{1} wo^{2} wjɨ^{2} dźju^{1} phji^{1}

于 至 一 行 半 者， 经 契 △ 题 以 佛 意 △ 显 令

所言自"大方广法界"至"成万德佛果"一行半[1]，是以经题显佛意，

1.97.1

mjɨ^{1} djij^{2} mər^{2} ɣa^{2} tha^{1} dạ^{2} ljɨ^{1} njaa^{2} thjɨ^{2} sju^{2} tha^{1} ·jij^{1} rjɨr^{2} tshjiij^{1} mər^{2} njiij^{1} śiaa^{2} śjij^{1}

未 然， 本 来 佛 语 则 非。） 此 如 佛 自 便 述 本 心 意 法

非佛本语也[2]。）便请将佛此自述本意

1.97.2

bju^{1}	śji^{1}	·o^{1}	sọ^{1}	mə^{2}	tsjiir^{1}	ŋwu^{2}	phjo^{2}	dzjɨj^{2}	ku^{1}	njir^{2}	źjɨr^{1}	·a
[illegible]												
将	前	述	三	种	教	以	分	判，	则	权	实	一

判前三种教宗，岂得言权实一

1.97.3

tjɨj^{2}	thjij^{2}	sjo^{2}	·jɨ^{2}	nji^{2}	ɣu^{1}	mjiij^{2}	njɨɨ^{1}	tsjiir^{1}	thjij^{2}	sjo^{2}	tshjiij^{1}	nji^{2}
[illegible]												
般	如	何	言	之？	始	终	二	法	如	何	言	之？

般？岂得言始终二法？

1.97.4

śjã^{1}	mər^{2}	tsjɨ^{1}	thjɨ^{2}	tsjiir^{1}	rjir^{2}	thwuu^{1}	thja^{1}	njaa^{2}	sjwɨ^{1}	·jɨ^{2}	sjij^{1}	dwər^{2}
[illegible]												
禅	宗	亦	此	教	与	例，	彼	非	谁	谓？	今	会

禅宗例教，谁谓不然？窃欲

1.97.5

śjwii^{2}	tja^{1}	lew^{1}	thjɨ^{2}	nioow^{1}	ŋwu^{2}	thjɨ^{2}	tshjiij^{1}	mji^{1}	mjijr^{2}	·jiw^{2}	sjwɨ^{1}	mji^{1}
[illegible]												
和	者，	唯	此	由	也。	此	说	闻	者	疑	谁	不

和会，良由此也。谁闻此说而不除疑？

1.97.6

tjij^{1}	nioow^{1}	lhạ^{2}	zow^{2}	ku^{1}	mjo^{2}	nioow^{1}	mji^{1}	·jɨ^{2}	śji^{1}	kjɨ^{1}	śio^{1}	kha^{1}
[illegible]												
除？	又	执	迷	则	吾	又	不	复。	前	所	引	中

若犹执迷，则吾不复也。然上所引

1.97.7

tha^{1}	·jij^{1}	tshjiij^{1}	·ji^{1}	wee^{1}	ŋowr^{2}	ŋowr^{2}	zji^{2}	tśhja^{2}	dwewr^{2}	dja^{2}	śjɨj^{1}	ljij^{2}
[illegible]												
佛	自	云	“众	生	一	切	皆	正	觉	△	成	见”

佛自云“我见一切众生皆成正觉”，

1.97.8

·jɨ^{2}	nioow^{1}	tśhji^{2}	lwəj^{1}	wẹ^{1}	məə^{1}	thjɨ^{2}	·jɨ^{2}	thjɨ^{2}	tja^{1}	tha^{1}	rjɨr^{2}	tshjiij^{1}
谓，	又	“根	钝	痴	盲”	亦	云，	语	者	佛	所	说

又云“根钝痴盲”，语似

1.97.9

dạ^{2}	·jij^{1}	gu^{2}	dźjwɨ^{1}	ljwu^{1}	sju^{2}	ljɨ^{1}	ljij^{2}	tśhjɨ^{1}	zjọ^{2}	thja^{1}	kha^{1}	tśjɨɨ^{1}
语	自	互	相	违	似	也	见，	尔	时	其	中	次

相违，便欲于其中次

1.97.10

bju^{1}	phie^{2}	kjij^{1}	ljɨ^{1}	kięj^{2}	djij^{2}	tha^{1}	dạ^{2}	ljɨ^{1}	·jij^{1}	·jwɨr^{2}	njɨ^{2}	mja^{1}
第	释	通	虽	欲	然，	佛	语	及	自	文	等	恐

第通释，恐间杂佛语文

1.97.11

dza^{1}	lwu^{1}	kjạ^{1}	thjɨ^{2}	wjɨ^{2}	mər^{2}	dzjiij^{2}	gjij^{1}	ɣię^{2}	dźiã^{2}	tsjij^{2}	dźjɨ	wji^{1}
杂	相	交。	此	时	宗	师	马	鸣	菩	萨，	△	△

相交加。今于此后，方始宗师马鸣菩萨[3]，

1.97.12

·ji^{1}	wee^{1}	lew^{1}	njiij^{1}	ɣa^{2}	lhạ^{2}	tsjij^{2}	tśhji^{2}	war^{2}	ɣu^{1}	mjiij^{2}	ŋowr^{2}	lhə
众	生	一	心	上	迷	悟	本	末	始	终，	具	足

具明众生一心迷悟本末始终，

1.98.1

zji^{2}	·a	dźju^{1}	phji^{1}	sji^{2}	kjɨ^{1}	ljij^{2}	mja^{1}	nioow^{1}	thja^{1}	śjij^{1}	ŋowr^{2}	tha^{1}
悉	△	显	令	能	△	见。	然	后	自	然	全	佛

悉令显现。自然见全佛

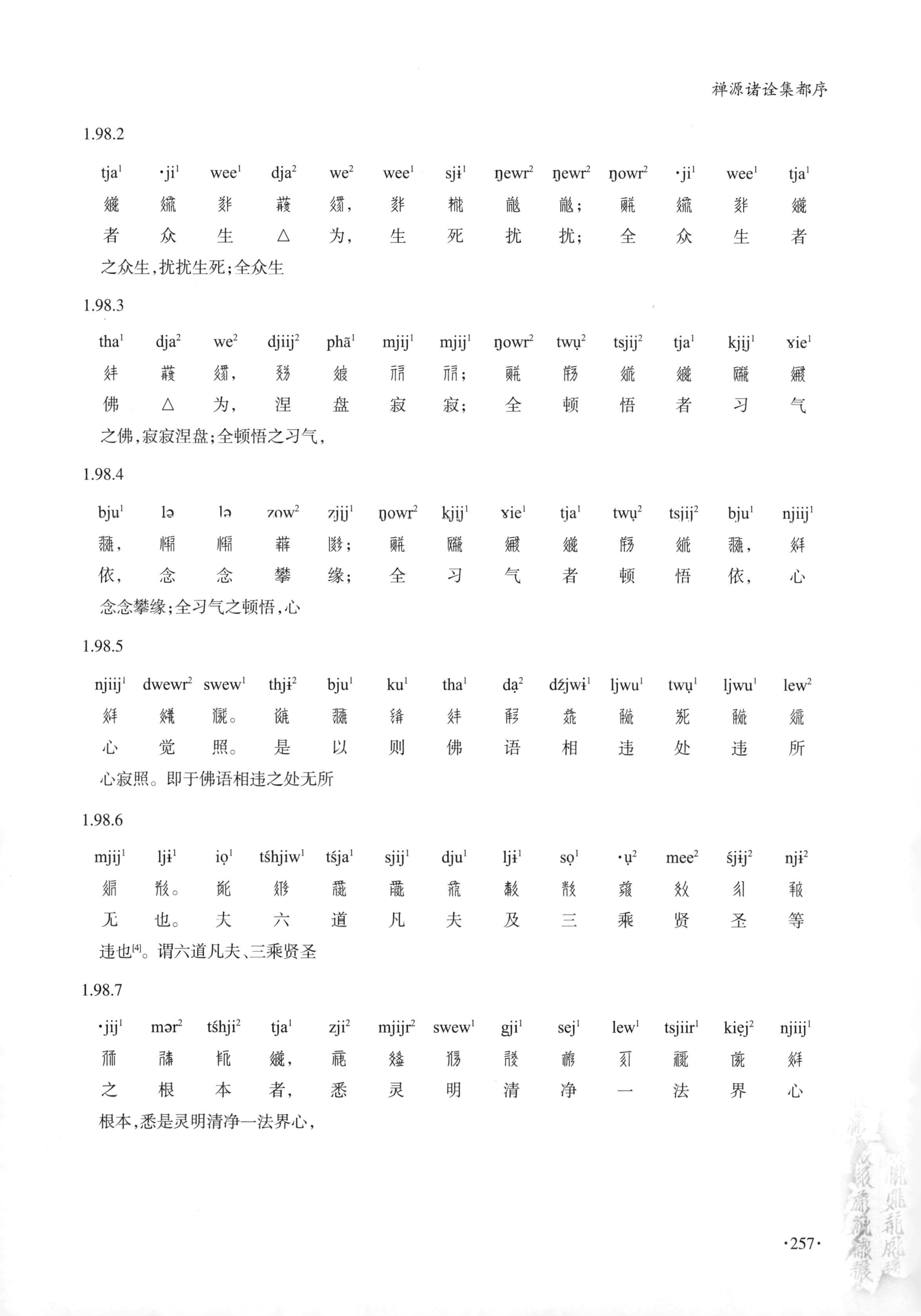

1.98.2

tja^{1} ·ji^{1} wee^{1} dja^{2} we^{2} wee^{1} sjɨ^{1} ŋewr^{2} ŋewr^{2} ŋowr^{2} ·ji^{1} wee^{1} tja^{1}

[illegible]

者 众 生 △ 为， 生 死 扰 扰； 全 众 生 者

之众生，扰扰生死；全众生

1.98.3

tha^{1} dja^{2} we^{2} djiij^{2} phã^{1} mjij^{1} mjij^{1} ŋowr^{2} twụ^{2} tsjij^{2} tja^{1} kjij^{1} ɣie^{1}

[illegible]

佛 △ 为， 涅 盘 寂 寂； 全 顿 悟 者 习 气

之佛，寂寂涅盘；全顿悟之习气，

1.98.4

bju^{1} lə lə zow^{2} zjij^{1} ŋowr^{2} kjij^{1} ɣie^{1} tja^{1} twụ^{2} tsjij^{2} bju^{1} njiij^{1}

[illegible]

依， 念 念 攀 缘； 全 习 气 者 顿 悟 依， 心

念念攀缘；全习气之顿悟，心

1.98.5

njiij^{1} dwewr^{2} swew^{1} thjɨ^{2} bju^{1} ku^{1} tha^{1} dạ^{2} dźjwɨ^{1} ljwu^{1} twụ^{1} ljwu^{1} lew^{2}

[illegible]

心 觉 照。 是 以 则 佛 语 相 违 处 违 所

心寂照。即于佛语相违之处无所

1.98.6

mjij^{1} ljɨ^{1} iọ^{1} tśhjiw^{1} tśja^{1} sjij^{1} dju^{1} ljɨ^{1} sọ^{1} ·ụ^{2} mee^{2} śjɨj^{2} njɨ^{2}

[illegible]

无 也。 大 六 道 凡 夫 及 三 乘 贤 圣 等

违也[4]。谓六道凡夫、三乘贤圣

1.98.7

·jij^{1} mər^{2} tśhji^{2} tja^{1} zji^{2} mjijr^{2} swew^{1} gji^{1} sej^{1} lew^{1} tsjiir^{1} kiej^{2} njiij^{1}

[illegible]

之 根 本 者， 悉 灵 明 清 净 一 法 界 心

根本，悉是灵明清净一法界心，

1.98.8

ŋwu^2	tsjiir^2	dwewr^2	ljɨ^1	bji^1	·jij^1	twụ^1	iọ^1	sə^1	ljij^2
是，	性	觉	宝	光，	各	各	圆	满。	（《大
tha^1	tśjiw^2	lwər^2	lhejr^2	kha^1	dźju^1	·jwɨr^2	mjor^1	dju^1	
佛	顶	经	契》	中	明	文	现	有。）	

性觉宝光，各各圆满。（《大佛顶经》现有明文[5]。）

1.98.9

mər^2	ɤa^2	rjur^1	tha^1	tsjɨ^1	·jɨ^2	tjị^2	mjij^1	·ji^1	wee^1	tsjɨ^1	·jɨ^2	tjị^2
本	来	诸	佛	亦	谓	可	无，	众	生	亦	谓	可

本不名诸佛，亦不名众生，

1.98.10

mjij^1	lew^1	thjɨ^2	njiij^1	tja^1	mjijr^2	thjoo^1	·jij^1	dzju^2	·jij^1	tsjiir^2	mji^1	tśhjwɨj^1
无，	但	此	心	者	灵	妙	自	在，	自	性	不	守，

但以此心灵妙自在，不守自性，

1.98.11

lhạ^2	tsjij^2	nioow^1	śjwɨ^2	bju^1	sjwɨj^1	wji^1	tshja^2	lhjij^2	ku^1	mjiij^2	·ji^1	wee^1
迷	悟	缘	随	故，	业	造	报	受，	遂	名	众	生

故随迷悟之缘，造业受报，遂名众生，

1.98.12

·jɨ^2	tśja^1	djọ^2	ɣiej^1	ljạ^1	ku^1	mjiij^2	rjur^1	tha^1	·jɨ^2	nioow^1	ljɨ^1	śjwɨ^2
谓，	道	修	真	证，	遂	名	诸	佛	谓	故。	虽	随

修道证真，遂名诸佛。又虽随

1.99.1

djij^2	·jij^1	tsjiir^2	mji^1	lej^2	bju^1	·ju^2	dź-	lạ^1	njaa^2	·ju^2	ljij1	lej^2
然，	自	性	不	失	故，	常	虚	妄	非，	常	变	异

缘而不失自性，故常非虚妄，常无变异，

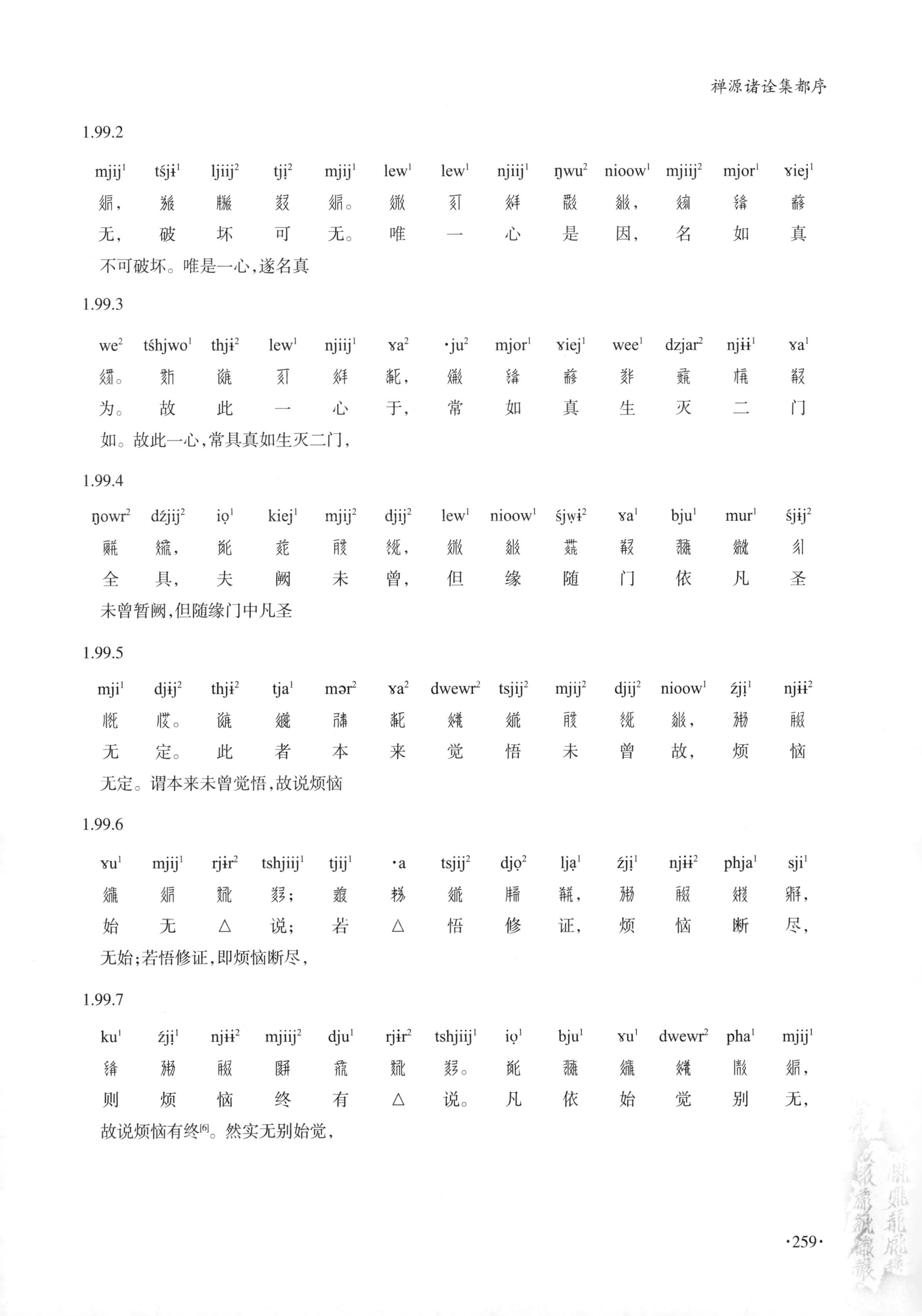

1.99.2

mjij^{1} tśjɨ^{1} ljiij^{2} tjị^{2} mjij^{1} lew^{1} lew^{1} njiij^{1} ŋwu^{2} nioow^{1} mjiij^{2} mjor^{1} ɣiej^{1}

无， 破 坏 可 无。 唯 一 心 是 因， 名 如 真

不可破坏。唯是一心，遂名真

1.99.3

we^{2} tśhjwo^{1} thjɨ^{2} lew^{1} njiij^{1} ɣa^{2} ·ju^{2} mjor^{1} ɣiej^{1} wee^{1} dzjar^{2} njɨɨ^{1} ɣa^{1}

为。 故 此 一 心 于， 常 如 真 生 灭 二 门

如。故此一心，常具真如生灭二门，

1.99.4

ŋowr^{2} dźjij^{2} io̱^{1} kiej^{1} mjij^{2} djij^{2} lew^{1} nioow^{1} śjwɨ^{2} ɣa^{1} bju^{1} mur^{1} śjɨj^{2}

全 具， 夫 阙 未 曾， 但 缘 随 门 依 凡 圣

未曾暂阙，但随缘门中凡圣

1.99.5

mji^{1} djɨj^{2} thjɨ^{2} tja^{1} mər^{2} ɣa^{2} dwewr^{2} tsjij^{2} mjij^{2} djij^{2} nioow^{1} źjị^{1} njɨɨ^{2}

无 定。 此 者 本 来 觉 悟 未 曾 故， 烦 恼

无定。谓本来未曾觉悟，故说烦恼

1.99.6

ɣu^{1} mjij^{1} rjɨr^{2} tshjiij^{1} tjij^{1} ·a tsjij^{2} djọ^{2} ljạ^{1} źjị^{1} njɨɨ^{2} phja^{1} sji^{1}

始 无 △ 说； 若 △ 悟 修 证， 烦 恼 断 尽，

无始；若悟修证，即烦恼断尽，

1.99.7

ku^{1} źjị^{1} njɨɨ^{2} mjiij^{2} dju^{1} rjɨr^{2} tshjiij^{1} io̱^{1} bju^{1} ɣu^{1} dwewr^{2} pha^{1} mjij^{1}

则 烦 恼 终 有 △ 说。 凡 依 始 觉 别 无，

故说烦恼有终[6]。然实无别始觉，

1.99.8

mji^{1}	dwewr^{2}	tsjɨ^{1}	mjij^{1}	rjɨr^{2}	njɨ^{2}	tśhja^{2}	ka^{1}	tśhjwo^{1}	thjɨ^{2}	lew^{1}	njiij^{1}	mər^{2}
不	觉	亦	无，	毕	竟	平	等，	故	此	一	心	本

亦无不觉，毕竟平等，故此一心

1.99.9

ɣa^{2}	njij^{2}	ɣiej^{1}	lạ^{1}	njɨɨ^{1}	wo^{2}	dźjij^{2}	thja^{1}	njɨɨ^{1}	wo^{2}	nioow^{1}	·jij^{1}	twụ^{1}
来	原	真	妄	二	义	有，	彼	二	义	复	自	各

法尔有真妄二义，二义复各

1.99.10

njɨɨ^{1}	wo^{2}	gji^{2}	dźjij^{2}	tśhjwo^{1}	mjor^{1}	ɣiej^{1}	wee^{1}	dzjar^{2}	njɨɨ^{1}	ɣa^{1}	·ju^{2}	ŋowr^{2}
二	义	各	有，	故	如	真	生	灭	二	门	常	具。

二义，故常具真如生灭二门。

1.99.11

twụ^{1}	njɨɨ^{1}	wo^{2}	tja^{1}	ɣiej^{1}	·jij^{1}	mji^{1}	lej^{2}	nioow^{1}	śjwɨ^{2}	njɨɨ^{1}	wo^{2}	dźjij^{2}
各	二	义	者，	真	之	不	变	缘	随	二	义	有，

各二义者，真有不变随缘二义，

1.99.12

lạ^{1}	·jij^{1}	kwər^{1}	ŋa^{1}	dạ^{2}	śjɨj^{1}	njɨɨ^{1}	wo^{2}	dźjij^{2}	ɣiej^{1}	mji^{1}	lej^{2}	nioow^{1}
妄	之	体	空	事	成	二	义	有。	真	不	变	由

妄有体空成事二义。由真不变……[7]

译文：

评曰：上来三纸，全是于诸经中录佛自言也，但以抄录之故，不免于连续缀合之处，或加减三字两字而已。（上叙《华严》所言自“大方广法界”至“成万德佛果”一行半[1]，是以经题显佛意，非佛本语也[2]。）便请将佛此自述本意判前三种教宗，岂得言权实一般？岂得言始终二法？禅宗例教，谁谓不然？窃欲和会，良由此也。谁闻此说而不除疑？若犹执迷，则吾不复也。然上所引佛自云“我见一切众生皆成正觉”，又云“根钝痴盲”，语似相违，便欲于其中次第通释，恐间杂佛语文相交加。今于此后，方始宗师马鸣菩萨[3]，具明众生一心迷悟本末始终，悉令显现。自然见全佛之众生，扰扰生死；全众生之佛，寂寂涅盘；全顿悟之习气，念念攀缘；全习气之顿悟，心心寂照。即于佛语相违之处无所违也[4]。谓六道凡夫、三乘贤圣根本，悉是灵明清净一法界心，性觉宝光，各各圆满。（《大佛顶经》现有明文[5]。）本不名诸佛，亦不名众生，但以此心灵妙自在，不守自性，故随迷悟之缘，造业受报，遂名众生，修道证真，遂名诸佛。又虽随缘而不失自性，故常非虚妄，常无变异，不可破坏。唯是一心，遂名真如。故此一心，常具真如生灭二门，未曾暂阙，但随缘门中凡圣无定。谓本来未曾觉悟，故说烦恼无始；若悟修证，即烦恼断尽，故说烦恼有终[6]。然实无别始觉，亦无不觉，毕竟平等，故此一心法尔有真妄二义，二义复各二义，故常具真如生灭二门。各二义者，真有不变随缘二义，妄有体空成事二义。由真不变……[7]

注释：

[1]本句汉本当作“唯叙《华严》处一行半”。

[2]以上双行小注，汉本误作正文。

[3]宗师，汉本作“上代祖师”。

[4]汉本“无所违”上有“自见”二字。

[5]《大佛顶经》现有明文，双行小注不见于汉本。

[6]汉本脱“烦恼”二字。按“烦恼有终”对应上文“烦恼无始”。

[7]西夏本自“故妄体空为真如门”以下佚。

中华传心地禅门师资承袭图

俄罗斯科学院东方文献研究所编号 инв. № 2261 和 2865，译自唐圭峰山沙门宗密（780—841 年）同名汉本。著录见克恰诺夫的《西夏文佛教文献目录》①，此前另有西田龙雄片段解读②。原件为刻本，蝴蝶装，21.5 厘米×13 厘米，天头 2 厘米，地脚 1.5 厘米，每面 6 行，每行 14 字。版口题西夏文书名简称“中华”及汉字叶码，其中第 24、25、30、35 叶版口下端有发愿人姓名。文中多处插有裴休、宗密及僧人图像。卷首有版画一幅，中有四位宗师坐像，西夏文榜题分别为宗密、裴休、白云释子和张禅师。两个编号拼配，基本可得全书，其中有部分叶次粘合错乱，且第 13 叶及第 40 叶左半以下佚。此外，俄藏编号 инв. № 2893 也属于该译本，但版本形制与前两个编号略有不同，版口题西夏文书名和叶码。刻本，蝴蝶装，19 厘米×12 厘米，天头、地脚各 1 厘米，每面 6 行，每行 14 字。图版附于 2261 和 2865 之后，并说明其内容与两个编号之间的对应情况。

在存世的《中华传心地禅门师资承袭图》及相关诸汉本中，与西夏本最接近的是日本真福寺文库所藏的《裴休拾遗问》，以下解读参考邱高兴校释（郑州：中州古籍出版社，2008 年）。

释读：

2.1.1

gu²	wja̱¹	njiij¹	ljɨ²	deej¹	śjã¹	ɣa¹	dzjiij²	dzjiij²	twe̱²	lhji̱j²	tjɨj²	·a	来日音
[illegible]	[illegible]	[illegible]	[illegible]	[illegible]	[illegible]	[illegible]	[illegible]	[illegible]	[illegible]	[illegible]	[illegible]	[illegible]	[illegible]③
中	华	心	地	传	禅	门	师	资	承	袭	图	一	卷

中华传心地禅门师资承袭图[1]

2.1.2

phej²	·jɨr²	·jɨr¹
[illegible]	[illegible]	[illegible]
裴	休	问

裴休问[2]

---

①Е. И. Кычанов, Каталог тангутских буддийских памятников, Киото: Университет Киото, 1999, стр. 614.

②西田龙雄:《西夏文华严经》第 1 册,京都:京都大学文学部,1975 年,第 20~21 页。

③“[illegible]”字原残,据文意补。

2.1.3

sjij1	śjã1	tsjiir1	·a	ljij1	mər2	ɣiew1	twụ1	do2	·jij1	gu2	dźjwɨ1	pjo1	ljwu2
[illegible]	[illegible]	[illegible]	[illegible]	[illegible]，	[illegible]	[illegible]	[illegible]	[illegible]，	[illegible]	[illegible]	[illegible]	[illegible]，	[illegible]
今	禅	法	△	行，	宗	徒	各	异，	自	互	相	诋，	会

今禅法大行,宗徒各异,互相诋詆,

2.1.4

thwuu1	mjɨ1	dźjij	bju1	ɣjow1	ljụ1	phjo2	kar2	djɨj1	na1	nwə1	kięj2	mjɨ1	·ji1
[illegible]	[illegible]	[illegible]	[illegible]，	[illegible]	[illegible]	[illegible]	[illegible]，	[illegible]	[illegible]	[illegible]	[illegible]。	[illegible]	[illegible]
同	莫	肯	故，	源	流	分	辨，	浅	深	知	要。	此	时

莫肯会同,故要辨其源流,知其深浅。比虽

2.1.5

rjɨr2	ljɨ1	sjiij2	djij2	dźju1	sjwij1	we2	tjij1	tśhji2	wji1	zjij1	mja1	dzji1
[illegible]	[illegible]	[illegible]	[illegible]，	[illegible]	[illegible]	[illegible]，	[illegible]	[illegible]	[illegible]	[illegible]，	[illegible]	[illegible]
△	虽	留	意，	分	明	得，	若	撰	为	时，	而	差

留意,未得分明,撰录之时,恐有差

2.1.6

dạ2	kjạ1	dzjɨ1	tjị1	kjwɨj1	ljɨɨr1	ŋwə1	dźjij2	zjij1	tśhjaa1	dźju1	sjwij1	tśhjow1	ka2
[illegible]	[illegible]	[illegible]。	[illegible]	[illegible]	[illegible]	[illegible]	[illegible]	[illegible]	[illegible]	[illegible]	[illegible]	[illegible]	[illegible]
错	恐	怕。	愿	纸	四	五	张	许	于	条	流	分	别

错。伏望四五纸以为条流分别,

2.1.7

śjij2	dzju1	nur1	ɣa2	iọ1	bju1	śji1	ljạ1	mər2	zjɨr1	mər2	dźju1	sjwij1	ljɨ1
[illegible]，	[illegible]	[illegible]	[illegible]	[illegible]	[illegible]，	[illegible]	[illegible]	[illegible]	[illegible]	[illegible]	[illegible]	[illegible]	[illegible]
望，	指	示	大	抵	因，	昔	北	宗	南	宗	显	明	与

大抵指示[3],昔北宗南宗虽已分明[4],

2.1.8

ŋwu2	djij2	thja1	zjɨr1	mər2	kha1	xow1	tśhiə1	xụ̃1	tśjiw1	gjiiw1	thew2	njɨ2	·jij1
[illegible]	[illegible]，	[illegible]	[illegible]	[illegible]	[illegible]	[illegible]	[illegible]、	[illegible]	[illegible]、	[illegible]	[illegible]	[illegible]	[illegible]
是	然，	彼	南	宗	中	荷	泽、	洪	州、	牛	头	等	自

而南宗中荷泽、洪州、牛头等宗,

2.1.9

gu^{2}	djɨj^{1}	na^{1}	twụ^{1}	tśjɨɨ^{1}	rjir^{1}	lhjo^{1}	śjij^{1}	tshji^{1}	wo^{2}	ŋowr^{2}	rjɨr^{2}	tshjii^{2}	nja^{2}
共	浅	深	顿	渐	得	失	法	要	理	具	△	言	汝，

具言其浅深顿渐得失之要，

2.1.10

tśjo	śiar^{1}	sjij^{2}	tjɨj^{2}	wji^{1}	·jij^{1}	·jɨr^{2}	dzjɨ^{1}	dźiow^{2}
终	身	龟	镜	为	欲。	休	再	拜。

便为终身龟镜也。休再拜。

2.1.11

mər^{2}	dwuu^{2}	phie^{2}
宗	密	释

宗密释[5]

2.1.12

sjij^{1}	tśjij^{1}	·jwɨr^{2}	wjɨ^{2}	lhjij^{2}	ɣa^{2}	śjã^{1}	tsjiir^{1}	mər^{2}	ɣiew^{1}	twụ^{1}	do^{2}	ljwu^{2}	thwuu^{1}
今	书	信	△	得	时，	禅	法	宗	徒	各	异，	会	同

今得书信，谓禅法宗徒各异，莫肯会同，

2.2.1

mjɨ^{1}	dźjij^{1}	zjɨr^{1}	mər^{2}	lja̱^{1}	mər^{2}	xow^{1}	tśhiə^{1}	xũ^{1}	tśjiw^{1}	gjiiw^{1}	thew^{2}	njɨ^{2}	ɣjow^{1}
莫	肯，	南	宗	北	宗，	荷	泽、	洪	州、	牛	头	等，	源

须分辨南宗北宗，荷泽、洪州、牛头等之源

2.2.2

ljụ^{1}	djɨj^{1}	na^{1}	twụ^{1}	tśjɨɨ^{1}	rjir^{1}	lhjo^{1}	śjij^{1}	phjo^{2}	kar^{2}	śjwo^{1}	ljɨ^{1}	·jɨ^{2}	tja^{1}
流	浅	深	顿	渐	得	失	法	分	辨	须	也	谓	者，

流浅深、顿渐得失[6]。

2.2.3

iọ^{1}	tha^{2}	mo^{2}	wjɨ^{2}	deej^{1}	mər^{2}	njɨɨ^{1}	tsjiir^{1}	mjij^{1}	kụ^{1}	dzjwo^{2}	bju^{1}	dja^{2}	lej^{2}
[illegible]	[illegible]	[illegible]	[illegible]	[illegible]，	[illegible]	[illegible]	[illegible]	[illegible]，	[illegible]	[illegible]	[illegible]	[illegible]	[illegible]，
夫	达	磨	所	传，	本	二	法	无，	后	人	随	△	变，

然达磨所传，本无二法，后随人变，

2.2.4

tśhjwo^{1}	thwuu^{1}	do^{2}	tśja^{1}	we^{2}	zjij^{1}	ku^{1}	zji^{2}	njaa^{2}	ljwu^{2}	ku^{1}	zji^{2}	ŋwu^{2}	śji^{1}
[illegible]	[illegible]	[illegible]	[illegible]	[illegible]，	[illegible]	[illegible]	[illegible]	[illegible]，	[illegible]	[illegible]	[illegible]	[illegible]。	[illegible]
故	同	异	途	为，	局	即	俱	非，	会	即	皆	是。	前

故似殊途，局之即俱非，会之即皆是。

2.2.5

rjɨr^{2}	tśjij^{1}	tja^{1}	twụ^{1}	twụ^{1}	mər^{2}	ɣjow^{1}	nur^{1}	ŋwu^{2}	tjij^{1}	rjur^{1}	mər^{2}	dzjiij^{2}	lhjij^{2}
[illegible]	[illegible]	[illegible]，	[illegible]	[illegible]	[illegible]	[illegible]	[illegible]	[illegible]。	[illegible]	[illegible]	[illegible]	[illegible]	[illegible]
所	述	者，	直	直	宗	源	论	是。	若	诸	宗	师	承

前之所述，但直论宗源[7]。若要辨诸宗师承，

2.2.6

phjo^{2}	kar^{2}	kiẹj^{2}	ku^{1}	tśjɨj^{1}	dju^{1}	ɣiwəj^{1}	dju^{1}	kjɨ^{1}	djɨj^{2}	nwə^{1}	śjwo^{1}	sjij^{1}	ɣu^{1}
[illegible]	[illegible]	[illegible]，	[illegible]	[illegible]	[illegible]	[illegible]	[illegible]	[illegible]	[illegible]	[illegible]	[illegible]。	[illegible]	[illegible]
分	辨	要，	则	正	有	傍	有	必	定	知	须。	今	先

须知有傍有正。今且

2.2.7

dzjiij^{2}	dzjiij^{2}	tśjɨj^{1}	ɣiwəj^{1}	phie^{2}	thja^{1}	nioow^{1}	tsjiir^{1}	dạ^{2}	djɨj^{1}	na^{1}	śjij^{1}	tshjiij^{1}	ku^{1}
[illegible]	[illegible]	[illegible]	[illegible]	[illegible]，	[illegible]	[illegible]	[illegible]	[illegible]	[illegible]	[illegible]	[illegible]	[illegible]，	[illegible]
师	资	正	傍	叙，	然	后	教	言	浅	深	法	述，	则

叙师资傍正，然后述言教浅深，

2.2.8

tha^{2}	mo^{2}	·jij^{1}	njiij^{1}	tsjiir^{1}	xow^{1}	tśhiə^{1}	do^{2}	ljụ^{1}	njɨ^{2}	tja^{1}	thja^{1}	śjij^{1}	sjwij^{1}
[illegible]	[illegible]	[illegible]	[illegible]	[illegible]	[illegible]	[illegible]	[illegible]	[illegible]	[illegible]	[illegible]	[illegible]	[illegible]	[illegible]
达	磨	之	心	法	荷	泽	处	流	至	者	自	然	见

自然见达磨之心法流至荷泽

2.2.9

lji1			
[illegible]			
矣。			

矣。

2.2.10

lew1	gjiiw1	thew2	mər2	tja1	ljɨɨr1	tsew2	mər2	dzjiij2	khju1	ɣiwəj1	to2	mər2	tśhji2
[illegible],	[illegible]	[illegible]	[illegible]	[illegible],	[illegible]	[illegible]	[illegible]	[illegible]	[illegible]	[illegible]	[illegible]。	[illegible]	[illegible]
一，	牛	头	宗	者，	四	第	祖	师	下	傍	出。	根	本

一[8]，牛头宗者，从四祖下傍出。根本

2.2.11

tja1	tsjiir1	lwu1	śjā1	dzjiij2	ŋwu2	thja1	dzjiij2	tśja1	tsjiir2	·a	bjij2	sjij2	źjɨr1
[illegible]	[illegible]	[illegible]	[illegible]	[illegible]	[illegible]，	[illegible]	[illegible]	[illegible]	[illegible]	[illegible]	[illegible]，	[illegible]	[illegible]
者	法	融	禅	师	是，	彼	师	道	性	△	高，	智	慧

有法融禅师者，道性高简，神慧

2.2.12

bju1	dźja2	śji1	rejr2	kjiw1	rjur1	djij1	pa2	rja2	tsjiir1	njɨ2	rjɨr2	phie2	śjwo1
[illegible]	[illegible]。	[illegible]	[illegible]	[illegible]	[illegible]	[illegible]	[illegible]	[illegible]	[illegible]	[illegible]	[illegible]	[illegible]	[illegible]，
聪	利。	先	多	年	诸	部	般	若	教	等	△	究	用，

聪利。先因多年穷究诸部般若之教，

2.3.1

rjur1	tsjiir1	mər2	ŋa1	sjij2	lhạ2	lạ1	zow2	·a	tsjij2	kụ1	ljɨɨr1	tsew2	mər2
[illegible]	[illegible]	[illegible]	[illegible]、	[illegible]	[illegible]	[illegible]	[illegible]	[illegible]	[illegible]。	[illegible]	[illegible]	[illegible]	[illegible]
诸	法	本	空、	情	迷	妄	执	已	悟。	后	四	第	祖

已悟诸法本空、迷情妄执。后遇四祖，

2.3.2

dzjiij2	rjir2	ber2	śji1	·a	tsjij2	ŋa1	wo2	tjij2	djɨj2	nioow1	thja1	ŋa1	kha1
[illegible]	[illegible]	[illegible]，	[illegible]	[illegible]	[illegible]	[illegible]	[illegible]	[illegible]	[illegible]，	[illegible]	[illegible]	[illegible]	[illegible]
师	与	遇，	先	所	解	空	理	印	定，	又	彼	空	中

印其所解空理，然于空处

2.3.3

thjoo^{1}	tsjiir^{2}	mji^{1}	ŋa^{1}	tja^{1}	dźju^{1}	nur^{1}	tśhjwo^{1}	·jaar^{2}	dźjo^{1}	ɣiew^{1}	ɣa^{2}	mji^{1}	·o^{1}
[illegible]	[illegible]	[illegible]	[illegible]	[illegible]	[illegible]	[illegible]，	[illegible]	[illegible]	[illegible]	[illegible]	[illegible]	[illegible]	[illegible]
妙	性	不	空	者	显	示，	故	日	久	学	于	不	俟

显示不空妙性，故不俟久学

2.3.4

wo^{2}	na^{1}	·a	tsjij^{2}	ljɨɨr^{1}	tsew^{2}	mər^{2}	dzjiij^{2}	dạ^{2}	thjɨ^{2}	tsjiir^{1}	mər^{2}	ɣa^{2}	lew^{1}
[illegible]	[illegible]	[illegible]	[illegible]。	[illegible]	[illegible]	[illegible]	[illegible]	[illegible]：	"[illegible]	[illegible]	[illegible]	[illegible]	[illegible]
理	玄	△	悟。	四	第	祖	师	曰：	"此	法	本	上	一

而悟解洞明。四祖语曰："此法从上只委一

2.3.5

dzjwo^{2}	·jij^{1}	dccj^{1}	ŋa^{2}	sjij^{1}	dzjiij^{2}	gji^{2}	wạ^{2}	zeew^{2}	·jij^{1}	tśjɨ^{1}	lu^{2}	dja^{2}	dźjwa^{1}
[illegible]	[illegible]	[illegible]，	[illegible]	[illegible]	[illegible]	[illegible]	[illegible]	[illegible]	[illegible]	[illegible]	[illegible]	[illegible]	[illegible]。
人	△	委，	吾	今	弟	子	弘	忍	△	付	嘱	已	讫。

人，吾已付嘱弟子弘忍讫。

2.3.6

thjɨ^{2}	tja^{1}	ŋwə^{1}	tsew^{2}	mər^{2}	dzjiij^{2}	ŋwu^{2}	nji^{2}	twụ^{1}
（[illegible]	[illegible]	[illegible]	[illegible]	[illegible]	[illegible]	[illegible]。）	[illegible]	[illegible]
（此	者	五	第	祖	师	也。）	汝	各
pha^{1}	·jar^{1}	wo^{2}	·jɨ^{2}	kụ^{1}	thja^{1}	gjiiw^{1}	thew^{2}	ŋər^{1}
[illegible]	[illegible]	[illegible]	[illegible]。"	[illegible]	[illegible]	[illegible]	[illegible]	[illegible]
别	建	可	谓。"	后	彼	牛	头	山

（即五祖也。）汝可别自建立。"后遂于牛头山

2.3.7

kha^{1}	pha^{1}	·a	mər^{2}	·jar^{1}	phji^{1}	·jij^{1}	lew^{1}	tsew^{2}	mər^{2}	dzjiij^{2}	dja^{2}	we^{2}	tśjɨɨ^{1}
[illegible]	[illegible]	[illegible]	[illegible]	[illegible]	[illegible]，	[illegible]	[illegible]	[illegible]	[illegible]	[illegible]	[illegible]	[illegible]，	[illegible]
于	别	一	宗	建	令，	自	一	第	祖	师	△	当，	展

别建一宗，当第一祖，展

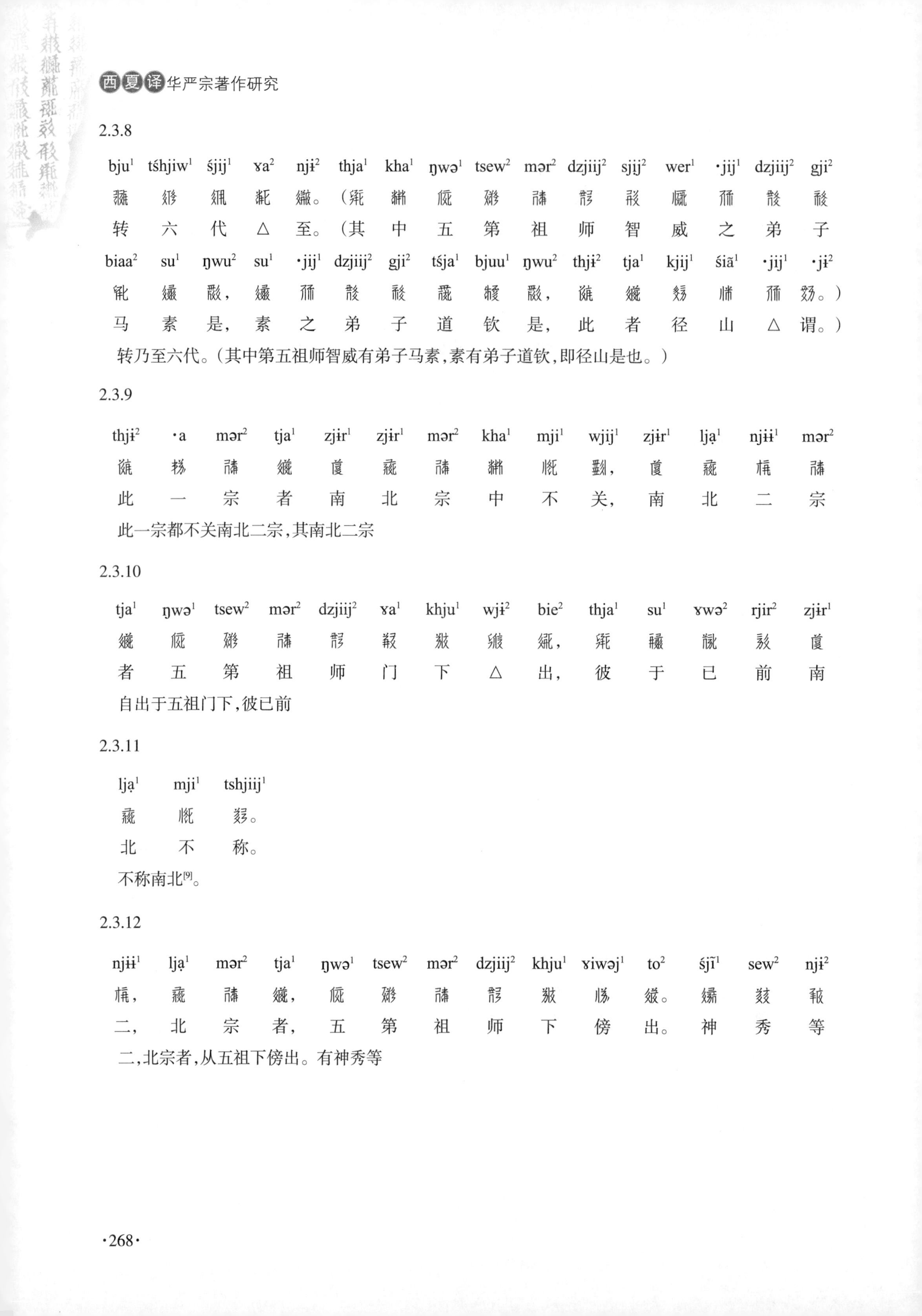

2.3.8

bju¹ tśhjiw¹ śjij¹ ɣa² njɨ² thja¹ kha¹ ŋwə¹ tsew² mər² dzjiij² sjij² wer¹ ·jij¹ dzjiij² gji²

转 六 代 △ 至。（其 中 五 第 祖 师 智 威 之 弟 子

biaa² su¹ ŋwu² su¹ ·jij¹ dzjiij² gji² tśja¹ bjuu¹ ŋwu² thjɨ² tja¹ kjij¹ śiā¹ ·jij¹ ·jɨ²

马 素 是，素 之 弟 子 道 钦 是，此 者 径 山 △ 谓。）

转乃至六代。（其中第五祖师智威有弟子马素，素有弟子道钦，即径山是也。）

2.3.9

thjɨ² ·a mər² tja¹ zjɨr¹ zjɨr¹ mər² kha¹ mji¹ wjij¹ zjɨr¹ lja̦¹ njɨɨ¹ mər²

此 一 宗 者 南 北 宗 中 不 关，南 北 二 宗

此一宗都不关南北二宗，其南北二宗

2.3.10

tja¹ ŋwə¹ tsew² mər² dzjiij² ɣa¹ khju¹ wjɨ² bie² thja¹ su¹ ɣwə² rjir² zjɨr¹

者 五 第 祖 师 门 下 △ 出，彼 于 已 前 南

自出于五祖门下，彼已前

2.3.11

lja̦¹ mji¹ tshjiij¹

北 不 称。

不称南北[9]。

2.3.12

njɨɨ¹ lja̦¹ mər² tja¹ ŋwə¹ tsew² mər² dzjiij² khju¹ ɣiwəj¹ to² śjĩ¹ sew² njɨ²

二，北 宗 者，五 第 祖 师 下 傍 出。神 秀 等

二，北宗者，从五祖下傍出。有神秀等

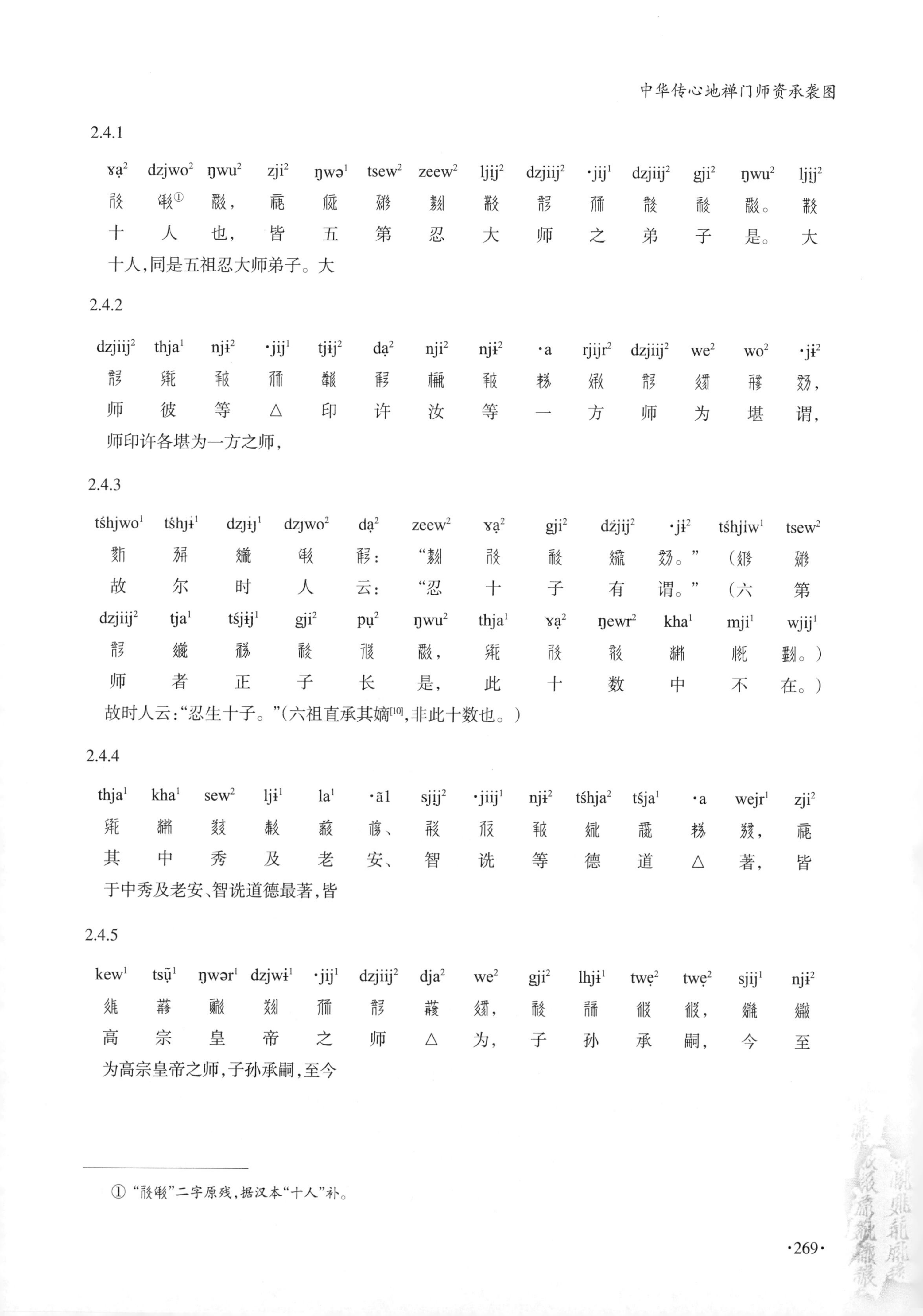

2.4.1

ɣạ^{2} dzjwo^{2} ŋwu^{2} zji^{2} ŋwə^{1} tsew^{2} zeew^{2} ljij^{2} dzjiij^{2} ·jij^{1} dzjiij^{2} gji^{2} ŋwu^{2} ljij^{2}

十 人① 也， 皆 五 第 忍 大 师 之 弟 子 是。 大

十人，同是五祖忍大师弟子。大

2.4.2

dzjiij^{2} thja^{1} njɨ^{2} ·jij^{1} tjɨj^{2} dạ^{2} nji^{2} njɨ^{2} ·a rjijr^{2} dzjiij^{2} we^{2} wo^{2} ·jɨ^{2}

师 彼 等 △ 印 许 汝 等 一 方 师 为 堪 谓，

师印许各堪为一方之师，

2.4.3

tśhjwo^{1} tśhjɨ^{1} dzjɨj^{1} dzjwo^{2} dạ^{2} zeew^{2} ɣạ^{2} gji^{2} dźjij^{2} ·jɨ^{2} tśhjiw^{1} tsew^{2}

故 尔 时 人 云： “忍 十 子 有 谓。” （六 第

dzjiij^{2} tja^{1} tśjɨj^{1} gji^{2} pụ^{2} ŋwu^{2} thja^{1} ɣạ^{2} ŋewr^{2} kha^{1} mji^{1} wjij^{1}

师 者 正 子 长 是， 此 十 数 中 不 在。）

故时人云：“忍生十子。”（六祖直承其嫡[10]，非此十数也。）

2.4.4

thja^{1} kha^{1} sew^{2} ljɨ^{1} la^{1} ·ã1 sjij^{2} ·jiij^{1} njɨ^{2} tśhja^{2} tśja^{1} ·a wejr^{1} zji^{2}

其 中 秀 及 老 安、 智 诜 等 德 道 △ 著， 皆

于中秀及老安、智诜道德最著，皆

2.4.5

kew^{1} tsṹ^{1} ŋwər^{1} dzjwɨ^{1} ·jij^{1} dzjiij^{2} dja^{2} we^{2} gji^{2} lhjɨ^{1} twẹ^{2} twẹ^{2} sjij^{1} njɨ^{2}

高 宗 皇 帝 之 师 △ 为， 子 孙 承 嗣， 今 至

为高宗皇帝之师，子孙承嗣，至今

① “十人”二字原残，据汉本“十人”补。

2.4.6

mji1 bja2 thja1 kha1 sew2 ·jij1 dzjiij2 gji2 njɨ2 mjij1 tja1 dzjiij2 nioow1 mjiij2

[illegible]

不 绝。 其 中 秀 之 弟 子 普 寂 者 化 缘 渐

不绝。就中秀弟子普寂化缘

2.4.7

mjiij2 dja2 ljij1 njɨɨ1 djɨ1 tsjiir1 wə1 so̱1 dzjwɨ1 mər2 dzjiij2 dja2 we2 lew1

[illegible]

渐 △ 盛， 二 京 法 主、 三 帝 宗 师 △ 为， 但

转盛，为二京法主、三帝宗师[11]，但

2.4.8

tha2 mo2 ·jij1 mər2 ŋwu2 ·jɨ2 thjɨ2 tsjɨ1 zjɨr1 lja̱1 njɨɨ1 mər2 mjij2 mjiij2

[illegible]

达 磨 之 宗 是 称， 此 亦 南 北 二 宗 不 号。

称达磨之宗，亦不出南北二宗之号。

译文：

中华传心地禅门师资承袭图[1]

裴休问[2]

今禅法大行，宗徒各异，互相诋訿，莫肯会同，故要辨其源流，知其深浅。比虽留意，未得分明，撰录之时，恐有差错。伏望四五纸以为条流分别，大抵指示[3]，昔北宗南宗虽已分明[4]，而南宗中荷泽、洪州、牛头等宗，具言其浅深顿渐得失之要，便为终身龟镜也。休再拜。

宗密释[5]

今得书信，谓禅法宗徒各异，莫肯会同，须分辨南宗北宗，荷泽、洪州、牛头等之源流浅深、顿渐得失[6]。然达磨所传，本无二法，后随人变，故似殊途，局之即俱非，会之即皆是。前之所述，但直论宗源[7]。若要辨诸宗师承，须知有傍有正。今且叙师资傍正，然后述言教浅深，自然见达磨之心法流至荷泽矣。

一[8]，牛头宗者，从四祖下傍出。根本有法融禅师者，道性高简，神慧聪利。先因多年穷究诸部般若之教，已悟诸法本空、迷情妄执。后遇四祖，印其所解空理，然于空处显示不空妙性，故不俟久学而悟解洞明。四祖语曰："此法从上只委一人，吾已付嘱弟子弘忍讫。（即五祖也。）汝可别自建立。"后遂于牛头山别建一宗，当第一祖，展转乃至六代。（其中第五祖师智威有弟子马素，素有弟子道钦，即径山是也。）此一宗都不关南北二宗，其南北二宗自出于五祖门下，彼已前不称南北[9]。

二，北宗者，从五祖下傍出。有神秀等十人，同是五祖忍大师弟子。大师印许各堪为一方之师，故时人云："忍生十子。"（六祖直承其嫡[10]，非此十数也。）于中秀及老安、智诜道德最著，皆为高

宗皇帝之师，子孙承嗣，至今不绝。就中秀弟子普寂化缘转盛，为二京法主、三帝宗师[11]，但称达磨之宗，亦不出南北二宗之号。

注释：

[1]汉本下署“内供奉沙门宗密答裴相国问”。

[2]汉本作“裴休相国问”。

[3]伏望四五纸以为条流分别大抵指示，汉本作“伏望略为条流分别，三五纸示”。

[4]汉本作“及列北宗南宗”。

[5]宗密释，汉本作“宗密禅师答”。

[6]“今得书信”至“顿渐得失”诸句不见于《续藏经》本，唯日本真福寺文库本与此略同：“奉批示心，禅门宗徒各异，不肯会同。要辨此宗荷泽、洪州、牛头等源流深浅得失者。”

[7]前之所述但直论宗源，汉本作“前者所述传记，但论直下一宗”。

[8]汉本无“一”字。以下诸段“二”“三”等字同。

[9]彼已前不称南北，汉本作“五祖已前都未有南北之称”。

[10]六祖，汉本作“能和尚”。

[11]三帝宗师，汉本作“三帝门师”。按《禅源诸诠集都序》卷下之二亦作“门”。

释读：

2.4.9

sọ^1	zjɨr^1	mər^2	tja^1	lew^1	tshew^1	khji^2	njwi^2	ljij^2	dzjiij^2	ŋwu^2	tha^2	mo^2	rjɨr^2
[illegible]	[illegible]	[illegible]	[illegible]	[illegible]	[illegible]	[illegible]	[illegible]	[illegible]	[illegible]	[illegible]	[illegible]	[illegible]	[illegible]
三，	南	宗	者，	唯	曹	溪	能	大	师	是，	达	磨	已

三，南宗者，即曹溪能大师，受达磨

2.4.10

ljij^2	tśjɨɨ^1	bju^1	lhwu^1	pa^2	dźjwɨ^1	deej^1	mər^2	mjor^1	lhjɨj^2	mjijr^2	ŋwu^2	kụ^1	thja^1
[illegible]	[illegible]	[illegible]	[illegible]	[illegible]	[illegible]	[illegible]	[illegible]	[illegible]	[illegible]	[illegible]	[illegible]	[illegible]	[illegible]
来，	次	依	衣	钵	相	传	宗	旨	受	者	也。	后	彼

言旨已来，累代衣法相传之本宗也。后以

2.4.11

śjĩ^1	sew^2	ljạ^1	twụ^1	tśjɨɨ^1	tsjiir^1	·a	wejr^1	phji^1	nioow^1	thja^1	ɣa^2	dza^2	bju^1
[illegible]	[illegible]	[illegible]	[illegible]	[illegible]	[illegible]	[illegible]	[illegible]	[illegible]	[illegible]	[illegible]	[illegible]	[illegible]	[illegible]
神	秀	北	地	渐	教	大	弘	令	以，	彼	于	相	对，

神秀于北地大弘渐教，对之，

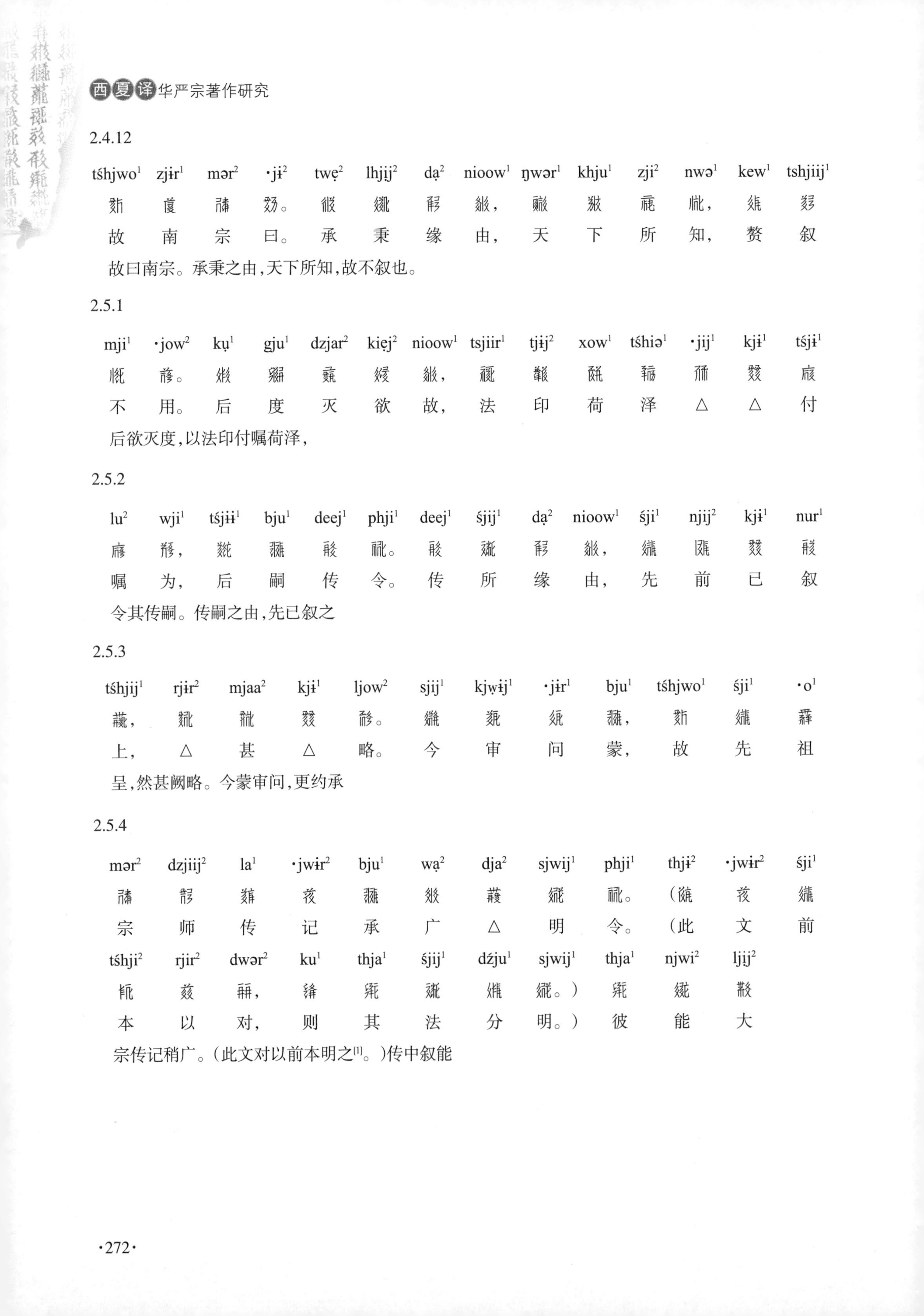

2.4.12

tśhjwo^{1} zjɨr^{1} mər^{2} ·jɨ^{2} twẹ^{2} lhjij^{2} dạ^{2} nioow^{1} ŋwər^{1} khju^{1} zji^{2} nwə^{1} kew^{1} tshjiij^{1}

[illegible]

故 南 宗 曰。 承 秉 缘 由， 天 下 所 知， 赘 叙

故曰南宗。承秉之由，天下所知，故不叙也。

2.5.1

mji^{1} ·jow^{2} kụ^{1} gju^{1} dzjar^{2} kiẹj^{2} nioow^{1} tsjiir^{1} tjɨj^{2} xow^{1} tśhiə^{1} ·jij^{1} kjɨ^{1} tśjɨ^{1}

[illegible]

不 用。 后 度 灭 欲 故， 法 印 荷 泽 △ △ 付

后欲灭度，以法印付嘱荷泽，

2.5.2

lu^{2} wji^{1} tśjɨɨ^{1} bju^{1} deej^{1} phji^{1} deej^{1} śjij^{1} dạ^{2} nioow^{1} śji^{1} njij^{2} kjɨ^{1} nur^{1}

[illegible]

嘱 为， 后 嗣 传 令。 传 所 缘 由， 先 前 已 叙

令其传嗣。传嗣之由，先已叙之

2.5.3

tśhjij^{1} rjɨr^{2} mjaa^{2} kjɨ^{1} ljow^{2} sjij^{1} kjwɨj^{1} ·jɨr^{1} bju^{1} tśhjwo^{1} śji^{1} ·o^{1}

[illegible]

上， △ 甚 △ 略。 今 审 问 蒙， 故 先 祖

呈，然甚阙略。今蒙审问，更约承

2.5.4

mər^{2} dzjiij^{2} la^{1} ·jwɨr^{2} bju^{1} wạ^{2} dja^{2} sjwij^{1} phji^{1} thjɨ^{2} ·jwɨr^{2} śji^{1}

[illegible]

宗 师 传 记 承 广 △ 明 令。 （此 文 前

tśhji^{2} rjir^{2} dwər^{2} ku^{1} thja^{1} śjij^{1} dźju^{1} sjwij^{1} thja^{1} njwi^{2} ljij^{2}

[illegible]

本 以 对， 则 其 法 分 明。） 彼 能 大

宗传记稍广。（此文对以前本明之[1]。）传中叙能

2.5.5

dzjiij^{2}	·jij^{1}	la^{1}	·jwɨr^{2}	kha^{1}	źją^{1}	zjij^{1}	tshjiij^{1}	sjo^{2}	·jow^{1}	ŋwej^{2}	·ji^{1}	mur^{1}	mə^{2}
[illegible]	[illegible]	[illegible]	[illegible]	[illegible]	[illegible]	[illegible]	[illegible]，	[illegible]	[illegible]	[illegible]	[illegible]	[illegible]	[illegible]
师	之	传	记	中	间	许	叙，	襄	阳	和	尚	俗	姓

大师处[2]，中间有襄阳和尚，俗姓

2.5.6

kew^{1}	mjiij^{2}	śjĩ^{1}	xwej^{2}	śjwi^{1}	ɣą^{2}	ljɨɨr^{1}	we^{2}	thjɨ^{2}	tja^{1}	xow^{1}	tśhiə^{1}	·jij^{1}
[illegible]，	[illegible]	[illegible]	[illegible]，	[illegible]	[illegible]	[illegible]	[illegible]，	（[illegible]	[illegible]	[illegible]	[illegible]	[illegible]
高，	名	神	会，	年	十	四	为，	（此	者	荷	泽	△
·jɨ^{2}	xow^{1}	tśhiə^{1}	tja^{1}	nioow^{1}	rjijr^{2}	tsjiir^{1}	deej^{1}	tji^{2}	·ji^{1}	mjii1	mjiij^{2}	ŋwu^{2}
[illegible]。	[illegible]	[illegible]	[illegible]，	[illegible]	[illegible]	[illegible]	[illegible]	[illegible]	[illegible]	[illegible]	[illegible]	[illegible]。）
谓。	荷	泽	者，	后	方	法	传	所	寺	院	名	是。）

高，名神会，年十四，（即荷泽也。荷泽是传法时所居之寺名。）

2.5.7

ljij^{2}	dzjiij^{2}	do^{2}	rjɨr^{2}	ljij^{2}	ljij^{2}	dzjiij^{2}	·jɨr^{1}	dạ^{2}	neew^{2}	wjɨ^{1}	khwa^{1}	ljij^{2}	ljij^{2}
[illegible]	[illegible]	[illegible]	[illegible]	[illegible]。	[illegible]	[illegible]	[illegible]	[illegible]：	“[illegible]	[illegible]	[illegible]	[illegible]	[illegible]
大	师	处	△	来。	大	师	问	曰：	“知	识	远	来	大

来谒大师。大师问：“知识远来大

2.5.8

dja^{2}	ljɨ^{1}	rjijr^{2}	mər^{2}	wa^{2}	ljɨ^{1}	nja^{2}	tjij^{1}	mər^{2}	lja^{2}	ku^{1}	wə^{1}	·jij^{1}	sjij^{2}
[illegible]	[illegible]	[illegible]。	[illegible]	[illegible]	[illegible]	[illegible]？	[illegible]	[illegible]	[illegible]，	[illegible]	[illegible]	[illegible]	[illegible]
△	艰	辛。	本	何	将	汝？	若	本	有，	即	主	△	识

艰辛。将本来否[3]？若有本，即合识主。

2.5.9

wo^{2}	neew^{2}	wjɨ^{1}	rjɨr^{2}	tshjii^{2}	nja^{2}	śjĩ^{1}	xwej^{2}	kụ^{2}	dạ^{2}	dźjiij^{1}	mjij^{1}	mər^{2}	we^{2}
[illegible]。	[illegible]	[illegible]	[illegible]	[illegible]	[illegible]！”	[illegible]	[illegible]	[illegible]	[illegible]：	“[illegible]	[illegible]	[illegible]	[illegible]
应。	知	识	△	言	汝！”	神	会	答	曰：	“住	无	本	为

知识言之[4]！”神会答曰：“无住为本[5]，

2.5.10

ljij^{2}	ku^{1}	wə^{1}	ŋwu^{2}	ljij^{2}	dzjiij^{2}	dạ^{2}	thjɨ^{2}	kia^{1}	mji^{1}	thjɨ^{2}	sju^{2}	lwow^{1}	dạ^{2}
[illegible]	[illegible]	[illegible]	[illegible]。”	[illegible]	[illegible]	[illegible]：	“[illegible]	[illegible]	[illegible]！	[illegible]	[illegible]	[illegible]	[illegible]
见	即	主	是。”	大	师	云：	“遮	沙	弥！	此	如	次	语

见即是主。”大师云：“遮沙弥！争敢取次

2.5.11

thjij^{2}	tshjiij^{1}	tśhjɨ^{2}	rjar^{2}	bo^{2}	lhjwi^{1}	wjɨ^{2}	tjwɨ^{1}	śjĩ^{1}	xwej^{2}	bo^{2}	khju^{1}	wjɨ^{2}	sjiij^{2}
[illegible]	[illegible]！”	[illegible]	[illegible]	[illegible]	[illegible]	[illegible]	[illegible]。	[illegible]	[illegible]	[illegible]	[illegible]	[illegible]	[illegible]：
争	说！”	立	便	杖	以	△	打。	神	会	杖	下	△	思：

语！”便以杖乱打。神会杖下思惟：

2.5.12

ljij^{2}	neew^{2}	nwə^{1}	sjij^{2}	rejr^{2}	kja^{2}	ber^{2}	gie^{1}	sjij^{1}	dzjɨj^{1}	·a	dźju^{2}	ljụ^{2}	kạ^{1}
[illegible]	[illegible]	[illegible]	[illegible]	[illegible]	[illegible]	[illegible]	[illegible]。	[illegible]	[illegible]	[illegible]	[illegible]，	[illegible]	[illegible]
大	善	知	识	多	劫	逢	难。	今	时	既	遇，	身	命

大善知识历劫难逢。今既得遇，岂惜身命？

2.6.1

thjij^{2}	wier^{1}	ljij^{2}	dzjiij^{2}	śjĩ^{1}	xwej^{2}	·jij^{1}	na^{1}	tsjij^{2}	źjɨr^{1}	njiij^{1}	ŋwu^{2}	njaa^{2}	tśhjwo^{1}
[illegible]	[illegible]？	[illegible]	[illegible]	[illegible]	[illegible]	[illegible]	[illegible]	[illegible]	[illegible]	[illegible]	[illegible]	[illegible]①，	[illegible]
岂	惜？	大	师	神	会	之	深	悟	至	情	是	非，	故

大师察神会之深悟情至，故

2.6.2

wjɨ^{2}	ŋwu^{2}	thja^{1}	·jij^{1}	kaar^{1}	sji^{2}	rjɨr^{2}	wji^{1}	dzjọ^{1}	
[illegible]	[illegible]	[illegible]	[illegible]	[illegible]	[illegible]	[illegible]	[illegible]。	（[illegible]	
伴	而	彼	△	试	能	△	为。	（如	
·jiw^{1}	śjwā^{2}	nwə^{1}	rjur^{1}	gie^{1}	rjɨr^{2}	mjii^{2}	la^{1}	·jwɨr^{2}	mjiij^{2}
[illegible]	[illegible]	[illegible]，	[illegible]	[illegible]	[illegible]	[illegible]。）	[illegible]	[illegible]	[illegible]
尧	舜	知，	诸	难	△	试。）	传	记	末

试之也。（如尧知舜，历试诸难。）传末

① “[illegible]”（非）字在此不通，疑当作“[illegible]”（察）。

2.6.3

ɣa^2 dạ^2 ljịj^2 dzjiij^2 djiij^2 phã^1 ·o^2 ·jij^1 zjij^1 dwuu^2 ŋwuu^1 wjɨ^2 deej^1 dạ^2

[illegible]

上 云： 大 师 涅 槃 入 将 时， 密 语 △ 传， 云：

又云：大师将入涅槃，默传密语[6]，云：

2.6.4

śji^1 ·o^1 rjɨr^2 ljịj^2 dźjwɨ^1 lhjịj^2 thju^1 thju^1 ·u^2 tsjiir^1 tjɨj^2 deej^1 ·jij^1 njiij^1

[illegible]

“上 祖 已 来， 相 承 准 的， 内 法 印 传 自 心

“从上已来，相承准的[7]，内传法印以印自心，

2.6.5

·jij^1 tjij^2 djɨr^2 kia^1 kia^1 deej^1 mər^2 tshwew^1 djɨj^2 wji^1 ŋa^2 thjɨ^2 lhwu^1 nioow^1

[illegible]

△ 印， 外 袈 裟 传 宗 旨 定 △。 我 此 衣 为，

外传袈裟标定宗旨。然我为此衣

2.6.6

ljụ^2 kạ^1 ·jo^2 ljiij^2 ljạ^1 mər^2 dźjɨ wji^1 ŋewr^2 dźjow^1 thjɨ^2 lhwu^1 rjɨr^2 kjur^2 dạ^2

[illegible]

身 命 几 失。（北 宗 △ △ 数 番 此 衣 △ 偷 事

śji^1 la^1 ·jwɨr^2 ɣu^1 bju^1 ·o^1 nioow^1 sjij^1 thju^2 mji^1 tshjiij^1 tha^2 mo^2 ljịj^2

[illegible]

前 传 文 前 因 在 故， 今 此 不 录。） 达 磨 大

几失身命。（数被北宗偷衣之事在此传之前文，今不能录。）达磨大

2.6.7

dzjiij^2 la^1 dạ^2 tśhjiw^1 śjij^1 nioow^1 rjijr^2 kạ^1 xjwɨj^2 gju^2 sju^2 ·jɨ^2 tja^1 ku^1

[illegible]

师 记 云： 六 代 之 后， 命 悬 丝 如 谓 者， 即

师记云：至六代之后，命如悬丝，即

2.6.8

nji^2	ŋwu^2	nja^2	thjɨ^2	dạ^2	tha^2	mo^2	la^1	·jwɨr^2	kha^1
汝	是	汝。	（此	言	达	磨	传	记	中
tshjiij^1	thja^1	bju^1	thjɨ^2	lhwu^1	ŋər^1	na^1	dzjuu^2	lew^2	
叙。）	是	以	此	衣	山	深	藏	宜。	

汝是也。（此言在叙达磨传中。）是以此衣宜藏深山[8]。

2.6.9

nji^2	tśhji^2	nioow^1	ljạ^1	rjijr^2	twụ^1	ŋwu^2	ljwij^2	dzjij^1	śjɨ^1	lew^2	njɨɨ^1	ɣạ^2	kjiw^1
汝	机	缘	北	方	在	是，	岭	过	往	须，	二	十	年

汝机缘在北，即须过岭，二十年

2.6.10

nioow^1	rjijr^2	thjɨ^2	tsjiir^1	wạ^2	deej^1	dźiā^2	tśhju^1	wạ^2	gju^1	ljij^2	dzjiij^2	dzjar^2	·jij^1
后	方	此	法	弘	传，	众	生	广	度。”	大	师	终	临

外当弘此法，广度众生。”大师临终，

2.6.11

zjij^1	dzjiij^2	gji^2	ljij^1	tha^2	tśhjiw^2	sju^2	tsjiir^1	ŋjow^2	njɨ^2	·jɨr^1	dạ^2	ljij^2	dzjiij^2
时，	门	人	行	滔、	超	俗、	法	海	等	问	曰：	“大	师

门人行滔、超俗、法海等问：“大师

2.6.12

njiij^1	tsjiir^1	sjwɨ^1	·jij^1	dja^2	khjow^1	dzjiij^2	dạ^2	deej^1	khjow^1	tjɨ^2	tja^1	njɨɨ^1	ɣạ^2
心	法	何	△	△	付？”	师	云：	“付	嘱	所	者，	二	十

心法何所付？”师云：“所付嘱者，二十

2.7.1

kjiw^{1}	nioow^{1}	rjijr^{2}	lja̧^{1}	rjijr^{2}	twụ^{1}	wạ^{2}	deej^{1}	·jij^{1}	nioow^{1}	·jɨr^{1}	thja^{1}	dzjwo^{2}	sjwɨ^{1}
年	后	方	北	地	于	弘	扬	欲。”	又	问：	“其	人	谁

年外于北地弘扬。”又问：“谁人？”

2.7.2

ŋwu^{2}	kụ^{2}	dạ^{2}	tjij^{1}	nwə^{1}	kiẹj^{2}	ku^{1}	thja^{1}	bjij^{1}	rar^{1}	tśhjaa^{1}	rer^{2}	rjur^{2}	ŋwu^{2}
是？”	答	云：	“若	知	欲，	则	彼	山	岭	上	罗	网	以

答云：“若欲知者，山岭上以网

2.7.3

lhjwi^{1}	xow^{1}	tśhiə^{1}	mur^{1}	mə^{2}	tja^{1}	kew^{1}	·a	bjij^{2}
取。”	（荷	泽	俗	姓	者	高，	△	高
·jij^{1}	wo^{2}	ŋwu^{2}	tśhjwo^{1}	dwuu^{2}	ŋwu^{2}	kjɨ^{1}	nur^{1}	
之	义	也，	故	密	是	△	示。）	

取之[9]。”（荷泽俗姓高，高之义也，故密示耳[10]。）

译文：

三，南宗者，即曹溪能大师，受达磨言旨已来，累代衣法相传之本宗也。后以神秀于北地大弘渐教，对之，故曰南宗。承秉之由，天下所知，故不叙也。后欲灭度，以法印付嘱荷泽，令其传嗣。传嗣之由，先已叙之呈上，然甚阙略。今蒙审问，更约承上祖宗传记稍广。（此文对以前本明之[1]。）传中叙能大师处[2]，中间有襄阳和尚，俗姓高，名神会，年十四，（即荷泽也。荷泽是传法时所居之寺名。）来谒大师。大师问：“知识远来大艰辛。将本来否[3]？若有本，即合识主。知识言之[4]！”神会答曰：“无住为本[5]，见即是主。”大师云：“遮沙弥！争敢取次语！”便以杖乱打。神会杖下思惟：大善知识历劫难逢。今既得遇，岂惜身命？大师察神会之深悟情至，故试之也。（如尧知舜，历试诸难。）传末又云：大师将入涅槃，默传密语[6]，云：“从上已来，相承准的[7]，内传法印以印自心，外传袈裟标定宗旨。然我为此衣几失身命。（数被北宗偷衣之事在此传之前文，今不能录。）达磨大师记云：至六代之后，命如悬丝，即汝是也。（此言在叙达磨传中。）是以此衣宜藏深山[8]。汝机缘在北，即须过岭，二十年外当弘此法，广度众生。”大师临终，门人行滔、超俗、法海等问：“大师心法何所付？”师云：“所付嘱者，二十年外于北地弘扬。”又问：“谁人？”答云：“若欲知者，山岭上以网取之[9]。”（荷泽俗姓高，高之义也，故密示耳[10]。）

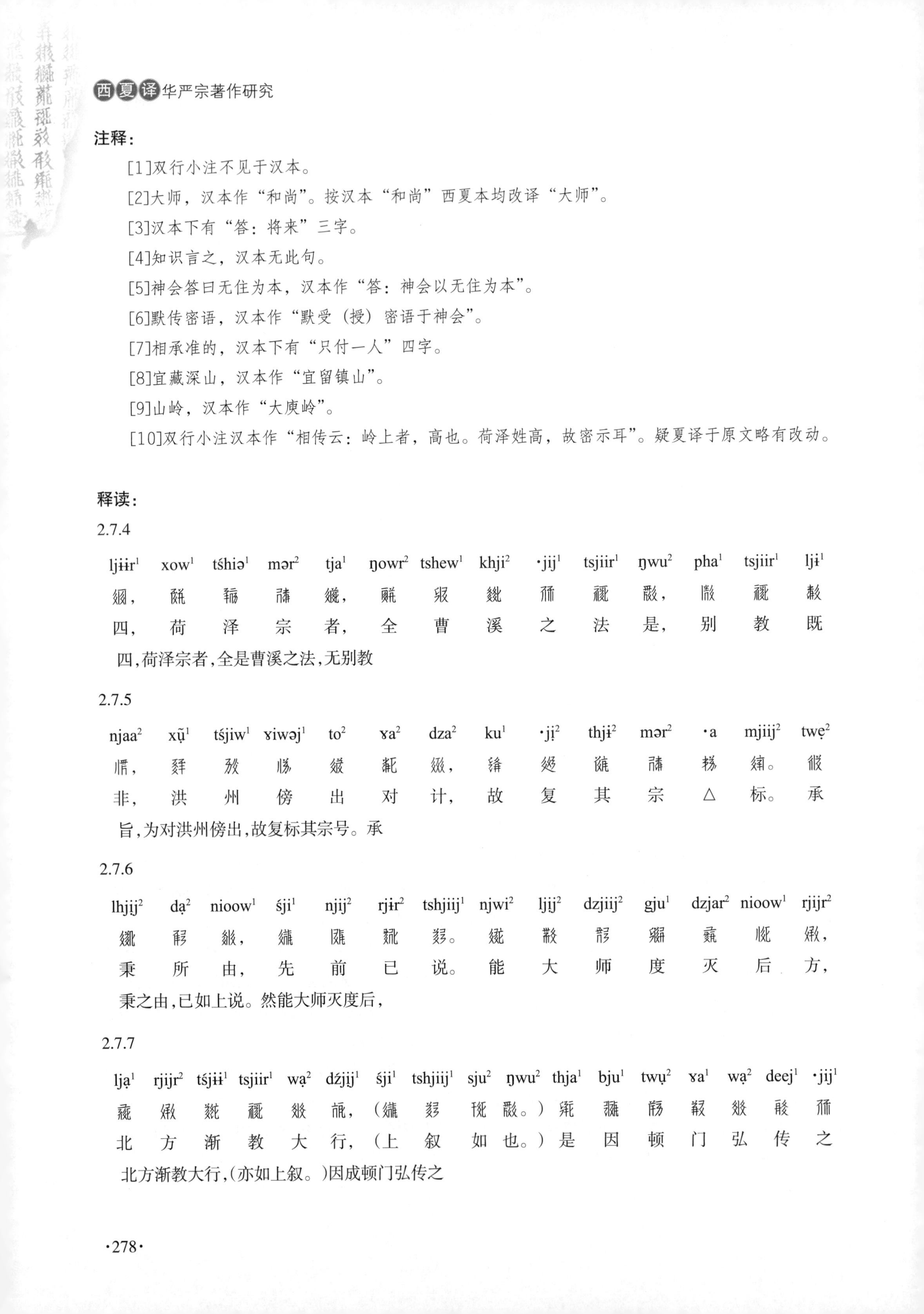

注释：

[1]双行小注不见于汉本。

[2]大师，汉本作“和尚”。按汉本“和尚”西夏本均改译“大师”。

[3]汉本下有“答：将来”三字。

[4]知识言之，汉本无此句。

[5]神会答曰无住为本，汉本作“答：神会以无住为本”。

[6]默传密语，汉本作“默受（授）密语于神会”。

[7]相承准的，汉本下有“只付一人”四字。

[8]宜藏深山，汉本作“宜留镇山”。

[9]山岭，汉本作“大庾岭”。

[10]双行小注汉本作“相传云：岭上者，高也。荷泽姓高，故密示耳”。疑夏译于原文略有改动。

释读：

2.7.4

ljɨɨr1	xow1	tśhiə1	mər2	tja1	ŋowr2	tshew1	khji2	·jij1	tsjiir1	ŋwu2	pha1	tsjiir1	ljɨ1
四，	荷	泽	宗	者，	全	曹	溪	之	法	是，	别	教	既

四，荷泽宗者，全是曹溪之法，无别教

2.7.5

njaa2	xụ̃1	tśjiw1	ɣiwəj1	to2	ɣa2	dza2	ku1	·jị2	thjɨ2	mər2	·a	mjiij2	twẹ2
非，	洪	州	傍	出	对	计，	故	复	其	宗	△	标。	承

旨，为对洪州傍出，故复标其宗号。承

2.7.6

lhjij2	dạ2	nioow1	śji1	njij2	rjɨr2	tshjiij1	njwi2	ljij2	dzjiij2	gju1	dzjar2	nioow1	rjijr2
秉	所	由，	先	前	已	说。	能	大	师	度	灭	后	方，

秉之由，已如上说。然能大师灭度后，

2.7.7

lja1	rjijr2	tśjɨɨ1	tsjiir1	wạ2	dźjij1	śji1	tshjiij1	sju2	ŋwu2	thja1	bju1	twụ2	ɣa1	wạ2	deej1	·jij1
北	方	渐	教	大	行，	（上	叙	如	也。）	是	因	顿	门	弘	传	之

北方渐教大行，（亦如上叙。）因成顿门弘传之

2.7.8

kjɨ1 ɣiẹ2 tshew1 khji2 bjị1 ·jwɨr2 śjĩ1 sew2 dzjiij2 gji2 njɨ2 dźjɨ wji1 zji2

[illegible]

△ 障。曹 溪 碑 文 神 秀 弟 子 等 △ △ 皆

障。曹溪碑文皆已被神秀弟子

2.7.9

rjɨr2 lha1 ljij1 thja1 bju1 njɨɨ1 ɣạ2 kjiw1 zjij1 mər2 tsjiir1 djị1 nẹj2 ljij2 dzjiij2 khjɨ2 ŋjir1

[illegible]

△ 磨 换，是 故 二 十 年 许 宗 教 沉 隐。（大 师 万 祸

磨换[1]，故二十年中宗教沉隐。（大师遭万

2.7.10

rjɨr2 ber2 dạ2 njɨ2 śji1 ljow2 sju2 wạ2 tja1 mər2 la1 kha1

[illegible]

△ 遭 事 等，先 略 如。广 者 本 传 中

tshjiij1 ŋwər1 ljɨ1 ɣu1 kjiw1 ·u2 xow1 tśhiə1 ljɨ2 mjiij2 lo2

[illegible]

叙。） 天 宝 初 年 中，荷 泽 地 名 洛

种艰难等事[2]，如先略。广在本传中叙之[3]。）天宝初，荷泽入洛，

2.7.11

kjij1 njɨ2 ljij2 thjɨ2 ɣa1 wạ2 tshjiij1 nioow1 śiã1 sew2 ɣa1 khju1 dzjiij2 lhjij2

[illegible]

京 到 来，斯 门 大 播 因，神 秀 门 下 师 承

大播斯门，方显神秀门下师承

2.7.12

tja1 ɣiwəj1 ŋwu2 tsjiir1 ɣa1 tja1 tśjɨɨ1 ŋwu2 tśhjwo1 mja1 nioow1 wjɨ2 dźju1 śja2

[illegible]

者 傍 是，法 门 者 渐 是 固 然 后 方 显 现。

是傍，法门是渐。

2.8.1

thjɨ^2	njɨɨ^1	mər^2	lo̱^{2}	dźjij^1	dzjɨj^1	dzjwo^2	tśhjow^1	ka^2	zjɨr^1	lja̱^{1}	do^2	we^2	thja^1
此	二	宗	双	行，	时	人	分	拣，	南	北	异	为，	是

既二宗双行,时人分拣,南北为异,故标

2.8.2

bju^1	zjɨr^1	lja̱^{1}	mjiij^2	·a	·o^1	wji^1	zjɨr^1	lja̱^{1}	mjiij^2	tja^1	ɣu^1	thju^2	·a
故	南	北	名	△	有	为。	南	北	名	者	自	此	而

南北之名。南北之名自此而

2.8.3

śjwo^1
始。

始[4]。

2.8.4

·jɨr^1	da̱^{2}	xow^1	tśhiə^1	śja̱^{1}	tsew^2	mər^2	dzjiij^2	we^2	ku^1	·jar^1	gjɨɨ^1	ɣa̱^{2}	mər^2
问	曰：	荷	泽	七	第	祖	师	为，	则	八	九	十	祖

问:既荷泽为第七祖,何不立第八九十祖?

2.8.5

dzjiij^2	mji^1	thu^1	thjij^2	sjo^2	lhwu^1	deej^1	bju^1	dza^2	ku^1	tśhjiw^1	tsew^2	mər^2	dzjiij^2
师	不	立	何	云？	衣	传	据	凭，	则	六	第	祖	师

何妨据传衣为凭,但止第六,

2.8.6

tśhjaa^1	wjɨ^2	djɨj^2	ku̱^{1}	mji^1	·jar^1	phji^1	tja^1	wa^2	ɣie̱^{2}	ljɨ^1
上	△	止，	后	不	立	令	者	何	妨	耶？

后则不立[5]?

2.8.7

kụ^{2} dạ^{2} tjij^{1} ɣiej^{1} dźjar^{2} bju^{1} tshjiij^{1} ku^{1} mər^{2} ɣa^{2} mjiij^{2} ŋewr^{2} mjij^{1} lew^{1}

[illegible]

答 曰： 若 真 谛 据 言， 则 本 上 名 数 绝。 一

答：若据真谛，本绝名数。一

2.8.8

tsjɨ^{1} mji^{1} dju^{1} tśhjiw^{1} śjạ^{1} sjwɨ^{1} tshjiij^{1} mur^{1} dźjar^{2} bju^{1} tshjiij^{1} ku^{1} dzjiij^{2} dzjiij^{2}

[illegible]

犹 不 存， 六 七 何 言？ 今 俗 谛 约， 则 师 资

犹不存，何言六七？今约俗谛，师资

2.8.9

dźjwɨ^{1} deej^{1} rjur^{1} tsjiir^{1} bju^{1} ŋwu^{2} nur^{1} ljạ^{1} lew^{2} dju^{1} dzjọ^{1} dzjwɨ^{1} ·jij^{1} śjạ^{1}

[illegible]

相 传， 世 法 顺 是， 表 证 所 有， 如 帝 之 七

相传，顺世之法，有其所表，如帝之七

2.8.10

tjụ^{2} śjạ^{1} lhjij^{2} nioow^{1} la^{2} ljwị^{1} lhjuu^{1} gjwi^{2} śjạ^{1} śjij^{1} ɣa^{2} njɨ^{2} ljo^{1} ·wụ^{2}

[illegible]

庙、 七 月 后 葬 埋、 丧 服 七 代 于 至、 福 资

庙[6]、七月而葬、丧服七代、福资

2.8.11

śjạ^{1} tjụ^{2} do^{2} kjir^{1} rjijr^{2} śjɨ^{2} zji^{2} thwuu^{1} lwər^{2} lhejr^{2} kha^{1} tshjiij^{1} śjạ^{1} tha^{1} tshjiij^{1} tshjɨɨ^{1} ·jiij^{1}

[illegible]①

七 祖 处 见、（儒 释 皆 同。） 经 契 中 说 七 佛 说， 念 持

七祖、（儒释皆同[7]。）经说七佛，持念

2.8.12

nju^{2} ŋewr^{2} lhejr^{2} lhjoor^{1} mə^{2} dzjɨ^{2} tsjiir^{1} tśju^{1} tśier^{1} ·ju^{2} tśja^{1} tshwew^{1} lhejr^{2} dźjij^{1}

[illegible]

多 数、 坛 场 物 色、 法 作 方 便、 顶 礼 道 行、

遍数、坛场物色、作法方便、顶礼行道[8]、

①据文意则"[illegible]"字疑衍。

2.9.1

sẽ1 ɣju1 tsew2 dzar1 zji2 śją1 ɣa2 njɨ2 dzjij1 phji1 ku1 njɨɨ1 śją1 sọ1

[illegible]

僧 请 限 度， 皆 七 于 至， 过 令 则 二 七 三

请僧之限，皆至于七，过则二七三

2.9.2

śją1 rjɨr2 njɨ2 śją1 śją1 ɣa2 njɨ2 tśhjiw1 tśhjaa1 mji1 djɨj2 ·jar1 gjɨɨ1 ɣa2

[illegible]

七， 乃 至 七 七 于 至。 六 于 不 止， 八 九 于

七[9]，乃至七七。不止于六，不至八九。

2.9.3

mjɨ1 njɨ2 sjij1 deej1 lhjij2 tjɨj2 ·jwɨr2 tja1 rjur1 kha1 śjij1 wji1 ŋwu2 dźiej2

[illegible]

不 至。 今 传 受 仪 式 者， 世 间 顺 为 而 信

今传受仪式，顺世生信，

2.9.4

njiij1 śjwo1 phji1 ljɨ1 ·jiw2 lew2 wa2 ·o1 tśhjwo1 thow1 te1 tsũ1 ŋwər1 dzjwɨ1

[illegible]

心 生 令 也， 疑 所 何 有？ 故 唐 德 宗 皇 帝

何所疑焉？故唐德宗皇帝

2.9.5

lhji2 ·jwã1 ɣạ2 njɨɨ1 kjiw1 ·u2 zur2 bju1 ŋwər1 ljij2 no2 ·jij1 rjur1 śjã1

[illegible]

贞 元 十 二 年 中 敕 以 皇 太 子 △ 诸 禅

贞元十二年敕皇太子集诸

2.9.6

dzjiij2 dzjɨ2 phji1 śjã1 ɣa1 mər2 tshwew1 djɨj2 wji1 ljɨ1 tsjiir1 deej1 mjijr2 tśjɨj1

[illegible]

师 集 令， 禅 门 宗 旨 定 为， 及 法 传 者 正

禅师，楷定禅门宗旨，搜求传法傍正，

2.9.7

ɣiwəj1 dja2 phjo2 kar2 kha1 zur2 bju1 xow1 tśhiə1 tha2 dzjiij2 ·jij1 śją1 tsew2

傍 △ 搜 求 中， 敕 以 荷 泽 大 师 △ 七 第

遂敕立荷泽大师为第七

2.9.8

mər2 dzjiij2 wji1 phji1 kụ2 wạ2 nją1 we1 mjijr2 ·jɨj2 ·u2 ɣjɨ1 bjị1 mjor1

祖 师 为 令。 内 宿 神 龙 寺 馆 内 石 碑 现

祖[10]。内神龙寺见

2.9.9

dzjiw1 mji1 dźjij1 mee2 ɣjɨr1 śją1 śjij1 mər2 dzjiij2 ·jow2 ·jwɨr2 sjij1 rjur1 kha1

铭 以 外， 御 制 七 代 祖 师 赞 文， 今 世 于

有铭记，又御制七代祖师赞文，见行于世。

2.9.10

dźjij1 ŋwə1 xũ1 tśjiw1 mər2 tja1 śji1 tśhjiw1 tsew2 mər2 dzjiij2 khju1 ɣiwəj1 to2

行。 五， 洪 州 宗 者， 先 六 第 祖 师 下 傍 出。

五，洪州宗者，先即六祖下傍出。

2.9.11

thjɨ2 śjã1 dzjiij2 tja1 mur1 mə2 biaa2 mjiij2 tja1 lew1 tśja1 śji1 kjij1 na1

此 禅 师 者 俗 姓 马， 名 者 一 道， 先 剑 南

有禅师俗姓马，名道一，先是剑南

2.9.12

kjĩ1 tha2 dzjiij2 ·jij1 dzjiij2 gji2 ŋwu2 kjĩ1 ·jij1 mər2 ɣjow1

金 大 师 之 弟 子 是。（金 之 宗 源

tja1 sjij2 xia1 ŋwu2 zjɨr1 lją1 njaa2 ljɨ1 kjur2 so2 tśja1

者， 智 诜 也， 南 北 非 也。） 节 高 道

金大师弟子也。（金之宗源即智诜也，亦非南北。）高节至道，

2.10.1

njɨ² thew² thow¹ rjur¹ daa² njɨ² twụ¹ śjã¹ dzuu² rjɨr² njɨ² zjɨr¹ ŋər¹ źioow¹

[illegible]

至， 头 陀 诸 游， 至 处 禅 坐。 乃 至 南 岳， 让

游方头陀，随处坐禅。乃至南岳，遇让

2.10.2

śjã¹ dzjiij² rjir² ·a dźju² mər² tsjiir¹ rjɨr² ljɨ¹ wo² źioow¹ zjij¹ mjɨ¹ 不详

[illegible]

禅 师 与 △ 遇， 宗 教 △ 论， 理 让 许 不 及，

禅师，论量宗教，理不及让，

2.10.3

thja¹ bju¹ lhwu¹ khjow¹ tsjiir¹ deej¹ thju¹ thju¹ tshew¹ khji² ŋwu² dwewr² tśhjɨ² rjar²

[illegible]

是 以 衣 付 法 传 真 实 曹 溪 为 知。 立 便

方知传衣付法曹溪为嫡。立便

2.10.4

njiij¹ lhjii¹ thja¹ mər² bju¹ tjị¹ khja² tśjiw¹ xũ¹ tśjiw¹ tjij¹ ŋər¹ tjij¹ ɣwej²

[illegible]

心 回， 其 宗 归 依， 处 州、 洪 州， 或 山 或 郭

回心，归依其宗[11]，便住处州、洪州，或山或郭，

2.10.5

njɨ² zjir² kjụ¹ tshwew¹ wạ² phie² ɣiew¹ mjijr² śio¹ dzjiij² kụ¹ xũ¹ tśjiw¹ mər²

[illegible]

等 住， 供 养 广 开， 道 流 接 引。 后 洪 州 宗

广开供养，接引道流。后于洪州

2.10.6

bie² ·ji¹ mjii¹ ·u² źioow¹ ·jij¹ dạ² wo² deej¹ tshjiij¹ tśhjɨ¹ dzjɨj¹

[illegible]

开 元 寺 于 让 之 言 旨 传 言， 尔 时

开元寺弘传让之言旨，时

2.10.7

dzjwo² njɨ² dạ² xũ¹ tśjiw¹ mər² ŋwu² ·jɨ² źioow¹ tja¹ tshew¹ khji² ɤa¹ khju¹

[illegible]

人 等 曰 洪 州 宗 也 谓。 让 者 曹 溪 门 下

人号为洪州宗也。让即曹溪门下

2.10.8

ɤiwəj¹ to² rjir² djij¹ lew² ŋwu² tshew¹ khji² thjɨ² sju² djij¹ ŋewr²

[illegible]

傍 出 与 类 同 是, (曹 溪 此 如 类 数

tụ¹ dzjij¹ zjij¹ dju¹ xow¹ tśhiə¹ rjir² ɤiew¹ thwuu¹ mjijr² ŋwu²

[illegible]

千 余 许 有。) 荷 泽 与 学 同 者 是,

傍出之派徒,(曹溪此类数可千余。)是荷泽之同学,

2.10.9

lew¹ ·jij¹ tśhjwɨj¹ dźjɨ djọ² mər² tsjiir¹ mji¹ phie² kụ¹ biaa² tha² dzjiij² nioow¹

[illegible]

但 自 率 行 修, 本 法 不 开, 后 马 大 师 因

但自率身修行,本不开法,因马和尚

2.10.10

tsjiir¹ ɤa¹ wạ² phie² bju¹ tśhjwo¹ ·a mər² ·jij¹ ɤjow¹ dja² we² thjɨ² bjɨ¹

[illegible]

教 门 广 开 因, 故 一 宗 之 源 △ 成。 次 以

大扬其教,故成一宗之源。

2.10.11

bjij² tja¹ dzjiij² lhji² dzjiij² gji² dźjwɨ¹ do² tsjiir¹ deej¹ śjij¹ dạ² kạ² rjɨr²

[illegible]

上 者, 师 主 弟 且 相 处 法 传 法 言 概 △

右且略叙诸宗师承大概

2.10.12

ljɨ¹	tshjiij¹	djij²	tśjɨj¹	ɣiwəj¹	zjir²	dow¹	kjɨ¹	lwu¹	tsjij²	mja¹	gie¹	·jɨ²	nioow¹
[illegible]													
虽	叙	然，	傍	正	横	竖	△	杂	记	恐	难	谓	缘，

如此，然缘傍正横竖，交杂难记，

2.11.1

tśhjwo¹	tjɨj²	gjɨ²	nja¹	rjar¹	·a	dźjow¹	kjɨ¹	·juu¹	ku¹	thja¹	śjij¹	dźju¹	sjwij¹
[illegible]													
故	图	一	△	写，	一	番	△	览	而	其	法	分	明。

故为出图，一览而明之[12]。

译文：

四，荷泽宗者，全是曹溪之法，无别教旨，为对洪州傍出，故复标其宗号。承秉之由，已如上说。然能大师灭度后，北方渐教大行，（亦如上叙。）因成顿门弘传之障。曹溪碑文皆已被神秀弟子磨换[1]，故二十年中宗教沉隐。（大师遭万种艰难等事[2]，如先略。广在本传中叙之[3]。）天宝初，荷泽入洛，大播斯门，方显神秀门下师承是傍，法门是渐。既二宗双行，时人分拣，南北为异，故标南北之名。南北之名自此而始[4]。

问：既荷泽为第七祖，何不立第八九十祖？何妨据传衣为凭，但止第六，后则不立[5]？

答：若据真谛，本绝名数。一犹不存，何言六七？今约俗谛，师资相传，顺世之法，有其所表，如帝之七庙[6]、七月而葬、丧服七代、福资七祖、（儒释皆同[7]。）经说七佛，持念遍数、坛场物色、作法方便、顶礼行道[8]、请僧之限，皆至于七，过则二七三七[9]，乃至七七。不止于六，不至八九。今传受仪式，顺世生信，何所疑焉？故唐德宗皇帝贞元十二年（796）敕皇太子集诸禅师，楷定禅门宗旨，搜求传法傍正，遂敕立荷泽大师为第七祖[10]。内神龙寺见有铭记，又御制七代祖师赞文，见行于世。

五，洪州宗者，先即六祖下傍出。有禅师俗姓马，名道一，先是剑南金大师弟子也。（金之宗源即智诜也，亦非南北。）高节至道，游方头陀，随处坐禅。乃至南岳，遇让禅师，论量宗教，理不及让，方知传衣付法曹溪为嫡。立便回心，归依其宗[11]，便住处州、洪州，或山或郭，广开供养，接引道流。后于洪州开元寺弘传让之言旨，时人号为洪州宗也。让即曹溪门下傍出之派徒，（曹溪此类数可千余。）是荷泽之同学，但自率身修行，本不开法，因马和尚大扬其教，故成一宗之源。右且略叙诸宗师承大概如此，然缘傍正横竖，交杂难记，故为出图，一览而明之[12]。

注释：

[1]曹溪碑文皆已被神秀弟子磨换，汉本作“曹溪传授碑文已被磨换”。

[2]万，汉本作“百”。

[3]如先略广在本传中叙之，汉本作“皆如先所呈略传。广在本传，他日具呈”。是西夏本此处有脱文。

[4]“时人”以下汉本作“时人欲拣其异，故标南北之名，自此而始”。

[5]汉本作“后既不立”，在“何妨据传衣为凭”句上。

[6]帝之七庙，汉本作“国立七庙”。

[7]儒释皆同，汉本“儒”作“道”。

[8]顶礼行道，汉本作“礼佛远（送）佛”。

[9]汉本无“三七”二字。

[10]遂敕立，汉本作“遂有来下立”，于意不明。

[11]立便回心归依其宗，汉本作“乃回心遵禀”。

[12]故为出图一览而明之，汉本作“今画出为图，冀一览不遗于心腑。谨连次后”。

释读：

2.11.2

thjɨ²	tja¹	wjɨ²	lhjij²	·u²	śjā¹	ɣa¹	bju¹	dzjiij²	lhji²
[illegible]	[illegible]，	[illegible]	[illegible]	[illegible]	[illegible]	[illegible]	[illegible]	[illegible]	[illegible]
此	者，	东	土	内	禅	门	依	师	傅
dzjiij²	gji²	dźjwɨ¹	do²	njiij¹	ljɨ²	deej¹	śjij¹	tjɨj²	ŋwu²
[illegible]	[illegible]	[illegible]	[illegible]	[illegible]	[illegible]	[illegible]	[illegible]	[illegible]	[illegible][1]。
弟	子	相	承	心	地	传	法	图	是。

此是东土所传禅门师资承袭心地图。

2.11.3

tha²	mo²	lew¹
[illegible]	[illegible]	[illegible]——
达	磨	一——

达磨一 ——

译文：

此是东土所传禅门师资承袭心地图。

达磨一 ——

注释：

[1]西夏本“承袭图”与存世汉本不尽相同，原图见俄藏本第 11 至 12 叶，以下残佚，行间存僧人画像十一身。此图见第 11 叶右半。

释读：

2.11.4

thjɨ²	tja¹	·jij¹	twụ¹	·a	mər²	gji²	·jij¹	gji²	lhjɨ¹	dźjwɨ¹	do²
[illegible]	[illegible]，	[illegible]	[illegible]	[illegible]	[illegible]	[illegible]	[illegible]	[illegible]	[illegible]	[illegible]	[illegible]
此	者，	自	各	一	宗	各	之	子	孙	相	承

此是各宗之子孙传承

2.11.5

tsjiir¹	deej¹	śjij¹	ŋwu²	ljɨ¹	nioow¹	·a	mjɨr¹	śjij¹	gji²	·jij¹	dow¹
[illegible]	[illegible]	[illegible]	[illegible]，	[illegible]	[illegible]	[illegible]	[illegible]	[illegible]	[illegible]	[illegible]	[illegible]
法	传	法	是，	及	又	一	族	代	各	之	阶

法，然后每代复各列

2.11.6

bju¹	tjọ²	bio¹	wji¹	śjij¹	tsjɨ¹	ŋwu²	nioow¹	ɣiew¹	thwuu¹	tsjiir¹	tjọ²	tsjɨ¹
[illegible]	[illegible]	[illegible]	[illegible]	[illegible]	[illegible]	[illegible]，	[illegible]	（[illegible]	[illegible]）	[illegible]	[illegible]	[illegible]
因	弟	列	为	法	亦	是，	又	（学	同）	法	弟	亦

兄弟阶位，复是（同学）兄弟，

2.11.7

ŋwu²	nioow¹	ɣiwəj¹	to²	·a	mər²	gji²	·jij¹	ɣu¹	tsjɨ¹	ŋwu²
[illegible]，	[illegible]	[illegible]	[illegible]	[illegible]	[illegible]	[illegible]	[illegible]	[illegible]	[illegible]	[illegible]。
是，	又	傍	出	一	宗	各	之	首	亦	是。

复是傍出一宗之首[1]。

2.11.8

tha²	·ju²
[illegible]	[illegible]
道	育

道育

2.11.9

xjwi¹	khjow²	njɨɨ¹	sẽ¹	tsha²	sọ¹	tśja¹	dźiej²	ljɨɨr¹
[illegible]	[illegible]	[illegible]	[illegible]	[illegible]	[illegible]	[illegible]	[illegible]	[illegible]
慧	可	二	僧	璨	三	道	信	四

慧可二 僧璨三 道信四

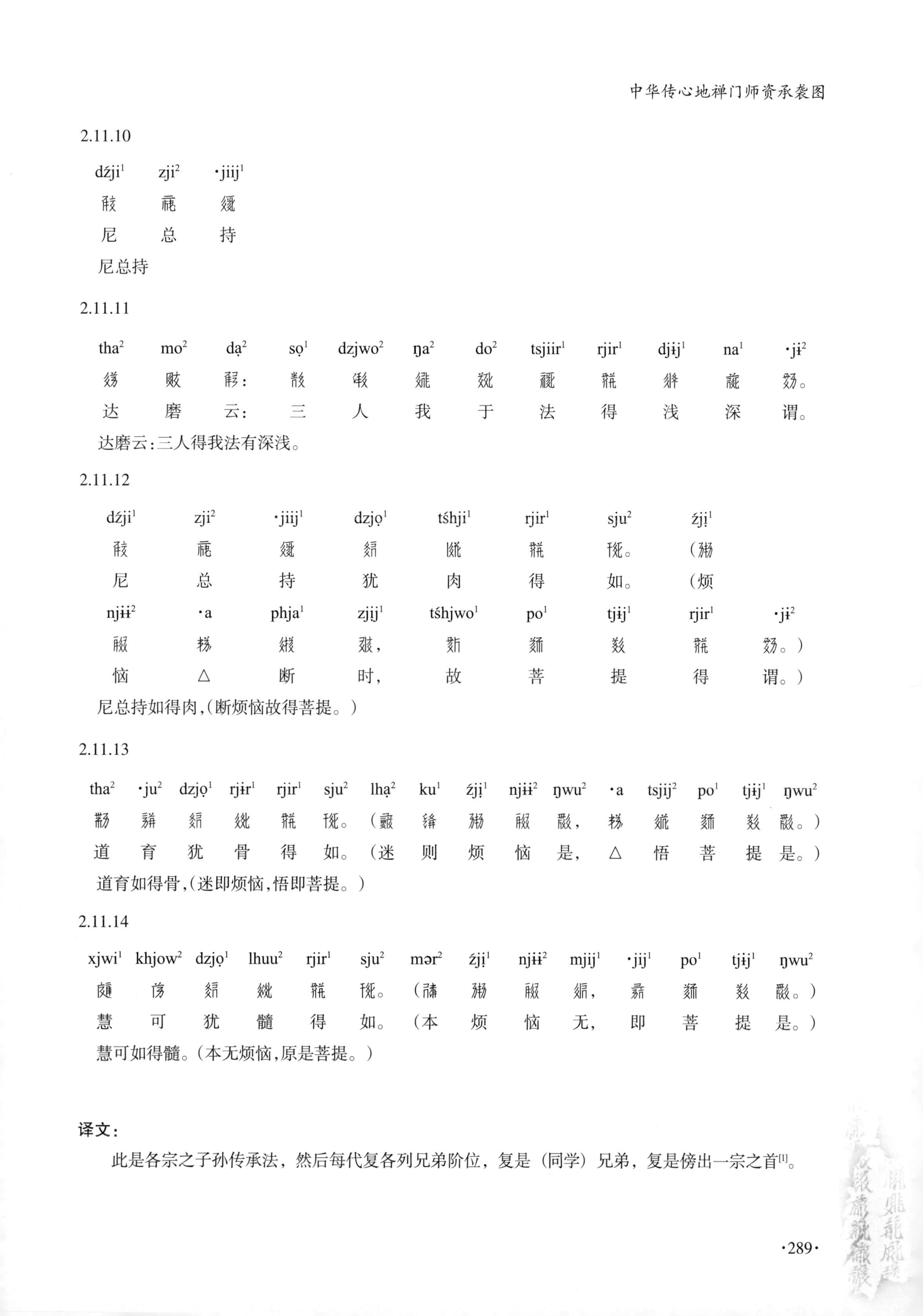

2.11.10

dźji¹ zji² ·jiij¹

[Tangut characters]

尼 总 持

尼总持

2.11.11

tha² mo² dạ² sọ¹ dzjwo² ŋa² do² tsjiir¹ rjir¹ djɨj¹ na¹ ·jɨ²

[Tangut characters]

达 磨 云: 三 人 我 于 法 得 浅 深 谓。

达磨云:三人得我法有深浅。

2.11.12

dźji¹ zji² ·jiij¹ dzjọ¹ tśhji¹ rjir¹ sju² źjị¹

[Tangut characters]

尼 总 持 犹 肉 得 如。(烦

njɨɨ² ·a phja¹ zjij¹ tśhjwo¹ po¹ tjɨj¹ rjir¹ ·jɨ²

[Tangut characters]

恼 △ 断 时, 故 菩 提 得 谓。)

尼总持如得肉,(断烦恼故得菩提。)

2.11.13

tha² ·ju² dzjọ¹ rjɨr¹ rjir¹ sju² lhạ² ku¹ źjị¹ njɨɨ² ŋwu² ·a tsjij² po¹ tjɨj¹ ŋwu²

[Tangut characters]

道 育 犹 骨 得 如。(迷 则 烦 恼 是, △ 悟 菩 提 是。)

道育如得骨,(迷即烦恼,悟即菩提。)

2.11.14

xjwi¹ khjow² dzjọ¹ lhuu² rjir¹ sju² mər² źjị¹ njɨɨ² mjij¹ ·jij¹ po¹ tjɨj¹ ŋwu²

[Tangut characters]

慧 可 犹 髓 得 如。(本 烦 恼 无, 即 菩 提 是。)

慧可如得髓。(本无烦恼,原是菩提。)

译文:

此是各宗之子孙传承法,然后每代复各列兄弟阶位,复是(同学)兄弟,复是傍出一宗之首[1]。

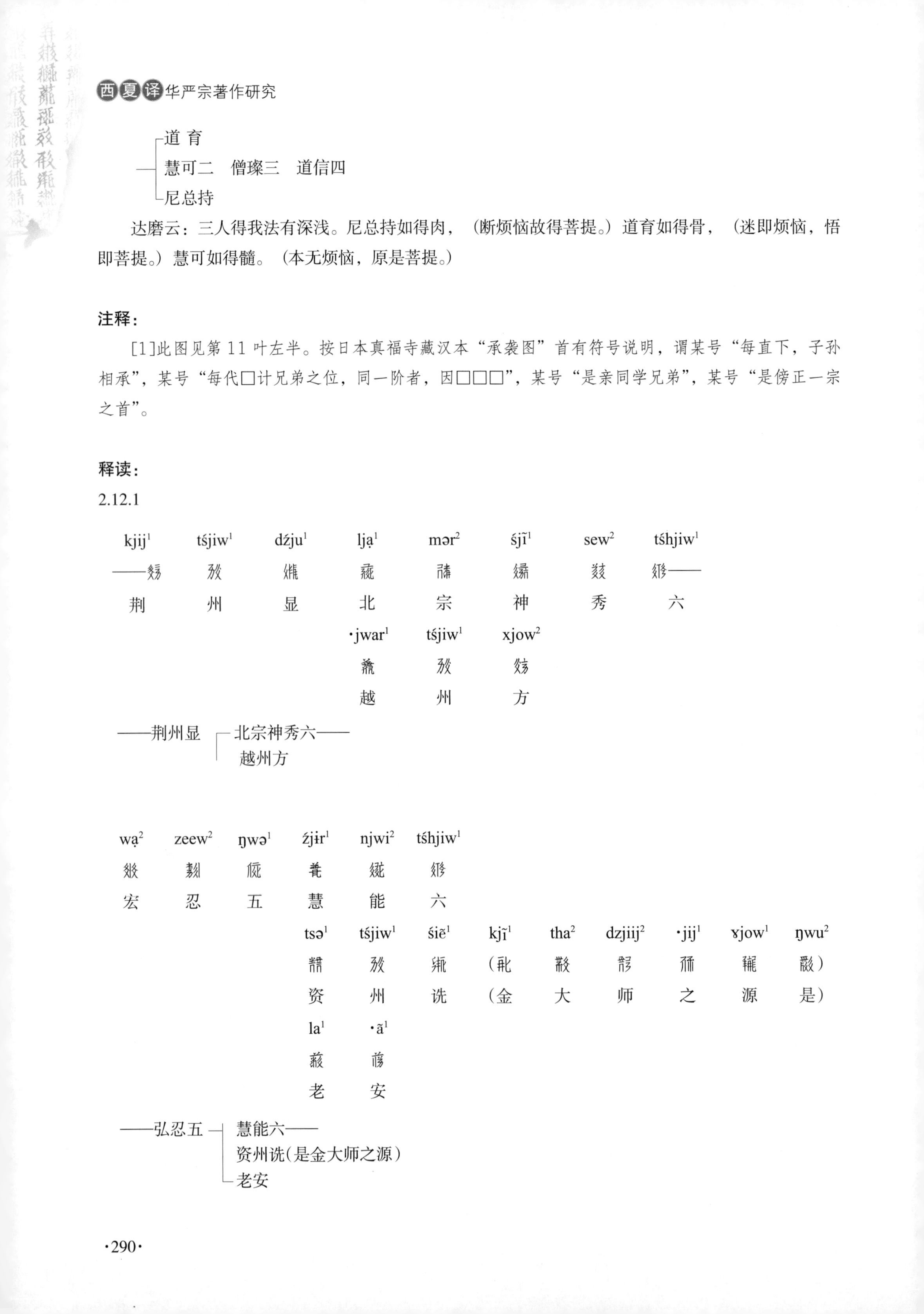

┌道 育
——慧可二　僧璨三　道信四
└尼总持

达磨云：三人得我法有深浅。尼总持如得肉，（断烦恼故得菩提。）道育如得骨，（迷即烦恼，悟即菩提。）慧可如得髓。（本无烦恼，原是菩提。）

注释：

[1]此图见第 11 叶左半。按日本真福寺藏汉本“承袭图”首有符号说明，谓某号“每直下，子孙相承”，某号“每代□计兄弟之位，同一阶者，因□□□”，某号“是亲同学兄弟”，某号“是傍正一宗之首”。

释读：

2.12.1

kjij^1	tśjiw^1	dźju^1	lja̧^{1}	mər^2	śjĩ^1	sew^2	tśhjiw^1
——[illegible]	[illegible]	[illegible]	[illegible]	[illegible]	[illegible]	[illegible]	[illegible]——
荆	州	显	北	宗	神	秀	六
			·jwar^1	tśjiw^1	xjow^2		
			[illegible]	[illegible]	[illegible]		
			越	州	方		

——荆州显 ┌北宗神秀六——
　　　　 └越州方

wa̧^{2}	zeew^2	ŋwə^1	źjɨr^1	njwi^2	tśhjiw^1					
[illegible]	[illegible]	[illegible]	[illegible]	[illegible]	[illegible]					
宏	忍	五	慧	能	六					
			tsə^1	tśjiw^1	śiẽ^1	kjĩ^1	tha^2	dzjiij^2	·jij^1	ɣjow^1	ŋwu^2
			[illegible]	[illegible]	[illegible]	([illegible]	[illegible]	[illegible]	[illegible]	[illegible]	[illegible])
			资	州	诜	（金	大	师	之	源	是）
			la^1	·ã^1							
			[illegible]	[illegible]							
			老	安							

——弘忍五 ┌慧能六——
　　　　 ├资州诜（是金大师之源）
　　　　 └老安

gjiiw¹	thew²	lwu¹	lew¹	tśji²	tśjij¹	njɨɨ¹
[illegible]	[illegible]	[illegible]	[illegible]	[illegible]	[illegible]	[illegible]
牛	头	融	一	智	岩	二

——牛头融一 ——智岩二——[1]

译文：

——荆州显 ┌北宗神秀六——
　　　　　│越州方
——弘忍五 ┤慧能六——
　　　　　│资州诜（是金大师之源）——
　　　　　└老安
——牛头融一 ——智岩二——[1]

注释：

[1]此图见第12叶右半。

释读：

njɨ²	mjij¹	śjạ¹
[illegible]	[illegible]	[illegible]
普	寂	七

——普寂七——

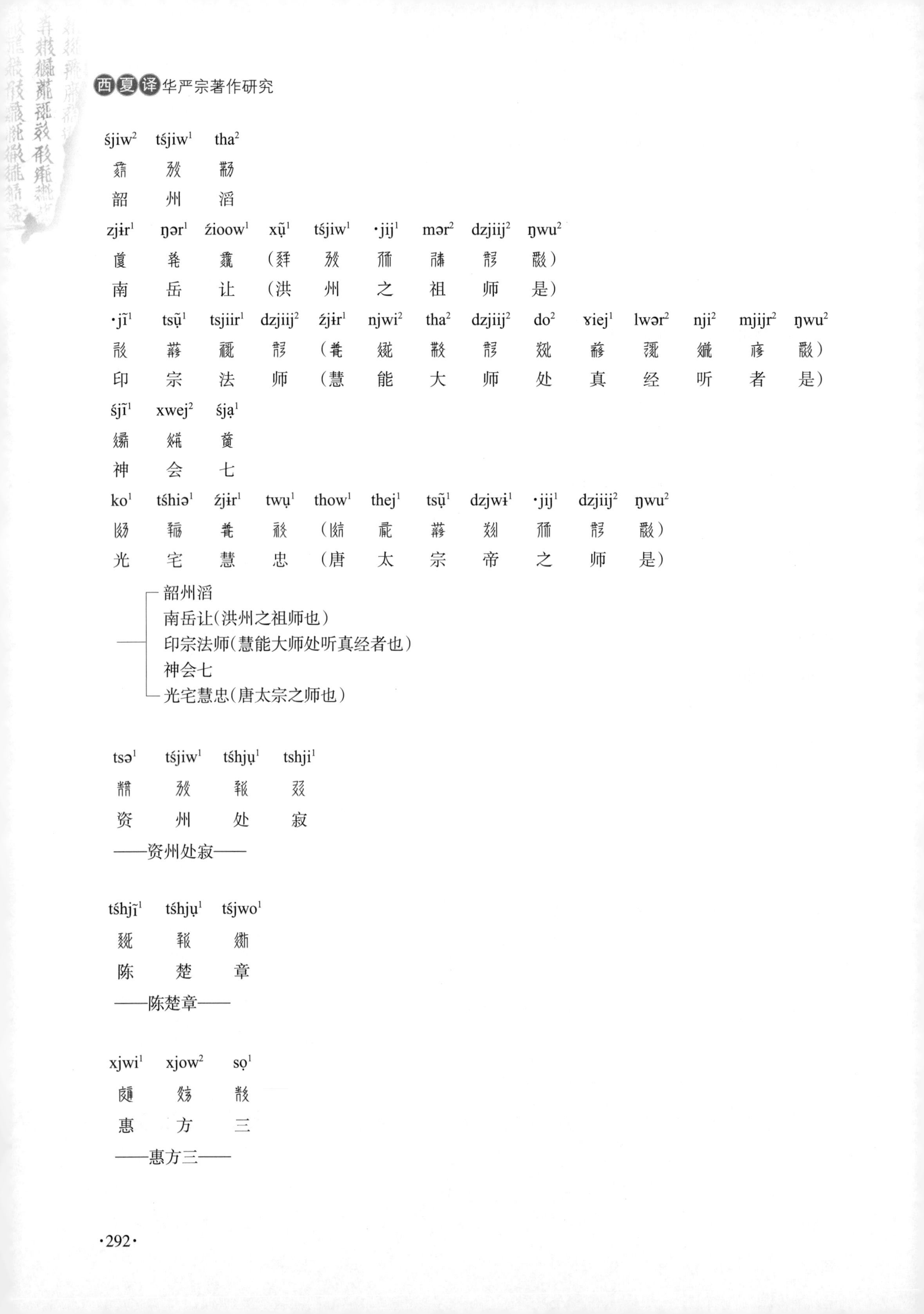

śjiw^{2} tśjiw^{1} tha^{2}

[illegible]

韶 州 滔

zjɨr^{1} ŋər^{1} źioow^{1} xũ^{1} tśjiw^{1} ·jij^{1} mər^{2} dzjiij^{2} ŋwu^{2}

[illegible]

南 岳 让 (洪 州 之 祖 师 是)

·jĩ^{1} tsų̃^{1} tsjiir^{1} dzjiij^{2} źjɨr^{1} njwi^{2} tha^{2} dzjiij^{2} do^{2} ɣiej^{1} lwər^{2} nji^{2} mjijr^{2} ŋwu^{2}

[illegible]

印 宗 法 师 (慧 能 大 师 处 真 经 听 者 是)

śjĩ^{1} xwej^{2} śją^{1}

[illegible]

神 会 七

ko^{1} tśhiə^{1} źjɨr^{1} twų^{1} thow^{1} thej^{1} tsų̃^{1} dzjwɨ^{1} ·jij^{1} dzjiij^{2} ŋwu^{2}

[illegible]

光 宅 慧 忠 (唐 太 宗 帝 之 师 是)

—— 韶州滔
- 南岳让(洪州之祖师也)
- 印宗法师(慧能大师处听真经者也)
- 神会七
- 光宅慧忠(唐太宗之师也)

tsə^{1} tśjiw^{1} tśhjų^{1} tshji^{1}

[illegible]

资 州 处 寂

——资州处寂——

tśhjĩ^{1} tśhjų^{1} tśjwo^{1}

[illegible]

陈 楚 章

——陈楚章——

xjwi^{1} xjow^{2} sọ^{1}

[illegible]

惠 方 三

——惠方三——

译文：

——普寂七——
　┌韶州滔
　│南岳让（洪州之祖师也）——
—┤印宗法师（慧能大师处听真经者也）
　│神会七——
　└光宅慧忠（唐太宗之师也）
——资州处寂——
——陈楚章——
——惠方三——

注释：

[1]此图见第 12 叶左半。原件第 13 叶佚。

释读：

2.13 佚

……非言可宣[1]。

2.14.1

lew^{2}	njaa^{2}	ŋwuu^{1}	ŋwu^{2}	mjɨ^{1}	lhjụ^{2}	ljɨ^{1}	ŋwu^{2}	djij^{2}	thja^{1}	tsjɨ^{1}	ŋjow^{2}	wji^{1}	ŋwu^{2}
[illegible]	[illegible]。	[illegible]	[illegible]	[illegible]	[illegible]	[illegible]	[illegible]	[illegible]，	[illegible]	[illegible]	[illegible]	[illegible]	[illegible]
可	非。	言	以	不	及	虽	是	然，	彼	亦	强	为	而

言虽不及，犹可强言，

2.14.2

rjɨr^{2}	tshjiij^{1}	ŋwu^{2}	ŋwu^{2}	mjɨ^{1}	lhjụ^{2}	ljɨ^{1}	ŋwu^{2}	ku^{1}	twụ^{2}	twụ^{2}	rjar^{1}	tja^{1}	gie^{1}
[illegible]	[illegible]，	[illegible]	[illegible]	[illegible]	[illegible]	[illegible]	[illegible]，	[illegible]	[illegible]	[illegible]	[illegible]	[illegible]	[illegible]
△	言，	笔	以	不	及	既	是，	则	直	直	书	者	难

笔不可及，直难下笔。

2.14.3

ljɨ^{1}	sjij^{1}	mji^{1}	wji^{1}	mji^{1}	tśju^{1}	bju^{1}	ku^{1}	tśhjwo^{1}	nja^{1}	rjar^{1}	kjɨ^{1}	tshwew^{1}	lew^{1}
[illegible]。	[illegible]	[illegible]	[illegible]	[illegible]	[illegible]	[illegible]	[illegible]	[illegible]	[illegible]	[illegible]	[illegible]	[illegible]，	[illegible]
也。	今	不	为	得	已	因	则	故	△	书	△	向，	但

今不得已而书，

2.14.4

tji̠^{1} njiij^{1} ŋwu^{2} thjuu^{1} wo^{2} ·jwɨr^{2} ɣa^{2} mji^{1} zjij^{1} śjij^{2}

[illegible]

望 心 于 照 可， 文 于 不 滞 求。

望照之于心，无滞于文矣。

2.14.5

io̠^{1} tha^{2} mo^{2} lji^{2} ljij^{2} lew^{1} njiij^{1} tsjiir^{1} deej^{1} tśhjwo^{1} ·jij^{1} da̠^{2} ŋa^{2} tsjiir^{1}

[illegible]

然 达 磨 西 来， 唯 心 法 传， 故 自 云：“我 法

然达磨西来，唯传心法，故自云：“我法

2.14.6

njiij^{1} ŋwu^{2} njiij^{1} deej^{1} ·jwɨr^{2} dji^{2} mji^{1} thu^{1} thjɨ^{2} njiij^{1} tja^{1} dźiã^{2} tśhju^{1} ŋowr^{2}

[illegible]

心 以 心 传， 文 字 不 立。” 此 心 者 众 生 一

以心传心，不立文字。”此心是一切众生

2.14.7

ŋowr^{2} ·jij^{1} gji^{1} sej^{1} mər^{2} dwewr^{2} ŋwu^{2} nioow^{1} tha^{1} tsjiir^{2} thjɨ^{1} ·jɨ^{2} mjijr^{2} dwewr^{2}

[illegible]

切 之 清 净 本 觉 是， 又 佛 性 亦 谓， 灵 觉

清净本觉，亦名佛性，或云灵觉。

2.14.8

tsjɨ^{1} ·jɨ^{2} lha̠^{2} ku^{1} źji̠^{1} njɨɨ^{2} ŋowr^{2} ŋowr^{2} śjwo^{1} źji̠^{1} njɨɨ^{2} thjɨ^{2} njiij^{1} rjir^{2}

[illegible]

亦 谓。 迷 则 烦 恼 一 切 起， 烦 恼 此 心 与

迷起一切烦恼，烦恼亦不离此心；

2.14.9

mji^{1} ka^{2} tsjij^{2} ku^{1} bju^{2} mjij^{1} thjoo^{1} ·ioow^{1} śjwo^{1} thjoo^{1} ·ioow^{1} tsjɨ^{1} thjɨ^{2} njiij^{1}

[illegible]

不 离； 悟 则 边 无 妙 用 起， 妙 用 亦 此 心

悟起无边妙用，妙用亦不离此心。

2.14.10

rjir2 mji1 ka2 thjoo1 ·ioow1 źjị1 njɨɨ2 ·ioow1 dźjar2 źju2 djij2 tsjij2 dźjiij1 lhạ2

[illegible]①

与 不 离。 妙 用 烦 恼， 功 过 殊 虽， 悟 在 迷

妙用烦恼，功过虽殊，在悟在迷，

2.14.11

dźjiij1 thjɨ2 njiij1 mji1 do2 tha1 tśja1 kjụ1 kiej2 □□□□，□

[illegible] □□□□，□

在， 此 心 不 异。 佛 道 求 欲， □□□□，□

此心不异。欲求佛道，[须悟此心，故]

2.14.12

śjij1 śjij1 mər2 dzjiij2 lew1 thjɨ2 njiij1 deej1 □□□□□□□

[illegible] □□□□□□□

历 代 祖 师 唯 此 心 传 □□□□□□□

历代祖宗唯传此心。[然若感应相契，则]

2.15.1

lew1 tjij1 ŋwu2 tụ1 tjij1 wjij2 deej1 tsjɨ1 tjij1 tjij1 źju2 mjij1 tjij1 tśhji2

[illegible]

一 灯 以 千 灯 △ 传， 而 灯 灯 殊 无。 若 机

虽一灯传千灯[2]，而灯灯无殊。若机

2.15.2

tsjiir2 mji1 śjwii2 ku1 lew1 ɣiẹ2 ŋwu2 tsjiir1 rjijr2 tshjiij1 tsjɨ1 twụ1 tsjij2 śjij1

[illegible]

性 不 投， 则 一 音 以 法 演 说， 而 各 解 所

性不投，则虽一音演说法，而各所解

2.15.3

do2 thja1 bju1 rjur1 mər2 do2 tshjiij1 tja1 dźjar2 kụ1 dzjwo2 ɣa2 ·o1 sjij1

[illegible]

异。 是 故 诸 宗 异 说 者， 过 后 人 于 在。 今

异[3]。故诸宗异说，过在后人。今

①“[illegible]”四字原残，据残存笔画及汉本“功过虽殊，在悟在迷”补。

2.15.4

śji^{1}	rjur^{1}	mər^{2}	twụ^{1}	tshjiij^{1}	kụ^{1}	ŋwu^{2}	njaa^{2}	dźju^{1}	phjo^{2}
[illegible]	[illegible]	[illegible]	[illegible]	[illegible]，	[illegible]	[illegible]	[illegible]	[illegible]	[illegible]。
前	诸	宗	各	叙，	后	当	差	分	判。

且各叙诸宗，然始判其差当。

2.15.5

lja̱^{1}	mər^{2}	śiaa^{2}	śjij^{1}	tja^{1}	dźiã^{2}	tśhju^{1}	mər^{2}	ɣa^{2}	dwewr^{2}	tsjiir^{2}	dźjij^{2}	dzjọ^{1}	tjɨj^{2}
[illegible]	[illegible]	[illegible]	[illegible]	[illegible]，	[illegible]	[illegible]	[illegible]	[illegible]	[illegible]	[illegible]	[illegible]，	[illegible]	[illegible]
北	宗	意	趣	者，	众	生	本	来	觉	性	有，	犹	镜

北宗意者，众生本有觉性，如镜

2.15.6

pjɨr^{1}	tsjiir^{2}	dźjij^{2}	sju^{2}	źji^{1}	njɨɨ^{2}	phoo^{1}	nioow^{1}	mji^{1}	ljij^{2}	dzjọ^{1}	tjɨj^{2}	lhjɨ^{2}	ror^{2}
[illegible]	[illegible]	[illegible]	[illegible]；	[illegible]	[illegible]	[illegible]	[illegible]	[illegible]	[illegible]，	[illegible]	[illegible]	[illegible]	[illegible]
明	性	有	如；	烦	恼	覆	故	不	见，	犹	镜	尘	暗

有明性；烦恼覆之不见，如镜有尘暗。

2.15.7

·jwɨɨ^{1}	sju^{2}	tjij^{1}	dzjiij^{2}	ɣa^{2}	bju^{1}	gji̱^{2}	la̱^{1}	lə	dzjar^{2}	phji^{1}	lə	dzjar^{2}	ku^{1}
[illegible]	[illegible]。	[illegible]	[illegible]	[illegible]	[illegible]	[illegible]，	[illegible]	[illegible]	[illegible]	[illegible]，	[illegible]	[illegible]	[illegible]
蔽	如。	若	师	于	归	依，	妄	念	灭	令，	念	灭	则

若依师[4]，息灭妄念，念尽则

2.15.8

njiij^{1}	tsjiir^{2}	dwewr^{2}	tsjij^{2}	mjɨ^{1}	nwə^{1}	tja^{1}	mjij^{1}	dzjọ^{1}	lhjɨ^{2}	ror^{2}	sjɨ^{1}	śja^{1}	lhjɨ^{2}
[illegible]	[illegible]	[illegible]	[illegible]，	[illegible]	[illegible]	[illegible]	[illegible]，	[illegible]	[illegible]	[illegible]	[illegible]	[illegible]，	[illegible]
心	性	觉	悟，	不	知	者	无，	如	昏	尘	磨	拂，	尘

心性觉悟，无所不知，如磨拂昏尘，尘

2.15.9

sji^{1}	ku^{1}	tjɨj^{2}	kwər^{1}	pjɨr^{1}	sej^{1}	mji^{1}	swew^{1}	tja^{1}	mjij^{1}	tśhjwo^{1}	thja^{1}	mər^{2}	wə^{1}
[illegible]	[illegible]	[illegible]	[illegible]	[illegible]	[illegible]，	[illegible]	[illegible]	[illegible]	[illegible]。	[illegible]	[illegible]	[illegible]	[illegible]
尽	则	镜	体	明	净，	不	照	者	无。	故	彼	宗	主

尽则镜体明净，无所不照。故彼宗主

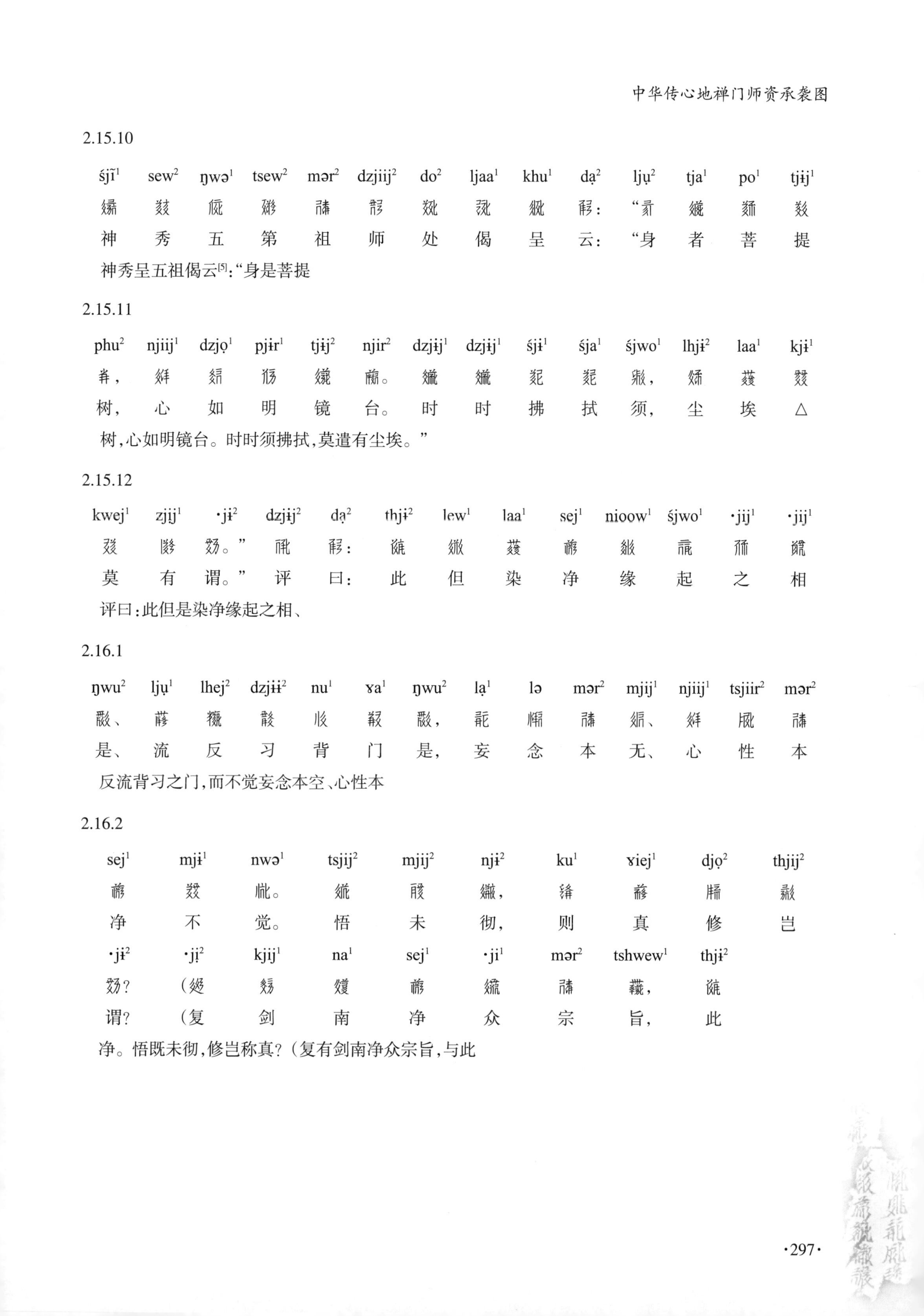

2.15.10

śjĩ¹ sew² ŋwə¹ tsew² mər² dzjiij² do² ljaa¹ khu¹ dạ² ljụ² tja¹ po¹ tjɨj¹

神 秀 五 第 祖 师 处 偈 呈 云：“身 者 菩 提

神秀呈五祖偈云[5]：“身是菩提

2.15.11

phu² njiij¹ dzjọ¹ pjɨr¹ tjɨj² njir² dzjɨj¹ dzjɨj¹ śjɨ¹ śja¹ śjwo¹ lhjɨ² laa¹ kjɨ¹

树， 心 如 明 镜 台。 时 时 拂 拭 须， 尘 埃 △

树，心如明镜台。时时须拂拭，莫遣有尘埃。”

2.15.12

kwej¹ zjij¹ ·jɨ² dzjɨj² dạ² thjɨ² lew¹ laa¹ sej¹ nioow¹ śjwo¹ ·jij¹ ·jij¹

莫 有 谓。” 评 曰： 此 但 染 净 缘 起 之 相

评曰：此但是染净缘起之相、

2.16.1

ŋwu² ljụ¹ lhej² dzjɨɨ² nu¹ ɣa¹ ŋwu² lạ¹ lə mər² mjij¹ njiij¹ tsjiir² mər²

是、 流 反 习 背 门 是， 妄 念 本 无、 心 性 本

反流背习之门，而不觉妄念本空、心性本

2.16.2

sej¹ mjɨ¹ nwə¹ tsjij² mjij² njɨ² ku¹ ɣiej¹ djọ² thjij²

净 不 觉。 悟 未 彻， 则 真 修 岂

·jɨ² ·jị² kjij¹ na¹ sej¹ ·ji¹ mər² tshwew¹ thjɨ²

谓？ （复 剑 南 净 众 宗 旨， 此

净。悟既未彻，修岂称真？（复有剑南净众宗旨，与此

2.16.3

rjir^{2}	tha^{2}	thwuu^{1}	·jị^{2}	po^{1}	thow^{1}	mər^{2}	rjir^{2}	tsjij^{2}	lew^{2}	lew^{2}	thwuu^{1}	djọ^{2}	lew^{2}	ŋowr^{2}
[illegible]	[illegible]	[illegible]。	[illegible]	[illegible]	[illegible]	[illegible]	[illegible]	[illegible]	[illegible]	[illegible]	[illegible]，	[illegible]	[illegible]	[illegible]
与	大	同。	复	保	唐	宗	与	解	所	似	同，	修	所	全

do^{2}	rejr^{2}	tshjiij^{1}	mji^{1}	·jow^{2}	ttjɨ^{1}	njɨɨ^{2}	dźju^{2}	zjij^{1}	ljɨ^{1}	ljɨ^{1}	phjo^{2}	kar^{2}	ŋa^{2}
[illegible]	[illegible]	[illegible]	[illegible]	[illegible]，	[illegible]	[illegible]	[illegible]	[illegible]，	[illegible]	[illegible]	[illegible]	[illegible]	[illegible]。）
异。	繁	叙	不	可，	他	日	遇	时，	一	一	分	辨	我。）

大同。复与保唐宗所解似同,所修全异。不可繁叙,他日面奉,一一辨之。）

译文：

……非言可宣[1]。言虽不及，犹可强言，笔不可及，直难下笔。今不得已而书，望照之于心，无滞于文矣。

然达磨西来，唯传心法，故自云：“我法以心传心，不立文字。”此心是一切众生清净本觉，亦名佛性，或云灵觉。迷起一切烦恼，烦恼亦不离此心；悟起无边妙用，妙用亦不离此心。妙用烦恼，功过虽殊，在悟在迷，此心不异。欲求佛道，［须悟此心，故］历代祖宗唯传此心。［然若感应相契，则］虽一灯传千灯[2]，而灯灯无殊。若机性不投，则虽一音演说法，而各所解异[3]。故诸宗异说，过在后人。今且各叙诸宗，然始判其差当。

北宗意者，众生本有觉性，如镜有明性；烦恼覆之不见，如镜有尘暗。若依师[4]，息灭妄念，念尽则心性觉悟，无所不知，如磨拂昏尘，尘尽则镜体明净，无所不照。故彼宗主神秀呈五祖偈云[5]：“身是菩提树，心如明镜台。时时须拂拭，莫遣有尘埃。”

评曰：此但是染净缘起之相、反流背习之门，而不觉妄念本空、心性本净。悟既未彻，修岂称真？(复有剑南净众宗旨，与此大同。复与保唐宗所解似同，所修全异。不可繁叙，他日面奉，一一辨之。)

注释：

[1]西夏本自“承袭图”之末至“非言可宣”残佚。残佚部分相当汉本“上已叙诸宗师资，今次辨所传言教深浅得失。然禅门之旨在乎内照，非笔可述，非言可宣”。

[2]汉本“千”上有“百”字。

[3]汉本作“各各随所解”。

[4]依师，汉本作“依师言教”。疑西夏本有脱文。

[5]汉本“神秀”下有“大师”二字。

释读：

2.16.3

xṳ̃[1]	tśjiw[1]	mər[2]
[illegible]	[illegible]	[illegible]
洪	州	宗

洪州宗

2.16.4

śiaa[2]	śjij[1]	tja[1]	njiij[1]	śjwo[1]	lə	mju[2]	nər[2]	njar[1]	·ã[1]	phjii[1]	wji[1]	wji[1]	dźjɨ
[illegible]	[illegible]	[illegible]，	[illegible]	[illegible]	[illegible]	[illegible]、	[illegible]	[illegible]	[illegible]	[illegible]、	[illegible]	[illegible]	[illegible]
意	法	者，	心	起	念	动、	指	弹	目	动、	所	作	所

意者，起心动念、弹指动目、所作所

2.16.5

dźjij[1]	zji[2]	tha[1]	tsjiir[2]	kwər[1]	·jij[1]	·ioow[1]	ŋwu[2]	nioow[1]	pha[1]	·ioow[1]	mjij[1]	lẹj[2]	tshjạ[1]
[illegible]，	[illegible]	[illegible]	[illegible]	[illegible]	[illegible]	[illegible]	[illegible]，	[illegible]	[illegible]	[illegible]	[illegible]。	[illegible]	[illegible]
为，	皆	佛	性	体	之	用	是，	更	别	用	无。	贪	嗔

为，皆是佛性体之用，更无别用。贪嗔

2.16.6

lə	neew[2]	ɣjɨr[1]	niow[2]	ɣjir[1]	rejr[2]	lhjij[2]	tśjị[1]	lhjij[2]	kwər[1]	ŋowr[2]	zji[2]	tha[1]	tsjiir[2]
[illegible]、	[illegible]	[illegible]	[illegible]	[illegible]、	[illegible]	[illegible]	[illegible]	[illegible]，	[illegible]	[illegible]	[illegible]	[illegible]	[illegible]
痴、	善	造	恶	造、	乐	受	苦	受，	体	全	皆	佛	性

痴、造善造恶、受乐受苦，全体皆是佛性，

2.16.7

ŋwu[2]	dzjọ[1]	dźjoow[2]	ŋwu[2]	mə[2]	mə[2]	tjị[2]	dzji[2]	wji[1]	sju[2]	ljɨ[1]	ljɨ[1]	zji[2]	dzji[2]
[illegible]，	[illegible]	[illegible]	[illegible]	[illegible]	[illegible]	[illegible]	[illegible]	[illegible]	[illegible]，	[illegible]	[illegible]	[illegible]	[illegible]
是，	犹	面	以	种	种	食	饮	作	如，	一	一	皆	面

如面作种种饮食，一一皆面。

2.16.8

ŋwu[2]	thjɨ[2]	śiaa[2]	śjij[1]	tja[1]	thjɨ[2]	ljụ[2]	·jij[1]	tśhji[2]	kjij[1]	ku[1]	ljɨɨr[1]	tha[2]	rjɨr[1]
[illegible]。	[illegible]	[illegible]	[illegible]	[illegible]，	[illegible]	[illegible]	[illegible]	[illegible]	[illegible]，	[illegible]	[illegible]	[illegible]	[illegible]
是。	此	意	趣	者，	此	身	△	推	求，	则	四	大	骨

意以推求此身，四大骨

2.16.9

tśhji1 njwij1 lhjwa1 śjwi1 kowr2 ·ã1 nju1 khjɨ1 lạ1 njɨ2 zji2 ·jij1 ŋwuu1 dạ2

[illegible]

肉、 喉 舌 牙 齿、 眼 耳 手 足 等， 并 自 语 言、

肉、喉舌牙齿、眼耳手足，并不能自语言、

2.16.10

mji1 ljij2 mju2 rjɨr1 mjɨ1 njwi2 ·a lə kạ1 dzjar2 ljụ2 ŋowr2 mjij2 ljiij2

[illegible]

闻 见、 动 作 不 能。 一 念 命 终， 身 全 未 坏，

见闻、动作。如一念命终，全身未坏，

2.16.11

tśhji2 rjar2 ljaa2 tshjiij1 mjɨ1 njwi2 mej1 ljij2 mjɨ1 njwi2 nju1 mji1 mjɨ1 njwi2

[illegible]

立 便 口 语 不 能， 眼 见 不 能， 耳 闻 不 能，

立便口不能语，眼不能见，耳不能闻，

2.16.12

khjɨ2 dźjij1 mjɨ1 njwi2 lạ1 wji1 mjɨ1 njwi2 thjɨ2 nioow1 ŋwuu1 dạ2 mju2 rjɨr1

[illegible]

脚 行 不 能， 手 作 不 能， 是 故 言 语 动 作

脚不能行，手不能作，故知能言语动作

2.17.1

njwi2 tja1 kjɨ1 djij2 tha1 tsjiir2 ŋwu2 sjwij1 ljɨ1 sjij1 ljɨɨr1 tha2 rjɨr1 tśhji1

[illegible]

能 者 必 定 佛 性 是 知 也。 今 四 大 骨 肉

者必是佛性。且四大骨肉

2.17.2

ljɨ1 ljɨ1 tśhjii1 kiọ1 zji2 lẹj2 tshjạ1 mjɨ1 njwi2 thja1 bju1 lẹj2 tshjạ1 źjį1

[illegible]

一 一 细 推， 都 贪 嗔 不 解， 是 故 贪 嗔 烦

一一细推，都不解贪嗔[1]，故知贪嗔烦

2.17.3

njɨɨ^{2} ŋowr^{2} tha^{1} tsjiir^{2} ŋwu^{2} tha^{1} tsjiir^{2} tja^{1} ŋowr^{2} ŋowr^{2} do^{2} pha^{1} mə^{2} mə^{2}

[illegible]

恼 并 佛 性 是①。 佛 性② 者 一 切 差 别 种 种

恼并是佛性。佛性体非一切差别种种，

2.17.4

njaa^{2} djij^{2} ŋowr^{2} ŋowr^{2} do^{2} pha^{1} mə^{2} mə^{2} wji^{1} njwi^{2} kwər^{1} mə^{2} mə^{2} njaa^{2}

[illegible]

非 虽， 一 切 差 别 种 种 作 能。 体 种 种 非

而能造作一切差别种种。体非种种

2.17.5

tja^{1} thjɨ^{2} tsjiir^{2} śjɨj^{2} njaa^{2} mur^{1} njaa^{2} ·jiw^{1} njaa^{2} mjaa^{1} njaa^{2} neew^{2} njaa^{2} niow^{2}

[illegible]

者， 此 性 圣 非 凡 非， 因 非 果 非， 善 非 恶

者，谓此性非圣非凡，非因非果，非善非恶，

2.17.6

njaa^{2} tʂə^{1} mjij^{1} ·jij^{1} mjij^{1} tśhji^{2} mjij^{1} dźjiij^{1} mjij^{1} rjɨr^{2} njɨ^{2} tha^{1} mjij^{1} dźiã^{2}

[illegible]

非， 色 无 相 无， 根 无 住 无， 乃 至 佛 无 众

无色无相，无根无住，乃至无佛无众

2.17.7

tśhju^{1} mjij^{1} mə^{2} mə^{2} wji^{1} njwi^{2} tja^{1} thjɨ^{2} tsjiir^{2} kwər^{1} ·jij^{1} ·ioow^{1} ŋwu^{2} mur^{1}

[illegible]

生 无。 种 种 作 能 者， 此 性 体 之 用 是， 凡

生也。能作种种者，谓此性即体之用，能凡

2.17.8

njwi^{2} śjɨj^{2} njwi^{2} rjɨr^{2} njɨ^{2} ŋowr^{2} ŋowr^{2} wji^{1} njwi^{2} śji^{1} wjɨ^{2} bio^{1} dźju^{1} ljɨ^{1}

[illegible]

能 圣 能， 乃 至 一 切 作 能。 前 △ 列 明 及

能圣，乃至能造作一切。上列明之，

---

①据上句及汉本，西夏句末疑脱“[illegible]”（知也）二字。

②据下文“体非种种”及汉本，西夏此处疑脱“[illegible]”（体）字。

2.17.9

nioow1	śji1	rjɨr2	tshjiij1	lẹj2	tshjạ1	njɨ2	wji1	njwi2	·jij1	·jɨ2	tjij1	thja1	kwər1
又	前	所	说	贪	嗔	等	作	能	△	谓。	若	其	体

又上述能贪嗔等[2]。若核其体

2.17.10

tsjiir2	·jij1	nur1	ku1	kjɨ1	djɨj2	ljij2	tjị2	mjij1	ljạ1	tjị2	mjij1	dzjọ1	mej1
性	△	核，	则	毕	竟	见	可	无、	不	可	证，	犹	眼

性，则毕竟不可见、不可证，如眼

2.17.11

·jij1	mji1	ljij2	njɨ2	sju2	tjij1	·ioow1	dźjɨ	bju1	tshjiij1	ku1	mju2	ɣjɨr1	dźjɨ
自	不	见	等	如。	若	应	用	就	言，	即	动	举	为

不自见等。若就其应用，即举动运为

2.17.12

dźjij1	ŋowr2	ŋowr2	zji2	ŋwu2	nioow1	pha1	tsjiir1	ŋwu2	ljạ1	sji2	ljạ1	lew2	we2
运	一	切	皆	是，	更	别	法	而	证	能	证	所	为

一切皆是，更无别法而为能证所证。

2.18.1

tjị2	mji1	wjij2	thjɨ2	śiaa2	śjij1	lẽ1	khja2	lwər2	lhejr2	kha1	tshjiij1	mjor1	ljij2
处	不	在。	彼	意	趣	《楞	伽	经	契》	中	云：	如	来

彼意准《楞伽经》云：如来

2.18.2

·ụ2	tja1	neew2	mji1	neew2	·jij1	·jiw1	ŋwu2	tshwew1	wee1	ŋowr2	ŋowr2	tśjị1	rejr2
藏	者，	善	不	善	之	因	是，	趣	生	一	切	苦	乐

藏是善不善因，能遍兴造一切趣生

2.18.3

lhjij^{2} njɨ^{2} ·jiw^{1} rjir^{2} ka^{1} śjwo^{1} njwi^{2} nioow^{1} tshjiij^{1} tha^{1} tja^{1} njiij^{1} ·jij^{1} ·jɨ^{2}

[illegible]

受 等 因 与 俱 兴 能。 又 云： 佛 者 心 △ 谓。

俱受苦乐之因。又云：佛谓心[3]。

2.18.4

nioow^{1} tshjiij^{1} tśhioow^{1} tha^{1} lhjij^{2} ·u^{2} bee^{2} mju^{2} mej^{1} phjii^{1} djɨɨ^{2} kew^{2} tsụ^{2} ɣiẹ^{2}

[illegible]

又 云： 或 佛 刹 内 眉 扬 睛 动、 笑 吹 咳 声

又云：或有佛刹扬眉动睛、笑吹声咳

2.18.5

mju^{2} rjir^{1} nji^{2} zji^{2} tha^{1} dạ^{2} ŋwu^{2} tjij^{1} tśjɨ^{1} tsjij^{2} śjij^{1} ŋowr^{2} ŋowr^{2} thja^{1}

[illegible]①

动 摇 等， 皆 佛 事 以， 若 悟 解 理， 一 切 自

动摇等，皆是佛事，既悟解之理，一切天真

2.18.6

śjij^{1} ɣiej^{1} ŋwu^{2} ·jɨ^{2} ku^{1} tśhjwo^{1} djọ^{2} dźjij^{1} śjij^{1} tśjɨ^{1} thjɨ^{2} wo^{2} rjir^{2} śjwii^{2}

[illegible]

然 真 是 谓， 则 故 修 行 法 亦 此 理 与 顺

自然，故所修行理宜顺此。

2.18.7

lew^{2} thjɨ^{2} tja^{1} niow^{2} phja^{1} njiij^{1} mji^{1} śjwo^{1} mji^{1} dźjij^{1} tśja^{1} djọ^{2} njiij^{1} tsjɨ^{1}

[illegible]

应。 此 者， 恶 断 心 不 起 之 外， 道 修 心 亦

而乃不起心断恶，亦不起心修道。

2.18.8

mji^{1} śjwo^{1} lew^{2} tśja^{1} ·jij^{1} njiij^{1} ŋwu^{2} nioow^{1} njiij^{1} ŋwu^{2} thja^{1} njiij^{1} djọ^{2} tjɨ^{2}

[illegible]

不 起 应。 道 即 心 是， 还 心 将 彼 心 修 可

道即是心，不可将心还修于心；

---

①[illegible]（以），据汉本疑为"[illegible]"（是）字之讹。

2.18.9

mjij^{1}	niow^{2}	tsjɨ^{1}	njiij^{1}	ŋwu^{2}	nioow^{1}	njiij^{1}	ŋwu^{2}	thja^{1}	njiij^{1}	phja^{1}	tjị^{2}	mjij^{1}	mji^{1}
无；	恶	亦	心	是，	还	心	将	彼	心	断	可	无。	不

恶亦是心，不可将心还断于心。不

2.18.10

phja^{1}	mji^{1}	djọ^{2}	ŋwe^{1}	bju^{1}	·jij^{1}	dzju^{2}	bie^{2}	lhew^{2}	mjijr^{2}	we^{2}	tsjiir^{1}	tśjɨɨr^{2}	lew^{2}
断	不	造，	运	任	自	在，	解	脱	人	为。	法	拘	可

断不造，任运自在，为解脱人。无法可拘，

2.18.11

mjij^{1}	tha^{1}	we^{2}	lew^{2}	mjij^{1}	dzjọ^{1}	tshọ^{2}	ŋa^{1}	sju^{2}	mji^{1}	lhu^{1}	mji^{1}	tjij^{1}	lhjɨ^{1}
无，	佛	作	可	无，	犹	虚	空	如，	不	增	不	减，	添

无佛可作，犹如虚空，不增不减，

2.18.12

gjij^{1}	ljọ^{2}	śjwo^{1}	wa^{2}	nioow^{1}	·jɨ^{2}	ku^{1}	njiij^{1}	tsjiir^{2}	gjọ^{1}	nioow^{1}	lew^{1}	tsjiir^{1}	rjir^{1}
补	何	假？	何	以	故？	则	心	性	之	外	一	法	得

何假添补？何以故？心性之外更无一法

2.19.1

tjị^{2}	mjij^{1}	nioow^{1}	tśhjwo^{1}	lew^{1}	njiij^{1}	ŋwe^{1}	bju^{1}	ku^{1}	·jij^{1}	djọ^{2}	ŋwu^{2}	·jɨ^{2}
可	无	故。	故	但	心	乐	任	则	即	修	是	谓。

可得故。故但任心即为修也。

2.19.2

dzjɨj^{2}	dạ^{2}	thjɨ^{2}	tja^{1}	śji^{1}	mər^{2}	rjir^{2}	ŋowr^{2}	dźjwɨ^{1}	dja^{2}	ljwu^{1}	śji^{1}	tja^{1}	njɨɨ^{2}
评	曰：	此	者	前	宗	与	全	相	△	反。	前	者	朝

评曰：此与前宗全体相反。前则朝

2.19.3

gjɨ^{2} phjo^{2} kar^{2} mju^{2} rjɨr^{1} ŋowr^{2} ŋowr^{2} zji^{2} lạ^{1} ŋwu^{2} ·jɨ^{2} thju^{2} tja^{1} njɨɨ^{2}

[illegible]，[illegible]；

暮 分 别， 动 作 一 切 皆 妄 是 谓； 此 者 朝

暮分别，动作一切皆妄；此则朝

2.19.4

gjɨ^{2} phjo^{2} kar^{2} mju^{2} rjɨr^{1} ŋowr^{2} ŋowr^{2} zji^{2} ɣiej^{1} ŋwu^{2} ·jɨ^{2} śji^{1} ·jiw^{2} ·jɨr^{1}

[illegible]，[illegible]。

暮 分 别， 动 作 一 切 皆 真 是 谓。 前 疑 问

暮分别，动作一切皆真。奉问疑

2.19.5

kha^{1} ·jij^{1} gu^{2} dźjwɨ^{1} pjo^{1} ljwu^{2} thwuu^{1} mjɨ^{1} dźjij ·jɨ^{2} tja^{1} sjij^{1} twụ^{1} ljij^{2}

[illegible]，[illegible]，

中 自 互 相 毁， 会 同 莫 肯 谓 者， 今 各 见

其互相诋訿，莫肯会同，且所见

2.19.6

śjij^{1} thjɨ^{2} sju^{2} ljwu^{1} nu^{1} ku^{1} thjij^{2} dźjwɨ^{1} mji^{1} pjo^{1} tsjij^{1} ŋwu^{2} ku^{1} ·jij^{1}

[illegible]，[illegible]？

所 此 如 违 背， 则 争 相 不 毁？ 他 是 则 己

如此相违，争不诋訿？存他则

2.19.7

lhjo^{1} ljwu^{2} thwuu^{1} dźjij mo^{2}

[illegible]，[illegible]？

失， 会 同 肯 乎？

失己，争肯会同？

译文：

洪州宗意者，起心动念、弹指动目、所作所为，皆是佛性体之用，更无别用。贪嗔痴、造善造恶、受乐受苦，全体皆是佛性，如面作种种饮食，一一皆面。意以推求此身，四大骨肉、喉舌牙齿、眼耳手足，并不能自语言、见闻、动作。如一念命终，全身未坏，立便口不能语，眼不能见，耳不能闻，脚不能行，手不能作，故知能言语动作者必是佛性。且四大骨肉一一细推，都不解贪嗔[1]，故知贪嗔烦恼并是佛性。佛性体非一切差别种种，而能造作一切差别种种。体非种种者，谓此性非圣非凡，非因非果，非善非恶，无色无相，无根无住，乃至无佛无众生也。能作种种者，谓此性即体之用，能凡能

圣，乃至能造作一切。上列明之，又上述能贪嗔等[2]。若核其体性，则毕竟不可见、不可证，如眼不自见等。若就其应用，即举动运为一切皆是，更无别法而为能证所证。彼意准《楞伽经》云：如来藏是善不善因，能遍兴造一切趣生俱受苦乐之因。又云：佛谓心[3]。又云：或有佛刹扬眉动睛、笑吹声咳动摇等，皆是佛事，既悟解之理，一切天真自然，故所修行理宜顺此。而乃不起心断恶，亦不起心修道。道即是心，不可将心还修于心；恶亦是心，不可将心还断于心。不断不造，任运自在，为解脱人。无法可拘，无佛可作，犹如虚空，不增不减，何假添补？何以故？心性之外更无一法可得故。故但任心即为修也。

评曰：此与前宗全体相反。前则朝暮分别，动作一切皆妄；此则朝暮分别，动作一切皆真。奉问疑其互相诋訿，莫肯会同，且所见如此相违，争不诋訿？存他则失己，争肯会同？

注释：

[1]汉本“贪嗔”下有“烦恼”二字。

[2]“乃至能造作一切”至“能贪嗔等”，汉本作“能因能根，能善能恶，现色现相，能佛能众生，乃至能贪嗔等”。为夏译所据汉文原本概言。

[3]又云佛谓心，汉本作“又佛语心”，不详其意。

释读：

2.19.8

gjiiw^{1}	thew^{2}	mər^{2}	śiaa^{2}	śjij^{1}	tja^{1}	rjur^{1}	tsjiir^{1}	mjiij^{1}	sju^{2}	mər^{2}	ɣa^{2}	dạ^{2}	mjij^{1}
[illegible]	[illegible]	[illegible]	[illegible]	[illegible]	[illegible]，	[illegible]	[illegible]	[illegible]	[illegible]，	[illegible]	[illegible]	[illegible]	[illegible]，
牛	头	宗	意	趣	者，	诸	法	梦	如，	本	来	事	无，

牛头宗意者，诸法如梦，本来无事，

2.19.9

njiij^{1}	mjɨɨ^{2}	mər^{2}	mjij^{1}	sjij^{1}	ŋa^{1}	phji^{1}	njaa^{2}	lhạ^{2}	ku^{1}	dju^{1}	·jɨ^{2}	wejr^{1}	dźju^{2}
[illegible]	[illegible]	[illegible]	[illegible]，	[illegible]	[illegible]	[illegible]	[illegible]。	[illegible]	[illegible]	[illegible]	[illegible]，	[illegible]	[illegible]
心	境	本	寂，	今	空	令	非。	迷	则	有	谓，	荣	枯

心境本寂，非今始空。迷之为有，即见荣枯

2.19.10

bjuu^{1}	tshe^{2}	njɨ^{2}	dạ^{2}	ljij^{2}	dạ^{2}	tjij^{1}	dju^{1}	ku^{1}	dźjwɨ^{1}	ljwu^{1}	dźjwɨ^{1}	śjij^{1}	tśhjwo^{1}
[illegible]	[illegible]	[illegible]	[illegible]	[illegible]。	[illegible]	[illegible]	[illegible]	[illegible]	[illegible]	[illegible]	[illegible]	[illegible]，	[illegible]
贵	贱	等	事	见。	事	若	有	则	相	违	相	顺，	故

贵贱等事。事既有相违相顺，故

中华传心地禅门师资承袭图

2.20.5

lə	lə	ŋowr²	ɣiej¹	tsjij²	we²	njiij¹	wją²	djọ²	we²	thju²	tja¹	mər²	ɣa²
念	念	全	真	悟	为，	心	任	修	为，	此	者	本	来

以念念全真为悟，任心为修；此以本

2.20.6

dạ²	mjij¹	tsjij²	we²	sjij²	wją²	djọ²	we²	śji¹	·o¹	sọ¹	mər²	tsjij²	ljij²
事	无	悟	为，	情	忘	修	为。	上	叙	三	家	解	见

无事为悟，忘情为修。又上三家见解

2.20.7

śjij¹	do²	kha¹	śji¹	tja¹	ŋowr²	ŋowr²	zji²	lạ¹	tśjɨɨ¹	tja¹	ŋowr²	ŋowr²	zji²
法	异	中，	初	者	一	切	皆	妄，	次	者	一	切	皆

异者，初一切皆妄，次一切皆

2.20.8

ɣiej¹	kụ¹	tja¹	ŋowr²	ŋowr²	zji²	mjij¹	tjij¹	dzjɨ	bju¹	tshjiij¹	nji²	ku¹	śji¹
真，	后	者	一	切	皆	无。	若	行	就	说	者，	则	初

真，后一切皆无。若就行说者，初

2.20.9

tja¹	njiij¹	·jar²	lạ¹	dzjar²	tśjɨɨ¹	tja¹	sjij²	tsjiir²	ŋwe¹	wją²	kụ¹	tja¹	njiij¹
者	心	伏	妄	灭，	次	者	情	性	信	任，	后	者	心

伏心灭妄，次信任情性，后

2.20.10

tạ¹	mji¹	śjwo¹	mər²	dwuu²	tsjiir²	rjar¹	tja¹	tjoo¹	·jɨr¹	dwər²	dzu¹	thja¹	ljɨ¹
休	不	起。	宗	密	性	气	者	寻	问	勘	好，	彼	一

休心不起。宗密性好勘会，一

2.20.11

ljɨ^{1} ·jij^{1} tshwew^{1} ·jɨr^{1} źju^{1} ·jij^{1} twụ^{1} śiaa^{2} śjij^{1} thjɨ^{2} sju^{2} tjij^{1} thjɨ^{2} dạ^{2}

[illegible]

一 △ 参 问 曾， 自 各 旨 趣 如 是。 若 此 语

一曾参，各自旨趣如是[2]。若将此语

2.20.12

ŋwu^{2} thja^{1} nji^{2} do^{2} ɣiew^{1} mjijr^{2} ŋewr^{2} ·jij^{1} ·jɨr^{1} zjij^{1} zji^{2} lhjij^{2} mjɨ^{1} dźjij

[illegible]

将 彼 人 处 学 者 等 △ 问 时， 皆 承 不 肯。

问彼学人，皆不招承。

2.21.1

dju^{1} ·jɨr^{1} ŋa^{1} kụ^{2} ŋa^{1} ·jɨr^{1} dju^{1} kụ^{2} tśhioow^{1} zji^{2} njaa^{2} ·jɨ^{2} tśhioow^{1} zji^{2}

[illegible]

有 问 空 答， 空 问 有 答， 或 俱 非 言， 或 皆

问有答空，问空答有[3]，或言俱非，或

2.21.2

rjir^{1} tji^{2} mjij^{1} ·jɨ^{2} djọ^{2} ljɨ^{1} mji^{1} djọ^{2} njɨ^{2} zji^{2} thjɨ^{2} rjir^{2} ·a tjɨj^{2}

[illegible]

得 可 无 言， 修 与 不 修 等， 皆 此 与 一 般。

言皆不可得，修不修等，皆类此也。

2.21.3

thjɨ^{2} nji^{2} śiaa^{2} śjij^{1} tja^{1} ·ju^{2} ·jwɨr^{2} dji^{2} ·jij^{1} mja^{1} zow^{2} ·ju^{2} rjir^{1} lew^{2}

[illegible]

彼 等 意 趣 者， 常 文 字 △ 恐 堕， 常 得 所

彼意者，常恐堕于文字，常

2.21.4

ɣa^{2} mja^{1} zjij^{1} ·jɨ^{2} nioow^{1} tśhjwo^{1} dạ^{2} bju^{1} wjạ^{2} ljɨ^{1} tjij^{1} njiij^{1} tji^{1} ɣiew^{1}

[illegible]

于 怕 滞 谓 因， 故 言 随 拂 也。 若 心 归 学

怕滞于所得，故随言拂也。有归心学

2.21.5

mjijr^2 dju^1 zjij^1 tśhjwo^1 mja^1 nioow^1 dźju^1 sjwij^1 deej^1 dzjiij^2 dzjɨj^1 dźjo^1 bioo^1 swew^1

[illegible]

者 有 时， 故 然 后 委 细 教 授， 时 多 观 照

者，方委细教授，令多时观照，

2.21.6

ŋwu^2 tsjij^2 dźjɨ we^1 phji^1 nioow^1 thja^1 nji^2 ·jij^1 twụ^1 rejr^2 mə^2 tśier^1 ·ju^2

[illegible]

而 解 行 熟 令。 复 其 人 自 各 多 种 方 便

熟其行解矣。然每宗复有多种方便

2.21.7

ŋwu^2 djɨr^2 ·jɨr^1 ·jij^1 t- śjij^1 ɣiew^1 mjijr^2 ·jij^1 dzju^1 śjij^1 njɨ^2 ŋowr^2 rjar^1 tji^2 mjij^1

[illegible]

以 外 难 于 拒， 顺 学 者 于 诱 导 等 具 书 可 无。

拒于外难[4]，诱于徒属，不可具书。

2.21.8

sjij^1 lew^1 śiaa^2 śjij^1 rjɨr^2 tshjiij^1 tha^2 kạ^2 ·a mjiij^2

[illegible]

今 但 意 趣 △ 说， 宏 纲 △ 举。

今但罗其意趣，举其宏纲也。

2.21.9

xow^1 tśhiə^1 mər^2 tja^1 zji^2 kha^1 tshjiij^1 gie^1 śjɨ^2 kja^1 to^2 śja^2 ljɨ^1 tha^2

[illegible]

荷 泽 宗 者， 尤 中 言 难。 释 迦 出 现 及 达

荷泽宗者，尤难言述。是释迦降出，达

2.21.10

mo^2 khwa^1 ljij^2 njɨ^2 ·jij^1 mər^2 njiij^1 śiaa^2 śjij^1 mjor^1 ŋwu^2 śji^1 ŋwu^2 thjɨ^2

[illegible]

磨 远 来 等 之 本 心 意 趣 实 是。 前 将 此

磨远来之本意也。将前望此，

2.21.11

dwər²	thjɨ²	tja¹	śji¹	rjir²	do²	ɣiej¹	thjɨ²	ŋwu²	śji¹	ɣjiw¹	śji¹	tja¹	thjɨ²
[illegible]													
望，	此	者	前	于	异	真；	此	将	前	摄，	前	者	此

此乃迥异于前；将此摄前，前

2.21.12

rjir²	ŋowr²	thwuu¹	tśhjwo¹	tshjiij¹	gie¹	·jɨ²	iọ¹	bju¹	tshjiij¹	ku¹	ljɨ²	ɣiej¹	śji¹
[illegible]													
于	全	同，	故	言	难	谓。	总	依	言	则	易	真，	前

即全同于此，故难言也。总而言之则易，而前

2.22.1

gie¹	·jɨ²	tja¹	wo²	tsjij²	mjijr²	·jij¹	nioow¹	ŋwu²	sjij¹	ljɨ²	ŋwu²	twụ²	twụ²
[illegible]													
难	言	者，	义	了	者	之	故	是。	今	易	以	强	强

言难者，学者之故也[5]。今强

2.22.2

tshjiij¹	ku¹	thjɨ²	tja¹	rjur¹	tsjiir¹	mjiij¹	sju²	rjur¹	śjɨj²	gu²	tshjiij¹	thja¹	bju¹
[illegible]													
言，	则	此	者	诸	法	梦	如，	诸	圣	同	说，	是	故

言之。谓诸法如梦，诸圣同说，故

2.22.3

lạ¹	lə	mər²	mjij¹	lhjɨ²	mjɨɨ²	mər²	ŋa¹	ŋa¹	mjij¹	·jij¹	njiij¹	mjijr²	nwə¹
[illegible]													
妄	念	本	寂，	尘	境	本	空。	空	寂	之	心，	灵	知

妄念本寂，尘境本空。空寂之心，灵知

2.22.4

mji¹	ljwɨj¹	thjɨ²	ŋa¹	mjij¹	nwə¹	tja¹	śji¹	tha²	mo²	wjɨ²	deej¹	gji¹	sej¹
[illegible]													
不	昧，	此	空	寂	知	者，	前	达	磨	所	传	清	静

不昧，即此空寂知，是前达磨所传清静

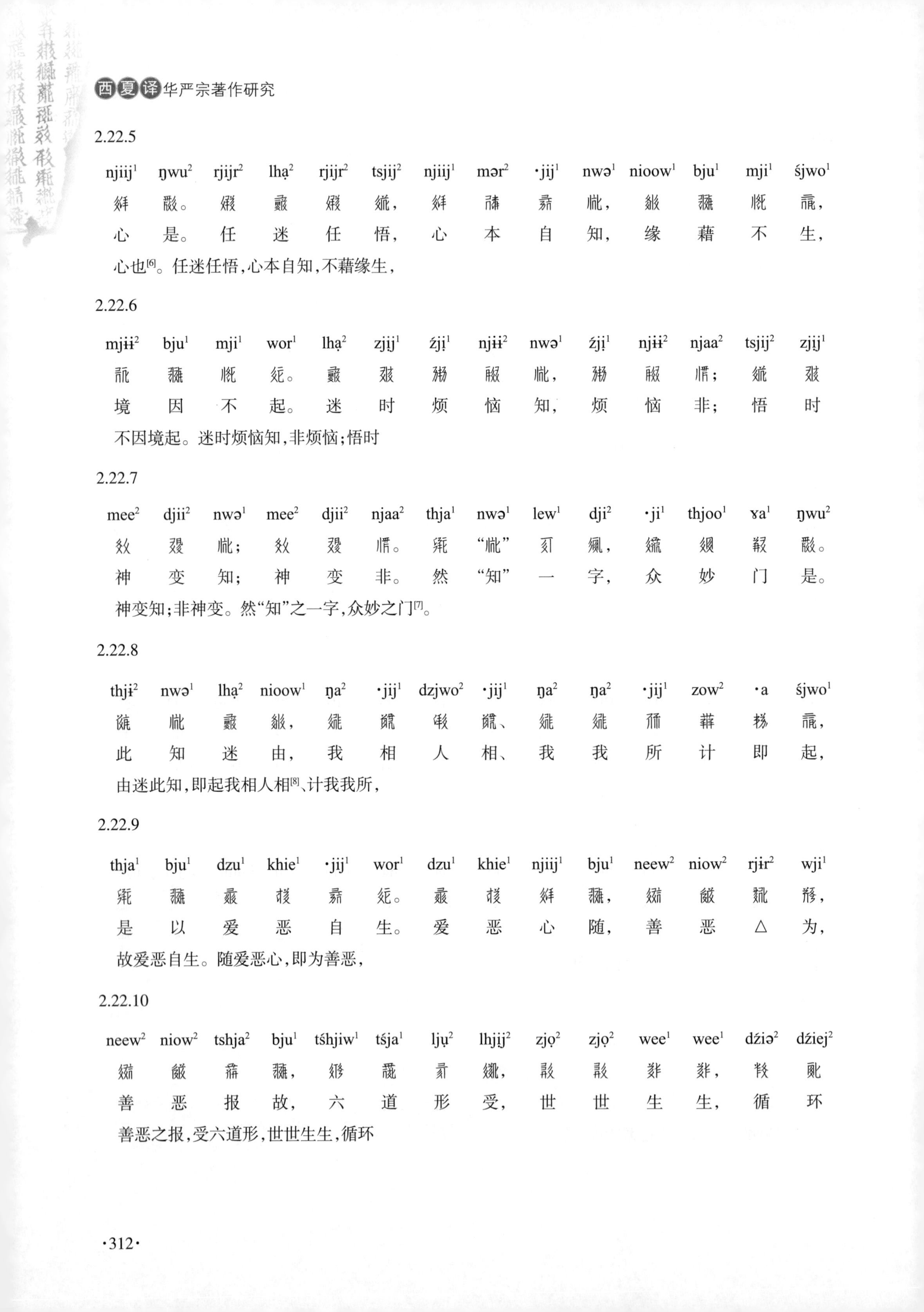

2.22.5

njiij^1 ŋwu^2 rjijr^2 lhạ^2 rjijr^2 tsjij^2 njiij^1 mər^2 ·jij^1 nwə^1 nioow^1 bju^1 mji^1 śjwo^1

心 是。 任 迷 任 悟， 心 本 自 知， 缘 藉 不 生，

心也[6]。任迷任悟，心本自知，不藉缘生，

2.22.6

mjɨɨ^2 bju^1 mji^1 wor^1 lhạ^2 zjịj^1 źjị^1 njɨɨ^2 nwə^1 źjị^1 njɨɨ^2 njaa^2 tsjij^2 zjịj^1

境 因 不 起。 迷 时 烦 恼 知， 烦 恼 非； 悟 时

不因境起。迷时烦恼知，非烦恼；悟时

2.22.7

mee^2 djii^2 nwə^1 mee^2 djii^2 njaa^2 thja^1 nwə^1 lew^1 dji^2 ·ji^1 thjoo^1 ɣa^1 ŋwu^2

神 变 知； 神 变 非。 然 “知” 一 字， 众 妙 门 是。

神变知；非神变。然“知”之一字，众妙之门[7]。

2.22.8

thjɨ^2 nwə^1 lhạ^2 nioow^1 ŋa^2 ·jij^1 dzjwo^2 ·jij^1 ŋa^2 ŋa^2 ·jij^1 zow^2 ·a śjwo^1

此 知 迷 由， 我 相 人 相、 我 我 所 计 即 起，

由迷此知，即起我相人相[8]、计我我所，

2.22.9

thja^1 bju^1 dzu^1 khie^1 ·jij^1 wor^1 dzu^1 khie^1 njiij^1 bju^1 neew^2 niow^2 rjɨr^2 wji^1

是 以 爱 恶 自 生。 爱 恶 心 随， 善 恶 △ 为，

故爱恶自生。随爱恶心，即为善恶，

2.22.10

neew^2 niow^2 tshja^2 bju^1 tśhjiw^1 tśja^1 ljụ^2 lhjij^2 zjọ^2 zjọ^2 wee^1 wee^1 dźiə^2 dźiej^2

善 恶 报 故， 六 道 形 受， 世 世 生 生， 循 环

善恶之报，受六道形，世世生生，循环

2.22.11

mji^{1}	bja^{2}	tjij^{1}	neew^{2}	wjɨ^{1}	dźjɨ	wji^{1}	phie^{2}	nur^{1}	ŋa^{1}	mjij^{1}	·jij^{1}	nwə^{1}	tsjij^{2}
不	绝。	若	善	友	△	△	开	示，	空	寂	之	知	悟，

不绝。若得善友开示，悟空寂之知，

2.22.12

ku^{1}	thja^{1}	nwə^{1}	tsjɨ^{1}	lə	mjij^{1}	·jij^{1}	mjij^{1}	kha^{1}	nioow^{1}	ŋa^{2}	·jij^{1}	dzjwo^{2}	·jij^{1}
则	彼	知	且	念	无	形	无	中，	又	我	相	人	相

知且无念无形，谁为我相人相？

2.23.1

sjwɨ^{1}	we^{2}	ljɨ^{1}	rjur^{1}	·jij^{1}	ŋa^{1}	dwewr^{2}	njiij^{1}	·jij^{1}	lə	mjij^{1}	lə	śjwo^{1}	·jij^{1}
谁	为	乎？	诸	相	空	觉，	心	即	念	无，	念	起	即

觉诸相空，心即无念，念起即

2.23.2

dwewr^{2}	dwewr^{2}	tsjɨ^{1}	·jij^{1}	mjij^{1}	dźjɨ	djọ^{2}	thjoo^{1}	ɣa^{1}	thjɨ^{2}	su^{1}	dzjij^{1}	mjij^{1}	khjɨ^{2}
觉，	觉	亦	即	无。	行	修	妙	门，	此	于	过	无。	万

觉，觉之即无。修行妙门，莫过于此[9]。

2.23.3

dźjɨ	ŋowr^{2}	·jij^{1}	djọ^{2}	tsjɨ^{1}	lew^{1}	lə	mjij^{1}	ŋwu^{2}	mər^{2}	we^{2}	lə	mjij^{1}	rjir^{1}
行	备	虽	修，	而	唯	念	无	以	宗	为。	念	无	得，

故虽备修万行，唯以无念为宗。得无念[10]，

2.23.4

ku^{1}	dzu^{1}	khie^{1}	thja^{1}	śjij^{1}	bji^{1}	·jij^{1}	wjuu^{1}	sjij^{2}	thja^{1}	śjij^{1}	swew^{1}	ljij^{1}	dzwej^{1}
则	爱	恶	自	然	淡	薄，	悲	智	自	然	明	增，	罪

则爱恶自然淡薄，悲智自然增明，罪

2.23.5

sjwɨj^1	thja^1	śjij^1	tjij^1	bja^2	·ioow^1	dźjɨ	thja^1	śjij^1	·jɨr^2	dźjij^1	thja^1	tsjij^2	ku^1
[illegible]													
业	自	然	除	断，	功	行	自	然	精	进。	彼	解	则

业自然断除，功行自然精进。于解则

2.23.6

rjur^1	·jij^1	ljij^2	zjij^1	·jij^1	njaa^2	thja^1	dźjɨ	tja^1	djọ^2	mjij^1	·jij^1	djọ^2	mjiij^2
[illegible]													
诸	相	见	时	相	非，	彼	行	者	修	无	之	修	名

见诸相非相，于行则名无修之修。

2.23.7

we^2	źji^1	njɨɨ^2	dzjar^2	zjij^1	wee^1	dzjar^2	·jij^1	dzjar^2	wee^1	dzjar^2	dzjar^2	nioow^1	mjij^1
[illegible]													
为。	烦	恼	尽	时，	生	死	即	绝，	生	灭	灭	已，	寂

烦恼尽时，生死即绝，生灭灭已，寂

2.23.8

swew^1	·ju^2	śja^2	dźjɨ	dźjij^1	sji^1	mjij^1	tśhjwo^1	mjiij^2	tha^1	·jɨ^2
[illegible]										
照	前	现，	应	用	穷	无，	故	名	佛	谓。

照现前，应用无穷，名之为佛。

译文：

牛头宗意者，诸法如梦，本来无事，心境本寂，非今始空。迷之为有，即见荣枯贵贱等事。事既有相违相顺，故生爱恶等情。情生则诸苦所系，梦作梦受，何损何益？能了此者[1]，亦如梦心，乃至设有一法过于涅槃，亦如梦如幻。既达本来无事，理宜丧己忘情。情妄即绝苦因，方度一切苦厄。此以忘情为修也。

评曰：前以念念全真为悟，任心为修；此以本无事为悟，忘情为修。又上三家见解异者，初一切皆妄，次一切皆真，后一切皆无。若就行说者，初伏心灭妄，次信任情性，后休心不起。宗密性好勘会，一一曾参，各自旨趣如是[2]。若将此语问彼学人，皆不招承。问有答空，问空答有[3]，或言俱非，或言皆不可得，修不修等，皆类此也。彼意者，常恐堕于文字，常怕滞于所得，故随言拂也。有归心学者，方委细教授，令多时观照，熟其行解矣。然每宗复有多种方便拒于外难[4]，诱于徒属，不可具书。今但罗其意趣，举其宏纲也。

荷泽宗者，尤难言述。是释迦降出，达磨远来之本意也。将前望此，此乃迥异于前；将此摄前，前即全同于此，故难言也。总而言之则易，而前言难者，学者之故也[5]。今强言之。谓诸法如梦，诸圣同说，故妄念本寂，尘境本空。空寂之心，灵知不昧，即此空寂知，是前达磨所传清静心也[6]。任迷任悟，心本自知，不藉缘生，不因境起。迷时烦恼知，非烦恼；悟时神变知；非神变。然“知”之一字，众妙之门[7]。由迷此知，即起我相人相[8]、计我我所，故爱恶自生。随爱恶心，即为善恶，善恶之报，受六道形，世世生生，循环不绝。若得善友开示，悟空寂之知，知且无念无形，谁为我相人相？觉诸相空，心即无念，念起即觉，觉之即无。修行妙门，莫过于此[9]。故虽备修万行，唯以无念为宗。得无念[10]，则爱恶自然淡薄，悲智自然增明，罪业自然断除，功行自然精进。于解则见诸相非相，于行则名无修之修。烦恼尽时，生死即绝，生灭灭已，寂照现前，应用无穷，名之为佛。

注释：

[1]能了此者，汉本作“有此能了之智”。

[2]各自旨趣如是，汉本作“各搜得旨趣如是”，则西夏译本脱“搜得”义。

[3]问空答有，汉本作“征空认有”。

[4]其人，汉本作“每宗”。

[5]“总而言之”以下不见于汉本。

[6]清静心，汉本作“空寂心”。

[7]门，汉本作“源”。

[8]汉本无“人相”二字。

[9]莫过于此，汉本作“唯在此也”。

[10]得无念，汉本作“但得无念之心”。疑西夏本此处有脱文。

释读：

2.23.8

śji^{1}	tja^{1}	·jij^{1}
[illegible]	[illegible]	[illegible]
上	者	自

上已

2.23.9

twụ^{1}	·a	mər^{2}	gji^{2}	rjɨr^{2}	tshjiij^{1}	dja^{2}	dźjwa^{1}	sjij^{1}	thjɨ^{2}	do^{2}	djɨj^{1}	na^{1}	rjir^{1}
[illegible]	[illegible]	[illegible]	[illegible]	[illegible]	[illegible]	[illegible]	[illegible]，	[illegible]	[illegible]	[illegible]	[illegible]	[illegible]	[illegible]
各	一	宗	各	△	叙	△	已，	今	此	处	浅	深	得

各叙一宗，今此辨明深浅得

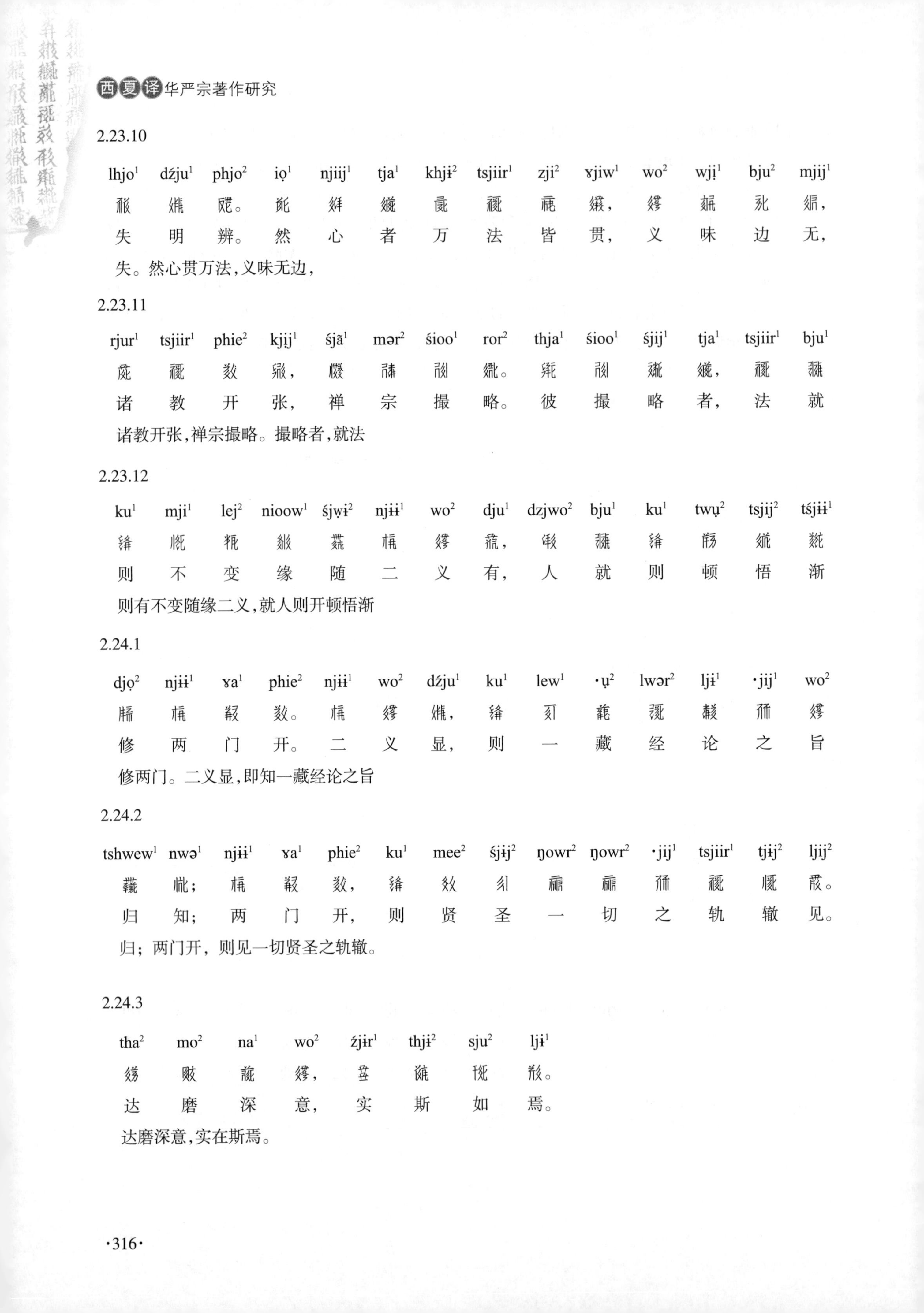

2.23.10

lhjo1 dźju1 phjo2 io̜1 njiij1 tja1 khjɨ2 tsjiir1 zji2 ɣjiw1 wo2 wji̜1 bju2 mjij1

失 明 辨。 然 心 者 万 法 皆 贯， 义 味 边 无，

失。然心贯万法，义味无边，

2.23.11

rjur1 tsjiir1 phie2 kjij1 śjã1 mər2 śioo1 ror2 thja1 śioo1 śjij1 tja1 tsjiir1 bju1

诸 教 开 张， 禅 宗 撮 略。 彼 撮 略 者， 法 就

诸教开张，禅宗撮略。撮略者，就法

2.23.12

ku1 mji1 lej2 nioow1 śjwɨ2 njɨɨ1 wo2 dju1 dzjwo2 bju1 ku1 twụ2 tsjij2 tśjɨɨ1

则 不 变 缘 随 二 义 有， 人 就 则 顿 悟 渐

则有不变随缘二义，就人则开顿悟渐

2.24.1

djo̜2 njɨɨ1 ɣa1 phie2 njɨɨ1 wo2 dźju1 ku1 lew1 ·ụ2 lwər2 ljɨ1 ·jij1 wo2

修 两 门 开。 二 义 显， 则 一 藏 经 论 之 旨

修两门。二义显，即知一藏经论之旨

2.24.2

tshwew1 nwə1 njɨɨ1 ɣa1 phie2 ku1 mee2 śjɨj2 ŋowr2 ŋowr2 ·jij1 tsjiir1 tjɨj2 ljij2

归 知； 两 门 开， 则 贤 圣 一 切 之 轨 辙 见。

归；两门开，则见一切贤圣之轨辙。

2.24.3

tha2 mo2 na1 wo2 źjɨr1 thjɨ2 sju2 ljɨ1

达 磨 深 意， 实 斯 如 焉。

达磨深意，实在斯焉。

2.24.4

śji^1 mji^1 lej^2 nioow^1 śjwɨ^2 njɨɨ^1 wo^2 tja^1 ·jij^1 nioow^1 wo^2 ŋwu^2 twụ^2 tshjiij^1

前 不 变 缘 随 二 义 者， 象 外 理 是， 直 说

上不变随缘二义者，是象外之理[1]，直说

2.24.5

tsjij^2 gie^1 sjij^1 dzjọ^1 ŋwu^2 tjɨj^2 dzjọ^1 wji^1 ku^1 rjur^1 mər^2 ŋwu^2 njaa^2 kjɨ^1

证 难， 今 喻 以 镜 如 为， 则 诸 宗 是 非 必

难证，今以喻为衡镜，则诸宗之是非必

2.24.6

djɨj^2 ·jij^1 sjwij^1 dzjọ^1 bju^1 tsjiir^1 phjoo^2 ·jwɨr^2 bju^1 bjij^2 phie^2 tsjiir^1 dzjọ^1 do^1 ŋwu^2 ljɨ^1

定 自 明。（喻 随 法 合， 文 随 注 解， 法 喻 读 以 一

ljɨ^1 rjir^2 dwər^2 ku^1 ljij^2 ljɨ^2 śji^1 ɣu^1 thja^1 śjij^1 dzjọ^1 ·jwɨr^2 phjo^2 kar^2 tśhji^2

一 相 照 则 见 易。 初 始 自 然 喻 文 分 辨， 本

定自明[2]。（随喻合法，随文解注，读法喻一一相照则易见也。初时自然分辨喻文，

2.24.7

war^2 dja^2 sjwij^1 zjij^1 tśhjwo^1 mja^1 nioow^1 ·jị^2 bjij^2 ·jwɨr^2 rjir^2 dwər^2 ku^1 thja^1

末 △ 了 时， 故 然 后 再 注 文 与 对， 则 其

wo^2 zji^2 dźju^1 dzjọ^1 lew^1 phji^1 bju^1 nji^2 lew^1 mjijr^2 njiij^1 rjir^2 dzjọ^1

理 皆 明。） 如 一 摩 尼 珠，（一 灵 心 以 喻。）

了其本末，然后再以注文对辨，其理皆明[3]。）如一摩尼珠，（喻一灵心也。）

2.24.8

lew^1 iọ^1 swew^1 sej^1 ŋa^1 mjij^1 nwə^1 rjir^2 dzjọ^1 do^2 pha^1 tsə^1 ·jij^1 ŋowr^2 ŋowr^2 zji^2 mjij^1

唯 圆 明 净，（空 寂 知 以 喻。） 差 别 色 相 一 切 都 无。

唯圆净明，（喻空寂知也。）都无一切差别色相。

2.24.9

thjɨ^2 nwə^1 mər^2 ɣa^2 phjo^2 kar^2 ŋowr^2 ŋowr^2 mjij^1 rjir^2 dzjọ^1

（此 知 本 来 分 别 一 切 无 以 喻。）

thja^1 kwər^1 swew^1 nioow^1 djɨr^2 war^2 djụ^1 zjij^1 do^2 pha^1

其 体 明 故， 外 物 对 时 差 别

（喻此知本无一切分别[4]。）以体明故，对外物时能现一切差别

2.24.10

tṣə^1 ·jij^1 ŋowr^2 ŋowr^2 śja^2 njwi^2 thja^1 kwər^1 nwə^1 nioow^1 rjur^1 nioow^1 djụ^1 zjij^1

色 相 一 切 现 能。（其 体 知 故， 诸 缘 对 时，

ŋwu^2 njaa^2 ŋạ^2 niow^2 rjɨr^2 njɨ^2 rjur^1 dźjɨ wji^1 lew^2 rjur^1 ljɨ^1 rjur^1 lho

是 非 好 恶， 乃 至 诸 行 造 作、 世 及 世 出

色相。（以体知故，对诸缘时，能分别一切是非好恶，乃至经营造作、世出世间

2.24.11

mə^2 mə^2 dạ^2 tsjiir^1 ŋowr^2 ŋowr^2 zji^2 phjo^2 kar^2 njwi^2 thjɨ^2 tja^1

种 种 事 数 一 切 皆 分 别 能。 此 者，

nioow^1 śjwɨ^2 wo^2 ŋwu^2 tṣə^1 ·jij^1 ·jij^1 do^2 pha^1 dju^1 swew^1 nji^2

缘 随 义 是。） 色 相 自 差 别 有， 明 珠

种种事数。此是随缘义也。）色相自有差别，明珠

2.24.12

wjɨ^1 lej^2 mjij^2 djij^2 wẹ^1 sjij^2 neew^2 niow^2 ·jij^1 do^2 pha^1 dju^1 ɣa^1 de^2 dzu^1

变 易 不 曾。（愚 智 善 恶 自 差 别 有， 忧 喜 爱

khie^1 lwow^1 thja^1 śjij^1 śjwo^1 dzjar^2 thja^1 nwə^1 njwi^2 dzjwo^2 twẹ^2 bja^2 mjij^2 djij^2 thjɨ^2

憎 妄 自 然 起 灭， 彼 知 能 心 间 断 不 曾。 此

不曾变易。（愚智善恶自有差别，忧喜爱憎自有起灭，能知之心不曾间断。此是

---

①"[illegible]"（妄）字疑衍。

2.25.1

tja^{1} mji^{1} lej^{2} wo^{2} ŋwu^{2} thja^{1} nji^{2} ɣa^{2} wjɨ^{2} śja^{2} tṣə^{1} ·jir^{2} tụ^{1} mə^{2} ljɨ^{1} ŋwu^{2} djij^{2}

[illegible]

者， 不 变 义 是。） 然 珠 上 所 现 色 百 千 般 虽 是 然，

不变义也。）然珠所现色虽百千般，

2.25.2

sjij^{1} njir^{2} swew^{1} nji^{2} rjir^{2} ljwu^{1} tja^{1} tṣə^{1} njaa^{1} ŋwu^{2} mjijr^{2} swew^{1} nwə^{1} ljij^{2}

[illegible]

今 且 明 珠 与 违 者 色 黑 是， 灵 明 知 见

今且取与明珠相违者之黑色，以况灵明知见

2.25.3

ljɨ^{1} bju^{1} mjij^{1} na^{1} njaa^{1} njɨ^{2} njɨɨ^{1} dźjwɨ^{1} ljwu^{1} djij^{2} ŋwu^{2} tsjɨ^{1} kwər^{1} lew^{1}

[illegible]

与 明 无 暗 黑 等 两 相 违 虽 是， 而 体 一

与黑暗无明虽即相违，而是一体。

2.25.4

ŋwu^{2} rjir^{2} dzjọ^{1} tsjiir^{1} dzjọ^{1} zji^{2} ŋowr^{2} thjɨ^{2} tja^{1} dzjọ^{1} nji^{2} tṣə^{1} njaa^{1} śja^{2} zjij^{1} kwər^{1}

[illegible]

是 以 况。（法 喻 全 具。） 此 者 如 珠 色 黑 现 时， 体

（法喻已具。）谓如珠现黑色时，彻体

2.25.5

ŋowr^{2} zji^{2} njaa^{1} swew^{1} mjɨ^{1} tśhjɨ^{1} ljij^{2} thjɨ^{2} mjijr^{2} nwə^{1} njiij^{1} ·ju^{2} ɣa^{1}

[illegible]

彻 全 黑， 明 不 此 见。（此 灵 知 心 凡 夫

do^{2} dju^{1} zjij^{1} ŋowr^{2} wẹ^{1} lhạ^{2} lẹj^{2} dzu^{1} ŋwu^{2} mjor^{1} ljij^{2} nwə^{1}

[illegible]

处 在 时， 全 迷 愚 贪 爱 是， 如 来 知

全黑，都不见明。（灵知之心在凡夫时，全是迷愚贪爱，都不见如来知

2.25.6

ljij2 tha2 io̜1 tjɨj2 sjij2 io̜1 mjɨ1 tśhjɨ1 ljij2 tśhjwo1 lwər2 lhejr2 kha1 tshjiij1

见 大 圆 镜 智 都 不 此 见， 故 经 契 中 云

lju̜2 njiij1 njɨ2 ·jij1 zji2 bju1 mjij1 ŋwu2 ·jɨ2 we̜1 lə zjɨ1 lji2 ljɨ1

“身 心 等 相 皆 明 无 是 谓”。） 痴 愚 孩 子 或

见大圆镜智，故经云“身心等相皆是无明”也。）如痴孩子或

2.25.7

gjij2 njijr1 dzjwo2 njɨ2 ljij2 zjij1 twu̜1 nji2 njaa1

村 野 人 等 见 时， 直 珠 黑

ŋwu2 ·jɨ2 lha̜2 dzjwo2 thjɨ2 sju2 ljij2 tja1 kjɨ1 djɨj2

是 谓。 （迷 人 此 如 见 者， 必 定

村野人见之，直是黑珠。（迷人见此，必是

2.25.8

·ju2 ɣa1 ŋwu2 tśhioow1 dzjwo2 da̜2 thjɨ2 tja1 swew1 nji2 ŋwu2 ·jɨ2 tsjɨ1 dźiej2 mjɨ1 dźjij

凡 夫 是。） 有 人 云： “此 者 明 珠 是 谓。” 而 信 不 肯，

凡夫[5]。）有人语云：“此是明珠。”而不肯信[6]，

2.25.9

nioow1 thja2 ·jij1 tshja̜1 la̜1 ljoor1 ŋwu2 ·jɨ2 mə2 mə2 ŋwu2 tśja1 tshjiij1 tsjɨ1

却 人 △ 嗔， 欺 诳 为 谓， 种 种 道 理 说， 而

却嗔前人，谓为欺诳，任说种种道理，

2.25.10

io̜1 mji1 nji2 lhjoor1 mər2 dwuu2 thjɨ2 wjɨ2 sju2 dzjwo2 śjwɨ1 śjwɨ1 rjɨr2 ber2 thjɨ2

都 不 听 览。 （宗 密 此 △ 如 人 频 频 △ 遇， 此

sju2 da̜2 ·jɨ2 nji2 sjij1 dźju1 sjwij1 nwə1 njwi2 tja1 ku1 tha1 njiij1 ŋwu2 rjɨr2

如 道 曰 “汝 今 了 了 知 能 者， 则 佛 心 是 △

终不听览。（宗密频遇如此之类，向道“汝今了了能知，则是佛心”，

2.25.11

tshjiij1 tsjɨ1 io̱1 bju1 mji1 dźiej2 nioow1 thjɨ2 da̱2 ·jɨ2 thjɨ2 tja1 ·o1
言”， 亦 全 然 不 信， 却 此 言 云 “此 者 祖
khwej2 mja1 khwej2 ·jij1 śio1 sji2 da̱2 ŋwu2 ·jɨ2 twụ2 twụ2 swew1 kio̱1
祖 母 父 △ 诱 能 言 是 谓”， 直 直 照 察
mjɨ1 dźjij lew1 da̱2 ŋa2 sjij1 tśhji2 lwəj1 źjɨr1 ·o2 mjɨ1 njwi2
不 肯， 但 言： “我 今 钝 根， 实 入 不 能

灼然不信[7]，却云“此是诱祖父祖母之言[8]”，直不肯照察，但言：“我今钝根[9]，实不能入。”

2.25.12

·jɨ2 thjɨ2 tja1 tha2 tsəj1 ·ụ2 ljɨ1 nioow1 dzjwo2 mə1 tsjiir1 kha1 ·jij1 zjij1
谓。” 此 者， 大 小 乘 及 又 人 天 教 中 相 著
mjijr2 dzjwo2 nji2 thjɨ2 sju2 ljij2 ljɨ1 tśhioow1 swew1 nji2 ŋwu2 ·jɨ2 djij2
者 人 等 此 如 见 也。） 有 明 珠 是 谓 纵

此是大小乘及人天教中著相之人意见如此[10]。）

2.26.1

dźiej2 tsjɨ1 nioow1 thjɨ2 da̱2 ·jɨ2 tsə̣1 njaa1 dźjɨ wji1 nja1 lə1 ɣja2 sji2
信， 亦 复 此 谓 言： 色 黑 △ △ 缠 裹 覆 障，

纵有肯信是明珠者[11]，亦谓言被黑色缠裹覆障，

2.26.2

tjɨ1 tjij1 śjɨ1 śja1 zwər1 dzjiw1 ŋwu2 thja1 na1 njaa1 wjɨ2 go2 phji1 swew1
设 若 磨 拭 洗 揩 而 彼 暗 黑 △ 去 令， 明

拟待磨拭揩洗去却黑暗，方得明

2.26.3

·jij¹	to²	śja²	zjịj¹	tśhjwo¹	mja¹	nioow¹	swew¹	nji²	mjor¹	ljij²	·jɨ²	ljạ¹	mər²	tsjij²	ljij²
[illegible]															
相	出	现	时，	故	然	后	明	珠	亲	见	谓。	（北	宗	解	见

相出现,始名亲见明珠。(北宗见解

2.26.4

śjij¹	thjɨ²	sju²	ŋwu²
[illegible]			
法	此	如	是。）

如此。)

译文：

上已各叙一宗，今此辨明深浅得失。然心贯万法，义味无边，诸教开张，禅宗撮略。撮略者，就法则有不变随缘二义，就人则开顿悟渐修两门。二义显，即知一藏经论之旨归；两门开，则见一切贤圣之轨辙。达磨深意，实在斯焉。

上不变随缘二义者，是象外之理[1]，直说难证，今以喻为衡镜，则诸宗之是非必定自明[2]。（随喻合法，随文解注，读法喻一一相照则易见也。初时自然分辨喻文，了其本末，然后再以注文对辨，其理皆明[3]。）如一摩尼珠，（喻一灵心也。）唯圆净明，（喻空寂知也。）都无一切差别色相。（喻此知本无一切分别[4]。）以体明故，对外物时能现一切差别色相。（以体知故，对诸缘时，能分别一切是非好恶，乃至经营造作、世出世间种种事数。此是随缘义也。）色相自有差别，明珠不曾变易。（愚智善恶自有差别，忧喜爱憎自有起灭，能知之心不曾间断。此是不变义也。）然珠所现色虽百千般，今且取与明珠相违者之黑色，以况灵明知见与黑暗无明虽即相违，而是一体。（法喻已具。）谓如珠现黑色时，彻体全黑，都不见明。（灵知之心在凡夫时，全是迷愚贪爱，都不见如来知见大圆镜智，故经云“身心等相皆是无明”也。）如痴孩子或村野人见之，直是黑珠。（迷人见此，必是凡夫[5]。）有人语云：“此是明珠。”而不肯信[6]，却嗔前人，谓为欺诳，任说种种道理，终不听览。（宗密频遇如此之类，向道“汝今了了能知，则是佛心”，灼然不信[7]，却云“此是诱祖父祖母之言[8]”，直不肯照察，但言：“我今钝根[9]，实不能入。”此是大小乘及人天教中著相之人意见如此[10]。）纵有肯信是明珠者[11]，亦谓言被黑色缠裹覆障，拟待磨拭揩洗去却黑暗，方得明相出现，始名亲见明珠。（北宗见解如此。）

注释：

[1]上不变随缘二义者是象外之理，汉本作“不变随缘者，然象外之理”。

[2]则诸宗之是非必定自明，汉本作“定诸宗之是非”。

[3]双行小注汉本作“随喻以法合之，随文以注对之，冀法喻一一相照易见也。然初览时但请且一向读喻，辨本末了，然后却再以注文对辨其理”。

[4]汉本此下有“亦无圣凡善恶”一句。

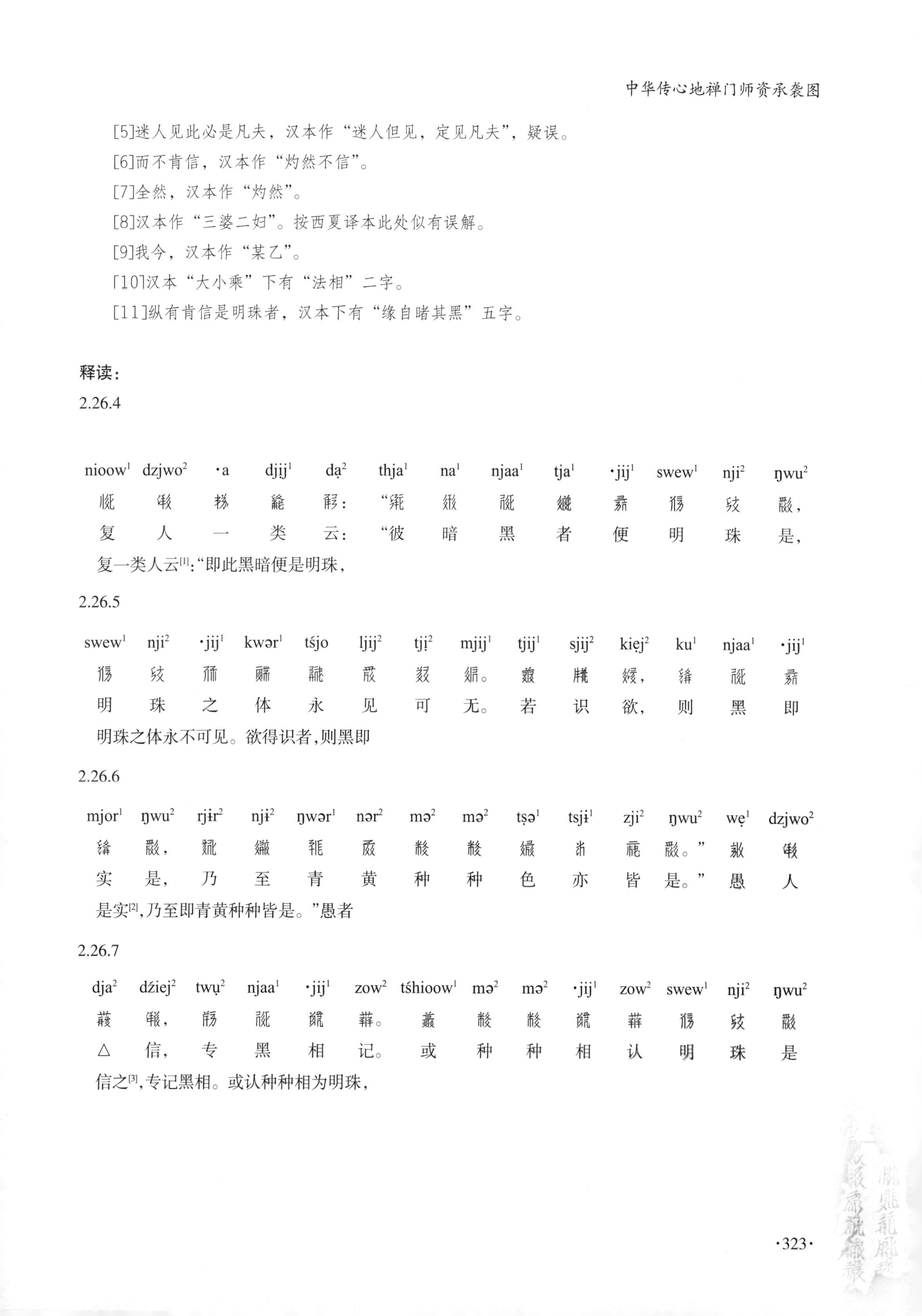

[5]迷人见此必是凡夫，汉本作“迷人但见，定见凡夫”，疑误。

[6]而不肯信，汉本作“灼然不信”。

[7]全然，汉本作“灼然”。

[8]汉本作“三婆二妇”。按西夏译本此处似有误解。

[9]我今，汉本作“某乙”。

[10]汉本“大小乘”下有“法相”二字。

[11]纵有肯信是明珠者，汉本下有“缘自睹其黑”五字。

释读：

2.26.4

nioow^{1}	dzjwo^{2}	·a	djij^{1}	dạ^{2}	thja^{1}	na^{1}	njaa^{1}	tja^{1}	·jij^{1}	swew^{1}	nji^{2}	ŋwu^{2}
复	人	一	类	云：	“彼	暗	黑	者	便	明	珠	是，

复一类人云[1]:“即此黑暗便是明珠，

2.26.5

swew^{1}	nji^{2}	·jij^{1}	kwər^{1}	tśjo	ljij^{2}	tji^{2}	mjij^{1}	tjij^{1}	sjij^{2}	kiẹj^{2}	ku^{1}	njaa^{1}	·jij^{1}
明	珠	之	体	永	见	可	无。	若	识	欲，	则	黑	即

明珠之体永不可见。欲得识者，则黑即

2.26.6

mjor^{1}	ŋwu^{2}	rjɨr^{2}	njɨ^{2}	ŋwər^{1}	nər^{2}	mə^{2}	mə^{2}	tṣə^{1}	tsjɨ^{1}	zji^{2}	ŋwu^{2}	wẹ^{1}	dzjwo^{2}
实	是，	乃	至	青	黄	种	种	色	亦	皆	是。”	愚	人

是实[2]，乃至即青黄种种皆是。”愚者

2.26.7

dja^{2}	dźiej^{2}	twụ^{2}	njaa^{1}	·jij^{1}	zow^{2}	tśhioow^{1}	mə^{2}	mə^{2}	·jij^{1}	zow^{2}	swew^{1}	nji^{2}	ŋwu^{2}
△	信，	专	黑	相	记。	或	种	种	相	认	明	珠	是

信之[3]，专记黑相。或认种种相为明珠，

2.26.8

·jɨ²	thja¹	njɨ²	kụ¹	dzjɨj¹	mjaa¹	njaa¹	rjɨr²	njɨ²	ljɨ¹	tśjwiw²	lụ¹	phiow¹	njɨ²
谓,	彼	等	后	时	子	黑	乃	至	琥	珀、	石	白	等

或于异时见黑子乃至琥珀、石英等

2.26.9

nji²	ljij²	zjij¹	zji²	phji¹	bju¹	nji²	ŋwu²	·jɨ²	tjij¹	thja¹	nioow¹	rjijr²	phji¹
珠	见	时,	皆	摩	尼	珠	是	云。	或	其	后	方	摩

珠[4],皆云是摩尼珠。或其后

2.26.10

bju¹	nji²	mjor¹	tṣə¹	rjir²	mji¹	djụ¹	lew¹	swew¹	nji²	·jij¹	kjɨ¹	ljij²	tsjɨ¹
尼	珠	实	色	与	不	对,	但	明	珠	相	△	见,	而

不对摩尼珠实色,但见明珠之相,

2.26.11

nji²	ŋwu²	mji¹	dźiej²	wa²	nioow¹	·jɨ²	ku¹	rjur¹	tṣə¹	mji¹	ljij²	sjij²	tjɨ²
珠	是	不	信,	何	故	谓?	则	诸	色	不	见	识	可

却不信是珠,何故?则以不见诸色不可

2.26.12

mjij¹	nioow¹	tśhjwo¹	lew¹	swew¹	·jij¹	ɣa²	pha¹	mja¹	
无	以,	故	一	明①	相	上	偏	恐	
zjij¹	·jiw²	xũ¹	tśjiw¹	tsjij²	ljij²	śjij¹	thjɨ²	sju²	wẹ¹
局	疑。	(洪	州	解	见	法	此	如。	愚

识,故疑局于一明净相[5]。(洪州见解如此也。言愚

①据下文小注及汉本,则此处脱“[Tangut character]”(净)字。

2.27.1

dzjwo^{2}	·jɨ^{2}	tja^{1}	thja^{1}	mər^{2}	bju^{1}	kụ^{1}	ɣiew^{1}	mjijr^{2}	·jij^{1}	dzjọ^{1}	kụ^{1}	dzjɨj^{1}
[illegible]	[illegible]	[illegible]，	[illegible]	[illegible]	[illegible]	[illegible]	[illegible]	[illegible]	[illegible]	[illegible]。	[illegible]	[illegible]
人	言	者，	彼	宗	依	后	学	者	△	喻。	后	时
rjir^{2}	nji^{2}	mjaa^{1}	njaa^{1}	nji^{2}	njɨ^{2}	·jɨ^{2}	tja^{1}	rjur^{1}	kha^{1}	lhjɨ^{2}	mjɨɨ^{2}	phjo^{2}
[illegible]	[illegible]	[illegible]	[illegible]	[illegible]	[illegible]	[illegible]	[illegible]，	[illegible]	[illegible]	[illegible]	[illegible]	[illegible]
乃	至	子	黑	珠	等	言	者，	世	间	尘	境	分
kar^{2}	njiij^{1}	śjwo^{1}	lẹj^{2}	dzu^{1}	tshjạ^{1}	khwẹj^{1}	lə	ljij^{2}	·jij^{1}	dzjọ^{1}	ljɨ^{1}	
[illegible]	[illegible]	[illegible]、	[illegible]	[illegible]	[illegible]	[illegible]	[illegible]	[illegible]	[illegible]	[illegible]。	[illegible]	
别	心	涉、	贪	爱	嗔	慢	念	见	△	喻。	琥	

人者，喻彼宗后学[6]。异时乃至黑子珠等者[7]，喻心涉世间分别尘境、见贪嗔爱慢之念。琥

2.27.2

tśjwiw^{2}	lụ^{1}	phiow^{1}	nji^{2}	njɨ^{2}	·jɨ^{2}	tja^{1}	bjuu^{1}	bjij^{1}	lə	·jij^{1}	dzjọ^{1}	tsə^{1}
[illegible]、	[illegible]	[illegible]	[illegible]	[illegible]	[illegible]	[illegible]，	[illegible]	[illegible]	[illegible]	[illegible]	[illegible]。	[illegible]
珀、	石	英	珠	等	言	者，	敬	崇	念	之	喻。	色
rjir^{2}	mji^{1}	djụ^{1}	·jɨ^{2}	tja^{1}	lə	lew^{2}	mjij^{1}	·jij^{1}	dzjọ^{1}	swew^{1}	sej^{1}	·jij^{1}
[illegible]	[illegible]	[illegible]	[illegible]	[illegible]，	[illegible]	[illegible]	[illegible]	[illegible]	[illegible]。	[illegible]	[illegible]	[illegible]
与	不	对	言	者，	念	所	无	△	喻。	明	净	相
·jɨ^{2}	tja^{1}	dźju^{1}	sjwij^{1}	·jij^{1}	nwə^{1}	lə	mjij^{1}	·jij^{1}	dzjọ^{1}	mja^{1}	zjij^{1}	
[illegible]	[illegible]，	[illegible]	[illegible]	[illegible]	[illegible]	[illegible]	[illegible]	[illegible]	[illegible]。	[illegible]	[illegible]	
言	者，	了	了	自	知	念	无	△	喻。	恐	局	

珀、石英珠者，如崇敬之念[8]。不对色者，喻无所念。明净相者[9]，喻了了自知无念。疑局

2.27.3

·jiw^{2}	·jɨ^{2}	tja^{1}	lew^{1}	nwə^{1}	·jij^{1}	dźiej^{2}	pha^{1}	zjij^{1}	ŋwu^{2}	·jij^{1}
[illegible]	[illegible]	[illegible]，	[illegible]	[illegible]	[illegible]	[illegible]	[illegible]	[illegible]	[illegible]	[illegible]
疑	言	者，	唯	知	△	认	偏	局	是	△
dźjo^{1}	·jị^{2}	dzjwo^{2}	·a	djij^{1}	dju^{1}	nji^{2}	gu^{2}	mə^{2}	mə^{2}	tsə^{1}
[illegible]。）	[illegible]	[illegible]	[illegible]	[illegible]	[illegible]，	[illegible]	[illegible]	[illegible]	[illegible]	[illegible]
喻。）	复	人	一	类	有，	珠	中	种	种	色

者，喻唯认知是偏局。）复有一类人，闻说珠中种种色

2.27.4

zji^{2} dź- lạ^{1} ŋwu^{2} kwər^{1} ŋowr^{2} zji^{2} ŋa^{1} tshjiij^{1} mji^{1} zjij^{1} thja^{1} nji^{2} gjiwr^{2}

[illegible]

皆 虚 妄 是， 体 彻 全 空 说 闻 时， 彼 珠 颗

皆是虚妄，彻体全空，即计此珠

2.27.5

zji^{2} ŋa^{1} ŋwu^{2} zow^{2} tśhjɨ^{2} rjar^{2} dạ^{2} ·jɨ^{2} zji^{2} rjir^{1} lew^{2} mjij^{1} ku^{1} tśhjwo^{1}

[illegible]

都 空 是 计， 立 便 语 云： “都 得 所 无， 则 故

都是空[10]，便云：“都无所得，方

2.27.6

sjij^{2} mjijr^{2} ŋwu^{2} lew^{1} tsjiir^{1} dju^{1} zow^{2} ku^{1} mjij^{2} sjij^{2} mjijr^{2} ŋwu^{2} tṣə^{1} ·jij^{1}

[illegible]

达 者 是。 一 法 有 认， 则 未 了 者 是。” 色 相

是达人。认有一法，便是未了。”不悟色相

2.27.7

zji^{2} ŋa^{1} tjɨ^{2} mji^{1} ŋa^{1} nji^{2} ŋwu^{2} tja^{1} mji^{1} tsjij^{2} gjiiw^{1}

[illegible]

皆 空 处 不 空 珠 是 者 不 悟。 （牛

thew^{2} tsjij^{2} ljij^{2} śjij^{1} thjɨ^{2} sju^{2} zji^{2} ŋa^{1} njɨ^{2} mji^{1} tja^{1}

[illegible]

头 解 见 法 此 如。 全 空 等 闻 者，

皆空之处乃是不空之珠。（牛头见解如此也。闻全空等者，

2.27.8

rjur^{1} djij^{1} pa^{2} rja^{2} ŋa^{1} tshjiij^{1} njɨ^{2} lwər^{2} ·jij^{1} ·jɨ^{2} thja^{1} nji^{2} gjiwr^{2}

[illegible]

诸 部 般 若 空 说 等 经 △ 谓。 彼 珠 颗

zji^{2} ŋa^{1} ·jɨ^{2} tja^{1} mər^{2} dwewr^{2} tsjiir^{2} tsjɨ^{1} ŋa^{1} dju^{1} lew^{2} mjij^{1} zow^{2}

[illegible]

都 空 谓 者， 本 觉 性 亦 空， 有 所 无 认

·jɨ^{2} ·jij^{1} dzjọ^{1} lew^{1} tsjiir^{1} dju^{1} zow^{2} njɨ^{2} ·jɨ^{2} tja^{1} rjur^{1} tsjiir^{1}

[illegible]

谓 △ 喻。 一 法 有 认 等 谓 者， 诸 法

诸部般若说空之经也。谓此珠都空者，喻本觉性亦空[11]，无有所认。认有一法等者[12]，

2.27.9

ŋa1 mjij1 tji̦2 dźju1 sjwij1 nwə1 njwi2 tja1 mər2 dwewr2 ɣiej1 njiij1 ŋwu2
空 寂 处 了 了 知 能 者， 本 觉 真 心 是
mji1 zjij1 ·jɨ2 da̦2 mjij2 sjij2 mjijr2 ŋwu2 ·jɨ2 ·jij1 dzjo̦1 mji1 ŋa1
闻 时， 却 云 不 了 者 是 谓 △ 喻。 不 空
nji2 ŋwu2 ·jɨ2 tja1 djiij2 phã1 lwər2 lhejr2 kha1 tshjiij1 dzjo̦1 sej1
珠 是 谓 者， 《涅 槃 经 契》 中 说 “如 净

喻闻说诸法空寂之处了了能知，是本觉真心，却云不了[13]。是不空珠者[14]，《涅槃经》说“如净

2.27.10

ljɨj2 ŋa1 ·jɨ2 tja1 thja1 ljɨj2 ·u2 war2 mjij1 nioow1 tśhjwo1 sej1 ljɨj2
瓶 空 谓” 者， 彼 瓶 中 物 无 由， 故 净 瓶
ŋa1 ·jɨ2 mjɨ1 djij2 sej1 ljɨj2 mjij1 ljɨ1 mji1 ·jɨ2 thjɨ2 tja1 ɣiej1
空 谓 而 已， 净 瓶 无 既 不 谓。 此 者， 真
njiij1 ·jij1 lej2 tshja̦1 phjo2 kar2 lə njɨ2 mjij1 njiij1 ŋa1 ŋwu2
心 之 贪 嗔 分 别 念 等 无， 心 空 是

瓶空者[15]”，谓瓶中无物，名为净瓶空，非谓无净瓶。此者[16]，喻心之中无分别贪嗔等念，名为心空，

2.27.11

·jɨ2 mjɨ1 djij2 io̦1 njiij1 mjij1 ljɨ1 mji1 ·jɨ2 ·jij1 dzjo̦1 io̦1 mjij1
谓 而 已， 全 心 无 既 不 谓 △ 喻。 言 无
·jɨ2 tja1 lew1 njiij1 ɣa2 źji̦1 njɨɨ2 ·jijr2 ·jij1 ·jɨ2 ljɨ1 thja1 bju1
谓 者， 但 心 中 烦 恼 遣 △ 谓 也。 是 故
gjiiw1 thew2 lew1 njaa2 ·jij1 dźju1① ŋwu2 ·jij1 mji1 dźju1 thjɨ2 rjɨr2
牛 头 但 非 △ 遣， 是 △ 不 显。 此 以

非谓无心。言无者，但为遣却心中烦恼也。故知牛头但遣其非，未显其是。从此

①[illegible](显)，疑当从汉本作“[illegible]”(遣)。

2.27.12

khju[1]　zji[2]　xow[1]　tśhiə[1]　mər[2]　rjir[2]　dzjọ[1]　ljɨ[1]

[illegible]　[illegible]　[illegible]　[illegible]　[illegible]　[illegible]　[illegible]　[illegible]。）

下　皆　荷　泽　宗　与　喻　也。）

下皆喻荷泽宗。）

译文：

复一类人云[1]：“即此黑暗便是明珠，明珠之体永不可见。欲得识者，则黑即是实[2]，乃至即青黄种种皆是。”愚者信之[3]，专记黑相。或认种种相为明珠，或于异时见黑子乃至琥珀、石英等珠[4]，皆云是摩尼珠。或其后不对摩尼珠实色，但见明珠之相，却不信是珠，何故？则以不见诸色不可识，故疑局于一明净相[5]。（洪州见解如此也。言愚人者，喻彼宗后学[6]。异时乃至黑子珠等者[7]，喻心涉世间分别尘境、见贪嗔爱慢之念。琥珀、石英珠者，如崇敬之念[8]。不对色者，喻无所念。明净相者[9]，喻了了自知无念。疑局者，喻唯认知是偏局。）

复有一类人，闻说珠中种种色皆是虚妄，彻体全空，即计此珠都是空[10]，便云：“都无所得，方是达人。认有一法，便是未了。”不悟色相皆空之处乃是不空之珠。（牛头见解如此也。闻全空等者，诸部般若说空之经也。谓此珠都空者，喻本觉性亦空[11]，无有所认。认有一法等者[12]，喻闻说诸法空寂之处了了能知，是本觉真心，却云不了[13]。是不空珠者[14]，《涅槃经》说“如净瓶空者[15]”，谓瓶中无物，名为净瓶空，非谓无净瓶。此者[16]，喻心之中无分别贪嗔等念，名为心空，非谓无心。言无者，但为遣却心中烦恼也。故知牛头但遣其非，未显其是。从此下皆喻荷泽宗。）

注释：

[1]复一类人云，汉本作“复有一类人指示云”。

[2]则黑即是实，汉本作“即黑便是明珠”。

[3]愚者信之，汉本作“致令愚者的信此言”。

[4]或于异时见黑子乃至琥珀石英等珠，汉本作“或于异时见黑�子珠，米吹青珠、碧珠，乃至赤珠、琥珀、白石英等珠”，未详其意。西夏译本似亦有节略。

[5]“或其后”至“一明净相”与汉本差异较大。汉本作“或于异时是摩尼珠都不对色时，但有明净之相，却不认之，以不见有诸色可识认故，疑恐局于一明珠相故”。

[6]喻彼宗后学，汉本作“彼宗后学也”。以下“喻心涉世间分别尘境见贪嗔爱慢之念”“喻无所念”“喻了了自知无念”“喻唯认知是偏局”等句式仿此。

[7]异时乃至黑子珠等者，汉本作“异时见黑�子等者”。

[8]如崇敬之念，汉本作“如慈善谦敬之念也”。

[9]明净相者，汉本作“但有明净者”。

[10]即计此珠都是空，汉本作“即计此一颗明珠都是其空”。

[11]谓此珠都空者喻本觉性亦空，汉本作“计此一颗等者，计本觉性亦空”。

[12]汉本无“一法”二字。

[13]汉本下有“不知，心体不空”六字。

[14]是不空珠，汉本但作“不空”。

[15]净瓶，汉本无“净”字，下同。

[16]此者，汉本作“言无者”，非。

释读：

P27.12

tśhjɨ^{1}	su^{1}	twụ^{2}	twụ^{2}	lew^{1}	bju^{1}	gji^{1}	iọ^{1}	swew^{1}	tja^{1}	·jij^{1}
何	如	直	直	唯	莹	净	圆	明	者	即

何如直云唯莹净圆明方

2.28.1

nji^{2}	kwər^{1}	ŋwu^{2}	lew^{1}	ŋa^{1}	mjij^{1}	nwə^{1}	·jij^{1}	·jɨ^{2}	tjij^{1}	lew^{1}	ŋa^{1}	mjij^{1}	tshjiij^{1}	thjɨ^{2}	nwə^{1}
珠	体	是，	(唯	空	寂	知	△	谓。	若	但	空	寂	说，	此	知
mji^{1}	dźju^{1}	ku^{1}	tshọ^{2}	ŋa^{1}	rjir^{2}	wa^{2}	źju^{2}	nioow^{1}	dzjọ^{1}	lẽ^{1}	low^{2}	phiow^{1}	iọ^{1}	sej^{1}	
不	显，	即	虚	空	与	何	异？	又	如	瓷	团	白，	圆	净	

是珠体,(唯空寂知也。若但说空寂而不显知,即何异虚空？亦如白瓷团[1],圆净

2.28.2

swew^{1}	tsjiir^{2}	mjij^{1}	ku^{1}	mo^{2}	dźji^{1}	thjij^{2}	·jɨ^{2}	rər^{2}	śja^{2}	ljọ^{2}
明	性	无，	则	摩	尼	何	谓？	影	现	何
njwi^{2}	xũ^{1}	tśjiw^{1}	gjiiw^{1}	low^{2}	lew^{1}	ŋowr^{2}	ŋowr^{2}	mjij^{1}	tshjiij^{1}	mjijr^{2}
能？	洪	州、	牛	头	但	一	切	无	说，	灵
nwə^{1}	mji^{1}	dźju^{1}	śjij^{1}	tsjɨ^{1}	thjɨ^{2}	rjir^{2}	·a	tjɨj^{2}	dzjij^{2}	
知	不	显	法，	亦	此	如	一	般。）	其	

而无明性,何名摩尼？何能现影？洪州、牛头但说无一物,不显灵知。亦如此也。)其他

2.28.3

ŋowr^{2} ŋowr^{2} zji^{2} dź- lạ^{1} ŋwu^{2} ·jɨ^{2} lew^{2} dź- lạ^{1} tja^{1} neew^{2}

一 切 悉 虚 安 是 云 所？ （虚 安 者， 善

niow^{2} phjo^{2} kar^{2} mju^{2} ljɨj^{2} wji^{1} ɣjɨr^{1} ·jij^{1} ·jɨ^{2} thjɨ^{2} tja^{1} xụ̃^{1}

恶 分 别， 动 举 为 运 △ 谓。 此 者， 洪

一切相悉是虚妄[2]?（虚妄者[3]，善恶分别，举动运为，如洪

2.28.4

tśjiw^{1} njiij^{1} śjwo^{1} lə mju^{2} njɨ^{2} ·jij^{1} ŋowr^{2} ŋowr^{2} zji^{2} ŋwu^{2} thja^{1} ·jij^{1}

州 心 起 念 动 等 相 一 切 即 是， 此 相

zji^{2} ŋa^{1} ·jɨ^{2} ·jij^{1} dzjọ^{1} tśhjwo^{1} lwər^{2} lhejr^{2} kha^{1} tshjiij^{1} rjur^{1} ·jij^{1} ŋowr^{2}

皆 空 谓 △ 如。 故 经 契 中 云： “诸 相 所

ŋowr^{2} zji^{2} dź- lạ^{1} ŋwu^{2} ·jɨ^{2} thja^{1} xụ̃^{1} tśjiw^{1} mər^{2} tja^{1} lạ^{1}

有， 皆 虚 安 是 谓。” 彼 洪 州 宗 者， 安

州起心动念等即是一切相[4]，此相皆安。故经云：“凡所有相，皆是虚妄。”当知彼洪州宗认虚妄

2.28.5

ŋa^{1} zow^{2} wji^{1} tsjiir^{2} ŋwu^{2} ·jɨ^{2} nwə^{1} lew^{2} thjɨ^{2} tja^{1}

空 认 为 性 是 谓 知 当。） 此 者，

njaa^{1} mjor^{1} ljij^{2} zjij^{1} njaa^{1} iọ^{1} mji^{1} njaa^{1} lew^{1}

黑 正 见 时， 黑 元 不 黑， 但

为真性也[5]。）是正见黑时，黑元不黑，但

2.28.6

thja^{1} swew^{1} ŋwu^{2} ŋwər^{1} iọ^{1} mji^{1} ŋwər^{1} lew^{1} thja^{1} swew^{1} ŋwu^{2} rjɨr^{2} njɨ^{2} njij^{1}

其 明 是。 青 元 不 青， 但 其 明 是， 乃 至 赤

是其明。青元不青，但是其明，乃至赤

①[illegible]（空），据汉本似当作“[illegible]”（妄）。

2.28.7

phiow^{1} nər^{2} njɨ^{2} ŋowr^{2} ŋowr^{2} lew^{1} thja^{1} swew^{1} ŋwu^{2} tjij^{1} rjur^{1} tṣə^{1} ·jij^{1} do^{2}

白 黄 等 一 切 但 其 明 是。 或 诸 色 相 处

白黄等一切但是其明[6]。既于诸色相处

2.28.8

ljɨ^{1} ljɨ^{1} lew^{1} gji^{1} sej^{1} io̱^{1} swew^{1} ljij^{2} ku^{1} ·jij^{1} nji^{2} ɣa^{2} mji^{1} lha̱^{2}

一 一 但 莹 净 圆 明 见， 则 即 珠 于 不 惑

一一但见莹净圆明，即于珠不惑。

2.28.9

ŋwu^{2} thjɨ^{2} tja^{1} ŋowr^{2} ŋowr^{2} zji^{2} ŋa^{1} lew^{1} njiij^{1} mji^{1} lej^{2} lha̱^{2} zjij^{1}

是。 （此 者， 一 切 皆 空， 唯 心 不 变。 迷 时

tsjɨ^{1} nwə^{1} nwə^{1} mər^{2} mji^{1} lha̱^{2} lə śjwo^{1} tsjɨ^{1} nwə^{1} nwə^{1} mər^{2}

亦 知， 知 元 不 迷。 念 起 亦 知， 知 元

lə mjij^{1} rjɨr^{2} njɨ^{2} ɣa^{1} rejr^{2} tshja̱^{1} de^{2} dzu^{1} khie^{1} ljɨ^{1} ljɨ^{1}

念 无， 乃 至 哀 乐 怒 喜 爱 恶 一 一

（是一切皆空，唯心不变。迷时亦知，知元不迷。念起亦知，知元无念，乃至哀乐喜怒爱恶一一

2.28.10

zji^{2} nwə^{1} mər^{2} ŋa^{1} mjij^{1} ·jij^{1} nwə^{1} thja^{1} njiij^{1} tsjiir^{2} ɣa^{2} dźju^{1} tsjij^{2}

皆 知。 元 空 寂 即 知， 即 心 性 于 了 然

mji^{1} lha̱^{2} ·jij^{1} dzjo̱^{1} thjɨ^{2} wo^{2} śji^{1} mər^{2} rjir^{2} rejr^{2} zjij^{2} buu^{2} źju^{2}

不 惑 △ 喻。 此 义 前 宗 与 多 多 迥 异，

tśhjwo^{1} śji^{1} tshjiij^{1} da̱^{2} śji^{1} ŋwu^{2} thjɨ^{2} dwər^{2} thjɨ^{2} tja^{1} śji^{1} rjir^{2} do^{2}

故 初 标 云 前 将 此 望， 此 者 前 于 异

皆知。喻知元空寂[7]，即于心性了然不惑。此上皆迥异诸宗也。故初标云将前望此，此即迥异于前。）

2.28.11

ɣiej¹ ·jɨ² lew¹ thja¹ nji² ɣa² mji¹ lhạ² ku¹ njaa¹ tsjɨ¹ njaa¹ mjij¹ njaa¹ ·jij¹

[illegible]

真 谓。） 但 彼 珠 于 不 惑， 则 黑 亦 黑 无， 黑 即

但于珠不惑，则黑既无黑，黑即

2.28.12

nji² ŋwu² rjur¹ tsə¹ tsjɨ¹ zji² thja¹ wjɨ² sju² thjɨ² tja¹ dju¹ mjij¹ ·jij¹

[illegible]

珠 是， 诸 色 亦 皆 彼 △ 如。 此 者 有 无 自

是珠，诸色皆尔。即是有无自

2.29.1

dzju² swew¹ na¹ iọ¹ lwu¹ dźjwɨ¹ wa² ɣiẹ² ljɨ¹ thjɨ² tja¹ thja¹

[illegible]

在， 明 黑 融 通， 相 何 碍 哉？ （此 者 彼

njɨɨ¹ mər² rjir² thwuu¹ njaa¹ tsjɨ¹ njaa¹ mjij¹ ·jɨ² tja¹ gjiiw¹

[illegible]

二 宗 与 同。 黑 亦 黑 无 谓 者， 牛

在，明黑融通，复何碍哉？（此同彼二宗也。黑即无黑者，喻牛

2.29.2

thew² mər² ŋowr² ŋowr² zji² mjij¹ ·jɨ² rjir² dzjọ¹ nioow¹ njaa¹ ·jij¹ nji² ŋwu²

[illegible]

头 宗 一 切 皆 无 云 与 喻。 又 黑 即 珠 是

njɨ² ·jɨ² tja¹ xṻ¹ tśjiw¹ mər² ŋowr² ŋowr² zji² tha¹ tsjiir² ŋwu² mur¹

[illegible]

等 谓 者， 洪 州 宗 一 切 皆 佛 性 是， 凡

śjɨj² neew² niow² ·jij¹ gu² ta mjij¹ ·jɨ² rjir² dzjọ¹ tśhjwo¹ śji¹ tshjiij¹

[illegible]

圣 善 恶 自 相 碍 无 云 与 喻。 故 初 标

头宗云一切皆无[8]。黑即是珠者，喻洪州宗云一切皆是佛性[9]，凡圣善恶皆无所碍。故初标

2.29.3

dạ2 thjɨ2 ŋwu2 śji1 ɣjiw1 śji1 tja1 thjɨ2 rjir2 ŋowr2 thwuu1 sjij1 thjɨ2 rjɨr2 khju1 ·jị2 dzjọ1

[illegible]

云 此 将 前 摄，前 者 此 与 全 同 自 此 已 下 再 喻，

ŋwu2 xow1 tśhiə1 mər2 bju1 śji1 sọ1 mər2 ·jij1 śiaa2 zu2 wji1 ·jij1 tjij1 thja1 swew1

[illegible]

而 荷 泽 宗 将 前 三 宗 △ 结 束 为 将。）若 彼 明

但云将此摄前，前即是全同于此。自此已下喻意，再将荷泽本宗结束三宗也。）若不觉明

2.29.4

śja2 tji2 tja1 kwər1 ŋwu2 tśjo wjɨ1 khwụ2 mjij1 xow1 tśhiə1 thja1 mjɨ1 sjij2 lew1

[illegible]

现 所 者 体 是，永 变 易 无，（荷 泽。）彼 不 见，但

是所现之体[10]，永无变易，（荷泽。）彼不见[11]，但

2.29.5

njaa1 njɨ2 nji2 ŋwu2 zow2 xũ1 tśjiw1 tśhioow1 njaa1 ka2 nji2 ·ju2 kięj2 ljạ1 mər2 tśhioow1

[illegible]

黑 等 珠 是 认，（洪 州。）或 黑 离 珠 觅 拟，（北 宗。）或

认黑是珠，（洪州。）或拟离黑觅珠，（北宗。）或

2.29.6

swew1 njaa1 zji2 mjij1 ·ji2 gjiiw1 thew2 thjɨ2 tja1 zji2 nji2 mjɨ1 sjij2 ŋwu2 gu2 śiaa2

[illegible]

明 黑 都 无 言，（牛 头。）此 者 皆 珠 未 见 是。（都 结。）

言明黑都无者，（牛头宗。）皆是未见珠也。（都结。）

译文：

何如直云唯莹净圆明方是珠体，（唯空寂知也。若但说空寂而不显知，即何异虚空？亦如白瓷团[1]，圆净而无明性，何名摩尼？何能现影？洪州、牛头但说无一物，不显灵知。亦如此也。）其他一切相悉是虚妄[2]？（虚妄者[3]，善恶分别，举动运为，如洪州起心动念等即是一切相[4]，此相皆妄。故经云："凡所有相，皆是虚妄。"当知彼洪州宗认虚妄为真性也[5]。）是正见黑时，黑元不黑，但是其明。青元不青，但是其明，乃至赤白黄等一切但是其明[6]。既于诸色相处一一但见莹净圆明，即于珠不惑。（是一切皆空，唯心不变。迷时亦知，知元不迷。念起亦知，知元无念，乃至哀乐喜怒爱恶一一皆知。喻知元空寂[7]，即于心性了然不惑。此上皆迥异诸宗也。故初标云将前望此，此即迥异于前。）但于珠不惑，则黑既无黑，黑即是珠，诸色皆尔。即是有无自在，明黑融通，复何碍哉？（此同彼二宗也。黑即无

黑者，喻牛头宗云一切皆无[8]。黑即是珠者，喻洪州宗云一切皆是佛性[9]，凡圣善恶皆无所碍。故初标但云将此摄前，前即是全同于此。自此已下喻意，再将荷泽本宗结束三宗也。）若不觉明是所现之体[10]，永无变易，（荷泽。）彼不见[11]，但认黑是珠，（洪州。）或拟离黑觅珠，（北宗。）或言明黑都无者，（牛头宗。）皆是未见珠也。（都结。）

注释：

[1]白瓷团，汉本作“圆颗莹净之瓷团”。

[2]其他一切相，汉本作“其黑色乃至一切青黄色等”。

[3]汉本无此三字。

[4]汉本“洪州”下有“所认”二字。

[5]汉本无“洪州”二字。

[6]汉本“一切”下有“皆然”二字。

[7]汉本下有“空寂而知”四字。

[8]喻牛头宗云一切皆无，汉本作“同牛头，牛头但云一切皆无”。

[9]喻洪州宗云一切皆是佛性，汉本作“已下同洪州，洪州云一切皆是佛性”。

[10]不觉明是所现之体，汉本作“认得明珠是能现之体”。

[11]汉本无此三字。

释读：

2.29.7

·jɨr^{1}	dạ^{2}	rjur^{1}	tha^{2}	·ụ^{2}	lwər^{2}	lhejr^{2}	nioow^{1}	njwo^{2}	sjij^{1}	śjã^{1}	ɣa^{1}	rjɨr^{2}	njɨ^{2}
[illegible]	[illegible]	[illegible]	[illegible]	[illegible]	[illegible]	[illegible]	[illegible]	[illegible]	[illegible]	[illegible]	[illegible]	[illegible]	[illegible]
问	曰：	诸	大	乘	经	契	及	古	今	禅	门	乃	至

问:据大乘经及古今禅门乃至

2.29.8

xow^{1}	tśhiə^{1}	thja^{1}	ŋewr^{2}	tshjiij^{1}	lew^{2}	wo^{2}	tsjiir^{2}	zji^{2}	wee^{1}	mjij^{1}	dzjar^{2}	mjij^{1}	wji^{1}
[illegible]	[illegible]	[illegible]	[illegible]	[illegible]	[illegible]	[illegible]	[illegible]	[illegible]	[illegible]	[illegible]	[illegible]	[illegible]	[illegible]
荷	泽	彼	等	说	所，	理	性	皆	生	无	灭	无，	为

荷泽所说[1],理性皆云无生无灭[2],

2.29.9

mjij^{1}	·jij^{1}	mjij^{1}	mur^{1}	mjij^{1}	śjɨj^{2}	mjij^{1}	ŋwu^{2}	mjij^{1}	njaa^{2}	mjij^{1}	ljạ^{1}	tji^{2}	mjij^{1}
[illegible]	[illegible]	[illegible]	[illegible]	[illegible]	[illegible]	[illegible]	[illegible]	[illegible]	[illegible]	[illegible]	[illegible]	[illegible]	[illegible]
无	相	无，	凡	无	圣	无，	是	无	非	无，	证	可	无，

无为无相,无圣无凡,无是无非,不可证,

2.29.10

tshjiij1	tjị2	mjij1	·jɨ2	sjij1	lew1	thjɨ2	bju1	ku1	ŋwu2	nioow1	thja1	mjijr2	nwə1
说	可	无	云。	今	但	此	依	即	是，	又	彼	灵	知

不可说。今但依此即是，何必须说灵知？

2.29.11

tshjiij1	ljọ2	śjwo1	kụ2	dạ2	thjɨ2	tja1	zji2	dźjar2	t-	sji2	dạ2	ŋwu2
说	何	须？	答	曰：	此	者	并	过	遮	能	词	是，

答：此并是遮过之词，

2.29.12

njiij1	kwər1	·jij1	dźju1	nur1	sji2	mji1	we2	tjij1	sjij1	mjor1	dźju1	dźju1	·ju2
心	体	△	显	示	能	不	为。	若	今	现	了	了	常

未为显示心体。若不指示现今了了常

2.30.1

nwə1	mji1	bja2	mji1	ljwɨj1	tja1	·jij1	njiij1	ŋwu2	mji1	nur1	ku1	nioow1	sjwɨ1
知	不	断	不	昧	者	自	心	是	不	示，	则	又	何

知不断不昧是自心者[3]，说何

2.30.2

·jij1	wji1	mjij1	·jij1	mjij1	njɨ2	·jɨ2	ljɨ1	thja1	bju1	rjur1	lwər2	lhejr2	kha1
△	为	无	相	无	等	说	耶？	是	以	诸	经	契	中

无为无相等耶？是以诸经

2.30.3

lew1	thjɨ2	nwə1	·jij1	wee1	mjij1	dzjar2	mjij1	njɨ2	tshjiij1	tśhjwo1	xow1	tśhiə1	thja1
只	此	知	之	生	无	灭	无	等	说，	故	荷	泽	彼

只说此知无生无灭等[4]，故荷泽

2.30.4

ŋa^{1}	·jij^{1}	mjij^{1}	do^{2}	nwə^{1}	ljij^{2}	dźju^{1}	nur^{1}	rjur^{1}	dzjwo^{2}	sjij^{2}	phji^{1}	tśhjɨ^{2}	rjar^{2}
空	相	无	处	知	见	指	示，	诸	人	认	令，	立	便

于空无相处指示知见，令人认得，便

2.30.5

·jij^{1}	njiij^{1}	ŋwu^{2}	dwewr^{2}	wee^{1}	zar^{2}	zjọ^{2}	dzjij^{1}	tśjo	twẹ^{2}	mji^{1}	bja^{2}	rjɨr^{2}	njɨ^{2}
自	心	是	觉，	生	经	世	越，	永	继	不	断，	乃	至

觉自心，经生越世，永无间断，乃至

2.30.6

tha^{1}	śjɨj^{1}	nioow^{1}	xow^{1}	tśhiə^{1}	thja^{1}	wji^{1}	mjij^{1}	dźjiij^{1}	mjij^{1}	rjɨr^{2}	njɨ^{2}	tshjiij^{1}	tjị^{2}
佛	成。	又	荷	泽	彼	为	无	住	无	乃	至	说	可

成佛也。荷泽又收束无为无住乃至

2.30.7

mjij^{1}	njɨ^{2}	mə^{2}	mə^{2}	ŋwuu^{1}	dạ^{2}	zji^{2}	kjɨ^{1}	thjwɨ^{2}	ljị^{2}	lew^{1}	ŋa^{1}	mjij^{1}	tshjiij^{1}
无	等	种	种	言	词	皆	△	收	束，	但	空	寂	云

不可说等种种之言，但云空寂，

2.30.8

ŋwu^{2}	ŋowr^{2}	ŋowr^{2}	zji^{2}	ɣjiw^{1}	ŋa^{1}	tja^{1}	rjur^{1}	·jij^{1}	ŋa^{1}	phji^{1}	thjɨ^{2}	tsjɨ^{1}	t-
而	一	切	尽	摄。	空	者，	诸	相	空	令，	此	亦	遮

一切摄尽。空者，空却诸相，犹是遮

2.30.9

sji^{2}	dạ^{2}	ŋwu^{2}	lew^{1}	mjij^{1}	tja^{1}	źjɨr^{1}	tsjiir^{2}	mji^{1}	wjɨ^{1}	lej^{2}	wo^{2}	ŋwu^{2}	ŋa^{1}
能	言	是。	唯	寂	者	实	性	不	动	变	义	是，	空

过之言。唯寂是实性不变动义，

①据下文及汉本，此处疑脱"𗍫"(知)字。

②据上文及汉本，此处疑脱"𗅋"(过)字。

2.30.10

mjij^{1}	rjir^{2}	mji^{1}	lew^{2}	lew^{1}	nwə^{1}	tja^{1}	kwər^{1}	mjor^{1}	dźju^{1}	śja^{2}	wo^{2}	ŋwu^{2}	phjo^{2}
无	与	不	同。	唯	知	者	体	当	显	表	义	是，	分

不同空无也。知是当体表显义，

2.30.11

kar^{2}	rjir^{2}	mji^{1}	lew^{2}	lew^{1}	thjɨ^{2}	nwə^{1}	tja^{1}	ɣiej^{1}	njiij^{1}	·jij^{1}	mər^{2}	kwər^{1}	ŋwu^{2}
别	与	不	同。	唯	此	知	者	真	心	之	本	体	是，

不同分别也。唯此知为真心本体，

2.30.12

thja^{1}	bju^{1}	·jij^{1}	ɣu^{1}	njiij^{1}	śjwo^{1}	ɣa^{2}	śjwo^{1}	rjɨr^{2}	njɨ^{2}	tha^{1}	śjɨj^{1}	ɣa^{2}	njɨ^{2}
是	故	自	初	心	发	于	始，	乃	至	佛	成	于	至。

故始自发心，乃至成佛。

2.31.1

lew^{1}	mjij^{1}	lew^{1}	nwə^{1}	mji^{1}	lej^{2}	mji^{1}	bja^{2}	lew^{1}	ljɨ^{2}	mjii^{1}	bju^{1}	śjwɨ̣^{2}	ku^{1}
唯	寂	唯	知，	不	变	不	断，	但	地	位	依	随，	则

唯寂唯知，不变不断，但随地位，

2.31.2

mjiij^{2}	wo^{2}	zjɨɨr^{1}	do^{2}	thjɨ^{2}	tja^{1}	thwuu^{1}	tsjij^{2}	zjịj^{1}	wo^{2}	sjij^{2}	·jɨ^{2}	wo^{2}	tja^{1}	mjij^{1}	ŋwu^{2}	sjij^{2}	tja^{1}
名	义	稍	殊。	此	者	了	悟	时	理	智	谓，（	理	者	寂	也；	智	者

名义稍殊。了悟时为理智，（理即寂也；智

2.31.3

swew¹ ŋwu² njiij¹ śjwo¹ djọ² zjij¹ tạ¹ bioo¹ ·jɨ² tạ¹ tja¹ lhjɨ² nioow¹ tạ¹
[illegible]① [illegible]。) [illegible] [illegible] [illegible] [illegible] [illegible] [illegible] [illegible]，（[illegible] [illegible]， [illegible] [illegible] [illegible]
明 也。） 心 发 修 时 止 观 谓，（止 者， 尘 缘 止
dzjar² mjij¹ rjir² śjwii² bioo¹ tja¹ tsjiir² ·jij¹ dźju¹ sjwij¹ nwə¹ rjir² phjoo²
[illegible] [illegible] [illegible] [illegible]； [illegible] [illegible]， [illegible] [illegible] [illegible] [illegible] [illegible] [illegible] [illegible]。）
息 寂 于 契； 观 者， 性 相 显 明 知 于 冥。）

即知也。)发心修时为止观,(止者,止息尘缘契于寂;观者,显明性相冥于知[5]。)

2.31.4

ŋwe¹ bju¹ dźjɨ śjɨj¹ zjij¹ djɨj² źjɨr¹ ŋwu² nioow¹ tạ¹ ·ioow¹ bju¹ djɨj²
[illegible] [illegible] [illegible] [illegible] [illegible] [illegible] [illegible] [illegible]，（[illegible] [illegible] [illegible] [illegible] [illegible]
运 任 行 成 时 定 慧 是， （缘 止 功 因 定
rjir² lwu¹ djɨj² tja¹ mjij¹ no² mji¹ khwụ² ·jij¹ ·jɨ² dźjɨ swew¹ ·ioow¹
[illegible] [illegible]， [illegible] [illegible] [illegible] [illegible] [illegible] [illegible] [illegible] [illegible]； [illegible] [illegible] [illegible]
与 合， 定 者 寂 然 不 变 △ 谓； 观 照 功

任运成行时为定慧[6],(因止缘之功而合于定[7],定者寂然不变;因观照之功

2.31.5

bju¹ źjɨr¹ ·jij¹ śjwo¹ źjɨr¹ tja¹ phjo² kar² mjij¹ nwə¹ ŋwu²
[illegible] [illegible] [illegible] [illegible]， [illegible] [illegible] [illegible] [illegible] [illegible] [illegible] [illegible]。）
因 慧 △ 发， 慧 者 分 别 无 知 也。）
źji¹ njɨɨ² zji² dzjar² ·ioow¹ dźjɨ iọ¹ sə¹ tha¹ tśja¹
[illegible] [illegible] [illegible] [illegible]， [illegible] [illegible] [illegible] [illegible]， [illegible] [illegible]
烦 恼 都 尽， 功 行 圆 满， 佛 道

而发慧[8],慧者知无分别也。)约烦恼都尽,功行圆满,成佛

2.31.6

śjɨj¹ zjij¹ po¹ tjɨj¹ djiij² phā¹ ŋwu² xiwā¹ ŋwuu¹ po¹ tjɨj¹ mji² ŋwuu¹ dwewr²
[illegible] [illegible]， [illegible] [illegible] [illegible] [illegible] [illegible]。（[illegible] [illegible] [illegible] [illegible]， [illegible] [illegible] [illegible]
成 时， 菩 提 涅 槃 是。 （梵 语 菩 提， 番 语 觉
·jɨ² thjɨ² tja¹ nwə¹ ŋwu² xiwā¹ ŋwuu¹ po¹ tjɨj¹ mji² ŋwuu¹ dzjar² ·jɨ²
[illegible]， [illegible] [illegible] [illegible] [illegible]； [illegible] [illegible] [illegible] [illegible]， [illegible] [illegible] [illegible] [illegible]，
谓， 此 者 知 也； 梵 语 涅 槃， 番 语 灭 谓，

之时,名为菩提涅槃。(梵语菩提,番语为觉,即是知也;梵语涅槃,番语为灭,

①[illegible](明),据下文及汉本则当作"[illegible]"(知)。

2.31.7

thjɨ^2	tja^1	mjij^1	ŋwu^2	thjɨ^2	nioow^1	·jij^1	ɣu^1	njiij^1	śjwo^1	ɣa^2	śjwo^1	rjɨr^2	njɨ^2	tha^1	śjɨj^1	ɣa^2
[illegible]	[illegible]	[illegible]	[illegible]。）	[illegible]	[illegible]	[illegible]	[illegible]	[illegible]	[illegible]	[illegible]	[illegible]	[illegible]	[illegible]	[illegible]	[illegible]	[illegible]
此	者	寂	也。）	是	故	自	初	心	发	于	始	乃	至	佛	成，	于

即是寂也[9]。)故始自发心乃至成佛[10]，

2.31.8

njɨ^2	lew^1	mjij^1	lew^1	nwə^1	ŋwu^2	tjij^1	śji^1	njɨɨ^1	mər^2	lew^1	ŋa^1	mjij^1	wji^1
[illegible]，	[illegible]	[illegible]	[illegible]	[illegible]	[illegible]。	[illegible]	[illegible]	[illegible]	[illegible]	[illegible]	[illegible]	[illegible]	[illegible]
△	唯	寂	唯	知	也。	若	前	二	宗	但	空	寂	为

唯寂唯知也。若如二宗但言空寂

2.31.9

mjij^1	njɨ^2	tshjiij^1	tja^1	po^1	tjɨj^1	njɨ^2	wo^2	mjij^1	ljɨ^1
[illegible]	[illegible]	[illegible]	[illegible]，	[illegible]	[illegible]	[illegible]	[illegible]	[illegible]	[illegible]。
无	等	言	者，	菩	提	等	义	阙	也。

无为等者,则阙菩提义也。

译文：

问：据大乘经及古今禅门乃至荷泽所说[1]，理性皆云无生无灭[2]，无为无相，无圣无凡，无是无非，不可证，不可说。今但依此即是，何必须说灵知？

答：此并是遮过之词，未为显示心体。若不指示现今了了常知不断不昧是自心者[3]，说何无为无相等耶？是以诸经只说此知无生无灭等[4]，故荷泽于空无相处指示知见，令人认得，便觉自心，经生越世，永无间断，乃至成佛也。荷泽又收束无为无住乃至不可说等种种之言，但云空寂，一切摄尽。空者，空却诸相，犹是遮过之言。唯寂是实性不变动义，不同空无也。知是当体表显义，不同分别也。唯此知为真心本体，故始自发心，乃至成佛。唯寂唯知，不变不断，但随地位，名义稍殊。了悟时为理智，（理即寂也；智即知也。）发心修时为止观，（止者，止息尘缘契于寂；观者，显明性相冥于知[5]。）任运成行时为定慧[6]，（因止缘之功而合于定[7]，定者寂然不变；因观照之功而发慧[8]，慧者知无分别也。）约烦恼都尽，功行圆满，成佛之时，名为菩提涅槃。（梵语菩提，番语为觉，即是知也；梵语涅槃，番语为灭，即是寂也[9]。）故始自发心乃至成佛[10]，唯寂唯知也。若如二宗但言空寂无为等者，则阙菩提义也。

注释：

[1]汉本“禅门”上有“诸宗”二字。

[2]汉本“皆”下有“同”字。

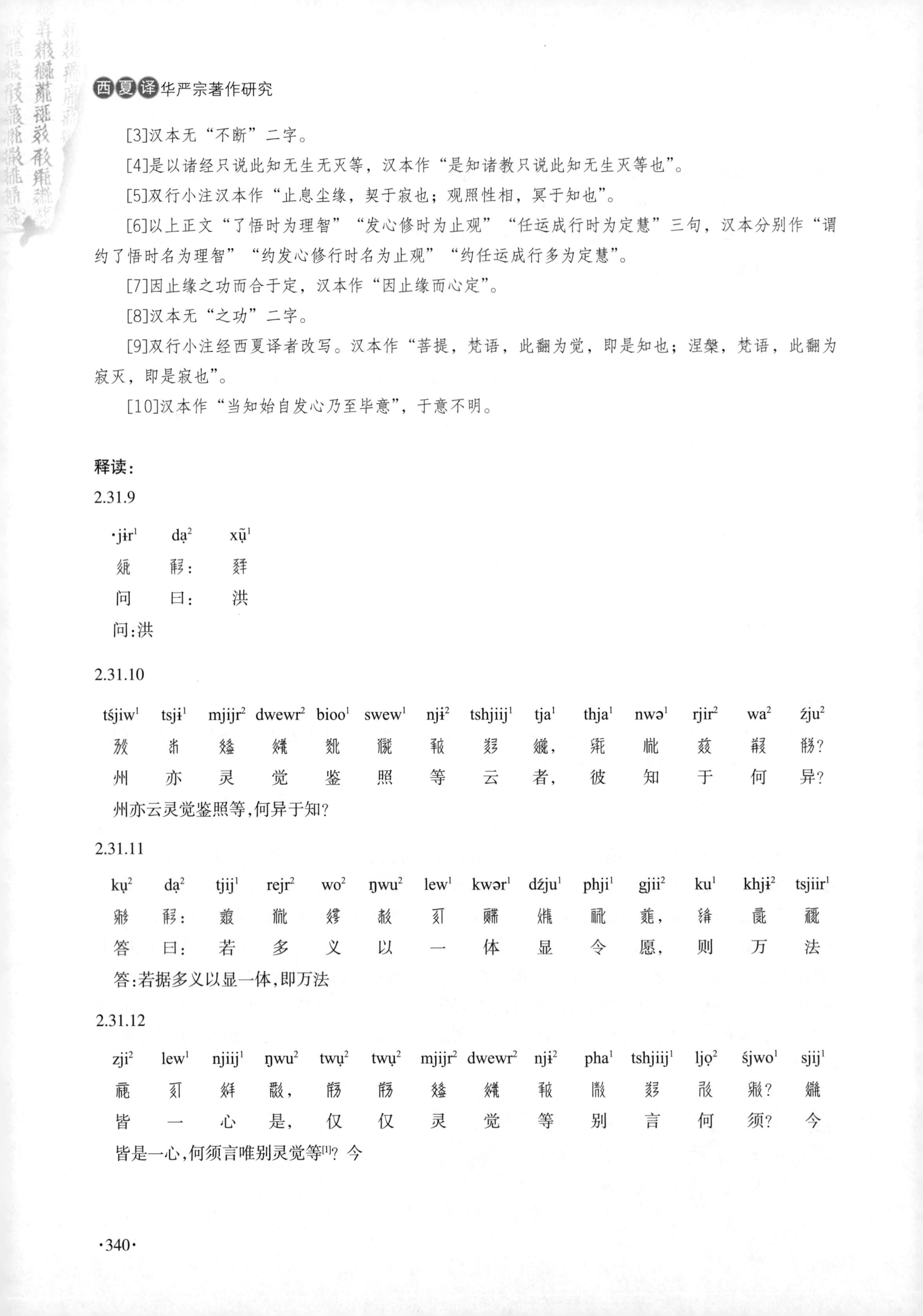

[3]汉本无“不断”二字。

[4]是以诸经只说此知无生无灭等，汉本作“是知诸教只说此知无生灭等也”。

[5]双行小注汉本作“止息尘缘，契于寂也；观照性相，冥于知也”。

[6]以上正文“了悟时为理智”“发心修时为止观”“任运成行时为定慧”三句，汉本分别作“谓约了悟时名为理智”“约发心修行时名为止观”“约任运成行多为定慧”。

[7]因止缘之功而合于定，汉本作“因止缘而心定”。

[8]汉本无“之功”二字。

[9]双行小注经西夏译者改写。汉本作“菩提，梵语，此翻为觉，即是知也；涅槃，梵语，此翻为寂灭，即是寂也”。

[10]汉本作“当知始自发心乃至毕意”，于意不明。

释读：

2.31.9

·jɨr^1 dạ^2 xũ^1

[illegible] [illegible]： [illegible]

问 曰： 洪

问:洪

2.31.10

tśjiw^1 tsjɨ^1 mjijr^2 dwewr^2 bioo^1 swew^1 njɨ^2 tshjiij^1 tja^1 thja^1 nwə^1 rjir^2 wa^2 źju^2

[illegible]

州 亦 灵 觉 鉴 照 等 云 者， 彼 知 于 何 异？

州亦云灵觉鉴照等,何异于知?

2.31.11

kụ^2 dạ^2 tjij^1 rejr^2 wo^2 ŋwu^2 lew^1 kwər^1 dźju^1 phji^1 gjii^2 ku^1 khjɨ^2 tsjiir^1

[illegible]

答 曰： 若 多 义 以 一 体 显 令 愿， 则 万 法

答:若据多义以显一体,即万法

2.31.12

zji^2 lew^1 njiij^1 ŋwu^2 twụ^2 twụ^2 mjijr^2 dwewr^2 njɨ^2 pha^1 tshjiij^1 ljọ^2 śjwo^1 sjij^1

[illegible]

皆 一 心 是， 仅 仅 灵 觉 等 别 言 何 须？ 今

皆是一心,何须言唯别灵觉等[1]? 今

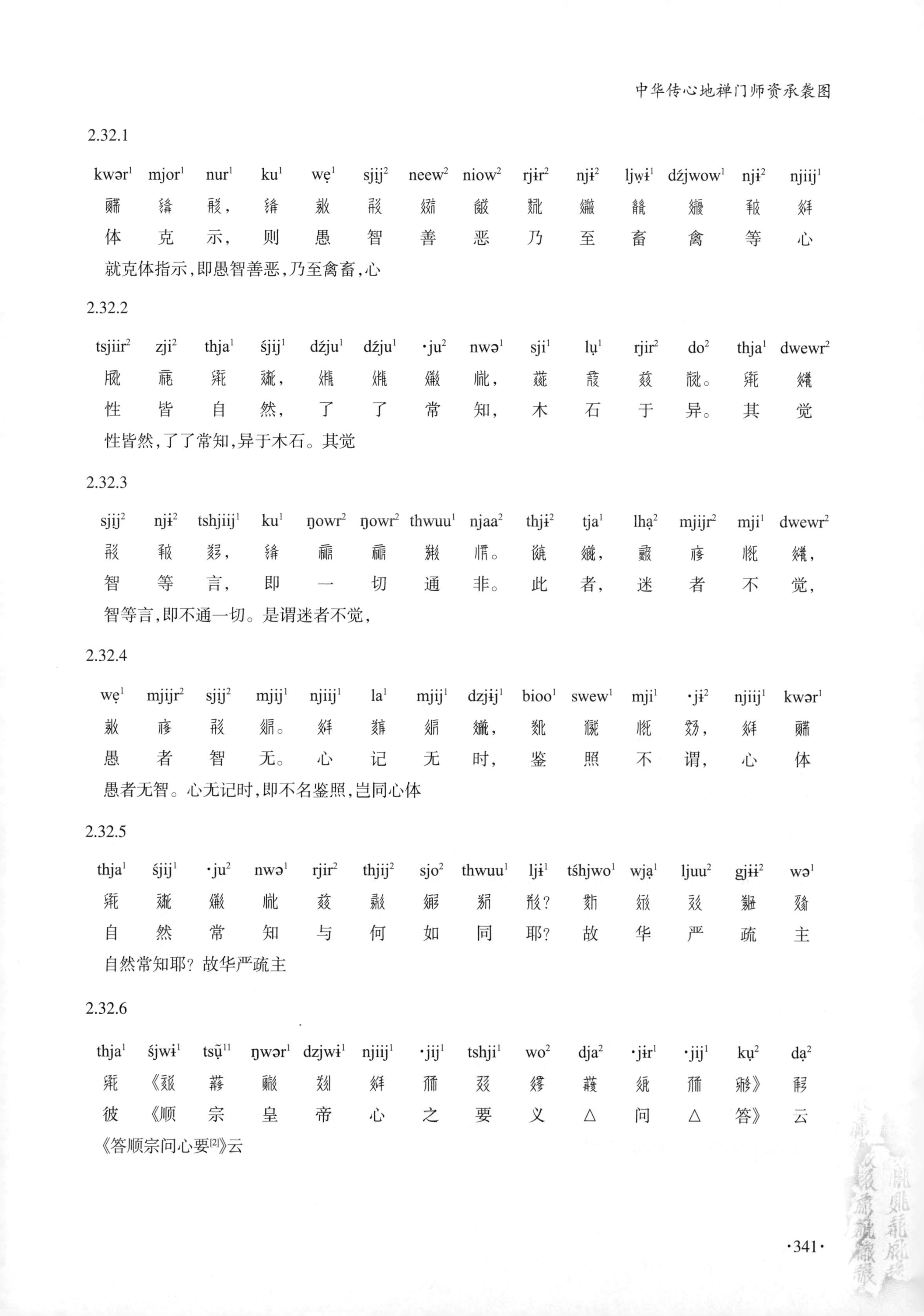

2.32.1

kwər1 mjor1 nur1 ku1 wẹ1 sjij2 neew2 niow2 rjɨr2 njɨ2 ljẉɨ1 dźjwow1 njɨ2 njiij1

体 克 示，则 愚 智 善 恶 乃 至 畜 禽 等 心

就克体指示，即愚智善恶，乃至禽畜，心

2.32.2

tsjiir2 zji2 thja1 śjij1 dźju1 dźju1 ·ju2 nwə1 sji1 lụ1 rjir2 do2 thja1 dwewr2

性 皆 自 然，了 了 常 知，木 石 于 异。其 觉

性皆然，了了常知，异于木石。其觉

2.32.3

sjij2 njɨ2 tshjiij1 ku1 ŋowr2 ŋowr2 thwuu1 njaa2 thjɨ2 tja1 lhạ2 mjijr2 mji1 dwewr2

智 等 言，即 一 切 通 非。此 者，迷 者 不 觉，

智等言，即不通一切。是谓迷者不觉，

2.32.4

wẹ1 mjijr2 sjij2 mjij1 njiij1 la1 mjij1 dzjɨj1 bioo1 swew1 mji1 ·jɨ2 njiij1 kwər1

愚 者 智 无。心 记 无 时，鉴 照 不 谓，心 体

愚者无智。心无记时，即不名鉴照，岂同心体

2.32.5

thja1 śjij1 ·ju2 nwə1 rjir2 thjij2 sjo2 thwuu1 ljɨ1 tśhjwo1 wją1 ljuu2 gjɨɨ2 wə1

自 然 常 知 与 何 如 同 耶？故 华 严 疏 主

自然常知耶？故华严疏主

2.32.6

thja1 śjwɨ1 tsũ11 ŋwər1 dzjwɨ1 njiij1 ·jij1 tshji1 wo2 dja2 ·jɨr1 ·jij1 kụ2 dạ2

彼 《顺 宗 皇 帝 心 之 要 义 △ 问 △ 答》 云

《答顺宗问心要[2]》云

2.32.7

dźjiij¹ mjij¹ njiij¹ kwər¹ mjijr² nwə¹ mji¹ ljwɨj¹ nioow¹ tshjiij¹ thja¹ śjij¹ mjij¹ nwə¹

[illegible]

“住 无 心 体， 灵 知 不 昧”， 又 云 “任 运 寂 知”，

“无住心体，灵知不昧”，又云“任运寂知”，

2.32.8

nioow¹ tshjiij¹ mjij¹ nwə¹ lọ² swew¹ ·jɨ² nioow¹ wją¹ ljuu² lwər² lhejr² kha¹ tsjɨ¹

[illegible]

又 云 “寂 知 双 照” 谓， 又 《华 严 经 契》 中 亦

又云“双照寂知”，《华严经》亦

2.32.9

nwə¹ ljɨ¹ sjij² rjir² źju² śjij¹ pha¹ tsjij¹ thja¹ xũ¹ tśjiw¹ mjijr² dwewr² rjijr²

[illegible]

知 与 智 于 别 法 拣。 况 且 洪 州 灵 觉 愿

拣知与智别。况洪州虽云灵觉，

2.32.10

tshjiij¹ tsjɨ¹ lew¹ dźiã² tśhju¹ gu² dźjij² ·jij¹ lhjwi¹ dzjọ¹ zji² tha¹ tsjiir² dźjij²

[illegible]

云， 而 但 众 生 共 有 之 标， 如 皆 佛 性 有

但是标众生有之，如云皆有佛性

2.32.11

·jɨ² rjir² ·a tjɨj² twụ² twụ² nur¹ ljɨ¹ njaa² ljɨ¹ tjij¹ twụ² kjij¹ nur¹

[illegible]

云 与 一 般， 的 的 示 虽 非 也， 若 的 △ 指

之言，非的指示，指示

2.32.12

tsjɨ¹ lew¹ ŋwuu¹ dạ² njwi² njɨ² ŋwu² ·jɨ² tjij¹ sjij¹ sjij¹ ·jɨr¹ ku¹ ·jị²

[illegible]

则 但 言 语 能 等 是 云。 若 细 细 诘， 则 复

则但云能言语等。若细诘之，即

2.33.1

dạ^{2} dź- mjiij^{2} ŋowr^{2} ŋowr^{2} nja^{1} djɨj^{2} tsjiir^{1} mjij^{1} ·jɨ^{2} iọ^{1} rjur^{1} tha^{1} tshjiij^{1}

[illegible]

云：“假 名 一 切 △ 定 法 无 谓。” 且 诸 佛 说

云:“一切假名无有定法。”且统论佛教,

2.33.2

tsjiir^{1} zji^{2} śioo^{1} ku^{1} t- dźju^{1} njɨɨ^{1} ɣa^{1} we^{2} źjɨr^{1} wo^{2} kjij^{1} ku^{1} ɣiej^{1}

[illegible]

教 皆 统， 则 遣 显 二 门 为， 实 义 推 则 真

有遣显二门,推实义则真

2.33.3

ŋa^{1} thjoo^{1} dju^{1} məɪ^{2} njiij^{1} kjij^{1} ku^{1} kwər^{1} ŋowr^{2} ·ioow^{1} ŋowr^{2} sjij^{1} xụ̃^{1} tśjiw^{1}

[illegible]

空 妙 有， 本 心 空 则 体 具 用 具。 今 洪 州、

空妙有,空本心则具体具用[3]。今洪州、

2.33.4

gjiiw^{1} thew^{2} lew^{1} rar^{2} ·jijr^{2} ŋwu^{2} dzjɨ^{2} dźjwa^{1} ŋwu^{2} ·jɨ^{2} lew^{1} tsjiir^{1} t- ·jij^{1}

[illegible]

牛 头 但 迹 拂 以 至 极 是 谓， 但 教 遣 之

牛头以拂迹为至极,但得遣教之

2.33.5

wo^{2} ljɨ^{1} ɣiej^{1} ŋa^{1} wo^{2} rjir^{1} kwər^{1} ljɨ^{1} śjɨj^{1} djij^{2} tsjiir^{1} dźju^{1} wo^{2} ljɨ^{1} ljɨ^{1}

[illegible]

义 也， 真 空 义 得， 体 虽 成 然， 教 显 义 一 虽，

意,真空之义,唯成其体,失于显教之意,

2.33.6

thjoo^{1} dju^{1} wo^{2} njɨ^{2} dja^{2} lhjij^{2} thja^{1} ·ioow^{1} mjij^{1} ljɨ^{1} ·jɨr^{1} dạ^{2} xụ̃^{1}

[illegible]

妙 有 义 等 △ 失， 其 用 阙 也。 问 曰： 洪

妙有之义,阙其用也。问:洪

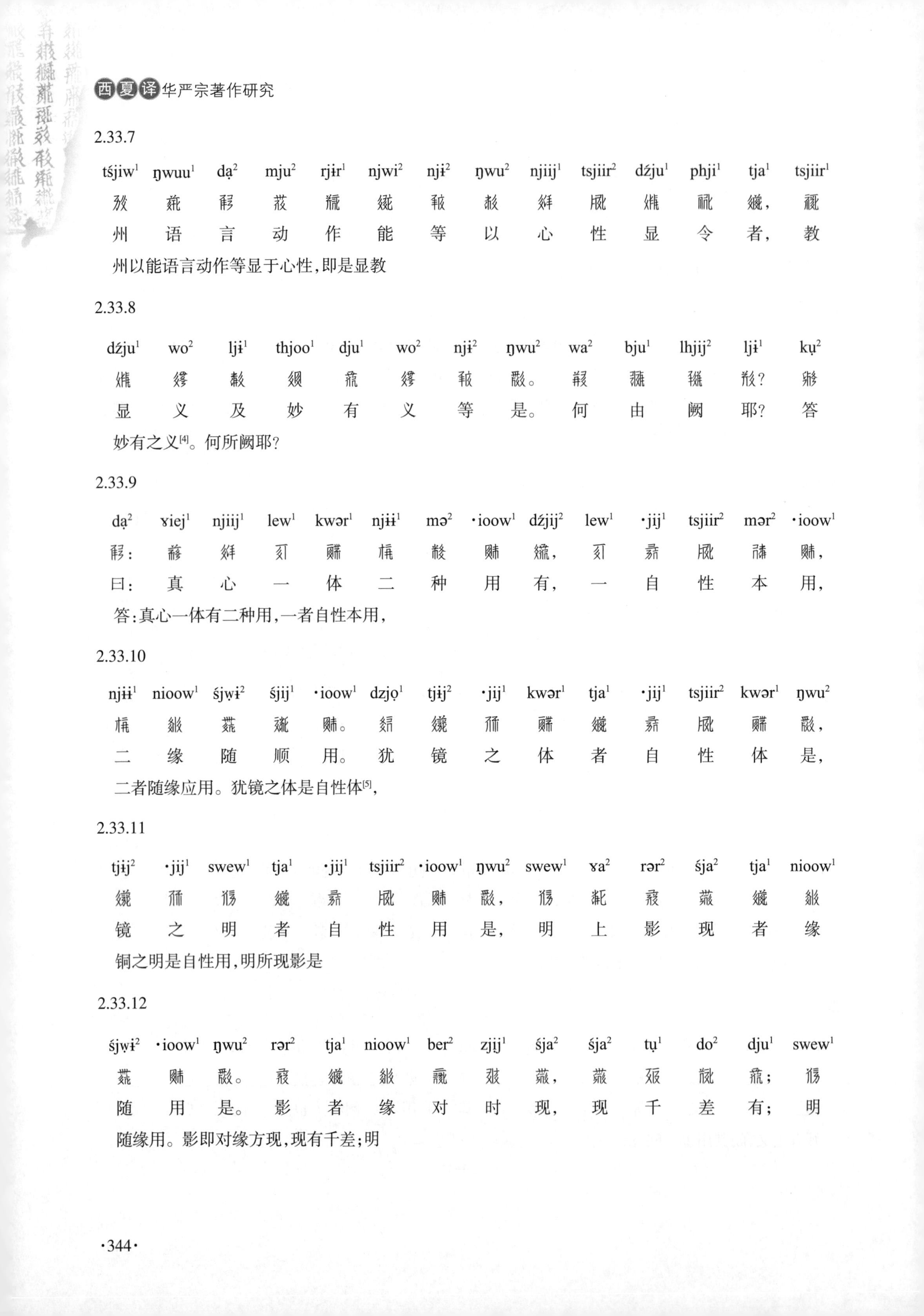

2.33.7

tśjiw¹ ŋwuu¹ dạ² mju² rjɨr¹ njwi² njɨ² ŋwu² njiij¹ tsjiir² dźju¹ phji¹ tja¹ tsjiir¹

州 语 言 动 作 能 等 以 心 性 显 令 者， 教

州以能语言动作等显于心性，即是显教

2.33.8

dźju¹ wo² ljɨ¹ thjoo¹ dju¹ wo² njɨ² ŋwu² wa² bju¹ lhjij² ljɨ¹ kụ²

显 义 及 妙 有 义 等 是。 何 由 阙 耶？ 答

妙有之义[4]。何所阙耶？

2.33.9

dạ² ɣiej¹ njiij¹ lew¹ kwər¹ njɨɨ¹ mə² ·ioow¹ dźjij² lew¹ ·jij¹ tsjiir² mər² ·ioow¹

曰： 真 心 一 体 二 种 用 有， 一 自 性 本 用，

答：真心一体有二种用，一者自性本用，

2.33.10

njɨɨ¹ nioow¹ śjwɨ² śjij¹ ·ioow¹ dzjọ¹ tjɨj² ·jij¹ kwər¹ tja¹ ·jij¹ tsjiir² kwər¹ ŋwu²

二 缘 随 顺 用。 犹 镜 之 体 者 自 性 体 是，

二者随缘应用。犹镜之体是自性体[5]，

2.33.11

tjɨj² ·jij¹ swew¹ tja¹ ·jij¹ tsjiir² ·ioow¹ ŋwu² swew¹ ɣa² rər² śja² tja¹ nioow¹

镜 之 明 者 自 性 用 是， 明 上 影 现 者 缘

铜之明是自性用，明所现影是

2.33.12

śjwɨ² ·ioow¹ ŋwu² rər² tja¹ nioow¹ ber² zjij¹ śja² śja² tụ¹ do² dju¹ swew¹

随 用 是。 影 者 缘 对 时 现， 现 千 差 有； 明

随缘用。影即对缘方现，现有千差；明

2.34.1

·jij^{1}	·ju^{2}	swew^{1}	swew^{1}	lew^{1}	lew^{1}	wji̱^{1}	thjɨ^{2}	tja^{1}	njiij^{1}	·ju^{2}	mjij^{1}	tja^{1}	·jij^{1}
即①	常	明，	明	唯	一	味。	此	者，	心	常	寂	者	自

即常明,明唯一味。是以心常寂是自

2.34.2

tsjiir^{2}	kwər^{1}	ŋwu^{2}	njiij^{1}	·ju^{2}	nwə^{1}	tja^{1}	·jij^{1}	tsjiir^{2}	·ioow^{1}	ŋwu^{2}	thjɨ^{2}	nwə^{1}	phjo^{2}
性	体	是，	心	常	知	者	自	性	用	是。	此	知	分

性体,心常知是自性用。此知能分

2.34.3

kar^{2}	ŋwuu^{1}	dạ^{2}	mju^{2}	ɣjɨr^{1}	njɨ^{2}	njwi^{2}	tja^{1}	nioow^{1}	śjwɨ^{2}	·ioow^{1}	ŋwu^{2}	sjij^{1}	xũ^{1}
别	语	言	动	作	等	能	者，	缘	随	用	是。	今	洪

别语言动作等[6],是随缘应用。今洪

2.34.4

tśjiw^{1}	ŋwuu^{1}	dạ^{2}	njwi^{2}	tja^{1}	dzju^{1}	nur^{1}	tja^{1}	lew^{1}	nioow^{1}	śjwɨ^{2}	·ioow^{1}	ŋwu^{2}	·jij^{1}
州	语	言	能	者	指	示	者，	但	缘	随	用	是，	自

州指示能语言等,但是随缘用,阙自

2.34.5

tsjiir^{2}	kwər^{1}	mjij^{1}	nioow^{1}	tsjiir^{1}	dźju^{1}	tja^{1}	bju^{1}	kaar^{1}	ljɨ^{1}	mjor^{1}	kaar^{1}	ŋwu^{2}	dźju^{1}
性	体	无。	又	教	显	者	比	量	及	现	量	以	显，

性体也[7]。又显教有比量显、现量显,

2.34.6

xũ^{1}	tśjiw^{1}	dạ^{2}	njiij^{1}	kwər^{1}	nur^{1}	tshjiij^{1}	tji^{2}	mjij^{1}	lew^{1}	ŋwuu^{1}	dạ^{2}	njwi^{2}	njɨ^{2}
洪	州	云	“心	体	指	示	可	无，	但	语	言	能	等

洪州云“心体不可指示,但以能语言等

①据上文及汉本,则此处脱“[illegible]”(自性)二字。

2.34.7

ŋwu^{2}	kaar^{1}	ku^{1}	tha^{1}	tsjiir^{2}	dju^{1}	sjwij^{1}	ljɨ^{1}	·jɨ^{2}	tja^{1}	bju^{1}	kaar^{1}	ŋwu^{2}	dźju^{1}
[illegible]	[illegible]，	[illegible]	[illegible]	[illegible]	[illegible]	[illegible]	[illegible]	[illegible]”	[illegible]，	[illegible]	[illegible]	[illegible]	[illegible]
以	验，	则	佛	性	有	知	也	谓”	者，	比	量	以	显

验之，知有佛性”，是比量显

2.34.8

ŋwu^{2}	xow^{1}	tśhiə^{1}	twụ^{2}	tshjiij^{1}	dạ^{2}	njiij^{1}	kwər^{1}	nwə^{1}	njwi^{2}	nwə^{1}	·jij^{1}	njiij^{1}	ŋwu^{2}
[illegible]。	[illegible]	[illegible]	[illegible]	[illegible]	[illegible]	“[illegible]	[illegible]	[illegible]	[illegible]，	[illegible]	[illegible]	[illegible]	[illegible]，
是。	荷	泽	直	谓	曰	“心	体	知	能，	知	即	心	是，

也。荷泽直云“心体能知，知即是心，

2.34.9

thja^{1}	nwə^{1}	bju^{1}	njiij^{1}	dźju^{1}	ljɨ^{1}	njaa^{2}	mjor^{1}	kaar^{1}	ŋwu^{2}	dźju^{1}	ŋwu^{2}	xụ̃^{1}	tśjiw^{1}
[illegible]	[illegible]	[illegible]	[illegible]	[illegible]”	[illegible]	[illegible]，	[illegible]	[illegible]	[illegible]	[illegible]	[illegible]。	[illegible]	[illegible]
彼	知	约	心	显”	以	外，	现	量	以	显	是。	洪	州

约知以显心”，是现量显也。洪州

2.34.10

thjɨ^{2}	mjij^{1}	śji^{1}	ljwij^{1}	mji^{1}	khwụ^{2}	nioow^{1}	śjwɨ^{2}	njɨɨ^{1}	wo^{2}	rjɨr^{2}	tshjiij^{1}	dja^{2}	dźjwa^{1}
[illegible]	[illegible]。	[illegible]	[illegible]	[illegible]	[illegible]	[illegible]	[illegible]	[illegible]	[illegible]	[illegible]	[illegible]	[illegible]	[illegible]，
此	阙。	前	有	不	变	缘	随	二	义	△	述	△	已，

阙此。已上述不变随缘二义，

2.34.11

kụ^{1}	twụ^{2}	nji^{2}	tśjɨɨ^{1}	djọ^{2}	njɨɨ^{1}	ɣa^{1}	phie^{2}	tja^{1}	mjor^{1}	ɣiej^{1}	wo^{2}	bju^{1}	tshjiij^{1}
[illegible]	[illegible]	[illegible]	[illegible]	[illegible]	[illegible]	[illegible]	[illegible]	[illegible]。	[illegible]	[illegible]	[illegible]	[illegible]	[illegible]
后	顿	悟	渐	修	两	门	明	者。	如	真	理	依	说

今次明顿悟渐修两门者。然真如之理

2.34.12

ku^{1}	tha^{1}	mjij^{1}	dźiã^{2}	tśhju^{1}	mjij^{1}	kha^{1}	nioow^{1}	dzjiij^{2}	dzjiij^{2}	dźjwɨ^{1}	deej^{1}	ljọ^{2}	dju^{1}
[illegible]	[illegible]	[illegible]	[illegible]	[illegible]	[illegible]	[illegible]，	[illegible]	[illegible]	[illegible]	[illegible]	[illegible]	[illegible]	[illegible]？
则	佛	无	众	生	无	中，	况	师	资	相	传	何	有？

尚无佛无众生，况有师资传授？

2.35.1

sjij^{1} tha^{1} ɣa^{2} śjwo^{1} dzjiij^{2} śjij^{1} dźjwɨ^{1} deej^{1} tshjiij^{1} ku^{1} lew^{1} dzjwo^{2} ·jij^{1} djọ^{2}

[illegible]

今 佛 自 来， 师 代 相 传 说， 则 唯 人 之 修

今既自佛已来，祖祖传授，即知约人修

2.35.2

lja̱^{1} tshwew^{1} ·o^{2} śjij^{1} ɣa^{1} ŋwu^{2} nwə^{1} lew^{2} tjij^{1} dzjwo^{2} bju^{1} tshjiij^{1} ljɨ^{1} ŋwu^{2}

[illegible]

证 趣 入 法 门 也 知 应。 若 人 就 论 既 是，

证趣入之门也。既就人论，

2.35.3

ku^{1} lhạ^{2} tsjij^{2} mur^{1} śjij^{2} dju^{1} lhạ^{2} kha^{1} tsjij^{2} ku^{1} twụ^{2} ŋwu^{2} mur^{1} khwụ^{2}

[illegible]

则 迷 悟、 凡 圣 有。 迷 从 悟 则 顿 是， 凡 转

即有迷悟、凡圣[8]。从迷而悟即是顿，转凡

2.35.4

śjij^{2} we^{2} tśjɨɨ^{1} ŋwu^{2} twụ^{2} nji^{2} tja^{1} ɣu^{1} mjij^{1} tśhjuu^{2} lhạ^{2} bju^{1} thjɨ^{2} ljɨɨr^{1}

[illegible]

圣 成 渐 是。 顿 悟 者， 始 无 倒 迷 由， 此 四

成圣即是渐[9]。顿悟者，谓无始迷倒，认此四

2.35.5

tha^{2} ljụ^{2} zow^{2} lạ^{1} lə njiij^{1} wji^{1} zji^{2} ŋa^{2} ŋwu^{2} zow^{2} tjij^{1} neew^{2} wjɨ^{1}

[illegible]

大 身 认， 妄 想 心 为， 通 我 是 认。 若 善 友

大为身，妄想为心，通认为我。若遇善友，

2.35.6

rjir^{2} ber^{2} śji^{1} sju^{2} mji^{1} lej^{2} nioow^{1} śjwɨ^{2} tsjiir^{2} ·jij^{1} kwər^{1} ·ioow^{1} njɨ^{2} wo^{2}

[illegible]

与 遇， 上 如 不 变 缘 随 性 相 体 用 等 义

为说如上不变随缘性相体用之义，

2.35.7

tshjiij^{1}	wji^{1}	zjij^{1}	mjijr^{2}	swew^{1}	nwə^{1}	ljij^{2}	·jij^{1}	ɣiej^{1}	njiij^{1}	ŋwu^{2}	tśhjɨ^{2}	rjar^{2}	·a
说	为	时，	灵	明	知	见	自	真	心	是	忽	然	△

忽悟灵灵知见是自真心。

2.35.8

tsjij^{2}	njiij^{1}	mər^{2}	ŋa^{1}	mjij^{1}	bju^{2}	mjij^{1}	·jij^{1}	mjij^{1}	·jij^{1}	tsjiir^{1}	ljụ^{2}	ŋwu^{2}	ljụ^{2}
悟。	心	本	空	寂，	边	无	相	无，	即	法	身	是，	身

心本空寂,无边无相,即是法身,身

2.35.9

njiij^{1}	mji^{1}	njɨɨ^{1}	tśhjwo^{1}	ɣiej^{1}	ŋa^{2}	we^{2}	thjɨ^{2}	rjur^{1}	tha^{1}	rjir^{2}	mej^{2}	bięj^{1}	mji^{1}
心	不	二，	故	真	我	为，	此	诸	佛	与	分	毫	不

心不二,是为真我,即与诸佛分毫不

2.35.10

do^{2}	tśhjwo^{1}	twụ^{2}	·jɨ^{2}	dzjọ^{1}	tha^{2}	bji^{2}	gjɨ^{2}	tha^{1}	tsjiir^{2}	kjɨ^{1}	mjiij^{1}	lhạ^{2}	ljɨ^{1}	khjwɨ^{2}	·jɨj^{2}
殊，	故	顿	云。	如	大	官	一	（佛	性）	△	梦	（迷	也）	牢	狱

殊,故云顿[10]。如一大官(佛性)梦(迷也)在牢狱

2.35.11

·u^{2}	dźjiij^{1}	sọ^{1}	kięj^{2}	ljụ^{2}	mər^{2}	sjij^{2}	phej^{1}	tśjiir^{2}	zjij^{1}
内	在	（三	界），	身	（本	识）	枷	锁	著
lęj^{2}	dzu^{1}	mə^{2}	mə^{2}	sjwɨ^{1}	tśjį^{1}	sjwɨj^{1}	tshja^{2}	ŋowr^{2}	ŋowr^{2}
（贪	爱），	种	种	忧	苦	（业	报	一	切），

(三界),身(本识)著枷锁(贪爱),种种忧苦(一切业报),

2.35.12

·jir^{2} rjɨj^{2} lho kjụ^{1} tsjiir^{1} ·jɨr^{1} ·jɨr^{2} djọ^{2} tjij^{1} dzjwo^{2}

百 计 出 求。（法 问 勤 修。） 若 人

·a śjwo^{1} neew^{2} nwə^{1} sjij^{2} dzju^{1} tśhjɨ^{2} rjar^{2} me^{2} ljị^{1}

△ 起，（善 知 识 命。） 忽 然 觉 悟，

百计求出。（问法勤修。）遇人唤起，（善知识命。）忽然觉悟，

2.36.1

tsjiir^{1} mji^{1} njiij^{1} bie^{2} tśhjwo^{1} ·jij^{1} ljụ^{2} ljij^{2} tsjiir^{1} ljụ^{2} ɣiej^{1} ŋa^{2} mər^{2}

（法 闻 心 开。） 故 自 身 见 （法 身 真 我） 原

·jij^{1} nji^{1} dźjiij^{1} sej^{1} mjiij^{2} dạ^{2} sji^{1} dźjwa^{1} ŋa^{1} mjij^{1} ·jɨj^{2} no^{2}

自 家 在。（《净 名》 云 “毕 竟 空 寂 舍”。） 安

（闻法心开。）方见自身（法身真我）原在自家。（《净名》云“毕竟空寂舍”。）安

2.36.2

rejr^{2} mjij^{1} dzjar^{2} rejr^{2} we^{2} bjuu^{1} lo kwər^{1} tśhjaa^{1} mər^{2} ɣa^{2} njij^{2}

乐 （寂 灭 乐 为） 贵 富，（体 上 本 来 河

bẹ^{1} ŋewr^{2} tśhja^{2} ·ioow^{1} dźjij^{2} rjur^{1} bji^{2} mjijr^{2} rjir^{2} do^{2} pha^{1} mji^{1}

沙 数 德 功 有。） 诸 朝 僚 与 别 异 不

乐（寂灭为乐）富贵，（体上本有河沙功德。）与诸朝僚都无别异。

2.36.3

dju^{1} rjur^{1} tha^{1} tsjiir^{2} thwuu^{1} rjɨr^{2} khju^{1} bjij^{2} bju^{1} ljɨ^{1} ljɨ^{1} tsjiir^{1} rjir^{2} phjoo^{2} ku^{1} tśhjwo^{1} nwə^{1}

有。（诸 佛 性 同。） 以 下 注 如 一 一 法 与 合 则 故 知。

（同诸佛之真性。）法合一一如注可知[11]。

2.36.4

mjiij1	gji1	dja2	ljɨ1	sjwij1	ku1	ljụ2	njiij1	mər2	ɣjow1	lew1	ljɨ1	ŋwu2	djij2
梦	寤	△	既	明，	则	身	心	本	源	一	虽	是	然，

既辨梦寤[12]，身心本源虽一，

2.36.5

·jij1	·ioow1	ɣa2	dza2	tśjɨ1	tśhjuu2	ŋowr2	źju2	me2	tjị2	nioow1	rjijr2	·jị2	mjiij1
相	用	上	论，	正	倒	全	殊，	觉	寤	后	来	还	梦

论其相用，倒正悬殊，不可觉来还作梦事。

2.36.6

dạ2	wji1	phja1	mjij1	thjɨ2	tja1	njiij1	ɣjow1	lew1	ŋwu2	tsjɨ1	lhạ2	tsjij2	ŋowr2
事	作	边	无。	此	者	心	源	一	是，	而	迷	悟	全

此以喻心源虽一，迷悟

2.36.7

źju2	·jij1	dzjọ1	dzjọ1	mjiij1	gu2	pjị1	dzjɨj2	wji1	njiij1	lhạ2
殊	以	喻。	如	梦	中	丞	相	为，	（心	迷
bju1	djọ2	tha2	xiwā1	ŋwər1	njij2	njɨ2	mjii1	rjir1	me2	
因	修，	大	梵	天	王	等	位	得。）	觉	

悬殊。梦时拜相，（迷时修得大梵天王等位。）

2.36.8

tjị2	rjar1	zjɨɨr1	mjɨ1	不详	tsjij2	zjij1	ɣạ2	dźiej2	mjii1	·o2
醒	廷	尉	不	及；	（悟	时	十	信	位	入。）
mjiij1	gu2	śjạ1	ljɨ1	rjir1	lhạ2	dzjɨj1	mjɨ1	pjụ1	tśhja2	·ioow1
梦	中	七	宝	得，	（迷	时	无	量	德	功

不及觉时作尉；（悟后初入十信位。）梦得七宝，（迷时修无量功德

2.36.9

djọ^{2}	dźjij^{1}	me^{2}	tjị^{2}	·jir^{2}	dzjɨj^{1}	mjɨ^{1}	不详	tsjij^{2}	zjij^{1}
修	行。）	觉	醒	百	钱	不	及。	（悟	时
ŋwə^{1}	kie^{1}	ɣạ^{2}	neew^{2}	·jiij^{1}	thjɨ^{2}	zji^{2}	lew^{1}	lạ^{1}	
五	戒	十	善	持。）	此	皆	一	妄	

也。）不及觉时百钱。（悟时持五戒十善。）皆以一妄

2.36.10

lew^{1}	ɣiej^{1}	nioow^{1}	ljɨ^{1}	ljɨ^{1}	dźjwɨ^{1}	ɣa^{2}	dzjọ^{1}	tjị^{2}	mjij^{1}	rjur^{1}
一	真	因，	一	一	相	于	类	可	无。	（诸
tsjiir^{1}	kha^{1}	tshjiij^{1}	sọ^{1}	tụ^{1}	śjạ^{1}	ljɨ^{1}	mjii^{1}	tsji^{1}	lew^{1}	ljaa^{1}
教	中	云	“三	千	七	宝	施，	亦	一	偈

一真，不可一一相类[13]。（诸教皆云“施三千七宝，

2.36.11

mji^{1}	zjij^{1}	mjɨ^{1}	不详	·ji^{2}	tja^{1}	thjɨ^{2}	wo^{2}	ŋwu^{2}	sjij^{1}
闻	数	不	如	谓”	者，	此	意	是。）	今
xũ^{1}	tśjiw^{1}	lew^{1}	lej^{2}	dzu^{1}	kie^{1}	djɨj^{2}	zji^{2}	tha^{1}	tsjiir^{2}
洪	州	但	贪	爱	戒	定	皆	佛	性

不如闻一句偈”，是此意也。）今洪州但言贪爱戒定皆是佛性

2.36.12

·jij^{1}	·ioow^{1}	ŋwu^{2}	·ji^{2}	tja^{1}	lhạ^{2}	tsjij^{2}	tśjɨj^{1}	tśhjuu^{2}	phjo^{2}	kar^{2}	mjij^{1}	ljɨ^{1}	thja^{2}
之	用	是	言	者，	迷	悟	正	倒	拣	辨	阙	也。	彼

之用者，阙拣辨迷悟倒正也[14]。彼

2.37.1

·jij^{1} śiaa^{2} śjij^{1} tja^{1} mjor^{1} ɣiej^{1} njiij^{1} tsjiir^{2} do^{2} mji^{1} dju^{1} nioow^{1} tśhjwo^{1} mji^{1}

之 意 法 者， 如 真 心 性 异 不 有 因， 故 不

意在真如心性无异，故不

2.37.2

tsjij^{1} gjij^{1} tjij^{1} ɣiej^{1} tsjiir^{2} bju^{1} tshjiij^{1} ku^{1} mər^{2} ŋwuu^{1} dạ^{2} mjij^{1} thwuu^{1} do^{2}

拣 择。 若 真 性 就 言， 则 本 言 说 无， 同 异

拣择。就真性言之，即本无言说，

2.37.3

sjwɨ^{1} tshjiij^{1} sjij^{1} dzjiij^{2} dzjiij^{2} dźjwɨ^{1} deej^{1} dju^{1} bju^{1} tśhjwo^{1} tśjɨj^{1} tśhjuu^{2} phjo^{2} kar^{2}

谁 道？ 今 师 资 相 传 有 因， 故 正 倒 拣 辨

谁道异同？今既有师资传授，即须拣辨倒正也[15]。

2.37.4

śjwo^{1} ljɨ^{1} tśjɨɨ^{1} djọ^{2} tja^{1} tsjiir^{1} ljụ^{2} ɣiej^{1} njiij^{1} ŋowr^{2} rjur^{1} tha^{1} rjir^{2} thwuu^{1}

须 也。 渐 修 者， 法 身 真 心 全 诸 佛 与 同

渐修者，虽顿悟法身真心全同诸佛，

2.37.5

twụ^{2} tsjij^{2} djij^{2} rejr^{2} kja^{2} ɣa^{2} śjwo^{1} ljɨɨr^{1} tha^{2} lạ^{1} zow^{2} ŋwu^{2} ŋa^{2} rjɨr^{2}

顿 悟 虽， 多 劫 上 始 四 大 妄 执 以 我 △

而多劫妄执四大为我，

2.37.6

we^{2} phji^{1} rjɨr^{2} kjij^{1} dzjɨɨ^{2} ŋwu^{2} tsjiir^{2} rjar^{1} dja^{2} we^{2} xja^{1} twụ^{2} tjij^{1} gie^{1}

为 令， 所 薰 习 以 性 气 △ 成， 卒 顿 除 难，

习以成性，难卒顿除故，

2.37.7

kjɨ^1 djɨj^2 tsjij^2 ɣa^2 bju^1 gjị^2 tśjɨɨ^1 djọ^2 ŋwu^2 tjij^1 nioow^1 ·jị^2 tjij^1 rjɨr^2

必 需 悟 于 依 凭 渐 修 而 损 又 复 损， 乃

需依悟渐修，损之又损，乃

2.37.8

njɨ^2 tjij^1 mjij^1 tśhjwo^1 mjiij^2 tha^1 śjɨj^1 ·jɨ^2 thjɨ^2 njiij^1 rjɨr^2 nioow^1 pha^1 śjɨj^1

至 损 无， 故 名 佛 成 谓， 此 心 以 外 别 成

至于无损，即名成佛，非此心外

2.37.9

lew^2 tha^1 dju^1 lji^1 njaa^2 tśjɨɨ^1 djọ^2 djij^2 ŋwu^2 tsjɨ^1 źjị^1 njɨɨ^2 mər^2 ŋa^1

可 佛 有 既 非。 渐 修 虽 是， 亦 烦 恼 本 空

有佛可成也。然虽渐修，由先已悟烦恼本空[16]，

2.37.10

śji^1 njij^2 ·a tsjij^2 bju^1 tśhjwo^1 niow^2 phja^1 tsjɨ^1 phja^1 lew^2 mjij^1 neew^2 djọ^2

先 前 已 悟 由， 故 恶 断 而 断 所 无， 善 修

故于恶断而无断，于善修

2.37.11

tsjɨ^1 djọ^2 lew^2 mjij^1 thjɨ^2 sju^2 ku^1 tśhjwo^1 ɣiej^1 djọ^2 ɣiej^1 phja^1 we^2

而 修 所 无， 此 如 则 故 真 修 真 断 为。

而无修，故此则为真修真断[17]。

译文：

问：洪州亦云灵觉鉴照等，何异于知？

答：若据多义以显一体，即万法皆是一心，何须言唯别灵觉等[1]？今就克体指示，即愚智善恶，乃至禽畜，心性皆然，了了常知，异于木石。其觉智等言，即不通一切。是谓迷者不觉，愚者无智。心无记时，即不名鉴照，岂同心体自然常知耶？故华严疏主《答顺宗问心要[2]》云“无住心体，灵知不昧”，又云“任运寂知”，又云“双照寂知”，《华严经》亦拣知与智别。况洪州虽云灵觉，但是标众生

有之，如云皆有佛性之言，非的指示，指示则但云能言语等。若细诘之，即云：“一切假名无有定法。”且统论佛教，有遣显二门，推实义则真空妙有，空本心则具体具用[3]。今洪州、牛头以拂迹为至极，但得遣教之意，真空之义，唯成其体，失于显教之意，妙有之义，阙其用也。

问：洪州以能语言动作等显于心性，即是显教妙有之义[4]。何所阙耶？

答：真心一体有二种用，一者自性本用，二者随缘应用。犹镜之体是自性体[5]，铜之明是自性用，明所现影是随缘用。影即对缘方现，现有千差；明即常明，明唯一味。是以心常寂是自性体，心常知是自性用。此知能分别语言动作等[6]，是随缘应用。今洪州指示能语言等，但是随缘用，阙自性体也[7]。又显教有比量显、现量显，洪州云“心体不可指示，但以能语言等验之，知有佛性”，是比量显也。荷泽直云“心体能知，知即是心，约知以显心”，是现量显也。洪州阙此。

已上述不变随缘二义，今次明顿悟渐修两门者。然真如之理尚无佛无众生，况有师资传授？今既自佛已来，祖祖传授，即知约人修证趣入之门也。既就人论，即有迷悟、凡圣[8]。从迷而悟即是顿，转凡成圣即是渐[9]。顿悟者，谓无始迷倒，认此四大为身，妄想为心，通认为我。若遇善友，为说如上不变随缘性相体用之义，忽悟灵灵知见是自真心。心本空寂，无边无相，即是法身，身心不二，是为真我，即与诸佛分毫不殊，故云顿[10]。

如一大官（佛性）梦（迷也）在牢狱（三界），身（本识）著枷锁（贪爱），种种忧苦（一切业报），百计求出。（问法勤修。）遇人唤起，（善知识命。）忽然觉悟，（闻法心开。）方见自身（法身真我）原在自家。（《净名》云“毕竟空寂舍”。）安乐（寂灭为乐）富贵，（体上本有河沙功德。）与诸朝僚都无别异。（同诸佛之真性。）法合一一如注可知[11]。既辨梦寤[12]，身心本源虽一，论其相用，倒正悬殊，不可觉来还作梦事。此以喻心源虽一，迷悟悬殊。梦时拜相，（迷时修得大梵天王等位。）不及觉时作尉；（悟后初入十信位。）梦得七宝，（迷时修无量功德也。）不及觉时百钱。（悟时持五戒十善。）皆以一妄一真，不可一一相类[13]。（诸教皆云“施三千七宝，不如闻一句偈”，是此意也。）今洪州但言贪爱戒定皆是佛性之用者，阙拣辨迷悟倒正也[14]。彼意在真如心性无异，故不拣择。就真性言之，即本无言说，谁道异同？今既有师资传授，即须拣辨倒正也[15]。渐修者，虽顿悟法身真心全同诸佛，而多劫妄执四大为我，习以成性，难卒顿除故，需依悟渐修，损之又损，乃至于无损，即名成佛，非此心外有佛可成也。然虽渐修，由先已悟烦恼本空[16]，故于恶断而无断，于善修而无修，故此则为真修真断[17]。

注释：

[1]何唯言别灵觉等，汉本作“何唯灵觉鉴照等”。

[2]书名汉本但作“答顺宗”。按此指清凉澄观《答顺宗心要法门》。

[3]推实义则真空妙有，空本心则具体具用，汉本作“推其实义，有真空妙有，空其本心，具体具用”。

[4]即是显教妙有之义，汉本作“即当显教，即是其用”。

[5]犹镜之体是自性体，汉本作“犹如铜镜，铜之质是自性体”。

[6]此知能分别语言动作等，汉本作“此能语言，能分别动作等”。

[7]体，汉本作“用”。

[8]汉本“凡圣”上有“始终”二字。

[9]从迷而悟即是顿转凡成圣即是渐，汉本作“从迷而悟，即顿转凡成圣，即顿悟也”，其间似有舛误。

[10]汉本此下有双行小注：“此下举喻，便随文注，以法合之。”

[11]法合一一如注可知，据汉本知西夏译本此句当为双行小注舛入正文。

[12]既辨梦寤，汉本作“足辨梦悟”。又，汉本上有“据此法喻，一一分明”八字。

[13]不可一一相类，汉本作“故不可类”。

[14]以上二句汉本作“今洪州但言贪嗔戒定一种是佛性作用者，阙于拣辨迷悟倒正之用也”。

[15]“彼意在真如心性无异”以下至此不载通行汉本，唯见日本真福寺文库所藏《裴休拾遗问》。

[16]汉本下有“心性本净”四字。

[17]故此则为真修真断，汉本作“为真修断矣”。

释读：

2.37.12

·jɨr^{1}	dạ^{2}	tjij^{1}	·a	tsjij^{2}	nioow^{1}	rjijr^{2}	·jị^{2}	djọ^{2}	tja^{1}	śji^{1}	mjiij^{1}	dzjọ^{1}	ɣa^{2}
[illegible]	[illegible]：	[illegible]	[illegible]	[illegible]	[illegible]	[illegible]	[illegible]	[illegible]	[illegible]，	[illegible]	[illegible]	[illegible]	[illegible]
问	曰：	若	已	悟	以	后	复	修	者，	前	梦	喻	据

问:若悟了后复者,据前梦喻,

2.38.1

dza^{2}	ku^{1}	me^{2}	tjị^{2}	nioow^{1}	rjijr^{2}	·jị^{2}	·jɨj^{2}	lho	tśjɨɨr^{2}	lhew^{2}	kjụ^{1}	sju^{2}	mja^{1}
[illegible]，	[illegible]	[illegible]	[illegible]	[illegible]	[illegible]	[illegible]	[illegible]	[illegible]	[illegible]	[illegible]	[illegible]	[illegible]	[illegible]
计，	则	觉	来	以	后	复	狱	出	枷	脱	求	似	然

岂不似觉来更求出狱脱枷乎?

2.38.2

we^{2}	kụ^{2}	dạ^{2}	śji^{1}	tja^{1}	twụ^{2}	tsjij^{2}	wo^{2}	·jij^{1}	dzjọ^{1}	tśjɨɨ^{1}	djọ^{2}
[illegible]?	[illegible]	[illegible]：	[illegible]	[illegible]	[illegible]	[illegible]	[illegible]	[illegible]	[illegible]，	[illegible]	[illegible]
为?	答	曰：	前	者	顿	悟	义	△	喻，	渐	修

答:前但喻顿悟义,

2.38.3

wo^{2}	·jij^{1}	mji^{1}	dzjọ^{1}	ljɨ^{1}	iọ^{1}	tsjiir^{1}	mjɨ^{1}	pjụ^{1}	wo^{2}	dju^{1}	rjur^{1}	dạ^{2}	lew^{1}
[illegible]	[illegible]	[illegible]	[illegible]，	[illegible]	[illegible]	[illegible]	[illegible]	[illegible]	[illegible]	[illegible]，	[illegible]	[illegible]	[illegible]
义	△	不	喻，	全	体	法	无	量	义	有，	世	事	唯

不喻渐修义,良由法有无量义,而世事唯

2.38.4

lew^1	ŋwu^2	tśhjwo^1	djiij^2	phã^1	lwər^2	lhejr^2	kha^1	lew^1	tha^1	tsjiir^2	tjij^1	gjɨ^2	ljɨ^1
	，		《			》							
一	是，	故	《涅	槃	经	契》	中	唯	佛	性	独	一	虽

一[1],故《涅槃经》虽谈佛性,

2.38.5

tshjiij^1	djij^2	·jar^1	·jir^2	dzjọ^1	ŋwu^2	twụ^1	phjoo^2	śjij^1	dju^1	lwow^1	dźjij^1	tjị^2	mjij^1
	，								，				。
谈	然，	八	百	喻	以	各	配	合	有，	乱	行	可	无。

而以八百喻各有配合[2],不可乱用。

2.38.6

sjij^1	tśjɨɨ^1	djọ^2	·jij^1	dzjọ^1	ku^1	źjạ^1	źjạ^1	tsjiir^1	bju^1
				，		（			
今	渐	修	△	喻，	则	（其	间	法	以
phjoo^2	ŋwu^2	bjij^2	lew^2	dzjọ^1	zjɨɨr^2	ɣiej^1	njiij^1	ljɨ^1	ŋwu^2
			①）			（	）		
合	而	注	之）	如	水	（真	心）	风	被

今明渐修喻者,(其间以法合而注之[3]。)则如水(真心)被风

2.38.7

lhjɨ^2	bju^1	mjij^1	lhạ^2	njiij^1	rejr^2	bju^1	pa^1	we^2	źjị^1
	（			），					（
激	（明	无	迷	心），	多	波	浪	成	（烦
njɨɨ^2	bju^2	mjij^1	tśhjɨ^1	rjar^2	djị^1	dźjwow^1	ŋjir^1	wor^1	
		），							
恼	边	无），	立	便	溺	漂	殃	起	

激(迷无明心),成多波浪(烦恼无边),便有漂溺之殃

①此双行小注位置当在上"[illegible]"(喻)字之下。

2.38.8

tśhjiw¹ tśja¹ dźiə² dźiej² tjij¹ dźjij¹ ɣie¹ bju¹ bju¹ mjij¹ lẹj² dzu¹ tsjiir²

（六 道 轮 回）， 或 寒 气 因 （明 无 贪 爱 习

kjij¹ kur² ·wọ¹ dja² we² ljɨɨr¹ tha² ɣiẹ² lụ² lwo² zow² kiwee¹

气）， 冰 凌 △ 成 （四 大 碍 障 坚 执）， 溉

（轮回六道），或阴寒之气（无明贪爱之习气），结成冰凌（坚执四大障碍），即阻溉

2.38.9

tha² tsjiir¹ dzjụ² ŋwu² ·ji¹ wee¹ tśja¹ ljij¹ to² dzja¹ njọ¹

（大 法 雨 以 群 生 道 芽 生 长 滋

nejr¹ mjɨ¹ njwi² zwər¹ źjị¹ njɨɨ² dzwej¹ ror² tśhjwi¹ tjij¹ mjɨ¹

润 不 能） 涤 （烦 恼 罪 垢 荡 除 不

njwi² ·ioow¹ ·jij¹ kjɨ¹ ɣiẹ² bẹ¹ ŋewr² thjoo¹ ·ioow¹ gu¹ śjwo¹

能） 用 △ 即 阻 （沙 数 妙 用 立 起

（不能以大法雨滋润生长群生道芽）涤（不能荡除烦恼罪垢）之用（不能起沙数之妙用[4]）。

2.38.10

mjɨ¹ njwi² thja¹ zjɨɨr² mju² djɨj² mjij¹ ljụ¹ djij² ŋwu² tsjɨ¹ tsji² tsjiir² wjɨ¹ lej²

不 能）。 彼 水 动 静 凝 流 虽 是， 而 湿 性 变 易

然水虽动静凝流，而湿性

2.38.11

mjij² djij² lẹj² tshjạ¹ zjij¹ tsjɨ¹ nwə¹ wjuu¹ mjii² zjij¹ tsjɨ¹ nwə¹ ɣa¹ de² tśjị¹ rejr²

未 尝。 （贪 嗔 时 亦 知、 慈 济 时 亦 知， 忧 喜 哀 乐，

mə² mə² wjɨ¹ lej² mjɨ¹ nwə¹ mjij² djij² tśhjwo¹ mji¹ lej² ·jɨ² sjij¹ mər² njiij¹

种 种 变 动， 不 知 未 尝， 故 不 变 云。） 今 本 心

未尝变易。（贪嗔时亦知、慈济时亦知，忧喜哀乐，种种变动，未尝不知，故云不变。）今

2.38.12

·ju2	nwə1	twụ2	tsjij2	tja1	dzjọ1	tsji2	tsjiir2	mji1	lej2	·a	sjij2	sju2	njiij1
常	知	顿	悟	者，	犹	湿	性	不	变	△	知	如，	心

顿悟本心常知，如不变之湿性，心

2.39.1

tjij1	mji1	lhạ2	ku1	bju1	mjij1	·jij1	mjij1	dzjọ1	ljɨ1	twụ2	tạ1	sju2	·a
若	不	迷，	则	明	无	即	无。	犹	风	顿	止	如，	△

既不迷，即无无明。如风顿止，

2.39.2

tsjij2	nioow1	rjijr2	dzu1	zjij1	thja1	śjij1	mjiij2	mjiij2	·jij1	tạ1	dzjọ1	bju1	pa1
悟	后	方	攀	缘	自	然	渐	渐	自	息；	犹	波	浪

悟后自然攀缘渐息；如波浪

2.39.3

mjiij2	mjiij2	tạ1	sju2	djɨj2	źjɨr1	ŋwu2	ljụ2	njiij1	·wụ2	kjij1	ku1	mjiij2	mjiij2
渐	渐	停	如，	定	慧	以	身	心	资	薰。	则	渐	渐

渐停，以定慧资薰身心。渐渐

2.39.4

·jij1	dzju2	rjɨr2	njɨ2	mee2	djii2	ɣię2	mjij1	·ji1	wee1	njɨ2	gjij1	dzjọ1	njwɨ2
自	在，	乃	至	神	变	碍	无，	群	生	普	利，	犹	春

自在，乃至神变无碍，普利群生，如春

2.39.5

dzjɨj1	·wọ1	dźjwi1	kiwee1	njọ1	zwər1	dzjiw1	khjɨ2	war2	ɣie2	njwi2	sju2	xũ1	tśjiw1
时	冰	泮	溉	灌	洗	涤，	万	物	利	能	如。	洪	州

阳冰泮溉灌洗涤，善利万物也。洪州

2.39.6

·ju^2 thjɨ^2 sju^2 dạ^2 ·jɨ^2 lẹj^2 tshjạ^1 wjuu^1 neew^2 zji^2 tha^1 tsjiir^2 ŋwu^2 do^2

[illegible]

常 此 如 言 说 “贪 嗔 慈 善 皆 佛 性 是， 差

常云“贪嗔慈善皆是佛性，

2.39.7

pha^1 mji^1 dju^1 ·jɨ^2 tja^1 dzjọ^1 dzjwo^2 lew^1 tsji^2 tsjiir^2 bioo^1 śji^1 kụ^1 mji^1

[illegible]

别 不 有 谓” 者， 如 人 但 湿 性 观 始 终 不

无有差别”者[5]，如人虽但观湿性始终无

2.39.8

do^2 ljɨ^1 ŋwu^2 djij^2 dzjwị^1 dzjij^1 dzjwị^1 lhej^2 ·ioow^1 dźjar^2 do^2 tja^1 mjɨ^1 nwə^1

[illegible]

异 虽 是 然， 舟 济 舟 覆 功 过 异 者 不 知。

异，不知济舟覆舟功过悬殊。

2.39.9

thja^1 bju^1 xũ^1 tśjiw^1 twụ^2 tsjij^2 ɣa^1 bju^1 kjɨ^1 njij^1 ljɨ^1 ŋwu^2 djij^2 thju^1

[illegible]

是 故 洪 州 顿 悟 门 于 △ 近 虽 是 为， 的

故彼宗于顿悟门虽近，而未的

2.39.10

thju^1 ɣiej^1 njaa^2 tśjɨɨ^1 djọ^2 ɣa^1 bju^1 ku^1 ŋowr^2 ŋowr^2 dja^2 ljwu^1 gjiiw^1 thew^2

[illegible]

的 真 非 渐 修 门 于， 则 全 全 △ 违。 牛 头

于渐修门，而全体相违[6]。牛头

2.39.11

ŋa^1 wo^2 tsjij^2 nioow^1 twụ^2 tsjij^2 ɣa^1 bju^1 khwə^1 phiaa^2 zjij^1 ljij^2 sjij^2 ·jijr^2

[illegible]

空 义 达 故， 顿 悟 门 于 半 分 数 了； 情 忘

以达空故，于顿悟门而半了；以忘情故，

2.39.12

nioow^{1} ku^{1} tśjɨɨ^{1} djọ^{2} ɣa^{1} bju^{1} lhjij^{2} mjij^{1} ljạ^{1} mər^{2} lew^{1} tśjɨɨ^{1} djọ^{2} ŋwu^{2}

[illegible]， [illegible] [illegible] [illegible] [illegible] [illegible] [illegible] [illegible]。 [illegible] [illegible] [illegible] [illegible] [illegible] [illegible]，

故， 则 渐 修 门 于 亏 无。 北 宗 但 渐 修 是，

于渐修门而无亏。北宗但是渐修，

2.40.1

twụ^{2} tsjij^{2} ŋowr^{2} mjij^{1} twụ^{2} tsjij^{2} mjij^{1} ku^{1} djọ^{2} tsjɨ^{1} ɣiej^{1} njaa^{2} xow^{1} tśhiə^{1}

[illegible] [illegible] [illegible] [illegible]。 [illegible] [illegible] [illegible]， [illegible] [illegible] [illegible] [illegible] [illegible]。 [illegible] [illegible]

顿 悟 全 无。 顿 悟 无， 故 修 亦 真 非。 荷 泽

全无顿悟。无顿悟故，修亦非真。荷泽

2.40.2

tja^{1} śji^{1} ɣu^{1} kjɨ^{1} djɨj^{2} twụ^{2} tsjij^{2} nioow^{1} rjijr^{2} tsjij^{2} bju^{1} djọ^{2} dźjij^{1} tśhjwo^{1}

[illegible] [illegible] [illegible] [illegible] [illegible] [illegible] [illegible]， [illegible] [illegible] [illegible] [illegible] [illegible] [illegible]， [illegible]

者 先 前 必 须 顿 悟， 后 方 悟 依 修 行， 故

则必先顿悟，依悟而修，故

2.40.3

lwər^{2} lhejr^{2} kha^{1} tshjiij^{1} tjij^{1} rjur^{1} dźiā^{2} tsjij^{2} sej^{1} iọ^{1} dwewr^{2} tsjij^{2} tsjij^{2} ljɨ^{1} sej^{1}

[illegible] [illegible] [illegible] [illegible]： [illegible] [illegible] [illegible] [illegible] [illegible] [illegible] [illegible] [illegible] （[illegible] [illegible]）， [illegible]

经 契 中 云： 若 诸 菩 萨 净 圆 觉 悟 （悟 也）， 净

经云：若诸菩萨悟净圆觉（悟也），

2.40.4

dwewr^{2} njiij^{1} ŋwu^{2} sej^{1} lhjwi^{1} dźjɨ we^{2} rjur^{1} lə gjii^{1} nioow^{1} sjij^{2} mju^{2} ŋewr^{2}

[illegible] [illegible] [illegible]， [illegible] [illegible] [illegible] [illegible]， [illegible] [illegible] [illegible] [illegible]， [illegible] [illegible] [illegible]

觉 心 以， 净 取 行 为， 诸 念 澄 由， 识 动 烦

以净觉心，取净为行，由澄诸念，觉识烦

2.40.5

dwewr^{2} njɨ^{2} ·jɨ^{2} djọ^{2} ljɨ^{1}

[illegible] [illegible] [illegible] [illegible] [illegible]。

觉 等 谓 修 也。

动等修也[7]。

2.40.7

gu^{2}	wją^{1}	njiij^{1}	ljɨ^{1}	deej^{1}	śjã^{1}	ɣa^{1}	dzjiij^{2}	dzjiij^{2}	twẹ^{2}	lhjịj^{2}	tjɨj^{2}	·a	来日音
[illegible]	[illegible]	[illegible]	[illegible]	[illegible]	[illegible]	[illegible]	[illegible]	[illegible]	[illegible]	[illegible]	[illegible]	[illegible]	[illegible]
中	华	心	地	传	禅	门	师	资	承	袭	图	一	卷

中华传心地禅门师资承袭图[8]

译文：

问：若悟了后复者，据前梦喻，岂不似觉来更求出狱脱枷乎？

答：前但喻顿悟义，不喻渐修义，良由法有无量义，而世事唯一[1]，故《涅槃经》虽谈佛性，而以八百喻各有配合[2]，不可乱用。今明渐修喻者，（其间以法合而注之[3]。）则如水（真心）被风激（迷无明心），成多波浪（烦恼无边），便有漂溺之殃（轮回六道），或阴寒之气（无明贪爱之习气），结成冰凌（坚执四大障碍），即阻溉（不能以大法雨滋润生长群生道芽）涤（不能荡除烦恼罪垢）之用（不能起沙数之妙用[4]）。然水虽动静凝流，而湿性未尝变易。（贪嗔时亦知、慈济时亦知，忧喜哀乐，种种变动，未尝不知，故云不变。）今顿悟本心常知，如不变之湿性，心既不迷，即无无明。如风顿止，悟后自然攀缘渐息；如波浪渐停，以定慧资薰身心。渐渐自在，乃至神变无碍，普利群生，如春阳冰泮溉灌洗涤，善利万物也。洪州常云“贪嗔慈善皆是佛性，无有差别”者[5]，如人虽但观湿性始终无异，不知济舟覆舟功过悬殊。故彼宗于顿悟门虽近，而未的于渐修门，而全体相违[6]。牛头以达空故，于顿悟门而半了；以忘情故，于渐修门而无亏。北宗但是渐修，全无顿悟。无顿悟故，修亦非真。荷泽则必先顿悟，依悟而修，故经云：若诸菩萨悟净圆觉（悟也），以净觉心，取净为行，由澄诸念，觉识烦动等修也[7]。

中华传心地禅门师资承袭图[8]

注释：

[1]而世事唯一，汉本作“岂唯一义故”。

[2]八百，汉本但作“百”。

[3]“今明渐修喻者”以下各条双行小注在汉本均被后人误舛入正文，且文字亦有差异。《法集别行录节要并入私记》作：“今明渐修喻者，如水被风激，成多波浪，便有漂溺之殃，或阴寒之气，结成冰凌，即阻溉涤之用。然水之湿性，虽动静凝流而未尝变易。水者，喻真心也；风者，喻无明也；波浪者，烦恼也；漂溺者，轮回六道也；阴寒者，无名贪爱之习气也。结成冰凌者，坚执四大双质碍也，即阻溉涤。溉喻雨大法雨，滋润群生，生长道芽。涤喻荡除烦恼，迷皆不能，故云阻也。然水之湿性虽动静凝流而未尝变易者，喻贪嗔时亦知、慈济时亦知，忧喜哀乐，种种变动，未尝不知，故云不变也。”

[4]不能起沙数之妙用，此句不见于汉本。

[5]无有差别者，汉本作“有何别者”。

[6]而全体相违，汉本作“有误而全乖”，其意不详。

[7]西夏译本其下有脱文。汉本作："此顿悟渐修之意，备于一藏大乘，而《起信》《圆觉》《华严》是其宗也。若约各为一类之机，善巧方便，广开门户，各各诱引，熏生生之习种，为世世之胜缘，则诸宗所说亦皆是诸佛之教也。诸经诸论具有其文矣。"按此文似为双行小注舛入。

[8]原件左半叶以下佚，或为后序，亦未可知。

注华严法界观门通玄记

俄罗斯科学院东方文献研究所编号 инв. № 942，西夏妙喜寺沙门慧海译自宋夷门山广智大师本嵩的同名汉文著作，系为唐圭峰山沙门宗密（780—841）名著《注华严法界观门》作的讲疏，原本久已亡佚。西夏译本书题著录首见戈尔巴乔娃和克恰诺夫合著的《西夏文写本和刊本》[1]，又见西田龙雄的《西夏文佛经目录》[2]。原件为写本，纸幅 21 厘米×14 厘米，天头 1.8 厘米，地脚 1.2 厘米，7 行 20 字。佚卷首，存 87 页。[3]经与汉文《注华严法界观门》对校，知西夏译本所涉仅为原著的下半部分，据此估计原书为二卷，现存的一册是卷下。

解读参考《大正新修大藏经》本《注华严法界观门》，其中讲疏部分参照文意构拟。

释读：

3.1.1

·wiọ¹	ɣjiw¹	·ioow¹	lheew²	·ioow¹	ɣjiw¹	kwər¹	śjwɨ²	zji²	njɨ²
[illegible]	[illegible]	[illegible]	[illegible]，	[illegible]	[illegible]	[illegible]	[illegible]，	[illegible]	[illegible]
容	含	用	有，	用	容	体	随，	周	遍
·wiọ¹	ɣjiw¹	·jij¹	bioo¹	ŋwu²	nioow¹	thjɨ²	bioo¹	kha¹	tsjiir¹
[illegible]	[illegible]	[illegible]	[illegible]	[illegible]。	[illegible]	[illegible]	[illegible]	[illegible]，	[illegible]
含	容	即	观	是。	又	此	观	中，	法

……含容有用[1]，容用随体，周遍含容即是观。又此观中，法

3.1.2

djɨj²	·jij¹	mjij¹	·jij¹	sji²	·jij¹	lew²	nioow¹	·ioow¹	bju¹	mjiij²
[illegible]	[illegible]	[illegible]，	[illegible]	[illegible]	[illegible]	[illegible]	[illegible]，	[illegible]	[illegible]	[illegible]
定	相	无，	即	能	即	所	故，	用	依	名
thu¹	tśhjwo¹	bjij²	dạ²	dạ²	dạ²	ɣię²	mjij¹	·jɨ²	thjɨ²	
[illegible]，	[illegible]	[illegible]	[illegible]	“[illegible]	[illegible]	[illegible]	[illegible]”	[illegible]	[illegible]	
设，	故	注	曰	“事	事	阂	无”	谓。	此	

无定相，即能即所故，依用设名，故注曰“事事无阂”。此

① З. И. Горбачева и Е. И. Кычанов, Тангутские рукописи и ксилографы, Москва: Издательство восточной литературы, 1963, стр.122.

②西田龙雄：《西夏文华严经》第 3 册，京都大学文学部，1977 年，第 48 页。

③Е. И. Кычанов, Каталог тангутских буддийских памятников, стр.454–455, Киото: Университет Киото, 1999.

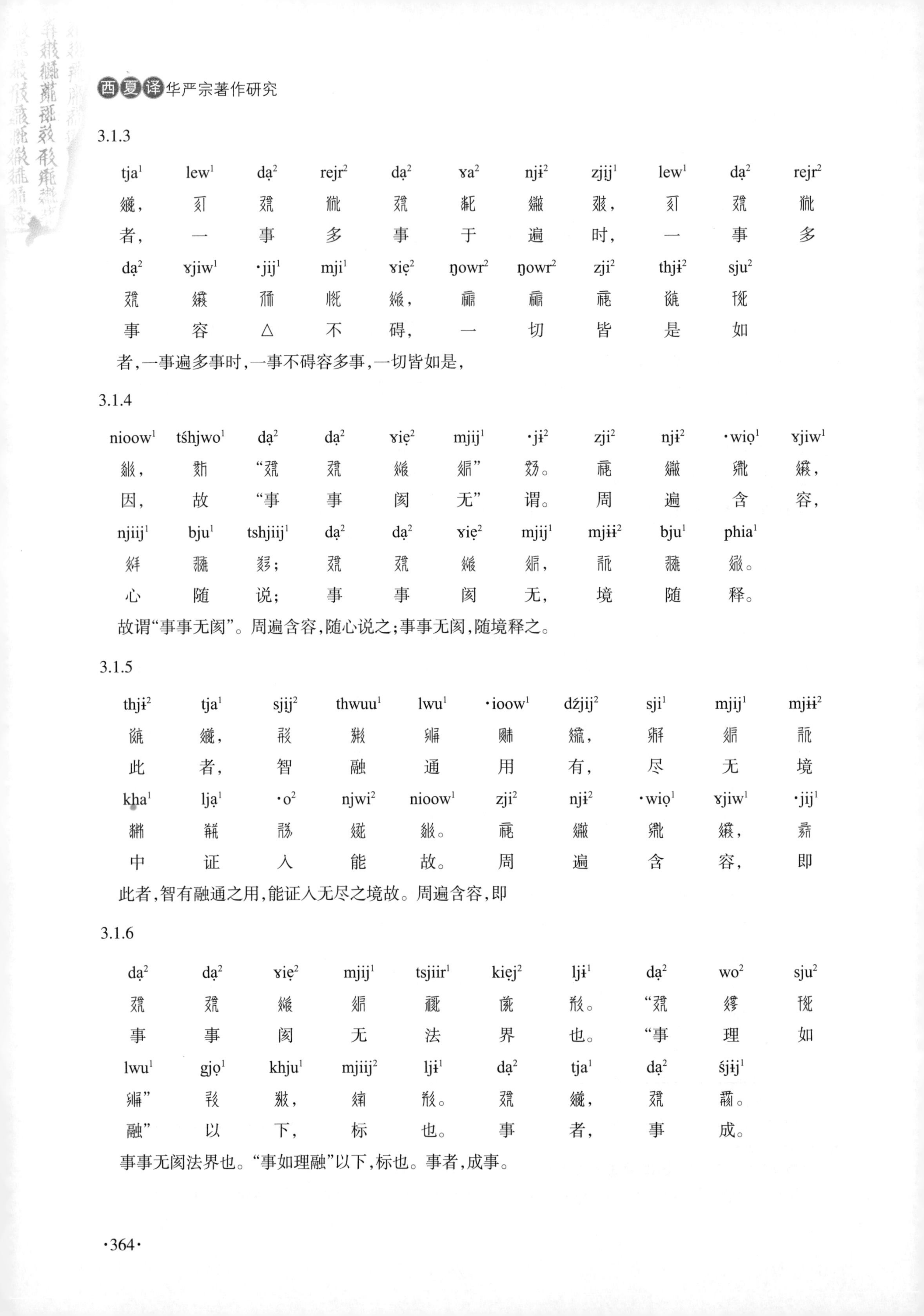

3.1.3

tja^{1} lew^{1} dạ^{2} rejr^{2} dạ^{2} ɣa^{2} njɨ^{2} zjij^{1} lew^{1} dạ^{2} rejr^{2}

者，一 事 多 事 于 遍 时，一 事 多

dạ^{2} ɣjiw^{1} ·jij^{1} mji^{1} ɣię^{2} ŋowr^{2} ŋowr^{2} zji^{2} thjɨ^{2} sju^{2}

事 容 △ 不 碍，一 切 皆 是 如

者，一事遍多事时，一事不碍容多事，一切皆如是，

3.1.4

nioow^{1} tśhjwo^{1} dạ^{2} dạ^{2} ɣię^{2} mjij^{1} ·jɨ^{2} zji^{2} njɨ^{2} ·wią^{1} ɣjiw^{1}

因，故 “事 事 阂 无” 谓。周 遍 含 容，

njiij^{1} bju^{1} tshjiij^{1} dạ^{2} dạ^{2} ɣię^{2} mjij^{1} mjɨɨ^{2} bju^{1} phia^{1}

心 随 说；事 事 阂 无，境 随 释。

故谓“事事无阂”。周遍含容，随心说之；事事无阂，随境释之。

3.1.5

thjɨ^{2} tja^{1} sjij^{2} thwuu^{1} lwu^{1} ·ioow^{1} dźjij^{2} sji^{1} mjij^{1} mjɨɨ^{2}

此 者，智 融 通 用 有，尽 无 境

kha^{1} ljạ^{1} ·o^{2} njwi^{2} nioow^{1} zji^{2} njɨ^{2} ·wią^{1} ɣjiw^{1} ·jij^{1}

中 证 入 能 故。周 遍 含 容，即

此者，智有融通之用，能证入无尽之境故。周遍含容，即

3.1.6

dạ^{2} dạ^{2} ɣię^{2} mjij^{1} tsjiir^{1} kięj^{2} ljɨ^{1} dạ^{2} wo^{2} sju^{2}

事 事 阂 无 法 界 也。“事 理 如

lwu^{1} gjạ^{1} khju^{1} mjiij^{2} ljɨ^{1} dạ^{2} tja^{1} dạ^{2} śjɨj^{1}

融” 以 下，标 也。事 者，事 成。

事事无阂法界也。“事如理融”以下，标也。事者，成事。

3.1.7

wo^{2}	tja^{1}	mji^{1}	lej^{2}	wo^{2}	sju^{2}	tja^{1}	kwər^{1}	ŋa^{1}	wo^{2}
[illegible]	[illegible]，	[illegible]	[illegible]。	[illegible]	[illegible]	[illegible]，	[illegible]	[illegible]。	[illegible]
理	者，	不	变。	理	如	者，	体	空。	理
lwu^{1}	tja^{1}	nioow^{1}	śjwɨ^{2}	wo^{2}	dạ^{2}	śjɨj^{1}	do^{2}	pha^{1}	
[illegible]	[illegible]，	[illegible]	[illegible]。	[illegible]	[illegible]	[illegible]，	[illegible]	[illegible]	
融	者，	缘	随。	理	事	成，	分	别	

理者，不变。如理者，体空。理融者，随缘。理成事，分别

3.2.1

·jij^{1}	·jij^{1}	mji^{1}	ljiij^{2}	nioow^{1}	wo^{2}	mji^{1}	lej^{2}	sju^{2}	kwər^{1}
[illegible]	[illegible]	[illegible]	[illegible]	[illegible]，	[illegible]	[illegible]	[illegible]	[illegible]。	[illegible]
相	△	不	坏	故，	理	不	变	如。	体
dju^{1}	tśhjwo^{1}	njɨ^{2}	·wiọ^{1}	sji^{2}	we^{2}	dạ^{2}	kwər^{1}	ŋa^{1}	·ioow^{1}
[illegible]	[illegible]	[illegible]	[illegible]	[illegible]	[illegible]，	[illegible]	[illegible]	[illegible]	[illegible]
有	故	遍	含	能	为，	事	体	空	用

不坏其相故，理如不变。有体故为能遍含，事体空有用

3.2.2

dju^{1}	nioow^{1}	wo^{2}	·jij^{1}	nioow^{1}	śjwɨ^{2}	·ioow^{1}	sju^{2}	·jij^{1}	twụ^{1}
[illegible]	[illegible]，	[illegible]	[illegible]	[illegible]	[illegible]	[illegible]	[illegible]，	[illegible]	[illegible]
有	故，	理	之	缘	随	用	如，	自	各
njɨ^{2}	·wiọ^{1}	njwi^{2}	ljɨ^{1}	bjij^{2}	ljɨ^{1}	ljɨ^{1}	dạ^{2}	·jɨ^{2}	tja^{1}
[illegible]	[illegible]	[illegible]	[illegible]。	[illegible]	“[illegible]	[illegible]	[illegible]”	[illegible]	[illegible]，
遍	含	能	也。	注	“一	一	事”	谓	者，

故，如理随缘之用，各自能遍含也。注谓“一一事”者，

3.2.3

lew^{1}	dạ^{2}	rejr^{2}	dạ^{2}	·jij^{1}	·jɨ^{2}	wo^{2}	sju^{2}	lwu^{1}	thwuu^{1}
[illegible]	[illegible]	[illegible]	[illegible]	[illegible]	[illegible]。	“[illegible]	[illegible]	[illegible]	[illegible]”
一	事	多	事	之	谓。	“理	如	融	通”
·jɨ^{2}	tja^{1}	thja^{1}	wo^{2}	dạ^{2}	tsjiir^{1}	ŋowr^{2}	ŋowr^{2}	ɣa^{2}	njɨ^{2}
[illegible]	[illegible]，	[illegible]	[illegible]	[illegible]	[illegible]	[illegible]	[illegible]	[illegible]	[illegible]，
谓	者，	其	理	事	法	一	切	于	遍，

一事谓之多事。谓“如理融通”者，其理遍于一切事法，

3.2.4

thja^{1}	ljɨ^{1}	ljɨ^{1}	dạ^{2}	tsjiir^{1}	wo^{2}	sju^{2}	twụ^{1}	dạ^{2}	njɨ^{2}
其	一	一	事	法	理	如	诸	事	遍
ljɨ^{1}	wo^{2}	ŋowr^{2}	ŋowr^{2}	·wiọ^{1}	thja^{1}	ljɨ^{1}	ljɨ^{1}	dạ^{2}	tsjiir^{1}
也。	理	一	切	含,	其	一	一	事	法

其一一事法如理遍诸事也。理含一切,其一一事法

3.2.5

tsjɨ^{1}	wo^{2}	sju^{2}	ŋowr^{2}	ŋowr^{2}	·wiọ^{1}	ljɨ^{1}	tśhioow^{1}	·jɨr^{1}	dạ^{2}	dạ^{2}
亦	理	如	一	切	含	也。	或	问:	“事	事
ɣie̜^{2}	mjij^{1}	ljɨ^{1}	·jɨ^{2}	ku^{1}	wa^{2}	nioow^{1}	wo^{2}	ɣa^{2}	dza^{2}	la^{1}
阂	无	虽	谓,	然	何	缘	理	于	望	而

亦如理含一切也。或问:“虽谓事事无阂,然缘何望理而

3.2.6

tshjiij^{1}	lew^{1}	dạ^{2}	bju^{1}	mji^{1}	tshjiij^{1}	ljɨ^{1}	tśhjwo^{1}	bjij^{2}	tjij^{1}
言,	但	事	约	不	言	乎?“	故	注	“若
lew^{1}	dạ^{2}	njɨ^{2}	·jɨ^{2}	nioow^{1}	·jɨr^{1}	lew^{1}	wo^{2}	bju^{1}	mji^{1}
唯	事”	等	谓。	又	问:	“但	理	约	不

言之,但不言约事乎?”故注谓“若唯事”等。又问:“但不

3.2.7

tshjiij^{1}	thjij^{2}	ɣiej^{1}	tśhjwo^{1}	bjij^{2}	dạ^{2}	tjij^{1}	lew^{1}	wo^{2}	bju^{1}
言,	何	则?”	故	注	曰	“若	唯	理	约”
njɨ^{2}	·jɨ^{2}	śji^{1}	zji^{2}	lwu^{1}	wo^{2}	·jij^{1}	ljɨɨ^{1}	dźju^{1}	sjij^{1}
等	谓。	初	周	融	理	△	答	明,	“今

言约理,何则?”故注曰“若唯约理”等。初明答周融之理,“今

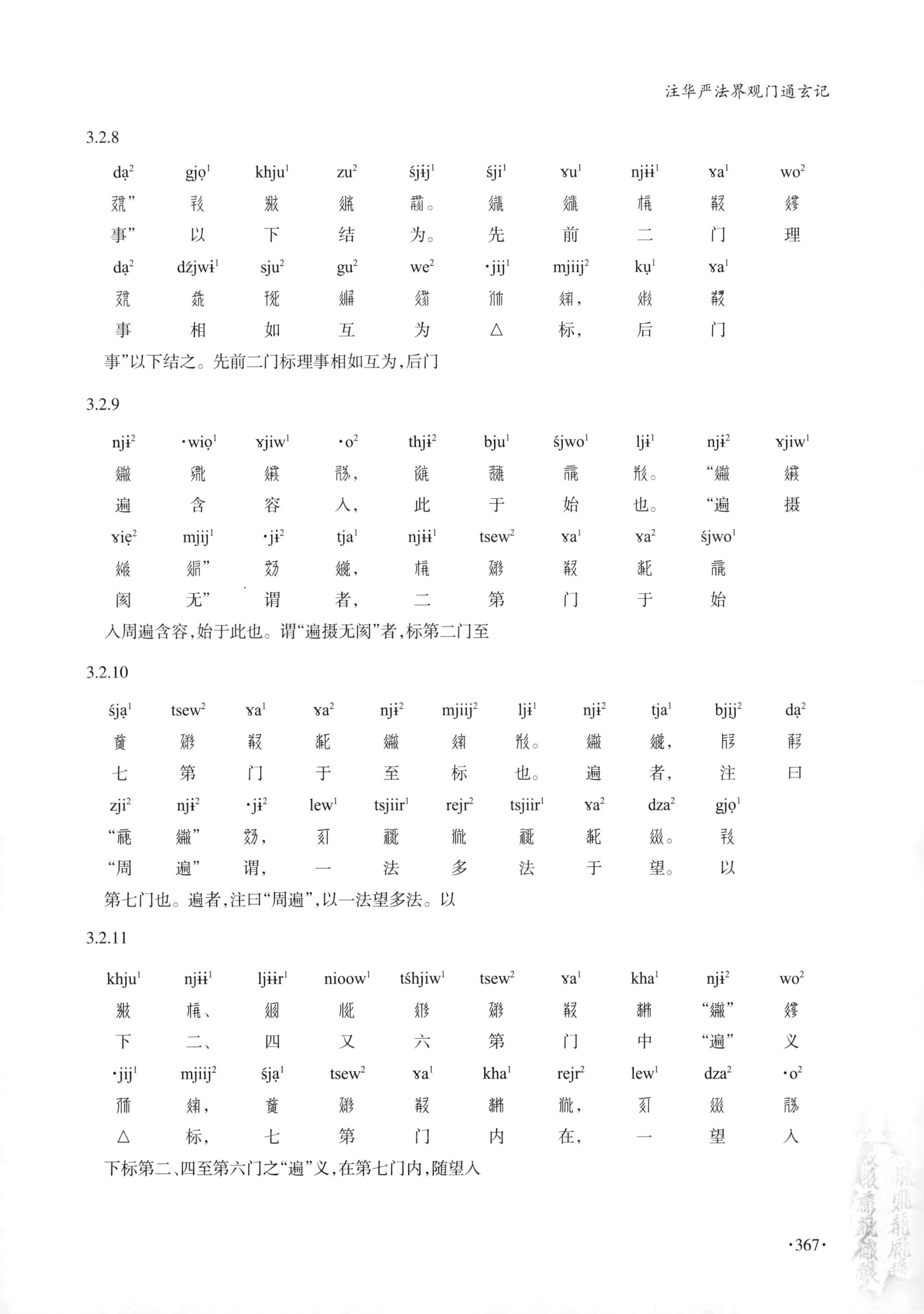

3.2.8

dạ^2 gjọ^1 khju^1 zu^2 śjɨj^1 śji^1 ɣu^1 njɨɨ^1 ɣa^1 wo^2

事” 以 下 结 为。 先 前 二 门 理

dạ^2 dźjwɨ^1 sju^2 gu^2 we^2 ·jij^1 mjiij^2 kụ^1 ɣa^1

事 相 如 互 为 △ 标， 后 门

事”以下结之。先前二门标理事相如互为，后门

3.2.9

njɨ^2 ·wiọ^1 ɣjiw^1 ·o^2 thjɨ^2 bju^1 śjwo^1 ljɨ^1 njɨ^2 ɣjiw^1

遍 含 容 入， 此 于 始 也。 “遍 摄

ɣię^2 mjij^1 ·jɨ^2 tja^1 njɨɨ^1 tsew^2 ɣa^1 ɣa^2 śjwo^1

阂 无” 谓 者， 二 第 门 于 始

入周遍含容，始于此也。谓“遍摄无阂”者，标第二门至

3.2.10

śjạ^1 tsew^2 ɣa^1 ɣa^2 njɨ^2 mjiij^2 ljɨ^1 njɨ^2 tja^1 bjij^2 dạ^2

七 第 门 于 至 标 也。 遍 者， 注 曰

zji^2 njɨ^2 ·jɨ^2 lew^1 tsjiir^1 rejr^2 tsjiir^1 ɣa^2 dza^2 gjọ^1

“周 遍” 谓， 一 法 多 法 于 望。 以

第七门也。遍者，注曰“周遍”，以一法望多法。以

3.2.11

khju^1 njɨɨ^1 ljɨɨr^1 nioow^1 tśhjiw^1 tsew^2 ɣa^1 kha^1 njɨ^2 wo^2

下 二、 四 又 六 第 门 中 “遍” 义

·jij^1 mjiij^2 śjạ^1 tsew^2 ɣa^1 kha^1 rejr^2 lew^1 dza^2 ·o^2

△ 标， 七 第 门 内 在， 一 望 入

下标第二、四至第六门之“遍”义，在第七门内，随望入

3.2.12

wo^{2}	·jij^{1}	śjwiw^{1}	ɣjiw^{1}	·jɨ^{2}	tja^{1}	bjij^{2}	dạ^{2}	·wiọ^{1}	ɣjiw^{1}	·jɨ^{2}
[illegible]	[illegible]	[illegible]。	“[illegible]”	[illegible]	[illegible]，	[illegible]	[illegible]	“[illegible]	[illegible]”	[illegible]。
理	△	随。	“摄”	谓	者，	注	曰	“含	容”	谓。
thjɨ^{2}	tja^{1}	sọ^{1}	ŋwə^{1}	njɨɨ^{1}	ɣa^{1}	ljɨ^{1}	tśhjiw^{1}	tsew^{2}	ɣa^{1}	
[illegible]	[illegible]，	[illegible]、	[illegible]	[illegible]	[illegible]	[illegible]	[illegible]	[illegible]	[illegible]	
此	者，	三、	五	二	门	及	六	第	门	

一之理。谓“摄”者，注曰“含容”。此标第三、五二门及第六门

3.2.13

kha^{1}	·wiọ^{1}	wo^{2}	·jij^{1}	mjiij^{2}	ɣjiw^{1}	dji^{2}	tja^{1}	śjạ^{1}	tsew^{2}	ɣa^{1}
[illegible]	“[illegible]”	[illegible]	[illegible]	[illegible]。	“[illegible]”	[illegible]	[illegible]，	[illegible]	[illegible]	[illegible]
中	“含”	义	△	标。	“摄”	字	者，	七	第	门
·jij^{1}	wo^{2}	ŋwu^{2}	sjij^{1}	njɨ^{2}	ɣjiw^{1}	·jɨ^{2}	·wiọ^{1}	mji^{1}	·jɨ^{2}	tja^{1}
[illegible]	[illegible]	[illegible]。	[illegible]	“[illegible]	[illegible]”	[illegible]	“[illegible]”	[illegible]	[illegible]	[illegible]，
之	义	是。	今	“遍	摄”	谓	“含”	不	谓	者，

中之“含”义。“摄”字是第七门之义。今谓“遍摄”不谓“含”者，

3.2.14

dźjwɨ^{1}	śjwiw^{1}	lọ^{2}	dźju^{1}	gjii^{2}	ljɨ^{1}	bjij^{2}	wo^{2}	khjɨ^{2}	tśhja^{2}
[illegible]	[illegible]	[illegible]	[illegible]	[illegible]	[illegible]。	[illegible]	“[illegible]	[illegible]	[illegible]
相	随	兼	明	愿	也。	注	“理	万	德
·wiọ^{1}	·jɨ^{2}	tja^{1}	·jar^{1}	tsew^{2}	ljɨɨ^{1}	tshwew^{1}	lwər^{2}	kha^{1}	mjor^{1}
[illegible]”	[illegible]	[illegible]，	[illegible]	[illegible]	[illegible]	[illegible]	[illegible]	[illegible]	[illegible]
含”	谓	者，	八	第	回	向	经	中	如

愿相随兼明也。注谓“理含万德”者，明第八回向经中真如

3.3.1

ɣiej^{1}	tśhja^{2}	dźju^{1}	ljow^{2}	·jir^{2}	ɣa^{1}	dju^{1}	lew^{1}	njɨ^{2}	ɣjiw^{1}	njaa^{2}
[illegible]	[illegible]	[illegible]，	[illegible]	[illegible]	[illegible]	[illegible]，	[illegible]	“[illegible]	[illegible]”	[illegible]，
真	德	明，	略	百	门	有，	唯	“遍	摄”	非，
tśhjwo^{1}	wo^{2}	khjɨ^{2}	tśhja^{2}	·wiọ^{1}	·jɨ^{2}	thwuu^{1}	dzjọ^{1}	mji^{1}	dju^{1}	·jɨ^{2}
[illegible]	“[illegible]	[illegible]	[illegible]	[illegible]”	[illegible]	“[illegible]	[illegible]	[illegible]	[illegible]”	[illegible]
故	“理	万	德	含”	谓。	“同	喻	不	有”	谓

之德，略有百门，唯非“遍摄”，故谓“理含万德”。谓“无可同喻”

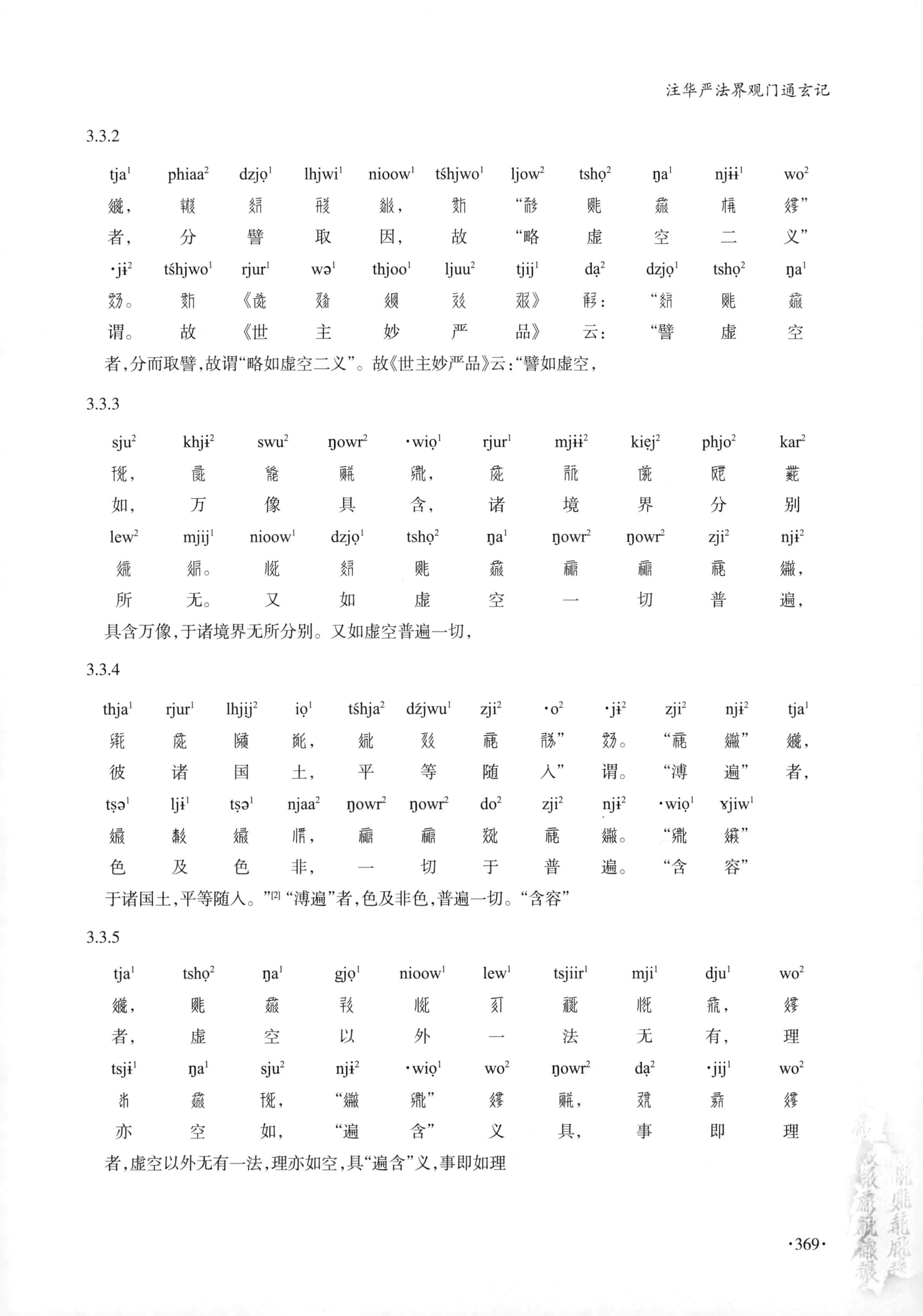

3.3.2

tja1 phiaa2 dzjọ1 lhjwi1 nioow1 tśhjwo1 ljow2 tshọ2 ŋa1 njɨɨ1 wo2

者， 分 譬 取 因， 故 “略 虚 空 二 义”

·jɨ2 tśhjwo1 rjur1 wə1 thjoo1 ljuu2 tjij1 dạ2 dzjọ1 tshọ2 ŋa1

谓。 故 《世 主 妙 严 品》 云： “譬 虚 空

者，分而取譬，故谓“略如虚空二义”。故《世主妙严品》云：“譬如虚空，

3.3.3

sju2 khjɨ2 swu2 ŋowr2 ·wiọ1 rjur1 mjɨɨ2 kiẹj2 phjo2 kar2

如， 万 像 具 含， 诸 境 界 分 别

lew2 mjij1 nioow1 dzjọ1 tshọ2 ŋa1 ŋowr2 ŋowr2 zji2 njɨ2

所 无。 又 如 虚 空 一 切 普 遍，

具含万像，于诸境界无所分别。又如虚空普遍一切，

3.3.4

thja1 rjur1 lhjij2 iọ1 tśhja2 dźjwu1 zji2 ·o2 ·jɨ2 zji2 njɨ2 tja1

彼 诸 国 土， 平 等 随 入” 谓。 “溥 遍” 者，

tsə̣1 ljɨ1 tsə̣1 njaa2 ŋowr2 ŋowr2 do2 zji2 njɨ2 ·wiọ1 ɣjiw1

色 及 色 非， 一 切 于 普 遍。 “含 容”

于诸国土，平等随入。”[2]“溥遍”者，色及非色，普遍一切。“含容”

3.3.5

tja1 tshọ2 ŋa1 gjọ1 nioow1 lew1 tsjiir1 mji1 dju1 wo2

者， 虚 空 以 外 一 法 无 有， 理

tsjɨ1 ŋa1 sju2 njɨ2 ·wiọ1 wo2 ŋowr2 dạ2 ·jij1 wo2

亦 空 如， “遍 含” 义 具， 事 即 理

者，虚空以外无有一法，理亦如空，具“遍含”义，事即如理

3.3.6

sju^{2}	njɨ^{2}	·wiọ^{1}	ŋowr^{2}	ljɨ^{1}	tśhjwo^{1}	dạ^{2}	wo^{2}	sju^{2}	lwu^{1}
[illegible]	[illegible]	[illegible]	[illegible]	[illegible]。	[illegible]	“[illegible]	[illegible]	[illegible]	[illegible]”
如	遍	含	具	也。	故	“事	理	如	融”
njɨ^{2}	ɣjiw^{1}	ɣię^{2}	mjij^{1}	·jɨ^{2}	phəə^{1}	tśja^{1}	·jij^{1}	dzju^{2}	·jɨ^{2}
“[illegible]	[illegible]	[illegible]	[illegible]”	[illegible]。	“[illegible]	[illegible]	[illegible]	[illegible]”	[illegible]
“遍	摄	阂	无”	谓。	“交	参	自	在”	谓

具遍含也。故谓“事如理融”“遍摄无阂”。谓“交参自在”

3.3.7

tja^{1}	kụ^{1}	sọ^{1}	ɣa^{1}	·jij^{1}	mjiij^{2}	bjij^{2}	kew^{1}	thja^{2}	dźjwɨ^{1}
[illegible]，	[illegible]	[illegible]	[illegible]	[illegible]	[illegible]。	[illegible]	“[illegible]	[illegible]	[illegible]
者，	后	三	门	△	标。	注	“此	彼	涉
·o^{2}	·jɨ^{2}	tja^{1}	lew^{1}	kew^{1}	we^{2}	rejr^{2}	thja^{2}	we^{2}	tśhioow^{1}
[illegible]”	[illegible]	[illegible]，	[illegible]	[illegible]	[illegible]、	[illegible]	[illegible]	[illegible]，	[illegible]
入”	谓	者，	一	此	为、	多	彼	为，	或

者，标后三门。注谓“彼此涉入”者，一为此、多为彼，或

3.3.8

rejr^{2}	kew^{1}	we^{2}	lew^{1}	thja^{2}	we^{2}	·jij^{1}	lwu^{1}	ɣjiw^{1}	·o^{2}
[illegible]	[illegible]	[illegible]、	[illegible]	[illegible]	[illegible]，	[illegible]	[illegible]	[illegible]	[illegible]，
多	此	为、	一	彼	为，	互	相	摄	入，
dźjwɨ^{1}	kha^{1}	phəə^{1}	tśja^{1}	nioow^{1}	tśhjwo^{1}	·jij^{1}	dzju^{2}	·jɨ^{2}	
[illegible]	[illegible]	[illegible]	[illegible]	[illegible]，	[illegible]	“[illegible]	[illegible]”	[illegible]。	
涉	中	交	参	因，	故	“自	在”	谓。	

多为此、一为彼，互相摄入，涉中交参，故谓“自在”。

3.3.9

bjij^{2}	thwuu^{1}	dzjɨj^{1}	·jij^{1}	lwu^{1}	sji^{2}	lew^{2}	we^{2}	·jɨ^{2}	tja^{1}	mjor^{1}
[illegible]	“[illegible]	[illegible]	[illegible]	[illegible]	[illegible]	[illegible]	[illegible]”	[illegible]	[illegible]，	[illegible]
注	“同	时	互	相	能	所	为”	谓	者，	实
ɣjiw^{1}	sji^{2}	we^{2}	dzjɨj^{1}	·jij^{1}	·o^{2}	tji^{2}	ŋwu^{2}	mjor^{1}	ɣjiw^{1}	
[illegible]	[illegible]	[illegible]	[illegible]，	[illegible]	[illegible]	[illegible]	[illegible]	[illegible]	[illegible]	
摄	能	为	时，	即	入	所	是，	实	摄	

注谓“同时互为能所”者，实为能摄时，即是所入，实

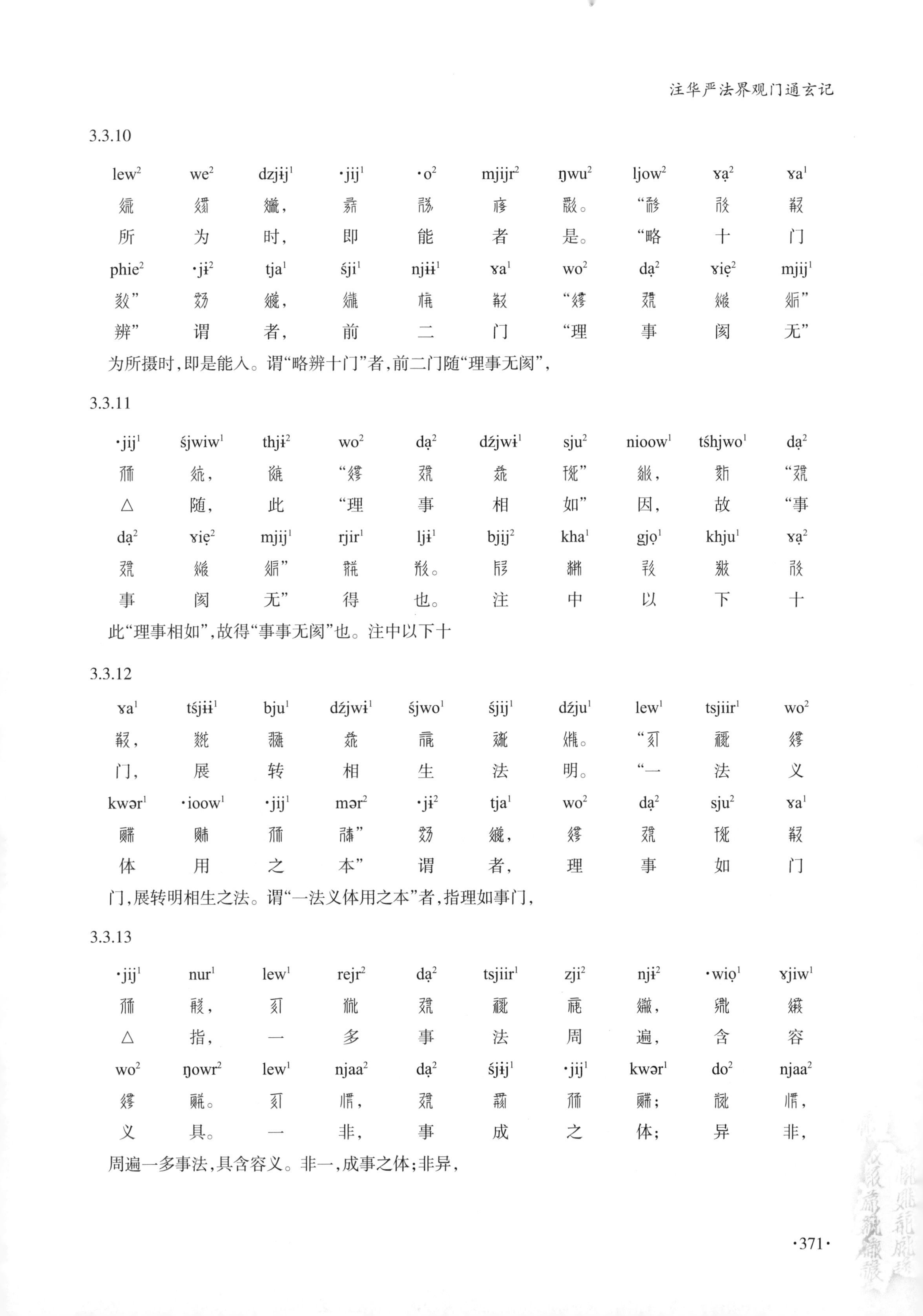

3.3.10

lew²	we²	dzjɨj¹	·jij¹	·o²	mjijr²	ŋwu²	ljow²	ɣạ²	ɣa¹
所	为	时，	即	能	者	是。	“略	十	门
phie²	·jɨ²	tja¹	śji¹	njɨɨ¹	ɣa¹	wo²	dạ²	ɣię²	mjij¹
辨”	谓	者，	前	二	门	“理	事	阂	无”

为所摄时，即是能入。谓“略辨十门”者，前二门随“理事无阂”，

3.3.11

·jij¹	śjwiw¹	thjɨ²	wo²	dạ²	dźjwɨ¹	sju²	nioow¹	tśhjwo¹	dạ²
△	随，	此	“理	事	相	如”	因，	故	“事
dạ²	ɣię²	mjij¹	rjir¹	ljɨ¹	bjij²	kha¹	gjọ¹	khju¹	ɣạ²
事	阂	无”	得	也。	注	中	以	下	十

此“理事相如”，故得“事事无阂”也。注中以下十

3.3.12

ɣa¹	tśjɨɨ¹	bju¹	dźjwɨ¹	śjwo¹	śjij¹	dźju¹	lew¹	tsjiir¹	wo²
门，	展	转	相	生	法	明。	“一	法	义
kwər¹	·ioow¹	·jij¹	mər²	·jɨ²	tja¹	wo²	dạ²	sju²	ɣa¹
体	用	之	本”	谓	者，	理	事	如	门

门，展转明相生之法。谓“一法义体用之本”者，指理如事门，

3.3.13

·jij¹	nur¹	lew¹	rejr²	dạ²	tsjiir¹	zji²	njɨ²	·wiọ¹	ɣjiw¹
△	指，	一	多	事	法	周	遍，	含	容
wo²	ŋowr²	lew¹	njaa²	dạ²	śjɨj¹	·jij¹	kwər¹	do²	njaa²
义	具。	一	非，	事	成	之	体；	异	非，

周遍一多事法，具含容义。非一，成事之体；非异，

3.3.14

kwər^{1}	ŋa^{1}	·jij^{1}	·ioow^{1}	zji^{2}	thji^{2}	ɣa^{1}	la^{1}	mər^{2}	tśhji^{2}	we^{2}
体	空	之	用，	皆	此	门	以	本	根	为
ljɨ^{1}	njɨɨ^{1}	zji^{2}	njɨ^{2}	ŋwu^{2}	·jɨ^{2}	tja^{1}	lew^{1}	lhjɨ^{2}	wo^{2}	
也。	“二	周	遍	是”	谓	者，	一	尘	理	

体空之用，皆以此门为根本也。谓“二是周遍”者，一尘如理

3.4.1

sju^{2}	dạ^{2}	ŋowr^{2}	ŋowr^{2}	ɣa^{2}	njɨ^{2}	sọ^{1}	·wiọ^{1}	ɣjiw^{1}	ŋwu^{2}	·jɨ^{2}
如	事	一	切	于	遍。	“三	含	容	是”	谓
tja^{1}	njɨ^{2}	tjɨ^{2}	dạ^{2}	tsjiir^{1}	·jij^{1}	njɨɨ^{1}	tsew^{2}	ɣa^{1}	kha^{1}	wo^{2}
者，	遍	所	事	法	即	二	第	门	中	理

遍一切事。谓“三是含容”者，所遍事法即第二门中所明理

3.4.2

dạ^{2}	·wiọ^{1}	njwi^{2}	·jij^{1}	dźju^{1}	tśhjwo^{1}	mjiij^{2}	zji^{2}	njɨ^{2}	·wiọ^{1}	ɣjiw^{1}
事	含	能	△	明，	故	标	“周	遍	含	容”
·jɨ^{2}	thji^{2}	sọ^{1}	tsew^{2}	ɣa^{2}	njɨ^{2}	njɨ^{2}	·wiọ^{1}	zji^{2}	dźju^{1}	tśhjwo^{1}
曰。	此	三	第	于	至，	遍	含	皆	明，	故

事能含，故标曰“周遍含容”。此至第三，皆明遍含，故

3.4.3

wjɨ^{2}	ŋowr^{2}	·jɨ^{2}	·jɨr^{1}	kụ^{1}	śjạ^{1}	ɣa^{1}	·jɨ^{2}	tshjiij^{1}	ljọ^{2}	kjij^{1}
“备	矣”	谓。	问：	“后	七	门	重	释	何	须？”
tśhjwo^{1}	bjij^{2}	dạ^{2}	ljɨɨr^{1}	tsew^{2}	tja^{1}	njɨɨ^{1}	tsew^{2}	·jij^{1}	phie^{2}	
故	注	曰	“四	第	者	二	第	△	释”。	

谓“备矣”。问：“后七门何须重释？”故注曰“四释二”。

3.4.4

ljɨɨr^{1}	ɣa^{1}	lew^{1}	lhjɨ^{2}	mji^{1}	ljiij^{2}	wo^{2}	sju^{2}	zji^{2}	njɨ^{2}	dźjiij^{1}
四	门	一	尘	不	坏	理	如	周	遍	局
wo^{2}	lhu^{1}	la^{1}	njɨɨ^{1}	tsew^{2}	·jij^{1}	·jɨ^{2}	phie^{2}	ŋwə^{1}	tsew^{2}	ɣa^{1}
义	增，	而	二	第	△	重	释。	五	第	门

四门增一尘不坏如理周遍之局义，而重释第二。第五门

3.4.5

lew^{1}	lhjɨ^{2}	mji^{1}	ljiij^{2}	wo^{2}	sju^{2}	zji^{2}	·wiọ^{1}	laa^{1}	wo^{2}	lhu^{1}
一	尘	不	坏	理	如	周	含	狭	义	增，
la^{1}	sọ^{1}	tsew^{2}	·jɨ^{2}	phie^{2}	tśhjiw^{1}	śjạ^{1}	tja^{1}	ljɨɨr^{1}	ŋwə^{1}	
而	三	第	重	释。	“六	七	者	四	五	

增一尘不坏如理周含之狭义，而重释第三。谓“六七

3.4.6

·jij^{1}	zji^{2}	ɣjiw^{1}	·jɨ^{2}	tja^{1}	tśhjiw^{1}	ɣa^{1}	śji^{1}	ljɨɨr^{1}	ŋwə^{1}	kha^{1}
△	皆	收”	谓	者，	六	门	前	四	五	中
lew^{1}	tsjiir^{1}	rejr^{2}	tsjiir^{1}	ɣa^{2}	dza^{2}	njɨ^{2}	·wiọ^{1}	thwuu^{1}	dzjɨj^{1}	
一	法	多	法	于	望，	遍	含	同	时	

皆收四五”者，六门望前四五之一法，摄望遍含同时，

3.4.7

·jij^{1}	ɣjiw^{1}	dza^{2}	tjị^{2}	lew^{1}	lew^{1}	nioow^{1}	ljɨ^{1}	·jar^{1}	gjɨɨ^{1}	tja^{1}
△	摄	望	可，	唯	一	故	也。	“八	九	者
tśhjiw^{1}	śjạ^{1}	·jij^{1}	ɣjiw^{1}	lwu^{1}	·jɨ^{2}	tja^{1}	·jar^{1}	ɣa^{1}	tśhjiw^{1}	
六	七	△	摄	融”	谓	者，	八	门	六	

唯一故也。谓“八九融摄六七”者，八门

3.4.8

śjạ^{1}	njɨɨ^{1}	ɣa^{1}	kha^{1}	njɨ^{2}	mjijr^{2}	·wio̜^{1}	sji^{2}	ɣjiw^{1}	sji^{2}	·o^{2}
七	二	门	中	遍	者、	含	能、	容	能、	入

mjijr^{2}	wə^{1}	tsjiir^{1}	·jij^{1}	ɣjiw^{1}	lwu^{1}	gjɨɨ^{1}	ɣa^{1}	tśhjiw^{1}	śjạ^{1}
者	主	法	△	摄	融，	九	门	六	七

融摄六七二门中能遍、能含、能容、能入之主法，九门

3.4.9

njɨɨ^{1}	ɣa^{1}	kha^{1}	ɣjiw^{1}	lew^{2}	·o^{2}	tji^{2}	njɨ^{2}	tji^{2}	·wio̜^{1}	lew^{2}
二	门	中	容	所、	入	所、	遍	所、	含	所

bjij^{2}	tsjiir^{1}	·jij^{1}	ɣjiw^{1}	lwu^{1}	wə^{1}	bjij^{2}	dzjɨj^{1}	thwuu^{1}	nioow^{1}	zji^{2}
伴	法	△	摄	融。	主	伴	时	同	故，	周

融摄六七二门中所容、所入、所遍、所含之伴法。主伴时同故，成周

3.4.10

lwu^{1}	ɣię^{2}	mjij^{1}	śjɨj^{1}	ljɨ^{1}	tśhjwo^{1}	ɣạ^{2}	·jar^{1}	gjɨɨ^{1}	ɣjiw^{1}	·jɨ^{2}
融	碍	无	成	也，	故	“十	八	九	收”	谓。

融无碍也，故谓“十收八九”。

译文：

……含容有用[1]，容用随体，周遍含容即是观。又此观中，法无定相，即能即所故，依用设名，故注曰“事事无阂”。此者，一事遍多事时，一事不碍容多事，一切皆如是，故谓“事事无阂”。周遍含容，随心说之；事事无阂，随境释之。此者，智有融通之用，能证入无尽之境故。周遍含容，即事事无阂法界也。“事如理融”以下，标也。事者，成事。理者，不变。如理者，体空。理融者，随缘。理成事，分别不坏其相故，理如不变。有体故为能遍含，事体空有用故，如理随缘之用，各自能遍含也。注谓“一一事”者，一事谓之多事。谓“如理融通”者，其理遍于一切事法，其一一事法如理遍诸事也。理含一切，其一一事法亦如理含一切也。或问：“虽谓事事无阂，然缘何望理而言之，但不言约事乎？”故注谓“若唯事”等。又问：“但不言约理，何则？”故注曰“若唯约理”等。初明答周融之理，“今事”以下结之。先前二门标理事相如互为，后门入周遍含容，始于此也。谓“遍摄无阂”者，标第二门至第七门也。遍者，注曰“周遍”，以一法望多法。以下标第二、四至第六门之“遍”义，在第七门内，随望入一之理。谓“摄”者，注曰“含容”。此标第三、五二门及第六门中之“含”

义。“摄”字是第七门之义。今谓“遍摄”不谓“含”者，愿相随兼明也。注谓“理含万德”者，明第八回向经中真如之德，略有百门，唯非“遍摄”，故谓“理含万德”。谓“无可同喻”者，分而取譬，故谓“略如虚空二义”。故《世主妙严品》云：“譬如虚空，具含万像，于诸境界无所分别。又如虚空普遍一切，于诸国土，平等随入。”[2]“溥遍”者，色及非色，普遍一切。“含容”者，虚空以外无有一法，理亦如空，具“遍含”义，事即如理具遍含也。故谓“事如理融”“遍摄无阂”。谓“交参自在”者，标后三门。注谓“彼此涉入”者，一为此、多为彼，或多为此、一为彼，互相摄入，涉中交参，故谓“自在”。注谓“同时互为能所”者，实为能摄时，即是所入，实为所摄时，即是能入。谓“略辨十门”者，前二门随“理事无阂”，此“理事相如”，故得“事事无阂”也。注中以下十门，展转明相生之法。谓“一法义体用之本”者，指理如事门，周遍一多事法，具含容义。非一，成事之体；非异，体空之用，皆以此门为根本也。谓“二是周遍”者，一尘如理遍一切事。谓“三是含容”者，所遍事法即第二门中所明理事能含，故标曰“周遍含容”。此至第三，皆明遍含，故谓“备矣”。问：“后七门何须重释?”故注曰“四释二”。四门增一尘不坏如理周遍之局义，而重释第二。第五门增一尘不坏如理周含之狭义，而重释第三。谓“六七皆收四五”者，六门望前四五之一法，摄望遍含同时，唯一故也。谓“八九融摄六七”者，八门融摄六七二门中能遍、能含、能容、能入之主法，九门融摄六七二门中所容、所入、所遍、所含之伴法。主伴时同故，成周融无碍也，故谓“十收八九”。

注释：

[1]原件自卷首至“含容有用”残佚。

[2]出《大方广佛华严经》卷一，其中“万像”汉文本原作“众像”。

释读：

3.4.10

lew^{1}	wo^{2}	dạ^{2}	sju^{2}	ɣa^{1}	·jɨ^{2}	tja^{1}	wo^{2}	dji^{2}	tja^{1}
“[illegible]	[illegible]	[illegible]	[illegible]	[illegible]”	[illegible]	[illegible]，	“[illegible]”	[illegible]	[illegible]，
“一	理	事	如	门”	谓	者，	“理”	字	者，

谓“一理如事门”者，“理”字是

3.4.11

śji^{1}	bioo^{1}	gjɨɨ^{1}	tsew^{2}	ɣa^{1}	kha^{1}	ŋowr^{2}	dạ^{2}	·jij^{1}	wo^{2}	ŋwu^{2}
[illegible]	[illegible]	[illegible]	[illegible]	[illegible]	[illegible]	[illegible]	[illegible]	[illegible]	[illegible]	[illegible]。
前	观	九	第	门	中	全	事	之	理	是。

wo^{2}	dji^{2}	tja^{1}	śji^{1}	ɣạ^{2}	tsew^{2}	ɣa^{1}	kha^{1}	ŋowr^{2}	wo^{2}
“[illegible]”①	[illegible]	[illegible]，	[illegible]	[illegible]	[illegible]	[illegible]	[illegible]	[illegible]	[illegible]
“理”	字	者，	前	十	第	门	中	全	理

前观第九门中全事之理。“事”字是前第十门中全理之事。

①[illegible]（义），据上下文知为“[illegible]”（事）字之误。

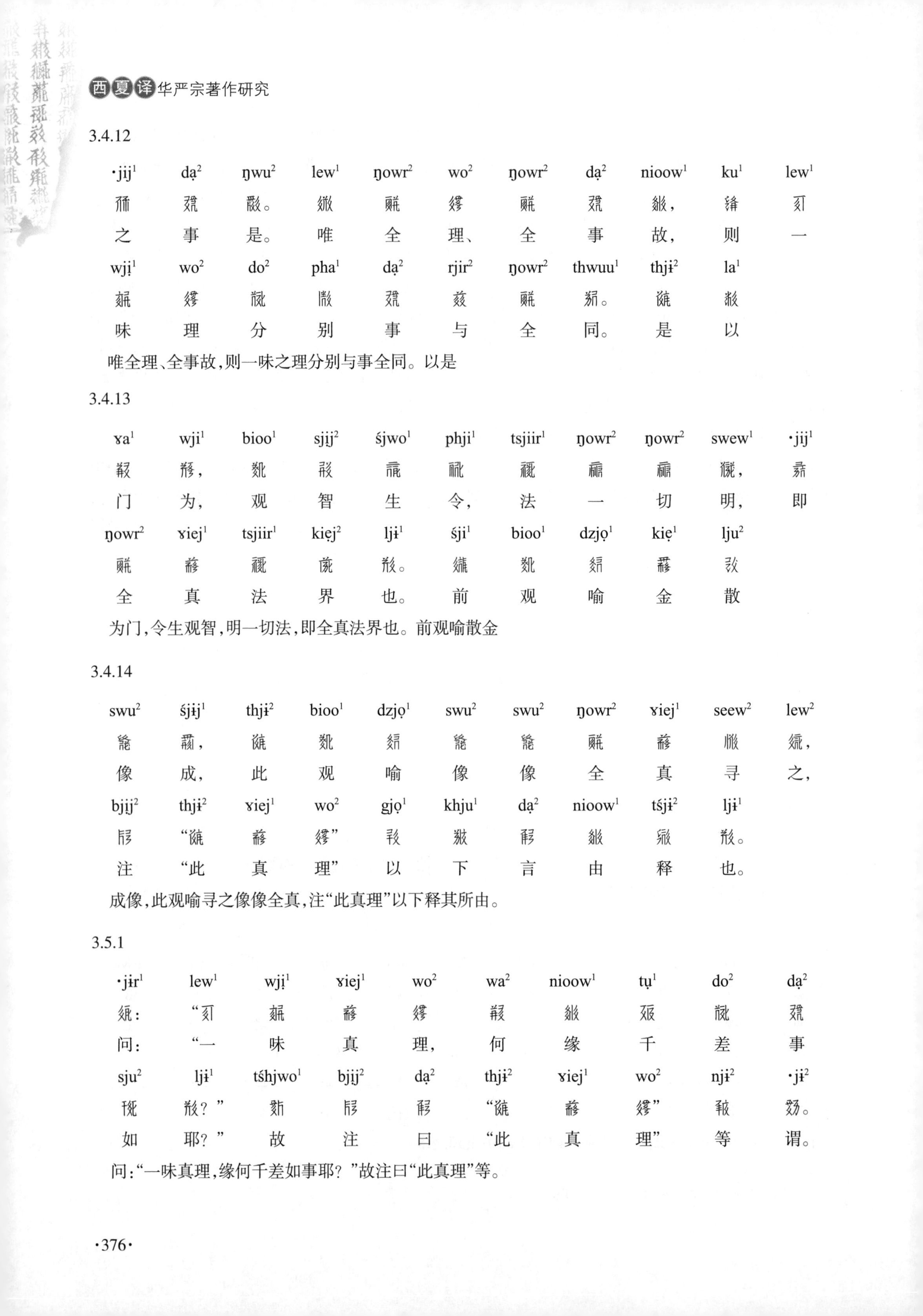

3.4.12

·jij¹	dạ²	ŋwu²	lew¹	ŋowr²	wo²	ŋowr²	dạ²	nioow¹	ku¹	lew¹
之	事	是。	唯	全	理、	全	事	故，	则	一
wjị¹	wo²	do²	pha¹	dạ²	rjir²	ŋowr²	thwuu¹	thjɨ²	la¹	
味	理	分	别	事	与	全	同。	是	以	

唯全理、全事故，则一味之理分别与事全同。以是

3.4.13

ɣa¹	wji¹	bioo¹	sjij²	śjwo¹	phji¹	tsjiir¹	ŋowr²	ŋowr²	swew¹	·jij¹
门	为，	观	智	生	令，	法	一	切	明，	即
ŋowr²	ɣiej¹	tsjiir¹	kiẹj²	ljɨ¹	śji¹	bioo¹	dzjọ¹	kię¹	lju²	
全	真	法	界	也。	前	观	喻	金	散	

为门，令生观智，明一切法，即全真法界也。前观喻散金

3.4.14

swu²	śjɨj¹	thjɨ²	bioo¹	dzjọ¹	swu²	swu²	ŋowr²	ɣiej¹	seew²	lew²
像	成，	此	观	喻	像	像	全	真	寻	之，
bjij²	thjɨ²	ɣiej¹	wo²	gjọ¹	khju¹	dạ²	nioow¹	tśjɨ²	ljɨ¹	
注	“此	真	理”	以	下	言	由	释	也。	

成像，此观喻寻之像像全真，注“此真理”以下释其所由。

3.5.1

·jɨr¹	lew¹	wjị¹	ɣiej¹	wo²	wa²	nioow¹	tụ¹	do²	dạ²
问：	“一	味	真	理，	何	缘	千	差	事
sju²	ljɨ¹	tśhjwo¹	bjij²	dạ²	thjɨ²	ɣiej¹	wo²	njɨ²	·jɨ²
如	耶？”	故	注	曰	“此	真	理”	等	谓。

问：“一味真理，缘何千差如事耶？”故注曰“此真理”等。

3.5.2

dạ^2	sju^2	dźju^1	śja^2	·jɨ^2	tja^1	·jij^1	thwuu^1	dźju^1	sjwij^1
“[illegible]	[illegible]	[illegible]	[illegible]”	[illegible]	[illegible]，	[illegible]	[illegible]	[illegible]	[illegible]
“事	如	显	现”	谓	者，	相	同	显	明
ljɨ^1	thjɨ^2	tja^1	gu^2	gjwi^2	ŋwu^2	dạ^2	sju^2	do^2	pha^1
[illegible]。	[illegible]	[illegible]，	[illegible]	[illegible]	[illegible]。	“[illegible]	[illegible]	[illegible]	[illegible]”
也。	此	者，	对	句	也。	“事	如	差	别”

谓“如事显现”者，同相显明也。此者，对句也。“如事差别”

3.5.3

tja^1	tsə̣^{1}	njiij^1	rjir^2	thwuu^1	bju^1	mjor^1	bio^1	dźju^1	mji^1
[illegible]，	[illegible]	[illegible]	[illegible]	[illegible]	[illegible]，	[illegible]	[illegible]	[illegible]	[illegible]
者，	色	心	与	同	因，	实	分	明	不
thwuu^1	ljɨ^1	dạ^2	sju^2	tha^2	tsəj^1	·jɨ^2	tja^1	naa^2	rjir^2
[illegible]	[illegible]。	“[illegible]	[illegible]	[illegible]	[illegible]”	[illegible]	[illegible]，	[illegible]	[illegible]
同	也。	“事	如	大	小”	谓	者，	芥	子

者，因色与心同，实分明不同也。谓“如事大小”者，芥子

3.5.4

sju^2	mji^1	rjir^2	thwuu^1	lew^1	rejr^2	tja^1	nju^2	ŋewr^2	rjir^2	thwuu^1
[illegible]	[illegible]	[illegible]	[illegible]。	“[illegible]	[illegible]”	[illegible]，	[illegible]	[illegible]	[illegible]	[illegible]。
须	弥	与	同。	“一	多”	者，	多	数	与	同。
lhej^2	ljij^1	tja^1	dźiəj^2	lheew^2	lhej^2	ljij^1	wjɨ^1	lej^2	rjir^2	
“[illegible]	[illegible]”	[illegible]，	[illegible]	[illegible]，	[illegible]	[illegible]	[illegible]	[illegible]	[illegible]	
“变	易”	者，	有	为，	变	易	变	化	与	

与须弥同。“一多”者，多与数同。“变易”者，有为，变易与变化

3.5.5

thwuu^1	rjɨr^2	njɨ^2	gjọ^1	khju^1	sji^1	mjij^1	ɣa^2	njɨ^2	zu^2
[illegible]。	“[illegible]	[illegible]”	[illegible]	[illegible]	“[illegible]	[illegible]”	[illegible]	[illegible]	[illegible]
同。	“乃	至”	以	下	“量	无”	于	至	结
ljɨ^1	dzjọ^1	ljaa^1	dju^1	dạ^2	njiij^1	khjɨ^2	mjɨɨ^2	nioow^1	śjwɨ^1
[illegible]。	[illegible]	[illegible]	[illegible]	[illegible]：	“[illegible]	[illegible]	[illegible]	[illegible]	[illegible]，
也。	如	赞	有	曰：	“心	万	境	随	转，

同。“乃至”以下至“无量”结之。如有赞曰：“心随万境转，

3.5.6

śjwɨ[2]	twụ[1]	źjɨr[1]	na[1]	njwi[2]	ljụ[1]	bju[1]	tsjiir[2]	sjij[2]	ku[1]	de[2]
[illegible]	[illegible]	[illegible]	[illegible]	[illegible]。	[illegible]	[illegible]	[illegible]	[illegible]	[illegible]，	[illegible]
转	处	实	幽	能。	流	随	性	觉	故。	喜
mjij[1]	sjwɨ[1]	tsjɨ[1]	mjij[1]	tśhjwo[1]	tsjiir[1]	śjwo[1]	rejr[2]	ɣa[1]	lew[1]	
[illegible]	[illegible]	[illegible]	[illegible]。”	[illegible]	[illegible]	[illegible]	[illegible]	[illegible]，	[illegible]	
无	忧	亦	无。”	故	法	生	多	门，	一	

转处实能幽。随流认得性。无喜亦无忧[1]。”故法生多门，

3.5.7

njiij[1]	bju[1]	śja[2]	nioow[1]	dzjij[2]	war[2]	mjij[1]	nwə[1]	lew[2]	bjij[2]
[illegible]	[illegible]	[illegible]，	[illegible]	[illegible]	[illegible]	[illegible]	[illegible]	[illegible]。	[illegible]
心	随	现，	复	余	物	无	知	所。	注
tśhioow[1]	tśhji[2]	·jɨ[2]	tja[1]	nioow[1]	pha[1]	tśhji[2]	dju[1]	sjij[1]	seew[2]
“[illegible]	[illegible]”	[illegible]	[illegible]，	[illegible]	[illegible]	[illegible]	[illegible]。	“[illegible]	[illegible]
“本	标”	谓	者，	复	别	标	有。	“细	寻

现随一心，复所知无余物。注谓“本标”者，复有别标。谓“细寻

3.5.8

lju[2]	we[2]	·jɨ[2]	tja[1]	njɨ[2]	śja[2]	wo[2]	ɣa[2]	lju[2]	zjij[1]
[illegible]	[illegible]”	[illegible]	[illegible]，	[illegible]	[illegible]	[illegible]	[illegible]	[illegible]	[illegible]。
局	成”	谓	者，	遍	现	义	上	局	著。
dzjij[2]	wo[2]	lhjij[2]	·jɨ[2]	tja[1]	thji[2]	ɣa[1]	kha[1]	dạ[2]	sju[2]
“[illegible]	[illegible]	[illegible]”	[illegible]	[illegible]，	[illegible]	[illegible]	[illegible]	[illegible]	[illegible]
“余	义	阙”	谓	者，	此	门	中	事	如

成局”者，局著遍现之义。谓“阙余义”者，此门中阙如事

3.5.9

do[2]	pha[1]	njɨ[2]	lhjij[2]	kụ[1]	ɣa[1]	kha[1]	wo[2]	sju[2]	so̱[1]	zjo̱[2]
[illegible]	[illegible]	[illegible]	[illegible]，	[illegible]	[illegible]	[illegible]	[illegible]	[illegible]	[illegible]	[illegible]
差	别	等	阙，	后	门	中	理	如	三	世
·ã[1]	njɨ[2]	lhjij[2]	ljɨ[1]	thja[1]	dạ[2]	tsjiir[1]	gjo̱[1]	khju[1]	tśjɨ[1]	
[illegible]	[illegible]	[illegible]	[illegible]，	[illegible]	“[illegible]	[illegible]”	[illegible]	[illegible]	[illegible]	
彻	等	阙	也，	其	“事	法”	以	下	释	

差别等，后门中阙如理彻三世等也，其“事法”以下释

3.5.10

ljɨ^{1}	dạ^{2}	tsjiir^{1}	dź-	bju^{1}	njɨ^{2}	tja^{1}	śji^{1}	bioo^{1}	·jar^{1}
也。	“事	法	虚	既”	等	者，	前	观	八
tsew^{2}	ɣa^{1}	dạ^{2}	śjɨj^{1}	·jij^{1}	kwər^{1}	ŋa^{1}	wo^{2}	lhjwi^{1}	
第	门	事	成	即	体	空	义	举，	

之。“事法既虚”等者，前观第八门举事成即体空之义，

3.5.11

mjiij^{2}	kha^{1}	wo^{2}	dji^{2}	kjij^{1}	la^{1}	sju^{2}	sji^{2}	we^{2}	bjij^{2}
标	中	“理”	字	释	而	如	能	为。	注
wjạ^{2}	mji^{1}	ljiij^{2}	ljɨ^{1}	·jɨ^{2}	tja^{1}	ŋowr^{2}	dạ^{2}	wo^{2}	·jij^{1}
“泯	不	待	也”	谓	者，	全	事	理	△

标中释“理”字而为能如。注谓“不待泯之”者，明全事之

3.5.12

dźju^{1}	wo^{2}	la^{1}	dạ^{2}	lhjwi^{1}	dạ^{2}	ljiij^{2}	rjir^{2}	mji^{1}	lew^{2}
明，	理	以	事	夺，	事	坏	与	不	同
ljɨ^{1}	wo^{2}	tsjiir^{2}	źjɨr^{1}	ɣiej^{1}	kwər^{1}	mji^{1}	śja^{2}	mjij^{1}	
也。	“理	性	实	真，	体	不	现	无”	

理，以理夺事，与坏事不同也。谓“理性真如，体无不现”

3.5.13

·jɨ^{2}	tja^{1}	śji^{1}	ɣạ^{2}	tsew^{2}	ɣa^{1}	kwər^{1}	ŋa^{1}	·jij^{1}	dạ^{2}
谓	者，	前	十	第	门	体	空	即	事
śjɨj^{1}	wo^{2}	lhjwi^{1}	mjiij^{2}	kha^{1}	dạ^{2}	dji^{2}	tśjɨ^{2}	la^{1}	sju^{2}
成	义	举。	标	中	“事”	字	释	而	如

者，前第十门举体空即事成之义。标中释“事”字而

3.5.14

lew^{2}	we^{2}	ŋowr^{2}	wo^{2}	dạ^{2}	·jij^{1}	mjor^{1}	dźju^{1}	iọ^{1}	śji^{1}
[illegible]	[illegible]，	[illegible]	[illegible]	[illegible]	[illegible]	[illegible]	[illegible]。	[illegible]	[illegible]
所	为，	全	理	事	△	显	明。	夫	前
kwər^{1}	ŋa^{1}	·jɨ^{2}	tja^{1}	dạ^{2}	wo^{2}	bju^{1}	śjɨj^{1}	kwər^{1}	
“[illegible]	[illegible]”	[illegible]	[illegible]，	[illegible]	[illegible]	[illegible]	[illegible]，	[illegible]	
“体	空”	谓	者，	事	理	依	成，	体	

为所如，显明全理之事。夫前谓“体空”者，事依理成，

3.6.1

mjij^{1}	nioow^{1}	ŋa^{1}	sjij^{1}	kwər^{1}	ŋa^{1}	·jɨ^{2}	tja^{1}	ŋowr^{2}	wo^{2}
[illegible]	[illegible]	[illegible]。	[illegible]	“[illegible]	[illegible]”	[illegible]	[illegible]，	[illegible]	[illegible]
无	故	空。	今	“体	空”	谓	者，	全	理
nioow^{1}	ŋa^{1}	śji^{1}	rjir^{2}	do^{2}	ljɨ^{1}	śji^{1}	dạ^{2}	śjɨj^{1}	·jɨ^{2}
[illegible]	[illegible]，	[illegible]	[illegible]	[illegible]	[illegible]。	[illegible]	“[illegible]	[illegible]”	[illegible]
依	空，	前	与	异	也。	前	“事	成”	谓

无体故空。今谓“体空”者，依全理空，与前异也。前谓“成事”

3.6.2

tja^{1}	wo^{2}	ɣa^{2}	dza^{2}	bju^{1}	kwər^{1}	dźju^{1}	·jij^{1}	mji^{1}	ljiij^{2}
[illegible]，	[illegible]	[illegible]	[illegible]	[illegible]	[illegible]	[illegible]，	[illegible]	[illegible]	[illegible]
者，	理	于	望	故	体	明，	相	不	坏
ljɨ^{1}	sjij^{1}	dạ^{2}	śjɨj^{1}	·jɨ^{2}	tja^{1}	ɣie^{1}	dju^{1}	wə^{1}	
[illegible]。	[illegible]	“[illegible]	[illegible]”	[illegible]	[illegible]，	[illegible]	[illegible]、	[illegible]	
也。	今	“事	成”	谓	者，	力	有、	主	

者，望于理则明体，不坏相也。今谓“成事”者，有力、

3.6.3

we^{2}	lew^{1}	njaa^{2}	do^{2}	njaa^{2}	sọ^{1}	wo^{2}	ŋowr^{2}	dźjwɨ^{1}	gu^{2}
[illegible]、	[illegible]	[illegible]	[illegible]	[illegible]，	[illegible]	[illegible]	[illegible]	[illegible]	[illegible]
为、	一	非	异	非，	三	理	全	相	互
njɨ^{2}	·wiọ^{1}	nioow^{1}	śji^{1}	ɣa^{1}	rjir^{2}	dźju^{1}	sjwij^{1}	mji^{1}	lew^{2}
[illegible]	[illegible]	[illegible]，	[illegible]	[illegible]	[illegible]	[illegible]	[illegible]	[illegible]	[illegible]。
遍	含	故，	前	门	与	分	明	不	同。

为主、非一非异[2]，三理全相互遍含故，与前门分明不同。

3.6.4

ɣiew^{1}	mjijr^{2}	seew^{2}	lew^{2}	thja^{1}	tsjɨ^{1}	śji^{1}	ɣa^{1}	rjir^{2}	ka^{2}
[illegible]	[illegible]	[illegible]	[illegible]，	[illegible]	[illegible]	[illegible]	[illegible]	[illegible]	[illegible]，
学	者	思	之，	彼	亦	前	门	与	离，
dạ^{2}	dạ^{2}	ɣię^{2}	mjij^{1}	dju^{1}	ljɨ^{1}	njaa^{2}	bjij^{2}	ɣiej^{1}	
“[illegible]	[illegible]	[illegible]	[illegible]”	[illegible]	[illegible]	[illegible]，	[illegible]	“[illegible]	
“事	事	阂	无”	是	及	否，	注	“真	

学者思之，彼亦与前门离，是否“事事无阂”，注“真

3.6.5

wo^{2}	gjọ^{1}	khju^{1}	mjor^{1}	kjij^{1}	ljɨ^{1}	thjɨ^{2}	śiaa^{2}	kwər^{1}	ŋa^{1}
[illegible]”	[illegible]	[illegible]	[illegible]	[illegible]	[illegible]。	[illegible]	[illegible]	[illegible]	[illegible]
理”	以	下	实	释	之。	此	愿	体	空
·jij^{1}	dạ^{2}	śjɨj^{1}	nioow^{1}	dạ^{2}	ŋa^{1}	·jij^{1}	wo^{2}	ŋa^{1}	
[illegible]	[illegible]	[illegible]	[illegible]，	[illegible]	[illegible]	[illegible]	[illegible]	[illegible]	
即	事	成	故，	事	空	即	理	空	

理”以下实释之。愿此体空即成事故，事空即是理空。

3.6.6

ŋwu^{2}	dzjọ^{1}	mej^{1}	nju^{1}	njɨ^{2}	·jɨ^{2}	tja^{1}	dzjọ^{1}	bju^{1}	tsjiir^{1}
[illegible]。	[illegible]	“[illegible]	[illegible]”	[illegible]	[illegible]	[illegible]，	[illegible]	[illegible]	[illegible]
是。	喻	“耳	目”	等	谓	者，	譬	因	法
ljij^{2}	mej^{1}	lew^{1}	lew^{1}	mej^{1}	kwər^{1}	ŋa^{1}	sju^{2}	sji^{2}	
[illegible]，	[illegible]	[illegible]	[illegible]	[illegible]，	[illegible]	[illegible]	[illegible]	[illegible]。	
见，	目	唯	一	目，	体	空	如	能。	

喻谓“耳目”等者，因譬见法，目唯一目，体空能如。

3.6.7

wo^{2}	rjir^{2}	dzjọ^{1}	tsə^{1}	njɨ^{2}	do^{2}	pha^{1}	sju^{2}	lew^{2}	dạ^{2}
[illegible]	[illegible]	[illegible]，	[illegible]	[illegible]	[illegible]	[illegible]	[illegible]	[illegible]。	[illegible]
理	于	喻，	色	等	差	别	如	所。	事
rjir^{2}	dzjọ^{1}	thjɨ^{2}	śiaa^{2}	mej^{1}	ŋwər^{1}	ljij^{2}	ŋwər^{1}	sju^{2}	
[illegible]	[illegible]，	[illegible]	[illegible]	[illegible]	[illegible]	[illegible]	[illegible]	[illegible]，	
于	喻，	此	意	目	青	见	青	如，	

喻于理，色等差别所如。喻于事，愿此目见青如青，

3.6.8

nər^{2}	ljij^{2}	nər^{2}	sju^{2}	rjɨr^{2}	njɨ^{2}	ɣa^{2}	we^{2}	tha^{2}	tsəj^{1}
[illegible]	[illegible]	[illegible]	[illegible]。	[illegible]	[illegible]	[illegible]	[illegible]	[illegible]	[illegible]
黄	见	黄	如。	乃	至	上	聚	大	小
njɨ^{2}	zji^{2}	·a	tjɨj^{2}	io̱^{1}	mej^{1}	ljij^{2}	thjɨ^{2}	sju^{2}	ku^{1}
[illegible]，	[illegible]	[illegible]	[illegible]	[illegible]	[illegible]	[illegible]。	[illegible]	[illegible]	[illegible]
等，	皆	一	并	都	目	见。	是	如	则

见黄如黄。聚于所至大小等，皆一并目见。如是则

3.6.9

nju^{1}	mji^{1}	tsjɨ^{1}	lew^{2}	thjɨ^{2}	tsjɨ^{1}	ljij^{2}	gie^{1}	tśhjwo^{1}	tśjɨɨ^{1}
[illegible]	[illegible]	[illegible]	[illegible]，	[illegible]	[illegible]	[illegible]	[illegible]，	[illegible]	[illegible]
耳	闻	亦	同，	此	亦	见	难。	故	次
dzjo̱^{1}	da̱^{2}	niaa^{2}	ɣjiw^{2}	dzow^{1}	tja^{1}	sju^{2}	sji^{2}	wo^{2}	rjir^{2}
[illegible]	[illegible]	[illegible]	[illegible]	[illegible]	[illegible]，	[illegible]	[illegible]	[illegible]	[illegible]
喻	曰	琉	璃	瓶	者，	如	能	理	与

耳闻亦同，此亦难见。故次喻曰琉璃瓶者，喻能如之理。

3.6.10

dzjo̱^{1}	rejr^{2}	naa^{2}	rjir^{2}	tśhju^{1}	tja^{1}	sju^{2}	lew^{2}	rejr^{2}	da̱^{2}
[illegible]。	[illegible]	[illegible]	[illegible]	[illegible]	[illegible]，	[illegible]	[illegible]	[illegible]	[illegible]
喻。	多	芥	子	容	者，	如	所	多	事
rjir^{2}	dzjo̱^{1}	thjɨ^{2}	tja^{1}	wo^{2}	nioow^{1}	da̱^{2}	mjij^{1}	tśhjwo^{1}	ŋowr^{2}
[illegible]	[illegible]。	[illegible]	[illegible]，	[illegible]	[illegible]	[illegible]	[illegible]，	[illegible]	[illegible]
与	喻。	此	者，	理	外	事	无，	故	全

容多芥子者，喻所如多事。此者，理外无事，故喻全

3.6.11

wo^{2}	da̱^{2}	sju^{2}	rjir^{2}	dzjo̱^{1}	thjɨ^{2}	tsjɨ^{1}	ljij^{2}	gie^{1}	dzow^{1}
[illegible]	[illegible]	[illegible]	[illegible]	[illegible]。	[illegible]	[illegible]	[illegible]	[illegible]，	[illegible]
理	事	如	以	喻。	此	亦	见	难，	瓶
rjir^{2}	do^{2}	nioow^{1}	ljɨ^{1}	nioow^{1}	so̱^{1}	tsew^{2}	dzjo̱^{1}	mjiij^{2}	tśhjwo^{1}
[illegible]	[illegible]	[illegible]	[illegible]。	[illegible]	[illegible]	[illegible]	[illegible]	[illegible]，	[illegible]
芥	异	故	也。	复	三	第	喻	标，	故

理如事，此亦难见，瓶芥有异故也。复喻标第三，故

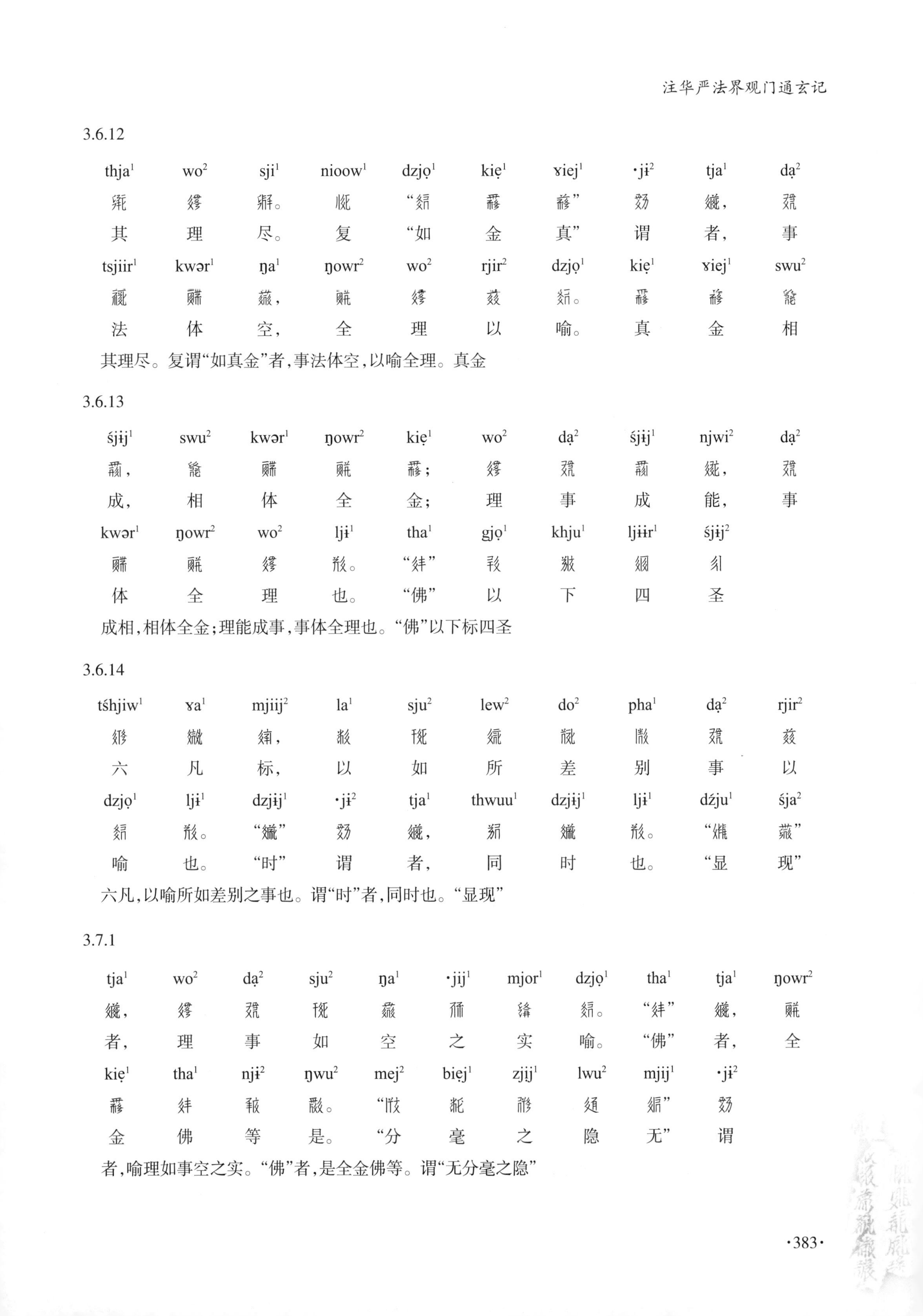

3.6.12

thja¹	wo²	sji¹	nioow¹	dzjọ¹	kię¹	ɣiej¹	·jɨ²	tja¹	dạ²
其	理	尽。	复	“如	金	真”	谓	者,	事
tsjiir¹	kwər¹	ŋa¹	ŋowr²	wo²	rjir²	dzjọ¹	kię¹	ɣiej¹	swu²
法	体	空,	全	理	以	喻。	真	金	相

其理尽。复谓“如真金”者,事法体空,以喻全理。真金

3.6.13

śjɨj¹	swu²	kwər¹	ŋowr²	kię¹	wo²	dạ²	śjɨj¹	njwi²	dạ²
成,	相	体	全	金;	理	事	成	能,	事
kwər¹	ŋowr²	wo²	ljɨ¹	tha¹	gjọ¹	khju¹	ljɨɨr¹	śjɨj²	
体	全	理	也。	“佛”	以	下	四	圣	

成相,相体全金;理能成事,事体全理也。“佛”以下标四圣

3.6.14

tśhjiw¹	ɣa¹	mjiij²	la¹	sju²	lew²	do²	pha¹	dạ²	rjir²
六	凡	标,	以	如	所	差	别	事	以
dzjọ¹	ljɨ¹	dzjɨj¹	·jɨ²	tja¹	thwuu¹	dzjɨj¹	ljɨ¹	dźju¹	śja²
喻	也。	“时”	谓	者,	同	时	也。	“显	现”

六凡,以喻所如差别之事也。谓“时”者,同时也。“显现”

3.7.1

tja¹	wo²	dạ²	sju²	ŋa¹	·jij¹	mjor¹	dzjọ¹	tha¹	tja¹	ŋowr²
者,	理	事	如	空	之	实	喻。	“佛”	者,	全
kię¹	tha¹	njɨ²	ŋwu²	mej²	biej¹	zjij¹	lwu²	mjij¹	·jɨ²	
金	佛	等	是。	“分	毫	之	隐	无”	谓	

者,喻理如事空之实。“佛”者,是全金佛等。谓“无分毫之隐”

3.7.2

tja^{1}	ŋowr^{2}	tha^{1}	·jij^{1}	kię^{1}	dźju^{1}	ŋowr^{2}	dą^{2}	·jij^{1}	wo^{2}
[illegible]，	[illegible]	[illegible]	[illegible]	[illegible]	[illegible]，	[illegible]	[illegible]	[illegible]	[illegible]
者，	全	佛	之	金	显，	全	事	之	理
rjir^{2}	dzjọ^{1}	mej^{2}	bięj^{1}	zjij^{1}	mji^{1}	·jij^{1}	tsjɨ^{1}	mjij^{1}	·jɨ^{2}
[illegible]	[illegible]；	“[illegible]	[illegible]	[illegible]	[illegible]	[illegible]	[illegible]	[illegible]”	[illegible]
以	喻；	“分	毫	许	不	像	亦	无”	谓

者，显全佛之金，喻全事之理；谓“亦无分毫不像”

3.7.3

tja^{1}	ŋowr^{2}	kię^{1}	·jij^{1}	tha^{1}	dźju^{1}	ŋowr^{2}	wo^{2}	·jij^{1}	dą^{2}
[illegible]，	[illegible]	[illegible]	[illegible]	[illegible]	[illegible]，	[illegible]	[illegible]	[illegible]	[illegible]
者，	全	金	之	佛	显，	全	理	之	事
rjir^{2}	dzjọ^{1}	thja^{2}	ɣiej^{1}	ŋa^{1}	gjọ^{1}	khju^{1}	śji^{1}	bioo^{1}	
[illegible]	[illegible]。	[illegible]	“[illegible]	[illegible]”	[illegible]	[illegible]	[illegible]	[illegible]	
以	喻。	其	“真	空”	以	下	前	观	

者，显全金之佛，喻全理之事。其“真空”以下离前观。

3.7.4

·jij^{1}	ka^{2}	thjɨ^{2}	tja^{1}	ŋa^{1}	tsə^{1}	ɣię^{2}	mjij^{1}	kha^{1}	tsə^{1}
[illegible]	[illegible]。	[illegible]	[illegible]，	“[illegible]	[illegible]	[illegible]	[illegible]”	[illegible]	“[illegible]
△	离。	此	者，	“空	色	阂	无”	中	“色
sji^{1}	ŋa^{1}	śja^{2}	·jɨ^{2}	wo^{2}	la^{1}	dą^{2}	lhjwi^{1}	kha^{1}	
[illegible]	[illegible]	[illegible]”	[illegible]，	“[illegible]	[illegible]	[illegible]	[illegible]”	[illegible]	
尽	空	现”	谓，	“理	以	事	夺”	之	

此者，谓“空色无阂”之“色尽空现”，谓“以理夺事”之

3.7.5

lew^{1}	lew^{1}	ɣiej^{1}	wo^{2}	tśhja^{2}	ka^{1}	dźju^{1}	śja^{2}	·jɨ^{2}	thjɨ^{2}
“[illegible]	[illegible]	[illegible]	[illegible]	[illegible]	[illegible]	[illegible]	[illegible]”	[illegible]。	[illegible]
“唯	一	真	理	平	等	显	现”	谓。	此
zji^{2}	·jij^{1}	ljiij^{2}	la^{1}	mji^{1}	lej^{2}	wo^{2}	dźju^{1}	thjij^{2}	
[illegible]	[illegible]	[illegible]	[illegible]	[illegible]	[illegible]，	[illegible]	[illegible]	[illegible]	
皆	像	坏	而	不	变，	理	显	如	

“唯一真理平等显现”。此皆坏像而不变，如何显

3.7.6

sjo^{2}	ljɨ^{1}	tśhjwo^{1}	tśjɨɨ^{1}	·jwɨr^{2}	kha^{1}	dạ^{2}	thjɨ^{2}	tja^{1}	wo^{2}
[illegible]	[illegible]?	[illegible]	[illegible]	[illegible]	[illegible]	[illegible]	"[illegible]	[illegible]	[illegible]
何	耶?	故	次	文	中	曰	"此	者	理
pha^{1}	dạ^{2}	mjij^{1}	wo^{2}	ŋowr^{2}	dạ^{2}	śjɨj^{1}	·jɨ^{2}	tśhjwo^{1}	dạ^{2}
[illegible]	[illegible]	[illegible],	[illegible]	[illegible]	[illegible]	[illegible]"	[illegible],	[illegible]	[illegible]
别	事	无,	理	全	事	为"	谓,	故	事

理耶?故次文曰"此则理无别事,全理为事",故知事

3.7.7

śja^{2}	·jij^{1}	ŋowr^{2}	wo^{2}	śja^{2}	ŋwu^{2}	nwə^{1}	lew^{2}	thjɨ^{2}	nioow^{1}
[illegible]	[illegible]	[illegible]	[illegible]	[illegible]	[illegible]	[illegible]	[illegible],	"[illegible]	[illegible]"
现	即	全	理	现	是	知	应,	"是	故"
gjọ^{1}	khju^{1}	dzjwo^{2}	bju^{1}	ljạ^{1}	wo^{2}	ŋowr^{2}	dạ^{2}	śjɨj^{1}	·jij^{1}
[illegible]	[illegible]	[illegible]	[illegible]	[illegible]	[illegible]	[illegible]	[illegible]	[illegible]	[illegible]
以	下	人	随	证	理	全	事	成	△

现即是全理现,"是故"以下随人证显理成全事,

3.7.8

dźju^{1}	·jwɨr^{2}	kụ^{1}	lhjwi^{1}	dju^{1}	djɨr^{2}	·jɨr^{1}	dạ^{2}	dźiã^{2}	tsjij^{2}	dạ^{2}
[illegible],	[illegible]	[illegible]	[illegible]	[illegible]。	[illegible]	[illegible]	[illegible]:	"[illegible]	[illegible]	[illegible]
显,	文	通	局	有。	外	问	曰:	"菩	萨	事
thjuu^{1}	zjij^{1}	·jij^{1}	wo^{2}	bioo^{1}	ŋwu^{2}	dạ^{2}	thja^{1}	wjɨ^{2}	·jijr^{2}	
[illegible]	[illegible]	[illegible]	[illegible]	[illegible]	[illegible],	[illegible]	[illegible]	[illegible]	[illegible]	
看	时	即	理	观	是,	事	彼	△	坏	

文有通局。外问曰:"菩萨看事即是观理,坏事

3.7.9

·jɨ^{2}	tśhjwo^{1}	kụ^{1}	dạ^{2}	dźiã^{2}	tsjij^{2}	dạ^{2}	thjuu^{1}	zjij^{1}	·jij^{1}
[illegible]?"	[illegible]	[illegible]	[illegible]:	"[illegible]	[illegible]	[illegible]	[illegible]	[illegible]	[illegible]
否?"	故	通	曰:	"菩	萨	事	看	时	即
wo^{2}	bioo^{1}	ljɨ^{1}	ŋwu^{2}	djij^{2}	lhjwi^{1}	dạ^{2}	nioow^{1}	thjɨ^{2}	dạ^{2}
[illegible]	[illegible]	[illegible]	[illegible]	[illegible]	[illegible]	[illegible],	[illegible]	[illegible]	[illegible]
理	观	虽	是	然	举	说,	又	此	事

否?"故通曰:"菩萨虽说看事即是观理,

3.7.10

·jij^{1}	wo^{2}	ŋwu^{2}	mji^{1}	·jɨ^{2}	tjij^{1}	·jij^{1}	wo^{2}	ŋwu^{2}	ku^{1}
[illegible]	[illegible]	[illegible]	[illegible]	[illegible]，	[illegible]	[illegible]	[illegible]	[illegible]，	[illegible]
即	理	是	不	言，	若	即	理	是，	则
dạ^{2}	·jijr^{2}	we^{2}	ljɨ^{1}	bjij^{2}	dạ^{2}	·jij^{1}	mji^{1}	ljiij^{2}	
[illegible]	[illegible]	[illegible]	[illegible]。”	[illegible]	“[illegible]	[illegible]	[illegible]	[illegible]”	
事	坏	为	也。”	注	“事	像	不	坏”	

然不言此事即是理,若即是理,则为坏事也。“注谓“不坏事像”

3.7.11

nioow^{1}	·jɨ^{2}	tja^{1}	ŋowr^{2}	wo^{2}	ŋowr^{2}	·jij^{1}	dźju^{1}	sjwij^{1}	ljɨ^{1}
[illegible]	[illegible]	[illegible]，	[illegible]	[illegible]	[illegible]	[illegible]	[illegible]	[illegible]	[illegible]。
故	谓	者，	全	理	全	像	分	明	也。

故者,分明全理全像也。

译文：

谓“一理如事门”者，“理”字是前观第九门中全事之理。“事”字是前第十门中全理之事。唯全理、全事故，则一味之理分别与事全同。以是为门，令生观智，明一切法，即全真法界也。前观喻散金成像，此观喻寻之像像全真，注“此真理”以下释其所由。问：“一味真理，缘何千差如事耶?”故注曰“此真理”等。谓“如事显现”者，同相显明也。此者，对句也。“如事差别”者，因色与心同，实分明不同也。谓“如事大小”者，芥子与须弥同。“一多”者，多与数同。“变易”者，有为，变易与变化同。“乃至”以下至“无量”结之。如有赞曰：“心随万境转，转处实能幽。随流认得性。无喜亦无忧[1]。”故法生多门，现随一心，复所知无余物。注谓“本标”者，复有别标。谓“细寻成局”者，局著遍现之义。谓“阙余义”者，此门中阙如事差别等，后门中阙如理彻三世等也，其“事法”以下释之。“事法既虚”等者，前观第八门举事成即体空之义，标中释“理”字而为能如。注谓“不待泯之”者，明全事之理，以理夺事，与坏事不同也。谓“理性真如，体无不现”者，前第十门举体空即事成之义。标中释“事”字而为所如，显明全理之事。夫前谓“体空”者，事依理成，无体故空。今谓“体空”者，依全理空，与前异也。前谓“成事”者，望于理则明体，不坏相也。今谓“成事”者，有力、为主、非一非异[2]，三理全相互遍含故，与前门分明不同。学者思之，彼亦与前门离，是否“事事无阂”，注“真理”以下实释之。愿此体空即成事故，事空即是理空。喻谓“耳目”等者，因譬见法，目唯一目，体空能如。喻于理，色等差别所如。喻于事，愿此目见青如青，见黄如黄。聚于所至大小等，皆一并目见。如是则耳闻亦同，此亦难见。故次喻曰琉璃瓶者，喻能如之理。容多芥子者，喻所如多事。此者，理外无事，故喻全理如事，此亦难见，瓶芥有异故也。复喻标第三，故其理尽。复谓“如真金”者，事法体空，以喻全理。真金成相，相体全金；理能成事，事体全理也。“佛”以下标四圣六凡，以喻所如差别之事也。谓“时”者，同时也。“显现”者，喻理如事空之实。“佛”

者，是全金佛等。谓“无分毫之隐”者，显全佛之金，喻全事之理；谓“亦无分毫不像”者，显全金之佛，喻全理之事。其“真空”以下离前观。此者，谓“空色无阂”之“色尽空现”，谓“以理夺事”之“唯一真理平等显现”。此皆坏像而不变，如何显理耶？故次文曰“此则理无别事，全理为事”，故知事现即是全理现，“是故”以下随人证显理成全事，文有通局。外问曰：“菩萨看事即是观理，坏事否？”故通曰：“菩萨虽说看事即是观理，然不言此事即是理，若即是理，则为坏事也。”注谓“不坏事像”故者，分明全理全像也。

注释：

[1]出《释氏稽古略》卷一。

[2]《注华严经题法界观门颂》卷一：“一尘毛为能含遍者，具有三义：一，有力；二，为主；三，具非一非异义。”

释读：

3.7.11

njɨɨ¹	dạ²	wo²	sju²	ɣa¹	·jɨ²	tja¹	mjiij²	ljɨ¹	śji¹	ɣa¹
“[illegible]	[illegible]	[illegible]	[illegible]	[illegible]”	[illegible]	[illegible]，	[illegible]	[illegible]。	[illegible]	[illegible]
“二	事	理	如	门”	谓	者，	标	也。	前	门

“二事如理门”者，标也。前门

3.7.12

wo²	dạ²	sju²	nioow¹	tśhjwo¹	thjɨ²	ɣa¹	dạ²	wo²	sju²	ljɨ¹
“[illegible]	[illegible]	[illegible]”	[illegible]，	[illegible]	[illegible]	[illegible]	“[illegible]	[illegible]	[illegible]”	[illegible]。
“理	事	如”	由，	故	此	门	“事	理	如”	也。
bjij²	ljɨ¹	ljɨ¹	dạ²	·jɨ²	tja¹	śji¹	ɣa¹	ŋowr²	wo²	
[illegible]	“[illegible]	[illegible]	[illegible]”	[illegible]	[illegible]，	[illegible]	[illegible]	“[illegible]	[illegible]	
注	“一	一	事”	谓	者，	前	门	“全	理	

“理如事”，故此门“事如理”也。注谓“一一事”者，是前门“全理

3.7.13

dạ²	ŋwu²	mjiij²	kha¹	dạ²	dji²	·jij¹	kjij¹	wo²	sju²
[illegible]”	[illegible]，	[illegible]	[illegible]	“[illegible]”	[illegible]	[illegible]	[illegible]。	“[illegible]	[illegible]”
事”	是，	标	中	“事”	字	之	释。	“理	如”
gjọ¹	khju¹	sju²	lew²	·jij¹	dźju¹	śji¹	wo²	sju²	njɨɨ¹
[illegible]	[illegible]	[illegible]	[illegible]	[illegible]	[illegible]，	[illegible]	“[illegible]	[illegible]”	[illegible]
以	下	如	所	像	显，	前	“理	如”	二

之事”，释标中“事”字。“如理”以下显所如像，释前“如理”二

3.7.14

dji²	·jij¹	kjij¹	wo²	sju²	wạ²	tha²	·jɨ²	tja¹	do²
[illegible]	[illegible]	[illegible]。	"[illegible]	[illegible]	[illegible]	[illegible]"	[illegible]	[illegible]，	[illegible]
字	△	释。	"理	如	广	大"	谓	者，	处
bju¹	dow¹	njɨ²	ljɨ¹	wo²	sju²	sọ¹	zjọ²	·jɨ²	tja¹
[illegible]	[illegible]	[illegible]	[illegible]。	"[illegible]	[illegible]	[illegible]	[illegible]"	[illegible]	[illegible]，
随	溥	遍	也。	"理	如	三	世"	谓	者，

字。谓"如理广大"者，随处溥遍也。谓"如理三世"者，

3.8.1

dzjɨj¹	bju¹	sjwij¹	thwuu¹	ljɨ¹	wo²	sju²	mər²	ɣa²	·ju²
[illegible]	[illegible]	[illegible]	[illegible]	[illegible]。	"[illegible]	[illegible]	[illegible]	[illegible]	[illegible]
时	随	明	通	也。	"理	如	本	然	常
dźjiij¹	·jɨ²	tja¹	dow¹	sjwij¹	gu²	tshjiij¹	phə¹	bjij²	ljɨ¹
[illegible]"	[illegible]	[illegible]，	[illegible]	[illegible]	[illegible]	[illegible]。	[illegible]	[illegible]	[illegible]
住"	谓	者，	溥	明	融	说。	长	者	论

随时通明也。谓"如理常住本然"者，溥明融说。长者论

3.8.2

dạ²	bju²	mjij¹	lhjij²	mjɨɨ²	·jij¹	tsjij¹	mej²	bięj¹	mji¹
[illegible]：	"[illegible]	[illegible]	[illegible]	[illegible]，	[illegible]	[illegible]	[illegible]	[illegible]	[illegible]
曰：	"边	无	刹	境，	自	他	毫	端	不
·jwɨɨ¹	ɣạ²	zjọ²	njwo²	sjij¹	ɣu¹	mjiij²	thja¹	lə	mji¹
[illegible]；	[illegible]	[illegible]	[illegible]	[illegible]，	[illegible]	[illegible]	[illegible]	[illegible]	[illegible]
隔；	十	世	古	今，	始	终	其	念	不

曰："无边刹境，自他不隔于毫端；十世古今，始终不

3.8.3

lej²	dạ²	wo²	sju²	nioow¹	tśhjwo¹	thjɨ²	sju²	rjir¹	thja¹	rjur¹
[illegible]。"	[illegible]	[illegible]	[illegible]	[illegible]，	[illegible]	[illegible]	[illegible]	[illegible]，	[illegible]	"[illegible]
离。"	事	理	如	由，	故	此	如	得，	其	"诸
dạ²	tsjiir¹	gjọ¹	khju¹	tśjɨ²	ljɨ¹	śji¹	nioow¹	dźju¹	dạ²	
[illegible]	[illegible]"	[illegible]	[illegible]	[illegible]	[illegible]。	[illegible]	[illegible]	[illegible]	[illegible]，	
事	法"	以	下	释	也。	前	由	显	说，	

离于当念[1]。"由事如理，故得如此，其"诸事法"以下释之。显说前由，

3.8.4

thja^1	rjur^1	dạ^2	tsjiir^1	kwər^1	ŋa^1	wo^2	rjir^2	do^2	njaa^2
[illegible]	“[illegible]	[illegible]	[illegible]	[illegible]	[illegible]，	[illegible]	[illegible]	[illegible]	[illegible]
其	“诸	事	法	体	空，	理	与	异	非
nioow^1	·jɨ^2	tja^1	dạ^2	tsjiir^1	wo^2	sju^2	njɨ^2	·jij^1	nioow^1
[illegible]”	[illegible]	[illegible]，	[illegible]	[illegible]	[illegible]	[illegible]	[illegible]	[illegible]	[illegible]
由”	谓	者，	事	法	理	如	遍	之	由

其谓“由诸事法体空，与理非异”者，是事法如理遍之由；

3.8.5

ŋwu^2	tśhjwo^1	dạ^2	wo^2	śjwɨ̣^{2}	bju^1	gjo̱^{1}	khju^1	dạ^2	wo^2
[illegible]；	“[illegible]	[illegible]	[illegible]	[illegible]	[illegible]”	[illegible]	[illegible]，	[illegible]	[illegible]
是；	“故	事	理	随	依”	以	下，	事	理
sju^2	njɨ^2	·jij^1	mər^2	ŋwu^2	bjij^2	thjɨ^2	tja^1	gjo̱^{1}	khju^1
[illegible]	[illegible]	[illegible]	[illegible]	[illegible]。	[illegible]	[illegible]	[illegible]	[illegible]	[illegible]，
如	遍	之	本	是。	注	此	者	以	下，

“故事随理”以下，是事如理遍之本。注此以下，

3.8.6

śji^1	kụ^1	ŋewr^2	tjij^2	śji^1	mjiij^2	·jwɨr^2	dạ^2	dza^2	la^1
[illegible]	[illegible]	[illegible]	[illegible]，	[illegible]	[illegible]	[illegible]	[illegible]	[illegible]	[illegible]
前	后	匹	配，	前	标	题	于	望	而
tshjiij^1	śji^1	ɣa^1	wo^2	sju^2	sji^2	we^2	dạ^2	sju^2	we^2
[illegible]。	[illegible]	[illegible]	[illegible]	[illegible]	[illegible]	[illegible]，	[illegible]	[illegible]	[illegible]
说。	前	门	理	如	能	为，	事	如	为

前后匹配，望前标题而说之。前门如理为能，如事为

3.8.7

lew^2	we^2	sjij^1	thjɨ^2	ljɨɨ^1	ljɨ^1	kụ^1	ɣa^1	ɣa^2	dza^2
[illegible]	[illegible]，	[illegible]	[illegible]	[illegible]	[illegible]。	[illegible]	[illegible]	[illegible]	[illegible]
所	为，	今	是	反	也。	后	门	于	望
nioow^1	bju^1	tshjiij^1	tja^1	tsjij^2	ljɨ^2	tśhjwo^1	dạ^2	wo^2	
[illegible]	[illegible]	[illegible]	[illegible]	[illegible]	[illegible]。	“[illegible]	[illegible]	[illegible]	
因	由	说	者	易	知。	“故	事	理	

所，今反是也。望后门说因由者易知。 谓“故事随

3.8.8

śjwɨ^2	bju^1	njɨ^2	·jɨ^2	tja^1	phiaa^2	mjij^1	nioow^1	io̱^{1}	·jɨ^2
[illegible]	[illegible]”	[illegible]	[illegible]	[illegible]，	[illegible]	[illegible]	[illegible]	“[illegible]”	[illegible]，
随	依”	等	谓	者，	分	无	故	“圆”	谓，
ŋowr^2	wo^2	sju^2	ljɨ^1	kwər^1	sə^1	nioow^1	njɨ^2	·jɨ^2	do^2
[illegible]	[illegible]	[illegible]	[illegible]；	[illegible]	[illegible]	[illegible]	“[illegible]”	[illegible]，	[illegible]
全	理	如	也；	体	满	故	“遍”	谓，	处

理”等者，无分故谓“圆”，如全理也；体满故谓“遍”，

3.8.9

mji^1	njɨ^2	mjij^1	nioow^1	ljɨ^1	thjɨ^2	nioow^1	·jɨ^2	tja^1	da̱^{2}
[illegible]	[illegible]	[illegible]	[illegible]	[illegible]。	[illegible]	“[illegible]”	[illegible]	[illegible]，	[illegible]
不	遍	无	故	也。	此	“故”	谓	者，	语
bjij^2	ljɨ^1	lew^1	lhjɨ^2	tja^1	da̱^{2}	śjɨj^1	wo^2	njɨ^2	mjijr^2
[illegible]	[illegible]。	“[illegible]	[illegible]”	[illegible]，	[illegible]	[illegible]	[illegible]，	[illegible]	[illegible]
助	也。	“一	尘”	者，	事	成	义，	遍	者

无不遍处故也。此谓“故”者，语助也。“一尘”者，成事义，为能遍。

3.8.10

we^2	tsjiir^1	kiẹj^2	zji^2	njɨ^2	·jɨ^2	tja^1	kwər^1	ŋa^1
[illegible]。	“[illegible]	[illegible]	[illegible]	[illegible]”	[illegible]	[illegible]，	[illegible]	[illegible]
为。	“法	界	溥	遍”	谓	者，	体	空
wo^2	tsjiir^1	kiẹj^2	kwər^1	ŋowr^2	gjo̱^{1}	khju^1	śji^1	bioo^1
[illegible]。	“[illegible]	[illegible]	[illegible]	[illegible]”	[illegible]	[illegible]，	[illegible]	[illegible]
义。	“法	界	全	体”	以	下，	前	观

谓“溥遍法界”者，体空义。“法界全体”以下，前观

3.8.11

mji^1	lej^2	·jij^1	nioow^1	śjwɨ^2	wo^2	lhjwi^1	la^1	da̱^{2}	da̱^{2}	ɣa^2
[illegible]	[illegible]，	[illegible]	[illegible]	[illegible]。	[illegible]	[illegible]	[illegible]	[illegible]	[illegible]	[illegible]
不	变，	即	缘	随。	理	举	而	事	事	于
njɨ^2	·jij^1	mər^2	we^2	zjij^1	tja^1	wo^2	tsjiir^2	nioow^1	śjwɨ^2	
[illegible]	[illegible]	[illegible]	[illegible]	[illegible]	[illegible]，	[illegible]	[illegible]	[illegible]	[illegible]	
遍	之	本	为	时	者，	理	性	缘	随	

不变，即随缘。举理而为遍于事事之本者，是理性随缘

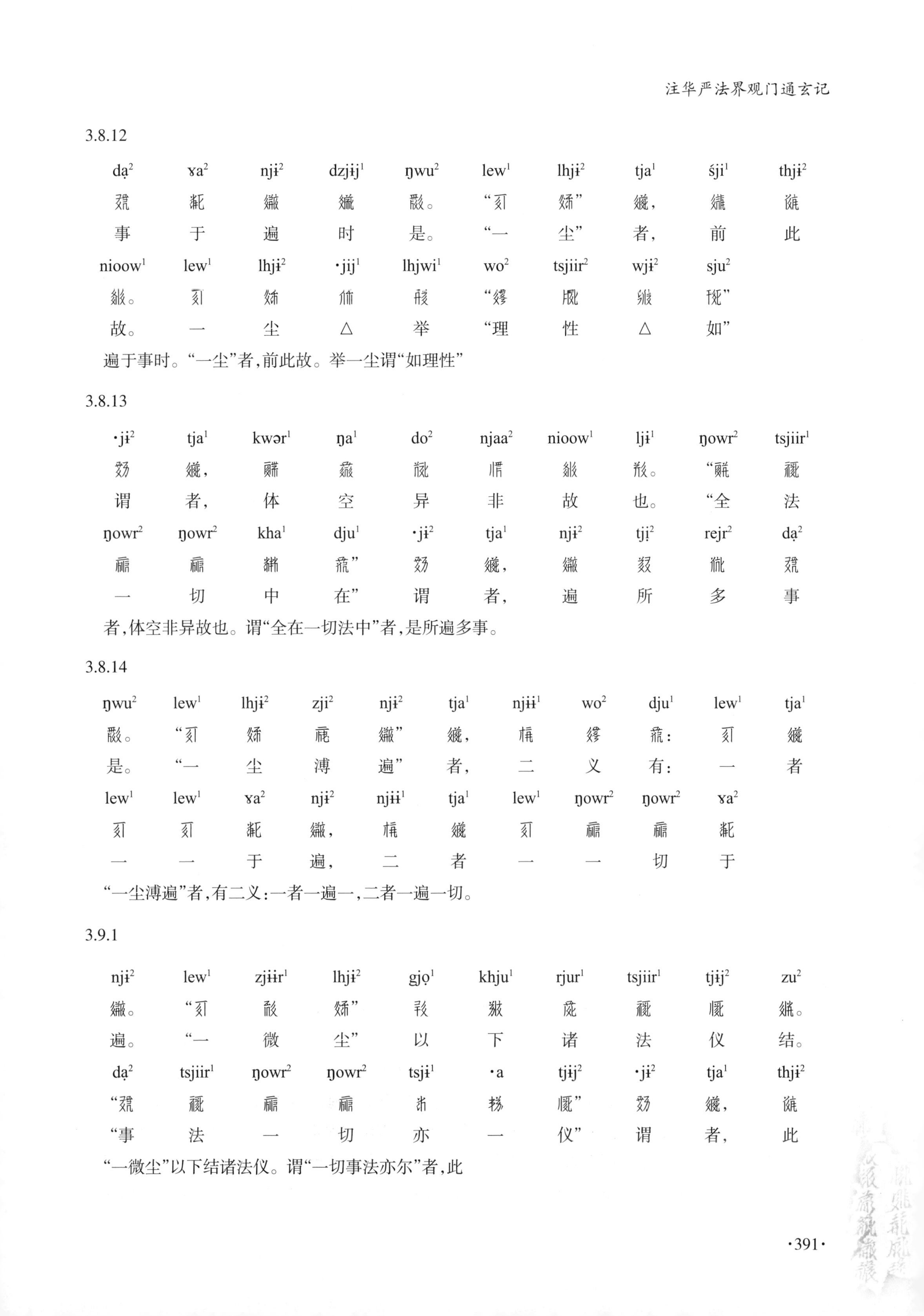

3.8.12

dạ2	ɣa2	njɨ2	dzjɨj1	ŋwu2	lew1	lhjɨ2	tja1	śji1	thjɨ2
事	于	遍	时	是。	“一	尘”	者，	前	此
nioow1	lew1	lhjɨ2	·jij1	lhjwi1	wo2	tsjiir2	wjɨ2	sju2	
故。	一	尘	△	举	“理	性	△	如”	

遍于事时。“一尘”者，前此故。举一尘谓“如理性”

3.8.13

·jɨ2	tja1	kwər1	ŋa1	do2	njaa2	nioow1	ljɨ1	ŋowr2	tsjiir1
谓	者，	体	空	异	非	故	也。	“全	法
ŋowr2	ŋowr2	kha1	dju1	·jɨ2	tja1	njɨ2	tjị2	rejr2	dạ2
一	切	中	在”	谓	者，	遍	所	多	事

者，体空非异故也。谓“全在一切法中”者，是所遍多事。

3.8.14

ŋwu2	lew1	lhjɨ2	zji2	njɨ2	tja1	njɨɨ1	wo2	dju1	lew1	tja1
是。	“一	尘	溥	遍”	者，	二	义	有：	一	者
lew1	lew1	ɣa2	njɨ2	njɨɨ1	tja1	lew1	ŋowr2	ŋowr2	ɣa2	
一	一	于	遍，	二	者	一	一	切	于	

“一尘溥遍”者，有二义：一者一遍一，二者一遍一切。

3.9.1

njɨ2	lew1	zjɨɨr1	lhjɨ2	gjọ1	khju1	rjur1	tsjiir1	tjɨj2	zu2
遍。	“一	微	尘”	以	下	诸	法	仪	结。
dạ2	tsjiir1	ŋowr2	ŋowr2	tsjɨ1	·a	tjɨj2	·jɨ2	tja1	thjɨ2
“事	法	一	切	亦	一	仪”	谓	者，	此

“一微尘”以下结诸法仪。谓“一切事法亦尔”者，此

3.9.2

tsjɨ^{1}	njɨɨ^{1}	wo^{2}	dju^{1}	lew^{1}	tja^{1}	ŋowr^{2}	ŋowr^{2}	lew^{1}	ɣa^{2}
亦	二	义	有：	一	者	一	切	一	于
njɨ^{2}	njɨɨ^{1}	tja^{1}	ŋowr^{2}	ŋowr^{2}	ŋowr^{2}	ŋowr^{2}	ɣa^{2}	njɨ^{2}	bjij^{2}
遍，	二	者	一	切	一	切	于	遍。	注

亦有二义：一者一切遍一，二者一切遍一切。注

3.9.3

kha^{1}	mjor^{1}	tshja^{2}	la^{1}	bju^{1}	tjị^{2}	kwər^{1}	dạ^{2}	we^{2}	mər^{2}	·jwɨr^{2}
中	实	报	而	由	所	体	事	为，	本	文
lew^{1}	mjor^{1}	tshja^{2}	bju^{1}	dźju^{1}	tśhjwo^{1}	lew^{1}	lhjɨ^{2}	mjiij^{2}	tjij^{1}	
但	实	报	由	显，	故	“一	尘”	标。	若	

中实报而为所由体事，本文但显实报之由，故标“一尘”。若

3.9.4

tjɨj^{2}	mjiij^{2}	ku^{1}	wo^{2}	bju^{1}	rjur^{1}	tha^{1}	njɨ^{2}	·jɨ^{2}	thjɨ^{2}
“仪”	标，	则	“例	依	诸	佛”	等	谓。	是
nioow^{1}	lew^{1}	ljụ^{2}	lew^{1}	mej^{2}	njɨ^{2}	ljɨ^{1}	ljɨ^{1}	·jɨ^{2}	lew^{2}
故	一	身	一	毛	等，	一	一	谓	应。

标“仪”，则“例诸佛”等谓。是故一身一毛，一一皆尔。

译文：

“二事如理门”者，标也。前门“理如事”，故此门“事如理”也。注谓“一一事”者，是前门“全理之事”，释标中“事”字。“如理”以下显所如像，释前“如理”二字。谓“如理广大”者，随处溥遍也。谓“如理三世”者，随时通明也。谓“如理常住本然”者，溥明融说。长者论曰：“无边刹境，自他不隔于毫端；十世古今，始终不离于当念[1]。”由事如理，故得如此，其“诸事法”以下释之。显说前由，其谓“由诸事法体空，与理非异”者，是事法如理遍之由；“故事随理”以下，是事如理遍之本。注此以下，前后匹配，望前标题而说之。前门如理为能，如事为所，今反是也。望后门说因由者易知。谓“故事随理”等者，无分故谓“圆”，如全理也；体满故谓“遍”，无不遍处故

也。此谓“故”者，语助也。“一尘”者，成事义，为能遍。谓“溥遍法界”者，体空义。“法界全体”以下，前观不变，即随缘。举理而为遍于事事之本者，是理性随缘遍于事时。“一尘”者，前此故。举一尘谓“如理性”者，体空非异故也。谓“全在一切法中”者，是所遍多事。“一尘溥遍”者，有二义：一者一遍一，二者一遍一切。“一微尘”以下结诸法仪。谓“一切事法亦尔”者，此亦有二义：一者一切遍一，二者一切遍一切。注中实报而为所由体事，本文但显实报之由，故标“一尘”。若标“仪”，则“例诸佛”等谓。是故一身一毛，一一皆尔。

注释：

[1]出《注华严经题法界观门颂》卷二。

释读：

3.9.5

sọ^1	dạ^2	wo^2	dạ^2	·wiọ^1	ɣa^1	tja^1	śji^1	njɨ^2	tjị^2
“[illegible]	[illegible]	[illegible]	[illegible]	[illegible]	[illegible]”	[illegible]，	[illegible]	[illegible]	[illegible]
“三	事	理	事	含	门”	者，	前	遍	所
dạ^2	kew^1	·wiọ^1	sji^2	we^2	phju^2	lew^1	dạ^2	kwər^1	
[illegible]，	[illegible]	[illegible]	[illegible]	[illegible]。	[illegible]	[illegible]	[illegible]	[illegible]	
事，	此	含	能	为。	上	一	事	体	

“三事含理事门”者，前所遍事，此为能含。上一事

3.9.6

ŋa^1	wo^2	·wiọ^1	njwi^2	nioow^1	dzjij^2	dạ^2	ŋowr^2	ŋowr^2	kwər^1
[illegible]	[illegible]	[illegible]	[illegible]	[illegible]，	[illegible]	[illegible]	[illegible]	[illegible]	[illegible]
空	义	含	能	故，	余	事	一	切	体
ŋa^1	mji^1	do^2	nioow^1	·wiọ^1	lew^2	wo^2	śjwɨ^2	zji^2	phju^2
[illegible]	[illegible]	[illegible]	[illegible]，	[illegible]	[illegible]	[illegible]	[illegible]，	[illegible]	[illegible]
空	不	异	故，	含	所	理	随，	皆	上

能含体空之义故，余一切事体空不异故，所含随理，皆在上

3.9.7

lew^1	dạ^2	kha^1	dju^1	phju^2	lew^1	dạ^2	·wiọ^1	sji^2	we^2
[illegible]	[illegible]	[illegible]	[illegible]。	[illegible]	[illegible]	[illegible]	[illegible]	[illegible]	[illegible]，
一	事	中	在。	上	一	事	含	能	为，
bji^2	wo^2	dạ^2	njɨɨ^1	dji^2	·wiọ^1	lew^2	we^2	thja^1	
[illegible]	“[illegible]	[illegible]”	[illegible]	[illegible]	[illegible]	[illegible]	[illegible]，	[illegible]	
下	“理	事”	二	字	含	所	为，	其	

一事中。上一事为能含，下“理事”二字为所含，其

3.9.8

rjur^{1}	dạ^{2}	gjọ^{1}	khju^{1}	kjij^{1}	ljɨ^{1}	wo^{2}	rjir^{2}	lew^{1}	njaa^{2}
“诸	事”	以	下	释	也。	“理	与	一	非”
·jɨ^{2}	tja^{1}	śji^{1}	ɣa^{1}	wo^{2}	rjir^{2}	do^{2}	njaa^{2}	nioow^{1}	
谓	者，	前	门	“理	与	异	非”	由，	

“诸事”以下释之。谓“与理非一”者，由前门“与理非异”，

3.9.9

tśhjwo^{1}	wo^{2}	sju^{2}	njɨ^{2}	sjij^{1}	·jị^{2}	thjɨ^{2}	sju^{2}	wo^{2}	rjir^{2}
故	“理	如”	至，	今	复	是	如。	理	与
mji^{1}	do^{2}	nioow^{1}	wo^{2}	sju^{2}	·wiọ^{1}	njwi^{2}	lew^{1}	lhjɨ^{2}	
不	异	故，	理	如	含	能。	一	尘	

故至“如理”，今复如是。与理不异故，如理能含。由一尘

3.9.10

·jij^{1}	mji^{1}	ljiij^{2}	nioow^{1}	tśhjwo^{1}	·wiọ^{1}	sji^{2}	we^{2}	śji^{1}	do^{2}
像	不	坏	由，	故	含	能	为。	前	异
njaa^{2}	ɣa^{2}	dza^{2}	tśhjwo^{1}	lew^{1}	njaa^{2}	·jɨ^{2}	mər^{2}	lew^{1}	
非	于	望，	故	“一	非”	谓。	“本	一	

不坏像，故为能含。望前非异，故谓“非一”。谓“存本一

3.9.11

dạ^{2}	tji^{2}	·jɨ^{2}	tja^{1}	dạ^{2}	śjɨj^{1}	wo^{2}	wạ^{2}	·wiọ^{1}
事	存”	谓	者，	事	成	义。	“广	容
njwi^{2}	·jɨ^{2}	tja^{1}	kwər^{1}	ŋa^{1}	wo^{2}	dạ^{2}	śjɨj^{1}	·jij^{1}
能”	谓	者，	体	空	义。	事	成	即

事”者，成事义。谓“能广容”者，体空义。由成事即

3.9.12

kwər^1	ŋa^1	nioow^1	tśhjwo^1	wo^2	dạ^2	·wiọ^1	njwi^2	ljɨ^1
[illegible]	[illegible]	[illegible]，	[illegible]	[illegible]	[illegible]	[illegible]	[illegible]	[illegible]。
体	空	由，	故	理	事	含	能	也。
·jɨr^1	kew^1	wa^2	nioow^1	dźjwɨ^1	phjoo^2	la^1	tshjiij^1	ljɨ^1
[illegible]：	“[illegible]	[illegible]	[illegible]	[illegible]	[illegible]	[illegible]	[illegible]	[illegible]？”
问：	“是	何	缘	相	对	而	说	耶？”

体空,故理能含事也。问:“是缘何相对而说之？”

3.9.13

kụ^2	sjij^1	lew^1	njaa^2	mjiij^2	djij^2	mjor^1	nioow^1	njaa^2	tśhjwo^1
[illegible]：	“[illegible]	[illegible]	[illegible]	[illegible]	[illegible]，	[illegible]	[illegible]	[illegible]，	[illegible]
答：	“今	一	非	标	虽，	实	缘	非，	故
lew^1	mər^2	mjiij^2	·jɨ^2	dzjọ^1	lew^1	lhjɨ^2	gjọ^1	khju^1	lew^1
[illegible]	[illegible]	[illegible]	[illegible]。”	“[illegible]	[illegible]	[illegible]”	[illegible]	[illegible]，	“[illegible]
但	本	标	谓。”	“如	一	尘”	以	下，	“一

答:“今虽标非一,非唯实,故但标本。”“如一尘”以下,标“一

3.9.14

lhjɨ^2	mjiij^2	la^1	·wiọ^1	sji^2	we^2	thja^1	·jij^1	mji^1	tha^2
[illegible]”	[illegible]	[illegible]	[illegible]	[illegible]	[illegible]。	“[illegible]	[illegible]	[illegible]	[illegible]”
尘”	标	而	含	能	为。	“其	相	不	大”
·jɨ^2	tja^1	dạ^2	śjɨj^1	kwər^1	dju^1	nioow^1	bju^2	mjij^1	
[illegible]	[illegible]，	[illegible]	[illegible]	[illegible]	[illegible]	[illegible]。	“[illegible]	[illegible]”	
谓	者，	事	成	体	在	故。	“边	无”	

尘”而为能含。谓“其相不大”者,成事在体故。“无边”

3.10.1

gjọ^1	khju^1	kwər^1	ŋa^1	nioow^1	mjor^1	wo^2	·wiọ^1	ljɨ^1	lhjij^2
[illegible]	[illegible]	[illegible]	[illegible]	[illegible]，	[illegible]	[illegible]	[illegible]	[illegible]。	“[illegible]
以	下	体	空	故，	实	理	含	也。	“刹
njɨ^2	gjọ^1	khju^1	rejr^2	dạ^2	wo^2	sju^2	śja^2	·jij^1	dźju^1
[illegible]”	[illegible]	[illegible]	[illegible]	[illegible]	[illegible]	[illegible]	[illegible]	[illegible]	[illegible]。
等”	以	下	多	事	理	如	现	△	显。

以下体空故,含实理也。“刹等”以下明多事如理显现。

3.10.2

tsjiir^{1}	kiẹj^{2}	rjir^{2}	mji^{1}	ka^{2}	·jɨ^{2}	tja^{1}	·wiọ^{1}	lew^{2}	rejr^{2}
“[illegible]	[illegible]	[illegible]	[illegible]	[illegible]”	[illegible]	[illegible]，	[illegible]	[illegible]	[illegible]
“法	界	与	不	离”	谓	者，	含	所	多
dạ^{2}	kwər^{1}	ŋa^{1}	nioow^{1}	śji^{1}	wo^{2}	rjir^{2}	do^{2}	njaa^{2}	
[illegible]	[illegible]	[illegible]	[illegible]。	[illegible]	[illegible]	[illegible]	[illegible]	[illegible]，	
事	体	空	故。	前	理	与	异	非，	

谓“不离法界”者，所含多事体空故。前与理非异，

3.10.3

thjɨ^{2}	nioow^{1}	bju^{1}	tjị^{2}	wo^{2}	śjwɨ̣^{2}	bju^{1}	lew^{1}	dạ^{2}	kha^{1}
[illegible]	[illegible]	[illegible]	[illegible]	[illegible]	[illegible]	[illegible]，	[illegible]	[illegible]	[illegible]
此	由	依	所	理	依	随，	一	事	中
thwuu^{1}	dju^{1}	dźju^{1}	śja^{2}	nioow^{1}	lew^{1}	lhjɨ^{2}	wo^{2}	rjir^{2}	do^{2}
[illegible]	[illegible]	[illegible]	[illegible]。	[illegible]	[illegible]	[illegible]	[illegible]	[illegible]	[illegible]
同	有	显	现。	又	一	尘	理	与	异

由此随所依理，皆于一中显现[1]。又一尘与理

3.10.4

njaa^{2}	nioow^{1}	lew^{1}	·wiọ^{1}	sji^{2}	we^{2}	rejr^{2}	dạ^{2}	wo^{2}	rjir^{2}
[illegible]	[illegible]，	[illegible]	[illegible]	[illegible]	[illegible]，	[illegible]	[illegible]	[illegible]	[illegible]
非	故，	一	含	能	为，	多	事	理	与
zji^{2}	·wiọ^{1}	lew^{2}	we^{2}	gji^{1}	śjuu^{1}	dạ^{2}	tjij^{1}	lew^{1}	lhjɨ^{2}
[illegible]	[illegible]	[illegible]	[illegible]。	[illegible]	[illegible]	[illegible]：	“[illegible]	[illegible]	[illegible]
皆	含	所	为。	清	凉	曰：	“若	一	尘

非异故，一为能含，多事与理皆为所含。清凉曰：“若一尘

3.10.5

wo^{2}	ɣjiw^{1}	mji^{1}	sji^{1}	ku^{1}	wo^{2}	tsew^{2}	t-	dju^{1}	dźjar^{2}
[illegible]	[illegible]	[illegible]	[illegible]，	[illegible]	[illegible]	[illegible]	[illegible]	[illegible]	[illegible]
理	摄	不	尽，	则	理	限	分	有	失
we^{2}	tśhioow^{1}	·jɨr^{1}	lew^{1}	lhjɨ^{2}	wo^{2}	ɣjiw^{1}	djij^{2}	sji^{1}	rejr^{2}
[illegible]。”	[illegible]	[illegible]：	“[illegible]	[illegible]	[illegible]	[illegible]	[illegible]	[illegible]，	[illegible]
为。”	或	问：	“一	尘	理	摄	虽	尽，	多

摄理不尽，则理有分限失。”或问：“一尘摄理虽尽，多

3.10.6

dạ^2 lew^1 dạ^2 kha^1 mji^1 śja^2 ku^1 wa^2 ŋja̱^{2} ljɨ^1 gji^1

[illegible]，[illegible]？”[illegible]

事 一 事 中 不 现， 则 何 所 失？” 清

śjuu^1 ·ji̱^{2} dạ^2 rejr^2 dạ^2 wo^2 bju^1 mji^1 śjwɨ̣^{2} lew^1

[illegible]：“[illegible]，[illegible]

凉 复 曰： “多 事 理 依 不 随， 一

事于一事中不现，则何所失？”清凉复曰：“多事不随理，一

3.10.7

dạ^2 kha^1 mji^1 śja^2 ku^1 dạ^2 wo^2 nioow^1 dju^1 dźjar^2 we^2

[illegible]，[illegible]。”

事 中 不 现， 则 事 理 外 在 失 为。”

thjɨ^2 nioow^1 rjur^1 lhjij^2 tsjiir^1 kię̱j^2 rjir^2 mji^1 ka^2 zji^2

[illegible]，[illegible]

是 故 诸 刹 法 界 与 不 离， 俱

事中不现，则事在理外失。”是故诸刹不离法界，俱

3.10.8

lew^1 lhjɨ^2 gu^2 śja^2 tjɨj^2 zu^2 kha^1 lew^1 lhjɨ^2 tja^1 śji^1

[illegible]。[illegible]“[illegible]”[illegible]，[illegible]

一 尘 中 现。 仪 结 中 “一 尘” 者， 前

mər^2 lew^1 dạ^2 tji^2 ljɨ^1 thjɨ^2 njɨɨ^1 wo^2 dju^1 lew^1

“[illegible]”[illegible]。[illegible]：[illegible]

“本 一 事 存” 也。 此 二 义 有： 一

在一尘中现。结仪中“一尘”者，前“存本一事”也。此有二义：一，

3.10.9

tja^1 lew^1 lew^1 ·wio̱^{1} njɨɨ^1 tja^1 lew^1 ŋowr^2 ŋowr^2 ·wio̱^{1} tsjiir^1

[illegible]，[illegible]；[illegible]，[illegible]。“[illegible]

者， 一 一 含； 二 者， 一 一 切 含。 “法

ŋowr^2 ŋowr^2 ·a tjɨj^2 ·ji̱^{2} tja^1 śji^1 njɨ^2 tji̱^{2} ŋowr^2 ŋowr^2

[illegible]”[illegible]，[illegible]

一 切 亦 尔” 谓 者， 前 遍 所 一 切

一含一；二，一含一切。谓“一切法亦尔”者，前一切所遍

3.10.10

kew^{1}	njɨ^{2}	·jij^{1}	·wiọ^{1}	sji^{2}	we^{2}	thjɨ^{2}	tsjɨ^{1}	njɨɨ^{1}	wo^{2}	dju^{1}
[illegible]	[illegible]，	[illegible]	[illegible]	[illegible]	[illegible]。	[illegible]	[illegible]	[illegible]	[illegible]	[illegible]：
此	遍，	即	含	能	为。	此	亦	二	义	有：

lew^{1}	tja^{1}	ŋowr^{2}	ŋowr^{2}	lew^{1}	·wiọ^{1}	śji^{1}	njɨ^{2}	mjijr^{2}	kew^{1}
[illegible]	[illegible]，	[illegible]	[illegible]	[illegible]	[illegible]，	[illegible]	[illegible]	[illegible]	[illegible]
一	者，	一	切	一	含，	前	遍	者	此

遍此，即为能含。此亦有二义：一，一切含一，前能遍

3.10.11

njɨ^{2}	·jij^{1}	·wiọ^{1}	lew^{2}	we^{2}	njɨɨ^{1}	tja^{1}	ŋowr^{2}	ŋowr^{2}	ŋowr^{2}	ŋowr^{2}	·wiọ^{1}
[illegible]，	[illegible]	[illegible]	[illegible]	[illegible]；	[illegible]	[illegible]，	[illegible]	[illegible]	[illegible]	[illegible]	[illegible]，
遍，	即	含	所	为；	二	者，	一	切	一	切	含，

śji^{1}	tjɨj^{2}	zu^{2}	njɨ^{2}	mjijr^{2}	ŋowr^{2}	ŋowr^{2}	kew^{1}	njɨ^{2}	·jij^{1}	·wiọ^{1}
[illegible]	[illegible]	[illegible]，	[illegible]	[illegible]	[illegible]	[illegible]	[illegible]	[illegible]，	[illegible]	[illegible]
前	仪	结，	遍	者	一	切	此	遍，	即	含

遍此，即为所含；二，一切含一切，结前仪，一切能遍遍此，即为所含。

3.10.12

lew^{2}	we^{2}	bjij^{2}	pha^{1}	mji^{1}	nur^{1}	tja^{1}	śji^{1}	tjɨj^{2}	nur^{1}	sju^{2}
[illegible]	[illegible]。	[illegible]	[illegible]	[illegible]	[illegible]	[illegible]，	[illegible]	[illegible]	[illegible]	[illegible]。
所	为。	注	别	不	示	者，	前	仪	示	如。

thjɨ^{2}	wo^{2}	dạ^{2}	gjọ^{1}	khju^{1}	njɨɨ^{1}	ɣa^{1}	gu^{2}	gu^{2}	śji^{1}
[illegible]	“[illegible]	[illegible]”	[illegible]	[illegible]	[illegible]	[illegible]，	[illegible]	[illegible]	[illegible]
此	“理	事”	以	下	二	门，	总	括	前

注不别示者，如前仪所示。此“理事”以下二门，总括前

3.10.13

wo^{2}	mər^{2}	lew^{1}	njaa^{2}	nioow^{1}	dạ^{2}	śjɨj^{1}	kwər^{1}	dju^{1}	sji^{2}
[illegible]	[illegible]	[illegible]	[illegible]	[illegible]。	[illegible]	[illegible]	[illegible]	[illegible]，	[illegible]
理	本	一	非	故。	事	成	体	在，	能

lew^{2}	dźju^{1}	sjwij^{1}	do^{2}	njaa^{2}	nioow^{1}	·ioow^{1}	dju^{1}	·jij^{1}
[illegible]	[illegible]	[illegible]	[illegible]	[illegible]	[illegible]，	[illegible]	[illegible]	[illegible]
所	显	明	异	非	故，	用	有	自

理本非一故。成事在体，能所显明非异故，有用相

3.10.14

gu^{2}	·wiọ^{1}	njɨ^{2}	thjɨ^{2}	kha^{1}	·wiọ^{1}	sji^{2}	·wiọ^{1}	lew^{2}	lew^{1}	rejr^{2}
相	含	遍。	此	中	含	能、	含	所，	一	多
mji^{1}	dzjij^{1}	phəə^{1}	seew^{2}	ljɨɨr^{1}	we^{2}	tśhjwo^{1}	gu^{2}	ljɨɨr^{1}	gjwi^{2}	
不	过，	结	算	四	为，	故	“总	四	句	

互含遍。此中能含、所含，不过一多，结算为四，故谓“总有四句”。

3.11.1

dju^{1}	·jɨ^{2}	sjij^{1}	thjɨ^{2}	ljɨɨr^{1}	gjwi^{2}	sọ^{1}	ɣa^{1}	nioow^{1}	thu^{1}	tja^{1}
有”	谓。	今	此	四	句	三	门	复	设	者，
śji^{1}	kụ^{1}	ɣa^{2}	dza^{2}	wo^{2}	phie^{2}	śioo^{1}	dju^{1}	tśhji^{2}	tsjiir^{2}	
前	后	于	望	义	解	集	有，	本	性	

今此四句复设三门者，有集解前望后之义，由本性

3.11.2

bju^{1}	ku^{1}	·jwɨr^{2}	wạ^{2}	ljow^{2}	dju^{1}	mjiij^{2}	dji^{2}	dạ^{2}	zji^{2}	njɨ^{2}
由	故	文	详	略	有，	名	字	曰	“周	遍
·wiọ^{1}	ɣjiw^{1}	·jɨ^{2}	njɨɨ^{1}	ɣa^{1}	njɨ^{2}	wo^{2}	sọ^{1}	ɣa^{1}	·wiọ^{1}	
含	容”	谓。	二	门	“遍”	义，	三	门	“含”	

故文有详略，名曰“周遍含容”。二门“遍”义，三门“含”

3.11.3

wo^{2}	tsjiir^{1}	wo^{2}	iọ^{1}	nioow^{1}	tśhjwo^{1}	thjɨ^{2}	do^{2}	njɨ^{2}	ljɨɨr^{1}
义，	法	理	全	由，	故	此	处	至	四
gjwi^{2}	thu^{1}	la^{1}	ɣjiw^{1}	ljɨ^{1}	gjọ^{1}	khju^{1}	śjạ^{1}	ɣa^{1}	thjɨ^{2}
句	设	而	摄	也。	以	下	七	门	此

义，由法理全，故至此处设四句而摄之。以下七门

3.11.4

bju^{1}	to^{2}	śjwo^{1}	bjij^{2}	·wiọ^{1}	sji^{2}	gjọ^{1}	khju^{1}	śji^{1}	mjiij^{2}	lew^{1}
[illegible]	[illegible]	[illegible]。	[illegible]	“[illegible]	[illegible]”	[illegible]	[illegible]，	[illegible]	[illegible]	“[illegible]
由	生	出。	注	“含	能”	以	下，	前	标	“一
njaa^{2}	nioow^{1}	gjọ^{1}	khju^{1}	kjij^{1}	ljɨ^{1}	lew^{1}	njaa^{2}	nioow^{1}	ku^{1}	
[illegible]	[illegible]”	[illegible]	[illegible]	[illegible]	[illegible]。	[illegible]	[illegible]	[illegible]，	[illegible]	
非	故”	以	下	释	也。	一	非	故，	则	

由此生出。注“能含”以下，前标“非一故”以下释之。非一故，则

3.11.5

dạ^{2}	śjɨj^{1}	kwər^{1}	dju^{1}	do^{2}	njaa^{2}	nioow^{1}	kwər^{1}	ŋa^{1}	·ioow^{1}
[illegible]	[illegible]	[illegible]	[illegible]，	[illegible]	[illegible]	[illegible]，	[illegible]	[illegible]	[illegible]
事	成	体	在，	异	非	故，	体	空	用
dju^{1}	·wiọ^{1}	sji^{2}	we^{2}	tsjiir^{1}	we^{2}	bju^{1}	ɣie^{1}	dju^{1}	
[illegible]，	[illegible]	[illegible]	[illegible]、	[illegible]	[illegible]	[illegible]，	[illegible]	[illegible]，	
有，	含	能	为、	法	为	因，	力	有，	

成事在体，非异故，体空有用，方为能含、为法，有力，

3.11.6

wə^{1}	we^{2}	lew^{1}	njaa^{2}	do^{2}	njaa^{2}	wo^{2}	ŋowr^{2}	·wiọ^{1}	lew^{2}
[illegible]	[illegible]，	[illegible]	[illegible]	[illegible]	[illegible]	[illegible]	[illegible]。	[illegible]	[illegible]
主	为，	一	非	异	非	义	具。	含	所
bjij^{2}	tsjiir^{1}	lew^{1}	kwər^{1}	ŋa^{1}	bju^{1}	do^{2}	njaa^{2}	wo^{2}	dźjij^{2}
[illegible]	[illegible]，	[illegible]	[illegible]	[illegible]	[illegible]，	[illegible]	[illegible]	[illegible]	[illegible]。
伴	法，	惟	体	空	随，	异	非	义	有。

为主，具非一非异义[2]。所含伴法，惟随体空，有非异义。

3.11.7

tjij^{1}	njɨ^{2}	mjijr^{2}	bju^{1}	·ji^{2}	sọ^{1}	wo^{2}	ŋowr^{2}	sjij^{1}	·wiọ^{1}
[illegible]	[illegible]	[illegible]	[illegible]，	[illegible]	[illegible]	[illegible]	[illegible]。	[illegible]	[illegible]
若	遍	者	随，	复	三	义	具。	今	含
ɣjiw^{1}	wo^{2}	bju^{1}	tshjiij^{1}	djij^{2}	thja^{1}	źjɨr^{1}	zji^{2}	njɨ^{2}	wo^{2}
[illegible]	[illegible]	[illegible]	[illegible]	[illegible]，	[illegible]	[illegible]	[illegible]	[illegible]	[illegible]。
容	义	随	说	虽，	其	实	皆	遍	义。

若随能遍，复具三义。今虽随含容义说之，其实皆遍义。

3.11.8

wo² tsji¹ dzjɨj¹ thwuu¹ gjọ¹ khju¹ bjij² kha¹ ·jij¹ dźju¹ lew¹
[Tangut characters]
义 亦 时 同 以 下 注 中 自 明。 “一

kha¹ lew¹ ·ji² tja¹ phju² lew¹ dạ² śjɨj¹ ·jij¹ mji¹
[Tangut characters]
中 一” 谓 者， 上 一 事 成 相 不

义亦同时以下注中自明。谓“一中一”者，上一成事

3.11.9

ljiij² nioow¹ ɣjiw¹ sji² kwər¹ dju¹ bji² lew¹ ·jij¹ wo²
[Tangut characters]
坏 故， 容 能 体 在； 下 一 之 理

rjir² mji¹ do² nioow¹ ·ioow¹ dju¹ ·jij¹ bji² lew¹ ·wiọ¹
[Tangut characters]
与 不 异 故， 用 有 即 下 一 含

不坏相故，能容在体；与下一之理不异故，有用即能含下一。

3.11.10

njwi² thja¹ bji² lew¹ phju² lew¹ ·jij¹ wo² rjir² mji¹ do²
[Tangut characters]
能。 其 下 一、 上 一 之 理 与 不 异

nioow¹ ·wiọ¹ lew² wo² śjwɨ² bju¹ phju² lew¹ kha¹ dju¹
[Tangut characters]
故， 含 所 理 随 由 上 一 中 在，

与其下一、上一之理不异故，随所含之理在上一中，

3.11.11

wo² ka² dạ² mjij¹ nioow¹ ljɨ¹ njɨɨ¹ ŋowr² ŋowr² kha¹
[Tangut characters]
理 离 事 无 故 也。 “二 一 切 中

lew¹ ·ji² tja¹ phju² ŋowr² ŋowr² ·jij¹ mji¹ ljiij² nioow¹
[Tangut characters]
一” 谓 者， 上 一 切 相 不 坏 故，

离理无事故也。谓“二一切中一”者，上一切不坏相故，

3.11.12

·wiọ^{1}	sji^{2}	kwər^{1}	dju^{1}	bji^{2}	lew^{1}	·jij^{1}	wo^{2}	rjir^{2}	mji^{1}
[illegible]	[illegible]	[illegible]	[illegible]。	[illegible]	[illegible]	[illegible]	[illegible]	[illegible]	[illegible]
含	能	体	在。	下	一	之	理	与	不
do^{2}	nioow^{1}	·ioow^{1}	dju^{1}	·jij^{1}	bji^{2}	lew^{1}	·wiọ^{1}	njwi^{2}	bji^{2}
[illegible]	[illegible]，	[illegible]	[illegible]	[illegible]	[illegible]	[illegible]	[illegible]	[illegible]。	[illegible]
异	故，	用	有	即	下	一	含	能。	下

能含在体。与下一之理不异故，有用即能含下一。下

3.11.13

lew^{1}	phju^{2}	ŋowr^{2}	ŋowr^{2}	·jij^{1}	wo^{2}	rjir^{2}	mji^{1}	do^{2}	nioow^{1}	·jij^{1}
[illegible]	[illegible]	[illegible]	[illegible]	[illegible]	[illegible]	[illegible]	[illegible]	[illegible]	[illegible]，	[illegible]
一	上	一	切	之	理	与	不	异	故，	即
bji^{2}	lew^{1}	wo^{2}	śjwɨ^{2}	bju^{1}	phju^{2}	ŋowr^{2}	ŋowr^{2}	kha^{1}	dju^{1}	
[illegible]	[illegible]	[illegible]	[illegible]	[illegible]	[illegible]	[illegible]	[illegible]	[illegible]	[illegible]。	
下	一	理	随	依	上	一	切	中	在。	

一与上一切之理不异故，即随下一之理在上一切中。

3.11.14

sọ^{1}	lew^{1}	kha^{1}	ŋowr^{2}	ŋowr^{2}	tja^{1}	phju^{2}	lew^{1}	·jij^{1}	mji^{1}	ljiij^{2}
“[illegible]	[illegible]	[illegible]	[illegible]	[illegible]”	[illegible]，	[illegible]	[illegible]	[illegible]	[illegible]	[illegible]
“三	一	中	一	切”	者，	上	一	相	不	坏
nioow^{1}	·wiọ^{1}	sji^{2}	we^{2}	bji^{2}	ŋowr^{2}	ŋowr^{2}	·jij^{1}	wo^{2}	rjir^{2}	
[illegible]，	[illegible]	[illegible]	[illegible]；	[illegible]	[illegible]	[illegible]	[illegible]	[illegible]	[illegible]	
故，	含	能	为；	下	一	切	之	理	与	

“三一中一切”者，上一不坏相故，为能含；与下一切之理

3.12.1

mji^{1}	do^{2}	nioow^{1}	·ioow^{1}	dju^{1}	bji^{2}	ŋowr^{2}	ŋowr^{2}	·jij^{1}	·wiọ^{1}	njwi^{2}
[illegible]	[illegible]	[illegible]，	[illegible]	[illegible]	[illegible]	[illegible]	[illegible]	[illegible]	[illegible]	[illegible]。
不	异	故，	用	有	下	一	切	△	含	能。
bji^{2}	ŋowr^{2}	ŋowr^{2}	phju^{2}	lew^{1}	·jij^{1}	wo^{2}	rjir^{2}	mji^{1}	do^{2}	
[illegible]	[illegible]	[illegible]	[illegible]	[illegible]	[illegible]	[illegible]	[illegible]	[illegible]	[illegible]	
下	一	切	上	一	之	理	与	不	异	

不异故，有用能含下一切。下一切与上一之理不异

3.12.2

nioow¹ ·jij¹ bji² ŋowr² ŋowr² ·jij¹ wo² śjwɨ² bju¹ phju² lew¹

[illegible]

故， 即 下 一 切 之 理 随 依 上 一

kha¹ dju¹ ljɨɨr¹ ŋowr² ŋowr² kha¹ ŋowr² ŋowr² ·jɨ² tja¹

[illegible]

中 在。 "四 一 切 中 一 切" 谓 者，

故，即随下一切之理在上一中。谓"四一切中一切"者，

3.12.3

phju² ŋowr² ŋowr² ·jij¹ mji¹ ljiij² nioow¹ ·wiọ¹ sji² kwər¹ dju¹

[illegible]

上 一 切 相 不 坏 故， 含 能 体 在。

bji² ŋowr² ŋowr² ·jij¹ wo² rjir² mji¹ do² nioow¹ ·ioow¹

[illegible]

下 一 切 之 理 与 不 异 故， 用

上一切不坏相故，能含在体。与下一切之理不异故，有用

3.12.4

dju¹ bji² ŋowr² ŋowr² ·jij¹ ·wiọ¹ njwi² bji² ŋowr² ŋowr²

[illegible]

有 下 一 切 之 含 能。 下 一 切

phju² lew¹ ·jij¹ wo² rjir² mji¹ do² nioow¹ ·jij¹ bji²

[illegible]

上 一 之 理 与 不 异 故， 即 下

能含下一切。下一切与上一之理不异故，即随下

3.12.5

ŋowr² ŋowr² ·jij¹ wo² śjwɨ² bju¹ phju² lew¹ kha¹ dju¹ ljɨ¹

[illegible]

一 切 之 理 随 依 上 一 中 有 也。

twụ¹ dạ² nioow¹ dju¹ sẽ¹ lew² ·jɨ² tja¹ dạ² nioow¹

[illegible]

"各 言 由 有 思 所" 谓 者， 言 由

一切之理在上一中也。谓"各有所由思之"者，通论所由。

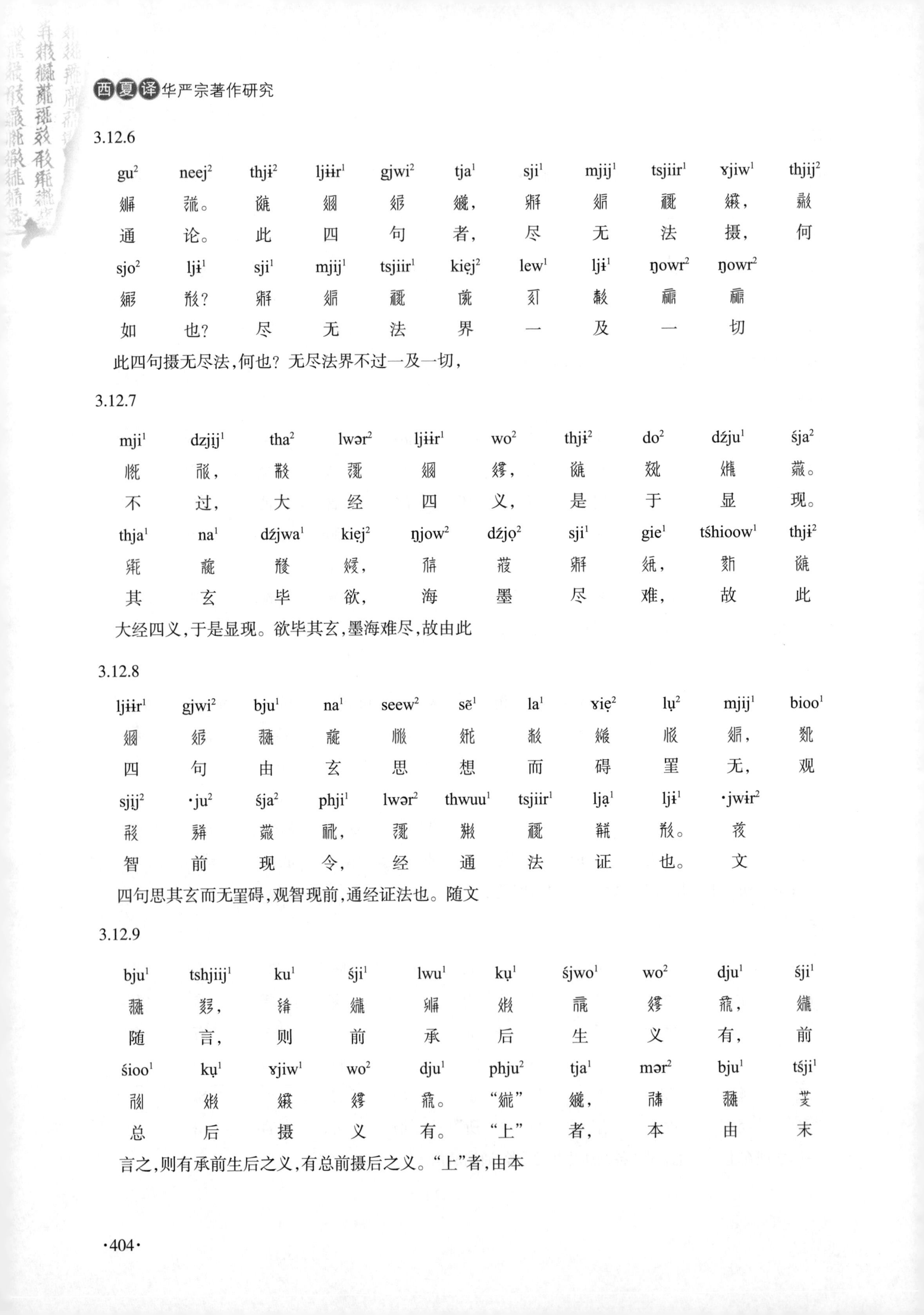

3.12.6

gu²	neej²	thjɨ²	ljɨɨr¹	gjwi²	tja¹	sji¹	mjij¹	tsjiir¹	ɣjiw¹	thjij²
通	论。	此	四	句	者，	尽	无	法	摄，	何
sjo²	ljɨ¹	sji¹	mjij¹	tsjiir¹	kięj²	lew¹	ljɨ¹	ŋowr²	ŋowr²	
如	也？	尽	无	法	界	一	及	一	切	

此四句摄无尽法，何也？无尽法界不过一及一切，

3.12.7

mji¹	dzjij¹	tha²	lwər²	ljɨɨr¹	wo²	thjɨ²	do²	dźju¹	śja²
不	过，	大	经	四	义，	是	于	显	现。
thja¹	na¹	dźjwa¹	kięj²	ŋjow²	dźjọ²	sji¹	gie¹	tśhioow¹	thjɨ²
其	玄	毕	欲，	海	墨	尽	难，	故	此

大经四义，于是显现。欲毕其玄，墨海难尽，故由此

3.12.8

ljɨɨr¹	gjwi²	bju¹	na¹	seew²	sẽ¹	la¹	ɣię²	lụ²	mjij¹	bioo¹
四	句	由	玄	思	想	而	碍	罣	无，	观
sjij²	·ju²	śja²	phji¹	lwər²	thwuu¹	tsjiir¹	ljạ¹	ljɨ¹	·jwɨr²	
智	前	现	令，	经	通	法	证	也。	文	

四句思其玄而无罣碍，观智现前，通经证法也。随文

3.12.9

bju¹	tshjiij¹	ku¹	śji¹	lwu¹	kụ¹	śjwo¹	wo²	dju¹	śji¹
随	言，	则	前	承	后	生	义	有，	前
śioo¹	kụ¹	ɣjiw¹	wo²	dju¹	phju²	tja¹	mər²	bju¹	tśji¹
总	后	摄	义	有。	“上”	者，	本	由	末

言之，则有承前生后之义，有总前摄后之义。“上”者，由本

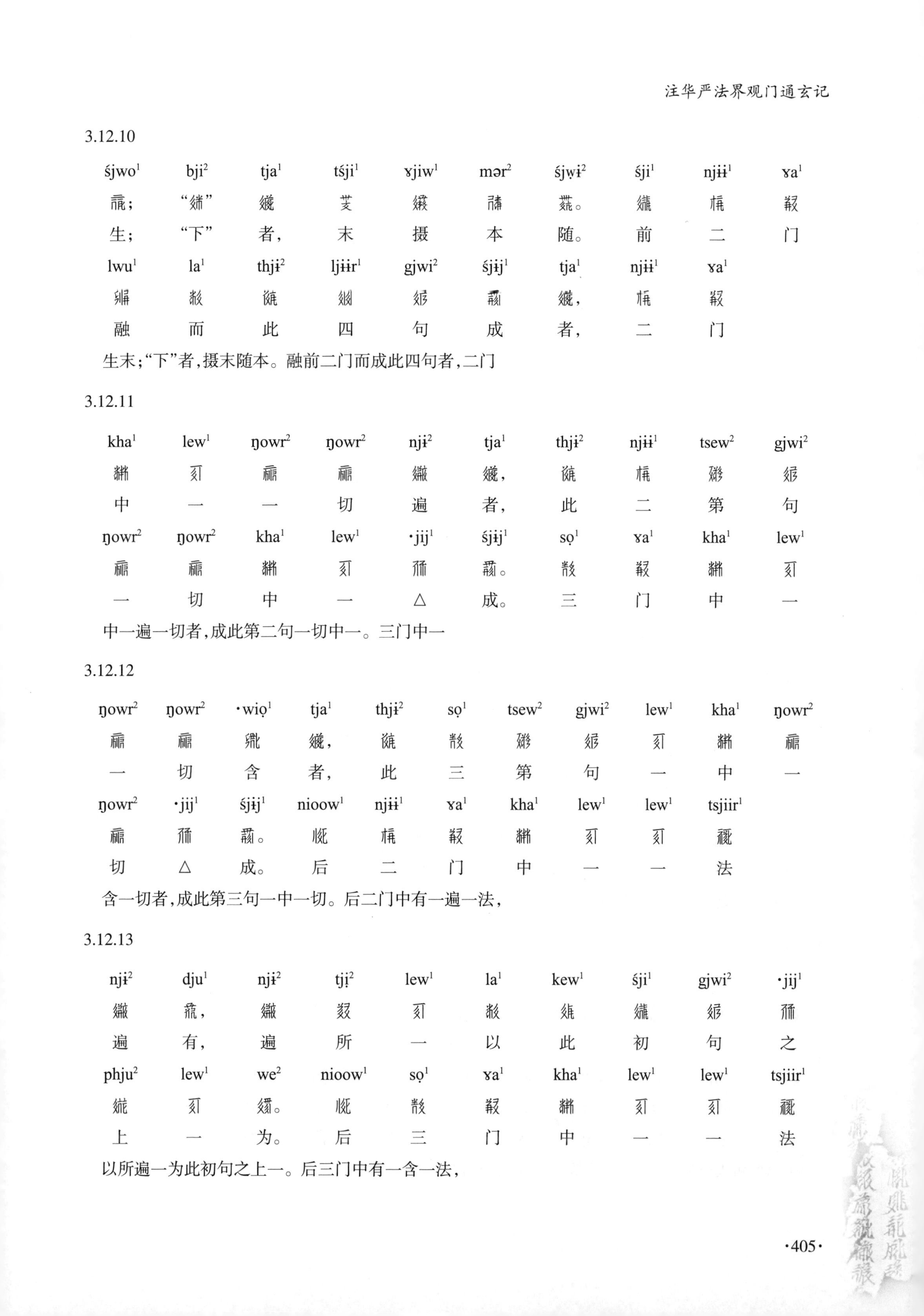

3.12.10

śjwo¹	bji²	tja¹	tśji¹	ɣjiw¹	mər²	śjwɨ²	śji¹	njɨɨ¹	ɣa¹
生；	"下"	者，	末	摄	本	随。	前	二	门
lwu¹	la¹	thjɨ²	ljɨɨr¹	gjwi²	śjɨj¹	tja¹	njɨɨ¹	ɣa¹	
融	而	此	四	句	成	者，	二	门	

生末；"下"者，摄末随本。融前二门而成此四句者，二门

3.12.11

kha¹	lew¹	ŋowr²	ŋowr²	njɨ²	tja¹	thjɨ²	njɨɨ¹	tsew²	gjwi²
中	一	一	切	遍	者，	此	二	第	句
ŋowr²	ŋowr²	kha¹	lew¹	·jij¹	śjɨj¹	sọ¹	ɣa¹	kha¹	lew¹
一	切	中	一	△	成。	三	门	中	一

中一遍一切者，成此第二句一切中一。三门中一

3.12.12

ŋowr²	ŋowr²	·wiọ¹	tja¹	thjɨ²	sọ¹	tsew²	gjwi²	lew¹	kha¹	ŋowr²
一	切	含	者，	此	三	第	句	一	中	一
ŋowr²	·jij¹	śjɨj¹	nioow¹	njɨɨ¹	ɣa¹	kha¹	lew¹	lew¹	tsjiir¹	
切	△	成。	后	二	门	中	一	一	法	

含一切者，成此第三句一中一切。后二门中有一遍一法，

3.12.13

njɨ²	dju¹	njɨ²	tjị²	lew¹	la¹	kew¹	śji¹	gjwi²	·jij¹
遍	有，	遍	所	一	以	此	初	句	之
phju²	lew¹	we²	nioow¹	sọ¹	ɣa¹	kha¹	lew¹	lew¹	tsjiir¹
上	一	为。	后	三	门	中	一	一	法

以所遍一为此初句之上一。后三门中有一含一法，

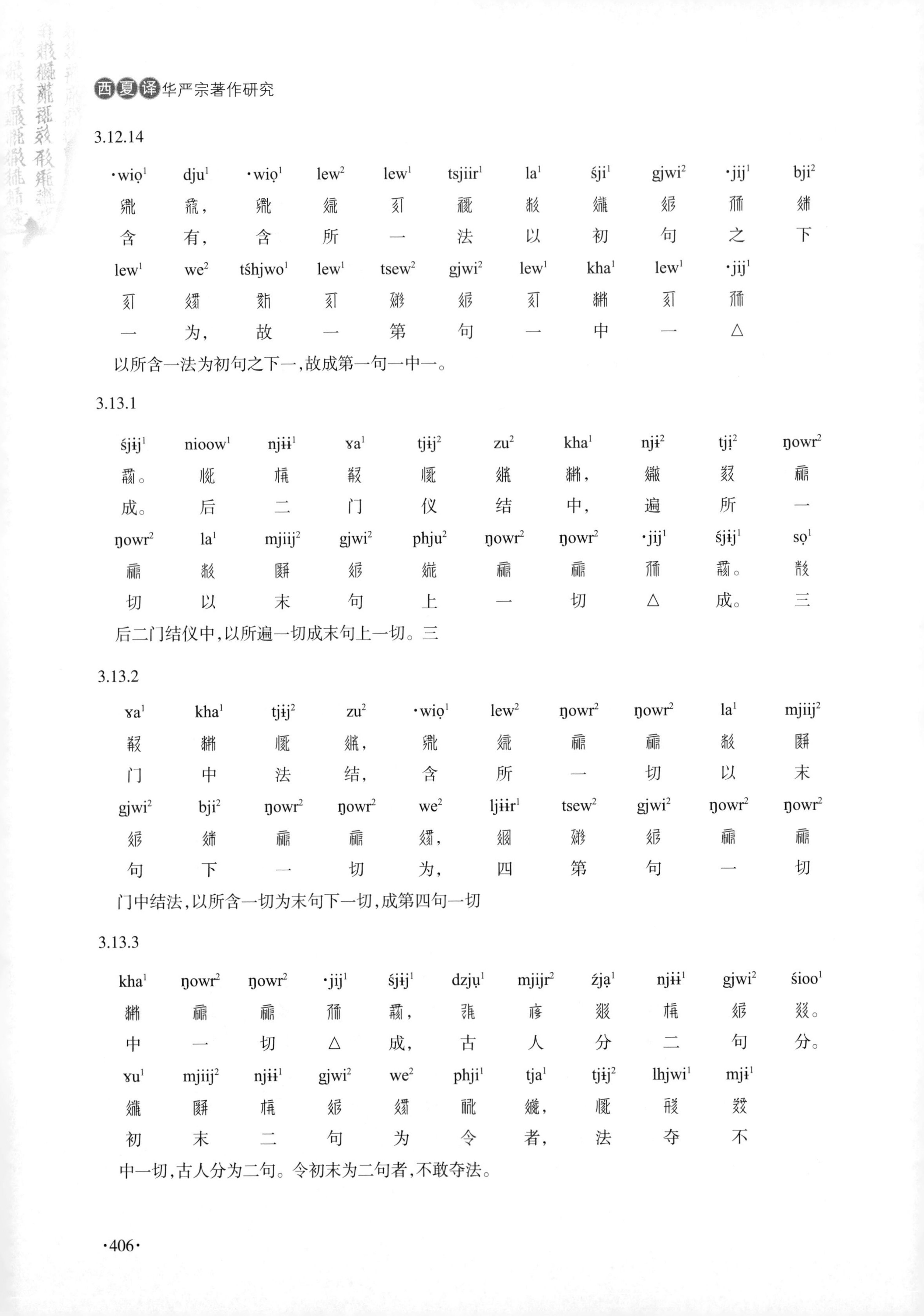

3.12.14

·wiọ^{1} dju^{1} ·wiọ^{1} lew^{2} lew^{1} tsjiir^{1} la^{1} śji^{1} gjwi^{2} ·jij^{1} bji^{2}
含 有， 含 所 一 法 以 初 句 之 下

lew^{1} we^{2} tśhjwo^{1} lew^{1} tsew^{2} gjwi^{2} lew^{1} kha^{1} lew^{1} ·jij^{1}
一 为， 故 一 第 句 一 中 一 △

以所含一法为初句之下一，故成第一句一中一。

3.13.1

śjɨj^{1} nioow^{1} njɨɨ^{1} ɣa^{1} tjɨj^{2} zu^{2} kha^{1} njɨ^{2} tjị^{2} ŋowr^{2}
成。 后 二 门 仪 结 中， 遍 所 一

ŋowr^{2} la^{1} mjiij^{2} gjwi^{2} phju^{2} ŋowr^{2} ŋowr^{2} ·jij^{1} śjɨj^{1} sọ^{1}
切 以 末 句 上 一 切 △ 成。 三

后二门结仪中，以所遍一切成末句上一切。三

3.13.2

ɣa^{1} kha^{1} tjɨj^{2} zu^{2} ·wiọ^{1} lew^{2} ŋowr^{2} ŋowr^{2} la^{1} mjiij^{2}
门 中 法 结， 含 所 一 切 以 末

gjwi^{2} bji^{2} ŋowr^{2} ŋowr^{2} we^{2} ljɨɨr^{1} tsew^{2} gjwi^{2} ŋowr^{2} ŋowr^{2}
句 下 一 切 为， 四 第 句 一 切

门中结法，以所含一切为末句下一切，成第四句一切

3.13.3

kha^{1} ŋowr^{2} ŋowr^{2} ·jij^{1} śjɨj^{1} dzjụ^{1} mjijr^{2} źjạ^{1} njɨɨ^{1} gjwi^{2} śioo^{1}
中 一 切 △ 成， 古 人 分 二 句 分。

ɣu^{1} mjiij^{2} njɨɨ^{1} gjwi^{2} we^{2} phji^{1} tja^{1} tjɨj^{2} lhjwi^{1} mjɨ^{1}
初 末 二 句 为 令 者， 法 夺 不

中一切，古人分为二句。令初末为二句者，不敢夺法。

3.13.4

kjir^2	tśjɨɨ^1	kụ^1	śjwo^1	tja^1	kụ^1	śjạ^1	·jij^1	śjwo^1	ljɨ^1
[illegible]。	[illegible]	[illegible]	[illegible]	[illegible]，	[illegible]	[illegible]	[illegible]	[illegible]	[illegible]。
敢。	随	后	生	者，	后	七	△	生	也。
njɨɨ^1	tsew^2	gjwi^2	la^1	ljɨɨr^1	tsew^2	ɣa^1	·jij^1	bji^2	lew^1
[illegible]	[illegible]	[illegible]	[illegible]	[illegible]	[illegible]	[illegible]	[illegible]	[illegible]	[illegible]
二	第	句	以	四	第	门	之	下	一

随后生者，生后七也。以第二句生第四门之下一

3.13.5

mji^1	ljiij^2	phju^2	ŋowr^2	ŋowr^2	ɣa^2	njɨ^2	·jij^1	śjwo^1	sọ^1
[illegible]	[illegible]	[illegible]	[illegible]	[illegible]	[illegible]	[illegible]	[illegible]	[illegible]，	[illegible]
不	坏	上	一	切	于	遍	△	生，	三
tsew^2	gjwi^2	la^1	ŋwə^1	tsew^2	ɣa^1	phju^2	lew^1	mji^1	ljiij^2
[illegible]	[illegible]	[illegible]	[illegible]	[illegible]	[illegible]	[illegible]	[illegible]	[illegible]	[illegible]
第	句	以	五	第	门	上	一	不	坏

不坏遍上一切，以第三句生第五门上一不坏

3.13.6

bji^2	ŋowr^2	ŋowr^2	·wiọ^1	njwi^2	·jij^1	śjwo^1	ljɨ^1	njɨɨ^1	tsew^2
[illegible]	[illegible]	[illegible]	[illegible]	[illegible]	[illegible]	[illegible]	[illegible]。	[illegible]	[illegible]
下	一	切	含	能	△	生	也。	二	第
gjwi^2	la^1	sọ^1	tsew^2	gjwi^2	njɨ^2	·jij^1	·wiọ^1	ŋwu^2	rjir^2
[illegible]	[illegible]	[illegible]	[illegible]	[illegible]	[illegible]，	[illegible]	[illegible]	[illegible]	[illegible]
句	以	三	第	句	遍，	即	含	是	于

下一切能含也。以第二句遍第三句，合于即是含。

3.13.7

phjoo^2	tśhjiw^1	tsew^2	ɣa^1	śji^1	·a	tjij^2	zji^2	njɨ^2	·jij^1
[illegible]。	[illegible]	[illegible]	[illegible]	[illegible]	[illegible]	[illegible]，	[illegible]	[illegible]	[illegible]
合。	六	第	门	前	△	对，	周	遍	即
wạ^2	·wiọ^1	ŋwu^2	·jij^1	śjwo^1	sọ^1	tsew^2	gjwi^2	la^1	njɨɨ^1
[illegible]	[illegible]	[illegible]	[illegible]	[illegible]。	[illegible]	[illegible]	[illegible]	[illegible]	[illegible]
广	含	是	之	生。	三	第	句	以	二

第六门相对前，生周遍即是广含。以第三句含第二

3.13.8

tsew^{2}	gjwi^{2}	·wiọ^{1}	·jij^{1}	njɨ^{2}	ŋwu^{2}	rjir^{2}	phjoo^{2}	tśhjiw^{1}	tsew^{2}
[illegible]	[illegible]	[illegible]，	[illegible]	[illegible]	[illegible]	[illegible]	[illegible]。	[illegible]	[illegible]
第	句	含，	即	遍	是	于	合。	六	第
ɣa^{1}	kụ^{1}	·a	tjij^{2}	wạ^{2}	·wiọ^{1}	·jij^{1}	zji^{2}	njɨ^{2}	ŋwu^{2}
[illegible]	[illegible]	[illegible]	[illegible]，	[illegible]	[illegible]	[illegible]	[illegible]	[illegible]	[illegible]
门	后	△	对，	广	含	即	周	遍	是

句，合于即是遍。第六门相对后，生广含即是周遍。

3.13.9

·jij^{1}	śjwo^{1}	nioow^{1}	sọ^{1}	tsew^{2}	gjwi^{2}	la^{1}	njɨɨ^{1}	tsew^{2}	gjwi^{2}
[illegible]	[illegible]。	[illegible]	[illegible]	[illegible]	[illegible]	[illegible]	[illegible]	[illegible]	[illegible]
△	生。	又	三	第	句	以	二	第	句
·o^{2}	·jij^{1}	ɣjiw^{1}	ŋwu^{2}	rjir^{2}	phjoo^{2}	śją^{1}	ɣa^{1}	kha^{1}	śji^{1}
[illegible]，	[illegible]	[illegible]	[illegible]	[illegible]	[illegible]。	[illegible]	[illegible]	[illegible]	[illegible]
入，	即	摄	是	于	合。	七	门	中	前

又以第三句入第二句，合于即是摄。七门中

3.13.10

·a	tjij^{2}	ŋowr^{2}	ŋowr^{2}	lew^{1}	tsjiir^{1}	kha^{1}	·o^{2}	zjij^{1}	·jij^{1}	ŋowr^{2}
[illegible]	[illegible]，	[illegible]	[illegible]	[illegible]	[illegible]	[illegible]	[illegible]	[illegible]	[illegible]	[illegible]
△	对，	一	切	一	法	中	入	时	即	一
ŋowr^{2}	lew^{1}	tsjiir^{1}	ɣjiw^{1}	·jij^{1}	śjwo^{1}	ljɨ^{1}	nioow^{1}	njɨɨ^{1}	tsew^{2}	
[illegible]	[illegible]	[illegible]	[illegible]	[illegible]	[illegible]	[illegible]。	[illegible]	[illegible]	[illegible]	
切	一	法	摄	△	生	也。	又	二	第	

相对前，生一切入一法时即一切摄一法也。又以第二

3.13.11

gjwi^{2}	la^{1}	sọ^{1}	tsew^{2}	gjwi^{2}	ɣjiw^{1}	·jij^{1}	·o^{2}	ŋwu^{2}	rjir^{2}	phjoo^{2}
[illegible]	[illegible]	[illegible]	[illegible]	[illegible]	[illegible]，	[illegible]	[illegible]	[illegible]	[illegible]	[illegible]。
句	以	三	第	句	摄，	即	入	是	于	合。
śją^{1}	ɣa^{1}	kha^{1}	kụ^{1}	·a	tjij^{2}	ŋowr^{2}	ŋowr^{2}	lew^{1}	tsjiir^{1}	
[illegible]	[illegible]	[illegible]	[illegible]	[illegible]	[illegible]，	[illegible]	[illegible]	[illegible]	[illegible]	
七	门	中	后	△	对，	一	切	一	法	

句摄第三句，合于即是入。七门中相对后，生一切

3.13.12

ɣjiw^{1}	zjij^{1}	·jij^{1}	ŋowr^{2}	ŋowr^{2}	lew^{1}	tsjiir^{1}	·a	·o^{2}	·jij^{1}	śjwo^{1}
摄	时	即	一	切	一	法	△	入	△	生
ljɨ^{1}	nioow^{1}	sọ^{1}	tsew^{2}	gjwi^{2}	la^{1}	·jar^{1}	ɣa^{1}	kha^{1}	śji^{1}	gjwi^{2}
也。	又	三	第	句	以	八	门	中	初	句

摄一法时即一切入一法也。又以第三句生八门中初句

3.13.13

phju^{2}	khwə^{1}	lew^{1}	ŋowr^{2}	ŋowr^{2}	ɣjiw^{1}	·jij^{1}	śjwo^{1}	njɨɨ^{1}	tsew^{2}	gjwi^{2}
上	半	一	一	切	摄	△	生，	二	第	句
la^{1}	bji^{2}	khwə^{1}	lew^{1}	ŋowr^{2}	ŋowr^{2}	·o^{2}	·jij^{1}	śjwo^{1}	njɨɨ^{1}	
以	下	半	一	一	切	入	△	生，	二	

上半一摄一切，以第二句生下半一入一切，以第二

3.13.14

tsew^{2}	gjwi^{2}	la^{1}	·jar^{1}	ɣa^{1}	kha^{1}	tśjɨɨ^{1}	gjwi^{2}	phju^{2}	khwə^{1}	ŋowr^{2}
第	句	以	八	门	中	次	句	上	半	一
ŋowr^{2}	lew^{1}	ɣjiw^{1}	·jij^{1}	śjwo^{1}	sọ^{1}	tsew^{2}	gjwi^{2}	bji^{2}	khwə^{1}	
切	一	摄	△	生，	三	第	句	下	半	

句生八门中次句上半一切摄一，以第三句生下半

3.14.1

ŋowr^{2}	ŋowr^{2}	lew^{1}	·o^{2}	·jij^{1}	śjwo^{1}	nioow^{1}	lew^{1}	tsew^{2}	gjwi^{2}	la^{1}
一	切	一	入	△	生。	又	一	第	句	以
·jar^{1}	ɣa^{1}	kha^{1}	sọ^{1}	tsew^{2}	gjwi^{2}	ŋowr^{2}	·jij^{1}	śjwo^{1}	phju^{2}	
八	门	中	三	第	句	全	△	生，	上	

一切入一。又以第一句生八门中第三句全句，上

3.14.2

lew^{1}	bji^{2}	lew^{1}	ɣa^{2}	dza^{2}	lew^{1}	lew^{1}	ɣjiw^{1}	·jij^{1}	śjwo^{1}
一	下	一	于	望，	一	一	摄	△	生；
bji^{2}	lew^{1}	phju^{2}	lew^{1}	ɣa^{2}	dza^{2}	lew^{1}	lew^{1}	·o^{2}	·jij^{1}
下	一	上	一	于	望，	一	一	入	△

一望下一，生一摄一；下一望上一，生一入一。

3.14.3

śjwo^{1}	nioow^{1}	ljɨɨr^{1}	tsew^{2}	gjwi^{2}	la^{1}	·jar^{1}	ɣa^{1}	kha^{1}	mjiij^{2}
生。	又	四	第	句	以	八	门	中	末
gjwi^{2}	ŋowr^{2}	·jij^{1}	śjwo^{1}	phju^{2}	ŋowr^{2}	ŋowr^{2}	bji^{2}	ŋowr^{2}	ŋowr^{2}
句	全	△	生，	上	一	切	下	一	切

又以第四句生八门中末句全句，上一切望下一切，

3.14.4

ɣa^{2}	dza^{2}	ŋowr^{2}	ŋowr^{2}	ŋowr^{2}	ŋowr^{2}	ɣjiw^{1}	·jij^{1}	śjwo^{1}	bji^{2}	ŋowr^{2}	ŋowr^{2}
于	望，	一	切	一	切	摄	△	生，	下	一	切
phju^{2}	ŋowr^{2}	ŋowr^{2}	ɣa^{2}	dza^{2}	ŋowr^{2}	ŋowr^{2}	ŋowr^{2}	ŋowr^{2}	·o^{2}	·jij^{1}	
上	一	切	于	望，	一	切	一	切	入	△	

生一切摄一切，下一切望上一切，生一切入一切也。

3.14.5

śjwo^{1}	ljɨ^{1}	thjɨ^{2}	tja^{1}	·jar^{1}	tsew^{2}	ɣa^{1}	njɨ^{2}	mjijr^{2}	·wio̱^{1}
生	也。	此	者，	八	第	门	遍	者、	含
sji^{2}	ɣjiw^{1}	sji^{2}	·o^{2}	mjijr^{2}	thwuu^{1}	dzjɨj^{1}	ljɨɨr^{1}	gjwi^{2}	·jij^{1}
能、	摄	能、	入	者	同	时	四	句	△

此者，同时生第八门能遍、能含、能摄、能入四句，

3.14.6

śjwo^{1}	ɣạ^{2}	tsew^{2}	ɣa^{1}	lew^{1}	rejr^{2}	njɨɨ^{1}	rjɨj^{2}	wə^{1}	tsjiir^{1}
[illegible]，	[illegible]	[illegible]	[illegible]	[illegible]	[illegible]	[illegible]	[illegible]	[illegible]	[illegible]
生，	十	第	门	一	多	两	重	主	法
śjɨj^{1}	ljɨ^{1}	nioow^{1}	lew^{1}	tsew^{2}	gjwi^{2}	la^{1}	gjɨɨ^{1}	ɣa^{1}	kha^{1}
[illegible]	[illegible]。	[illegible]	[illegible]	[illegible]	[illegible]	[illegible]	[illegible]	[illegible]	[illegible]
成	也。	又	一	第	句	以	九	门	中

成第十门一多两重主法也。又以第一句生九门中

3.14.7

śji^{1}	gjwi^{2}	lew^{1}	ɣjiw^{1}	lew^{1}	·o^{2}	·jij^{1}	śjwo^{1}	bji^{2}	lew^{1}
[illegible]	[illegible]	[illegible]	[illegible]	[illegible]	[illegible]	[illegible]	[illegible]，	[illegible]	[illegible]
初	句	一	摄	一	入	△	生，	下	一
ɣjiw^{1}	lew^{2}	ŋwu^{2}	phju^{2}	lew^{1}	·o^{2}	tji^{2}	ŋwu^{2}	dzjij^{2}	sọ^{1}
[illegible]	[illegible]	[illegible]，	[illegible]	[illegible]	[illegible]	[illegible]	[illegible]，	[illegible]	[illegible]
摄	所	是，	上	一	入	所	是，	他	三

初句摄一入一，下一是所摄，上一是所入，他三

3.14.8

gjwi^{2}	thjɨ^{2}	bju^{1}	nwə^{1}	lew^{2}	sọ^{1}	tsew^{2}	gjwi^{2}	la^{1}	
[illegible]	[illegible]	[illegible]	[illegible]	[illegible]。	[illegible]	[illegible]	[illegible]	[illegible]	
句	此	由	知	之。	三	第	句	以	
gjɨɨ^{1}	ɣa^{1}	kha^{1}	tśjɨɨ^{1}	gjwi^{2}	ŋowr^{2}	ŋowr^{2}	ɣjiw^{1}	lew^{1}	·o^{2}
[illegible]	[illegible]	[illegible]	[illegible]	[illegible]	[illegible]	[illegible]	[illegible]	[illegible]	[illegible]
九	门	中	次	句	一	切	摄	一	入

句由此知之。以第三句生九门中次句摄一切入一，

3.14.9

·jij^{1}	śjwo^{1}	njɨɨ^{1}	tsew^{2}	gjwi^{2}	la^{1}	gjɨɨ^{1}	ɣa^{1}	kha^{1}	sọ^{1}
[illegible]	[illegible]，	[illegible]	[illegible]	[illegible]	[illegible]	[illegible]	[illegible]	[illegible]	[illegible]
△	生，	二	第	句	以	九	门	中	三
tsew^{2}	gjwi^{2}	lew^{1}	ɣjiw^{1}	ŋowr^{2}	ŋowr^{2}	·o^{2}	·jij^{1}	śjwo^{1}	ljɨɨr^{1}
[illegible]	[illegible]	[illegible]	[illegible]	[illegible]	[illegible]	[illegible]	[illegible]	[illegible]，	[illegible]
第	句	一	摄	一	切	入	△	生，	四

以第二句生九门中第三句摄一入一切，以第四

3.14.10

tsew^{2}	gjwi^{2}	la^{1}	gjɨɨ^{1}	ɣa^{1}	kha^{1}	mjiij^{2}	gjwi^{2}	ŋowr^{2}	ŋowr^{2}	ɣjiw^{1}
第	句	以	九	门	中	末	句	一	切	摄
ŋowr^{2}	ŋowr^{2}	·o^{2}	·jij^{1}	śjwo^{1}	ljɨ^{1}	thjɨ^{2}	tja^{1}	gjɨɨ^{1}	ɣa^{1}	
一	切	入	△	生	也。	此	者，	九	门	

句生九门中末句摄一切入一切也。此者，同时生九门

3.14.11

njɨ^{2}	tji̧^{2}	·wio̧^{1}	lew^{2}	ɣjiw^{1}	lew^{2}	·o^{2}	tji̧^{2}	thwuu^{1}	dzjɨj^{1}
遍	所、	含	所、	摄	所、	入	所	同	时
ljɨɨr^{1}	gjwi^{2}	·jij^{1}	śjwo^{1}	ɣa̧^{2}	tsew^{2}	ɣa^{1}	lew^{1}	rejr^{2}	njɨɨ^{1}
四	句	△	生，	十	第	门	一	多	两

所遍、所含、所摄、所入四句，成第十门一多两

3.14.12

rjɨj^{2}	bjij^{2}	tsjiir^{1}	·jij^{1}	śjɨj^{1}	wə^{1}	bjij^{2}	thwuu^{1}	dzjɨj^{1}	rjɨj^{2}	rjɨj^{2}
重	伴	法	△	成。	主	伴	同	时，	重	重
sji^{1}	mjij^{1}	·jij^{1}	ɣa̧^{2}	tsew^{2}	ɣa^{1}	ŋwu^{2}	tśjɨɨ^{1}	ɣa̧^{2}	tsew^{2}	
尽	无，	即	十	第	门	是。	次	十	第	

重伴法。主伴同时，重重无尽，即是第十门。次生第十

3.14.13

ɣa^{1}	njɨɨ^{1}	rjɨj^{2}	ljɨɨr^{1}	gjwi^{2}	·jij^{1}	śjwo^{1}	śji^{1}	gjwi^{2}	ŋowr^{2}	la^{1}
门	两	重	四	句	△	生，	初	句	全	以
lew^{1}	tsjiir^{1}	ɣu^{1}	we^{2}	ɣu^{1}	gjwi^{2}	lew^{1}	lew^{1}	ɣjiw^{1}	lew^{1}	
一	法	首	为。	首	句	一	一	摄	一	

门两重四句，以初句全句为一法之首。首句生一摄一

3.14.14

·o^2	·jij^1	śjwo^1	sọ^1	tsew^2	gjwi^2	ŋowr^2	la^1	tśjɨɨ^1	gjwi^2	lew^1
入	△	生，	三	第	句	全	以	次	句	一
ŋowr^2	ŋowr^2	ɣjiw^1	lew^1	·o^2	·jij^1	śjwo^1	śji^1	gjwi^2	ŋowr^2	
一	切	摄	一	入	△	生，	初	句	全	

入一，以第三句全句生次句一摄一切入一，以初句全

3.15.1

la^1	njɨɨ^1	tsew^2	gjwi^2	phju^2	ŋowr^2	ŋowr^2	rjir^2	phjoo^2	la^1	sọ^1
以	二	第	句	上	一	切	于	合，	而	三
tsew^2	gjwi^2	lew^1	lew^1	ɣjiw^1	ŋowr^2	ŋowr^2	·o^2	·jij^1	śjwo^1	
第	句	一	一	摄	一	切	入	△	生，	

句合于第二句上一切，而生第三句一摄一入一切，

3.15.2

sọ^1	tsew^2	gjwi^2	ŋowr^2	la^1	tśjɨɨ^1	gjwi^2	phju^2	ŋowr^2	ŋowr^2	rjir^2
三	第	句	全	以	次	句	上	一	切	于
phjoo^2	la^1	mjiij^2	gjwi^2	lew^1	ŋowr^2	ŋowr^2	ɣjiw^1	ŋowr^2	ŋowr^2	
合，	而	末	句	一	一	切	摄	一	切	

以第三句全句合于次句上一切，而生末句一摄一切

3.15.3

·o^2	·jij^1	śjwo^1	tśjɨɨ^1	rejr^2	tsjiir^1	wə^1	śjɨj^1	ljɨɨr^1	gjwi^2
入	△	生。	次	多	法	主	成	四	句
·jij^1	śjwo^1	tśjɨɨ^1	gjwi^2	ŋowr^2	la^1	sọ^1	tsew^2	gjwi^2	phju^2
△	生。	次	句	全	以	三	第	句	上

入一切。次生多法成主四句。以次句全句合于第三句上

3.15.4

lew^{1}	rjir^{2}	phjoo^{2}	la^{1}	rejr^{2}	tsjiir^{1}	śji^{1}	we^{2}	śji^{1}	gjwi^{2}
一	于	合，	而	多	法	先	为，	初	句
ŋowr^{2}	ŋowr^{2}	lew^{1}	ɣjiw^{1}	lew^{1}	·o^{2}	·jij^{1}	śjwo^{1}	mjiij^{2}	gjwi^{2}
一	切	一	摄	一	入	△	生。	末	句

一，而多法为先，生初句一切摄一入一。以末句

3.15.5

ŋowr^{2}	la^{1}	sọ^{1}	tsew^{2}	gjwi^{2}	phju^{2}	lew^{1}	rjir^{2}	phjoo^{2}	la^{1}
全	以	三	第	句	上	一	于	合，	而
tśjɨɨ^{1}	gjwi^{2}	ŋowr^{2}	ŋowr^{2}	ŋowr^{2}	ŋowr^{2}	ɣjiw^{1}	lew^{1}	·o^{2}	·jij^{1}
次	句	一	切	一	切	摄	一	入	△

全句合于第三句上一，而生次句一切摄一切入一。

3.15.6

śjwo^{1}	tśjɨɨ^{1}	gjwi^{2}	ŋowr^{2}	la^{1}	mjiij^{2}	gjwi^{2}	phju^{2}	ŋowr^{2}	ŋowr^{2}	rjir^{2}
生。	次	句	全	以	末	句	上	一	切	于
phjoo^{2}	la^{1}	sọ^{1}	tsew^{2}	gjwi^{2}	ŋowr^{2}	ŋowr^{2}	lew^{1}	ɣjiw^{1}	ŋowr^{2}	
合，	而	三	第	句	一	切	一	摄	一	

以次句全句合于末句上一切，而生第三句一切摄一

3.15.7

ŋowr^{2}	·o^{2}	·jij^{1}	śjwo^{1}	mjiij^{2}	gjwi^{2}	ŋowr^{2}	la^{1}	ljɨɨr^{1}	tsew^{2}	gjwi^{2}
切	入	△	生。	末	句	全	以	四	第	句
ŋowr^{2}	ŋowr^{2}	ŋowr^{2}	ŋowr^{2}	ɣjiw^{1}	ŋowr^{2}	ŋowr^{2}	·o^{2}	·jij^{1}	śjwo^{1}	
一	切	一	切	摄	一	切	入	△	生	

入一切。以末句全句生第四句一切摄一切入一切

3.15.8

ljɨ^{1}	iọ^{1}	sə^{1}	·ju^{2}	thjɨ^{2}	gjwi^{2}	sju^{2}	thjɨ^{2}	tja^{1}	sjij^{2}
也，	圆	满	常	此	句	如。	此	者，	智
swew^{1}	·jij^{1}	mjɨɨ^{2}	ŋwu^{2}	sjij^{2}	ŋwuu^{1}	la^{1}	mjɨ^{1}	lhjụ^{2}	ljɨ^{1}
明	之	境	是，	觉	言	以	不	得	也。

也，圆满常如此句。此是明智之境，不以觉言得之。

3.15.9

thja^{1}	śioo^{1}	ɣjiw^{1}	·jij^{1}	wo^{2}	thjɨ^{2}	tjɨj^{2}	bju^{1}	xwər^{1}	lew^{2}
彼	总	摄	之	理，	此	法	由	得	所，
tśhjwo^{1}	twụ^{1}	dạ^{2}	nioow^{1}	dju^{1}	·jɨ^{2}	thjɨ^{2}	nioow^{1}	ɣạ^{2}	ɣa^{1}
故	“各	言	由	有”	谓，	此	故	十	门

彼总摄之理，由此法得之，故谓“各有所由”，故此十门

3.15.10

wo^{2}	·ioow^{1}	ljɨɨr^{1}	gjwi^{2}	mji^{1}	zjɨɨr^{1}	tjij^{1}	na^{1}	·o^{2}	njwi^{2}
理	用，	四	句	不	少。	若	玄	通	欲，
·jij^{1}	ɣiẹ^{2}	lụ^{2}	mjij^{1}	sjij^{2}	rjir^{1}	sji^{1}	mjij^{1}	tsjiir^{1}	kiẹj^{2}
即	障	碍	无	智	得，	尽	无	法	界

理用，四句不少。若欲通玄，即得无障碍智，明无尽法界，

3.15.11

·jij^{1}	swew^{1}	wjạ^{1}	ljuu^{2}	tha^{2}	lwər^{2}	thwuu^{1}	tsjij^{2}	dzjọ^{1}	pjạ^{1}
△	明，	《华	严》	大	经	通	晓，	犹	掌
gu^{2}	nur^{1}	sju^{2}	tśhjwo^{1}	sjiij^{2}	lew^{2}	·jɨ^{2}	bjij^{2}	lew^{1}	rejr^{2}
中	示	如，	故	“思	之”	谓。	注	“一	多

通晓《华严》大经，犹如示诸掌，故谓“思之”。注

3.15.12

gjọ^1	khju^1	tšhjiw^1	śjạ^1	njɨɨ^1	ɣa^1	ŋwej^2	thwuu^1	dźjwɨ^1	dza^2
[illegible]	[illegible]	[illegible]	[illegible]	[illegible]	[illegible]	[illegible]	[illegible]	[illegible]	[illegible]
准	下	六	七	二	门	相	通	互	望
do^2	dju^1	njɨɨ^1	tsew^2	gjwi^2	njɨ^2	wo^2	ŋwu^2	·jɨ^2	
[illegible]	[illegible]，	[illegible]	[illegible]	[illegible]	[illegible]	[illegible]	[illegible]”	[illegible]	
异	有，	二	第	句	遍	义	是”	谓	

谓“准下一多六七二门相望有异，第二句是遍义”

3.15.13

tja^1	phju^2	ŋowr^2	ŋowr^2	njɨ^2	tjị^2	ŋwu^2	bji^2	lew^1	njɨ^2
[illegible]，	[illegible]	[illegible]	[illegible]	[illegible]	[illegible]	[illegible]，	[illegible]	[illegible]	[illegible]
者，	上	一	切	遍	所	是，	下	一	遍
mjijr^2	we^2	ljɨ^1	njɨ^2	mjijr^2	·jij^1	·wiọ^1	lew^2	ŋwu^2	thjɨ^2
[illegible]	[illegible]	[illegible]。	[illegible]	[illegible]	[illegible]	[illegible]	[illegible]	[illegible]，	[illegible]
者	为	也。	遍	者	即	含	所	是，	此

者，上一切是所遍，下一为能遍也。能遍即是所含，此

3.15.14

lew^1	lew^1	nioow^1	·wiọ^1	lew^2	mjij^1	ljɨ^1	sọ^1	tsew^2	gjwi^2	lew^1
[illegible]	[illegible]	[illegible]，	[illegible]	[illegible]	[illegible]	[illegible]。	[illegible]	[illegible]	[illegible]	[illegible]
但	一	故，	含	所	无	也。	三	第	句	一
·wiọ^1	sji^2	we^2	ŋowr^2	ŋowr^2	·wiọ^1	nioow^1	rejr^2	·wiọ^1	lew^2	
[illegible]	[illegible]	[illegible]，	[illegible]	[illegible]	[illegible]	[illegible]；	[illegible]	[illegible]	[illegible]	
含	能	为，	一	切	含	故；	多	含	所	

但一故，无所含也。第三句一为能含，含一切故；多为所含，

3.16.1

we^2	śji^1	lew^1	ljwị^1	nioow^1	mjiij^2	gjwi^2	·jij^1	gu^2	·wiọ^1	njɨ^2
[illegible]，	[illegible]	[illegible]	[illegible]	[illegible]。	“[illegible]	[illegible]	[illegible]	[illegible]	[illegible]	[illegible]”
为，	前	一	随	故。	“末	句	自	互	含	遍”
·jɨ^2	tja^1	phju^2	ŋowr^2	ŋowr^2	·wiọ^1	sji^2	we^2	·jị^2	njɨ^2	
[illegible]	[illegible]，	[illegible]	[illegible]	[illegible]	[illegible]	[illegible]	[illegible]，	[illegible]	[illegible]	
谓	者，	上	一	切	含	能	为，	又	遍	

随前一故。谓“末句互为含遍”者，上一切为能含，又是所遍；

3.16.2

tjị^{2}	ŋwu^{2}	bji^{2}	ŋowr^{2}	ŋowr^{2}	njɨ^{2}	mjijr^{2}	we^{2}	·jị^{2}	·wiọ^{1}
[illegible]	[illegible]；	[illegible]	[illegible]	[illegible]	[illegible]	[illegible]	[illegible]，	[illegible]	[illegible]
所	是；	下	一	切	遍	者	为，	又	含
lew^{2}	ŋwu^{2}	thjɨ^{2}	tja^{1}	njɨ^{2}	tjị^{2}	rejr^{2}	dju^{1}	·wiọ^{1}	lew^{2}
[illegible]	[illegible]。	[illegible]	[illegible]	[illegible]	[illegible]	[illegible]	[illegible]，	[illegible]	[illegible]
所	是。	此	者	遍	所	多	有，	含	所

下一切为能遍，又是所含。此多有所遍，多有所含

3.16.3

rejr^{2}	dju^{1}	nioow^{1}	ljɨ^{1}	śji^{1}	gjwi^{2}	mjij^{1}	·jɨ^{2}	tja^{1}	phju^{2}
[illegible]	[illegible]	[illegible]	[illegible]。	“[illegible]	[illegible]	[illegible]”	[illegible]	[illegible]，	[illegible]
多	有	故	也。	“初	句	阙”	谓	者，	上
lew^{1}	·wiọ^{1}	lew^{2}	rejr^{2}	mjij^{1}	lew^{1}	ɣjiw^{1}	·jɨ^{2}	lew^{2}	
[illegible]	[illegible]	[illegible]	[illegible]	[illegible]，	[illegible]	[illegible]	[illegible]	[illegible]；	
一	含	所	多	无，	但	摄	云	应；	

故也。谓“初句阙”者，上一多缺所含，但应云摄；

3.16.4

bji^{2}	lew^{1}	njɨ^{2}	tjị^{2}	rejr^{2}	mjij^{1}	lew^{1}	·o^{2}	·jɨ^{2}	lew^{2}	ljɨ^{1}
[illegible]	[illegible]	[illegible]	[illegible]	[illegible]	[illegible]，	[illegible]	[illegible]	[illegible]	[illegible]	[illegible]。
下	一	遍	所	多	无，	但	入	云	应	也。

下一多缺所遍，但应云入也。

译文：

“三事含理事门”者，前所遍事，此为能含。上一事能含体空之义故，余一切事体空不异故，所含随理，皆在上一事中。上一事为能含，下“理事”二字为所含，其“诸事”以下释之。谓“与理非一”者，由前门“与理非异”，故至“如理”，今复如是。与理不异故，如理能含。由一尘不坏像，故为能含。望前非异，故谓“非一”。谓“存本一事”者，成事义。谓“能广容”者，体空义。由成事即体空，故理能含事也。问：“是缘何相对而说之?”答：“今虽标非一，非唯实，故但标本。”“如一尘”以下，标“一尘”而为能含。谓“其相不大”者，成事在体故。“无边”以下体空故，含实理也。“刹等”以下明多事如理显现。谓“不离法界”者，所含多事体空故。前与理非异，由此随所依理，皆于一中显现[1]。又一尘与理非异故，一为能含，多事与理皆为所含。清凉曰：“若一尘摄理不尽，则理有分限失。” 或问：“一尘摄理虽尽，多事于一事中不现，则何所失?”清凉复曰：“多事不随理，一事中不现，则事在理外失。”是故诸刹不离法界，俱在一尘中现。结仪中“一尘”者，前“存本一事”也。此有二义：一，一含一；二，一含一切。谓“一切法亦尔”者，前一切所遍遍此，即为能含。

此亦有二义：一，一切含一，前能遍遍此，即为所含；二，一切含一切，结前仪，一切能遍遍此，即为所含。注不别示者，如前仪所示。此“理事”以下二门，总括前理本非一故。成事在体，能所显明非异故，有用相互含遍。此中能含、所含，不过一多，结算为四，故谓“总有四句”。今此四句复设三门者，有集解前望后之义，由本性故文有详略，名曰“周遍含容”。二门“遍”义，三门“含”义，由法理全，故至此处设四句而摄之。以下七门由此生出。注“能含”以下，前标“非一故”以下释之。非一故，则成事在体，非异故，体空有用,方为能含、为法，有力，为主，具非一非异义[2]。所含伴法，惟随体空，有非异义。若随能遍，复具三义。今虽随含容义说之，其实皆遍义。义亦同时以下注中自明。谓“一中一”者，上一成事不坏相故，能容在体；与下一之理不异故，有用即能含下一。与其下一、上一之理不异故，随所含之理在上一中，离理无事故也。谓“二一切中一”者，上一切不坏相故，能含在体。与下一之理不异故，有用即能含下一。下一与上一切之理不异故，即随下一之理在上一切中。“三一中一切”者，上一不坏相故，为能含；与下一切之理不异故，有用能含下一切。下一切与上一之理不异故，即随下一切之理在上一中。谓“四一切中一切”者，上一切不坏相故，能含在体。与下一切之理不异故，有用能含下一切。下一切与上一之理不异故，即随下一切之理在上一中也。谓“各有所由思之”者，通论所由。此四句摄无尽法，何也？无尽法界不过一及一切，大经四义，于是显现。欲毕其玄，墨海难尽，故由此四句思其玄而无罣碍，观智现前，通经证法也。随文言之，则有承前生后之义，有总前摄后之义。“上”者，由本生末；“下”者，摄末随本。融前二门而成此四句者，二门中一遍一切者，成此第二句一切中一。三门中一含一切者，成此第三句一中一切。后二门中有一遍一法，以所遍一为此初句之上一。后三门中有一含一法，以所含一法为初句之下一，故成第一句一中一。后二门结仪中，以所遍一切成末句上一切。三门中结法，以所含一切为末句下一切，成第四句一切中一切，古人分为二句。令初末为二句者，不敢夺法。随后生者，生后七也。以第二句生第四门之下一不坏遍上一切，以第三句生第五门上一不坏下一切能含也。以第二句遍第三句，合于即是含。第六门相对前，生周遍即是广含。以第三句含第二句， 合于即是遍。第六门相对后，生广含即是周遍。又以第三句入第二句，合于即是摄。七门中相对前，生一切入一法时即一切摄一法也。又以第二句摄第三句，合于即是入。七门中相对后，生一切摄一法时即一切入一法也。又以第三句生八门中初句上半一摄一切，以第二句生下半一入一切，以第二句生八门中次句上半一切摄一，以第三句生下半一切入一。又以第一句生八门中第三句全句，上一望下一，生一摄一；下一望上一，生一入一。又以第四句生八门中末句全句，上一切望下一切，生一切摄一切，下一切望上一切，生一切入一切也。此者，同时生第八门能遍、能含、能摄、能入四句，成第十门一多两重主法也。又以第一句生九门中初句摄一入一，下一是所摄，上一是所入，他三句由此知之。以第三句生九门中次句摄一切入一，以第二句生九门中第三句摄一入一切，以第四句生九门中末句摄一切入一切也。此者，同时生九门所遍、所含、所摄、所入四句，成第十门一多两重伴法。主伴同时，重重无尽，即是第十门。次生第十门两重四句，以初句全句为一法之首。首句生一摄一入一，以第三句全句生次句一摄一切入一，以初句全句合于第二句上一切，而生第三句一摄一入一切，以第三句全句合于次句上一切，而生末句一摄一切入一切。次生多法成主四句。以次句全句合于第三句上一，而多法为先，生初句一切摄一入一。以末句全句合于第三句上一，而生次句一切摄一切入一。以次句全句合于末句上一切，而生第三句一切摄一入一切。以末句全句生第四句一切摄一切入一切也，圆满常如此句。此是明智之境，不以觉言得之。

彼总摄之理，由此法得之， 故谓“各有所由”，故此十门理用，四句不少。若欲通玄，即得无障碍智，明无尽法界，通晓《华严》大经，犹如示诸掌，故谓“思之”。注谓“准下一多六七二门相望有异，第二句是遍义”者，上一切是所遍，下一为能遍也。能遍即是所含，此但一故，无所含也。第三句一为能含，含一切故；多为所含，随前一故。谓“末句互为含遍”者，上一切为能含，又是所遍；下一切为能遍，又是所含。此多有所遍，多有所含故也。谓“初句阙”者，上一多缺所含，但应云摄；下一多缺所遍，但应云入也。

注释：

[1]《大方广佛华严经疏》卷二：“随所依理，皆于一中现。”

[2]《注华严经题法界观门颂》卷一：“一尘毛为能含遍者，具有三义：一，有力；二，为主；三，具非一非异义。”

释读：

3.16.4

ljɨɨr¹	thwuu¹	dźjiij¹	ɣię²	mjij¹	ɣa¹	·jɨ²	tja¹	thwuu¹
“[西夏字]	[西夏字]	[西夏字]	[西夏字]	[西夏字]	[西夏字]”	[西夏字]	[西夏字]，	[西夏字]
“四	通	局	阂	无	门”	谓	者，	通

谓“四通局无阂门”者，通

3.16.5

tja¹	dạ²	tsjiir¹	kwər¹	ŋa¹	wo²	dźjiij¹	tja¹	dạ²	śjɨj²
[西夏字]，	[西夏字]	[西夏字]	[西夏字]	[西夏字]	[西夏字]；	[西夏字]	[西夏字]，	[西夏字]	[西夏字]
者，	事	法	体	空	义；	局	者，	事	成
·jij¹	mji¹	ljiij²	wo²	ɣię²	mjij¹	tja¹	dạ²	śjɨj²	·jij¹
[西夏字]	[西夏字]	[西夏字]	[西夏字]；	[西夏字]	[西夏字]	[西夏字]，	[西夏字]	[西夏字]	[西夏字]
相	不	坏	义；	阂	无	者，	事	成	即

者，事法体空义；局者，成事不坏相义；无阂者，成事即

3.16.6

kwər¹	ŋa¹	nioow¹	ljɨ¹	bjij²	njɨɨ¹	ɣa¹	kjij¹	·jɨ²	tja¹
[西夏字]	[西夏字]	[西夏字]	[西夏字]。	[西夏字]	“[西夏字]	[西夏字]	[西夏字]”	[西夏字]	[西夏字]，
体	空	故	也。	注	“二	门	释”	谓	者，
njɨɨ¹	tsew²	ɣa¹	do²	njaa²	nioow¹	lew¹	thwuu¹	sjij¹	lew¹
[西夏字]	[西夏字]	[西夏字]	[西夏字]	[西夏字]	[西夏字]	[西夏字]	[西夏字]，	[西夏字]	[西夏字]
二	第	门	异	非	故	但	通，	今	一

体空故也。注谓“释二门”者，第二门非异故但通，今

3.16.7

njaa^{2}	dạ^{2}	śjɨj^{1}	lhu^{1}	ŋwu^{2}	dźjiij^{1}	sji^{2}	ljɨ^{1}	thja^{1}	rjur^{1}
[illegible]	[illegible]	[illegible]	[illegible]	[illegible]	[illegible]	[illegible]	[illegible]。	[illegible]	“[illegible]
非	事	成	增	而	局	能	也。	其	“诸
dạ^{2}	tsjiir^{1}	wo^{2}	rjir^{2}	lew^{1}	njaa^{2}	·jɨ^{2}	tja^{1}	dạ^{2}	
[illegible]	[illegible]	[illegible]	[illegible]	[illegible]	[illegible]”	[illegible]	[illegible]，	[illegible]	
事	法	理	与	一	非”	谓	者，	事	

增非一成事而能局也。其谓“诸事法与理非一”者，成事

3.16.8

śjɨj^{1}	twụ^{1}	·jij^{1}	mji^{1}	ljiij^{2}	nioow^{1}	bjij^{2}	dạ^{2}	tśhjwo^{1}	dźjiij^{1}
[illegible]	[illegible]	[illegible]	[illegible]	[illegible]	[illegible]，	[illegible]	[illegible]	“[illegible]	[illegible]”
成	各	相	不	坏	故，	注	曰	“故	局”
·jɨ^{2}	·jij^{1}	do^{2}	njaa^{2}	tja^{1}	kwər^{1}	ŋa^{1}	·jij^{1}	njɨ^{2}	nioow^{1}
[illegible]。	“[illegible]	[illegible]	[illegible]”	[illegible]，	[illegible]	[illegible]	[illegible]	[illegible]	[illegible]，
谓。	“即	异	非”	者，	体	空	即	遍	故，

各不坏相故，注曰“故局”。“即非异”者，体空即遍故，

3.16.9

bjij^{2}	dạ^{2}	tśhjwo^{1}	thwuu^{1}	·jɨ^{2}	phju^{2}	nioow^{1}	dźju^{1}	bji^{2}	·jij^{1}
[illegible]	[illegible]	“[illegible]	[illegible]”	[illegible]。	[illegible]	[illegible]	[illegible]，	[illegible]	[illegible]
注	曰	“故	通”	谓。	上	因	明，	下	相
phjo^{2}	dạ^{2}	tsjiir^{1}	wo^{2}	rjir^{2}	lew^{1}	njaa^{2}	nioow^{1}	tśhjwo^{1}	thjɨ^{2}
[illegible]。	[illegible]	[illegible]	[illegible]	[illegible]	[illegible]	[illegible]	[illegible]，	[illegible]	[illegible]
别。	事	法	理	与	一	非	由，	故	此

注曰“故通”。上明因，下别相。由事法与理非一，故此

3.16.10

dạ^{2}	tsjiir^{1}	thja^{1}	tjị^{2}	mji^{1}	ka^{2}	nioow^{1}	·jij^{1}	do^{2}	njaa^{2}
[illegible]	[illegible]	[illegible]	[illegible]	[illegible]	[illegible]。	[illegible]	[illegible]	[illegible]	[illegible]
事	法	其	处	不	离。	又	即	异	非
nioow^{1}	śja^{1}	rjijr^{2}	lhjɨ^{2}	ŋowr^{2}	ŋowr^{2}	kha^{1}	ŋowr^{2}	njɨ^{2}	thjɨ^{2}
[illegible]，	[illegible]	[illegible]	[illegible]	[illegible]	[illegible]	[illegible]	[illegible]	[illegible]。	[illegible]
故，	十	方	尘	一	切	内	全	遍。	此

事法不离其处。又即非异故，全遍十方一切尘内。此

3.16.11

bjɨ^{1}	bjij^{2}	dźjiij^{1}	thwuu^{1}	·jij^{1}	mji^{1}	ɣię^{2}	ljɨ^{1}	nioow^{1}	dạ^{2}
以	上	局	通	△	不	碍	也。	又	事
tsjiir^{1}	kwər^{1}	ŋa^{1}	wo^{2}	rjir^{2}	mji^{1}	do^{2}	nioow^{1}	śja^{1}	
法	体	空	理	与	不	异	故，	十	

以上局不碍通也。又事法体空与理不异故，

3.16.12

rjijr^{2}	ŋowr^{2}	njɨ^{2}	dạ^{2}	śjɨj^{1}	wo^{2}	rjir^{2}	·jij^{1}	lew^{1}	njaa^{2}
方	全	遍。	事	成	理	与	即	一	非
nioow^{1}	lew^{1}	mjii^{1}	mji^{1}	mju^{2}	tśhjwo^{1}	thwuu^{1}	dźjiij^{1}	·jij^{1}	
由，	一	位	不	动，	故	通	局	△	

全遍十方。由成事与理即非一，不动一位，故

3.16.13

mji^{1}	ɣię^{2}	lwər^{2}	dạ^{2}	tha^{1}	ljụ^{2}	·jij^{1}	mji^{1}	ljiij^{2}	nioow^{1}	dźjiij^{1}	dzjọ^{1}	lew^{1}	mjii^{1}
不	碍。	经	曰：	佛	身	（相	不	坏	故	局，	犹	一	位
mji^{1}	mju^{2}	tsjiir^{1}	kięj^{2}	·u^{2}	njɨ^{2}	sə^{1}	dźjij^{2}	tśhjwo^{1}	ŋowr^{2}	ŋowr^{2}	·ju^{2}	zji^{2}	
不	动。）	法	界	内	遍	满	有，	故	一	切	前	皆	

不碍通局。经曰：有佛身（不坏相故局，犹不动一位。）遍满法界，故一切皆

3.16.14

śja^{2}	thwuu^{1}	ljɨ^{1}	thjɨ^{2}	tja^{1}	śja^{1}	rjijr^{2}	lhjɨ^{2}	kha^{1}	ŋowr^{2}	njɨ^{2}	nioow^{1}	bju^{1}	tśhji^{2}
现，	（通	也。	此	者，	十	方	尘	内	全	遍。）	缘	因	契
śjwii^{2}	mji^{1}	njɨ^{2}	mjij^{1}	thwuu^{1}	ljɨ^{1}	·ju^{2}	thjɨ^{2}	po^{1}	tjɨj^{1}	lu^{2}	tśhjaa^{1}	dzuu^{2}	dźjiij^{1}
合	不	遍	无，	（通	也。）	常	此	菩	提	位	上	坐	在

现前，（通也。此者，全遍十方尘内。）因缘契合无不遍，（通也。）常在此菩提位上坐

3.17.1

ljɨ^{1} thjɨ^{2} tja^{1} lew^{1} mjii^{1} mji^{1} mju^{2} ·jij^{1} khwa^{1} tja^{1} śja^{1} rjijr^{2} ŋowr^{2}

[illegible]。（[illegible] [illegible]， [illegible] [illegible] [illegible] [illegible]。） [illegible] [illegible] [illegible]， [illegible] [illegible] [illegible]

也。（此 者， 一 位 不 动。） 即 远 者， 十 方 全

njɨ^{2} ·jij^{1} zu^{2} ·jij^{1} njij^{1} tja^{1} lew^{1} mjii^{1} mji^{1} mju^{2} ·jij^{1} zu^{2}

[illegible] [illegible] [illegible]； [illegible] [illegible] [illegible]， [illegible] [illegible] [illegible] [illegible] [illegible] [illegible]。

遍 △ 结； 即 近 者， 一 位 不 动 △ 结。

也。（此者，不动一位。）即远者，结全遍十方；即近者，结不动一位。

3.17.2

·jij^{1} njɨ^{2} tja^{1} śja^{1} rjijr^{2} lhjɨ^{2} ŋowr^{2} ŋowr^{2} kha^{1} ŋowr^{2} njɨ^{2}

[illegible] [illegible] [illegible]， [illegible] [illegible] [illegible] [illegible] [illegible] [illegible] [illegible] [illegible]

即 遍 者， 十 方 尘 一 切 内 全 遍

·jij^{1} zu^{2} ·jij^{1} dźjiij^{1} tja^{1} thja^{1} tjɨ^{2} mji^{1} ka^{2} ·jij^{1}

[illegible] [illegible]， [illegible] [illegible] [illegible]， [illegible] [illegible] [illegible] [illegible] [illegible]

△ 结， 即 住 者， 其 处 不 离 △

即遍者，结全遍十方一切尘内，即住者，结不离一处。

3.17.3

zu^{2} lə^{1} mjij^{1} tja^{1} mjɨɨ^{2} bju^{1} tshjiij^{1} ɣię^{2} mjij^{1} tja^{1}

[illegible]。 [illegible] [illegible] [illegible]， [illegible] [illegible] [illegible]； [illegible] [illegible] [illegible]，

结。 障 无 者， 境 随 言； 碍 无 者，

njiij^{1} bju^{1} nẹ^{1} thwuu^{1} dźjiij^{1} dzjɨj^{1} thwuu^{1} śji^{1} kụ^{1} mjij^{1}

[illegible] [illegible] [illegible]。 [illegible] [illegible] [illegible] [illegible]， [illegible] [illegible] [illegible]

心 依 说。 通 局 时 同， 先 后 无

无障者，随境言之；无碍者，依心说之。通局同时，无先后

3.17.4

ljɨ^{1} ŋwə^{1} wạ^{2} khji^{2} tshjɨ^{1} ɣię^{2} mjij^{1} ɣa^{1} dzjọ^{1} lew^{1} zjɨɨr^{1}

[illegible]。 [illegible] [illegible] [illegible] [illegible] [illegible] [illegible] [illegible]。 [illegible] [illegible] [illegible]

也。 五 广 狭 言 阂 无 门。 如 一 微

lhjɨ^{2} ·jij^{1} kwər^{1} ŋa^{1} ŋowr^{2} ŋowr^{2} ·wiọ^{1} njwi^{2} nioow^{1} tśhjwo^{1}

[illegible] [illegible] [illegible] [illegible]， [illegible] [illegible] [illegible] [illegible] [illegible]， [illegible]

尘 即 体 空， 一 切 含 能 由， 故

也。五广狭无阂门。如一微尘即体空，由能含一切，故

3.17.5

wạ^{2}	·jɨ^{2}	thja^{1}	·jij^{1}	tha^{2}	njaa^{2}	tśhjwo^{1}	rur^{1}	·jɨ^{2}	rur^{1}
广	曰。	其	相	大	非，	故	狭	曰。	狭
dzjɨj^{1}	·jij^{1}	wạ^{2}	wạ^{2}	dzjɨj^{1}	·jij^{1}	rur^{1}	tśhjwo^{1}	ɣię^{2}	mjij^{1}
时	即	广，	广	时	即	狭，	故	阂	无

曰广。其相不大，故曰狭。狭时即广，广时即狭，故谓无阂。

3.17.6

·jɨ^{2}	nioow^{1}	wạ^{2}	·jij^{1}	wo^{2}	sju^{2}	·wiọ^{1}	ɣjiw^{1}	rur^{1}	tja^{1}
谓。	又	广	即	理	如	含	容，	狭	者
thja^{1}	·jij^{1}	mji^{1}	ljiij^{2}	dạ^{2}	śjɨj^{1}	·jij^{1}	kwər^{1}	ŋa^{1}	
其	相	不	坏，	事	成	即	体	空	

又广即如理含容，狭者不坏其相，明成事即体空，

3.17.7

·jij^{1}	dźju^{1}	tśhjwo^{1}	bjij^{2}	dạ^{2}	sọ^{1}	tsew^{2}	ɣa^{1}	kjij^{1}	·jɨ^{2}
△	明，	故	注	曰	“三	第	门	释”	谓。
sọ^{1}	ɣa^{1}	kjij^{1}	wạ^{2}	sjij^{1}	rur^{1}	śjwiw^{1}	ljɨ^{1}	thja^{1}	lew^{1}
三	门	释	广，	今	狭	从	也。	彼	一

故注曰“释第三门”。释三门广，今从狭也。彼

3.17.8

njaa^{2}	tshjiij^{1}	djij^{2}	mər^{2}	lew^{1}	dạ^{2}	tji^{2}	bju^{1}	ŋwu^{2}	thja^{1}
非	说	虽，	本	一	事	存	由	也。	是
sju^{2}	njaa^{2}	ku^{1}	sọ^{1}	tsew^{2}	ɣa^{1}	kjij^{1}	thjij^{2}	we^{2}	
如	非，	则	三	第	门	释	何	为？	

虽说非一，由存本一事也。非如是，则何为释第三门？

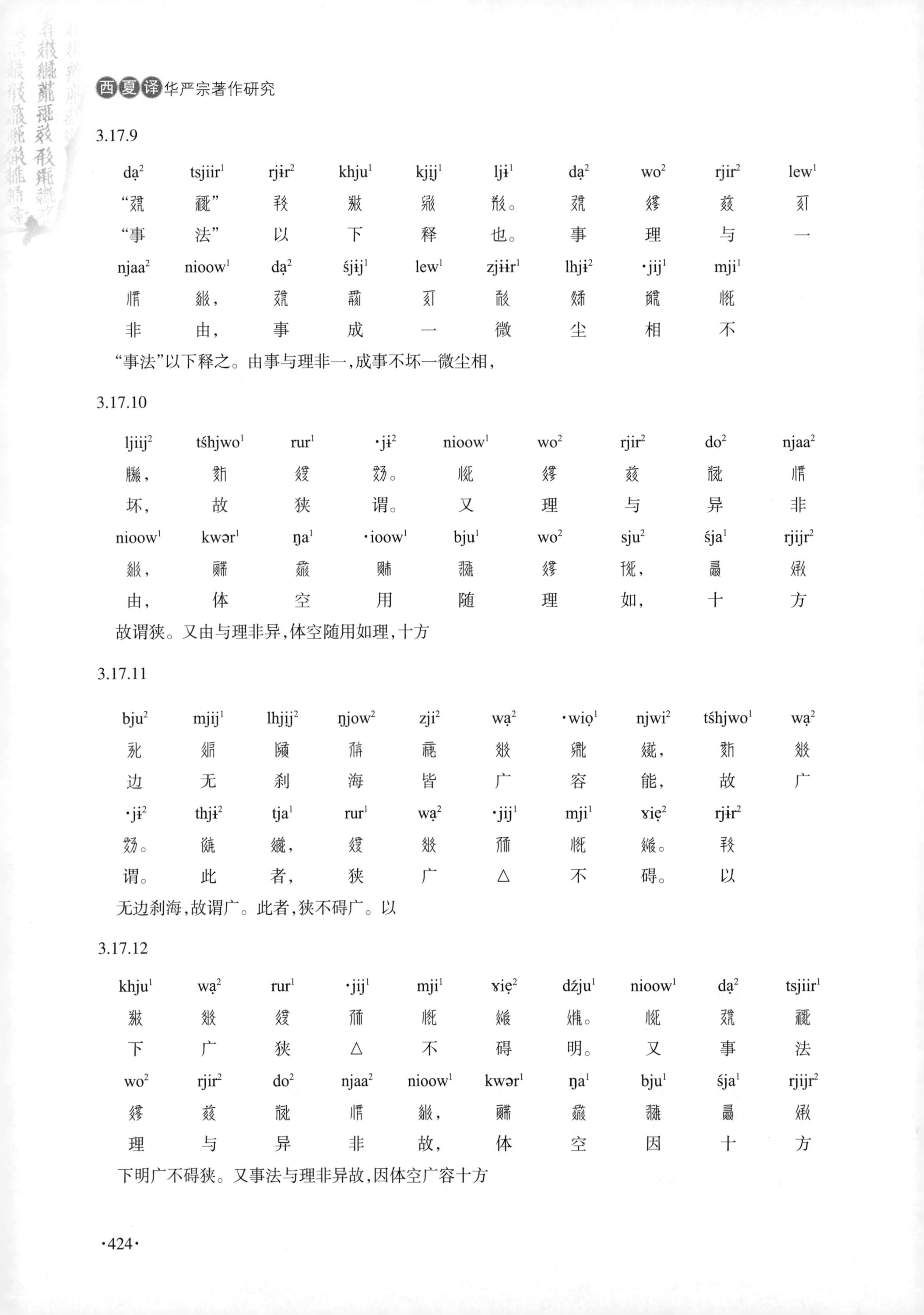

3.17.9

dạ²	tsjiir¹	rjɨr²	khju¹	kjịj¹	ljɨ¹	dạ²	wo²	rjir²	lew¹
“事	法”	以	下	释	也。	事	理	与	一
njaa²	nioow¹	dạ²	śjɨj¹	lew¹	zjɨɨr¹	lhjɨ²	·jij¹	mji¹	
非	由，	事	成	一	微	尘	相	不	

“事法”以下释之。由事与理非一，成事不坏一微尘相，

3.17.10

ljiij²	tśhjwo¹	rur¹	·jɨ²	nioow¹	wo²	rjir²	do²	njaa²
坏，	故	狭	谓。	又	理	与	异	非
nioow¹	kwər¹	ŋa¹	·ioow¹	bju¹	wo²	sju²	śja¹	rjijr²
由，	体	空	用	随	理	如，	十	方

故谓狭。又由与理非异，体空随用如理，十方

3.17.11

bju²	mjij¹	lhjij²	ŋjow²	zji²	wạ²	·wiọ¹	njwi²	tśhjwo¹	wạ²
边	无	刹	海	皆	广	容	能，	故	广
·jɨ²	thjɨ²	tja¹	rur¹	wạ²	·jij¹	mji¹	ɣię²	rjɨr²	
谓。	此	者，	狭	广	△	不	碍。	以	

无边刹海，故谓广。此者，狭不碍广。以

3.17.12

khju¹	wạ²	rur¹	·jij¹	mji¹	ɣię²	dźju¹	nioow¹	dạ²	tsjiir¹
下	广	狭	△	不	碍	明。	又	事	法
wo²	rjir²	do²	njaa²	nioow¹	kwər¹	ŋa¹	bju¹	śja¹	rjijr²
理	与	异	非	故，	体	空	因	十	方

下明广不碍狭。又事法与理非异故，因体空广容十方

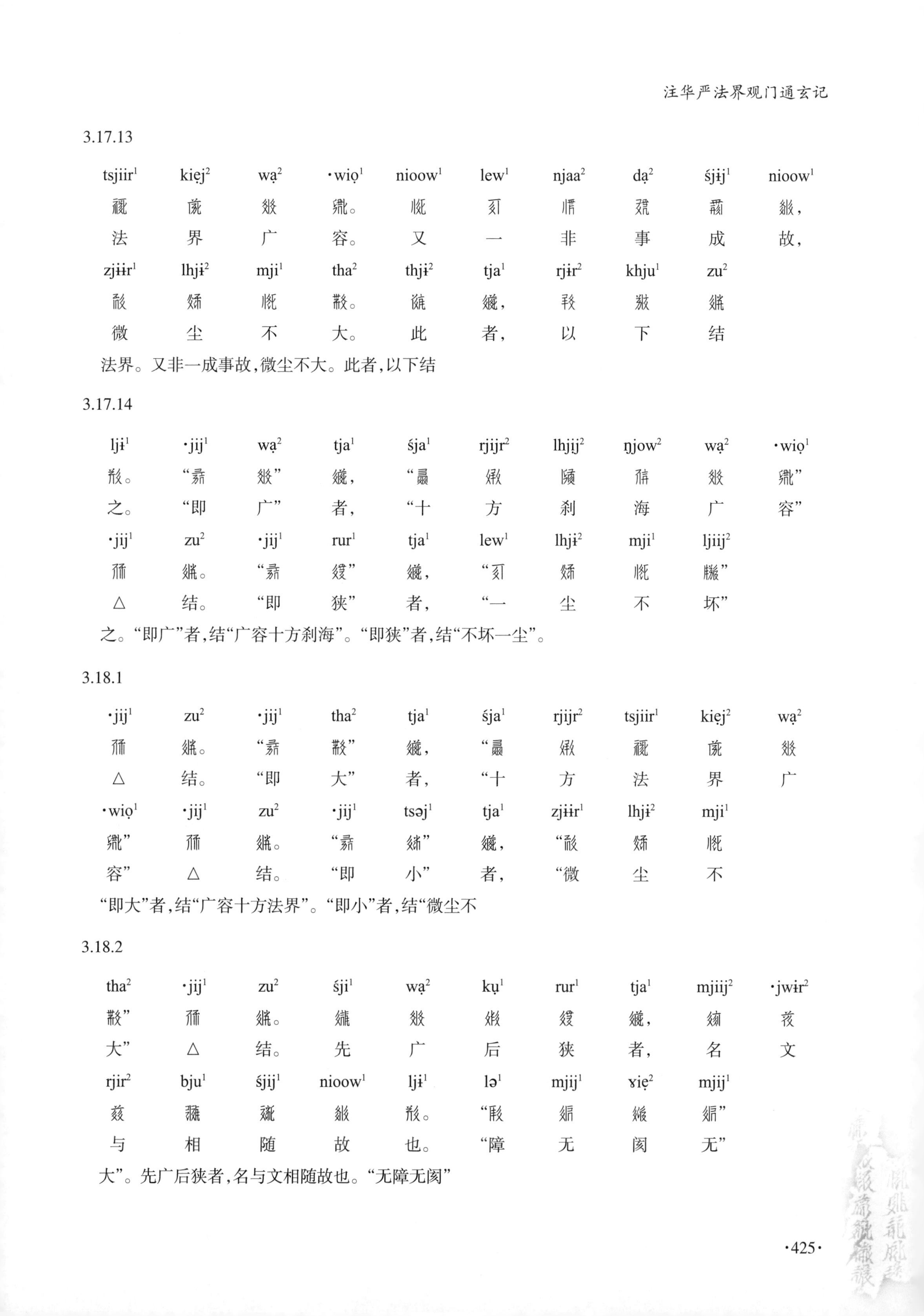

3.17.13

tsjiir¹ kięj² wạ² ·wiọ¹ nioow¹ lew¹ njaa² dạ² śjɨj¹ nioow¹

法 界 广 容。又 一 非 事 成 故，

zjɨɨr¹ lhjɨ² mji¹ tha² thjɨ² tja¹ rjɨr² khju¹ zu²

微 尘 不 大。此 者，以 下 结

法界。又非一成事故，微尘不大。此者，以下结

3.17.14

ljɨ¹ ·jij¹ wạ² tja¹ śja¹ rjijr² lhjij² ŋjow² wạ² ·wiọ¹

之。“即 广” 者，“十 方 刹 海 广 容”

·jij¹ zu² ·jij¹ rur¹ tja¹ lew¹ lhjɨ² mji¹ ljiij²

△ 结。“即 狭” 者，“一 尘 不 坏”

之。“即广”者，结“广容十方刹海”。“即狭”者，结“不坏一尘”。

3.18.1

·jij¹ zu² ·jij¹ tha² tja¹ śja¹ rjijr² tsjiir¹ kięj² wạ²

△ 结。“即 大” 者，“十 方 法 界 广

·wiọ¹ ·jij¹ zu² ·jij¹ tsəj¹ tja¹ zjɨɨr¹ lhjɨ² mji¹

容” △ 结。“即 小” 者，“微 尘 不

“即大”者，结“广容十方法界”。“即小”者，结“微尘不

3.18.2

tha² ·jij¹ zu² śji¹ wạ² kụ¹ rur¹ tja¹ mjiij² ·jwɨr²

大” △ 结。先 广 后 狭 者，名 文

rjir² bju¹ śjij¹ nioow¹ ljɨ¹ lə¹ mjij¹ ɣię² mjij¹

与 相 随 故 也。“障 无 阂 无”

大”。先广后狭者，名与文相随故也。“无障无阂”

3.18.3

tja1	dzjɨj1	thwuu1	·jij1	zu2	ljɨ1
[Tangut]，	[Tangut]	[Tangut]	[Tangut]	[Tangut]	[Tangut]。
者，	时	同	△	结	也。

者，同时结之也。

译文：

谓“四通局无阂门”者，通者，事法体空义；局者，成事不坏相义；无阂者，成事即体空故也。注谓“释二门”者，第二门非异故但通，今增非一成事而能局也。其谓“诸事法与理非一”者，成事各不坏相故，注曰“故局”。“即非异”者，体空即遍故，注曰“故通”。上明因，下别相。由事法与理非一，故此事法不离其处。又即非异故，全遍十方一切尘内。此以上局不碍通也。又事法体空与理不异故，全遍十方。由成事与理即非一，不动一位，故不碍通局。经曰：有佛身（不坏相故局，犹不动一位。）遍满法界，故一切皆现前，（通也。此者，全遍十方尘内。）因缘契合无不遍，（通也。）常在此菩提位上坐也。（此者，不动一位。）即远者，结全遍十方；即近者，结不动一位。即遍者，结全遍十方一切尘内，即住者，结不离一处。无障者，随境言之；无碍者，依心说之。通局同时，无先后也。

五广狭无阂门。如一微尘即体空，由能含一切，故曰广。其相不大，故曰狭。狭时即广，广时即狭，故谓无阂。又广即如理含容，狭者不坏其相，明成事即体空，故注曰“释第三门”。释三门广，今从狭也。彼虽说非一，由存本一事也。非如是，则何为释第三门？“事法”以下释之。由事与理非一，成事不坏一微尘相，故谓狭。又由与理非异，体空随用如理，皆能广容十方无边刹海，故谓广。此者，狭不碍广。以下明广不碍狭。又事法与理非异故，因体空广容十方法界。又非一成事故，微尘不大。此者，以下结之。“即广”者，结“广容十方刹海”。“即狭”者，结“不坏一尘”。“即大”者，结“广容十方法界”。“即小”者，结“微尘不大”。先广后狭者，名与文相随故也。“无障无阂”者，同时结之也。

释读：

3.18.3

tśhjiw1	njɨ2	·wio̱1	ɣiẹ2	mjij1	ɣa1	tja1	mjiij2	ljɨ1	njɨ2	tja1	ɣə̣1	njɨ2
“[Tangut]	[Tangut]	[Tangut]	[Tangut]	[Tangut]	[Tangut]”	[Tangut]，	[Tangut]	[Tangut]。	[Tangut]	[Tangut]，	[Tangut]	[Tangut]，
“六	遍	容	阂	无	门”	者，	标	也。	遍	者，	溥	遍，

“六遍容无阂门”者，标也。遍者，溥遍，

3.18.4

lew^{1}	lhjɨ^{2}	mji^{1}	ljiij^{2}	wo^{2}	sju^{2}	ŋowr^{2}	ŋowr^{2}	njɨ^{2}
一	尘	不	坏	义	如，	一	切	遍
ljɨ^{1}	·wiọ^{1}	tja^{1}	lew^{1}	lhjɨ^{2}	mji^{1}	ljiij^{2}	wo^{2}	sju^{2}
也。	容	者，	一	尘	不	坏	义	如，

如不坏一尘义，遍一切也。容者，如不坏一尘义，

3.18.5

ŋowr^{2}	ŋowr^{2}	·wiọ^{1}	ljɨ^{1}	ɣiẹ^{2}	mjij^{1}	tja^{1}	njɨ^{2}	dzjɨj^{1}	·jij^{1}
一	切	容	也。	阂	无	者，	遍	时	即
·wiọ^{1}	·wiọ^{1}	dzjɨj^{1}	·jij^{1}	njɨ^{2}	ɣa^{1}	tja^{1}	thwuu^{1}	dźjij^{1}	ɣiẹ^{2}
容，	容	时	即	遍。	门	者，	通	行	阂

容一切也。无阂者，遍时即容，容时即遍。门者，是通行无阂

3.18.6

mjij^{1}	wo^{2}	ŋwu^{2}	sjij^{1}	thjɨ^{2}	ɣa^{1}	kha^{1}	lew^{1}	tsjiir^{1}	rejr^{2}
无	义	是。	今	此	门	中	一	法	多
ɣa^{2}	dza^{2}	·wiọ^{1}	njɨ^{2}	dzjɨj^{1}	thwuu^{1}	bioo^{1}	sjij^{2}	śjwo^{1}	phji^{1}
于	望，	容	遍	时	同，	观	智	生	令，

义。今此门中一法望多，容遍同时，令生观智，

3.18.7

ɣiẹ^{2}	lụ^{2}	mjij^{1}	nioow^{1}	ljɨ^{1}	bjij^{2}	kha^{1}	śji^{1}	ljɨɨr^{1}	ŋwə^{1}
障	碍	无	故	也。	注	中	“前	四	五
kjɨ^{1}	phjoo^{2}	njɨ^{2}	·jɨ^{2}	tja^{1}	ljɨɨr^{1}	ɣa^{1}	njɨɨ^{1}	we^{2}	
△	合”	等	谓	者，	四	门	二	种	

无障碍故也。注中谓“合前四五”等者，合四门二种

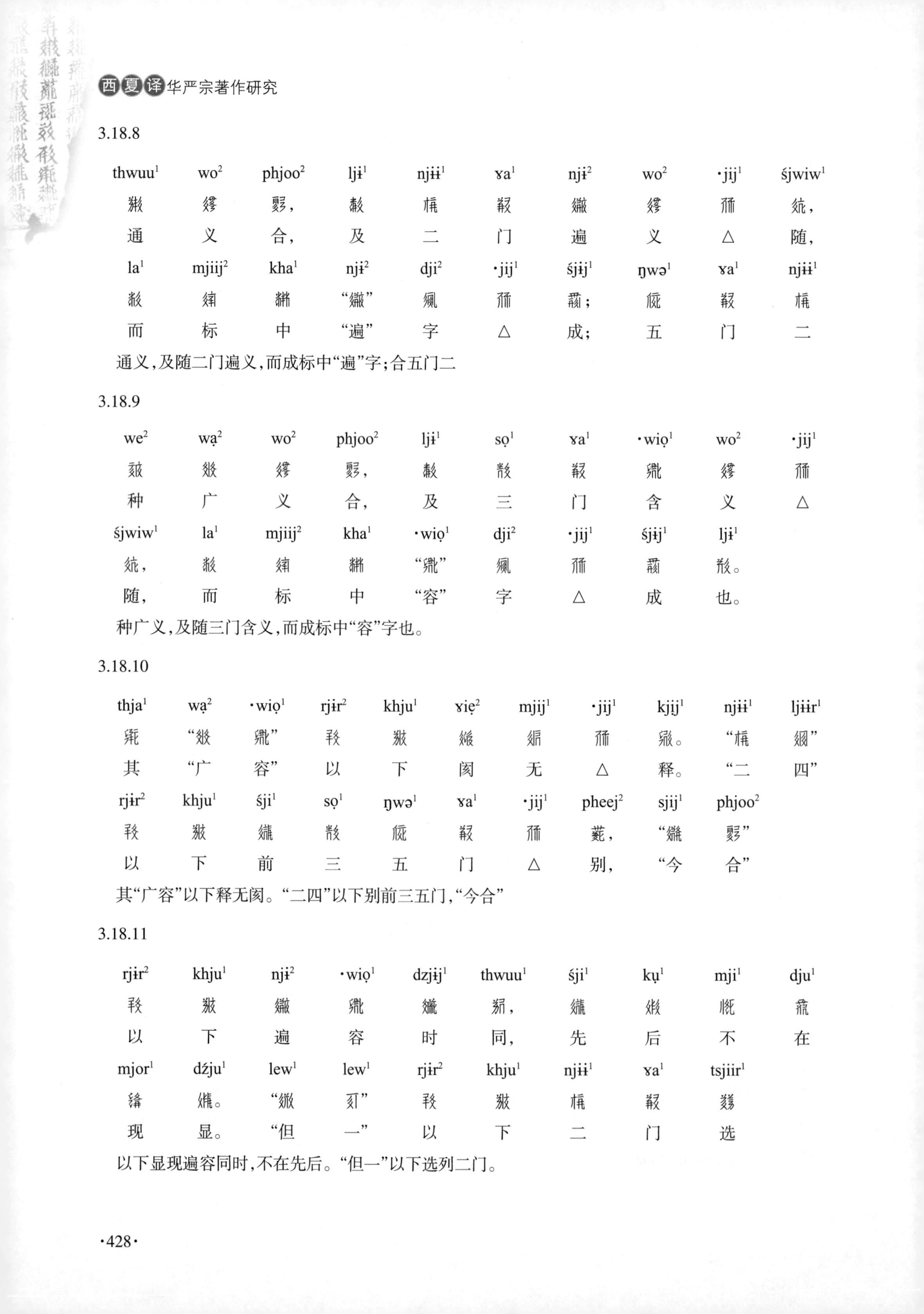

3.18.8

thwuu¹	wo²	phjoo²	ljɨ¹	njɨɨ¹	ɣa¹	njɨ²	wo²	·jij¹	śjwiw¹
通	义	合，	及	二	门	遍	义	△	随，
la¹	mjiij²	kha¹	njɨ²	dji²	·jij¹	śjɨj¹	ŋwə¹	ɣa¹	njɨɨ¹
而	标	中	“遍”	字	△	成；	五	门	二

通义，及随二门遍义，而成标中“遍”字；合五门二

3.18.9

we²	wạ²	wo²	phjoo²	ljɨ¹	sọ¹	ɣa¹	·wiọ¹	wo²	·jij¹
种	广	义	合，	及	三	门	含	义	△
śjwiw¹	la¹	mjiij²	kha¹	·wiọ¹	dji²	·jij¹	śjɨj¹	ljɨ¹	
随，	而	标	中	“容”	字	△	成	也。	

种广义，及随三门含义，而成标中“容”字也。

3.18.10

thja¹	wạ²	·wiọ¹	rjɨr²	khju¹	ɣiẹ²	mjij¹	·jij¹	kjij¹	njɨɨ¹	ljɨɨr¹
其	“广	容”	以	下	阂	无	△	释。	“二	四”
rjɨr²	khju¹	śji¹	sọ¹	ŋwə¹	ɣa¹	·jij¹	pheej²	sjij¹	phjoo²	
以	下	前	三	五	门	△	别，	“今	合”	

其“广容”以下释无阂。“二四”以下别前三五门，“今合”

3.18.11

rjɨr²	khju¹	njɨ²	·wiọ¹	dzjɨj¹	thwuu¹	śji¹	kụ¹	mji¹	dju¹
以	下	遍	容	时	同，	先	后	不	在
mjor¹	dźju¹	lew¹	lew¹	rjɨr²	khju¹	njɨɨ¹	ɣa¹	tsjiir¹	
现	显。	“但	一”	以	下	二	门	选	

以下显现遍容同时，不在先后。“但一”以下选列二门。

3.18.12

gjij^{1}	·jɨr^{1}	zji^{2}	phjoo^{2}	ljɨ^{1}	·jɨ^{2}	ku^{1}	njɨɨ^{1}	ɣa^{1}	thjij^{2}
列。	问：	“皆	合	既	云，	则	二	门	何
śioo^{2}	tśhjwo^{1}	bjij^{2}	dạ^{2}	lew^{1}	lew^{1}	njɨ^{2}	·jɨ^{2}	dźjwɨ^{1}	lhej^{2}
分？”	故	注	曰	“但	一”	等	谓。	反	覆

问：“既云皆合，则何分二门？”故注曰“但一”等。反覆

3.18.13

dźjwɨ^{1}	dza^{2}	tja^{1}	tśhjiw^{1}	ɣa^{1}	lew^{1}	rejr^{2}	ɣa^{2}	dza^{2}	śjạ^{1}
相	望	者，	六	门	一	多	于	望、	七
ɣa^{1}	rejr^{2}	lew^{1}	ɣa^{2}	dza^{2}	ljɨ^{1}	nioow^{1}	dźju^{1}	kha^{1}	thjɨ^{2}
门	多	一	于	望	也	故	明。	中	“此

相望者，明六门以一望多、七门以多望一之故。中谓“此

3.18.14

lew^{1}	lhjɨ^{2}	·jɨ^{2}	tja^{1}	dạ^{2}	śjɨj^{1}	wo^{2}	rjir^{2}	lew^{1}	njaa^{2}
一	尘”	谓	者，	事	成	理	与	一	非
·jij^{1}	mji^{1}	ljiij^{2}	nioow^{1}	njɨ^{2}	mjijr^{2}	·wiọ^{1}	sji^{2}	we^{2}	
相	不	坏	故，	为	能	容	能	遍。	

一尘”者，成事与理非一不坏相故，为能遍能容。

3.19.1

nioow^{1}	do^{2}	njaa^{2}	kwər^{1}	ŋa^{1}	nioow^{1}	ŋowr^{2}	ŋowr^{2}	njɨ^{2}	·wiọ^{1}
又	异	非	体	空	故，	一	切	遍	容
njwi^{2}	ljɨ^{1}	zji^{2}	njɨ^{2}	rjɨr^{2}	khju^{1}	njɨ^{2}	·wiọ^{1}	·jij^{1}	mji^{1}
能	也。	“溥	遍”	以	下	遍	容	之	不

又非异体空故，能遍容一切也。“溥遍”以下显现遍不坏容

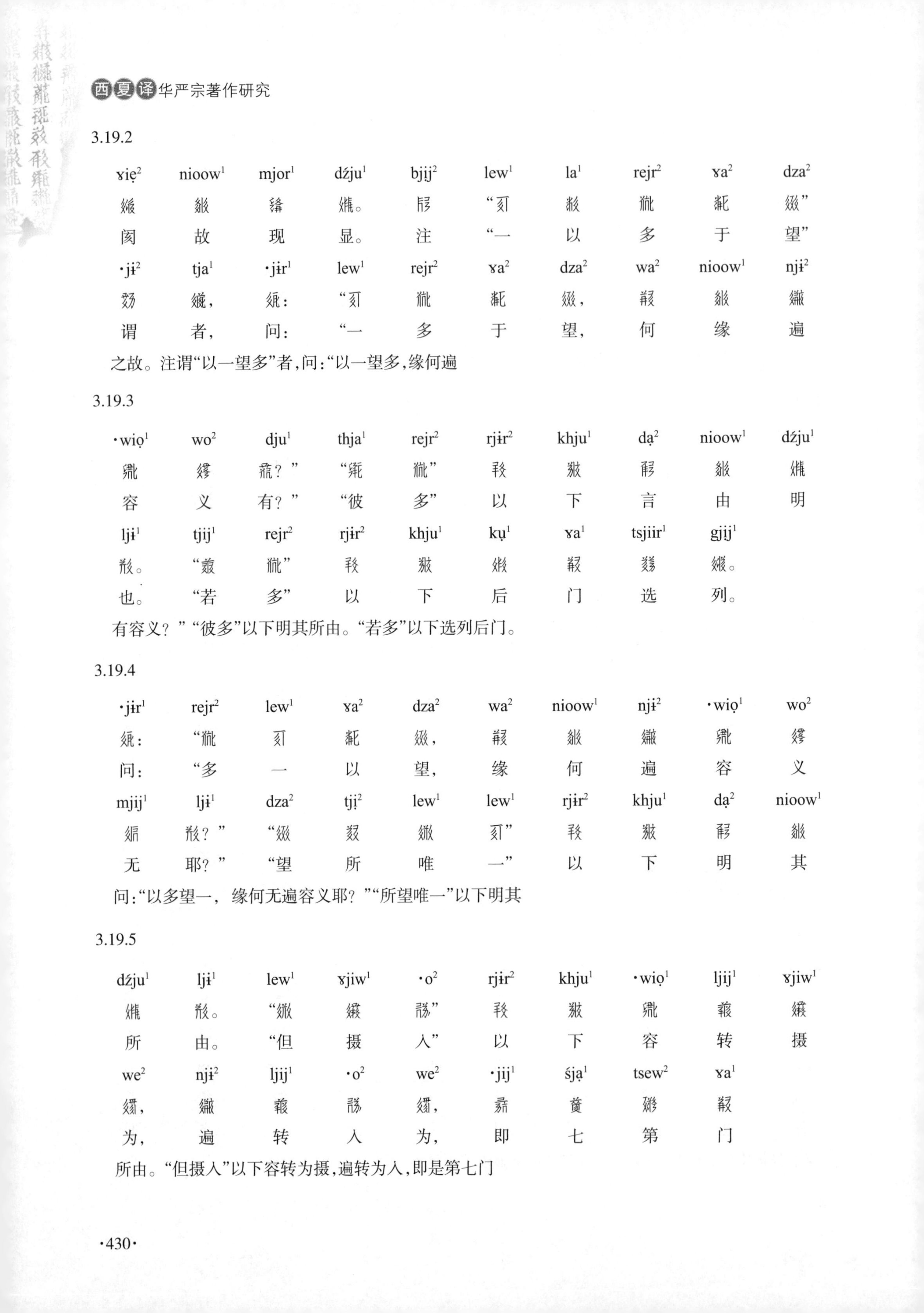

3.19.2

ɣiẹ² nioow¹ mjor¹ dźju¹ bjij² lew¹ la¹ rejr² ɣa² dza²
[illegible]
阂 故 现 显。 注 “一 以 多 于 望”
·jɨ² tja¹ ·jɨr¹ lew¹ rejr² ɣa² dza² wa² nioow¹ njɨ²
[illegible]
谓 者， 问： “一 多 于 望， 何 缘 遍

之故。注谓“以一望多”者，问：“以一望多，缘何遍

3.19.3

·wiọ¹ wo² dju¹ thja¹ rejr² rjɨr² khju¹ dạ² nioow¹ dźju¹
[illegible]
容 义 有？” “彼 多” 以 下 言 由 明
ljɨ¹ tjij¹ rejr² rjɨr² khju¹ kụ¹ ɣa¹ tsjiir¹ gjij¹
[illegible]
也。 “若 多” 以 下 后 门 选 列。

有容义？”“彼多”以下明其所由。“若多”以下选列后门。

3.19.4

·jɨr¹ rejr² lew¹ ɣa² dza² wa² nioow¹ njɨ² ·wiọ¹ wo²
[illegible]
问： “多 一 以 望， 缘 何 遍 容 义
mjij¹ ljɨ¹ dza² tjị² lew¹ lew¹ rjɨr² khju¹ dạ² nioow¹
[illegible]
无 耶？” “望 所 唯 一” 以 下 明 其

问：“以多望一，缘何无遍容义耶？”“所望唯一”以下明其

3.19.5

dźju¹ ljɨ¹ lew¹ ɣjiw¹ ·o² rjɨr² khju¹ ·wiọ¹ ljij¹ ɣjiw¹
[illegible]
所 由。 “但 摄 入” 以 下 容 转 摄
we² njɨ² ljij¹ ·o² we² ·jij¹ śjạ¹ tsew² ɣa¹
[illegible]
为， 遍 转 入 为， 即 七 第 门

所由。“但摄入”以下容转为摄，遍转为入，即是第七门

3.19.6

ŋwu^2	ljɨ^1	nioow^1	lew^1	dji^2	tja^1	bjij^2	njɨ^2	·a	phja^1	dạ^2
[illegible]	[illegible]。	“[illegible]”	[illegible]	[illegible]	[illegible]，	[illegible]	[illegible]	[illegible]	[illegible]，	[illegible]
是	也。	“故”	一	字	者，	注	者	△	断，	言
nioow^1	wo^2	ŋwu^2	ljɨ^1	tśhjwo^1	ŋowr^2	ŋowr^2	kha^1	rjɨr^2	khju^1	·jij^1
[illegible]	[illegible]	[illegible]	[illegible]，	[illegible]	“[illegible]	[illegible]	[illegible]”	[illegible]	[illegible]	[illegible]
由	义	是	也，	故	“一	切	中”	以	下	相

也。“故”一字者，注者断之，是所由义也，故“一切中”以下

3.19.7

phjo^2	lew^1	ŋowr^2	ŋowr^2	njɨ^2	·jij^1	mjor^1	dźju^1	·jɨ^2	nioow^1	rjɨr^2
[illegible]	[illegible]	[illegible]	[illegible]	[illegible]	[illegible]	[illegible]	[illegible]。	“[illegible]	[illegible]”	[illegible]
别	一	一	切	遍	△	现	显。	“复	还”	以
khju^1	lew^1	ŋowr^2	ŋowr^2	·wiọ^1	ljɨ^1	ŋowr^2	·jij^1	kha^1	dju^1	
[illegible]	[illegible]	[illegible]	[illegible]	[illegible]	[illegible]。	“[illegible]	[illegible]	[illegible]	[illegible]”	
下	一	一	切	容	也。	“全	自	中	住”	

显现别相一遍一切。“复还”以下一容一切也。谓“全住自中”

3.19.8

·jɨ^2	tja^1	njɨ^2	mjijr^2	·jij^1	lew^1	·jij^1	·wiọ^1	sji^2	lew^1
[illegible]	[illegible]，	[illegible]	[illegible]	[illegible]	[illegible]，	[illegible]	[illegible]	[illegible]	[illegible]
谓	者，	遍	者	之	一，	即	容	能	一
ŋwu^2	mjiij^2	kha^1	njɨ^2	·wiọ^1	·jij^1	mji^1	ɣię^2	kjij^1	śjɨj^1
[illegible]。	[illegible]	[illegible]	“[illegible]	[illegible]	[illegible]	[illegible]	[illegible]”	[illegible]	[illegible]
是。	标	中	“遍	容	△	不	阂”	释	成

者，能遍之一，即是能容一。譬喻成释标中“遍容无阂”。

3.19.9

dzjọ^1	dźju^1	kha^1	ɣạ^2	swew^1	tja^1	dạ^2	tsjiir^1	kięj^2	rjir^2
[illegible]	[illegible]。	[illegible]	[illegible]	[illegible]	[illegible]，	[illegible]	[illegible]	[illegible]	[illegible]
譬	喻。	中	十	照	者，	事	法	界	以
dzjọ^1	lew^1	tjij^1	tja^1	wo^2	tsjiir^1	kięj^2	rjir^2	dzjọ^1	ɣạ^2
[illegible]；	[illegible]	[illegible]	[illegible]，	[illegible]	[illegible]	[illegible]	[illegible]	[illegible]；	[illegible]
喻；	一	灯	者，	理	法	界	以	喻；	十

中十照者，喻事法界；一灯者，喻理法界；十

3.19.10

tjɨj^{2}	dźjwɨ^{1}	·o^{2}	tja^{1}	dạ^{2}	dạ^{2}	ɣiẹ^{2}	mjij^{1}	tsjiir^{1}	kiẹj^{2}
镜	相	入	者，	事	事	阂	无	法	界
rjir^{2}	dzjọ^{1}	tjɨj^{2}	tjij^{1}	tjij^{1}	mjij^{1}	ku^{1}	ɣạ^{2}	tjɨj^{2}	swu^{2}
以	喻。	镜	若	灯	无，	则	十	镜	像

镜相入者，喻事事无阂法界。镜若无灯，则十镜

3.19.11

·o^{2}	mjɨ^{1}	njwi^{2}	dạ^{2}	kha^{1}	wo^{2}	mjij^{1}	ku^{1}	dạ^{2}	dạ^{2}
入	不	能。	事	中	理	无，	则	事	事
ɣiẹ^{2}	mjij^{1}	thjij^{2}	rjir^{1}	tjɨj^{2}	gu^{2}	tjij^{1}	tja^{1}	ŋowr^{2}	dạ^{2}
阂	无	焉	得？	镜	中	灯	者，	全	事

不能入像。事中无理，则焉得事事无阂？镜中之灯，喻全事

3.19.12

·jij^{1}	wo^{2}	rjir^{2}	dzjọ^{1}	tjij^{1}	gu^{2}	tjɨj^{2}	tja^{1}	ŋowr^{2}	wo^{2}
之	理	以	喻；	灯	中	镜	者，	全	理
·jij^{1}	dạ^{2}	rjir^{2}	dzjọ^{1}	tjij^{1}	tjɨj^{2}	sju^{2}	nioow^{1}	tjɨj^{2}	
之	事	以	喻。	灯	镜	如	故，	镜	

之理；灯中之镜，喻全理之事。灯如镜故，镜

3.19.13

śja^{2}	·jij^{1}	tjij^{1}	śja^{2}	ŋwu^{2}	tjɨj^{2}	tjij^{1}	sju^{2}	nioow^{1}	dźjwɨ^{1}
现	即	灯	现	是；	镜	灯	如	故，	互
gu^{2}	ɣjiw^{1}	·o^{2}	śja^{2}	śja^{2}	sji^{1}	mjij^{1}	śji^{1}	gu^{2}	dzjọ^{1}
相	摄	入，	显	现	尽	无。	前	互	喻

现即是灯现；镜如灯故，互相摄入，显现无尽。前是互喻。

3.19.14

ŋwu2 dzjọ1 lew1 tjɨj2 rjɨr2 khju1 njɨ2 ·jij1 ·wiọ1 ŋwu2

是。 “如 一 镜” 以 下 遍 即 容 是

rjir2 mjor1 dzjọ1 thjɨ2 tja1 lew1 tjɨj2 bju1 tjị2

以 实 喻。 此 者， 一 镜 由 所

“如一镜”以下实喻遍即是容。此者，一镜所由

3.20.1

tjij1 śjwɨ2 gjɨɨ1 tjɨj2 njɨ2 zjij1 ·jij1 njɨ2 njwi2 gjɨɨ1

灯 随 九 镜 遍 时， 即 遍 能， 九

tjɨj2 ·jị2 bju1 tjị2 tjij1 śjwɨ2 lew1 tjɨj2 gu2 njɨ2

镜 复 由 所 灯 随 一 镜 中 遍

随灯遍九镜时，即能遍，九镜复所由随灯能遍一镜，

3.20.2

njwi2 tśhjwo1 njɨ2 mjijr2 ·jij1 ·wiọ1 sji2 ŋwu2 nwə1 lew2

能， 故 遍 者 即 容 能 是 知 之。

nioow1 wạ2 ·wiọ1 rjɨr2 khju1 ·wiọ1 njɨ2 ·jij1 mji1 ɣię2

又 “广 容” 以 下 容 遍 △ 不 坏

故知能遍即是能容。又“广容”以下明容不坏遍

3.20.3

nioow1 dźju1 ljɨ1 tśhjwo1 thjɨ2 lew1 lhjɨ2 ·jɨ2 tja1 śji1

故 明 也。 故 “此 一 尘” 谓 者， 前

·wiọ1 sji2 lew1 lhjɨ2 ·jij1 nur1 ·jị2 ·jij1 tja1

容 能 一 尘 △ 示。 “还 即” 者，

之故也。故谓“此一尘”者，示前能容之一尘。“还即”者，

3.20.4

thwuu^{1}	dzjɨj^{1}	·jij^{1}	njɨ^{2}	mjijr^{2}	we^{2}	·jij^{1}	gu^{2}	·jɨ^{2}
[illegible]	[illegible]	[illegible]	[illegible]	[illegible]	[illegible]。	“[illegible]	[illegible]”	[illegible]
同	时	即	遍	者	为。	“自	内”	谓
tja^{1}	·wjọ^{1}	sji^{2}	lew^{1}	lhjɨ^{2}	ŋwu^{2}	do^{2}	pha^{1}	tja^{1}
[illegible]，	[illegible]	[illegible]	[illegible]	[illegible]	[illegible]。	[illegible]	[illegible]	[illegible]，
者，	容	能	一	尘	是，	差	别	者，

同时即为能遍。谓“自内”者，是能容一尘，差别者，

3.20.5

śji^{1}	·wjọ^{1}	lew^{2}	ŋowr^{2}	ŋowr^{2}	ŋwu^{2}	bjij^{2}	lew^{1}	śji^{1}	·jij^{1}
[illegible]	[illegible]	[illegible]	[illegible]	[illegible]	[illegible]。	[illegible]	“[illegible]	[illegible]	[illegible]
上	容	所	一	切	是。	注	“但	上	△
lhej^{2}	·jɨ^{2}	tja^{1}	śji^{1}	njɨ^{2}	·jij^{1}	·wjọ^{1}	sjij^{1}	·wjọ^{1}	
[illegible]”	[illegible]	[illegible]，	[illegible]	[illegible]	[illegible]	[illegible]，	[illegible]	[illegible]	
覆”	谓	者，	上	遍	即	容，	今	容	

是上一切所容。注谓“但覆上”者，上遍即容，今容

3.20.6

·jij^{1}	njɨ^{2}	ljɨ^{1}	lew^{1}	la^{1}	rjɨr^{2}	khju^{1}	dzjọ^{1}	bju^{1}
[illegible]	[illegible]	[illegible]。	“[illegible]	[illegible]”	[illegible]	[illegible]	[illegible]	[illegible]
即	遍	也。	“一	以”	以	下	譬	以
dźju^{1}	lew^{1}	tjɨj^{2}	bju^{1}	tjị^{2}	tjij^{1}	śjwɨ^{2}	gjɨɨ^{1}	tjɨj^{2}
[illegible]。	[illegible]	[illegible]	[illegible]	[illegible]	[illegible]	[illegible]	[illegible]	[illegible]
明。	一	镜	由	所	灯	随	九	镜

即遍也。“一”以下以譬明之。一镜所由随灯容九镜

3.20.7

·wjọ^{1}	·jij^{1}	lew^{1}	tjɨj^{2}	gu^{2}	dju^{1}	zjij^{1}	·jij^{1}	·wjọ^{1}	sji^{2}	lew^{1}
[illegible]	[illegible]	[illegible]	[illegible]	[illegible]	[illegible]	[illegible]，	[illegible]	[illegible]	[illegible]，	[illegible]
容	即	一	镜	中	在	时，	即	容	能，	一
tjɨj^{2}	·jị^{2}	bju^{1}	tjị^{2}	tjij^{1}	śjwɨ^{2}	·jij^{1}	gu^{2}	·wjọ^{1}	lew^{2}	gjɨɨ^{1}
[illegible]	[illegible]	[illegible]	[illegible]	[illegible]	[illegible]，	[illegible]	[illegible]	[illegible]	[illegible]	[illegible]
镜	复	由	所	灯	随，	自	内	容	所	九

即在一镜中时，即能容，一镜复所由随灯，自内所容在九

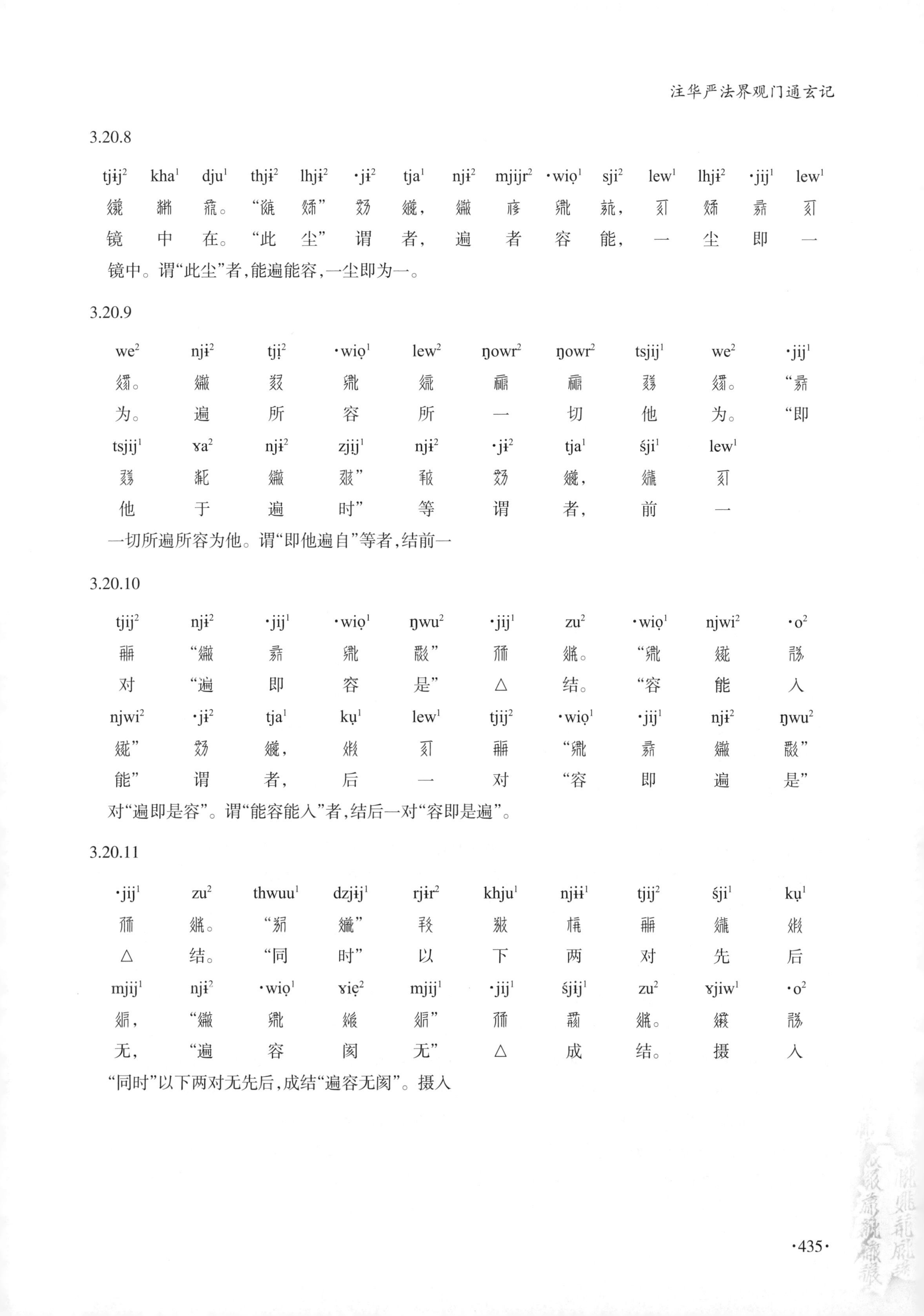

3.20.8

tjɨj² kha¹ dju¹ thjɨ² lhjɨ² ·jɨ² tja¹ njɨ² mjijr² ·wiọ¹ sji² lew¹ lhjɨ² ·jij¹ lew¹

镜 中 在。“此 尘” 谓 者，遍 者 容 能，一 尘 即 一

镜中。谓“此尘”者，能遍能容，一尘即为一。

3.20.9

we² njɨ² tji² ·wiọ¹ lew² ŋowr² ŋowr² tsjij¹ we² ·jij¹

为。 遍 所 容 所 一 切 他 为。 “即

tsjij¹ ɣa² njɨ² zjij¹ njɨ² ·jɨ² tja¹ śji¹ lew¹

他 于 遍 时” 等 谓 者， 前 一

一切所遍所容为他。谓“即他遍自”等者，结前一

3.20.10

tjij² njɨ² ·jij¹ ·wiọ¹ ŋwu² ·jij¹ zu² ·wiọ¹ njwi² ·o²

对 “遍 即 容 是” △ 结。 “容 能 入

njwi² ·jɨ² tja¹ kụ¹ lew¹ tjij² ·wiọ¹ ·jij¹ njɨ² ŋwu²

能” 谓 者， 后 一 对 “容 即 遍 是”

对“遍即是容”。谓“能容能入”者，结后一对“容即是遍”。

3.20.11

·jij¹ zu² thwuu¹ dzjɨj¹ rjɨr² khju¹ njɨɨ¹ tjij² śji¹ kụ¹

△ 结。 “同 时” 以 下 两 对 先 后

mjij¹ njɨ² ·wiọ¹ ɣię² mjij¹ ·jij¹ śjij¹ zu² ɣjiw¹ ·o²

无， “遍 容 阂 无” △ 成 结。 摄 入

“同时”以下两对无先后，成结“遍容无阂”。摄入

3.20.12

tja^1	kụ^1	ɣa^1	wo^2	ŋwu^2	sjij^1	zu^2	·jwɨr^2	kha^1	mjiij^2
[illegible]，	[illegible]	[illegible]	[illegible]	[illegible]，	[illegible]	[illegible]。	[illegible]	[illegible]	[illegible]
者，	后	门	义	是，	今	结。	文	之	标
tja^1	njɨɨ^1	ɣa^1	dźjwɨ^1	mji^1	ka^2	·jij^1	dźju^1	sjiij^2	lew^2
[illegible]，	[illegible]	[illegible]	[illegible]	[illegible]	[illegible]	[illegible]	[illegible]。	“[illegible]	[illegible]”
者，	二	门	相	不	离	△	明。	“思	之”

者，是后门义，今结之。文之标者，明二门不相离。

3.20.13

·jɨ^2	tja^1	bioo^1	njiij^1	tshwew^1	zu^2	ljɨ^1
[illegible]	[illegible]，	[illegible]	[illegible]	[illegible]	[illegible]	[illegible]。
谓	者，	观	心	接	续	也。

谓“思之”者，接续观心也。

译文：

“六遍容无阂门”者，标也。遍者，溥遍，如不坏一尘义，遍一切也。容者，如不坏一尘义，容一切也。无阂者，遍时即容，容时即遍。门者，是通行无阂义。今此门中一法望多，容遍同时，令生观智，无障碍故也。注中谓“合前四五”等者，合四门二种通义，及随二门遍义，而成标中“遍”字；合五门二种广义，及随三门含义，而成标中“容”字也。其“广容”以下释无阂。“二四”以下别前三五门，“今合”以下显现遍容同时，不在先后。“但一”以下选列二门。问：“既云皆合，则何分二门？”故注曰“但一”等。反覆相望者，明六门以一望多、七门以多望一之故。中谓“此一尘”者，成事与理非一不坏相故，为能遍能容。又非异体空故，能遍容一切也。“溥遍”以下显现遍不坏容之故。注谓“以一望多”者，问：“以一望多，缘何遍有容义？”“彼多”以下明其所由。“若多”以下选列后门。问：“以多望一， 缘何无遍容义耶？”“所望唯一”以下明其所由。“但摄入”以下容转为摄，遍转为入，即是第七门也。“故”一字者，注者断之，是所由义也，故“一切中”以下显现别相一遍一切。“复还”以下一容一切也。谓“全住自中”者，能遍之一，即是能容一。譬喻成释标中“遍容无阂”。中十照者，喻事法界；一灯者，喻理法界；十镜相入者，喻事事无阂法界。镜若无灯，则十镜不能入像。事中无理，则焉得事事无阂？镜中之灯，喻全事之理；灯中之镜，喻全理之事。灯如镜故，镜现即是灯现；镜如灯故，互相摄入，显现无尽。前是互喻。“如一镜”以下实喻遍即是容。此者，一镜所由随灯遍九镜时，即能遍，九镜复所由随灯能遍一镜，故知能遍即是能容。又“广容”以下明容不坏遍之故也。故谓“此一尘”者，示前能容之一尘。“还即”者，同时即为能遍。谓“自内”者，是能容一尘，差别者，是上一切所容。注谓“但覆上”者，上遍即容，今容即遍也。“一”以下以譬明之。一镜所由随灯容九镜即在一镜中时，即能容，一镜复所由随灯，自内所容在九镜中。谓“此尘”者，能遍能容，一尘即为一。一切所遍所容为他。谓“即他遍自”等者，结前一对“遍即是容”。谓“能容能入”者，结后一对“容即是遍”。“同时”以下两对无先后，成结“遍容无阂”。摄入者，是后门义，今结之。文之标者，明二门不相离。谓“思之”者，接续观心也。

释读：

3.20.13

śjạ^{1} ɣjiw^{1} ·o^{2} ɣię^{2} mjij^{1} ɣa^{1} tja^{1} mjiij^{2} ljɨ^{1} śji^{1} njɨɨ^{1} ɣa^{1}

“[illegible]”[illegible]，[illegible]。[illegible]

“七 摄 入 阂 无 门” 者， 标 也。 前 二 门

“七摄入无阂门”者，标也。自前二门

3.20.14

ɣa^{2} śjwo^{1} tśhjwo^{1} ɣa^{1} ɣa^{2} njɨ^{2} zji^{2} njɨ^{2} ·wiọ^{1} wo^{2}

[illegible]

于 自 六 门 于 至 皆 遍 容 义

ŋwu^{2} lew^{1} tsjiir^{1} rejr^{2} ɣa^{2} dza^{2} njɨ^{2} tjɨ^{2} rejr^{2} dju^{1}

[illegible]，[illegible]，[illegible]，

是， 一 法 多 于 望， 遍 所 多 在，

至六门皆是遍容之义，以一法望多，所遍在多，

3.21.1

·wiọ^{1} lew^{2} rejr^{2} dju^{1} sjij^{1} rejr^{2} lew^{1} ɣa^{2} dza^{2} ɣjiw^{1} ·o^{2}

[illegible]，[illegible]，[illegible]

容 所 多 在， 今 多 一 于 望， 摄 入

mjiij^{2} we^{2} śji^{1} njɨɨ^{1} sọ^{1} ɣa^{1} kha^{1} njɨɨ^{1} we^{2} tjɨj^{2}

[illegible]，[illegible]

名 为， 前 二 三 门 中 二 种 法

所容在多，今以多望一，为摄入名，以前二三门中二种法

3.21.2

zu^{2} ·jwɨr^{2} la^{1} thjɨ^{2} ɣjiw^{1} ·o^{2} ɣię^{2} mjij^{1} ·jij^{1} śjɨj^{1} ljɨ^{1}

[illegible]。

结 语 而 此 摄 入 阂 无 △ 成 也。

njɨɨ^{1} ɣa^{1} kha^{1} tsjiir^{1} ŋowr^{2} ŋowr^{2} tsjɨ^{1} ·a tjɨj^{2} ·jɨ^{2}

[illegible]“[illegible]”[illegible]

二 门 中 “法 一 切 亦 一 般” 谓

之结语而成此摄入无阂也。由二门中谓“一切法亦尔”，

3.21.3

nioow^{1}	kew^{1}	mjiij^{2}	kha^{1}	·o^{2}	dji^{2}	·jij^{1}	śjɨj^{1}	sọ^{1}	ɣa^{1}	kha^{1}
[illegible]，	[illegible]	[illegible]	[illegible]	“[illegible]”	[illegible]	[illegible]	[illegible]；	[illegible]	[illegible]	[illegible]
由，	此	标	中	“入”	字	△	成；	三	门	中
tsjiir^{1}	ŋowr^{2}	ŋowr^{2}	tsjɨ^{1}	·a	tjɨj^{2}	·jɨ^{2}	nioow^{1}	kew^{1}	mjiij^{2}	
“[illegible]	[illegible]	[illegible]	[illegible]	[illegible]	[illegible]”	[illegible]	[illegible]，	[illegible]	[illegible]	
“法	一	切	亦	一	般”	谓	由，	此	标	

成此标中“入”字；由三门中谓“一切法亦尔”，成此标

3.21.4

kha^{1}	ɣjiw^{1}	dji^{2}	·jij^{1}	śjɨj^{1}	ljɨ^{1}	ɣjiw^{1}	zjij^{1}	·jij^{1}	·o^{2}
[illegible]	“[illegible]”	[illegible]	[illegible]	[illegible]	[illegible]。	[illegible]	[illegible]	[illegible]	[illegible]，
中	“摄”	字	△	成	也。	摄	时	即	入，
·o^{2}	zjij^{1}	·jij^{1}	ɣjiw^{1}	tśhjwo^{1}	ɣiẹ^{2}	mjij^{1}	·jɨ^{2}	thjɨ^{2}	la^{1}
[illegible]	[illegible]	[illegible]	[illegible]，	[illegible]	“[illegible]	[illegible]”	[illegible]。	[illegible]	[illegible]
入	时	即	摄，	故	“阂	无”	谓。	此	以

中“摄”字也。摄时即入，入时即摄，故谓“无阂”。以此

3.21.5

ɣa^{1}	wji^{1}	bioo^{1}	sjij^{2}	śjwo^{1}	phji^{1}	ljɨ^{1}	nioow^{1}	thjɨ^{2}	ɣa^{1}
[illegible]	[illegible]，	[illegible]	[illegible]	[illegible]	[illegible]	[illegible]。	[illegible]	[illegible]	[illegible]
门	为，	观	智	生	令	也。	又	此	门
kha^{1}	sji^{1}	mjij^{1}	dạ^{2}	tsjiir^{1}	·jij^{1}	dźju^{1}	nioow^{1}	śji^{1}	njɨɨ^{1}
[illegible]	[illegible]	[illegible]	[illegible]	[illegible]	[illegible]	[illegible]，	[illegible]	[illegible]	[illegible]
中	尽	无	事	法	△	明，	又	前	二

为门，令生观智也。又明此门中无尽事法，又如前

3.21.6

ljɨɨr^{1}	njɨɨ^{1}	ɣa^{1}	·jij^{1}	nji^{2}	ljɨ^{1}	sọ^{1}	ŋwə^{1}	njɨɨ^{1}	ɣa^{1}
[illegible]	[illegible]	[illegible]	[illegible]	[illegible]	[illegible]	[illegible]	[illegible]	[illegible]	[illegible]
四	二	门	之	遍	及	三	五	二	门
·jij^{1}	·wiọ^{1}	sju^{2}	·jij^{1}	dźju^{1}	ljɨ^{1}	thjɨ^{2}	tja^{1}	sji^{1}	mjij^{1}
[illegible]	[illegible]	[illegible]	[illegible]	[illegible]	[illegible]。	[illegible]	[illegible]，	[illegible]	[illegible]
之	容	如	△	明	也。	此	者，	尽	无

明二四二门之遍及三五二门之容也。此者，由无尽

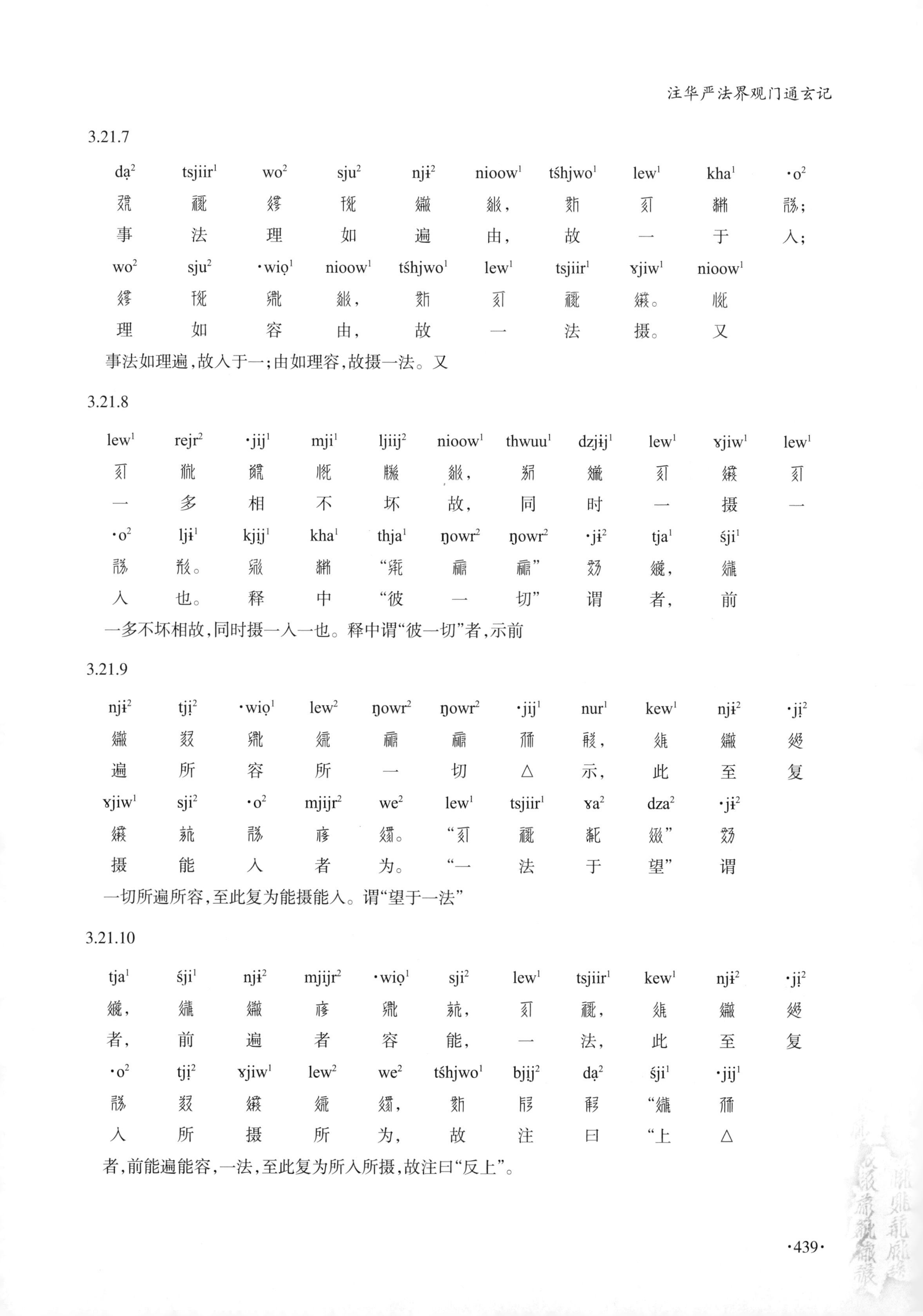

3.21.7

dạ^{2} tsjiir^{1} wo^{2} sju^{2} njɨ^{2} nioow^{1} tśhjwo^{1} lew^{1} kha^{1} ·o^{2}

事 法 理 如 遍 由， 故 一 于 入；

wo^{2} sju^{2} ·wio̱^{1} nioow^{1} tśhjwo^{1} lew^{1} tsjiir^{1} ɣjiw^{1} nioow^{1}

理 如 容 由， 故 一 法 摄。 又

事法如理遍，故入于一；由如理容，故摄一法。又

3.21.8

lew^{1} rejr^{2} ·jij^{1} mji^{1} ljiij^{2} nioow^{1} thwuu^{1} dzjɨj^{1} lew^{1} ɣjiw^{1} lew^{1}

一 多 相 不 坏 故， 同 时 一 摄 一

·o^{2} ljɨ^{1} kjij^{1} kha^{1} thja^{1} ŋowr^{2} ŋowr^{2} ·jɨ^{2} tja^{1} śji^{1}

入 也。 释 中 “彼 一 切” 谓 者， 前

一多不坏相故，同时摄一入一也。释中谓“彼一切”者，示前

3.21.9

njɨ^{2} tji̱^{2} ·wio̱^{1} lew^{2} ŋowr^{2} ŋowr^{2} ·jij^{1} nur^{1} kew^{1} njɨ^{2} ·ji̱^{2}

遍 所 容 所 一 切 △ 示， 此 至 复

ɣjiw^{1} sji^{2} ·o^{2} mjijr^{2} we^{2} lew^{1} tsjiir^{1} ɣa^{2} dza^{2} ·jɨ^{2}

摄 能 入 者 为。 “一 法 于 望” 谓

一切所遍所容，至此复为能摄能入。谓“望于一法”

3.21.10

tja^{1} śji^{1} njɨ^{2} mjijr^{2} ·wio̱^{1} sji^{2} lew^{1} tsjiir^{1} kew^{1} njɨ^{2} ·ji̱^{2}

者， 前 遍 者 容 能， 一 法， 此 至 复

·o^{2} tji̱^{2} ɣjiw^{1} lew^{2} we^{2} tśhjwo^{1} bjij^{2} dạ^{2} śji^{1} ·jij^{1}

入 所 摄 所 为， 故 注 曰 “上 △

者，前能遍能容，一法，至此复为所入所摄，故注曰“反上”。

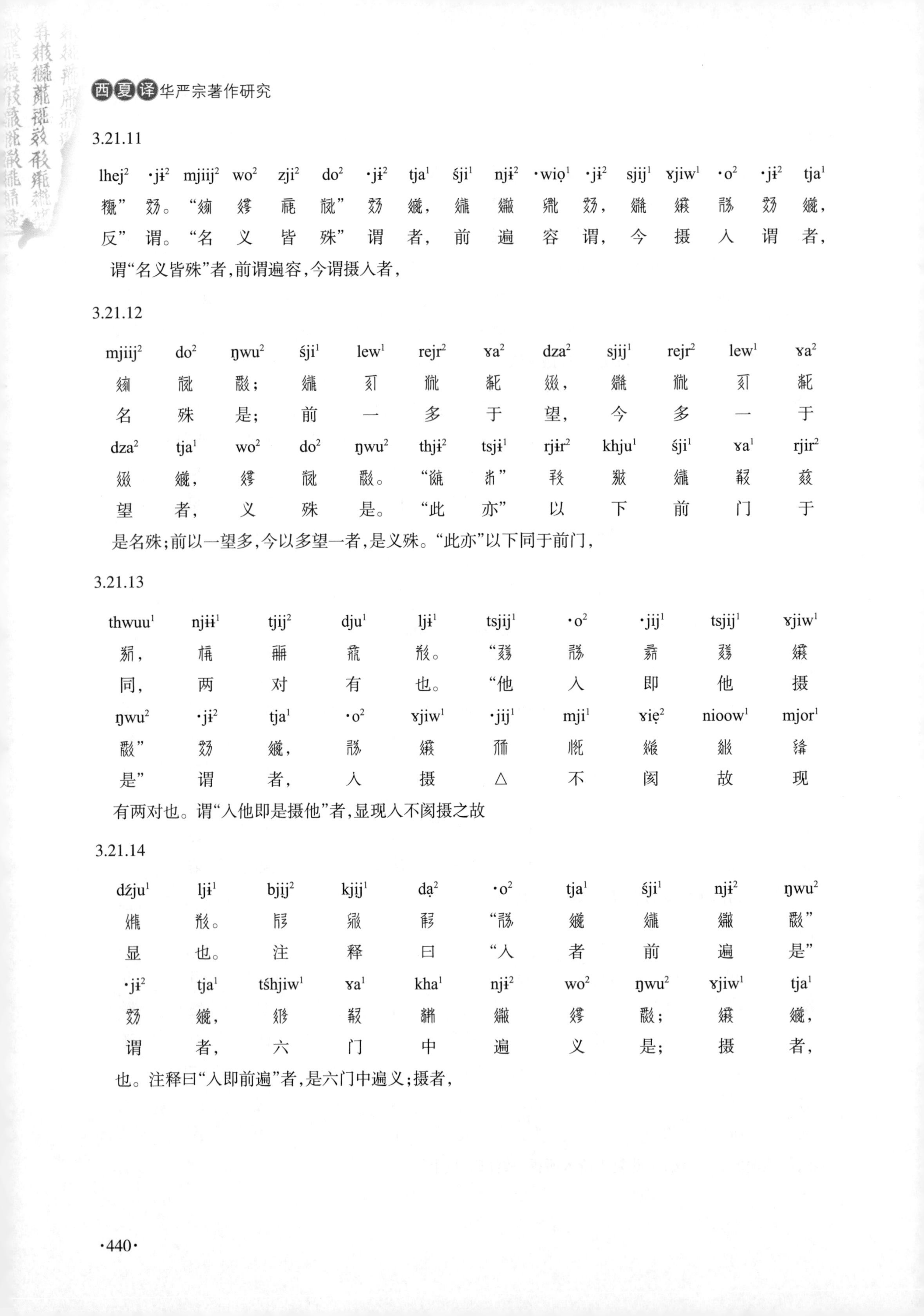

3.21.11

lhej²	·jɨ²	mjiij²	wo²	zji²	do²	·jɨ²	tja¹	śji¹	njɨ²	·wiọ¹	·jɨ²	sjij¹	ɣjiw¹	·o²	·jɨ²	tja¹
反”	谓。	“名	义	皆	殊”	谓	者，	前	遍	容	谓，	今	摄	入	谓	者，

谓“名义皆殊”者，前谓遍容，今谓摄入者，

3.21.12

mjiij²	do²	ŋwu²	śji¹	lew¹	rejr²	ɣa²	dza²	sjij¹	rejr²	lew¹	ɣa²
名	殊	是；	前	一	多	于	望，	今	多	一	于
dza²	**tja¹**	**wo²**	**do²**	**ŋwu²**	**thjɨ²**	**tsjɨ¹**	**rjɨr²**	**khju¹**	**śji¹**	**ɣa¹**	**rjir²**
望	者，	义	殊	是。	“此	亦”	以	下	前	门	于

是名殊；前以一望多，今以多望一者，是义殊。“此亦”以下同于前门，

3.21.13

thwuu¹	njɨɨ¹	tjij²	dju¹	ljɨ¹	tsjij¹	·o²	·jij¹	tsjij¹	ɣjiw¹
同，	两	对	有	也。	“他	入	即	他	摄
ŋwu²	**·jɨ²**	**tja¹**	**·o²**	**ɣjiw¹**	**·jij¹**	**mji¹**	**ɣiẹ²**	**nioow¹**	**mjor¹**
是”	谓	者，	入	摄	△	不	阂	故	现

有两对也。谓“入他即是摄他”者，显现入不阂摄之故

3.21.14

dźju¹	ljɨ¹	bjij²	kjij¹	dạ²	·o²	tja¹	śji¹	njɨ²	ŋwu²
显	也。	注	释	曰	“入	者	前	遍	是”
·jɨ²	**tja¹**	**tśhjiw¹**	**ɣa¹**	**kha¹**	**njɨ²**	**wo²**	**ŋwu²**	**ɣjiw¹**	**tja¹**
谓	者，	六	门	中	遍	义	是；	摄	者，

也。注释曰“入即前遍”者，是六门中遍义；摄者，

3.22.1

tśhjiw^{1}	ɣa^{1}	kha^{1}	·wiọ^{1}	wo^{2}	ŋwu^{2}	·jɨr^{1}	śji^{1}	·jij^{1}	njɨ^{2}	·wiọ^{1}
六	门	中	容	义	是。	问：	“前	之	遍	容
ljɨ^{1}	ŋwu^{2}	ku^{1}	sjij^{1}	wa^{2}	nioow^{1}	ɣjiw^{1}	·o^{2}	·jɨ^{2}	bjij^{2}	
既	是，	而	今	何	缘	摄	入	谓？”	注：	

是六门中容义。问：“前既是遍容，而今缘何摄入？”注：

3.22.2

rejr^{2}	lew^{1}	ɣa^{2}	dza^{2}	rjɨr^{2}	khju^{1}	dạ^{2}	nioow^{1}	dźju^{1}	ljɨ^{1}	tśhjwo^{1}
“多	一	于	望”	以	下	言	由	明	也。	“故
ŋowr^{2}	ŋowr^{2}	rjɨr^{2}	khju^{1}	·jij^{1}	phjo^{2}	ljɨ^{1}	ŋowr^{2}	ŋowr^{2}	ŋowr^{2}	lew^{1}
一	切”	以	下	相	离	也。	“一	切	全	一

“以多望一”以下明其所由。“故一切”以下离相也。谓“一切全入一

3.22.3

kha^{1}	·o^{2}	·jɨ^{2}	tja^{1}	ŋowr^{2}	ŋowr^{2}	lew^{1}	·o^{2}	·jij^{1}	mjor^{1}	dźju^{1}
中	入”	谓	者，	一	切	一	入	△	现	显。
thja^{1}	lew^{1}	tja^{1}	·o^{2}	tjị^{2}	lew^{1}	tsjiir^{1}	ljɨ^{1}	·jị^{2}	lhjwo^{1}	tja^{1}
彼	一	者，	入	所	一	法	也。	复	还	者，

中”者，显现一切入一。彼一者，所入一法也。还复者，

3.22.4

·o^{2}	tjị^{2}	·jij^{1}	ɣjiw^{1}	lew^{2}	we^{2}	·jij^{1}	gu^{2}	tja^{1}	·o^{2}
入	所	即	摄	所	为。	自	内	者，	入
mjijr^{2}	·jij^{1}	ɣjiw^{1}	sji^{2}	we^{2}	thwuu^{1}	dzjɨj^{1}	ɣiẹ^{2}	mjij^{1}	·jɨ^{2}
者	即	摄	能	为。	“同	时	阂	无”	谓

所入即为所摄。自内者，能入即为能摄。谓“同时无阂”

3.22.5

tja^{1}	·o^{2}	ɣjiw^{1}	·jij^{1}	mji^{1}	ɣiẹ^{2}	·jij^{1}	zu^{2}	śjɨj^{2}	·jij^{1}
[illegible]，	[illegible]	[illegible]	[illegible]	[illegible]	[illegible]	[illegible]	[illegible]	[illegible]。	[illegible]
者，	入	摄	△	不	阂	△	结	成。	即
·o^{2}	·jij^{1}	ɣjiw^{1}	tśhjwo^{1}	thwuu^{1}	dzjɨj^{1}	·jɨ^{2}	sji^{2}	lew^{2}	dźjwɨ^{1}
[illegible]	[illegible]	[illegible]，	[illegible]	“[illegible]	[illegible]”	[illegible]；	[illegible]	[illegible]	[illegible]
入	即	摄，	故	“同	时”	谓；	能	所	互

者，成结入不阂摄。即入即摄，故谓“同时”；互为能所，

3.22.6

wji^{1}	tśhjwo^{1}	ɣiẹ^{2}	mjij^{1}	·jɨ^{2}	dzjọ^{1}	dźju^{1}	kha^{1}	dzjọ^{1}	gjɨɨ^{1}
[illegible]，	[illegible]	“[illegible]	[illegible]”	[illegible]。	[illegible]	[illegible]	[illegible]	[illegible]	[illegible]
为，	故	“阂	无”	谓。	喻	显	中	譬	九
tjɨj^{2}	bju^{1}	tjị^{2}	tjij^{1}	śjwɨ^{2}	lew^{1}	tjɨj^{2}	kha^{1}	·o^{2}	zjij^{1}
[illegible]	[illegible]	[illegible]	[illegible]	[illegible]	[illegible]	[illegible]	[illegible]	[illegible]	[illegible]，
镜	由	所	灯	随	一	镜	中	入	时，

故谓“无阂”。譬喻中如九镜所由随灯入一镜中时，

3.22.7

lew^{1}	tjɨj^{2}	·o^{2}	tjị^{2}	śjɨj^{1}	thja^{1}	lew^{1}	tjɨj^{2}	ɣjiw^{1}	·jɨ^{2}
[illegible]	[illegible]	[illegible]	[illegible]	[illegible]。	“[illegible]	[illegible]	[illegible]	[illegible]”	[illegible]
一	镜	入	所	成。	“彼	一	镜	摄”	谓
tja^{1}	thwuu^{1}	dzjɨj^{1}	·jij^{1}	ɣjiw^{1}	lew^{2}	we^{2}	·jɨ^{2}	·o^{2}	
[illegible]，	[illegible]	[illegible]	[illegible]	[illegible]	[illegible]	[illegible]。	“[illegible]	[illegible]	
者，	同	时	即	摄	所	为。	“还	入	

成一镜所入。谓“摄彼一镜”者，同时即为所摄。谓“还能入”

3.22.8

mjijr^{2}	·jɨ^{2}	tja^{1}	thja^{1}	ɣjiw^{1}	lew^{2}	lew^{1}	tjɨj^{2}	·jij^{1}	·o^{2}
[illegible]”	[illegible]	[illegible]，	[illegible]	[illegible]	[illegible]	[illegible]	[illegible]	[illegible]	[illegible]
者”	谓	者，	其	摄	所	一	镜	即	入
mjijr^{2}	we^{2}	bju^{1}	tjị^{2}	tjij^{1}	śjwɨ^{2}	gjɨɨ^{1}	tjɨj^{2}	·u^{2}	·o^{2}
[illegible]	[illegible]，	[illegible]	[illegible]	[illegible]	[illegible]	[illegible]	[illegible]	[illegible]	[illegible]。
者	为，	所	由	灯	随	九	镜	内	入。

者，其所摄一镜即为能入，所由随灯入九镜之内。

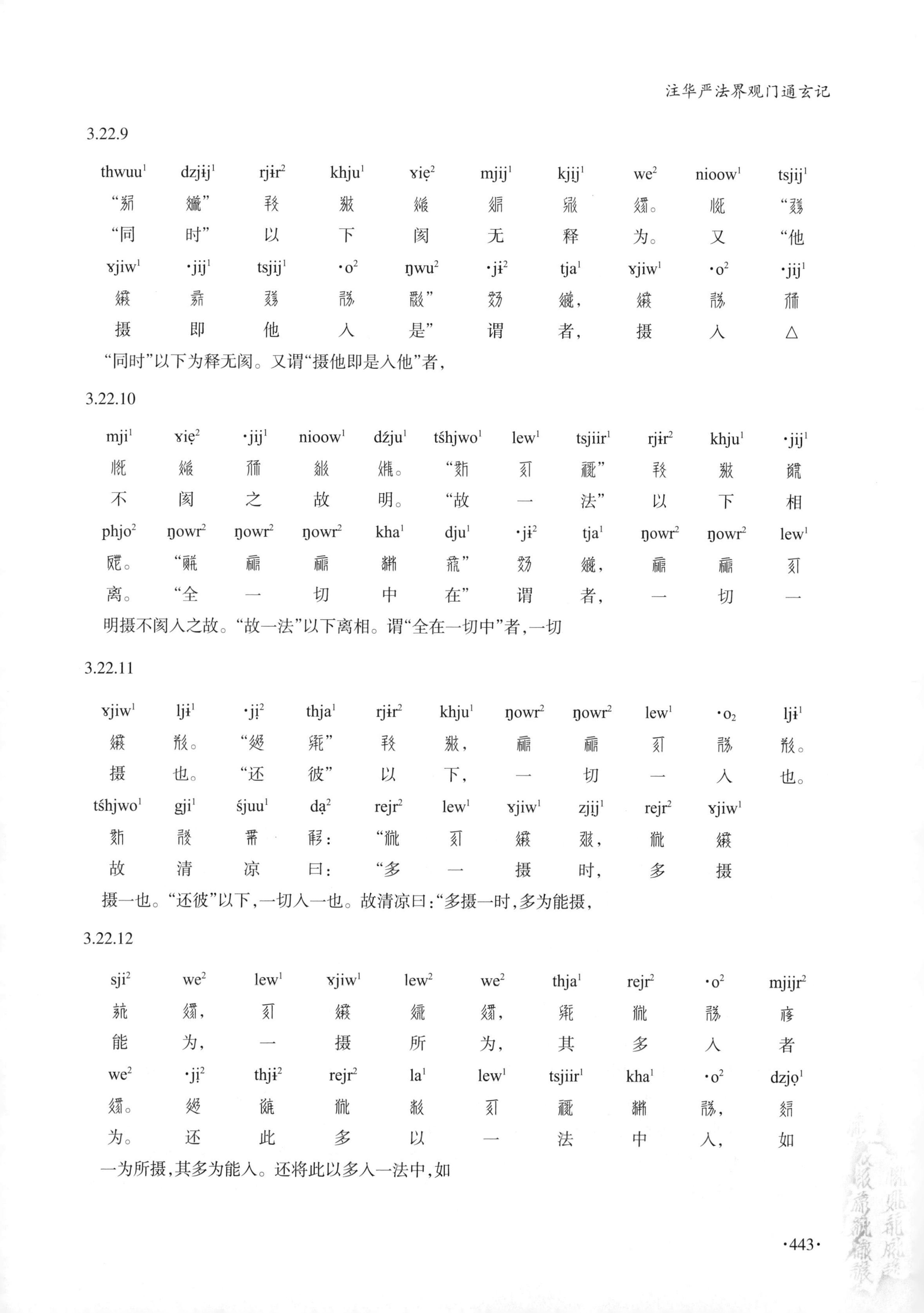

3.22.9

thwuu¹	dzjɨj¹	rjɨr²	khju¹	ɣię²	mjij¹	kjij¹	we²	nioow¹	tsjij¹
"同	时"	以	下	阂	无	释	为。	又	"他
ɣjiw¹	·jij¹	tsjij¹	·o²	ŋwu²	·jɨ²	tja¹	ɣjiw¹	·o²	·jij¹
摄	即	他	入	是"	谓	者,	摄	入	△

"同时"以下为释无阂。又谓"摄他即是入他"者,

3.22.10

mji¹	ɣię²	·jij¹	nioow¹	dźju¹	tśhjwo¹	lew¹	tsjiir¹	rjɨr²	khju¹	·jij¹
不	阂	之	故	明。	"故	一	法"	以	下	相
phjo²	ŋowr²	ŋowr²	ŋowr²	kha¹	dju¹	·jɨ²	tja¹	ŋowr²	ŋowr²	lew¹
离。	"全	一	切	中	在"	谓	者,	一	切	一

明摄不阂入之故。"故一法"以下离相。谓"全在一切中"者,一切

3.22.11

ɣjiw¹	ljɨ¹	·jį²	thja¹	rjɨr²	khju¹	ŋowr²	ŋowr²	lew¹	·o₂	ljɨ¹
摄	也。	"还	彼"	以	下,	一	切	一	入	也。
tśhjwo¹	gji¹	śjuu¹	dạ²	rejr²	lew¹	ɣjiw¹	zjij¹	rejr²	ɣjiw¹	
故	清	凉	曰:	"多	一	摄	时,	多	摄	

摄一也。"还彼"以下,一切入一也。故清凉曰:"多摄一时,多为能摄,

3.22.12

sji²	we²	lew¹	ɣjiw¹	lew²	we²	thja¹	rejr²	·o²	mjijr²
能	为,	一	摄	所	为,	其	多	入	者
we²	·jį²	thjɨ²	rejr²	la¹	lew¹	tsjiir¹	kha¹	·o²	dzjọ¹
为。	还	此	多	以	一	法	中	入,	如

一为所摄,其多为能入。还将此以多入一法中,如

3.22.13

gjɨɨ¹	tjɨj²	ɣjiw¹	sji²	we²	lew¹	tjɨj²	ɣjiw¹	lew²	we²
[illegible]	[illegible]	[illegible]	[illegible]	[illegible]，	[illegible]	[illegible]	[illegible]	[illegible]	[illegible]。
九	镜	摄	能	为，	一	镜	摄	所	为。
·jị²	gjɨɨ¹	tjɨj²	la¹	lew¹	tjɨj²	kha¹	·o²	śji¹	·o¹
[illegible]	[illegible]	[illegible]	[illegible]	[illegible]	[illegible]	[illegible]	[illegible]，	[illegible]	[illegible]
还	九	镜	将	一	镜	中	入，	前	述

九镜为能摄，一镜为所摄。还将九镜入一镜中，

3.22.14

njɨɨ¹	tjij²	·o²	mjijr²	ɣjiw¹	sji²	zji²	rejr²	bju¹	ŋwu²
[illegible]	[illegible]	[illegible]	[illegible]	[illegible]	[illegible]，	[illegible]	[illegible]	[illegible]	[illegible]。
两	对	入	者	摄	能，	悉	多	于	是。
·jij¹	ɣjiw¹	·jij¹	·o²	tśhjwo¹	ɣjiw¹	·o²	ɣię²	mjij¹	·jɨ²
[illegible]	[illegible]	[illegible]	[illegible]，	[illegible]	[illegible]	[illegible]	[illegible]	[illegible]	[illegible]。
即	摄	即	入，	故	摄	入	阂	无	谓。

上两对能入能摄，悉是于多。即摄即入，故谓摄入无阂。

3.23.1

thja¹	lew¹	lew¹	ɣjiw¹	lew²	·o²	tjị²	we²	nioow¹	ɣjiw¹
[illegible]	[illegible]	[illegible]	[illegible]	[illegible]	[illegible]	[illegible]	[illegible]	[illegible]，	[illegible]
其	一	但	摄	所	入	所	为	故，	摄
sji²	·o²	mjijr²	mji¹	·jɨ²	ljɨ¹	kụ¹	mjɨ²	tśhjwo¹	phjo²
[illegible]	[illegible]	[illegible]	[illegible]	[illegible]	[illegible]。”	[illegible]	[illegible]，	[illegible]	[illegible]。
能	入	者	不	谓	也。”	后	遍，	故	离。

其一但为所摄所入故，不谓能摄能入也[1]。”后遍，故离之。

译文：

“七摄入无阂门”者，标也。自前二门至六门皆是遍容之义，以一法望多，所遍在多，所容在多，今以多望一，为摄入名，以前二三门中二种法之结语而成此摄入无阂也。由二门中谓“一切法亦尔”，成此标中“入”字；由三门中谓“一切法亦尔”，成此标中“摄”字也。摄时即入，入时即摄，故谓“无阂”。以此为门，令生观智也。又明此门中无尽事法，又如前明二四二门之遍及三五二门之容也。此者，由无尽事法如理遍，故入于一；由如理容，故摄一法。又一多不坏相故，同时摄一入一也。释中谓“彼一切”者，示前一切所遍所容，至此复为能摄能入。谓“望于一法”者，前能遍能容，一法，至此复为所入所摄，故注曰“反上”。谓“名义皆殊”者，前谓遍容，今谓摄入者，是名殊；前以一望

多，今以多望一者，是义殊。“此亦”以下同于前门，有两对也。谓“入他即是摄他”者，显现入不阂摄之故也。注释曰“入即前遍”者，是六门中遍义；摄者，是六门中容义。问：“前既是遍容，而今缘何摄入?”注：“以多望一”以下明其所由。“故一切”以下离相也。谓“一切全入一中”者，显现一切入一。彼一者，所入一法也。还复者，所入即为所摄。自内者，能入即为能摄。谓“同时无阂”者，成结入不阂摄。即入即摄，故谓“同时”；互为能所，故谓“无阂”。譬喻中如九镜所由随灯入一镜中时，成一镜所入。谓“摄彼一镜”者，同时即为所摄。谓“还能入”者，其所摄一镜即为能入，所由随灯入九镜之内。“同时”以下为释无阂。又谓“摄他即是入他”者，明摄不阂入之故。“故一法”以下离相。谓“全在一切中”者，一切摄一也。“还彼”以下，一切入一也。故清凉曰：“多摄一时，多为能摄，一为所摄，其多为能入。还将此以多入一法中，如九镜为能摄，一镜为所摄。还将九镜入一镜中，上两对能入能摄，悉是于多。即摄即入，故谓摄入无阂。其一但为所摄所入故，不谓能摄能入也[1]。”后遍，故离之。

注释：

[1]《华严法界玄镜》卷二：“谓多摄一时，多为能摄，一为所摄，而多即能入，故还将此多入于所摄一法之中。如九镜为能摄，还将九镜入所摄一镜之中。然上二对能入能摄，皆是于多。即摄即入，名摄入无碍。而一但为所摄所入，不得能摄能入之名。”

释读：

3.23.2

·jar¹ dźjwɨ¹ gu² ɣię² mjij¹ ɣa¹ tja¹ mjiij² ljɨ¹ dźjwɨ¹

[illegible]

“八 交 涉 阂 无 门” 者， 标 也。 交

tja¹ dźjwɨ¹ gu² gu² tja¹ gu² thwuu¹ tśhjiw¹ kha¹ lew¹

[illegible]

者， 交 互； 涉 者， 融 通。 六 中 一

“八交涉无阂门”者，标也。交者，交互；涉者，融通。以六之以一

3.23.3

rejr² ɣa² dza² la¹ śją¹ kha¹ rejr² lew¹ ɣa² dza² ·jij¹

[illegible]

多 于 望 以， 七 中 多 一 于 望 △

dźjwɨ¹ gu² gu² thwuu¹ thjɨ² ɣa¹ śji¹ gjwi² ·jij¹ ŋwu²

[illegible]

交 互 融 通， 此 门 初 句 即 是，

望多，交互融通七之以多望一，此门初句即是，

3.23.4

tśjɨɨ^{1} gjwi^{2} ·jij^{1} śjɨj^{1} ŋwu^{2} nioow^{1} śjạ^{1} kha^{1} rejr^{2} lew^{1} ɣa^{2}

[illegible]

次 句 △ 成 也。 又 七 中 多 一 于

dza^{2} la^{1} tśhjiw^{1} kha^{1} lew^{1} rejr^{2} ɣa^{2} dza^{2} dźjwɨ^{1} gu^{2}

[illegible]

望 以 六 中 一 多 于 望 交 互

成次句也。以七之以多望一交互

3.23.5

gu^{2} thwuu^{1} thjɨ^{2} ɣa^{1} tśjɨɨ^{1} gjwi^{2} śji^{1} gjwi^{2} ·jij^{1} śjɨj^{1} ŋwu^{2}

[illegible]

融 通， 此 门 次 句 初 句 △ 成 也。

thjɨ^{2} sju^{2} njɨ^{2} ·wiọ^{1} ɣjiw^{1} ·o^{2} thwuu^{1} dzjɨj^{1} dźjwɨ^{1} gu^{2}

[illegible]

是 如 遍 容 摄 入， 同 时 交 互

融通六之以一望多，此门次句成初句也。如是遍容摄入，同时交互

3.23.6

gu^{2} thwuu^{1} lụ^{2} ɣię^{2} mji^{1} dju^{1} njɨɨ^{1} rjɨj^{2} wə^{1} tsjiir^{1}

[illegible]

融 通， 障 碍 不 有， 两 重 主 法

we^{2} thjɨ^{2} la^{1} ɣa^{1} wji^{1} bioo^{1} sjij^{2} śjwo^{1} phji^{1} tśhjwo^{1}

[illegible]

为， 此 以 门 为， 观 智 生 令， 故

融通，了无障碍，为两重主法，以此为门，令生观智，故

3.23.7

dźjwɨ^{1} gu^{2} ɣię^{2} mjij^{1} ·jɨ^{2} bjij^{2} dźjwɨ^{1} dza^{2} ·jɨ^{2} tja^{1}

[illegible]

“交 涉 阂 无” 谓。 注 “互 望” 谓 者，

tśhjiw^{1} ɣa^{1} lew^{1} rejr^{2} ɣa^{2} dza^{2} lew^{1} sji^{2} we^{2}

[illegible]

六 门 一 多 于 望， 一 能 为，

谓“交涉无阂”。注谓“互望”者，六门以一望多，一为能，

3.23.8

lew^2	wji^1	tji̱^{2}	mjij^1	śja̱^{1}	ɣa^1	rejr^2	lew^1	ɣa^2	dza^2	rejr^2
[illegible]	[illegible]	[illegible]	[illegible]；	[illegible]	[illegible]	[illegible]	[illegible]	[illegible]	[illegible]，	[illegible]
所	为	可	无；	七	门	多	一	于	望，	多
sji^2	we^2	lew^2	wji^1	tji̱^{2}	mjij^1	tśhjwo^1	sji^2	lew^2	wo^2	
[illegible]	[illegible]，	[illegible]	[illegible]	[illegible]	[illegible]。	[illegible]	“[illegible]	[illegible]	[illegible]	
能	为，	所	为	可	无。	故	“能	所	义	

不可为所；七门以多望一，多为能，不可为所。故谓“能所义

3.23.9

do^2	njɨ^2	·jɨ^2	bjij^2	rejr^2	la^1	lew^1	ɣjiw^1	lew^1	·o^2	njwi^2
[illegible]①”	[illegible]	[illegible]。	[illegible]	“[illegible]	[illegible]	[illegible]	[illegible]	[illegible]	[illegible]	[illegible]”
别”	等	谓。	注	“多	以	一	摄	一	入	能”
·jɨ^2	tja^1	rjɨr^2	khju^1	tśjɨɨ^1	gjwi^2	ŋowr^2	ŋowr^2	ɣjiw^1	sji^2	
[illegible]	[illegible]，	[illegible]	[illegible]	[illegible]	[illegible]	[illegible]	[illegible]	[illegible]	[illegible]	
谓	者，	以	下	次	句	一	切	摄	能	

别”。注谓“多能摄一入一”者，以下次句一切为能摄能

3.23.10

·o^2	mjijr^2	we^2	thwuu^1	dzjɨj^1	·jij^1	śji^1	gjwi^2	ɣjiw^1	lew^2
[illegible]	[illegible]	[illegible]，	[illegible]	[illegible]	[illegible]	[illegible]	[illegible]	[illegible]	[illegible]
入	者	为，	同	时	即	初	句	摄	所
·o^2	tji̱^{2}	we^2	thji^2	lew^1	tsjɨ^1	·jɨ^2	tja^1	tśjɨɨ^1	gjwi^2
[illegible]	[illegible]	[illegible]。	“[illegible]	[illegible]	[illegible]”	[illegible]	[illegible]，	[illegible]	[illegible]
入	所	为。	“此	一	亦”	谓	者，	次	句

入，同时即为初句所摄所入。谓“此一亦”者，是次句

3.23.11

·jij^1	ɣjiw^1	lew^2	·o^2	tji̱^{2}	lew^1	ŋwu^2	thwuu^1	dzjɨj^1	·jij^1	śji^1
[illegible]	[illegible]	[illegible]	[illegible]	[illegible]	[illegible]	[illegible]，	[illegible]	[illegible]	[illegible]	[illegible]
△	摄	所	入	所	一	是，	同	时	即	初
gjwi^2	ɣjiw^1	sji^2	·o^2	mjijr^2	we^2	·jij^1	sji^2	lew^2	tja^1	
[illegible]	[illegible]	[illegible]	[illegible]	[illegible]	[illegible]。	“[illegible]	[illegible]	[illegible]”	[illegible]，	
句	摄	能	入	者	为。	“即	能	所”	者，	

所摄所入之一，同时即为初句能摄能入。“即能所”者，

①[illegible]（别），原误作“[illegible]”（序）。

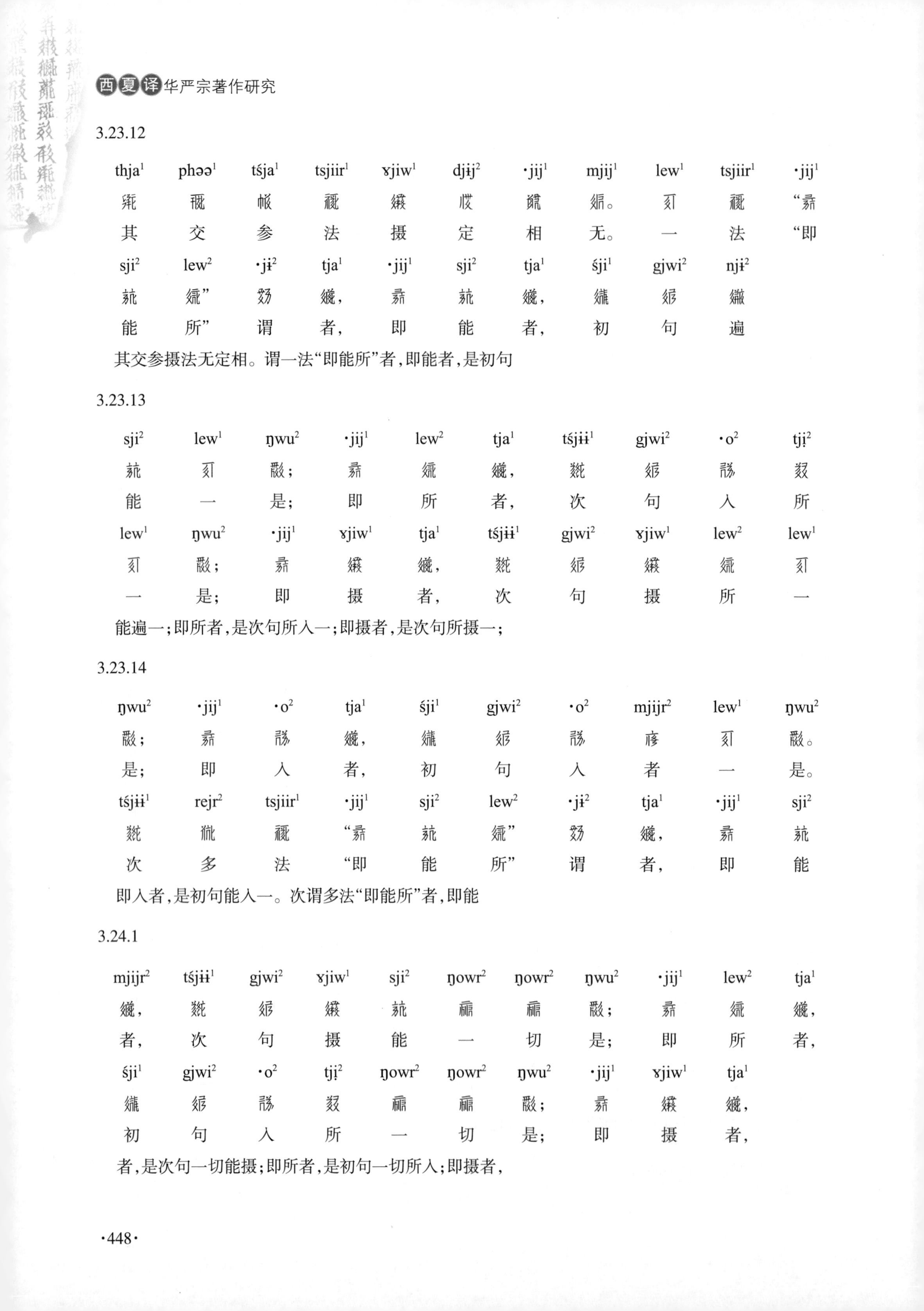

3.23.12

thja^1 phəə^1 tśja^1 tsjiir^1 ɣjiw^1 djɨj^2 ·jij^1 mjij^1 lew^1 tsjiir^1 ·jij^1

其 交 参 法 摄 定 相 无。 一 法 “即

sji^2 lew^2 ·jɨ^2 tja^1 ·jij^1 sji^2 tja^1 śji^1 gjwi^2 njɨ^2

能 所” 谓 者， 即 能 者， 初 句 遍

其交参摄法无定相。谓一法“即能所”者，即能者，是初句

3.23.13

sji^2 lew^1 ŋwu^2 ·jij^1 lew^2 tja^1 tśjɨɨ^1 gjwi^2 ·o^2 tjị^2

能 一 是； 即 所 者， 次 句 入 所

lew^1 ŋwu^2 ·jij^1 ɣjiw^1 tja^1 tśjɨɨ^1 gjwi^2 ɣjiw^1 lew^2 lew^1

一 是； 即 摄 者， 次 句 摄 所 一

能遍一；即所者，是次句所入一；即摄者，是次句所摄一；

3.23.14

ŋwu^2 ·jij^1 ·o^2 tja^1 śji^1 gjwi^2 ·o^2 mjijr^2 lew^1 ŋwu^2

是； 即 入 者， 初 句 入 者 一 是。

tśjɨɨ^1 rejr^2 tsjiir^1 ·jij^1 sji^2 lew^2 ·jɨ^2 tja^1 ·jij^1 sji^2

次 多 法 “即 能 所” 谓 者， 即 能

即入者，是初句能入一。次谓多法“即能所”者，即能

3.24.1

mjijr^2 tśjɨɨ^1 gjwi^2 ɣjiw^1 sji^2 ŋowr^2 ŋowr^2 ŋwu^2 ·jij^1 lew^2 tja^1

者， 次 句 摄 能 一 切 是； 即 所 者，

śji^1 gjwi^2 ·o^2 tjị^2 ŋowr^2 ŋowr^2 ŋwu^2 ·jij^1 ɣjiw^1 tja^1

初 句 入 所 一 切 是； 即 摄 者，

者，是次句一切能摄；即所者，是初句一切所入；即摄者，

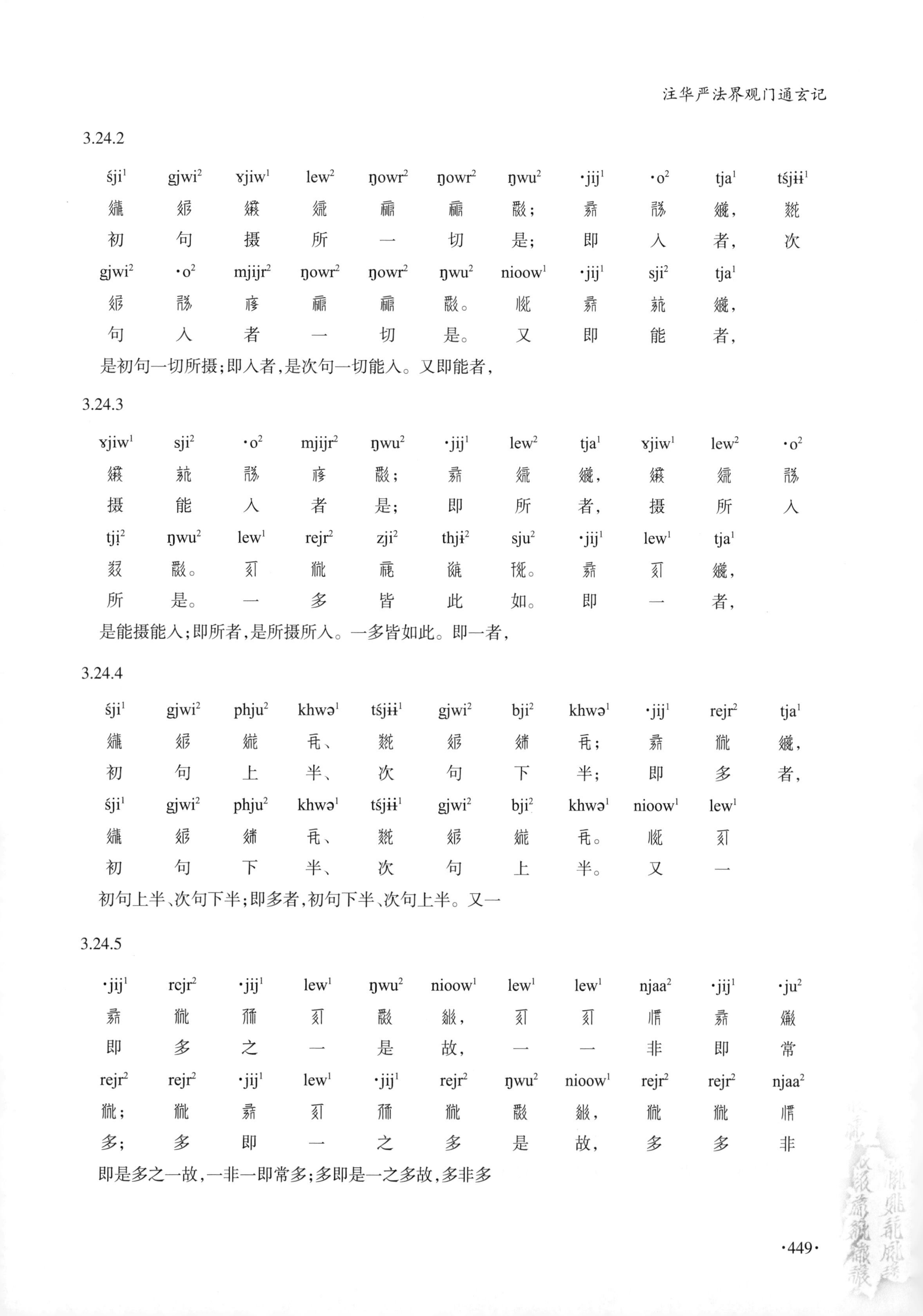

3.24.2

śji^{1} gjwi^{2} ɣjiw^{1} lew^{2} ŋowr^{2} ŋowr^{2} ŋwu^{2} ·jij^{1} ·o^{2} tja^{1} tśjɨɨ^{1}

初 句 摄 所 一 切 是； 即 入 者， 次

gjwi^{2} ·o^{2} mjijr^{2} ŋowr^{2} ŋowr^{2} ŋwu^{2} nioow^{1} ·jij^{1} sji^{2} tja^{1}

句 入 者 一 切 是。 又 即 能 者，

是初句一切所摄；即入者，是次句一切能入。又即能者，

3.24.3

ɣjiw^{1} sji^{2} ·o^{2} mjijr^{2} ŋwu^{2} ·jij^{1} lew^{2} tja^{1} ɣjiw^{1} lew^{2} ·o^{2}

摄 能 入 者 是； 即 所 者， 摄 所 入

tji̱^{2} ŋwu^{2} lew^{1} rejr^{2} zji^{2} thjɨ^{2} sju^{2} ·jij^{1} lew^{1} tja^{1}

所 是。 一 多 皆 此 如。 即 一 者，

是能摄能入；即所者，是所摄所入。一多皆如此。即一者，

3.24.4

śji^{1} gjwi^{2} phju^{2} khwə^{1} tśjɨɨ^{1} gjwi^{2} bji^{2} khwə^{1} ·jij^{1} rejr^{2} tja^{1}

初 句 上 半、 次 句 下 半； 即 多 者，

śji^{1} gjwi^{2} phju^{2} khwə^{1} tśjɨɨ^{1} gjwi^{2} bji^{2} khwə^{1} nioow^{1} lew^{1}

初 句 下 半、 次 句 上 半。 又 一

初句上半、次句下半；即多者，初句下半、次句上半。又一

3.24.5

·jij^{1} rejr^{2} ·jij^{1} lew^{1} ŋwu^{2} nioow^{1} lew^{1} lew^{1} njaa^{2} ·jij^{1} ·ju^{2}

即 多 之 一 是 故， 一 一 非 即 常

rejr^{2} rejr^{2} ·jij^{1} lew^{1} ·jij^{1} rejr^{2} ŋwu^{2} nioow^{1} rejr^{2} rejr^{2} njaa^{2}

多； 多 即 一 之 多 是 故， 多 多 非

即是多之一故，一非一即常多；多即是一之多故，多非多

3.24.6

·jij¹	·ju²	lew¹	ŋowr²	ŋowr²	ljɨ¹	dzjɨj¹	·jɨ²	tja¹	tsjiir²	śjwo¹
[illegible]	[illegible]	[illegible]。	“[illegible]	[illegible]	[illegible]	[illegible]”	[illegible]	[illegible]，	[illegible]	[illegible]
即	常	一。	“一	切	一	时”	谓	者，	性	生
lew¹	rejr²	śji¹	kụ¹	mjij¹	nioow¹	tśhjwo¹	zji¹	ɣjiw¹	ɣię²	
[illegible]	[illegible]	[illegible]	[illegible]	[illegible]	[illegible]，	[illegible]	“[illegible]	[illegible]	[illegible]	
一	多	先	后	无	由，	故	“溥	收	阂	

即常一。谓“一切一时”者，由生性一多无先后，故谓“溥收无阂”，

3.24.7

mjij¹	·jɨ²	thja¹	lew¹	tsjiir¹	rjɨr²	khju¹	kjij¹	ljɨ¹	thjɨ²
[illegible]”	[illegible]，	[illegible]	“[illegible]	[illegible]”	[illegible]	[illegible]	[illegible]	[illegible]，	[illegible]
无”	谓，	彼	“一	法”	以	下	释	也，	此
tja¹	lew¹	lew¹	rejr²	ɣa²	dza²	·jij¹	mjiij²	ɣjiw¹	dju¹
[illegible]，	[illegible]	[illegible]	[illegible]	[illegible]	[illegible]	[illegible]	[illegible]。	“[illegible]	[illegible]
者，	但	一	多	于	望	△	标。	“摄	有

彼“一法”以下释之，此但标以一望多。“有摄

3.24.8

·o²	dju¹	tja¹	śji¹	ɣa¹	kụ¹	ɣa¹	ɣa²	dza²	nioow¹	nioow¹
[illegible]	[illegible]”	[illegible]，	[illegible]	[illegible]	[illegible]	[illegible]	[illegible]	[illegible]	[illegible]，	[illegible]
入	有”	者，	前	门	后	门	于	望	故，	又
ljɨɨr¹	gjwi²	kha¹	lew¹	śji¹	bju¹	·o¹	nioow¹	wo²	bju¹	
[illegible]	[illegible]	[illegible]	[illegible]	[illegible]	[illegible]	[illegible]	[illegible]，	[illegible]	[illegible]	
四	句	中	一	前	依	续	故，	例	依	

有入”者，以前门望后门故，又四句之一续前故，依例

3.24.9

rejr²	lew¹	ɣa²	dza²	lew¹	lew¹	ɣa²	dza²	rejr²	rejr²	ɣa²
[illegible]	[illegible]	[illegible]	[illegible]、	[illegible]	[illegible]	[illegible]	[illegible]、	[illegible]	[illegible]	[illegible]
多	一	于	望、	一	一	于	望、	多	多	于
dza²	njɨ²	ŋowr²	ljɨ¹	thja¹	tśhjiw¹	ɣa¹	tsjɨ¹	lew¹	rejr²	ɣa²
[illegible]	[illegible]	[illegible]	[illegible]。	[illegible]	[illegible]	[illegible]	[illegible]	[illegible]	[illegible]	[illegible]
望	等	备	矣。	彼	六	门	亦	一	多	于

以多望一、以一望一、以多望多备矣。彼六门亦以一

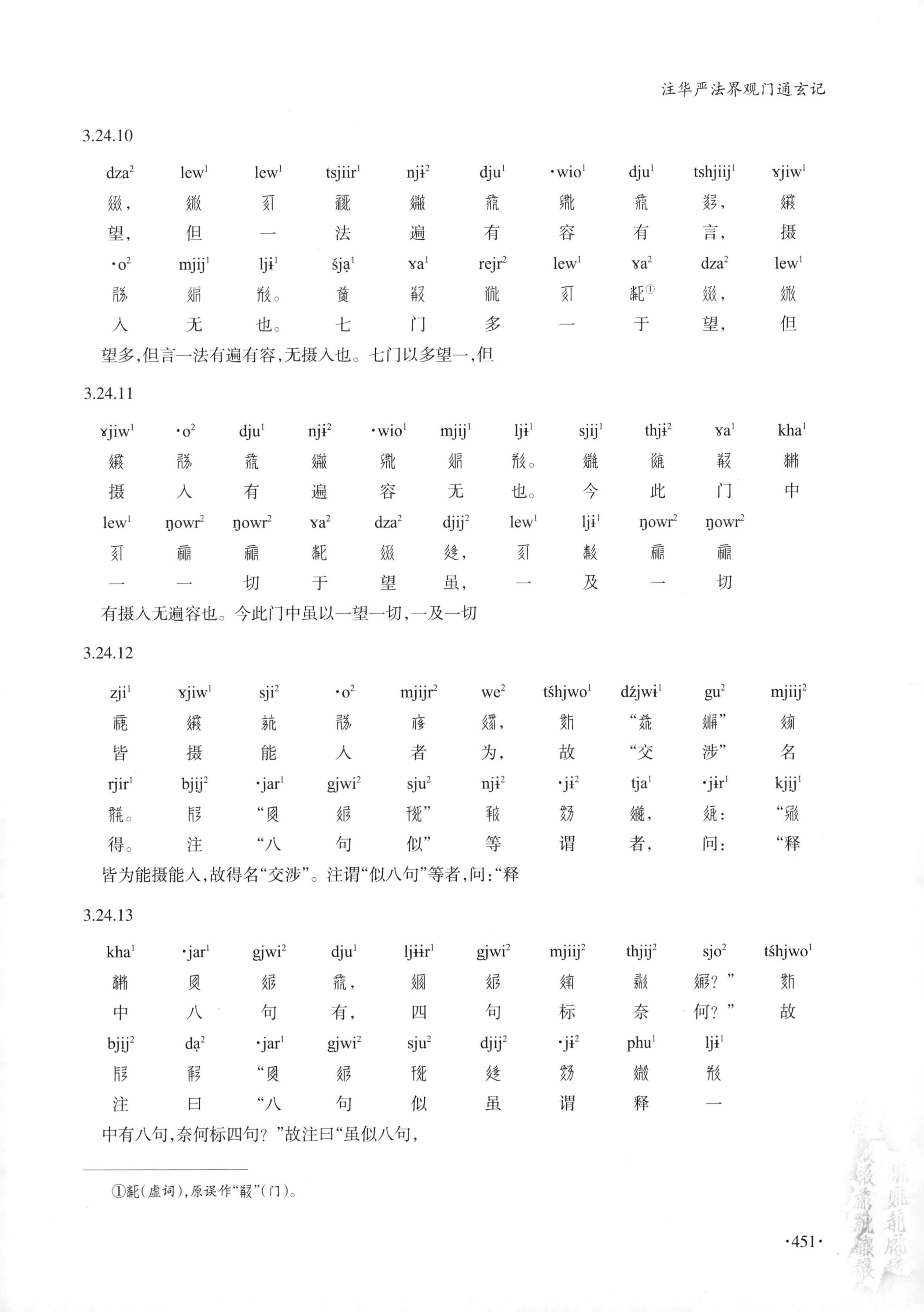

3.24.10

dza²	lew¹	lew¹	tsjiir¹	njɨ²	dju¹	·wio¹	dju¹	tshjiij¹	ɣjiw¹
望，	但	一	法	遍	有	容	有	言，	摄
·o²	mjij¹	ljɨ¹	śja̱¹	ɣa¹	rejr²	lew¹	ɣa²①	dza²	lew¹
入	无	也。	七	门	多	一	于	望，	但

望多，但言一法有遍有容，无摄入也。七门以多望一，但

3.24.11

ɣjiw¹	·o²	dju¹	njɨ²	·wio¹	mjij¹	ljɨ¹	sjij¹	thjɨ²	ɣa¹	kha¹
摄	入	有	遍	容	无	也。	今	此	门	中
lew¹	ŋowr²	ŋowr²	ɣa²	dza²	djij²	lew¹	ljɨ¹	ŋowr²	ŋowr²	
一	一	切	于	望	虽，	一	及	一	切	

有摄入无遍容也。今此门中虽以一望一切，一及一切

3.24.12

zji¹	ɣjiw¹	sji²	·o²	mjijr²	we²	tśhjwo¹	dźjwɨ¹	gu²	mjiij²
皆	摄	能	入	者	为，	故	"交	涉"	名
rjir¹	bjij²	·jar¹	gjwi²	sju²	njɨ²	·jɨ²	tja¹	·jɨr¹	kjij¹
得。	注	"八	句	似"	等	谓	者，	问：	"释

皆为能摄能入，故得名"交涉"。注谓"似八句"等者，问："释

3.24.13

kha¹	·jar¹	gjwi²	dju¹	ljɨɨr¹	gjwi²	mjiij²	thjij²	sjo²	tśhjwo¹
中	八	句	有，	四	句	标	奈	何？"	故
bjij²	da̱²	·jar¹	gjwi²	sju²	djij²	·jɨ²	phu¹	ljɨ¹	
注	曰	"八	句	似	虽	谓	释	一	

中有八句，奈何标四句？"故注曰"虽似八句，

①(虚词)，原误作"(门)"。

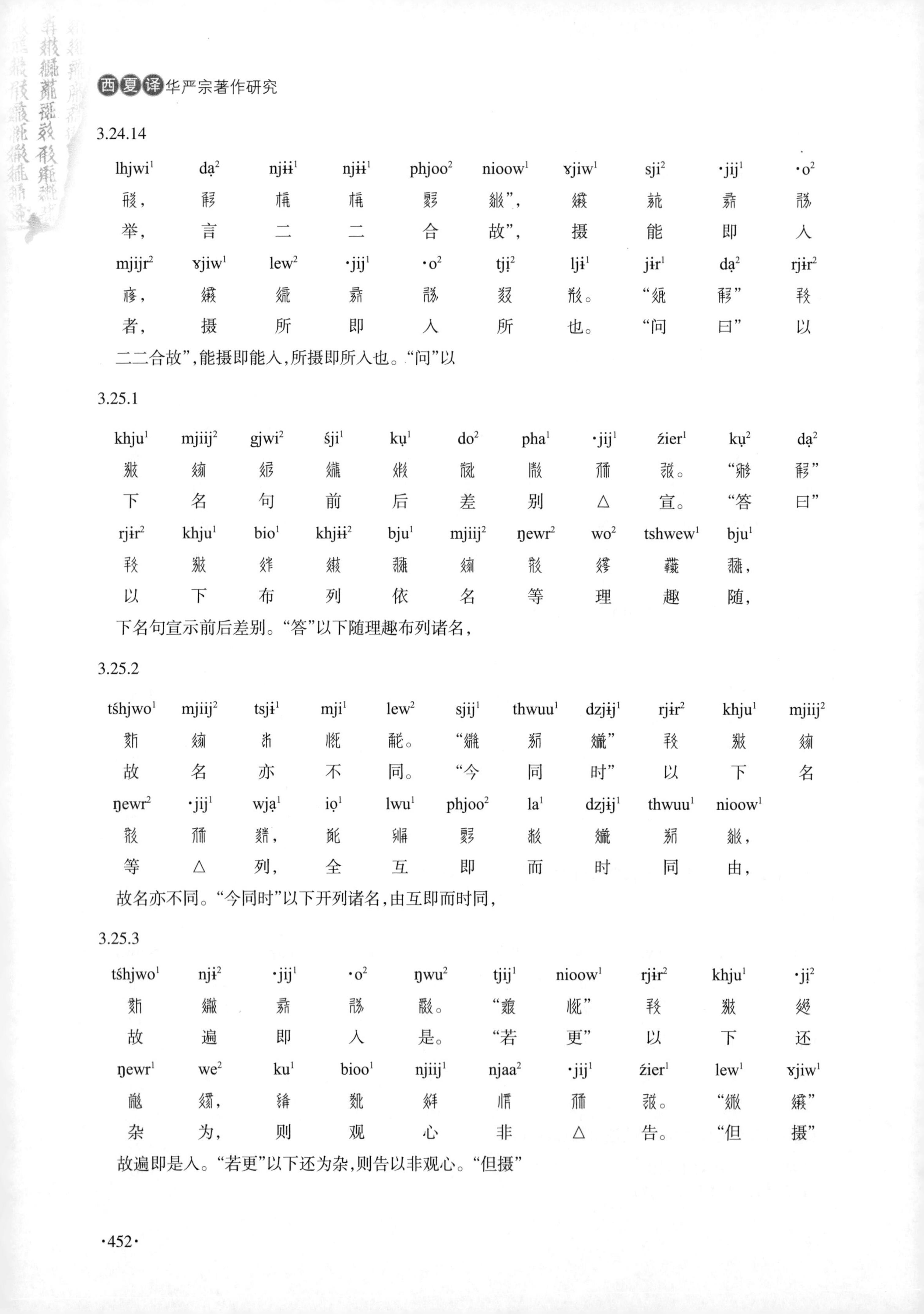

3.24.14

lhjwi^{1} dạ^{2} njɨɨ^{1} njɨɨ^{1} phjoo^{2} nioow^{1} ɣjiw^{1} sji^{2} ·jij^{1} ·o^{2}

举， 言 二 二 合 故”， 摄 能 即 入

mjijr^{2} ɣjiw^{1} lew^{2} ·jij^{1} ·o^{2} tjị^{2} ljɨ^{1} jɨr^{1} dạ^{2} rjɨr^{2}

者， 摄 所 即 入 所 也。 “问 曰” 以

二二合故”，能摄即能入，所摄即所入也。“问”以

3.25.1

khju^{1} mjiij^{2} gjwi^{2} śji^{1} kụ^{1} do^{2} pha^{1} ·jij^{1} źier^{1} kụ^{2} dạ^{2}

下 名 句 前 后 差 别 △ 宣。 “答 曰”

rjɨr^{2} khju^{1} bio^{1} khjɨɨ^{2} bju^{1} mjiij^{2} ŋewr^{2} wo^{2} tshwew^{1} bju^{1}

以 下 布 列 依 名 等 理 趣 随，

下名句宣示前后差别。“答”以下随理趣布列诸名，

3.25.2

tśhjwo^{1} mjiij^{2} tsjɨ^{1} mji^{1} lew^{2} sjij^{1} thwuu^{1} dzjɨj^{1} rjɨr^{2} khju^{1} mjiij^{2}

故 名 亦 不 同。 “今 同 时” 以 下 名

ŋewr^{2} ·jij^{1} wjạ^{1} iọ^{1} lwu^{1} phjoo^{2} la^{1} dzjɨj^{1} thwuu^{1} nioow^{1}

等 △ 列， 全 互 即 而 时 同 由，

故名亦不同。“今同时”以下开列诸名，由互即而时同，

3.25.3

tśhjwo^{1} njɨ^{2} ·jij^{1} ·o^{2} ŋwu^{2} tjij^{1} nioow^{1} rjɨr^{2} khju^{1} ·jɨ^{2}

故 遍 即 入 是。 “若 更” 以 下 还

ŋewr^{1} we^{2} ku^{1} bioo^{1} njiij^{1} njaa^{2} ·jij^{1} źier^{1} lew^{1} ɣjiw^{1}

杂 为， 则 观 心 非 △ 告。 “但 摄”

故遍即是入。“若更”以下还为杂，则告以非观心。“但摄”

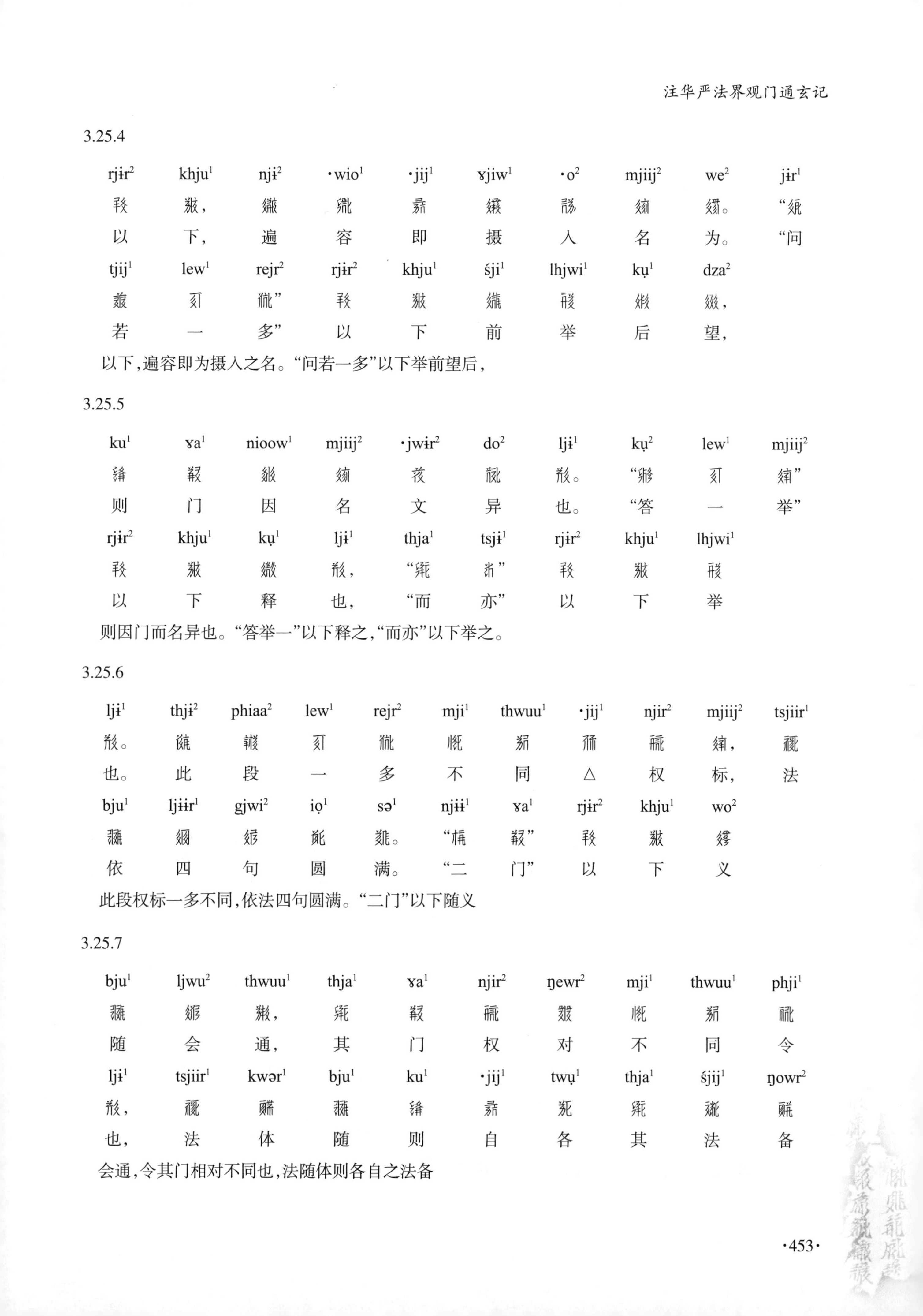

3.25.4

rjɨr^{2} khju^{1} njɨ^{2} ·wio^{1} ·jij^{1} ɣjiw^{1} ·o^{2} mjiij^{2} we^{2} jɨr^{1}

以 下， 遍 容 即 摄 入 名 为。 “问

tjij^{1} lew^{1} rejr^{2} rjɨr^{2} khju^{1} śji^{1} lhjwi^{1} kụ^{1} dza^{2}

若 一 多” 以 下 前 举 后 望，

以下，遍容即为摄入之名。“问若一多”以下举前望后，

3.25.5

ku^{1} ɣa^{1} nioow^{1} mjiij^{2} ·jwɨr^{2} do^{2} ljɨ^{1} kụ^{2} lew^{1} mjiij^{2}

则 门 因 名 文 异 也。 “答 一 举”

rjɨr^{2} khju^{1} kụ^{1} ljɨ^{1} thja^{1} tsjɨ^{1} rjɨr^{2} khju^{1} lhjwi^{1}

以 下 释 也， “而 亦” 以 下 举

则因门而名异也。“答举一”以下释之，“而亦”以下举之。

3.25.6

ljɨ^{1} thjɨ^{2} phiaa^{2} lew^{1} rejr^{2} mji^{1} thwuu^{1} ·jij^{1} njir^{2} mjiij^{2} tsjiir^{1}

也。 此 段 一 多 不 同 △ 权 标， 法

bju^{1} ljɨɨr^{1} gjwi^{2} iọ^{1} sə^{1} njɨɨ^{1} ɣa^{1} rjɨr^{2} khju^{1} wo^{2}

依 四 句 圆 满。 “二 门” 以 下 义

此段权标一多不同，依法四句圆满。“二门”以下随义

3.25.7

bju^{1} ljwu^{2} thwuu^{1} thja^{1} ɣa^{1} njir^{2} ŋewr^{2} mji^{1} thwuu^{1} phji^{1}

随 会 通， 其 门 权 对 不 同 令

ljɨ^{1} tsjiir^{1} kwər^{1} bju^{1} ku^{1} ·jij^{1} twụ^{1} thja^{1} śjij^{1} ŋowr^{2}

也， 法 体 随 则 自 各 其 法 备

会通，令其门相对不同也，法随体则各自之法备

3.25.8

ljɨ^{1}	nioow^{1}	thjɨ^{2}	njɨɨ^{1}	ɣa^{1}	rjɨr^{2}	khju^{1}	sji^{2}	lew^{2}	wə^{1}
矣。	又	此	“二	门”	以	下	能	所	主
bjij^{2}	dźju^{1}	nioow^{1}	wo^{2}	mji^{1}	·jị^{2}	ljɨ^{1}	thja^{1}	lew^{1}	ŋowr^{2}
伴	明	故，	义	不	复	也。	其	“一	一

矣。又此“二门”以下明能所之主伴，故义不复也。其“一

3.25.9

ŋowr^{2}	ɣjiw^{1}	rjɨr^{2}	khju^{1}	ljɨɨr^{1}	gjwi^{2}	pha^{1}	dźju^{1}	sjij^{1}	śji^{1}	wo^{2}
切	摄”	以	下	四	句	别	明，	今	前	义
ɣa^{2}	iọ^{1}	tshjiij^{1}	la^{1}	tsew^{2}	dzjij^{2}	ljij^{2}	phji^{1}	thja^{1}	kha^{1}	
于	总	说	而	限	他	见	令。	其	中	

摄一切”以下明四句之别，今总说前义而见其他。其中

3.25.10

djii^{1}	sọ^{1}	śji^{1}	ljɨɨr^{1}	gjwi^{2}	śjwo^{1}	śjij^{1}	·jij^{1}	dźju^{1}	njɨɨ^{1}	dzju^{2}
分	三。	前	四	句	自	所	△	明。	二，	主
dju^{1}	bjij^{2}	mjij^{1}	·jij^{1}	phjo^{2}	sọ^{1}	·jwɨr^{2}	bju^{1}	wo^{2}	kjij^{1}	
有	伴	无	于	离，	三，	文	随	义	释。	

三分。前四句明其所自。二，有主离于无伴，三，随文释义。

3.25.11

sjij^{1}	śji^{1}	thjɨ^{2}	tja^{1}	śji^{1}	tśhjiw^{1}	śjạ^{1}	njɨɨ^{1}	ɣa^{1}	·jij^{1}
今	前	此	者，	前	六	七	二	门	△
lwu^{1}	la^{1}	sjij^{1}	ljɨɨr^{1}	gjwi^{2}	śjɨj^{1}	tśhjiw^{1}	kha^{1}	kụ^{1}	tjij^{2}
融	而	今	四	句	成，	六	中	后	对

今前此者，融前六七二门而成今四句，以六之后对

3.25.12

wạ^{2}	·wio^{1}	·jij^{1}	zji^{2}	njɨ^{2}	la^{1}	kew^{1}	śji^{1}	gjwi^{2}	śjɨj^{1}
"[illegible]	[illegible]	[illegible]	[illegible]	[illegible]"	[illegible]	[illegible]	[illegible]	[illegible]	[illegible]，
"广	容	即	溥	遍"	以	此	初	句	成，
śjạ^{1}	kha^{1}	kụ^{1}	tjij^{2}	tsjij^{1}	ɣjiw^{1}	·jij^{1}	tsjij^{1}	·o^{2}	la^{1}
[illegible]	[illegible]	[illegible]	[illegible]	"[illegible]	[illegible]	[illegible]	[illegible]	[illegible]"	[illegible]
七	中	后	对	"他	摄	即	他	入"	以

"广容即溥遍"成此初句，以七之后对"摄他即入他"

3.25.13

kew^{1}	tśjɨɨ^{1}	gjwi^{2}	śjɨj^{1}	tśhjiw^{1}	ɣa^{1}	śji^{1}	tjij^{2}	·wio^{1}	sji^{2}
[illegible]	[illegible]	[illegible]	[illegible]。	[illegible]	[illegible]	[illegible]	[illegible]	[illegible]	[illegible]
此	次	句	成。	六	门	前	对	容	能
·jij^{1}	lew^{1}	śjạ^{1}	ɣa^{1}	śji^{1}	tjij^{2}	ɣjiw^{1}	lew^{2}	·jij^{1}	lew^{1}
[illegible]	[illegible]	[illegible]	[illegible]	[illegible]	[illegible]	[illegible]	[illegible]	[illegible]	[illegible]
之	一	七	门	前	对	摄	所	之	一

成此次句。六门前对能容之一合于七门前对所摄之一，

3.25.14

rjir^{2}	phjoo^{2}	la^{1}	kew^{1}	sọ^{1}	tsew^{2}	gjwi^{2}	bji^{2}	khwə^{1}	·jij^{1}
[illegible]	[illegible]，	[illegible]	[illegible]	[illegible]	[illegible]	[illegible]	[illegible]	[illegible]	[illegible]
于	合，	而	此	三	第	句	上	半	△
śjɨj^{1}	tśhjiw^{1}	ɣa^{1}	śji^{1}	tjij^{2}	njɨ^{2}	mjijr^{2}	·jij^{1}	lew^{1}	śjạ^{1}
[illegible]；	[illegible]	[illegible]	[illegible]	[illegible]	[illegible]	[illegible]	[illegible]	[illegible]	[illegible]
成；	六	门	前	对	遍	者	之	一	七

而成此第三句上半；六门前对能遍之一合于七

3.26.1

ɣa^{1}	śji^{1}	tjij^{2}	·o^{2}	tjị^{2}	·jij^{1}	lew^{1}	rjir^{2}	phjoo^{2}	la^{1}
[illegible]	[illegible]	[illegible]	[illegible]	[illegible]	[illegible]	[illegible]	[illegible]	[illegible]，	[illegible]
门	前	对	入	所	之	一	于	合，	而
kew^{1}	sọ^{1}	tsew^{2}	gjwi^{2}	bji^{2}	khwə^{1}	·jij^{1}	śjɨj^{1}	nioow^{1}	śjạ^{1}
[illegible]	[illegible]	[illegible]	[illegible]	[illegible]	[illegible]	[illegible]	[illegible]。	[illegible]	[illegible]
此	三	第	句	下	半	△	成。	又	七

门前对所入之一，而成此第三句下半。又七

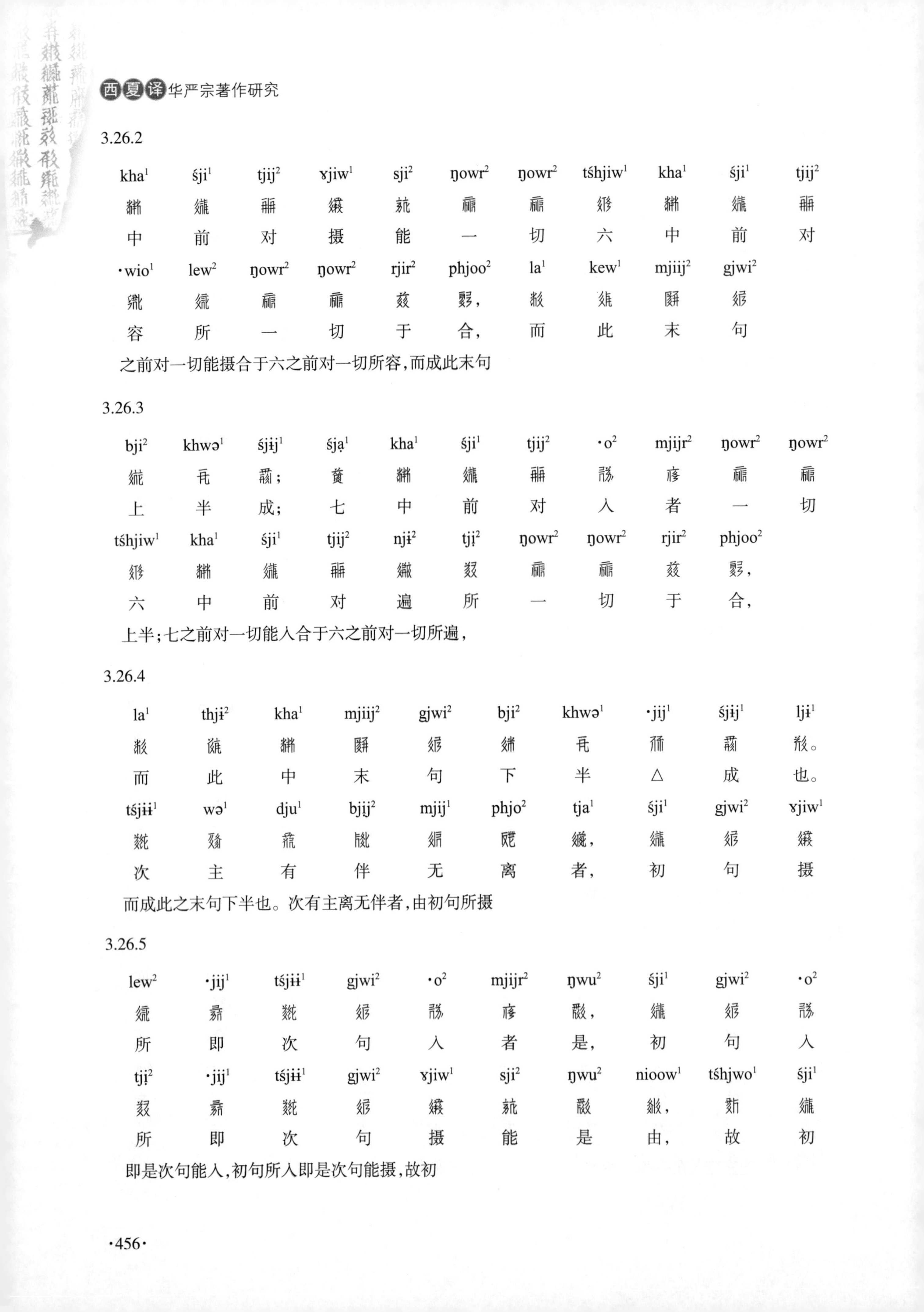

3.26.2

kha¹	śji¹	tjij²	ɣjiw¹	sji²	ŋowr²	ŋowr²	tśhjiw¹	kha¹	śji¹	tjij²
中	前	对	摄	能	一	切	六	中	前	对
·wio¹	lew²	ŋowr²	ŋowr²	rjir²	phjoo²	la¹	kew¹	mjiij²	gjwi²	
容	所	一	切	于	合，	而	此	末	句	

之前对一切能摄合于六之前对一切所容，而成此末句

3.26.3

bji²	khwə¹	śjɨj¹	śjạ¹	kha¹	śji¹	tjij²	·o²	mjijr²	ŋowr²	ŋowr²
上	半	成；	七	中	前	对	入	者	一	切
tśhjiw¹	kha¹	śji¹	tjij²	njɨ²	tjị²	ŋowr²	ŋowr²	rjir²	phjoo²	
六	中	前	对	遍	所	一	切	于	合，	

上半；七之前对一切能入合于六之前对一切所遍，

3.26.4

la¹	thjɨ²	kha¹	mjiij²	gjwi²	bji²	khwə¹	·jij¹	śjɨj¹	ljɨ¹
而	此	中	末	句	下	半	△	成	也。
tśjɨɨ¹	wə¹	dju¹	bjij²	mjij¹	phjo²	tja¹	śji¹	gjwi²	ɣjiw¹
次	主	有	伴	无	离	者，	初	句	摄

而成此之末句下半也。次有主离无伴者，由初句所摄

3.26.5

lew²	·jij¹	tśjɨɨ¹	gjwi²	·o²	mjijr²	ŋwu²	śji¹	gjwi²	·o²
所	即	次	句	入	者	是，	初	句	入
tjị²	·jij¹	tśjɨɨ¹	gjwi²	ɣjiw¹	sji²	ŋwu²	nioow¹	tśhjwo¹	śji¹
所	即	次	句	摄	能	是	由，	故	初

即是次句能入，初句所入即是次句能摄，故初

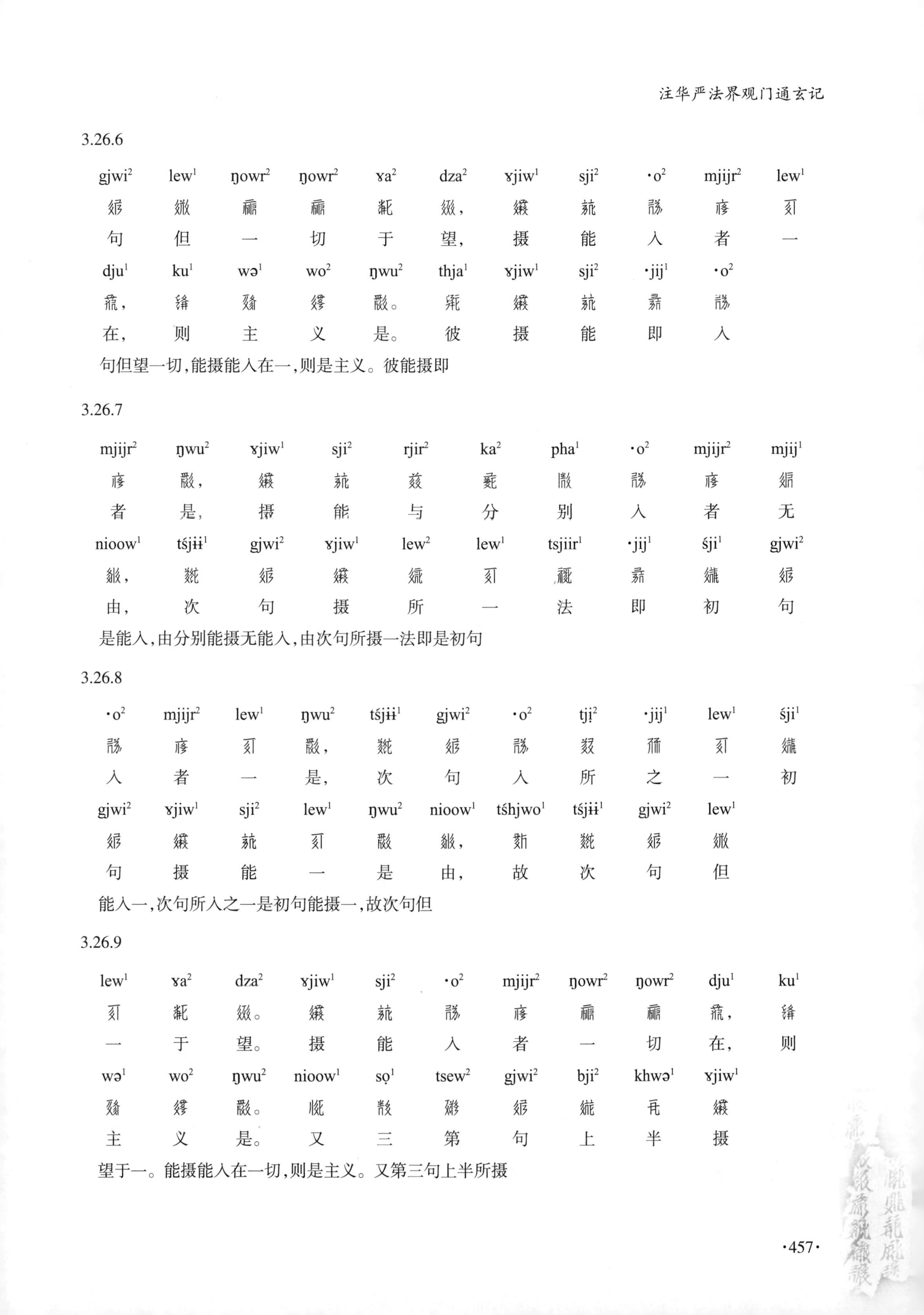

3.26.6

gjwi^{2} lew^{1} ŋowr^{2} ŋowr^{2} ɣa^{2} dza^{2} ɣjiw^{1} sji^{2} ·o^{2} mjijr^{2} lew^{1}

句 但 一 切 于 望， 摄 能 入 者 一

dju^{1} ku^{1} wə^{1} wo^{2} ŋwu^{2} thja^{1} ɣjiw^{1} sji^{2} ·jij^{1} ·o^{2}

在， 则 主 义 是。 彼 摄 能 即 入

句但望一切，能摄能入在一，则是主义。彼能摄即

3.26.7

mjijr^{2} ŋwu^{2} ɣjiw^{1} sji^{2} rjir^{2} ka^{2} pha^{1} ·o^{2} mjijr^{2} mjij^{1}

者 是， 摄 能 与 分 别 入 者 无

nioow^{1} tśjɨɨ^{1} gjwi^{2} ɣjiw^{1} lew^{2} lew^{1} tsjiir^{1} ·jij^{1} śji^{1} gjwi^{2}

由， 次 句 摄 所 一 法 即 初 句

是能入，由分别能摄无能入，由次句所摄一法即是初句

3.26.8

·o^{2} mjijr^{2} lew^{1} ŋwu^{2} tśjɨɨ^{1} gjwi^{2} ·o^{2} tji^{2} ·jij^{1} lew^{1} śji^{1}

入 者 一 是， 次 句 入 所 之 一 初

gjwi^{2} ɣjiw^{1} sji^{2} lew^{1} ŋwu^{2} nioow^{1} tśhjwo^{1} tśjɨɨ^{1} gjwi^{2} lew^{1}

句 摄 能 一 是 由， 故 次 句 但

能入一，次句所入之一是初句能摄一，故次句但

3.26.9

lew^{1} ɣa^{2} dza^{2} ɣjiw^{1} sji^{2} ·o^{2} mjijr^{2} ŋowr^{2} ŋowr^{2} dju^{1} ku^{1}

一 于 望。 摄 能 入 者 一 切 在， 则

wə^{1} wo^{2} ŋwu^{2} nioow^{1} sọ^{1} tsew^{2} gjwi^{2} bji^{2} khwə^{1} ɣjiw^{1}

主 义 是。 又 三 第 句 上 半 摄

望于一。能摄能入在一切，则是主义。又第三句上半所摄

3.26.10

lew^{2}	lew^{1}	·jij^{1}	bji^{2}	khwə^{1}	·o^{2}	mjijr^{2}	lew^{1}	ŋwu^{2}	bji^{2}
[illegible]	[illegible]	[illegible]	[illegible]	[illegible]	[illegible]	[illegible]	[illegible]	[illegible]，	[illegible]
所	一	即	下	半	入	者	一	是，	下
khwə^{1}	·o^{2}	tjị^{2}	lew^{1}	·jij^{1}	bji^{2}	khwə^{1}	ɣjiw^{1}	sji^{2}	lew^{1}
[illegible]	[illegible]	[illegible]	[illegible]	[illegible]	[illegible]	[illegible]	[illegible]	[illegible]	[illegible]
半	入	所	一	即	上	半	摄	能	一

一即是下半能入一，下半所入即是上半能摄一，

3.26.11

ŋwu^{2}	tśhjwo^{1}	lew^{1}	lew^{1}	lew^{1}	ɣa^{2}	dza^{2}	wə^{1}	we^{2}	wo^{2}	dju^{1}
[illegible]，	[illegible]	[illegible]	[illegible]	[illegible]	[illegible]	[illegible]，	[illegible]	[illegible]	[illegible]	[illegible]
是，	故	但	一	一	于	望，	主	为	义	有
ljɨ^{1}	nioow^{1}	mjiij^{2}	gjwi^{2}	bji^{2}	khwə^{1}	ɣjiw^{1}	lew^{2}	ŋowr^{2}	ŋowr^{2}	
[illegible]。	[illegible]	[illegible]	[illegible]	[illegible]	[illegible]	[illegible]	[illegible]	[illegible]	[illegible]	
也。	又	末	句	上	半	摄	所	一	切	

故但以一望一，有为主之义。又末句上半一切所摄

3.26.12

·jij^{1}	bji^{2}	khwə^{1}	·o^{2}	mjijr^{2}	ŋowr^{2}	ŋowr^{2}	ŋwu^{2}	bji^{2}	khwə^{1}	·o^{2}
[illegible]	[illegible]	[illegible]	[illegible]	[illegible]	[illegible]	[illegible]	[illegible]，	[illegible]	[illegible]	[illegible]
即	下	半	入	者	一	切	是，	下	半	入
tjị^{2}	ŋowr^{2}	ŋowr^{2}	·jij^{1}	bji^{2}	khwə^{1}	ɣjiw^{1}	sji^{2}	ŋowr^{2}	ŋowr^{2}	
[illegible]	[illegible]	[illegible]	[illegible]	[illegible]	[illegible]	[illegible]	[illegible]	[illegible]	[illegible]	
所	一	切	即	上	半	摄	能	一	切	

即是下半一切能入，下半一切所入即是上半一切能摄，

3.26.13

ŋwu^{2}	tśhjwo^{1}	lew^{1}	rejr^{2}	rejr^{2}	ɣa^{2}	dza^{2}	ɣjiw^{1}	sji^{2}	·o^{2}
[illegible]，	[illegible]	[illegible]	[illegible]	[illegible]	[illegible]	[illegible]，	[illegible]	[illegible]	[illegible]
是，	故	但	多	多	于	望，	摄	能	入
mjijr^{2}	wə^{1}	we^{2}	wo^{2}	dju^{1}	ljɨ^{1}	śji^{1}	·o^{1}	lew^{1}	rejr^{2}
[illegible]	[illegible]	[illegible]	[illegible]	[illegible]	[illegible]。	[illegible]	[illegible]	[illegible]	[illegible]
者	主	为	义	有	也。	前	述	一	多

故但以多望多，有能摄能入为主之义。上述略明一多

3.26.14

njɨɨ^{1} rjɨj^{2} wə^{1} tsjiir^{1} ljow^{2} dźju^{1} thja^{1} bjij^{2} tsjiir^{1} kụ^{1} ɣa^{1}
[Tangut] ， [Tangut]
两 重 主 法 略 明， 彼 伴 法 后 门
kha^{1} dju^{1} sjwij^{1} njɨɨ^{1} ɣa^{1} dźjwɨ^{1} phjoo^{2} wə^{1} bjij^{2} thwuu^{1}
[Tangut] 。 [Tangut] ， [Tangut]
中 有 明。 二 门 相 合， 主 伴 同

两重之主法，彼伴法在后门明之。二门相合，主伴同

3.27.1

dzjɨj^{1} ·jij^{1} ɣạ^{2} tsew^{2} ɣa^{1} we^{2} ljɨ^{1} sọ^{1} ·jwɨr^{2} bju^{1} wo^{2} kjij^{1}
[Tangut] ， [Tangut] 。 [Tangut] ， [Tangut] 。
时， 即 十 第 门 为 也。 三， 文 随 义 释。
thja^{1} lew^{1} ŋowr^{2} ŋowr^{2} ɣjiw^{1} ·jɨ^{2} tja^{1} lew^{1} ŋowr^{2} ŋowr^{2} ɣa^{2}
[Tangut] “ [Tangut] ” [Tangut] ， [Tangut]
彼 “一 一 切 摄 谓” 者， 一 一 切 于

时，即为第十门也。三，随文释义。彼“谓一摄一切”者，以一望一切也。

3.27.2

dza^{2} ljɨ^{1} bjij^{2} dzjọ^{1} phie^{2} dạ^{2} dzjọ^{1} wjɨ^{2} tjɨj^{2} mjiij^{2} ɣjiw^{1}
[Tangut] 。 [Tangut] ， [Tangut]
望 也。 注 譬 喻 言， 如 东 镜 举 摄
sji^{2} we^{2} dzjij^{2} gjɨɨ^{1} tjɨj^{2} ɣjiw^{1} lew^{2} ŋwu^{2} thwuu^{1} dzjɨj^{1}
[Tangut] ， [Tangut] ， [Tangut]
能 为， 另 九 镜 摄 所 是， 同 时

注言譬喻，谓如举东镜为能摄，另九镜是所摄，谓同时

3.27.3

·jij^{1} ·o^{2} mjijr^{2} ·jɨ^{2} tja^{1} ɣjiw^{1} ·o^{2} nioow^{1} pha^{1} ·o^{2} mjijr^{2}
[Tangut] ， [Tangut]
即 入 者 谓 者， 摄 入 复 别 入 者
mjij^{1} tśhjwo^{1} thwuu^{1} dzjɨj^{1} ·jɨ^{2} ɣjiw^{1} lew^{2} we^{2} ·jɨ^{2} tja^{1} dzjọ^{1}
[Tangut] ， [Tangut] “ [Tangut] ” [Tangut] 。 “ [Tangut] ” [Tangut] ， [Tangut]
无， 故 “同 时” 谓。 “摄 所 为” 谓 者， 如

即能入者，摄入复别无能入[1]，故谓“同时”。谓“为所摄”者，如

3.27.4

wjɨ^{2}	tjɨj^{2}	gjɨɨ^{1}	tjɨj^{2}	·o^{2}	ljɨ^{1}	gjɨɨ^{1}	tjɨj^{2}	·jij^{1}	ɣjiw^{1}	sji^{2}
[illegible]	[illegible]	[illegible]	[illegible]	[illegible]	[illegible]，	[illegible]	[illegible]	[illegible]	[illegible]	[illegible]
东	镜	九	镜	入	也，	九	镜	即	摄	能
we^{2}	thjɨ^{2}	·o^{2}	mjijr^{2}	wjɨ^{2}	tjɨj^{2}	·ji^{2}	ɣjiw^{1}	lew^{2}	we^{2}	
[illegible]，	[illegible]	[illegible]	[illegible]	[illegible]	[illegible]	[illegible]	[illegible]	[illegible]	[illegible]	
为，	此	入	者	东	镜	还	摄	所	为	

东镜入九镜也，九镜即为能摄，由此能入东镜还为所摄，

3.27.5

nioow^{1}	tśhjwo^{1}	bjij^{2}	dạ^{2}	bji^{2}	lew^{1}	·o^{2}	dji^{2}	ŋwu^{2}	·jɨ^{2}	thjɨ^{2}
[illegible]，	[illegible]	[illegible]	[illegible]	“[illegible]	[illegible]	[illegible]	[illegible]	[illegible]”	[illegible]。	[illegible]
由，	故	注	曰	“下	一	入	字	是”	谓。	此
·o^{2}	mjijr^{2}	wjɨ^{2}	tjɨj^{2}	·jij^{1}	thja^{1}	gjɨɨ^{1}	tjɨj^{2}	·jij^{1}	ɣjiw^{1}	
[illegible]	[illegible]	[illegible]	[illegible]	[illegible]	[illegible]	[illegible]	[illegible]	[illegible]	[illegible]	
入	者	东	镜	即	彼	九	镜	之	摄	

故注曰“是下一入字”。此能入东镜即为彼九镜之所摄，

3.27.6

lew^{2}	we^{2}	thjɨ^{2}	ɣjiw^{1}	sji^{2}	wjɨ^{2}	tjɨj^{2}	·jij^{1}	thja^{1}	gjɨɨ^{1}	tjɨj^{2}
[illegible]	[illegible]，	[illegible]	[illegible]	[illegible]	[illegible]	[illegible]	[illegible]	[illegible]	[illegible]	[illegible]
所	为，	此	摄	能	东	镜	即	彼	九	镜
·jij^{1}	·o^{2}	tji^{2}	we^{2}	thja^{2}	tja^{1}	ŋowr^{2}	ŋowr^{2}	rjɨr^{2}	khju^{1}	
[illegible]	[illegible]	[illegible]	[illegible]。	“[illegible]	[illegible]	[illegible]	[illegible]”	[illegible]	[illegible]，	
之	入	所	为。	“彼	者	一	切”	以	下，	

此能摄东镜即为彼九镜之所入。“彼谓一切”以下，

3.27.7

sjij^{1}	lew^{1}	rejr^{2}	ɣa^{2}	dza^{2}	bju^{1}	·jij^{1}	lew^{1}	kew^{1}	we^{2}	ŋowr^{2}
[illegible]	[illegible]	[illegible]	[illegible]	[illegible]	[illegible]，	[illegible]	[illegible]	[illegible]	[illegible]，	[illegible]
今	一	多	于	望	随，	即	一	此	为，	一
ŋowr^{2}	thja^{2}	we^{2}	ŋowr^{2}	ŋowr^{2}	rjɨr^{2}	khju^{1}	bjij^{2}	gjɨɨ^{1}	tjɨj^{2}	
[illegible]	[illegible]	[illegible]。	“[illegible]	[illegible]”	[illegible]	[illegible]，	[illegible]	[illegible]	[illegible]	
切	彼	为。	“一	切”	以	下，	注	九	镜	

今随以一望多，即一为此，一切为彼。“一切”以下，注以九镜

3.27.8

la^{1}	ɣjiw^{1}	lew^{2}	ŋowr^{2}	ŋowr^{2}	rjir^{2}	dzjọ^{1}	śji^{1}	wjɨ^{2}	tjɨj^{2}	dạ^{2}
[illegible]	[illegible]	[illegible]	[illegible]	[illegible]	[illegible]	[illegible]。	[illegible]	[illegible]	[illegible]	[illegible]
以	摄	所	一	切	与	喻。	前	东	镜	于
dza^{2}	nioow^{1}	thwuu^{1}	dzjɨj^{1}	·jij^{1}	·o^{2}	tjị^{2}	ŋowr^{2}	ŋowr^{2}	we^{2}	
[illegible]	[illegible]，	[illegible]	[illegible]	[illegible]	[illegible]	[illegible]	[illegible]	[illegible]	[illegible]。	
望	故，	同	时	即	入	所	一	切	为。	

譬喻一切所摄。前望于东镜故，同时即为一切所入。

3.27.9

ɣjiw^{1}	sji^{2}	·jɨ^{2}	tja^{1}	thjɨ^{2}	·o^{2}	tjị^{2}	·jij^{1}	ɣjiw^{1}	sji^{2}
“[illegible]	[illegible]”	[illegible]	[illegible]，	[illegible]	[illegible]	[illegible]	[illegible]	[illegible]	[illegible]
“摄	能”	谓	者，	此	入	所	即	摄	能
we^{2}	śji^{1}	tjɨj^{2}	tjɨj^{2}	lhej^{2}	lew^{2}	·jɨ^{2}	tja^{1}	śji^{1}	sji^{2}
[illegible]。	[illegible]	[illegible]	[illegible]	[illegible]	[illegible]	[illegible]	[illegible]，	[illegible]	[illegible]
为。	前	仪	镜	覆	所	谓	者，	前	能

谓“能摄”者，此所入即为能摄。前仪谓镜所覆者，为前能

3.27.10

sjij^{1}	lew^{2}	we^{2}	nioow^{1}	ljɨ^{1}	lew^{1}	ŋowr^{2}	ŋowr^{2}	·o^{2}	rjɨr^{2}	khju^{1}
[illegible]	[illegible]	[illegible]	[illegible]	[illegible]。	“[illegible]	[illegible]	[illegible]	[illegible]”	[illegible]	[illegible]，
今	所	为	故	也。	“一	一	切	入”	以	下，
bjij^{2}	dạ^{2}	tśhjwo^{1}	njɨɨ^{1}	gjwi^{2}	la^{1}	·a	gjwi^{2}	rjɨr^{2}	wji^{1}	dźjwɨ^{1}
[illegible]	[illegible]	“[illegible]	[illegible]	[illegible]	[illegible]	[illegible]	[illegible]	[illegible]	[illegible]，	[illegible]
注	云	“故	两	句	以	一	句	△	为，	相

今所故也。“一入一切”以下，注云“故以两句为一句，反

3.27.11

·jij^{1}	phəə^{1}	tśja^{1}	thjɨ^{2}	gjwi^{2}	bju^{1}	rjɨr^{2}	khju^{1}	ɣię^{2}	jɨr^{1}	·jij^{1}
[illegible]	[illegible]	[illegible]”。	“[illegible]	[illegible]	[illegible]”	[illegible]	[illegible]	[illegible]	[illegible]	[illegible]
即	覆	盖”。	“此	句	据”	以	下	阂	问	△
kjij^{1}	thwuu^{1}	ljɨ^{1}	ŋowr^{2}	ŋowr^{2}	lew^{1}	ɣjiw^{1}	·jɨ^{2}	tja^{1}	thjɨ^{2}	
[illegible]	[illegible]	[illegible]。	“[illegible]	[illegible]	[illegible]	[illegible]”	[illegible]	[illegible]，	[illegible]	
释	通	也。	“一	切	一	摄”	谓	者，	此	

覆相即”。“据此句”以下通释问阂也。谓“一切摄一”者，此

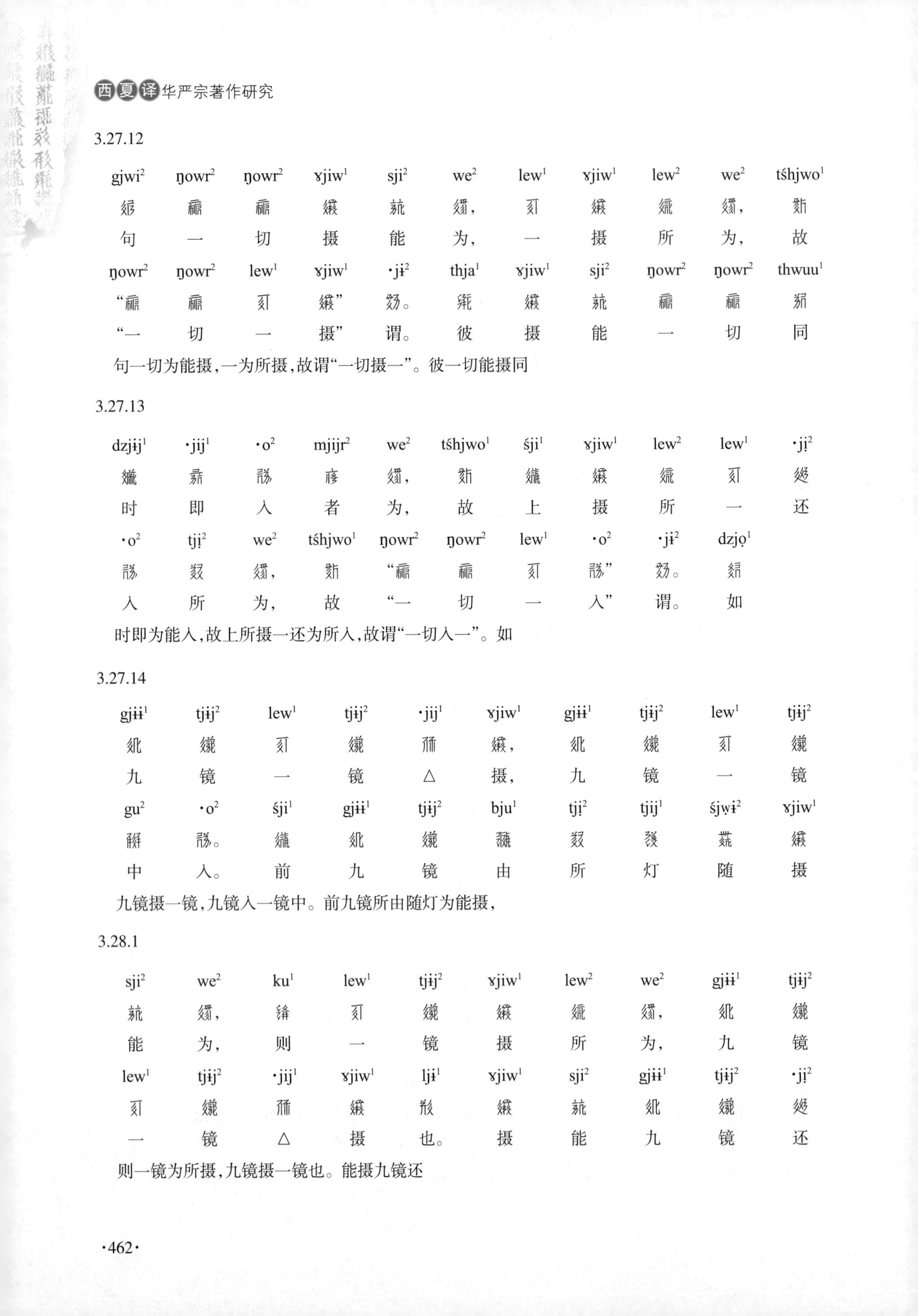

3.27.12

gjwi^{2} ŋowr^{2} ŋowr^{2} ɣjiw^{1} sji^{2} we^{2} lew^{1} ɣjiw^{1} lew^{2} we^{2} tśhjwo^{1}

句 一 切 摄 能 为， 一 摄 所 为， 故

ŋowr^{2} ŋowr^{2} lew^{1} ɣjiw^{1} ·jɨ̣^{2} thja^{1} ɣjiw^{1} sji^{2} ŋowr^{2} ŋowr^{2} thwuu^{1}

“一 切 一 摄” 谓。 彼 摄 能 一 切 同

句一切为能摄，一为所摄，故谓“一切摄一”。彼一切能摄同

3.27.13

dzjɨj^{1} ·jij^{1} ·o^{2} mjijr^{2} we^{2} tśhjwo^{1} śji^{1} ɣjiw^{1} lew^{2} lew^{1} ·jɨ̣^{2}

时 即 入 者 为， 故 上 摄 所 一 还

·o^{2} tjɨ̣^{2} we^{2} tśhjwo^{1} ŋowr^{2} ŋowr^{2} lew^{1} ·o^{2} ·jɨ̣^{2} dzjọ^{1}

入 所 为， 故 “一 切 一 入” 谓。 如

时即为能入，故上所摄一还为所入，故谓“一切入一”。如

3.27.14

gjɨɨ^{1} tjɨj^{2} lew^{1} tjɨj^{2} ·jij^{1} ɣjiw^{1} gjɨɨ^{1} tjɨj^{2} lew^{1} tjɨj^{2}

九 镜 一 镜 △ 摄， 九 镜 一 镜

gu^{2} ·o^{2} śji^{1} gjɨɨ^{1} tjɨj^{2} bju^{1} tjɨ̣^{2} tjij^{1} śjwɨ̣^{2} ɣjiw^{1}

中 入。 前 九 镜 由 所 灯 随 摄

九镜摄一镜，九镜入一镜中。前九镜所由随灯为能摄，

3.28.1

sji^{2} we^{2} ku^{1} lew^{1} tjɨj^{2} ɣjiw^{1} lew^{2} we^{2} gjɨɨ^{1} tjɨj^{2}

能 为， 则 一 镜 摄 所 为， 九 镜

lew^{1} tjɨj^{2} ·jij^{1} ɣjiw^{1} ljɨ^{1} ɣjiw^{1} sji^{2} gjɨɨ^{1} tjɨj^{2} ·jɨ̣^{2}

一 镜 △ 摄 也。 摄 能 九 镜 还

则一镜为所摄，九镜摄一镜也。能摄九镜还

3.28.2

·o²	mjijr²	we²	ɣjiw¹	lew²	lew¹	tjɨj²	·ji̩²	·o²	tji̩²
[illegible]	[illegible]	[illegible]，	[illegible]	[illegible]	[illegible]	[illegible]	[illegible]	[illegible]	[illegible]
入	者	为，	摄	所	一	镜	还	入	所
we²	tśhjwo¹	gjɨɨ¹	tjɨj²	lew¹	tjɨj²	gu²	·o²	so̩¹	
[illegible]，	[illegible]	[illegible]	[illegible]	[illegible]	[illegible]	[illegible]	[illegible]。	[illegible]	
为，	故	九	镜	一	镜	中	入。	三	

为能入，所摄一镜还为所入，故九镜入一镜中。三

3.28.3

lew¹	lew¹	ɣjiw¹	njɨ²	·ji̩²	tja¹	lew¹	lew¹	ɣa²	dza²
“[illegible]	[illegible]	[illegible]”	[illegible]	[illegible]	[illegible]，	[illegible]	[illegible]	[illegible]	[illegible]
“一	一	摄”	等	谓	者，	一	一	于	望
ljɨ¹	bjij²	da̩²	dzjo̩¹	wjɨ²	tjɨj²	śji¹	ɣjiw¹	sji²	lew¹
[illegible]。	[illegible]	[illegible]	[illegible]	[illegible]	[illegible]	[illegible]	[illegible]	[illegible]	[illegible]
也。	注	曰	譬	东	镜	前	摄	能	一

谓“一摄一”者，以一望一也。注以东镜譬喻上能摄一，

3.28.4

rjir²	dzjo̩¹	thja²	lji²	tjɨj²	ɣjiw¹	tja¹	śji¹	ɣjiw¹	lew²
[illegible]	[illegible]，	[illegible]	[illegible]	[illegible]	[illegible]	[illegible]，	[illegible]	[illegible]	[illegible]
以	喻，	彼	西	镜	摄	者，	前	摄	所
lew¹	rjir²	dzjo̩¹	·jij¹	wjɨ²	tjɨj²	gu²	·o²	zjij¹	
[illegible]	[illegible]	[illegible]。	[illegible]	[illegible]	[illegible]	[illegible]	[illegible]	[illegible]	
一	以	喻。	即	东	镜	中	入	时	

摄彼西镜者，以喻上所摄一。即入东镜中时，

3.28.5

tja¹	lew²	śio¹	sji²	tshwew¹	·jij¹	wjɨ²	tjɨj²	śji¹	ɣjiw¹
[illegible]，	[illegible]	[illegible]	[illegible]	[illegible]，	[illegible]	[illegible]	[illegible]	[illegible]	[illegible]
者，	所	引	能	向，	即	东	镜	前	摄
sji²	lew¹	·jij¹	·o²	mjijr²	lew¹	we²	ljɨ¹	thja²	lji²
[illegible]	[illegible]	[illegible]	[illegible]	[illegible]	[illegible]	[illegible]	[illegible]。	[illegible]	[illegible]
能	一	即	入	者	一	为	也。	彼	西

引所向能，即东镜为上能摄一、即为能入一也。入彼西

3.28.6

tjɨj^{2}	gu^{2}	kjɨ^{1}	·o^{2}	tja^{1}	·jij^{1}	·o^{2}	tjị^{2}	lew^{1}	ŋwu^{2}
镜	中	去	入	者，	即	入	所	一	是
ljɨ^{1}	nioow^{1}	·o^{2}	tjị^{2}	lew^{1}	thwuu^{1}	dzjɨj^{1}	ɣjiw^{1}	sji^{2}	lew^{1}
也。	又	入	所	一	同	时	摄	能	一

镜中去者，即是所入一也。又所入一同时为能摄一，

3.28.7

we^{2}	ɣjiw^{1}	lew^{2}	lew^{1}	thwuu^{1}	dzjɨj^{1}	·o^{2}	mjijr^{2}	lew^{1}	we^{2}
为，	摄	所	一	同	时	入	者	一	为，
·jij^{1}	wjɨ^{2}	lji^{2}	njɨɨ^{1}	tjɨj^{2}	ljij^{2}	zji^{1}	wə^{1}	rjir^{2}	
即	东	西	二	镜	见	皆	主	与	

所摄一同时为能入一，即如见东西二镜皆主，

3.28.8

dzjọ^{1}	lew^{1}	śji^{1}	bjij^{2}	la^{1}	kjij^{1}	ku^{1}	ljij^{2}	ljɨ^{1}	ŋowr^{2}	ŋowr^{2}
喻，	但	前	注	以	释	则	见	也。	“一	切
ɣjiw^{1}	rjɨr^{2}	khju^{1}	rejr^{2}	rejr^{2}	ɣa^{2}	dza^{2}	ljɨ^{1}	bjij^{2}	iọ^{1}	
摄”	以	下	多	多	于	望	也。	注	“圆	

但以前注释之则见也。“一切摄”以下以多望多也。注谓“圆

3.28.9

sə^{1}	·ju^{2}	thjɨ^{2}	gjwi^{2}	sju^{2}	·jɨ^{2}	tja^{1}	tsjiir^{1}	ŋowr^{2}	ŋowr^{2}	twụ^{1}
满	常	此	句	如”	谓	者，	法	一	切	各
tsjiir^{1}	ŋowr^{2}	ŋowr^{2}	ɣjiw^{1}	tsjiir^{1}	ŋowr^{2}	ŋowr^{2}	twụ^{1}	tsjiir^{1}	ŋowr^{2}	ŋowr^{2}
法	一	切	摄，	法	一	切	各	法	一	切

满常如此句”者，一切法摄一切各法，一切法入一切各法

3.28.10

·o^{2}	ljɨ^{1}	tsjiir^{1}	kha^{1}	zji^{1}	tsjiir^{1}	ŋowr^{2}	ŋowr^{2}	dju^{1}	ljɨ^{1}
入	也。	法	内	皆	法	一	切	有，	一
ljɨ^{1}	zji^{1}	ɣjiw^{1}	sji^{2}	·o^{2}	mjijr^{2}	wə^{1}	tsjiir^{1}	we^{2}	dzjọ^{1}
一	皆	摄	能	入	者	主	法	为，	如

也。法内皆有一切法，一一皆为能摄能入主法，如

3.28.11

ɣạ^{2}	tjɨj^{2}	la^{1}	ɣạ^{2}	tjɨj^{2}	ɣjiw^{1}	ɣạ^{2}	tjɨj^{2}	la^{1}	ɣạ^{2}
十	镜	以	十	镜	摄，	十	镜	以	十
tjɨj^{2}	·o^{2}	nioow^{1}	ɣjiw^{1}	lew^{2}	ɣạ^{2}	tjɨj^{2}	thwuu^{1}	dzjɨj^{1}	·o^{2}
镜	入。	又	摄	所	十	镜	同	时	入

以十镜摄十镜，以十镜入十镜。又所摄十镜同时为能入，

3.28.12

mjijr^{2}	we^{2}	·o^{2}	tji^{2}	ɣạ^{2}	tjɨj^{2}	thwuu^{1}	dzjɨj^{1}	·jij^{1}	ɣjiw^{1}
者	为，	入	所	十	镜	同	时	即	摄
sji^{2}	we^{2}	ljɨ^{1}	lew^{1}	ŋwuu^{1}	rjɨr^{2}	khju^{1}	bio^{1}	khjɨɨ^{2}	thu^{1}
能	为	也。	一	“言”	以	下	布	列	安

所入十镜同时即为能摄也。一“言”以下布列安

3.28.13

phjij^{1}	bju^{1}	śji^{1}	sọ^{1}	gjwi^{2}	dju^{1}	dzjiij^{2}	tśja^{1}	we^{2}	la^{1}
立	因，	前	三	句	有	教	道	为	而
ɣiew^{1}	mjijr^{2}	·jij^{1}	thja^{1}	·ioow^{1}	wo^{2}	tśjɨɨ^{1}	bju^{1}	ljij^{2}	phji^{1}
学	人	△	其	用	义	次	依	见	令。

立，有前三句为教而令学人依次见其用义。

3.28.14

thjɨ²	tja¹	io̱¹	lwu¹	lja̱¹	tśja¹	bju¹	dźjwɨ¹	
[illegible]	[illegible]，	[illegible]	[illegible]	[illegible]	[illegible]	[illegible]，	[illegible]	
此	者，	圆	融	证	道	因，	交	
seew²	tji̱²	lhju̱²	thwuu¹	dzjɨj¹	rjɨr²	khju¹	zu²	ljɨ¹
[illegible]	[illegible]	[illegible]。	“[illegible]	[illegible]”	[illegible]	[illegible]，	[illegible]	[illegible]。
参	所	得。	“同	时”	以	下，	结	也。

此者，因证圆融之道，得交参之所。“同时”以下，结也。

译文：

“八交涉无阂门”者，标也。交者，交互；涉者，融通。以六之以一望多，交互融通七之以多望一，此门初句即是，成次句也。以七之以多望一交互融通六之以一望多，此门次句成初句也。如是遍容摄入，同时交互融通，了无障碍，为两重主法，以此为门，令生观智，故谓“交涉无阂”。注谓“互望”者，六门以一望多，一为能，不可为所；七门以多望一，多为能，不可为所。故谓“能所义别”。注谓“多能摄一入一”者，以下次句一切为能摄能入，同时即为初句所摄所入。谓“此一亦”者，是次句所摄所入之一，同时即为初句能摄能入。“即能所”者，其交参摄法无定相。谓一法“即能所”者，即能者，是初句能遍一；即所者，是次句所入一；即摄者，是次句所摄一；即入者，是初句能入一。次谓多法“即能所”者，即能者，是次句一切能摄；即所者，是初句一切所入；即摄者，是初句一切所摄；即入者，是次句一切能入。又即能者，是能摄能入；即所者，是所摄所入。一多皆如此。即一者，初句上半、次句下半；即多者，初句下半、次句上半。又一即是多之一故，一非一即常多；多即是一之多故，多非多即常一。谓“一切一时”者，由生性一多无先后，故谓“溥收无阂”，彼“一法”以下释之，此但标以一望多。“有摄有入”者，以前门望后门故，又四句之一续前故，依例以多望一、以一望一、以多望多备矣。彼六门亦以一望多，但言一法有遍有容，无摄入也。七门以多望一，但有摄入无遍容也。今此门中虽以一望一切，一及一切皆为能摄能入，故得名“交涉”。注谓“似八句”等者，问：“释中有八句，奈何标四句?”故注曰“虽似八句，二二合故”，能摄即能入，所摄即所入也。“问”以下名句宣示前后差别。“答”以下随理趣布列诸名，故名亦不同。“今同时”以下开列诸名，由互即而时同，故遍即是入。“若更”以下还为杂，则告以非观心。“但摄”以下，遍容即为摄入之名。“问若一多”以下举前望后，则因门而名异也。“答举一”以下释之，“而亦”以下举之。此段权标一多不同，依法四句圆满。“二门”以下随义会通，令其门相对不同也，法随体则各自之法备矣。又此“二门”以下明能所之主伴，故义不复也。其“一摄一切”以下明四句之别，今总说前义而见其他。其中三分。前四句明其所自。二，有主离于无伴，三，随文释义。今前此者，融前六七二门而成今四句，以六之后对“广容即溥遍”成此初句，以七之后对“摄他即入他”成此次句。六门前对能容之一合于七门前对所摄之一，而成此第三句上半；六门前对能遍之一合于七门前对所入之一，而成此第三句下半。又七之前对一切能摄合于六之前对一切所容，而成此末句上半；七之前对一切能入合于六之前对一切所遍，而成此之末句下半也。次有主离无伴者，由初句所摄即是次句能入，初句所入即是次句能摄，故初句但望一切，能摄能入在一，则是主义。彼能摄即是能入，由分别能摄无能入，由次句所摄一法即是初句能入一，次句所入之一是初句能摄一，故次句但望于一。能摄能入在一切，则是主义。又第三句上半所摄一即是下半能入一，下半所入即是上半能摄一，故但以一望一，有为主之义。又末句上半一切所摄即是下半一切能入，下半一切所入即是上半一切能摄，故但以多望多，有能摄能入为主之义。上述略明一多两重之主法，彼伴法在后门明之。二门相合，主伴同时，即为第十门也。三，随文释义。彼“谓一摄一切”者，以一望一切也。注言譬喻，谓如举东镜为能摄，另九镜是所摄，谓同时即能入者，摄入复别无能入[1]，故谓“同时”。谓“为所摄”者，如东镜入九镜也，九镜即为能摄，由此能入东镜还为所摄，故注曰“是下一入字”。此能入东镜即为彼九镜之所摄，此能摄东镜即为彼九镜之所入。“彼谓一切”以下，今随以一望多，即一为此，一切为彼。“一切”以下，注以九镜譬喻一切所摄。前望于东镜故，同时即为一切所入。谓“能摄”者，此所入即为能摄。前仪谓镜所覆者，为前能今所故也。“一入一切”以下，注云“故以两句为一句，反覆相即”。“据此句”以下通释问阂也。谓“一切摄一”者，此句一切为能摄，一为所摄，故谓“一切摄一”。彼一切能摄同时即为能入，故上所摄一还为所入，故谓“一切入一”。如九镜摄一镜，九镜入一镜中。前九镜所由随灯为能摄，则一镜为所摄，九镜摄一镜也。能摄九镜还为能入，所摄一镜还为所入，故九镜入一镜中。三谓“一摄一”者，以一望一也。注以东镜譬喻上能摄一，摄彼西镜者，以喻上所摄一。即入东镜中时，引所向能，即东镜为上能摄一、即为能入一也。入彼西镜中去者，即是所入一也。又所入一同时为能摄一，所摄一同时为能入一，即如见东西二镜皆主，但以前注释之则见也。“一切摄”以下以多望多也。注谓“圆满常如此句”者，一切法摄一切各法，一切法入一切各法也。法内皆有一切法，一一皆为能摄能入主法，如以十镜摄十镜，以十镜入十镜。又所摄十镜同时为能入，所入十镜同时即为能摄也。一“言”以下布列安立，有前三句为教而令学人依次见其用义。此者，因证圆融之道，得交参之所。“同时”以下，结也。

注释：

[1]谓同时即能入者摄入复别无能入，西夏本文理不通，其间必有舛误。据汉本“同时即为能入及所摄者，能摄能入无别”，则西夏本实当作“[illegible]”。

释读：

3.28.14

gjɨɨ¹　dźjwɨ¹　dźjiij¹

[illegible]

九，　相　在

九，相在

3.29.1

ɣię^{2}	mjij^{1}	ɣa^{1}	ɣjiw^{1}	sji^{2}	ɣjiw^{1}	lew^{2}	twụ^{1}	dźjiij^{1}	tji̱^{2}	dju^{1}
阂	无	门。	摄	能	摄	所	各	在	所	有，
lew^{1}	lew^{1}	ɣjiw^{1}	ŋowr^{2}	ŋowr^{2}	·o^{2}	zjij^{1}	·jij^{1}	ŋowr^{2}	ŋowr^{2}	
一	一	摄	一	切	入	时，	即	一	切	

无阂门。能摄所摄各有所在，一摄一入一切时，即是一切

3.29.2

lew^{1}	ɣjiw^{1}	lew^{1}	·o^{2}	dzjɨj^{1}	ŋwu^{2}	ɣjiw^{1}	·o^{2}	thwuu^{1}	dzjɨj^{1}	nioow^{1}
一	摄	一	入	时	是。	摄	入	同	时	由，
tśhjwo^{1}	ɣię^{2}	mjij^{1}	·jɨ^{2}	bjij^{2}	·jij^{1}	dzjij^{2}	tsjiir^{1}	rjɨr^{2}	khju^{1}	
故	"阂	无"	谓。	注	"自	余	法"	以	下	

摄一入一时。由摄入同时，故谓"无阂"。注"我摄余法"以下

3.29.3

ŋowr^{2}	ŋowr^{2}	lew^{1}	ɣjiw^{1}	lew^{1}	·o^{2}	tsjij^{1}	tsjɨ^{1}	rjɨr^{2}	khju^{1}	lew^{1}
一	切	一	摄	一	入，	"他	又"	以	下	一
lew^{1}	ɣjiw^{1}	ŋowr^{2}	ŋowr^{2}	·o^{2}	ljɨ^{1}	ŋowr^{2}	ŋowr^{2}	·jij^{1}	we^{2}	lew^{1}
一	摄	一	切	入	也，	一	切	己	为，	一

一切摄一入一，"他又"以下一摄一入一切也，一切为己，一

3.29.4

tsjij^{1}	we^{2}	tja^{1}	rjɨr^{2}	khju^{1}	mjiij^{2}	·jwɨr^{2}	rjir^{2}	bju^{1}	śjij^{1}
他	为	者，	以	下	标	题	与	依	随。
kew^{1}	thja^{2}	dźjwɨ^{1}	dźjiij^{1}	·jɨ^{2}	tja^{1}	twụ^{1}	·jij^{1}	mji^{1}	ljiij^{2}
"此	彼	互	在"	谓	者，	各	相	不	坏

为他者，以下随标题。谓"此彼互在"者，各不坏相

3.29.5

ljɨ^1	thja^1	ŋowr^2	ŋowr^2	lew^1	ɣa^2	dza^2	rjɨr^2	khju^1	mjiij^2	ljɨ^1
[illegible]。	[illegible]	“[illegible]	[illegible]	[illegible]	[illegible]	[illegible]”	[illegible]	[illegible]，	[illegible]	[illegible]。
也。	彼	“一	切	一	于	望”	以	下，	标	也。

jɨr^1	wa^2	bju^1	thjɨ^2	ɣa^1	rejr^2	lew^1	ɣa^2	dza^2	bjij^2
[illegible]：	“[illegible]	[illegible]	[illegible]	[illegible]	[illegible]	[illegible]	[illegible]	[illegible]？”	[illegible]
问：	“何	因	此	门	多	一	于	望？”	注

也。彼“一切望一”以下，标也。问：“因何此门以多望一？”注

3.29.6

dạ^2	ŋowr^2	ŋowr^2	rjɨr^2	khju^1	kjij^1	ljɨ^1	io̱^{1}	bju^1	thja^1	tsjɨ^1
[illegible]	“[illegible]	[illegible]”	[illegible]	[illegible]	[illegible]	[illegible]。	[illegible]	[illegible]	[illegible]	[illegible]
曰	“一	切”	以	下	释	也。	都	因	彼	亦

lew^1	lew^1	ɣa^2	dza^2	njɨ^2	dju^1	nioow^1	tśhjwo^1	rjɨr^2	njɨ^2
[illegible]	[illegible]	[illegible]	[illegible]	[illegible]	[illegible]	[illegible]，	[illegible]	“[illegible]	[illegible]
一	一	于	望	等	有	由，	故	“乃	至

“一切”以下释之。其实由彼亦有以一望一等，故谓“乃至

3.29.7

ljɨɨr^1	gjwi^2	·a	tjɨj^2	·jɨ^2	thja^1	tsjɨ^1	njɨ^2	·jɨ^2	tja^1
[illegible]	[illegible]”	[illegible]	[illegible]	[illegible]。	“[illegible]	[illegible]”	[illegible]	[illegible]	[illegible]，
四	句”	一	般	谓。	“彼	亦”	等	谓	者，

śji^1	·jar^1	tsew^2	ɣa^1	ljɨɨr^1	gjwi^2	dju^1	rjir^2	thwuu^1	bjij^2
[illegible]	[illegible]	[illegible]	[illegible]	[illegible]	[illegible]	[illegible]	[illegible]	[illegible]。	[illegible]
前	八	第	门	四	句	有	与	同。	注

四句”尔。谓“彼亦”等者，与前第八门有四句同。注

3.29.8

thjɨ^2	tja^1	śji^1	gjwi^2	rjir^2	mji^1	lew^2	·jɨ^2	tja^1	śji^1	ɣa^1
“[illegible]	[illegible]	[illegible]	[illegible]	[illegible]	[illegible]	[illegible]”	[illegible]	[illegible]，	[illegible]	[illegible]
“此	者	前	句	与	不	同”	谓	者，	前	门

kar^2	ljɨ^1	śji^1	tja^1	lew^1	kew^1	thja^2	njɨ^2	tja^1	·jar^1
[illegible]	[illegible]。	“[illegible]	[illegible]	[illegible]	[illegible]	[illegible]”	[illegible]	[illegible]，	[illegible]
别	也。	“前	者	但	此	彼”	等	者，	八

谓“此与前句不同”者，别前门也。“前但此彼”等者，八

3.29.9

ɣa^{1}	kha^{1}	lew^{1}	ŋowr^{2}	ŋowr^{2}	ɣjiw^{1}	njɨ^{2}	lew^{1}	·jij^{1}	lew^{1}	la^{1}
门	中	一	一	切	摄	等，	但	即	一	以
tsjij^{1}	ŋowr^{2}	ŋowr^{2}	ɣa^{2}	dza^{2}	·jij^{1}	lew^{1}	ŋowr^{2}	ŋowr^{2}	ɣjiw^{1}	zjij^{1}
他	一	切	于	望，	即	一	一	切	摄	时，

门中一摄一切等，但即以一望他一切，即一摄一切时，

3.29.10

·jij^{1}	lew^{1}	tsjiir^{1}	ŋowr^{2}	ŋowr^{2}	kha^{1}	·o^{2}	ljɨ^{1}	thjɨ^{2}	tja^{1}	kwər^{1}
即	一	法	一	切	于	入	也。	此	者，	全
ŋowr^{2}	dźjwɨ^{1}	ɣjiw^{1}	dźjwɨ^{1}	·o^{2}	sjij^{1}	thjɨ^{2}	gjɨɨ^{1}	tsew^{2}	ɣa^{1}	
体	互	摄	互	入。	今	此	九	第	门	

即一法入于一切也。此者，全体互摄互入。今此第九门

3.29.11

·jị^{2}	dzjij^{2}	tsjiir^{1}	ɣjiw^{1}	la^{1}	tsjij^{1}	tsjiir^{1}	kha^{1}	·o^{2}	tśhjwo^{1}	śji^{1}
重	余	法	摄	而	他	法	于	入，	故	前
rjir^{2}	do^{2}	ljɨ^{1}	tśhjwo^{1}	bjij^{2}	dạ^{2}	sjij^{1}	thja^{2}	kha^{1}	njɨ^{2}	
与	殊	也。	故	注	曰	“今	彼	中”	等	

重摄余法而入于他法，故与前殊也。故注曰“今欲入彼”。

3.29.12

·jɨ^{2}	śji^{1}	ɣa^{1}	bjij^{2}	dạ^{2}	njɨɨ^{1}	ɣa^{1}	wo^{2}	mji^{1}	·jị^{2}	·jɨ^{2}
谓。	前	门	注	曰	“二	门	义	不	重”	为
tja^{1}	thjɨ^{2}	do^{2}	dźju^{1}	sjwij^{1}	nur^{1}	neej^{2}	ljɨ^{1}	lew^{1}	ɣjiw^{1}	
者，	此	处	分	明	示	昭	也。	一	摄	

前门注曰“二门义不重”者，此处昭示分明也。摄一

3.29.13

lew^1	·o^2	tja^1	ljɨɨr^1	gjwi^2	pha^1	dźju^1	thjɨ^2	tsjɨ^1	śji^1
[illegible]	[illegible]	[illegible]，	[illegible]	[illegible]	[illegible]	[illegible]，	[illegible]	[illegible]	[illegible]
一	入	者，	四	句	彰	显，	此	亦	前
tśhjiw^1	śja̱^{1}	njɨɨ^1	ɣa^1	·jij^1	lwu^1	la^1	śjɨj^1	ljɨ^1	śji^1
[illegible]	[illegible]	[illegible]	[illegible]	[illegible]	[illegible]	[illegible]	[illegible]	[illegible]。	[illegible]
六	七	二	门	△	融	以	成	也。	前

入一者，四句彰显，此亦融以成前六七二门也。前

3.29.14

ɣa^1	kha^1	tśhjiw^1	śja̱^{1}	njɨɨ^1	ɣa^1	·jij^1	njɨ^2	mjijr^2	·wio^1
[illegible]	[illegible]	[illegible]	[illegible]	[illegible]	[illegible]	[illegible]	[illegible]	[illegible]、	[illegible]
门	中	六	七	二	门	之	遍	者、	容
sji^2	ɣjiw^1	sji^2	·o^2	mjijr^2	lew^1	rejr^2	njɨɨ^1	rjɨj^2	wə^1
[illegible]、	[illegible]	[illegible]、	[illegible]	[illegible]	[illegible]	[illegible]	[illegible]	[illegible]	[illegible]
能、	摄	能、	入	者	一	多	两	重	主

门中总六七二门之能遍、能容、能摄、能入之一多两重主

3.30.1

tsjiir^1	kjɨ^1	śioo^1	sjij1	thjɨ^2	ɣa^1	kha^1	njɨ^2	tji̱^{2}	·wio^1	lew^2
[illegible]	[illegible]	[illegible]，	[illegible]	[illegible]	[illegible]	[illegible]	[illegible]	[illegible]、	[illegible]	[illegible]、
法	△	总，	今	此	门	中	遍	所、	容	所、
ɣjiw^1	lew^2	·o^2	tji̱^{2}	njɨɨ^1	rjɨj^2	bjij^2	tsjiir^1	kjɨ^1	śioo^1	
[illegible]	[illegible]、	[illegible]	[illegible]	[illegible]	[illegible]	[illegible]	[illegible]	[illegible]	[illegible]。	
摄	所、	入	所	两	重	伴	法	△	总。	

法，今总此门之所遍、所容、所摄、所入之两重伴法。

3.30.2

śji^1	rjir^2	phjoo^2	ku^1	ɣa̱^{2}	tsew^2	ɣa^1	njɨɨ^1	rjɨj^2	ljɨɨr^1
[illegible]	[illegible]	[illegible]，	[illegible]	[illegible]	[illegible]	[illegible]	[illegible]	[illegible]	[illegible]
前	于	合，	则	十	第	门	两	重	四
gjwi^2	we^2	ljɨ^1	sjij^1	śja̱^{1}	kha^1	ku̱^{1}	tjij^2	phju^2	
[illegible]	[illegible]	[illegible]。	[illegible]	[illegible]	[illegible]	[illegible]	[illegible]	[illegible]	
句	为	也。	今	七	中	后	对	上	

合于前，则为第十门之两重四句也。今以七中后对上

3.30.3

ɣjiw^{1}	lew^{2}	lew^{1}	la^{1}	śji^{1}	tjij^{2}	phju^{2}	·o^{2}	tjị^{2}	lew^{1}
摄	所	一	以	前	对	上	入	所	一
rjir^{2}	phjoo^{2}	thjɨ^{2}	lew^{1}	tsew^{2}	gjwi^{2}	lew^{1}	ɣjiw^{1}	lew^{1}	
于	合，	此	一	第	句	一	摄	一	

之所摄一合于前对上之所入一，成此第一句之摄一

3.30.4

·o^{2}	·jij^{1}	śjɨj^{1}	nioow^{1}	tśhjiw^{1}	kha^{1}	phju^{2}	tjij^{2}	bji^{2}	·wio^{1}
入	△	成。	又	六	中	上	对	下	容
lew^{2}	ŋowr^{2}	ŋowr^{2}	la^{1}	śjạ^{1}	kha^{1}	kụ^{1}	tjij^{2}	bji^{2}	·o^{2}
所	一	切	以	七	中	后	对	下	入

入一。又以六中上对下之所容一切合于七中后对下

3.30.5

tjị^{2}	lew^{1}	rjir^{2}	phjoo^{2}	thjɨ^{2}	kha^{1}	tśjɨɨ^{1}	gjwi^{2}	ŋowr^{2}	ŋowr^{2}
所	一	于	合，	此	中	次	句	一	切
ɣjiw^{1}	lew^{1}	·o^{2}	·jij^{1}	śjɨj^{1}	nioow^{1}	śjạ^{1}	kha^{1}	śji^{1}	tjij^{2}
摄	一	入	△	成。	又	七	中	前	对

之所入一，成此中次句之摄一切入一。又以七中前对

3.30.6

bji^{2}	ɣjiw^{1}	lew^{2}	lew^{1}	la^{1}	tśhjiw^{1}	kha^{1}	kụ^{1}	tjij^{2}	njɨ^{2}	tjị^{2}
下	摄	所	一	之	六	中	后	对	遍	所
ŋowr^{2}	ŋowr^{2}	rjir^{2}	phjoo^{2}	thjɨ^{2}	sọ^{1}	tsew^{2}	gjwi^{2}	lew^{1}	ɣjiw^{1}	
一	切	于	合，	此	三	第	句	一	摄	

下之所摄一合于六中后对之所遍一切，成此第三句之摄一

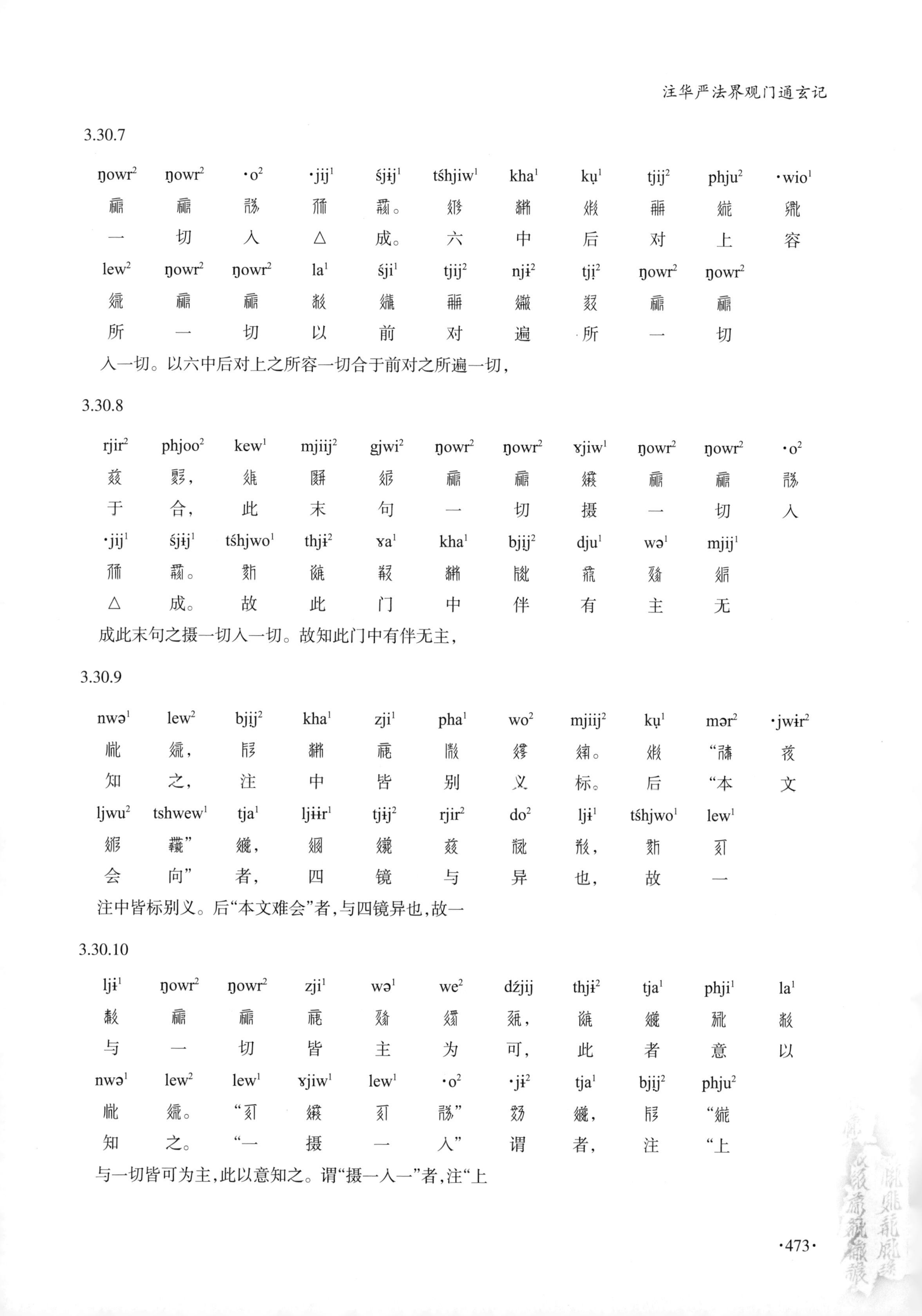

3.30.7

ŋowr2 ŋowr2 ·o2 ·jij1 śjɨj1 tśhjiw1 kha1 kụ1 tjij2 phju2 ·wio1

一 切 入 △ 成。 六 中 后 对 上 容

lew2 ŋowr2 ŋowr2 la1 śji1 tjij2 njɨ2 tji2 ŋowr2 ŋowr2

所 一 切 以 前 对 遍 所 一 切

入一切。以六中后对上之所容一切合于前对之所遍一切,

3.30.8

rjir2 phjoo2 kew1 mjiij2 gjwi2 ŋowr2 ŋowr2 ɣjiw1 ŋowr2 ŋowr2 ·o2

于 合, 此 末 句 一 切 摄 一 切 入

·jij1 śjɨj1 tśhjwo1 thjɨ2 ɣa1 kha1 bjij2 dju1 wə1 mjij1

△ 成。 故 此 门 中 伴 有 主 无

成此末句之摄一切入一切。故知此门中有伴无主,

3.30.9

nwə1 lew2 bjij2 kha1 zji1 pha1 wo2 mjiij2 kụ1 mər2 ·jwɨr2

知 之, 注 中 皆 别 义 标。 后 "本 文

ljwu2 tshwew1 tja1 ljɨɨr1 tjij2 rjir2 do2 ljɨ1 tśhjwo1 lew1

会 向" 者, 四 镜 与 异 也, 故 一

注中皆标别义。后"本文难会"者,与四镜异也,故一

3.30.10

ljɨ1 ŋowr2 ŋowr2 zji1 wə1 we2 dźjij thjɨ2 tja1 phji1 la1

与 一 切 皆 主 为 可, 此 者 意 以

nwə1 lew2 lew1 ɣjiw1 lew1 ·o2 ·jɨ2 tja1 bjij2 phju2

知 之。 "一 摄 一 入" 谓 者, 注 "上

与一切皆可为主,此以意知之。谓"摄一入一"者,注"上

3.30.11

lew^{1}	rjɨr^{2}	khju^{1}	ɣjiw^{1}	sji^{2}	·o^{2}	mjijr^{2}	wə^{1}	tsjiir^{1}	·jij^{1}	dźju^{1}
[illegible]”	[illegible]	[illegible]	[illegible]	[illegible]	[illegible]	[illegible]	[illegible]	[illegible]	[illegible]	[illegible]。
一”	以	下	摄	能	入	者	主	法	△	明。
jɨr^{1}	wa^{2}	nioow^{1}	·jwɨr^{2}	kha^{1}	wə^{1}	tsjiir^{1}	mji^{1}	tshjiij^{1}	tśhjwo^{1}	
[illegible]：	“[illegible]	[illegible]	[illegible]	[illegible]	[illegible]	[illegible]	[illegible]	[illegible]？”	[illegible]	
问：	“何	缘	文	中	主	法	不	言？”	故	

一”以下明能摄能入之主法。问:“缘何文中不言主法？”故

3.30.12

rjɨr^{2}	khju^{1}	dạ^{2}	mər^{2}	·jwɨr^{2}	gjwi^{2}	kha^{1}	mja^{1}	dza^{1}	njɨ^{2}	·jɨ^{2}
[illegible]	[illegible]	[illegible]	“[illegible]	[illegible]	[illegible]	[illegible]	[illegible]	[illegible]”	[illegible]	[illegible]。
以	下	曰	“本	文	句	中	恐	杂”	等	谓。
thjɨ^{2}	gjwi^{2}	kha^{1}	rjɨr^{2}	khju^{1}	tsjiir^{1}	dzjọ^{1}	lọ^{2}	mjiij^{2}	la^{1}	
“[illegible]	[illegible]	[illegible]”	[illegible]	[illegible]	[illegible]	[illegible]	[illegible]	[illegible]	[illegible]	
“此	句	中”	以	下	法	喻	兼	标	而	

以下曰“本文恐句中杂闹”等。“此句”以下法喻兼标而

3.30.13

ɣjiw^{1}	·o^{2}	mjor^{1}	dźju^{1}	thjɨ^{2}	tja^{1}	śjɨ^{2}	kja^{1}	rjɨr^{2}	khju^{1}	tsjiir^{1}
[illegible]	[illegible]	[illegible]	[illegible]。	“[illegible]	[illegible]	[illegible]	[illegible]”	[illegible]	[illegible]	[illegible]
摄	入	分	明。	“此	者	释	迦”	以	下	法
dzjọ^{1}	phjoo^{2}	ljɨ^{1}	twụ^{1}	twụ^{1}	rjɨr^{2}	khju^{1}	ŋowr^{2}	ŋowr^{2}	wə^{1}	
[illegible]	[illegible]	[illegible]。	“[illegible]	[illegible]”	[illegible]	[illegible]	[illegible]	[illegible]	[illegible]	
喻	合	也。	“直	直”	以	下	一	切	主	

分明摄入。“此即释迦”以下法喻相合也。“直”以下会通一切为主

3.30.14

we^{2}	wo^{2}	·jij^{1}	ljwu^{2}	thwuu^{1}	sọ^{1}	tsew^{2}	gjwi^{2}	bjij^{2}	·jwɨr^{2}
[illegible]	[illegible]	[illegible]	[illegible]	[illegible]。	[illegible]	[illegible]	[illegible]	[illegible]	[illegible]
为	义	△	会	通。	三	第	句	注	文
lew^{1}	dzjọ^{1}	dźju^{1}	dju^{1}	tsjiir^{1}	phjoo^{2}	njɨ^{2}	mjij^{1}	tja^{1}	śji^{1}
[illegible]	[illegible]	[illegible]	[illegible]	[illegible]	[illegible]	[illegible]	[illegible]	[illegible]，	[illegible]
但	譬	喻	有	法	合	等	无	者，	前

之义。第三句注文但有譬喻而无合法者，举前

3.31.1

bjij^{2}	tjɨj^{2}	lhjwi^{1}	mjiij^{2}	gjwi^{2}	bjij^{2}	·jwɨr^{2}	zji^{1}	pha^{1}	wo^{2}
[illegible]	[illegible]	[illegible]	[illegible]	[illegible]	[illegible]	[illegible]	[illegible]	[illegible]	[illegible]
注	仪	举，	末	句	注	文	皆	别	义
mjij^{1}	mər^{2}	·jwɨr^{2}	ljwu^{2}	tshwew^{1}	dzjọ^{1}	dźju^{1}	tsjiir^{1}	phjoo^{2}	njɨ^{2}
[illegible]。	“[illegible]	[illegible]	[illegible]	[illegible]”	[illegible]	[illegible]	[illegible]	[illegible]	[illegible]
无。	“本	文	会	向”	譬	喻	法	合	等

注之仪，末句注文皆无别义。“本文难会”譬喻皆无合法

3.31.2

zji^{1}	mjij^{1}	tja^{1}	śji^{1}	bjij^{2}	sju^{2}	ljɨ^{1}	bjij^{2}	thjɨ^{2}	kha^{1}
[illegible]	[illegible]	[illegible]，	[illegible]	[illegible]	[illegible]	[illegible]。	[illegible]	“[illegible]	[illegible]
皆	无	者，	前	注	如	也。	注	“此	中
rjur^{1}	tsjiir^{1}	rjɨr^{2}	khju^{1}	thjɨ^{2}	gjwi^{2}	twụ^{1}	dźju^{1}	lew^{1}	tsjiir^{1}
[illegible]	[illegible]”	[illegible]	[illegible]	[illegible]	[illegible]	[illegible]	[illegible]，	[illegible]	[illegible]
诸	法”	以	下	此	句	直	明，	一	法

者，前注亦然。注“此中诸法”以下直明此句，一法

3.31.3

rejr^{2}	ɣjiw^{1}	rejr^{2}	·o^{2}	zjij^{1}	·jij^{1}	rejr^{2}	tsjiir^{1}	rejr^{2}	ɣjiw^{1}	rejr^{2}
[illegible]	[illegible]	[illegible]	[illegible]	[illegible]，	[illegible]	[illegible]	[illegible]	[illegible]	[illegible]	[illegible]
多	摄	多	入	时，	即	多	法	多	摄	多
·o^{2}	dzjɨj^{1}	ŋwu^{2}	·jar^{1}	tsew^{2}	iọ^{1}	sə^{1}	dzjɨj^{1}	·jij^{1}	gjɨɨ^{1}	tsew^{2}
[illegible]	[illegible]	[illegible]；	[illegible]	[illegible]	[illegible]	[illegible]	[illegible]；	[illegible]	[illegible]	[illegible]
入	时	是；	八	第	圆	满	时；	即	九	第

摄多入多时，即是多法摄多入多时；第八圆满时；即是第九

3.31.4

iọ^{1}	sə^{1}	dzjɨj^{1}	ŋwu^{2}	bjij^{2}	śji^{1}	sọ^{1}	gjwi^{2}	lew^{1}	gji^{2}
[illegible]	[illegible]	[illegible]	[illegible]。	[illegible]	“[illegible]	[illegible]	[illegible]	[illegible]	[illegible]
圆	满	时	是。	注	“前	三	句	一	数
mjiij^{2}	·ji^{2}	tja^{1}	gjwi^{2}	wo^{2}	mjij^{2}	ŋowr^{2}	ljɨ^{1}	śji^{1}	sọ^{1}
[illegible]”	[illegible]	[illegible]，	[illegible]	[illegible]	[illegible]	[illegible]	[illegible]。	[illegible]	[illegible]
举”	谓	者，	句	义	未	全	也。	今	三

圆满时。注谓“前三句举其一”者，句义未全也。今三

3.31.5

gjwi^{2}	bio^{1}	khjɨɨ^{2}	dzjiij^{2}	tśja^{1}	ŋwu^{2}	ljɨɨr^{1}	tsew^{2}	gjwi^{2}	iọ^{1}	lwu^{1}
句	布	列	教	法	是，	四	第	句	圆	融
ljạ^{1}	tśja^{1}	ŋwu^{2}	iọ^{1}	rjur^{1}	tsjiir^{1}	rjɨr^{2}	khju^{1}	iọ^{1}	lwu^{1}	
证	道	是。	“其	诸	法”	以	下	圆	融	

句是布列教法，第四句是证圆融之道。“其诸法”以下圆融

3.31.6

ku^{1}	phjo^{2}	sjij^{1}	mjor^{1}	njɨ^{2}	tja^{1}	dzjọ^{1}	la^{1}	thwuu^{1}	dzjɨj^{1}	dźjwɨ^{1}
分	别。	“今	现”	等	者，	喻	以	同	时	交
lwu^{1}	dźjwɨ^{1}	dźjiij^{1}	·jij^{1}	dźju^{1}	·a	lə	kha^{1}	ŋowr^{2}	ŋowr^{2}	
涉	相	在	△	明，	一	念	中	一	切	

分别。“今现”等者，以喻明同时交涉相在，一念中一切

3.31.7

ŋowr^{2}	ŋowr^{2}	ɣiew^{1}	ŋowr^{2}	ŋowr^{2}	·o^{2}	ljɨ^{1}	lew^{1}	tjij^{1}	tja^{1}	ŋowr^{2}
一	切	摄	一	切	入	也。	一	灯	者，	全
dạ^{2}	·jij^{1}	wo^{2}	rjir^{2}	dzjọ^{1}	ɣạ^{2}	tjɨj^{2}	tja^{1}	ŋowr^{2}	wo^{2}	·jij^{1}
事	之	理	以	喻；	十	镜	者，	全	喻	以

摄一切入一切也。一灯者，以喻全事之理；十镜者，以喻全

3.31.8

dạ^{2}	rjir^{2}	dzjọ^{1}	ljɨ^{1}	twụ^{1}	rejr^{2}	tjij^{1}	tja^{1}	ŋowr^{2}	wo^{2}	·jij^{1}
理	之	事	也。	各	多	灯	者，	全	理	之
dạ^{2}	·jij^{1}	mji^{1}	ljiij^{2}	rjir^{2}	dzjọ^{1}	śji^{1}	kụ^{1}	mjij^{1}	tja^{1}	
事	相	不	坏	以	喻；	先	后	无	者，	

理之事也。各多灯者，以喻全理之事不坏相；无先后者，

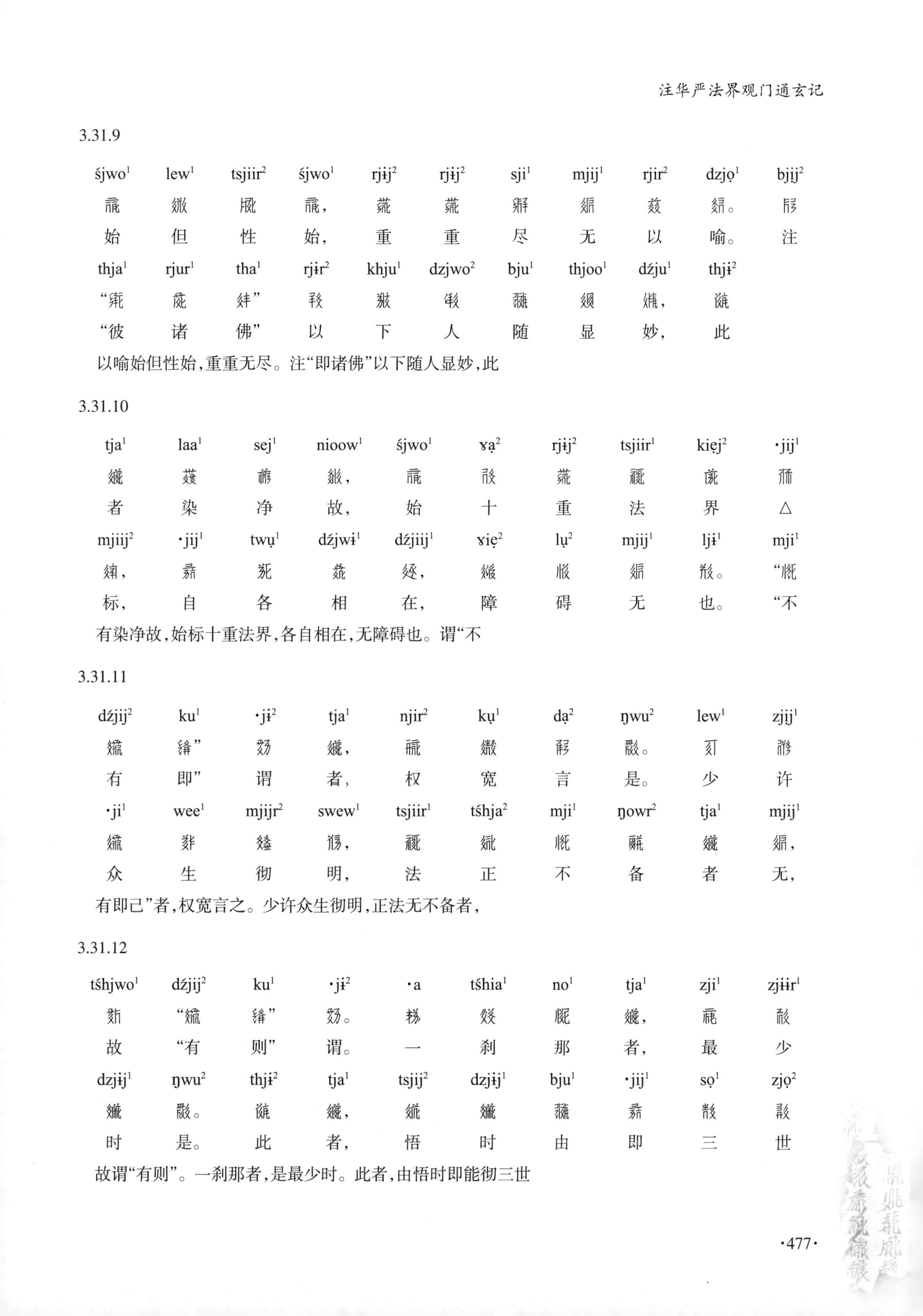

3.31.9

śjwo[1] lew[1] tsjiir[2] śjwo[1] rjɨj[2] rjɨj[2] sji[1] mjij[1] rjir[2] dzjọ[1] bjịj[2]

始 但 性 始， 重 重 尽 无 以 喻。 注

thja[1] rjur[1] tha[1] rjɨr[2] khju[1] dzjwo[2] bju[1] thjoo[1] dźju[1] thjɨ[2]

“彼 诸 佛” 以 下 人 随 显 妙， 此

以喻始但性始，重重无尽。注“即诸佛”以下随人显妙，此

3.31.10

tja[1] laa[1] sej[1] nioow[1] śjwo[1] ɣạ[2] rjɨj[2] tsjiir[1] kięj[2] ·jij[1]

者 染 净 故， 始 十 重 法 界 △

mjiij[2] ·jij[1] twụ[1] dźjwɨ[1] dźjiij[1] ɣię[2] lụ[2] mjij[1] ljɨ[1] mji[1]

标， 自 各 相 在， 障 碍 无 也。 “不

有染净故，始标十重法界，各自相在，无障碍也。谓“不

3.31.11

dźjij[2] ku[1] ·jɨ[2] tja[1] njir[2] kụ[1] dạ[2] ŋwu[2] lew[1] zjij[1]

有 即” 谓 者， 权 宽 言 是。 少 许

·ji[1] wee[1] mjijr[2] swew[1] tsjiir[1] tśhja[2] mji[1] ŋowr[2] tja[1] mjij[1]

众 生 彻 明， 法 正 不 备 者 无，

有即已”者，权宽言之。少许众生彻明，正法无不备者，

3.31.12

tśhjwo[1] dźjij[2] ku[1] ·jɨ[2] ·a tśhia[1] no[1] tja[1] zji[1] zjɨɨr[1]

故 “有 则” 谓。 一 刹 那 者， 最 少

dzjɨj[1] ŋwu[2] thjɨ[2] tja[1] tsjij[2] dzjɨj[1] bju[1] ·jij[1] sọ[1] zjọ[2]

时 是。 此 者， 悟 时 由 即 三 世

故谓“有则”。一刹那者，是最少时。此者，由悟时即能彻三世

3.31.13

śja^{1}	rjijr^{2}	mur^{1}	śjɨj^{2}	ŋowr^{2}	ŋowr^{2}	kha^{1}	·ã^{1}	njwi^{2}	ljɨ^{1}	thjɨ^{2}
十	方	凡	圣	一	切	中	彻	能	也，	是
la^{1}	rjur^{1}	tsjiir^{1}	iọ^{1}	lwu^{1}	dźjwɨ^{1}	dźjiij^{1}	·jij^{1}	dźju^{1}	iọ^{1}	
以	诸	法	圆	融	相	在	△	明。	夫	

十方一切凡圣中也，是以明诸法圆融相在。夫

3.31.14

njiij^{1}	tsjiir^{2}	·jij^{1}	ɣjow^{1}	mər^{2}	ljij^{2}	tsəj^{1}	mjij^{1}	lhạ^{2}	ku^{1}	wẹ^{1}
心	性	之	原	本	大	小	无，	迷	则	愚
we^{2}	tsjij^{2}	ku^{1}	sjij^{2}	śjɨj^{1}	thja^{1}	ljụ^{2}	lhjij^{2}	njɨ^{2}	sjij^{2}	
为，	悟	则	智	成。	彼	身	刹	等	智	

心性之原本无大小，迷则为愚，悟则成智。彼身刹是智

3.32.1

njiij^{1}	·jij^{1}	rər^{2}	ŋwu^{2}	sjij^{2}	sej^{1}	ku^{1}	rər^{2}	swew^{1}	tśhjwo^{1}	ljij^{2}
心	之	影	是，	智	净	则	影	明，	故	大
tsəj^{1}	ɣiẹ^{2}	mjij^{1}	lew^{1}	rejr^{2}	·jij^{1}	·o^{2}	phiaa^{2}	iọ^{1}	ŋowr^{2}	
小	阂	无，	一	多	自	入，	分	总	全	

心之影，智净则影明，故大小无阂，一多自入，总分全

3.32.2

ɣjiw^{1}	mur^{1}	śjɨj^{2}	thu^{1}	lwu^{1}	·jiw^{1}	rjir^{2}	phəə^{1}	tśja^{1}	ɣạ^{2}	ljụ^{2}
摄，	凡	圣	和	合，	因	果	交	参，	十	身
ljɨ^{1}	ljɨ^{1}	ɣiẹ^{2}	mjij^{1}	ɣạ^{2}	dzjɨj^{1}	lə	lə	zji^{1}	njɨ^{2}	tjij^{1}
一	一	阂	无。	十	时	念	念	周	遍，	若

摄，凡圣和合，因果交参，十身一一无阂。十时念念周遍，若

3.32.3

thwuu^1	tsjij^2	ku^1	tśhjɨ^1	rjar^2	·ioow^1	io̱^{1}	tśhjwo^1	lu^1	śjuu^1	da̱^{2}
通	了	则	立	便	功	圆,	故	龙①	树	曰:
njiij^1	njiij^1	tha^1	we^2	lew^1	zjij^1	njiij^1	tha^1	njiij^1	njaa^2	
“心	心	佛	为,	一	许	心	佛	心	非	

通了则立便功圆,故龙树曰:”心心为佛,无一心非佛心;

3.32.4

tja^1	mjij^1	do^2	do^2	ɣiej^1	lja̱^{1}	lew^1	lhjɨ^2	zjij^1	njiij^1	lhjij^2
者	无;	处	处	真	证,	一	尘	许	心	刹
njaa^2	tja^1	mjij^1	tśhjwo^1	thwuu^1	dzjɨj^1	phəə^1	tśja^1	ɣie̱^{2}	mjij^1	
非	者	无。	故	“同	时	交	参	阂	无”	

处处证真,无一尘非心刹。故谓“同时交参无阂”。

3.32.5

·jɨ^2	bjij^2	phie^2	tsjij^2	ljɨ^2	io̱^{1}	thjɨ^2	bjij^2	·jwɨr^2
谓。	注	解	了	易,	夫	此	注	文
zji^1	na^1	zji^1	thjoo^1	njiij^1	la^1	śjwii^2	lew^2	ljɨ^1
最	深,	皆	妙	心	以	合	之	也。

注易解了,夫此注文最深,皆以妙心合之也。

译文:

九，相在无阂门。能摄所摄各有所在，一摄一入一切时，即是一切摄一入一时。由摄入同时，故谓“无阂”。注“我摄余法”以下一切摄一入一，“他又”以下一摄一入一切也，一切为己，一为他者，以下随标题。谓“此彼互在”者，各不坏相也。彼“一切望一”以下，标也。问：“因何此门以多望一?”注“一切”以下释之。其实由彼亦有以一望一等，故谓“乃至四句”尔。谓“彼亦”等者，与前第八门有四句同。注谓“此与前句不同”者，别前门也。“前但此彼”等者，八门中一摄一切等，

①(龙),原误作“”(子),今改正。

但即以一望他一切，即一摄一切时，即一法入于一切也。此者，全体互摄互入。今此第九门重摄余法而入于他法，故与前殊也。故注曰“今欲入彼”。前门注曰“二门义不重”者，此处昭示分明也。摄一入一者，四句彰显，此亦融以成前六七二门也。前门中总六七二门之能遍、能容、能摄、能入之一多两重主法，今总此门之所遍、所容、所摄、所入之两重伴法。合于前，则为第十门之两重四句也。今以七中后对上之所摄一合于前对上之所入一，成此第一句之摄一入一。又以六中上对下之所容一切合于七中后对下之所入一，成此中次句之摄一切入一。又以七中前对下之所摄一合于六中后对之所遍一切，成此第三句之摄一入一切。以六中后对上之所容一切合于前对之所遍一切，成此末句之摄一切入一切。故知此门中有伴无主，注中皆标别义。后“本文难会”者，与四镜异也，故一与一切皆可为主，此以意知之。谓“摄一入一”者，注“上一”以下明能摄能入之主法。问：“缘何文中不言主法?”故以下曰“本文恐句中杂闹”等。“此句”以下法喻兼标而分明摄入。“此即释迦”以下法喻相合也。“直”以下会通一切为主之义。第三句注文但有譬喻而无合法者，举前注之仪，末句注文皆无别义。“本文难会”譬喻皆无合法者，前注亦然。注“此中诸法”以下直明此句，一法摄多入多时，即是多法摄多入多时；第八圆满时；即是第九圆满时。注谓“前三句举其一”者，句义未全也。今三句是布列教法，第四句是证圆融之道。“其诸法”以下圆融分别。“今现”等者，以喻明同时交涉相在，一念中一切摄一切入一切也。一灯者，以喻全事之理；十镜者，以喻全理之事也。各多灯者，以喻全理之事不坏相；无先后者，以喻始但性始，重重无尽。注“即诸佛”以下随人显妙，此有染净故，始标十重法界，各自相在，无障碍也。谓“不有即已”者，权宽言之。少许众生彻明，正法无不备者，故谓“有则”。一刹那者，是最少时。此者，由悟时即能彻三世十方一切凡圣中也，是以明诸法圆融相在。夫心性之原本无大小，迷则为愚，悟则成智。彼身刹是智心之影，智净则影明，故大小无阂，一多自入，总分全摄，凡圣和合，因果交参，十身一一无阂。十时念念周遍，若通了则立便功圆，故龙树曰：“心心为佛，无一心非佛心；处处证真，无一尘非心刹。故谓“同时交参无阂”。注易解了，夫此注文最深，皆以妙心合之也。

释读：

3.32.5

ɣạ^{2}　zji^{1}　lwu^{1}

“[illegible]　[illegible]　[illegible]

“十　溥　融

“十溥融

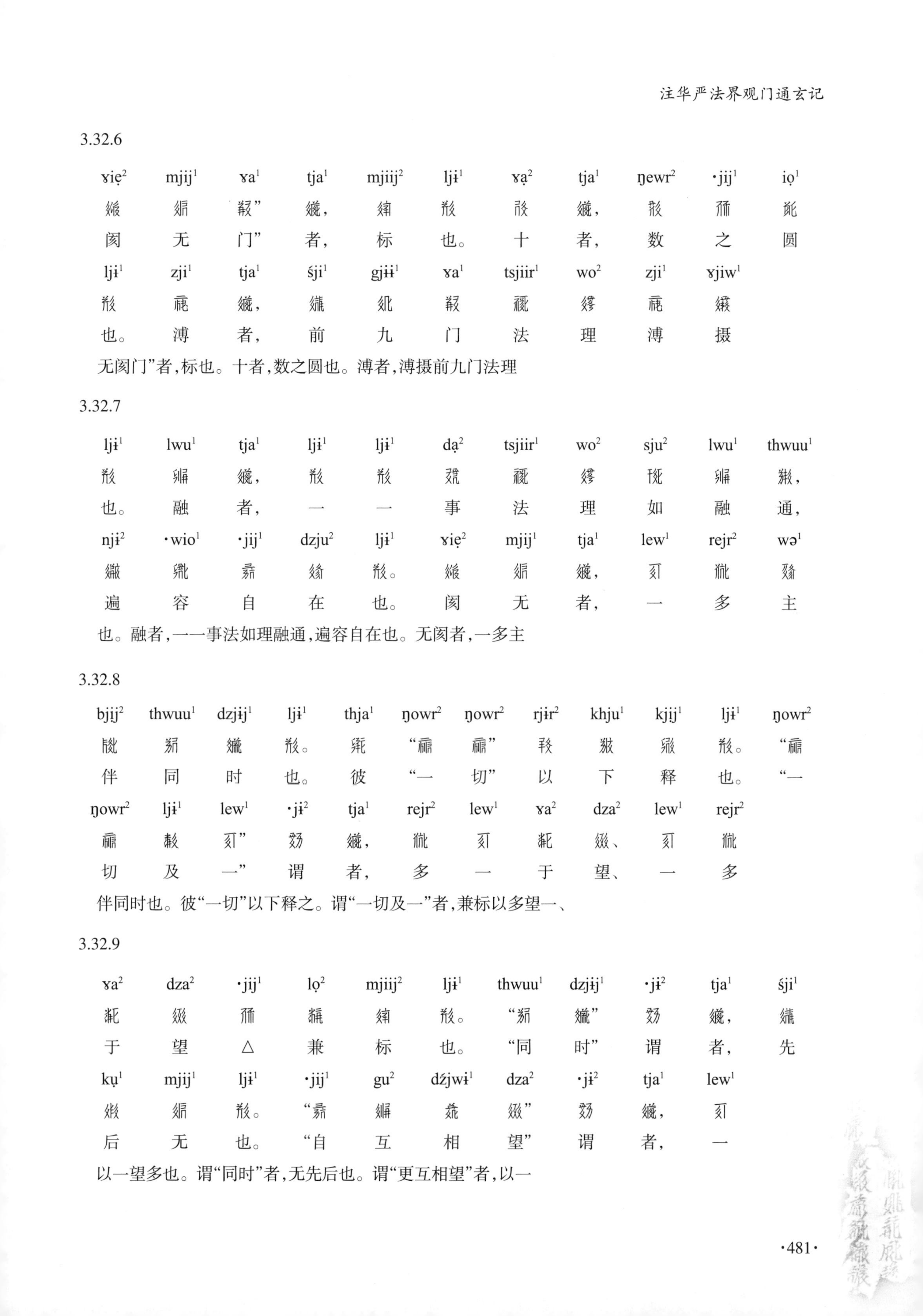

3.32.6

ɣię2 mjij1 ɣa1 tja1 mjiij2 ljɨ1 ɣạ2 tja1 ŋewr2 ·jij1 iọ1

阂 无 门” 者， 标 也。 十 者， 数 之 圆

ljɨ1 zji1 tja1 śji1 gjɨɨ1 ɣa1 tsjiir1 wo2 zji1 ɣjiw1

也。 溥 者， 前 九 门 法 理 溥 摄

无阂门”者，标也。十者，数之圆也。溥者，溥摄前九门法理

3.32.7

ljɨ1 lwu1 tja1 ljɨ1 ljɨ1 dạ2 tsjiir1 wo2 sju2 lwu1 thwuu1

也。 融 者， 一 一 事 法 理 如 融 通，

njɨ2 ·wio1 ·jij1 dzju2 ljɨ1 ɣię2 mjij1 tja1 lew1 rejr2 wə1

遍 容 自 在 也。 阂 无 者， 一 多 主

也。融者，一一事法如理融通，遍容自在也。无阂者，一多主

3.32.8

bjij2 thwuu1 dzjɨj1 ljɨ1 thja1 ŋowr2 ŋowr2 rjɨr2 khju1 kjij1 ljɨ1 ŋowr2

伴 同 时 也。 彼 “一 切” 以 下 释 也。 “一

ŋowr2 ljɨ1 lew1 ·jɨ2 tja1 rejr2 lew1 ɣa2 dza2 lew1 rejr2

切 及 一” 谓 者， 多 一 于 望、 一 多

伴同时也。彼“一切”以下释之。谓“一切及一”者，兼标以多望一、

3.32.9

ɣa2 dza2 ·jij1 lọ2 mjiij2 ljɨ1 thwuu1 dzjɨj1 ·jɨ2 tja1 śji1

于 望 △ 兼 标 也。 “同 时” 谓 者， 先

kụ1 mjij1 ljɨ1 ·jij1 gu2 dźjwɨ1 dza2 ·jɨ2 tja1 lew1

后 无 也。 “自 互 相 望” 谓 者， 一

以一望多也。谓“同时”者，无先后也。谓“更互相望”者，以一

3.32.10

rejr²	ɣa²	dza²	zjij¹	·jij¹	rejr²	lew¹	ɣa²	dza²	ljɨ¹	bjij²
[illegible]										
多	于	望	时	即	多	一	于	望	也。	注
·jar¹	gjɨɨ¹	·jij¹	twụ¹	lew¹	mjij¹	·jɨ²	tja¹	·jar¹	ɣa¹	
[illegible]										
"八	九	自	各	一	阙"	谓	者，	八	门	

望多时即以多望一也。注谓"八九互阙一"者，八门

3.32.11

rejr²	lew¹	ɣa²	dza²	mjij¹	gjɨɨ¹	ɣa¹	lew¹	rejr²	ɣa²
[illegible]									
多	一	于	望	无，	九	门	一	多	于
dza²	mjij¹	ljɨ¹	sjij¹	kew¹	thwuu¹	dzjɨj¹	njɨɨ¹	ŋowr²	tśhjwo¹
[illegible]									
望	无	也。	今	此	同	时	两	全，	故

无以多望一，九门无以一望多也。今此同时两全，故

3.32.12

lew¹	lew¹	njɨ²	·jɨ²	bjij²	·jar¹	gjɨɨ¹	zji¹	lwu¹	njɨ²	·jɨ²
[illegible]										
"一	一"	等	谓。	注	"八	九	溥	融"	等	谓
tja¹	zji¹	lwu¹	śjwo¹	zjij¹	sọ¹	ɣa¹	twụ¹	ŋowr²	·jar¹	kha¹
[illegible]										
者，	溥	融	自	时	三	门	顿	具。	八	中

谓"一一"。注谓"溥融八九"者，自溥融时三门顿具。八中

3.32.13

lew¹	tsjiir¹	wə¹	we²	ljiir¹	gjwi²	gjɨɨ¹	kha¹	rejr²	tsjiir¹	wə¹
[illegible]										
一	法	主	为	四	句，	九	中	多	法	主
we²	ljiir¹	gjwi²	sjij¹	lew¹	ljɨ¹	ŋowr²	ŋowr²	wə¹	we²	
[illegible]										
为	四	句，	今	一	及	一	切	主	为，	

一法为主四句，九中多法为主四句，今一及一切为主，

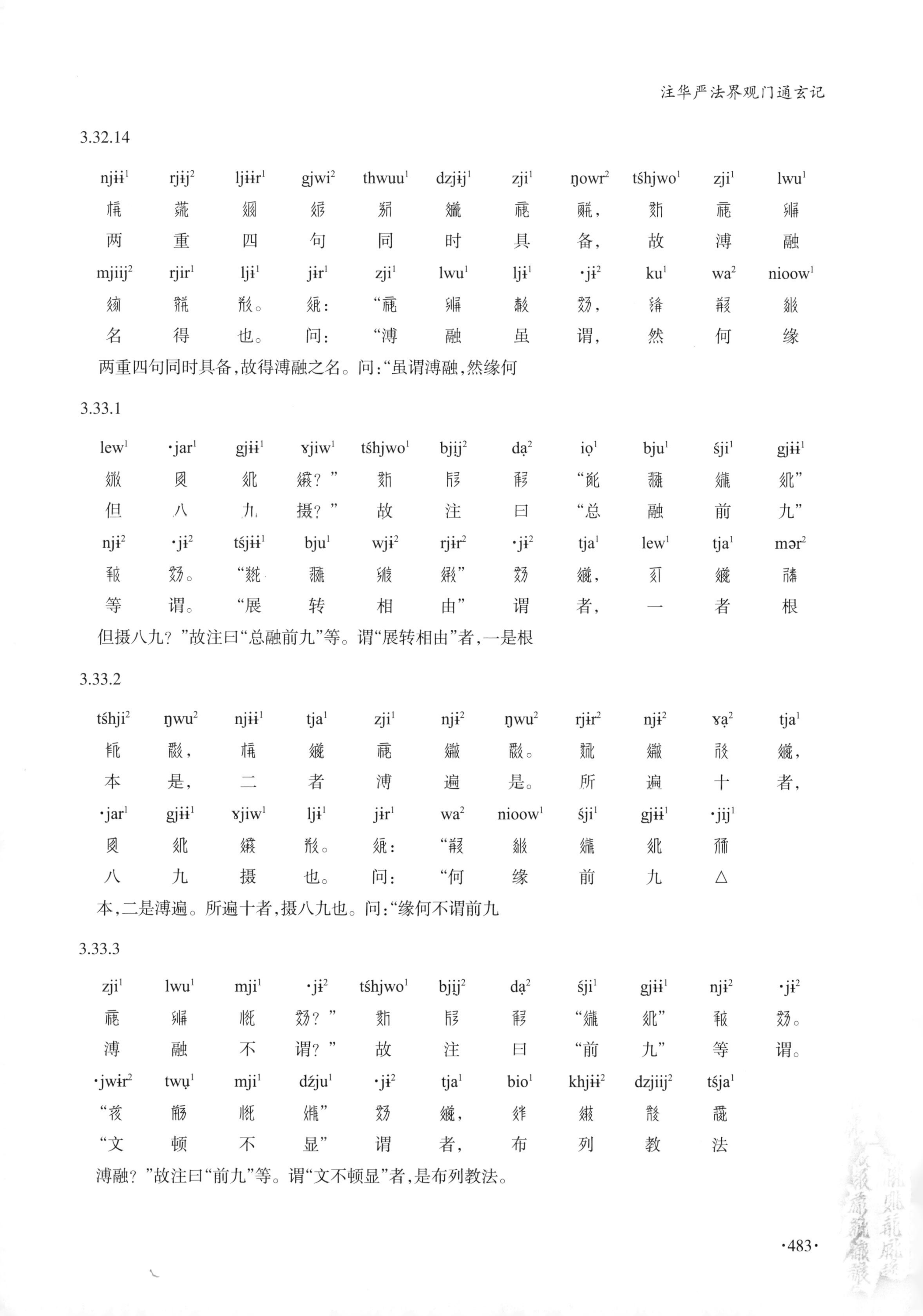

3.32.14

njɨɨ1	rjɨj2	ljɨɨr1	gjwi2	thwuu1	dzjɨj1	zji1	ŋowr2	tśhjwo1	zji1	lwu1
两	重	四	句	同	时	具	备，	故	溥	融
mjiij2	rjir1	ljɨ1	jɨr1	zji1	lwu1	ljɨ1	·jɨ2	ku1	wa2	nioow1
名	得	也。	问：	“溥	融	虽	谓，	然	何	缘

两重四句同时具备，故得溥融之名。问：“虽谓溥融，然缘何

3.33.1

lew1	·jar1	gjɨɨ1	ɣjiw1	tśhjwo1	bjij2	dạ2	io̱1	bju1	śji1	gjɨɨ1
但	八	九	摄？”	故	注	曰	“总	融	前	九”
njɨ2	·jɨ2	tśjɨɨ1	bju1	wjɨ2	rjɨr2	·jɨ2	tja1	lew1	tja1	mər2
等	谓。	“展	转	相	由”	谓	者，	一	者	根

但摄八九？”故注曰“总融前九”等。谓“展转相由”者，一是根

3.33.2

tśhji2	ŋwu2	njɨɨ1	tja1	zji1	njɨ2	ŋwu2	rjɨr2	njɨ2	ɣạ2	tja1
本	是，	二	者	溥	遍	是。	所	遍	十	者，
·jar1	gjɨɨ1	ɣjiw1	ljɨ1	jɨr1	wa2	nioow1	śji1	gjɨɨ1	·jij1	
八	九	摄	也。	问：	“何	缘	前	九	△	

本，二是溥遍。所遍十者，摄八九也。问：“缘何不谓前九

3.33.3

zji1	lwu1	mji1	·jɨ2	tśhjwo1	bjij2	dạ2	śji1	gjɨɨ1	njɨ2	·jɨ2
溥	融	不	谓？”	故	注	曰	“前	九”	等	谓。
·jwɨr2	twụ1	mji1	dźju1	·jɨ2	tja1	bio1	khjɨɨ2	dzjiij2	tśja1	
“文	顿	不	显”	谓	者，	布	列	教	法	

溥融？”故注曰“前九”等。谓“文不顿显”者，是布列教法。

3.33.4

ŋwu^{2}	tśhjwo^{1}	kew^{1}	rjɨr^{2}	khju^{1}	iọ^{1}	lwu^{1}	ljạ^{1}	tśja^{1}	ŋwu^{2}	tjij^{1}
[illegible]。	"[illegible]	[illegible]"	[illegible]	[illegible]	[illegible]	[illegible]	[illegible]	[illegible]	[illegible]。	"[illegible]
是。	"故	此"	以	下	圆	融	证	道	是。	"既
gu^{2}	pha^{1}	njɨ^{2}	·jɨ^{2}	tja^{1}	tjij^{1}	śjwo^{1}	śjij^{1}	tśjɨɨ^{1}	bju^{1}	
[illegible]	[illegible]"	[illegible]	[illegible]	[illegible]，	[illegible]	[illegible]	[illegible]	[illegible]	[illegible]，	
总	别"	等	谓	者，	若	展	转	相	由，	

"故此"以下是证圆融之道。谓"既总别"等者，既展转相由，

3.33.5

ku^{1}	śji^{1}	ɣa^{1}	gu^{2}	we^{2}	kụ^{1}	gjɨɨ^{1}	pha^{1}	we^{2}	tjij^{1}	lwu^{1}
[illegible]	[illegible]	[illegible]	[illegible]	[illegible]，	[illegible]	[illegible]	[illegible]	[illegible]。	[illegible]	[illegible]
则	前	门	总	为，	后	九	别	为。	若	融
thwuu^{1}	zji^{1}	ɣjiw^{1}	ku^{1}	ɣạ^{2}	tsew^{2}	ɣa^{1}	gu^{2}	we^{2}	śji^{1}	
[illegible]	[illegible]	[illegible]，	[illegible]	[illegible]	[illegible]	[illegible]	[illegible]	[illegible]，	[illegible]	
通	溥	摄，	则	十	第	门	总	为，	前	

则前门为总，后九为别。既溥摄融通，则第十门为总，前

3.33.6

gjɨɨ^{1}	pha^{1}	we^{2}	sjij^{1}	thwuu^{1}	dzjɨj^{1}	·jɨ^{2}	tja^{1}	ɣạ^{2}	ɣa^{1}
[illegible]	[illegible]	[illegible]。	[illegible]	"[illegible]	[illegible]"	[illegible]	[illegible]，	[illegible]	[illegible]
九	别	为。	今	"同	时"	谓	者，	十	门
śji^{1}	kụ^{1}	mjij^{1}	gu^{2}	pha^{1}	ljọ^{2}	dju^{1}	ljɨ^{1}	rjɨj^{2}	rjɨj^{2}
[illegible]	[illegible]	[illegible]，	[illegible]	[illegible]	[illegible]	[illegible]	[illegible]？	"[illegible]	[illegible]
先	后	无，	总	别	岂	有	乎？	"重	重

九为别。今谓"同时"者，十门无先后，岂有总别乎？谓"重重

3.33.7

sji^{1}	mjij^{1}	·jɨ^{2}	tja^{1}	·jij^{1}	rejr^{2}	tsjiir^{1}	ɣu^{1}	we^{2}	ljɨɨr^{1}
[illegible]	[illegible]"	[illegible]	[illegible]，	[illegible]	[illegible]	[illegible]	[illegible]	[illegible]	[illegible]
尽	无"	谓	者，	即	多	法	首	为	四
tsew^{2}	gjwi^{2}	tśhjwo^{1}	iọ^{1}	sə^{1}	ljɨ^{1}	śji^{1}	tjɨj^{2}	bju^{1}	sjiij^{2}
[illegible]	[illegible]，	[illegible]	[illegible]	[illegible]	[illegible]。	"[illegible]	[illegible]	[illegible]	[illegible]
第	句，	故	圆	满	也。	"前	法	准	思

无尽"者，即多法为首第四句，故圆满也。谓"准前思之"

3.33.8

lew^{2}	·jɨ^{2}	tja^{1}	bioo^{1}	njiij^{1}	tshwew^{1}	zu^{2}	bjij^{2}	śji^{1}	·jar^{1}	gjɨɨ^{1}
之”	谓	者，	观	心	结	续。	注	“前	八	九”
rjɨr^{2}	khju^{1}	·jar^{1}	gjɨɨ^{1}	twụ^{1}	lhjij^{2}	·jij^{1}	dźju^{1}	sjij^{1}	·jar^{1}	
以	下	八	九	顿	缺	△	明。	今	八	

者，结以观心。注“前八九”以下明八九之顿缺。今以八

3.33.9

ɣa^{1}	ljɨɨr^{1}	gjwi^{2}	la^{1}	gjɨɨ^{1}	ɣa^{1}	ljɨɨr^{1}	gjwi^{2}	ɣa^{2}	dza^{2}	dźjwɨ^{1}
门	四	句	以	九	门	四	句	于	望，	互
ɣjiw^{1}	dźjwɨ^{1}	·o^{2}	phəə^{1}	tśja^{1}	ɣię^{2}	mjij^{1}	dzjwɨ^{1}	rer^{2}	wjɨ^{2}	
摄	互	入，	交	参	阂	无，	帝	网	△	

门四句望九门四句，互摄互入，交参无阂，犹如帝网，

3.33.10

sju^{2}	rjɨj^{2}	rjɨj^{2}	sji^{1}	mjij^{1}	ljɨ^{1}	bjij^{2}	sjij^{1}	lew^{1}	rejr^{2}	ɣa^{2}
如，	重	重	尽	无	也。	注	“今	一	多	于
dza^{2}	njɨ^{2}	·jɨ^{2}	tja^{1}	·jar^{1}	ɣa^{1}	lew^{1}	rejr^{2}	ɣa^{2}	dza^{2}	wə^{1}
望”	等	谓	者，	八	门	一	多	于	望，	主

重重无尽也。注谓“今一望多”者，八门以一望多，主

3.33.11

bjij^{2}	ljɨɨr^{1}	gjwi^{2}	iọ^{1}	sə^{1}	zjij^{1}	·jij^{1}	gjɨɨ^{1}	tsew^{2}	ɣa^{1}
伴	四	句	圆	满	时，	即	九	第	门
lew^{1}	tsjiir^{1}	ɣu^{1}	we^{2}	ljɨɨr^{1}	gjwi^{2}	iọ^{1}	sə^{1}	dzjɨj^{1}	
一	法	首	为，	四	句	圆	满	时	

伴四句圆满时，即第九门为一法之首，成四句圆满之时

3.33.12

śjɨj^{1}	ljɨ^{1}	gjɨɨ^{1}	ɣa^{1}	ŋowr^{2}	ŋowr^{2}	lew^{1}	ɣa^{2}	dza^{2}	wə^{1}
成	也。	九	门	一	切	一	于	望，	主
bjij^{2}	ljɨɨr^{1}	gjwi^{2}	io̱^{1}	sə^{1}	zjij^{1}	·jij^{1}	·jar^{1}	ɣa^{1}	rejr^{2}
伴	四	句	圆	满	时，	即	八	门	多

也。九门以一切望一，主伴四句圆满时，即八门为多

3.33.13

tsjiir^{1}	ɣu^{1}	we^{2}	ljɨɨr^{1}	gjwi^{2}	io̱^{1}	sə^{1}	dzjɨj^{1}	śjɨj^{1}	ljɨ^{1}
法	首	为，	四	句	圆	满	时	成	也。
śji^{1}	lew^{1}	rjɨr^{2}	khju^{1}	kjij^{1}	ljɨ^{1}	śji^{1}	lew^{1}	tsjiir^{1}	
“初	一”	以	下	释	也。	初	一	法	

法之首，成四句圆满之时也。“初一”以下释之。初举一法

3.33.14

mjiij^{2}	la^{1}	ɣjiw^{1}	sji^{2}	o̱^{2}	mjijr^{2}	we^{2}	tja^{1}	·jij^{1}
举	而	摄	能	入	者	为	者，	即
·jar^{1}	kha^{1}	śji^{1}	gjwi^{2}	ljɨɨr^{1}	so̱^{1}	tsew^{2}	gjwi^{2}	ɣjiw^{1}
八	中	初	句	及	三	第	句	摄

而为能摄能入者，即八中初句及第三句能摄

3.34.1

sji^{2}	o̱^{2}	mjijr^{2}	·jij^{1}	lew^{1}	gjɨɨ^{1}	kha^{1}	ɣjiw^{1}	lew^{2}	o̱^{2}
能	入	者	之	一，	九	中	涉	所	入
tjị^{2}	rjir^{2}	phjoo^{2}	ku^{1}	lew^{1}	tsjiir^{1}	mjiij^{2}	we^{2}	ljɨɨr^{1}	gjwi^{2}
所	与	合。	则	一	法	标	为	四	句

能入之一，与九中所涉所入合。则一法为标而成四句。

3.34.2

śjɨj^{1}	ljɨ^{1}	lew^{1}	·jar^{1}	kha^{1}	sọ^{1}	tsew^{2}	gjwi^{2}	ɣjiw^{1}	sji^{2}
成	也。	一，	八	中	三	第	句	摄	能
ọ^{2}	mjijr^{2}	·jij^{1}	lew^{1}	gjɨɨ^{1}	kha^{1}	śji^{1}	gjwi^{2}	tśhjaa^{1}	
入	者	之	一	九	中	初	句	与	

一，八中第三句能摄能入配一九中初句，

3.34.3

lhu^{1}	ku^{1}	thjɨ^{2}	lew^{1}	tsew^{2}	gjwi^{2}	lew^{1}	lew^{1}	ɣjiw^{1}	lew^{1}
配，	则	此	一	第	句	一	一	摄	一
ọ^{2}	·jij^{1}	śjɨj^{1}	ljɨ^{1}	njɨɨ^{1}	·jar^{1}	kha^{1}	śji^{1}	gjwi^{2}	
入	△	成	也。	二，	八	中	初	句	

则成此第一句一摄一入一也。二，八中初句

3.34.4

bji^{2}	khwə^{1}	la^{1}	sọ^{1}	tsew^{2}	gjwi^{2}	bji^{2}	khwə^{1}	rjir^{2}	phjoo^{2}
上	半	以	三	第	句	下	半	与	合，
gjɨɨ^{1}	kha^{1}	tśjɨɨ^{1}	gjwi^{2}	tśhjaa^{1}	lhu^{1}	thjɨ^{2}	njɨɨ^{1}	tsew^{2}	
九	中	次	句	与	配，	此	二	第	

上半与第三句下半合，配九中次句，成此第二

3.34.5

gjwi^{2}	lew^{1}	ŋowr^{2}	ŋowr^{2}	ɣjiw^{1}	lew^{1}	ọ^{2}	·jij^{1}	śjɨj^{1}	sọ^{1}
句	一	一	切	摄	一	入	△	成。	三，
·jar^{1}	kha^{1}	sọ^{1}	tsew^{2}	gjwi^{2}	bji^{2}	khwə^{1}	la^{1}	śji^{1}	gjwi^{2}
八	中	三	第	句	上	半	以	初	句

句一摄一切入一。三，八中第三句上半与初句

3.34.6

bji^2	khwə^1	rjir^2	phjoo^2	gjɨɨ^1	kha^1	sọ^1	tsew^2	gjwi^2	tśhjaa^1	lhu^1
下	半	与	合，	九	中	三	第	句	与	配，
thjɨ^2	sọ^1	tsew^2	gjwi^2	lew^1	lew^1	ɣjiw^1	ŋowr^2	ŋowr^2	ọ^2	
此	三	第	句	一	一	摄	一	切	入	

下半合，配九中第三句，成此第三句一摄一入一切。

3.34.7

·jij^1	śjɨj^1	ljɨɨr^1	·jar^1	kha^1	śji^1	gjwi^2	ɣjiw^1	sji^2	ọ^2
△	成。	四，	八	中	初	句	摄	能	入
mjijr^2	·jij^1	lew^1	gjɨɨ^1	kha^1	mjiij^2	gjwi^2	tśhjaa^1	lhu^1	thjɨ^2
者	之	一	九	中	末	句	与	配，	此

四，八中初举能摄能入之一配九中末句，成此

3.34.8

ljɨɨr^1	tsew^2	gjwi^2	lew^1	ŋowr^2	ŋowr^2	ɣjiw^1	ŋowr^2	ŋowr^2	ọ^2	·jij^1
四	第	句	一	一	切	摄	一	切	入	△
śjɨj^1	kụ^1	tsjiir^1	ŋowr^2	ŋowr^2	la^1	ɣjiw^1	sji^2	ọ^2	mjijr^2	we^2
成。	后	“法	一	切	以	摄	能	入	者	为”

第四句一摄一切入一切。后谓“以一切法为能摄入”

3.34.9

·jɨ^2	tja^1	·jij^1	·jar^1	kha^1	tśjɨɨ^1	gjwi^2	ljɨ^1	mjiij^2	gjwi^2
谓	者，	即	八	中	次	句	及	末	句
·jij^1	ɣjiw^1	sji^2	ọ^2	mjijr^2	ŋowr^2	ŋowr^2	ljɨ^1	gjɨɨ^1	kha^1
之	摄	能	入	者	一	切，	及	九	中

者，即与八中次句及末句之一切能摄能入，及九中

3.34.10

ɣjiw^{1}	lew^{2}	ǫ^{2}	tji̱^{2}	rjir^{2}	phjoo^{2}	ku^{1}	rejr^{2}	tsjiir^{1}	wə^{1}
[illegible]	[illegible]	[illegible]	[illegible]	[illegible]	[illegible]，	[illegible]	[illegible]	[illegible]	[illegible]
涉	所	入	所	与	合，	则	多	法	主
we^{2}	·jij^{1}	ljɨɨr^{1}	gjwi^{2}	śjɨj^{1}	ljɨ^{1}	lew^{1}	·jar^{1}	kha^{1}	
[illegible]	[illegible]	[illegible]	[illegible]	[illegible]	[illegible]。	[illegible]，	[illegible]	[illegible]	
为	之	四	句	成	也。	一，	八	中	

所涉所入合，则成多法为主之四句也。一，八中

3.34.11

tśjɨɨ^{1}	gjwi^{2}	ɣjiw^{1}	sji^{2}	ǫ^{2}	mjijr^{2}	ŋowr^{2}	ŋowr^{2}	gjɨɨ^{1}	kha^{1}
[illegible]	[illegible]	[illegible]	[illegible]	[illegible]	[illegible]	[illegible]	[illegible]	[illegible]	[illegible]
次	句	摄	能	入	者	一	切	九	中
lew^{1}	tsew^{2}	gjwi^{2}	tśhjaa^{1}	lhu^{1}	thjɨ^{2}	lew^{1}	tsew^{2}	gjwi^{2}	
[illegible]	[illegible]	[illegible]	[illegible]	[illegible]，	[illegible]	[illegible]	[illegible]	[illegible]	
一	第	句	与	配，	此	一	第	句	

次句一切能摄能入配九中第一句，成此第一句

3.34.12

ŋowr^{2}	ŋowr^{2}	lew^{1}	ɣjiw^{1}	lew^{1}	ǫ^{2}	·jij^{1}	śjɨj^{1}	njɨɨ^{1}	·jar^{1}
[illegible]	[illegible]	[illegible]	[illegible]	[illegible]	[illegible]	[illegible]	[illegible]。	[illegible]，	[illegible]
一	切	一	摄	一	入	△	成。	二，	八
kha^{1}	mjiij^{2}	gjwi^{2}	bji^{2}	khwə^{1}	ɣjiw^{1}	sji^{2}	ŋowr^{2}	ŋowr^{2}	tśjɨɨ^{1}
[illegible]	[illegible]	[illegible]	[illegible]	[illegible]	[illegible]	[illegible]	[illegible]	[illegible]	[illegible]
中	末	句	上	半	摄	能	一	切	次

一切摄一入一。二，八中末句上半一切能摄与此

3.34.13

gjwi^{2}	bji^{2}	khwə^{1}	rjir^{2}	phjoo^{2}	la^{1}	gjɨɨ^{1}	kha^{1}	tśjɨɨ^{1}	gjwi^{2}	tśhjaa^{1}
[illegible]	[illegible]	[illegible]	[illegible]	[illegible]，	[illegible]	[illegible]	[illegible]	[illegible]	[illegible]	[illegible]
句	下	半	与	合，	而	九	中	次	句	于
lhu^{1}	thjɨ^{2}	njɨɨ^{1}	tsew^{2}	gjwi^{2}	ŋowr^{2}	ŋowr^{2}	ŋowr^{2}	ŋowr^{2}	ɣjiw^{1}	
[illegible]，	[illegible]	[illegible]	[illegible]	[illegible]	[illegible]	[illegible]	[illegible]	[illegible]	[illegible]	
配，	此	二	第	句	一	切	一	切	摄	

句下半合，而配九中次句，成此第二句一切摄

3.34.14

lew^1	ọ^2	·jij^1	śjɨj^1	sọ^1	·jar^1	kha^1	tśjɨɨ^1	gjwi^2	phju^2
[illegible]	[illegible]	[illegible]	[illegible]。	[illegible]，	[illegible]	[illegible]	[illegible]	[illegible]	[illegible]
一	入	△	成。	三，	八	中	次	句	上
khwə^1	ɣjiw^1	sji^2	ŋowr^2	ŋowr^2	mjiij^2	gjwi^2	bji^2	khwə^1	rjir^2
[illegible]	[illegible]	[illegible]	[illegible]	[illegible]	[illegible]	[illegible]	[illegible]	[illegible]	[illegible]
半	摄	能	一	切	末	句	下	半	与

一切入一。三，八中次句上半一切能摄与末句下半

3.35.1

phjoo^2	la^1	gjɨɨ^1	kha^1	sọ^1	tsew^2	gjwi^2	tśhjaa^1	lhu^1	thjɨ^2	sọ^1
[illegible]，	[illegible]	[illegible]	[illegible]	[illegible]	[illegible]	[illegible]	[illegible]	[illegible]，	[illegible]	[illegible]
合，	而	九	中	三	第	句	与	配，	此	三
tsew^2	gjwi^2	ŋowr^2	ŋowr^2	lew^1	ɣjiw^1	ŋowr^2	ŋowr^2	ọ^2	·jij^1	
[illegible]	[illegible]	[illegible]	[illegible]	[illegible]	[illegible]	[illegible]	[illegible]	[illegible]	[illegible]	
第	句	一	切	一	摄	一	切	入	△	

合，而配九中第三句，成此第三句一切摄一入一切。

3.35.2

śjɨj^1	ljɨɨr^1	·jar^1	kha^1	mjiij^2	gjwi^2	ɣjiw^1	sji^2	ọ^2	mjijr^2	ŋowr^2
[illegible]。	[illegible]，	[illegible]	[illegible]	[illegible]	[illegible]	[illegible]	[illegible]	[illegible]	[illegible]	[illegible]
成。	四，	八	中	末	句	摄	能	入	者	一
ŋowr^2	gjɨɨ^1	kha^1	mjiij^2	gjwi^2	tśhjaa^1	lhu^1	thjɨ^2	mjiij^2	gjwi^2	
[illegible]	[illegible]	[illegible]	[illegible]	[illegible]	[illegible]	[illegible]，	[illegible]	[illegible]	[illegible]	
切	九	中	末	句	与	配，	此	末	句	

四，八中末句一切能摄能入配九中末句，成此末句

3.35.3

ŋowr^2	ŋowr^2	ŋowr^2	ŋowr^2	ɣjiw^1	ŋowr^2	ŋowr^2	ọ^2	·jij^1	śjɨj^1	ljɨ^1
[illegible]	[illegible]	[illegible]	[illegible]	[illegible]	[illegible]	[illegible]	[illegible]	[illegible]	[illegible]	[illegible]。
一	切	一	切	摄	一	切	入	△	成	也。
thja^1	bju^1	·jar^1	kha^1	wə^1	tsjiir^1	ŋwu^2	śjij^1	ljɨɨ^1	njɨɨ^1	tśiẹj^2
[illegible]	[illegible]	[illegible]	[illegible]	[illegible]	[illegible]	[illegible]	[illegible]	[illegible]	[illegible]	[illegible]
此	由	八	中	主	法	以	回	返	两	复

一切摄一切入一切也。由此以八中主法回返两复

3.35.4

gjɨɨ^1	kha^1	ljɨɨr^1	gjwi^2	tśhjaa^1	lhu^1	ku^1	·jij^1	njɨɨ^1	rjɨj^2
[illegible]	[illegible]	[illegible]	[illegible]	[illegible]	[illegible]，	[illegible]	[illegible]	[illegible]	[illegible]
九	中	四	句	与	配，	则	即	两	重
wə^1	bjij^2	śjɨj^1	ɣạ^2	tsew^2	ɣa^1	wo^2	dźju^1	sjwij^1	ljij^2
[illegible]	[illegible]	[illegible]，	[illegible]	[illegible]	[illegible]	[illegible]	[illegible]	[illegible]	[illegible]
主	伴	成。	十	第	门	义	分	明	见

配九中四句，则即成两重主伴。分明见第十门之义

3.35.5

ljɨ^1	bjij^2	thjɨ^2	sju^2	njɨɨ^1	ɣa^1	phəə^1	tśja^1	·jɨ^2	tja^1
[illegible]。	[illegible]	“[illegible]	[illegible]	[illegible]	[illegible]	[illegible]	[illegible]”	[illegible]	[illegible]，
也。	注	“是	如	二	门	交	络”	谓	者，
dźjwɨ^1	ɣjiw^1	dźjwɨ^1	ọ^2	dźjwɨ^1	gu^2	nẹj^2	śja^2	ljɨ^1	
[illegible]	[illegible]	[illegible]	[illegible]，	[illegible]	[illegible]	[illegible]	[illegible]	[illegible]。	
互	摄	互	入，	互	相	隐	现	也。	

也。注谓“如是二门交络”者，互摄互入，互相隐现也。

3.35.6

rjɨj^2	rjɨj^2	sji^1	mjij^1	·jɨ^2	tja^1	thja^1	lew^1	dạ^2	kha^1	ŋowr^2
“[illegible]	[illegible]	[illegible]	[illegible]”	[illegible]	[illegible]，	[illegible]	[illegible]	[illegible]	[illegible]	[illegible]
“重	重	尽	无”	谓	者，	彼	一	事	中	一
ŋowr^2	zji^1	śja^2	thja^1	ŋowr^2	ŋowr^2	kha^1	·jị^2	twụ^1	ŋowr^2	
[illegible]	[illegible]	[illegible]，	[illegible]	[illegible]	[illegible]	[illegible]	[illegible]	[illegible]	[illegible]	
切	皆	现，	彼	一	切	中	还	各	一	

谓“重重无尽”者，彼一事中皆现一切，彼一切中还各

3.35.7

ŋowr^2	śja^2	dzjọ^1	kjiw^1	dzjwɨ^1	rer^2	lew^1	swew^1	nji^2	gu^2	rər^2	ŋowr^2
[illegible]	[illegible]，	[illegible]	[illegible]	[illegible]	[illegible]	[illegible]，	[illegible]	[illegible]	[illegible]	[illegible]	[illegible]
切	现，	如	释	帝	网	一，	明	珠	中	影	一
ŋowr^2	śja^2	thja^1	nji^2	rər^2	ŋowr^2	ŋowr^2	kha^1	·jị^2	nji^2	rər^2	
[illegible]	[illegible]，	[illegible]	[illegible]	[illegible]	[illegible]	[illegible]	[illegible]	[illegible]	[illegible]	[illegible]	
切	现，	彼	珠	影	一	切	中	还	珠	影	

现一切，如一释帝网，明珠中现一切影，彼一切珠影中

3.35.8

ŋowr^2	ŋowr^2	śja^2	ljɨ^1	thjɨ^2	nioow^1	dźiã^2	tsjij^2	njɨ^2	mej^1	la^1
一	切	现	也。	此	缘	遍	菩	萨	眼	以
thjɨ^2	sju^2	tsjiir^1	kięj^2	twų^1	ljij^2	ių^1	lwu^1	·jij^1	dzju^2	
是	如	法	界	顿	见，	圆	融	自	在	

还现一切珠影也。缘此以遍菩萨眼顿见如是法界，有无量圆融自在。

3.35.9

ŋewr^2	pjų^1	mji^1	dju^1	wə^1	bjij^2	dźjwɨ^1	lwu^1	·jɨ^2	tja^1
等	量	无	有。	“主	伴	互	融”	谓	者，
njɨ^2	ɣa^1	sjij^2	la^1	njɨ^2	ɣa^1	tsjiir^1	kięj^2	·jij^1	ljij^2
遍	门	智	以	遍	门	法	界	△	见，

谓“主伴互融”者，以遍门之智见遍门法界。

3.35.10

ių^1	lew^1	tsjiir^1	mjiij^2	la^1	wə^1	we^2	zjij^1	tsjiir^1	ŋowr^2	ŋowr^2
夫	一	法	标	而	主	为	时，	法	一	切
bjij^2	we^2	thjɨ^2	tja^1	tsjiir^1	tsjiir^2	dạ^2	ŋowr^2	ŋowr^2	kha^1	rjɨj^2
伴	为。	此	者，	法	性	事	一	切	中	重

夫标一法而为主时，一切法为伴。此者，法性于一切事中重

3.35.11

rjɨj^2	dźju^1	śja^2	to^2	zji^1	sji^1	mjij^1	ljɨ^1	dzjọ^1	neew^2	war^2
重	显	现，	悉	皆	尽	无	也。	如	善	财
zjɨ^1	lji^2	ljij^2	du^1	rjɨj^2	·ju^2	njɨ^2	mji^1	le^2	ljij^2	tshwew^1
童	子	大	楼	阁	前	至	弥	勒	见，	敬

重显现，悉皆无尽也。如善财童子至大楼阁前见弥勒，敬

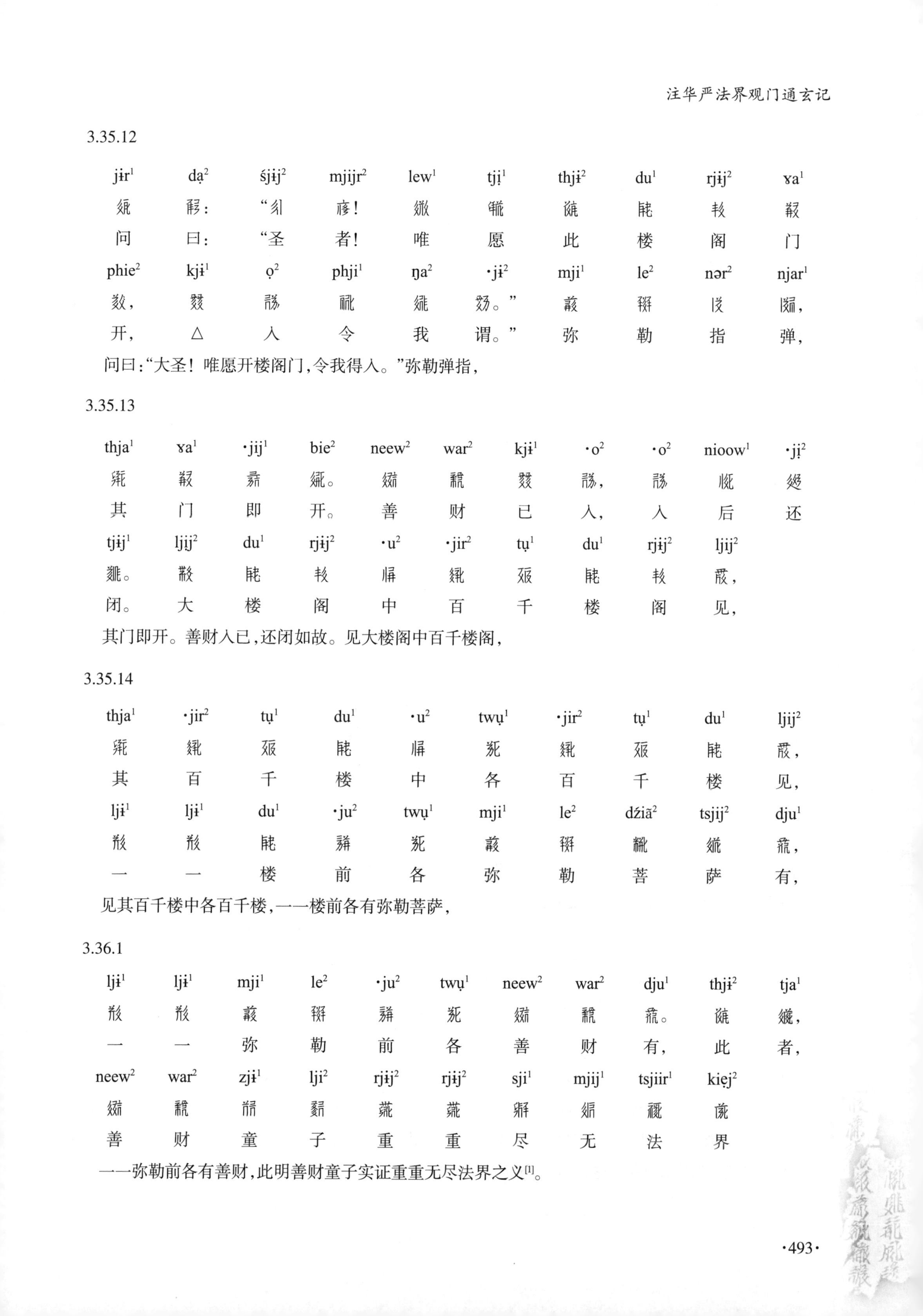

3.35.12

jɨr^{1} dạ^{2} śjɨj^{2} mjijr^{2} lew^{1} tjị^{1} thjɨ^{2} du^{1} rjɨj^{2} ɣa^{1}

问 曰：“圣 者！ 唯 愿 此 楼 阁 门

phie^{2} kjɨ^{1} ọ^{2} phji^{1} ŋa^{2} ·jɨ^{2} mji^{1} le^{2} nər^{2} njar^{1}

开， △ 入 令 我 谓。” 弥 勒 指 弹，

问曰：“大圣！唯愿开楼阁门，令我得入。”弥勒弹指，

3.35.13

thja^{1} ɣa^{1} ·jij^{1} bie^{2} neew^{2} war^{2} kjɨ^{1} ·o^{2} ·o^{2} nioow^{1} ·jị^{2}

其 门 即 开。 善 财 已 入， 入 后 还

tjɨj^{1} ljij^{2} du^{1} rjɨj^{2} ·u^{2} ·jir^{2} tụ^{1} du^{1} rjɨj^{2} ljij^{2}

闭。 大 楼 阁 中 百 千 楼 阁 见，

其门即开。善财入已，还闭如故。见大楼阁中百千楼阁，

3.35.14

thja^{1} ·jir^{2} tụ^{1} du^{1} ·u^{2} twụ^{1} ·jir^{2} tụ^{1} du^{1} ljij^{2}

其 百 千 楼 中 各 百 千 楼 见，

ljɨ^{1} ljɨ^{1} du^{1} ·ju^{2} twụ^{1} mji^{1} le^{2} dźiā^{2} tsjij^{2} dju^{1}

一 一 楼 前 各 弥 勒 菩 萨 有，

见其百千楼中各百千楼，一一楼前各有弥勒菩萨，

3.36.1

ljɨ^{1} ljɨ^{1} mji^{1} le^{2} ·ju^{2} twụ^{1} neew^{2} war^{2} dju^{1} thjɨ^{2} tja^{1}

一 一 弥 勒 前 各 善 财 有， 此 者，

neew^{2} war^{2} zjɨ^{1} lji^{2} rjɨj^{2} rjɨj^{2} sji^{1} mjij^{1} tsjiir^{1} kiej^{2}

善 财 童 子 重 重 尽 无 法 界

一一弥勒前各有善财，此明善财童子实证重重无尽法界之义[1]。

3.36.2

mjor^{1}	lja̱^{1}	wo^{2}	·jij^{1}	dźju^{1}	bjịj^{2}	thjɨ^{2}	ɣa̱^{2}	ɣa^{1}	rjɨr^{2}	khju^{1}
[illegible]	[illegible]	[illegible]	[illegible]	[illegible]。	[illegible]	“[illegible]	[illegible]	[illegible]”	[illegible]	[illegible]
实	证	义	△	明。	注	“此	十	门”	以	下
ɣa̱^{2}	na^{1}	ljwu^{2}	thwuu^{1}	ljɨ^{1}	zji^{1}	njɨ^{2}	phej^{1}	śja^{1}	·jɨ^{2}	
[illegible]	[illegible]	[illegible]	[illegible]	[illegible]。	“[illegible]	[illegible]	[illegible]	[illegible]”	[illegible]	
十	玄	会	通	也。	“周	遍	交	络”	谓	

注“此十门”以下会通十玄也。谓“周遍交络”

3.36.3

tja^{1}	thjɨ^{2}	ɣa̱^{2}	ɣa^{1}	ŋwu^{2}	bju^{1}	mjor^{1}	njɨ^{2}	tsjiir^{1}	wo^{2}
[illegible]，	[illegible]	[illegible]	[illegible]	[illegible]	[illegible]	[illegible]	[illegible]	[illegible]	[illegible]
者，	此	十	门	将	缘	由	等	法	义
ŋowr^{2}	ŋowr^{2}	rjir^{2}	phej^{1}	śja^{1}	ku^{1}	tśhjwo^{1}	ɣa̱^{2}	na^{1}	wo^{2}
[illegible]	[illegible]	[illegible]	[illegible]	[illegible]，	[illegible]	[illegible]	[illegible]	[illegible]	[illegible]
一	切	与	交	络，	则	故	十	玄	义

者，将此十门缘由交络一切法义，方成十玄之义。

3.36.4

śjɨj^{1}	·jwɨr^{2}	kha^{1}	lew^{1}	lew^{1}	lhjɨ^{2}	bju^{1}	tshja^{2}	mjiij^{2}	ŋwu^{2}
[illegible]。	[illegible]	[illegible]	[illegible]	[illegible]	[illegible]	[illegible]	[illegible]	[illegible]	[illegible]
成。	文	中	但	一	尘	以	注	标	而
tsjiir^{1}	ŋowr^{2}	ŋowr^{2}	ɣa^{2}	dza^{2}	ɣa̱^{2}	na^{1}	wo^{2}	śjɨj^{1}	dzjij^{2}
[illegible]	[illegible]	[illegible]	[illegible]	[illegible]，	[illegible]	[illegible]	[illegible]	[illegible]，	[illegible]
法	一	切	于	望，	十	玄	义	成，	余

文中但以一尘标注而望一切法，成十玄义，一切余

3.36.5

tsjiir^{1}	ŋowr^{2}	ŋowr^{2}	thjɨ^{2}	bju^{1}	tjɨj^{2}	lhjwi^{1}	tjij^{1}	mjor^{1}	tshja$_{2}$
[illegible]	[illegible]	[illegible]	[illegible]	[illegible]	[illegible]	[illegible]。	[illegible]	[illegible]	[illegible]
法	一	切	此	由	则	取。	若	实	报
lew^{1}	mej^{2}	ɣa^{2}	phej^{1}	śja^{1}	ku^{1}	thjɨ^{2}	ɣiej^{1}	wo^{2}	ŋowr^{2}
[illegible]	[illegible]	[illegible]	[illegible]	[illegible]，	[illegible]	[illegible]	[illegible]	[illegible]	[illegible]
一	毫	与	交	络，	则	此	真	理	全

法由此取则。若实报交络一毫，则此真理全

3.36.6

mej^{2}	we^{2}	nioow^{1}	mej^{2}	sju^{2}	dźju^{1}	śja^{2}	·jij^{1}	wo^{2}	dạ^{2}
毫	为	故，	毫	如	显	现，	即	理	如
sju^{2}	ɣa^{1}	ŋwu^{2}	lew^{1}	mej^{2}	ŋowr^{2}	tsjiir^{1}	kięj^{2}	tsjiir^{2}	śjwo^{1}
事	门	是。	一	毫	全	法	界	性	始，

为毫故，如毫显现，即是理如事门。一毫始于全法界性，

3.36.7

ku^{1}	wo^{2}	bju^{1}	mjor^{1}	njɨ^{2}	tsjiir^{1}	ɣa^{2}	njɨ^{2}	zjij^{1}	mej^{2}
则	理	缘	由	等	法	于	至	时，	毫
tsjɨ^{1}	wo^{2}	śjwɨ^{2}	la^{1}	rjur^{1}	tsjiir^{1}	ŋowr^{2}	ŋowr^{2}	kha^{1}	njɨ^{2}
亦	理	随	而	诸	法	一	切	于	至，

则理之缘由至于法时，毫亦随理而至于一切诸法，

3.36.8

·jij^{1}	dạ^{2}	wo^{2}	sju^{2}	ɣa^{1}	ŋwu^{2}	lew^{1}	mej^{2}	wo^{2}	tsjiir^{2}	·wio^{1}
即	事	理	如	门	是。	一	毫	理	含	性
nioow^{1}	tsjiir^{1}	ŋowr^{2}	ŋowr^{2}	bju^{1}	tjị^{2}	wo^{2}	śjwɨ^{2}	lew^{1}	mej^{2}	
故，	法	一	切	依	所	理	随	一	毫	

即是事如理门。一毫含理性故，一切法所依随理在一毫

3.36.9

kha^{1}	dju^{1}	thjɨ^{2}	tja^{1}	dạ^{2}	wo^{2}	dạ^{2}	·wio^{1}	ɣa^{1}	ŋwu^{2}	lew^{1}
内	在，	此	者	事	理	事	含	门	是。	一
mej^{2}	wo^{2}	śjwɨ^{2}	rjur^{1}	tsjiir^{1}	ɣa^{2}	njɨ^{2}	wo^{2}	mər^{2}	tsjiir^{2}	
毫	理	随	诸	法	于	至，	理	本	性	

内，此是事含理事门。一毫随理至于诸法，理未曾

3.36.10

ka^{2}	mjij^{2}	djij^{2}	·jij^{1}	thwuu^{1}	dźjiij^{1}	ɣiẹ^{2}	mjij^{1}	ɣa^{1}	ŋwu^{2}
[illegible]	[illegible]	[illegible]，	[illegible]	[illegible]	[illegible]	[illegible]	[illegible]	[illegible]	[illegible]。
离	未	曾，	即	通	局	阂	无	门	是。
lew^{1}	mej^{2}	wo^{2}	śjwɨ^{2}	rjur^{1}	tsjiir^{1}	·wio^{1}	djij^{2}	lew^{1}	mej^{2}
[illegible]	[illegible]	[illegible]	[illegible]	[illegible]	[illegible]	[illegible]	[illegible]，	[illegible]	[illegible]
一	毫	理	随	诸	法	含	虽，	一	毫

离本性，即是通局无阂门。一毫随理虽含诸法，

3.36.11

·jij^{1}	mji^{1}	ljiij^{2}	·jij^{1}	wạ^{2}	rur^{1}	ɣiẹ^{2}	mjij^{1}	ɣa^{1}	ŋwu^{2}
[illegible]	[illegible]	[illegible]，	[illegible]	[illegible]	[illegible]	[illegible]	[illegible]	[illegible]	[illegible]。
相	不	坏，	即	广	狭	阂	无	门	是。
lew^{1}	mej^{2}	rjur^{1}	tsjiir^{1}	ɣa^{2}	dza^{2}	njɨ^{2}	·wio^{1}	dzjɨj^{1}	thwuu^{1}
[illegible]	[illegible]	[illegible]	[illegible]	[illegible]	[illegible]，	[illegible]	[illegible]	[illegible]	[illegible]，
一	毫	诸	法	于	望，	遍	容	时	同，

不坏一毫相，即是广狭无阂门。一毫望于诸法，遍容同时，

3.36.12

·jij^{1}	njɨ^{2}	·wio^{1}	ɣiẹ^{2}	mjij^{1}	ɣa^{1}	ŋwu^{2}	nioow^{1}	rjur^{1}	tsjiir^{1}
[illegible]	[illegible]	[illegible]	[illegible]	[illegible]	[illegible]	[illegible]。	[illegible]	[illegible]	[illegible]
即	遍	容	阂	无	门	是。	又	诸	法
·jị^{2}	lew^{1}	mej^{2}	ɣa^{2}	dza^{2}	·jij^{1}	ɣjiw^{1}	·o^{2}	ɣiẹ^{2}	mjij^{1}
[illegible]	[illegible]	[illegible]	[illegible]	[illegible]，	[illegible]	[illegible]	[illegible]	[illegible]	[illegible]
复	一	毫	于	望，	即	摄	入	阂	无

即是遍容无阂门。又诸法复望于一毫，即是摄入无阂

3.36.13

ɣa^{1}	ŋwu^{2}	lew^{1}	mej^{2}	njɨ^{2}	mjijr^{2}	·wio^{1}	sji^{2}	we^{2}	rjur^{1}	tsjiir^{1}
[illegible]	[illegible]。	[illegible]	[illegible]	[illegible]	[illegible]	[illegible]	[illegible]	[illegible]，	[illegible]	[illegible]
门	是。	一	毫	遍	者	容	能	为，	诸	法
ɣjiw^{1}	sji^{2}	·o^{2}	mjijr^{2}	we^{2}	dźjwɨ^{1}	gu^{2}	phəə^{1}	tśja^{1}	lew^{1}	
[illegible]	[illegible]	[illegible]	[illegible]	[illegible]，	[illegible]	[illegible]	[illegible]	[illegible]，	[illegible]	
摄	能	入	者	为，	互	相	交	参，	一	

门。一毫为能遍能容，诸法为能摄能入，互相交参，成一

3.36.14

rejr^{2}	wə^{1}	tsjiir^{1}	śjɨj^{1}	·jij^{1}	dźjwɨ^{1}	gu^{2}	ɣię^{2}	mjij^{1}	ɣa^{1}
多	主	法	成，	即	交	涉	阂	无	门
ŋwu^{2}	rjur^{1}	tsjiir^{1}	njɨ^{2}	tjɨ^{2}	·wio^{1}	lew^{2}	we^{2}	lew^{1}	mej^{2}
是。	诸	法	遍	所	容	所	为，	一	毫

多主法，即是交涉无阂门。诸法为所遍所容，一毫

3.37.1

ɣjiw^{1}	lew^{2}	·o^{2}	tjɨ^{2}	we^{2}	kew^{1}	thja^{2}	dźjwɨ^{1}	dźjiij^{1}	lew^{1}
摄	所	入	所	为，	此	彼	相	在，	一
rejr^{2}	bjij^{2}	tsjiir^{1}	śjɨj^{1}	·jij^{1}	dźjwɨ^{1}	dźjiij^{1}	ɣię^{2}	mjij^{1}	ɣa^{1}
多	伴	法	成，	即	相	在	阂	无	门

为所摄所入，彼此相在，成一多伴法，即是相在无阂门。

3.37.2

ŋwu^{2}	lew^{1}	mej^{2}	lew^{1}	rejr^{2}	tsjiir^{1}	·jij^{1}	ɣjiw^{1}	njwi^{2}	lew^{1}	rejr^{2}
是。	一	毫	一	多	法	△	摄	能，	一	多
tsjiir^{1}	kha^{1}	·o^{2}	njwi^{2}	rjur^{1}	tsjiir^{1}	tsjɨ^{1}	lew^{1}	rejr^{2}	tsjiir^{1}	·jij^{1}
法	内	入	能，	诸	法	亦	一	多	法	△

一毫能摄一多之法，能入一多法内，诸法亦

3.37.3

ɣjiw^{1}	njwi^{2}	lew^{1}	rejr^{2}	tsjiir^{1}	kha^{1}	·o^{2}	njwi^{2}	to^{2}	zji^{1}
摄	能，	一	多	法	内	入	能，	悉	皆
thwuu^{1}	dzjɨj^{1}	·jij^{1}	zji^{1}	lwu^{1}	ɣię^{2}	mjij^{1}	ɣa^{1}	ŋwu^{2}	śji^{1}
同	时，	即	溥	融	阂	无	门	是。	前

能摄一多之法，能入一多法内，悉皆同时，即是溥融无阂门。以前

3.37.4

ɣạ^2	ɣa^1	ŋwu^2	lew^1	mej^2	phej^1	śja^1	lew^1	mej^2	thjɨ^2	sju^2
十	门	以	一	毫	配	属，	一	毫	是	如，
ku^1	tsjiir^1	ŋowr^2	ŋowr^2	tsjɨ^1	·a	tjɨj^2	tśhjwo^1	tsjiir^1	wo^2	ŋowr^2
则	法	一	切	亦	一	般，	故	“法	义	一

十门配属一毫，一毫如是，则一切法亦尔，故

3.37.5

ŋowr^2	rjir^2	zji^1	njɨ^2	phej^1	śja^1	·jɨ^2	tśhioow^1	ɣạ^2	na^1
切	于	皆	遍	配	属”	谓，	故	“十	玄
wo^2	śjɨj^1	·jɨ^2	tja^1	ɣạ^2	tja^1	dzjɨj^1	thwuu^1	ŋowr^2	lhə
义	成”	谓	者，	十	者，	时	同	具	足

谓“遍配一切法义”，故谓“成十玄之义”。十者，同时具足

3.37.6

bju^1	śjij^1	ɣa^1	gjɨɨ^1	·wio^1	ɣjiw^1	·jij^1	dzju^2	tja^1	·jij^1	·jĩ^1
相	应	门。	九，	容	摄	自	在	者，	即	因
thow^1	lo^1	rer^2	mjɨɨ^2	kiej^2	ɣa^1	·jar^1	lew^1	rejr^2	dźjwɨ^1	
陀	罗	网	境	界	门。	八，	一	多	相	

相应门。九，容摄自在者，即因陀罗网境界门。八，一多相

3.37.7

lwu^1	sji^2	lew^2	dźjwɨ^1	wji^1	tja^1	dwuu^2	rjɨj^2	lwu^2	śja^2
融，	能	所	互	为	者，	秘	密	隐	显
zjɨ^2	śjɨj^1	ɣa^1	śjạ^1	rejr^2	tsjiir^1	ɣjiw^1	·o^2	·jij^1	dzju^2
俱	成	门。	七，	多	法	摄	入	自	在

融，互为能所者，秘密隐显俱成门。七，摄入多法自在

3.37.8

nioow^{1}	rjur^{1}	·ụ^{2}	dźjij^{1}	dza^{1}	tśhja^{2}	ŋowr^{2}	ɣa^{1}	tśhjiw^{1}	lew^{1}	rejr^{2}
故，	诸	藏	纯	杂	德	具	门。	六，	一	多
njɨ^{2}	·wio̤^{1}	nioow^{1}	tśhjwo^{1}	lew^{1}	rejr^{2}	dźjwɨ^{1}	·wio̤^{1}	mji^{1}	thwuu^{1}	
遍	容	因，	故	一	多	相	容	不	同	

故，诸藏纯杂具德门。六，遍容一多，故有一多相容不同

3.37.9

ɣa^{1}	dju^{1}	so̤^{1}	ŋwə^{1}	njɨɨ^{1}	ɣa^{1}	lew^{1}	lhjɨ^{2}	ɣjiw^{1}	·wio̤^{1}
门	有。	三	五	二	门	一	尘	摄	容
·jij^{1}	dzju^{2}	nioow^{1}	tśhjwo^{1}	zji^{2}	sjij^{1}	dźjwɨ^{1}	ɣjiw^{1}	thu^{1}	phjij^{1}
自	在	因，	故	微	细	相	容	安	立

门。三五二门摄容一尘自在，故有微细相容安立

3.37.10

ɣa^{1}	dju^{1}	ljɨɨr^{1}	thwuu^{1}	dźjiij^{1}	ɣię^{2}	mjij^{1}	nioow^{1}	tśhjwo^{1}	rjur^{1}	tsjiir^{1}
门	有。	四，	通	局	阂	无	因，	故	诸	法
dźjwɨ^{1}	·jij^{1}	·jij^{1}	dzju^{2}	ɣa^{1}	dju^{1}	njɨɨ^{1}	dạ^{2}	wo^{2}	sju^{2}	
相	即	自	在	门	有。	二，	事	理	如	

门。四，通局无阂，故有诸法相即自在门。二，事如理

3.37.11

nioow^{1}	dạ^{2}	tha^{2}	tsjiir^{1}	dźju^{1}	tsjij^{2}	śjwo^{1}	ɣa^{1}	dju^{1}	lew^{1}
故，	事	托	法	显	解	生	门	有。	一，
wo^{2}	dạ^{2}	sju^{2}	nioow^{1}	njiij^{1}	bju^{1}	ljij^{1}	lej^{2}	śjɨj^{1}	njwi^{2}
理	事	如	故，	心	唯	回	转	成	善

故，有托事显法生解门。一，理如事故，有唯心回转善

3.37.12

ɣa^{1}	dju^{1}	dzjɨj^{1}	kha^{1}	tsjiir^{1}	dźju^{1}	nioow^{1}	ɣạ^{2}	zjọ^{2}	tsjiir^{1}
门	有。	时	中	法	显	故，	十	世	法
ka^{2}	do^{2}	śjɨj^{1}	ɣa^{1}	dju^{1}	lew^{1}	mjiij^{2}	śji^{1}	we^{2}	zjij^{1}
隔	异	成	门	有。	一	标	先	为	时，

成门。时中显法故[2]，有十世隔法异成门。标一为先时，

3.37.13

·jij^{1}	wə^{1}	bjij^{2}	iọ^{1}	swew^{1}	tśhja^{2}	ŋowr^{2}	ɣa^{1}	dju^{1}	pjɨ^{1}
即	主	伴	圆	明	德	具	门	有。	往
njwo^{2}	ɣạ^{2}	na^{1}	tsjɨ^{1}	thjɨ^{2}	bju^{1}	·a	śjwo^{1}	tjij^{1}	lew^{1}
昔	十	玄	亦	此	依	△	始。	“若	但”

即有主伴圆明具德门。往昔十玄亦依此终始。“若但”

3.37.14

rjɨr^{2}	khju^{1}	tsjiir^{1}	wo^{2}	mji^{1}	phej^{1}	śja^{1}	·jij^{1}	kar^{2}	nwə^{1}	lew^{2}
以	下	法	义	不	配	属	之	别	知	当，
iọ^{1}	swew^{1}	rjɨr^{2}	khju^{1}	pjwiɨr^{1}	zu^{2}	ljɨ^{1}	thjɨ^{2}	·jwɨr^{2}	zji^{1}	njɨ^{2}
“圆	明”	以	下	劝	结	也。	此	文	周	遍

以下当知别法义之不配，“圆明”以下劝结也。此文周遍

3.38.1

·wio^{1}	ɣjiw^{1}	ɣạ^{2}	ɣa^{1}	śji^{1}	kụ^{1}	mji^{1}	dju^{1}	·jij^{1}	gu^{2}	zu^{2}
含	容，	十	门	先	后	不	有	△	融	合，
do^{2}	wo^{2}	dźju^{1}	njwi^{2}	tśhjwo^{1}	ɣạ^{2}	ɣa^{1}	dju^{1}	dzjọ^{1}	lew^{1}	
异	义	显	能，	故	十	门	有。	如	一	

含容，融合十门先后之外，能显异义，故有十门。如一

3.38.2

swew^1	nji^2	·jij^1	ɣạ^2	dźjwo^2	·o^1	lew^1	kha^1	·o^2	ku^1	nji^2
明	珠	即	十	窍	有,	一	中	入	则	珠
ŋowr^2	ɣjiw^1	sji^1	thjɨ^2	tsjɨ^1	·a	tjɨj^2	ɣạ^2	ɣa^1	wjɨ^2	phie^2
全	摄	尽,	此	亦	一	般。	十	门	△	分,

明珠即有十窍,入其一则摄尽全珠,此亦尔。纵分十门,

3.38.3

lew^1	ɣa^1	·u^2	·o^2	ku^1	iọ^1	sə^1	tsjiir^1	kiẹj^2	tsjiir^2
一	门	中	入	则	圆	满	法	界、	性
·jij^1	tsjiir^1	wo^2	ɣjiw^1	sji^1	tsjiir^1	mər^2	thjɨ^2	sju^2	tjij^1
相	法	义	摄	尽。	法	本	是	如,	若

入其一门则摄尽圆满法界、性相法义。法本如是,若

3.38.4

njiij^1	ŋa^1	mjɨ^2	swew^1	wo^2	njɨ^2	mjij^1	thwuu^1	njaa^2	ku^1
心	空	默,	明	理	遍	寂	同	非,	则
·o^2	thjij^2	njwi^2	ljɨ^1	tśhjwo^1	pjwɨɨr^1	ŋwu^2	na^1	sjiij^2	lew^2
入	岂	能	哉?	故	劝	以	“深	思	之”

心非空默,明理同遍寂,则岂能入哉?故劝以“深思之”。

3.38.5

·jɨ^2	dźjɨ	mjɨɨ^2	kiej^2	śjwii^2	·jɨ^2	tja^1	śji^1	bioo^1	kha^1
谓。	“行	境	界	称”	谓	者,	前	观	中
lew^1	dźjɨ	mjɨɨ^2	·jɨ^2	sjij^1	śjwii^2	·jɨ^2	tja^1	·jij^1	njiij^1
但	“行	境”	谓,	今	“称”	谓	者,	即	心

谓“称行境界”者,前观中但谓“行境”,今谓“称”者,即心

3.38.6

·jij1 mjɨɨ2 dźjɨ tsew2 du2 ·jij1 mjor1 dźju1 wo2 dạ2 sju2

即 境， 行 分 限 △ 显 现。 理 事 如

·jij1 tsew2 du2 ɣię2 lụ2 mjij1 sjij2 ·jij1 śjwii2 ljɨ1 tśhjwo1

之 分 限 障 碍 无， 智 △ 称 也， 故

即境，显现分限之行。理如事之分限无障碍，称智也，故

3.38.7

śji1 tsjiir1 kięj2 ka2 nioow1 njɨɨ1 tsew2 sọ1 tsew2 mjij1 tśhjwo1

离 法 界 前。 又 二 第 三 第 无， 故

ljɨɨr1 tjij2 dạ2 lew1 zji2 njɨ2 lew1 ɣa1 mji1 dju1

四 镜 言。 非 周 遍 一 门 不 有，

离前法界。又无第二第三，故言四镜。非唯周遍一门，

3.38.8

źjɨr1 bju1 sọ1 bioo1 dźjwu1 dzjɨj1 njiij1 mjij1 njɨ2 dźjwa1 ɣiej1 ŋa1 bioo1 ljɨ1

实 依 三 观 齐 致， 心 无 体 极， （真 空 观 也。）

mji1 bja2 ·ju2 dźjij1 wo2 dạ2 ɣię2 mjij1 bioo1 ljɨ1 wa2 lə1 mji1

无 间 常 行， （理 事 阂 无 观 也。） 何 障 不

实亦三观齐致，无心体极，（真空观也。）无间常行，（理事无阂观也。）何障不

3.38.9

dzjar2 wa2 tsjiir1 ɣię2 njwi2 ·jij1 thjɨ2 bioo1 ljɨ1

消？ 何 法 阂 能？ （即 斯 观 也。）

thjɨ2 bioo1 dźju1 śja2 gu2 mjiij2 zu2 tshwew1 tsjiir1

斯 观 显 现， （通 名 结 向 法

kięj2 bioo1 ljɨ1 śjɨj2 thjij2 khwa1 ljɨ1 njiij1 la1 ·jij1

界 观 也。） 圣 河 远 乎？ 心 唯 即

消？何法能阂？（即斯观也。）斯观显现，（通名结向法界观也。）圣远乎哉？唯心即

3.38.10

njɨ^{2}	thjɨ^{2}	ka^{2}	bioo^{1}	wji^{1}	śji^{1}	na^{1}	thjij^{2}	njɨ^{2}	mjor^{1}
[illegible]，	[illegible]	[illegible]	[illegible]	[illegible]，	[illegible]	[illegible]	[illegible]	[illegible]？	“[illegible]
至，	此	离	观	为，	兹	玄	安	至？	“现
·ju^{2}	dźju^{1}	śja^{2}	phji^{1}	·jɨ^{2}	tja^{1}	njwo^{2}	mjijr^{2}	dạ^{2}	
[illegible]	[illegible]	[illegible]	[illegible]”	[illegible]	[illegible]，	[illegible]	[illegible]	[illegible]：	
前	明	显	令”	谓	者，	古	人	云：	

至，离此成观，安造兹玄[3]？谓“令现在前”者，古人云：

3.38.11

tsjiir^{1}	kiej^{2}	wją^{1}	ljuu^{2}	ljij^{2}	lhejr^{2}	·ju^{2}	mej^{2}	biej^{1}	mji^{1}
“[illegible]	[illegible]	[illegible]	[illegible]	[illegible]	[illegible]	[illegible]，	[illegible]	[illegible]	[illegible]
“法	界	华	严	大	道	场，	纤	毫	不
mju^{2}	ljɨ^{1}	dzjɨj^{1}	dźju^{1}	njwo^{2}	sjij^{1}	do^{2}	pha^{1}	sjɨ^{1}	lja^{1}
[illegible]	[illegible]	[illegible]	[illegible]。	[illegible]	[illegible]	[illegible]	[illegible]	[illegible]	[illegible]
动	一	齐	彰。	古	今	殊	异	往	来

“法界华严大道场，纤毫不动一齐彰。古今殊异无来往，

3.38.12

mjij^{1}	zjir^{2}	dzəj^{1}	dźjo^{1}	wjij^{1}	dju^{1}	mjij^{2}	djij^{2}	wə^{1}	bjij^{2}	phəə^{1}
[illegible]，	[illegible]	[illegible]	[illegible]	[illegible]	[illegible]	[illegible]	[illegible]？	[illegible]	[illegible]	[illegible]
无，	延	促	长	短	有	何	曾？	主	伴	互
tśja^{1}	dzjwɨ^{1}	rer^{2}	sju^{2}	mur^{1}	śjɨj^{2}	dźjwɨ^{1}	lwu^{1}	dzjọ^{1}	tjij^{1}	
[illegible]	[illegible]	[illegible]	[illegible]，	[illegible]	[illegible]	[illegible]	[illegible]	[illegible]	[illegible]	
参	帝	网	犹，	圣	凡	交	彻	类	灯	

延促何曾有短长？主伴互参犹帝网，圣凡交彻类灯

3.38.13

bji^{1}	phji^{1}	lu^{1}	mər^{2}	ɣa^{2}	rejr^{2}	·jij^{1}	dzjwɨr^{1}	ŋwər^{1}	tja^{1}
[illegible]。	[illegible]	[illegible]	[illegible]	[illegible]	[illegible]	[illegible]	[illegible]，	[illegible]	[illegible]
光。	毗	卢	本	来	多	相	绝，	青	者
·jij^{1}	ŋwər^{1}	nər^{2}	·jij^{1}	nər^{2}	gji^{1}	śjuu^{1}	kjur^{2}	la^{1}	
[illegible]	[illegible]	[illegible]	[illegible]	[illegible]。”	《[illegible]	[illegible]	[illegible]	[illegible]》	
即	青	黄	即	黄。”	《清	凉	传	记》	

光。毗卢本绝多端相，青即青兮黄即黄[4]。”《清凉传》

3.38.14

dạ² mjo² thjoo¹ tsjiir¹ rejr² ·juu¹ wjạ¹ ljuu² njiij¹ tjị¹ lew¹

[illegible]

曰： "余 玄 籍 多 审， 华 严 心 至。 唯

thjɨ² bioo¹ tja¹ ·jaar² dźjo¹ tśhji² kjij¹ njiij¹ nwə¹ swew¹ ku¹

[illegible]

此 观 者， 日 久 卷 展。 心 知 明 则

曰："余多审玄籍，至心华严。唯此观者，日久展卷。镜知方寸，

3.39.1

mjijr² tsjiir² ·jij¹ dźjuu² ·jɨ²

[illegible]

灵 性 即 负 谓。"

即负性灵[5]。"

3.39.1

śji¹ ·o¹ mər² ·jwɨr² kjij¹ dźjwa¹

[illegible]

以 上 本 文 释 讫。

以上本文释讫。

译文：

"十溥融无阂门"者，标也。十者，数之圆也。溥者，溥摄前九门法理也。融者，一一事法如理融通，遍容自在也。无阂者，一多主伴同时也。彼"一切"以下释之。谓"一切及一"者，兼标以多望一、以一望多也。谓"同时"者，无先后也。谓"更互相望"者，以一望多时即以多望一也。注谓"八九互阙一"者，八门无以多望一，九门无以一望多也。今此同时两全，故谓"一一"。注谓"溥融八九"者，自溥融时三门顿具。八中一法为主四句，九中多法为主四句，今一及一切为主，两重四句同时具备，故得溥融之名。问："虽谓溥融，然缘何但摄八九?"故注曰"总融前九"等。谓"展转相由"者，一是根本，二是溥遍。所遍十者，摄八九也。问："缘何不谓前九溥融?"故注曰"前九"等。谓"文不顿显"者，是布列教法。"故此"以下是证圆融之道。谓"既总别"等者，既展转相由，则前门为总，后九为别。既溥摄融通，则第十门为总，前九为别。今谓"同时"者，十门无先后，岂有总别乎？谓"重重无尽"者，即多法为首第四句，故圆满也。谓"准前思之"者，结以观心。注"前八九"以下明八九之顿缺。今以八门四句望九门四句，互摄互入，交参无阂，犹如帝网，重重无尽也。注谓"今一望多"者，八门以一望多，主伴四句圆满时，即第九门为一法之首，成四句圆满之时也。九门以一切望一，主伴四句圆满时，即八门为多法之首，成四句圆满之时也。"初一"以下释

之。初举一法而为能摄能入者，即八中初句及第三句能摄能入之一，与九中所涉所入合。则一法为标而成四句。一，八中第三句能摄能入配一九中初句，则成此第一句一摄一入一也。二，八中初句上半与第三句下半合，配九中次句，成此第二句一摄一切入一。三，八中第三句上半与初句下半合，配九中第三句，成此第三句一摄一入一切。四，八中初举能摄能入之一配九中末句，成此第四句一摄一切入一切。后谓“以一切法为能摄入”者，即与八中次句及末句之一切能摄能入，及九中所涉所入合，则成多法为主之四句也。一，八中次句一切能摄能入配九中第一句，成此第一句一切摄一入一。二，八中末句上半一切能摄与此句下半合，而配九中次句，成此第二句一切摄一切入一。三，八中次句上半一切能摄与末句下半合，而配九中第三句，成此第三句一切摄一入一切。四，八中末句一切能摄能入配九中末句，成此末句一切摄一切入一切也。由此以八中主法回返两复配九中四句，则即成两重主伴。分明见第十门之义也。注谓“如是二门交络”者，互摄互入，互相隐现也。谓“重重无尽”者，彼一事中皆现一切，彼一切中还各现一切，如一释帝网，明珠中现一切影，彼一切珠影中还现一切珠影也。缘此以遍菩萨眼顿见如是法界，有无量圆融自在。谓“主伴互融”者，以遍门之智见遍门法界。夫标一法而为主时，一切法为伴。此者，法性于一切事中重重显现，悉皆无尽也。如善财童子至大楼阁前见弥勒，敬问曰：“大圣！唯愿开楼阁门，令我得入。”弥勒弹指，其门即开。善财入已，还闭如故。见大楼阁中百千楼阁，见其百千楼中各百千楼，一一楼前各有弥勒菩萨，一一弥勒前各有善财，此明善财童子实证重重无尽法界之义[1]。注“此十门”以下会通十玄也。谓“周遍交络”者，将此十门缘由交络一切法义，方成十玄之义。文中但以一尘标注而望一切法，成十玄义，一切余法由此取则。若实报交络一毫，则此真理全为毫故，如毫显现，即是理如事门。一毫始于全法界性，则理之缘由至于法时，毫亦随理而至于一切诸法，即是事如理门。一毫含理性故，一切法所依随理在一毫内，此是事含理事门。一毫随理至于诸法，理未曾离本性，即是通局无阂门。一毫随理虽含诸法，不坏一毫相，即是广狭无阂门。一毫望于诸法，遍容同时，即是遍容无阂门。又诸法复望于一毫，即是摄入无阂门。一毫为能遍能容，诸法为能摄能入，互相交参，成一多主法，即是交涉无阂门。诸法为所遍所容，一毫为所摄所入，彼此相在，成一多伴法，即是相在无阂门。一毫能摄一多之法，能入一多法内，诸法亦能摄一多之法，能入一多法内，悉皆同时，即是溥融无阂门。以前十门配属一毫，一毫如是，则一切法亦尔，故谓“遍配一切法义”，故谓“成十玄之义”。十者，同时具足相应门。九，容摄自在者，即因陀罗网境界门。八，一多相融，互为能所者，秘密隐显俱成门。七， 摄入多法自在故，诸藏纯杂具德门。六，遍容一多，故有一多相容不同门。三五二门摄容一尘自在，故有微细相容安立门。四，通局无阂，故有诸法相即自在门。二，事如理故，有托事显法生解门。一，理如事故，有唯心回转善成门。时中显法故[2]，有十世隔法异成门。标一为先时，即有主伴圆明具德门。往昔十玄亦依此终始。“若但”以下当知别法义之不配，“圆明”以下劝结也。此文周遍含容，融合十门先后之外，能显异义，故有十门。如一明珠即有十窍，入其一则摄尽全珠，此亦尔。纵分十门，入其一门则摄尽圆满法界、性相法义。法本如是，若心非空默，明理同遍寂，则岂能入哉？故劝以“深思之”。谓“称行境界”者，前观中但谓“行境”，今谓“称”者，即心即境，显现分限之行。理如事之分限无障碍，称智也，故离前法界。又无第二第三，故言四镜。非唯周遍一门，实亦三观齐致，无心体极，（真空观也。）无间常行，（理事无阂观也。）何障不消？何法能阂？（即斯观也。）斯观显现，（通名结向法界观也。）圣远乎哉？唯心即至，离此成观，安造兹玄[3]？谓“令现在前”者，古人云：“法界华严大道场，纤毫不动一齐彰。古今殊异无来往，延促何曾有短长？主伴互参犹帝网，圣凡交彻类灯光。毗卢本绝多端相，青即青兮黄即黄[4]。”《清凉传》曰：“余多审玄籍，至心华严。唯此观者，日久展卷。镜知方寸，即负性灵[5]。”

以上本文释讫。

注释：

[1]以上出《修华严奥旨妄尽还源观》卷一：“如善财童子从祇桓林中渐次南行，至毗卢遮那庄严大楼阁前，暂时敛念，白弥勒菩萨言：‘唯愿大圣！开楼阁门，令我得入。’弥勒弹指，其门即开。善财入已，还闭如故。见楼阁中有百千楼阁，一一楼阁前各有弥勒菩萨，一一弥勒菩萨前各有善财童子，一一善财童子皆悉合掌在弥勒前。以表法界重重，犹如帝网无尽也。”

[2]以下所论“十玄门”出杜顺《华严一乘十玄门》：“此下明约法以会理者凡十门：一者同时具足相应门，二者因陀罗网境界门，三者秘密隐显俱成门，四者微细相容安立门，五者十世隔法异成门，六者诸藏纯杂具德门，七者一多相容不同门，八者诸法相即自在门，九者唯心回转善成门，十者托事显法生解门。”

[3]《华严法界玄镜》卷二：“非唯周遍一门，实亦三观齐致。无心体极，无间常行，何障不消？何法能碍？斯观显现，圣远乎哉？体之则神矣。体非权小，圣亦难思矣。故初生王宫贵极臣佐，离此成观，安造兹玄？”

[4]《注华严经题法界观门颂》卷二“释古德颂”：“法界华严大道场，纤毫不动一齐彰。古今殊异无来往，延促何曾有短长？主伴互参犹帝网，圣凡交彻类灯光。毗卢本绝多端相，青即青兮黄即黄。”

[5]《华严法界玄镜》卷二：“余久深玄籍，注想华严。此之一观，久而究尽。不镜方寸，虚负性灵。”

释读：

3.39.1

sọ^{1}	ljow^{2}	ljaa^{1}	dźju^{1}	gu^{2}	sọ^{1}	ljaa^{1}	ɣạ^{2}	njɨɨ^{1}
[illegible]	[illegible]	[illegible]	[illegible]	[illegible]。	“[illegible]	[illegible]”	[illegible]	[illegible]
三	略	偈	明	总。	“三	偈”	十	二

总明三略偈。“三偈”有十二

3.39.2

gjwi^{2}	dju^{1}	śji^{1}	bioo^{1}	wạ^{2}	phie^{2}	tsjiir^{1}	ɣa^{1}	wo^{2}	tshwew^{1}
[illegible]	[illegible]，	[illegible]	[illegible]	[illegible]	[illegible]，	[illegible]	[illegible]	[illegible]	[illegible]
句	有，	前	观	广	解，	法	门	义	趣
iọ^{1}	sə^{1}	sjij^{1}	pha^{1}	·a	djij^{1}	·jij^{1}	njiij^{1}	zji^{1}	
[illegible]	[illegible]。	[illegible]	[illegible]	[illegible]	[illegible]	[illegible]	[illegible]	[illegible]	
圆	满。	今	别	一	部	之	心	总	

句，广解前观，法门义趣圆满。今愿总持别部之心，

3.39.3

·jiij^{1}	ŋwe^{1}	zjɨɨr^{2}	·jwɨr^{2}	rejr^{2}	wo^{2}	·jij^{1}	ɣjiw^{1}	thjɨ^{2}	bju^{1}
持	愿，	略	文	多	义	△	含，	是	以
tsjij^{2}	njwi^{2}	mjijr^{2}	nioow^{1}	rjɨr^{2}	tshjiij^{1}	thjɨ^{2}	tsjɨ^{1}	dzjwɨ^{1}	njiij^{1}
觉	能	人	依	△	言，	此	亦	帝	心

略文而含多义，是以依觉人所言，此亦帝心

3.39.4

ljij^{2}	dzjiij^{2}	rjɨr^{2}	wji^{1}	bioo^{1}	ɣa^{1}	thu^{1}	zjọ^{2}	thjɨ^{2}	ljaa^{1}
大	师	所	造，	观	门	设	时	此	偈
mjij^{2}	tshjiij^{1}	thjɨ^{2}	tja^{1}	mər^{2}	ɣa^{1}	pha^{1}	dźjij^{1}	śjij^{1}	ljɨɨ^{1}
未	言。	此	者，	本	门	别	行	顺	逆

大师所造[1]，设观门时未言此偈。此是本门别行之顺逆

3.39.5

ljaa^{1}	ŋwu^{2}	kụ^{1}	dzjwo^{2}	·jwɨr^{2}	mjiij^{2}	kjɨ^{1}	ljwị^{1}
偈	是，	后	人	文	末	△	置，
tśhjwo^{1}	ljow^{2}	ljaa^{1}	·jɨ^{2}	śjij^{1}	ljɨɨ^{1}	ɭja^{1}	ljij^{2}
故	“略	偈”	谓。	顺	逆	者，	《大

偈，后人置之文末，故谓“略偈”。顺逆者，谓《大

3.39.6

gjɨɨ^{2}	kha^{1}	tshjiij^{1}	zjɨɨr^{2}	·jij^{1}	tshjɨɨ^{1}	dźiej^{2}	·jị^{2}	lhjwo^{1}	twụ^{1}	·jij^{1}	·jɨ^{2}
疏》	中	言	“水	之	漩	流	洄	澓	处”	△	谓。
twụ^{1}	thja^{1}	sọ^{1}	wo^{2}	dju^{1}	lew^{1}	zji^{1}	na^{1}	njɨɨ^{1}	tshjɨɨ^{1}	dźiej^{2}	sọ^{1}
“处”	彼	三	义	有：	一，	甚	深；	二，	回	转；	三，

疏》所言“水之漩流洄澓处”。“处”有三义：一，甚深；二，回转；三，

3.39.7

dzjij^{1}	ŋwe^{1}	thjɨ^{2}	tja^{1}	sji^{1}	mjij^{1}	tsjiir^{1}	kiej^{2}	io̱^{1}	gu^{2}
[illegible]	[illegible]。	[illegible]	[illegible]，	[illegible]	[illegible]	[illegible]	[illegible]	[illegible]	[illegible]
难	渡。	此	者，	尽	无	法	界	圆	融
ɣie̱^{2}	mjij^{1}	nioow^{1}	lew^{1}	śjij^{1}	ljɨɨ^{1}	do^{1}	lew^{2}	seew^{2}	tshjiij^{1}
[illegible]	[illegible]	[illegible]，	[illegible]	[illegible]	[illegible]	[illegible]	[illegible]。	“[illegible]	[illegible]
阂	无	故，	但	顺	逆	读	之。	“思	议

难渡[2]。此者，无尽法界圆融无阂故，但顺逆读之。谓“思议

3.39.8

mjɨɨ^{2}	njaa^{2}	lew^{1}	lja̱^{1}	bju^{1}	śjij^{1}	ljow^{2}	·jɨ^{2}	tja^{1}	njɨɨ^{1}	wo^{2}
[illegible]	[illegible]，	[illegible]	[illegible]	[illegible]	[illegible]	[illegible]”	[illegible]	[illegible]，	[illegible]	[illegible]
境	非，	但	证	依	随	略”	谓	者，	二	义
dju^{1}	lew^{1}	khwa^{1}	mjii^{2}	deej^{1}	dźjij^{1}	·jwɨr^{2}	bju^{1}	wo^{2}	·jiij^{1}	
[illegible]。	[illegible]，	[illegible]	[illegible]	[illegible]	[illegible]，	[illegible]	[illegible]	[illegible]	[illegible]	
有。	一，	远	治	传	行，	文	随	义	持	

非境，但随证而略”者，有二义。一，治远传行，令随文持义，

3.39.9

phji^{1}	thjɨ^{2}	tja^{1}	dza^{2}	nwə^{1}	ljɨ^{1}	njɨɨ^{1}	tja^{1}	wa̱^{2}	ɣa^{2}	dza^{2}
[illegible]，	[illegible]	[illegible]	[illegible]	[illegible]	[illegible]。	[illegible]	[illegible]，	[illegible]	[illegible]	[illegible]
令，	此	者	望	知	也。	二	者，	广	于	望
bju^{1}	ljow^{2}	·jɨ^{2}	na^{1}	dźiej^{2}	mjijr^{2}	·jij^{1}	ŋwuu^{1}	·jij^{1}	dźjwi^{1}	dzjar^{2}
[illegible]	[illegible]	[illegible]。	[illegible]	[illegible]	[illegible]	[illegible]	[illegible]	[illegible]	[illegible]	[illegible]，
由	略	谓。	深	信	者	之	言	相	泯	灭，

此知望也。二者，由望广而谓略。泯灭深信者之言相，

3.39.10

·jwɨr^{2}	wo^{2}	bju^{1}	·jij^{1}	tsjiir^{1}	ljij^{2}	phji^{1}	thjɨ^{2}	tja^{1}	mjor^{1}	lja̱^{1}
[illegible]	[illegible]	[illegible]	[illegible]	[illegible]	[illegible]	[illegible]，	[illegible]	[illegible]	[illegible]	[illegible]
文	义	随	即	法	见	令，	此	者	实	证
ljɨ^{1}	thjoo^{1}	ljɨ^{1}	tsjiir^{1}	kiej^{2}	·jij^{1}	ɣa^{1}	thjɨ^{2}	do^{2}	dźju^{1}	śja^{2}
[illegible]，	[illegible]	[illegible]，	[illegible]	[illegible]	[illegible]	[illegible]	[illegible]	[illegible]	[illegible]	[illegible]
也，	玄	也，	法	界	之	门	此	于	彰	显

随文义即令见法，此实证也，玄也，法界之门于此彰显

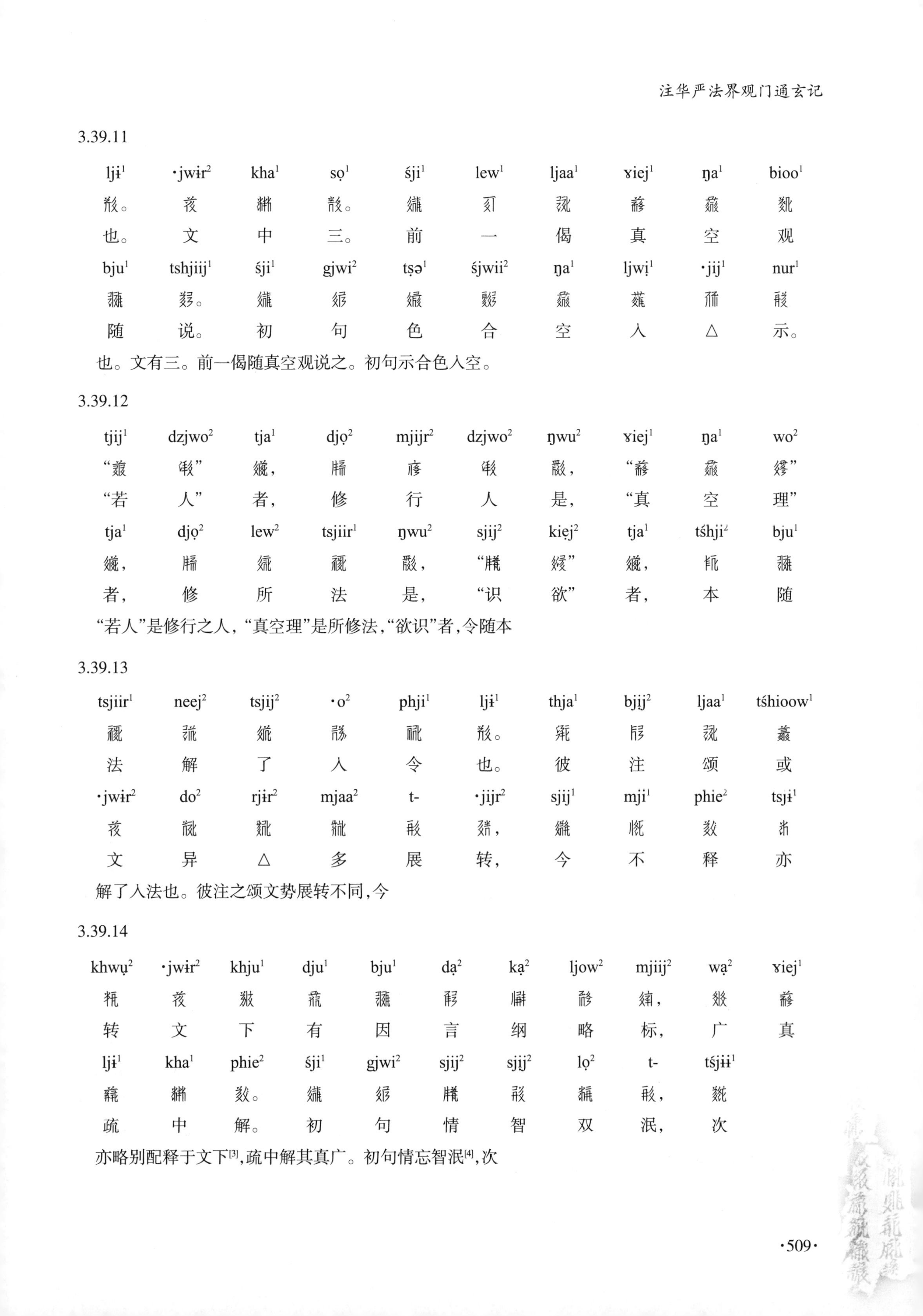

3.39.11

ljɨ¹ ·jwɨr² kha¹ so̱¹ śji¹ lew¹ ljaa¹ ɣiej¹ ŋa¹ bioo¹

也。 文 中 三。 前 一 偈 真 空 观

bju¹ tshjiij¹ śji¹ gjwi² tsə̣¹ śjwii² ŋa¹ ljwị¹ ·jij¹ nur¹

随 说。 初 句 色 合 空 入 △ 示。

也。文有三。前一偈随真空观说之。初句示合色入空。

3.39.12

tjij¹ dzjwo² tja¹ djo̱² mjijr² dzjwo² ŋwu² ɣiej¹ ŋa¹ wo²

"若 人" 者, 修 行 人 是, "真 空 理"

tja¹ djo̱² lew² tsjiir¹ ŋwu² sjij² kiej² tja¹ tśhji² bju¹

者, 修 所 法 是, "识 欲" 者, 本 随

"若人"是修行之人,"真空理"是所修法,"欲识"者,令随本

3.39.13

tsjiir¹ neej² tsjij² ·o² phji¹ ljɨ¹ thja¹ bjij² ljaa¹ tśhioow¹

法 解 了 入 令 也。 彼 注 颂 或

·jwɨr² do² rjɨr² mjaa² t- ·jijr² sjij¹ mji¹ phie² tsjɨ¹

文 异 △ 多 展 转, 今 不 释 亦

解了入法也。彼注之颂文势展转不同,今

3.39.14

khwụ² ·jwɨr² khju¹ dju¹ bju¹ dạ² kạ² ljow² mjiij² wạ² ɣiej¹

转 文 下 有 因 言 纲 略 标, 广 真

ljɨ¹ kha¹ phie² śji¹ gjwi² sjij² sjij² lo̱² t- tśjɨɨ¹

疏 中 解。 初 句 情 智 双 泯, 次

亦略别配释于文下[3],疏中解其真广。初句情忘智泯[4],次

3.40.1

gjwi^2	ɣiej^1	lạ^1	zjɨ^2	·jijr^2	sọ^1	tsew^2	gjwi^2	mjij^1	kha^1	tśja^1
[illegible]	[illegible]	[illegible]	[illegible]	[illegible]。	[illegible]	[illegible]	[illegible]	[illegible]	[illegible]	[illegible]
句	真	妄	俱	绝。	三	第	句	无	中	道
dźju^1	ŋa^1	gu^2	dźjwow^1	rjar^2	dju^1	tsjɨ^1	mjij^1	rjir^2	thwuu^1	
[illegible]，	[illegible]	[illegible]	[illegible]	[illegible]，	[illegible]	[illegible]	[illegible]	[illegible]	[illegible]。	
显，	空	中	鸟	迹，	有	亦	无	与	同。	

句真弃妄绝。第三句无中显道，空中鸟迹，有亦同无。

3.40.2

tśhjwo^1	lwər^2	dạ^2	rjur^1	tsjiir^1	mjij^1	dzjar^2	tsjiir^2	nwə^1	tsjij^2
[illegible]	[illegible]	[illegible]：	“[illegible]	[illegible]	[illegible]	[illegible]	[illegible]	[illegible]	[illegible]，
故	经	曰：	“诸	法	寂	灭	性	解	了，
dzjọ^1	dźjwow^1	ŋa^1	gu^2	rjar^2	mjij^1	sju^2	·jɨ^2	mjiij^2	gjwi^2
[illegible]	[illegible]	[illegible]	[illegible]	[illegible]	[illegible]	[illegible]	[illegible]。”	[illegible]	[illegible]
犹	鸟	空	中	迹	无	如	谓。”	末	句

故经曰：“解了诸法寂灭性，如鸟在空无足迹。”末句

3.40.3

mjor^1	ɣiej^1	mjor^1	dźju^1	dzjọ^1	neew^2	war^2	lew^1	wee^1	kjɨ^1
[illegible]	[illegible]	[illegible]	[illegible]，	[illegible]	[illegible]	[illegible]	[illegible]	[illegible]	[illegible]
真	如	显	现，	如	善	财	一	生	△
ljạ^1	ŋowr^2	dzjwo^2	·jij^1	tha^1	tha^1	tsjɨ^1	rjir^1	tjị^2	mjij^1
[illegible]	[illegible]。	[illegible]	[illegible]	[illegible]，	[illegible]	[illegible]	[illegible]	[illegible]	[illegible]。
证	具。	人	即	佛，	佛	亦	得	可	无。

显现真如，如善财具证一生。人即佛，佛亦不可得。

3.40.4

ljụ^2	·ụ^2	mjor^1	ɣiej^1	djɨr^2	to^2	njɨ^2	tja^1	kwər^1	nioow^1
“[illegible]	[illegible]	[illegible]	[illegible]	[illegible]	[illegible]	[illegible]”	[illegible]，	[illegible]	[illegible]
“身	内	如	真	外	悉	遍”	者，	体	缘
śjwɨ^2	nur^1	ɣiej^1	ŋa^1	ljɨɨr^1	wo^2	laa^1	sej^1	nioow^1	śjwɨ^2
[illegible]	[illegible]。	[illegible]	[illegible]	[illegible]	[illegible]，	[illegible]	[illegible]	[illegible]	[illegible]，
随	示。	真	空	四	义，	染	净	缘	随，

“身内真如还遍外”者[5]，示随体缘。真空四义，随染净缘，

3.40.5

·u^{2}	djɨr^{2}	do^{2}	pha^{1}	tsjiir^{1}	kha^{1}	njɨ^{2}	njwi^{2}	thjɨ^{2}	tja^{1}
内	外	分	限	法	中	遍	能。	此	者，
ŋa^{1}	tsə^{1}	ŋwu^{2}	·jij^{1}	ljow^{2}	mjiij^{2}	bjij^{2}	śji^{1}	gjwi^{2}	bju^{1}
空	色	是	△	略	标。	注	初	句	随

能遍内外分限之法。此者，略标空即是色。注随初句

3.40.6

mjor^{1}	bio^{1}	khjɨɨ^{2}	·jij^{1}	mjiij^{2}	tśjɨɨ^{1}	gjwi^{2}	lạ^{1}	ɣiej^{1}	bju^{1}
实	排	列	△	标，	次	句	妄	真	藉
śjwo^{1}	sọ^{1}	tsew^{2}	gjwi^{2}	lạ^{1}	tsjiir^{1}	·jij^{1}	ɣiej^{1}	ŋa^{1}	·jɪj^{1}
生，	三	第	句	妄	法	即	真	空	即

实标排列，次句妄藉真生，第三句妄法即真空

3.40.7

tsə^{1}	ljɨ^{1}	mjiij^{2}	gjwi^{2}	ɣiej^{1}	lạ^{1}	mji^{1}	thu^{1}	la^{1}	wo^{2}
色	也，	末	句	真	妄	不	设	而	义
dźju^{1}	ljɨ^{1}	sjij^{1}	dju^{1}	sjij^{1}	mjij^{1}	kwər^{1}	tjij^{1}	gu^{2}	tja^{1}
明	也。	“情	有	情	无	体	一	共”	者，

即色也，末句不设真妄而明义也。“情与非情共一体”者[6]，

3.40.8

·jij^{1}	·jijr^{2}	ɣjow^{1}	tshwew^{1}	sjij^{1}	tja^{1}	·u^{2}	ljụ^{2}	sjij^{1}	mjij^{1}
相	灭	源	趣	情	者，	内	身	情	无
tja^{1}	djɨr^{2}	gju^{2}	zji^{1}	nioow^{1}	bju^{1}	dju^{1}	lew^{1}	tsjiir^{2}	thwuu^{1}
者，	外	具	皆	缘	因	有。	一	性	同

灭相趣源之情，内身无情者，外具皆有所缘。同一性

3.40.9

nioow^{1}	sọ^{1}	tsew^{2}	tsə̣^{1}	ŋa^{1}	ɣiẹ^{2}	mjij^{1}	bioo^{1}	·jij^{1}	ljow^{2}
[illegible]，	[illegible]	[illegible]	[illegible]	[illegible]	[illegible]	[illegible]	[illegible]	[illegible]	[illegible]
故，	三	第	色	空	阂	无	观	△	略
nur^{1}	tśhjwo^{1}	thja^{1}	zu^{2}	dạ^{2}	lew^{1}	wjị^{1}	tsjiir^{1}	we^{2}	
[illegible]，	[illegible]	[illegible]	[illegible]	[illegible]	“[illegible]	[illegible]	[illegible]	[illegible]，	
示，	故	其	结	语	“一	味	法	为，	

故，略示第三色空无阂观，故其结语谓“为一味法，

3.40.10

sjiij^{2}	mjor^{1}	ljij^{2}	ljɨ^{1}	·jɨ^{2}	bjij^{2}	śji^{1}	gjwi^{2}	mjɨɨ^{2}	sjij^{2}
[illegible]	[illegible]	[illegible]	[illegible]”	[illegible]。	[illegible]	[illegible]	[illegible]	[illegible]	[illegible]
思	则	见	也”	谓。	注	初	句	境	情
bju^{1}	lej^{2}	tśjɨɨ^{1}	gjwi^{2}	sjij^{2}	mjɨɨ^{2}	bju^{1}	śjwo^{1}	sọ^{1}	tsew^{2}
[illegible]	[illegible]，	[illegible]	[illegible]	[illegible]	[illegible]	[illegible]	[illegible]，	[illegible]	[illegible]
随	转，	次	句	情	境	随	生，	三	第

思之可见也[7]”。注初句境随情转，次句情随境生，第三

3.40.11

gjwi^{2}	tśhji^{2}	lhjɨ^{2}	ɣjow^{1}	thwuu^{1}	mjiij^{2}	gjwi^{2}	mjɨɨ^{2}	rjar^{2}	dzjwɨr^{1}
[illegible]	[illegible]	[illegible]	[illegible]	[illegible]，	[illegible]	[illegible]	[illegible]	[illegible]	[illegible]
句	本	尘	源	同，	末	句	踪	迹	断
bja^{2}	nioow^{1}	do^{2}	·jij^{1}	thwuu^{1}	nioow^{1}	khjɨ^{2}	tsjiir^{1}	ŋowr^{2}	ɣiej^{1}
[illegible]。	[illegible]	[illegible]	[illegible]	[illegible]	[illegible]，	[illegible]	[illegible]	[illegible]	[illegible]；
绝。	又	异	即	同	故，	万	法	全	真；

句尘本同源，末句断绝踪迹。又异即同故，万法全真；

3.40.12

thwuu^{1}	·jij^{1}	do^{2}	nioow^{1}	khjɨ^{2}	·jij^{1}	to^{2}	sə^{1}	sjij^{1}	·jij^{1}
[illegible]	[illegible]	[illegible]	[illegible]，	[illegible]	[illegible]	[illegible]	[illegible]。	[illegible]	“[illegible]
同	即	异	故，	万	相	悉	满。	今	“相
mjij^{1}	·jɨ^{2}	tja^{1}	lew^{1}	ɣiej^{1}	ŋa^{1}	·jij^{1}	dźju^{1}	rjur^{1}	rjur^{1}
[illegible]”	[illegible]	[illegible]，	[illegible]	[illegible]	[illegible]	[illegible]	[illegible]。	“[illegible]	[illegible]
无”	谓	者，	但	真	空	△	显。	“处	处

同即异故，万相悉满。今谓“无相”，但显真空。“处处

3.40.13

zji^1	ɣiej^1	tsjiir^1	kiẹj^2	thwuu^1	tja^1	·jij^1	·ioow^1	lọ^2	·jijr^2	tha^1
皆	真	法	界	同”	者，	相	用	双	绝，	佛
dźiã^2	tśhja^2	ka^1	dźjɨ	śjwo^1	tsjij^2	dzjwɨr^1	kwər^1	swew^1	tjij^1	
生①	平	等，	行	行	悟	绝，	明	体	独	

皆同真法界”者[8]，相用双绝，佛众生平等，行行绝悟，明体独

3.40.14

tśjụ^1	ŋwuu^1	seew^2	mjɨ^1	lhjụ^2	seew^2	tshjiij^1	tśja^1	bja^2	thjɨ^2
守，	非	言	所	及，	言	语	道	断。	此
tja^1	wją^2	sji^1	gji^2	mjij^1	bioo^1	·jij^1	kjɨ^1	ljow^2	bjij^2
者，	泯	绝	寄	无	观	△	△	略。	注

守，非言所及，言语道断[9]。此略为泯绝无寄观。注

3.41.1

śji^1	gjwi^2	lew^1	njiij^1	sọ^1	kiẹj^2	tśjɨɨ^1	gjwi^2	sọ^1	kiẹj^2
初	句	一	心	三	界，	次	句	三	界
lew^1	njiij^1	sọ^1	tsew^2	gjwi^2	ŋwuu^1	dạ^2	tśja^1	bja^2	mjiij^2
一	心。	三	第	句	言	语	道	断，	末

初句一心三界，次句三界一心。第三句言语道断，末

3.41.2

gjwi^2	njiij^1	dźjij^1	do^2	dzjar^2	nioow^1	njiij^1	bju^1	sjij^2	we^2	mjɨɨ^2
句	心	行	处	灭。	又	心	随	智	为，	境
bju^1	mjor^1	we^2	·jij^1	njiij^1	·jij^1	mjɨɨ^2	mjor^1	sjij^2	lew^1	
随	真	为，	即	心	即	境，	真	智	一	

句心行处灭[10]。又随心为智，随境为真，即心即境，真智一

①□(菩萨)，疑当作“□”(众生)。

3.41.3

wjị1	ljwɨj1	zjɨɨr1	tśja1	rjir1	thjɨ2	·jij1	·jɨ2	ljɨ1	tśjɨɨ1
[illegible]	[illegible]	[illegible]	[illegible]	[illegible]	[illegible]	[illegible]	[illegible]	[illegible]	[illegible]
味，	少	许	道	得，	此	△	谓	也。	次
ljaa1	wo2	dạ2	ɣię2	mjij1	bioo1	·jij1	ljow2	nur1	lew1
[illegible]	[illegible]	[illegible]	[illegible]	[illegible]	[illegible]	[illegible]	[illegible]	[illegible]	[illegible]
偈	理	事	阂	无	观	△	略	示，	“只

味，略为得道，此之谓也。次偈略示理事无阂观，“只

3.41.4

·a	lə	la1	lew1	mjɨɨ2	bioo1	tja1	śji1	bioo1	mjɨɨ2
[illegible]	[illegible]	[illegible]	[illegible]	[illegible]	[illegible]	[illegible]	[illegible]	[illegible]	[illegible]
一	念	用	一	境	观”	者，	前	观	境
lhjwi1	kụ1	ɣa1	śjwo1	·a	lə	tja1	phjo2	kar2	mjij1
[illegible]	[illegible]	[illegible]	[illegible]	[illegible]	[illegible]	[illegible]	[illegible]	[illegible]	[illegible]
举	后	门	生。	一	念	者，	分	别	无

用一念观一境”者[11]，前观举境以生后门。一念者，无分别

3.41.5

sjij2	śji1	bioo1	·jij1	dźjɨ	dji2	ŋwu2	lew1	mjɨɨ2	tja1
[illegible]	[illegible]	[illegible]	[illegible]	[illegible]	[illegible]	[illegible]	[illegible]	[illegible]	[illegible]
智，	前	观	之	“行”	字	是。	一	境	者，
śji1	bioo1	·jij1	do2	pha1	mjij1	wo2	ŋwu2	śji1	bioo1
[illegible]	[illegible]	[illegible]	[illegible]	[illegible]	[illegible]	[illegible]	[illegible]	[illegible]	[illegible]
前	观	之	差	别	无	义	是，	前	观

智，是前观之“行”字。一境者，是前观之无差别义，观

3.41.6

sjij1	ljiij2	la1	dźju1	lew2	lew1	ɣiej1	·jij1	wo2	kew1
[illegible]	[illegible]	[illegible]	[illegible]	[illegible]	[illegible]	[illegible]	[illegible]	[illegible]	[illegible]
性	坏	以	明	之。	一	真	之	理，	此
njɨ2	nioow1	śjwɨ2	dạ2	tsjiir1	śjij1	ljɨ1	tśjɨɨ1	gjwi2	rjur1
[illegible]	[illegible]	[illegible]	[illegible]	[illegible]	[illegible]	[illegible]	[illegible]	[illegible]	[illegible]
至	缘	随	事	法	成	也。	次	句	“诸

以坏性明之。一真之理，至此随缘成事法也。次句“一切诸

3.41.7

mjɨɨ^{2}	ŋowr^{2}	ŋowr^{2}	thwuu^{1}	dzjɨj^{1}	ljwu^{2}	njɨɨ^{1}	gjwi^{2}	dźjwɨ^{1}	ŋewr^{2}	·jij^{1}
[illegible]	[illegible]	[illegible]	[illegible]	[illegible]	[illegible]”，	[illegible]	[illegible]	[illegible]	[illegible]，	[illegible]
境	一	切	同	时	会”，	两	句	相	对，	自
gu^{2}	ɣa^{1}	dźjwɨ^{1}	njɨ^{2}	tjij^{2}	·jij^{1}	ljow^{2}	nur^{1}	śji^{1}	gjwi^{2}	
[illegible]	[illegible]	[illegible]	[illegible]	[illegible]	[illegible]	[illegible]	[illegible]。	[illegible]	[illegible]	
相	门	互	遍	对	△	略	示。	初	句	

境同时会”[12]，两句相对，略示各自之门互遍。以初句

3.41.8

tśjɨɨ^{1}	gjwi^{2}	ɣa^{2}	dza^{2}	·jij^{1}	wo^{2}	dạ^{2}	ɣa^{2}	njɨ^{2}	tśjɨɨ^{1}	gjwi^{2}
[illegible]	[illegible]	[illegible]	[illegible]，	[illegible]	[illegible]	[illegible]	[illegible]	[illegible]；	[illegible]	[illegible]
次	句	于	望，	即	理	事	于	遍；	次	句
śji^{1}	gjwi^{2}	ɣa^{2}	dza^{2}	·jij^{1}	dạ^{2}	wo^{2}	ɣa^{2}	njɨ^{2}	ljɨ^{1}	
[illegible]	[illegible]	[illegible]	[illegible]，	[illegible]	[illegible]	[illegible]	[illegible]	[illegible]	[illegible]。	
初	句	于	望，	即	事	理	于	遍	也。	

望次句，即理遍于事；以次句望初句，即事遍于理也。

3.41.9

thjɨ^{2}	ljwu^{2}	·jɨ^{2}	tja^{1}	gu^{2}	ljwu^{2}	wo^{2}	ŋwu^{2}	thjɨ^{2}	tja^{1}	śji^{1}
[illegible]	“[illegible]”	[illegible]	[illegible]，	[illegible]	[illegible]	[illegible]	[illegible]。	[illegible]	[illegible]，	[illegible]
此	“会”	谓	者，	和	会	义	是。	此	者，	前
gu^{2}	ɣa^{1}	·jij^{1}	ljow^{2}	nur^{1}	kụ^{1}	njɨɨ^{1}	gjwi^{2}	la^{1}	kụ^{1}	
[illegible]	[illegible]	[illegible]	[illegible]	[illegible]，	[illegible]	[illegible]	[illegible]	[illegible]	[illegible]	
总	门	△	略	示，	后	二	句	以	后	

此谓“会”者，是和会义。此略示总前门，以后二句

3.41.10

·jar^{1}	ɣa^{1}	·jij^{1}	ljow^{2}	dźju^{1}	ljɨ^{1}	bjij^{2}	njiij^{1}	·jij^{1}	tsjiir^{2}
[illegible]	[illegible]	[illegible]	[illegible]	[illegible]	[illegible]。	[illegible]	“[illegible]	[illegible]	[illegible]”
八	门	△	略	明	也。	注	“心	即	性”
njɨ^{2}	·jɨ^{2}	tja^{1}	śji^{1}	gjwi^{2}	rjir^{1}	lew^{2}	mjij^{1}	tja^{1}	tśjɨɨ^{1}
[illegible]	[illegible]	[illegible]，	[illegible]	[illegible]	[illegible]	[illegible]	[illegible]	[illegible]，	[illegible]
等	谓	者，	初	句	得	所	无	者，	次

略明后八门也。注谓“心即性”等者，初句无所得者，次

3.41.11

gjwi^2	sjij^2	ŋa^1	mjiɨ^2	mjij^1	sọ^1	tsew^2	gjwi^2	swew^1	swew^1	mji^1
句	智	空	境	无。	三	第	句	明	明	不
ljwɨj^1	mjiij^2	gjwi^2	dźju^1	dźju^1	·ju^2	nwə^1	nioow^1	sjij^2	wo^2	
昧，	末	句	了	了	常	知。	又	智	理	

句智无空境。第三句明明不昧，末句了了常知[13]。又智

3.41.12

rjir^2	śjwii^2	njiij^1	mjiɨ^2	rjir^2	phjoo^2	rjur^1	mjiɨ^2	ŋowr^2	ŋowr^2	thwuu^1
与	合，	心	境	与	合。	“诸	境	一	切	同
dzjɨj^1	ljwu^2	tja^1	dạ^2	wo^2	ɣa^2	njɨ^2	ljɨ^1	khjɨ^2	nioow^1	
时	会”	者，	事	理	于	遍	也。	万	缘	

与理合，心与境合。“一切诸境同时会”者，事遍于理也。万缘

3.41.13

zji^1	bja	lew^1	tsjiir^2	thwuu^1	nioow^1	dạ^2	·jij^1	mji^1	ljiij^2
皆	尽	一	性	同	故，	事	相	不	坏
ljɨ^1	bjij^2	sọ^1	kiẹj^2	njɨ^2	tja^1	śji^1	gjwi^2	mjiij^1	gu^2
也。	注	“三	界”	等	者，	初	句	梦	中

皆尽同一性故，事不坏相也。注“三界”等者，初句如梦中

3.41.14

war^2	ljij^2	sju^2	tśjiɨ^1	gjwi^2	me^2	tjị^2	tśhjwo^1	ŋa^1	dwewr^2
财	见	如，	次	句	安	眠	故	空	遮。
sọ^1	tsew^2	gjwi^2	mji^1	dwewr^2	do^2	dwewr^2	mjiij^2	gjwi^2	njwo^2
三	第	句	不	觉	于	觉，	末	句	古

见财，次句安眠故遮空。第三句觉于不觉，末句古

3.42.1

sjij1	ɣjow1	thwuu1	nioow1	dwewr2	nu1	lhjɨ2	phjoo2	lhjɨ2	tsjij2
[illegible]	[illegible]	[illegible]。	[illegible]	[illegible]	[illegible]	[illegible]	[illegible]，	[illegible]	[illegible]
今	源	同。	又	觉	背	尘	合，	尘	悟
·jij1	dwewr2	mər2	lhjii1	ɣjow1	lhjwo1	lhạ2	tsjij2	rjar2	dzjwɨr1
[illegible]	[illegible]；	[illegible]	[illegible]	[illegible]	[illegible]，	[illegible]	[illegible]	[illegible]	[illegible]。
即	觉；	本	返	归	源，	惑	悟	迹	绝。

今同源。又背觉合尘，尘悟即觉；返本归源，惑悟绝迹。

3.42.2

thjɨ2	tja1	·jwɨr2	nioow1	tshjiij1	ŋwu2	ljɨ1	thja1	lew1	mjɨɨ2	kha1
[illegible]	[illegible]，	[illegible]	[illegible]	[illegible]	[illegible]	[illegible]。	“[illegible]	[illegible]	[illegible]	[illegible]
此	者，	文	外	语	是	也。	“彼	一	境	内
ŋowr2	ŋowr2	sjij2	tja1	·jij1	kwər1	bju1	·ioow1	śjwo1	wo2	dạ2
[illegible]	[illegible]	[illegible]”	[illegible]，	[illegible]	[illegible]	[illegible]	[illegible]	[illegible]，	[illegible]	[illegible]
一	切	智”	者，	自	体	随	用	行，	理	事

此是文外之语也。“于一境内一切智”者[14]，随自体行用，以理

3.42.3

ɣa2	dza2	sọ1	ŋwə1	śjạ1	gjɨɨ1	ljɨɨr1	ɣa1	dju1	bjij2
[illegible]	[illegible]。	[illegible]	[illegible]	[illegible]	[illegible]	[illegible]	[illegible]	[illegible]。	[illegible]
于	望。	三	五	七	九	四	门	有。	注
thja1	lew1	mjɨɨ2	njɨ2	tja1	śji1	gjwi2	kwər1	·ioow1	thwuu1
“[illegible]	[illegible]	[illegible]”	[illegible]	[illegible]，	[illegible]	[illegible]	[illegible]	[illegible]	[illegible]
“彼	一	境”	等	者，	首	句	体	用	同

望事。有三五七九四门。注“彼一境”等者，首句体用同

3.42.4

dzjɨj1	tśjɨɨ1	gjwi2	wo2	rjur1	dạ2	thwuu1	sọ1	tsew2	gjwi2
[illegible]，	[illegible]	[illegible]	[illegible]	[illegible]	[illegible]	[illegible]。	[illegible]	[illegible]	[illegible]
时，	次	句	理	诸	事	同。	三	第	句
·jij1	mjij1	·jij1	·jij1	mjiij2	gjwi2	·jij1	·jij1	·jij1	mjij1
[illegible]	[illegible]	[illegible]	[illegible]，	[illegible]	[illegible]	[illegible]	[illegible]	[illegible]	[illegible]。
相	无	即	相，	末	句	相	即	相	无。

时，次句理同诸事。第三句无相即相，末句相即无相。

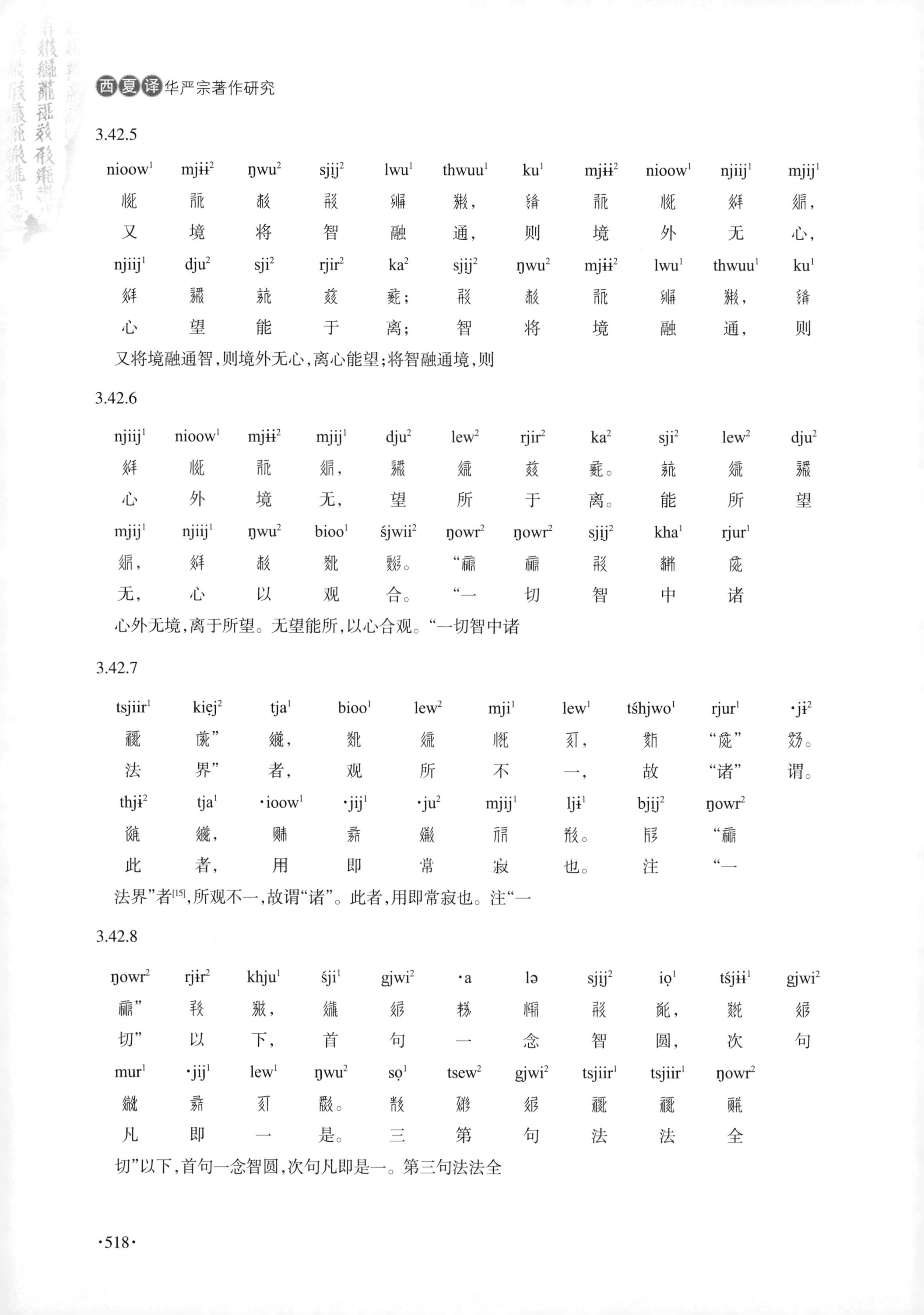

3.42.5

nioow¹	mjɨɨ²	ŋwu²	sjij²	lwu¹	thwuu¹	ku¹	mjɨɨ²	nioow¹	njiij¹	mjij¹
又	境	将	智	融	通，	则	境	外	无	心，
njiij¹	dju²	sji²	rjir²	ka²	sjij²	ŋwu²	mjɨɨ²	lwu¹	thwuu¹	ku¹
心	望	能	于	离；	智	将	境	融	通，	则

又将境融通智，则境外无心，离心能望；将智融通境，则

3.42.6

njiij¹	nioow¹	mjɨɨ²	mjij¹	dju²	lew²	rjir²	ka²	sji²	lew²	dju²
心	外	境	无，	望	所	于	离。	能	所	望
mjij¹	njiij¹	ŋwu²	bioo¹	śjwii²	ŋowr²	ŋowr²	sjij²	kha¹	rjur¹	
无，	心	以	观	合。	"一	切	智	中	诸	

心外无境，离于所望。无望能所，以心合观。"一切智中诸

3.42.7

tsjiir¹	kięj²	tja¹	bioo¹	lew²	mji¹	lew¹	tśhjwo¹	rjur¹	·jɨ²
法	界"	者，	观	所	不	一，	故	"诸"	谓。
thjɨ²	tja¹	·ioow¹	·jij¹	·ju²	mjij¹	ljɨ¹	bjij²	ŋowr²	
此	者，	用	即	常	寂	也。	注	"一	

法界"者[15]，所观不一，故谓"诸"。此者，用即常寂也。注"一

3.42.8

ŋowr²	rjɨr²	khju¹	śji¹	gjwi²	·a	lə	sjij²	io̱¹	tśjɨɨ¹	gjwi²
切"	以	下，	首	句	一	念	智	圆，	次	句
mur¹	·jij¹	lew¹	ŋwu²	so̱¹	tsew²	gjwi²	tsjiir¹	tsjiir¹	ŋowr²	
凡	即	一	是。	三	第	句	法	法	全	

切"以下，首句一念智圆，次句凡即是一。第三句法法全

3.42.9

ɣiej¹	mjiij²	gjwi²	wo²	lja̱¹	ŋwuu¹	dzjwɨr¹	ko¹	njij²	ljiij²
[illegible],	[illegible]	[illegible]	[illegible]	[illegible]	[illegible]	[illegible]。	“[illegible]	[illegible]	[illegible]
真,	末	句	理	证	言	绝。	“国	王	待
ljo̱²	śjwo¹	·jɨ²	tja¹	ko¹	tja¹	·ioow¹	ŋwu²	ɣiej¹	wo²
[illegible]	[illegible]”	[illegible]	[illegible],	[illegible]	[illegible]	[illegible]	[illegible],	[illegible]	[illegible]
岂	须”	谓	者,	国	者	用	是,	真	理

真,末句证理绝言。谓“岂须待国王”者,国是用,真理

3.42.10

dzjo̱¹	njij²	sju²	sjij²	ko¹	sju²	bji²	njij²	bju¹	ku¹
[illegible]	[illegible]	[illegible],	[illegible]	[illegible]	[illegible]。	[illegible]	[illegible]	[illegible]	[illegible]
犹	王	如,	智	国	如。	臣	王	因	而
wə¹	rjir¹	njij²	bji²	rjir¹	ku¹	·ioow¹	dju¹	tsjiir¹	
[illegible]	[illegible],	[illegible]	[illegible]	[illegible]	[illegible]	[illegible]	[illegible]。	[illegible]	
主	得,	王	臣	得	而	用	有。	法	

犹如王,智如国。臣因王而得主,王得臣而有用。法

3.42.11

kha¹	sjij²	wo²	bju¹	ku¹	wə¹	dju¹	wo²	sjij²	rjir¹
[illegible]	[illegible]	[illegible]	[illegible]	[illegible]	[illegible]	[illegible],	[illegible]	[illegible]	[illegible]
中	智	理	藉	而	主	有,	理	智	得
ku¹	·ioow¹	dju¹	sjij¹	rjur¹	rjur¹	tśja¹	lja̱¹	lə	lə
[illegible]	[illegible]	[illegible]。	[illegible]	[illegible]	[illegible]	[illegible]	[illegible],	[illegible]	[illegible]
而	用	有。	今	处	处	道	证,	念	念

中智藉理而有主,理得智而有用。今处处证道,念念

3.42.12

ɣiej¹	śjwii²	ku¹	nioow¹	sjij²	tshjiij¹	ljo̱²	śjwo¹	tśhjwo¹	ljiij²
[illegible]	[illegible],	[illegible]	[illegible]	[illegible]	[illegible]	[illegible]	[illegible]?	[illegible]	“[illegible]
真	合,	则	又	智	言	岂	须?	故	“岂
ljo̱²	śjwo¹	·jɨ²	so̱¹	zji²	njɨ²	·wio¹	ɣjiw¹	·jij¹	
[illegible]	[illegible]”	[illegible]。	[illegible]	[illegible]	[illegible]	[illegible]	[illegible]	[illegible]	
须	待”	谓。	三	周	遍	含	容	△	

合真,则又岂须言智?故谓“岂须待”。三略示周遍含容

3.42.13

bioo¹ ljow² nur¹ thjɨ² ·a ljaa¹ dzjwo² tsjiir¹ dzjɨj¹ do²
[illegible]
观 略 示。 此 一 偈 人 法 时 处
dźjwɨ¹ ɣjiw¹ dźjwɨ¹ ·o² bju¹ wə¹ bjij² rjɨj² rjɨj² sji¹
[illegible]
互 摄 互 入 随， 主 伴 重 重 尽

观。此一偈随人法时处互摄互入，明主伴重重无尽。

3.42.14

mjij¹ ·jij¹ dźju¹ śji¹ gjwi² wo² dạ² sju² njɨ² ·jij¹
[illegible]
无 △ 明。 初 句 理 事 如 遍 △
nur¹ ljɨ¹ bjij² rejr² kja² rjɨr² khju¹ śji¹ gjwi² mər²
[illegible]
示 也。 注 “多 劫” 以 下， 初 句 本

初句示理如事遍也。注“多劫”以下，初句

3.43.1

ɣa² ɣiej¹ lhạ² tśjɨɨ¹ gjwi² pa² rja² ·ju² śja² sọ¹
[illegible]
来 真 迷， 次 句 般 若 前 现。 三
tsew² gjwi² tjɨj² rər² swu² mjij¹ mjiij² gjwi² rjur¹
[illegible]
第 句 镜 影 像 无， 末 句 诸

法尔迷真，次句般若现前[16]。第三句镜无影像，末句

3.43.2

·jij¹ śja² njwi² thjɨ² thjɨ² tja¹ mur¹ śjɨj² ɣjow¹ thwuu¹
[illegible]
相 现 能。 此 此 者， 凡 圣 源 同，
lhạ² tsjij² tśja¹ do² mur¹ śjɨj² śjɨ¹ lja¹ mjij¹ ·jij¹
[illegible]
迷 悟 途 殊。 凡 圣 往 来 无 △

能现诸相。此此者，凡圣同源，迷悟殊途。悟凡圣之无来往

①“[illegible]”二字误倒。

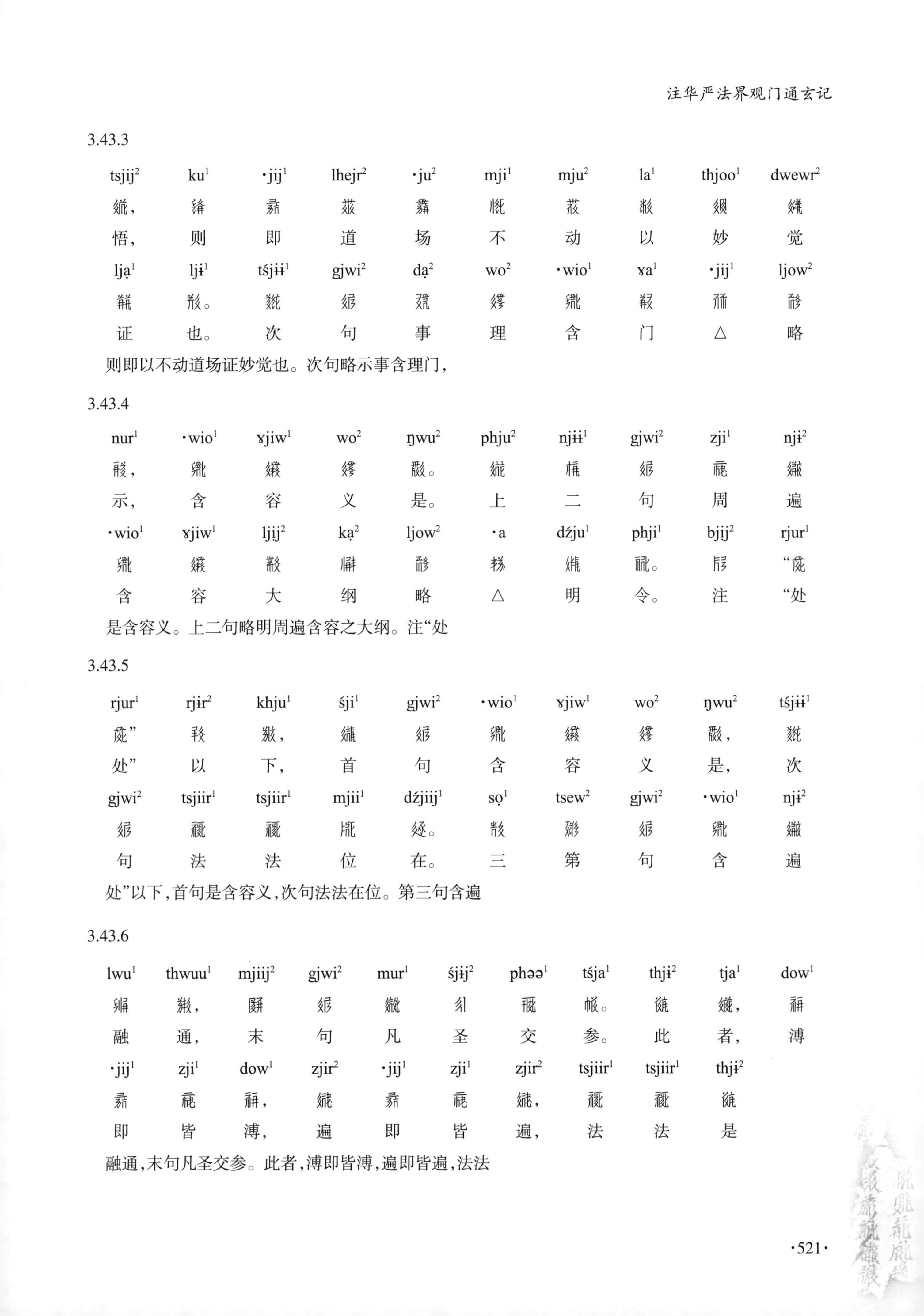

3.43.3

tsjij²	ku¹	·jij¹	lhejr²	·ju²	mji¹	mju²	la¹	thjoo¹	dwewr²
悟，	则	即	道	场	不	动	以	妙	觉
ljạ¹	ljɨ¹	tśjɨɨ¹	gjwi²	dạ²	wo²	·wio¹	ɣa¹	·jij¹	ljow²
证	也。	次	句	事	理	含	门	△	略

则即以不动道场证妙觉也。次句略示事含理门，

3.43.4

nur¹	·wio¹	ɣjiw¹	wo²	ŋwu²	phju²	njɨɨ¹	gjwi²	zji¹	njɨ²
示，	含	容	义	是。	上	二	句	周	遍
·wio¹	ɣjiw¹	ljij²	kạ²	ljow²	·a	dźju¹	phji¹	bjij²	rjur¹
含	容	大	纲	略	△	明	令。	注	“处

是含容义。上二句略明周遍含容之大纲。注“处

3.43.5

rjur¹	rjɨr²	khju¹	śji¹	gjwi²	·wio¹	ɣjiw¹	wo²	ŋwu²	tśjɨɨ¹
处”	以	下，	首	句	含	容	义	是，	次
gjwi²	tsjiir¹	tsjiir¹	mjii¹	dźjiij¹	sọ¹	tsew²	gjwi²	·wio¹	njɨ²
句	法	法	位	在。	三	第	句	含	遍

处”以下，首句是含容义，次句法法在位。第三句含遍

3.43.6

lwu¹	thwuu¹	mjiij²	gjwi²	mur¹	śjɨj²	phəə¹	tśja¹	thjɨ²	tja¹	dow¹
融	通，	末	句	凡	圣	交	参。	此	者，	溥
·jij¹	zji¹	dow¹	zjir²	·jij¹	zji¹	zjir²	tsjiir¹	tsjiir¹	thjɨ²	
即	皆	溥，	遍	即	皆	遍，	法	法	是	

融通，末句凡圣交参。此者，溥即皆溥，遍即皆遍，法法

3.43.7

sju^2	dzjɨj^1	do^2	njɨ^2	·jɨ^2	tja^1	dzjɨj^1	zjɨr^2	bju^1	tshjiij^1	do^2
如。	"时	处	遍"	谓	者，	时	遍	因	说，	处
dow^1	bju^1	kjij^1	dzjwɨ^1	rer^2	tja^1	dzjɨj^1	do^2	sji^1	mjij^1	
溥	因	释。	"帝	网"	者，	时	处	尽	无	

如是。谓"时处遍"者，因遍时说之，因溥处释之。"帝网"者，以喻时处无尽。

3.43.8

·jij^1	dzjo̩^{1}	śjɨ^2	dzjwɨ^1	pju̩^{2}	tśhjaa^1	ljij^2	njɨ^2	rer^2	·o^1	·ji^1
之	喻。	释	帝	殿	上	大	珠	网	有，	众
njɨ^2	la^1	śjɨj^1	ɣa̩^{2}	rer^2	bio^1	wji^1	·ji^1	njɨ^2	ljuu^2	tshjij^2
珠	以	成，	十	列	分	为。	众	珠	庄	严，

帝释殿上有大珠网，众珠以成，分为十列。众珠庄严，

3.43.9

twu̩^{1}	bji^1	swew^1	dju^1	dźjwɨ^1	gu^2	njɨ^2	ɣjiw^1	lew^1	ɣjiw^1
各	光	明	有，	交	涉	遍	容，	唯	摄
sji^2	·o^2	mjijr^2	wo^2	bju^1	wə^1	we^2	·wio^1	lew^2	·o^2
能	入	者	义	因	主	为，	含	所	入

各有光明，交涉遍容，唯因能摄能入之义为主，因所含所入

3.43.10

tji^2	bju^1	bjij^2	we^2	lew^1	rjɨj^2	ljɨ^1	njaa^2	tśhjwo^1	rjɨj^2	rjɨj^2	·jɨ^2	thji^2	tja^1	lew^1	dzjwɨ^1
所	因	伴	为。	一	重	既	非，	故	"重	重"	谓。	此	者，	一	敬

为伴。既非一重，故谓"重重"[17]。此者，一敬

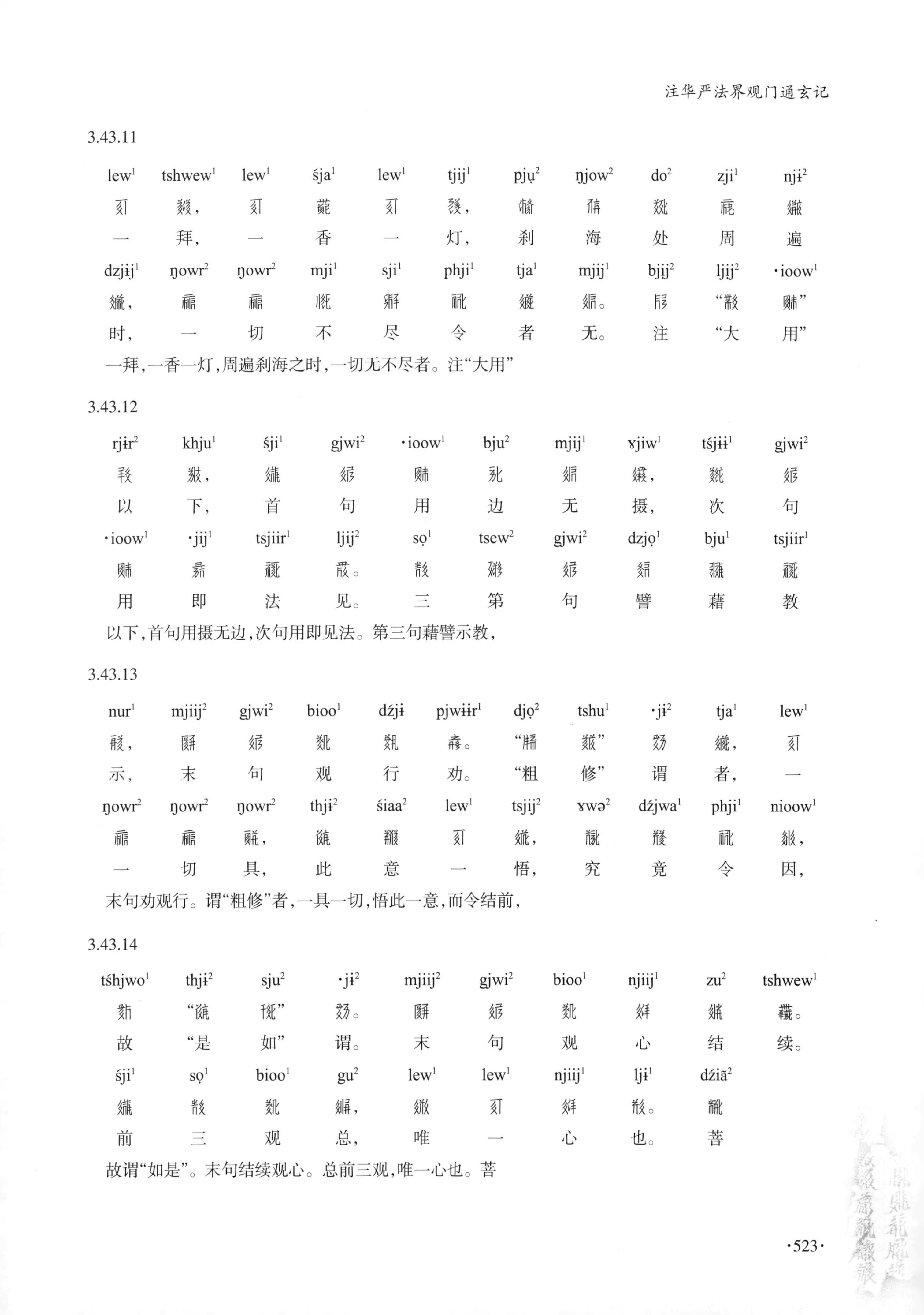

3.43.11

lew1 tshwew1 lew1 śja1 lew1 tjij1 pjụ2 ŋjow2 do2 zji1 njɨ2

一 拜， 一 香 一 灯， 刹 海 处 周 遍

dzjɨj1 ŋowr2 ŋowr2 mji1 sji1 phji1 tja1 mjij1 bjij2 ljij2 ·ioow1

时， 一 切 不 尽 令 者 无。 注 “大 用”

一拜，一香一灯，周遍刹海之时，一切无不尽者。注“大用”

3.43.12

rjɨr2 khju1 śji1 gjwi2 ·ioow1 bju2 mjij1 ɣjiw1 tśjɨɨ1 gjwi2

以 下， 首 句 用 边 无 摄， 次 句

·ioow1 ·jij1 tsjiir1 ljij2 sọ1 tsew2 gjwi2 dzjọ1 bju1 tsjiir1

用 即 法 见。 三 第 句 譬 藉 教

以下，首句用摄无边，次句用即见法。第三句藉譬示教，

3.43.13

nur1 mjiij2 gjwi2 bioo1 dźjɨ pjwɨɨr1 djọ2 tshu1 ·jɨ2 tja1 lew1

示， 末 句 观 行 劝。 “粗 修” 谓 者， 一

ŋowr2 ŋowr2 ŋowr2 thjɨ2 śiaa2 lew1 tsjij2 ɣwə2 dźjwa1 phji1 nioow1

一 切 具， 此 意 一 悟， 究 竟 令 因，

末句劝观行。谓“粗修”者，一具一切，悟此一意，而令结前，

3.43.14

tśhjwo1 thjɨ2 sju2 ·jɨ2 mjiij2 gjwi2 bioo1 njiij1 zu2 tshwew1

故 “是 如” 谓。 末 句 观 心 结 续。

śji1 sọ1 bioo1 gu2 lew1 lew1 njiij1 ljɨ1 dźiã2

前 三 观 总， 唯 一 心 也。 菩

故谓“如是”。末句结续观心。总前三观，唯一心也。菩

3.44.1

tsjij^{2}	……	rer^{2}	ljij^{2}	tsjiir^{1}
[illegible]	……①	[illegible]	[illegible]	[illegible]
萨	……	网	大	法

萨……网大法

3.44.2

……	mjij^{1}	nioow^{1}	tśhjwo^{1}	ŋowr^{2}	ŋowr^{2}	sjij^{2}	thwuu^{1}	ɣię^{2}	lụ^{2}	mjij^{1}	·jɨ^{2}
……②	[illegible]	[illegible]，	[illegible]	“[illegible]	[illegible]	[illegible]	[illegible]	[illegible]	[illegible]	[illegible]”	[illegible]。
……	无	因，	故	“一	切	智	通	罣	碍	无”	谓。

……无，故谓“一切智通无罣碍[18]”。

3.44.3

……	gu^{2}	mjiij^{2}	tśjɨɨ^{1}	gjwi^{2}	dzjɨj^{1}	tsewr^{1}	pha^{1}	dźju^{1}	sọ^{1}	tsew^{2}	mjii^{1}
……③	[illegible]	[illegible]，	[illegible]	[illegible]	[illegible]	[illegible]	[illegible]	[illegible]。	[illegible]	[illegible]	[illegible]
……	总	标，	次	句	时	节	分	明。	三	第	位

……总标，次句分明时节。第三

3.44.4

do^{2}	pha^{1}	dźju^{1}	mjiij^{2}	gjwi^{2}	bioo^{1}	njiij^{1}	zu^{2}	tshwew^{1}	sjij^{2}
[illegible]	[illegible]	[illegible]，	[illegible]	[illegible]	[illegible]	[illegible]	[illegible]	[illegible]。	[illegible]
异	分	明，	末	句	观	心	结	续。	智
lwu^{1}	thwuu^{1}	·ioow^{1}	dzjɨj^{1}	bju^{1}	sji^{1}	mjij^{1}	tsjiir^{1}	kięj^{2}	
[illegible]	[illegible]	[illegible]，	[illegible]	[illegible]	[illegible]	[illegible]	[illegible]	[illegible]	
融	通	用，	时	随	尽	无	法	界	

分明异位，末句结续观心。融通智用，随时证入无尽法界

3.44.5

ljạ^{1}	·o^{2}	ljɨ^{1}	·jow^{2}	dạ^{2}	mər^{2}	ɣa^{2}	mji^{1}	sju^{2}
[illegible]	[illegible]	[illegible]。	[illegible]	[illegible]：	[illegible]	[illegible]	[illegible]	[illegible]，
证	入	也。	赞	曰：	本	来	不	如，
mji^{1}	sju^{2}	mər^{2}	ɣa^{2}	nji^{2}	mee^{2}	·ju^{1}	zar^{2}	
[illegible]	[illegible]	[illegible]	[illegible]。	[illegible]	[illegible]	[illegible]	[illegible]，	
不	如	本	来。	普	贤	惭	惶，	

也。赞曰：法尔不尔，不尔法尔。普贤惭惶，

①以上估计残 17 字。

②以上估计残 10 字。

③以上估计残 9 字。

3.44.6

mã¹	śjuu¹	gjịj¹	tjịj¹	bjịj²	wjạ¹	ljuu²	tsjiir¹
文	殊	失	利。	注	华	严	法
kiẹj²	bioo¹	ɣa¹	na¹	thwuu¹	la¹	ljiɨr¹	tsew²
界	观	门	玄	通	记	四	第

文殊失利[19]。注华严法界观门通玄记第四

3.44.7

bioo¹	ɣa¹	dźjwa¹	thjoo¹	de²	·ji¹	mjii¹	śia¹	mẽ¹	źjɨr¹	ŋjow²	lhej²	tjij²
观	门	竟。	妙	喜	寺	院	沙	门	慧	海	译	校。

观门竟。妙喜寺沙门慧海译校。

译文：

总明三略偈。“三偈”有十二句，广解前观，法门义趣圆满。今愿总持别部之心，略文而含多义，是以依觉人所言，此亦帝心大师所造[1]，设观门时未言此偈。此是本门别行之顺逆偈，后人置之文末，故谓“略偈”。顺逆者，谓《大疏》所言“水之漩流洄澓处”。“处”有三义：一，甚深；二，回转；三，难渡[2]。此者，无尽法界圆融无阂故，但顺逆读之。谓“思议非境，但随证而略”者，有二义。一，治远传行，令随文持义，此知望也。二者，由望广而谓略。泯灭深信者之言相，随文义即令见法，此实证也，玄也，法界之门于此彰显也。文有三。前一偈随真空观说之。初句示合色入空。“若人”是修行之人，“真空理”是所修法，“欲识”者，令随本解了入法也。彼注之颂文势展转不同，今亦略别配释于文下[3]，疏中解其真广。初句情忘智泯[4]，次句真弃妄绝。第三句无中显道，空中鸟迹，有亦同无。故经曰：“解了诸法寂灭性，如鸟在空无足迹。”末句显现真如，如善财具证一生。人即佛，佛亦不可得。“身内真如还遍外”者[5]，示随体缘。真空四义，随染净缘，能遍内外分限之法。此者，略标空即是色。注随初句实标排列，次句妄藉真生，第三句妄法即真空即色也，末句不设真妄而明义也。“情与非情共一体”者[6]，灭相趣源之情，内身无情者，外具皆有所缘。同一性故，略示第三色空无阂观，故其结语谓“为一味法，思之可见也[7]”。注初句境随情转，次句情随境生，第三句尘本同源，末句断绝踪迹。又异即同故，万法全真；同即异故，万相悉满。今谓“无相”，但显真空。“处处皆同真法界”者[8]，相用双绝，佛众生平等，行行绝悟，明体独守，非言所及，言语道断[9]。此略为泯绝无寄观。注初句一心三界，次句三界一心。第三句言语道断，末句心行处灭[10]。又随心为智，随境为真，即心即境，真智一味，略为得道，此之谓也。次偈略示理事无阂观，“只用一念观一境”者[11]，前观举境以生后门。一念者，无分别智，是前观之“行”字。一境者，是前观之无差别义，观以坏性明之。一真之理，至此随缘成事法也。次句“一切诸境同时会”[12]，两句相对，略示各自之门互遍。以初句望次句，即理遍于事；以次句望初句，即事遍于理也。此谓“会”者，是和会义。此略示总前门，以

后二句略明后八门也。注谓"心即性"等者，初句无所得者，次句智无空境。第三句明明不昧，末句了了常知[13]。又智与理合，心与境合。"一切诸境同时会"者，事遍于理也。万缘皆尽同一性故，事不坏相也。注"三界"等者，初句如梦中见财，次句安眠故遮空。第三句觉于不觉，末句古今同源。又背觉合尘，尘悟即觉；返本归源，惑悟绝迹。此是文外之语也。"于一境内一切智"者[14]，随自体行用，以理望事。有三五七九四门。注"彼一境"等者，首句体用同时，次句理同诸事。第三句无相即相，末句相即无相。又将境融通智，则境外无心，离心能望；将智融通境，则心外无境，离于所望。无望能所，以心合观。"一切智中诸法界"者[15]，所观不一，故谓"诸"。此者，用即常寂也。注"一切"以下，首句一念智圆，次句凡即是一。第三句法法全真，末句证理绝言。谓"岂须待国王"者，国是用，真理犹如王，智如国。臣因王而得主，王得臣而有用。法中智藉理而有主，理得智而有用。今处处证道，念念合真，则又岂须言智？故谓"岂须待"。三略示周遍含容观。此一偈随人法时处互摄互入，明主伴重重无尽。初句示理如事遍也。注"多劫"以下，初句法尔迷真，次句般若现前[16]。第三句镜无影像，末句能现诸相。此此者，凡圣同源，迷悟殊途。悟凡圣之无来往则即以不动道场证妙觉也。次句略示事含理门，是含容义。上二句略明周遍含容之大纲。注"处处"以下，首句是含容义，次句法法在位。第三句含遍融通，末句凡圣交参。此者，溥即皆溥，遍即皆遍，法法如是。谓"时处遍"者，因遍时说之，因溥处释之。"帝网"者，以喻时处无尽。帝释殿上有大珠网，众珠以成，分为十列。众珠庄严，各有光明，交涉遍容，唯因能摄能入之义为主，因所含所入为伴。既非一重，故谓"重重"[17]。此者，一敬一拜，一香一灯，周遍刹海之时，一切无不尽者。注"大用"以下，首句用摄无边，次句用即见法。第三句藉譬示教，末句劝观行。谓"粗修"者，一具一切，悟此一意，而令结前，故谓"如是"。末句结续观心。总前三观，唯一心也。菩萨……网大法……无，故谓"一切智通无罣碍[18]"。……总标，次句分明时节。第三分明异位，末句结续观心。融通智用，随时证入无尽法界也。

赞曰：法尔不尔，不尔法尔。普贤惭惶，文殊失利[19]。

注华严法界观门通玄记第四观门竟。

妙喜寺沙门慧海译校。

注释：

[1]《佛祖统纪》卷二九："法师法顺，万年杜氏。十八出家，师因圣僧道珍受学定法。凡世间聋哑，遇之者必能闻能语。至于驱园圃虫、诫恶性马，德及异类，所不可测。唐太宗诏问：朕苦劳热。师之神力，何以蠲除？师曰：圣德御宇，微恙奚忧？但颁大赦，圣躬自安。上从之，疾遂瘳。因锡号曰帝心。"

[2]《大方广佛华严经疏》卷七："偈中第六云：漩澓者，水之漩流洄澓之处。一，甚深故；二，回转故；三，难渡故。"

[3]《注华严法界观门》卷一："后文势展转不同，今亦略别配释于文下。"

[4]情忘智泯，语出《注华严法界观门》卷一。

[5]身内真如还遍外，语出《宗镜录》卷四。

[6]情与非情共一体，语出《宗镜录》卷四。

[7]以上引文出《注华严法界观门》卷一：“无障无碍，为一味法，思之可见。”

[8]处处皆同真法界，语出《宗镜录》卷四。

[9]言语道断，语出《注华严法界观门》卷一。

[10]心行处灭，语出《注华严法界观门》卷一。

[11]只用一念观一境，《宗镜录》卷四作“只用一念观诸境”。

[12]一切诸境同时会，语出《宗镜录》卷四。

[13]明明不昧了了常知，语出《禅源诸诠集都序卷上之二》。

[14]于一境内一切智，语出《宗镜录》卷四。

[15]一切智中诸法界，《宗镜录》卷四作“于一智中诸境界”。

[16]般若现前，语出《注华严法界观门》卷一。

[17]以上似注《宗镜录》卷四“漩洑颂”：“时处帝网现重重”。

[18]一切智通无罣碍，语出《宗镜录》卷四。

[19]赞语出《注华严经题法界观门颂》卷二。

修华严奥旨妄尽还源观

俄罗斯科学院东方文献研究所编号 инв. № 6174 和 7689，克恰诺夫《西夏佛典目录》著录为“源还观”，译自宋法藏所述《修华严奥旨妄尽还源观》。[①]原件麻纸蝴蝶装，每面 6 行，每行 17 字，版口有西夏文和汉文页次。6174 号页面 20.6 厘米×10.5 厘米，版框 17 厘米×10.5 厘米，天头 1.6 厘米，地脚 2 厘米。存第 3 页左面至第 7 页、第 18 页、第 19 页、第 21 至 24 页，以及第 25 页右面。7689 号页面 21.5 厘米×13 厘米，版框 17 厘米×13 厘米，天头 3 厘米，地脚 1.5 厘米。存第 7 页左面至第 21 页，中间唯阙第 18 页左面和 19 页右面[②]。因 7689 号经过修复，版心平展，故版框尺寸较 6174 号略宽。两个标号出自同一刻版，但均有舛佚，除首尾外，大部分内容可以拼配出来。经与《永乐北藏》所收汉本对照，西夏文本与钱塘通义大师熙宁元年（1068）校本基本相同，唯个别文句稍有节略。

解读参照《永乐北藏》本。

释读：

4.1.5

……	tśhja^2	ŋwə^1	ŋwə^1	ta̱^{1}	·o^2	lew^1	tsjiir^1	swew^1
……	[illegible]；	[illegible]	[illegible]	[illegible]	[illegible]，	[illegible]	[illegible]	[illegible]
……	德；	五	五	止	入，	一	法	照

……德[1]；五入五止，一者照法

4.1.6

……	kie̱j^2	sji^1	ta̱^{1}	so̱^{1}	tsjiir^2	śjwo^1	rejr^2
……	[illegible]	[illegible]	[illegible]，	[illegible]	[illegible]	[illegible]	[illegible]
……	欲	绝	止，	三	性	起	繁

［清虚离缘止，二者观人寂怕］绝欲止，三者性起繁

4.1.7

ljij^1	mər^2	ɣa^2	ta̱^{1}	ljɨɨr^1	djɨj^2	bji^1	dźju^1	śja^2	lə	mjij^1	ta̱^{1}	ŋwə^1	wo^2	da̱^{2}	na^1	thwuu^1
[illegible]	[illegible]	[illegible]	[illegible]，	[illegible]	[illegible]	[illegible]	[illegible]	[illegible]	[illegible]	[illegible]	[illegible]，	[illegible]	[illegible]	[illegible]	[illegible]	[illegible]
兴	本	来	止，	四	定	光	显	现	念	无	止，	五	理	事	玄	通

兴法尔止，四者定光显现无念止，五者事理玄通

---

①西田龙雄：《西夏文华严经》Ⅲ，京都大学文学部，1977 年，第 29 页。

②由于原本版心断裂，修复人员把№ 7689 第 18 页右面和 19 页左面误植为 1 页，今依照№ 6174 改正。

4.1.8

·jij1 njaa2 tạ1 tśhjiw1 tśhjiw1 bioo1 śjwo1 lew1 mjɨɨ2 ɣjiw1 njiij1 lhjwo1 ɣiej1 ŋa1 bioo1 njɨɨ1 njiij1

[illegible]

相 非 止； 六 六 观 起， 一 境 摄 心 归 真 空 观， 二 心

非相止；六起六观，一者摄境归心真空观，二者从心

4.1.9

bju1 mjɨɨ2 śja2 thjoo1 dju1 bioo1 sọ1 njiij1 mjɨɨ2 dwuu2 na1 iọ1 lwu1 bioo1 ljɨɨr1 sjij2 ljụ2

[illegible]

从 境 现 妙 有 观， 三 心 境 秘 密 圆 融 观， 四 智 身

现境妙有观，三者心境秘密圆融观，四者智身

4.1.10

·ji1 nioow1 rər2 śja2 bioo1 ŋwə1 rejr2 ljụ2 lew1 ·o2 tjɨj2 swu2 bioo1 tśhjiw1 wə1 bjij2 dźjwɨ1

[illegible]

众 缘 影 现 观， 五 多 身 一 入 境 像 观， 六 主 伴 互

影现众缘观，五者多身入一境像观，六者主伴互

4.1.11

śja2 dzjwɨ1 rer2 bioo1

[illegible]

现 帝 网 观。

现帝网观。

4.1.12

lew1 tsew2 lew1 kwər1 dźju1 ·jɨ2 tja1 ·jij1 dzju2 gji1 sej1 iọ1 swew1 kwər1 ·jij1 ·jɨ2 thjɨ2

[illegible]

一 第 一 体 显 谓 者， 自 在 清 净 圆 明 体 △ 谓。 此

一显一体者，谓自在清净圆明体[2]。然此

4.2.1

tja1 mjor1 ljij2 ·ụ2 kha1 tsjiir1 tsjiir2 kwər1 ŋwu2 mər2 ɣa2 lhəə1 ljij2 tsjiir2 ·jij1 sə1 lhə

[illegible]

者 如 来 藏 中 法 性 体 是， 本 来 △ 来 性 自 满 足。

即是如来藏中法性之体，从本已来性自满足。

4.2.2

laa^{1} dźjiij^{1} mji^{1} ror^{2} dzjiw^{1} zjij^{1} mji^{1} sej^{1} tśhjwo^{1} ·jij^{1} tsjiir^{2} gji^{1} sej^{1} ·jɨ^{2} thja^{1} kwər^{1} njɨ^{2}

染 处 不 垢， 涤 时 不 净， 故 自 性 清 净 云。 其 体 遍

处染不垢，涤时不净[3]，故云自性清净。性体遍

4.2.3

swew^{1} na^{1} mji^{1} swew^{1} mjij^{1} tśhjwo^{1} io̱^{1} swew^{1} ·jɨ^{2} nioow^{1} lju̱^{2} śjwɨ^{2} laa^{1} lhu^{1} tsjɨ^{1} mji^{1} tśior^{1}

照， 幽 不 烛 无， 故 圆 明 曰。 又 流 随 染 加 而 不 垢，

照，无幽不烛，故曰圆明。又随流加染而不垢，

4.2.4

lju̱^{1} lhjwo^{1} laa^{1} tjij^{1} tsjɨ^{1} mji^{1} sej^{1} nioow^{1} mee^{2} śjɨj^{2} do^{2} dźjiij^{1} mji^{1} lhu^{1} ·ju^{2} mur^{1} do^{2}

返 流 除 染 而 不 净。 亦 神 圣 处 在 不 增， 凡 身 处

返流除染而不净。亦可在圣体而不增，处凡身

4.2.5

dźjiij^{1} mji^{1} tjij^{1} lwu^{2} śja^{2} djij^{2} źju^{2} do^{2} pha^{1} mjij^{2} djij^{2} źji̱^{1} njɨɨ^{2} phoo^{1} zjij^{1} ·jij^{1} lwu^{2}

在 不 减。 隐 显 虽 殊， 差 别 未 曾。 烦 恼 覆 时 即 隐，

而不减。隐显虽殊，未曾差别[4]。烦恼覆之则隐，

4.2.6

sjij^{2} źjɨr^{1} swew^{1} zjij^{1} ·jij^{1} śja^{2} io̱^{1} śjwo^{1} ·jiw^{1} ŋwu^{2} śjwo^{1} lew^{2} njaa^{2} lew^{1} tsjij^{2} ·jiw^{1} la^{1}

智 慧 了 时 即 显。 夫 生 因 以 生 所 非， 唯 了 因 以

智慧了之则显。非生因之所生，唯了因

4.2.7

tsjij^{2} lew^{2} ŋwu^{2} dźiej^{2} śjwo^{1} ljɨ^{1} kha^{1} tshjiij^{1} mjor^{1} ɣiej^{1} tja^{1} ·jij^{1} kwər^{1} ljij^{2} sjij^{2} źjɨr^{1} bji^{1}

了 所 是。《信 起 论》 中 云：“如 真 者 自 体， 大 智 慧 光

之所了。《起信论》云：“真如自体，有大智慧光

4.2.8

swew^{1} wo^{2} dźjij^{2} tsjiir^{1} kięj^{2} njɨ^{2} swew^{1} wo^{2} dźjij^{2} źjɨr^{1} ɣiej^{1} nwə^{1} sjij^{2} wo^{2} dźjij^{2} ·jij^{1} tsjiir^{2}

明 义 有， 法 界 遍 照 义 有， 真 实 知 识 义 有， 自 性

明义故，遍照法界义故，真实识知义故，自性

4.2.9

gji^{1} sej^{1} njiij^{1} wo^{2} dźjij^{2} njɨ^{2} ·jɨ^{2} tśhjwo^{1} ·jij^{1} tsjiir^{2} gji^{1} sej^{1} io̜^{1} swew^{1} kwər^{1} ·jɨ^{2}

清 净 心 义 有 等 谓。” 故 自 性 清 净 圆 明 体 曰。

清净心义故。”故曰自性清净圆明体也[5]。

译文：

……德[1]；五入五止，一者照法［清虚离缘止，二者观人寂怕］绝欲止，三者性起繁兴法尔止，四者定光显现无念止，五者事理玄通非相止；六起六观，一者摄境归心真空观，二者从心现境妙有观，三者心境秘密圆融观，四者智身影现众缘观，五者多身入一境像观，六者主伴互现帝网观。

一显一体者，谓自在清净圆明体[2]。然此即是如来藏中法性之体，从本已来性自满足。处染不垢，涤时不净[3]，故云自性清净。性体遍照，无幽不烛，故曰圆明。又随流加染而不垢，返流除染而不净。亦可在圣体而不增，处凡身而不减。隐显虽殊，未曾差别[4]。烦恼覆之则隐，智慧了之则显。非生因之所生，唯了因之所了。《起信论》云：“真如自体，有大智慧光明义故，遍照法界义故，真实识知义故，自性清净心义故。”故曰自性清净圆明体也[5]。

注释：

[1]据汉本，西夏本卷首至“四者普代众生受苦德”残佚。

[2]自在，汉本作“自性”。

[3]涤时不净，汉本作“修治不净”。

[4]隐显虽殊未曾差别，汉本作“虽有隐显之殊，而无差别之异”。

[5]汉本“故曰”上有“广说如彼”四字。

释读：

4.2.10

njɨɨ^{1} tsew^{2} njɨɨ^{1} ·ioow^{1} ·jɨ^{2} tja^{1} njɨɨ^{1} ·ioow^{1} tja^{1} śji^{1} sej^{1} kwər^{1} bju^{1} ·a śjwo^{1} njɨɨ^{1}

二 第 二 用 曰 者， 二 用 者， 前 净 体 依 △ 起 二

第二曰二用[1]，二用者，谓依前净体起于二

4.2.11

·ioow1 ·jij1 ·jɨ2 lew1 ŋjow2 tjɨj2 gjɨ2 gjij1 ·ju2 dźjiij1 ·ioow1 ·jɨ2 tja1 ŋjow2 tjɨj2 tja1 mjor1

用 △ 谓。一 海 印 星 宿 常 住 用 曰 者， 海 印 者， 真

用。一者海印星宿常住用[2]，言海印者，真

4.2.12

ɣiej1 mər2 dwewr2 ·jij1 ·jɨ2 lạ1 dzjar2 njiij1 gjii1 ku1 khjɨ2 swu2 ka1 śja2 dzjọ1 sju2 ljij2

如 本 觉 △ 言。妄 尽 心 澄， 则 万 象 齐 现， 犹 如 大

如本觉也。妄尽心澄，万象齐现，犹如大

4.3.1

ŋjow2 ljɨ1 bju1① pa1 śjwo1 tjij1 ljɨ1 tạ ku1 ŋjow2 zjɨɨr2 gjii1 djị1 swu2 mjɨ1 śja2 mjij1

海 风 因 浪 起， 若 风 止， 则 海 水 澄 清， 象 不 现 无。

海因风起浪，若风止息，海水澄清，无象不现。

4.3.2

dźiej2 śjwo1 ljɨ1 kha1 tshjiij1 mjɨ1 pjụ1 tśhja2 ·ioow1

《信 起 论》 中 云： 无 量 功 德

·ụ2 tsjiir1 tsjiir2 mjor1 ɣiej1 ŋjow2 ·jɨ2 thjɨ2

藏， 法 性 真 如 海 谓。 此

《起信论》云："无量功德藏，法性真如海。"

4.3.3

nioow1 ŋjow2 tjɨj2 sã1 mej2 mjiij2 we2 nioow1

因 海 印 三 昧 名 为。 又

tshjiij1 gjɨ2 gjij1 khjɨ2 swu2 njɨ2 lew1 tsjiir1 ŋwu2

曰： "星 宿 万 象 等， 一 法 以

所以名为海印三昧也。又曰[3]："星宿及万象，一法

①[illegible](因)，原文误作"[illegible]"(脊梁)，据汉本改。

4.3.4

nja1 tjɨj2 ·jɨ2 lew1 tsjiir1 tja1 lew1 njiij1 ·jij1 ·jɨ2 thja1 njiij1 rjur1 ljɨ1 rjur1 lho tsjiir1

△ 印 谓。” 一 法 者， 一 心 △ 谓。 是 心 世 及 世 出 法

之所印。”言一法者，所谓一心也。是心即

4.3.5

ŋowr2 ŋowr2 zji1 ɣjiw1 thjɨ2 tja1 lew1 tsjiir1 kiẹj2 ljij2 gu2 ·jij1 tsjiir1 ɣa1 kwər1 ŋwu2 lew1

一 切 皆 摄， 此 者 一 法 界 大 总 相 法 门 体 是。 唯

摄一切世间出世间法，即是一法界大总相法门体。唯

4.3.6

lạ1 lə bju1 do2 pha1 dja2 we2 tjij1 lạ1 lə ka2 ku1 lew1 mjor1 ɣiej1 ŋwu2 tśhjwo1

妄 念 依 差 别 △ 为， 若 妄 念 离， 则 唯 真 如 是， 故

依妄念而有差别，若离妄念，唯一真如，故

4.3.7

ŋjow2 tjɨj2 sã1 mej2 ·jɨ2 wją1 ljuu2 1wər2 lhejr2 kha1 tshjiij1 tjij1 zji1 zji1 ljɨ1 zji1 mjij1

海 印 三 昧 言。《华 严 经 契》 中 云：“若① 童 男 及 童 女

言海印三昧也。《华严经》云：“若现童男童女

4.3.8

ljụ2 ŋwər1 we1 ljɨ1 nioow1 ·ja sew2 lo1 rjɨr2 njɨ2 mo2 xew1 lo1 khja2 njɨ2 wa2 dzu1

形， 天 龙 及 复 阿 修 罗， 乃 至 摩 睺 罗 伽 等， 何 爱

形，天龙及以阿修罗，乃至摩睺罗伽等，

4.3.9

ŋwe1 bju1 zji1 ljij2 phji1 dźiã2 tśhju1 ·jwɨr2 ·jij1 twụ1 mji1 lew2 dźjɨ sjwɨj1 mə2 ɣię2 tsjɨ1

乐 随 悉 见 令。 众 生 形 相 各 不 同， 行 业 音 声 亦

随其所乐悉令见。众生形相各不同，行业音声亦

①(若)，疑为“”(或)字之误。汉本作“或”。

4.3.10

mjɨ¹ pjụ¹ thjɨ² sju² ŋowr² ŋowr² zji¹ śja² njwi² ŋjow² tjɨj² sā¹ mej² pjụ¹ mee² lə² ·jɨ²

无 量。是 如 一 切 皆 现 能，海 印 三 昧 威 神 力 谓。”

无量。如是一切皆能现，海印三昧威神力。”

4.3.11

thjɨ² wo² nioow¹ ku¹ ŋjow² tjɨj² sā¹ mej² ·jɨ² njɨɨ¹ tsjiir¹ kięj² iọ¹ swew¹ ·jij¹ dzju² ·ioow¹

此 义 依，故 海 印 三 昧 曰。二 法 界 圆 明 自 在 用

依此义，故名海印三昧也。二者法界圆明自在用，

4.3.12

·jɨ² tja¹ wją¹ ljuu² sā¹ mej² ŋwu² khjɨ² dźjɨ wą² djọ² ɣiej¹ śjwii² tśhja² śjɨj¹

曰 者，华 严 三 昧 是，万 行 广 修，理 称 德 成，

是华严三昧也，谓广修万行，称理成德，

4.4.1

tsjiir¹ kięj² zji¹ njɨ² po¹ tjɨj¹ lją¹ ·jɨ² dzjọ¹ wją¹

法 界 普 周 菩 提 证 谓。犹 华

mjaa¹ zjij¹ ·ioow¹ dźjij² sju² dźjɨ tśja¹ lją¹ wo²

实 结 用 有 如，行 道 证 义

普周法界而证菩提。犹如华有结实之用，行具证道之义[4]。

4.4.2

ŋowr² ljɨ¹ sjij¹ thju² dạ² bju¹ dźju¹ śjwo¹ tśhjwo¹ wją¹ ŋwu² dzjọ¹ we² ljuu² tja¹ dźjɨ śjɨj¹

具 也。今 此 事 托 表 彰，故 华 以 喻 为。严 者，行 成

今则托事表彰，所以举华为喻。严者，行成

4.4.3

mjaa¹ lją¹ wo² śjwii² ɣiej¹ phjoo² tsjiir² ·jij¹ lọ² dzjar² sji² lew² zjɨ² dzjwɨr¹ dźju¹ sjwij¹ swew¹

果 满，理 契 真 称。性 相 两 亡，能 所 俱 绝。显 焕 炳

果满，契理称真。性相两亡，能所俱绝。显焕炳

4.4.4

sej1 tśhjwo1 mjiij2 ljuu2 ·jɨ2 thja1 bju1 ɣiej1 djij1 ·jij1 dźjɨ ljɨ1 njaa2 ku1 ɣiej1 rjir2 śjwii2

著， 故 名 严 曰。 是 以 真 流 之 行 既 非， 则 真 与 契

著，故名严也。良以非真流之行，何以契真？

4.4.5

tjɨ2 ljọ2 wjij2 ɣiej1 ·jij1 ljuu2 sji2 dźjɨ tja1 ɣiej1 bju1 mji1 śjwo1 ljọ2 dju1 thjɨ2 tja1

处 焉 在？ 真 △ 饰 能 行 者， 真 从 不 起 何 有？ 此 者

饰真之行，不从真起？此

4.4.6

kwər1 dźjɨ lwu1 bju1 ·jiw1 iọ1 dźjɨ ɣiej1 ɣjiw1 bju1 mjaa1 sə1 tśhjwo1 tha1 ·jij1 nur1 wjạ1

体 行 总 以 因 缘， 行 真 该 以 果 满。 故 佛 之 传 《华

则体行总以因缘，真行该而果满。故佛传《华

4.4.7

ljuu2 ·jɨ2 thji2 tja1 ɣiej1 ŋwu2 lạ1 war2 ɣjiw1 ku1 dźjɨ mji1 djọ2 mjij1 lạ1 lhjwo1 ɣiej1

严》 曰：“此 者， 真 以 妄 末 该， 则 行 不 修 无； 妄 彻 真

严》曰[5]：“此则真该妄末，行无不修；妄彻真

4.4.8

ɣjow1 njɨ2 bju1 ·jij1 mji1 mjij1 mjij1 tśhjwo1 tsjiir1 kiej2 ·jij1 dzju2 iọ1 swew1 ɣiẹ2 mjij1 ·ioow1

源， 周 从 相 不 寂 无， 故 法 界 自 在 圆 明 碍 无 用

源，相无不寂，故曰法界圆明自在无碍用也[6]。”

4.4.9

·jɨ2 wjạ1 ljuu2 lwər2 lhejr2 kha1 tshjiij1 seew2 tshjiij1

曰。” 《华 严 经 契》 中 云： “思 议

mjij1 lhjij2 ljuu2 sej1 ŋwu2 mjor1 ljij1 ŋowr2

无 刹 严 净 以， 如 来 一

《华严经》云：“严净不可思议刹，

4.4.10

ŋowr² ·jij¹ kjụ¹ tshwew¹ ljij² bji¹ swew¹ wją² bju² mji¹ dju¹ dźiã² tśhju¹ gju¹ lhew² tsjɨ¹ mjɨ¹

[illegible]

切 △ 供 养。 大 光 明 放 边 不 有， 众 生 度 脱 亦 无

供养一切诸如来。放大光明无有边，度脱众生亦无

4.4.11

pjụ¹ mjii¹ kie¹ zeew² ·jɨr² nioow¹ śjā¹ djɨj² sjij² źjɨr¹ tśier¹ ·ju² mee² mjijr² njɨ² thjɨ² sju²

[illegible]

限。 施 戒 忍 进 及 禅 定， 智 慧 方 便 神 通 等。 是 如

限。施戒忍进及禅定，智慧方便神通等。如是

4.4.12

ŋowr² ŋowr² zji¹ ·jij¹ dzju² tha¹ ·jij¹ wją¹ ljuu² sā¹ mej² ɣie¹ ·jɨ² thjɨ² wo² nioow¹ ku¹

[illegible]

一 切 皆 自 在， 佛 △ 华 严 三 昧 力 谓。” 此 义 依， 故

一切皆自在，以佛华严三昧力。”依此义，故

4.5.1

wją¹ ljuu² sā¹ mej² mjiij² we²

[illegible]

华 严 三 昧 名 为。

名华严三昧也。

译文：

第二曰二用[1]，二用者，谓依前净体起于二用。一者海印星宿常住用[2]，言海印者，真如本觉也。妄尽心澄，万象齐现，犹如大海因风起浪，若风止息，海水澄清，无象不现。《起信论》云：“无量功德藏，法性真如海。”所以名为海印三昧也。又曰[3]：“星宿及万象，一法之所印。”言一法者，所谓一心也。是心即摄一切世间出世间法，即是一法界大总相法门体。唯依妄念而有差别，若离妄念，唯一真如，故言海印三昧也。《华严经》云：“若现童男童女形，天龙及以阿修罗，乃至摩睺罗伽等，随其所乐悉令见。众生形相各不同，行业音声亦无量。如是一切皆能现，海印三昧威神力。”依此义，故名海印三昧也。二者法界圆明自在用，是华严三昧也，谓广修万行，称理成德，普周法界而证菩提。犹如华有结实之用，行具证道之义[4]。今则托事表彰，所以举华为喻。严者，行成果满，契理称真。性相两亡，能所俱绝。显焕炳著，故名严也。良以非真流之行，何以契真？饰真之行，不从真起？此则体行总以因缘，真行该而果满。故佛传《华严》曰[5]：“此则真该妄末，行无不修；妄彻真源，相无不寂，故曰法界圆明自在无碍用也[6]。”《华严经》云：“严净不可思议刹，供养一切诸如来。放大光明

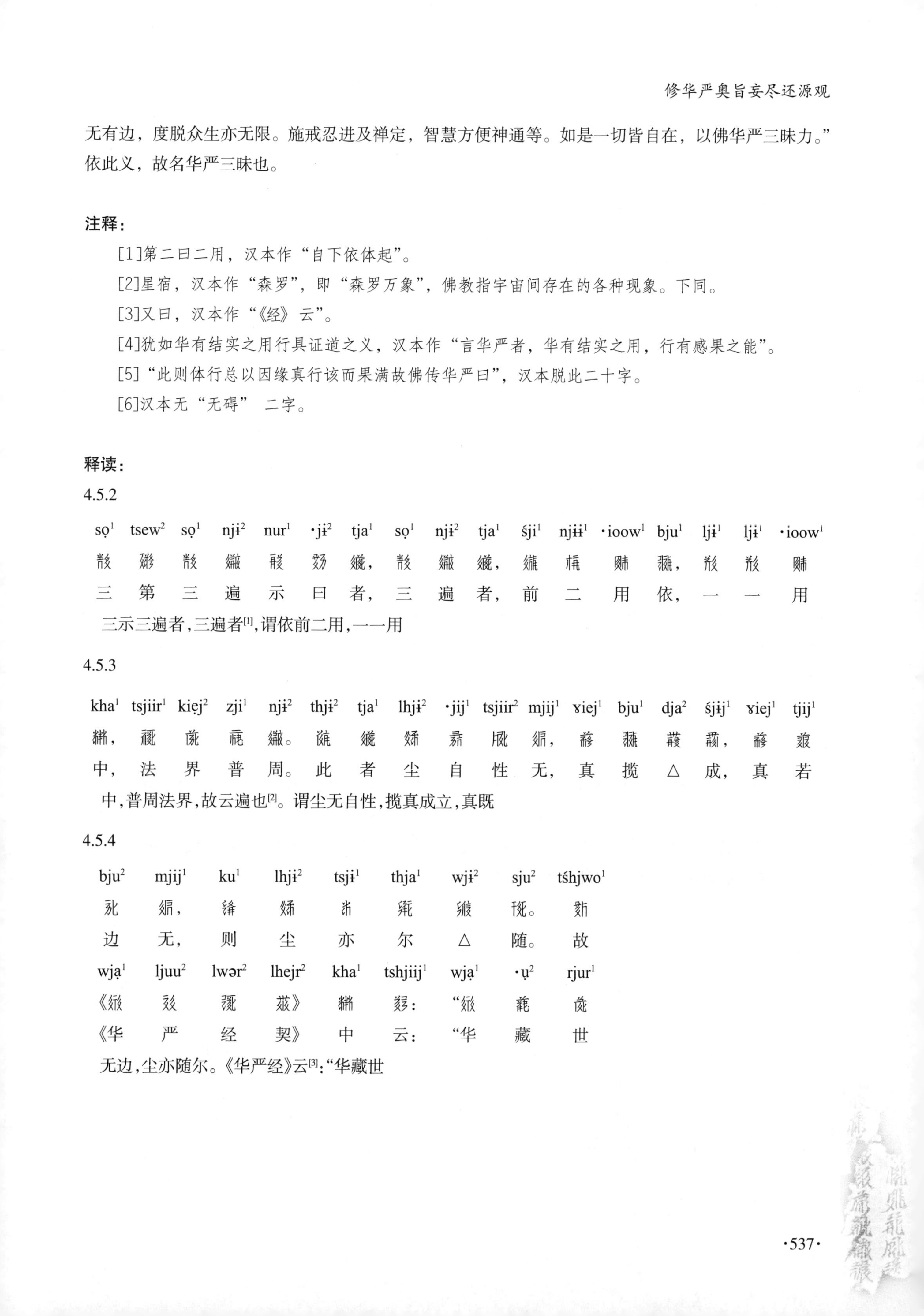

无有边，度脱众生亦无限。施戒忍进及禅定，智慧方便神通等。如是一切皆自在，以佛华严三昧力。”依此义，故名华严三昧也。

注释：

[1]第二曰二用，汉本作“自下依体起”。

[2]星宿，汉本作“森罗”，即“森罗万象”，佛教指宇宙间存在的各种现象。下同。

[3]又曰，汉本作“《经》云”。

[4]犹如华有结实之用行具证道之义，汉本作“言华严者，华有结实之用，行有感果之能”。

[5]“此则体行总以因缘真行该而果满故佛传华严曰”，汉本脱此二十字。

[6]汉本无“无碍” 二字。

释读：

4.5.2

sọ¹ tsew² sọ¹ njɨ² nur¹ ·jɨ² tja¹ sọ¹ njɨ² tja¹ śji¹ njɨɨ¹ ·ioow¹ bju¹ ljɨ¹ ljɨ¹ ·ioow¹

[illegible]

三 第 三 遍 示 曰 者， 三 遍 者， 前 二 用 依， 一 一 用

三示三遍者，三遍者[1]，谓依前二用，一一用

4.5.3

kha¹ tsjiir¹ kiẹj² zji¹ njɨ² thjɨ² tja¹ lhjɨ² ·jij¹ tsjiir² mjij¹ ɣiej¹ bju¹ dja² śjɨj¹ ɣiej¹ tjij¹

[illegible]

中， 法 界 普 周。 此 者 尘 自 性 无， 真 揽 △ 成， 真 若

中，普周法界，故云遍也[2]。谓尘无自性，揽真成立，真既

4.5.4

bju² mjij¹ ku¹ lhjɨ² tsjɨ¹ thja¹ wjɨ² sju² tśhjwo¹

[illegible]

边 无， 则 尘 亦 尔 △ 随。 故

wjạ¹ ljuu² lwər² lhejr² kha¹ tshjiij¹ wjạ¹ ·ụ² rjur¹

[illegible]

《华 严 经 契》 中 云： “华 藏 世

无边，尘亦随尔。《华严经》云[3]：“华藏世

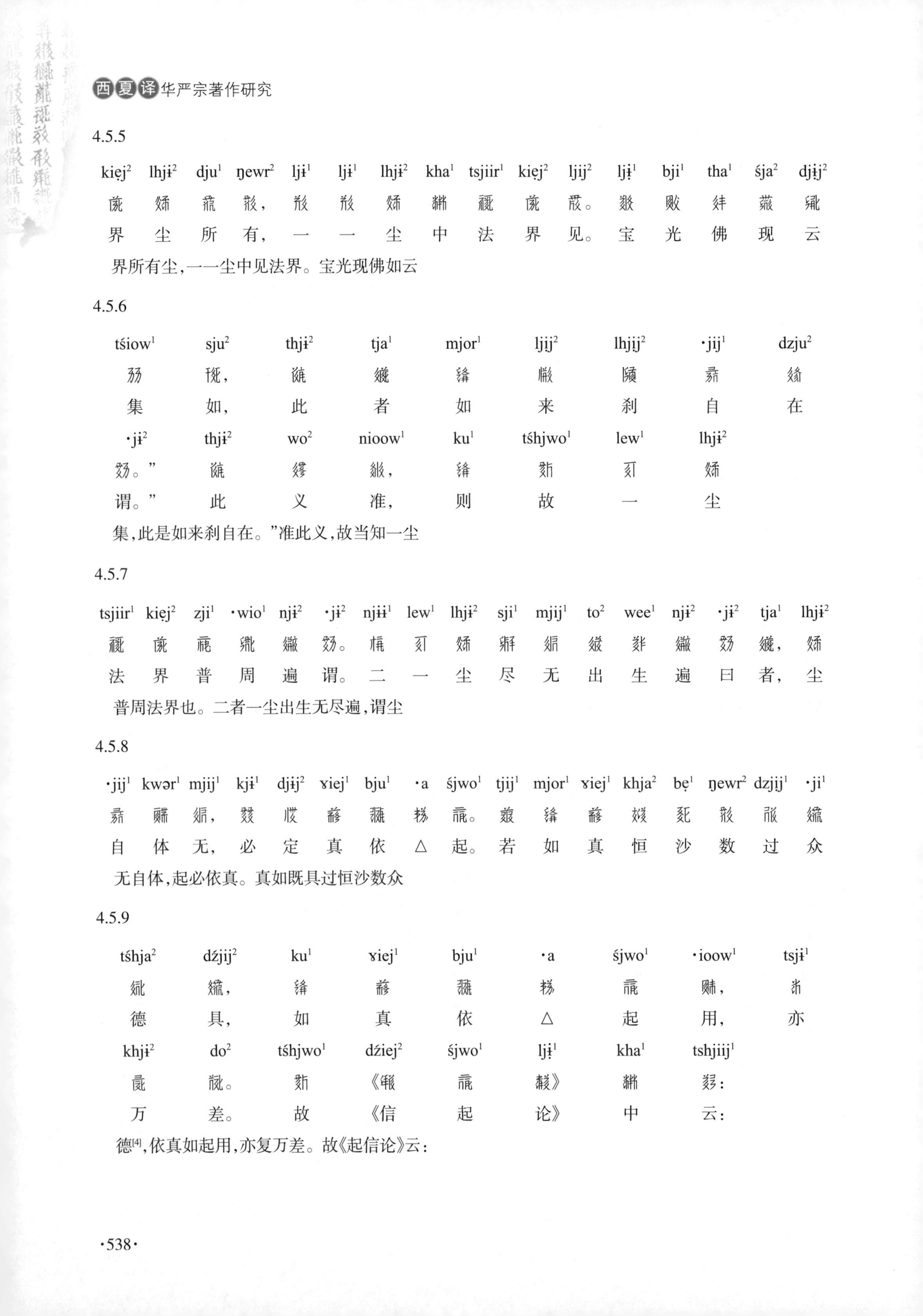

4.5.5

kięj^2 lhjɨ^2 dju^1 ŋewr^2 ljɨ^1 ljɨ^1 lhjɨ^2 kha^1 tsjiir^1 kięj^2 ljij^2 ljɨ̣^{1} bji^1 tha^1 śja^2 djɨ̣j^2

界 尘 所 有， 一 一 尘 中 法 界 见。 宝 光 佛 现 云

界所有尘，一一尘中见法界。宝光现佛如云

4.5.6

tśiow^1 sju^2 thjɨ^2 tja^1 mjor^1 ljij^2 lhjij^2 ·jij^1 dzju^2

集 如， 此 者 如 来 刹 自 在

·jɨ^2 thjɨ^2 wo^2 nioow^1 ku^1 tśhjwo^1 lew^1 lhjɨ^2

谓。” 此 义 准， 则 故 一 尘

集，此是如来刹自在。”准此义，故当知一尘

4.5.7

tsjiir^1 kięj^2 zji^1 ·wio^1 njɨ^2 ·jɨ^2 njɨɨ^1 lew^1 lhjɨ^2 sji^1 mjij^1 to^2 wee^1 njɨ^2 ·jɨ^2 tja^1 lhjɨ^2

法 界 普 周 遍 谓。 二 一 尘 尽 无 出 生 遍 曰 者， 尘

普周法界也。二者一尘出生无尽遍，谓尘

4.5.8

·jij^1 kwər^1 mjij^1 kjɨ^1 djɨj^2 ɣiej^1 bju^1 ·a śjwo^1 tjij^1 mjor^1 ɣiej^1 khja^2 bẹ^1 ŋewr^2 dzjịj^1 ·ji^1

自 体 无， 必 定 真 依 △ 起。 若 如 真 恒 沙 数 过 众

无自体，起必依真。真如既具过恒沙数众

4.5.9

tśhja^2 dźjij^2 ku^1 ɣiej^1 bju^1 ·a śjwo^1 ·ioow^1 tsjɨ^1

德 具， 如 真 依 △ 起 用， 亦

khjɨ^2 do^2 tśhjwo^1 dźiej^2 śjwo^1 ljɨ̣^{1} kha^1 tshjiij^1

万 差。 故 《信 起 论》 中 云：

德[4]，依真如起用，亦复万差。故《起信论》云：

4.5.10

mjor^1 ɣiej^1 ·jij^1 kwər^1 ɣa^2 ·ju^2 rejr^2 ŋa^2 sej^1 wo^2 ljɨ^1 gji^1 śjuu^1 mji^1 lej^2 ·jij^1 dzju^2

[illegible]

“如 真，自 体 于 常 乐 我 净 义，及 清 凉 不 变 自 在

“真如者，自体有常乐我净义，故清凉不变自在

4.5.11

wo^2 njɨ^2 dźjij^2 thjɨ^2 sju^2 khja^2 bẹ^1 dzjij^1 tśhja^2 ŋowr^2 lhə dźjij^2 mjɨ^1 lew^1 lew^2 mjij^1 ·jɨ^2

[illegible]

义 等 有。是 如 恒 沙 过 功 具 足 有，未 足 所 无 谓。

义。故具足如是过恒沙功德，乃至无有所少义。

4.5.12

tśhjwo^1 wją^1 ljuu^2 lwər^2 lhejr^2 kha^1 tshjiij^1 thjɨ^2 wją^1

[illegible]

故 《华 严 经 契》 中 云：“此 华

·ų^2 rjur^1 kiẹj^2 ŋjow^2 kha^1 sju^2 tjij^1 ŋər^1

[illegible]

藏 世 界 海 中 如，若 山

故《华严经》云：“如此华藏世界海中，无问若山

4.6.1

tjij^1 mja^1 rjɨr^2 njɨ^2 phu^2 bo^1 mej^2 lhjɨ^2 njɨ^2 do^2 ljɨ^1 ljɨ^1 zji^1 mjor^1 ɣiej^1 kiẹj^2 rjir^2

[illegible]

若 河 乃 至 树 林 毛 尘 等 处，一 一 皆 如 真 界 与

若河乃至树林尘毛等处，一一无不皆是称真如界

4.6.2

śjwii^2 bju^2 mjij^1 tśhja^2 ŋowr^2 twẹ^2 bja^2 mji^1 dju^1

[illegible]

称 边 无 德 具，续 断 不 有，

zji^1 mji^1 ŋwu^2 mjij^1 ·jɨ^2 thjɨ^2 wo^2 nioow^1

[illegible]

皆 不 是 无 谓。” 此 义 依，

具无边德，无有续断[5]。”依此义，

4.6.3

ku^1	tśhjwo^1	lew^1	lhjɨ^2	gjiwr^2	tja^1	wo^2	ŋwu^2	dạ^2
[illegible]	[illegible]	[illegible]	[illegible]	[illegible]	[illegible]	[illegible]	[illegible]	[illegible]
则	故	一	尘	粒	者	理	即	事
ŋwu^2	dzjwo^2	ŋwu^2	tsjiir^1	ŋwu^2	thju^2	ŋwu^2	thja^2	
[illegible]，	[illegible]	[illegible]	[illegible]	[illegible]，	[illegible]	[illegible]	[illegible]	
即，	人	即	法	即，	此	即	彼	

故当知一尘即理即事，即人即法，即彼

4.6.4

ŋwu^2	lhjij^2	ŋwu^2	ljụ^2	ŋwu^2	laa^1	ŋwu^2	sej^1	ŋwu^2
[illegible]，	[illegible]	[illegible]	[illegible]	[illegible]，	[illegible]	[illegible]	[illegible]	[illegible]，
即，	国	即	身	即，	染	即	净	即，
·jiw^1	ŋwu^2	mjaa^1	ŋwu^2	thwuu^1	ŋwu^2	do^2	ŋwu^2	
[illegible]	[illegible]	[illegible]	[illegible]，	[illegible]	[illegible]	[illegible]	[illegible]，	
因	即	果	即，	同	即	异	即，	

即此，即依即正[6]，即染即净，即因即果，即同即异，

4.6.5

lew^1	ŋwu^2	rejr^2	ŋwu^2	zjij^1	ŋwu^2	rur^1	ŋwu^2	sjij^2
[illegible]	[illegible]	[illegible]	[illegible]，	[illegible]	[illegible]	[illegible]	[illegible]，	[illegible]
一	即	多	即，	广	即	狭	即，	情
dju^1	ŋwu^2	sjij^2	mjij^1	ŋwu^2	sọ^1	ljụ^2	ŋwu^2	
[illegible]	[illegible]	[illegible]	[illegible]	[illegible]，	[illegible]	[illegible]	[illegible]	
有	即	情	非	即，	三	身	即	

即一即多，即广即狭，即有情即非情[7]，即三身即

4.6.6

ɣạ^2	ljụ^2	ŋwu^2	nwə^1	lew^2	wa^2	nioow^1	·jɨ^2	ku^1	wo^2	dạ^2	ɣię^2	mjij^1	dạ^2	dạ^2	ɣię^2	mjij^1
[illegible]	[illegible]	[illegible]	[illegible]	[illegible]，	[illegible]	[illegible]	[illegible]？	[illegible]	[illegible]	[illegible]	[illegible]	[illegible]，	[illegible]	[illegible]	[illegible]	[illegible]。
十	身	即	知	当，	何	以	故？	则	理	事	碍	无，	事	事	碍	无。

十身，何以故？理事无碍，事事无碍。

4.6.7

tsjiir^{1}	thjɨ^{2}	sju^{2}	nioow^{1}	tśhjwo^{1}	ɣạ^{2}	ljụ^{2}	dźjwɨ^{1}	
[illegible]	[illegible]	[illegible]	[illegible]，	[illegible]	[illegible]	[illegible]	[illegible]	
法	是	如	因，	故	十	身	互	
śjwo^{1}	·jij^{1}	dzju^{2}	·ioow^{1}	ŋwu^{2}	nioow^{1}	lew^{1}	njɨ^{2}	mej^{1}
[illegible]	[illegible]	[illegible]	[illegible]	[illegible]	[illegible]，	[illegible]	[illegible]	[illegible]
作	自	在	用	是	因，	唯	普	眼

法如是，故十身互作自在用，故唯普眼

4.6.8

·jij^{1}	mjɨɨ^{2}	kiẹj^{2}	ŋwu^{2}	śji^{1}	·o^{1}	dạ^{2}	·jij^{1}	kha^{1}
[illegible]	[illegible]	[illegible]	[illegible]。	[illegible]	[illegible]	[illegible]	[illegible]	[illegible]，
之	境	界	也。	如	上	事	相	中，
ljɨ^{1}	ljɨ^{1}	·jij^{1}	gu^{2}	dźjwɨ^{1}	ɣjiw^{1}	·jij^{1}	twụ^{1}	
[illegible]	[illegible]	[illegible]	[illegible]	[illegible]	[illegible]，	[illegible]	[illegible]	
一	一	更	互	相	摄，	自	各	

之境界也。如上事相之中，一一更互相摄[8]，各具

4.6.9

rjɨj^{2}	rjɨj^{2}	mjɨ^{1}	pjụ^{1}	mjɨɨ^{2}	kiẹj^{2}	ŋowr^{2}	nioow^{1}	tśhjwo^{1}
[illegible]	[illegible]	[illegible]	[illegible]	[illegible]	[illegible]	[illegible]	[illegible]。	[illegible]
重	重	无	尽	境	界	具	因。	故
wją^{1}	ljuu^{2}	lwər^{2}	lhejr^{2}	kha^{1}	tshjiij^{1}	tsjiir^{1}	ɣa^{1}	
《[illegible]	[illegible]	[illegible]	[illegible]》	[illegible]	[illegible]：	"[illegible]	[illegible]	
《华	严	经	契》	中	云：	"法	门	

重重无尽境界也。《华严经》云："一切法门

4.6.10

ŋowr^{2}	ŋowr^{2}	sji^{1}	mjij^{1}	ŋjow^{2}	lew^{1}	tsjiir^{1}	lhejr^{2}	·ju^{2}
[illegible]	[illegible]	[illegible]	[illegible]	[illegible]，	[illegible]	[illegible]	[illegible]	[illegible]
一	切	尽	无	海，	一	法	道	场
kha^{1}	thwuu^{1}	ljwu^{2}	thjɨ^{2}	sju^{2}	tśjɨɨ^{1}	bju^{1}	mjiij^{2}	
[illegible]	[illegible]	[illegible]。	[illegible]	[illegible]	[illegible]	[illegible]	[illegible]	
中	同	会。	是	如	次	依	渐	

无尽海，同会一法道场中。如是依次渐

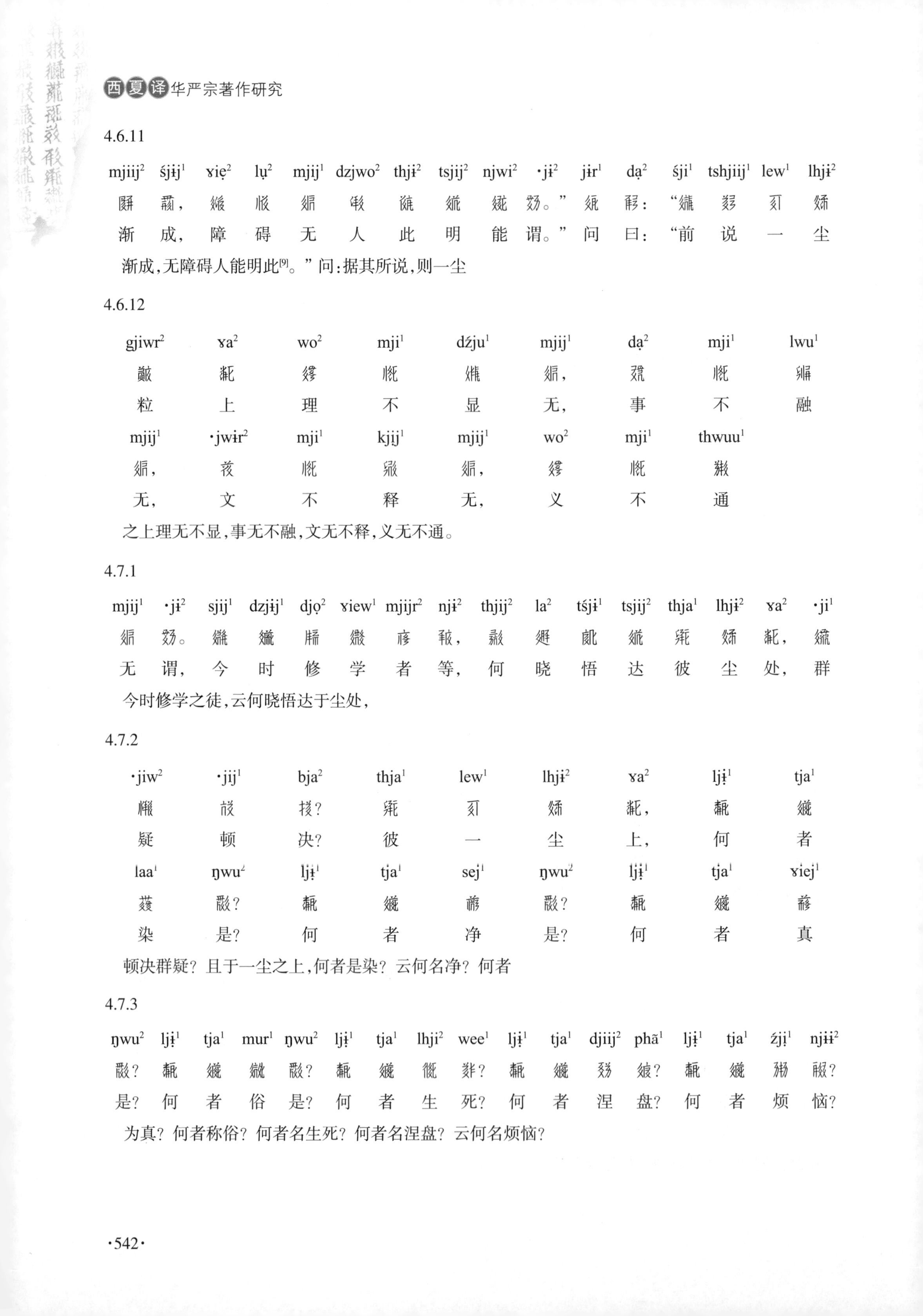

4.6.11

mjiij^{2} śjɨj^{1} ɣię^{2} lụ^{2} mjij^{1} dzjwo^{2} thjɨ^{2} tsjij^{2} njwi^{2} ·jɨ^{2} jɨr^{1} dạ^{2} śji^{1} tshjiij^{1} lew^{1} lhjɨ^{2}

渐 成， 障 碍 无 人 此 明 能 谓。” 问 曰：“前 说 一 尘

渐成，无障碍人能明此[9]。”问：据其所说，则一尘

4.6.12

gjiwr^{2} ɣa^{2} wo^{2} mji^{1} dźju^{1} mjij^{1} dạ^{2} mji^{1} lwu^{1}

粒 上 理 不 显 无， 事 不 融

mjij^{1} ·jwɨr^{2} mji^{1} kjij^{1} mjij^{1} wo^{2} mji^{1} thwuu^{1}

无， 文 不 释 无， 义 不 通

之上理无不显，事无不融，文无不释，义无不通。

4.7.1

mjij^{1} ·jɨ^{2} sjij^{1} dzjɨj^{1} djọ^{2} ɣiew^{1} mjijr^{2} njɨ^{2} thjij^{2} la^{2} tśjɨ^{1} tsjij^{2} thja^{1} lhjɨ^{2} ɣa^{2} ·ji^{1}

无 谓， 今 时 修 学 者 等， 何 晓 悟 达 彼 尘 处， 群

今时修学之徒，云何晓悟达于尘处，

4.7.2

·jiw^{2} ·jij^{1} bja^{2} thja^{1} lew^{1} lhjɨ^{2} ɣa^{2} ljɨ^{1} tja^{1}

疑 顿 决？ 彼 一 尘 上， 何 者

laa^{1} ŋwu^{2} ljɨ^{1} tja^{1} sej^{1} ŋwu^{2} ljɨ^{1} tja^{1} ɣiej^{1}

染 是？ 何 者 净 是？ 何 者 真

顿决群疑？且于一尘之上，何者是染？云何名净？何者

4.7.3

ŋwu^{2} ljɨ^{1} tja^{1} mur^{1} ŋwu^{2} ljɨ^{1} tja^{1} lhji^{2} wee^{1} ljɨ^{1} tja^{1} djiij^{2} phã^{1} ljɨ^{1} tja^{1} źji^{1} njɨɨ^{2}

是？ 何 者 俗 是？ 何 者 生 死？ 何 者 涅 盘？ 何 者 烦 恼？

为真？何者称俗？何者名生死？何者名涅盘？云何名烦恼？

4.7.4

ljɨ̣[1] tja[1] po[1] tjɨj[1] ljɨ̣[1] tja[1] ·ụ[2] tsəj[1] tsjiir[1] ŋwu[2] ljɨ̣[1] tja[1] ljij[2] ·ụ[2] tsjiir[1] ŋwu[2] lew[1]

何 者 菩 提? 何 者 乘 小 法 是? 何 者 大 乘 法 是? 唯

云何名菩提？云何名小乘法？云何名大乘法？惟

4.7.5

tji[1] mjij[2] mji[1] phie[2] tshjiij[1] ·jiw[2] rer[2] phja[1] śjij[2]

愿 未 闻 解 说, 疑 网 开 请。

愿解说未闻，开决疑网[10]。

译文：

三示三遍者，三遍者[1]，谓依前二用，一一用中，普周法界，故云遍也[2]。谓尘无自性，揽真成立，真既无边，尘亦随尔。《华严经》云[3]：“华藏世界所有尘，一一尘中见法界。宝光现佛如云集，此是如来刹自在。”准此义，故当知一尘普周法界也。二者一尘出生无尽遍，谓尘无自体，起必依真。真如既具过恒沙数众德[4]，依真如起用，亦复万差。故《起信论》云：“真如者，自体有常乐我净义，故清凉不变自在义。故具足如是过恒沙功德，乃至无有所少义。故《华严经》云：“如此华藏世界海中，无问若山若河乃至树林尘毛等处，一一无不皆是称真如界具无边德，无有续断[5]。”依此义，故当知一尘即理即事，即人即法，即彼即此，即依即正[6]，即染即净，即因即果，即同即异，即一即多，即广即狭，即有情即非情[7]，即三身即十身，何以故？理事无碍，事事无碍。法如是，故十身互作自在用，故唯普眼之境界也。如上事相之中，一一更互相摄[8]，各具重重无尽境界也。《华严经》云：“一切法门无尽海，同会一法道场中。如是依次渐渐成，无障碍人能明此[9]。”

问：据其所说，则一尘之上理无不显，事无不融，文无不释，义无不通。今时修学之徒，云何晓悟达于尘处，顿决群疑？且于一尘之上，何者是染？云何名净？何者为真？何者称俗？何者名生死？何者名涅盘？云何名烦恼？云何名菩提？云何名小乘法？云何名大乘法？惟愿解说未闻，开决疑网[10]。

注释：

[1]三遍者，疑衍。汉本无此三字。

[2]汉本下有“故云遍也。言三遍者，一者一尘普周法界遍”十七字。

[3]华严经云，汉本但作“《经》云”。下同。

[4]逾恒沙数，汉本但作“恒沙”。

[5]称真如界具无边德无有续断，汉本作“一一无不皆是称真如法界具无边德”。

[6]即国即身，汉本作“即依即正”。

[7]即有情即非情，汉本作“即情即非情”。

[8]汉本“相摄”上有“相容”二字。

[9]如是依次渐渐成无障碍人能明此，汉本作“如是法性佛所说，智眼能明此方便”。

[10]惟愿解说未闻开决疑网，汉本作“请垂开决闻所未闻”。

释读：

4.7.5

kụ^{2}	dạ^{2}	ljij^{2}	sjij^{2}	iọ^{1}	pjɨr^{1}	zjɨɨr^{1}
答	曰：	“大	智	圆	明，	微

答：大智圆明，

4.7.6

lhjɨ^{2}	thjuu^{1}	ŋwu^{2}	tsjiir^{2}	ŋjow^{2}	bioo^{1}	ɣiej^{1}	ɣjow^{1}	dźju^{1}
尘	睹	而	性	海	观；	真	源	朗
śja^{2}	lew^{1}	lhjɨ^{2}	gjiwr^{2}	do^{2}	ljụ^{2}	ŋowr^{2}	ljij^{2}	
现，	一	尘	粒	处	身	全	见。	

睹纤毫而周性海；真源朗现，处一尘而耀全身。

4.7.7

khjɨ^{2}	tsjiir^{1}	kjɨ^{1}	djɨj^{2}	thwuu^{1}	dzjɨj^{1}	śja^{2}	lew^{1}	bju^{2}	·jij^{1}	wo^{2}	śji^{1}	kụ^{1}	mjij^{1}	wa^{2}	nioow^{1}	·ji^{2}
万	法	必	定	同	时	起，	一	际	之	理	前	后	无。	何	故	谓？

万法起必同时，一际理无前后。何以故？

4.7.8

ku^{1}	thjɨ^{2}	lew^{1}	lhjɨ^{2}	ŋa^{1}	·jij^{1}	ŋwu^{2}	mjor^{1}	ɣiej^{1}	·jij^{1}	lə^{1}	njwi^{2}	nioow^{1}	·jij^{1}	laa^{1}	ŋwu^{2}	lhjɨ^{2}
由	此	一	尘	虚	相	以	真	如	于	翳	能	由，	即	染	是；	尘

由此一尘虚相能翳于真，即是染也；由此尘

4.7.9

·jij^{1}	tshọ^{2}	ŋa^{1}	dju^{1}	lew^{2}	mjij^{1}	nioow^{1}	·jij^{1}	sej^{1}	ŋwu^{2}	thja^{1}	lhjɨ^{2}	tsjiir^{2}	mər^{2}	kwər^{1}	mjor^{1}	ɣiej^{1}
相	虚	空	有	所	无	由，	即	净	是；	此	尘	性	本	体	真	如

相空无所有，即是净也；由此尘性本体

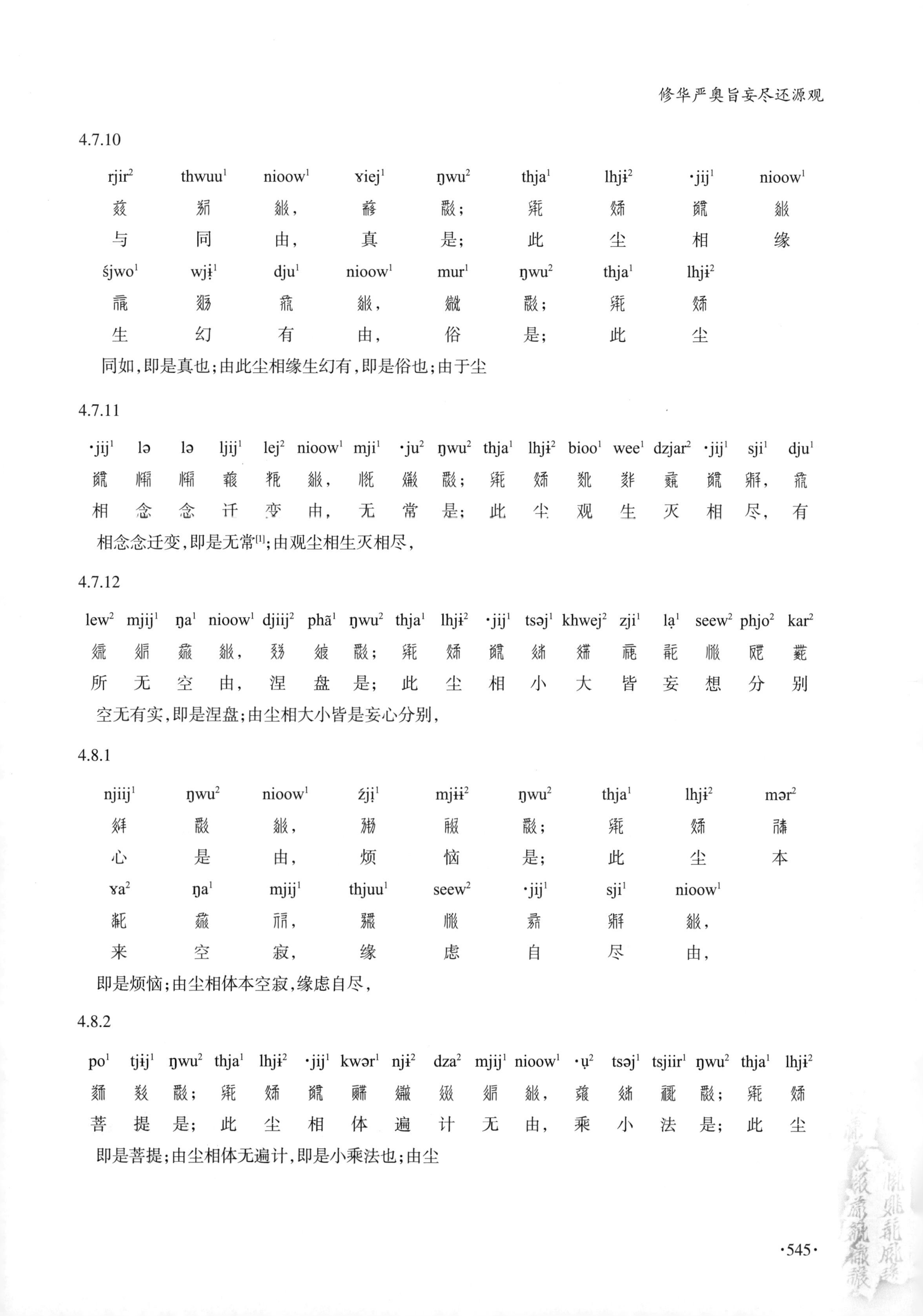

4.7.10

rjir^{2} thwuu^{1} nioow^{1} ɣiej^{1} ŋwu^{2} thja^{1} lhjɨ^{2} ·jij^{1} nioow^{1}

与 同 由， 真 是； 此 尘 相 缘

śjwo^{1} wjɨ̣^{1} dju^{1} nioow^{1} mur^{1} ŋwu^{2} thja^{1} lhjɨ^{2}

生 幻 有 由， 俗 是； 此 尘

同如，即是真也；由此尘相缘生幻有，即是俗也；由于尘

4.7.11

·jij^{1} lə lə ljij^{1} lej^{2} nioow^{1} mji^{1} ·ju^{2} ŋwu^{2} thja^{1} lhjɨ^{2} bioo^{1} wee^{1} dzjar^{2} ·jij^{1} sji^{1} dju^{1}

相 念 念 迁 变 由， 无 常 是； 此 尘 观 生 灭 相 尽， 有

相念念迁变，即是无常[1]；由观尘相生灭相尽，

4.7.12

lew^{2} mjij^{1} ŋa^{1} nioow^{1} djiij^{2} phã^{1} ŋwu^{2} thja^{1} lhjɨ^{2} ·jij^{1} tsəj^{1} khwej^{2} zji^{1} lạ^{1} seew^{2} phjo^{2} kar^{2}

所 无 空 由， 涅 盘 是； 此 尘 相 小 大 皆 妄 想 分 别

空无有实，即是涅盘；由尘相大小皆是妄心分别，

4.8.1

njiij^{1} ŋwu^{2} nioow^{1} źjɨ̣^{1} mjɨɨ^{2} ŋwu^{2} thja^{1} lhjɨ^{2} mər^{2}

心 是 由， 烦 恼 是； 此 尘 本

ɣa^{2} ŋa^{1} mjij^{1} thjuu^{1} seew^{2} ·jij^{1} sji^{1} nioow^{1}

来 空 寂， 缘 虑 自 尽 由，

即是烦恼；由尘相体本空寂，缘虑自尽，

4.8.2

po^{1} tjɨj^{1} ŋwu^{2} thja^{1} lhjɨ^{2} ·jij^{1} kwər^{1} njɨ^{2} dza^{2} mjij^{1} nioow^{1} ·ụ^{2} tsəj^{1} tsjiir^{1} ŋwu^{2} thja^{1} lhjɨ^{2}

菩 提 是； 此 尘 相 体 遍 计 无 由， 乘 小 法 是； 此 尘

即是菩提；由尘相体无遍计，即是小乘法也；由尘

4.8.3

·jij1 tsjiir2 wee1 mjij1 dzjar2 mjij1 mjɨ1 bju1 swu2 dju1 nioow1 ljij2 ·ụ2 tsjiir1 ŋwu2 thjɨ2 tja1

相 性 生 无 灭 无，他 依 似 有 由，大 乘 法 是。是 者

性无生无灭，依他似有，即是大乘法也。如是

4.8.4

ljow2 tshjiij1 tjij1 wạ2 tshjiij1 ku1 tjɨ1 tjij1 dźiã2 tśhju1 ŋowr2 ŋowr2 ·jij1 twụ1 ka1 dzjɨj1 mjor1

略 说，若 广 言，假 使 若 众 生 一 切 各 异，一 时 如

略说，若广言之[2]，假使一切众生各异，一时

4.8.5

ljij2 ·jij1 djij2 jɨr1 tsjɨ1 lew1 lhjɨ2 dji2 tjij1 ŋwu2 zji1 phie2 tshjiij1 wji1 ŋạ2 ŋạ2 seew2

来 △ 当 问，而 唯 尘 字 一 而 皆 解 释 为，好 好 思

同问如来[3]，唯以一尘字而为解释，宜深思之。

4.8.6

lew2 tśhjwo1 wją1 ljuu2 lwər2 lhejr2 kha1 tshjiij1 tsjiir1 ɣa1 ŋowr2 ŋowr2 sji1 mjij1 ŋjow2

宜。故 《华 严 经 契》中 云：“法 门 一 切 尽 无 海，

《华严经》云：“一切法门无尽海，

4.8.7

lew1 dạ2 ŋwu2 tshjiij1 sji1 mji1 rjir2 ·jɨ2 thjɨ2

一 言 以 说 尽 无 余 谓。” 此

wo2 nioow1 ku1 tśhjwo1 lew1 lhjɨ2 sji1 mjij1 to2 wee1

义 依，则 故 一 尘 尽 无 出 生

一言演说尽无余。”依此义，故名一尘出生无

4.8.8

njɨ2 ·jɨ2 sọ1 lew1 lhjɨ2 dju1 ŋa1 ɣjiw1 ·o2 njɨ2 ·jɨ2 tja1 lhjɨ2 ·jij1 tsjiir2 mjij1 nioow1

遍 谓。三 一 尘 有 空 容 含 遍 谓 者，尘 自 性 无 由，

尽遍。三者，一尘含容空有遍，谓尘无自性，

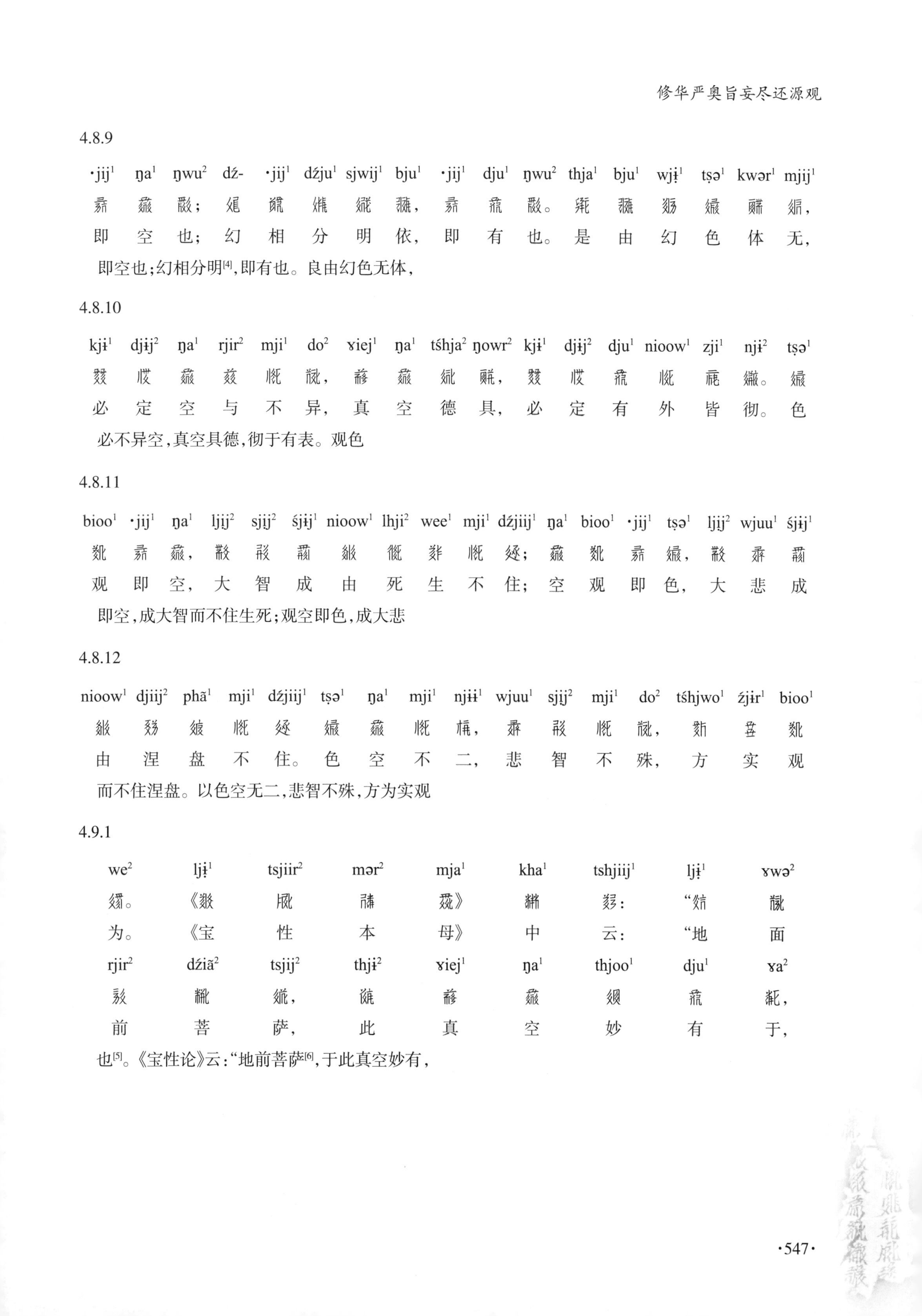

4.8.9

·jij^1 ŋa^1 ŋwu^2 dź- ·jij^1 dźju^1 sjwij^1 bju^1 ·jij^1 dju^1 ŋwu^2 thja^1 bju^1 wjɨ̣^{1} tsə̣^{1} kwər^1 mjij^1

即 空 也； 幻 相 分 明 依， 即 有 也。 是 由 幻 色 体 无，

即空也；幻相分明[4]，即有也。良由幻色无体，

4.8.10

kjɨ^1 djɨj^2 ŋa^1 rjir^2 mji^1 do^2 ɣiej^1 ŋa^1 tśhja^2 ŋowr^2 kjɨ^1 djɨj^2 dju^1 nioow^1 zji^1 njɨ^2 tsə̣^{1}

必 定 空 与 不 异， 真 空 德 具， 必 定 有 外 皆 彻。 色

必不异空，真空具德，彻于有表。观色

4.8.11

bioo^1 ·jij^1 ŋa^1 ljij^2 sjij^2 śjɨj^1 nioow^1 lhji^2 wee^1 mji^1 dźjiij^1 ŋa^1 bioo^1 ·jij^1 tsə̣^{1} ljij^2 wjuu^1 śjɨj^1

观 即 空， 大 智 成 由 死 生 不 住； 空 观 即 色， 大 悲 成

即空，成大智而不住生死；观空即色，成大悲

4.8.12

nioow^1 djiij^2 phã^1 mji^1 dźjiij^1 tsə̣^{1} ŋa^1 mji^1 njɨɨ^1 wjuu^1 sjij^2 mji^1 do^2 tśhjwo^1 źjɨr^1 bioo^1

由 涅 盘 不 住。 色 空 不 二， 悲 智 不 殊， 方 实 观

而不住涅盘。以色空无二，悲智不殊，方为实观

4.9.1

we^2 ljɨ̣^{1} tsjiir^2 mər^2 mja^1 kha^1 tshjiij^1 ljɨ̣^{1} ɣwə^2

为。 《宝 性 本 母》 中 云： “地 面

rjir^2 dźiã^2 tsjij^2 thjɨ^2 ɣiej^1 ŋa^1 thjoo^1 dju^1 ɣa^2

前 菩 萨， 此 真 空 妙 有 于，

也[5]。《宝性论》云：“地前菩萨[6]，于此真空妙有，

4.9.2

sọ¹	mə²	·jiw²	śjwo¹	lew¹	·jiw²	tja¹	ŋa¹	tsə̣¹
[illegible]	[illegible]	[illegible]	[illegible]:	[illegible]	[illegible]	[illegible]	[illegible]	[illegible]
三	种	疑	生:	一	疑	者	空	色
·jij¹	ljiij²	·jɨ²	phja¹	dzjar²	ŋa¹	lhjwi¹	njɨɨ¹	·jiw²
[illegible]	[illegible]	[illegible],	[illegible]	[illegible]	[illegible]	[illegible];	[illegible]	[illegible]
△	灭	谓,	断	灭	空	取;	二	疑

犹有三疑:一者疑空灭色,取断灭空;二者疑

4.9.3

tja¹	ŋa¹	tsə̣¹	rjir²	do²	·jɨ²	tsə̣¹	nioow¹	ŋa¹
[illegible]	[illegible]	[illegible]	[illegible]	[illegible]	[illegible],	[illegible]	[illegible]	[illegible]
者	空	色	与	异	谓,	色	外	空
lhjwi¹	sọ¹	·jiw²	tja¹	ŋa¹	·jij¹	war²	ŋwu²	·jɨ²
[illegible];	[illegible]	[illegible]	[illegible]	[illegible]	[illegible]	[illegible]	[illegible]	[illegible],
取;	三	疑	者	空	即	物	是	谓,

空异色,取色外空;三者疑空是物,

4.9.4

ŋa¹	lhjwi¹	dju¹	we²	phji¹	sjij¹	phie²	dạ²	tsə̣¹	tja¹	wjɨ¹	tsə̣¹	ŋa¹	·jij¹	mji¹	ɣiẹ²	ŋa¹	tja¹
[illegible]	[illegible]	[illegible]	[illegible]	[illegible]。	[illegible]	[illegible]	[illegible]:	[illegible]	[illegible]	[illegible]	[illegible],	[illegible]	[illegible]	[illegible]	[illegible];	[illegible]	[illegible]
空	取	有	为	令。	今	释	云:	色	者	幻	色,	空	之	不	碍;	空	者

取空为有。今此释云:色是幻色,必不碍空;空是

4.9.5

ɣiej¹	ŋa¹	tsə̣¹	·jij¹	mji¹	ɣiẹ²	tjij¹	tsə̣¹	·jij¹	ɣiẹ²
[illegible]	[illegible],	[illegible]	[illegible]	[illegible]	[illegible]。	[illegible]	[illegible]	[illegible]	[illegible],
真	空,	色	之	不	碍。	若	色	之	碍,
ku¹	bja²	ŋa¹	ŋwu²	tjij¹	ŋa¹	·jij¹	ɣiẹ²	ku¹	
[illegible]	[illegible]	[illegible]	[illegible];	[illegible]	[illegible]	[illegible]	[illegible],	[illegible]	
即	断	空	是;	若	空	之	碍,	即	

真空,必不碍色。若碍于色,即是断空;若碍于空,即

4.9.6

źjɨr1 tṣə1 ŋwu2 thjɨ2 lew1 lhjɨ2 ɣa2 śji1 tshjiij1 sju2

实 色 是。 此 一 尘 于 上 言 如，

ɣiej1 ŋa1 thjoo1 dju1 ŋowr2 ku1 dzjij2 lhjɨ2 ŋowr2

真 空 妙 有 具， 则 知 尘 一

是实色。如一尘既具，如上真空妙有，当知一切尘

4.9.7

ŋowr2 tsjɨ1 zji1 thjɨ2 rjir2 ·a tjɨj2 tjij1 thjɨ2 tśja2 wo2 tsjij2 ku1 lhjɨ2 śja2 rjijr2 ɣjiw1

切 亦 皆 此 与 一 般。 若 此 道 理 悟， 即 尘 十 方 含，

等亦尔。若证此理，即得尘含十方，

4.9.8

ljij2 zjɨɨr1 mji1 ɣię2 lə gjɨɨ1 zjọ2 ·wio1 dźjo1 wjij1 dzjɨj1 thwuu1 thja1 bju1 rjar1 gjij1 thjoo1

大 小 不 亏， 念 九 世 包， 延 促 时 同。 是 故 殊 胜 妙

无亏大小，念包九世，延促同时。故得殊胜微

4.9.9

dạ2 mej2 dźjwa1 ɣa2 iọ1 tsjiir1 twụ2 dźju1 ŋwer1 mjij1 śjɨj2 ·ji1 zjɨɨr1 lhjɨ2 gu2 ljụ2 ŋowr2

言， 纤 毫 于 圆 教 顿 彰； 匹 无 圣 众， 轻 埃 中 躯 全

言，纤毫彰于圆教；无匹圣众[7]，轻埃现于全躯；

4.9.10

zji1 śja2 seew2 sẽ1 ɣa2 dzjij1 rer2 bur1 ɣa2 dzjwɨr1 wją1 ljuu2 lwər2 lhejr2 kha1 tshjiij1 dzjọ1

皆 现； 言 虑 于 超， 筌 罤 于 透。《华 严 经 契》 中 云：“如

超乎言虑，透乎筌罤[8]。《华严经》云：“如

4.9.11

ljij2 lwər2 来日音 dju1 sọ1 tụ1 kię2 rjir2 ka1 lew1 lhjɨ2 gjiwr2 gu2 dźjiij1 lhjɨ2 ŋowr2 ŋowr2

大 经 卷 有， 三 千 界 与 等。 一 尘 粒 内 在， 尘 一 切

有大经卷，量等三千界。在于一尘内，一切尘

4.9.12

thja1 sju2 bju1 dźja2 sjij2 dzjwo2 gjɨ2 sej1 mej1 zji1 dźju1 ljij2 lhjɨ2 ljiij2 lwər2 来日音 kjɨɨ1

[illegible]

是 如。聪 明 慧 人 一，净 眼 普 明 见。尘 破 经 卷 出，

亦然。有一聪慧人，净眼普明见。破尘出经卷，

4.10.1

dźiã2 tśhju1 ·jij1 gjij1 ɣie2 njɨ2 ·jɨ2 tjij1 wo2 bju1 tshjiij1 ku1 lhjɨ2 tja1 dźiã2 tśhju1 ·jij1

[illegible]

众 生 △ 饶 益 等 谓。”若 理 据 言，即 尘 者，众 生 之

广饶益众生。”若据理而言，即尘，众生

4.10.2

lạ1 dza2 ŋwu2 lwər2 tja1 ljij1 sjij2 iọ1 swew1 ·jij1 ·jɨ2 sjij2 kwər1 bju2 mjij1 nioow1

[illegible]

妄 计 是；经 卷 者，大 智 圆 明 △ 曰。智 体 边 无 因，

妄计；经卷，即大智圆明。智体既其无边，

4.10.3

tśhjwo1 sọ1 tụ1 kiej2 ka1 ·jɨ2 śji1 ·o1 rjur1 wo2 bju1 tśhjwo1 lew1 lhjɨ2 dju1 ŋa1 ɣjiw1

[illegible]

故 三 千 界 等 曰。前 垂 诸 义 依，故 一 尘 有 空 含

故曰量等三千界。依前诸义[9]，故名一尘含

4.10.4

·o2 njɨ2 ·jɨ2

[illegible]

容 遍 曰。

容空有遍也。

译文：

答：大智圆明，睹纤毫而周性海；真源朗现，处一尘而耀全身。万法起必同时，一际理无前后。何以故？由此一尘虚相能翳于真，即是染也；由此尘相空无所有，即是净也；由此尘性本体同如，即是真也；由此尘相缘生幻有，即是俗也；由于尘相念念迁变，即是无常[1]；由观尘相生灭相尽，空无有实，即是涅盘；由尘相大小皆是妄心分别，即是烦恼；由尘相体本空寂，缘虑自尽，即是菩提；由尘相体无遍计，即是小乘法也；由尘性无生无灭，依他似有，即是大乘法也。如是略说，若广言之[2]，假使一切众生各异，一时同问如来[3]，唯以一尘字而为解释，宜深思之。《华严经》云：“一切法门无尽

海，一言演说尽无余。”依此义，故名一尘出生无尽遍。三者，一尘含容空有遍，谓尘无自性，即空也；幻相分明[4]，即有也。良由幻色无体，必不异空，真空具德，彻于有表。观色即空，成大智而不住生死；观空即色，成大悲而不住涅盘。以色空无二，悲智不殊，方为实观也[5]。《宝性论》云：“地前菩萨[6]，于此真空妙有，犹有三疑：一者疑空灭色，取断灭空；二者疑空异色，取色外空；三者疑空是物，取空为有。今此释云：色是幻色，必不碍空；空是真空，必不碍色。若碍于色，即是断空；若碍于空，即是实色。如一尘既具，如上真空妙有，当知一切尘等亦尔。若证此理，即得尘含十方，无亏大小，念包九世，延促同时。故得殊胜微言，纤毫彰于圆教；无匹圣众[7]，轻埃现于全躯；超乎言虑，透乎筌罤[8]。《华严经》云：“如有大经卷，量等三千界。在于一尘内，一切尘亦然。有一聪慧人，净眼普明见。破尘出经卷，广饶益众生。”若据理而言，即尘，众生妄计；经卷，即大智圆明。智体既其无边，故曰量等三千界。依前诸义[9]，故名一尘含容空有遍也。

注释：

[1]无常，汉本作“生死”。

[2]若广言之，汉本作“若具言之”。

[3]汉本“众生”下有“怀疑“二字。

[4]分明，汉本作“宛然”。

[5]实观，汉本作“真实”。

[6]地，汉本作“道”。

[7]无匹，汉本作“奇特”。

[8]超乎言虑透乎筌罤，汉本作“迥超言虑之端，透出筌罤之表”。

[9]依前诸义，汉本作“依此义”。

释读：

4.10.5

ljɨɨr¹ ljɨɨr¹ tśhja² dźjij¹ ·jɨ² tja¹ śji¹ lew¹ lhjɨ² bju¹ njɨ² sji² ·jij¹ mjɨɨ² ljɨɨr¹ mə² tśhja²

四 四 德 行 谓 者， 前 一 尘 依 遍 能 之 境， 四 种 德

四行四德[1]，谓依前一尘能遍之境，而修四种

4.10.6

dźjɨ dźjij¹ lew² lew¹ nioow¹ śjwɨ² thjoo¹ ·ioow¹ rjijr²

行 修 当。 一 缘 随 妙 用 方

mjij¹ tśhja² ·jɨ² tja¹ ɣiej¹ bju¹ ·ioow¹ śjwo¹

无 德 曰 者， 真 依 用 起，

行德。一者，随缘妙用无方德，谓依真起用，

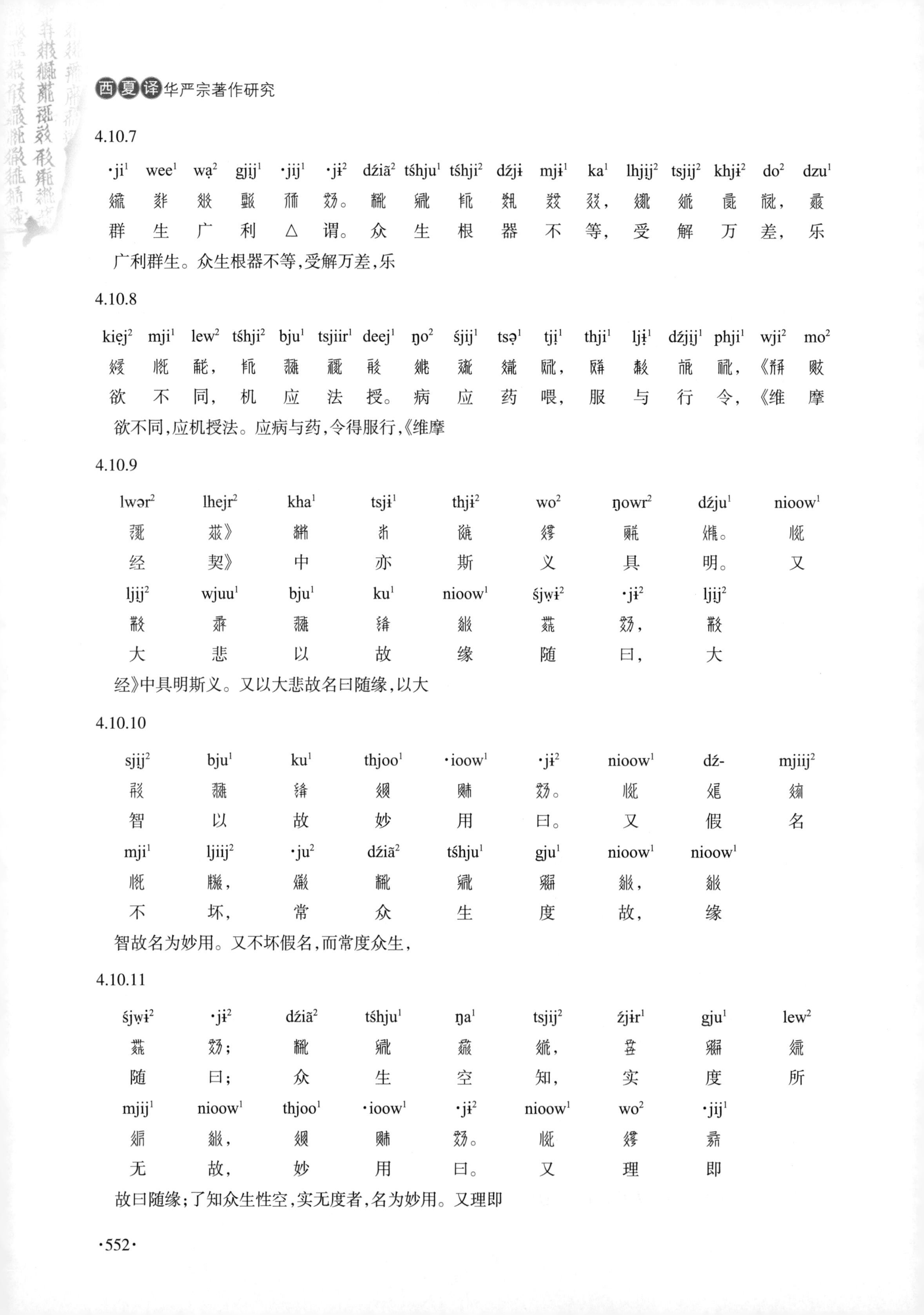

4.10.7

·ji^{1} wee^{1} wạ^{2} gjij^{1} ·jij^{1} ·jɨ^{2} dźiã^{2} tśhju^{1} tśhji^{2} dźjɨ mjɨ^{1} ka^{1} lhjij^{2} tsjij^{2} khjɨ^{2} do^{2} dzu^{1}

群 生 广 利 △ 谓。众 生 根 器 不 等，受 解 万 差，乐

广利群生。众生根器不等，受解万差，乐

4.10.8

kiẹj^{2} mji^{1} lew^{2} tśhji^{2} bju^{1} tsjiir^{1} deej^{1} ŋo^{2} śjij^{1} tsə̣^{1} tji̠^{1} thji^{1} ljɨ^{1} dźjij^{1} phji^{1} wji^{2} mo^{2}

欲 不 同，机 应 法 授。病 应 药 喂，服 与 行 令，《维 摩

欲不同，应机授法。应病与药，令得服行，《维摩

4.10.9

lwər^{2} lhejr^{2} kha^{1} tsjɨ^{1} thjɨ^{2} wo^{2} ŋowr^{2} dźju^{1} nioow^{1}

经 契》 中 亦 斯 义 具 明。 又

ljij^{2} wjuu^{1} bju^{1} ku^{1} nioow^{1} śjwɨ^{2} ·jɨ^{2} ljij^{2}

大 悲 以 故 缘 随 曰， 大

经》中具明斯义。又以大悲故名曰随缘，以大

4.10.10

sjij^{2} bju^{1} ku^{1} thjoo^{1} ·ioow^{1} ·jɨ^{2} nioow^{1} dź- mjiij^{2}

智 以 故 妙 用 曰。 又 假 名

mji^{1} ljiij^{2} ·ju^{2} dźiã^{2} tśhju^{1} gju^{1} nioow^{1} nioow^{1}

不 坏， 常 众 生 度 故， 缘

智故名为妙用。又不坏假名，而常度众生，

4.10.11

śjwɨ^{2} ·jɨ^{2} dźiã^{2} tśhju^{1} ŋa^{1} tsjij^{2} źjɨr^{1} gju^{1} lew^{2}

随 曰； 众 生 空 知， 实 度 所

mjij^{1} nioow^{1} thjoo^{1} ·ioow^{1} ·jɨ^{2} nioow^{1} wo^{2} ·jij^{1}

无 故， 妙 用 曰。 又 理 即

故曰随缘；了知众生性空，实无度者，名为妙用。又理即

4.10.12

dạ^2	ŋwu^2	nioow^1	nioow^1	śjwɨ^2	·jɨ^2	dạ^2	·jij^1	wo^2
[illegible]	[illegible]	[illegible],	[illegible]	[illegible]	[illegible];	[illegible]	[illegible]	[illegible]
事	是	故,	缘	随	曰;	事	即	理
ŋwu^2	nioow^1	thjoo^1	·ioow^1	·jɨ^2	nioow^1	ɣiej^1	mur^1	
[illegible]	[illegible],	[illegible]	[illegible]	[illegible]。	[illegible]	[illegible]	[illegible]	
是	故,	妙	用	曰。	又	真	俗	

事,故名随缘;事即理,故名妙用。又真

4.11.1

rjir^2	mji^1	ljwu^1	ku^1	nioow^1	śjwɨ^2	·jɨ^2	mur^1	ɣiej^1
[illegible]	[illegible]	[illegible],	[illegible]	[illegible]	[illegible]	[illegible];	[illegible]	[illegible]
与	不	违,	故	缘	随	曰;	俗	真
rjir^2	mji^1	ljwu^1	nioow^1	thjoo^1	·ioow^1	·jɨ^2	nioow^1	
[illegible]	[illegible]	[illegible]	[illegible],	[illegible]	[illegible]	[illegible]。	[illegible]	
与	不	违	故,	妙	用	曰。	又	

不违俗,故随缘;俗不违真,故妙用。又

4.11.2

mər^2	bju^1	war^2	śjwo^1	ku^1	nioow^1	śjwɨ^2	·jɨ^2	
[illegible]	[illegible]	[illegible]	[illegible],	[illegible]	[illegible]	[illegible]	[illegible];	
本	依	末	起,	故	缘	随	曰;	
war^2	ɣjiw^1	mər^2	lhjwo^1	ku^1	thjoo^1	·ioow^1	·jɨ^2	thjɨ^2
[illegible]	[illegible]	[illegible]	[illegible],	[illegible]	[illegible]	[illegible]	[illegible]。	[illegible]
末	摄	本	归,	故	妙	用	曰。	此

依本起末,故随缘;摄末归本,故妙用。

4.11.3

tja^1	tsjiir^1	tsew^2	dzar^1	mjij^1	śjwo^1	zjij^1	ɣiej^1	thwuu^1
[illegible]	[illegible]	[illegible]	[illegible]	[illegible],	[illegible]	[illegible]	[illegible]	[illegible]。
者	法	分	齐	无,	起	时	真	同。
wo^2	do^2	pha^1	mjij^1	lew^1	bju^2	bju^1	dźju^1	
[illegible]	[illegible]	[illegible]	[illegible],	[illegible]	[illegible]	[illegible]	[illegible]。	
理	差	别	无,	一	际	应	显。	

良以法无分齐,起必同时。理无差别,显应一际[2]。

4.11.4

·ioow^{1}	tja^{1}	pa^{1}	lhjɨ̣^{1}	rjɨr^{2}	·jɨ^{2}	sju^{2}	ŋowr^{2}	ɣiej^{1}
[illegible]	[illegible]	[illegible]	[illegible]	[illegible]	[illegible]	[illegible]，	[illegible]	[illegible]
用	者	波	腾	鼎	沸	如，	全	真
kwər^{1}	ŋwu^{2}	gju^{1}	ɣiej^{2}	kwər^{1}	tja^{1}	tjɨj^{2}	swew^{1}	
[illegible]	[illegible]	[illegible]	[illegible]。	[illegible]	[illegible]	[illegible]	[illegible]	
体	以	行	运。	体	者	镜	净	

用则波腾鼎沸，全真体以运行。体则镜净

4.11.5

śjwa^{1}	gjii^{1}	sju^{2}	kwər^{1}	nioow^{1}	śjwɨ̣^{2}	ŋwu^{2}	mjij^{1}	
[illegible]	[illegible]	[illegible]，	[illegible]	[illegible]	[illegible]	[illegible]	[illegible]	
水	澄	如，	体	缘	随	而	寂	
ljwu^{2}	dzjọ^{1}	be^{2}	bji^{1}	ljụ^{1}	sju^{2}	njiij^{1}	mjij^{1}	ŋwu^{2}
[illegible]。	[illegible]	[illegible]	[illegible]	[illegible]	[illegible]，	[illegible]	[illegible]	[illegible]
会。	犹	曦	光	流	如，	心	无	而

水澄，举随缘而会寂。若曦光之流彩，无心而

4.11.6

śja^{1}	rjijr^{2}	zji^{1}	swew^{1}	tjɨj^{2}	swew^{1}	tśhjij^{1}	sju^{2}	mji^{1}
[illegible]	[illegible]	[illegible]	[illegible]；	[illegible]	[illegible]	[illegible]	[illegible]，	[illegible]
十	方	皆	朗；	镜	明	举	如，	不
mju^{2}	ŋwu^{2}	khjɨ^{2}	swu^{2}	zji^{1}	śja^{2}	thjɨ^{2}	nioow^{1}	
[illegible]	[illegible]	[illegible]	[illegible]	[illegible]	[illegible]，	[illegible]	[illegible]	
动	而	万	像	皆	呈，	此	因	

朗十方；如明镜之端形，不动而呈万像，故曰随缘

4.11.7

tśhjwo^{1}	nioow^{1}	śjwɨ̣^{2}	thjoo^{1}	·ioow^{1}	rjijr^{2}	mjij^{1}	tśhja^{2}	
[illegible]	[illegible]	[illegible]	[illegible]	[illegible]	[illegible]	[illegible]	[illegible]	
故	缘	随	妙	用	方	无	德	
·jɨ^{2}	njɨɨ^{1}	pjụ^{1}	wer^{1}	na^{1}	wạ^{2}	tsjiir^{1}	dju^{1}	tśhja^{2}
[illegible]。	[illegible]	[illegible]	[illegible]	[illegible]	[illegible]	[illegible]	[illegible]	[illegible]
曰。	二	威	仪	深	广	则	有	德

妙用无方德也。二者威仪深广有则德[3]，

4.11.8

·jɨ² tja¹ dźjij¹ dźjiij¹ dzuu² gjwɨr¹ ljɨɨr¹ pjụ¹ wer¹ ·jij¹ ·jɨ² ią¹ ljij² ·ụ² ·jar¹ khjɨ²

曰 者， 行 住 坐 卧 四 威 仪 △ 谓。 夫 大 乘 八 万，

谓行住坐卧四威仪也。大乘八万，

4.11.9

·ụ² tsəj¹ sọ¹ tụ¹ tja¹ dźjiij¹ ·jiij¹ ·jij¹ tjɨj² ·jɨj² we² tśhjiw¹ ŋwej² ·jij¹ ŋewr¹ djị² sji²

乘 小 三 千 者， 住 持 之 楷 模 为， 六 和 之 紊 整 能，

小乘三千，为住持之楷模，整六和之紊绪，

4.11.10

sọ¹ kiej² lho sji² lej² tśja¹ tśjị¹ ŋjow² dzjij¹

三 界 出 之 梯 蹬， 苦 海 越

sji² dzjɨr¹ dzjwị¹ dźiã² gju¹ lhạ² śio¹ sji² kha¹

能 迅 航， 物 拯 迷 导 能 中，

出三界之梯蹬，越苦海之迅航，拯物导迷，

4.11.11

thjɨ² su¹ dzjij¹ mjij¹ ljị¹ ŋwu² djij² kię¹ ·jij¹ tsə¹ lwu² tśhja² tsjiir¹ wjii¹ ljiij² deej¹ dźjij¹

斯 胜 过 莫 虽 是， 但 金 容 彩 匿， 正 教 夷 陵， 传 授

莫斯为最，但以金容匿彩，正教陵夷，传授

4.11.12

dzji¹ dạ² ·jij¹ ljij² bju¹ zow² thjɨ² nioow¹ tsjiir¹ dźjij² kạ² mjij¹ na¹ wo² rjir² kjɨ¹ lwụ¹

讹 浇， 己 见 于 执。 此 因 教 纲 纪 无， 玄 理 与 △ 滥；

浇讹，师于己见。致使教无纲纪，滥于玄理[4]；

4.12.1

rjir¹ lhjo¹ ŋər¹ kạ² ɣiej¹ sej¹ kha¹ kjɨ¹ ljwị¹ lwər² dzjɨj¹ ɣa² mji¹ gjị² lwow¹ mur¹ djij¹

得 失 齐 举， 真 净 中 △ 参。 经 律 于 不 依， 混 凡 类

得失齐举，妄参真净[5]。不依经律，混

4.12.2

lhạ² ·jij¹ ljɨ¹ tsjij¹ ljɨ¹ źjɨr¹ njij² mjɨ¹ śjow¹ wją¹ ljuu² lwər² lhejr² kha¹ tshjiij¹ kie¹ tja¹

[illegible]

乱， 自 陷 他 陷， 甚 悲 不 拒。《华 严 经 契》 中 云： “戒 者

乱凡情，自陷陷他，甚可悲矣[6]。《华严经》云：“戒是

4.12.3

zji² phju² po¹ tjɨj¹ ·jij¹ mər² ŋwu² thja¹ bju¹ sej¹ kie¹ ŋowr² lhə ·jiij¹ lew² ·jɨ² xiwā¹

[illegible]

最 上 菩 提 之 本 是， 此 由 净 戒 足 持 具 应 谓。”《梵

无上菩提本，应当具足持净戒。”《梵

4.12.4

rer² lwər² lhejr² kha¹ tshjiij¹ lhjɨ² ŋewr² dźiā² tsjij²

[illegible]

网 经 契》 中 云： “尘 等 菩 萨

·ji¹ thjɨ² nioow¹ tśhja² dwewr² śjɨj¹ ·jɨ² dźiej²

[illegible]

众， 是 由 正 觉 成 谓。” 《信

网经》云：“尘等菩萨众[7]，由是成正觉。”《起

4.12.5

śjwo¹ ljɨ¹ kha¹ tshjiij¹ tsjiir¹ tsjiir² kwər¹ ɣa² tśhjwɨj¹

[illegible]

起 论》 中 云： “法 性 体 于 禁

ljiij² mjij¹ nwə¹ tsjiir¹ tsjiir² rjir² bju¹ śjij¹

[illegible]

毁 无 知， 法 性 与 随 顺，

信论》云：“以知法性体无毁禁，是故随顺法性，

4.12.6

śiə¹ po¹ lo¹ bjii² djọ² dźjij¹ lew² thjɨ² tja¹ mji¹ sja¹ mji¹ kjwir¹ mji¹ tjụ² mji¹ lạ¹

[illegible]

尸 波 罗 蜜 修 行 应。” 此 者 不 杀、 不 盗、 不 淫、 不 妄

行尸波罗蜜。”所谓不杀、不盗、不淫、不妄语，

4.12.7

lẹj^{2} lhju̱^{1} zjɨ̣^{1} dzew^{2} dź- lạ^{1} ljoor^{1} dow^{1} ljij^{2} ŋewr^{2} khiee^{1} njɨ^{2} khwa^{1} ka^{2} lew^{2} kiẹj^{2}

贪 悭 妒、欺 诈、谄 曲、邪 见，愦 闹 等 远 离 应，欲

远离贪嗔、欺诈、谄曲、邪见，亦应远离愦闹，少欲

4.12.8

zjɨɨr^{1} lhə nwə^{1} rjɨr^{2} njɨ^{2} dźjar^{2} tsəj^{1} ·jij^{1} tsjɨ^{1} ljij^{2} kjạ^{1} le^{2} njiij^{1} śjwo^{1} mjor^{1} ljij^{2} rjɨr^{2}

少 足 知，乃 至 罪 小 之 亦 大 恐 怖 心 生，如 来 所

知足，乃至小罪心生大怖，不得轻于如来所

4.12.9

tshjiij^{1} tśhjwɨj^{1} kie^{1} ·jij^{1} mjɨ^{1} kjiwr^{2} rjar^{1} mjij^{1} mjɨ^{1} ·jij^{1} pjo^{1} khie^{1} ·ju^{2} ·wejr^{2} rjur^{1} dźiã^{2} tśhju^{1}

说 禁 戒 △ 不 轻 得 无，他 之 讥 嫌 常 护，诸 众 生

制禁戒。常护讥嫌，不令众生

4.12.10

·jij^{1} lwow^{1} dźjar^{2} dzwej^{1} śjwo^{1} tji^{2} dja^{2} kwej^{1} we^{2} thjɨ^{2} sju^{2} na^{1} wạ^{2} pjụ^{1} wer^{1} ŋwu^{2} dźiã^{2}

之 妄 罪 过 起 处 △ 勿 为。此 如 深 广 威 仪 用，众

妄起过罪。用此威仪住持，以

4.12.11

tśhju^{1} śio^{1} dzjiij^{2} lew^{2}

生 教 化 也。

化众生也。

译文：

四行四德[1]，谓依前一尘能遍之境，而修四种行德。一者，随缘妙用无方德，谓依真起用，广利群生。众生根器不等，受解万差，乐欲不同，应机授法。应病与药，令得服行，《维摩经》中具明斯义。又以大悲故名曰随缘，以大智故名为妙用。又不坏假名，而常度众生，故曰随缘；了知众生性空，实无度者，名为妙用。又理即事，故名随缘；事即理，故名妙用。又真不违俗，故随缘；俗不违真，故妙用。又依本起末，故随缘；摄末归本，故妙用。良以法无分齐，起必同时。理无差别，显应一际[2]。用则波腾鼎沸，全真体以运行。体则镜净水澄，举随缘而会寂。若曦光之流彩，无心而朗十方；如明

镜之端形，不动而呈万像，故曰随缘妙用无方德也。二者威仪深广有则德[3]，谓行住坐卧四威仪也。大乘八万，小乘三千，为住持之楷模，整六和之紊绪，出三界之梯蹬，越苦海之迅航，拯物导迷，莫斯为最，但以金容匿彩，正教陵夷，传授浇讹，师于己见。致使教无纲纪，滥于玄理[4]；得失齐举，妄参真净[5]。不依经律，混乱凡情，自陷陷他，甚可悲矣[6]。《华严经》云："戒是无上菩提本，应当具足持净戒。"《梵网经》云："尘等菩萨众[7]，由是成正觉。"《起信论》云："以知法性体无毁禁，是故随顺法性，行尸波罗蜜。"所谓不杀、不盗、不淫、不妄语，远离贪嗔、欺诈、谄曲、邪见，亦应远离愦闹，少欲知足，乃至小罪心生大怖，不得轻于如来所制禁戒。常护讥嫌，不令众生妄起过罪。用此威仪住持，以化众生也。

注释：

[1]四行四德，汉本作"自下依此能遍之境而行四德"。

[2]理无差别显应一际，汉本作"真理不碍万差，显应无非一际"。

[3]深广，汉本作"住持"。

[4]滥于玄理，汉本作"滥挹淳流"。

[5]汉本下有"故令初学，触事成非"八字。

[6]汉本下有"故《瑜伽论》云：'非大沈非小浮，常住于正念。根本眷属，净修梵行'"数句。

[7]尘等，汉本作"微尘"。

释读：

4.12.11

·jɨr¹	dạ²	śji¹	tshjiij¹	mjor¹	ɣiej¹	lew¹	·jij¹
[illegible]	[illegible]：	[illegible]	[illegible]	[illegible]	[illegible]	[illegible]	[illegible]，
问	曰：	上	说	如	真	一	相，

问：上说真如一相[1]，

4.12.12

tha¹	kwər¹	mji¹	njɨɨ¹	tśhja²	·ioow¹	ŋowr²	ŋowr²	ŋowr²	lhə	·jɨ²
[illegible]	[illegible]	[illegible]	[illegible]，	[illegible]	[illegible]	[illegible]	[illegible]	[illegible]	[illegible]	[illegible]。
佛	体	不	二，	德	功	一	切	具	足	曰。
nioow¹	pjụ¹	wer¹	kie¹	dźjɨ	njɨ²	djọ²	dźjij¹	ljọ²	śjwo¹	
[illegible]	[illegible]	[illegible]	[illegible]	[illegible]	[illegible]	[illegible]	[illegible]	[illegible]	[illegible]？	
又	威	仪	戒	行	等	修	行	何	须？	

佛体无二，具足一切功德者。何故要须威仪等戒行耶？

4.13.1

kụ^{2} dạ^{2} dzjọ^{1} sju^{2} gji^{1} sej^{1} phji^{1} bju^{1} ljɨ̣^{1} nji^{2} kwər^{1} tsjiir^{2} swew^{1} sej^{1} djij^{2} rejr^{2} kjiw^{1}

答 曰： 譬 如 清 净 如 意 宝 珠， 体 性 明 净 虽， 多 年

答：譬如清净如意宝珠[2]，体性明净，久

4.13.2

lhjɨ^{2} ror^{2} kjɨ^{1} lə^{1} tjij^{1} dzjwo^{2} lew^{1} ljɨ̣^{1} nji^{2} tsjiir^{2} lə mə^{2} mə^{2} tśier^{1} ·ju^{2} ŋwu^{2} mji^{1}

尘 垢 △ 被。 若 人 唯 宝 珠 性 念， 种 种 方 便 以 不

被尘垢[3]。若人唯念宝性，不以种种方便

4.13.3

śjɨ^{1} śja^{1} ku^{1} swew^{1} sej^{1} thjij^{2} we^{2} mjor^{1} ɣiej^{1} tsjiir^{1} tsjɨ^{1} thja^{1} rjir^{2} ·a tjɨj^{2} kwər^{1} tsjiir^{2}

磨 治， 则 明 净 焉 为？ 如 真 法 而 彼 与 一 般， 体 性

磨治[4]，终不得净。真如之法亦尔，体性

4.13.4

ŋa^{1} mjij^{1} ɣu^{1} mjij^{1} mjɨ^{1} pjụ^{1} źjị^{1} njɨɨ^{2} dźjɨ wji^{1} kjɨ^{1} laa^{1} tjij^{1} dzjwo^{2} lew^{1} mjor^{1} ɣiej^{1}

空 寂， 始 无 无 量 烦 恼 已 被 △ 染。 若 人 唯 如 真

空净，久被无明烦恼垢染。若人唯念真如，

4.13.5

tsjiir^{2} lə kie^{1} djɨj^{2} źjɨr^{1} ŋwu^{2} mji^{1} kjij^{1} dzjɨɨ^{2} ku^{1} swew^{1} ·ioow^{1} mjij^{1} we^{2} thjɨ^{2} wo^{2} nioow^{1}

性 念， 戒 定 慧 以 不 熏 修， 则 净 功 无 为。 此 义 准，

不以戒定慧熏修[5]，终无净时。准此义，

4.13.6

ku^{1} tśhjwo^{1} kie^{1} ·jiij^{1} śjwo^{1} ·jɨr^{1} dạ^{2} ŋwə^{1} djij^{1} nji^{1} phjɨ^{1} dzjwo^{2} tja^{1} mur^{1} kha^{1} wjɨ^{2}

则 故 戒 持 须。 问 曰： 五 众 家 出 人 者， 俗 中 出

故理须持戒也。问：出家五众，超然出俗，

4.13.7

dzjij1 kie1 pju̧1 wer1 ·ji1 tja1 djij2 ŋwu2 nji1 dźjiij1 mur1 dzjwo2 nji1 tśju1 rer2 tśjɨɨr2 tsjų1

[illegible]

超，戒 威 仪 具 者 可 是。家 在 俗 人，家 事 网 缠，愆

可具威仪。在家俗人，缠家事网[6]，

4.13.8

ljiij2 thjij2 mjij1

[illegible]

犯 宁 无？

宁无愆犯？

4.13.8

kų2 dą2 nji1 lhjɨ1 dzjwo2 tja1 ·jij1 nji2 tsjiir1 tjɨj2 dju1 nji1 dźjiij1

[illegible]

答 曰：家 出 人 者，自 △ 严 科 有。家 在

答：出家之辈，自有严科。在家

4.13.9

dzjwo2 nji2 gu2 ŋwə1 kie1 ·jiij1 lew2 io̧1 so̧1 tjį1 ŋwə1 kie1 tja1 tśjį1 ŋjow2 lho sji2

[illegible]

人 △，通 五 戒 持 应。夫 三 归 五 戒 者，苦 海 出 能

之俦，通持五戒。夫三归五戒者，盖是出苦海

4.13.10

dzow1 tśja1 djiij2 phā1 tshwew1 śjij1 mər2 kų2

[illegible]

津 梁，涅 盘 趣 法 根 本。

phji1 dźji1 tśjɨɨ1 bju1 ·o2 śjij1 śją1 ·ji1 ·jij1

[illegible]

毗 尼 次 依 入 法，七 众 之

之津梁，趣涅盘之根本。作毗尼之渐次，为七众之

4.13.11

wą2 so2 ŋwu2 khjɨ2 neew2 thjɨ2 bju1 to2 śjwo1 tha1 tsjiir1 ljį2 djij1 ɣiej1 ŋwu2 lwər2 lhejr2

[illegible]

基 崇 为。万 善 此 藉 出 生，佛 法 地 平 实 是。《经 契》

崇基。万善藉此而生，实佛法之平地。《华严经》

4.13.12

kha¹ tshjiij¹ śiə¹ lo¹ mji¹ gji¹ sej¹ sã¹ mej² ·ju² mji¹ śja² ·jɨ² thjɨ² nioow¹ kie¹ tja¹

[西夏文]

中 云：“尸 罗 不 清 净，三 昧 前 不 现 谓。”是 由 戒 者

云：“尸罗不清净，三昧不现前。”当知戒

4.14.1

djɨj² ·jij¹ kwər¹ ŋwu² źjɨr¹ tja¹ djɨj² ·jij¹ ·ioow¹ ŋwu² sọ¹ ɣiew¹ ŋowr² lhə ku¹ po¹ tjɨj¹

[西夏文]

定 之 体 为，慧 者 定 之 用 为，三 学 备 圆，则 菩 提

为定体，慧为定用，三学圆备，即证菩提。

4.14.2

xja¹ lja¹ ljɨɨr¹ phiaa² dzjɨj¹ kha¹ tshjiij¹ kie¹

[西夏文]

即 证。《四 分 律》中 云：“戒

·jiij¹ zji² phju² mji¹ tsjụ¹ ljiij² phji² khjiw² pjụ¹

[西夏文]

持 最 上 不 毁 犯，比 丘 威

《四分律》云：“第一持戒不毁犯，比丘威

4.14.3

wer¹ ·jij¹ ljuu² śjwo² ljwij¹ ·o¹ tsjiir¹ bju¹ źier¹ mjɨ¹ njwi² thja¹ thjɨ² rjir¹ nioow¹ mjɨ¹ mji¹

[西夏文]

仪 自 端 严。怨 家 法 如 骂 不 能，彼 此 得 因 他 不

仪自端严。怨家如法不能骂，因得彼此不

4.14.4

njɨɨ² ·jɨ² thjɨ² wo² nioow¹ ku¹ tśhjwo¹ pjụ¹ wer¹

[西夏文]

诃 谓。”此 理 依，则 故 威 仪

na¹ wạ² tsjiir¹ dju¹ tśhja² ·jɨ² sọ¹ wəə¹

[西夏文]

深 广 则 有 德 云[10]。三 柔

诃他[7]。”依此义理，故云威仪住持有则德[8]。三者，柔

4.14.5

ŋwej^2	źjɨr^1	twụ^1	dźiã^2	ɣjiw^1	tśhja^2	·jɨ^2	tja^1	ljij^2	sjij^2	ɣiej^1	swew^1	·jij^1	źjɨr^1	twụ^1	·jɨ^2	ljij^2
[illegible]	[illegible]	[illegible]	[illegible]	[illegible]	[illegible]	[illegible]	[illegible]，	[illegible]	[illegible]	[illegible]	[illegible]	[illegible]	[illegible]	[illegible]	[illegible]。	[illegible]
和	质	直	生	摄	德	谓	者，	大	智	真	照	之	质	直	谓，	大

和质直摄生德，谓大智照真名为质直，大

4.14.6

wjuu^1	dźiã^2	gjuu^2	·jij^1	wəə^1	ŋwej^2	·jɨ^2	nioow^1	źjɨr^1
[illegible]	[illegible]	[illegible]	[illegible]	[illegible]	[illegible]	[illegible]。	[illegible]	[illegible]
悲	物	救	△	柔	和	曰。	又	质
twụ^1	tja^1	mər^2	tsjiir^2	mji^1	lej^2	bju^1	tshjiij^1	
[illegible]	[illegible]，	[illegible]	[illegible]	[illegible]	[illegible]	[illegible]	[illegible]；	
直	者，	本	性	不	迁	约	说；	

悲救物故曰柔和。又质直者，约本性不迁；

4.14.7

wəə^1	ŋwej^2	tja^1	ljụ^2	śjwɨ^2	mji^1	ɣię^2	bju^1	tshjiij^1
[illegible]	[illegible]	[illegible]，	[illegible]	[illegible]	[illegible]	[illegible]	[illegible]	[illegible]。
柔	和	者，	流	随	不	滞	约	说。
nioow^1	wəə^1	tja^1	źji^1	njɨɨ^2	·jar^2	dzjar^2	ŋwu^2	
[illegible]	[illegible]	[illegible]，	[illegible]	[illegible]	[illegible]	[illegible]	[illegible]；	
又	柔	者，	烦	恼	伏	灭	是；	

柔和者，约随流不滞。柔则伏灭烦恼，

4.14.8

ŋwej^2	tja^1	wo^2	bju^1	djọ^2	dźjiij^1	ŋwu^2	thjɨ^2	sju^2
[illegible]	[illegible]，	[illegible]	[illegible]	[illegible]	[illegible]	[illegible]。	[illegible]	[illegible]
和	者，	理	顺	修	行	是。	兹	如
ŋwej^2	śjwii^2	tsjiir^1	ŋwu^2	dźiã^2	tśhju^1	ɣjiw^1	lew^2	
[illegible]	[illegible]	[illegible]	[illegible]，	[illegible]	[illegible]	[illegible]	[illegible]。	
调	和	法	用，	众	生	摄	所。	

和则顺理修行。用兹调和之法，以摄众生也。

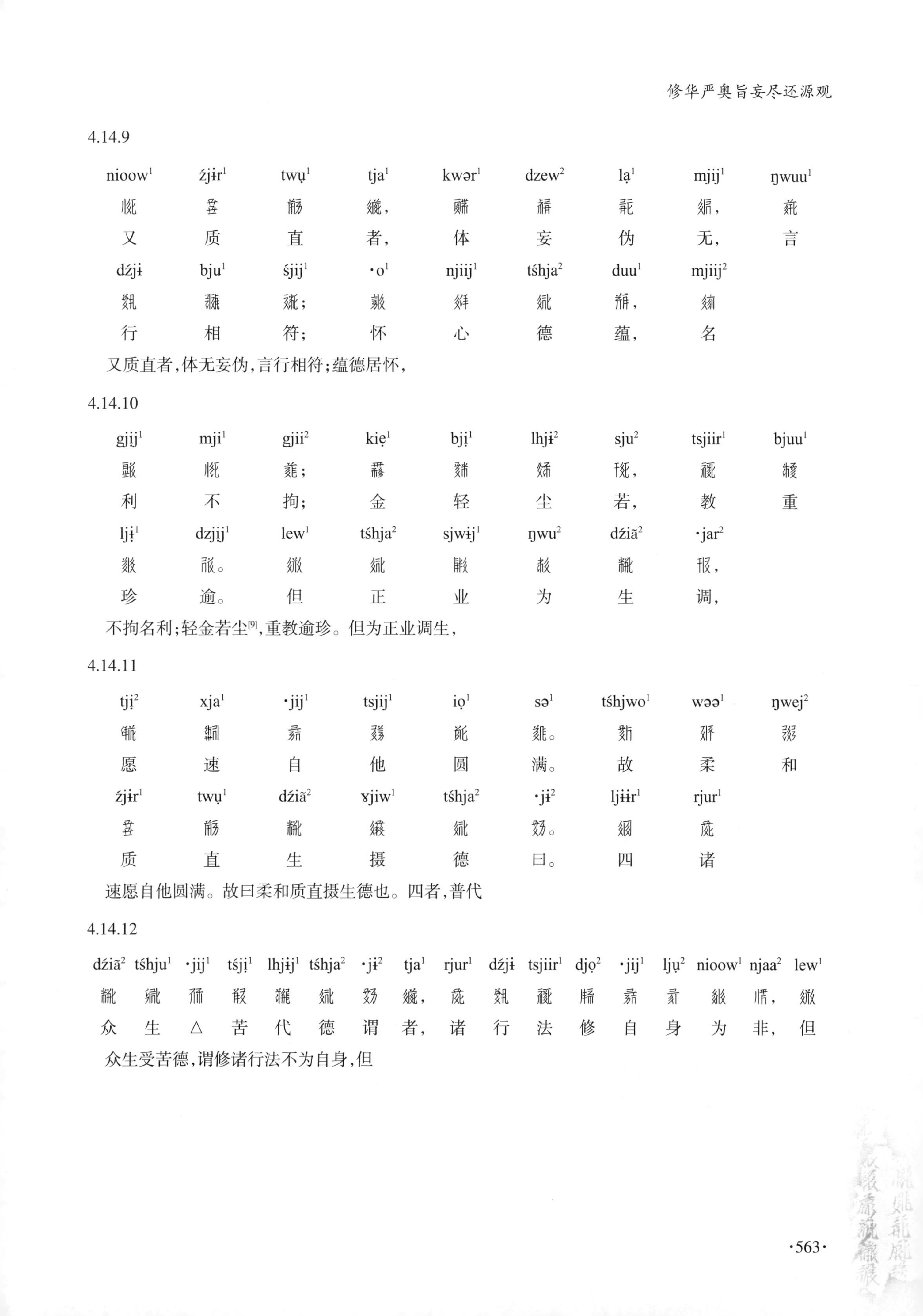

4.14.9

nioow^1 źjɨr^1 twụ^1 tja^1 kwər^1 dzew^2 lạ^1 mjij^1 ŋwuu^1

又 质 直 者， 体 妄 伪 无， 言

dźjɨ bju^1 śjij^1 ·o^1 njiij^1 tśhja^2 duu^1 mjiij^2

行 相 符； 怀 心 德 蕴， 名

又质直者，体无妄伪，言行相符；蕴德居怀，

4.14.10

gjij^1 mji^1 gjii^2 kię^1 bjị^1 lhjɨ^2 sju^2 tsjiir^1 bjuu^1

利 不 拘； 金 轻 尘 若， 教 重

ljị^1 dzjij^1 lew^1 tśhja^2 sjwɨj^1 ŋwu^2 dźiã^2 ·jar^2

珍 逾。 但 正 业 为 生 调，

不拘名利；轻金若尘[9]，重教逾珍。但为正业调生，

4.14.11

tjị^2 xja^1 ·jij^1 tsjij^1 iọ^1 sə^1 tśhjwo^1 wəə^1 ŋwej^2

愿 速 自 他 圆 满。 故 柔 和

źjɨr^1 twụ^1 dźiã^2 ɣjiw^1 tśhja^2 ·jɨ^2 ljɨɨr^1 rjur^1

质 直 生 摄 德 曰。 四 诸

速愿自他圆满。故曰柔和质直摄生德也。四者，普代

4.14.12

dźiã^2 tśhju^1 ·jij^1 tśjị^1 lhjɨj^1 tśhja^2 ·jɨ^2 tja^1 rjur^1 dźjɨ tsjiir^1 djọ^2 ·jij^1 ljụ^2 nioow^1 njaa^2 lew^1

众 生 △ 苦 代 德 谓 者， 诸 行 法 修 自 身 为 非， 但

众生受苦德，谓修诸行法不为自身，但

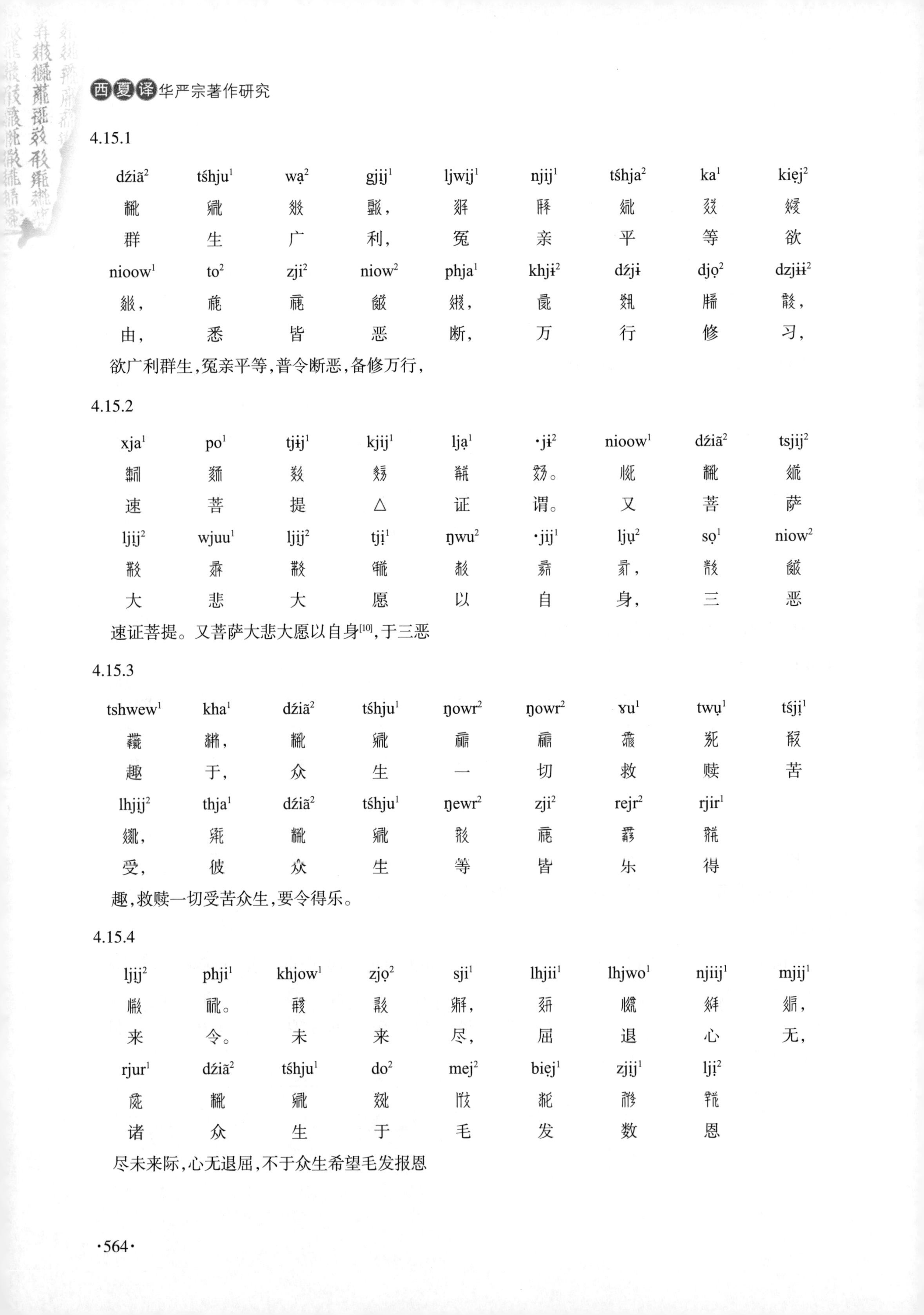

4.15.1

dźiã²	tśhju¹	wạ²	gjij¹	ljwij¹	njij¹	tśhja²	ka¹	kiej²
群	生	广	利，	冤	亲	平	等	欲
nioow¹	to²	zji²	niow²	phja¹	khjɨ²	dźjɨ	djọ²	dzjɨɨ²
由，	悉	皆	恶	断，	万	行	修	习，

欲广利群生，冤亲平等，普令断恶，备修万行，

4.15.2

xja¹	po¹	tjɨj¹	kjij¹	lja¹	·jɨ²	nioow¹	dźiã²	tsjij²
速	菩	提	△	证	谓。	又	菩	萨
ljij²	wjuu¹	ljij²	tjị¹	ŋwu²	·jij¹	ljụ²	sọ¹	niow²
大	悲	大	愿	以	自	身，	三	恶

速证菩提。又菩萨大悲大愿以自身[10]，于三恶

4.15.3

tshwew¹	kha¹	dźiã²	tśhju¹	ŋowr²	ŋowr²	ɣu¹	twụ¹	tśjị¹
趣	于，	众	生	一	切	救	赎	苦
lhjij²	thja¹	dźiã²	tśhju¹	ŋewr²	zji²	rejr²	rjir¹	
受，	彼	众	生	等	皆	乐	得	

趣，救赎一切受苦众生，要令得乐。

4.15.4

ljij²	phji¹	khjow¹	zjọ²	sji¹	lhjii¹	lhjwo¹	njiij¹	mjij¹
来	令。	未	来	尽，	屈	退	心	无，
rjur¹	dźiã²	tśhju¹	do²	mej²	biej¹	zjij¹	ljị²	
诸	众	生	于	毛	发	数	恩	

尽未来际，心无退屈，不于众生希望毛发报恩

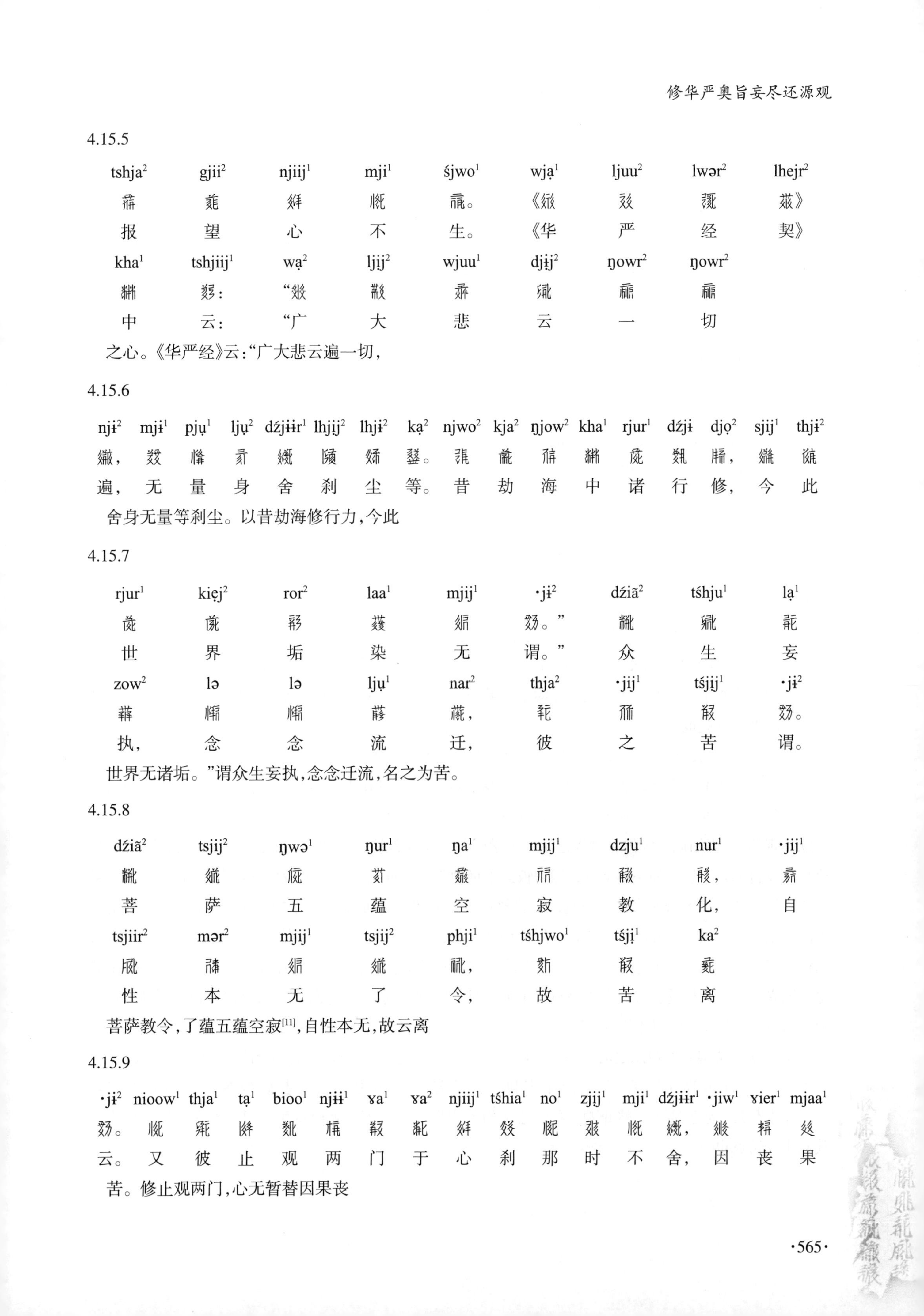

4.15.5

tshja² gjii² njiij¹ mji¹ śjwo¹ wją¹ ljuu² lwər² lhejr²
报 望 心 不 生。《华 严 经 契》
kha¹ tshjiij¹ wą² ljij² wjuu¹ djɨj² ŋowr² ŋowr²
中 云：“广 大 悲 云 一 切

之心。《华严经》云：“广大悲云遍一切，

4.15.6

njɨ² mjɨ¹ pjụ¹ ljụ² dźjɨɨr¹ lhjij² lhjɨ² kạ² njwo² kja² ŋjow² kha¹ rjur¹ dźjɨ djọ² sjij¹ thjɨ²
遍，无 量 身 舍 刹 尘 等。昔 劫 海 中 诸 行 修，今 此

舍身无量等刹尘。以昔劫海修行力，今此

4.15.7

rjur¹ kiẹj² ror² laa¹ mjij¹ ·jɨ² dźiã² tśhju¹ lạ¹
世 界 垢 染 无 谓。” 众 生 妄
zow² lə lə ljụ¹ nar² thja² ·jij¹ tśjij¹ ·jɨ²
执，念 念 流 迁，彼 之 苦 谓。

世界无诸垢。”谓众生妄执，念念迁流，名之为苦。

4.15.8

dźiã² tsjij² ŋwə¹ ŋur¹ ŋa¹ mjij¹ dzju¹ nur¹ ·jij¹
菩 萨 五 蕴 空 寂 教 化，自
tsjiir² mər² mjij¹ tsjij² phji¹ tśhjwo¹ tśjị¹ ka²
性 本 无 了 令，故 苦 离

菩萨教令，了蕴五蕴空寂[11]，自性本无，故云离

4.15.9

·jɨ² nioow¹ thja¹ tạ¹ bioo¹ njɨɨ¹ ɣa¹ ɣa² njiij¹ tśhia¹ no¹ zjij¹ mji¹ dźjɨɨr¹ ·jiw¹ ɣier¹ mjaa¹
云。又 彼 止 观 两 门 于 心 刹 那 时 不 舍，因 丧 果

苦。修止观两门，心无暂替因果丧

4.15.10

dzjar[2]	nioow[1]	tśjị[1]	śjwo[1]	phja[1]	mjij[1]	lew[1]	sọ[1]	niow[2]
[illegible]	[illegible]，	[illegible]	[illegible]	[illegible]	[illegible]，	[illegible]	[illegible]	[illegible]
亡	由，	苦	生	边	无，	但	三	恶
tshwew[1]	kha[1]	mji[1]	ljɨ[1]	phji[1]	ku[1]	tśhjwo[1]	dźiã[2]	
[illegible]	[illegible]	[illegible]	[illegible]	[illegible]，	[illegible]	[illegible]	[illegible]	
趣	中	不	入	令，	则	故	众	

亡。苦业无由得生，但令不入三涂，名为普代众

4.15.11

tśhju[1]	·jij[1]	tśjị[1]	lhjɨj[1]	ŋwu[2]
[illegible]	[illegible]	[illegible]	[illegible]	[illegible]。
生	△	苦	代	也。

生受苦德也[12]。

译文：

问：上说真如一相[1]，佛体无二，具足一切功德者。何故要须威仪等戒行耶？

答：譬如清净如意宝珠[2]，体性明净，久被尘垢[3]。若人唯念宝性，不以种种方便磨治[4]，终不得净。真如之法亦尔，体性空净，久被无明烦恼垢染。若人唯念真如，不以戒定慧熏修[5]，终无净时。准此义，故理须持戒也。

问：出家五众，超然出俗，可具威仪。在家俗人，缠家事网[6]，宁无愆犯？

答：出家之辈，自有严科。在家之俦，通持五戒。夫三归五戒者，盖是出苦海之津梁，趣涅盘之根本。作毗尼之渐次，为七众之崇基。万善藉此而生，实佛法之平地。《华严经》云："尸罗不清净，三昧不现前。"当知戒为定体，慧为定用，三学圆备，即证菩提。《四分律》云："第一持戒不毁犯，比丘威仪自端严。怨家如法不能骂，因得彼此不诃他[7]。"依此义理，故云威仪住持有则德[8]。三者，柔和质直摄生德，谓大智照真名为质直，大悲救物故曰柔和。又质直者，约本性不迁；柔和者，约随流不滞。柔则伏灭烦恼，和则顺理修行。用兹调和之法，以摄众生也。又质直者，体无妄伪，言行相符；蕴德居怀，不拘名利；轻金若尘[9]，重教逾珍。但为正业调生，速愿自他圆满。故曰柔和质直摄生德也。四者，普代众生受苦德，谓修诸行法不为自身，但欲广利群生，冤亲平等，普令断恶，备修万行，速证菩提。又菩萨大悲大愿以自身[10]，于三恶趣，救赎一切受苦众生，要令得乐。尽未来际，心无退屈，不于众生希望毛发报恩之心。《华严经》云："广大悲云遍一切，舍身无量等刹尘。以昔劫海修行力，今此世界无诸垢。"谓众生妄执，念念迁流，名之为苦。菩萨教令，了蕴五蕴空寂[11]，自性本无，故云离苦。修止观两门，心无暂替因果丧亡。苦业无由得生，但令不入三涂，名为普代众生受苦德也[12]。

注释：

[1]上说，汉本作“准上文所说”。

[2]清净如意宝珠，汉本作“大摩尼宝”。

[3]久被尘垢，汉本作“久被尘累，而有粗秽之垢”。

[4]汉本无“方便”二字。

[5]不以戒定慧熏修，汉本作“不以持戒定慧种种熏修”。

[6]在家俗人缠家事网，汉本作“在家之流，身缠俗网”。

[7]怨家如法不能骂因得彼此不诃他，汉本作“怨家之人不能近，若不如法即被诃”。

[8]深广，汉本作“住持”。

[9]尘，汉本作“块”。

[10]以自身，汉本作“以身为质”，则西夏译本有脱文。

[11]“五蕴”二字汉本无。

[12]自“修止观两门”以下多有讹脱，汉本作“问:众生无边苦业无边，云何菩萨而能普代众生受苦？答：菩萨代众生受苦者，由大悲方便力故。但以众生妄执，不了业体。从妄而生，无由出苦。菩萨教令修止观两门，心无暂替因果丧亡。苦业无由得生，但令不入三涂，名为普代众生受苦德也。《杂集论》云：‘于不坚坚觉，深住于颠倒；离烦恼所恼，得最上菩提。已上明四种行德竟。’”

释读：

4.15.12

ŋwə^{1}	tsew^{2}	ŋwə^{1}	tạ^{1}	·o^{2}	kha^{1}	ŋwə^{1}	tạ^{1}	·jɨ^{2}
[illegible]	[illegible]	[illegible]	[illegible]	[illegible]	[illegible]，	[illegible]	[illegible]	[illegible]
五	第	五	止	入	中，	五	止	谓
tja^{1}	śji^{1}	dźjij^{1}	sji^{2}	ljɨɨr^{1}	tśhja^{2}	dźjij^{1}	śjwo^{1}	·jɨ^{2}
[illegible]，	[illegible]	[illegible]	[illegible]	[illegible]	[illegible]	[illegible]	[illegible]	[illegible]①。
者，	前	行	能	四	德	行	生	谓。

第五入五止[1]。五止门者，谓依前能行四德之行。

4.16.1

thja^{1}	·jij^{1}	·jij^{1}	ŋa^{1}	·jij^{1}	sji^{1}	njiij^{1}	gjii^{1}	ku^{1}	tạ^{1}	djọ^{2}	ŋwu^{2}	·jɨ^{2}	·o^{2}	·jɨ^{2}	tja^{1}	tsjiir^{2}
[illegible]	[illegible]	[illegible]	[illegible]	[illegible]	[illegible]，	[illegible]	[illegible]	[illegible]	[illegible]	[illegible]	[illegible]	[illegible]。	[illegible]	[illegible]	[illegible]，	[illegible]②
其	相	即	空	相	尽，	心	澄	则	止	而	修	也。	入	言	者，	性

当相即空相尽，心澄而修止也。所言入者，性

---

①“[illegible]”(行生谓)三字原残，据汉文补。

②“[illegible]”(者)、“[illegible]”(性)二字原残，据汉文补。

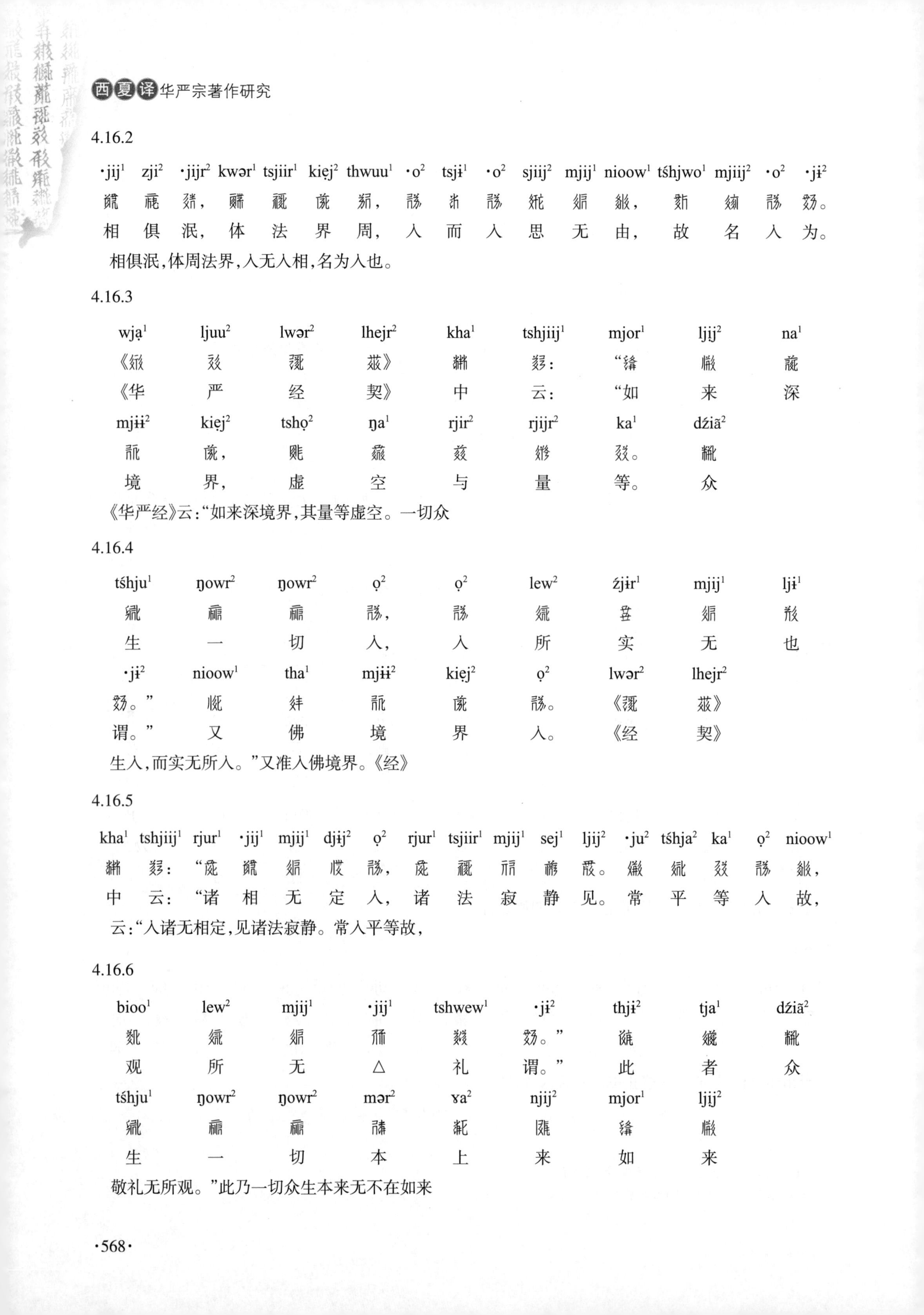

4.16.2

·jij^{1} zji^{2} ·jijr^{2} kwər^{1} tsjiir^{1} kiẹj^{2} thwuu^{1} ·o^{2} tsjɨ^{1} ·o^{2} sjiij^{2} mjij^{1} nioow^{1} tśhjwo^{1} mjiij^{2} ·o^{2} ·jɨ^{2}

相 俱 泯， 体 法 界 周， 入 而 入 思 无 由， 故 名 入 为。

相俱泯,体周法界,入无入相,名为入也。

4.16.3

wjạ^{1} ljuu^{2} lwər^{2} lhejr^{2} kha^{1} tshjiij^{1} mjor^{1} ljij^{2} na^{1}

《华 严 经 契》 中 云： “如 来 深

mjɨɨ^{2} kiẹj^{2} tshọ^{2} ŋa^{1} rjir^{2} rjijr^{2} ka^{1} dźiã^{2}

境 界， 虚 空 与 量 等。 众

《华严经》云:“如来深境界,其量等虚空。一切众

4.16.4

tśhju^{1} ŋowr^{2} ŋowr^{2} ọ^{2} ọ^{2} lew^{2} źjɨr^{1} mjij^{1} ljɨ^{1}

生 一 切 入， 入 所 实 无 也

·jɨ^{2} nioow^{1} tha^{1} mjɨɨ^{2} kiẹj^{2} ọ^{2} lwər^{2} lhejr^{2}

谓。” 又 佛 境 界 入。 《经 契》

生入,而实无所入。”又准入佛境界。《经》

4.16.5

kha^{1} tshjiij^{1} rjur^{1} ·jij^{1} mjij^{1} djɨj^{2} ọ^{2} rjur^{1} tsjiir^{1} mjij^{1} sej^{1} ljij^{2} ·ju^{2} tśhja^{2} ka^{1} ọ^{2} nioow^{1}

中 云： “诸 相 无 定 入， 诸 法 寂 静 见。 常 平 等 入 故，

云:“入诸无相定,见诸法寂静。常入平等故,

4.16.6

bioo^{1} lew^{2} mjij^{1} ·jij^{1} tshwew^{1} ·jɨ^{2} thjɨ^{2} tja^{1} dźiã^{2}

观 所 无 △ 礼 谓。” 此 者 众

tśhju^{1} ŋowr^{2} ŋowr^{2} mər^{2} ɣa^{2} njij^{2} mjor^{1} ljij^{2}

生 一 切 本 上 来 如 来

敬礼无所观。”此乃一切众生本来无不在如来

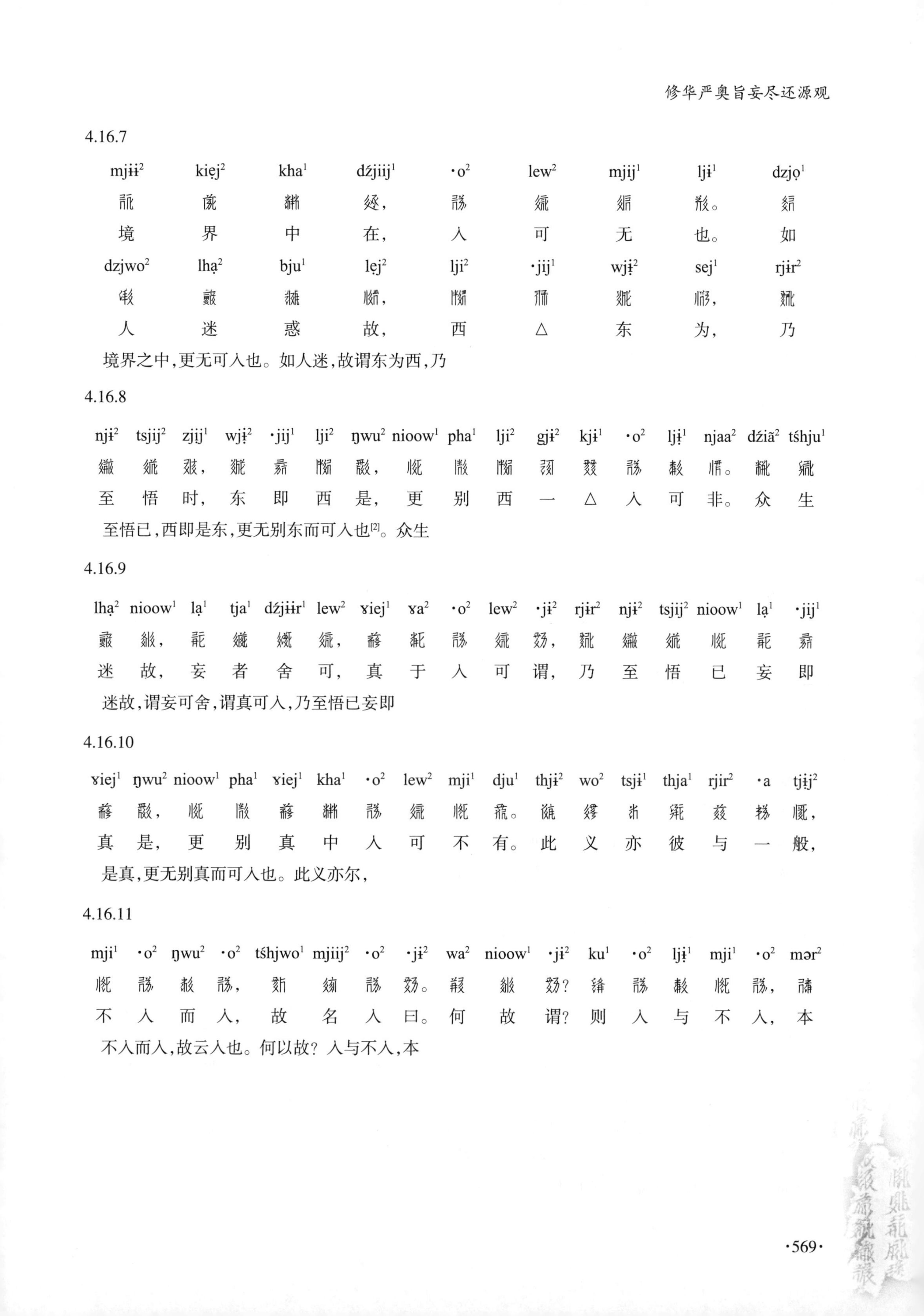

4.16.7

mjɨɨ^2 kiẹj^2 kha^1 dźjiij^1 ·o^2 lew^2 mjij^1 ljɨ^1 dzjọ^1

境 界 中 在， 入 可 无 也。 如

dzjwo^2 lhạ^2 bju^1 lẹj^2 lji^2 ·jij^1 wjɨ̣^{2} sej^1 rjɨr^2

人 迷 惑 故， 西 △ 东 为， 乃

境界之中，更无可入也。如人迷，故谓东为西，乃

4.16.8

njɨ^2 tsjij^2 zjij^1 wjɨ̣^{2} ·jij^1 lji^2 ŋwu^2 nioow^1 pha^1 lji^2 gjɨ^2 kjɨ^1 ·o^2 ljɨ̣^{1} njaa^2 dźiã^2 tśhju^1

至 悟 时， 东 即 西 是， 更 别 西 一 △ 入 可 非。 众 生

至悟已，西即是东，更无别东而可入也[2]。众生

4.16.9

lhạ^2 nioow^1 lạ^1 tja^1 dźjɨɨr^1 lew^2 ɣiej^1 ɣa^2 ·o^2 lew^2 ·jɨ^2 rjɨr^2 njɨ^2 tsjij^2 nioow^1 lạ^1 ·jij^1

迷 故， 妄 者 舍 可， 真 于 入 可 谓， 乃 至 悟 已 妄 即

迷故，谓妄可舍，谓真可入，乃至悟已妄即

4.16.10

ɣiej^1 ŋwu^2 nioow^1 pha^1 ɣiej^1 kha^1 ·o^2 lew^2 mji^1 dju^1 thjɨ^2 wo^2 tsjɨ^1 thja^1 rjir^2 ·a tjɨj^2

真 是， 更 别 真 中 入 可 不 有。 此 义 亦 彼 与 一 般，

是真，更无别真而可入也。此义亦尔，

4.16.11

mji^1 ·o^2 ŋwu^2 ·o^2 tśhjwo^1 mjiij^2 ·o^2 ·jɨ^2 wa^2 nioow^1 ·jɨ^2 ku^1 ·o^2 ljɨ̣^{1} mji^1 ·o^2 mər^2

不 入 而 入， 故 名 入 曰。 何 故 谓？ 则 入 与 不 入， 本

不入而入，故云入也。何以故？入与不入，本

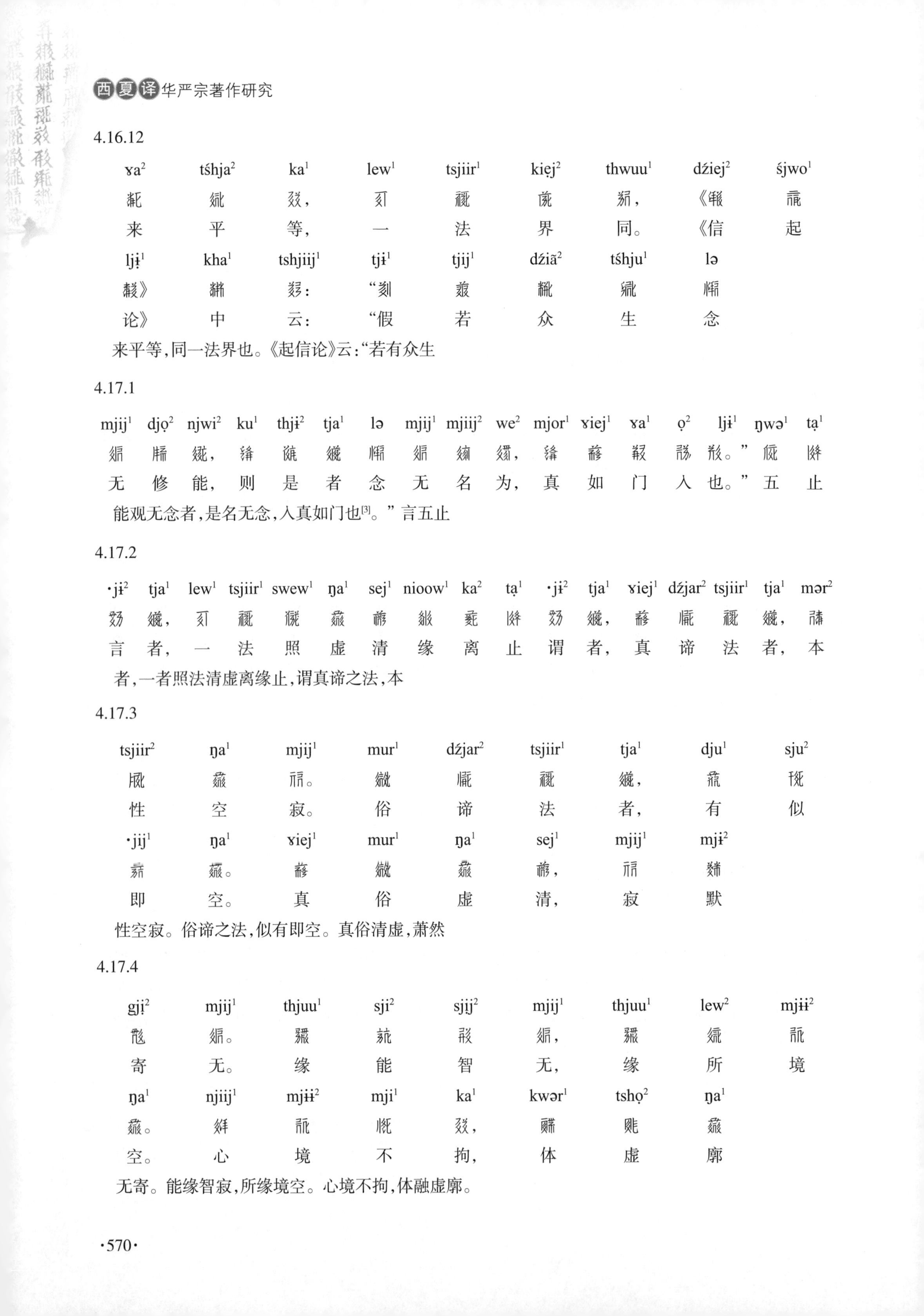

4.16.12

ɣa^{2} tśhja^{2} ka^{1} lew^{1} tsjiir^{1} kiej^{2} thwuu^{1} dźiej^{2} śjwo^{1}

来 平 等， 一 法 界 同。 《信 起

ljɨ̣^{1} kha^{1} tshjiij^{1} tjɨ^{1} tjij^{1} dźiā^{2} tśhju^{1} lə

论》 中 云： “假 若 众 生 念

来平等，同一法界也。《起信论》云：“若有众生

4.17.1

mjij^{1} djọ^{2} njwi^{2} ku^{1} thjɨ^{2} tja^{1} lə mjij^{1} mjiij^{2} we^{2} mjor^{1} ɣiej^{1} ɣa^{1} ọ^{2} ljɨ^{1} ŋwə^{1} tạ^{1}

无 修 能， 则 是 者 念 无 名 为， 真 如 门 入 也。” 五 止

能观无念者，是名无念，入真如门也[3]。” 言五止

4.17.2

·jɨ^{2} tja^{1} lew^{1} tsjiir^{1} swew^{1} ŋa^{1} sej^{1} nioow^{1} ka^{2} tạ^{1} ·jɨ^{2} tja^{1} ɣiej^{1} dźjar^{2} tsjiir^{1} tja^{1} mər^{2}

言 者， 一 法 照 虚 清 缘 离 止 谓 者， 真 谛 法 者， 本

者，一者照法清虚离缘止，谓真谛之法，本

4.17.3

tsjiir^{2} ŋa^{1} mjij^{1} mur^{1} dźjar^{2} tsjiir^{1} tja^{1} dju^{1} sju^{2}

性 空 寂。 俗 谛 法 者， 有 似

·jij^{1} ŋa^{1} ɣiej^{1} mur^{1} ŋa^{1} sej^{1} mjij^{1} mjɨ^{2}

即 空。 真 俗 虚 清， 寂 默

性空寂。俗谛之法，似有即空。真俗清虚，萧然

4.17.4

gjị^{2} mjij^{1} thjuu^{1} sji^{2} sjij^{2} mjij^{1} thjuu^{1} lew^{2} mjɨɨ^{2}

寄 无。 缘 能 智 无， 缘 所 境

ŋa^{1} njiij^{1} mjɨɨ^{2} mji^{1} ka^{1} kwər^{1} tshọ^{2} ŋa^{1}

空。 心 境 不 拘， 体 虚 廓

无寄。能缘智寂，所缘境空。心境不拘，体融虚廓。

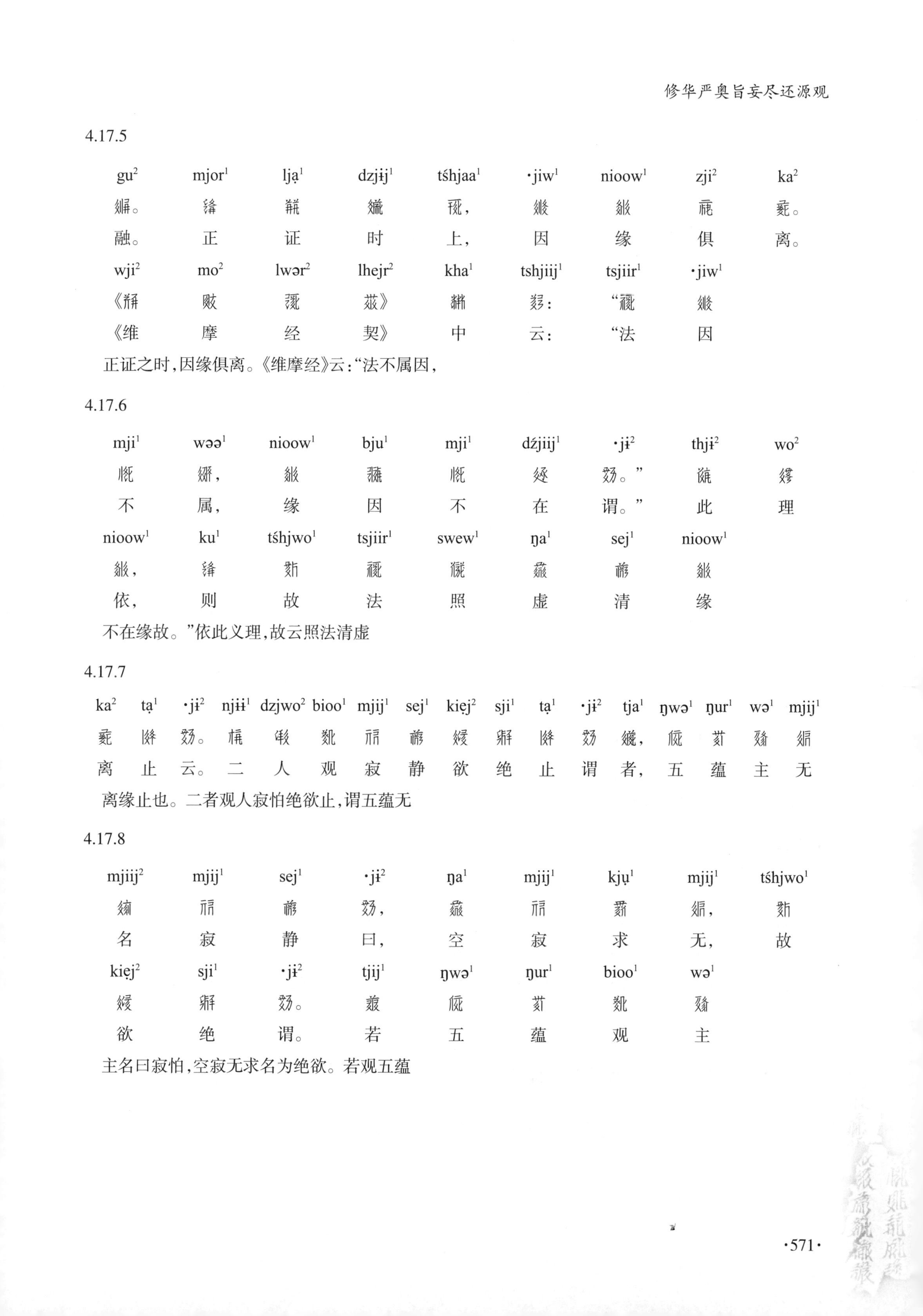

4.17.5

gu^2	mjor^1	lja̱^{1}	dzjɨj^1	tśhjaa^1	·jiw^1	nioow^1	zji^2	ka^2
融。	正	证	时	上，	因	缘	俱	离。
wji^2	mo^2	lwər^2	lhejr^2	kha^1	tshjiij^1	tsjiir^1	·jiw^1	
《维	摩	经	契》	中	云：	"法	因	

正证之时，因缘俱离。《维摩经》云："法不属因，

4.17.6

mji^1	wəə^1	nioow^1	bju^1	mji^1	dźjiij^1	·jɨ^2	thjɨ^2	wo^2
不	属，	缘	因	不	在	谓。"	此	理
nioow^1	ku^1	tśhjwo^1	tsjiir^1	swew^1	ŋa^1	sej^1	nioow^1	
依，	则	故	法	照	虚	清	缘	

不在缘故。"依此义理，故云照法清虚

4.17.7

ka^2	ta̱^{1}	·jɨ^2	njɨɨ^1	dzjwo^2	bioo^1	mjij^1	sej^1	kię̱j^2	sji^1	ta̱^{1}	·jɨ^2	tja^1	ŋwə^1	ŋur^1	wə^1	mjij^1
离	止	云。	二	人	观	寂	静	欲	绝	止	谓	者，	五	蕴	主	无

离缘止也。二者观人寂怕绝欲止，谓五蕴无

4.17.8

mjiij^2	mjij^1	sej^1	·jɨ^2	ŋa^1	mjij^1	kju̱^{1}	mjij^1	tśhjwo^1
名	寂	静	曰，	空	寂	求	无，	故
kię̱j^2	sji^1	·jɨ^2	tjij^1	ŋwə^1	ŋur^1	bioo^1	wə^1	
欲	绝	谓。	若	五	蕴	观	主	

主名曰寂怕，空寂无求名为绝欲。若观五蕴

4.17.9

mjij^{1}	ku^{1}	kwər^{1}	·jij^{1}	ŋa^{1}	mjij^{1}	·jij^{1}	mər^{2}	·jij^{1}	dzjar^{2}	tsjiir^{2}	mər^{2}	·jij^{1}	ŋa^{1}	nja^{2}	ŋa^{2}	lji^{2}
[illegible]，	[illegible]	[illegible]	[illegible]	[illegible]	[illegible]。	[illegible]	[illegible]	[illegible]	[illegible]，	[illegible]	[illegible]	[illegible]	[illegible]。	[illegible]	[illegible]	[illegible]
无，	则	体	即	空	寂。	相	本	自	离，	性	本	自	空。	你	我	恩

无主,则体即空寂。相本自离,性本自空。你我恩

4.17.10

dzu^{1}	zjɨ^{2}	njɨɨ^{1}	ɣiej^{1}	sej^{1}	tśhjwo^{1}	mjiij^{2}	dzjwo^{2}	bioo^{1}
[illegible]，	[illegible]	[illegible]	[illegible]	[illegible]。	[illegible]	[illegible]	[illegible]	[illegible]
爱，	双	双	真	净，	故	名	人	观
mjij^{1}	sej^{1}	kiẹj^{2}	sji^{1}	kiẹj^{2}	·jɨ^{2}	sọ^{1}	tsjiir^{2}	
[illegible]	[illegible]	[illegible]	[illegible]	[illegible]	[illegible]。	[illegible]	[illegible]	
寂	静	欲	绝	止	云。	三	性	

爱,双双真净[4],故云观人寂怕绝欲止也。三者性

4.17.11

śjwo^{1}	rejr^{2}	ljij^{1}	mər^{2}	ɣa^{2}	tạ^{1}	·jɨ^{2}	tja^{1}	kwər^{1}
[illegible]	[illegible]	[illegible]	[illegible]	[illegible]	[illegible]	[illegible]	[illegible]，	[illegible]
起	繁	兴	法	于	止	谓	者，	体
bju^{1}	·ioow^{1}	śjwo^{1}	nioow^{1}	tsjiir^{2}	śjwo^{1}	·jɨ^{2}	śjwo^{1}	
[illegible]	[illegible]	[illegible]	[illegible]，	[illegible]	[illegible]	[illegible]；	[illegible]	
依	用	起	由，	性	起	谓；	起	

起繁兴法尔止。谓依体起用,名为性起;起

4.17.12

bju^{1}	khjɨ^{2}	do^{2}	tśhjwo^{1}	rejr^{2}	ljij^{2}	·jɨ^{2}	njwo^{2}	sjij^{1}
[illegible]	[illegible]	[illegible]，	[illegible]	[illegible]	[illegible]	[illegible]；	[illegible]	[illegible]
应	万	差，	故	繁	兴	曰；	古	今
·ju^{2}	ŋwu^{2}	tśhjwo^{1}	mər^{2}	ɣa^{2}	·jɨ^{2}	mjor^{1}	wji^{1}	
[illegible]	[illegible]，	[illegible]	[illegible]	[illegible]	[illegible]。	[illegible]	[illegible]	
常	是，	故	本	来	谓。	如	为	

应万差,故曰繁兴;古今常然,名为法尔。谓

4.18.1

tsjiir^1	tja^1	mər^2	ɣa^2	nioow^1	śjw̥ɨ^2	khjɨ^2	tsjiir^1	zji^2
[illegible]	[illegible]	[illegible]	[illegible]	[illegible]	[illegible]	[illegible]	[illegible]	[illegible]
法	者，	本	来	缘	随；	万	法	俱
ljij^2	mər^2	ɣa^2	tsjiir^2	lhjwo^1	nioow^1	tśhjwo^1	tsjiir^2	
[illegible]	[illegible]	[illegible]	[illegible]	[illegible]	[illegible]	[illegible]	[illegible]	
兴，	本	来	性	归	由，	故	性	

如之法，法尔随缘；万法俱兴，法尔归性，故曰性

4.18.2

śjwo^1	rejr^2	ljij^2	mər^2	ɣa^2	ta̱^{1}	·jɨ^2	lwər^2	lhejr^2	kha^1	tshjiij^1	dźjiij^1	mjij^1	mər^2	bju^1	tsjiir^1	ŋowr^2
[illegible]	[illegible]	[illegible]	[illegible]	[illegible]	[illegible]	[illegible]	[illegible]	[illegible]	[illegible]	[illegible]	[illegible]	[illegible]	[illegible]	[illegible]	[illegible]	[illegible]
起	繁	兴	本	来	止	曰。	《经	契》	中	云	“住	无	本	从	法	一

起繁兴法尔止。《经》云“从无住本立一

4.18.3

ŋowr^2	thu^1	phjij^1	·jɨ^2	tja^1	thjɨ^2	wo^2	ŋwu^2	ljɨ̣^{1}	ljɨɨr^1	djɨj^2	bji^1	dźju^1	śja^2	lə	mjij^1	ta̱^{1}
[illegible]	[illegible]	[illegible]	[illegible]	[illegible]	[illegible]	[illegible]	[illegible]	[illegible]	[illegible]	[illegible]	[illegible]	[illegible]	[illegible]	[illegible]	[illegible]	[illegible]
切	设	立”	谓	者，	其	义	是	也。	四	定	光	显	现	念	无	止

切法”，即其义也。四者定光显现无念止，

4.18.4

·jɨ^2	tja^1	djɨj^2	bji^1	tja^1	lew^1	·u̱^{2}	tsjiir^1	kha^1	phiow^1	sej^1	ljɨ̣^{1}	rer^2	khjɨ^2	dji^2	dźiej^2	njij^2
[illegible]	[illegible]	[illegible]	[illegible]	[illegible]	[illegible]	[illegible]	[illegible]	[illegible]	[illegible]	[illegible]	[illegible]	[illegible]	[illegible]	[illegible]	[illegible]	[illegible]
谓	者，	定	光	者，	一	乘	教	中	白	净	宝	网，	万	字	轮	王

言定光者，谓一乘教中白净宝网，万字轮王

4.18.5

·jij^1	nji^2	ljɨ̣^{1}	ŋwu^2	thjɨ^2	nji^2	ljɨ̣^{1}	tja^1	kwər^1	tsjiir^2	swew^1	be̱^{2}	śja^1	rjijr^2	ka^1	swew^1	sjiij^2
[illegible]	[illegible]	[illegible]	[illegible]	[illegible]	[illegible]	[illegible]	[illegible]	[illegible]	[illegible]	[illegible]	[illegible]	[illegible]	[illegible]	[illegible]	[illegible]	[illegible]
之	珠	宝	是。	此	珠	宝	者，	体	性	明	彻，	十	方	齐	照。	思

之宝珠。谓此宝珠，体性明彻，十方齐照。无思

4.18.6

mjij^1	da̱^{2}	śjɨj^1	lə	bju^1	zji^2	to^2	·ioow^1	gjij^1	śja^2	ljɨ̣^{1}	njwi^2	djij^2	njiij^1	ɣa^2	lə	sjiij^2
[illegible]	[illegible]	[illegible]	[illegible]	[illegible]	[illegible]	[illegible]	[illegible]	[illegible]	[illegible]	[illegible]	[illegible]	[illegible]	[illegible]	[illegible]	[illegible]	[illegible]
无	事	成，	念	从	皆	出，	功	奇	现	虽	能	然，	心	上	念	虑

成事，念者皆从，虽现奇功，心无念虑。

4.18.7

mjij^1	ljɨ^1	wją^1	ljuu^2	lwər^2	lhejr^2	kha^1	tshjiij^1	dzjo̱^{1}
无	也。	《华	严	经	契》	中	云：	“譬
sju^2	dźiej^2	deej^1	njij^2	buu^2	śją^1	ljɨ^1	śjɨj^1	
如	轮	转	王	胜	七	宝	成	

《华严经》云：“譬如转轮王成就胜七宝，

4.18.8

·jiw^2	lja^1	tji^2	nwə^1	mjɨ^1	njwi^2	tsjiir^1	tsjiir^2	tsjɨ^1
就，	来	处	知	不	可，	业	性	亦
thja^1	sju^2	·jɨ^2	tjij^1	dźiã^2	tśhju^1	thjɨ^2	ljij^2	
是	如	谓。”	若	众	生	此	大	

来处不可得，业性亦如是。”若有众生入此大

4.18.9

ta̱^{1}	thjoo^1	bioo^1	ɣa^1	·o^2	njwi^2	ku^1	seew^2	lə	sjiij^2	mjij^1	thja^1	śjij^1	da̱^{2}	śjɨj^1	thja^1	nji^2
止	妙	观	门	入	能，	则	思	念	虑	无，	自	然	事	成。	彼	宝

止妙观门中，无思无虑，自然成事[5]。如彼宝

4.18.10

ljɨ^1	sju^2	njij^1	khwa^1	ka^1	swew^1	dźju^1	dźju^1	swew^1	swew^1	śja^2	tsho̱^{2}	ŋa^1	nji^2	swew^1	njɨɨ^1
珠	如，	近	远	齐	照，	分	分	明	明	现，	虚	空	廓	彻。	二

珠，远近齐照，分明显现，廓彻虚空。不为二

4.18.11

·ụ^2	tśja^1	nioow^1	·jij^1	lhjɨ^2	ɣju^1	le^2	djɨj^2	dźjɨ
乘	道	外	之	尘	雾	烟	云	△
wji^1	lə^1	·jwɨɨ^1	lew^2	mji^1	we^2	tśhjwo^1	mjiij^2	
△	障	蔽	所	不	为，	故	名	

乘外道尘雾烟云之所障蔽，故曰

4.18.12

djɨj^{2} bji^{1} dźju^{1} śja^{2} lə mjij^{1} tạ^{1} ·jɨ^{2} ŋwə^{1} wo^{2} dạ^{2} na^{1} thwuu^{1} ·jij^{1} njaa^{2} tạ^{1} ·jɨ^{2}

[illegible]

定 光 显 现 念 无 止 曰。五 理 事 玄 通 相 非 止 曰

定光显现无念止也。五者理事玄通非相止，

4.19.1

tja^{1} wjɨ̣^{1} ·jij^{1} dạ^{2} ljɨ̣^{1} tsjiir^{2} mjij^{1} wo^{2} njɨ^{2}

[illegible]

者， 幻 相 事 及 性 无 理 等，

dźjwɨ^{1} lwu^{2} dźjwɨ^{1} śja^{2} tśhjwo^{1} na^{1} thwuu^{1} ·jɨ^{2}

[illegible]

互 隐 互 显， 故 玄 通 曰。

谓幻相之事、无性之理，互隐互显，故曰玄通。

4.19.2

nioow^{1} wo^{2} djọ^{2} bju^{1} dźju^{1} nioow^{1} dạ^{2} wo^{2} ɣa^{2} bẹ^{2} dźjɨ wo^{2} bju^{1} śjwo^{1} nioow^{1} wo^{2} dạ^{2}

[illegible]

又 理 修 由 显 故， 事 理 于 彻； 行 理 从 起 故， 理 事

又理由修显，故事彻于理；行从理起，理

4.19.3

ɣa^{2} bẹ^{2} dźjwɨ^{1} tji^{2} dźjwɨ^{1} ·jijr^{2} tśhjwo^{1} na^{1} thwuu^{1}

[illegible]

于 彻。 互 存 互 夺， 故 玄 曰

·jɨ^{2} na^{1} thwuu^{1} tja^{1} ljij^{2} sjij^{2} tjij^{1} rjir^{2}

[illegible]

通。 玄 通 者， 大 智 独 存，

彻于事。互存互夺，故曰玄通。玄通者，谓大智独存，

4.19.4

kwər^{1} tsjiir^{1} kiẹj^{2} thwuu^{1} ljij^{2} wjuu^{1} dźiā^{2} gjuu^{2}

[illegible]

体 法 界 周； 大 悲 物 救，

khjɨ^{2} dźjɨ rejr^{2} śjwo^{1} wjuu^{1} sjij^{2} lọ^{2} lwu^{1} ka^{1}

[illegible]

万 行 多 生； 悲 智 双 融， 等

体周法界；大悲救物，万行纷然；悲智双融，等

4.19.5

tji^{2}	ka^{1}	·jijr^{2}	tśhjwo^{1}	wo^{2}	dạ^{2}	na^{1}	thwuu^{1}	·jij^{1}	njaa^{2}	tạ^{1}	·jɨ^{2}
[illegible]	[illegible]	[illegible]，	[illegible]	[illegible]	[illegible]	[illegible]	[illegible]	[illegible]	[illegible]	[illegible]	[illegible]。
存	等	泯，	故	理	事	玄	通	相	非	止	曰[8]。

存等泯[6]，故曰理事玄通非相止也[7]。

译文：

第五入五止[1]。五止门者，谓依前能行四德之行。当相即空相尽，心澄而修止也。所言入者，性相俱泯，体周法界，入无入相，名为入也。《华严经》云："如来深境界，其量等虚空。一切众生入，而实无所入。"又准入佛境界。《经》云："入诸无相定，见诸法寂静。常入平等故，敬礼无所观。"此乃一切众生本来无不在如来境界之中，更无可入也。如人迷，故谓东为西，乃至悟已，西即是东，更无别东而可入也[2]。众生迷故，谓妄可舍，谓真可入，乃至悟已妄即是真，更无别真而可入也。此义亦尔，不入而入，故云入也。何以故？入与不入，本来平等，同一法界也。《起信论》云："若有众生能观无念者，是名无念，入真如门也[3]。"

言五止者，一者照法清虚离缘止，谓真谛之法，本性空寂。俗谛之法，似有即空。真俗清虚，萧然无寄。能缘智寂，所缘境空。心境不拘，体融虚廓。正证之时，因缘俱离。《维摩经》云："法不属因，不在缘故。"依此义理，故云照法清虚离缘止也。二者观人寂怕绝欲止，谓五蕴无主名曰寂怕，空寂无求名为绝欲。若观五蕴无主，则体即空寂。相本自离，性本自空。你我恩爱，双双真净[4]，故云观人寂怕绝欲止也。

三者性起繁兴法尔止。谓依体起用，名为性起；起应万差，故曰繁兴；古今常然，名为法尔。谓真如之法，法尔随缘；万法俱兴，法尔归性，故曰性起繁兴法尔止。《经》云"从无住本立一切法"，即其义也。四者定光显现无念止，言定光者，谓一乘教中白净宝网，万字轮王之宝珠。谓此宝珠，体性明彻，十方齐照。无思成事，念者皆从，虽现奇功，心无念虑。《华严经》云："譬如转轮王成就胜七宝，来处不可得，业性亦如是。"若有众生入此大止妙观门中，无思无虑，自然成事[5]。如彼宝珠，远近齐照，分明显现，廓彻虚空。不为二乘外道尘雾烟云之所障蔽，故曰定光显现无念止也。五者理事玄通非相止，谓幻相之事、无性之理，互隐互显，故曰玄通。又理由修显，故事彻于理；行从理起，理彻于事。互存互夺，故曰玄通。玄通者，谓大智独存，体周法界；大悲救物，万行纷然；悲智双融，等存等泯[6]，故曰理事玄通非相止也[7]。

注释：

[1]第五入五止门中，汉本作"自下摄用归体入五止门"。

[2]西，汉本作"东"。

[3]汉本无"真如"二字。

[4]"若观五蕴无主"至"双双真净"诸句汉本无。

[5]自然成事，汉本作"任运成事"。

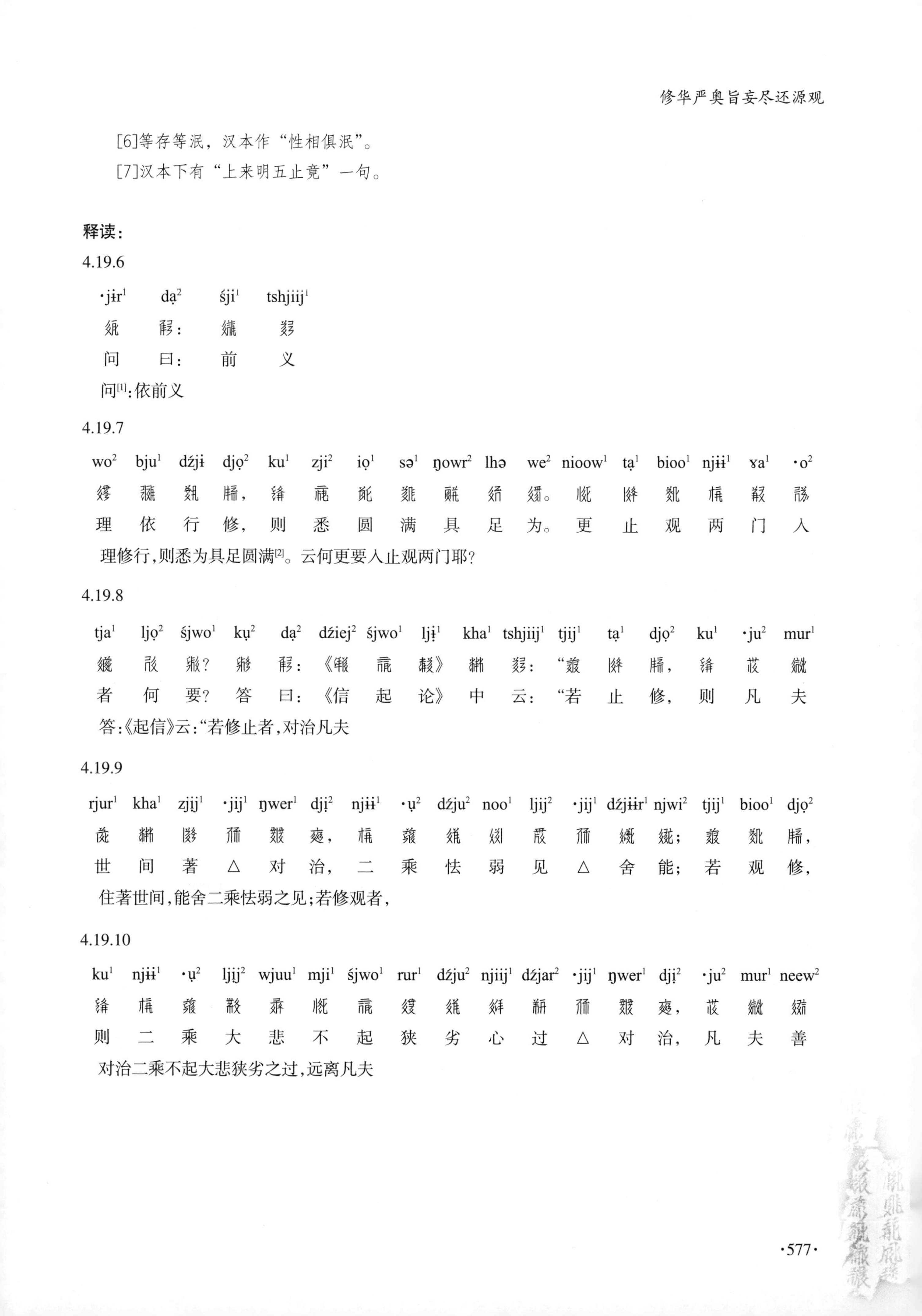

[6]等存等泯，汉本作“性相俱泯”。

[7]汉本下有“上来明五止竟”一句。

释读：

4.19.6

·jɨr1 dạ2 śji1 tshjiij1

[illegible]

问 曰： 前 义

问[1]：依前义

4.19.7

wo2 bju1 dźjɨ djọ2 ku1 zji2 iọ1 sə1 ŋowr2 lhə we2 nioow1 tạ1 bioo1 njɨɨ1 ɣa1 ·o2

[illegible]

理 依 行 修，则 悉 圆 满 具 足 为。更 止 观 两 门 入

理修行，则悉为具足圆满[2]。云何更要入止观两门耶？

4.19.8

tja1 ljọ2 śjwo1 kụ2 dạ2 dźiej2 śjwo1 ljɨ̣1 kha1 tshjiij1 tjij1 tạ1 djọ2 ku1 ·ju2 mur1

[illegible]

者 何 要？答 曰：《信 起 论》中 云：“若 止 修，则 凡 夫

答：《起信》云：“若修止者，对治凡夫

4.19.9

rjur1 kha1 zjij1 ·jij1 ŋwer1 dji̥2 njɨɨ1 ·ụ2 dźju2 noo1 ljij2 ·jij1 dźjɨɨr1 njwi2 tjij1 bioo1 djọ2

[illegible]

世 间 著 △ 对 治，二 乘 怯 弱 见 △ 舍 能；若 观 修，

住著世间，能舍二乘怯弱之见；若修观者，

4.19.10

ku1 njɨɨ1 ·ụ2 ljij2 wjuu1 mji1 śjwo1 rur1 dźju2 njiij1 dźjar2 ·jij1 ŋwer1 dji̥2 ·ju2 mur1 neew2

[illegible]

则 二 乘 大 悲 不 起 狭 劣 心 过 △ 对 治，凡 夫 善

对治二乘不起大悲狭劣之过，远离凡夫

4.19.11

tśhji²	mji¹	djọ²	·jij¹	khwa¹	ka²	thjɨ²	wo²	nioow¹
[illegible]	[illegible]	[illegible]	[illegible]	[illegible]	[illegible]。”	[illegible]	[illegible]	[illegible]，
根	不	修	△	远	离。”	此	义	以，
ku¹	tśhjwo¹	tạ¹	bioo¹	njɨɨ¹	ɣa¹	dźjwɨ¹	bjij²	
[illegible]	[illegible]	[illegible]	[illegible]	[illegible]	[illegible]，	[illegible]	[illegible]	
则	故	止	观	两	门，	相	助	

不修善根。”以此义故，止观两门，共相成助，

4.19.12

ŋwu²	śjɨj¹	mji¹	dźjow¹	ka²	ljɨ¹	tjij¹	tạ¹	bioo¹	mji¹	ŋowr²	ku¹	po¹	tjɨj¹	tśja¹	·u²	·o²
[illegible]	[illegible]，	[illegible]	[illegible]	[illegible]	[illegible]。	[illegible]	[illegible]	[illegible]	[illegible]	[illegible]，	[illegible]	[illegible]	[illegible]	[illegible]	[illegible]	[illegible]
而	成，	不	舍	离	也。	若	止	观	不	足，	则	菩	提	路	内	入

不相舍离。若不修止观，无由得入菩提之路。

4.19.13

mjɨ¹	njwi²	ljɨ¹	wjạ¹	ljuu²	lwər²	lhejr²	kha¹	tshjiij¹
[illegible]	[illegible]	[illegible]。	《[illegible]	[illegible]	[illegible]	[illegible]》	[illegible]	[illegible]：
不	得	也。	《华	严	经	契》	中	云：
dzjọ¹	kię¹	dzjwɨ²	we¹	njij²	źjɨ¹	tśier¹	njɨɨ¹	
“[illegible]	[illegible]	[illegible]	[illegible]	[illegible]，	[illegible]	[illegible]	[illegible]	
“譬	金	翅	鸟	王，	右	左	两	

《华严》云：“譬如金翅鸟王[3]，以左右两

4.20.1

dzjwɨ²	ŋwu²	ŋjow²	zjɨɨr²	phiaa²	djii¹	thja¹	ŋjow²	
[illegible]	[illegible]	[illegible]	[illegible]	[illegible]	[illegible]，	[illegible]	[illegible]	
翅	以	海	水	分	辟，	其	海	
zjɨɨr²	kha¹	rjur¹	we¹	·ji¹	bioo¹	kjɨ¹	mjij²	zjọ²
[illegible]	[illegible]	[illegible]	[illegible]	[illegible]	[illegible]，	[illegible]	[illegible]	[illegible]
水	中	诸	龙	众	观，	△	未	命

翅鼓扬海水令其两辟，观诸龙众，命将尽者

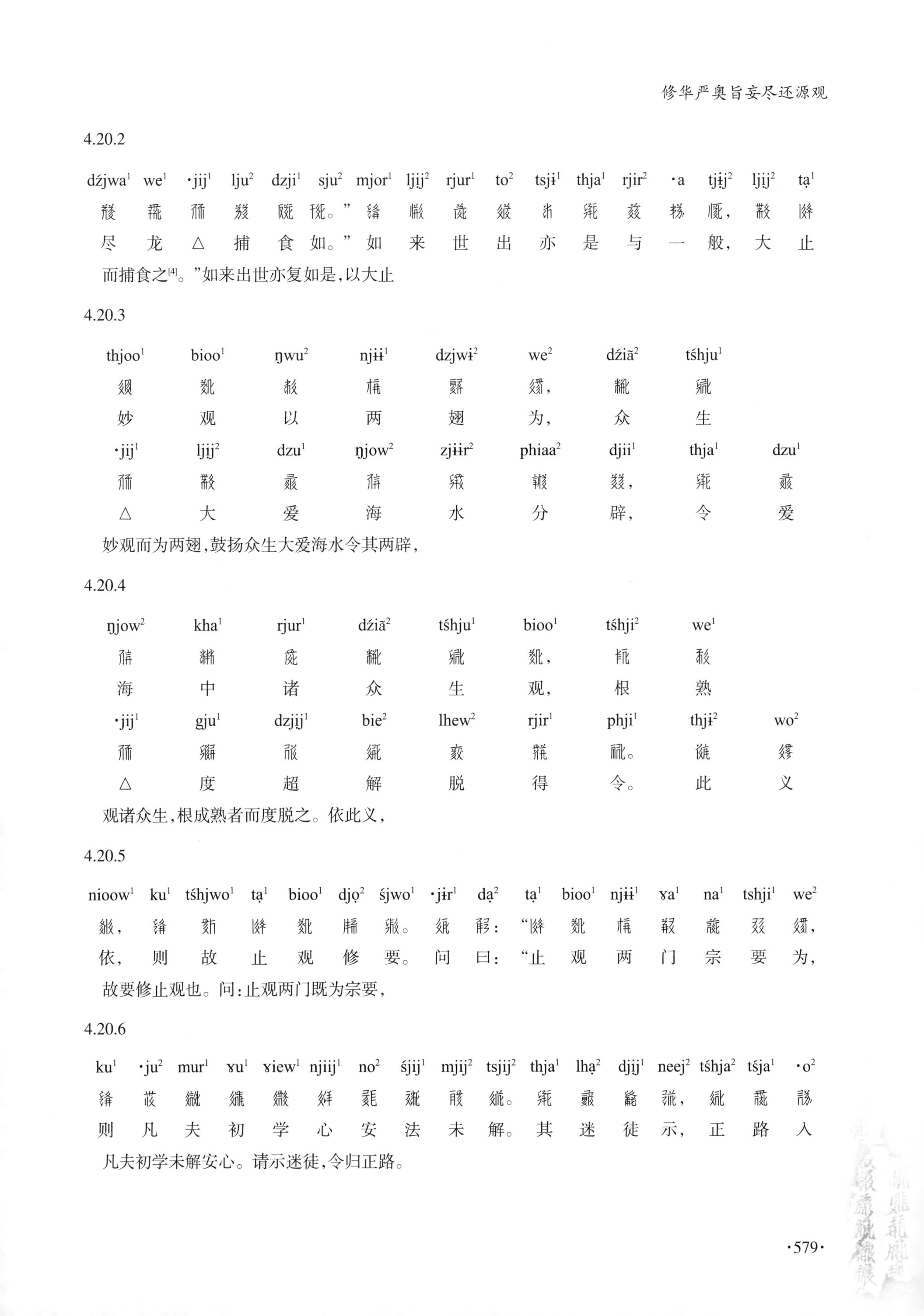

4.20.2

dźjwa1 we1 ·jij1 lju2 dzji1 sju2 mjor1 ljij2 rjur1 to2 tsjɨ1 thja1 rjir2 ·a tjɨj2 ljij2 tạ1

尽 龙 △ 捕 食 如。” 如 来 世 出 亦 是 与 一 般, 大 止

而捕食之[4]。”如来出世亦复如是,以大止

4.20.3

thjoo1 bioo1 ŋwu2 njɨɨ1 dzjwɨ2 we2 dźiã2 tśhju1

妙 观 以 两 翅 为, 众 生

·jij1 ljij2 dzu1 ŋjow2 zjɨɨr2 phiaa2 djii1 thja1 dzu1

△ 大 爱 海 水 分 辟, 令 爱

妙观而为两翅,鼓扬众生大爱海水令其两辟,

4.20.4

ŋjow2 kha1 rjur1 dźiã2 tśhju1 bioo1 tśhji2 we1

海 中 诸 众 生 观, 根 熟

·jij1 gju1 dzjij1 bie2 lhew2 rjir1 phji1 thjɨ2 wo2

△ 度 超 解 脱 得 令。 此 义

观诸众生,根成熟者而度脱之。依此义,

4.20.5

nioow1 ku1 tśhjwo1 tạ1 bioo1 djọ2 śjwo1 ·jɨr1 dạ2 tạ1 bioo1 njɨɨ1 ɣa1 na1 tshji1 we2

依, 则 故 止 观 修 要。 问 曰: “止 观 两 门 宗 要 为,

故要修止观也。问:止观两门既为宗要,

4.20.6

ku1 ·ju2 mur1 ɣu1 ɣiew1 njiij1 no2 śjij1 mjij2 tsjij2 thja1 lhạ2 djij1 neej2 tśhja2 tśja1 ·o2

则 凡 夫 初 学 心 安 法 未 解。 其 迷 徒 示, 正 路 入

凡夫初学未解安心。请示迷徒,令归正路。

4.20.7

phji1 śjij2 kụ2 dạ2 dźiej2 śjwo1 ljɨ̣1 kha1 tshjiij1 tjij1 tạ1 djọ2 kiẹj2 ku1 mjij1 sej1

令 请。” 答 曰：《信 起 论》 中 云：“若 止 修 欲，则 寂 静

答：依《起信论》云：“若修止者，

4.20.8

twụ1 dźjiij1 twụ1 dzuu2 tśhja2 lə geej2 tạ1 mji1 gjị2 tsə1 ·jij1 mji1 gjị2 ljɨ̣2 zjɨɨr2 məə1

处 住，端 坐 正 意。气 息 不 依，色 形 不 依，地 水 火

住于静处，端坐正意。不依气息，不依形色[5]，不依地水火

4.20.9

ljɨ1 ɣa2 mji1 gjị2 rjɨr2 njɨ2 mji1 ljij2 nwə1 dwewr2 ·jij1 ŋowr2 ŋowr2 ɣa2 tsjɨ1 mji1 bju1

风 于 不 依，乃 至 闻 见 知 觉 相 一 切 于 亦 不 依

风，乃至不依见闻觉知，一切诸想，

4.20.10

gjị2 lə śjwɨ2 zji2 tjij1 tjij1 sjiij2 tsjɨ1 ·jijr2 rjur1 tsjiir1 ŋowr2 ŋowr2 mər2 ɣa2 ·jij1 mjij1

附，念 随 皆 除。除 想 亦 遣，诸 法 一 切 本 来 相 无。

随念皆除。亦遣除想，以一切法本来无想。

4.20.11

lə lə mji1 wee1 lə lə mji1 dzjar2 nioow1 njiij1 djɨr2 mjɨɨ2 bju1 śjwɨ2 phji1 śja1 wją2

念 念 不 生，念 念 不 灭。亦 心 外 境 依 随 令 放 逸

念念不生，念念不灭。亦不令心随外境放逸[6]，

4.20.12

njɨ2 wji1 mjij1 njiij1 tjij1 ŋewr2 khiee1 zjij1 tśhjɨ2 rjar2 ɣjiw1 ŋwu2 tśhja2 lə ɣa2 ·o2 ·ju2

等 为 无。心 若 驰 散 时，立 即 摄 而 正 念 于 入。常

心若驰散，即当摄来，令归正念。常

4.21.1

tśhja^{2} lə lew^{2} lew^{1} njiij^{1} sjij^{2} bju^{1} bioo^{1} ku^{1} ljiij^{2} mjɨɨ^{2} ŋowr^{2} ŋowr^{2} thja^{1} śjij^{1} khwa^{1} ka^{2}

[illegible]

正 念 之， 唯 心 识 依 观， 则 魔 境 一 切 自 然 远 离。

勤正念，唯心识观，一切魔境自然远离。

4.21.2

·ju^{2} mur^{1} ɣu^{1} ɣiew^{1} dow^{1} tśhja^{2} mjij^{2} dźju^{1} nioow^{1} ljiij^{2} rer^{2} njiij^{1} ·o^{2} djọ^{2} mjijr^{2} dźju^{1} wji^{1}

[illegible]

凡 夫 初 学， 邪 正 未 分 因， 魔 网 心 入， 行 者 诳 为。

凡夫初学，邪正未分，魔网入心，欺诳行者。

4.21.3

nioow^{1} dzjiij^{2} mjij^{1} bju^{1} djọ^{2} ·jij^{1} mji^{1} ·jɨr^{1} ljɨɨr^{1} ljiij^{2} ·ioow^{1} bju^{1} tśja^{1} kjɨ^{1} ljạ^{1} ŋa^{2} ·jɨ^{2}

[illegible]

又 师 无 凭， 修 法 不 问。 四 魔 功 依， 道 △ 证 我 谓。”

又无师匠，谘问莫凭。依四魔功，将为正道。”

4.21.4

kjiw^{1} ·jaar^{2} rejr^{2} zar^{2} dow^{1} ljij^{2} gjij^{1} na^{1} neew^{2} wjị^{1} ber^{2} tsjɨ^{1} lhjii^{1} lhjwo^{1} mjɨ^{1} dźjij tśjị^{1}

[illegible]

年 日 久 经， 邪 见 既 深。 良 缘 遇， 亦 改 回 不 难。 苦

日月经久，邪见既深。设遇良缘，终不难改[7]。

4.21.5

ŋjow^{2} djị^{1} bu^{1} lho ka^{2} nioow^{1} mjij^{1} ŋạ^{2} ŋạ^{2} sjiij^{2} lew^{2} tśhia^{1} no^{1} tji^{1} dźjɨɨr^{1} thjɨ^{2} wo^{2}

[illegible]

海 沈 沦， 出 离 由 无， 好 好 察 之， 刹 那 无 替。 此 义

沈沦苦海，出离无由，深自察之，刹那无替[8]。此义

4.21.6

dźiej^{2} śjwo^{1} ljị^{1} kha^{1} tshjiij^{1}

[illegible]

《信 起 论》 中 说。

如《起信论》中说也。

译文：

问[1]：依前义理修行，则悉为具足圆满[2]。云何更要入止观两门耶？

答：《起信》云："若修止者，对治凡夫住著世间，能舍二乘怯弱之见；若修观者，对治二乘不起大悲狭劣之过，远离凡夫不修善根。"以此义故，止观两门，共相成助，不相舍离。若不修止观，无由得入菩提之路。《华严》云："譬如金翅鸟王[3]，以左右两翅鼓扬海水令其两辟，观诸龙众，命将尽者而捕食之[4]。"如来出世亦复如是，以大止妙观而为两翅，鼓扬众生大爱海水令其两辟，观诸众生，根成熟者而度脱之。依此义，故要修止观也。

问：止观两门既为宗要，凡夫初学未解安心。请示迷徒，令归正路。

答：依《起信论》云："若修止者，住于静处，端坐正意。不依气息，不依形色[5]，不依地水火风，乃至不依见闻觉知，一切诸想，随念皆除。亦遣除想，以一切法本来无想。念念不生，念念不灭。亦不令心随外境放逸[6]，心若驰散，即当摄来，令归正念。常勤正念，唯心识观，一切魔境自然远离。凡夫初学，邪正未分，魔网入心，欺诳行者。又无师匠，谘问莫凭。依四魔功，将为正道。"日月经久，邪见既深。设遇良缘，终不难改[7]。沈沦苦海，出离无由，深自察之，刹那无替[8]。此义如《起信论》中说也。

注释：

[1]汉本"问"上有"自下依止起观"一句。

[2]依前义理修行则悉为具足圆满，汉本作"准上义理，依之修行，足为圆满"。

[3]汉本无"王"字。

[4]捕食，汉本作"抟取"。

[5]汉本下有"不依于空"一句。

[6]亦不令心随外境放逸，汉本作"亦不随心外念境界，然后以心除心"。

[7]终不难改，西夏本疑误。汉本作"终成难改"。

[8]刹那无替，汉本作"无令暂替"。

释读：

4.21.7

tśhjiw^1 tsew^2 tśhjiw^1 bioo^1 śjwo^1 śji^1 ŋwə^1 ɣa^1 tja^1 bioo^1 ·jij^1 tạ^1 ŋwu^2 thjɨ^2 ·a śjwo^1

[illegible]

六 第 六 观 起，前 五 门 者，观 之 止 是，此 △ 起

六起六观者，依前五门，即观之止，而起，

4.21.8

tja^1 tạ^1 ·jij^1 bioo^1 ŋwu^2 wa^2 nioow^1 ·ji^2 ku^1 wo^2 dạ^2 ɣię^2 mjij^1 tsjiir^1 thjɨ^2 sju^2 nioow^1

[illegible]

者，止 之 观 是。何 故 谓？则 理 事 碍 无，法 是 如 故；

即止之观。何以故？理事无碍，法如是故；

4.21.9

djɨj² ŋewr² lo̱² dźjij¹ tsew² dzar¹ ka² nioow¹ lew¹ rejr² dźjwɨ¹ ɣjiw¹ śji¹ ku̱¹ bja² nioow¹ ljij²

定 乱 双 融， 分 齐 离 故； 一 多 相 即， 前 后 绝 故； 大

定慧双融[1]，离分齐故；一多相即，绝前后故；大

4.21.10

·ioow¹ ·jij¹ dzju² ɣie̱² lu̱² mjij¹ nioow¹ tśhjiw¹ bioo¹ ·jɨ² tja¹ lew¹ mjɨɨ² ɣjiw¹ njiij¹ lhjwo¹ ɣiej¹

用 自 在， 障 碍 无 故。 六 观 言 者， 一 境 摄 心 归 真

用自在，无障碍故。言六观者，一者摄境归心真

4.21.11

ŋa¹ bioo¹ ·jɨ² tja¹ so̱¹ kie̱j² dju¹ lew² lew¹ lew¹ njiij¹ ŋwu² njiij¹ rjɨr² nioow¹ lew¹ tsjiir¹

空 观 谓 者， 三 界 有 所， 唯 一 心 是， 心 外 更 一 法

空观，三界所有，惟一心也[2]，心外更无一法

4.21.12

tsjɨ¹ rjir¹ tjɨ² mjij¹ tśhjwo¹ mjiij² njiij¹ lhjwo¹ ·jɨ² thjɨ² tja¹ phjo² kar² ŋowr² ŋowr² lew¹ ·jij¹

亦 得 可 无， 故 名 心 归 曰。 此 者 分 别 一 切， 但 自

可得，故曰归心。谓一切分别，但

4.22.1

njiij¹ ŋwu² njiij¹ nioow¹ mjɨɨ² ŋwu² njiij¹ ·jij¹ śjwo¹

心 是， 心 外 境 以 心 △ 生

sji² nioow¹ we² mjij² djij² wa² nioow¹ ·jɨ²

能 缘 为 无 曾。 何 故 谓？

由自心，曾无心外境，能与心为缘。何以故？

4.22.2

ku1	njiij1	mji1	śjwo1	nioow1	djɨr2	mjɨɨ2	mər2	ŋa1
[illegible]	[illegible]	[illegible]	[illegible]	[illegible]，	[illegible]	[illegible]	[illegible]	[illegible]。
则	心	不	起	由，	外	境	本	空。
tśhjwo1	dźiej2	śjwo1	ljɨ1	kha1	tshjiij1	lew1	sjij2	
[illegible]	[illegible]	[illegible]	[illegible]	[illegible]	[illegible]：	“[illegible]	[illegible]	
故	《信	起	论》	中	云：	“唯	识	

由心不起，外境本空。《起信论》云：“由依唯识

4.22.3

nioow1	bju1	ku1	mjɨɨ2	kwər1	mjij1	wo2	śjɨj1	thja1	lhjɨ2
[illegible]	[illegible]，	[illegible]	[illegible]	[illegible]	[illegible]，	[illegible]	[illegible]，	[illegible]	[illegible]
由	依，	故	境	体	无，	义	成，	彼	尘
mji1	dju1	nioow1	mər2	sjij2	·jij1	mji1	śjwo1	nioow1	
[illegible]	[illegible]	[illegible]，	[illegible]	[illegible]	[illegible]	[illegible]	[illegible]。”	[illegible]	
不	有	故，	本	识	即	不	生。”	又	

故，境本无体故。真空义成[3]，以尘无有故，本识即不生。”又

4.22.4

lwər2	lhejr2	kha1	tshjiij1	mjɨɨ2	lew1	njiij1	ŋwu2	
《[illegible]	[illegible]》	[illegible]	[illegible]：	“[illegible]	[illegible]	[illegible]	[illegible]	
《经	契》	中	云：	“境	唯	心	是	
mjij2	tsjij2	mə2	mə2	phjo2	kar2	gu1	śjwo1	mjɨɨ2
[illegible]	[illegible]，	[illegible]	[illegible]	[illegible]	[illegible]	[illegible]	[illegible]，	[illegible]
未	达，	种	种	分	别	能	起；	境

《经》云：“未达境唯心，起种种分别；达境

4.22.5

·jij1	njiij1	ŋwu2	tsjij2	ku1	thja1	phjo2	kar2	tsjɨ1
[illegible]	[illegible]	[illegible]	[illegible]，	[illegible]	[illegible]	[illegible]	[illegible]	[illegible]
即	心	是	达，	故	彼	分	别	亦
mji1	śjwo1	tsjiir1	lew1	njiij1	ŋwu2	nwə1	ku1	
[illegible]	[illegible]。”	[illegible]	[illegible]	[illegible]	[illegible]	[illegible]，	[illegible]	
不	生。”	法	唯	心	是	知，	则	

唯心已，分别即不生。”知诸法唯心，

4.22.6

djɨr^{2}	lhjɨ^{2}	·jij^{1}	tsjɨ^{1}	xja^{1}	dźjɨɨr^{1}	thjɨ^{2}	·jij^{1}	phjo^{2}	kar^{2}	tạ^{1}	nioow^{1}	tśhja^{2}	ka^{1}	ɣiej^{1}	ŋa^{1}	nji^{2}
[illegible]	[illegible]	[illegible]	[illegible]	[illegible]	[illegible]。	[illegible]	[illegible]	[illegible]	[illegible]	[illegible]	[illegible]，	[illegible]	[illegible]	[illegible]	[illegible]	[illegible]
外	尘	相	亦	便	舍。	此	相	分	别	息	由，	平	等	真	空	悟

便舍外尘相。由此息分别，悟平等真空。

4.22.7

ljɨ^{1}	dzjọ^{1}	rjur^{1}	kha^{1}	djị^{2}	rjijr^{1}	dju^{1}	thjoo^{1}	tsə̣^{1}
[illegible]。	[illegible]	[illegible]	[illegible]	[illegible]	[illegible]	[illegible]，	[illegible]	[illegible]
也。	如	世	中	医	巧	有，	妙	药
ŋwu^{2}	ŋo^{2}	djị^{2}	rjur^{1}	tha^{1}	tsjɨ^{1}	thjɨ^{2}	sju^{2}	
[illegible]	[illegible]	[illegible]。	[illegible]	[illegible]	[illegible]	[illegible]	[illegible]，	
以	病	救。	诸	佛	亦	是	如，	

如世有医王，以妙药救病。诸佛亦如是，

4.22.8

dźiã^{2}	nioow^{1}	lew^{1}	njiij^{1}	tshjiij^{1}	thjɨ^{2}	nioow^{1}	tśhjwo^{1}	njiij^{1}
[illegible]	[illegible]	[illegible]	[illegible]	[illegible]，	[illegible]	[illegible]	[illegible]	[illegible]
物	为	唯	心	说，	此	以	故	心
bju^{1}	mjɨɨ^{2}	śja^{2}	mjɨɨ^{2}	bju^{1}	njiij^{1}	dźju^{1}	njiij^{1}	
[illegible]	[illegible]	[illegible]，	[illegible]	[illegible]	[illegible]	[illegible]。	[illegible]	
由	境	现，	境	由	心	现。	心	

为物说唯心，以此方知由心现境，由境现心。心

4.22.9

mjɨɨ^{2}	mji^{1}	njɨ^{2}	mjɨɨ^{2}	njiij^{1}	mji^{1}	·o^{2}	·ju^{2}	thjɨ^{2}
[illegible]	[illegible]	[illegible]，	[illegible]	[illegible]	[illegible]	[illegible]。	[illegible]	[illegible]
境	不	至，	境	心	不	入。	常	此
bju^{1}	bioo^{1}	ku^{1}	sjij^{2}	źjɨr^{1}	na^{1}	we^{2}	tśhjwo^{1}	
[illegible]	[illegible]，	[illegible]	[illegible]	[illegible]	[illegible]	[illegible]，	[illegible]	
依	观，	则	智	慧	深	为，	故	

不至境，境不入心。当作此观，智慧甚深，故

4.22.10

mjɨɨ^{2} ɣjiw^{1} njiij^{1} lhjwo^{1} ɣiej^{1} ŋa^{1} bioo^{1} ·jɨ^{2} njɨɨ^{1}
境 摄 心 归 真 空 观 曰。 二
njiij^{1} bju^{1} mjɨɨ^{2} śja^{2} thjoo^{1} dju^{1} bioo^{1} ·jɨ^{2}
心 从 境 现 妙 有 观 谓

曰摄境归心真空观也。二者从心现境妙有观，

4.22.11

tja^{1} wo^{2} ɣa^{2} mji^{1} ɣiẹ^{2} dạ^{2} śjwɨ^{2} do^{2} we^{2} thjɨ^{2} tja^{1} śji^{1} ɣa^{1} kha^{1} ·jij^{1} ɣjiw^{1} kwər^{1}
者， 理 于 不 滞， 事 随 差 成。 此 者 前 门 中 相 摄 体

即事不滞于理[4]，随事成差。谓前门中摄相

4.22.12

lhjwo^{1} sjij^{1} thjɨ^{2} ɣa^{1} kha^{1} kwər^{1} bju^{1} ·ioow^{1} śjwo^{1}
归， 今 此 门 中 体 依 用 起，
khjɨ^{2} dźjɨ ŋowr^{2} djọ^{2} tshja^{2} lhjij^{2} ljuu^{2} dźjwɨ^{1}
万 行 具 修， 报 土 庄 严。

归体，今此门中依体起用，具修万行，庄严报土。

4.23.1

nioow^{1} śji^{1} ɣa^{1} kha^{1} ·jij^{1} ɣjiw^{1} kwər^{1} lhjwo^{1} tsjiir^{1} ljụ^{2} ·jij^{1} dźju^{1} thjɨ^{2} ɣa^{1} bju^{1} kwər^{1} bju^{1}
又 前 门 中 相 摄 体 归， 法 身 出 显； 此 门 由 体 依

又前门中摄相归体，显出法身；今此门中依体

4.23.2

·ioow^{1} śjwo^{1} tshja^{2} ljụ^{2} djọ^{2} śjɨj^{1} tśhjwo^{1} njiij^{1}
用 起， 报 身 修 成， 故 心
bju^{1} mjɨɨ^{2} śja^{2} thjoo^{1} dju^{1} bioo^{1} ·jɨ^{2} sọ^{1} njiij^{1}
从 境 现 妙 有 观 曰。 三 心

起用，修成报身，故曰从心现境妙有观也。三者心

4.23.3

mjɨɨ2 dwuu2 na1 io̥1 lwu1 bioo1 ·jɨ2 tja1 njiij1 mjɨɨ2 tja1 njiij1 tja1 ŋwer1 mjij1 njiij1 ŋwu2

[illegible]

境 秘 密 圆 融 观 谓 者， 心 境 者， 心 者 匹 无 心 是。

境秘密圆融观，心境者，心谓无匹[5]。

4.23.4

tha1 kjɨ1 lja̠1 nioow1 tsjiir1 lju̠2 dja2 śjɨj1 mjɨɨ2 tja1 ŋwer1 mjij1 mjɨɨ2 ŋwu2 rjur1 tha1 kjɨ1

[illegible]

佛 △ 证 由， 法 身 △ 成。 境 者， 匹 无 境 是， 诸 佛 △

诸佛证之，以成法身。境者，谓无碍境，诸佛

4.23.5

lja̠1 sej1 lhjij2 dja2 śjɨj1 mjor1 ljij2 tshja2 lju̠2 ljɨ1 bju1 tjɨ2 sej1 lhjij2 njɨ2 io̥1 lwu1

[illegible]

证， 净 土 △ 成。 如 来 报 身 及 依 所 净 土 等， 圆 融

证之，以成净土。谓如来报身及所依净土，圆融

4.23.6

ɣie̠2 mjij1 tśhioow1 tha1 lju̠2 ·u2 sej1 lhjij2 śja2

[illegible]

碍 无。 或 佛 身 内 净 土 现，

tśhjwo1 wja̠1 ljuu2 lwər2 lhejr2 kha1 tshjiij1 lew1 ……

[illegible]

故 《华 严 经 契》 中 云： 一 ……

无碍。或佛身内现净土[6]，如《华严经》云：一[7]……

译文：

六起六观者，依前五门，即观之止，而起，即止之观。何以故？理事无碍，法如是故；定慧双融[1]，离分齐故；一多相即，绝前后故；大用自在，无障碍故。言六观者，一者摄境归心真空观，三界所有，惟一心也[2]，心外更无一法可得，故曰归心。谓一切分别，但由自心，曾无心外境，能与心为缘。何以故？由心不起，外境本空。《起信论》云：“由依唯识故，境本无体故。真空义成[3]，以尘无有故，本识即不生。”又《经》云：“未达境唯心，起种种分别；达境唯心已，分别即不生。”知诸法唯心，便舍外尘相。由此息分别，悟平等真空。如世有医王，以妙药救病。诸佛亦如是，为物说唯心，以此方知由心现境，由境现心。心不至境，境不入心。当作此观，智慧甚深，故曰摄境归心真空观也。二者从心现境妙有观，即事不滞于理[4]，随事成差。谓前门中摄相归体，今此门中依体起用，具修万行，庄

严报土。又前门中摄相归体，显出法身；今此门中依体起用，修成报身，故曰从心现境妙有观也。三者心境秘密圆融观，心境者，心谓无匹[5]。诸佛证之，以成法身。境者，谓无碍境，诸佛证之，以成净土。谓如来报身及所依净土，圆融无碍。或佛身内现净土[6]，如《华严经》云：—[7]……

注释：

[1]定乱双行，西夏本疑误。汉本作“定慧双融”。

[2]三界所有惟一心也，汉本作“谓三界所有法，唯是一心造”。

[3]汉本“义成”上有“真空”二字。

[4]不滞于理，汉本作“即事不滞于理”。

[5]心境者心谓无匹，汉本作“言心者，谓无碍心”。下句“无匹”同。

[6]佛身内现净土，汉本作“身现刹土”。

[7]以下西夏文本残佚。

金师子章云间类解

俄罗斯科学院东方文献研究所编号 инв. № 739，克恰诺夫《西夏文佛典目录》著录为“华严金师子章”，译自宋法藏撰、晋水沙门净源注汉本《金师子章云间类解》①，不过西夏人在翻译时对原文做了少量改写和节略。原件为刊本，麻纸蝴蝶装，20 厘米×14 厘米，每面 6 行，每行 14 字，小注双行。卷首残一页半，卷中残第 6 页左面和第 7 页右面，卷尾残第 20 页左面。残存部分未见译者和翻译时间，惟有序言署“申年四月日”②，此实据汉文序言“元丰三年（1080）岁次庚申四月八日”而译，为汉文原序的撰作时间，与夏译无涉。

解读参照《大正新修大藏经》本。

释读：

5.2.1

……	sjiij^{2}	zjij^{1}	njiij^{1}	ɣa^{2}	·ju^{2}	ɣiẹ^{2}	nioow^{1}	tsjɨ̃^{1}	śjij^{1}	·a	lhej^{2}	wją^{1}	śjwo^{1}	·jij^{1}
……	[illegible]	[illegible]，	[illegible]	[illegible]	[illegible]	[illegible]。	[illegible]	[illegible]	[illegible]	[illegible]	[illegible]	《[illegible]	[illegible]》	[illegible]
……	念	时，	怀	于	尝	疚。	既	晋	代	△	译	《华	严》	之

……每念[雅诰][1]，尝疚于怀。既探讨晋代所译《华严》之

5.2.2

njɨɨ^{1}	la^{1}	ljɨ̣^{1}	thow^{1}	śjij^{1}	·a	lhej^{2}	wją^{1}	śjwo^{1}	·jij^{1}	njɨɨ^{1}	gjɨɨ^{2}	njɨ^{2}	kjɨ^{1}
[illegible]	[illegible]，	[illegible]	[illegible]	[illegible]	[illegible]	[illegible]	《[illegible]	[illegible]》	[illegible]	[illegible]	[illegible]	[illegible]	[illegible]
二	玄，	及	唐	代	△	译	《华	严》	之	两	疏	等	△

二玄，及唐代所译《华严》之两疏[2]，

5.2.3

·juu^{1}	ku^{1}	·jwər^{2}	lạ^{1}	tja^{1}	wjɨ^{2}	tjij^{1}	wo^{2}	lhjij^{2}	tja^{1}	nja^{1}	lhu^{1}	gjwi^{2}	rejr^{2}
[illegible]，	[illegible]	[illegible]	[illegible]	[illegible]	[illegible]	[illegible]，	[illegible]	[illegible]	[illegible]	[illegible]	[illegible]，	[illegible]	[illegible]
视，	则	文	烦	者	△	删，	义	阙	者	△	补，	句	长

则文烦者删之，义阙者补之，句长

①参看西田龙雄为克恰诺夫《西夏文佛典目录》写的前言“西夏语佛典目录编纂上の诸问题”，Е.И.Кычанов. Каталог тангутских буддийских памятников, Киото: Университет Киото, 1999.页 XⅣ–XⅤ。

②Е.И.Кычанов, Каталог тангутских буддийских памятников, Киото: Университет Киото, 1999. стр. 454.

5.2.4

tja^{1}	kjɨ^{1}	bjuu^{2}	tsjiir^{1}	njaa^{2}	tja^{1}	wjɨ^{2}	tśjɨj^{1}	thja^{1}	kha^{1}	tsjiir^{1}	gjwi^{2}	·jwɨr^{2}	na^{1}
[illegible]	[illegible]	[illegible]，	[illegible]	[illegible]	[illegible]	[illegible]	[illegible]。	[illegible]	[illegible]	[illegible]	[illegible]	[illegible]	[illegible]，
者	△	剪，	教	非	者	△	正。	其	间	法	语	辞	奥，

者剪之，教非者正之。其间法语奥辞，

5.2.5

dzjiij^{2}	twẹ^{2}	dạ^{2}	rjir^{2}	dźju^{1}	sjwij^{1}	bju^{1}	śjij^{1}	tja^{1}	·jij^{1}	·jij^{1}	khju^{1}	nja^{1}	bjij^{2}
[illegible]	[illegible]	[illegible]	[illegible]	[illegible]	[illegible]	[illegible]	[illegible]	[illegible]，	[illegible]	[illegible]	[illegible]	[illegible]	[illegible]。
师	章	旨	与	炳	然	符	契	者，	各	自	下	△	解。

与祖师章旨炳然符契者，各自从下解之[3]。

5.2.6

lhej^{2}	wjị^{1}	kjiw^{1}	ljɨɨr^{1}	lhjij^{2}	njɨɨ^{2}
[illegible]	[illegible]	[illegible]	[illegible]	[illegible]	[illegible]
庚	申	年	四	月	日。

庚申年四月　日。

译文：

……每念［雅诰］[1]，尝疚于怀。既探讨晋代所译《华严》之二玄，及唐代所译《华严》之两疏[2]，则文烦者删之，义阙者补之，句长者剪之，教非者正之。其间法语奥辞，与祖师章旨炳然符契者，各自从下解之[3]。

庚申年四月　日。

注释：

[1]据汉本，西夏文卷首至“每念雅诰”残佚。

[2]以上汉本作“既而探讨晋经二玄，推穷唐经两疏”。

[3]各自从下解之，汉本作“各从义类以解之”。以下汉本有“于时绝笔于云间善住阁，故命题曰云间类解焉。元丰三年岁次”等句，西夏文本无。

释读：

5.3.1

wja̱¹ ljuu² kię¹ ka² tśjij² dzwə¹ wja̱¹ ljuu² mər² zow² mjijr² ·jij¹ lwər² kjɨ¹

[illegible]

华 严 金 师 子 章。（华 严， 本 宗 者 本 经 △

nur¹ kię¹ ka² tśjij² dzwə¹ ·jɨ² mjiij² ·a thjwɨ¹ wji¹ dzjo̱¹ bju¹ tsjiir¹ dźju¹

[illegible]

传。 金 师 子 章 谓， 名 △ 立 为， 喻 举 法 显。）

华严金师子章。（华严，本宗者所传本经[1]。金师子章，正立其名，举喻显法[2]。）

5.3.2

tśhjwo¹ ·ã¹ ljij² ljo¹ 不详 ·ji¹ mjii¹ śia¹ mẽ¹ tsjiir¹ ·u̱² ɣjɨr¹

[illegible]

长 安 大 福 荐 寺 院 沙 门 法 藏 述。

长安大荐福寺沙门法藏述[3]。

5.3.3

tśhjwo¹ ·ã¹ tja¹ xã² kew¹ tsu² ·jij¹ njij² we² ŋwu² ljij² ljo¹ 不详 ·ji¹ mjii¹

[illegible]

（长 安 者， 汉 高 祖 之 王 城 也。 大 福 荐 寺 院

tja¹ thow¹ tśjow¹ tsṳ¹ ŋwər¹ dzjwɨ¹ ·a djo̱² mjijr² ŋwu² śia¹ mẽ¹ tja¹ ŋwej²

[illegible]

者， 唐 中 宗 皇 帝 所 建 寺 也。 沙 门 者， 释

（长安者，汉高祖之王城也。大荐福寺，唐中宗所建寺也。沙门者，乃释

5.3.4

·ji¹ ·jij¹ neew² wejr¹ niow² ta̱¹ śjij¹ mjiij² ŋwu² tsjiir¹ ·u̱² tja¹

[illegible]

子 之 善 生 恶 灭 法 称 也。 法 藏 者，

tsjiir¹ dzjiij² ·jij¹ we² ŋwu² ɣjɨr¹ tja¹ wo² sa² ·jij1 ·jɨ²

[illegible]

法 师 之 讳 也。 述 者， 意 义 △ 训。）

子生善灭恶之称。法藏者，法师之讳也[4]。述者，训其义[5]。）

5.3.5

lew¹	nioow¹	śjwo¹	dźju¹	io̤¹	lew¹	tja¹	tsjiir¹	thu¹	tja¹	·jiw¹
[illegible]	[illegible]	[illegible]	[illegible]。	([illegible]	[illegible]	[illegible]，	[illegible]	[illegible]	[illegible]	[illegible]
一	缘	起	明。	(夫	一	者，	法	宣	者	因
nioow¹	ŋwu²	mər²	we²	nioow¹	tja¹	·u²	djɨr²	rjur¹	ljɨ¹	rjur¹
[illegible]	[illegible]	[illegible]	[illegible]。	[illegible]	[illegible]，	[illegible]	[illegible]	[illegible]	[illegible]	[illegible]
缘	以	宗	为。	缘	者，	内	外	世	及	世
lho	do²	pha¹	dju¹	nioow¹	tśhjwo¹	lew¹	tsew²	thu¹	nioow¹	
[illegible]	[illegible]	[illegible]	[illegible]	[illegible]，	[illegible]	[illegible]	[illegible]	[illegible]，	[illegible]	
出	殊	异	有	因，	故	一	第	标，	缘	

初明缘起。(夫一者，宣法者以因缘为宗[6]。缘者，因有内外之殊，世出世之异，故标第一，

5.3.6

śjwo¹	śjij¹	kjɨ¹	nur¹
[illegible]	[illegible]	[illegible]	[illegible]。)
起	法	△	明。)

明诸缘起也。)

5.3.7

njɨɨ¹	tṣə¹	ŋa¹	phjo²	śji¹	nioow¹	śjwo¹	śjij¹	tja¹	tṣə¹	ŋa¹	mji¹	dzjij¹	wjɨ¹	tṣə¹
[illegible]	[illegible]	[illegible]	[illegible]。	([illegible]	[illegible]	[illegible]	[illegible]	[illegible]，	[illegible]	[illegible]	[illegible]	[illegible]。	[illegible]	[illegible]
二	色	空	辨。	(前	缘	起	法	者，	色	空	莫	逾。	幻	色
tja¹	mur¹	dźjar²	ŋwu²	ɣiej¹	ŋa¹	tja¹	ɣiej¹	dźjar²	ŋwu²	njɨɨ¹	dźjar²	ɣie̤²	mjij¹	
[illegible]，	[illegible]	[illegible]	[illegible]；	[illegible]	[illegible]	[illegible]，	[illegible]	[illegible]	[illegible]。	[illegible]	[illegible]	[illegible]	[illegible]，	
者，	俗	谛	也；	真	空	者，	真	谛	也。	二	谛	碍	无，	

二辨色空。(前缘起法者[7]，莫逾色空。幻色者，俗谛；真空者，真谛。二谛无碍，

5.3.8

ku¹	lew¹	gu²	tśja¹	ŋwu²	tśhjwo¹	giee¹	tṣə¹	ŋa¹	wjɨ²	phjo²	kar²
[illegible]	[illegible]	[illegible]	[illegible]	[illegible]。	[illegible]	[illegible]	[illegible]	[illegible]	[illegible]	[illegible]	[illegible]。)
则	唯	中	道	也。	故	次	色	空	△	分	辨。)

则唯中道，故次分辨色空也。)

5.3.9

sọ1 sọ1 tsjiir2 bju1 ŋa1 mər2 bju1 mur1 dźjar2 dju1 tshjiij1 tja1 njɨ2 dza2

三 三 性 约。（依 空 宗， 俗 谛 有 言 者， 遍 计

ljɨ̣1 mjɨ1 bju1 njɨ2 ŋwu2 ɣiej1 dźjar2 bju1 ŋa1 tshjiij1 tja1 iọ1 śjɨj1

及 他 依 等 也； 真 谛 依 空 言 者， 圆 成

三约三性。（依空宗，有俗谛言者，即遍计、依他也；依真谛言空者，即圆成

5.3.10

źjɨr1 tsjiir2 ŋwu2 tśhjwo1 tśjɨɨ1 sọ1 tsew2 sọ1 tsjiir2 bju1 rjɨr2 tshjiij1

实 性 也。 故 次 三 第， 三 性 约 △ 言。）

实性也。故次第三，约三性言之[8]。）

5.3.11

ljɨɨr1 ·jij1 mjij1 dźju1 njɨ2 dza2 tja1 sjij1 dju1 wo2 mjij1 bji1 bju1

四 相 无 显。（遍 计 者， 情 有 理 无； 依 他

tja1 ·jij1 dju1 tsjiir2 mjij1 iọ1 śjɨj1 tja1 wo2 dju1 sjij1 mjij1 tsjiir2

者， 相 有 性 无； 圆 成 者， 理 有 情 无。 性

四显无相。遍计，情有理无；依他，相有性无；圆成，理有情无。性

5.3.12

dju1 ·jij1 mjij1 tśhjwo1 tśjɨɨ1 ljɨɨr1 tsew2 ·jij1 mjij1 rjɨr2 tshjiij1

有 相 无。 故 次 四 第， 相 无 △ 说。）

有相无，故次第四，乃说无相[9]。）

5.4.1

ŋwə1 śjwo1 mjij1 tshjiij1 śji1 ·o1 ljɨɨr1 ɣa1 tja1 ɣiej1 mur1 dju1 mjij1 zji2 dźjwɨ1

五 生 无 说。（前 之 四 门 者， 真 俗 有 无， 皆 相

bju1 ·a śjwo1 ŋwu2 dja2 śjɨj1 dju1 ŋwu2 sjij1 thjɨ2 lew1 ɣa1 tja1 lew1

依 △ 生 以 △ 成 有 也。 今 此 一 门 者， 唯

五说无生。（前之四门，真俗有无，皆成相依而生也[10]。今此一门，唯

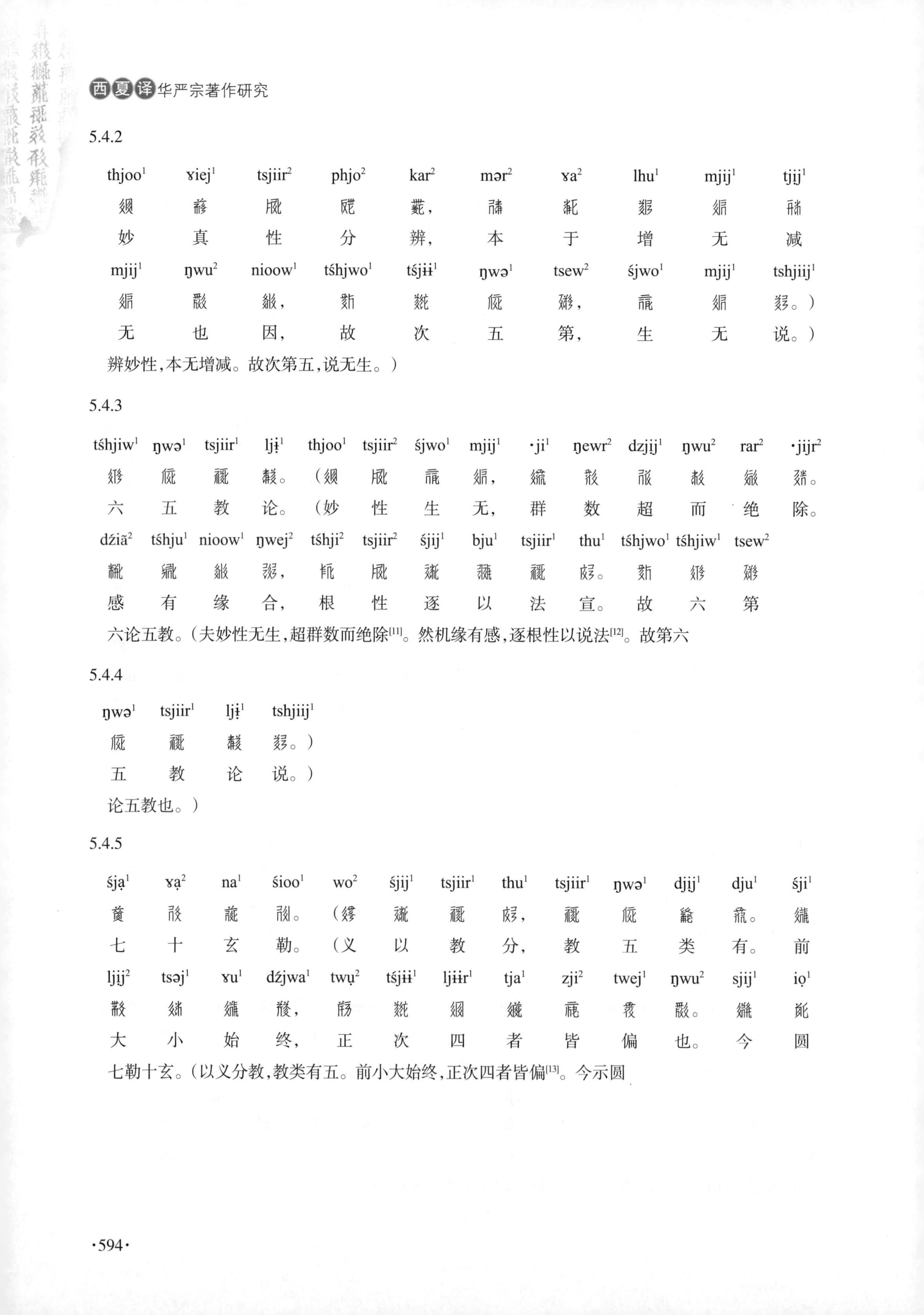

5.4.2

thjoo1 ɣiej1 tsjiir2 phjo2 kar2 mər2 ɣa2 lhu1 mjij1 tjij1
妙 真 性 分 辨， 本 于 增 无 减
mjij1 ŋwu2 nioow1 tśhjwo1 tśjɨɨ1 ŋwə1 tsew2 śjwo1 mjij1 tshjiij1
无 也 因， 故 次 五 第， 生 无 说。）

辨妙性，本无增减。故次第五，说无生。）

5.4.3

tśhjiw1 ŋwə1 tsjiir1 ljɨ̣1 thjoo1 tsjiir2 śjwo1 mjij1 ·ji1 ŋewr2 dzjij1 ŋwu2 rar2 ·jijr2
六 五 教 论。（妙 性 生 无， 群 数 超 而 绝 除。
dźiã2 tśhju1 nioow1 ŋwej2 tśhji2 tsjiir2 śjij1 bju1 tsjiir1 thu1 tśhjwo1 tśhjiw1 tsew2
感 有 缘 合， 根 性 逐 以 法 宣。 故 六 第

六论五教。（夫妙性无生，超群数而绝除[11]。然机缘有感，逐根性以说法[12]。故第六

5.4.4

ŋwə1 tsjiir1 ljɨ̣1 tshjiij1
五 教 论 说。）

论五教也。）

5.4.5

śją1 ɣą2 na1 śioo1 wo2 śjij1 tsjiir1 thu1 tsjiir1 ŋwə1 djij1 dju1 śji1
七 十 玄 勒。（义 以 教 分， 教 五 类 有。 前
ljij2 tsəj1 ɣu1 dźjwa1 twụ2 tśjɨɨ1 ljɨɨr1 tja1 zji2 twej1 ŋwu2 sjij1 io̧1
大 小 始 终， 正 次 四 者 皆 偏 也。 今 圆

七勒十玄。（以义分教，教类有五。前小大始终，正次四者皆偏[13]。今示圆

5.4.6

lwu¹ kjɨ¹ nur¹ nioow¹ tśhjwo¹ tśjɨɨ¹ śjạ¹ tsew² ɣạ² na¹ śioo¹ rjɨr² tshjiij¹

[illegible]

融 △ 示 因, 故 次 七 第, 十 玄 勒 △ 说。)

融,故次第七,勒十玄说之。)

5.4.7

·jar¹ tśhjiw¹ ·jij¹ phie² djɨj² wjạ¹ ɣạ² na¹ bioo¹ ɣa¹ tśhji² we² dźja² ·ụ²

[illegible]

八 六 相 括。(云 华 十 玄, 观 门 根 为。 刚 藏

tśhjiw¹ ·jij¹ ljij² lwər² ɣjow¹ ŋwu² lwər² bioo¹ phəə¹ tśja¹ dźjwɨ¹ kha¹ thwuu¹ lwu¹

[illegible]①

六 相, 大 经 源 也。 经 观 融 通, 相 中 交 彻。

八括六相。(云华十玄,根于观门。刚藏六相,源乎大经。经观融通,相互交彻。

5.4.8

tśhjwo¹ tśjɨɨ¹ ·jar¹ tsew² tśhjiw¹ ·jij¹ wjɨ² phie²

[illegible]

故 次 八 第, 六 相 △ 括。)

故次第八,括六相。)

5.4.9

gjɨɨ¹ po¹ tjɨj¹ śjɨj¹ tśhjiw¹ ·jij¹ dźju¹ ·jwɨr² tja¹ lew¹ lwər² ·jij¹ na¹ wo²

[illegible]

九 菩 提 成。(六 相 遒 文 者, 一 经 之 奥 旨

ŋwu² sjij¹ sjij² ŋwu² thjuu¹ lew² njaa² lew¹ sjij² mej¹ ŋwu² ljij² lew² ŋwu²

[illegible]

也。 情 识 以 窥 所 非, 唯 智 眼 以 睹 所 也,

九成菩提。(六相遒文,一经奥旨。非情识所窥,唯智眼所睹,

①[illegible](融),原误作"[illegible]"。

5.4.10

sa^{2} pho^{1} rja^{2} ŋjow^{2} ·u^{2} dźjij^{1} kiẹj^{2} nioow^{1} tśhjwo^{1}

[illegible]

萨 婆 若 海 内 游 将 因， 故

tśjɨɨ^{1} gjɨɨ^{1} tsew^{2} po^{1} tjɨj^{1} śjɨj^{1} rjɨr^{2} tshjiij^{1}

[illegible]

次 九 第， 菩 提 成 △ 说。）

将游萨婆若海，故次第九，成菩提。）

5.4.11

ɣạ^{2} djiij^{2} phã^{1} ·o^{2} po^{1} tjɨj^{1} sjij^{2} mjaa^{1} dwewr^{2} tja^{1} tsjiir^{1} rejr^{2} ŋwu^{2} djiij^{2}

[illegible]

十 涅 盘 入。（菩 提 智 果， 觉 者 法 乐 也； 涅

phã^{1} bja^{2} mjaa^{1} tja^{1} mjij^{1} sej^{1} rejr^{2} ŋwu^{2} swew^{1} ŋwu^{2} ·ju^{2} mjij^{1} njiij^{1} gjii^{1}

[illegible]

盘 断 果 者， 寂 静 乐 也。 照 而 常 寂， 心 安

十入涅盘。（菩提智果，觉法乐也；涅盘断果，寂静乐也。照而常寂，心安

5.4.12

ŋjow^{2} sju^{2} nioow^{1} tśhjwo^{1} tśjɨɨ^{1} ɣạ^{2} tsew^{2} djiij^{2} phã^{1} ·o^{2} śjij^{1} rjɨr^{2} tshjiij^{1}

[illegible]

海 如 因， 故 次 十 第， 涅 盘 入 法 △ 说。）

如海，故第十，入涅盘。）

译文：

华严金师子章。（华严，本宗者所传本经[1]。金师子章，正立其名，举喻显法[2]。）

长安大荐福寺沙门法藏述[3]。（长安者，汉高祖之王城也。大荐福寺，唐中宗所建寺也。沙门者，乃释子生善灭恶之称。法藏者，法师之讳也[4]。述者，训其义[5]。）

初明缘起。（夫一者，宣法者以因缘为宗[6]。缘者，因有内外之殊，世出世之异，故标第一，明诸缘起也。）

二辨色空。（前缘起法者[7]，莫逾色空。幻色者，俗谛；真空者，真谛。二谛无碍，则唯中道，故次分辨色空也。）

三约三性。（依空宗，有俗谛言者，即遍计、依他也；依真谛言空者，即圆成实性也。故次第三，约三性言之[8]。）

四显无相。遍计，情有理无；依他，相有性无；圆成，理有情无。性有相无，故次第四，乃说无相[9]。）

五说无生。（前之四门，真俗有无，皆成相依而生也[10]。今此一门，唯辨妙性，本无增减。故次第五，说无生。）

六论五教。（夫妙性无生，超群数而绝除[11]。然机缘有感，逐根性以说法[12]。故第六论五教也。）

七勒十玄。（以义分教，教类有五。前小大始终，正次四者皆偏[13]。今示圆融，故次第七，勒十玄说之。）

八括六相。（云华十玄，根于观门。刚藏六相，源乎大经。经观融通，相互交彻。故次第八，括六相。）

九成菩提。（六相遒文，一经奥旨。非情识所窥，唯智眼所睹，将游萨婆若海，故次第九，成菩提。）

十入涅盘。（菩提智果，觉法乐也；涅盘断果，寂静乐也。照而常寂，心安如海，故第十，入涅盘。）

注释：

[1]《华严》，本宗者所传本经，汉本作“《华严》，标所宗经”。

[2]以下汉本有“序文备矣”一句，西夏文本无。

[3]长安，汉本作“京”。

[4]法藏者，法师之讳也，汉本作“次二字，名讳也”。以下汉本有“出家传道，翻宣茂德，具如圣宋《高僧传》，并唐‘阎少监碑铭’。若夫判五章教道，则陇西美之。于释论集六重观门，而河东推之于塔铭耳。抑又遵此章旨而为规式，则杂华圆觉二疏载之详矣”诸句，西夏文本无。

[5]述者，训其义，汉本作“述者，乐记云：‘明也。’郑玄曰：‘训其义也。’”

[6]夫一者，宣法者以因缘为宗，汉本作“夫至圣垂教，以因缘为宗”。

[7]前缘起法者，汉本作“前明缘起”。

[8]以上诸句汉本作“空宗，俗谛明有，即遍计、依他也；真谛明空，即圆成实性也。故次第三，约三性也”。

[9]使说无相，汉本作“显无相也”。

[10]相依而生，汉本作“对待”。

[11]超群数而绝除，汉本作“超群数而绝朕”。

[12]说法，汉本作“类分”。

[13]前小大始终，渐顿四者皆偏，汉本作“前四小大始终，渐顿皆偏”。

释读：

5.5.1

nioow^{1}	śjwo^{1}	dźju^{1}	śjij^{1}	lew^{1}	tsew^{2}
[illegible]	[illegible]	[illegible]	[illegible]	[illegible]	[illegible]
缘	起	明	法	一	第

明缘起第一

5.5.2

kiẹ^1 ·jij^1 tsjiir^2 mjij^1 kjɨɨr^1 rjijr^1 nioow^1 ɣa^2 kjɨ^1 bju^1

金 自 性 无， 匠 巧 缘 于 △ 随

ŋwu^2 kiẹ^1 tja^1 mjor^1 ɣiej^1 ·jij^1 tsjiir^2 mji^1 ɣiwej^1

顺。（金 者 如 真， 自 性 不 守

谓金无自性，随工巧匠缘。（金喻真如，不守自性。

5.5.3

rjir^2 dzjọ^1 kjɨɨr^1 tja^1 wee^1 dzjar^2 lạ^1 nioow^1 pha^1 śjwɨ^1 rjir^2 dzjọ^1 tśhjwo^1

与 喻。 匠 者 生 灭， 妄 缘 随 顺 与 喻。） 故

ka^2 tśjij^2 ·jij^1 ·a śjwo^1 ka^2 tśjij^2 tja^1 ɣiej^1 lạ^1 kjɨ^1 dzow^1 ŋwej^2

师 子 相 △ 起。（师 子 者， 真 妄 △ 和 合，

匠况生灭，随顺妄缘。）遂有师子相起。（师子者，真妄和合，

5.5.4

·ja nej^2 ·ja^2 sjij^2 dja^2 śjɨj^1 rjir^2 dzjọ^1 thjɨ^2 sjij^2 njɨɨ^1 mə^2

阿 赖 耶 识 △ 成 与 喻。 此 识 二 种

wo^2 dźjij^2 lew^1 tja^1 dwewr^2 wo^2 sej^1 nioow^1 ŋwu^2 śjwo^1 njɨɨ^1

义 有， 一 者 觉 义， 净 缘 而 起； 二

tja^1 mji^1 dwewr^2 wo^2 laa^1 nioow^1 ŋwu^2 śjwo^1 ·jij^1 ·jɨ^1

者 不 觉 义， 染 缘 而 起 △ 谓。）

喻成阿赖耶识。此识有二种义，一者觉义，净缘而起；二者不觉义，作染缘起。）

5.5.5

śjwo^1 lew^1 nioow^1 ŋwu^2 tśhjwo^1 mjiij^2 nioow^1 śjwo^1 ·jɨ^1 lwər^2

起 但 缘 是， 故 名 缘 起 谓。 （《经

lhejr^2 kha^1 tshjiij^1 rjur^1 tsjiir^1 nioow^1 bju^1 śjwo^1 nioow^1

契》 中 云： “诸 法 缘 从 起， 缘

起但是缘，故名缘起。（《经》云：“诸法从缘起，无缘

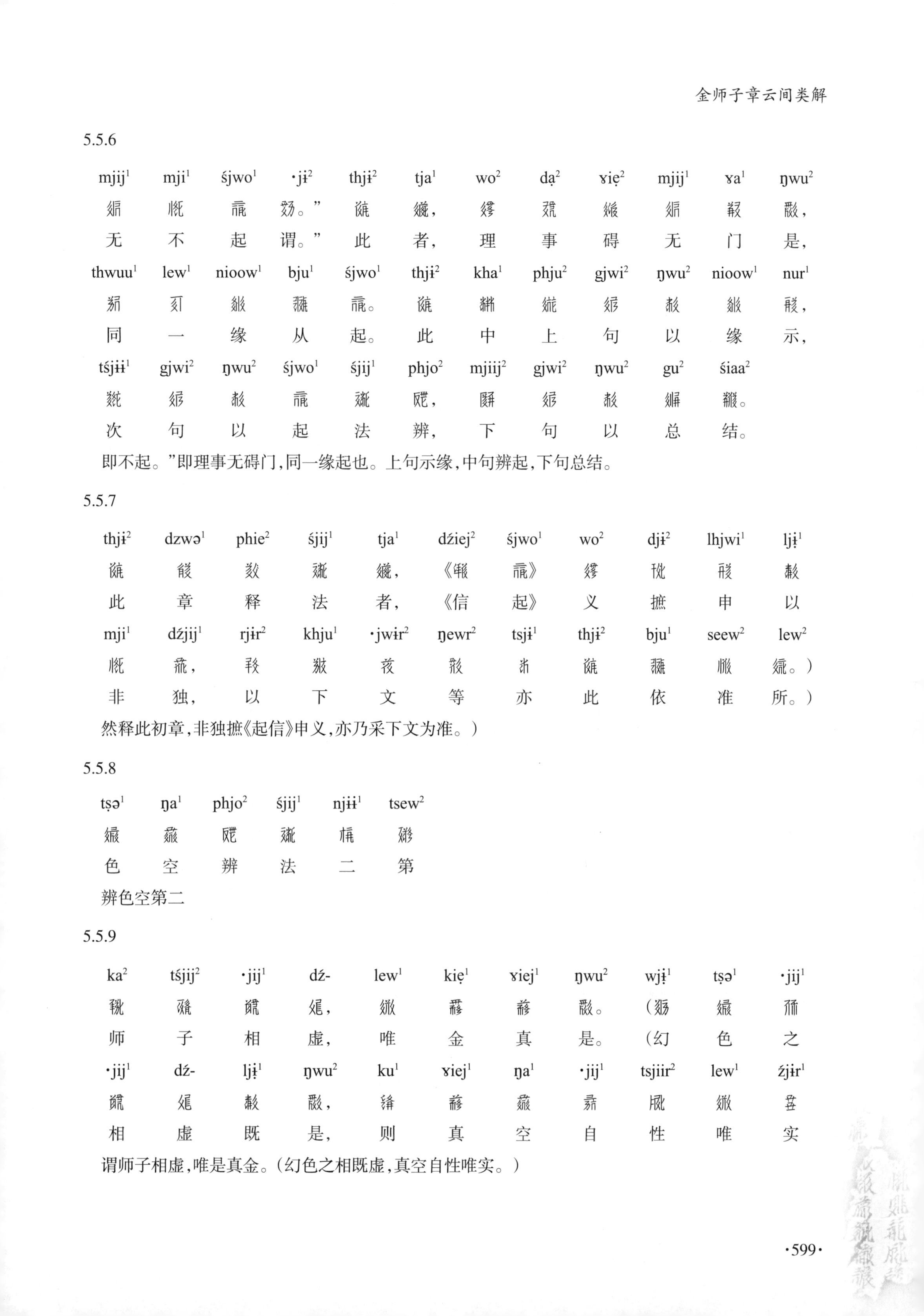

5.5.6

mjij1 mji1 śjwo1 ·jɨ2 thjɨ2 tja1 wo2 dạ2 ɣię2 mjij1 ɣa1 ŋwu2

无 不 起 谓。” 此 者， 理 事 碍 无 门 是，

thwuu1 lew1 nioow1 bju1 śjwo1 thjɨ2 kha1 phju2 gjwi2 ŋwu2 nioow1 nur1

同 一 缘 从 起。 此 中 上 句 以 缘 示，

tśjɨɨ1 gjwi2 ŋwu2 śjwo1 śjij1 phjo2 mjiij2 gjwi2 ŋwu2 gu2 śiaa2

次 句 以 起 法 辨， 下 句 以 总 结。

即不起。”即理事无碍门，同一缘起也。上句示缘，中句辨起，下句总结。

5.5.7

thjɨ2 dzwə1 phie2 śjij1 tja1 dźiej2 śjwo1 wo2 djɨ2 lhjwi1 ljɨ1

此 章 释 法 者， 《信 起》 义 摭 申 以

mji1 dźjij1 rjɨr2 khju1 ·jwɨr2 ŋewr2 tsjɨ1 thjɨ2 bju1 seew2 lew2

非 独， 以 下 文 等 亦 此 依 准 所。）

然释此初章，非独摭《起信》申义，亦乃采下文为准。）

5.5.8

tṣə1 ŋa1 phjo2 śjij1 njɨɨ1 tsew2

色 空 辨 法 二 第

辨色空第二

5.5.9

ka2 tśjij2 ·jij1 dź- lew1 kię1 ɣiej1 ŋwu2 wjɨ̣1 tṣə1 ·jij1

师 子 相 虚， 唯 金 真 是。 （幻 色 之

·jij1 dź- ljɨ̣1 ŋwu2 ku1 ɣiej1 ŋa1 ·jij1 tsjiir2 lew1 źjɨr1

相 虚 既 是， 则 真 空 自 性 唯 实

谓师子相虚，唯是真金。（幻色之相既虚，真空自性唯实。）

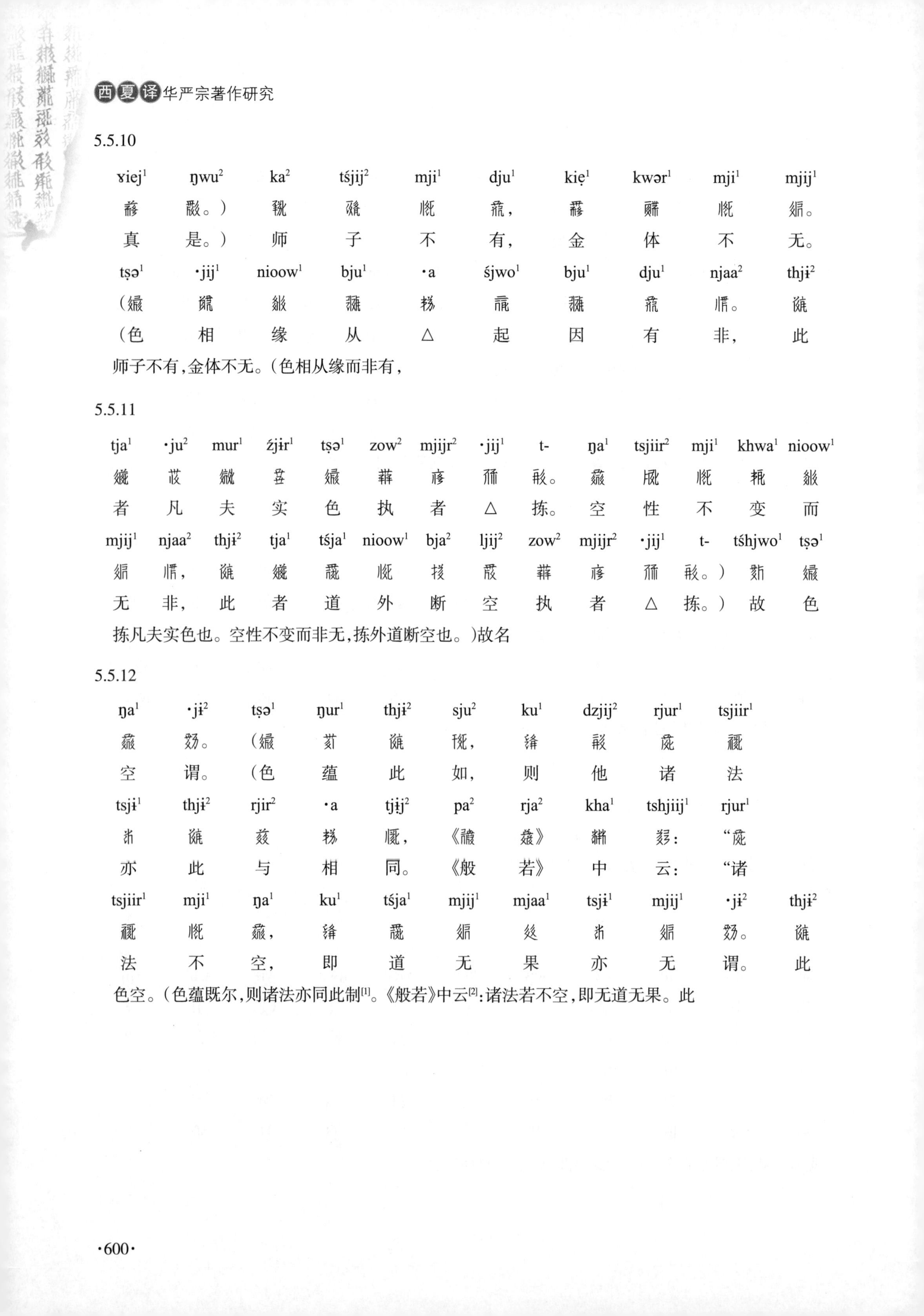

5.5.10

ɣiej¹ ŋwu² ka² tśjij² mji¹ dju¹ kiẹ¹ kwər¹ mji¹ mjij¹

[illegible]

真 是。） 师 子 不 有， 金 体 不 无。

tṣə¹ ·jij¹ nioow¹ bju¹ ·a śjwo¹ bju¹ dju¹ njaa² thjɨ²

[illegible]

（色 相 缘 从 △ 起 因 有 非， 此

师子不有，金体不无。（色相从缘而非有，

5.5.11

tja¹ ·ju² mur¹ źjɨr¹ tṣə¹ zow² mjijr² ·jij¹ t- ŋa¹ tsjiir² mji¹ khwa¹ nioow¹

[illegible]

者 凡 夫 实 色 执 者 △ 拣。 空 性 不 变 而

mjij¹ njaa² thjɨ² tja¹ tśja¹ nioow¹ bja² ljij² zow² mjijr² ·jij¹ t- tśhjwo¹ tṣə¹

[illegible]

无 非， 此 者 道 外 断 空 执 者 △ 拣。） 故 色

拣凡夫实色也。空性不变而非无，拣外道断空也。）故名

5.5.12

ŋa¹ ·jɨ² tṣə¹ ŋur¹ thjɨ² sju² ku¹ dzjij² rjur¹ tsjiir¹

[illegible]

空 谓。 （色 蕴 此 如， 则 他 诸 法

tsjɨ¹ thjɨ² rjir² ·a tjɨj² pa² rja² kha¹ tshjiij¹ rjur¹

[illegible]

亦 此 与 相 同。 《般 若》 中 云： "诸

tsjiir¹ mji¹ ŋa¹ ku¹ tśja¹ mjij¹ mjaa¹ tsjɨ¹ mjij¹ ·jɨ² thjɨ²

[illegible]

法 不 空， 即 道 无 果 亦 无 谓。 此

色空。（色蕴既尔，则诸法亦同此制[1]。《般若》中云[2]：诸法若不空，即无道无果。此

5.6.1

kha^1	phju^2	gjwi^2	ŋwu^2	tṣə^1	ŋa^1	lọ^2	nur^1	tśjɨɨ^1	gjwi^2	ŋwu^2	lọ^2
中	上	句	以	色	空	双	标，	次	句	以	双
phie^2	mjiij^2	gjwi^2	ŋwu^2	gu^2	śiaa^2	nioow^1	ŋa^1	·jij^1	·jij^1	mjij^1	
释，	下	句	以	双	结。）	复	空	自	相	无，	

中上句双标色空，次句双释，下句双结。）又复空无自相，

5.6.2

tṣə^1	bju^1	wjɨ^2	dźju^1	ŋa^1	tja^1	ɣiej^1	ŋa^1	ŋwu^2	tṣə^1	·jij^1	mji^1
色	约	△	明。	（空	者	真	空	是，	色	△	不
ɣię^2	tśhjwo^1	ŋa^1	bioo^1	zjịj^1	khjɨ^2	dźjɨ	ŋewr^2	ŋewr^2	·jɨ^2	wjɨ^1	dju^1
碍，	则	空	观	时	万	行	沸	腾	谓。）	幻	有

约色以明。（空是真空，不碍于色，则观空万行沸腾也。）

5.6.3

·jij^1	mji^1	ɣię^2	nioow^1	tśhjwo^1	tṣə^1	ŋa^1	·jɨ^2	tṣə^1	tja^1
△	不	碍	因，	故	色	空	谓。	（色	者
wjɨ^1	tṣə^1	ŋwu^2	ŋa^1	·jij^1	mji^1	ɣię^2	nioow^1	tśhjwo^1	dju^1
幻	色	是，	空	△	不	碍	因，	则	有

不碍幻有，名为色空。（色是幻色，不碍于空，则涉有

5.6.4

kha^1	·o^2	zjịj^1	lew^1	tśja^1	·jij^1	gji^1	sej^1	·jɨ^2	thjɨ^2	kha^1
中	涉	时	一	道	自	清	净	谓。	此	中
·a	iọ^1	phjo^2	kar^2	ku^1	śji^1	tsjiir^2	·jij^1	mji^1	lej^2	nioow^1
总	而	分	辨，	则	先	性	相	不	变	缘
śjwɨ^2	ŋwu^2	źjɨr^1	bja^2	·jij^1	wjɨ^2	t-	kụ^1	lhji^2	wee^1	djiij^2
随，	以	实	断	△	△	拣；	后	死	生	涅

一道自清净也。总而辨之，先约性相不变随缘，以拣断实；后约不住生死涅

5.6.5

phã^{1}	mji^{1}	dźjiij^{1}	ŋwu^{2}	wjuu^{1}	sjij^{2}	·jij^{1}	dźju^{1}	phji^{1}
[illegible]	[illegible]	[illegible]，	[illegible]	[illegible]	[illegible]	[illegible]	[illegible]	[illegible]。）
盘	不	住，	以	悲	智	△	明	使。）

盘，以明悲智。）

5.6.6

sọ^{1}	tsjiir^{2}	bju^{1}	tshjiij^{1}	śjij^{1}	sọ^{1}	tsew^{2}
[illegible]	[illegible]	[illegible]	[illegible]	[illegible]	[illegible]	[illegible]
三	性	由	说	法	三	第

约三性第三[3]

译文：

明缘起第一

谓金无自性，随工巧匠缘。（金喻真如，不守自性。匠况生灭，随顺妄缘。）遂有师子相起。（师子者，真妄和合，喻成阿赖耶识。此识有二种义，一者觉义，净缘而起；二者不觉义，作染缘起。）起但是缘，故名缘起。（《经》云："诸法从缘起，无缘即不起。"即理事无碍门，同一缘起也。上句示缘，中句辨起，下句总结。然释此初章，非独摭《起信》申义，亦乃采下文为准。）

辨色空第二

谓师子相虚，唯是真金。（幻色之相既虚，真空自性唯实。）师子不有，金体不无。（色相从缘而非有，拣凡夫实色也。空性不变而非无，拣外道断空也。）故名色空。（色蕴既尔，则诸法亦同此制[1]。《般若》中云[2]：诸法若不空，即无道无果。此中上句双标色空，次句双释，下句双结。）又复空无自相，约色以明。（空是真空，不碍于色，则观空万行沸腾也。）不碍幻有，名为色空。（色是幻色，不碍于空，则涉有一道自清净也。总而辨之，先约性相不变随缘，以拣断实；后约不住生死涅盘，以明悲智。）

约三性第三[3]

注释：

[1]则诸法亦同此制，汉本作"诸法例然"。

[2]《般若》中云，汉本作"《大品》云"。

[3]以下残第六叶左面和第七叶右面，所残内容相当于汉本"师子情有名为遍计"至"理果虽殊无相一也"。

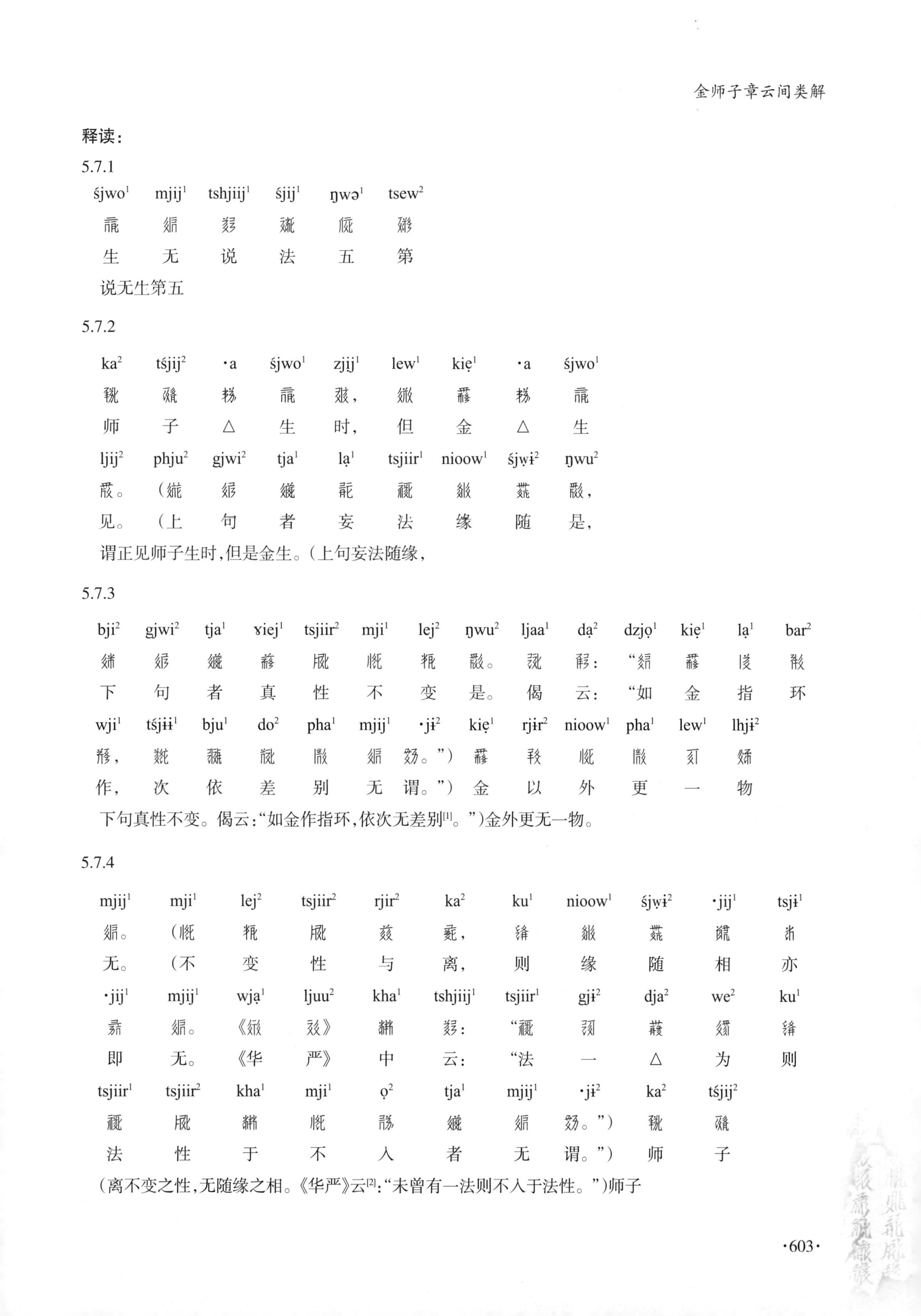

释读：

5.7.1

śjwo1 mjij1 tshjiij1 śjij1 ŋwə1 tsew2

生 无 说 法 五 第

说无生第五

5.7.2

ka2 tśjij2 ·a śjwo1 zjij1 lew1 kię1 ·a śjwo1

师 子 △ 生 时，但 金 △ 生

ljij2 phju2 gjwi2 tja1 lą1 tsjiir1 nioow1 śjwɨ2 ŋwu2

见。（上 句 者 妄 法 缘 随 是，

谓正见师子生时，但是金生。（上句妄法随缘，

5.7.3

bji2 gjwi2 tja1 ɣiej1 tsjiir2 mji1 lej2 ŋwu2 ljaa1 dạ2 dzjọ1 kię1 lą1 bar2

下 句 者 真 性 不 变 是。偈 云："如 金 指 环

wji1 tśjɨɨ1 bju1 do2 pha1 mjij1 ·jɨ2 kię1 rjɨr2 nioow1 pha1 lew1 lhjɨ2

作，次 依 差 别 无 谓。"）金 以 外 更 一 物

下句真性不变。偈云："如金作指环，依次无差别[1]。"）金外更无一物。

5.7.4

mjij1 mji1 lej2 tsjiir2 rjir2 ka2 ku1 nioow1 śjwɨ2 ·jij1 tsjɨ1

无。（不 变 性 与 离，则 缘 随 相 亦

·jij1 mjij1 wją1 ljuu2 kha1 tshjiij1 tsjiir1 gji2 dja2 we2 ku1

即 无。《华 严》中 云："法 一 △ 为 则

tsjiir1 tsjiir2 kha1 mji1 ọ2 tja1 mjij1 ·jɨ2 ka2 tśjij2

法 性 于 不 入 者 无 谓。"）师 子

（离不变之性，无随缘之相。《华严》云[2]："未曾有一法则不入于法性。"）师子

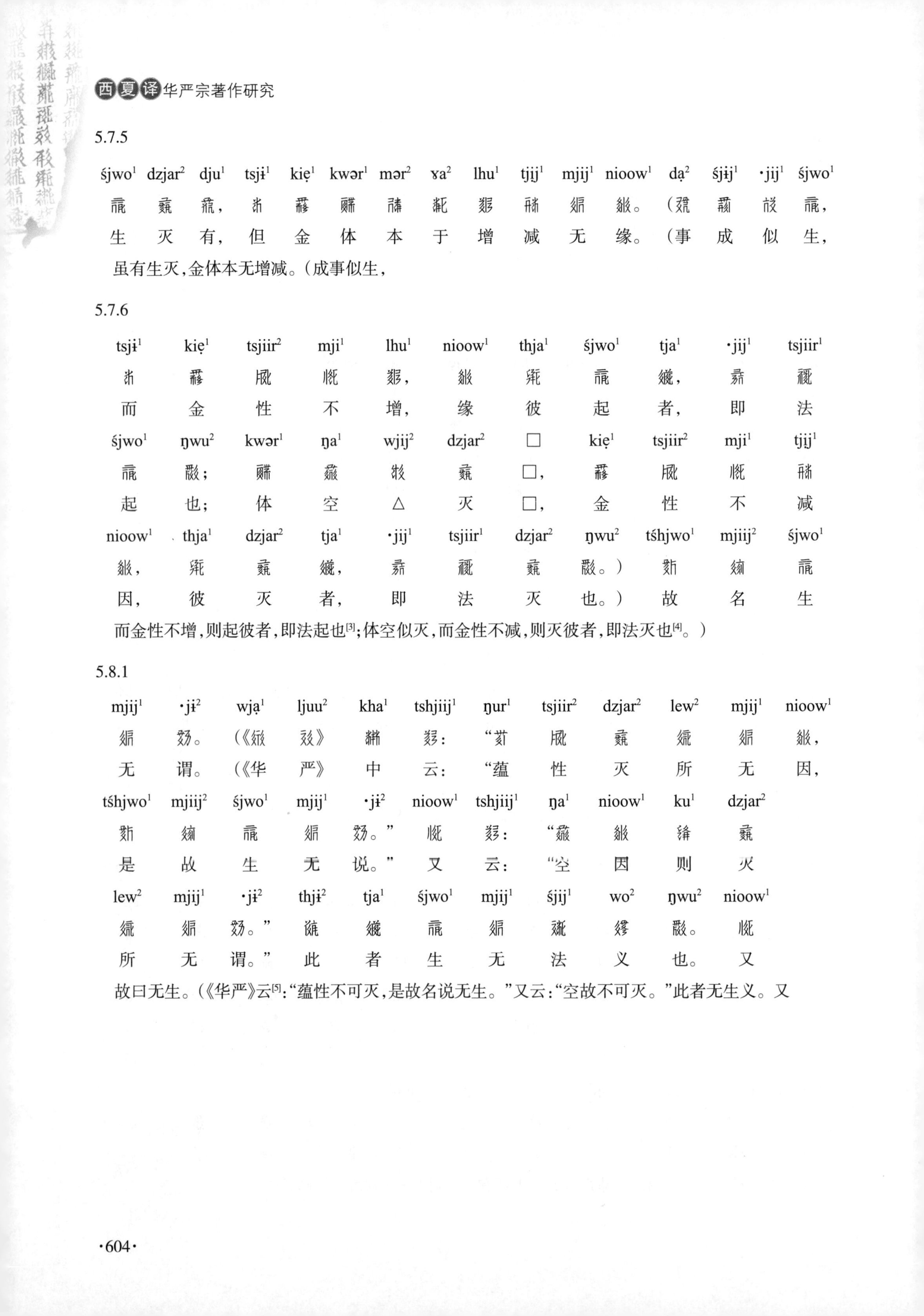

5.7.5

śjwo1	dzjar2	dju1	tsjɨ1	kię1	kwər1	mər2	ɣa2	lhu1	tjij1	mjij1	nioow1	dạ2	śjɨj1	·jij1	śjwo1
生	灭	有,	但	金	体	本	于	增	减	无	缘。	（事	成	似	生,

虽有生灭,金体本无增减。（成事似生,

5.7.6

tsjɨ1	kię1	tsjiir2	mji1	lhu1	nioow1	thja1	śjwo1	tja1	·jij1	tsjiir1
而	金	性	不	增,	缘	彼	起	者,	即	法
śjwo1	ŋwu2	kwər1	ŋa1	wjij2	dzjar2	□	kię1	tsjiir2	mji1	tjij1
起	也;	体	空	△	灭	□,	金	性	不	减
nioow1	thja1	dzjar2	tja1	·jij1	tsjiir1	dzjar2	ŋwu2	tśhjwo1	mjiij2	śjwo1
因,	彼	灭	者,	即	法	灭	也。）	故	名	生

而金性不增,则起彼者,即法起也[3];体空似灭,而金性不减,则灭彼者,即法灭也[4]。）

5.8.1

mjij1	·jɨ2	wją1	ljuu2	kha1	tshjiij1	ŋur1	tsjiir2	dzjar2	lew2	mjij1	nioow1
无	谓。	（《华	严》	中	云:	"蕴	性	灭	所	无	因,
tśhjwo1	mjiij2	śjwo1	mjij1	·jɨ2	nioow1	tshjiij1	ŋa1	nioow1	ku1	dzjar2	
是	故	生	无	说。"	又	云:	"空	因	则	灭	
lew2	mjij1	·jɨ2	thjɨ2	tja1	śjwo1	mjij1	śjij1	wo2	ŋwu2	nioow1	
所	无	谓。"	此	者	生	无	法	义	也。	又	

故曰无生。（《华严》云[5]:"蕴性不可灭,是故名说无生。"又云:"空故不可灭。"此者无生义。又

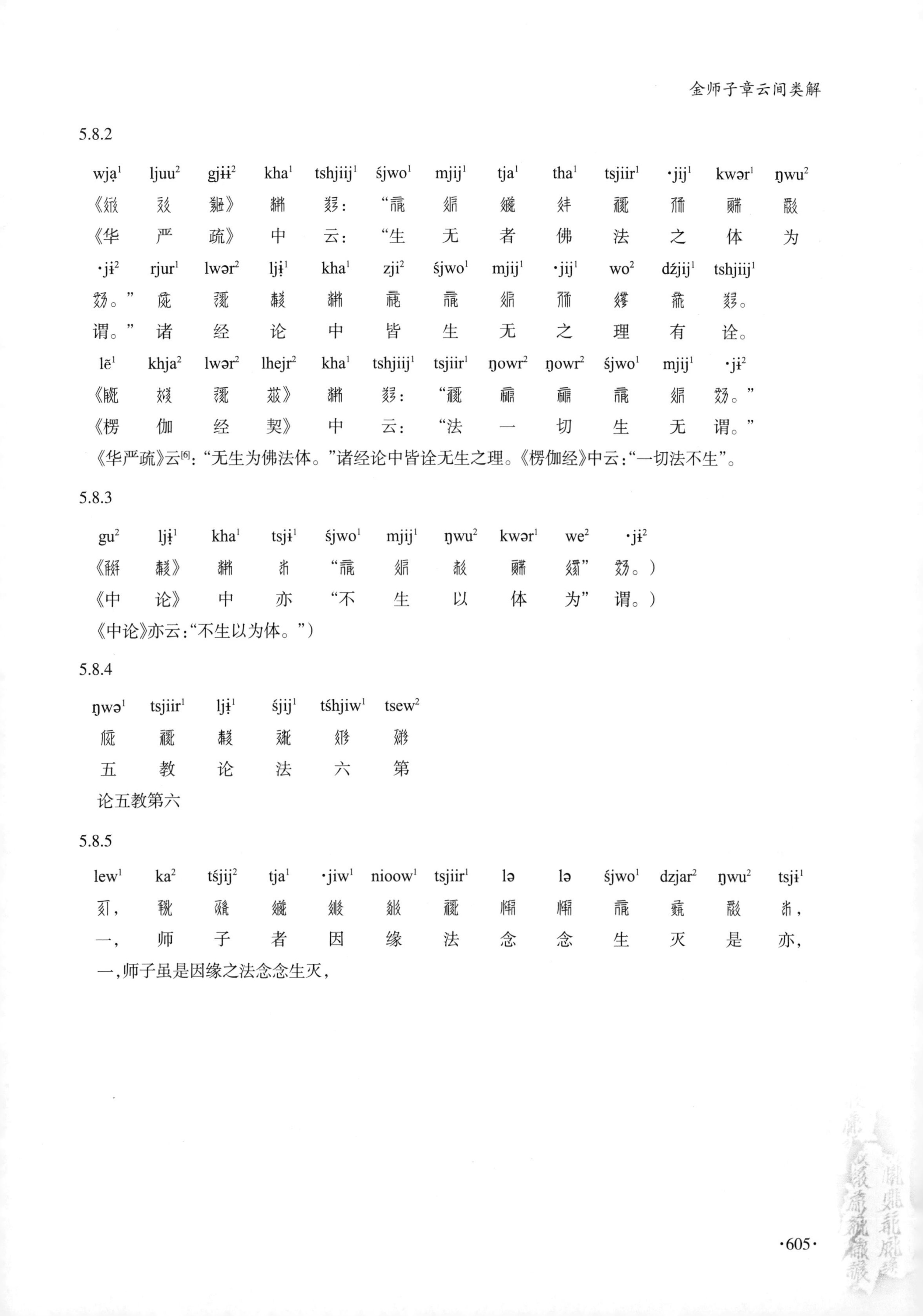

5.8.2

wjạ1 ljuu2 gjɨɨ2 kha1 tshjiij1 śjwo1 mjij1 tja1 tha1 tsjiir1 ·jij1 kwər1 ŋwu2

《华 严 疏》 中 云：“生 无 者 佛 法 之 体 为

·jɨ2 rjur1 lwər2 ljɨ̣1 kha1 zji2 śjwo1 mjij1 ·jij1 wo2 dźjij1 tshjiij1

谓。” 诸 经 论 中 皆 生 无 之 理 有 诠。

lẽ1 khja2 lwər2 lhejr2 kha1 tshjiij1 tsjiir1 ŋowr2 ŋowr2 śjwo1 mjij1 ·jɨ2

《楞 伽 经 契》 中 云：“法 一 切 生 无 谓。”

《华严疏》云[6]：“无生为佛法体。”诸经论中皆诠无生之理。《楞伽经》中云：“一切法不生”。

5.8.3

gu2 ljɨ̣1 kha1 tsjɨ1 śjwo1 mjij1 ŋwu2 kwər1 we2 ·jɨ2

《中 论》 中 亦 “不 生 以 体 为” 谓。）

《中论》亦云：“不生以为体。”）

5.8.4

ŋwə1 tsjiir1 ljɨ̣1 śjij1 tśhjiw1 tsew2

五 教 论 法 六 第

论五教第六

5.8.5

lew1 ka2 tśjij2 tja1 ·jiw1 nioow1 tsjiir1 lə lə śjwo1 dzjar2 ŋwu2 tsjɨ1

一， 师 子 者 因 缘 法 念 念 生 灭 是 亦，

一，师子虽是因缘之法念念生灭，

5.8.6

ka² tśjij² nioow¹ bju¹ ·a śjwo¹ ·jij¹ ·jɨ² ɣjwã¹ źjĩ¹ mər² mja¹

（师 子 缘 依 △ 生 △ 谓。《原 人 本 母》

·ụ² tsəj¹ phjo² śjij¹ tsjiir¹ kha¹ tshjiij¹ ɣu¹ mjij¹ ɣa² śjwo¹ ·jiw¹

“乘 小 辨 法 教” 中 云：“始 无 从 来， 因

nioow¹ ɣie¹ bju¹ lə lə śjwo¹ dzjar² twẹ² twẹ² mji¹ bja² ·jɨ²

缘 力 故。 念 念 生 灭， 相 续 无 穷 谓。”）

（师子谓依缘而生。《原人论》“辨小乘教法”云[7]：“从无始来，因缘力故。念念生灭，相续无穷。”）

5.8.7

ka² tśjij² ·jij¹ ·jij¹ źjɨr¹ rjir¹ tjị² mjij¹ nioow¹ thja¹ mər²

师 子 之 相 实 得 可 无 因。（其 《本

mja¹ kha¹ tshjiij¹ ·ju² mur¹ mji¹ tsjij² zow² źjɨr¹ ŋwu² ·jɨ²

母》 中 云：“凡 愚 不 觉， 执 实 为 谓。”）

实无师子相可得。（其《本母》云：“凡愚不觉，执之为实。”）

5.8.8

tśhjwo¹ mjiij² wẹ¹ tsjiir¹ ɣiẹ² mji¹ tsjiir¹ ·jɨ² ljɨɨr¹ dźjar² rjɨr²

故 名 愚 法 声 闻 教 谓。（四 谛 △

tshjiij¹ bju¹ ·a tsjɨ¹ tsjij² nioow¹ tśhjwo¹ mjiij² ɣiẹ² mji¹

说 因 △ 悟 解 因， 故 号 声 闻

名愚法声闻教。（因说四谛而悟解，故号声闻。

5.8.9

·jɨ² ŋa² zow² ljị¹ wjɨ² tjij¹ djij² tsjiir¹ ŋa¹ deej¹ tsjij² nioow¹

谓。 我 执 虽 △ 除 然， 法 空 传 悟 因，

tśhjwo¹ mjiij² tja¹ wẹ¹ tsjiir¹ ·jɨ² njɨɨ¹ thjị² nioow¹ bju¹ ·a śjwo¹

故 名 者 愚 法 谓。） 二， 此 从 缘 △ 生

既除我执，法空传悟，故名愚法[8]。）二，即此缘生

5.8.10

tsjiir1 tja1 śji1 twẹ2 kụ1 śjwo1 śjij1 ŋwu2 rjɨr2 khju1 sọ1

法 者，（前 蹑 后 起 法 也。 以 下 三

tsjɨ1 thjɨ2 rjir2 ·a tjịj2 twụ1 ·jij1 tsjiir2 mjij1 sji1 dźjwa1

亦 此 与 相 同。） 各 自 性 无， 彻 底

之法，（蹑前起后也。下三亦与此同理[9]。）各无自性，彻底

5.8.11

lew1 ŋa1 ŋwu2 nioow1 śji1 ɣu1 ·jij1 ljụ2 kwər1 tja1 tṣə1 ljɨ̣1 seew2 meej2

唯 空 是 因，（先 始 自 形 骸 之 色， 及 思 虑

tja1 njiij1 wji1 ɣa2 śjwo1 rjɨr2 njɨ2 tha1 mjaa1 ŋowr2 ŋowr2 sjij2 sjij2 ɣa2

之 心 为 于 生， 彻 底 佛 果 一 切 智 智 于

唯空，（先始自形骸之色，及生思虑之心，终至佛果一切种智，

5.8.12

njɨ2 zji2 ·jij1 tsjiir2 mjij1 lew1 ɣiej1 ŋa1 ŋwu2 tṣə1

至， 皆 自 性 无， 唯 真 空 是， 色

·jij1 ·jij1 tsjiir2 mər2 ɣa2 bju1 ŋa1 mjɨ1 djij2 tṣə1

之 自 性 本 于 依。 空 非 虽 色

dzjar2 mja1 nioow1 tśhjwo1 ŋa1 we2 ŋwu2 njaa2 tśhjwo1 mjiij2 ljij2

灭 然， 又 故 空 为 以 非。） 故 名 大

皆无自性，唯是真空，本依自性。若非色灭空，又故非空也[10]。）故名大

5.9.1

·ụ2 ɣu1 tsjiir1 ·jɨ2 pa2 rja2 kha1 tshjiij1 ŋa1 tja1

乘 始 教 谓。（《般 若》 中 云： “空 者

ljij2 ·ụ2 kha1 ọ2 sji2 śji1 ɣu1 ɣa1 ŋwu2 ·jɨ2

大 乘 中 入 能 初 始 门 是 谓。”）

乘始教。（《般若》云[11]：“空是大乘之初门也。[12]”）

译文：

说无生第五

谓正见师子生时，但是金生。（上句妄法随缘，下句真性不变。偈云：“如金作指环，依次无差别[1]。”）金外更无一物。（离不变之性，无随缘之相。《华严》云[2]：“未曾有一法则不入于法性。”）师子虽有生灭，金体本无增减。（成事似生，而金性不增，则起彼者，即法起也[3]；体空似灭，而金性不减，则灭彼者，即法灭也[4]。）故曰无生。（《华严》云[5]：“蕴性不可灭，是故名说无生。”又云：“空故不可灭。”此者无生义。又《华严疏》云[6]：“无生为佛法体。”诸经论中皆诠无生之理。《楞伽经》中云：“一切法不生。”《中论》亦云：“不生以为体。”）

论五教第六

一，师子虽是因缘之法念念生灭，（师子谓依缘而生。《原人论》“辨小乘教法”云[7]：“从无始来，因缘力故。念念生灭，相续无穷。”）实无师子相可得。（其《本母》云：“凡愚不觉，执之为实。”）名愚法声闻教。（因说四谛而悟解，故号声闻。既除我执，法空传悟，故名愚法[8]。）

二，即此缘生之法，（蹑前起后也。下三亦与此同理[9]。）各无自性，彻底唯空，（先始自形骸之色，及生思虑之心，终至佛果一切种智，皆无自性，唯是真空，本依自性。若非色灭空，又故非空也[10]。）故名大乘始教。（《般若》云[11]：“空是大乘之初门也。[12]”）

注释：

[1]依次无差别，汉本作“展转无差别”。

[2]《华严》云，汉本作“《问明品》云”。

[3]则起彼者，即法起也，汉本作“则起唯法起也”。

[4]则灭彼者，即法灭也，汉本作“则灭唯法灭也”。

[5]《华严》云，汉本作“《大经》云”。

[6]《华严疏》云，汉本作“《疏》云”。

[7]汉文“论”，西夏文用“[illegible]”（本母）与之对译。

[8]法空传悟，故名愚法，汉本作“未达法空，故名愚法”。以下汉本有“有本作‘愚人法名声闻教’。然此一教，下摄人天，由深必收浅故。上该缘觉，以其理果同故。例如约人辨藏，唯出声闻藏耳”诸句，西夏文本无。

[9]蹑前起后也，以下三亦与此同理，汉本作“蹑前起后也。初文师子二字，亦通此用，下三皆然”。

[10]此句汉本为“始自形骸之色，思虑之心。终至佛果一切种智，皆无自性，彻于有表，唯是真空。以色性自空，非色灭空也”。

[11]《般若》中云，汉本作“《大品》云”。

[12]以下汉本有“此教有二，一始教，亦名分教，今但标始教者，以深密第二第三时教。同许定性，无性俱不成佛故。今合之唯言始教耳”诸句，西夏文本无。

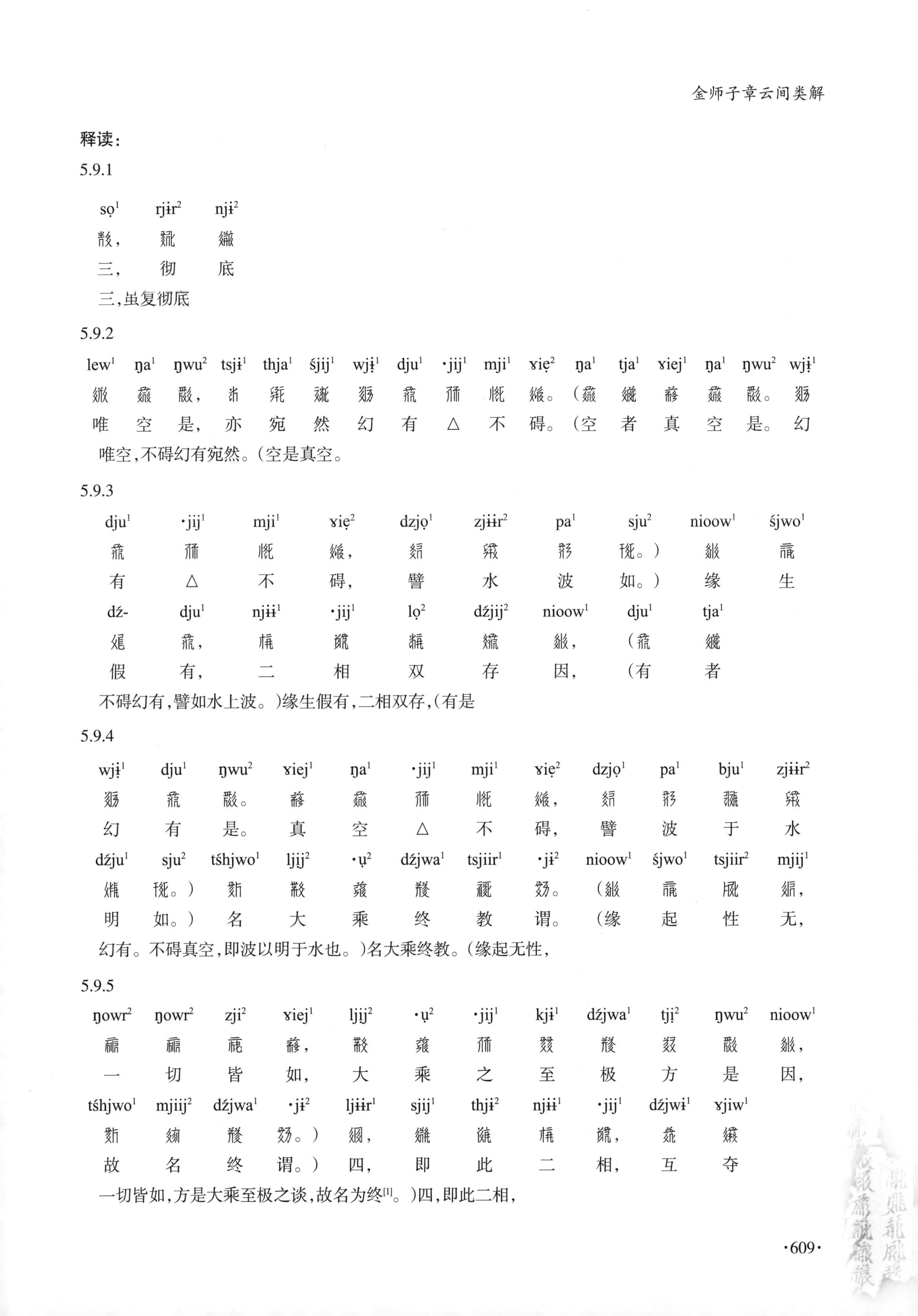

释读：

5.9.1

so̱¹ rjɨr² njɨ²

三， 彻 底

三，虽复彻底

5.9.2

lew¹ ŋa¹ ŋwu² tsjɨ¹ thja¹ śjij¹ wjɨ̣¹ dju¹ ·jij¹ mji¹ ɣie̱² ŋa¹ tja¹ ɣiej¹ ŋa¹ ŋwu² wjɨ̣¹

唯 空 是， 亦 宛 然 幻 有 △ 不 碍。（空 者 真 空 是。 幻

唯空，不碍幻有宛然。（空是真空。

5.9.3

dju¹ ·jij¹ mji¹ ɣie̱² dzjo̱¹ zjɨɨr² pa¹ sju² nioow¹ śjwo¹

有 △ 不 碍， 譬 水 波 如。） 缘 生

dź- dju¹ njɨɨ¹ ·jij¹ lo̱² dźjij² nioow¹ dju¹ tja¹

假 有， 二 相 双 存 因，（有 者

不碍幻有，譬如水上波。）缘生假有，二相双存，（有是

5.9.4

wjɨ̣¹ dju¹ ŋwu² ɣiej¹ ŋa¹ ·jij¹ mji¹ ɣie̱² dzjo̱¹ pa¹ bju¹ zjɨɨr²

幻 有 是。 真 空 △ 不 碍， 譬 波 于 水

dźju¹ sju² tśhjwo¹ ljij² ·u̱² dźjwa¹ tsjiir¹ ·jɨ² nioow¹ śjwo¹ tsjiir² mjij¹

明 如。） 名 大 乘 终 教 谓。（缘 起 性 无，

幻有。不碍真空，即波以明于水也。）名大乘终教。（缘起无性，

5.9.5

ŋowr² ŋowr² zjɨ² ɣiej¹ ljij² ·u̱² ·jij¹ kjɨ¹ dźjwa¹ tjɨ̣² ŋwu² nioow¹

一 切 皆 如， 大 乘 之 至 极 方 是 因，

tśhjwo¹ mjiij² dźjwa¹ ·jɨ² ljɨɨr¹ sjij¹ thjɨ² njɨɨ¹ ·jij¹ dźjwɨ¹ ɣjiw¹

故 名 终 谓。） 四， 即 此 二 相， 互 夺

一切皆如，方是大乘至极之谈，故名为终[1]。）四，即此二相，

5.9.6

zjɨ^2 sji^1 wo^2 ŋwu^2 dạ^2 ɣjiw^1 ku^1 thja^1 dạ^2 sji^1 ·jij^1 ɣiej^1 wo^2 ŋwu^2 bju^1 dạ^2

[illegible]

两 亡，（理 以 事 夺 而 彼 事 亡，即 真 理 也。依 事

njaa^2 we^2 dạ^2 ŋwu^2 wo^2 ɣjiw^1 ku^1 thja^1 wo^2 sji^1 ·jij^1 dạ^2 tsjiir^1 ŋwu^2 bju^1 wo^2

[illegible]

非 成；事 以 理 夺 而 彼 理 亡，即 事 法 也，依 理

互夺两亡，（以理夺事而彼事亡，即真理也，非依事成；以事夺理而理亡，即事法也，非依理

5.9.7

njaa^2 we^2 sjij^1 dź- mji^1 rjir^2 wo^2 dạ^2 lọ^2 ·jijr^2 ku^1 sjij^1

[illegible]

非 成。） 情 伪 不 存。（理 事 双 亡，则 情

sjij^2 dź- ·jij^1 bju^1 gji^2 tji^2 mjij^1 we^2 zjɨ^2 njɨɨ^1 ɣie^1

[illegible]

识 伪 相，依 存 所 无 为。） 俱 二 力

成[2]。）情伪不存[3]。（理事双亡，则情识伪相，无所存矣。）俱无二力[4]，

5.9.8

mjij^1 dju^1 ŋa^1 lọ^2 dzjar^2 śji^1 ·jij^1 gu^2 dźjwɨ^1 kjɨ^1 ɣjiw^1 nioow^1 zjɨ^2 njɨɨ^1

[illegible]

无，有 空 双 泯。（前 自 互 相 △ 夺 由，俱 二

ɣie^1 mjij^1 dja^2 we^2 wo^2 ŋwu^2 dạ^2 ɣjiw^1 ku^1 thjoo^1 dju^1 dzjar^2 dạ^2 ŋwu^2

[illegible]

力 无 △ 为。理 以 事 夺 则 妙 有 泯，事 以

空有双泯。（由前互夺，故皆无力。理夺事则妙有泯，事

5.9.9

wo^2 ɣjiw^1 ku^1 ɣiej^1 ŋa^1 dzjar^2 njiij^1 lwər^2 lhejr^2 gjɨɨ^2 kha^1 tshjiij^1 dju^1 ŋa^1

[illegible]

理 夺 则 真 空 泯。《心 经 契 疏》 中 云：“空 有

zjɨ^2 ·jijr^2 ku^1 lew^1 wji^1 ·ju^2 śja^2 ·jɨ^2 ŋwuu^1 dạ^2 tśja^1 bja^2 njiij^1

[illegible]

两 亡，则 一 味 常 显 谓。”） 名 言 路 绝，心

夺理则真空泯。《心经疏》云：“空有两亡，一味常显。”）名言路绝，栖心

5.9.10

gjị^2 tjị^2 mjij^1 nioow^1 seew^2 tshjiij^1 tjị^2 mjij^1 ·jij^1 gu^2 □ zu^2 wji^1 ŋwu^2 ljɨ̣^{1} ·ụ^2

栖 所 无 因，（结 言 所 罔 △ 通 □ 及 为 是。《宝 藏

mər^2 mja^1 kha^1 tshjiij^1 wo^2 śjwii^2 ku^1 ŋwuu^1 dạ^2 tśja^1 bja^2 śjij^1 djụ^1 ku^1 njiij^1

本 母》 中 云：“理 冥 则 言 语 道 断，旨 会 则 心

无寄，（通结心言罔及。《宝藏论》云：“理冥则言语道断，旨会则心

5.9.11

dźjij^1 do^2 dzjar^2 ·jɨ^2 tśhjwo^1 ljij^2 ·ụ^2 twụ^2 tsjiir^1 ·jɨ^2 twụ^2 ·jɨ^2 tja^1

行 处 灭 谓。”）故 大 乘 顿 教 谓。（顿 谓 者，

ŋwuu^1 dạ^2 twụ^2 bja^2 tsjiir^2 wo^2 twụ^2 dźju^1 ·a lə mji^1 śjwo^1 ·jij^1

言 说 顿 绝，性 理 顿 显。一 念 不 生，即

行处灭。”）名大乘顿教。（顿者，言说顿绝，理性顿显。一念不生，即

5.9.12

ku^1 tha^1 ŋwu^2 ·jɨ^2 lẽ^1 khja^2 lwər^2 lhejr^2 kha^1 tshjiij^1 twụ^2 tja^1 dzjọ^1

则 佛 是 谓。《楞 伽 经 契》 中 云：“顿 者 如

tjɨj^2 gu^2 rər^2 śja^2 sju^2 tśjɨɨ^1 bju^1 njaa^2 thjɨ^2 tsjɨ^1 njɨɨ^1 mə^2 dju^1

镜 中 像，显 如 依 次 非。此 亦 二 种 有，

lew^1 tja^1 tśhji^2 tsjiir^2 bju^1 twụ^2 thjɨ^2 ·jwɨr^2 bju^1 kjɨ^1 nur^1

一 者 本 性 依 顿，此 文 依 △ 示

是佛等。《楞伽经》中云：“顿者如镜中像，非依次显现。此亦有二，一者依本性顿，即此文示之；

5.10.1

tja^1 ŋwu^2 njɨɨ^1 tja^1 dzjiij^2 tjɨj^2 bju^1 twụ^2 kụ^1 wją^1 ljuu^2 iọ^1 tsjiir^1 ŋwu^2

者 是；二 者 化 仪 依 顿，后 华 严 圆 教 也。）

二者依化仪顿，即后华严圆教也[5]。）

译文：

三，虽复彻底唯空，不碍幻有宛然。（空是真空。不碍幻有，譬如水上波。）缘生假有，二相双存，（有是幻有。不碍真空，即波以明于水也。）名大乘终教。（缘起无性，一切皆如，方是大乘至极之谈，故名为终[1]。）

四，即此二相，互夺两亡，（以理夺事而彼事亡，即真理也，非依事成；以事夺理而理亡，即事法也，非依理成[2]。）情伪不存[3]。（理事双亡，则情识伪相，无所存矣。）俱无二力[4]，空有双泯。（由前互夺，故皆无力。理夺事则妙有泯，事夺理则真空泯。《心经疏》云："空有两亡，一味常显。"）名言路绝，栖心无寄，（通结心言罔及。《宝藏论》云："理冥则言语道断，旨会则心行处灭。"）名大乘顿教。（顿者，言说顿绝，理性顿显。一念不生，即是佛等。《楞伽经》中云："顿者如镜中像，非依次显现。此亦有二，一者依本性顿，即此文示之；二者依化仪顿，即后华严圆教也[5]。）

注释：

[1]以下汉本有"此亦有二，一终教，对前始教立名；二实教，对前分教立名。分犹权也，始权而终实，以有显实宗故。然终实二宗，并始分二教，皆大乘渐门耳"，西夏文本无。

[2]此句汉本作"以理夺事而事亡，即真理，非事也；以事夺理而理亡，即事法，非理也。亦同行愿疏中，形夺无寄门"，其中最后一句西夏文本无。

[3]此处汉本有"反疏上句"四字，西夏文本无。

[4]俱无二力，汉本作"俱无有力"。

[5]一者依本性顿，即此文示之；二者依化仪顿，即后华严圆教也。汉本作"一逐机顿，即此文示之；二化仪顿，即后圆教收之。"

释读：

5.10.1

ŋwə^{1}	sjij^{1}	thjɨ^{2}	sjij^{1}	sji^{1}	kwər^{1}	thaar^{1}	tsjiir^{1}
[illegible]，	[illegible]	[illegible]	[illegible]	[illegible]	[illegible]	[illegible]	[illegible]
五，	即	此	情	尽	体	露	法

五，即此情尽体露之法，

5.10.2

tja^{1}	gu^{2}	lew^{1}	low^{2}	śjɨj^{1}	sjij^{1}	sji^{1}	ljij^{2}	tjij^{1}	śjij^{1}	ŋwu^{2}	wjạ^{1}	ljuu^{2}	gjɨɨ^{2}
[illegible]，	[illegible]	[illegible]	[illegible]	[illegible]。	（[illegible]	[illegible]，	[illegible]	[illegible]	[illegible]	[illegible]。	《[illegible]	[illegible]	[illegible]》
者，	混	一	块	成。	（情	尽，	见	除	法	也。	《华	严	疏》

kha^{1}	tshjiij^{1}	sjij^{1}	sji^{1}	wo^{2}	thaar^{1}	rjur^{1}	ljij^{2}	·jij^{1}	mjij^{1}	ku^{1}	·jij^{1}	lew^{1}
[illegible]	[illegible]：	"[illegible]	[illegible]	[illegible]	[illegible]，	[illegible]	[illegible]	[illegible]	[illegible]，	[illegible]	[illegible]	[illegible]
中	云：	"情	尽	理	现，	诸	见	自	亡，	则	即	一

混成一块。（情尽，见除也。《华严疏》云[1]："情尽理现，诸见自亡，则即

5.10.3

low^2 we^2 ·jɨ^2 lew^1 low^2 tja^1 tsjiir^1 bju^1 tshjiij^1 ku^1 lew^1 ɣiej^1 tsjiir^2

[illegible]

块 成 谓。” 一 块 者， 法 约 说 则 一 真 性

śjɨj^1 dzjọ^1 bju^1 tshjiij^1 ku^1 lew^1 low^2 kię^1 ŋwu^2 tśhjwo^1 phej^2 xjiw^1

[illegible]

成， 约 喻 说 则 一 块 金 是。 故 裴 休

dzjị^1 kha^1 tshjiij^1 ljɨj^2 lhjoor^1 dźjwa^1 khjwɨ^1 lwu^1 lew^1 kię^1 we^2 ·jɨ^2

[illegible]

序 中 云： “瓶 盘 钗 钏 融 合 金 为 谓。”）

成一块。”一块者，约法则混成真性，约喻则一块真金。故裴休序云：“融瓶盘钗钏为金。”）

5.10.4

ljɨj^2 ·ioow^1 bju^2 mjij^1 ·jij^1 śjwo^1 tsjɨ^1 kjɨ^1 djɨj^2

[illegible]

大 用 边 无 兴 起， 亦 必 定

zji^2 ɣiej^1 ·ioow^1 tja^1 pa^1 lhjị^1 rjɨr^2 le^2

[illegible]

全 真。（用 者， 波 涛 鼎 沸

繁兴大用起，必全真。（用则波腾鼎沸，

5.10.5

sju^2 djij^2 ŋewr^2 ŋewr^2 tsjɨ^1 zji^2 lew^1 ɣiej^1 kwər^1 ŋwu^2 wji^1

[illegible]

如 △ 奔 腾， 亦 皆 一 真 体 以 运

dźjij^1 ŋwu^2 khjɨ^2 ·jij^1 ŋewr^1 khiee^1 djij^2 we^2 tsjɨ^1 lwu^1 ŋwu^2

[illegible]

行 也。） 万 象 纷 然 △ 为， 亦 参 而

亦皆全真体以运行。）万象纷然，参而

5.10.6

mji^1 dza^1 khjɨ^2 tsjiir^1 śjwo^1 zjij^1 kjɨ^1 djɨj^2 dzjɨj^1 thwuu^1 lew^1 wjị^1

[illegible]

不 杂。（万 法 起 时 必 定 时 同， 一 味

ɣiej^1 wo^2 śji^1 kụ^1 mji^1 dju^1 ŋowr^2 ŋowr^2 lew^1 ŋwu^2 zji^2 tsjiir^2

[illegible]

真 理 先 后 不 有。） 一 切 一 即， 皆 性

不杂。（万法起必同时，一味真理无先后[2]。）一切即一，皆

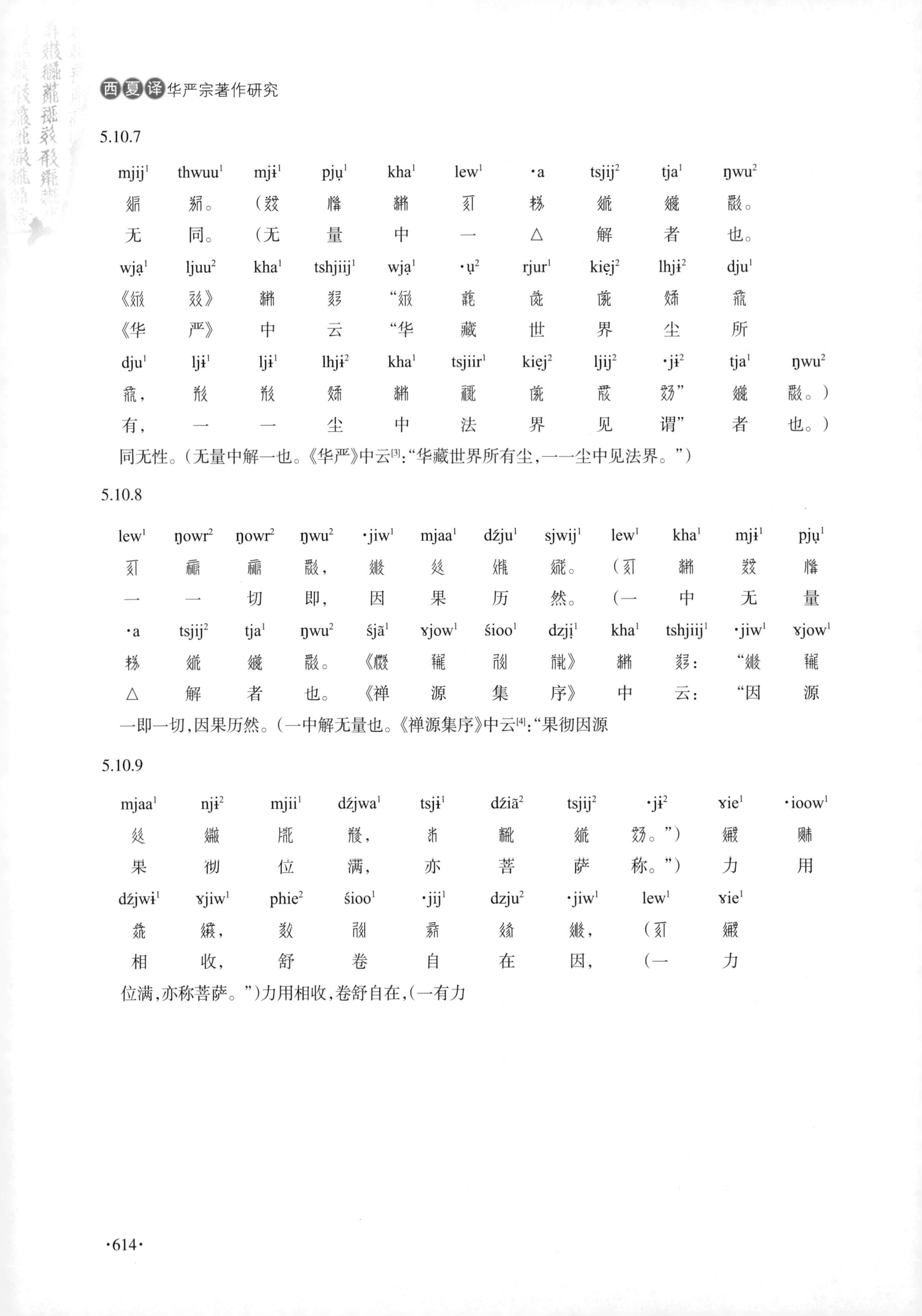

5.10.7

mjij1 thwuu1 mjɨ1 pjụ1 kha1 lew1 ·a tsjij2 tja1 ŋwu2

无 同。 （无 量 中 一 △ 解 者 也。

wją1 ljuu2 kha1 tshjiij1 wją1 ·ụ2 rjur1 kięj2 lhjɨ2 dju1

《华 严》 中 云 "华 藏 世 界 尘 所

dju1 ljɨ1 ljɨ1 lhjɨ2 kha1 tsjiir1 kięj2 ljij2 ·jɨ2 tja1 ŋwu2

有， 一 一 尘 中 法 界 见 谓" 者 也。）

同无性。（无量中解一也。《华严》中云[3]："华藏世界所有尘，一一尘中见法界。"）

5.10.8

lew1 ŋowr2 ŋowr2 ŋwu2 ·jiw1 mjaa1 dźju1 sjwij1 lew1 kha1 mjɨ1 pjụ1

一 一 切 即， 因 果 历 然。 （一 中 无 量

·a tsjij2 tja1 ŋwu2 śją1 ɣjow1 śioo1 dzjị1 kha1 tshjiij1 ·jiw1 ɣjow1

△ 解 者 也。 《禅 源 集 序》 中 云： "因 源

一即一切，因果历然。（一中解无量也。《禅源集序》中云[4]："果彻因源

5.10.9

mjaa1 njɨ2 mjii1 dźjwa1 tsjɨ1 dźiã2 tsjij2 ·jɨ2 ɣie1 ·ioow1

果 彻 位 满， 亦 菩 萨 称。"） 力 用

dźjwɨ1 ɣjiw1 phie2 śioo1 ·jij1 dzju2 ·jiw1 lew1 ɣie1

相 收， 舒 卷 自 在 因， （一 力

位满，亦称菩萨。"）力用相收，卷舒自在，（一有力

5.10.10

tśhju^{1} bju^{1} rejr^{2} ɣjiw^{1} ŋwu^{2} ·ioow^{1} we^{2} zjij^{1} tsjij^{1} ŋowr^{2} ŋowr^{2} śioo^{1} lew^{1}

[illegible]，

有 依 多 收 以 用 为 时， 他 一 切 卷 一

kha^{1} ·o^{2} tśhjwo^{1} śji^{1} tshjiij^{1} ŋowr^{2} ŋowr^{2} lew^{1} ŋwu^{2} zji^{2} tsjiir^{2} mjij^{1}

[illegible]。 [illegible]，

中 入。 故 上 言 一 切 一 即， 皆 性 无

thwuu^{1} ·jɨ^{2} rejr^{2} ɣie^{1} tśhju^{1} bju^{1} lew^{1} ɣjiw^{1} ŋwu^{2} kwər^{1} we^{2}

[illegible]。

同 谓。 多 力 有 依 一 收 以 体 为

收多为用，则卷他一切，入于一中。即上文一切即一，皆同无性也。多有力收一为体，

5.10.11

zjij^{1} ·jij^{1} lew^{1} mjii^{1} phie^{2} ŋowr^{2} ŋowr^{2} kha^{1} ·o^{2} tśhjwo^{1} śji^{1} tshjiij^{1} lew^{1}

[illegible]， [illegible]，

时， 己 一 位 舒 一 切 于 入， 故 上 言 一

ŋowr^{2} ŋowr^{2} ŋwu^{2} ·jiw^{1} mjaa^{1} dźju^{1} sjwij^{1} ·jɨ^{2} ·jwɨr^{2} ljɨ̣^{1} śji^{1} kụ^{1}

[illegible]， [illegible]。 [illegible]，

一 切 是， 因 果 历 然 谓。 文 虽 先 后，

djij^{2} wo^{2} tja^{1} ka^{1} dzjɨj^{1} ŋwu^{2} tśhjwo^{1} phie^{2} śioo^{1} ·jij^{1} dzju^{2}

[illegible]，

而 义 者 同 时 是， 故 舒 卷 自 在

则舒己一位入于一切，即上文一即一切，因果历然也。文虽先后，义乃同时，故云卷舒自在也。）

5.10.12

mjiij^{2} ·jɨ^{2} tśhjwo^{1} lew^{1} ·ụ^{2} iọ^{1} tsjiir^{1} ·jɨ^{2} thjɨ^{2} rjɨr^{2} tshjiij^{1} ŋewr^{2}

[illegible]。） [illegible]。 （[illegible]

名 谓。） 故 一 乘 圆 教 谓。 （此 △ 说 等

tja^{1} lew^{1} tsjiir^{1} kiej^{2} ljɨ̣^{1} nioow^{1} śjwo^{1} njɨ^{2} ·jij^{1} gu^{2} ɣiẹ^{2} mjij^{1}

[illegible]，

者， 唯 法 界 及 缘 起 等 自 通 碍 无

名一乘圆教。（此所说者，唯是法界缘起等自通无碍

5.11.1

dźjwɨ^{1}	ŋwu^{2}	dźjwɨ^{1}	·o^{2}	rjɨj^{2}	mji^{1}	sji^{1}	śjij^{1}	ŋwu^{2}	thjɨ^{2}	tsjɨ^{1}	njɨɨ^{1}
相	是，	相	入	现	无	尽	法	也。	此	亦	二

mə^{2}	dju^{1}	lew^{1}	tja^{1}	thwuu^{1}	·jɨ^{2}	thwuu^{1}	tja^{1}	śji^{1}	rjur^{1}	tsjiir^{1}
种	有。	一	者	同	谓，	同	者，	先	诸	法

rjir^{2}	thwuu^{1}	bju^{1}	rjur^{1}	tsjiir^{1}	zji^{2}	ɣjiw^{1}	njɨɨ^{1}	tja^{1}	do^{2}	·jɨ^{2}
与	同	由，	全	收	诸	教；	二	者	别	谓，

相，相入现无尽法也。此亦有二种。一者谓同，同者，与先诸法同，全收诸教；二者谓别，

5.11.2

do^{2}	tja^{1}	śji^{1}	rjur^{1}	tsjiir^{1}	rjir^{2}	do^{2}	bju^{1}	rjur^{1}	tsjiir^{1}	zji^{2}	t-
别	者，	先	诸	法	与	别	由，	全	教	诸	拣。）

别者，与先诸法别，全拣诸教[5]。）

译文：

五，即此情尽体露之法，混成一块。（情尽，见除也。《华严疏》云[1]：“情尽理现，诸见自亡，则即成一块。”一块者，约法则混成真性，约喻则一块真金。故裴休序云：“融瓶盘钗钏为金。”）繁兴大用起，必全真。（用则波腾鼎沸，亦皆全真体以运行。）万象纷然，参而不杂。（万法起必同时，一味真理无先后[2]。）一切即一，皆同无性。（无量中解一也。《华严》中云[3]：“华藏世界所有尘，一一尘中见法界。”）一即一切，因果历然。（一中解无量也。《禅源集序》中云[4]：“果彻因源位满，亦称菩萨。”）力用相收，卷舒自在，（一有力收多为用，则卷他一切，入于一中。即上文一切即一，皆同无性也。多有力收一为体，则舒己一位入于一切，即上文一即一切，因果历然也。文虽先后，义乃同时，故云卷舒自在也。）名一乘圆教。（此所说者，唯是法界缘起等自通无碍相，相入现无尽法也。此亦有二种。一者谓同，同者，与先诸法同，全收诸教；二者谓别，别者，与先诸法别，全拣诸教[5]。）

注释：

[1]《华严疏》中云，汉本作“《大疏》亦云”。

[2]一味真理无先后，汉本作“一际理无先后”。以下汉本有“释上二节，依《还源观》”一句，西夏文本无。

[3]《华严》中云，汉本作“《大经》云”。

[4]《禅源集序》，汉本作《禅诠都序》，为宗密《禅源诸诠集都序》的简称。

[5]以上诸句汉本作“所说唯是法界缘起无碍相，即相入重重无尽。此亦有二：谓同教一乘圆，全收诸教宗；别教一乘圆，全拣诸教宗。”

释读：

5.11.3

ɣạ²	na¹	śioo¹	śjij¹	śjạ¹	tsew²
十	玄	勒	法	七	第

勒十玄第七

5.11.4

lew¹	tja¹	kię¹	ljɨ̣¹	ka²	tśjij²	njɨɨ¹	ka¹	dzjɨj¹	dja²	śjɨj¹	iọ¹	sə¹
一	者，	金	与	师	子	二	同	时	△	成，	圆	满

一，金与师子二同时成立，圆满

5.11.5

ŋowr²	lhə	nioow¹	ka²	tśjij²	·jij¹	tśhjiw¹	tśhji²	ljɨ̣¹	kię¹	njɨ²	ka¹	dzjɨj¹	dja²	śjɨj¹
具	足	因，	（师	子	之	六	根	与	金	等	同	时	△	成，

thjɨ²	ŋwu²	dzjwo²	tsjiir¹	·jiw¹	mjaa¹	wər¹	·ioow¹	to²	zji²	ŋowr²	lhə	rjir²	dzjọ¹
此	以	人	法、	因	果、	体	用	悉	皆	具	足	与	表。

具足，（师子六根，与金同时成立，以表人法、因果、体用悉皆具足。

5.11.6

wjạ¹	ljuu²	kha¹	tshjiij¹	tsjiir¹	ɣa¹	ŋowr²	ŋowr²	sji¹	mjij¹	ŋjow²	lew¹	tsjiir¹
《华	严》	中	云：	“法	门	一	切	尽	无	海，	一	法

lhejr²	lhjoor¹	gu²	zji²	dzjɨ²	·jɨ²	tśhjwo¹	mjiij²	ka¹	dzjɨj¹	ŋowr²	lhə
道	场	中	同	会	谓。”）	故	名	同	时	具	足

《华严》云[1]：“一切法门无尽海，同会一法道场中。”）名同时具足

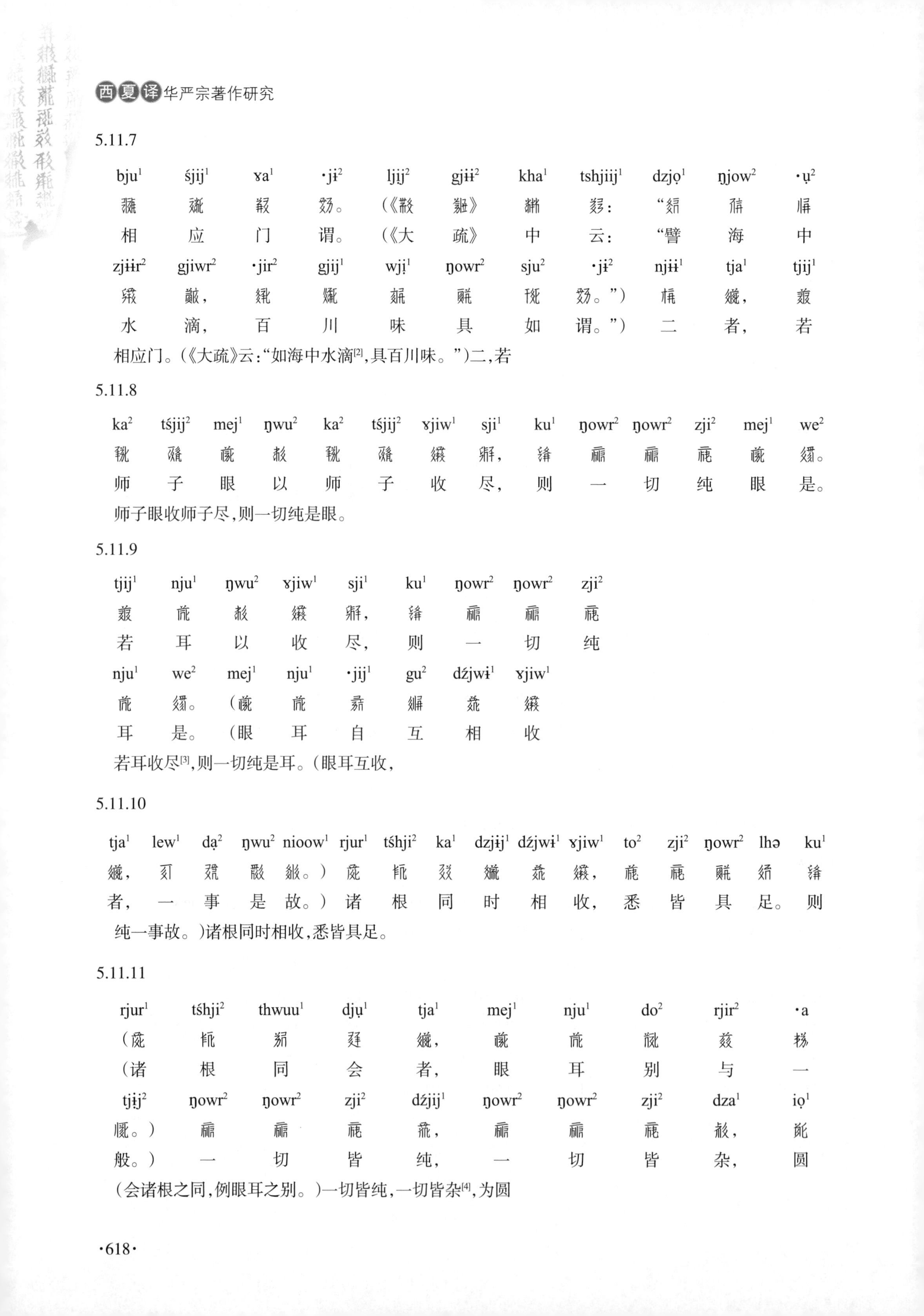

5.11.7

bju1 śjij1 ɣa1 ·jɨ2 ljij2 gjɨɨ2 kha1 tshjiij1 dzjọ1 ŋjow2 ·ụ2

相 应 门 谓。（《大 疏》 中 云：“譬 海 中

zjɨɨr2 gjiwr2 ·jir2 gjij1 wjị1 ŋowr2 sju2 ·jɨ2 njɨɨ1 tja1 tjij1

水 滴， 百 川 味 具 如 谓。”） 二 者， 若

相应门。（《大疏》云：“如海中水滴[2]，具百川味。”）二，若

5.11.8

ka2 tśjij2 mej1 ŋwu2 ka2 tśjij2 ɣjiw1 sji1 ku1 ŋowr2 ŋowr2 zji2 mej1 we2

师 子 眼 以 师 子 收 尽， 则 一 切 纯 眼 是。

师子眼收师子尽，则一切纯是眼。

5.11.9

tjij1 nju1 ŋwu2 ɣjiw1 sji1 ku1 ŋowr2 ŋowr2 zji2

若 耳 以 收 尽， 则 一 切 纯

nju1 we2 mej1 nju1 ·jij1 gu2 dźjwɨ1 ɣjiw1

耳 是。（眼 耳 自 互 相 收

若耳收尽[3]，则一切纯是耳。（眼耳互收，

5.11.10

tja1 lew1 dạ2 ŋwu2 nioow1 rjur1 tśhji2 ka1 dzjɨj1 dźjwɨ1 ɣjiw1 to2 zji2 ŋowr2 lhə ku1

者， 一 事 是 故。） 诸 根 同 时 相 收， 悉 皆 具 足。 则

纯一事故。）诸根同时相收，悉皆具足。

5.11.11

rjur1 tśhji2 thwuu1 djụ1 tja1 mej1 nju1 do2 rjir2 ·a

（诸 根 同 会 者， 眼 耳 别 与 一

tjɨj2 ŋowr2 ŋowr2 zji2 dźjij1 ŋowr2 ŋowr2 zji2 dza1 iọ1

般。） 一 切 皆 纯， 一 切 皆 杂， 圆

（会诸根之同，例眼耳之别。）一切皆纯，一切皆杂[4]，为圆

5.11.12

sə^{1} ·ụ^{2} we^{2} nioow^{1} mej^{1} ·jij^{1} nju^{1} njɨ^{2} ŋwu^{2} ku^{1}

[illegible] ，（ ，

满 藏 为 因，（眼 即 耳 等 是， 则

zji^{2} dza^{1} we^{2} dzjọ^{1} dźiã^{2} tsjij^{2} lew^{1} sã^{1} mej^{2} ·o^{2}

[illegible] 。

皆 杂 为。 如 菩 萨 一 三 昧 入

zjịj^{1} tśhjiw^{1} gju^{1} zji^{2} djọ^{2} mjɨ^{1} pjụ^{1} bju^{2} mjij^{1} rjur^{1}

[illegible] ， ，

时， 六 度 皆 修， 无 量 边 无 诸

满藏，（眼即耳等，皆杂也。如菩萨入一三昧，即六度皆修，无量无边诸

5.12.1

tśhja^{2} dźjɨ ŋewr^{2} ka^{1} dzjɨj^{1} śjɨj^{1} ·jiw^{2} nioow^{1} tśhjwo^{1} mjiij^{2} dza^{1} ·jɨ^{2} nju^{1}

[illegible] ， ， 。

德 行 余， 俱 时 成 就 因， 故 名 杂 谓。 耳

·jij^{1} mej^{1} njaa^{2} ku^{1} zji^{2} dźjij^{1} ŋwu^{2} dzjọ^{1} dźiã^{2} tsjij^{2} lew^{1} sã^{1}

[illegible] ， 。

即 眼 非， 则 皆 纯 也。 如 菩 萨 一 三

mej^{2} ·o^{2} zjịj^{1} lew^{1} mjɨ^{1} pjụ^{1} zji^{1} mjii^{1} dźjɨ dźjij^{1} dzjij^{2}

[illegible] ， ，

昧 入 时， 唯 无 量 布 施 行 行， 余

余行德，俱时成就，故名为杂。耳非眼等，皆纯也。如菩萨入一三昧[5]，唯行无量布施，

5.12.2

dźjɨ zji^{2} mjij^{1} nioow^{1} tśhjwo^{1} mjiij^{2} dźjij^{1} ·jɨ^{2} wjạ^{1} ljuu^{2} kha^{1}

[illegible] ， 。《 》

行 皆 无 因， 故 名 纯 谓。 《华 严》 中

tshjiij^{1} dźjij^{1} dza^{1} ·jij^{1} dzju^{2} ku^{1} mji^{1} ŋowr^{2} lhə mjij^{1}

[illegible] ：“ ，

云： “纯 杂 自 在， 则 不 具 足 无

nioow^{1} tśhjwo^{1} mjiij^{2} ịọ^{1} sə^{1} ·ụ^{2} ·jɨ^{2} tśhjwo^{1} mjiij^{2} rjur^{1}

[illegible] ， 。”）

因， 故 名 圆 满 藏 谓。”） 故 名 诸

皆无余行[6]，名之为纯。《华严》云[7]：“纯杂自在，无不具足，名圆满藏。”）

5.12.3

·ụ^{2} dźjij^{1} dza^{1} tśhja^{2} ŋowr^{2} ɣa^{1} ·jɨ^{2} wją^{1} ljuu^{2} ljij^{2} gjɨɨ^{2} kha^{1}

[illegible] [illegible] [illegible] [illegible] [illegible] [illegible] [illegible]。(《[illegible] [illegible] [illegible] [illegible]》 [illegible]

藏 纯 杂 德 具 门 谓。(《华 严 大 疏》 中

tshjiij^{1} dzjọ^{1} lew^{1} tśhjaa^{2} tjɨj^{2} ŋwu^{2} tụ^{1} bjuu^{2} rər^{2} ljij^{2} rjir^{2}

[illegible]：“[illegible] [illegible] [illegible] [illegible] [illegible] [illegible] [illegible] [illegible] [illegible] [illegible]

云：“如 一 尺 镜 而 千 里 影 见 与

名诸藏纯杂具德门[8]。(《华严大疏》云[9]:“如径尺之镜，

5.12.4

·a tjɨj^{2} ·jɨ^{2}

[illegible] [illegible] [illegible]。”)

相 同 谓。”)

见千里之影。”)

译文：

勒十玄第七

一，金与师子二同时成立，圆满具足，(师子六根，与金同时成立，以表人法、因果、体用悉皆具足。《华严》云[1]：“一切法门无尽海，同会一法道场中。”)名同时具足相应门。(《大疏》云：“如海中水滴[2]，具百川味。”)

二，若师子眼收师子尽，则一切纯是眼。若耳收尽[3]，则一切纯是耳。(眼耳互收，纯一事故。)诸根同时相收，悉皆具足。(会诸根之同，例眼耳之别。)一切皆纯，一切皆杂[4]，为圆满藏，(眼即耳等，皆杂也。如菩萨入一三昧，即六度皆修，无量无边诸余行德，俱时成就，故名为杂。耳非眼等，皆纯也。如菩萨入一三昧[5]，唯行无量布施，皆无余行[6]，名之为纯。《华严》云[7]：“纯杂自在，无不具足，名圆满藏。”)名诸藏纯杂具德门[8]。(《华严大疏》云[9]：“如径尺之镜见千里之影。”)

注释：

[1]《华严经》中云，汉本作“《妙严品》云”。

[2]如海中水滴，汉本作“如海一滴”。

[3]若耳收尽，汉本作“若耳收师子尽”。

[4]一切皆纯，一切皆杂，汉本作“则一一皆杂，一一皆纯”。

[5]如菩萨入一三昧，汉本作“又入一三昧”。

[6]此句汉本作“唯行布施，无量无边，更无余行”。

[7]《华严》中云，汉本作“即《教义章》云”。

[8]以下汉本有“此名依至相立，贤首新立广陕自在无碍门故”，西夏文本无。

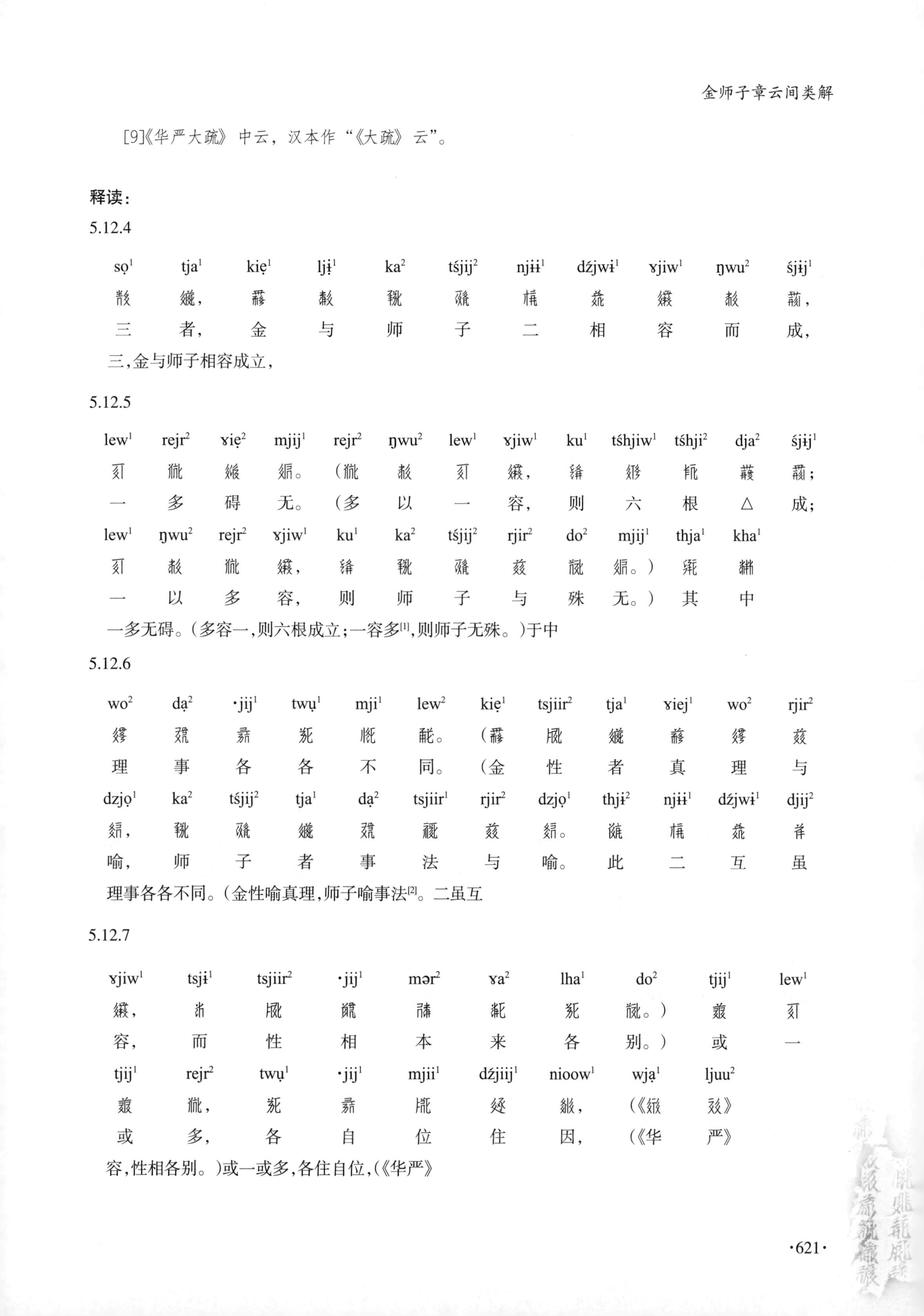

[9]《华严大疏》中云，汉本作“《大疏》云”。

释读：

5.12.4

sọ1 tja1 kię1 ljɨ̣1 ka2 tśjij2 njɨɨ1 dźjwɨ1 ɣjiw1 ŋwu2 śjɨj1

三 者， 金 与 师 子 二 相 容 而 成，

三，金与师子相容成立，

5.12.5

lew1 rejr2 ɣię2 mjij1 rejr2 ŋwu2 lew1 ɣjiw1 ku1 tśhjiw1 tśhji2 dja2 śjɨj1

一 多 碍 无。（多 以 一 容， 则 六 根 △ 成；

lew1 ŋwu2 rejr2 ɣjiw1 ku1 ka2 tśjij2 rjir2 do2 mjij1 thja1 kha1

一 以 多 容， 则 师 子 与 殊 无。） 其 中

一多无碍。（多容一，则六根成立；一容多[1]，则师子无殊。）于中

5.12.6

wo2 dạ2 ·jij1 twụ1 mji1 lew2 kię1 tsjiir2 tja1 ɣiej1 wo2 rjir2

理 事 各 各 不 同。（金 性 者 真 理 与

dzjọ1 ka2 tśjij2 tja1 dạ2 tsjiir1 rjir2 dzjọ1 thjɨ2 njɨɨ1 dźjwɨ1 djij2

喻， 师 子 者 事 法 与 喻。 此 二 互 虽

理事各各不同。（金性喻真理，师子喻事法[2]。二虽互

5.12.7

ɣjiw1 tsjɨ1 tsjiir2 ·jij1 mər2 ɣa2 lha1 do2 tjij1 lew1

容， 而 性 相 本 来 各 别。） 或 一

tjij1 rejr2 twụ1 ·jij1 mjii1 dźjiij1 nioow1 wją1 ljuu2

或 多， 各 自 位 住 因， （《华 严》

容，性相各别。）或一或多，各住自位，（《华严》

5.12.8

kha^{1}	tshjiij^{1}	lew^{1}	tha^{1}	lhjij^{2}	io̜^{1}	śja^{1}	rjijr^{2}	sə^{1}	śja^{1}	rjijr^{2}
[illegible]	[illegible]：	"[illegible]	[illegible]	[illegible]	[illegible]	[illegible]	[illegible]	[illegible]，	[illegible]	[illegible]
中	云：	"一	佛	刹	土	十	方	满，	十	方
lew^{1}	o̜^{2}	tsjɨ^{1}	gjij^{1}	mjij^{1}	rjur^{1}	kiẹj^{2}	mər^{2}	·jij^{1}	tsjɨ^{1}	mji^{1}
[illegible]	[illegible]	[illegible]	[illegible]	[illegible]。	[illegible]	[illegible]	[illegible]	[illegible]	[illegible]	[illegible]
一	入	亦	余	无。	世	界	本	相	亦	不
ljiij^{2}	ŋwer^{1}	mjij^{1}	tśhja^{2}	·ioow^{1}	thji^{2}	sju^{2}	njwi^{2}	·jɨ^{2}	tśhjwo^{1}	mjiij^{2}
[illegible]，	[illegible]	[illegible]	[illegible]	[illegible]	[illegible]	[illegible]	[illegible]	[illegible]。")	[illegible]	[illegible]
坏，	比	无	德	功	此	如	能	谓。")	故	名

云[3]："以一佛土满十方，十方入一亦无余。世界本相亦不坏，无比功德故能尔。")名

5.12.9

lew^{1}	rejr^{2}	dźjwɨ^{1}	ɣjiw^{1}	mji^{1}	lew^{2}	ɣa^{1}	·jɨ^{2}	ljij^{2}	gjɨɨ^{2}
[illegible]	[illegible]	[illegible]	[illegible]	[illegible]	[illegible]	[illegible]	[illegible]。	(《[illegible]	[illegible]》
一	多	相	容	不	同	门	谓。	(《大	疏》
kha^{1}	tshjiij^{1}	dzjo̜^{1}	lew^{1}	kjɨɨr^{2}	·u̜^{2}	tu̜^{1}	tjij^{1}	tji̜^{2}	bji^{1}
[illegible]	[illegible]：	"[illegible]	[illegible]	[illegible]	[illegible]	[illegible]	[illegible]	[illegible]，	[illegible]
中	云：	"譬	一	室	内	千	灯	处，	光

一多相容不同门。(《大疏》云："若一室之千灯，光

5.12.10

bji^{1}	dźjwɨ^{1}	kha^{1}	lwu^{1}	sju^{2}	·jɨ^{2}	ljɨɨr^{1}	tja^{1}	
[illegible]	[illegible]	[illegible]	[illegible]	[illegible]	[illegible]。")	[illegible]	[illegible]，	
光	相	中	涉	如	谓。")	四	者，	
ka^{2}	tśjij^{2}	·jij^{1}	rjur^{1}	tśhji^{2}	ljɨ^{1}	ljɨ^{1}	mej^{2}	dźjwa^{1}
[illegible]	[illegible]	[illegible]	[illegible]	[illegible]，	[illegible]	[illegible]	[illegible]	[illegible]，
师	子	之	诸	根，	一	一	毛	头，

光相涉。")四，师子诸根，一一毛头，

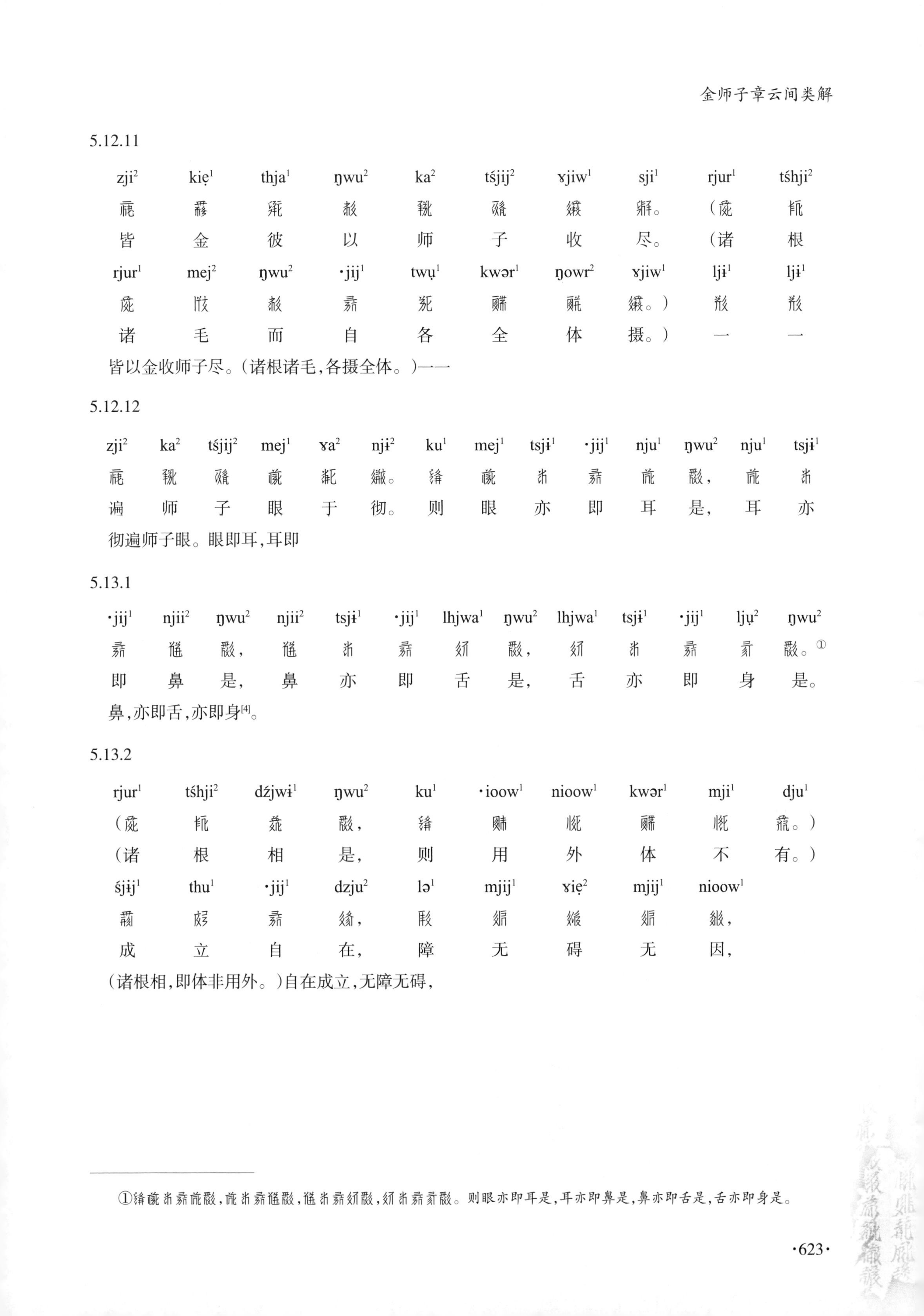

5.12.11

zji² kię¹ thja¹ ŋwu² ka² tśjij² ɣjiw¹ sji¹ rjur¹ tśhji²
皆 金 彼 以 师 子 收 尽。（诸 根
rjur¹ mej² ŋwu² ·jij¹ twụ¹ kwər¹ ŋowr² ɣjiw¹ ljɨ¹ ljɨ¹
诸 毛 而 自 各 全 体 摄。） 一 一

皆以金收师子尽。（诸根诸毛，各摄全体。）一一

5.12.12

zji² ka² tśjij² mej¹ ɣa² njɨ² ku¹ mej¹ tsjɨ¹ ·jij¹ nju¹ ŋwu² nju¹ tsjɨ¹
遍 师 子 眼 于 彻。 则 眼 亦 即 耳 是， 耳 亦

彻遍师子眼。眼即耳，耳即

5.13.1

·jij¹ njii² ŋwu² njii² tsjɨ¹ ·jij¹ lhjwa¹ ŋwu² lhjwa¹ tsjɨ¹ ·jij¹ ljụ² ŋwu²
即 鼻 是， 鼻 亦 即 舌 是， 舌 亦 即 身 是。①

鼻，亦即舌，亦即身[4]。

5.13.2

rjur¹ tśhji² dźjwɨ¹ ŋwu² ku¹ ·ioow¹ nioow¹ kwər¹ mji¹ dju¹
（诸 根 相 是， 则 用 外 体 不 有。）
śjɨj¹ thu¹ ·jij¹ dzju² lə¹ mjij¹ ɣię² mjij¹ nioow¹
成 立 自 在， 障 无 碍 无 因，

（诸根相，即体非用外。）自在成立，无障无碍，

①则眼亦即耳是，耳亦即鼻是，鼻亦即舌是，舌亦即身是。

5.13.3

wjạ^1 ljuu^2 kha^1 tshjiij^1 lew^1 ·jij^1 rejr^2 ŋwu^2 rejr^2 ·jij^1 lew^1 ŋwu^2 wo^2

[Tangut text]

(《华 严》 中 云: “一 即 多 是, 多 即 一 是, 义

ŋwu^2 ·jwɨr^2 śio^1 ·jwɨr^2 ŋwu^2 wo^2 śio^1 ·jɨ^2 tśhjwo^1 mjiij^2 rjur^1 tsjiir^1 dźjwɨ^1

[Tangut text]

以 文 随, 文 以 义 随 谓。”) 故 名 诸 法 相

(《华严》云[5]:“一即是多,多即一,文随于义,义随文。”)名诸法相,

5.13.4

ŋwu^2 ·jij^1 dzju^2 ɣa^1 ·jɨ^2 ljij^2 gjɨɨ^2 kha^1 tshjiij^1 kię^1 kwər^1

[Tangut text]

即 自 在 门 谓。 (《大 疏》 中 云: “金 体

ljɨ^1 kię^1 tṣə^1 njɨɨ^1 mji^1 dźjow^1 ka^2 ·jɨ^2 ŋwə^1 tja^1

[Tangut text]

与 金 色 二 不 相 离 谓。”) 五 者,

即自在门。(《大疏》云:“如金与金色二不相离[6]。”)五,

5.13.5

tjij^1 ka^2 tśjij^2 kjɨ^1 ljij^2 zjij^1 lew^1 ka^2 tśjij^2 ŋwu^2 kię^1 mjij^1

[Tangut text]

若 师 子 △ 看 时, 唯 师 子 是, 金 无,

若看师子,唯师子,无金,

5.13.6

ku^1 ka^2 tśjij^2 wjɨ^2 śja^2 kię^1 kjɨ^1 lwu^2 ·jij^1 wjɨ^2 dźju^1 tsjiir^2 kjɨ^1 lwu^2 tjij^1

[Tangut text]

则 师 子 △ 显, 金 △ 隐。 (相 △ 显 性 △ 隐。) 若

即师子显,金隐。(相显性隐。)若

5.13.7

kię^1 kjɨ^1 ljij^2 zjij^1 lew^1 kię^1 ŋwu^2 ka^2 tśjij^2 mjij^1 ku^1 kię^1

[Tangut text]

金 △ 看 时, 唯 金 是, 师 子 无, 则 金

看金,唯金,无师子,即金

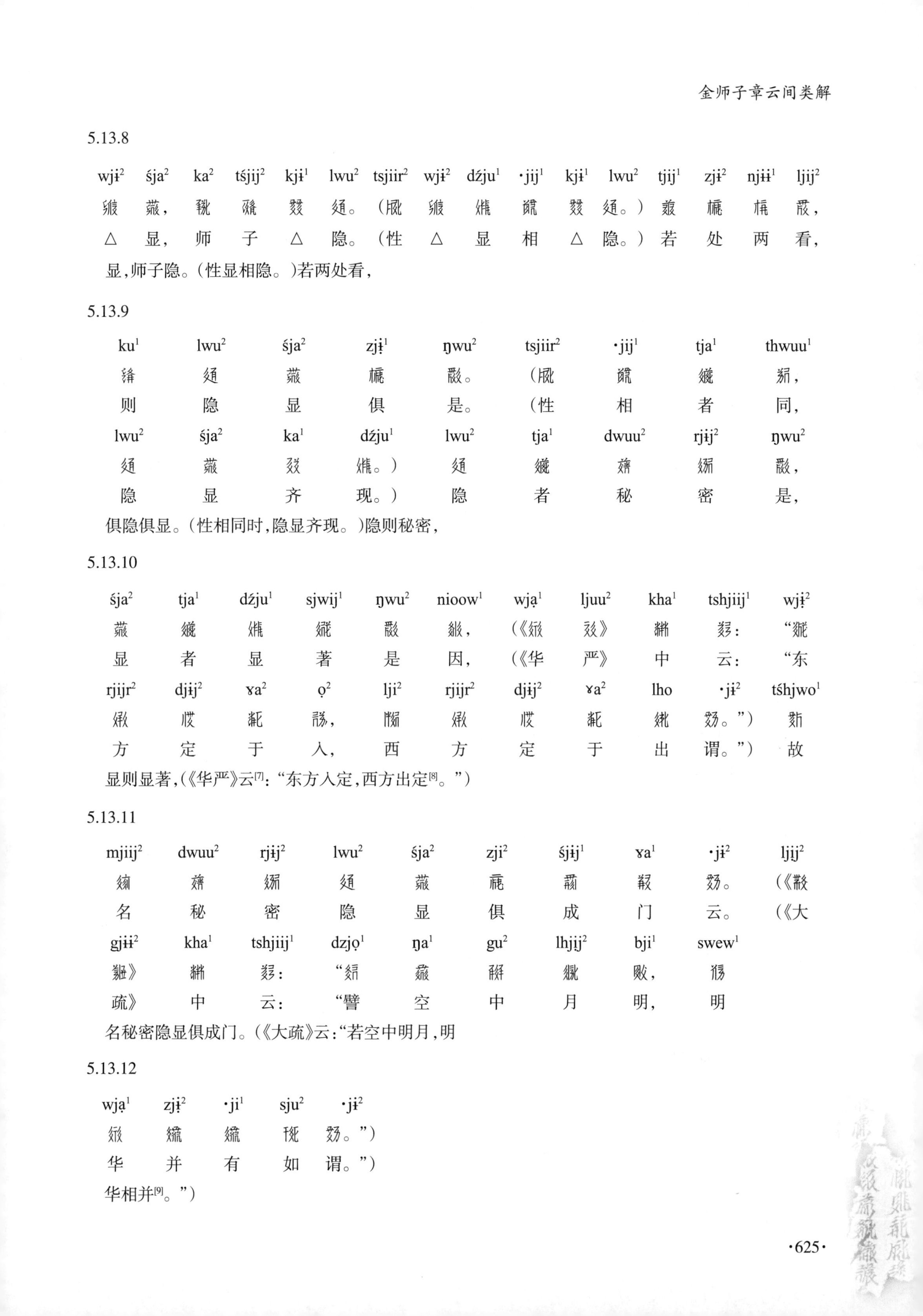

5.13.8

wjɨ^{2} śja^{2} ka^{2} tśjij^{2} kjɨ^{1} lwu^{2} tsjiir^{2} wjɨ^{2} dźju^{1} ·jij^{1} kjɨ^{1} lwu^{2} tjij^{1} zjɨ^{2} njɨɨ^{1} ljij^{2}

△ 显， 师 子 △ 隐。（性 △ 显 相 △ 隐。） 若 处 两 看，

显，师子隐。（性显相隐。）若两处看，

5.13.9

ku^{1} lwu^{2} śja^{2} zjɨ^{1} ŋwu^{2} tsjiir^{2} ·jij^{1} tja^{1} thwuu^{1}

则 隐 显 俱 是。（性 相 者 同，

lwu^{2} śja^{2} ka^{1} dźju^{1} lwu^{2} tja^{1} dwuu^{2} rjɨj^{2} ŋwu^{2}

隐 显 齐 现。） 隐 者 秘 密 是，

俱隐俱显。（性相同时，隐显齐现。）隐则秘密，

5.13.10

śja^{2} tja^{1} dźju^{1} sjwij^{1} ŋwu^{2} nioow^{1} wja̧^{1} ljuu^{2} kha^{1} tshjiij^{1} wjɨ^{2}

显 者 显 著 是 因，（《华 严》 中 云：“东

rjijr^{2} djɨj^{2} ɣa^{2} o̧^{2} lji^{2} rjijr^{2} djɨj^{2} ɣa^{2} lho ·jɨ^{2} tśhjwo^{1}

方 定 于 入， 西 方 定 于 出 谓。”） 故

显则显著，（《华严》云[7]：“东方入定，西方出定[8]。”）

5.13.11

mjiij^{2} dwuu^{2} rjɨj^{2} lwu^{2} śja^{2} zji^{2} śjɨj^{1} ɣa^{1} ·jɨ^{2} ljij^{2}

名 秘 密 隐 显 俱 成 门 云。（《大

gjɨɨ^{2} kha^{1} tshjiij^{1} dzjo̧^{1} ŋa^{1} gu^{2} lhjij^{2} bji^{1} swew^{1}

疏》 中 云： “譬 空 中 月 明， 明

名秘密隐显俱成门。（《大疏》云：“若空中明月，明

5.13.12

wja̧^{1} zjɨ^{2} ·ji^{1} sju^{2} ·jɨ^{2}

华 并 有 如 谓。”）

华相并[9]。”）

译文：

三，金与师子相容成立，一多无碍。（多容一，则六根成立；一容多[1]，则师子无殊。）于中理事各各不同。（金性喻真理，师子喻事法[2]。二虽互容，性相各别。）或一或多，各住自位，（《华严》云[3]：“以一佛土满十方，十方入一亦无余。世界本相亦不坏，无比功德故能尔。”）名一多相容不同门。（《大疏》云：“若一室之千灯，光光相涉。”）

四，师子诸根，一一毛头，皆以金收师子尽。（诸根诸毛，各摄全体。）一一彻遍师子眼。眼即耳，耳即鼻，亦即舌，亦即身[4]。（诸根相，即体非用外。）自在成立，无障无碍，（《华严》云[5]：“一即是多，多即一，文随于义，义随文。”）名诸法相，即自在门。（《大疏》云：“如金与金色二不相离[6]。”）

五，若看师子，唯师子，无金，即师子显，金隐。（相显性隐。）若看金，唯金，无师子，即金显，师子隐。（性显相隐。）若两处看，俱隐俱显。（性相同时，隐显齐现。）隐则秘密，显则显著，（《华严》云[7]：“东方入定，西方出定[8]。”）名秘密隐显俱成门。（《大疏》云：“若空中明月，明华相并[9]。”）

注释：

[1]一容多，汉本作“多容多”。

[2]金性喻真理，师子喻事法，汉本作“金性喻理，师子喻事”。

[3]《华严》云，汉本作“此经偈云”。

[4]亦即舌，亦即身，汉本作“鼻即舌，舌即身”。

[5]《华严》云，汉本作“《经》云”。

[6]如金体与金色二不相离，汉本作“如金与金色二不相离”。

[7]《华严》云，汉本作“《贤首品》云”。

[8]东方入定，西方出定，汉本作“东方入正受，西方从定起”。

[9]若空中明月，明华相并，汉本作“若片月澄空，晦明相并”。

释读：

5.13.12

tśhjiw¹	tja¹	kię¹	ljɨ̣¹	ka²	tśjij²	njɨɨ¹	tjij¹	lwu²	tjij¹	śja²
[illegible]	[illegible]，	[illegible]	[illegible]	[illegible]	[illegible]	[illegible]	[illegible]	[illegible]	[illegible]	[illegible]，
六	者，	金	与	师	子	二	或	隐	或	显，

六，金与师子或隐或显，

5.14.1

tjij^1 lew^1 tjij^1 rejr^2 tjij^1 kię^1 bioo^1 zjij^1 ka^2 tśjij^2 kjɨ^1 lwu^2 lew^1

[illegible]

或 一 或 多，（若 金 观 时，师 子 △ 隐，唯

kię^1 dźju^1 tjij^1 ka^2 tśjij^2 bioo^1 zjij^1 kię^1 tsjiir^2 kjɨ^1 lwu^2 rjur^1 tśhji^2

[illegible]

金 显。若 师 子 观 时，金 性 △ 隐，诸 根

或一或多，（若观金时，师子似隐，唯显一金。观师子时，金性似隐，具显诸根。）

5.14.2

ŋowr^2 dźju^1 kjɨ^1 djɨj^2 dźjij^1 kjɨ^1 djɨj^2 dza^1 ɣie^1 tśhju^1 ɣie^1 mjij^1 lew^1 kwər^1 kię^1 ɣiej^1

[illegible]

具 显。）必 定 纯 必 定 杂，力 有 力 无，（一 体 金 真，

定纯定杂，有力无力，（一体真金，

5.14.3

dźjij^1 nioow^1 ɣie^1 tśhju^1 tśhjiw^1 tśhji^2 twụ^1 do^2 dza^1 nioow^1

[illegible]

纯 因 力 有。六 根 分 异，杂 因

ɣie^1 mjij^1 thju^2 ŋwu^2 thja^2 ŋwu^2 wə^1 bjij^2 bji^1 dwər^2

[illegible]

力 无。）此 即 彼 即，主 伴 辉 交。

纯而有力。六根分异，杂而无力。）即此即彼，主伴交辉。

5.14.4

thju^2 wə^1 thja^2 bjij^2 bji^1 dwər^2 thu^1 lwu^1 wo^2 dạ^2 ka^1

[illegible]

（此 主 彼 伴，光 交 参 互。）理 事 齐

śja^2 to^2 zji^2 dźjwɨ^1 ɣjiw^1 wjạ^1 ljuu^2 gjɨɨ^2 kha^1 tshjiij^1 dzjọ^1

[illegible]

现，皆 悉 相 容。（《华 严 疏》中 云：“犹

（此主彼伴，交光互参。）理事齐现，皆悉相容。（《华严疏》云[1]：“犹

5.14.5

lew¹	śja¹	ljị¹	sju²	dźju¹	sjwij¹	ɣu¹	ka¹	·jɨ²
[illegible]	[illegible]	[illegible]	[illegible]，	[illegible]	[illegible]	[illegible]	[illegible]	[illegible]。”）
一	束	箭	如，	显	现	头	齐	谓。”）
thu¹	phjij¹	mji¹	ɣie²	zji²	sjij¹	śjɨj¹	tjɨ̣²	nioow¹
[illegible]	[illegible]	[illegible]	[illegible]	[illegible]	[illegible]	[illegible]	[illegible]	[illegible]，
安	立	不	碍，	微	细	成	办	因，

如束箭，齐头显现。”）不碍安立，微细成办，

5.14.6

wją¹	ljuu²	kha¹	tshjiij¹	thja¹	lew¹	lhjɨ²	kha¹	rejr²	lhjịj²	wjij²	rejr²	lhjịj²
（《[illegible]	[illegible]》	[illegible]	[illegible]：	“[illegible]	[illegible]	[illegible]	[illegible]	[illegible]	[illegible]	[illegible]，	[illegible]	[illegible]
（《华	严》	中	云：	“彼	一	尘	中	多	刹	有，	多	刹
lhjɨ²	kha¹	we²	tshjiij¹	gjij¹	gie¹	·jɨ²	tśhjwo¹	mjiij²	zji²	sjij¹	dźjwɨ¹	
[illegible]	[illegible]	[illegible]	[illegible]	[illegible]	[illegible]	[illegible]。”）	[illegible]	[illegible]	[illegible]	[illegible]	[illegible]	
尘	中	为	说	更	难	谓。”）	故	名	微	细	相	

（《华严》云[2]：“一尘中有无量刹，刹复为尘说更难。”）名微细相

5.14.7

ɣjiw¹	thu¹	phjij¹	ɣa¹	·jɨ²	ljij²	gjɨɨ²	kha¹	tshjiij¹	dzjọ¹	niaa²
[illegible]	[illegible]	[illegible]	[illegible]	[illegible]。	（《[illegible]	[illegible]》	[illegible]	[illegible]：	“[illegible]	[illegible]
容	安	立	门	谓。	（《大	疏》	中	云：	“犹	琉
ɣjɨ¹	ljɨj²	·ụ²	rejr²	naa²	mjaa¹	wjɨ²	kjur¹	sju²	·jɨ²	śją¹
[illegible]	[illegible]	[illegible]	[illegible]	[illegible]	[illegible]	[illegible]	[illegible]	[illegible]	[illegible]。”）	[illegible]
璃	瓶	内	多	芥	子	△	盛	如	谓。”）	七

容安立门。（《大疏》云：“如琉璃瓶，盛多芥子。”）七，

5.14.8

tja¹	ka²	tśjij²	·jij¹	mej¹	nju¹	tsewr¹	war²	ɣa²	ljɨ¹	ljɨ¹	mej²
[illegible]，	[illegible]	[illegible]	[illegible]	[illegible]	[illegible]	[illegible]	[illegible]	[illegible]	[illegible]	[illegible]	[illegible]
者，	师	子	之	眼	耳	节	支	于	一	一	毛

师子眼耳支节一一毛

5.14.9

do²	tsjɨ¹	·jij¹	twụ¹	zji²	kię¹	ka²	tśjij²	ŋowr²	ljɨ¹	ljɨ¹	mej²
[illegible]，	[illegible]	[illegible]	[illegible]	[illegible]	[illegible]	[illegible]	[illegible]	[illegible]。	[illegible]	[illegible]	[illegible]
处，	亦	自	各	皆	金	师	子	具。	一	一	毛

处，各有金师子。一一毛

5.14.10

do^2 ka^2 tśjij^2 ŋewr^2 ka^1 dzjɨj^1 lew^1 mej^2 ·u^2 ·o^2 ŋowr^2 ŋowr^2 ŋwu^2 ŋowr^2 ŋowr^2 ɣjiw^1

[illegible]，[illegible] [illegible] [illegible] [illegible] [illegible] [illegible] [illegible] [illegible] [illegible]。（[illegible] [illegible] [illegible] [illegible] [illegible] [illegible]，

处， 师 子 等 同 时 一 毛 中 入。（一 切 以 一 切 摄，

处，师子同时顿入一毛中。（以一切摄一切，

5.14.11

ka^1 dzjɨj^1 lew^1 kha^1 o̜^{2} ku^1 thu^1 lwu^1 ɣie̜^{2} mjij^1 ɣa^1

[illegible]① [illegible] [illegible] [illegible] [illegible]，[illegible] [illegible] [illegible] [illegible] [illegible] [illegible]

同 时 一 中 入， 则 交 涉 碍 无 门

ŋwu^2 wja̜^{1} ljuu^2 kha^1 tshjiij^1 tha^1 lhjij^2 ŋowr^2 ŋowr^2 zjɨɨr^1

[illegible]。《[illegible] [illegible]》 [illegible] [illegible]： “[illegible]② [illegible] [illegible] [illegible] [illegible]

是。 《华 严》 中 云： “佛 刹 一 切 微

lhjɨ^2 sju^2 thja^1 ŋewr^2 tha^1 lew^1 mej^2 dźjwo^2 dzuu^2 ·jɨ^2 ljɨ^1

[illegible] [illegible]， [illegible] [illegible] [illegible] [illegible] [illegible] [illegible] [illegible] [illegible]。”） [illegible]

尘 如， 尔 等 佛 一 毛 孔 坐 谓。”） 一

同入一中，即交涉无碍门。《华严》云[3]：“一切佛刹微尘等，尔所佛坐一毛孔。”）一

5.14.12

ljɨ^1 mej^2 ·u^2 tsjɨ^1 zji^2 bju^2 mjij^1 ka^2 tśjij^2 dju^1 nioow^1 thjɨ^2

[illegible] [illegible] [illegible]， [illegible] [illegible] [illegible] [illegible] [illegible] [illegible] [illegible]。 [illegible] [illegible]

一 毛 中， 亦 皆 边 无 师 子 有。 复 此

一毛中，皆有无边师子。又复

5.15.1

ljɨ^1 ljɨ^1 mej^2 thja^1 bju^2 mjij^1 ka^2 tśjij^2 śjwiw^1 ŋwu^2 ·a śjij^1 ·ji̜^{2}

[illegible] [illegible] [illegible]， [illegible] [illegible] [illegible] [illegible] [illegible] [illegible] [illegible] [illegible] [illegible] [illegible]

一 一 毛， 彼 边 无 师 子 带 而 一 并 还

一一毛，带此无边师子还

---

①“[illegible]”（同）字原残，据汉文补。

②“[illegible]”（佛）字原残，据汉文补。

5.15.2

lew^{1} mej^{2} dźjwo^{2} ·u^{2} ·o^{2} nioow^{1} ŋowr^{2} ŋowr^{2} ŋwu^{2} ŋowr^{2} ŋowr^{2} ɣjiw^{1} ·a

[illegible] [illegible] [illegible] [illegible] [illegible]。 （[illegible] [illegible] [illegible] [illegible] [illegible] [illegible] [illegible]， [illegible]

一 毛 孔 中 入。 （又 一 切 以 一 切 摄， 一

śjij^{1} ·ji^{2} lew^{1} kha^{1} ·o^{2} ku^{1} ·jij^{1} dźjwɨ^{1} dźjiij^{1} ɣię^{2} mjij^{1} ɣa^{1} ŋwu^{2}

[illegible] [illegible] [illegible] [illegible] [illegible]， [illegible] [illegible] [illegible] [illegible] [illegible] [illegible] [illegible] [illegible]。

并 复 一 中 入， 则 即 相 在 碍 无 门 是。

入一毛中。（又以一切摄一切，带之复入一中[4]，即相在无碍门。

5.15.3

tśhjwo^{1} wją^{1} ljuu^{2} kha^{1} ljaa^{1} tshjiij^{1} mjɨ^{1} pjụ^{1} lhjij^{2} ŋjow^{2} lew^{1} mej^{2} dźjiij^{1} to^{2}

[illegible] 《[illegible] [illegible]》 [illegible] “[illegible]” [illegible]： “[illegible] [illegible] [illegible] [illegible] [illegible] [illegible] [illegible]， [illegible]

故 《华 严》 中 “偈” 云： “无 量 刹 海 一 毛 处， 悉

zji^{2} po^{1} tjɨj^{1} wją^{1} lu^{2} dzuu^{2} ·jɨ^{2} thjɨ^{2} sju^{2} rjɨj^{2} rjɨj^{2} mji^{1} sji^{1}

[illegible] [illegible] [illegible] [illegible] [illegible] [illegible] [illegible]。”） [illegible] [illegible] [illegible] [illegible] [illegible] [illegible]，

皆 菩 提 华 座 坐 谓。”） 如 是 重 重 无 尽，

《华严》“偈”云[5]：“无量刹海处一毛，悉坐菩提莲华座。”）如是重重无尽，

5.15.4

dzjọ^{1} śjɨ^{2} dzjwɨ^{1} ·jij^{1} nji^{2} rer^{2} sju^{2} nioow^{1} xiwã^{1} ŋwuu^{1} śjɨ^{2} kja^{1}

[illegible] [illegible] [illegible] [illegible] [illegible] [illegible] [illegible] [illegible]， （[illegible] [illegible] “[illegible] [illegible]①

犹 天 帝 之 珠 网 如 因， （梵 语 “释 迦

thji^{2} xwa^{1} ·jĩ^{1} thow^{1} lo^{1} ·jɨ^{2} tu^{1} tsjụ^{1} dźjwu^{1} gjuu^{2} ŋwər^{1}

[illegible] [illegible] [illegible] [illegible] [illegible]” [illegible]， [illegible] [illegible] “[illegible] [illegible] [illegible]

提 桓 因 陀 罗” 谓， 番 语 “能 仁 天

犹天帝网珠，（梵语“释迦提桓因陀罗”，番语“能仁天

5.15.5

njij^{2} nji^{2} rer^{2} ·jɨ^{2} thjɨ^{2} tja^{1} neew^{2} tsjiir^{1} rjɨr^{2} ·ụ^{2} sej^{1} tjij^{1} nji^{2} rer^{2}

[illegible] [illegible] [illegible] [illegible]”， [illegible] [illegible] [illegible] [illegible] [illegible] [illegible] [illegible] [illegible] [illegible] [illegible]

主 网 珠” 谓”， 此 者 善 法 堂 内 净 护 珠 网

·jij^{1} ·jɨ^{2} bji^{1} dwər^{2} sji^{1} mjij^{1} rjir^{2} dzjọ^{1} tśhjwo^{1} mjiij^{2} ·jĩ^{1} thow^{1} lo^{1}

[illegible] [illegible]， [illegible] [illegible] [illegible] [illegible] [illegible] [illegible]。） [illegible] [illegible] [illegible] [illegible] [illegible]

△ 谓， 光 交 尽 无 与 譬。） 故 名 因 陀 罗

主网珠”[6]，即善法堂护净珠网，取譬交光无尽也。）名因陀罗

①“[illegible]”（迦）字原阙，据汉文补。

5.15.6

rer²	mjɨɨ²	kiẹj²	ɣa¹	·jɨ²	ljɨj²	gjɨɨ²	kha¹	tshjiij¹	dzjọ¹
[illegible]	[illegible]	[illegible]	[illegible]	[illegible]。	（《[illegible]	[illegible]》	[illegible]	[illegible]：	“[illegible]
网	境	界	门	谓。	（《大	疏》	中	云：	“犹
njɨɨ¹	tjɨj²	dźjwɨ¹	swew¹	bji¹	dźjwɨ¹	kha¹	lwu¹	sju²	·jɨ²
[illegible]	[illegible]	[illegible]	[illegible]，	[illegible]	[illegible]	[illegible]	[illegible]	[illegible]	[illegible]。”）
两	镜	互	照，	耀	相	中	传	如	谓。”）

网境界门。（《大疏》云:“若两镜互照,传耀相写。”）

译文：

六，金与师子或隐或显，或一或多，（若观金时，师子似隐，唯显一金。观师子时，金性似隐，具显诸根。）定纯定杂，有力无力，（一体真金，纯而有力。六根分异，杂而无力。）即此即彼，主伴交辉。（此主彼伴，交光互参。）理事齐现，皆悉相容。（《华严疏》云[1]：“犹如束箭，齐头显现。”）不碍安立，微细成办，（《华严》云[2]：“一尘中有无量刹，刹复为尘说更难。”）名微细相容安立门。（《大疏》云：“如琉璃瓶，盛多芥子。”）

七，师子眼耳支节一一毛处，各有金师子。一一毛处，师子同时顿入一毛中。（以一切摄一切，同入一中，即交涉无碍门。《华严》云[3]：“一切佛刹微尘等，尔所佛坐一毛孔。”）一一毛中，皆有无边师子。又复一一毛，带此无边师子还入一毛中。（又以一切摄一切，带之复入一中[4]，即相在无碍门。《华严》“偈”云[5]：“无量刹海处一毛，悉坐菩提莲华座。”）如是重重无尽，犹天帝网珠，（梵语“释迦提桓因陀罗”，番语“能仁天主网珠”[6]，即善法堂护净珠网，取譬交光无尽也。）名因陀罗网境界门。（《大疏》云：“若两镜互照，传耀相写。”）

注释：

[1]《华严疏》云，汉本作“《教义章》云”。

[2]《华严》云，汉本作“《经》云”。

[3]《华严》云，汉本作“偈云”。

[4]一起复入一中，汉本作“带之复入一中”。

[5]《华严》“偈”云，汉本作“偈云”。

[6]番语，汉本作“此云”。

释读：

5.15.6

·jar¹	tja¹
[illegible]	[illegible]，
八	者，

八，

5.15.7

thjɨ²	ka²	tśjij²	tshjiij¹	ŋwu²	bju¹	mjij¹	dźju¹	phji¹	kię¹	kwər¹	tshjiij¹
[illegible]	[illegible]	[illegible]	[illegible]	[illegible]	[illegible]	[illegible]	[illegible]	[illegible]，	[illegible]	[illegible]	[illegible]
此	师	子	说	以	明	无	显	令，	金	体	语

说此师子以表无明，语其金体

5.15.8

ŋwu²	ɣiej¹	tsjiir²	dźju¹	phji¹	lạ¹	tsjiir¹	śjwo¹	dzjar²	tja¹	·jij¹	bju¹	mjij¹
[illegible]	[illegible]	[illegible]	[illegible]	[illegible]。	（[illegible]	[illegible]	[illegible]	[illegible]	[illegible]，	[illegible]	[illegible]	[illegible]
以	真	性	彰	令。	（妄	法	生	灭	者，	即	明	无
ŋwu²	mjor¹	ljij²	·ụ²	mji¹	śjwo¹	dzjar²	tja¹	·jij¹	ɣiej¹	tsjiir²	ŋwu²	
[illegible]；	[illegible]	[illegible]	[illegible]	[illegible]	[illegible]	[illegible]	[illegible]，	[illegible]	[illegible]	[illegible]	[illegible]。）	
也；	如	来	藏	不	生	灭	者，	即	真	性	也。）	

具彰真性。（妄法生灭，无明也；如来藏不生灭，真性也。）

5.15.9

wo²	dạ²	phjoo²	ŋwu²	ljɨ¹	tshjiij¹	tja¹	·ja	nej²	·ja²	sjij²	rjir²	dzjọ¹
[illegible]	[illegible]	[illegible]	[illegible]	[illegible]	[illegible]	[illegible]，	[illegible]	[illegible]	[illegible]	[illegible]	[illegible]	[illegible]，
理	事	合	而	论	说	者，	阿	赖	耶	识	与	喻，

理事合论，况阿赖耶识[1]，

5.15.10

tśhja²	tsjij²	·jij¹	śjwo¹	gjii²	nioow¹	wo²	dạ²	tja¹	·jij¹	ɣiej¹	lạ¹
[illegible]	[illegible]	[illegible]	[illegible]	[illegible]	[illegible]，	（[illegible]	[illegible]	[illegible]	[illegible]	[illegible]	[illegible]
正	解	△	生	令	因，	（理	事	者	即	真	妄
ŋwu²	dźiej²	śjwo¹	ljɨ¹	kha¹	tshjiij¹	ɣiej¹	lạ¹	kji¹	dzow¹	ŋwej²	zjij¹
[illegible]。	《[illegible]	[illegible]	[illegible]》	[illegible]	[illegible]：	“[illegible]	[illegible]	[illegible]	[illegible]	[illegible]	[illegible]，
是。	《信	起	论》	中	云：	“真	妄	△	和	合	时，

令生正解，（理事即真妄。《起信论》云[2]：“真妄和合，

5.15.11

lew1 njaa2 do2 njaa2 mjiij2 ·ja nej2 ·ja2 sjij2 ·jɨ2 thjɨ2 sjij2
一 非 异 非， 名 阿 赖 耶 识 谓。” 此 识
dwewr2 ljɨ̣1 mji1 dwewr2 njɨɨ1 wo2 ·ji1 dwewr2 tja1 ɣiej1 tsjiir2 tśhja2
觉 与 不 觉 二 义 有， 觉 者 真 性 正
tsjij2 śjwo1 phji1 mji1 dwewr2 tja1 bju1 mjij1 tśhja2 tsjij2 śjwo1 phji1
解 生 令， 不 觉 者 明 无 正 解 生 令。

非一非异，名阿赖耶识。”此识有觉不觉二义，觉即令生真性正解，不觉即令生无明正解。

5.15.12

tjij1 neew2 war2 rjur1 neew2 nwə1 sjij2 rjir2 rjɨr2 dźju2 bju1 tshjiij1 ku1 so̱1 do1 rjir2
若 善 财 诸 善 知 识 与 △ 参 约 说， 则 三 毒 与
·a ber2 so̱1 tśhja2 io̱1 ·a swu2 zji2 tśhja2 tsjij2 ·a śjwo1 sju2 tśhjwo1 mjiij2
△ 遇 三 德 圆 △ 满， 皆 正 解 △ 生 如。） 故 名

若约善财参诸知识，遇三毒而三德圆，皆生正解。）名

5.16.1

da̱2 bju1 tsjiir1 dźju1 tsjij2 śjwo1 ɣa1 ·jɨ2 ljij2 gjɨɨ2 kha1
事 托 法 显 解 生 门 谓。 （《大 疏》 中
tshjiij1 dzjo̱1 swu2 thu1 la̱1 ·jiir2 ljij2 ljij2 tśja1 ŋwu2 ·jɨ2
云： “如 像 立 臂 竖， 见 见 道 是 谓。”）

托事显法生解门。（《大疏》云：“如立像竖臂，触目皆道。”）

5.16.2

gjɨɨ1 tja1 thjɨ2 ka2 tśjij2 dźiəj2 lheew2 tsjiir1 ŋwu2 lə lə śjwo1 dzjar2
九 者， 此 师 子 为 有 法 是， 念 念 生 灭。

九，师子是有为之法，念念生灭。

5.16.3

kjɨɨr¹ rjijr¹ nioow¹ bju¹ dzjɨj¹ dzjɨj¹ ljij¹ lej² ·a
[illegible]
（匠 工 缘 随， 时 时 迁 谢。） 一
tśhia¹ no¹ kha¹ djii¹ so̱¹ dzjɨj¹ we² śji¹ lhjɨɨr¹
[illegible]
刹 那 间， 分 三 际 成， （摄 前

（随工匠缘，时时迁谢。）刹那之间，分为三际，（摄前

5.16.4

ku̱¹ śjwo¹ thjɨ² tja¹ wjɨ² rar² mjij² ljij² mjor¹ dźjiij¹ ·jij¹ ·jɨ² thjɨ² so̱¹
[illegible]
后 标。） 此 者 过 去、 未 来、 现 在 △ 谓。 此 三

标后。）谓过去、现在、未来。此三

5.16.5

dzjɨj¹ tsjɨ¹ ·jij¹ twu̱¹ wjɨ² rar² mjij² ljij² mjor¹ dźjiij¹ dju¹ njɨ² mee² dźjɨ tji̱¹
[illegible]
际 亦 自 各 过 去、 未 来、 现 在 有。（《普 贤 行 愿》

际各有过去、现在、未来。（《普贤行愿》

5.16.6

kha¹ tshjiij¹ wjɨ² rar² kha¹ mjij² ljij² tśhju¹ mjij² ljij² kha¹
[illegible]
中 云： “过 去 中 未 来 有， 未 来 中
wjɨ² rar² tśhju¹ ·jɨ² gu² so̱¹ so̱¹ mjii¹ we² bju¹ gjɨɨ¹
[illegible]
过 去 有 谓。”） 总 三 三 位 为 依， 九

云：“过去中有未来，未来中有过去[3]。”）总有三三之位，以立九

5.16.7

zjo̱² thu¹ ŋwu² thjwɨ² lji̱² lew¹ rer² tsjiir¹ ɣa¹
[illegible]
世 立 以 约 束 一 段 法 门
we² dzjo̱¹ thja¹ ka² tśjij² ·jij¹ rjur¹ tśhji² rjur¹
[illegible]
为。 （犹 彼 师 子 之 诸 根 诸

世，即束为一段法门。（如师子诸根诸

5.16.8

mej² ŋewr² mər² ɣa² lew¹ kię¹ ŋwu² sju² gjɨɨ¹

[illegible]

毛 等， 本 于 唯 金 也 如。） 九

zjọ² ·jij¹ twụ¹ źjạ¹ ljwu¹ djij² dju¹ tsjɨ¹ dźjwɨ¹

[illegible]

世 各 各 分 隔 虽 有， 亦 相

毛，本纯一之金也。）虽则九世各各有隔，相

5.16.9

gjị² ŋwu² śjɨj¹ thwuu¹ lwu¹ ɣię² mjij¹ gu² lew¹ lə we² nioow¹

[illegible]

由 而 成， 融 通 碍 无， 同 一 念 为 因，

由成立，融通无碍，同为一念，

5.16.10

guu¹ thwuu¹ mər² mja¹ kha¹ tshjiij¹ śja¹ zjọ² njwo² sjij¹ ɣu¹ mjiij² tja¹

[illegible]

（《通 玄 本 母》 中 云： “十 世 古 今， 始 终 者

thjɨ² tji² ·a lə rjir² mji¹ ka² ·jɨ² tśhjwo¹ mjiij² śja¹ zjọ² tsjiir¹

[illegible]

此 处 一 念 于 不 离 谓。”） 故 名 十 世 法

（《通玄论》云：“十世古今，始终不离于当念。”）名十世隔法

5.16.11

ljwu¹ do² śjɨj¹ ɣa¹ ·jɨ² ljij² gjɨɨ² kha¹ tshjiij¹ dzjọ¹ tjɨ¹ gjɨ²

[illegible]

隔 异 成 门 谓。 （《大 疏》 中 云： “若 一 夕

kjɨ¹ mjiij¹ tja¹ ·jir² kjiw¹ ·jij¹ dźjiij¹ rjir² lew² swu² ·jɨ²

[illegible]

△ 梦 者， 百 年 △ 在 与 同 类 谓。”）

异成门。（《大疏》云：“若一夕之梦，翱翔百年。”）

5.16.12

ɣạ² tja¹ kię¹ ljɨ¹ ka² tśjij² njɨɨ¹ tjij¹ lwu² tjij¹ śja² tjij¹

[illegible]

十 者， 金 与 师 子 二 或 隐 或 显， 或

十，金与师子或隐或显，或

5.17.1

lew^1 tjij^1 rejr^2 twụ^1 ·jij^1 tsjiir^2 mjij^1 njiij^1 bju^1 dźiə^2 dźiej^2 thjɨ^2 njiij^1 ŋowr^2 lew^1

[illegible]

一 或 多， 各 自 性 无， 心 由 回 转。（此 心 全 一

一或多，各自无性[4]，由心回转。（谓全心一

5.17.2

dạ^2 bju^1 śjwɨ^2 ŋwu^2 ŋowr^2 ŋowr^2 kha^1 njɨ^2 ku^1 lew^1 lwu^2

[illegible]

事 由 随 而 一 切 中 遍， 则 一 隐

rejr^2 śja^2 we^2 thjɨ^2 njiij^1 ŋowr^2 ŋowr^2 ŋowr^2 thjwɨ^1 ŋwu^2 lew^1

[illegible]

多 显 也。 此 心 全 一 切 随 而 一

dạ^2 kha^1 ·o^2 ku^1 rejr^2 lwu^2 lew^1 śja^2 we^2 thjɨ^2

[illegible]

事 中 入， 则 多 隐 一 显 成。 此

事，随心遍一切中，即一隐多显也。全心之一切，随心入一事中，即多隐一显也。

5.17.3

tja^1 ka^2 tśjij^2 ljɨ^1 kię^1 njɨɨ^1 to^2 zji^2 dźiə^2 dźiej^2 nja^1

[illegible]

者 师 子 与 金 二 悉 皆 回 转 △

djɨj^2 ·jij^1 mjij^1 ·jij^1 dźju^1 dạ^2 tshjiij^1 wo^2 tshjiij^1 śjɨj^1 dju^1

[illegible]

定 相 无 △ 表。） 事 说 理 说， 成 有

以表师子与金，悉皆回转而无定相耳。）说事说理，有成

5.17.4

thu^1 dju^1 nioow^1 wją^1 ljuu^2 kha^1 tshjiij^1 tsjiir^1 kiej^2 tsjiir^2 bioo^1

[illegible]

立 有 因， （《华 严》 中 云： “法 界 性 观

lew^2 ŋowr^2 ŋowr^2 njiij^1 bju^1 wji^1 ·jɨ^2 tśhjwo^1 mjiij^2 njiij^1

[illegible]

应， 一 切 心 唯 造 谓。”） 故 名 心

有立，（《华严》云[5]：“应观法界性，一切唯心造。”）名唯心

5.17.5

bju¹	dźiə²	dźiej²	śjɨj¹	njwi²	ɣa¹	·jɨ²	ljij²	gjɨɨ²	kha¹	tshjiij¹
[illegible]	[illegible]	[illegible]	[illegible]	[illegible]	[illegible]	[illegible]。	（《[illegible]	[illegible]》	[illegible]	[illegible]：
唯	回	转	成	善	门	谓。	（《大	疏》	中	云：
dzjọ¹	ljạ¹	dụ²	·o¹	twụ¹	·ji¹	gjij¹	dźiə²	dźiej²	sju²	·jɨ²
“[illegible]	[illegible]	[illegible]	[illegible]	[illegible]，	[illegible]	[illegible]	[illegible]	[illegible]	[illegible]	[illegible]。”）
“犹	北	斗	居	处，	众	星	回	转	如	谓。”）

回转善成门[6]。（故《大疏》云：“如北辰所居，众星拱之。”）

译文：

八，说此师子以表无明，语其金体具彰真性。（妄法生灭，无明也；如来藏不生灭，真性也。）理事合论，况阿赖耶识[1]，令生正解，（理事即真妄。《起信论》云[2]：“真妄和合，非一非异，名阿赖耶识。”此识有觉不觉二义，觉即令生真性正解，不觉即令生无明正解。若约善财参诸知识，遇三毒而三德圆，皆生正解。）名托事显法生解门。（《大疏》云：“如立像竖臂，触目皆道。”）

九，师子是有为之法，念念生灭。（随工匠缘，时时迁谢。）刹那之间，分为三际，（摄前标后。）谓过去、现在、未来。此三际各有过去、现在、未来。（《普贤行愿》云：“过去中有未来，未来中有过去[3]。”）总有三三之位，以立九世，即束为一段法门。（如师子诸根诸毛，本纯一之金也。）虽则九世各各有隔，相由成立，融通无碍，同为一念，（《通玄论》云：“十世古今，始终不离于当念。”）名十世隔法异成门。（《大疏》云：“若一夕之梦，翱翔百年。”）

十，金与师子或隐或显，或一或多，各自无性[4]，由心回转。（谓全心一事，随心遍一切中，即一隐多显也。全心之一切，随心入一事中，即多隐一显也。以表师子与金，悉皆回转而无定相耳。）说事说理，有成有立，（《华严》云[5]：“应观法界性，一切唯心造。”）名唯心回转善成门[6]。（故《大疏》云：“如北辰所居，众星拱之。”）

注释：

[1]况阿赖耶识，汉本作“况阿赖识”。

[2]《起信论》中云，汉本作“《论》云”。

[3]《普贤行愿》云：“过去中有未来，未来中有过去。”汉本作“《普贤行品》云：‘过去中未来，未来中过去。’”以下汉本有“亦《离世间品》答普慧之问也”，西夏文本无。

[4]各自无性，汉本作“各无自性”。

[5]《华严》中云，汉本作“《经》云”。

[6]此处汉本有“贤首亦改此一门为‘主伴圆明具德门’”一句，西夏文本无。

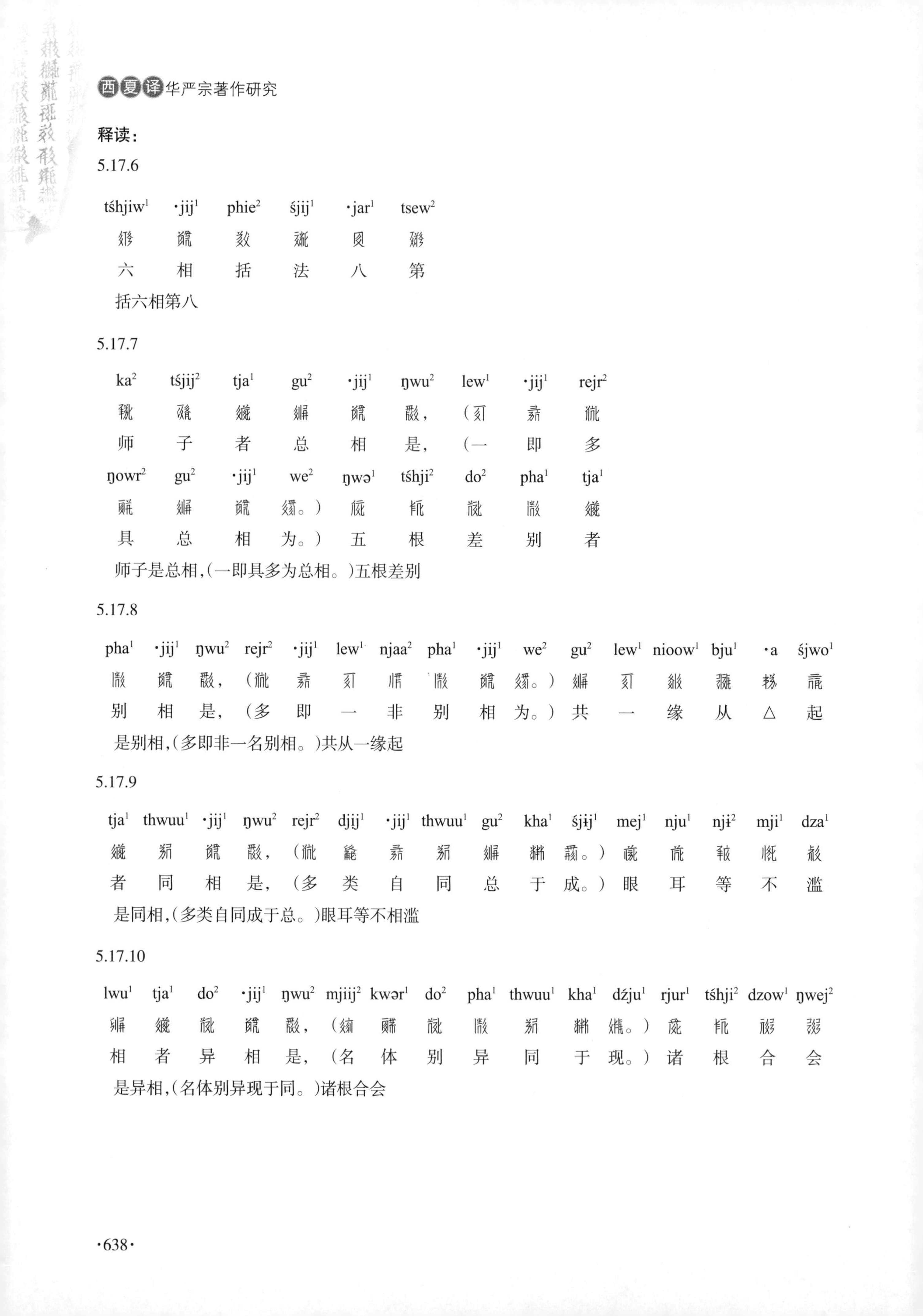

释读：

5.17.6

tśhjiw¹ ·jij¹ phie² śjij¹ ·jar¹ tsew²

[illegible]

六 相 括 法 八 第

括六相第八

5.17.7

ka² tśjij² tja¹ gu² ·jij¹ ŋwu², lew¹ ·jij¹ rejr²

[illegible]

师 子 者 总 相 是，（一 即 多

ŋowr² gu² ·jij¹ we²。） ŋwə¹ tśhji² do² pha¹ tja¹

[illegible]

具 总 相 为。） 五 根 差 别 者

师子是总相，（一即具多为总相。）五根差别

5.17.8

pha¹ ·jij¹ ŋwu², rejr² ·jij¹ lew¹ njaa² pha¹ ·jij¹ we²。） gu² lew¹ nioow¹ bju¹ ·a śjwo¹

[illegible]

别 相 是，（多 即 一 非 别 相 为。） 共 一 缘 从 △ 起

是别相，（多即非一名别相。）共从一缘起

5.17.9

tja¹ thwuu¹ ·jij¹ ŋwu², rejr² djij¹ ·jij¹ thwuu¹ gu² kha¹ śjɨj¹。） mej¹ nju¹ njɨ² mji¹ dza¹

[illegible]

者 同 相 是，（多 类 自 同 总 于 成。） 眼 耳 等 不 滥

是同相，（多类自同成于总。）眼耳等不相滥

5.17.10

lwu¹ tja¹ do² ·jij¹ ŋwu², mjiij² kwər¹ do² pha¹ thwuu¹ kha¹ dźju¹。） rjur¹ tśhji² dzow¹ ŋwej²

[illegible]

相 者 异 相 是，（名 体 别 异 同 于 现。） 诸 根 合 会

是异相，（名体别异现于同。）诸根合会

5.17.11

ka^{2} tśjij^{2} we^{2} tja^{1} we^{2} ·jij^{1} ŋwu^{2} lew^{1} rejr^{2}
[illegible] [illegible] [illegible] [illegible] [illegible] [illegible] [illegible]，（[illegible] [illegible]
师 子 成 者 成 相 是，（一 多

nioow^{1} śjwo^{1} thjoo^{1} wo^{2} śjɨj^{1} rjur^{1} nioow^{1} twụ^{1}
[illegible] [illegible] [illegible] [illegible] [illegible]。） [illegible] [illegible] [illegible]
缘 起 妙 理 成。） 诸 缘 各

有师子是成相，（一多缘起理妙成。）诸根各

5.17.12

·jij^{1} mjii^{1} dźjiij^{1} tja^{1} ljiij^{2} ·jij^{1} ŋwu^{2} ljiij^{2} ·jij^{1} twụ^{1} tsjiir^{1} dźjiij^{1}
[illegible] [illegible] [illegible] [illegible] [illegible] [illegible] [illegible]。（[illegible] [illegible] [illegible] [illegible] [illegible]
自 位 住 者 坏 相 是。（坏 自 各 法 住

·ju^{2} mji^{1} djɨj^{2} wją^{1} ljuu^{2} kha^{1} ·jar^{1} gjwi^{2} ljaa^{1} tshjiij^{1} śji^{1}
[illegible] [illegible] [illegible]。《[illegible] [illegible]》 [illegible] [illegible] [illegible] [illegible] [illegible]， [illegible]
常 不 定。《华 严》 中 八 句 偈 说， 上

住自位是坏相。（坏住自法常不作。《华严》有八句偈文[1]，上

5.18.1

tśhjiw^{1} gjwi^{2} tja^{1} kjɨ^{1} śio^{1} ŋwu^{2} ·jwɨr^{2} khju^{1}
[illegible] [illegible] [illegible]， [illegible] [illegible] [illegible] [illegible] [illegible]
六 句 者， △ 随 而 文 下

引六句，随文

5.18.2

nja^{1} bjij^{2} nja^{1} mjiij^{2} njɨɨ^{1} gjwi^{2} tja^{1} djọ^{2} phji^{1} śjij^{1} pjwɨɨr^{1} śiaa^{2} dạ^{2} lew^{1}
[illegible] [illegible]。 [illegible] [illegible] [illegible] [illegible] [illegible] [illegible] [illegible] [illegible] [illegible] [illegible] [illegible]： “[illegible]
△ 注。 △ 末 二 句 者 修 令 法 劝 结 云： “唯

sjij^{2} mjɨɨ^{2} kiej^{2} dạ^{2} sjij^{2} njaa^{2} thjɨ^{2} tśier^{1} ·ju^{2} ŋwu^{2} lew^{1} ·ụ^{2} dźju^{1}
[illegible] [illegible] [illegible] [illegible] [illegible] [illegible]， [illegible] [illegible] [illegible] [illegible] [illegible] [illegible] [illegible]
智 境 界 事 识 非， 此 方 便 以 一 乘 会

注之。末后二句结叹劝修云：“唯智境界非事识，以此方便会一乘。”

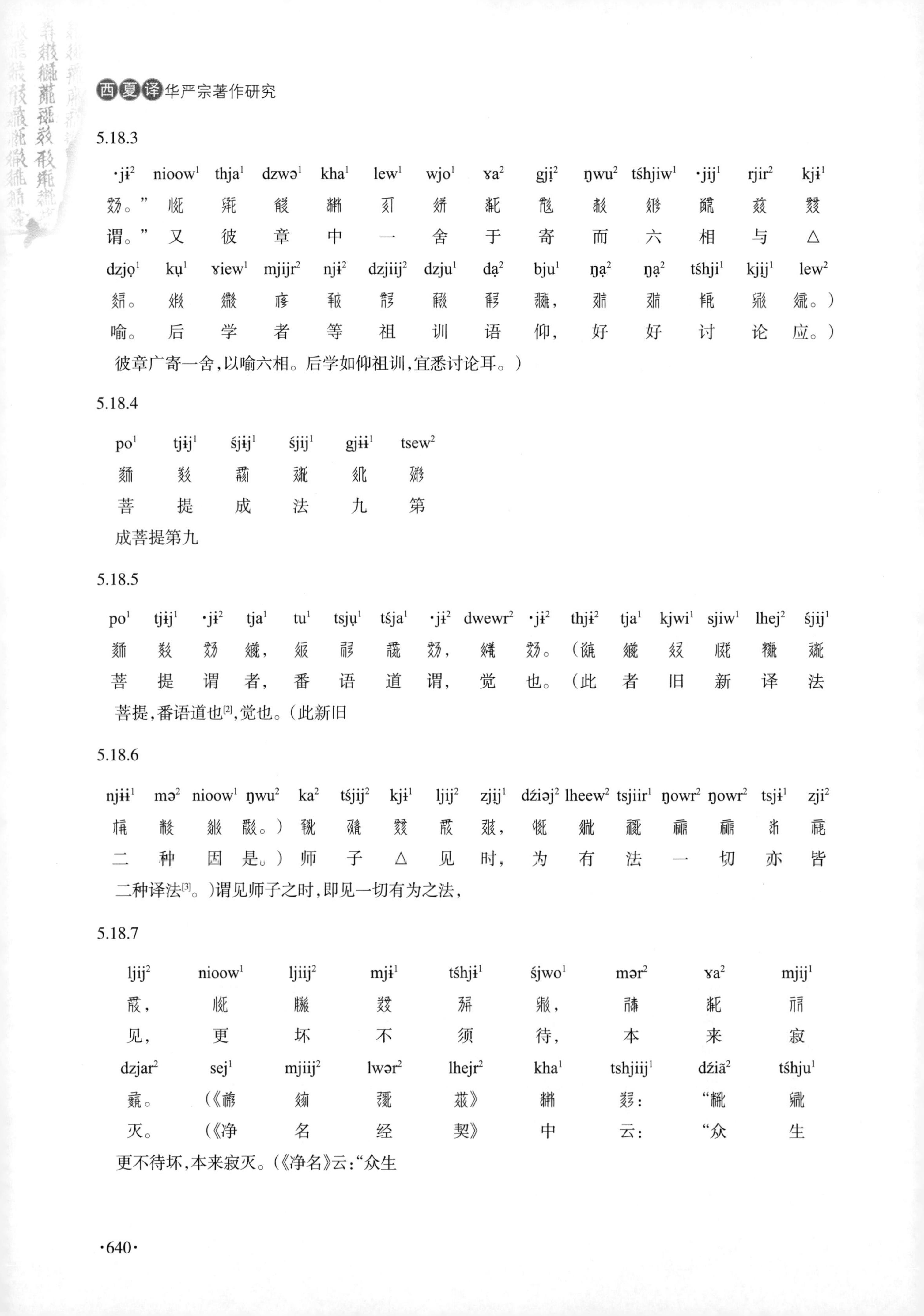

5.18.3

·jɨ^{2} nioow^{1} thja^{1} dzwə^{1} kha^{1} lew^{1} wjo^{1} ɣa^{2} gji̯^{2} ŋwu^{2} tśhjiw^{1} ·jij^{1} rjir^{2} kjɨ^{1}

谓。” 又 彼 章 中 一 舍 于 寄 而 六 相 与 △

dzjo̱^{1} ku̱^{1} ɣiew^{1} mjijr^{2} njɨ^{2} dzjiij^{2} dzju^{1} da̱^{2} bju^{1} ŋa̱^{2} ŋa̱^{2} tśhji^{1} kjij^{1} lew^{2}

喻。 后 学 者 等 祖 训 语 仰， 好 好 讨 论 应。）

彼章广寄一舍，以喻六相。后学如仰祖训，宜悉讨论耳。）

5.18.4

po^{1} tjɨj^{1} śjɨj^{1} śjij^{1} gjɨɨ^{1} tsew^{2}

菩 提 成 法 九 第

成菩提第九

5.18.5

po^{1} tjɨj^{1} ·jɨ^{2} tja^{1} tu^{1} tsju̱^{1} tśja^{1} ·jɨ^{2} dwewr^{2} ·jɨ^{2} thjɨ^{2} tja^{1} kjwi^{1} sjiw^{1} lhej^{2} śjij^{1}

菩 提 谓 者， 番 语 道 谓， 觉 也。（此 者 旧 新 译 法

菩提，番语道也[2]，觉也。（此新旧

5.18.6

njɨɨ^{1} mə^{2} nioow^{1} ŋwu^{2} ka^{2} tśjij^{2} kjɨ^{1} ljij^{2} zjij^{1} dźiəj^{2} lheew^{2} tsjiir^{1} ŋowr^{2} ŋowr^{2} tsjɨ^{1} zji^{2}

二 种 因 是。） 师 子 △ 见 时， 为 有 法 一 切 亦 皆

二种译法[3]。）谓见师子之时，即见一切有为之法，

5.18.7

ljij^{2} nioow^{1} ljiij^{2} mjɨ^{1} tśhjɨ^{1} śjwo^{1} mər^{2} ɣa^{2} mjij^{1}

见， 更 坏 不 须 待， 本 来 寂

dzjar^{2} sej^{1} mjiij^{2} lwər^{2} lhejr^{2} kha^{1} tshjiij^{1} dźiã^{2} tśhju^{1}

灭。 （《净 名 经 契》 中 云： “众 生

更不待坏，本来寂灭。（《净名》云：“众生

5.18.8

·jij^{1} mjij^{1} dzjar^{2} ·jij^{1} ŋwu^{2} nioow^{1} ·jị^{2} mji^{1} dzjar^{2} ·jɨ^{2}

即 寂 灭 相 是， 更 复 不 灭 谓。”）

rjur^{1} lhjwi^{1} dźjɨɨr^{1} ka^{2} twụ^{2} thjɨ^{2} tśja^{1} zow^{2} ljụ^{1}

诸 取 舍 离， 即 此 路 执 流

即寂灭相，不复更灭。”）离诸取舍，即于此路流

5.18.9

ŋwu^{2} sa^{2} pho^{1} rja^{2} ŋjow^{2} ·u^{2} ·o^{2} nioow^{1} tśhjwo^{1} mjiij^{2} tśja^{1} ·jɨ^{2} rjur^{1} lhjwi^{1} dźjɨɨr^{1} rjir^{2}

而 萨 婆 若 海 中 入 因， 故 名 道 谓。（诸 取 舍 与

入萨婆若海，故名为道。（离诸取舍之言，

5.18.10

ka^{2} śjij^{1} gjwi^{2} tja^{1} wo^{2} phju^{2} gjwi^{2} wəə^{1} ·jwɨr^{2} bji^{2} gjwi^{2} rjir^{2} sa^{2}

离 法 句 者， 义 上 句 属， 文 下 句 与 连。

thjɨ^{2} tja^{1} dźiəj^{2} lheew^{2} ŋowr^{2} ŋowr^{2} mji^{1} dźjɨɨr^{1} ŋwu^{2} mjij^{1} dzjar^{2} dźiəj^{2}

此 者 为 有 一 切 不 舍 而 寂 灭 为 无

kha^{1} ·o^{2} ku^{1} wo^{2} phju^{2} gjwi^{2} wəə^{1} tjij^{1} lhjwi^{1} dźjɨɨr^{1} sjij^{1} ·jijr^{2}

中 入， 则 义 上 句 属。 若 取 舍 情 亡，

义属上句，文连下句。谓不舍一切有为而取寂灭无为，则义属上句也。既取舍情亡，

5.18.11

thja^{1} śjij^{1} ljụ^{1} ŋwu^{2} ŋowr^{2} ŋowr^{2} sjij^{2} ŋjow^{2} ·ụ^{2} ọ^{2} ku^{1} thja^{1} ·jwɨr^{2}

自 然 流 而 一 切 智 海 中 入， 则 彼 文

bji^{2} gjwi^{2} rjir^{2} sa^{2} lew^{2} ·jar^{1} tsew^{2} mji^{1} mju^{2} ljɨ^{1} kha^{1} tsjɨ^{1} thjɨ^{2}

下 句 与 连 应。 八 第 不 动 地 中 亦 斯

wo^{2} ŋowr^{2} dźju^{1} xiwã^{1} tsjụ^{1} sa^{2} pho^{1} rja^{2} tu^{1} tsjụ^{1} ŋowr^{2}

旨 具 明。 梵 语 “萨 婆 若”， 番 语 “一

自然流入一切智海，则文连下句也。第八不动地亦明斯旨。梵语“萨婆若”，番语云“一

5.18.12

ŋowr^{2} sjij^{2} ·jɨ^{2} sjij^{1} mjaa^{1} tśhja^{2} tśja^{1} we^{2} dźju^{1} phji^{1} nioow^{1} ku^{1} tśhjwo^{1}

[illegible] [illegible]” [illegible]。 [illegible] [illegible] [illegible] [illegible] [illegible] [illegible] [illegible] [illegible]， [illegible] [illegible]

切 智” 谓。 今 果 德 道 为 明 令 因， 则 故

na^{1} wạ^{2} ŋjow^{2} sju^{2} ·jɨ^{2} ŋa^{2} mjij^{1} rjɨr^{2} njɨ^{2} tśhjɨɨ^{2} tśhjuu^{2} ŋowr^{2}

[illegible] [illegible] [illegible] [illegible] [illegible]。） [illegible]① [illegible] [illegible] [illegible]， [illegible] [illegible] [illegible]

深 广 海 如 谓。） 我 无 已 来， 颠 倒 所

切智”[4]，今明果德为道，故深广如海耳。）即了无始已来，所有颠倒，

5.18.13

ŋowr^{2} mər^{2} ɣa^{2} źjɨr^{1} mjij^{1} ·a tsjij^{2} nioow^{1} tśhjwo^{1} mjiij^{2} dwewr^{2} ·jɨ^{2} dźiej^{2} śjwo^{1}

[illegible]， [illegible] [illegible] [illegible] [illegible] [illegible] [illegible] [illegible]， [illegible] [illegible] [illegible] [illegible]。（《[illegible] [illegible]

有， 本 来 实 无 △ 了 因， 故 名 觉 谓。（《信 起

元无有实，名之为觉。（《起信

5.19.1

ljɨ^{1} kha^{1} tshjiij^{1} dźiā^{2} tśhju^{1} ŋowr^{2} ŋowr^{2} ·jij^{1} dwewr^{2} mjiij^{2} mji^{1} ·jɨ^{2} tja^{1}

[illegible]》 [illegible] [illegible]： “[illegible] [illegible] [illegible] [illegible] [illegible] [illegible] [illegible] [illegible] [illegible] [illegible]，

论》 中 云： “众 生 一 切 之 觉 名 不 谓 者，

mər^{2} ɣa^{2} njij^{2} lə lə twẹ^{2} twẹ^{2} lə rjir^{2} ka^{2} mjij^{2} djij^{2} nioow^{1}

[illegible] [illegible] [illegible] [illegible] [illegible] [illegible] [illegible]， [illegible] [illegible] [illegible] [illegible] [illegible] [illegible]，

本 来 始 念 念 相 续， 念 与 离 未 曾 因，

tśhjwo^{1} ɣu^{1} mjij^{1} bju^{1} mjij^{1} ·jɨ^{2} thjɨ^{2} tja^{1} ɣu^{1} mjij^{1} rjɨr^{2} ·ja^{1}

[illegible] [illegible] [illegible] [illegible] [illegible] [illegible]。” [illegible] [illegible] [illegible] [illegible] [illegible] [illegible]

故 始 无 明 无 说。” 此 者 始 无 已 来

论》云：“一切众生不名为觉，以从本来念念相续，未曾离念，故说无始无明。”即同此文无始已来

---

①[illegible]（我），疑当作“[illegible]”（始）。

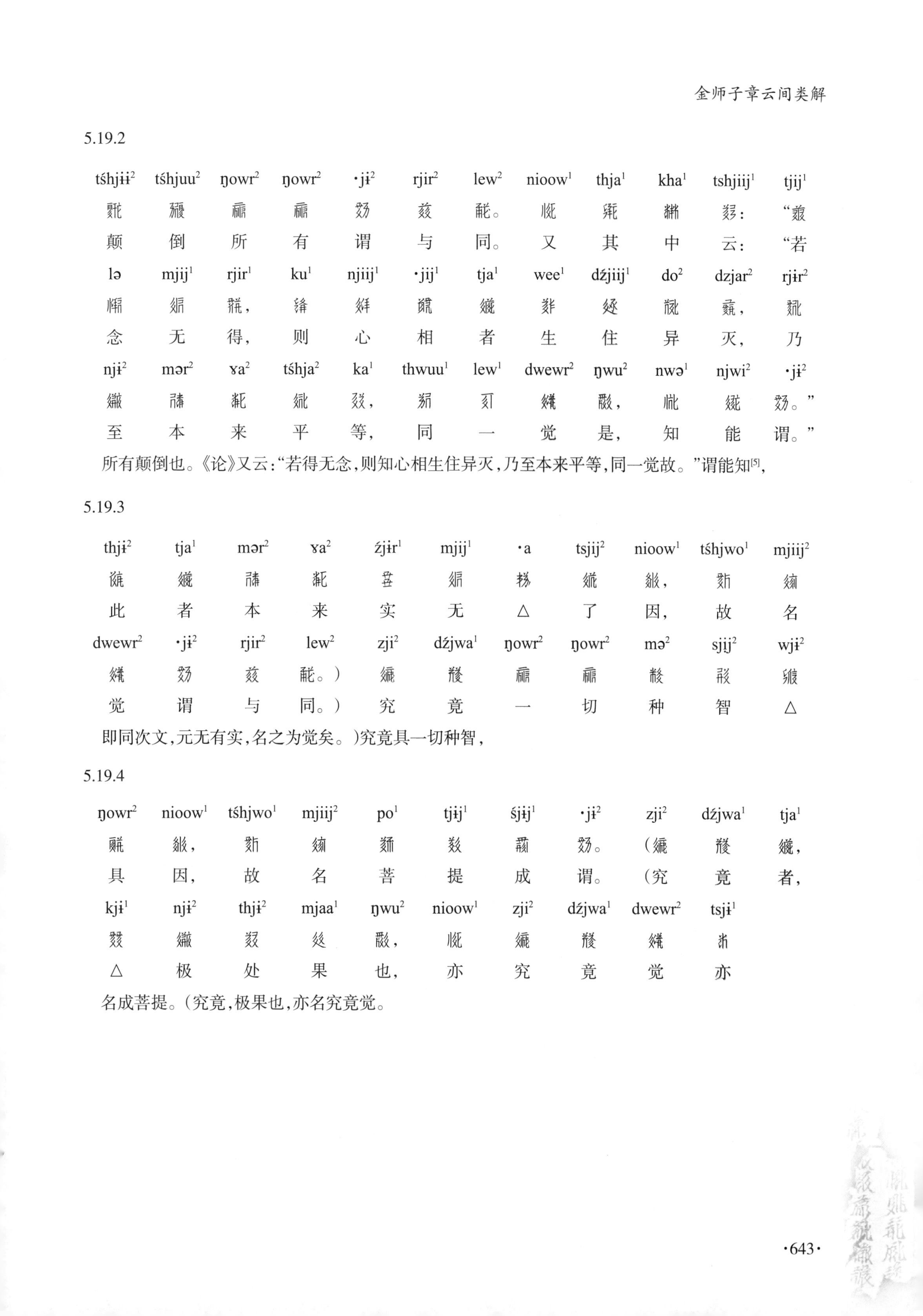

5.19.2

tśhjɨɨ^{2} tśhjuu^{2} ŋowr^{2} ŋowr^{2} ·jɨ^{2} rjir^{2} lew^{2} nioow^{1} thja^{1} kha^{1} tshjiij^{1} tjij^{1}

颠 倒 所 有 谓 与 同。 又 其 中 云：“若

lə mjij^{1} rjir^{1} ku^{1} njiij^{1} ·jij^{1} tja^{1} wee^{1} dźjiij^{1} do^{2} dzjar^{2} rjɨr^{2}

念 无 得， 则 心 相 者 生 住 异 灭， 乃

njɨ^{2} mər^{2} ɣa^{2} tśhja^{2} ka^{1} thwuu^{1} lew^{1} dwewr^{2} ŋwu^{2} nwə^{1} njwi^{2} ·jɨ^{2}

至 本 来 平 等， 同 一 觉 是， 知 能 谓。”

所有颠倒也。《论》又云：“若得无念，则知心相生住异灭，乃至本来平等，同一觉故。”谓能知[5]，

5.19.3

thjɨ^{2} tja^{1} mər^{2} ɣa^{2} źjɨr^{1} mjij^{1} ·a tsjij^{2} nioow^{1} tśhjwo^{1} mjiij^{2}

此 者 本 来 实 无 △ 了 因， 故 名

dwewr^{2} ·jɨ^{2} rjir^{2} lew^{2} zji^{2} dźjwa^{1} ŋowr^{2} ŋowr^{2} mə^{2} sjij^{2} wjɨ^{2}

觉 谓 与 同。） 究 竟 一 切 种 智 △

即同次文，元无有实，名之为觉矣。）究竟具一切种智，

5.19.4

ŋowr^{2} nioow^{1} tśhjwo^{1} mjiij^{2} po^{1} tjɨj^{1} śjɨj^{1} ·jɨ^{2} zji^{2} dźjwa^{1} tja^{1}

具 因， 故 名 菩 提 成 谓。 （究 竟 者，

kjɨ^{1} njɨ^{2} thjɨ^{2} mjaa^{1} ŋwu^{2} nioow^{1} zji^{2} dźjwa^{1} dwewr^{2} tsjɨ^{1}

△ 极 处 果 也， 亦 究 竟 觉 亦

名成菩提。（究竟，极果也，亦名究竟觉。

5.19.5

·jɨ² ŋowr² ŋowr² mə² sjij² tja¹ sọ¹ zjọ² kha¹ lew¹ ŋwu² kjwi¹
[illegible]
谓。 一 切 种 智 者， 三 世 之 一 也。 圭
xjow² śjã¹ dzjiij² ·jij¹ iọ¹ dwewr² gjɨɨ² kha¹ ŋowr² ŋowr² mə² sjij²
[illegible]
峰 禅 师 之 《圆 觉 疏》 中 一 切 种 智
ŋwu² iọ¹ swew¹ wo² wjɨ² phie² nioow¹ mee² ɣu¹ ljij² dzjiij²
[illegible]
以 圆 明 理 △ 释。 又 贤 首 大 师

一切种智，即三智之一也。昔圭峰禅师疏《圆觉》[6]，以一切种智释圆明。贤首大师

5.19.6

kjɨ¹ śioo¹ ɣjow¹ lhjwo¹ bioo¹ kha¹ tsjɨ¹ iọ¹ pjɨr¹ bju¹ po¹ tjɨj¹
[illegible]
△ 集 《源 还 观》 中 亦 圆 明 由 菩 提
ljạ¹ ·jɨ² sjij¹ ŋowr² ŋowr² mə² sjij² wjɨ² ŋowr² nioow¹ po¹
[illegible]
证 谓。 今 一 切 种 智 △ 具 因 菩
tjɨj¹ śjɨj¹ ·jɨ² tja¹ ·a iọ¹ phjo² kar² ku¹ zjɨɨr¹ zjij¹
[illegible]
提 成 谓 者， 总 通 分 辨， 则 少 许

述《还源观》[7]，由圆明而证菩提。今文谓具一切种智而成菩提，通而辨之，

5.19.7

djij² do² tsjɨ¹ mər² tshwew¹ tjị² zji² thwuu¹ tjij¹ dźiej² śjwo¹ bju¹
[illegible]
虽 异， 而 宗 归 处 皆 同。 若 《信 起》 依
tshjiij¹ ku¹ ljij² sjij² ·ioow¹ mjɨ¹ pjụ¹ tśier¹ ·ju² njɨ² ·ji¹
[illegible]
说， 有 大 智 用， 无 量 方 便 等 有，
thja¹ bju¹ tśhjwo¹ ŋowr² ŋowr² mə² sjij² mjiij² we² njɨ² ·jɨ²
[illegible]
乃 至 故 一 切 种 智 名 为 等 谓。）

虽发辞小异，而归宗大同也。若依《起信》，有大智用，无量方便，乃至得名一切种智[8]。）

---

①[illegible]（世），疑当作“[illegible]”（智）。

译文：

括六相第八

师子是总相，（一即具多为总相。）五根差别是别相，（多即非一名别相。）共从一缘起是同相，（多类自同成于总。）眼耳等不相滥是异相，（名体别异现于同。）诸根合会有师子是成相，（一多缘起理妙成。）诸根各住自位是坏相。（坏住自法常不作。《华严》有八句偈文[1]，上引六句，随文注之。末后二句结叹劝修云："唯智境界非事识，以此方便会一乘。"彼章广寄一舍，以喻六相。后学如仰祖训，宜悉讨论耳。）

成菩提第九

菩提，番语道也[2]，觉也。（此新旧二种译法[3]。）谓见师子之时，即见一切有为之法，更不待坏，本来寂灭。（《净名》云："众生即寂灭相，不复更灭。"）离诸取舍，即于此路流入萨婆若海，故名为道。（离诸取舍之言，义属上句，文连下句。谓不舍一切有为而取寂灭无为，则义属上句也。既取舍情亡，自然流入一切智海，则文连下句也。第八不动地亦明斯旨。梵语"萨婆若"，番语云"一切智"[4]，今明果德为道，故深广如海耳。）即了无始已来，所有颠倒，元无有实，名之为觉。（《起信论》云："一切众生不名为觉，以从本来念念相续，未曾离念，故说无始无明。"即同此文无始已来所有颠倒也。《论》又云："若得无念，则知心相生住异灭，乃至本来平等，同一觉故。"谓能知[5]，即同次文，元无有实，名之为觉矣。）究竟具一切种智，名成菩提。（究竟，极果也，亦名究竟觉。一切种智，即三智之一也。昔圭峰禅师疏《圆觉》[6]，以一切种智释圆明。贤首大师述《还源观》[7]，由圆明而证菩提。今文谓具一切种智而成菩提，通而辨之，虽发辞小异，而归宗大同也。若依《起信》，有大智用，无量方便，乃至得名一切种智[8]。）

注释：

[1]《华严》中有八句偈云，汉本作"《教义章》中有八句偈文"。

[2]番语道也，汉本作"此云道也"。

[3]此新旧二种译法，汉本作"翻梵从华，新旧二义"。

[4]梵语"萨婆若"，番语云"一切智"，汉本作"萨婆若，云一切智"。

[5]"谓能知"三字，汉本无。

[6]此句汉本无"禅师"二字。

[7]贤首大师述《还源观》，汉本作"贤首述《还源》"。

[8]以下汉本有"皆属同教。又按昭信钞文，叙五教机，各成菩提，唯取圆宗，以因果二门相摄，即别教耳"，西夏文本无。

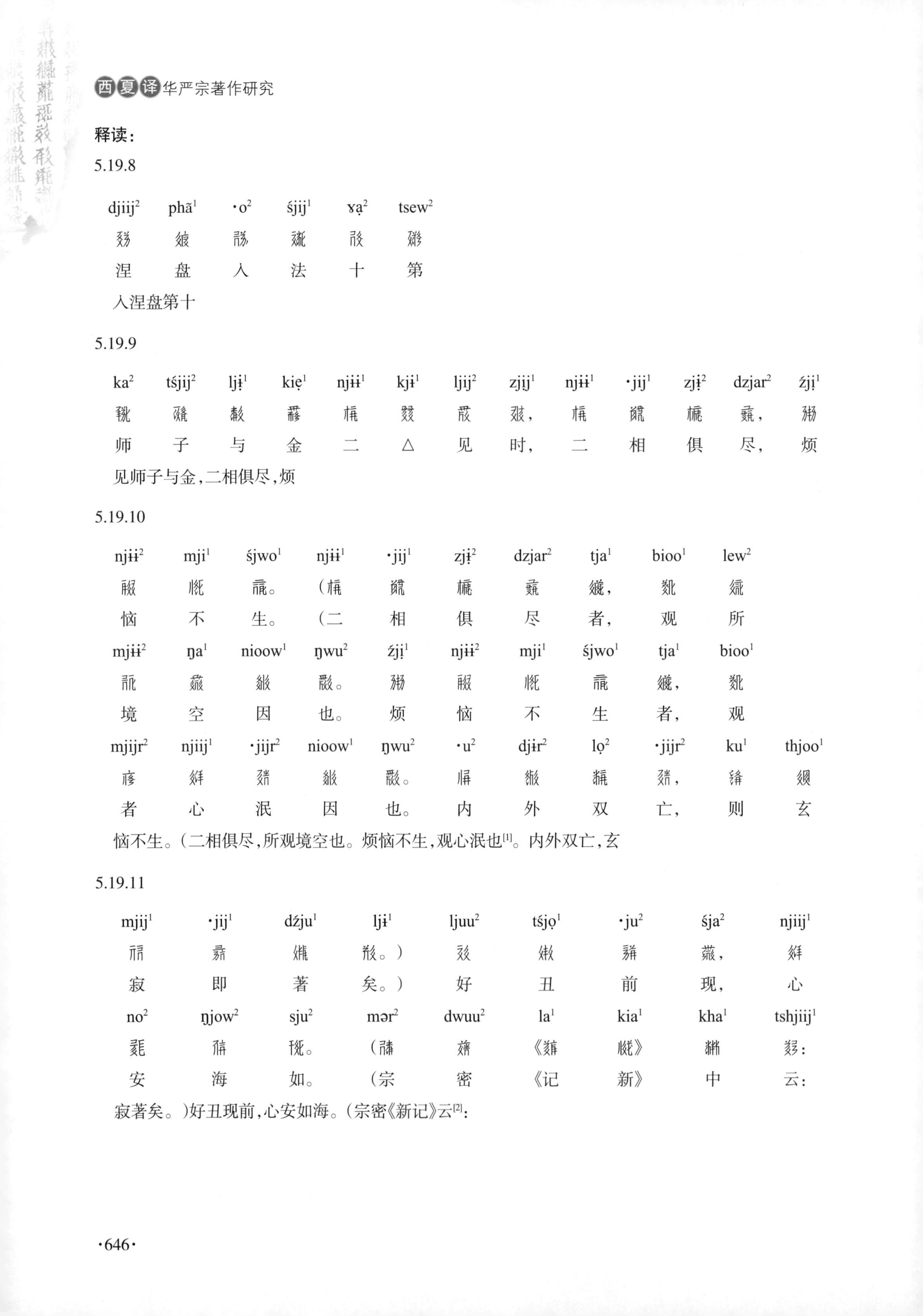

释读：

5.19.8

djiij^{2} phã^{1} ·o^{2} śjij^{1} ɣạ^{2} tsew^{2}

涅 盘 入 法 十 第

入涅盘第十

5.19.9

ka^{2} tśjij^{2} ljɨ^{1} kię^{1} njɨɨ^{1} kjɨ^{1} ljij^{2} zjij^{1} njɨɨ^{1} ·jij^{1} zjɨ̣^{2} dzjar^{2} źjɨ̣^{1}

师 子 与 金 二 △ 见 时， 二 相 俱 尽， 烦

见师子与金，二相俱尽，烦

5.19.10

njɨɨ^{2} mji^{1} śjwo^{1} njɨɨ^{1} ·jij^{1} zjɨ̣^{2} dzjar^{2} tja^{1} bioo^{1} lew^{2}

恼 不 生。（二 相 俱 尽 者， 观 所

mjɨɨ^{2} ŋa^{1} nioow^{1} ŋwu^{2} źjɨ̣^{1} njɨɨ^{2} mji^{1} śjwo^{1} tja^{1} bioo^{1}

境 空 因 也。 烦 恼 不 生 者， 观

mjijr^{2} njiij^{1} ·jijr^{2} nioow^{1} ŋwu^{2} ·u^{2} djɨr^{2} lọ^{2} ·jijr^{2} ku^{1} thjoo^{1}

者 心 泯 因 也。 内 外 双 亡， 则 玄

恼不生。（二相俱尽，所观境空也。烦恼不生，观心泯也[1]。内外双亡，玄

5.19.11

mjij^{1} ·jij^{1} dźju^{1} ljɨ^{1} ljuu^{2} tśjọ^{1} ·ju^{2} śja^{2} njiij^{1}

寂 即 著 矣。） 好 丑 前 现， 心

no^{2} ŋjow^{2} sju^{2} mər^{2} dwuu^{2} la^{1} kia^{1} kha^{1} tshjiij^{1}

安 海 如。 （宗 密 《记 新》 中 云：

寂著矣。）好丑现前，心安如海。（宗密《新记》云[2]：

5.19.12

dzjọ1 kię1 ŋwu2 gju2 wji1 kjɨɨr1 rjijr1 dźju2 bju1 ŋạ2 niow2 ·ju2

“犹 金 以 器 作， 匠 巧 拙 依， 好 丑 前

śja2 sju2 ·jɨ2 nioow1 thja1 kha1 tshjiij1 thja1 tsjij2 lew2 lew1

现 如 谓。” 又 其 中 云： “彼 贯 所 一

tja1 lew1 kię1 ŋwu2 kjɨ1 dźjwa1 tjị2 ŋwu2 nioow1 tśhjwo1 njiij1

者， 唯 金 是， 究 竟 处 是 因， 故 心

“如金作器，巧拙悬殊，即好丑现前也。”《记》次文云：“一以贯之，唯金，究竟，即心

5.20.1

no2 ŋjow2 sju2 ·jɨ2 thjɨ2 kha1 phju2 gjwi2 ŋwu2 njɨɨ1 ·jij1 zjɨ2 dzjar2 śjij1

安 海 如 谓。” 其 中 上 句 以 二 相 俱 尽 覆

phie2 bji2 gjwi2 ŋwu2 źji1 njɨɨ2 mji1 śjwo1 śjij1 phie2 lạ1 seew2 zji2 dzjar2

疏， 下 句 以 烦 恼 不 生 覆 疏。） 妄 想 都 尽，

安如海也。”上句覆疏二相俱尽，下句覆疏烦恼不生。）妄想都尽，

5.20.2

rjur1 tha njij2 mjij1 tśjɨɨr2 lho lə1 ka2 tśjị1 ɣjow1 tśjo phjɨ1

诸 逼 迫 无。 缠 出 障 离， 苦 源 永 舍

无诸逼迫。出缠离障，永舍苦源，

5.20.3

nioow1 tśhjwo1 mjiij2 djiij2 phã1 ·o2 ·jɨ2 źji1 sjwɨj1 zji2 sji1 ku1

因， 故 名 涅 盘 入 谓。 （惑 业 都 尽， 则

śioo1 dźjar2 lạ1 seew2 ·jij1 mjij1 sọ1 tśjị1 zji2 mjij1 ku1

集 谛 妄 想 即 无。 三 苦 皆 亡， 则

名入涅盘。（惑业都尽，无集谛之妄想也。三苦皆亡，

5.20.4

tha njij² tśjị¹ dźjar² mjij¹ we² rar² mjij¹ sjij² ·a śjwo¹ tśjɨɨr²

[illegible]

逼 迫 苦 谛 无 为。 漏 无 智 △ 发， 缠

wjɨ² lho lə¹ wjɨ² ka² ku¹ tśja¹ dźjar² ·a djọ² we² bie²

[illegible]

△ 出 障 △ 离， 则 道 谛 △ 修 为。 解

phu¹ ·jij¹ dzju² tśjị¹ ɣjow¹ tśjo sji¹ ku¹ dzjar² dźjar² kjɨ¹ ljạ¹

[illegible]

脱 自 在， 苦 源 永 离， 则 灭 谛 △ 证

无苦谛之逼迫也。无漏智发，出缠离障，则道谛已修也。解脱自在，永离苦源，则灭谛已

5.20.5

śjɨj¹ ·ọ² ·jɨ² tja¹ dźju¹ tsjij² ɣu¹ dźjwa¹ ·jij¹ mjiij² ŋwu² xiwã¹

[illegible]

成。 入 谓 者， 解 悟 了 达 之 名 是。 梵

ŋwuu¹ djiij² phã¹ ·jɨ² tu¹ ŋwuu¹ iọ¹ mjij¹ ·jɨ² lwər² lhejr²

[illegible]

语 “涅 盘” 谓， 番 语 “圆 寂” 谓。 《经 契》

kha¹ tshjiij¹ ljụ¹ dźiej² tja¹ mə² wee¹ ·jɨ² mji¹ mju² tja¹

[illegible]

中 云： “流 转 者 死 生 谓， 不 动 者

证也。入，了达解悟之名。梵语“涅盘”，番语“圆寂”[3]。《经》云：“流转是生死，不动

5.20.6

djiij² phã¹ ŋwu² thjɨ² djiij² phã¹ ·a dzwə¹ tja¹ źjɨr¹ wjạ² ljuu² ·jij¹ na¹ wo² ŋwu²

[illegible]

涅 盘 是。” 此 涅 盘 一 章 者， 诚 《华 严》 之 渊 蕴 是。）

名涅盘。”然涅盘一章，诚《华严》之渊蕴[4]。）

译文：

入涅盘第十

见师子与金，二相俱尽，烦恼不生。（二相俱尽，所观境空也。烦恼不生，观心泯也[1]。内外双亡，玄寂著矣。）好丑现前，心安如海。（宗密《新记》云[2]：“如金作器，巧拙悬殊，即好丑现前也。”《记》次文云：“一以贯之，唯金，究竟，即心安如海也。”上句覆疏二相俱尽，下句覆疏烦恼

不生。）妄想都尽，无诸逼迫。出缠离障，永舍苦源，名入涅盘。（惑业都尽，无集谛之妄想也。三苦皆亡，无苦谛之逼迫也。无漏智发，出缠离障，则道谛已修也。解脱自在，永离苦源，则灭谛已证也。入，了达解悟之名。梵语“涅盘”，番语“圆寂”[3]。《经》云：“流转是生死，不动名涅盘。”然涅盘一章，诚《华严》之渊蕴[4]。）

注释：

[1]观心泯也，汉本作“能缘心泯也”。

[2]汉本无“宗密”二字。

[3]梵语“涅盘”，番语“圆寂”，汉本作“‘涅盘’，义翻‘圆寂’”。

[4]以下西夏文本卷尾残佚第20页左面，依汉本，内容为：“故晋译《宝王性起》，而《搜玄》《探玄》钩深以索隐；唐翻《如来出现》，则旧疏新记联芳而续焰。且高丽国中，斯文尚备，而传授不绝。况此诸部尽出中华，愿诸后昆求师钻仰，同报云华、贤首、清凉、圭峰之劬重德耳。《金师子章云间类解》。”

汉夏词语对照索引

为了标注方便，本书索引部分把《禅源诸诠集都序》《中华传心地禅门师资承袭图》《注华严法界观门通玄记》《修华严奥旨妄尽还原观》《金狮子章云间类解》等文本分别用“1”“2”“3”“4”“5”代替，索引所收词语按照汉语拼音音序排列，所对应的西夏文的出处按照“书名—页次—行次”的顺序，如“1.55.3”表明该词汇所在位置是《禅源诸诠集都序》中的第55页第3行。

禅门要旨	[illegible]	1.31.12
禅那	[illegible]	1.7.8、1.8.1、1.8.7
禅心	[illegible]	1.20.6
禅源诸诠集都序叙	[illegible]	1.1.1
禅宗	[illegible]	1.3.7、1.23.11、1.30.9、1.31.9、1.32.3、1.60.3、1.97.4、2.23.11
常住	[illegible]	1.95.9、4.2.11
长安	[illegible]	5.3.2、5.3.3
尘尘	[illegible]	1.83.9
尘相	[illegible]	3.17.9、4.7.8~4.7.9、4.7.10、4.7.12、4.8.2、4.22.6
陈楚章	[illegible]	2.12
称理成德	[illegible]	4.3.12
成办	[illegible]	5.14.5
成万德佛果	[illegible]	1.96.12
成正觉	[illegible]	1.31.10、4.12.4
成正觉	[illegible]	1.91.1、1.97.7
澄清	[illegible]	4.3.1
持戒	[illegible]	4.13.6、4.13.9、4.14.2
敕量	[illegible]	1.29.5、1.29.10
崇敬	[illegible]	2.27.2
出缠离障	[illegible]	5.20.2
出家	[illegible]	4.13.6、4.13.8
出离	[illegible]	4.21.5
出离生死	[illegible]	1.44.11
出生	[illegible]	4.5.7、4.8.7
初心	[illegible]	1.81.8、1.82.12、1.84.12、2.30.12、2.31.7
处州	[illegible]	2.10.4
触目皆道	[illegible]	5.17.1
传心	[illegible]	1.32.9、1.73.1、1.73.3
传衣	[illegible]	2.8.5
传衣付法	[illegible]	2.10.3
慈济	[illegible]	2.38.11
慈善	[illegible]	2.39.6
刺史	[illegible]	1.1.2
粗细次第	[illegible]	1.42.5

D

实性	[illegible]	2.30.9
世出世	[illegible]	2.24.10、5.3.10
世尊	[illegible]	1.3.1、1.5.6、1.5.9、1.6.7、1.67.7、1.89.4、1.90.1、5.3.5
是非	[illegible]	1.2.13~1.3.1、1.4.4、1.20.6、2.24.5、2.24.10
是非纷拏	[illegible]	1.2.13~1.3.1
逝多林	[illegible]	1.92.4~1.92.5
释迦	[illegible]	1.21.7、2.21.9
释迦提桓因陀罗	[illegible]	3.30.13
释迦文	[illegible]	1.94.2、5.15.4
释子	[illegible]	2.2.3~2.2.4
手足	[illegible]	2.16.9、5.3.3~5.3.4
受苦受乐	[illegible]	2.16.6
受想行识	[illegible]	1.53.8
树林	[illegible]	4.6.1
霜露	[illegible]	1.84.10、1.87.7
水火	[illegible]	1.4.9、1.4.10、1.32.2
死生涅槃	[illegible]	1.61.1~1.61.2
死又复生	[illegible]	1.52.12
四辨十力	[illegible]	1.77.11
四禅八定	[illegible]	1.11.12、1.31.2
四大	[illegible]	2.35.4~2.35.5、2.37.5
四大骨肉	[illegible]	2.16.8~2.16.9
四德四行	[illegible]	4.10.5
四谛	[illegible]	1.53.5、1.94.6、5.8.8
四类	[illegible]	1.11.2~1.11.3、1.53.8、1.53.9、5.8.8
四色四空	[illegible]	1.11.3
四摄	[illegible]	1.56.12、1.92.2
四生	[illegible]	1.77.9
四生六道	[illegible]	1.77.9
四生梦寐	[illegible]	1.76.10
四圣六凡	[illegible]	3.6.13~3.6.14
四无量六彼岸	[illegible]	1.77.10~1.77.11
四月	[illegible]	5.2.6
四肢	[illegible]	1.84.10、1.87.8
俗谛	[illegible]	2.8.8

Y

附录

图版

1. 禅源诸诠集都序

1.1(инв. № 735)

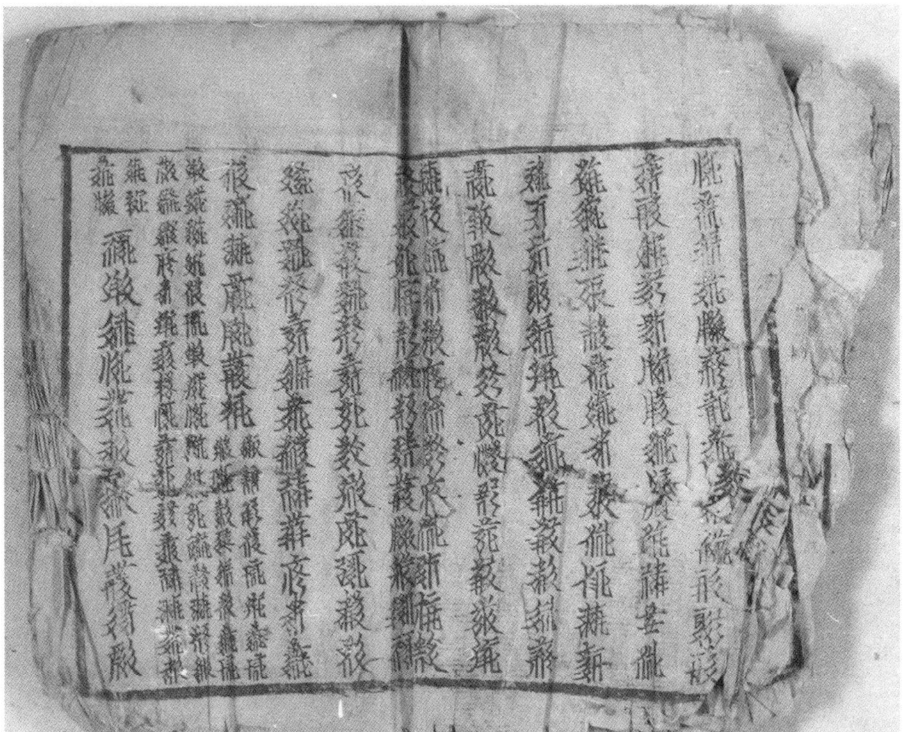

1.2(инв. № 735)

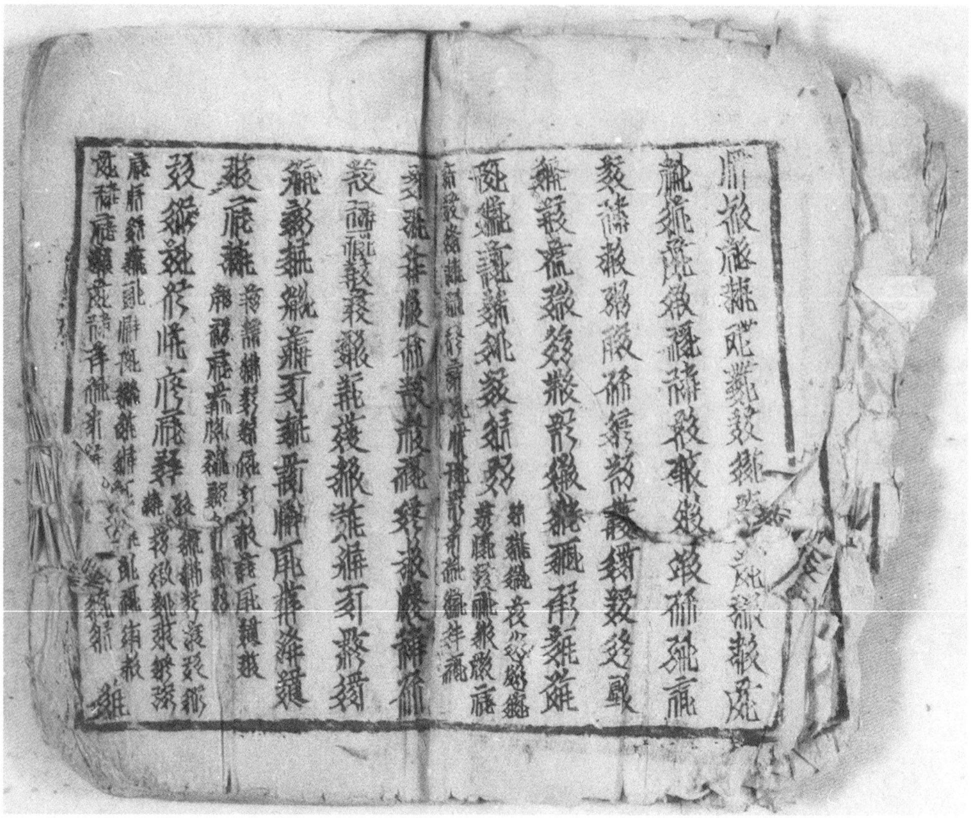

1.3(инв. № 735)

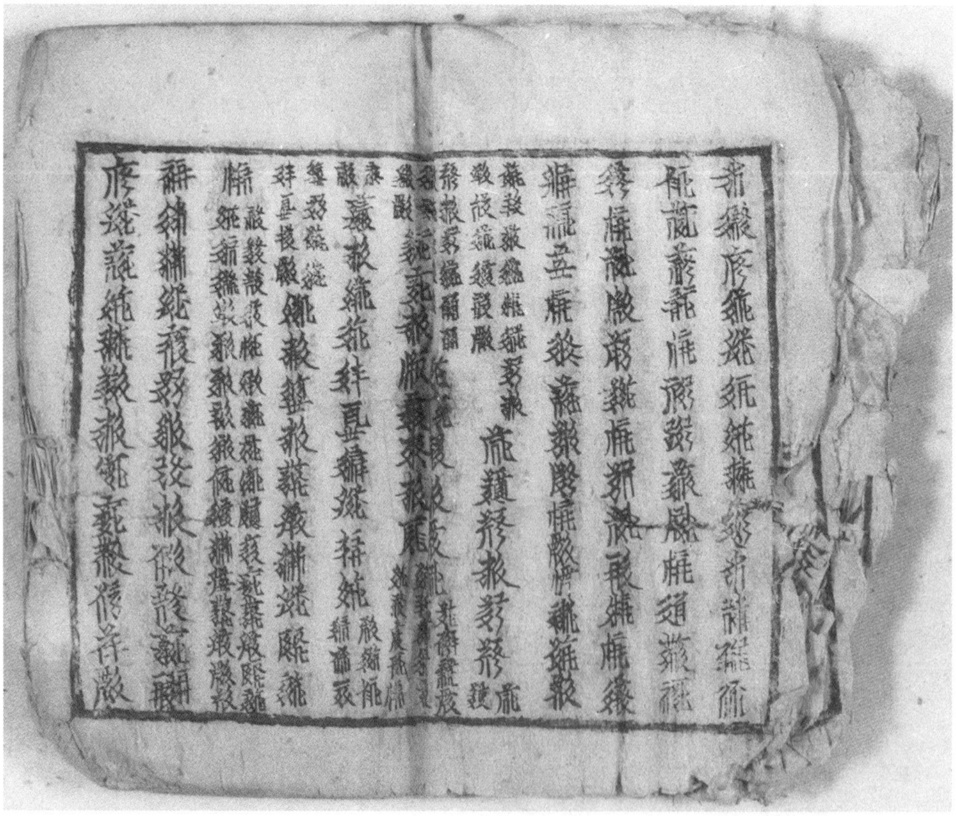

1.4(инв. № 735)

1.5（инв. № 735）

1.6（инв. № 735）

1.7(инв. № 735)

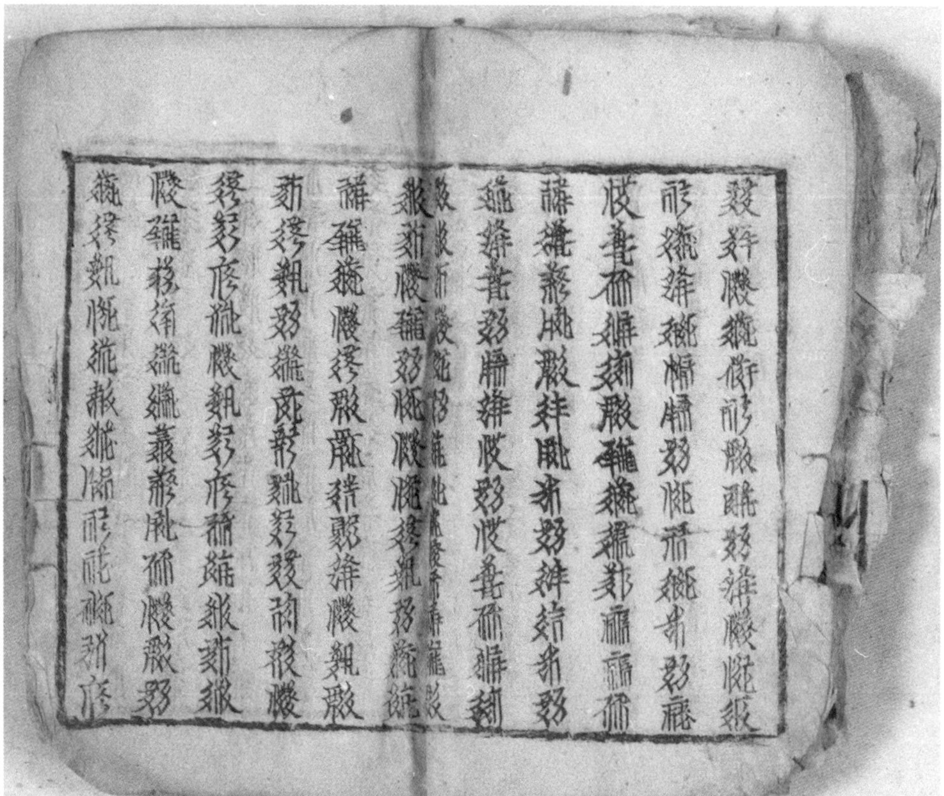

1.8(инв. № 735)

1.9（инв. № 735）

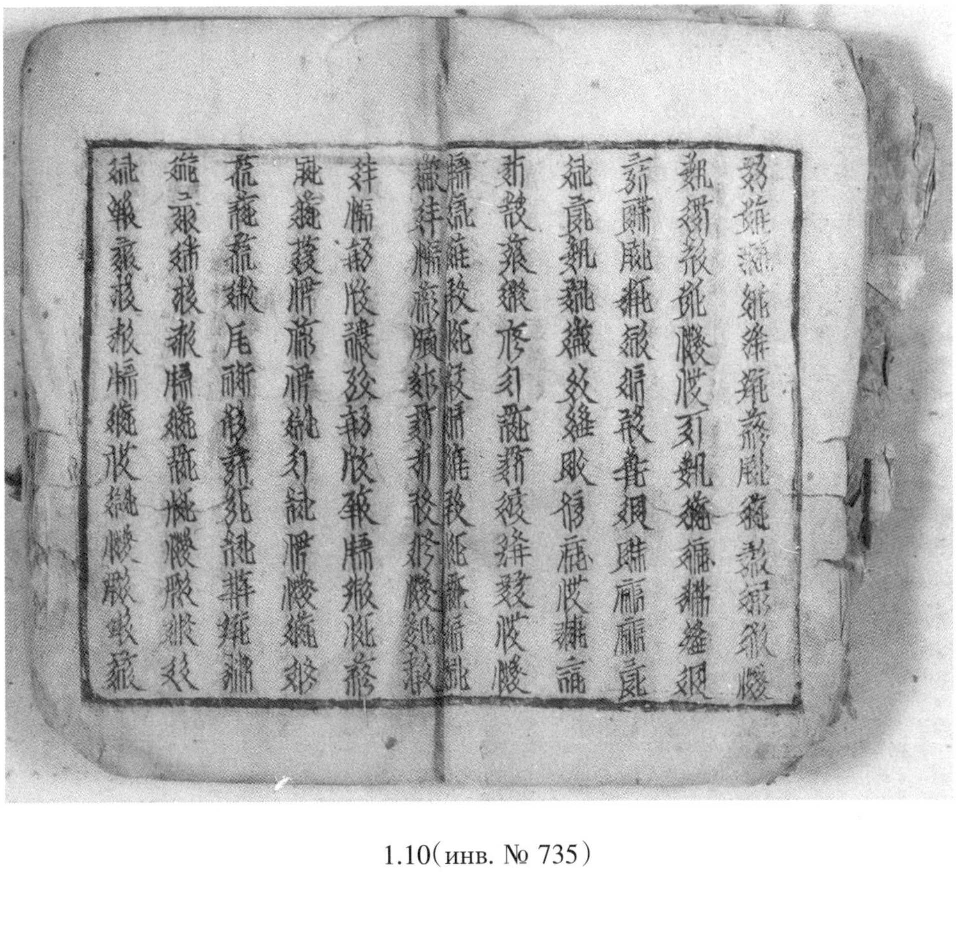

1.10（инв. № 735）

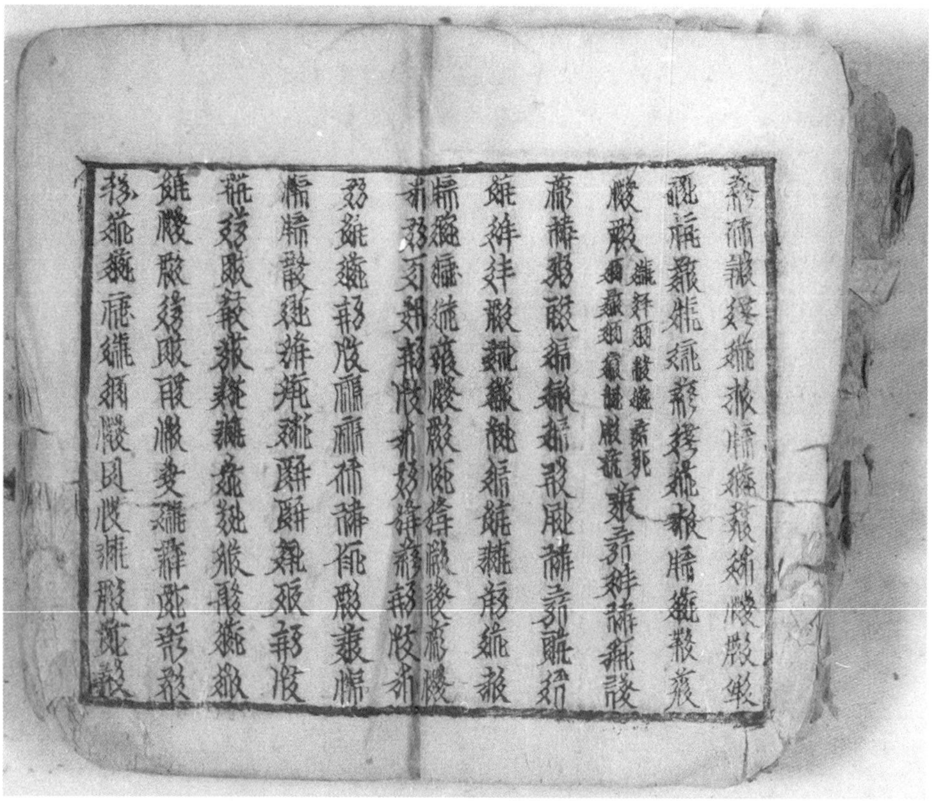

1.11（инв. № 735）

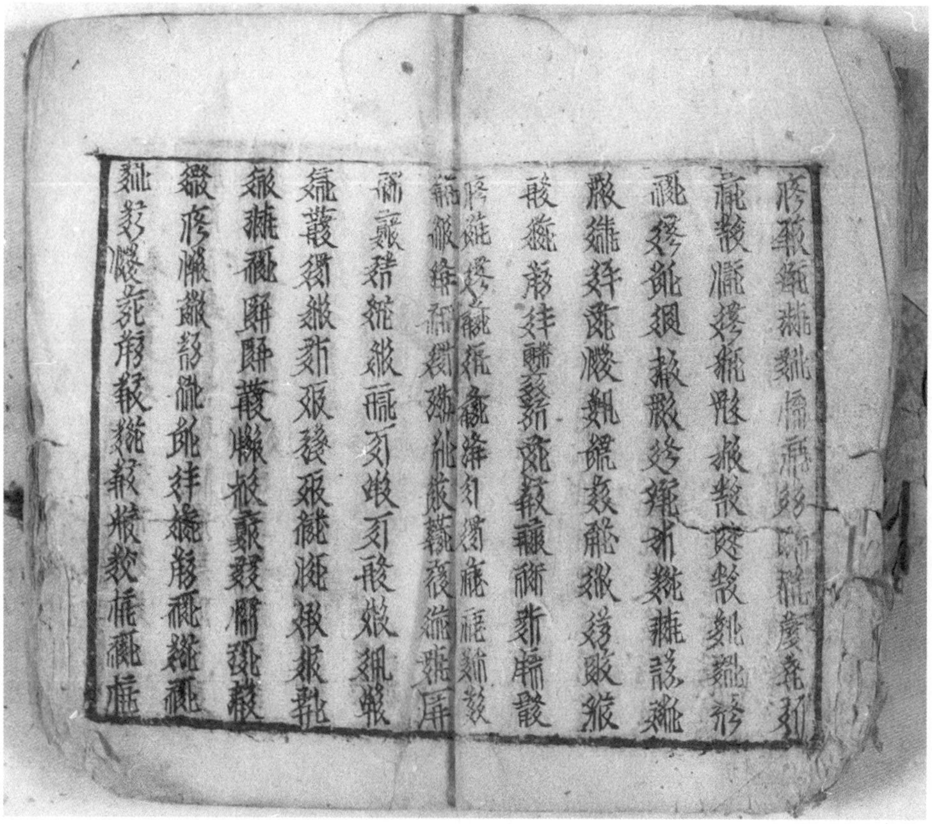

1.12（инв. № 735）

1.13（инв. № 735）

1.14（инв. № 735）

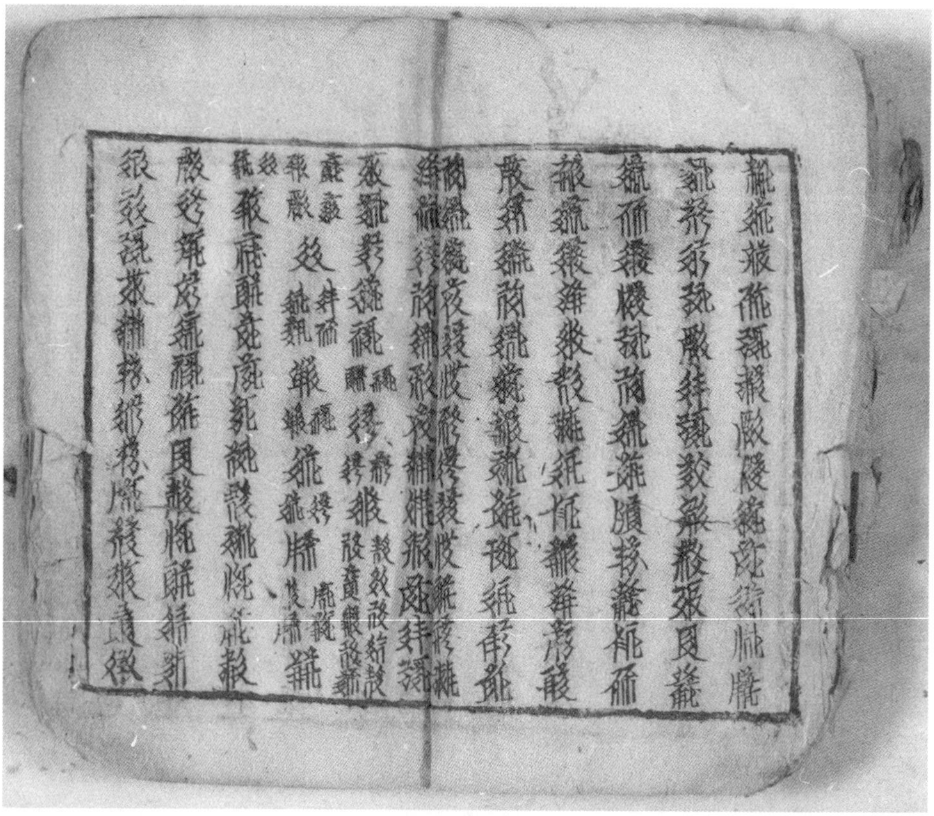

1.15(инв. № 735)

1.16(инв. № 735)

1.17(инв. № 735)

1.18(инв. № 735)

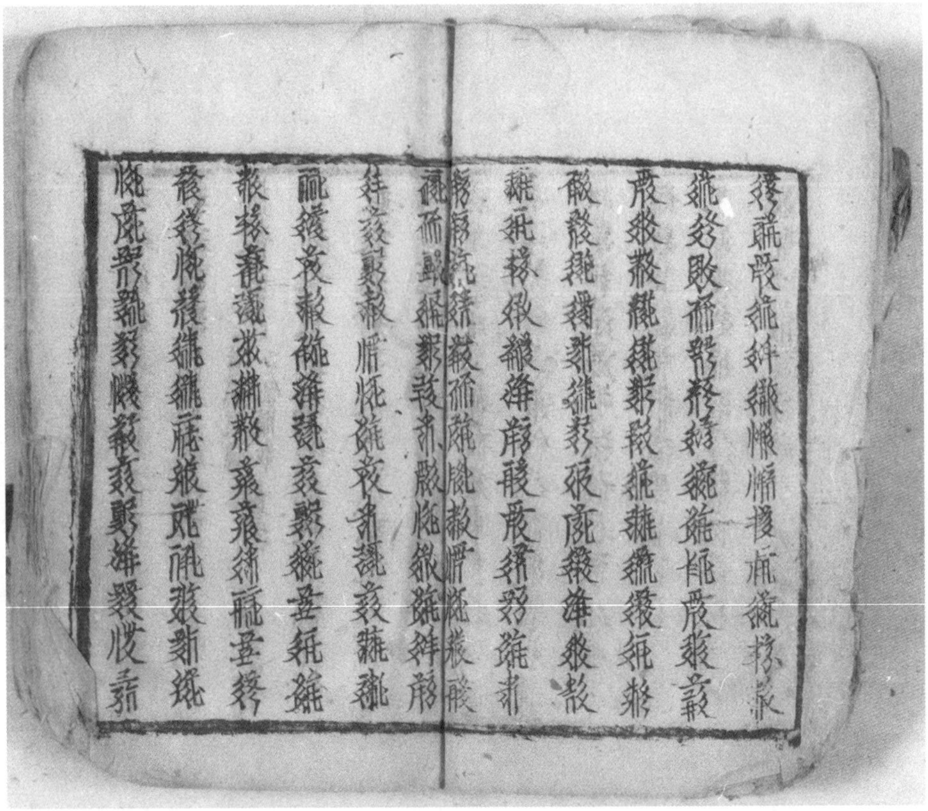

1.19（инв. № 735）

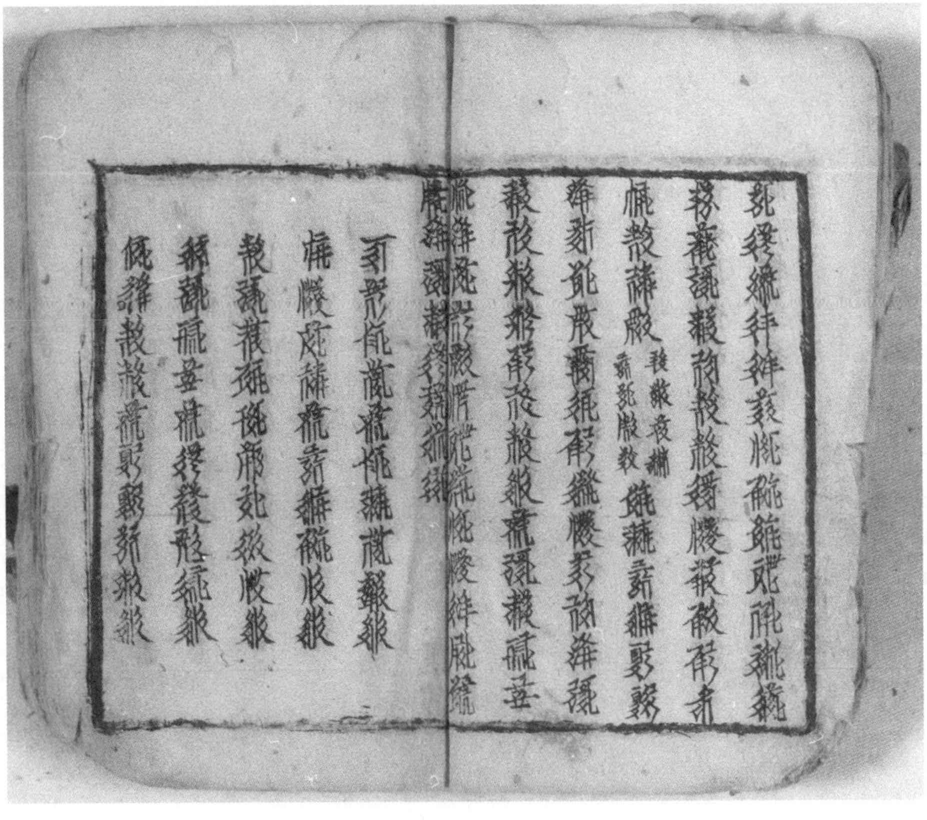

1.20（инв. № 735）

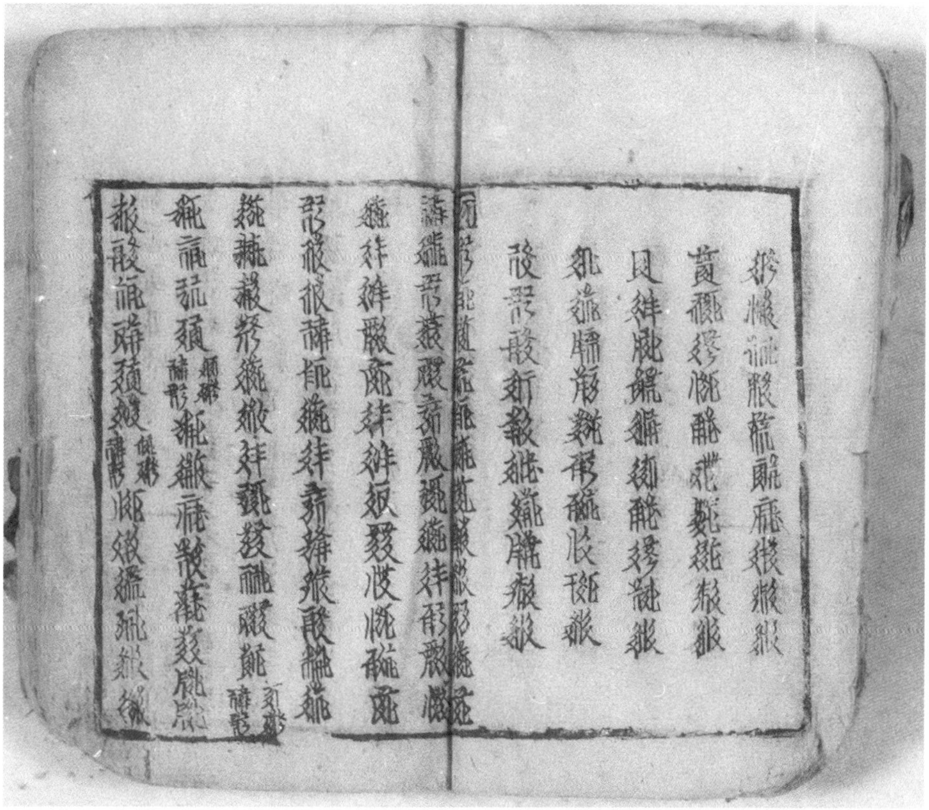

1.21（инв. № 735）

1.22（инв. № 735）

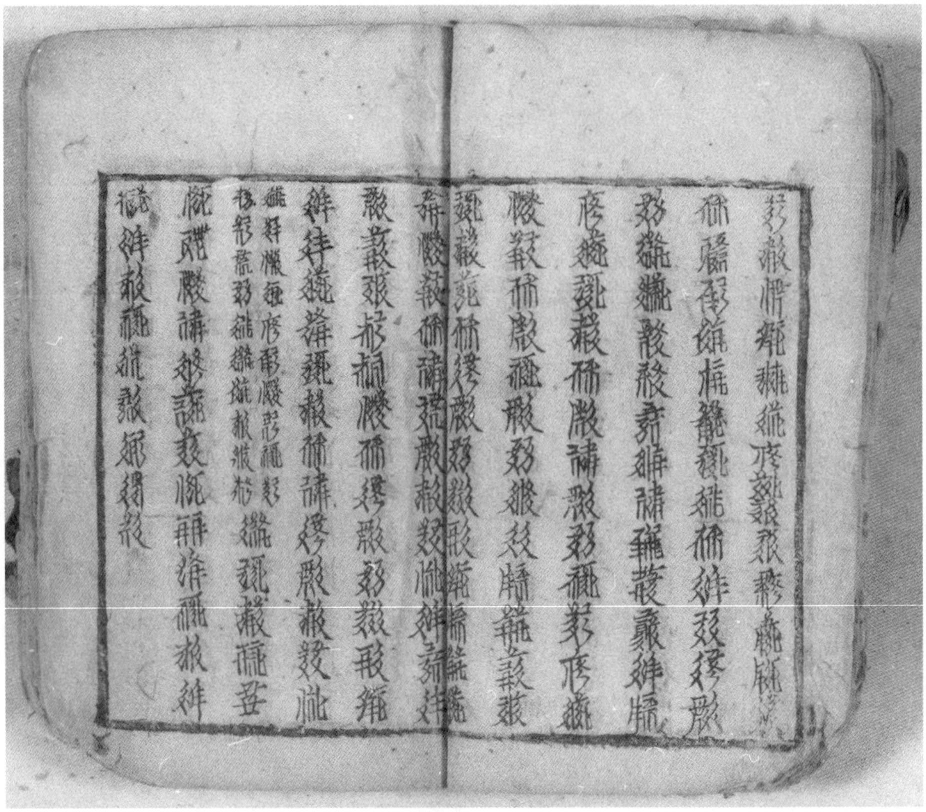

1.23（инв. № 735）

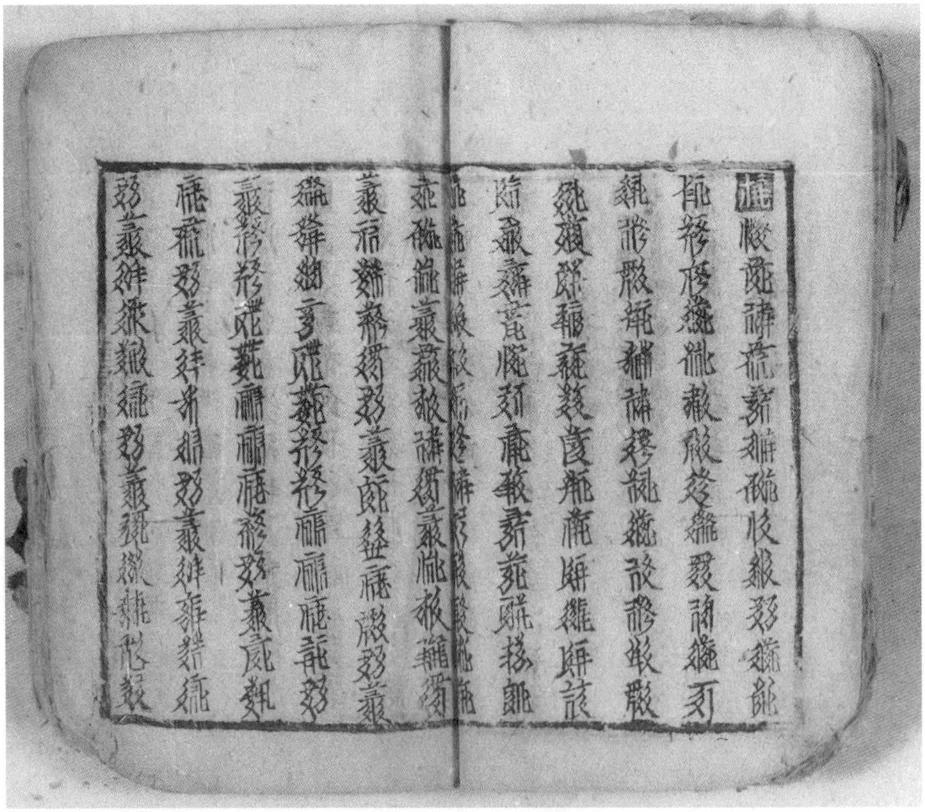

1.24（инв. № 735）

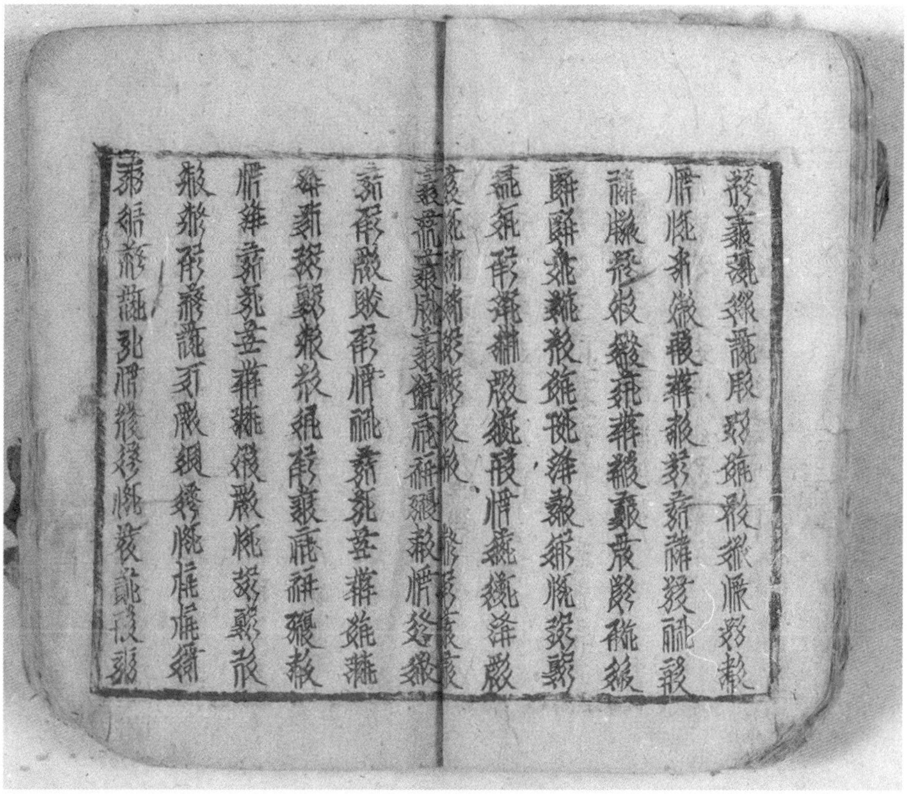

1.25(инв. № 735)

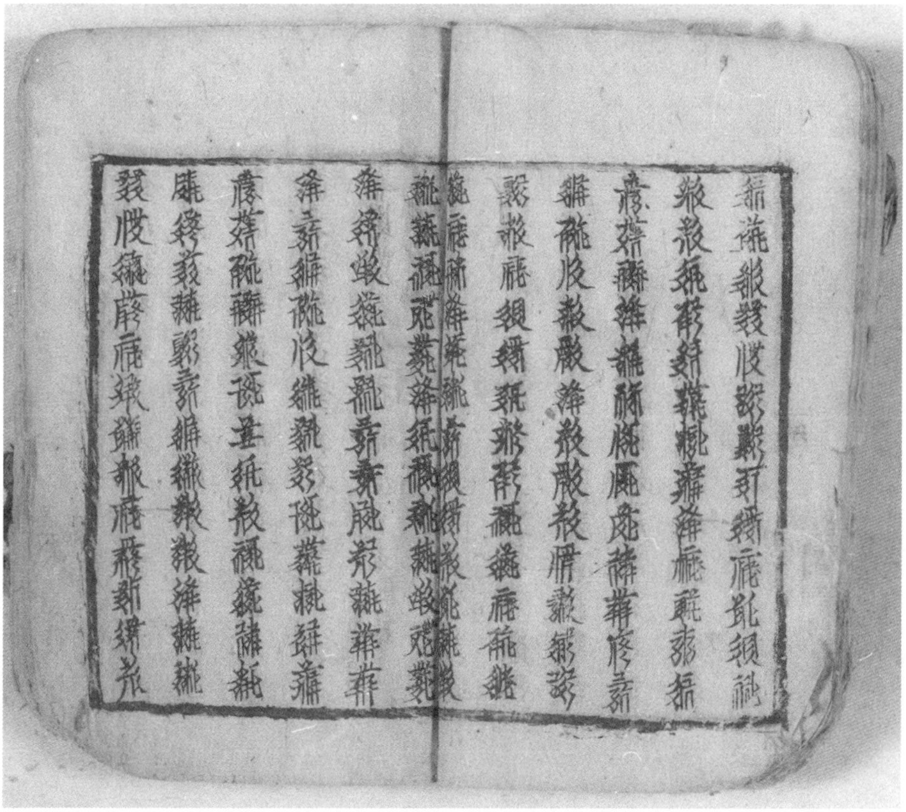

1.26(инв. № 735)

1.27(инв. № 735)

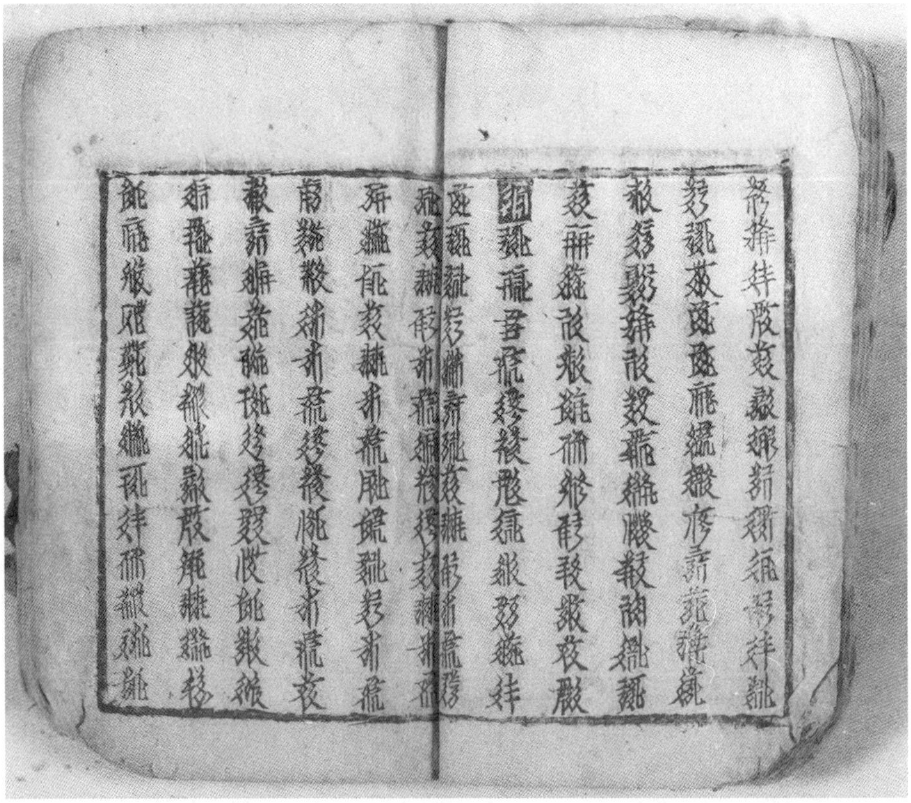

1.28(инв. № 735)

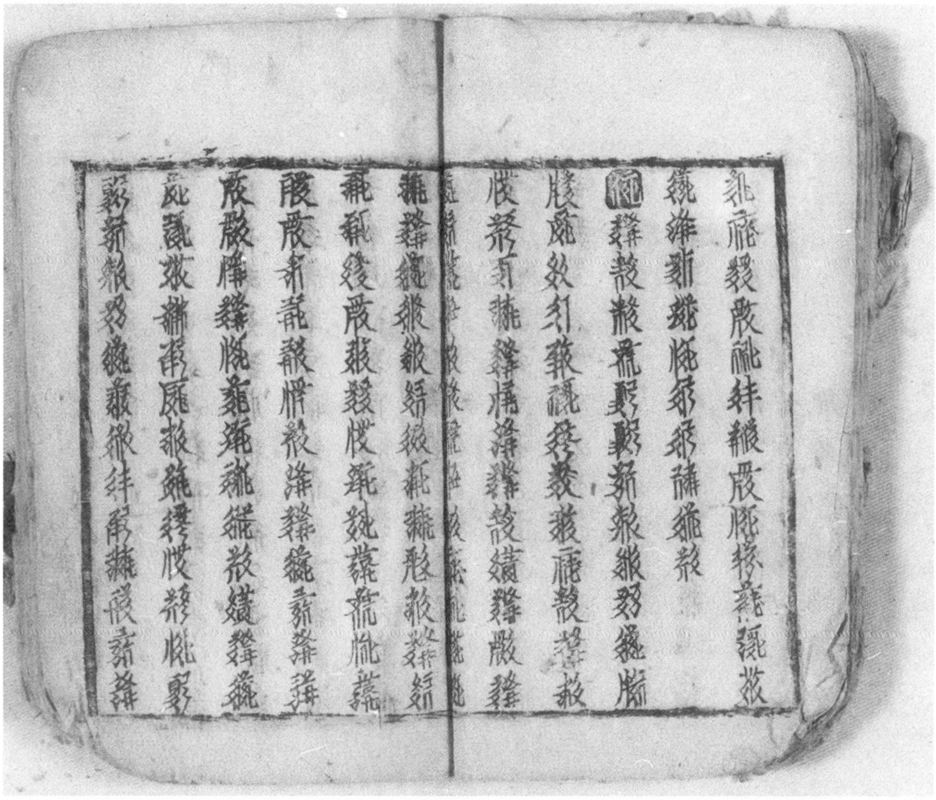

1.29（инв. № 735）

1.30（инв. № 735）

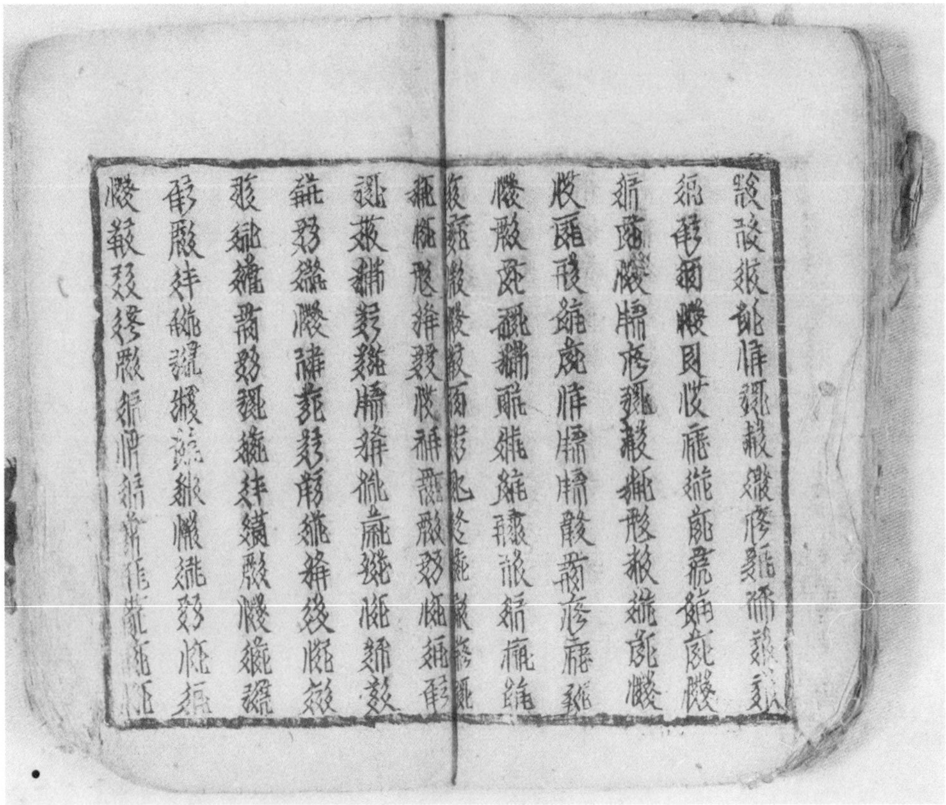

1.31(инв. № 735)

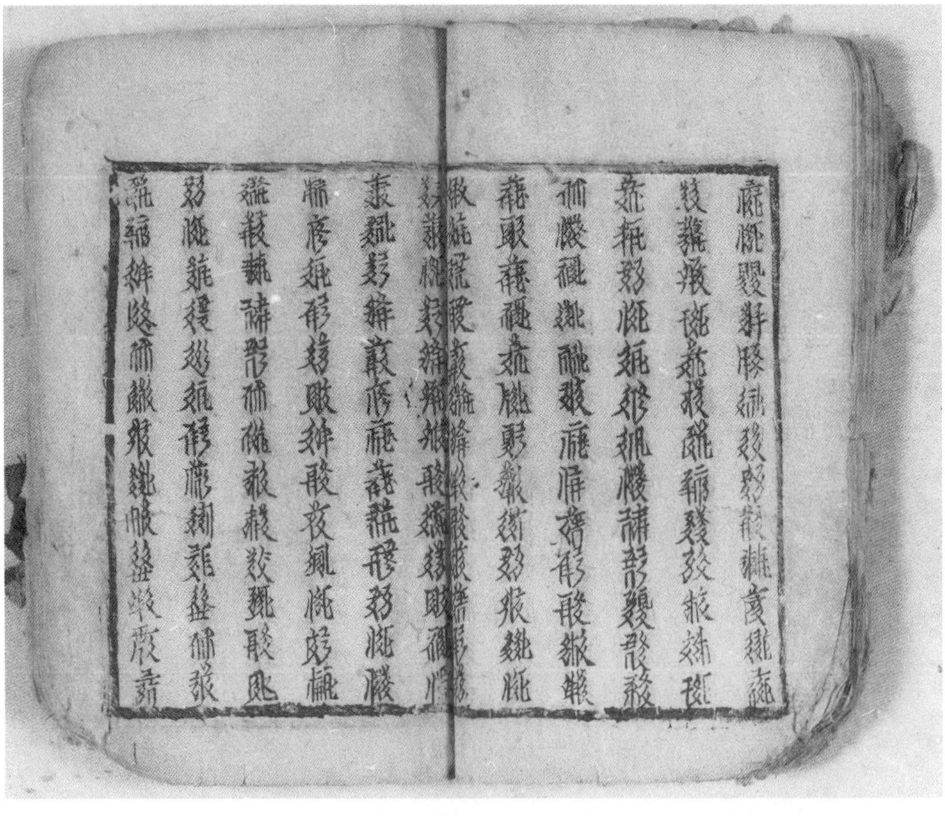

1.32(инв. № 735)

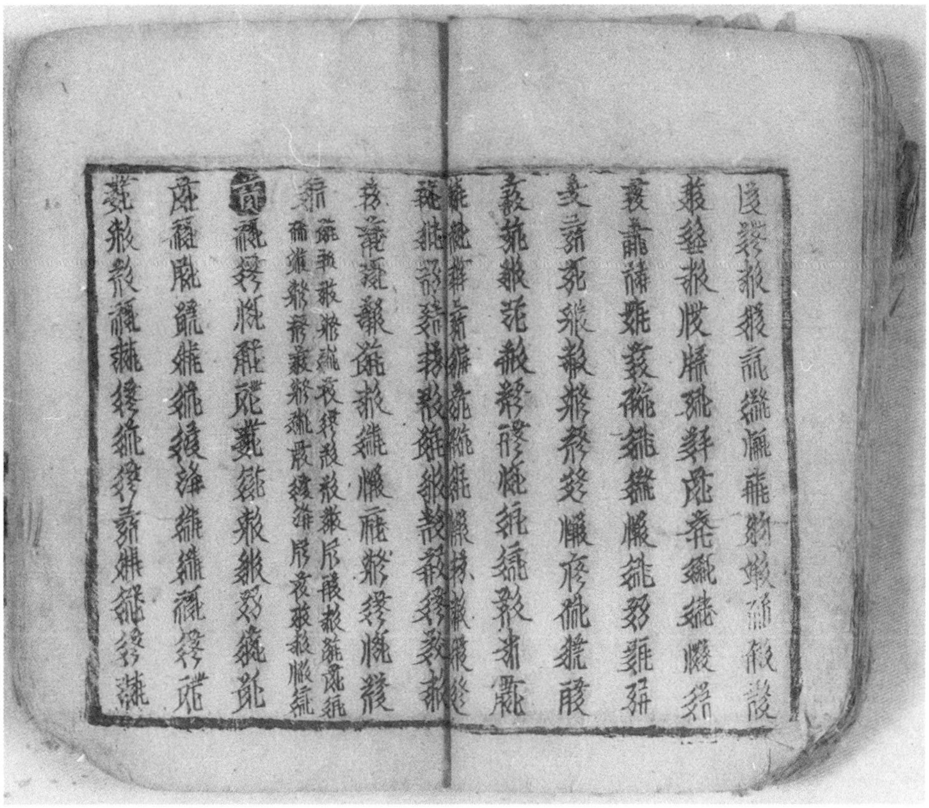

1.33(инв. № 735)

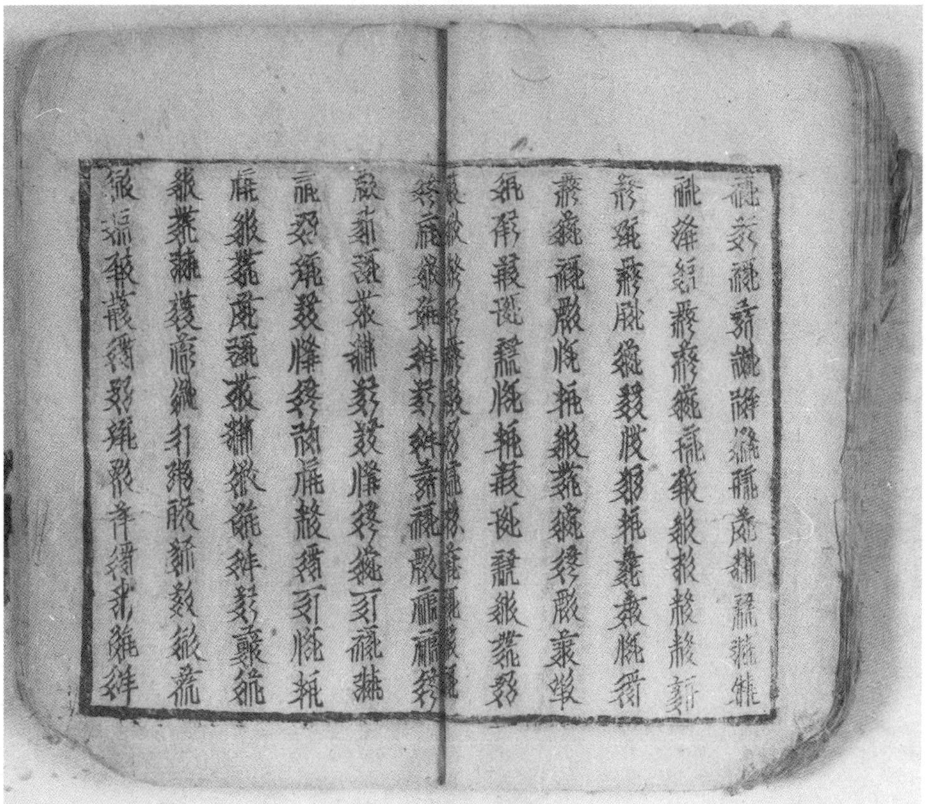

1.34(инв. № 735)

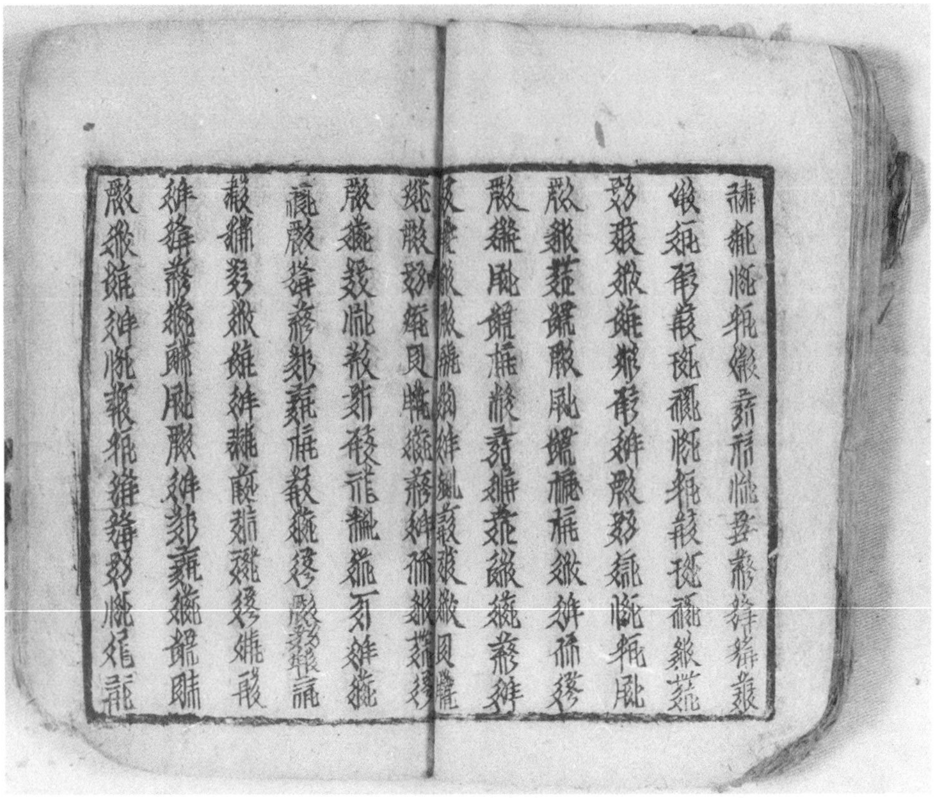

1.35（инв. № 735）

1.36（инв. № 735）

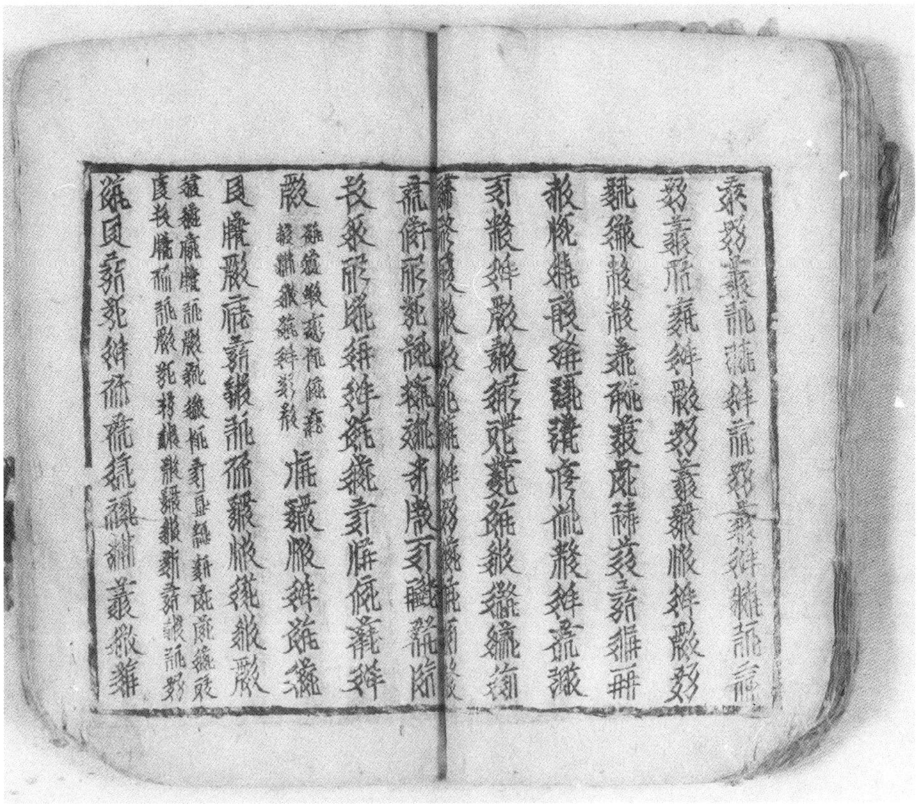

1.37（инв. № 735）

1.38（инв. № 735）

1.39（инв. № 735）

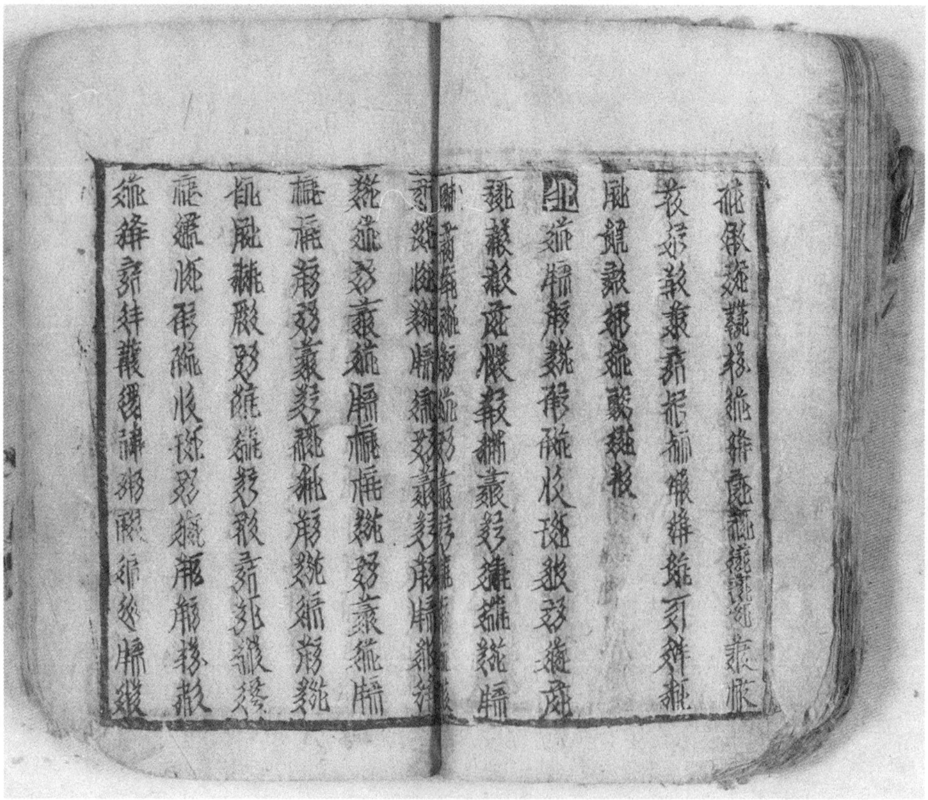

1.40（инв. № 735）

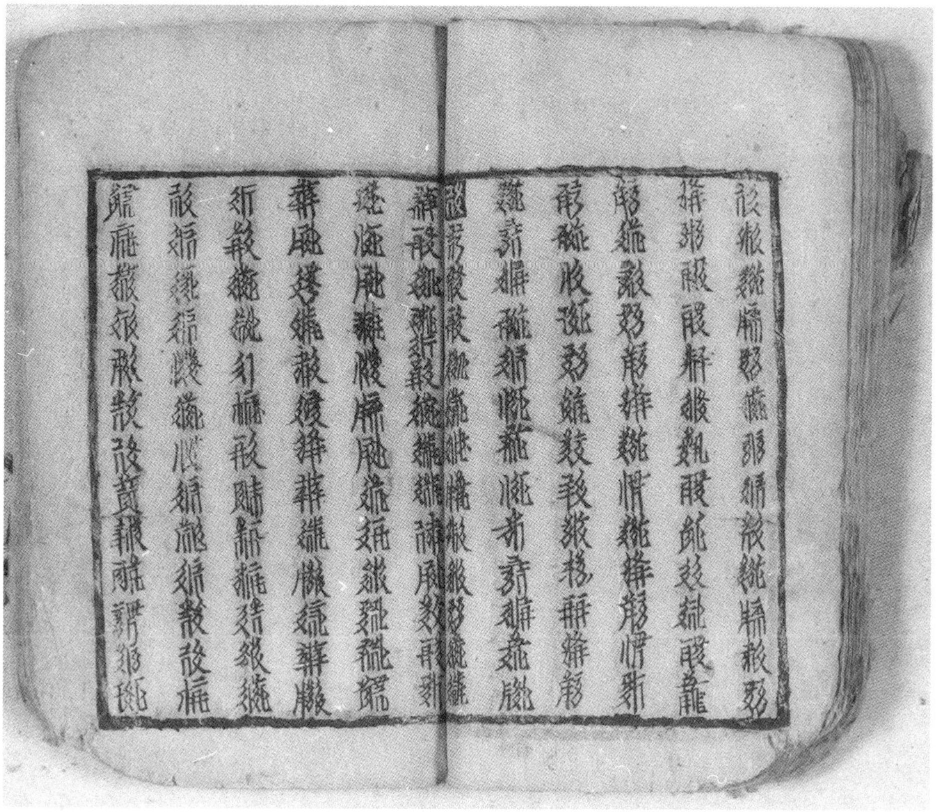

1.41（инв. № 735）

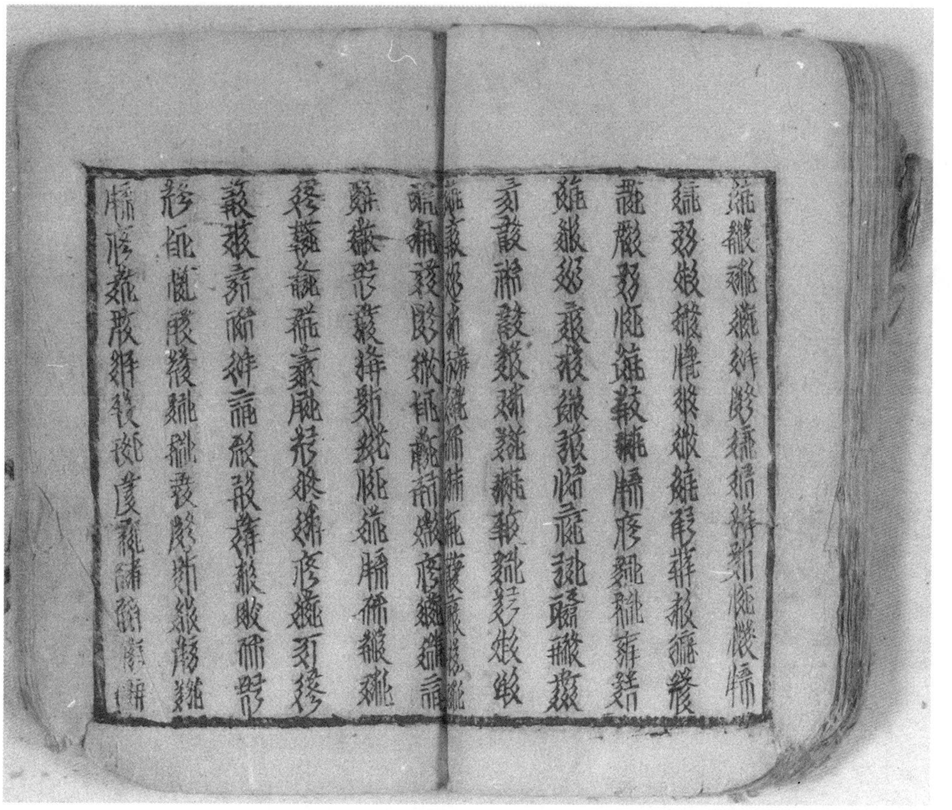

1.42（инв. № 735）

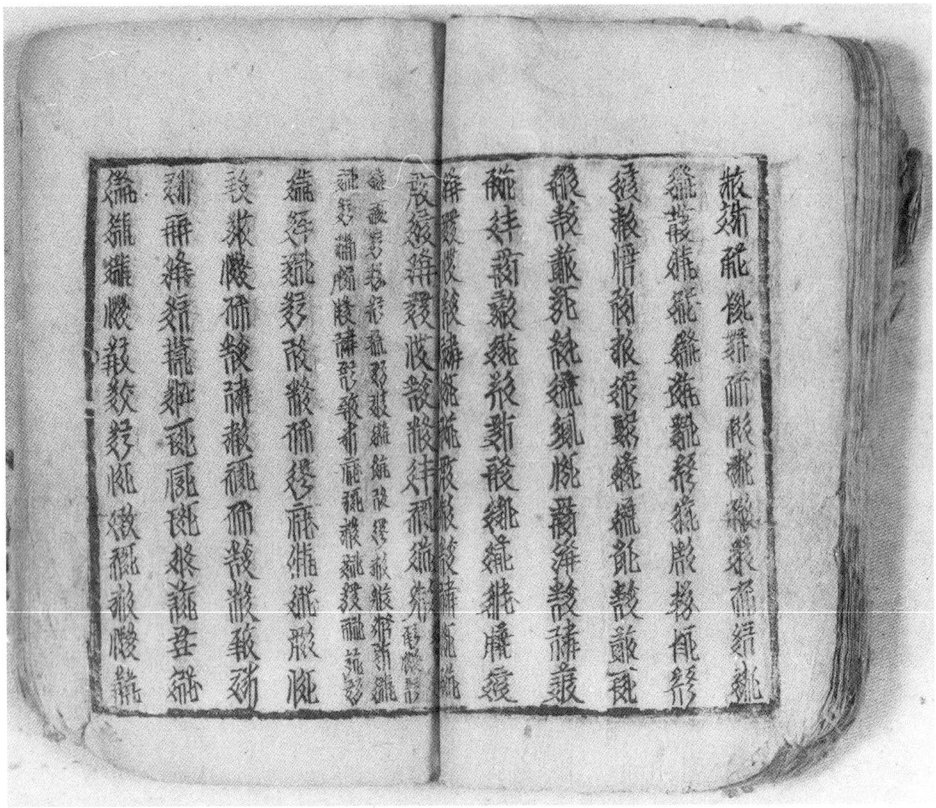

1.43（инв. № 735）

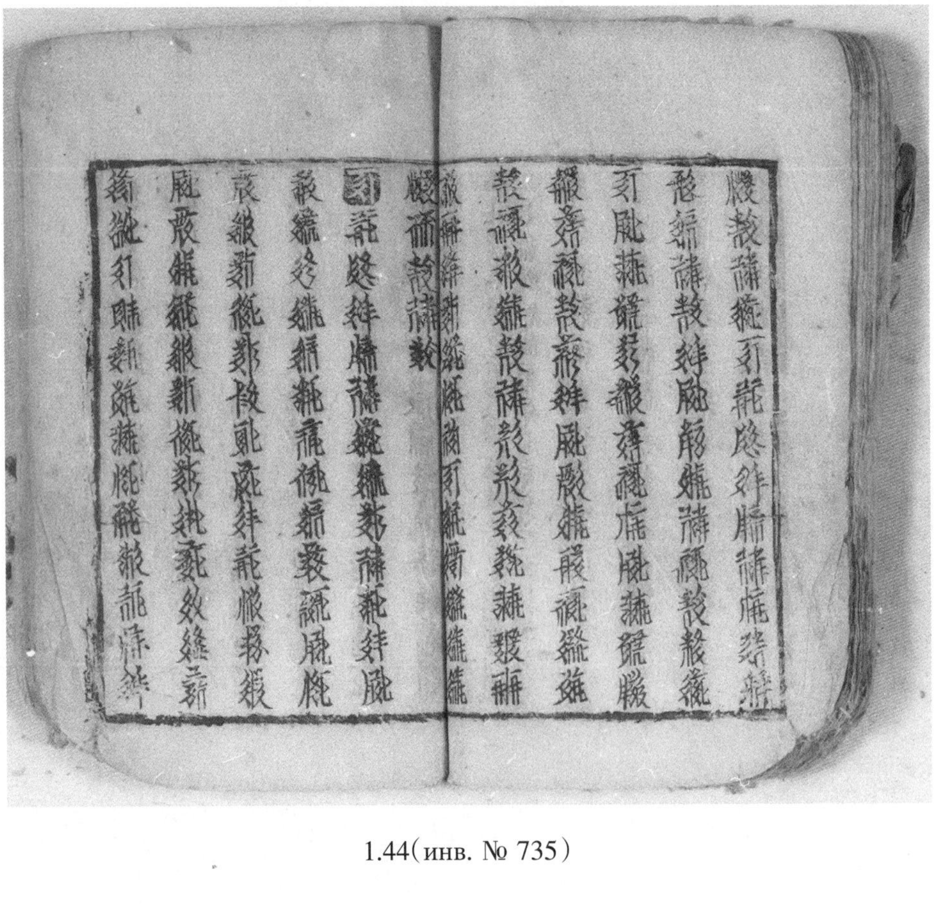

1.44（инв. № 735）

1.45（инв. № 735）

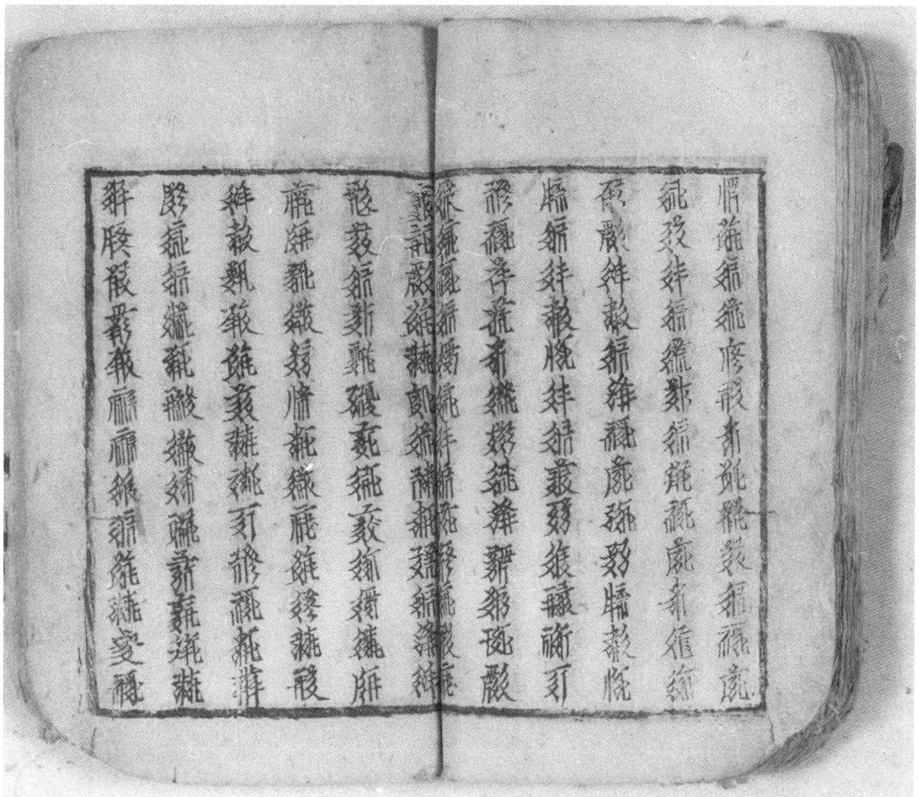

1.46（инв. № 735）

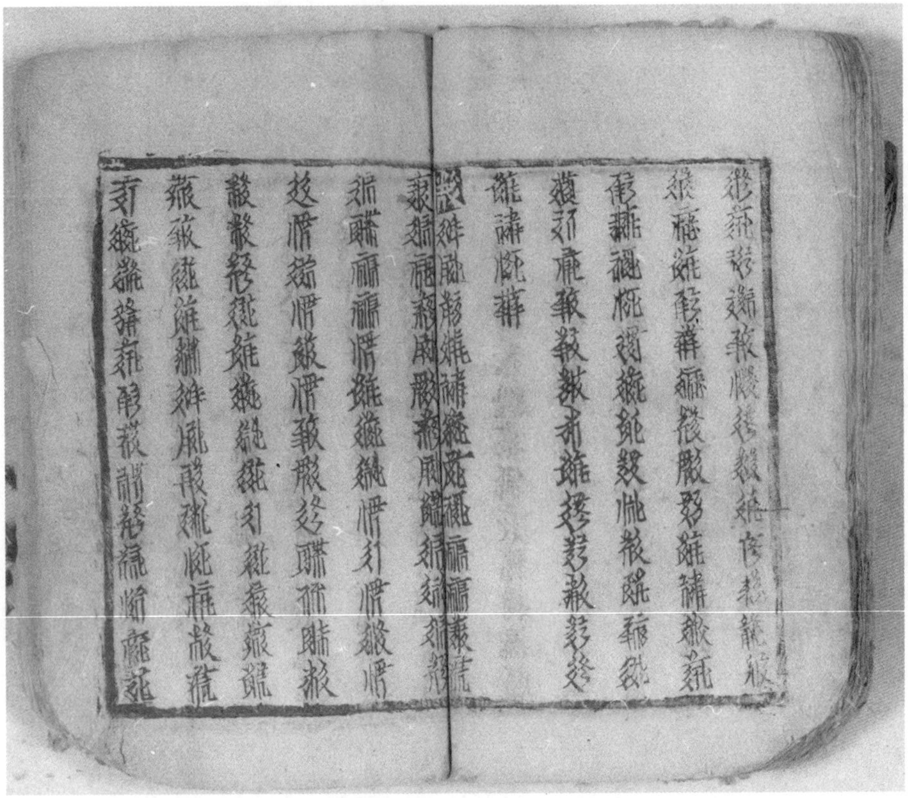

1.47(инв. № 735)

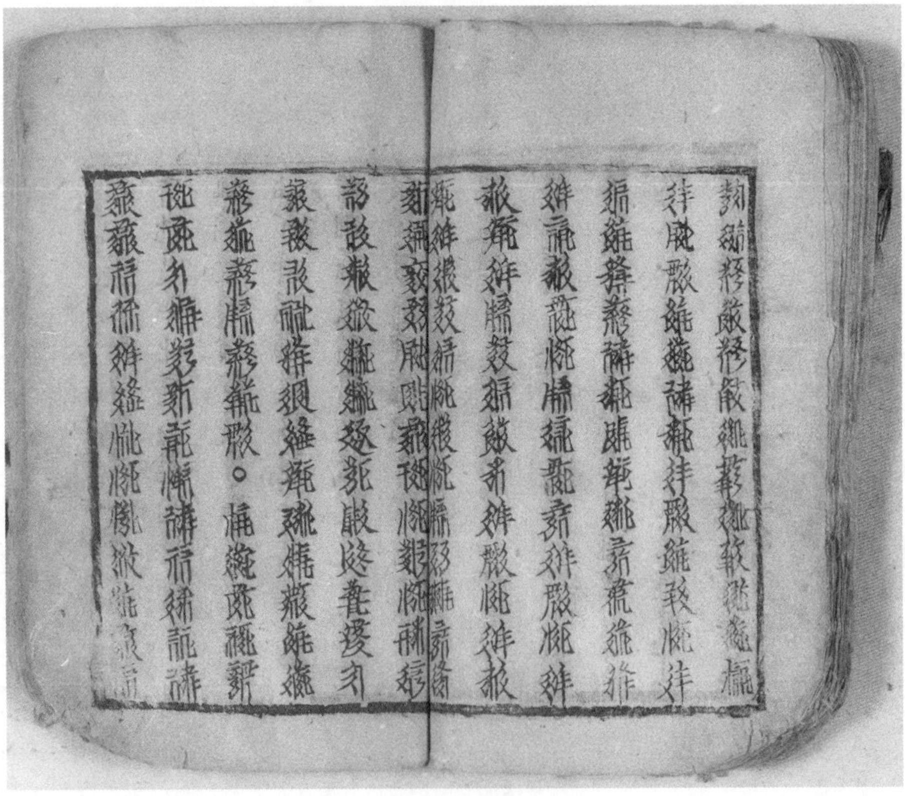

1.48(инв. № 735)

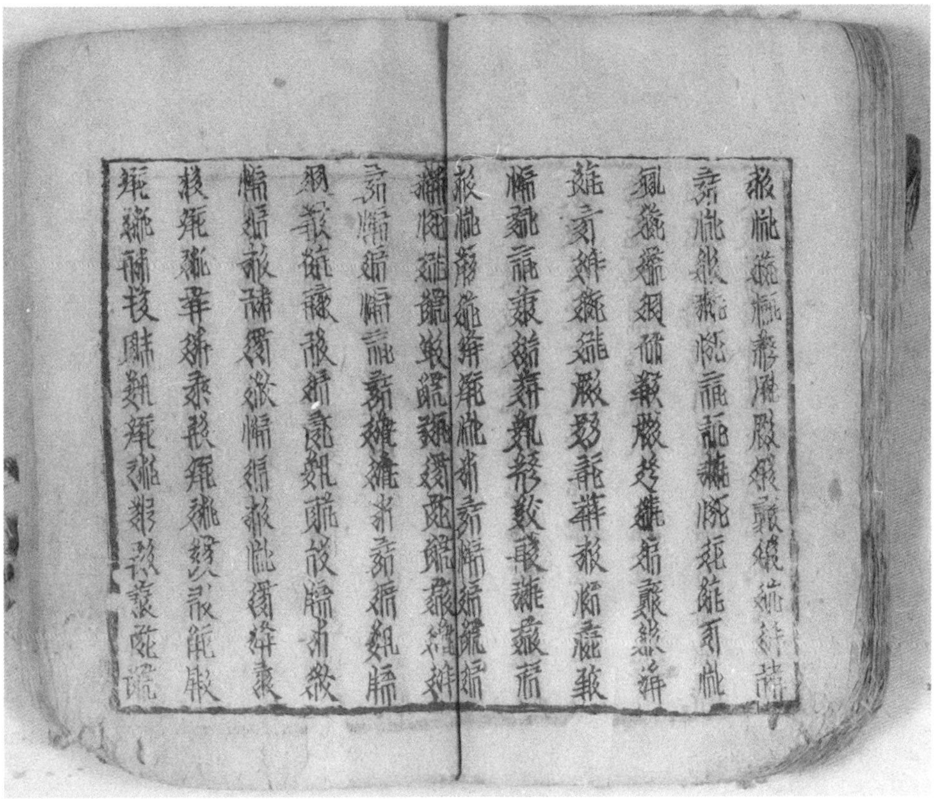

1.49(инв. № 735)

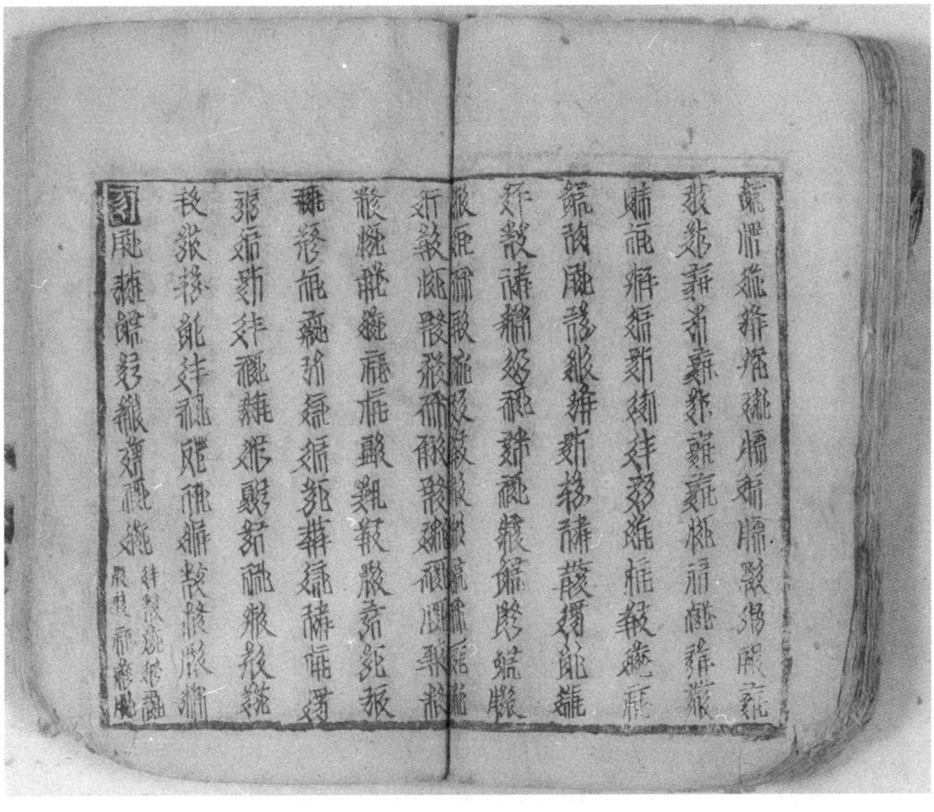

1.50(инв. № 735)

1.51（инв. № 735）

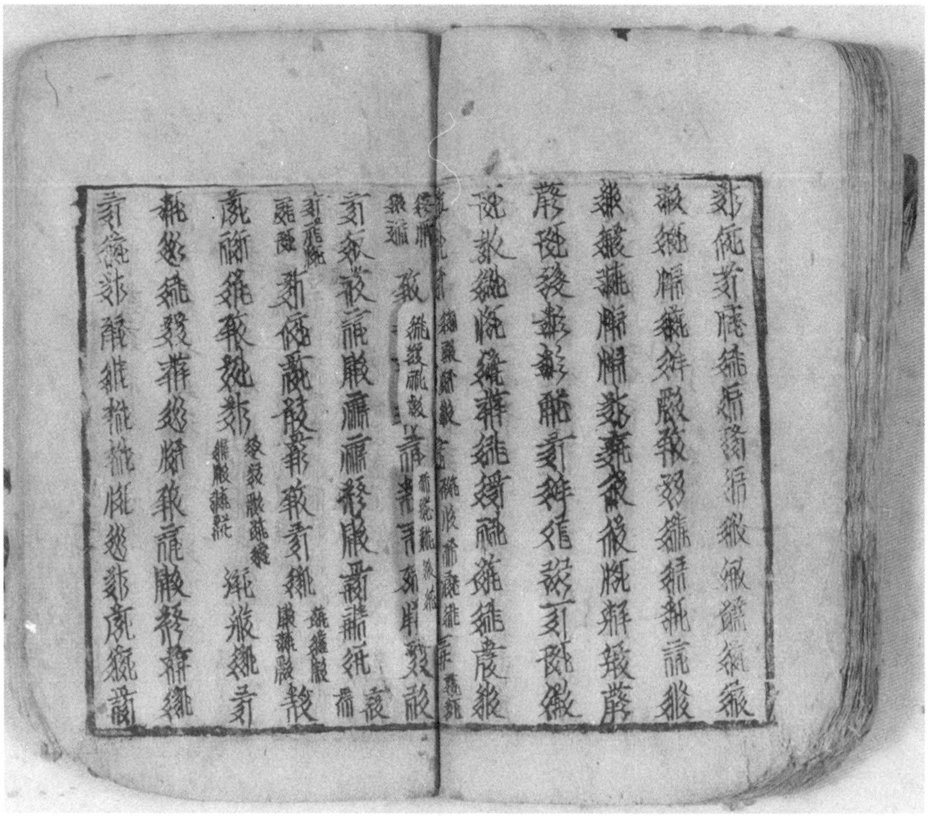

1.52（инв. № 735）

1.53(инв. № 735)

1.54(инв. № 735)

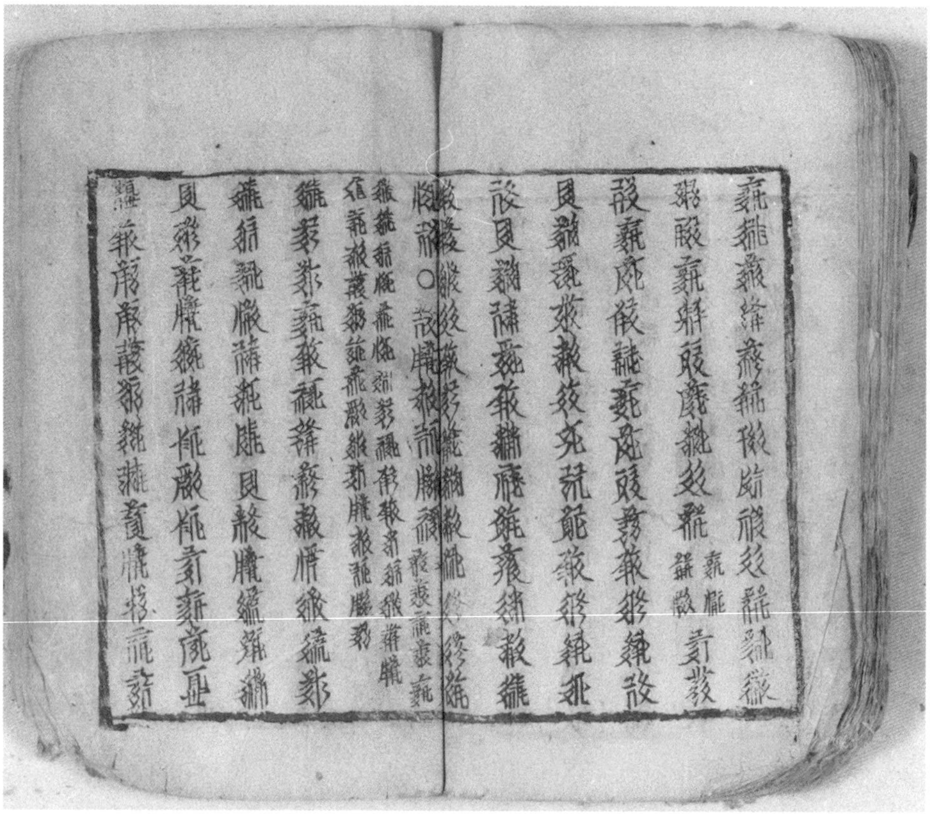

1.55（инв. № 735）

1.56（инв. № 735）

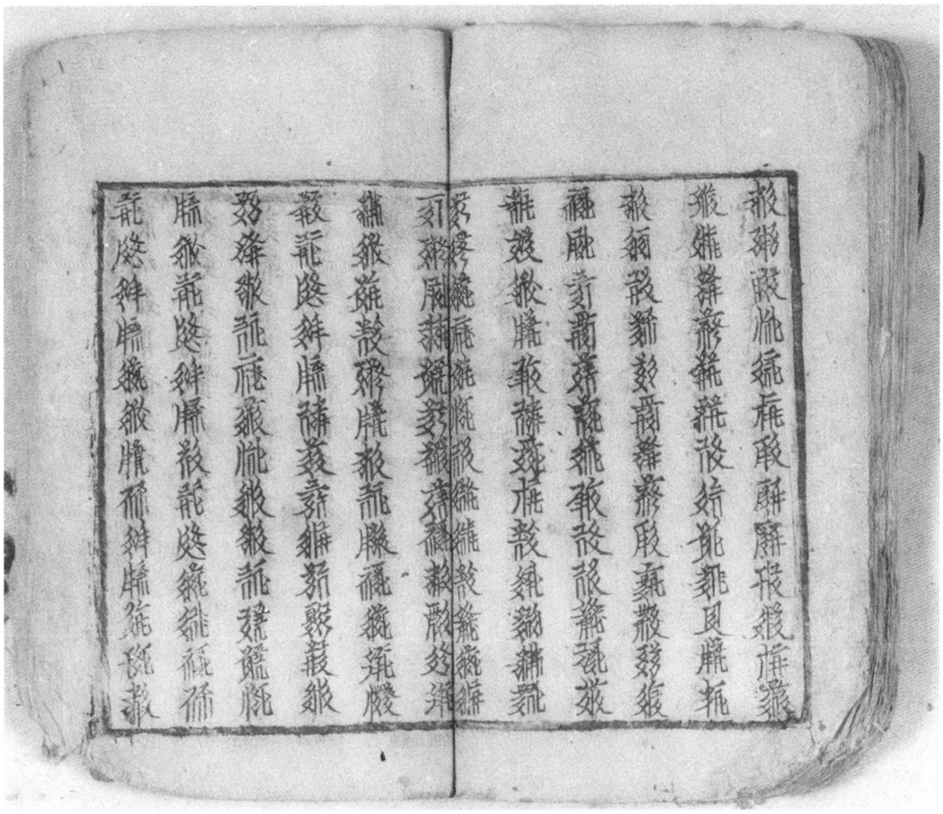

1.57(инв. № 735)

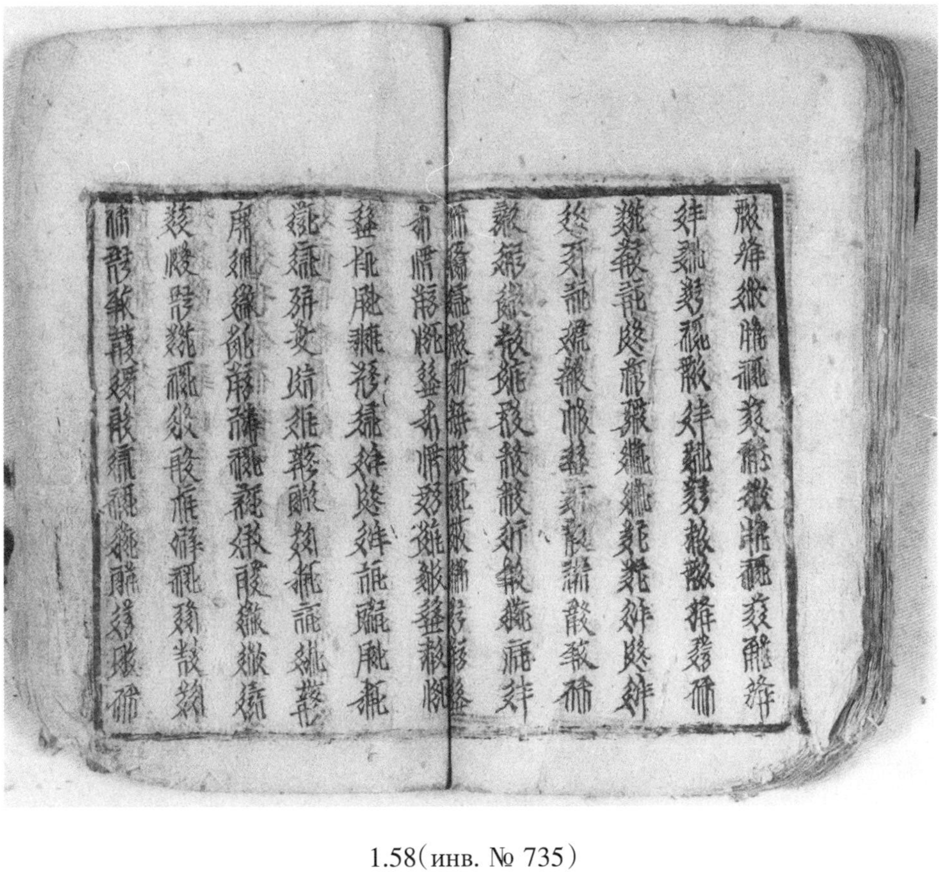

1.58(инв. № 735)

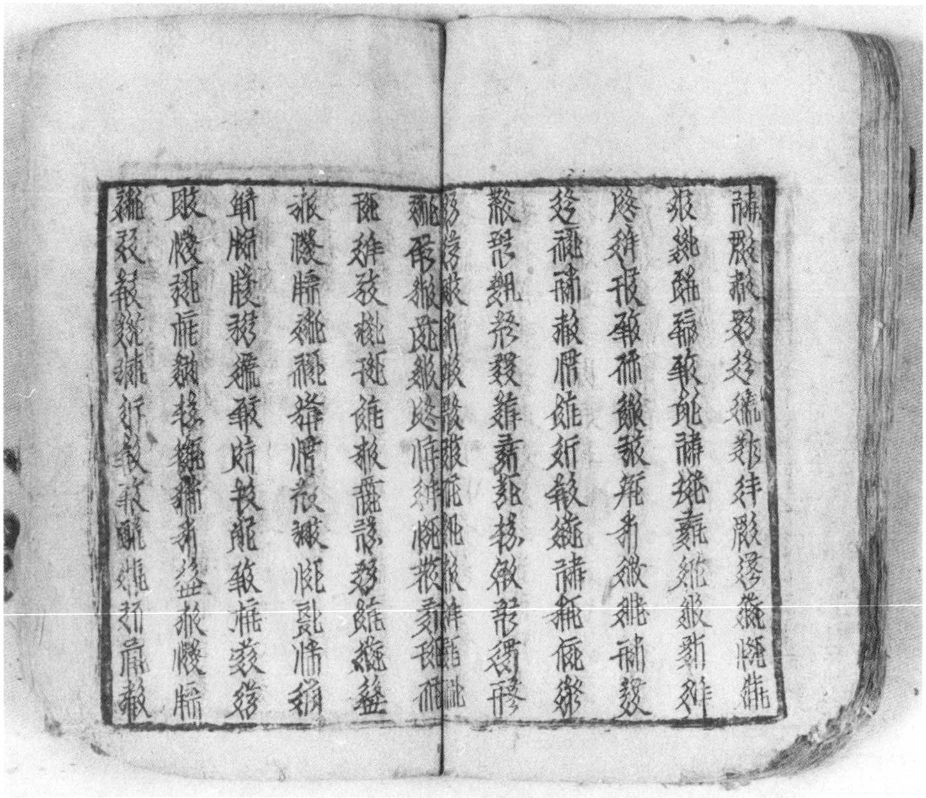

1.59(инв. № 735)

1.60(инв. № 735)

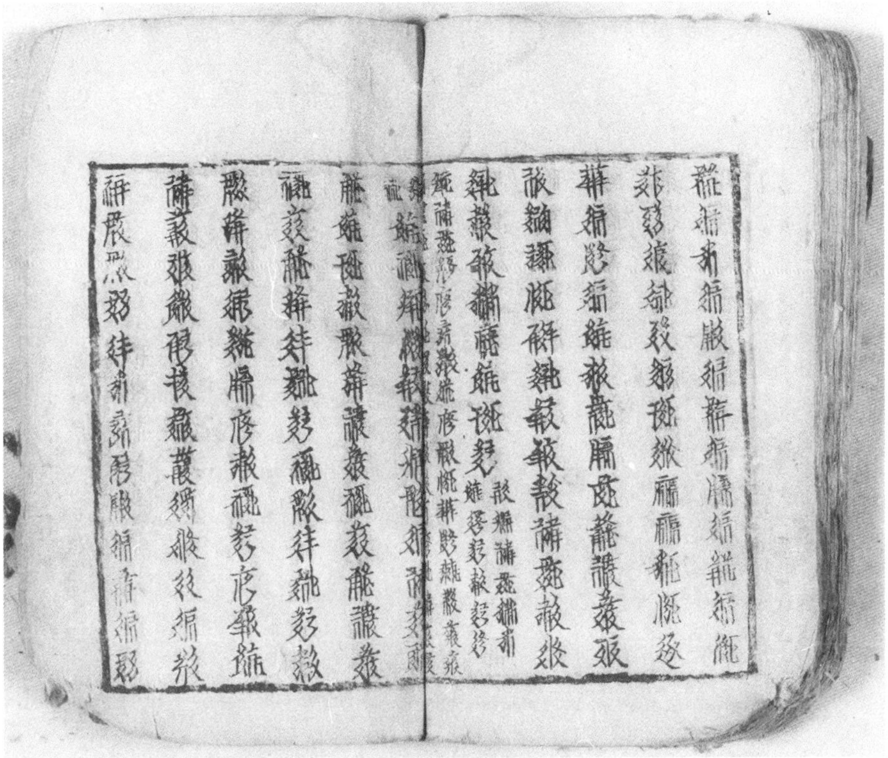

1.61(инв. № 735)[①]

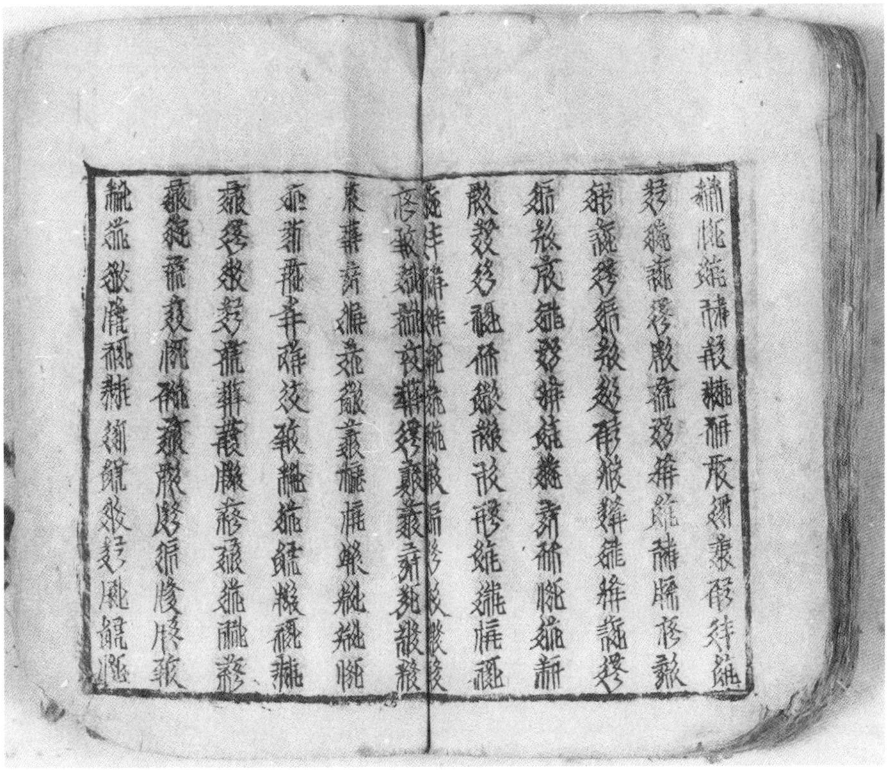

1.62(инв. № 735)

①这张照片在编号时误作两个号码,即 0735-23 和 0735-24。

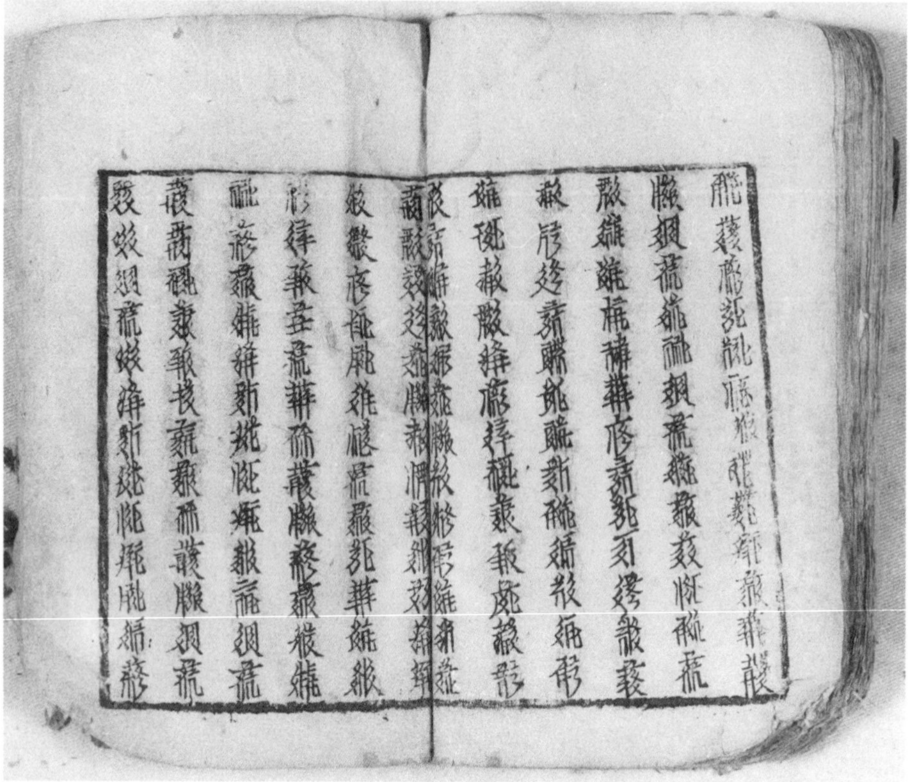

1.63（инв. № 735）

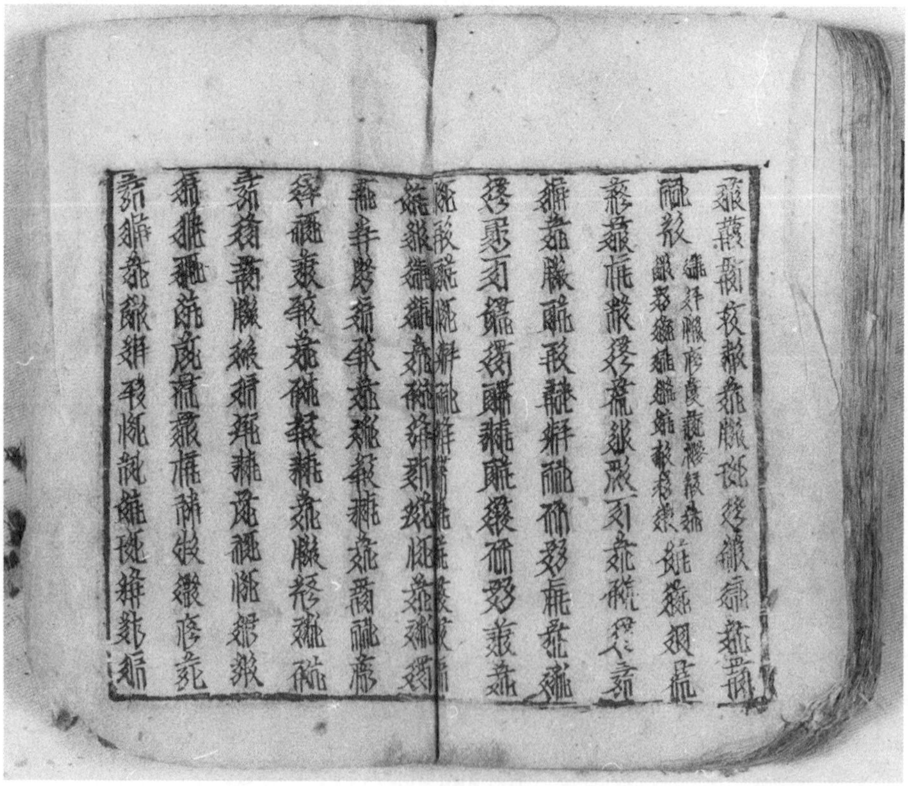

1.64（инв. № 735）

1.65(инв. № 735)

1.66(инв. № 735)

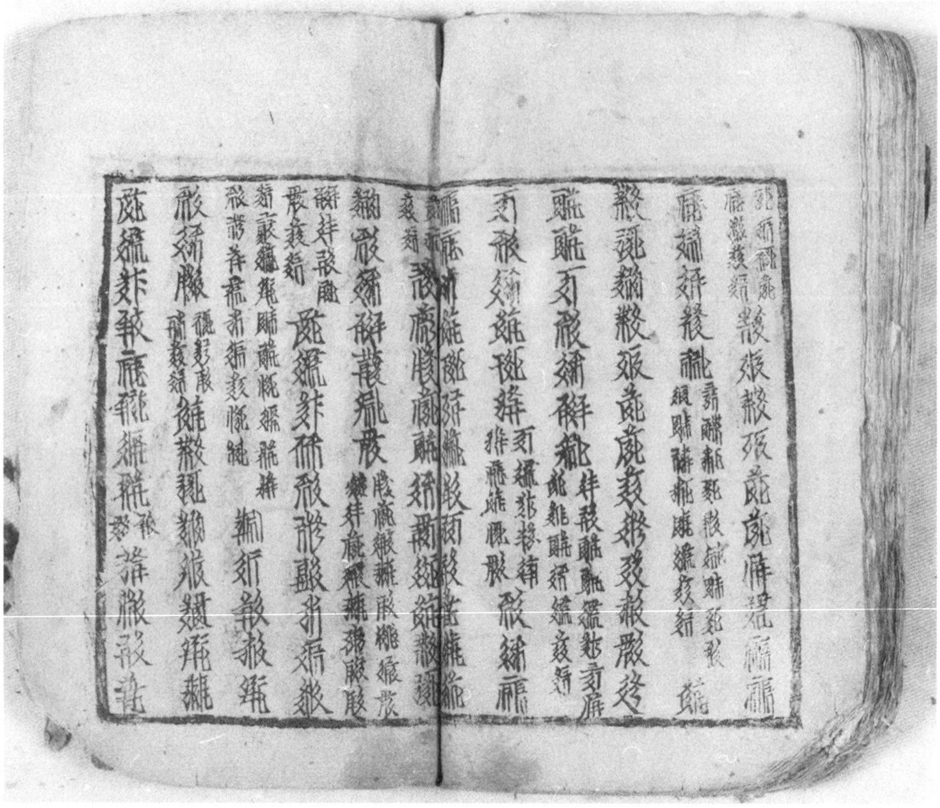

1.67(инв. № 735)

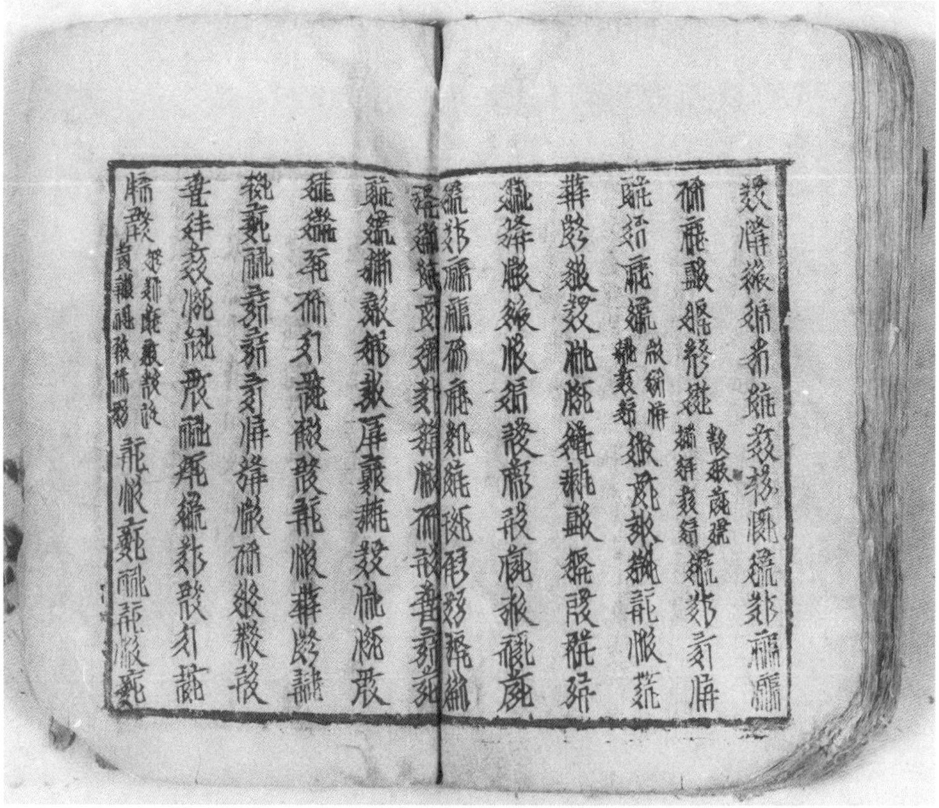

1.68(инв. № 735)

1.69(инв. № 735)

1.70(инв. № 735)

1.71（инв. № 735）

1. 72（инв. № 735）

1.73（инв. № 735）

1.74（инв. № 735）

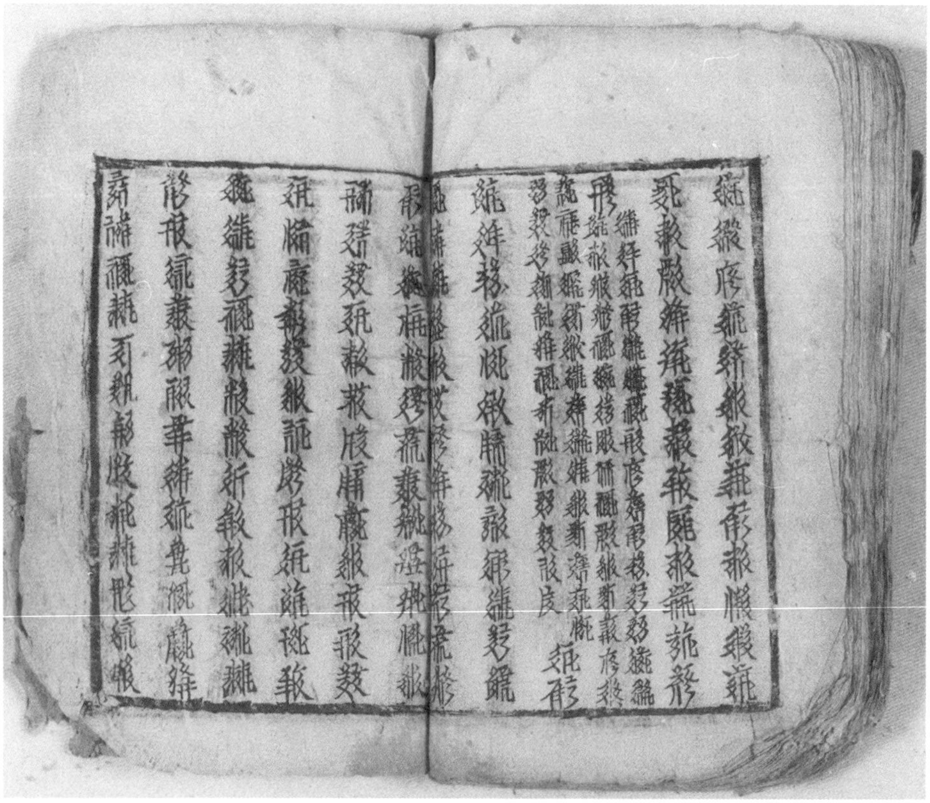

1.75(инв. № 735)

1.76(инв. № 735)

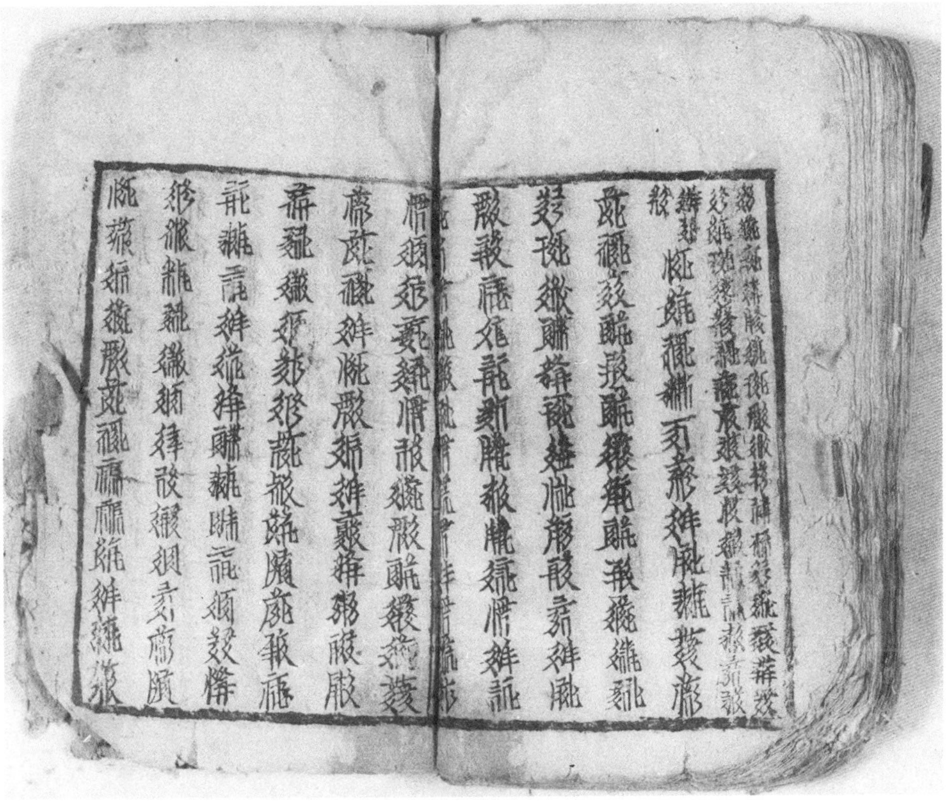

1.77（инв. № 735）

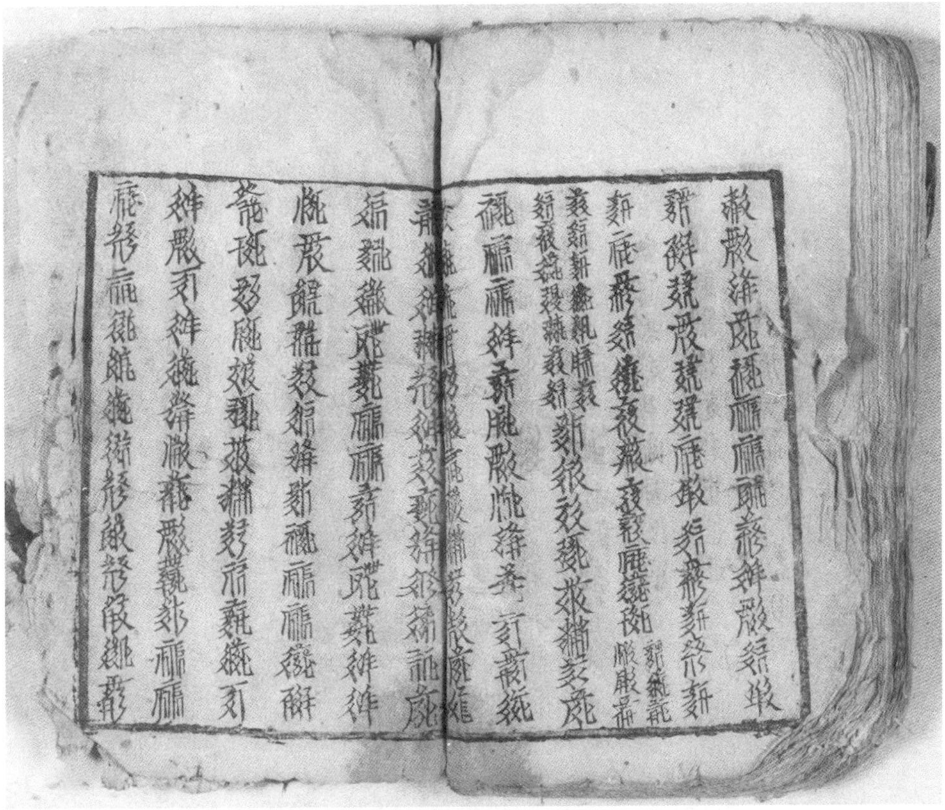

1.78（инв. № 735）

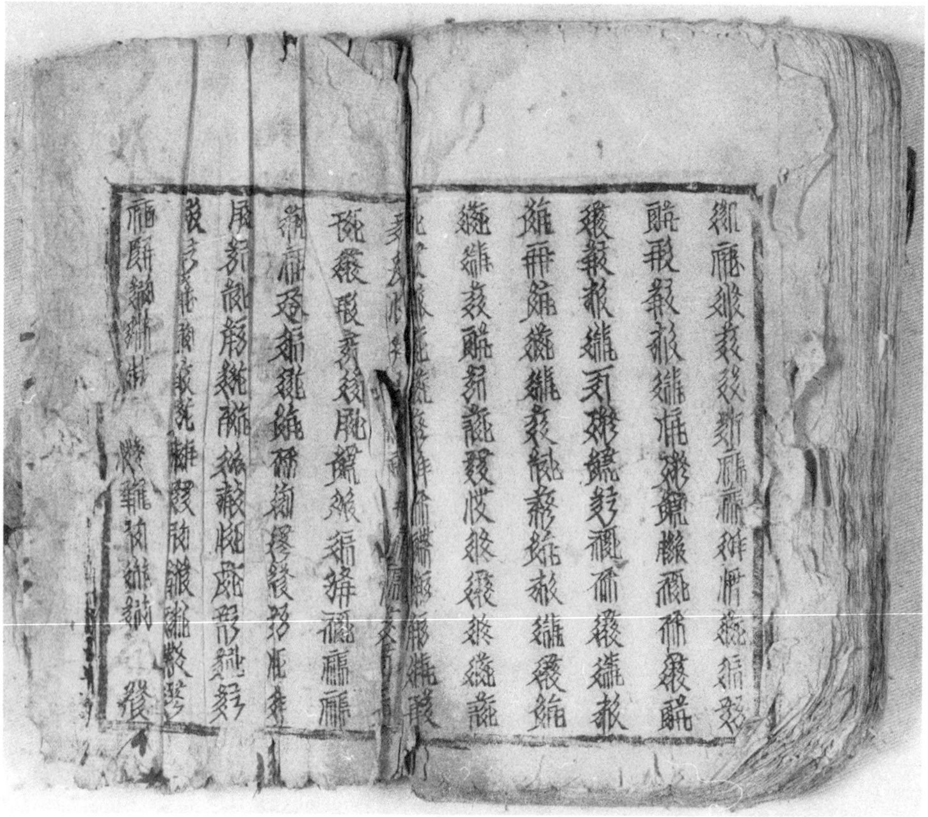

1.79（инв. № 735）

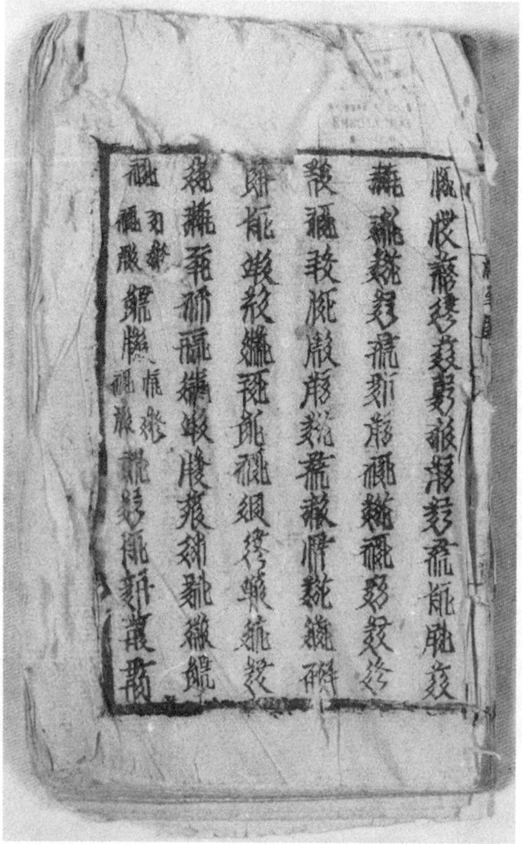

1.80（инв. № 0800）

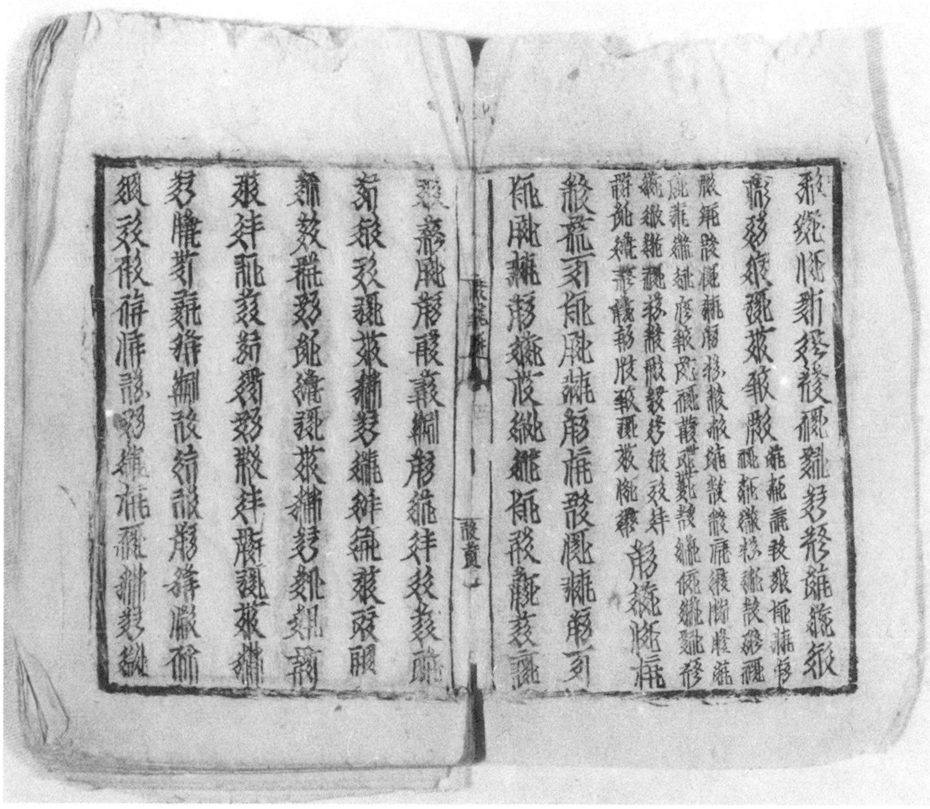

1.81（инв. № 0800）

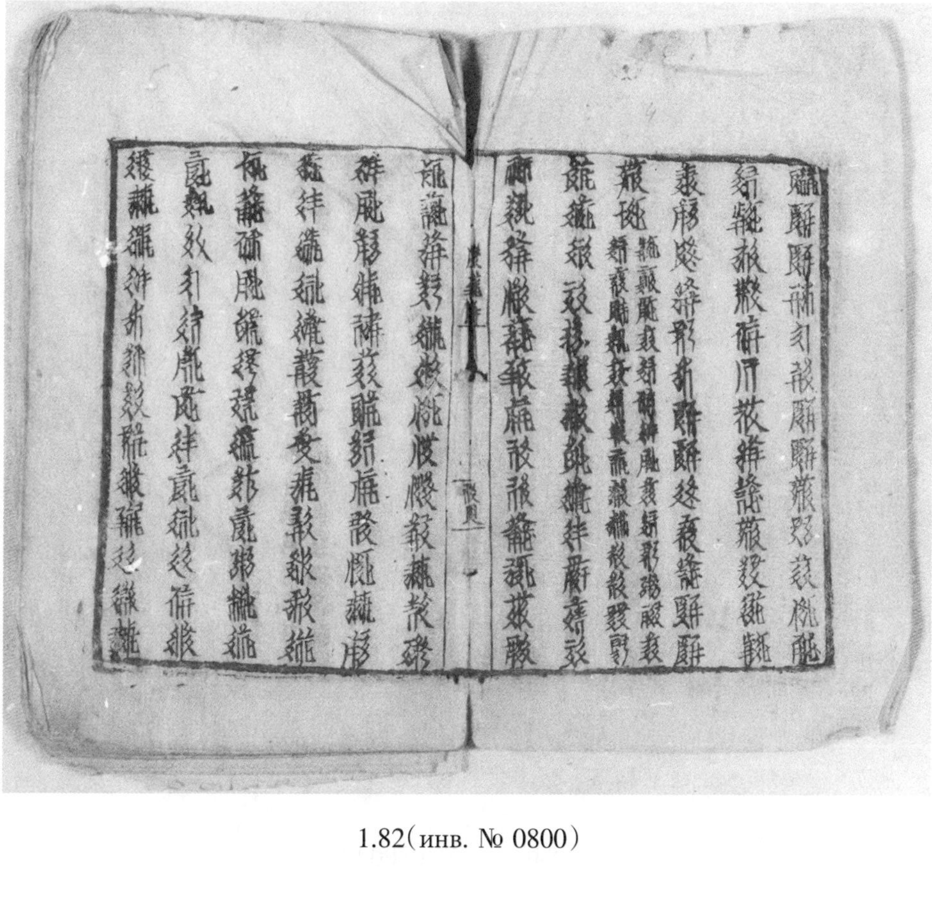

1.82（инв. № 0800）

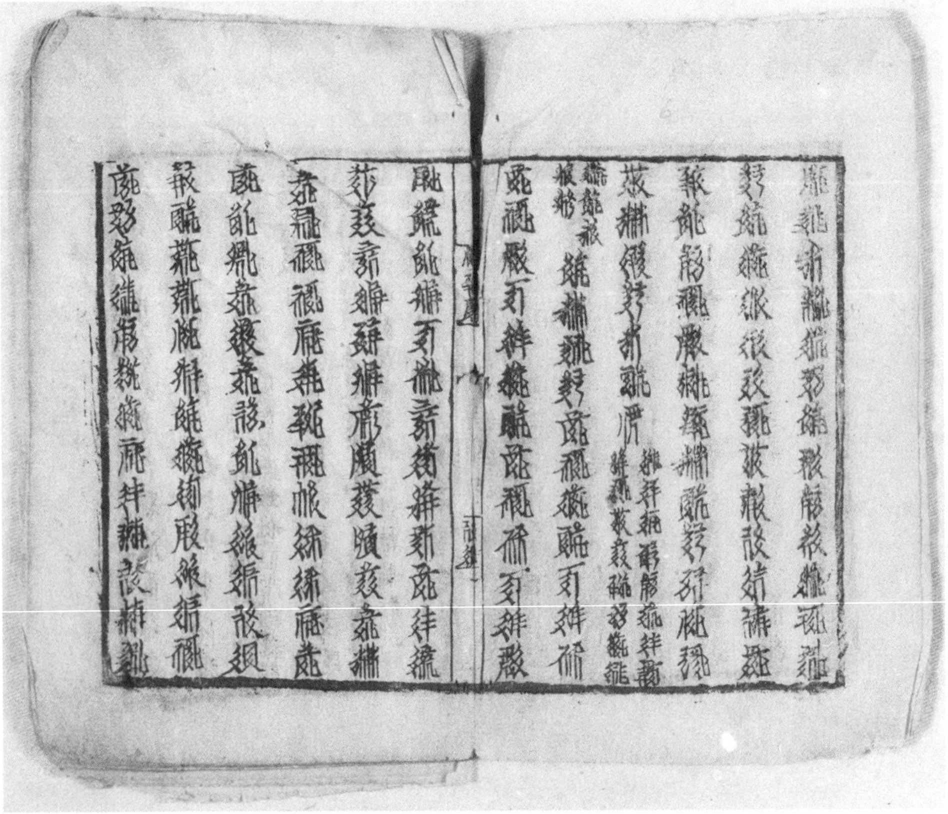

1.83(инв. № 0800)

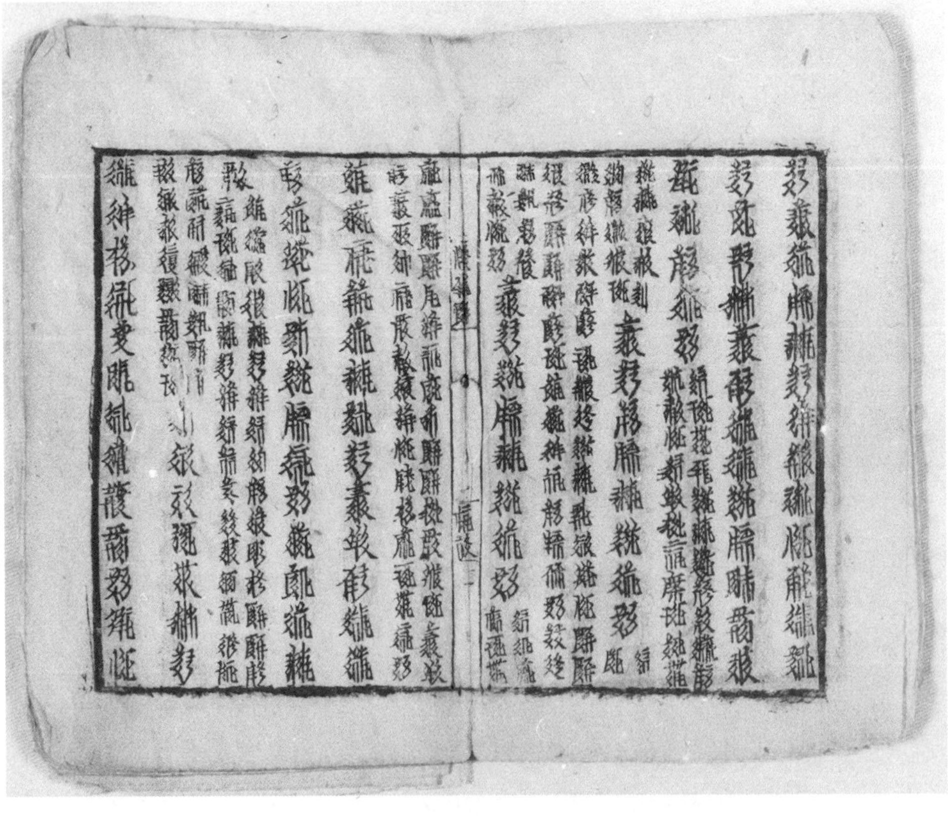

1.84(инв. № 0800)

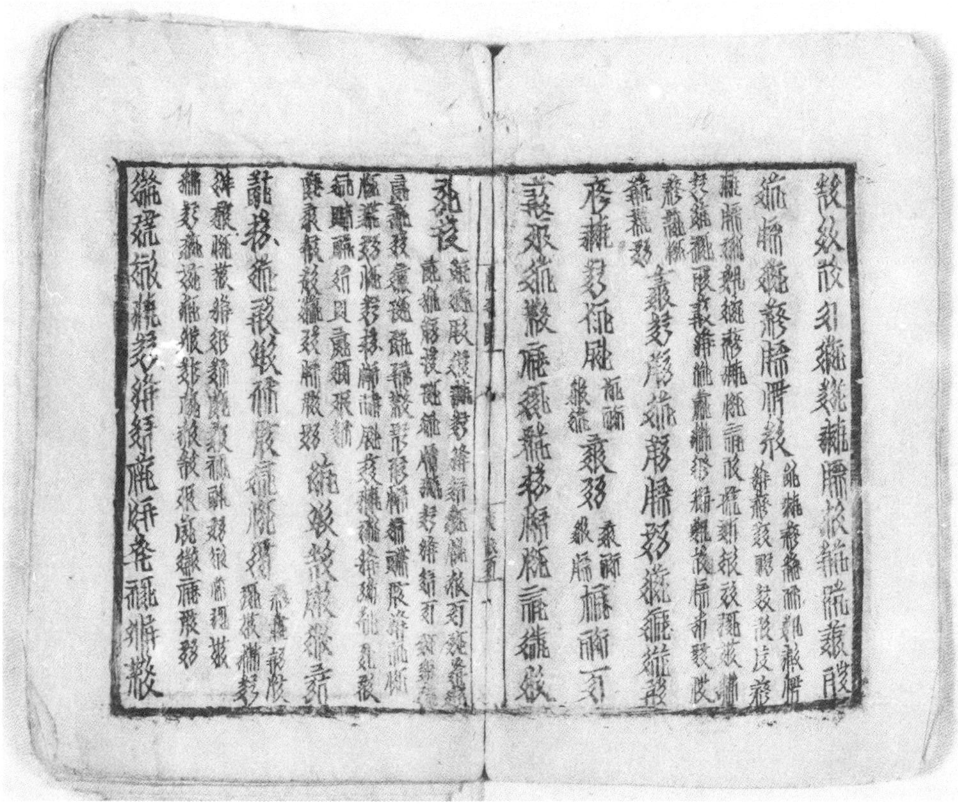

1.85（инв. № 0800）

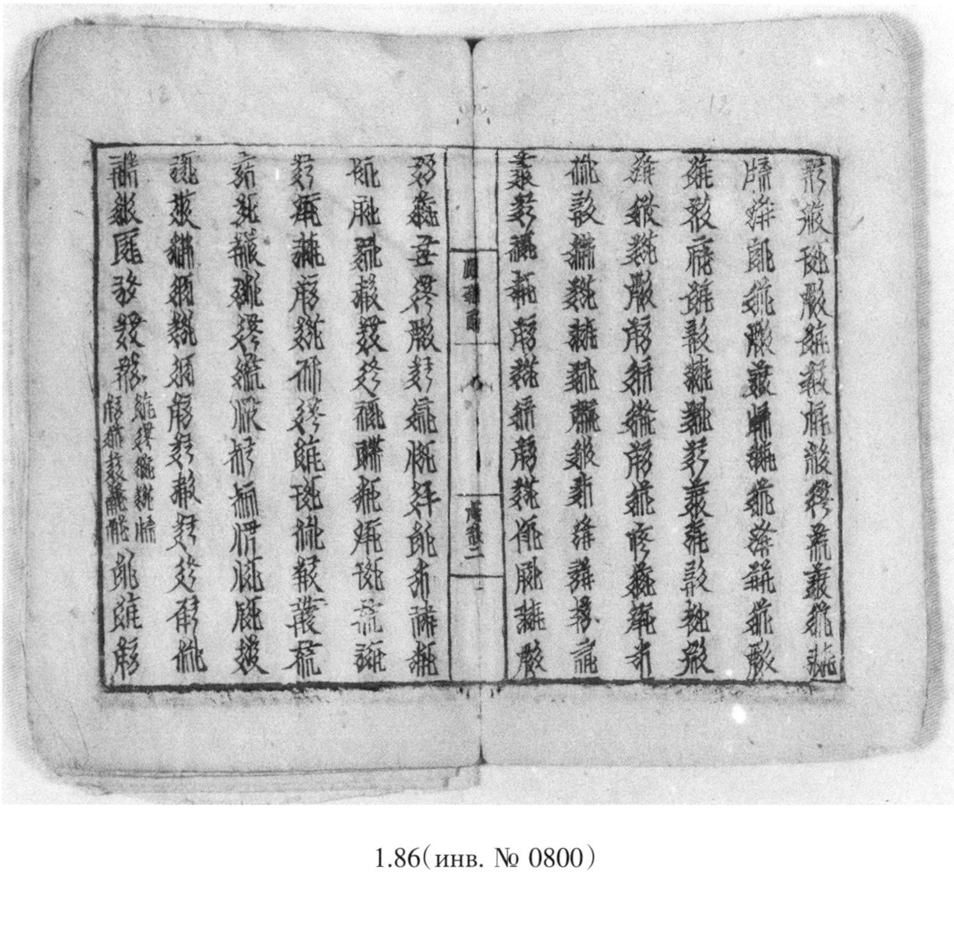

1.86（инв. № 0800）

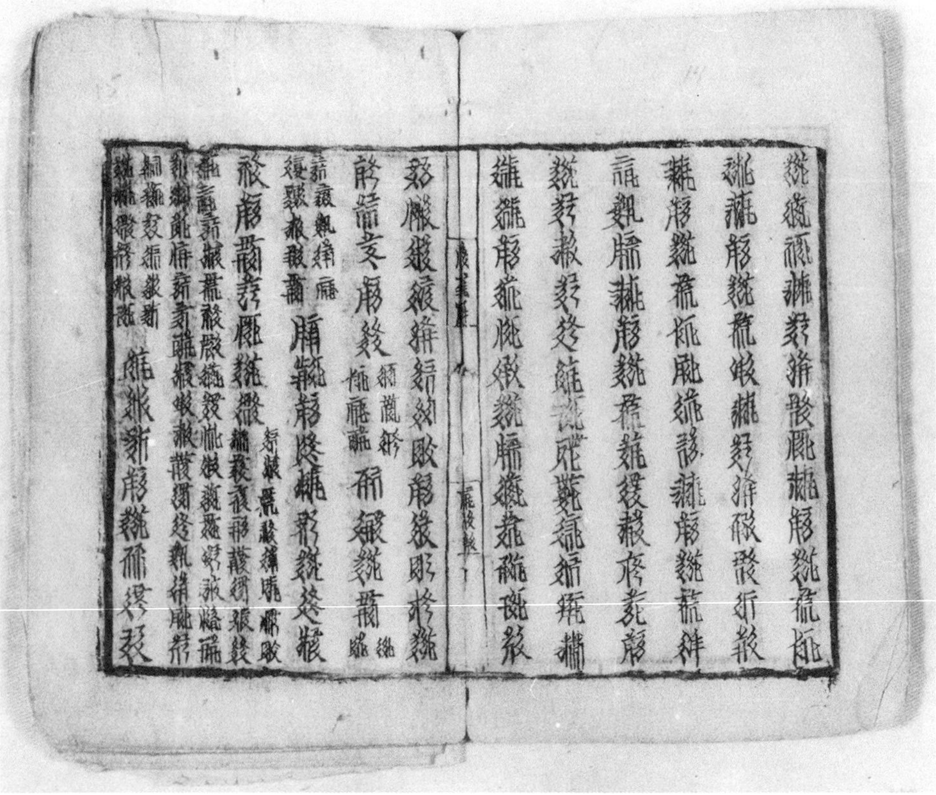

1.87(инв. № 0800)

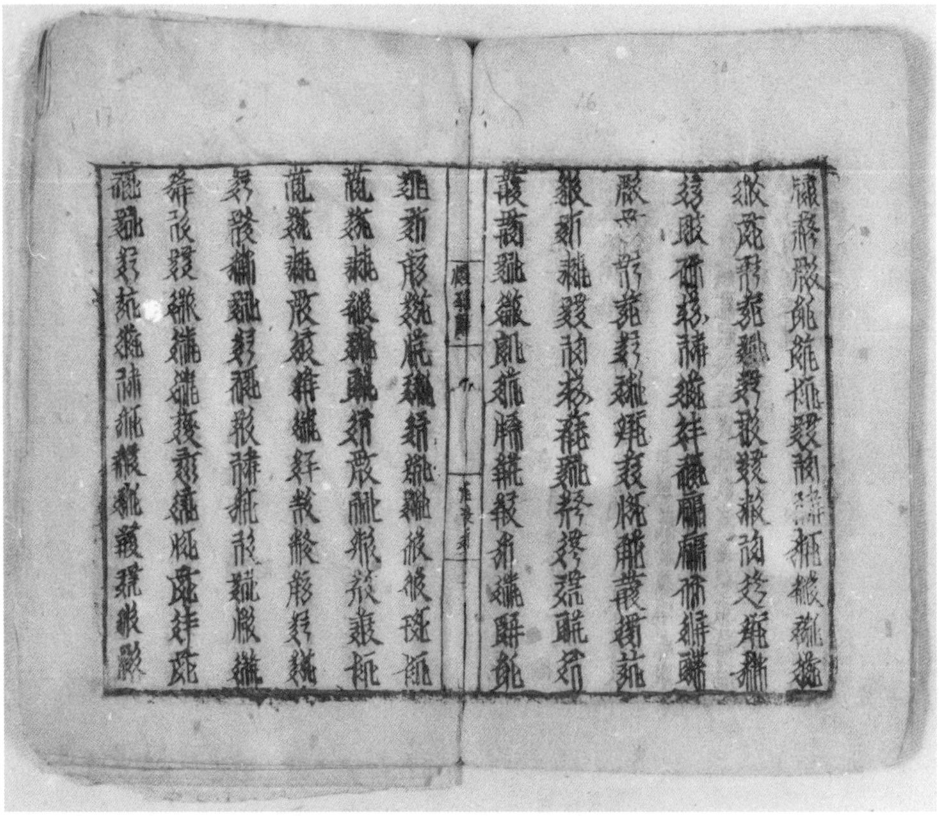

1.88(инв. № 800)

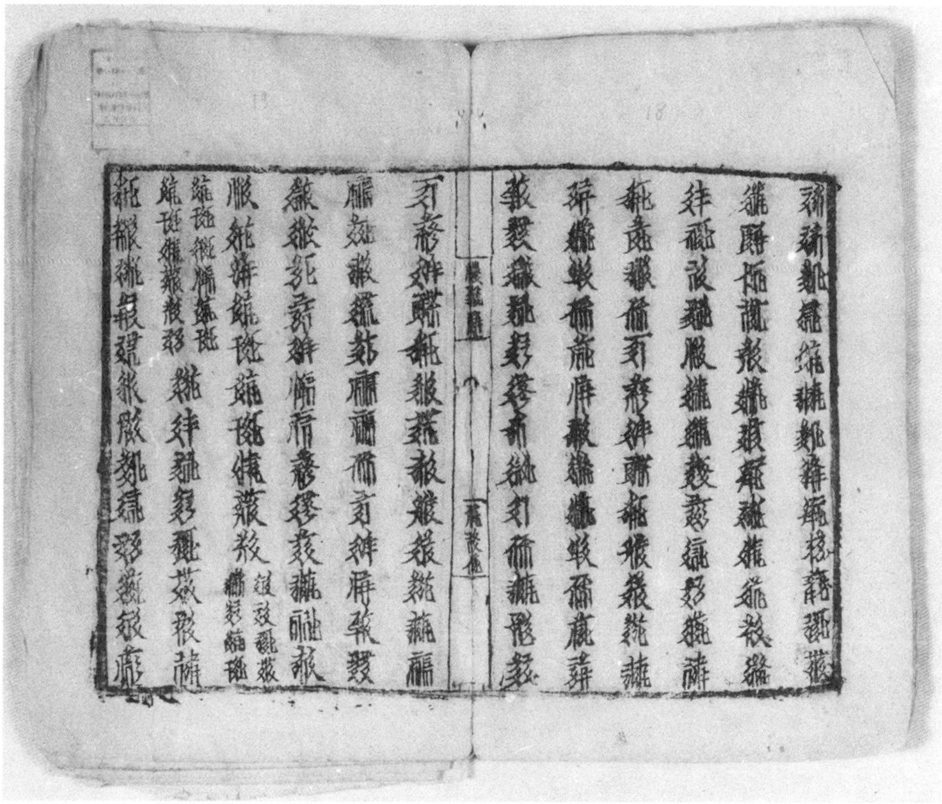

1.89（инв. № 800）

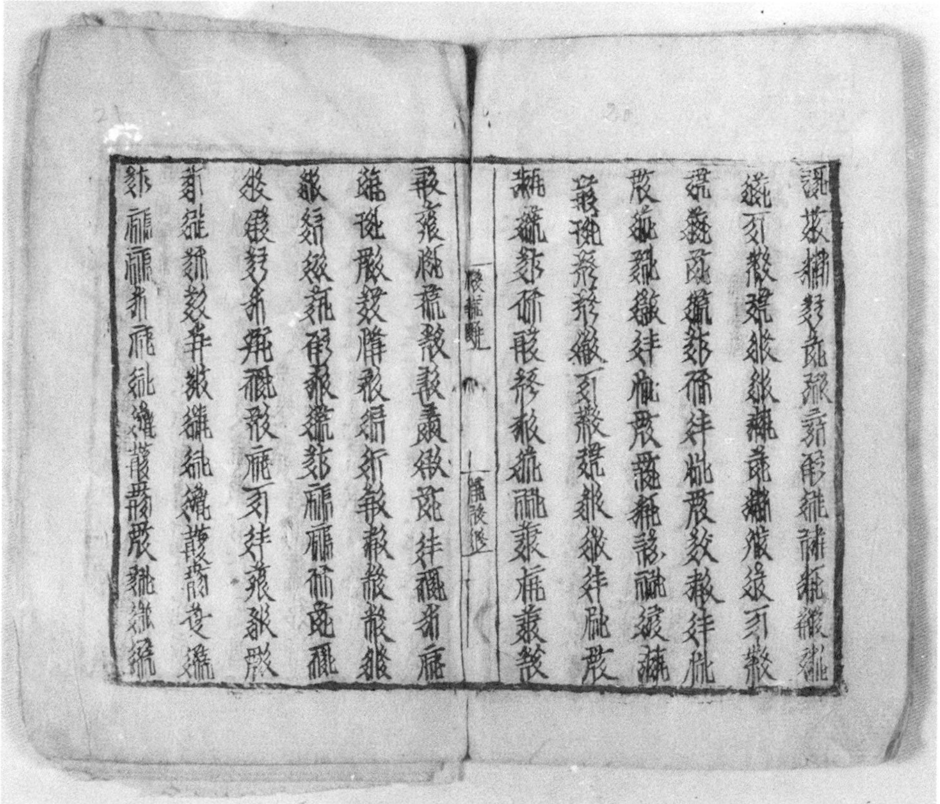

1.90（инв. № 800）

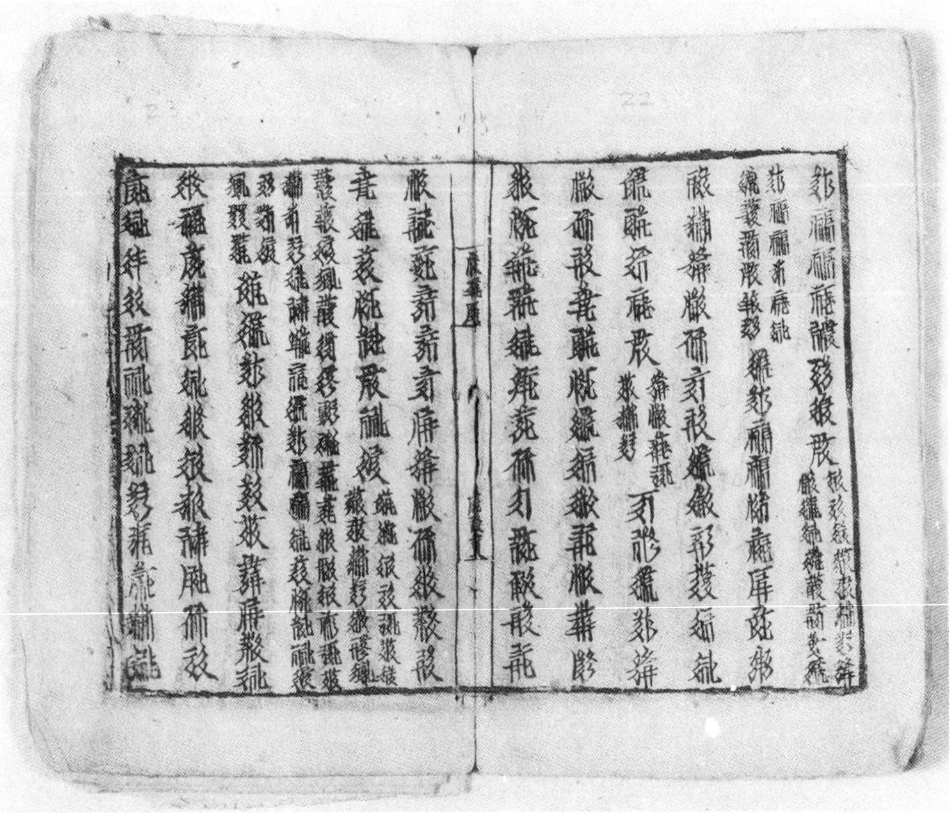

1.91（инв. № 800）

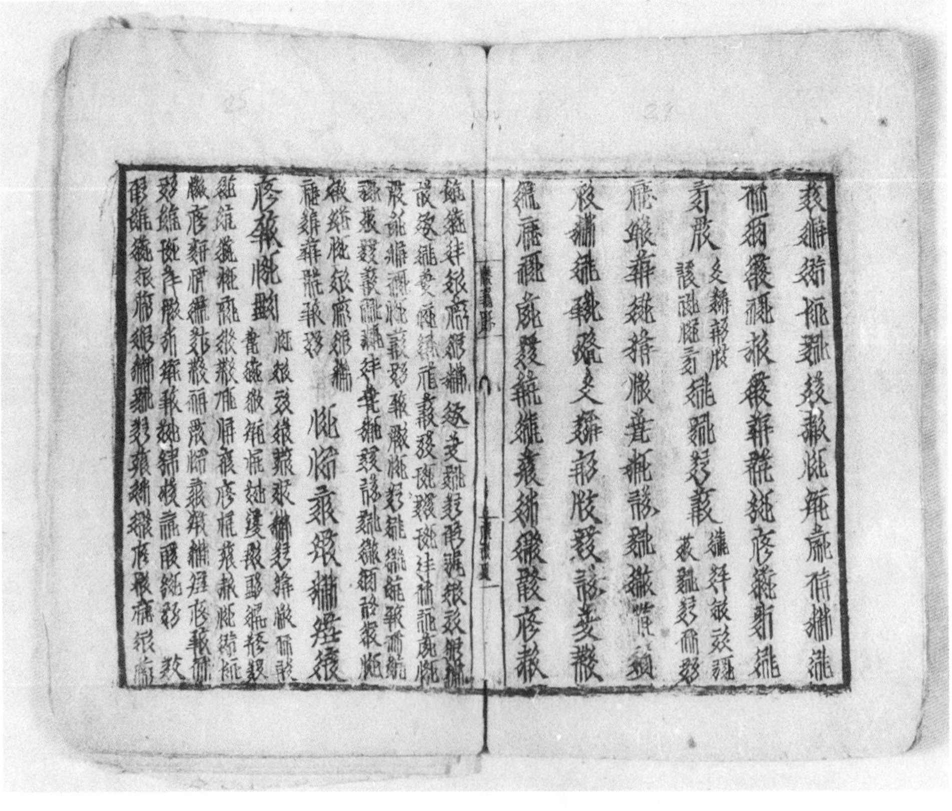

1.92（инв. № 800）

1.93(инв. № 800)

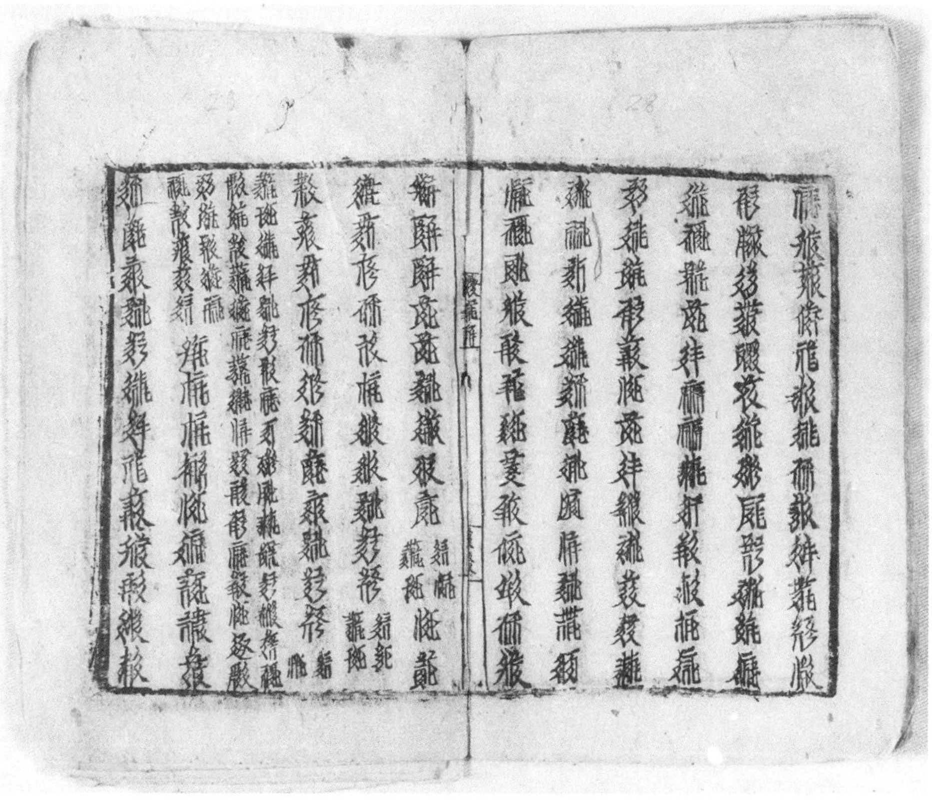

1.94(инв. № 800)

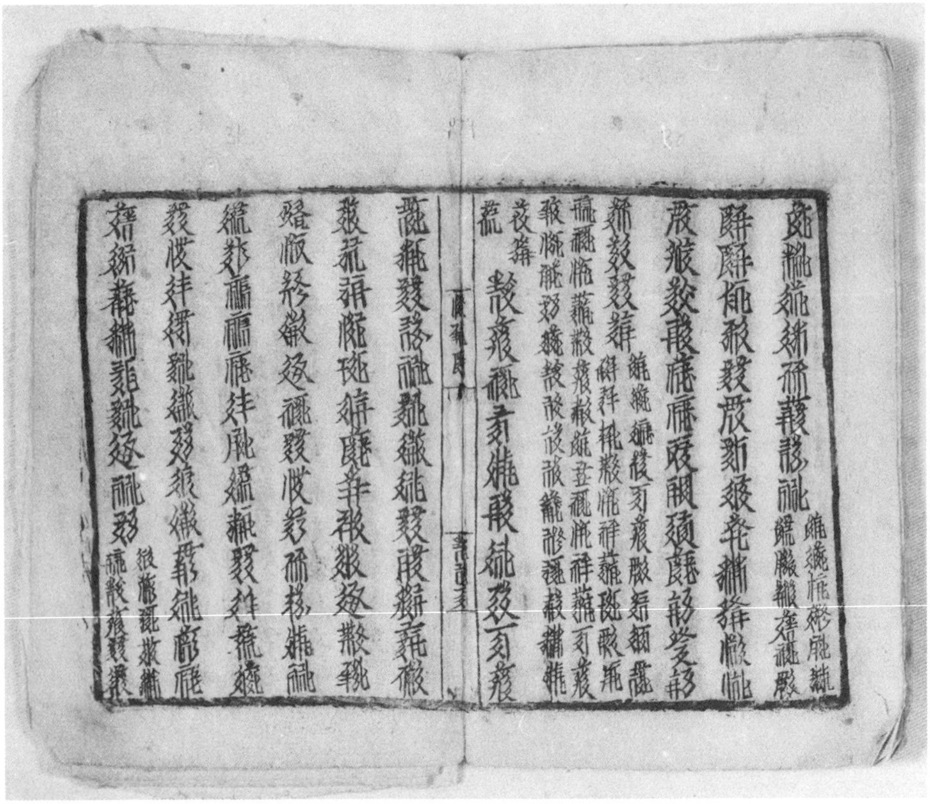

1.95（инв. № 800）

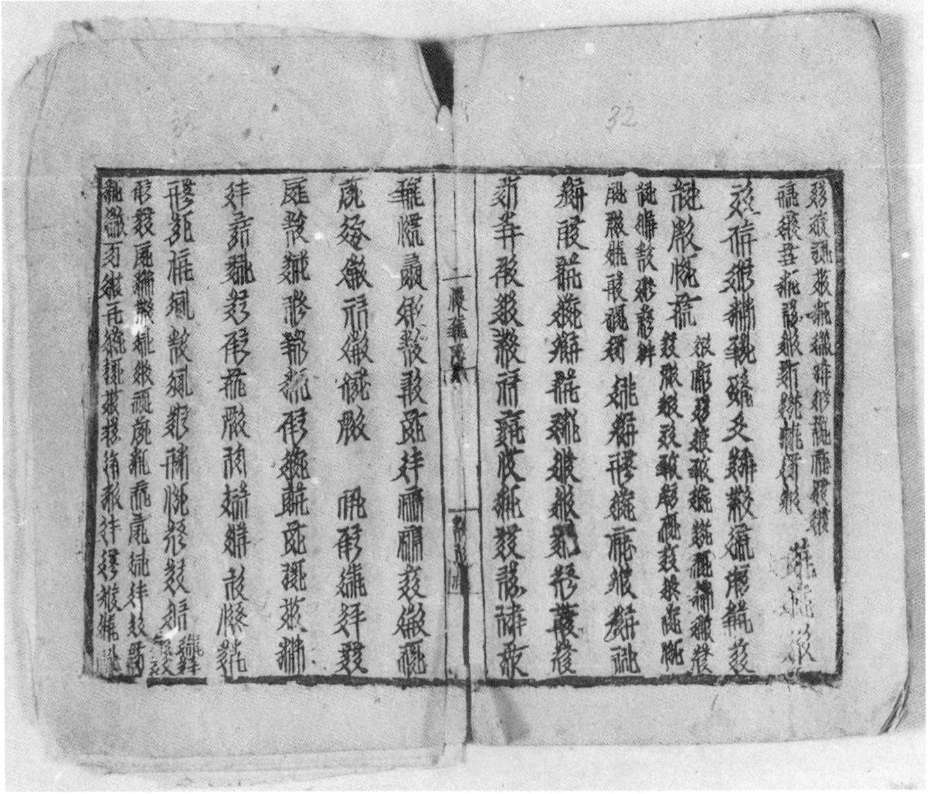

1.96（инв. № 800）

1.97(инв. № 800)

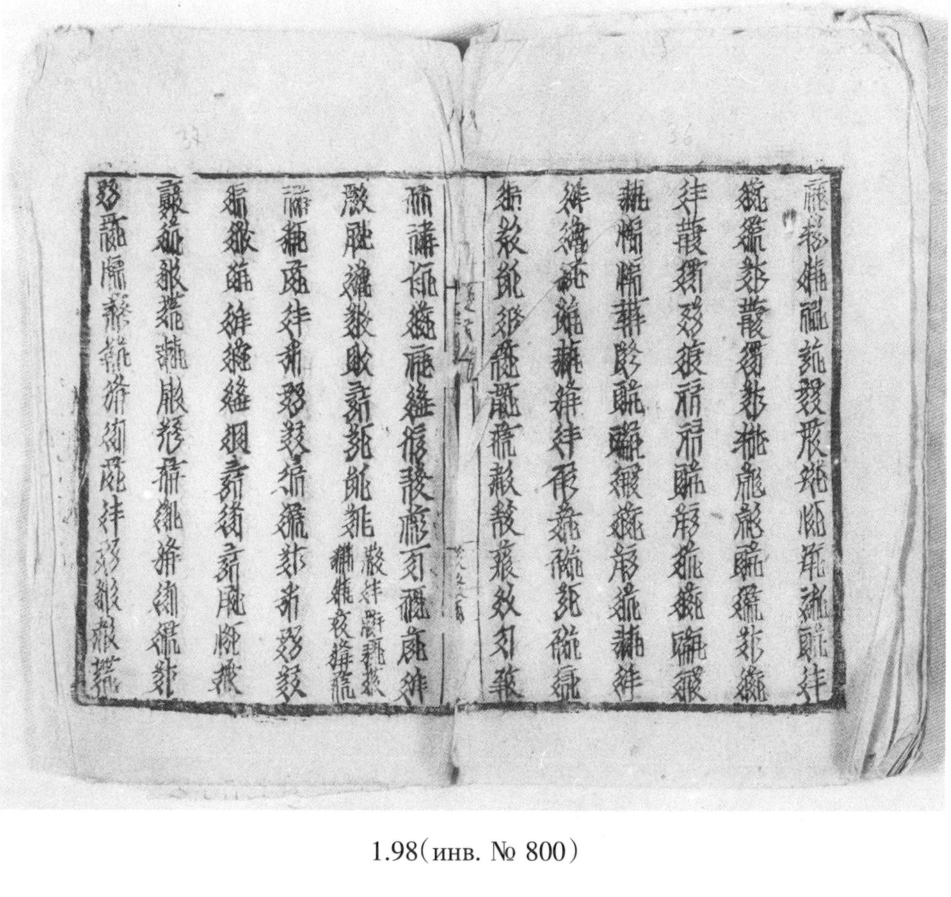

1.98(инв. № 800)

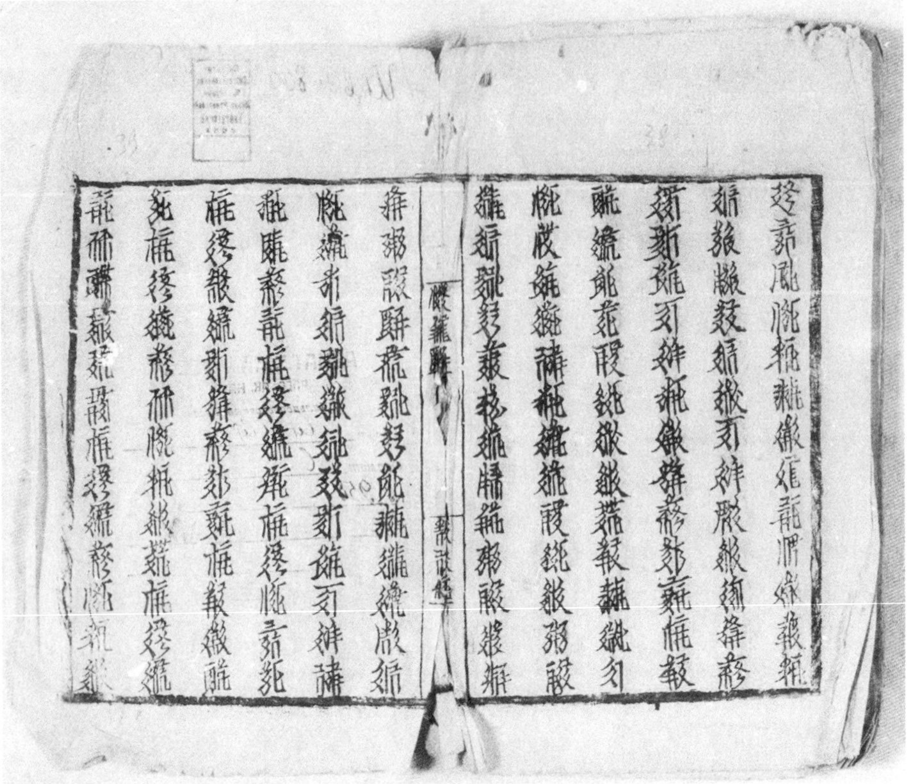

1.99（инв. № 800）

2. 中华传心地禅门师资承袭图

卷首——左上：宗密（[illegible]）
右上：裴休（[illegible]）
左下：白云释子（[illegible]）
右下：张禅师（[illegible]）

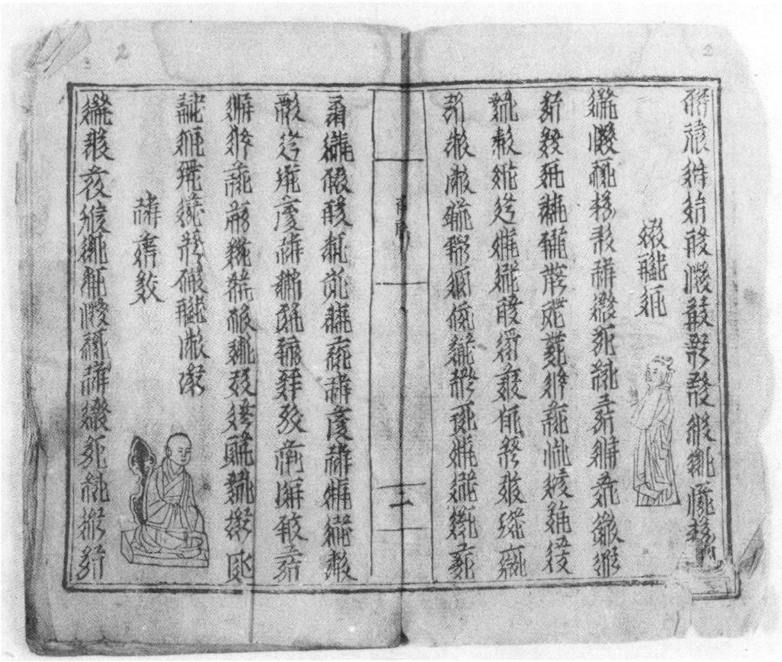

2.1（инв. № 2261）

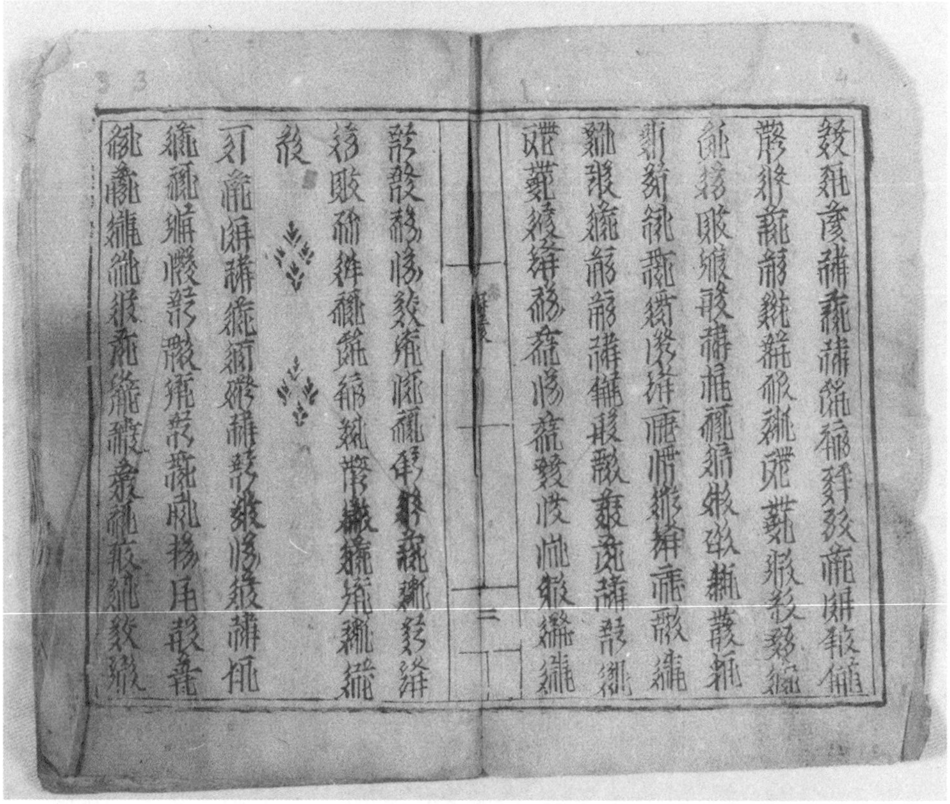

2.2（инв. № 2261）

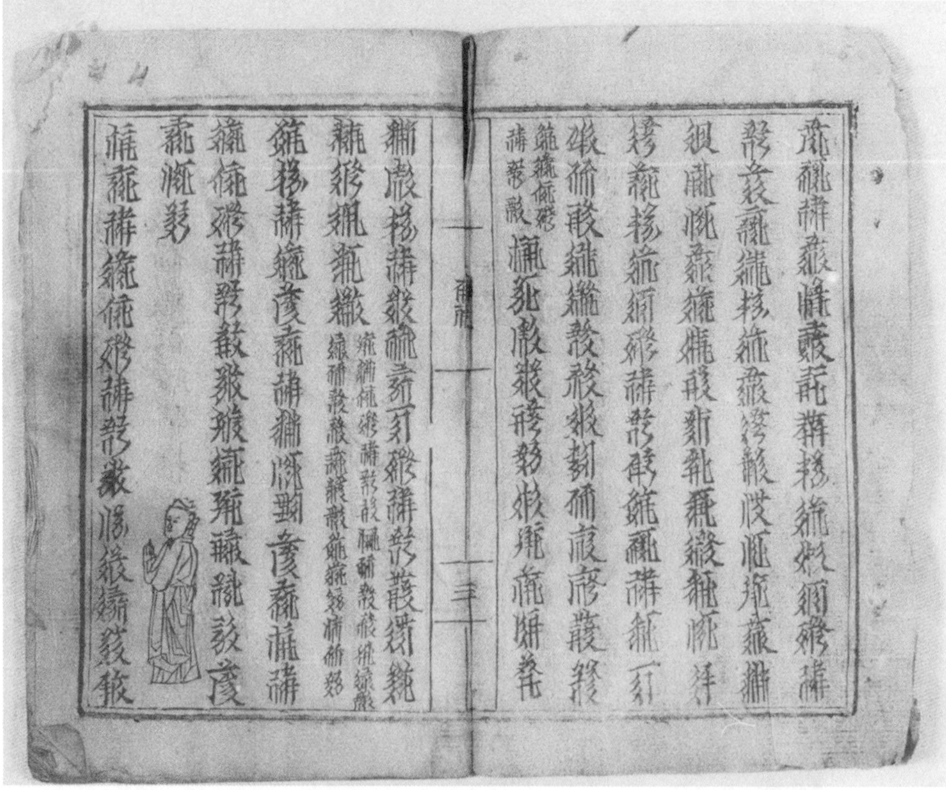

2.3（инв. № 2261）

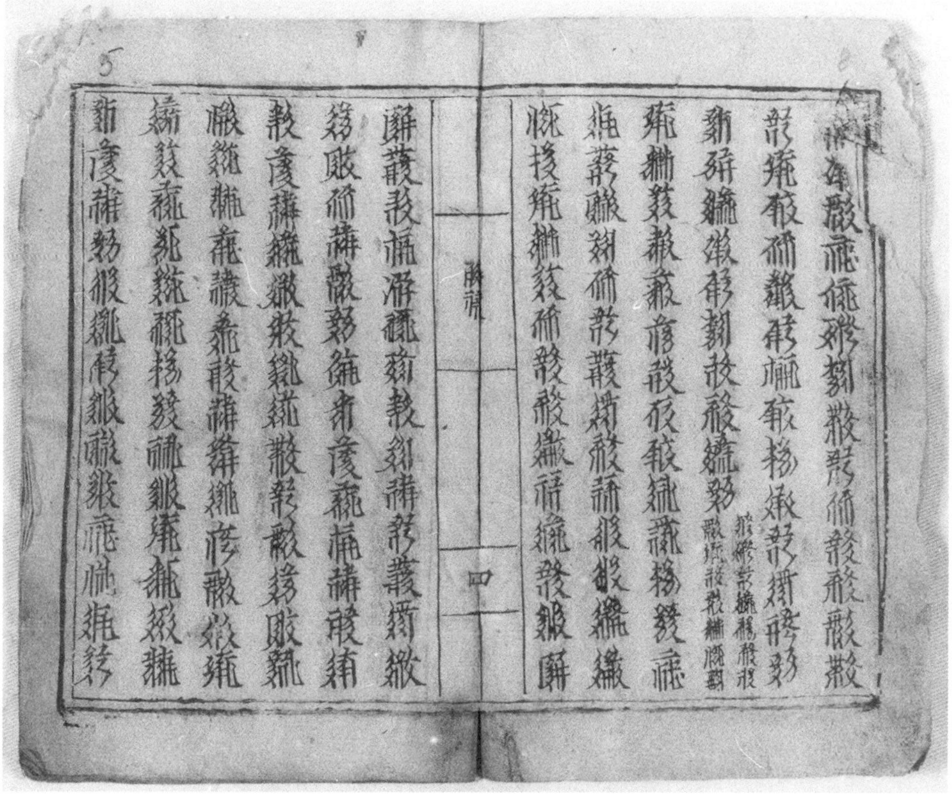

2.4（инв. № 2261）

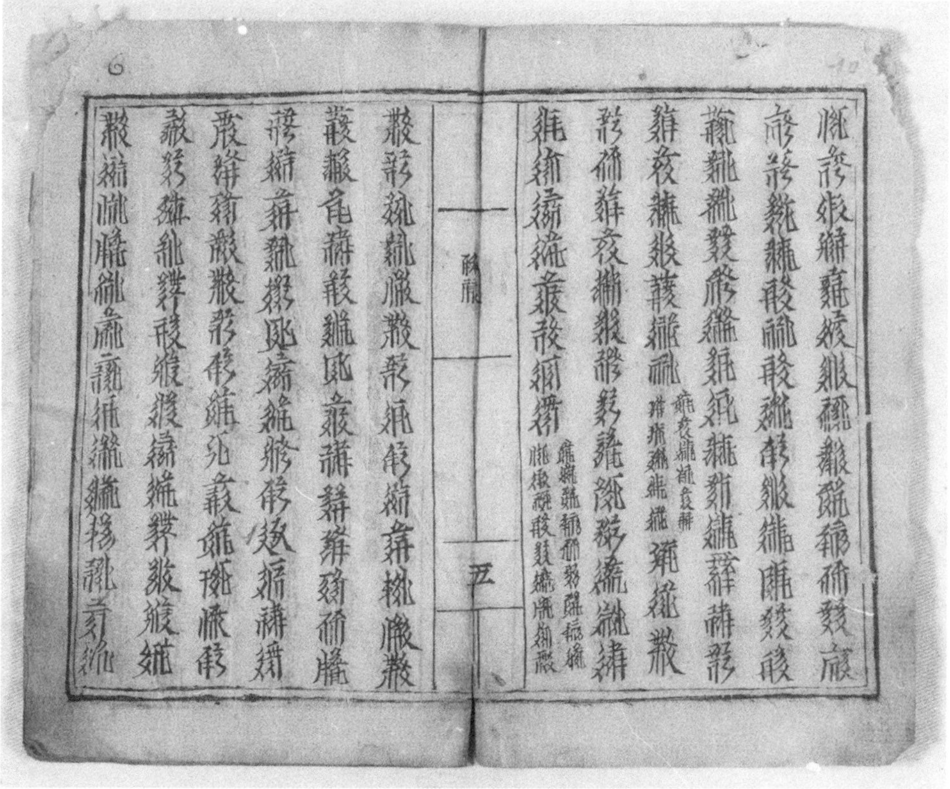

2.5（инв. № 2261）

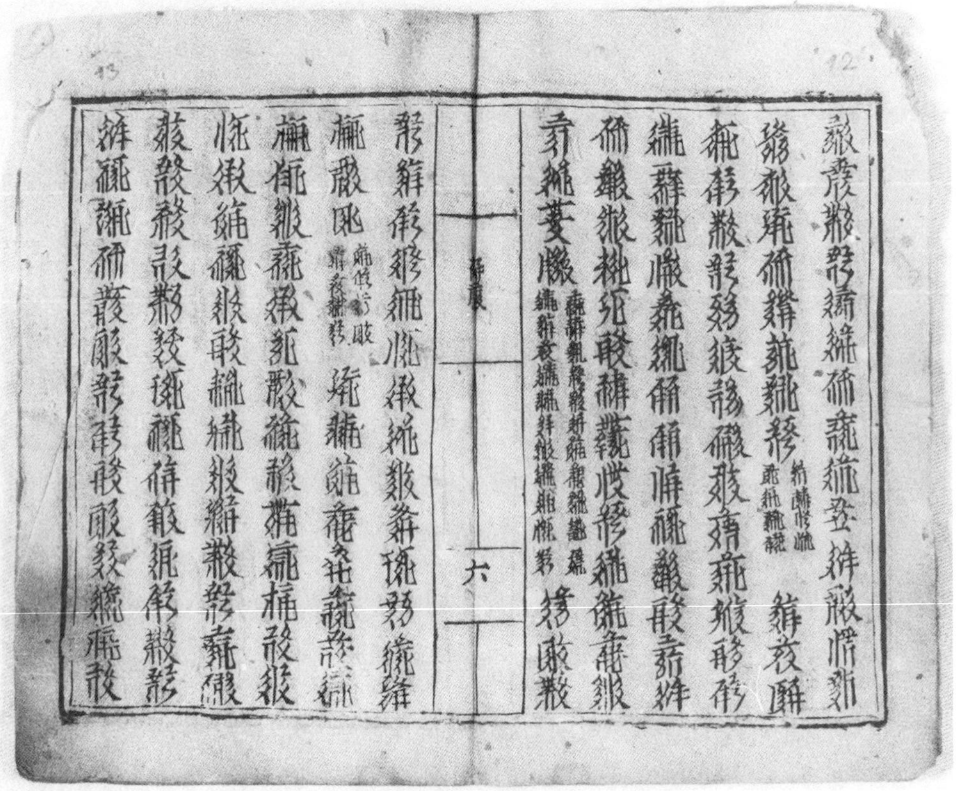

2.6(инв. № 2261)

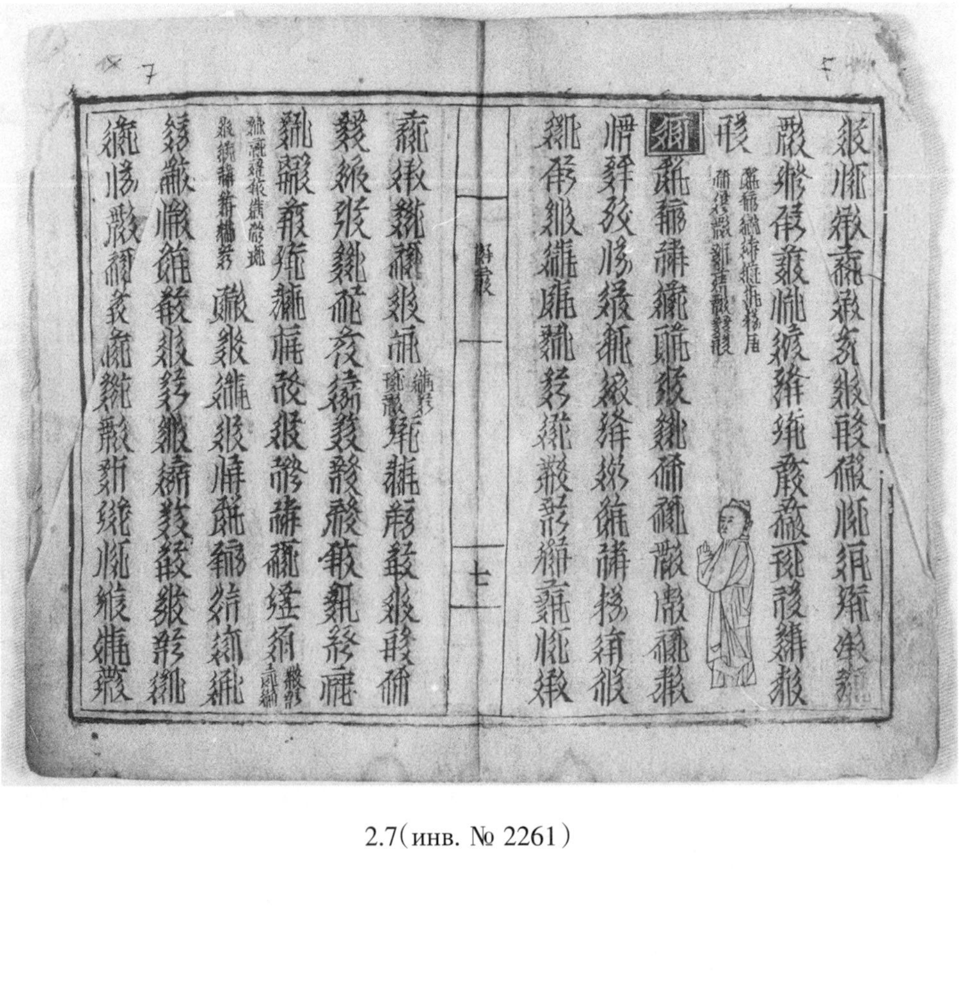

2.7(инв. № 2261)

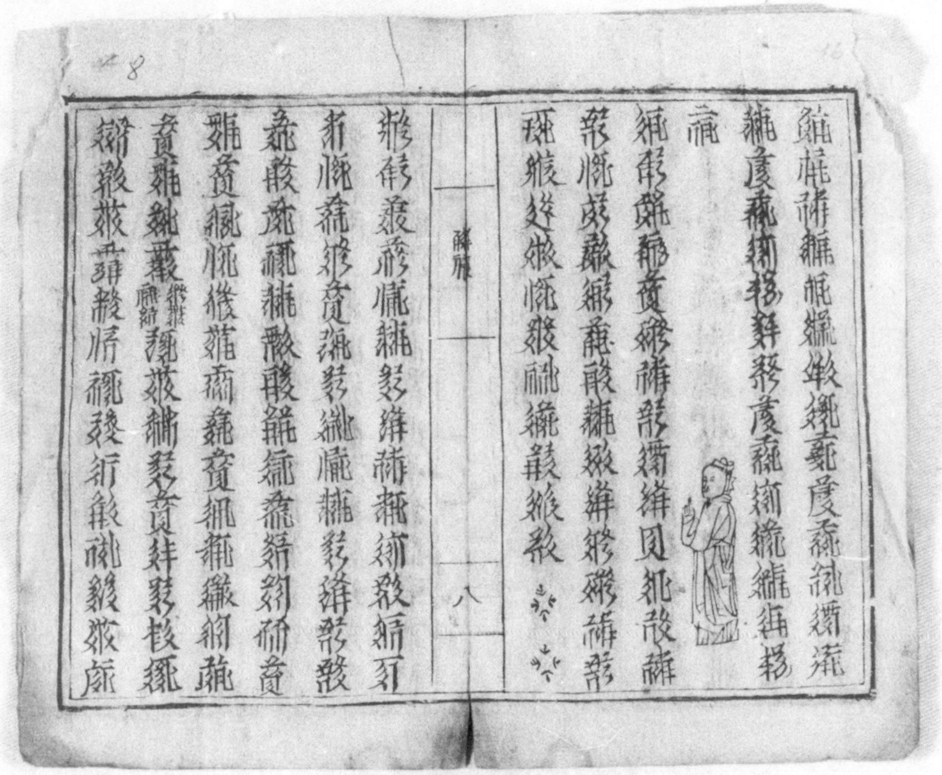

2.8（инв. № 2261）

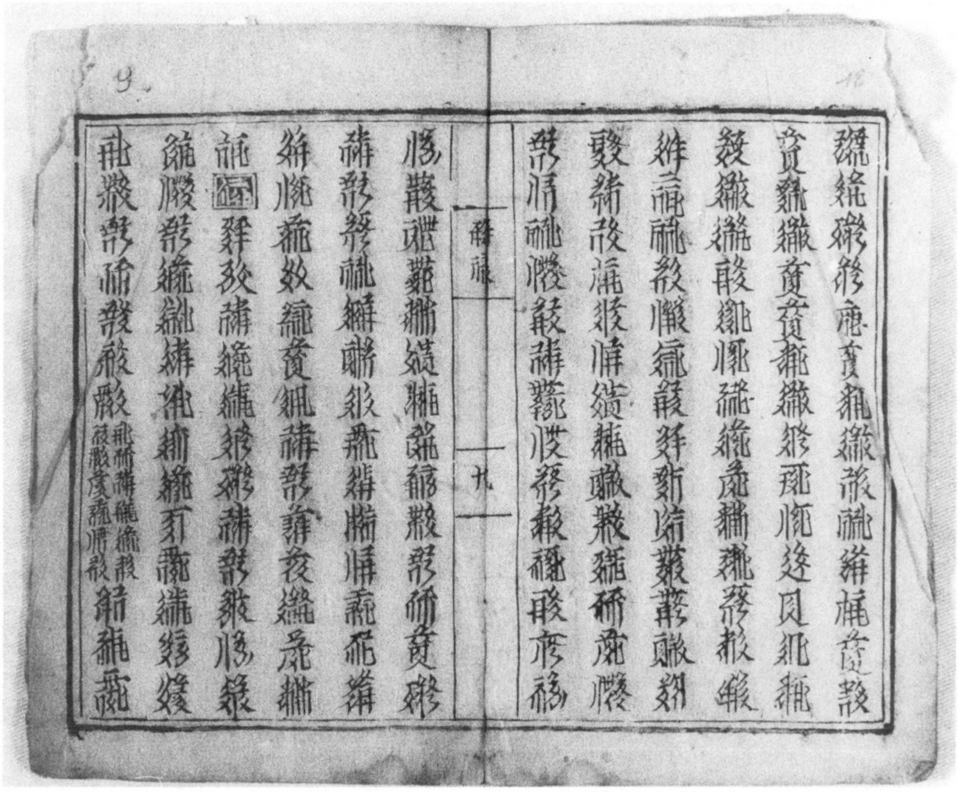

2.9（инв. № 2261）

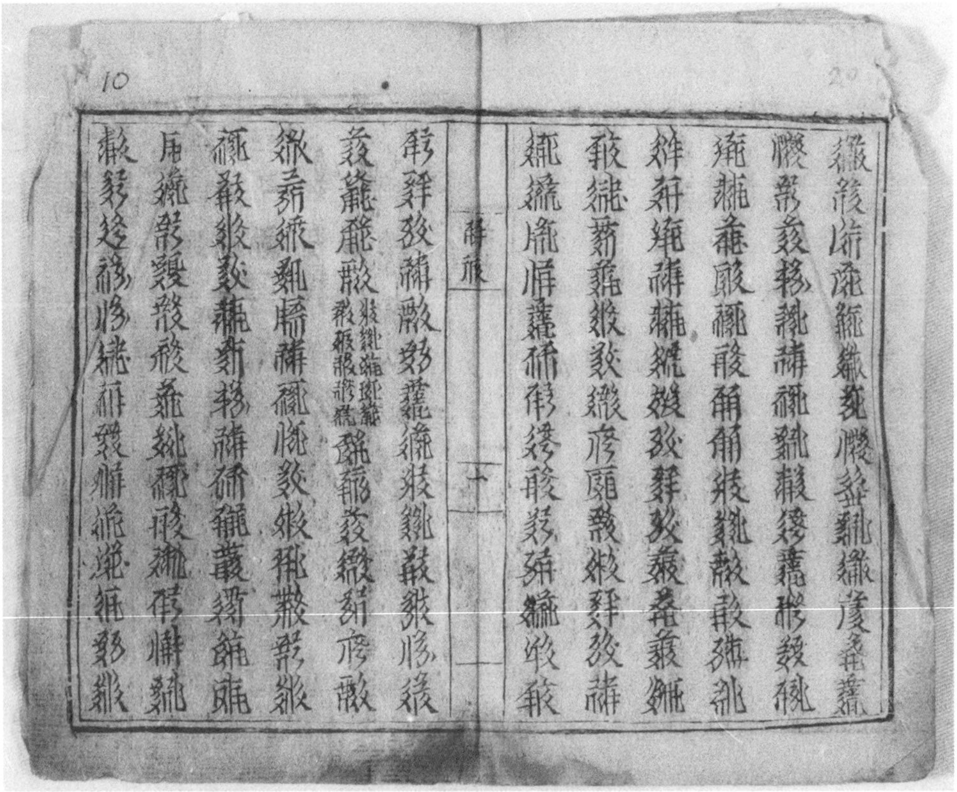

2.10（инв. № 2261）

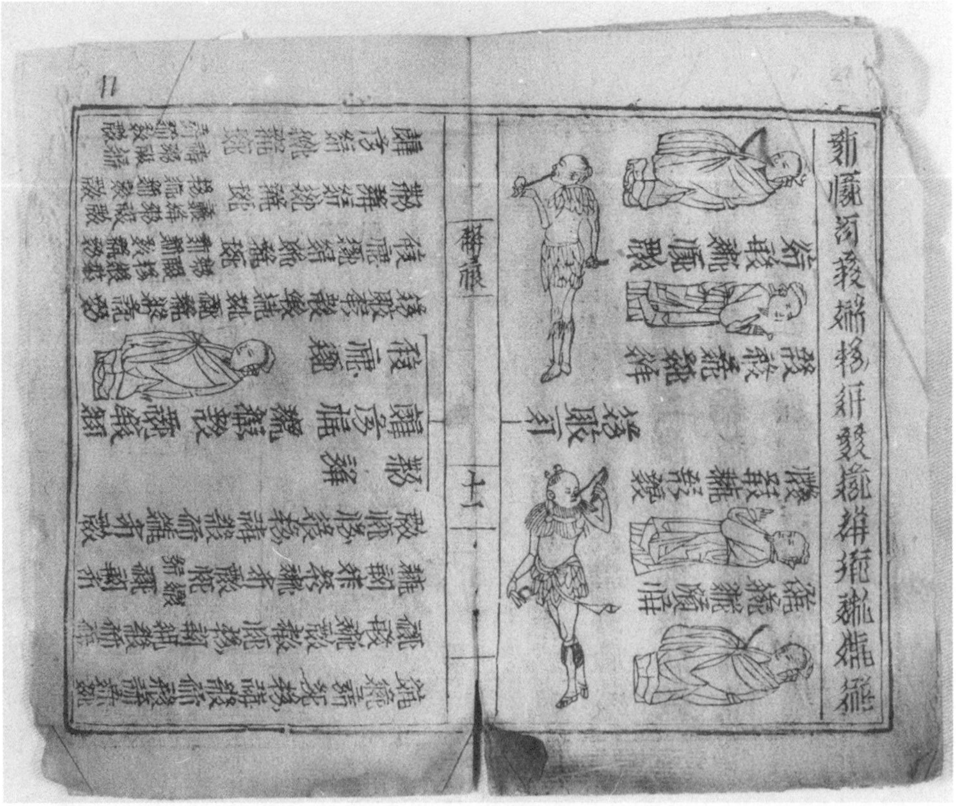

2.11（инв. № 2261）

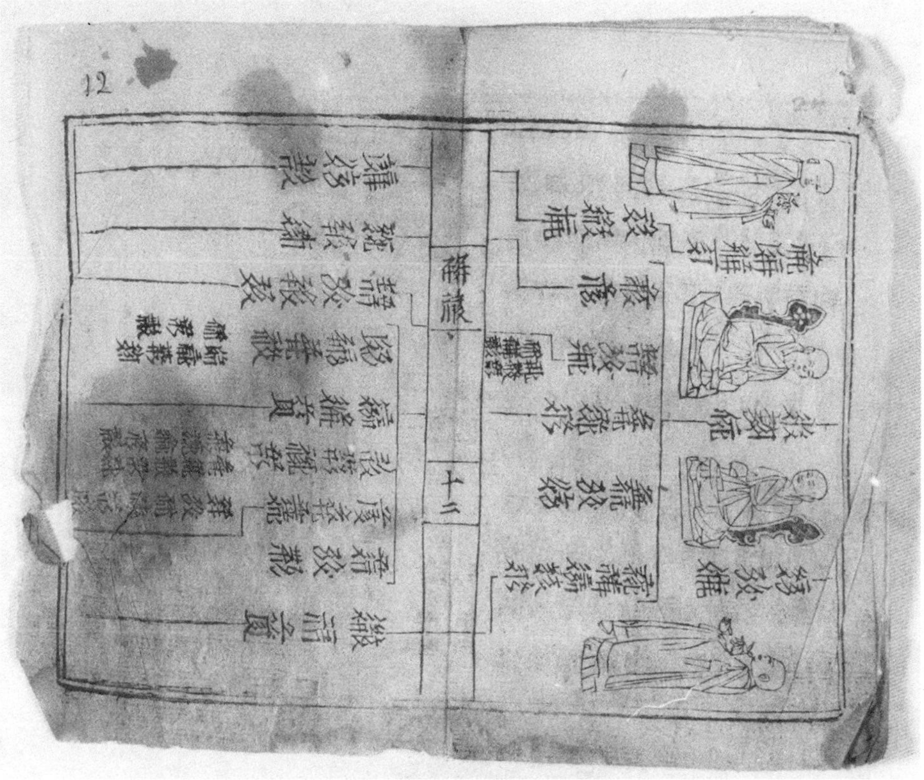

2.12(инв. № 2261)
2.13(инв. № 2261)——佚

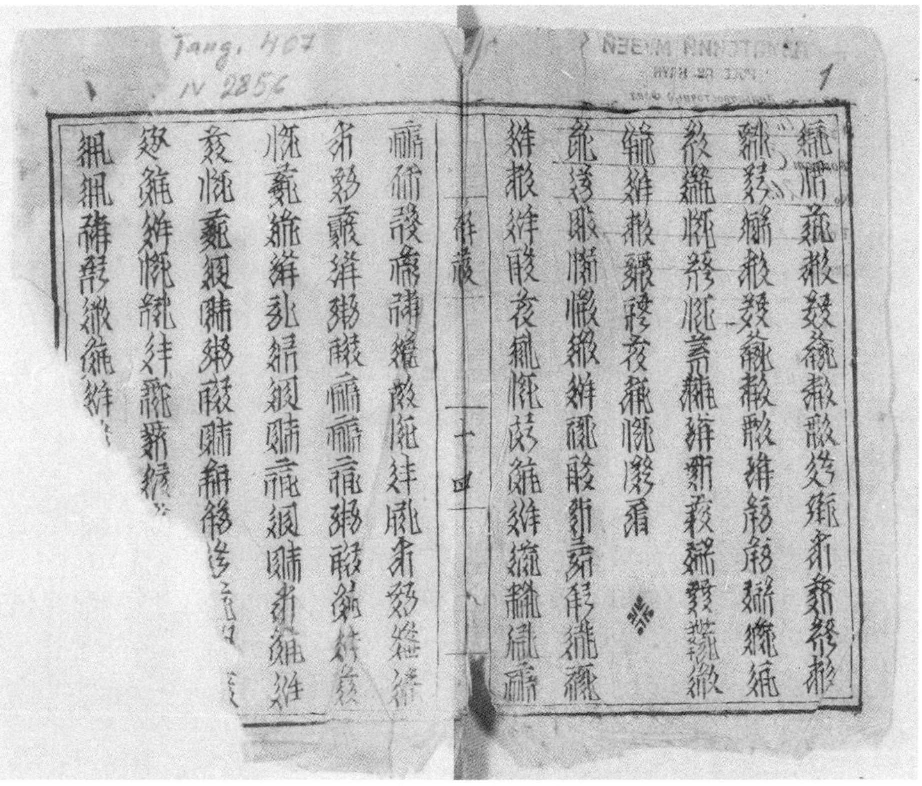

2.14(инв. № 2856)

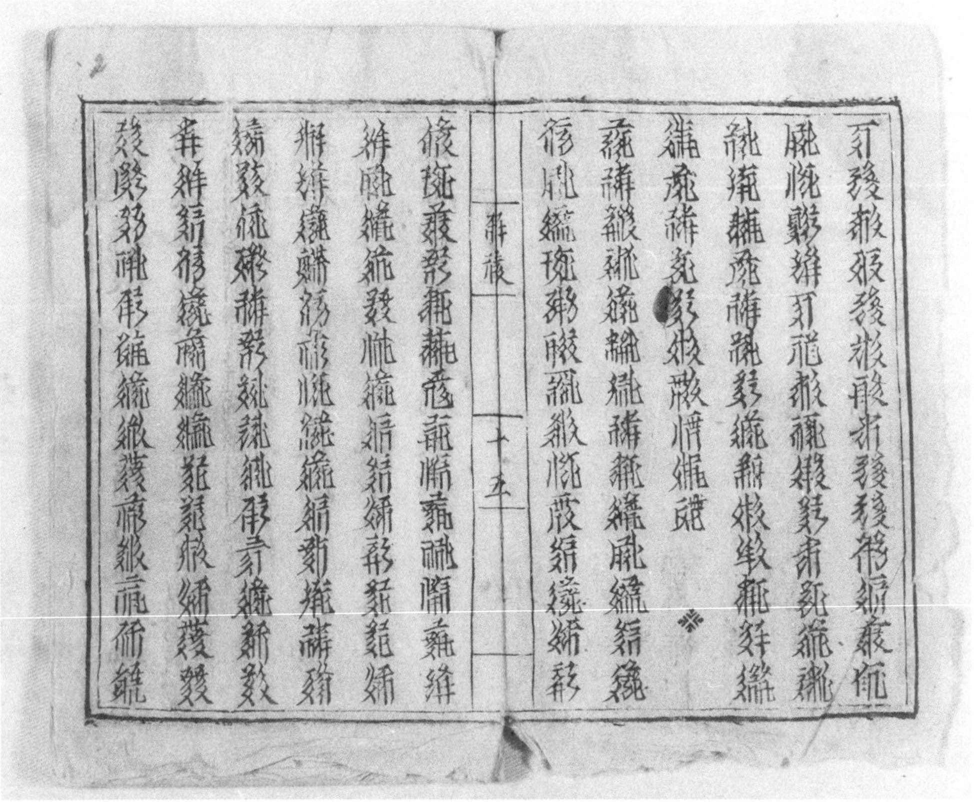

2.15（инв. № 2856）

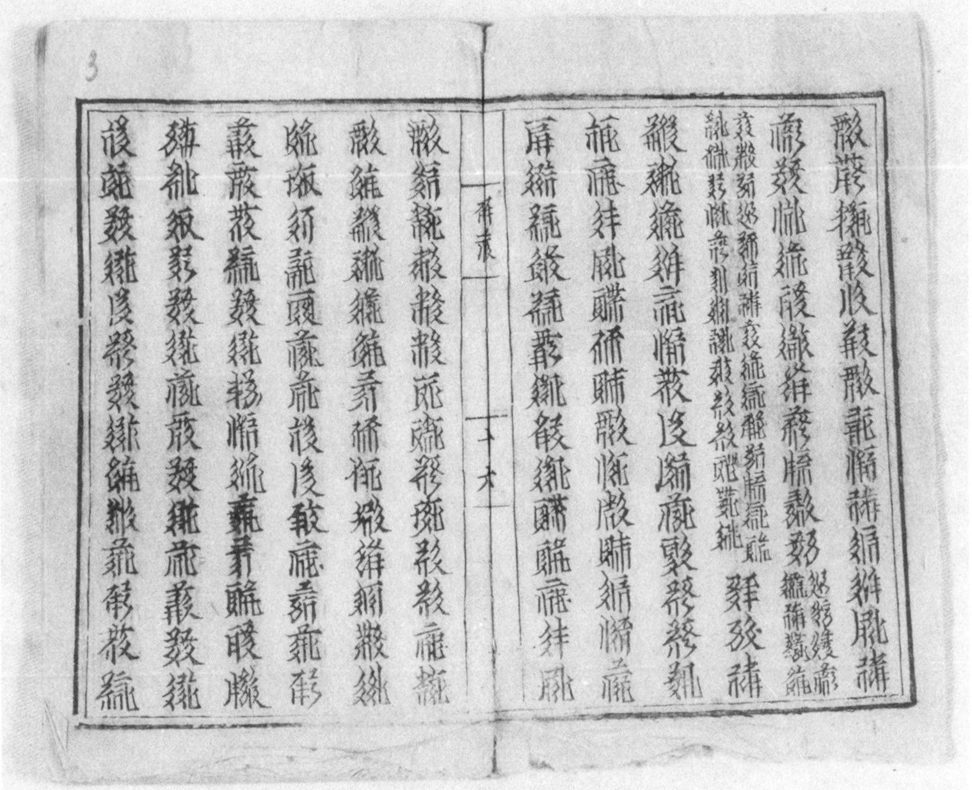

2.16（инв. № 2856）

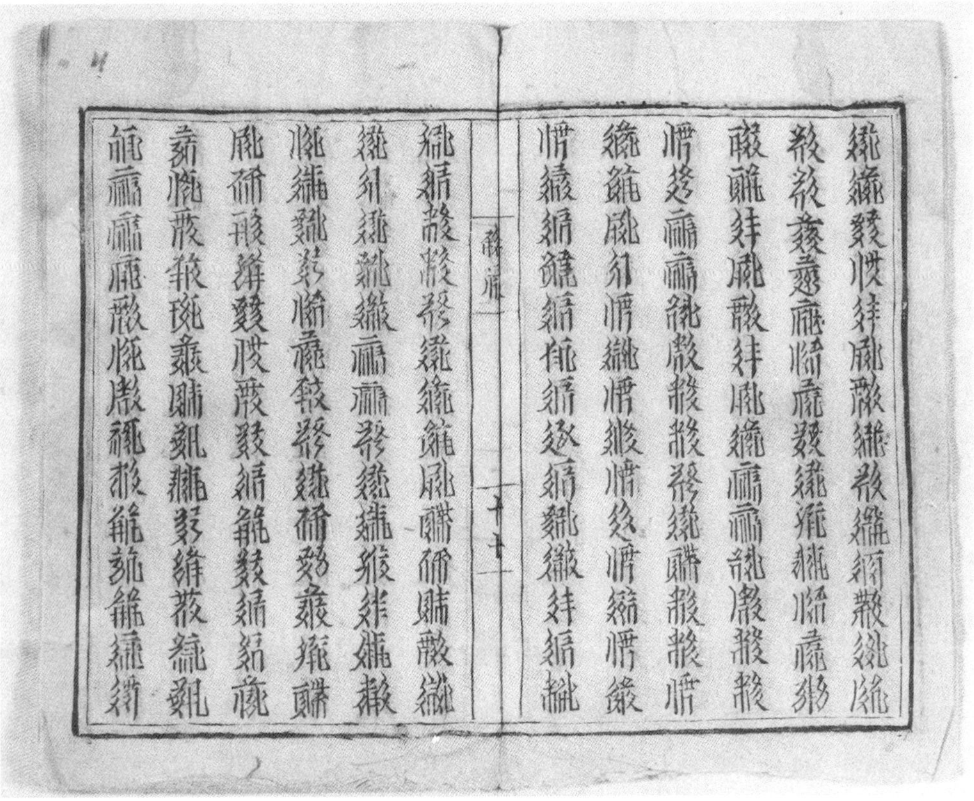

2.17（инв. № 2856）

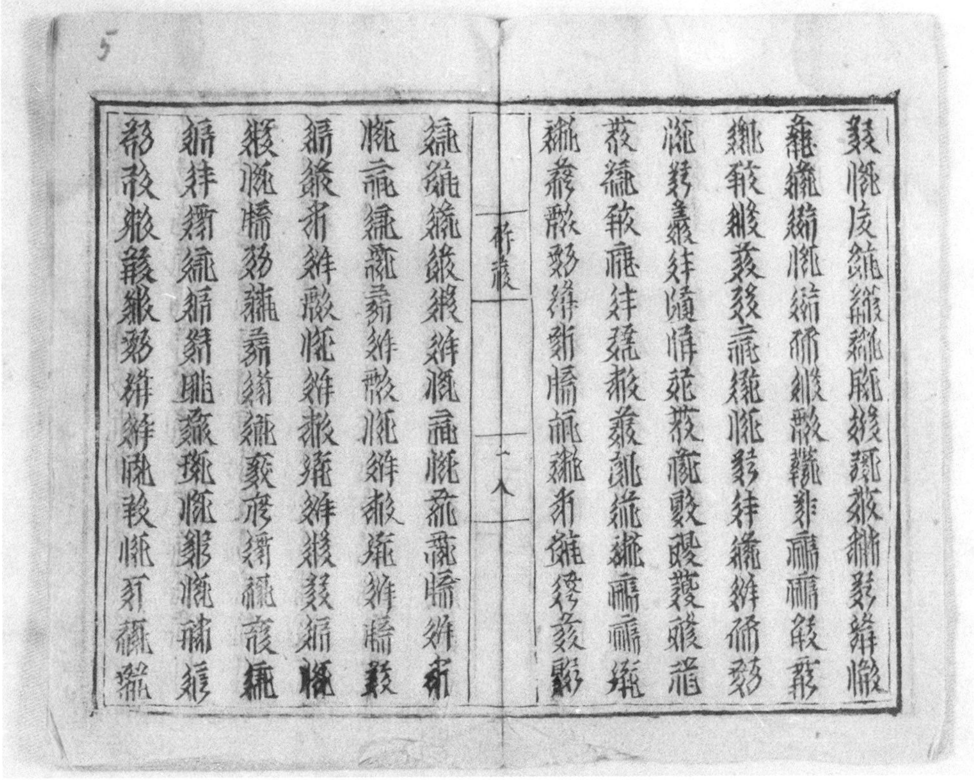

2.18（инв. № 2856）

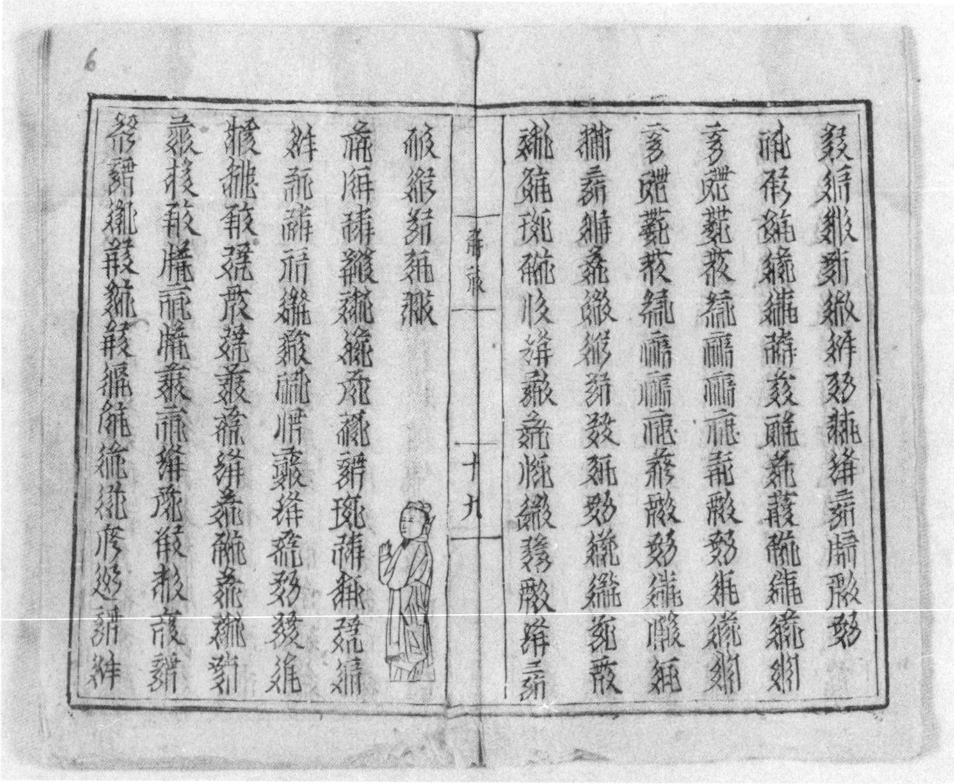

2.19(инв. № 2856)

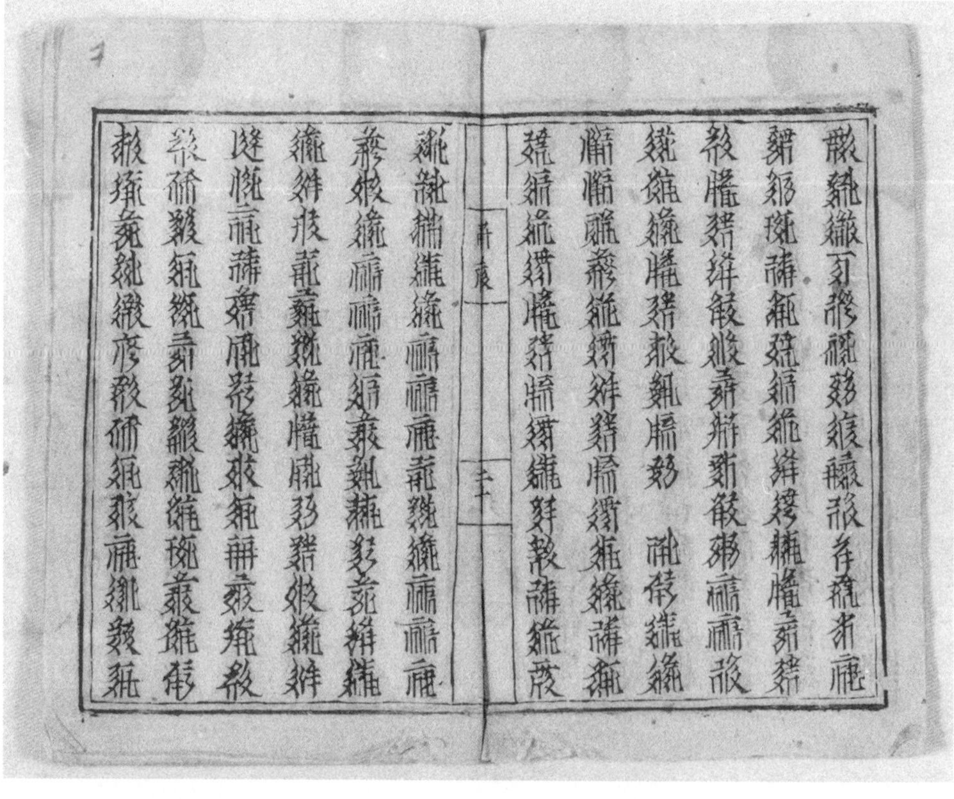

2.20(инв. № 2856)

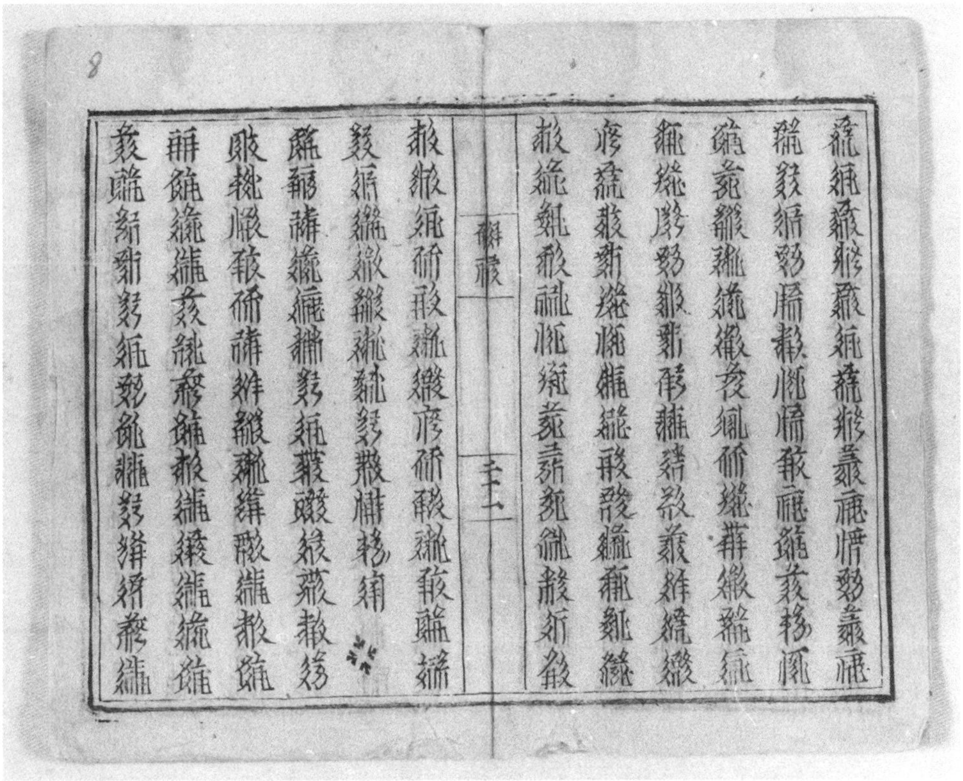

2.21（инв. № 2856）

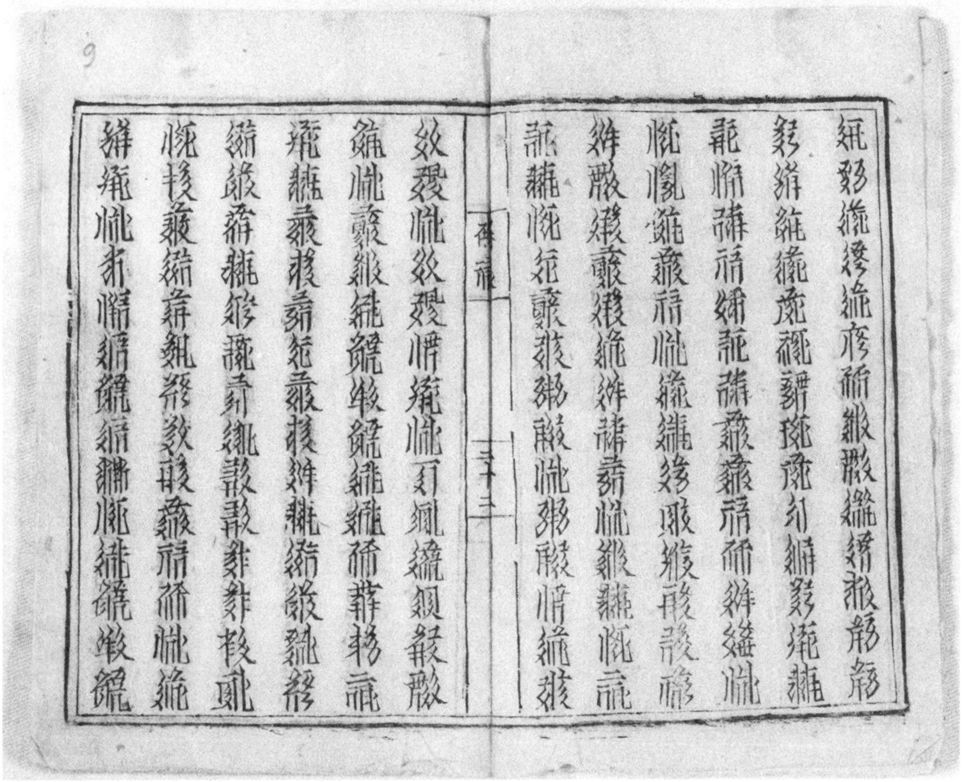

2.22（инв. № 2856）

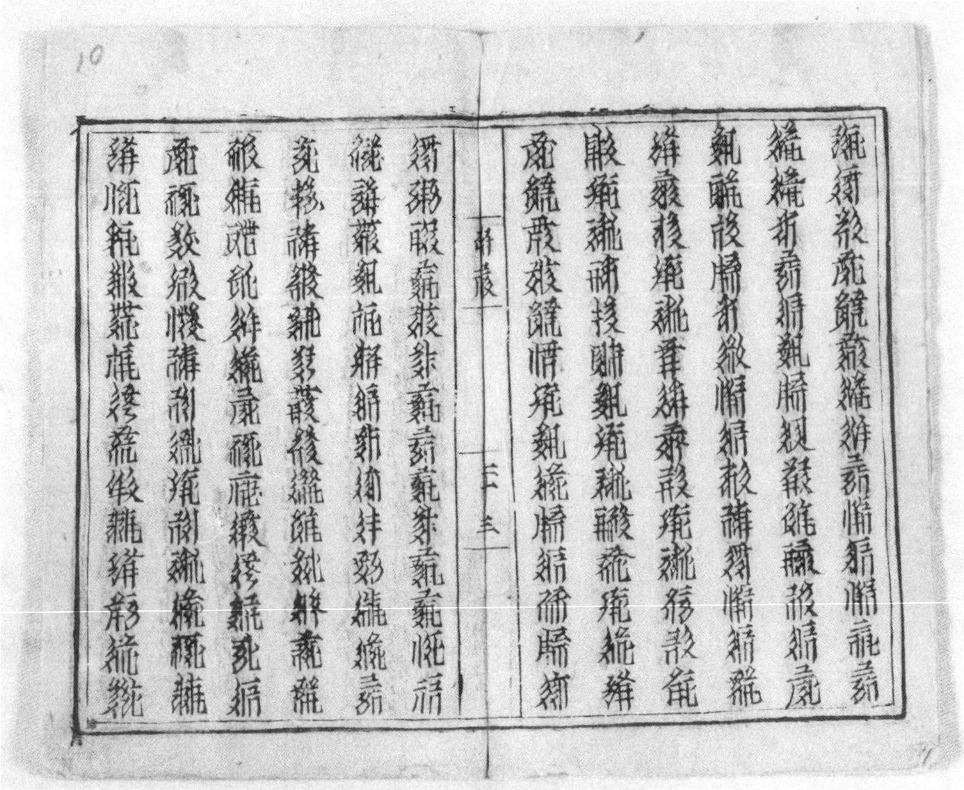

2.23(инв. № 2856)

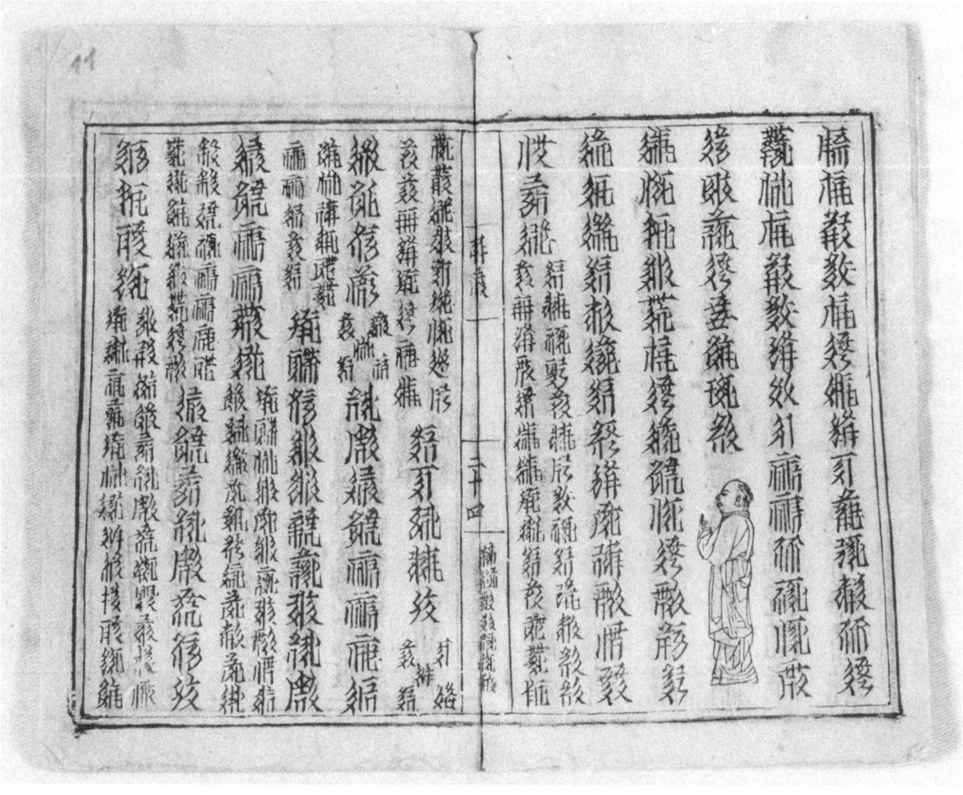

2.24(инв. № 2856)

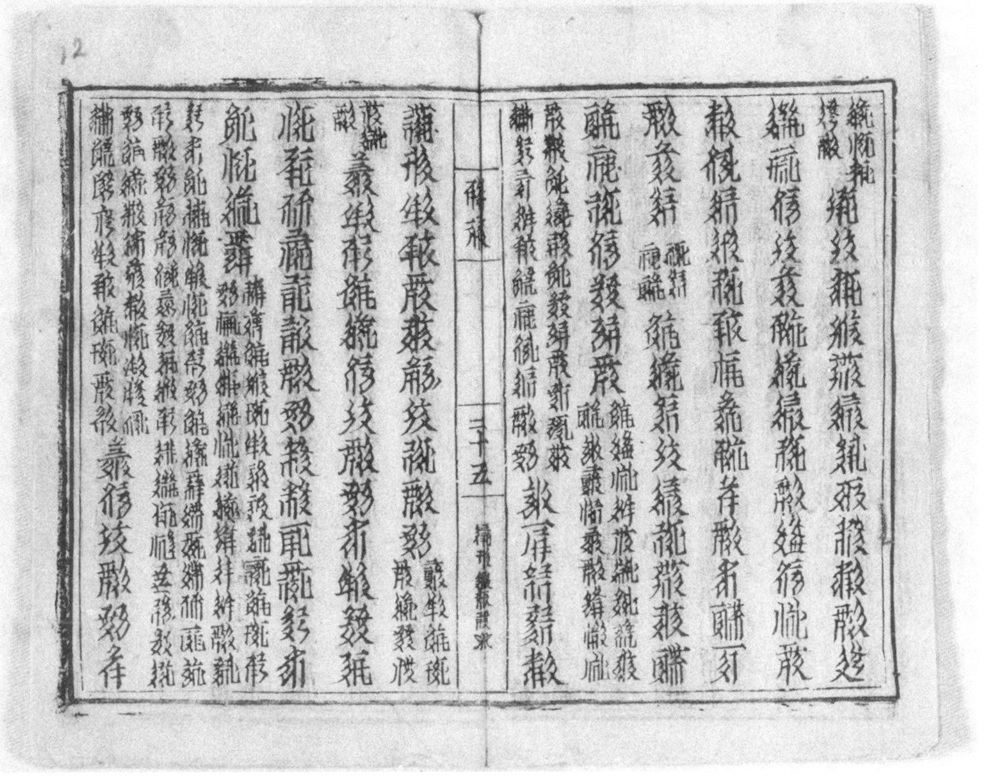

2.25(инв. № 2856)

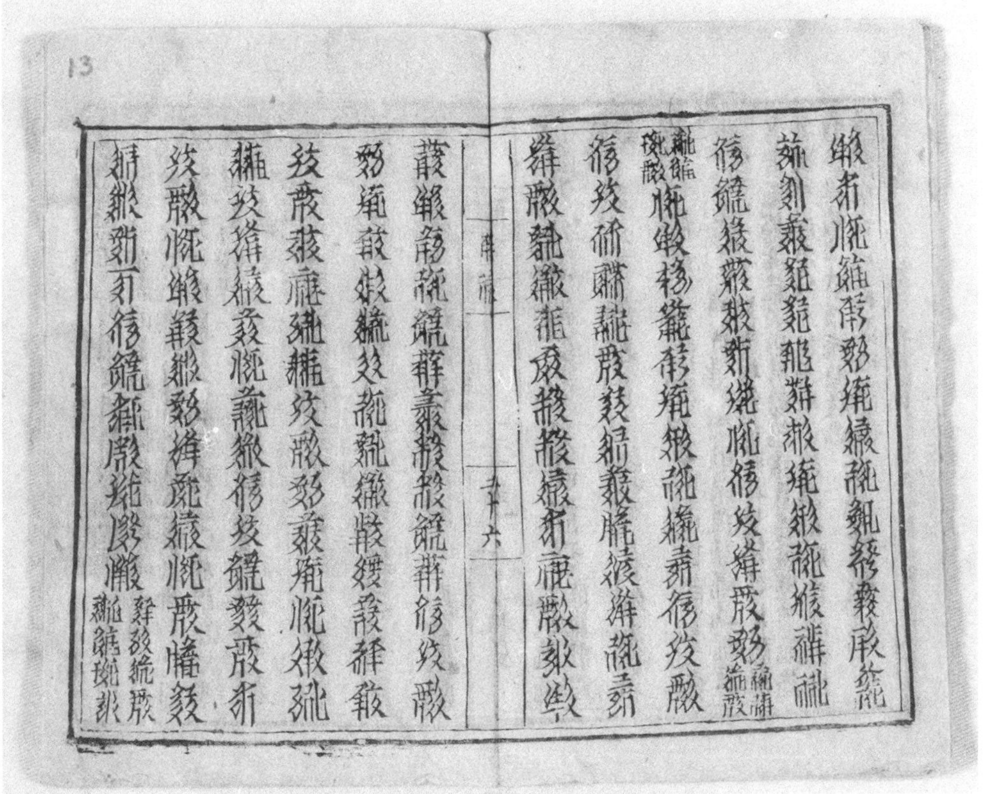

2.26(инв. № 2856)

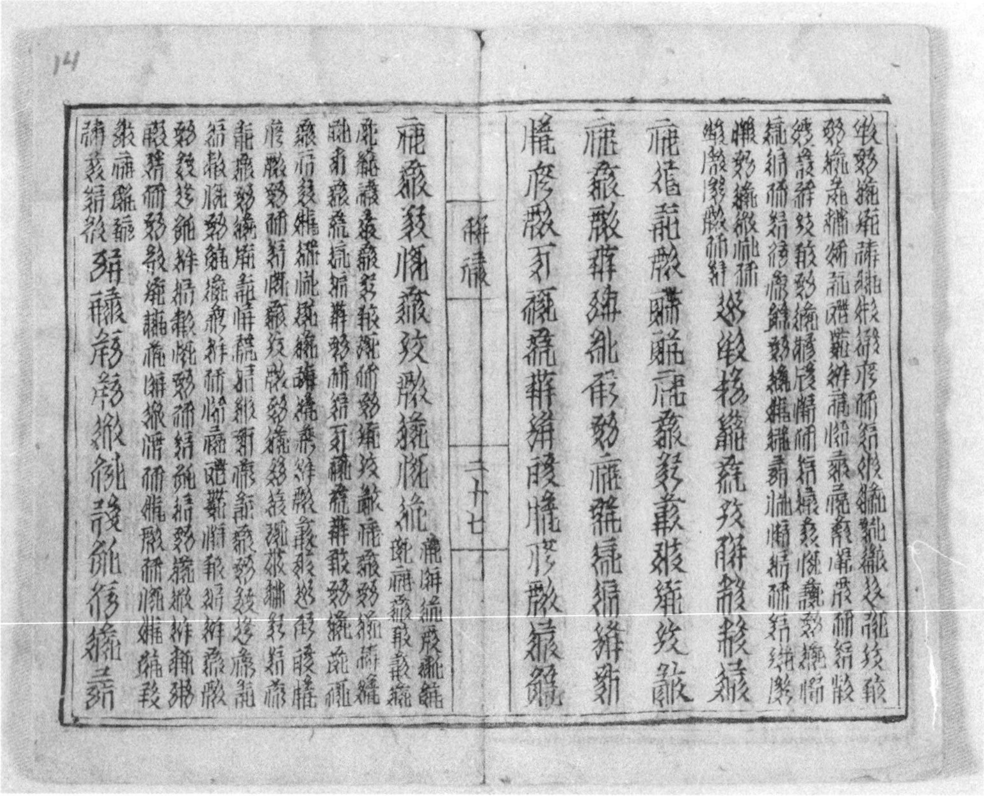

2.27(инв. № 2856)

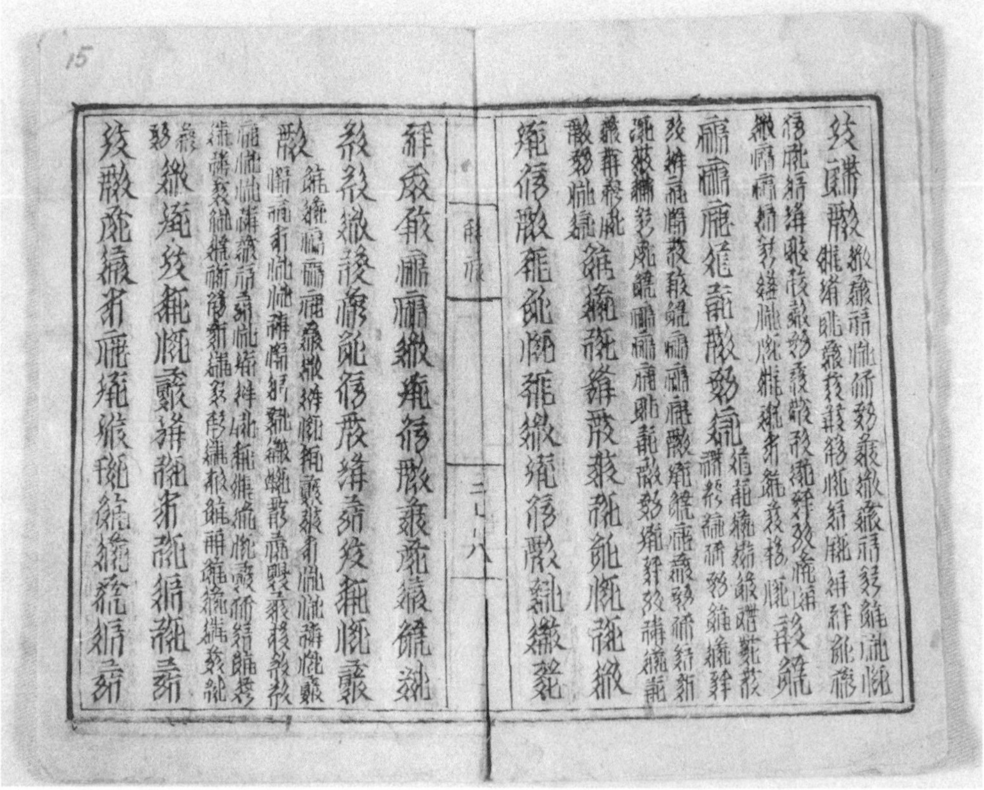

2.28(инв. № 2856)

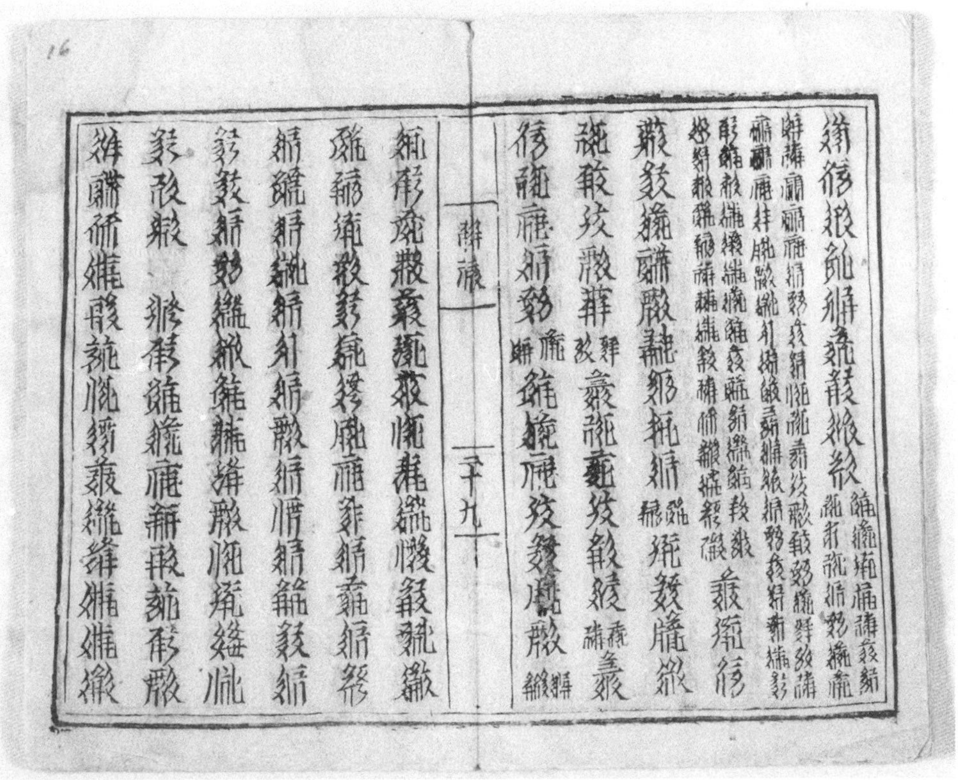

2.29（инв. № 2856）

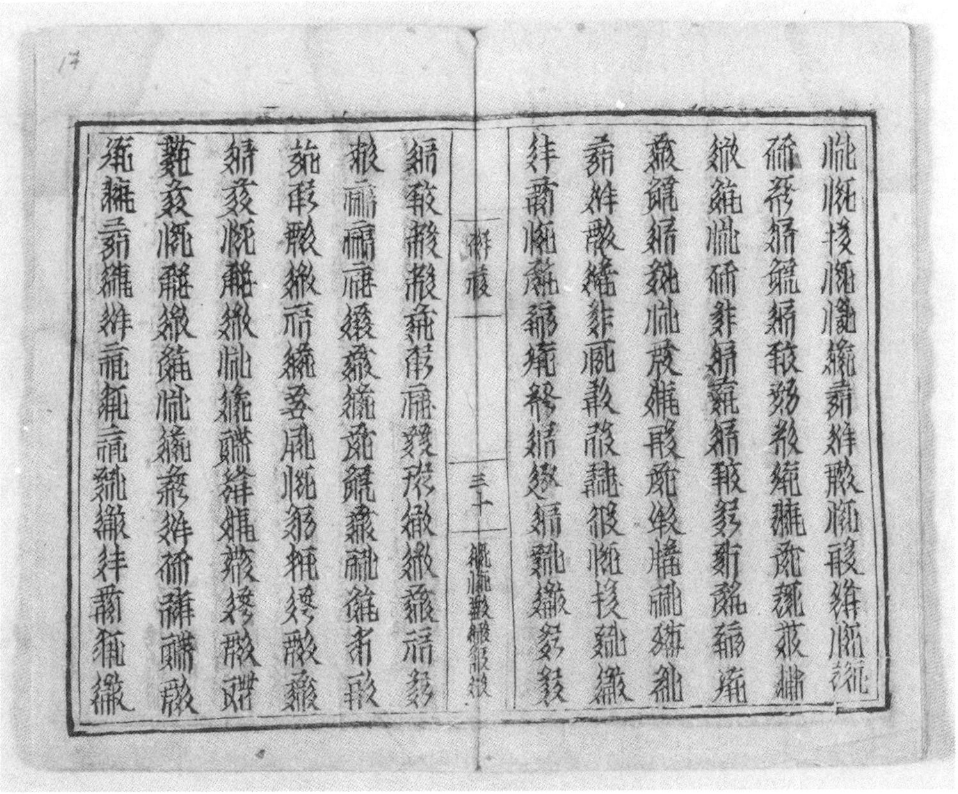

2.30（инв. № 2856）

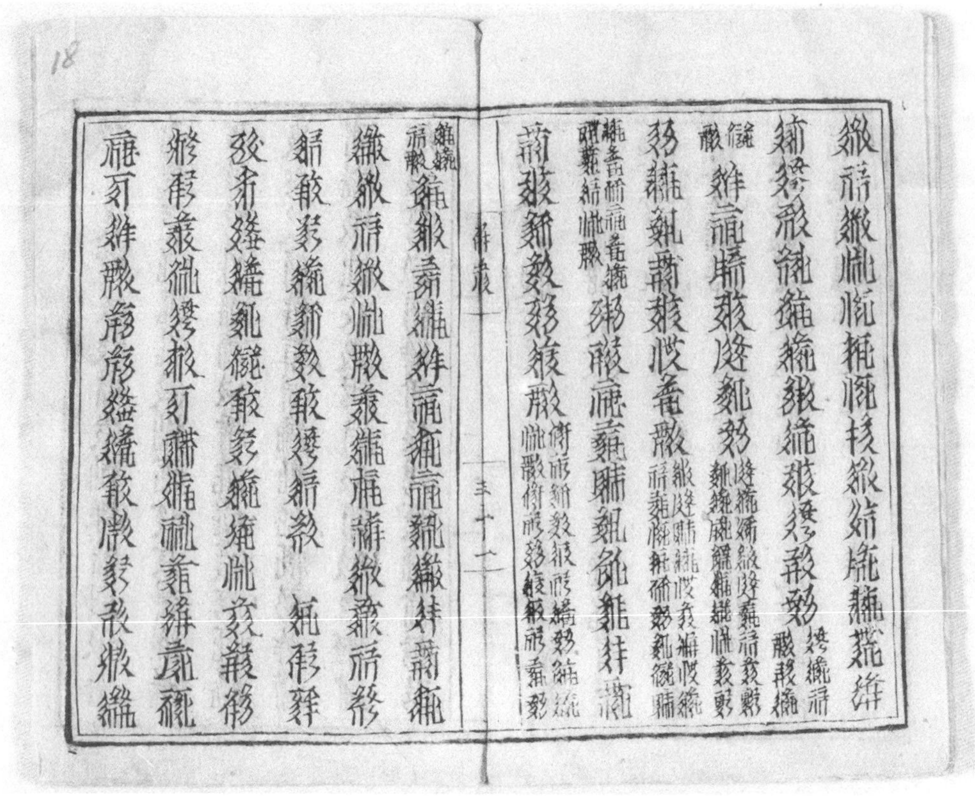

2.31(инв. № 2856)

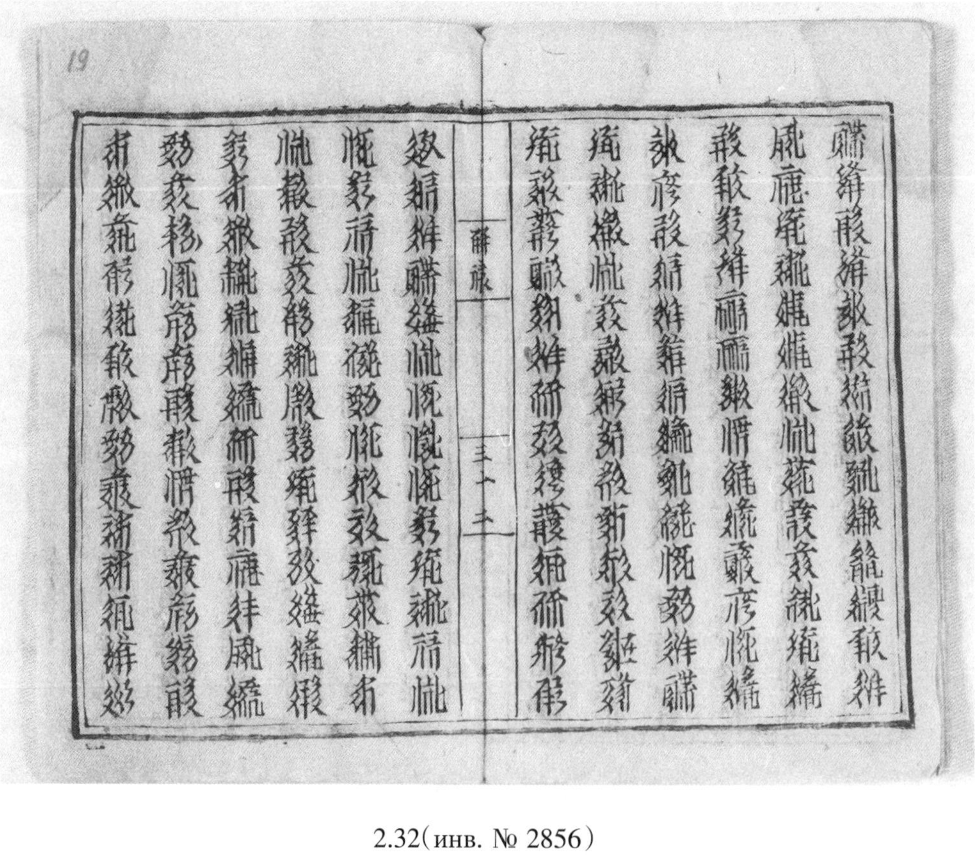

2.32(инв. № 2856)

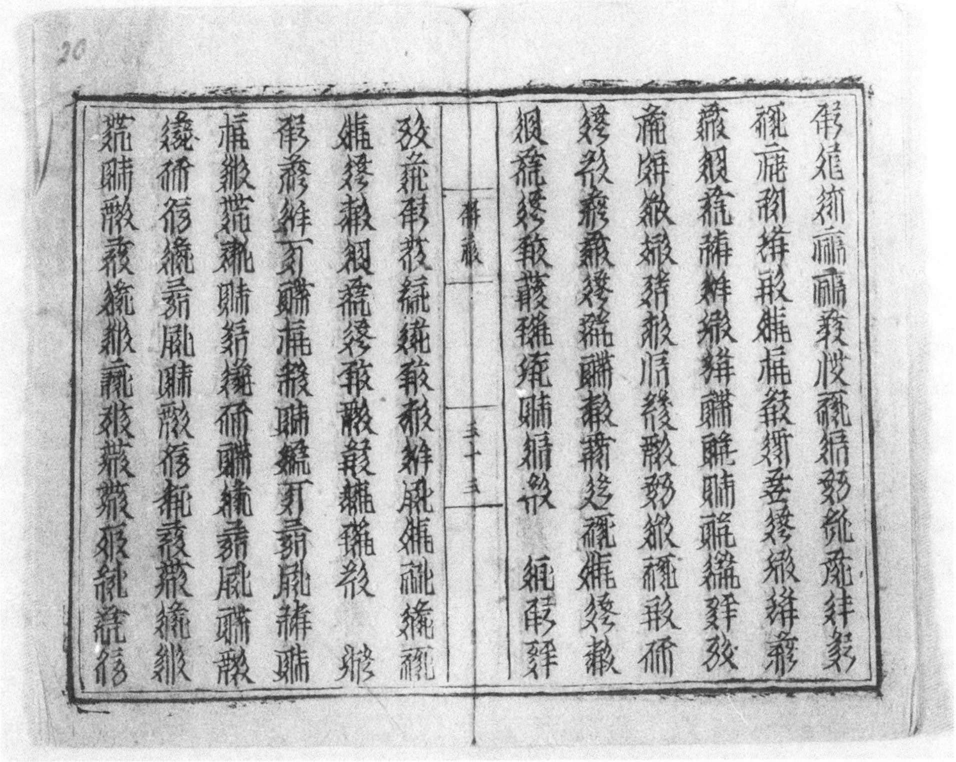

2.33（инв. № 2856）

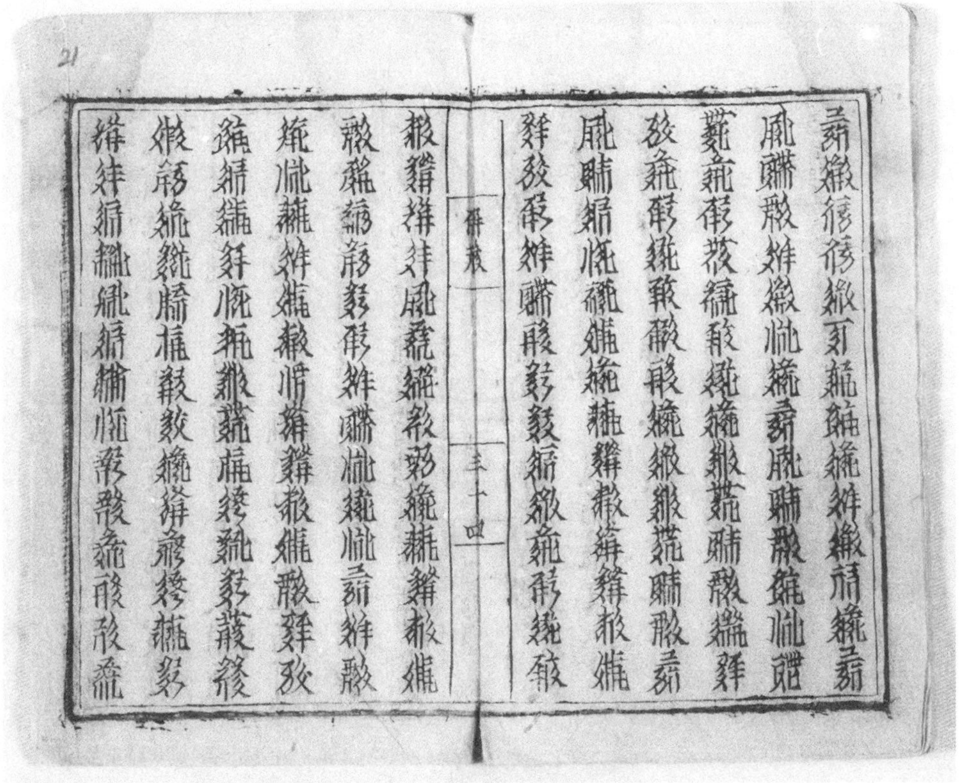

2.34（инв. № 2856）

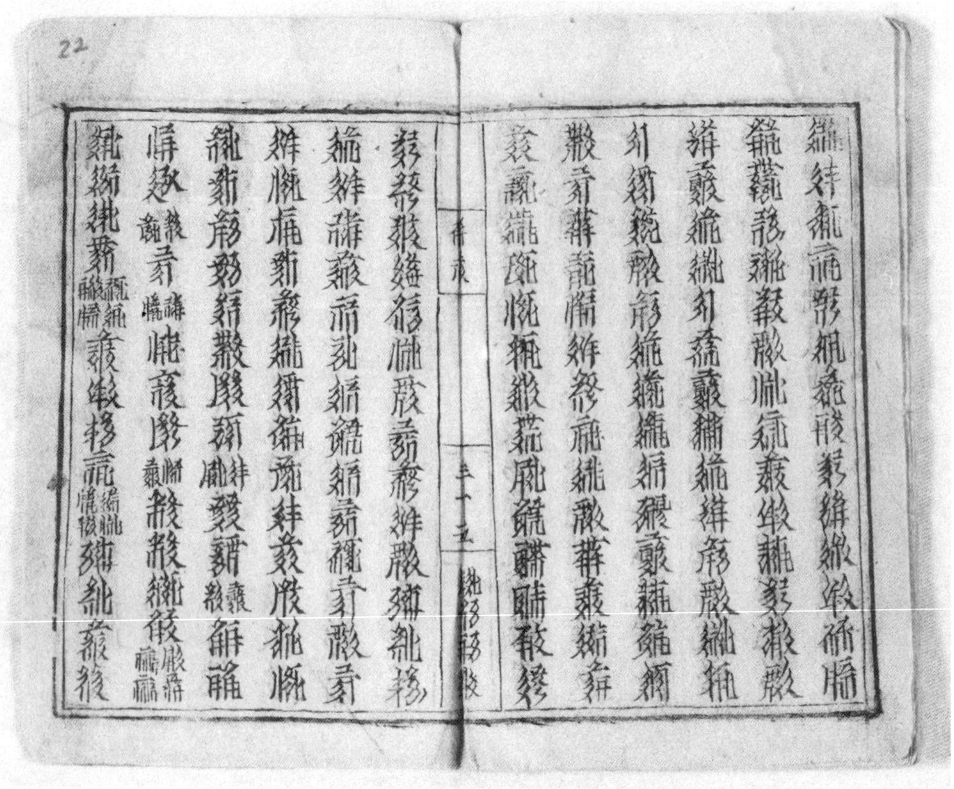

2.35(инв. № 2856)

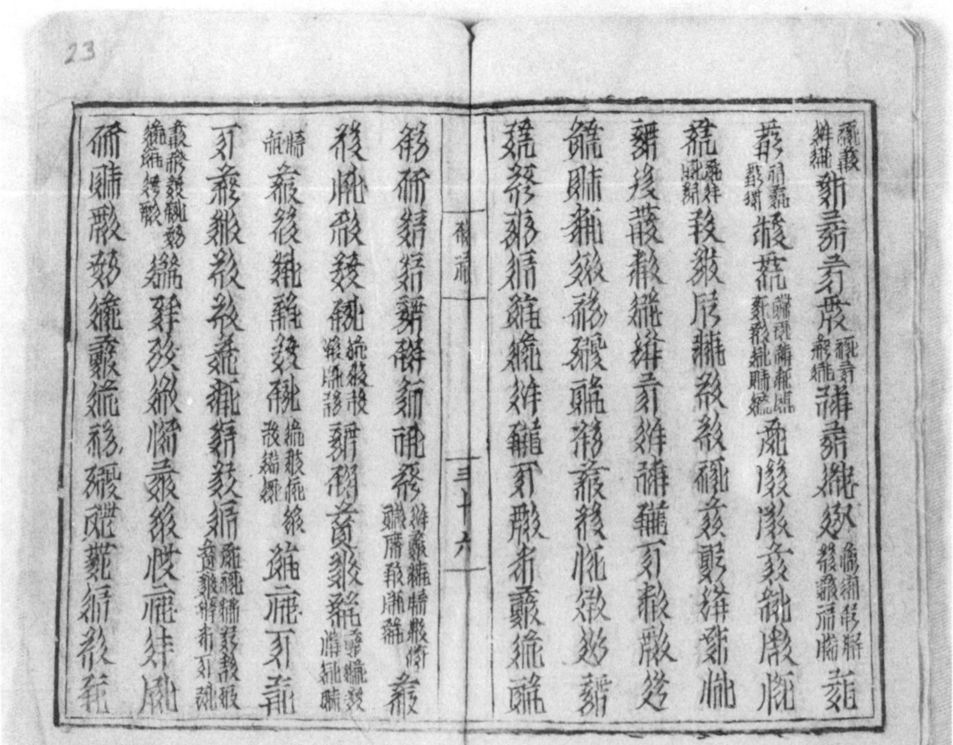

2.36(инв. № 2856)

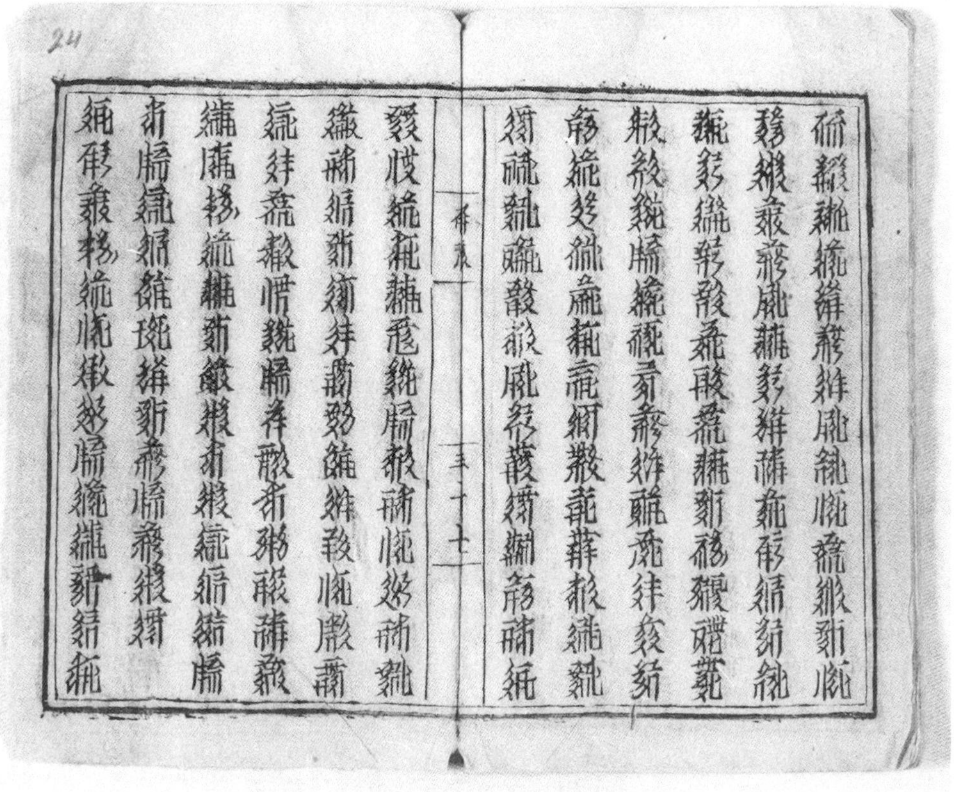

2.37(инв. № 2856)

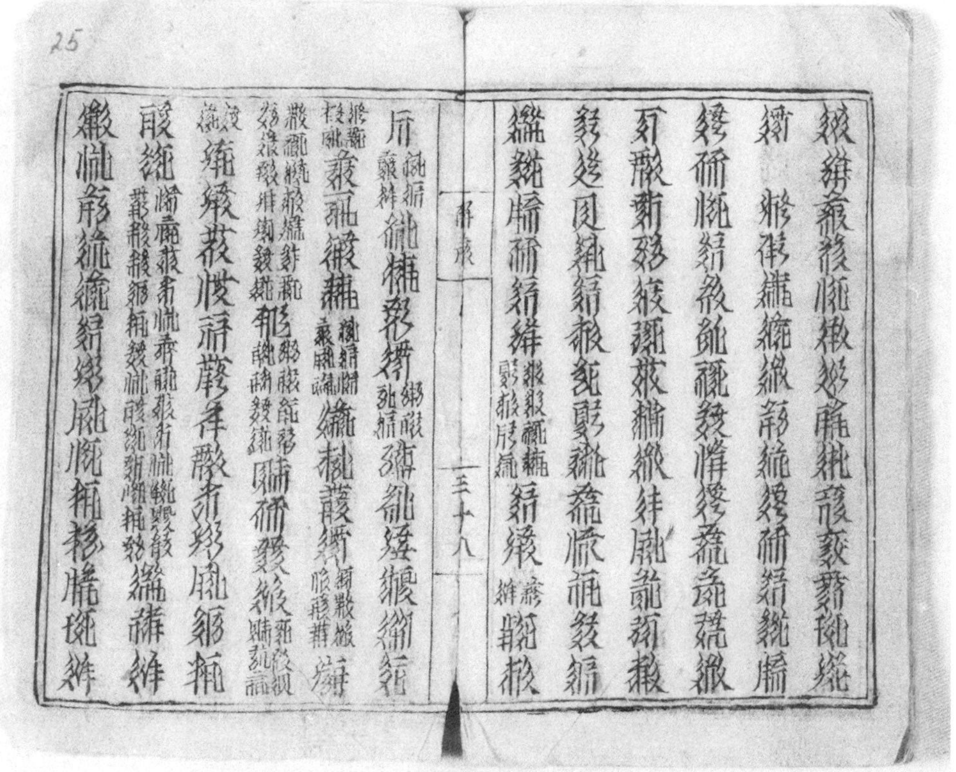

2.38(инв. № 2856)

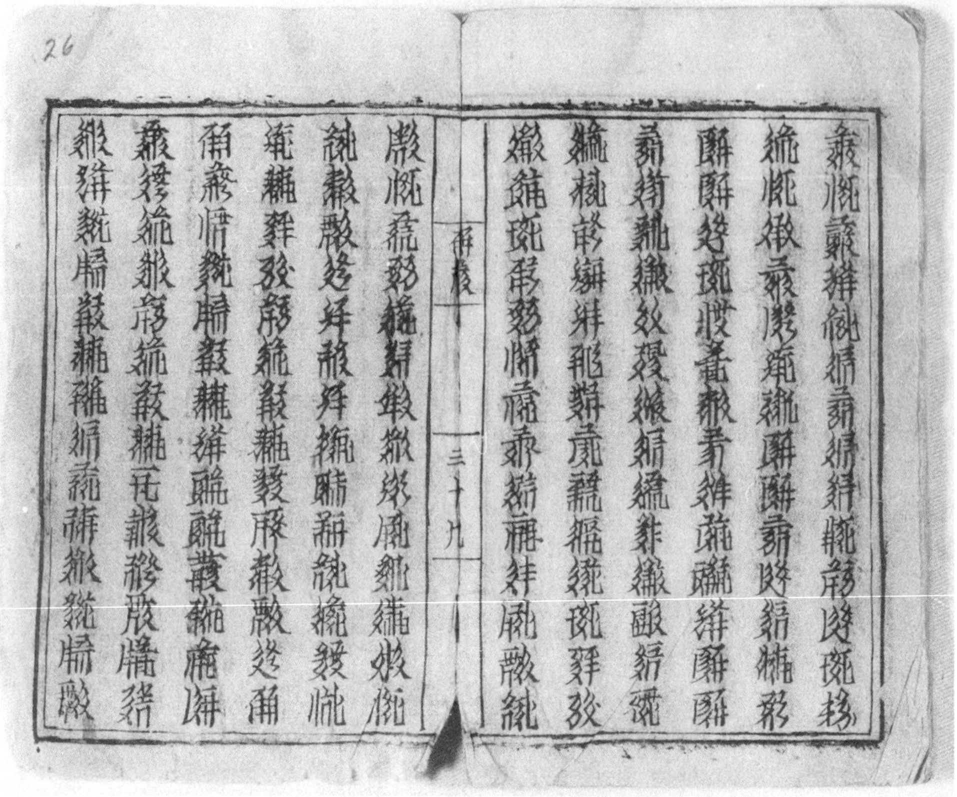

2.39（инв. № 2856）

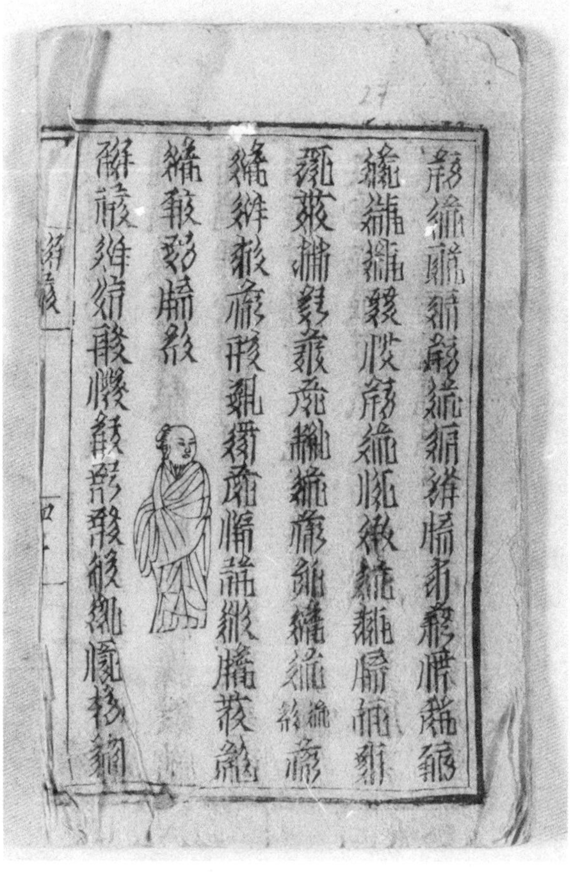

2.40（инв. № 2856）

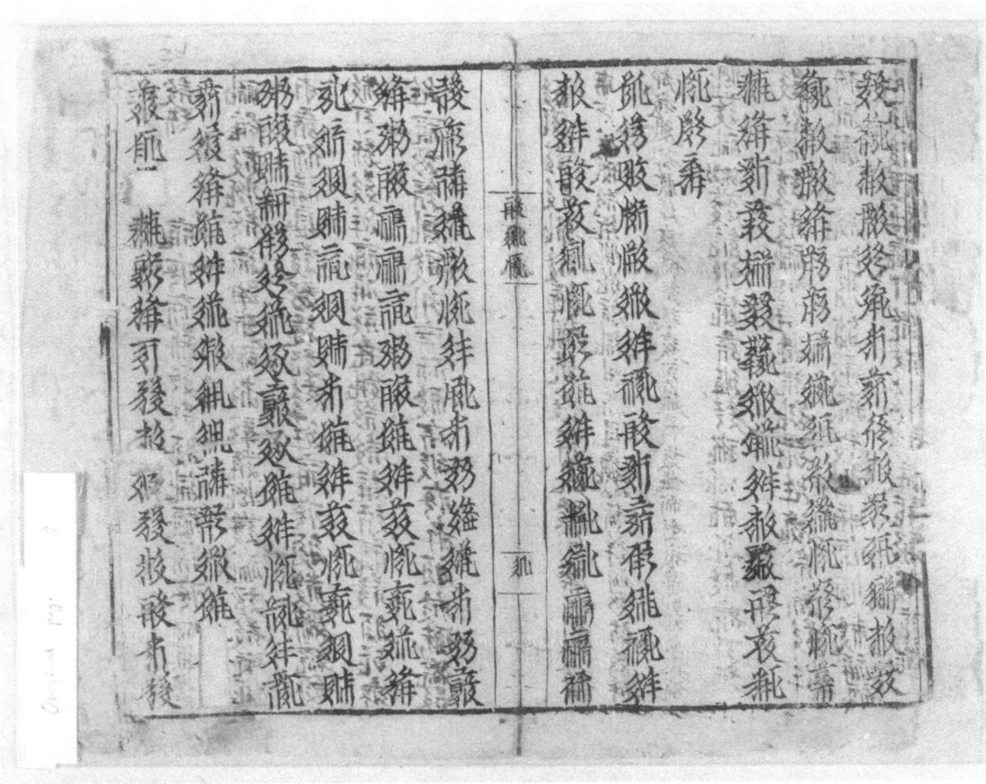

2.9(инв. № 2893)［内容略与 2.13–14(инв. № 2856)对应］

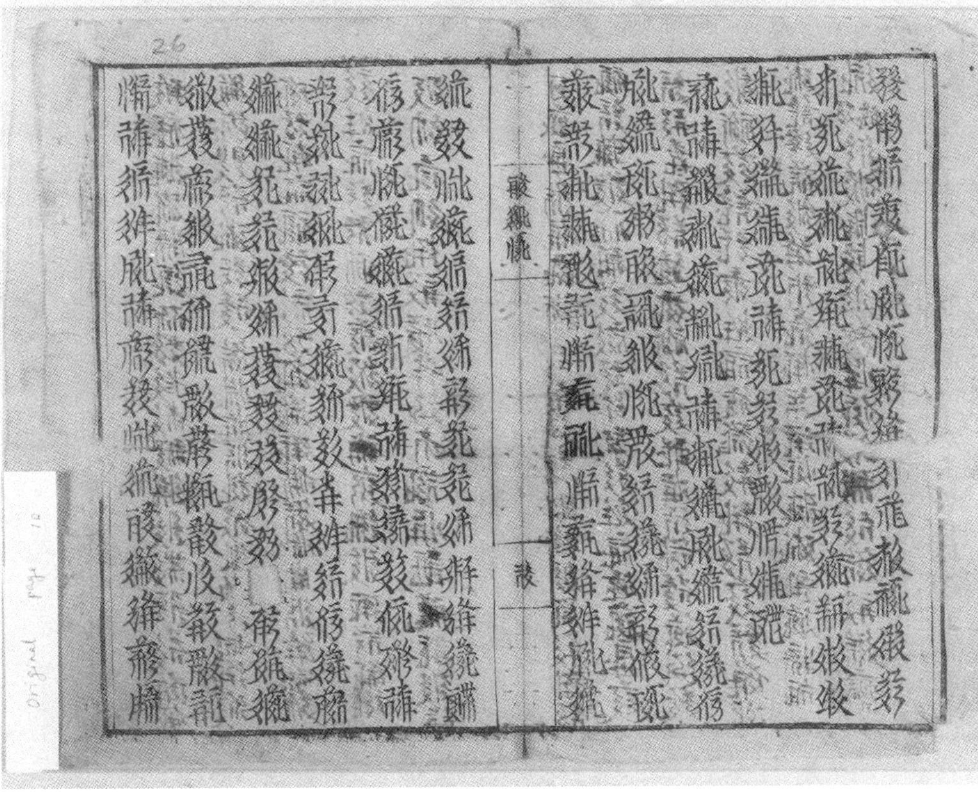

2.10(инв. № 2893)［内容略与 2.15–16(инв. № 2856)对应］

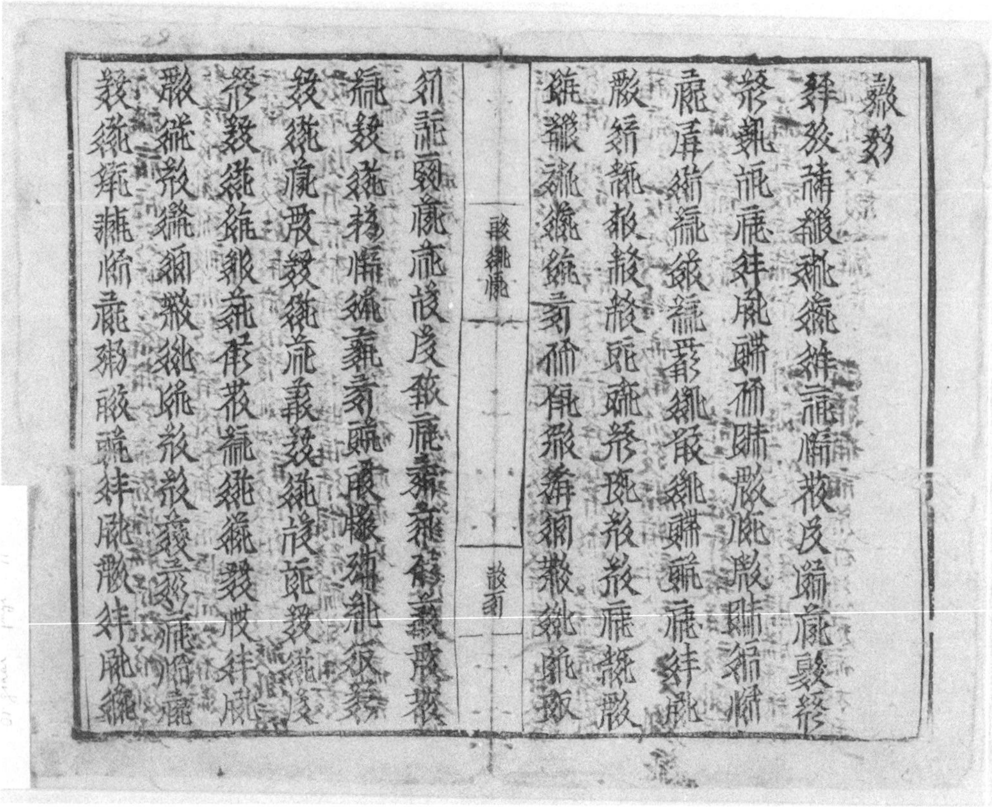

2.11(инв. № 2893)[内容略与2.16–17(инв. № 2856)对应]

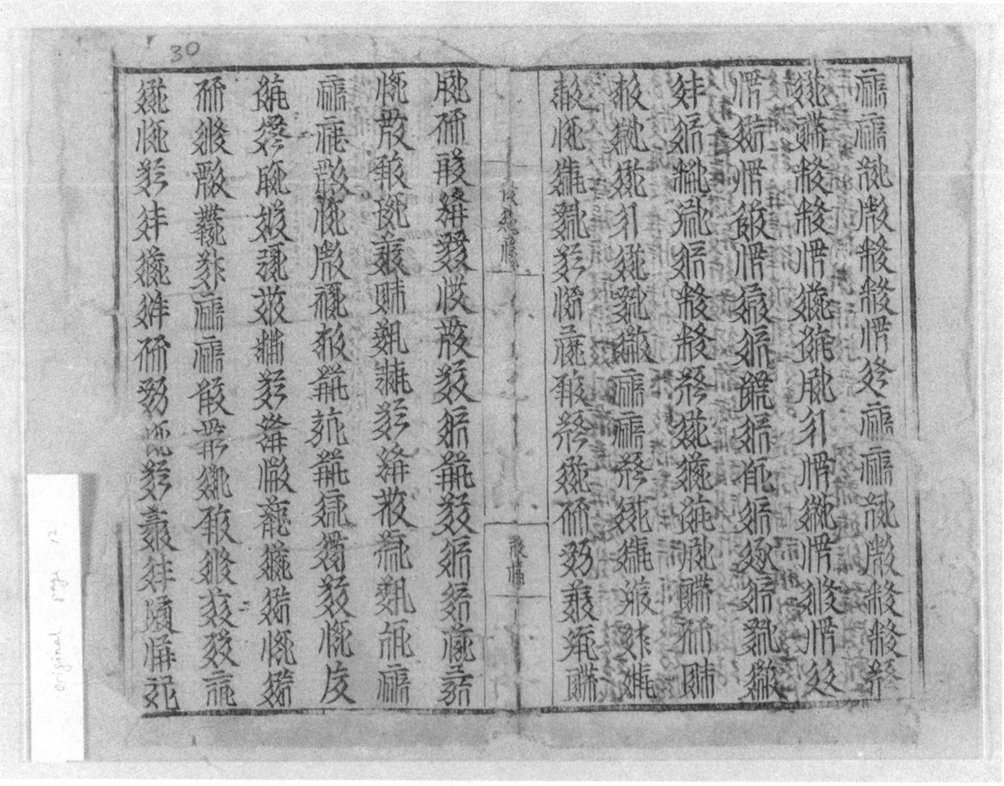

2.12(инв. № 2893)[内容略与2.17–18(инв. № 2856)对应]

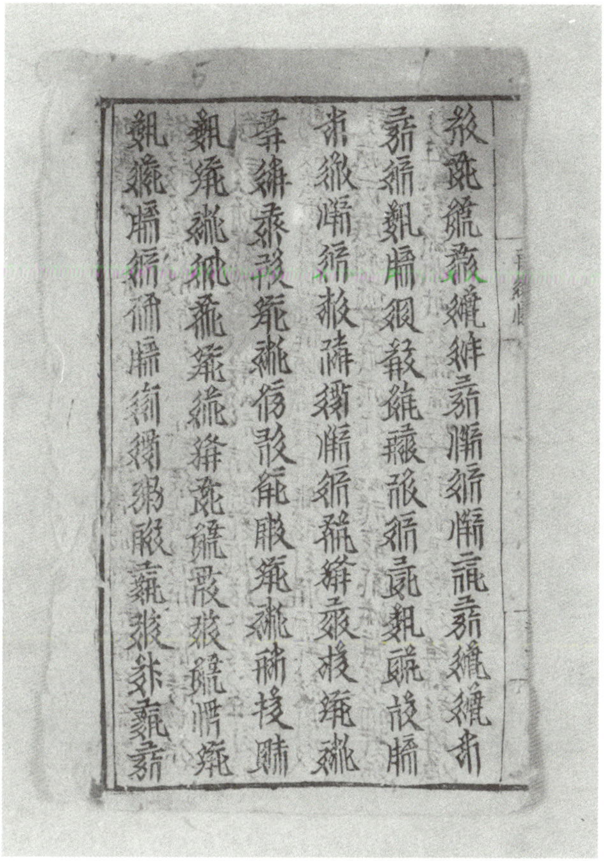

2.17(инв. № 2893)[内容略与 2.23(инв. № 2856)对应]

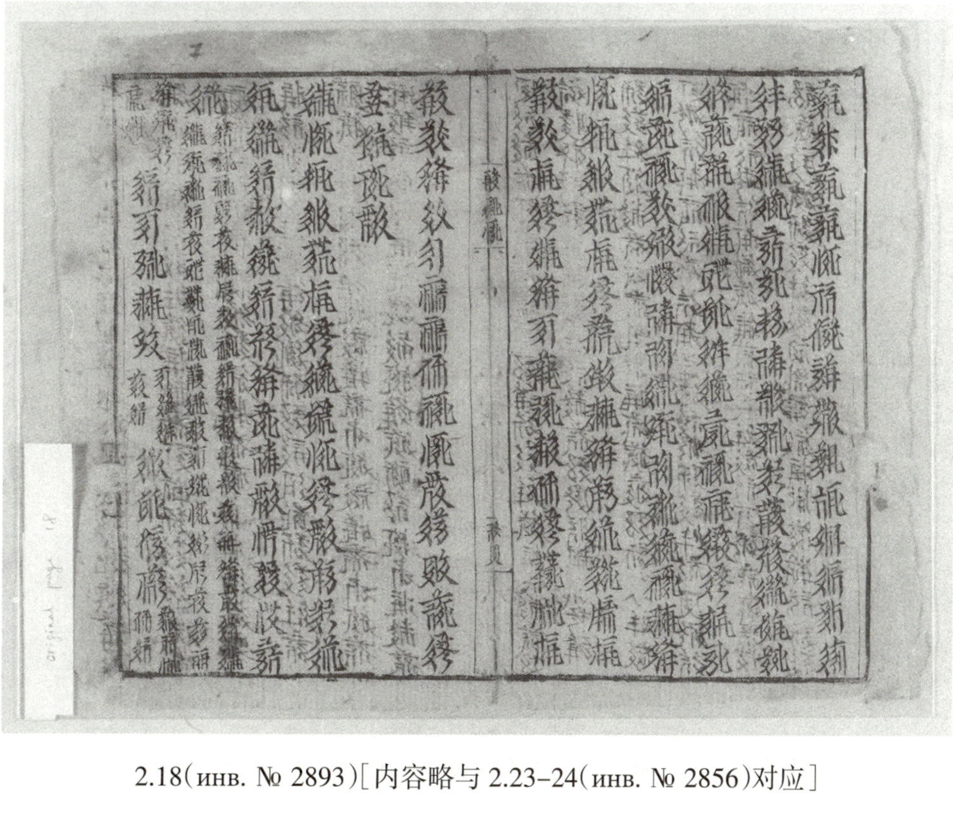

2.18(инв. № 2893)[内容略与 2.23–24(инв. № 2856)对应]

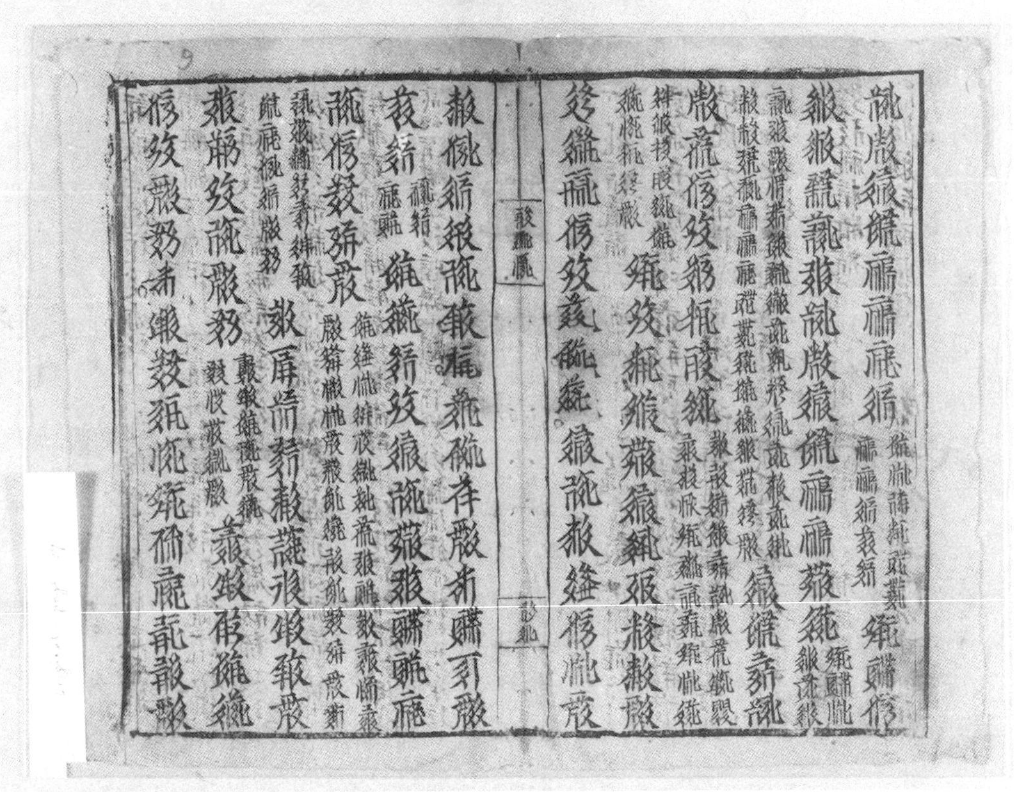

2.19(инв. № 2893)［内容略与 2.24–25(инв. № 2856)对应］

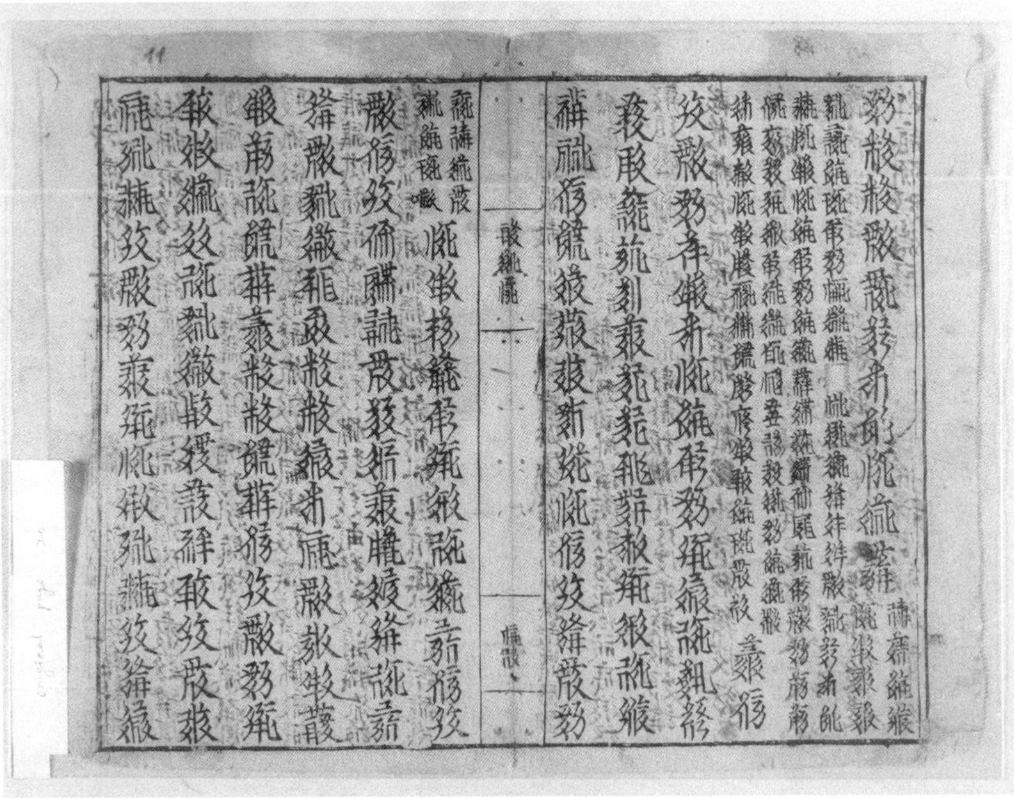

2.20(инв. № 2893)［内容略与 2.25–26(инв. № 2856)对应］

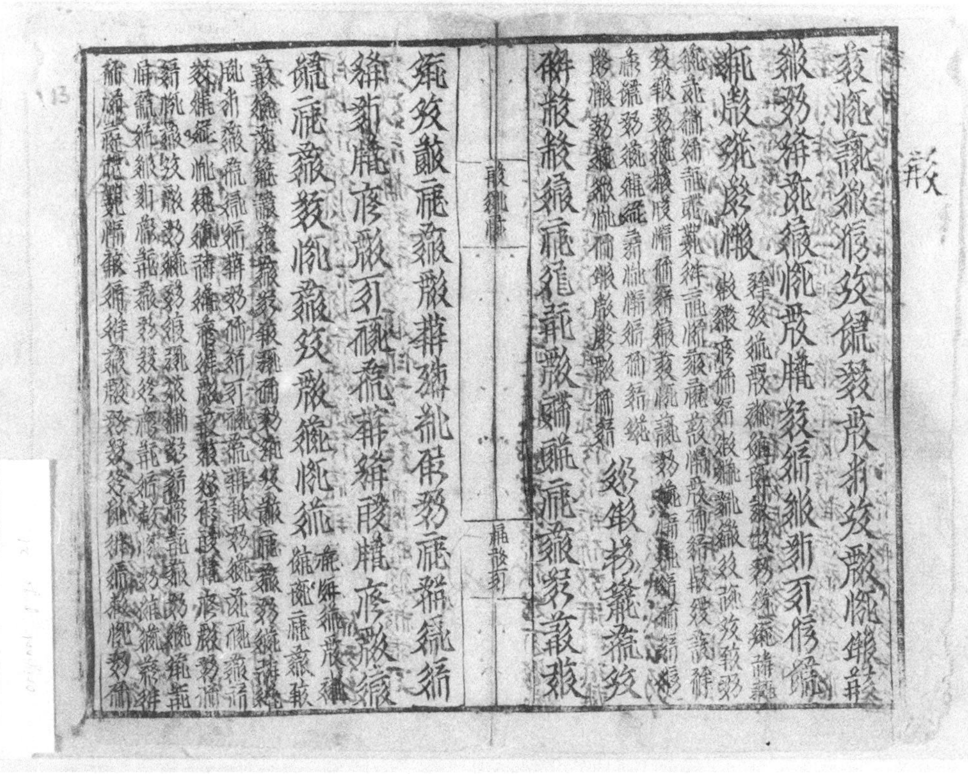

2.21(инв. № 2893)[内容略与 2.26–27(инв. № 2856)对应]

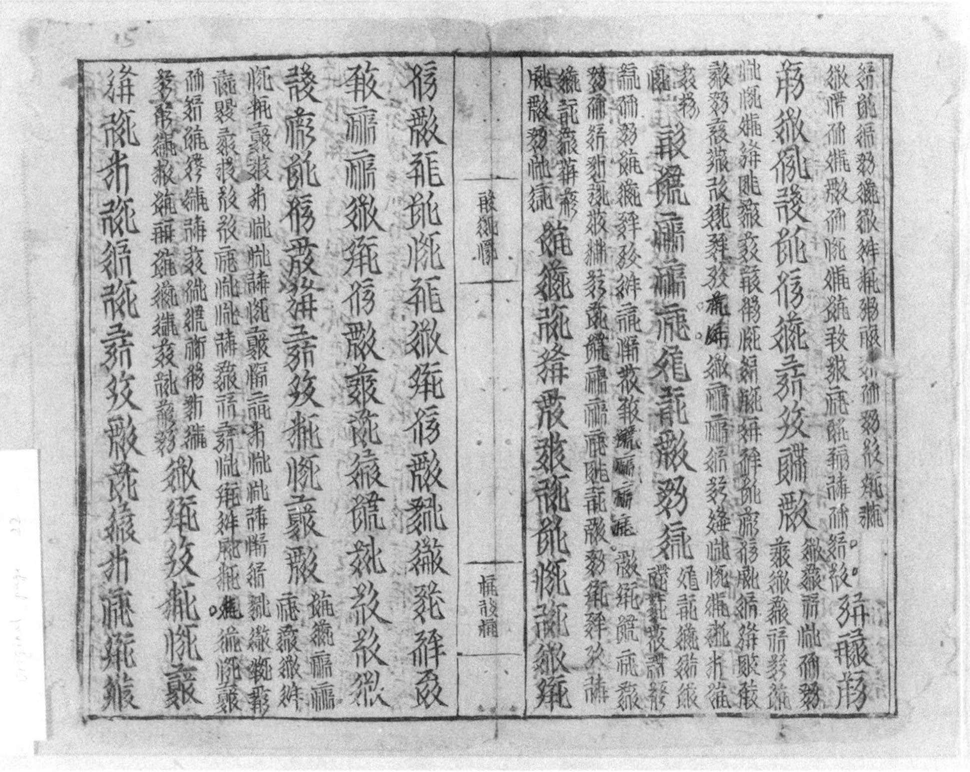

2.22(инв. № 2893)[内容略与 2.27–28(инв. № 2856)对应]

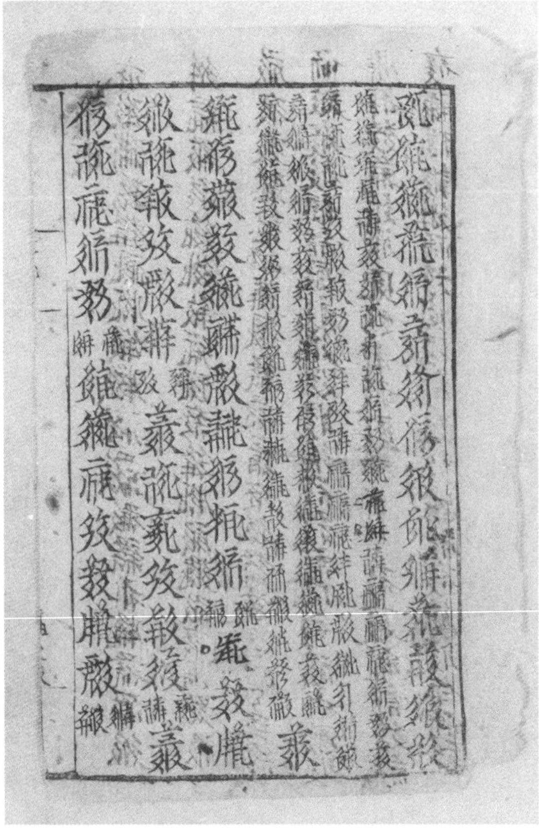

2.23(инв. № 2893)[内容略与 2.28–29(инв. № 2856)对应]

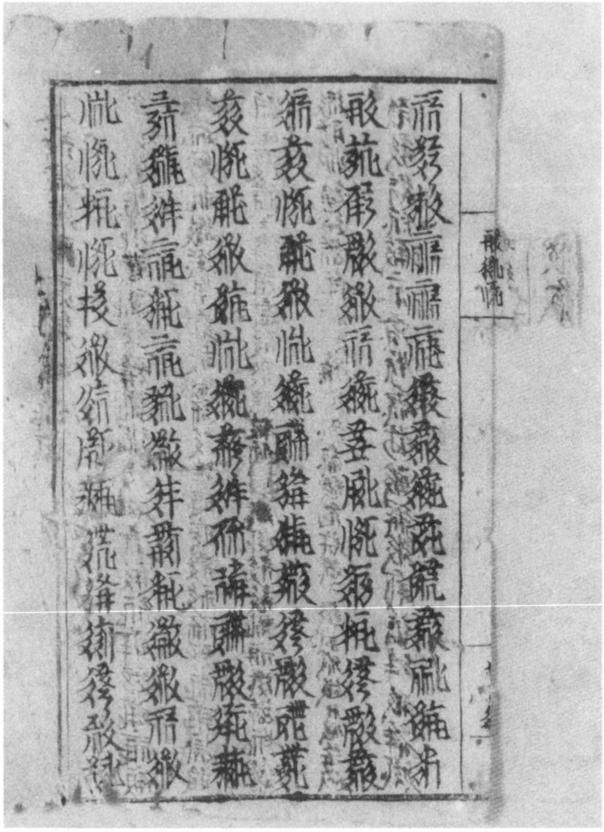

2.24 (инв. № 2893)[内容略与 2.30–31(инв. № 2856)对应]

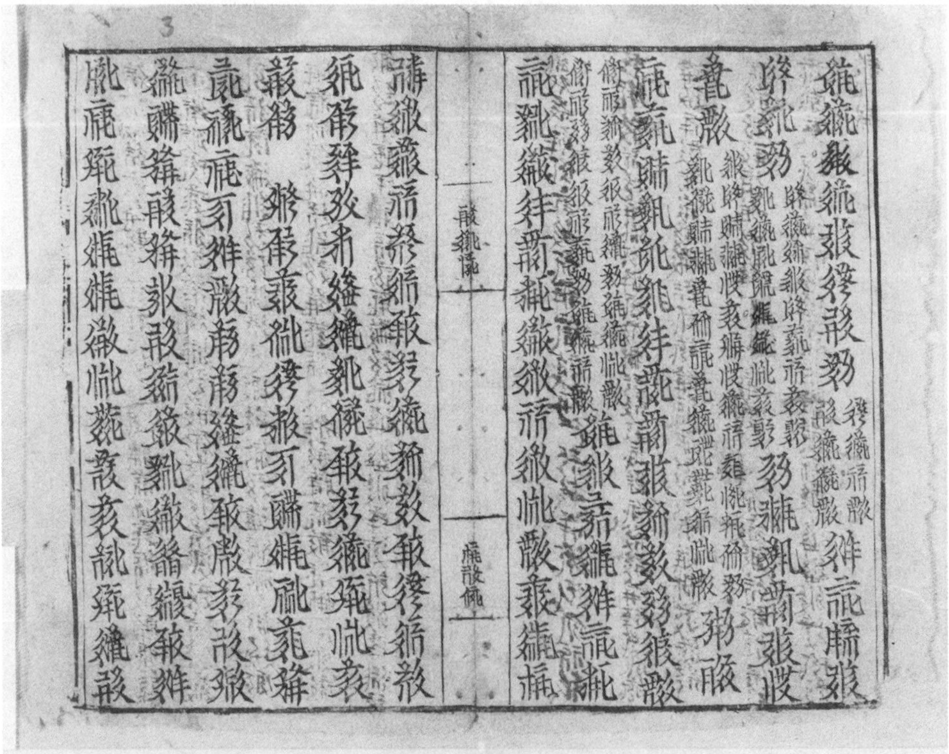

2.25(инв. № 2893)[内容略与 2.31(инв. № 2856)对应]

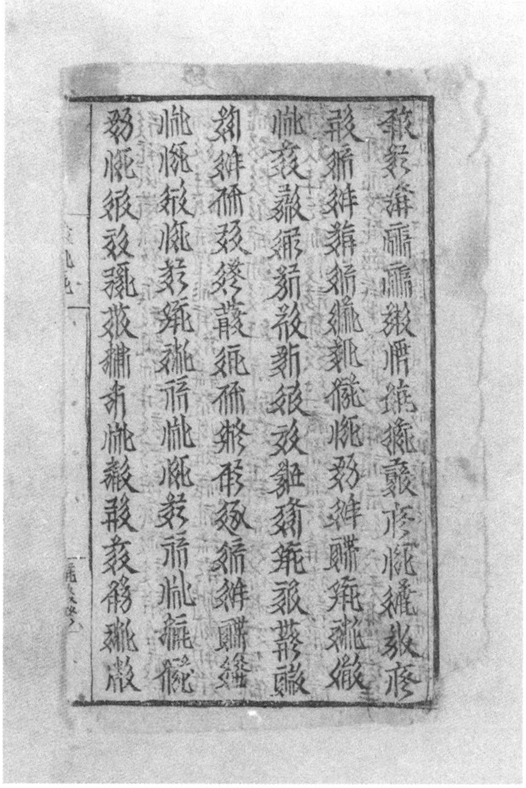

2.26（инв. № 2893）［内容略与 2.32（инв. № 2856）对应］

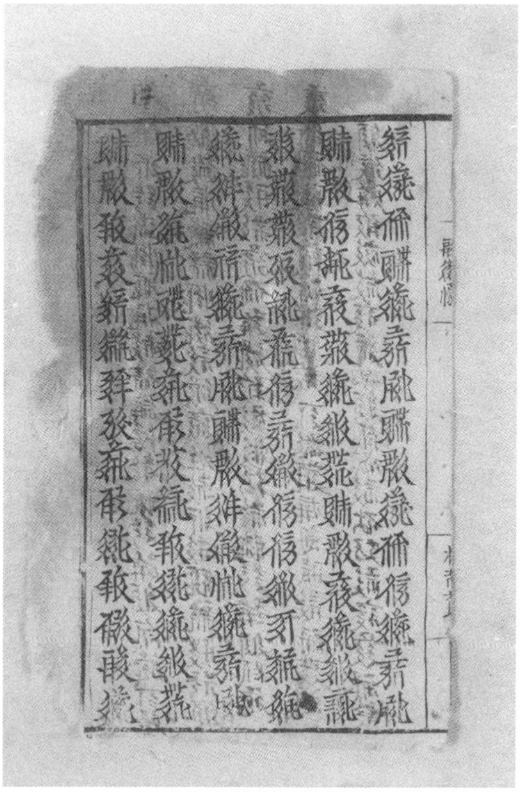

2.27（инв. № 2893）［内容略与 2.33-34（инв. № 2856）对应］

2.28（инв. № 2893）［内容略与 2.34（инв. № 2856）对应］

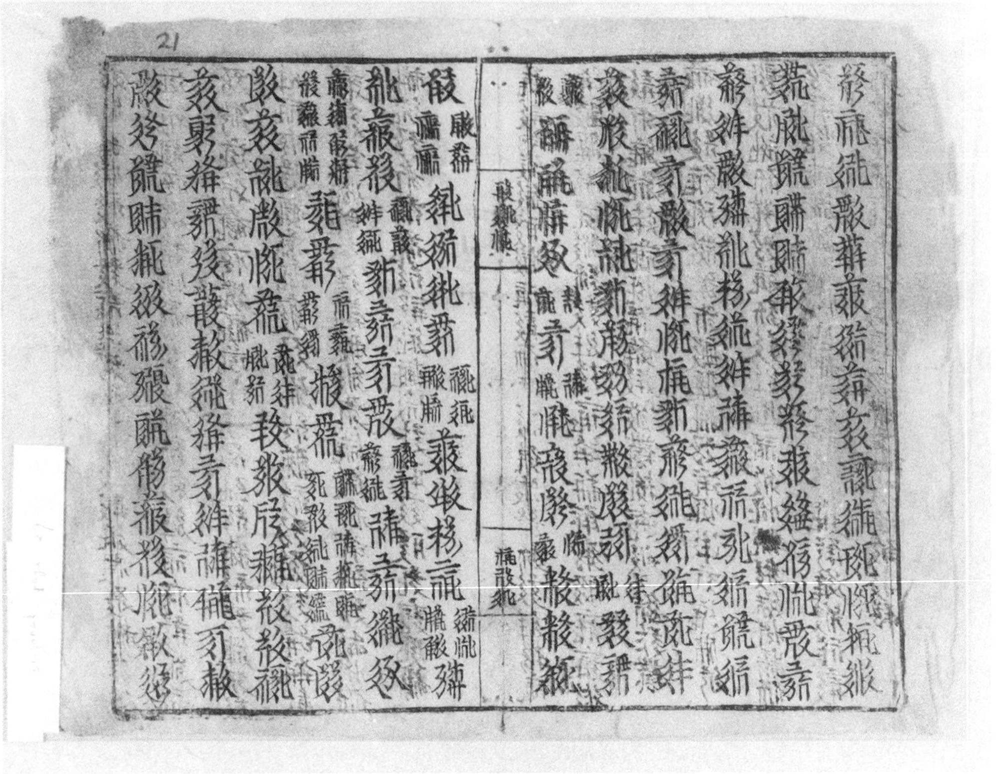

2.29(инв. № 2893)[内容略与 2.35(инв. № 2856)对应]

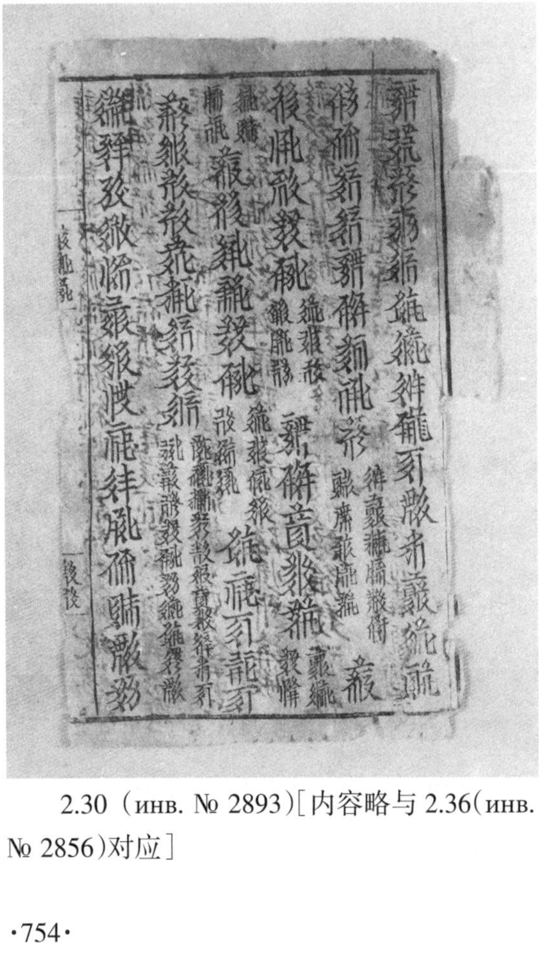

2.30 (инв. № 2893)[内容略与 2.36(инв. № 2856)对应]

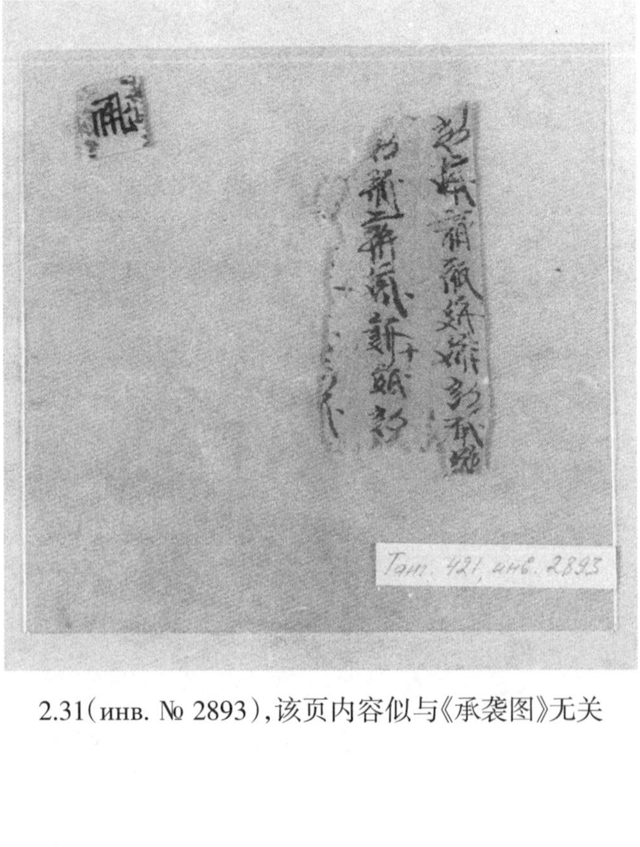

2.31(инв. № 2893),该页内容似与《承袭图》无关

3. 注华严法界观门通玄记

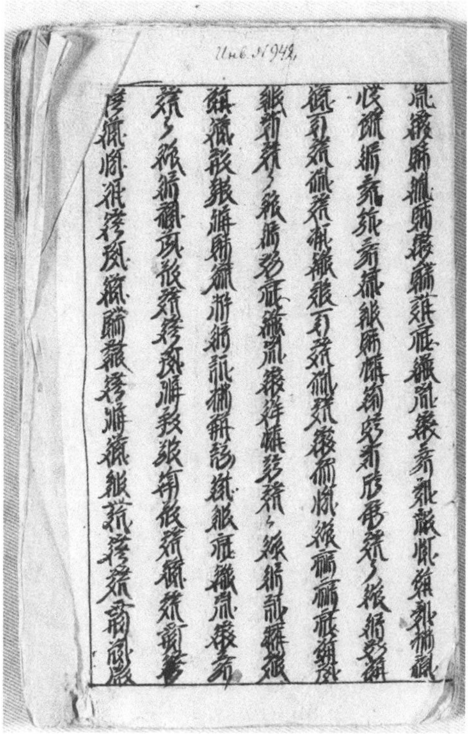

3.1(инв. № 0942)

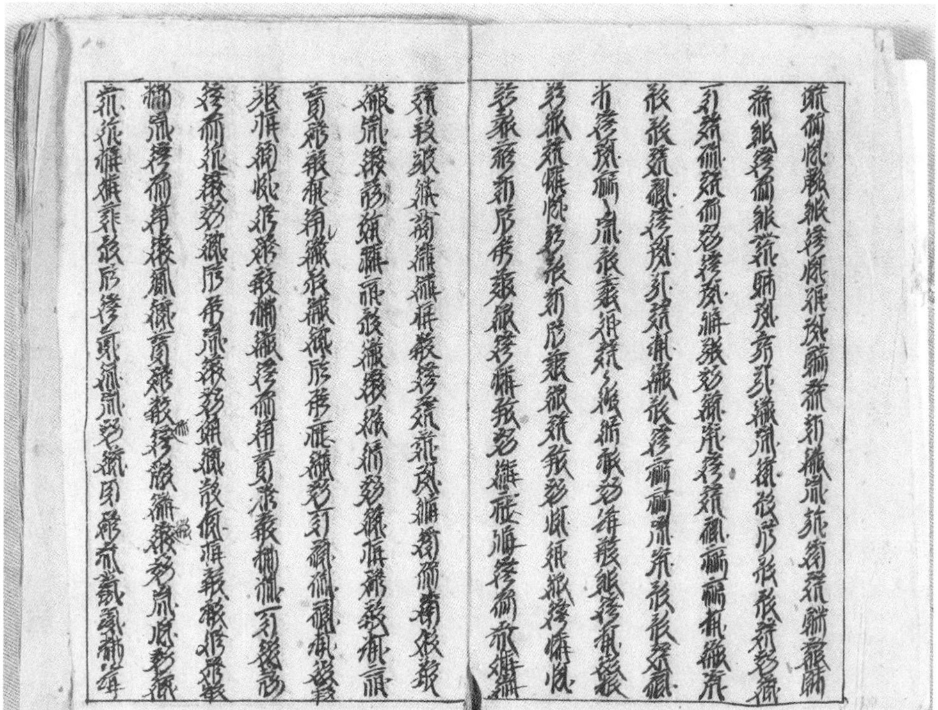

3.2(инв. № 0942)

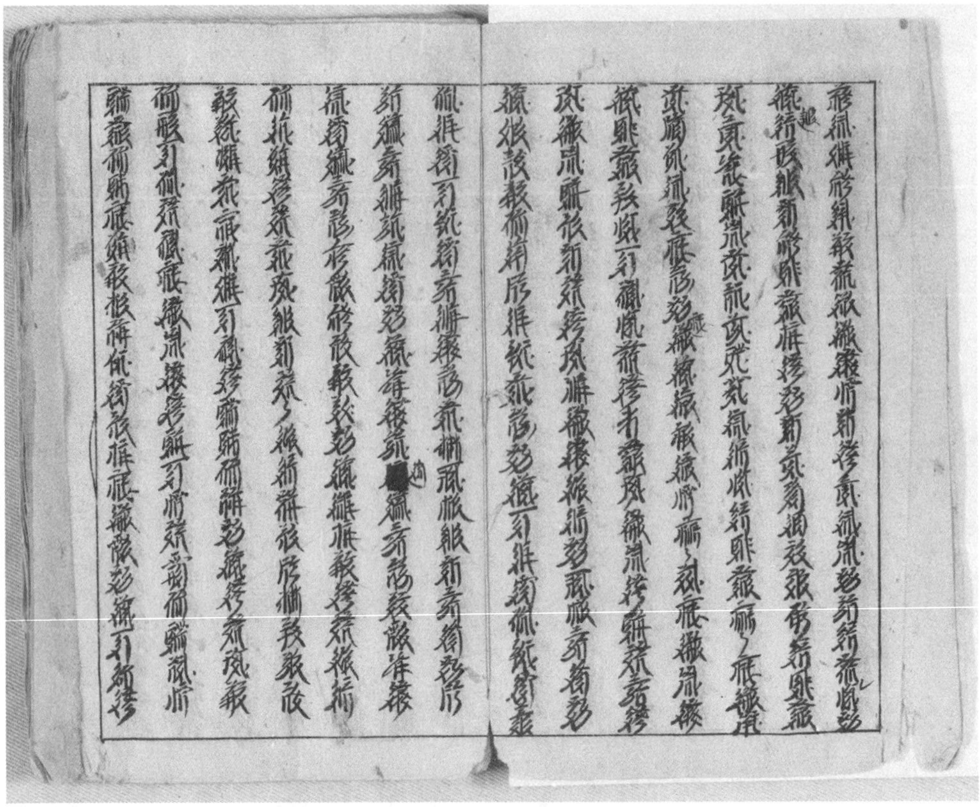

3.3(инв. № 0942)

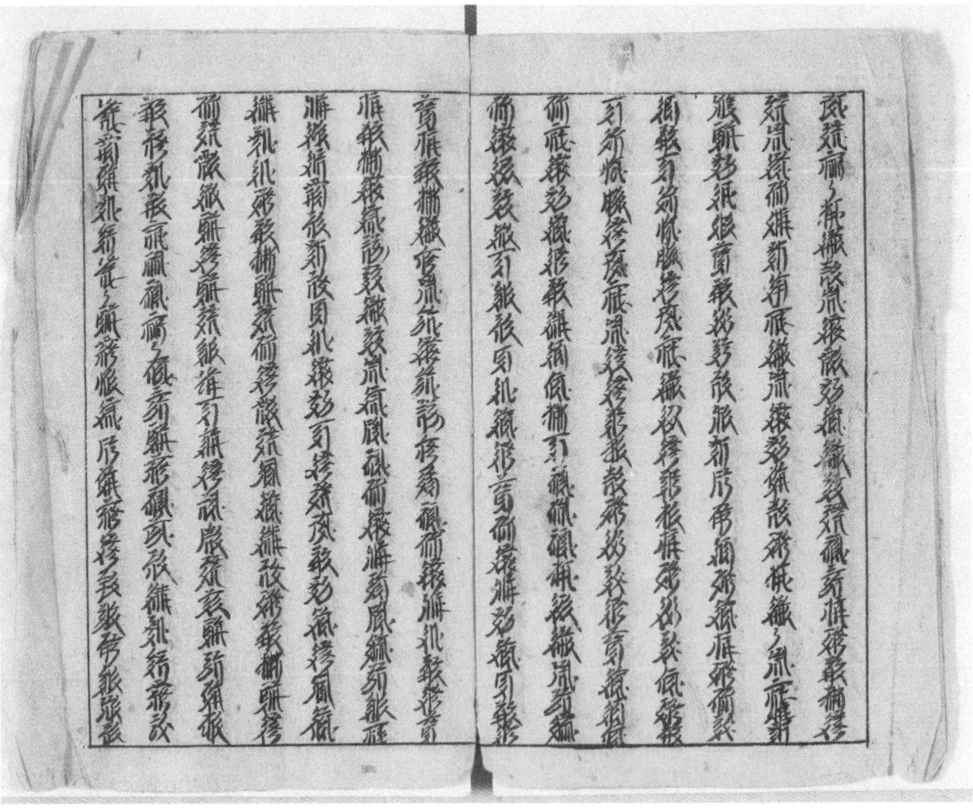

3.4(инв. № 0942)

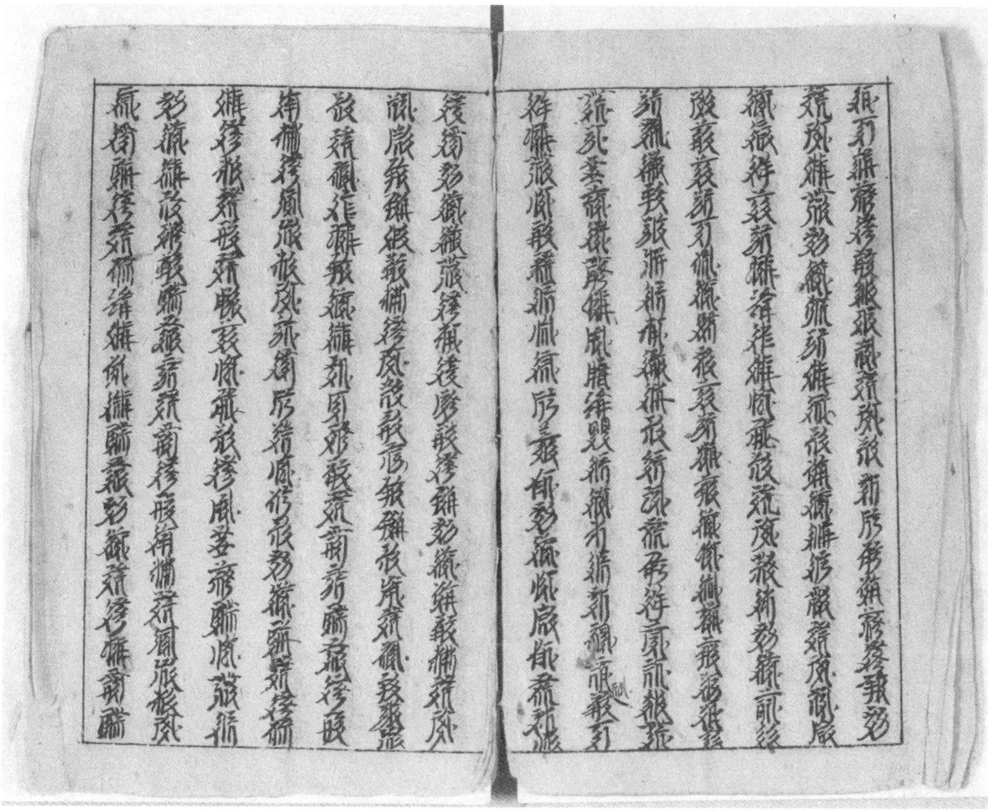

3.5(инв. № 0942)

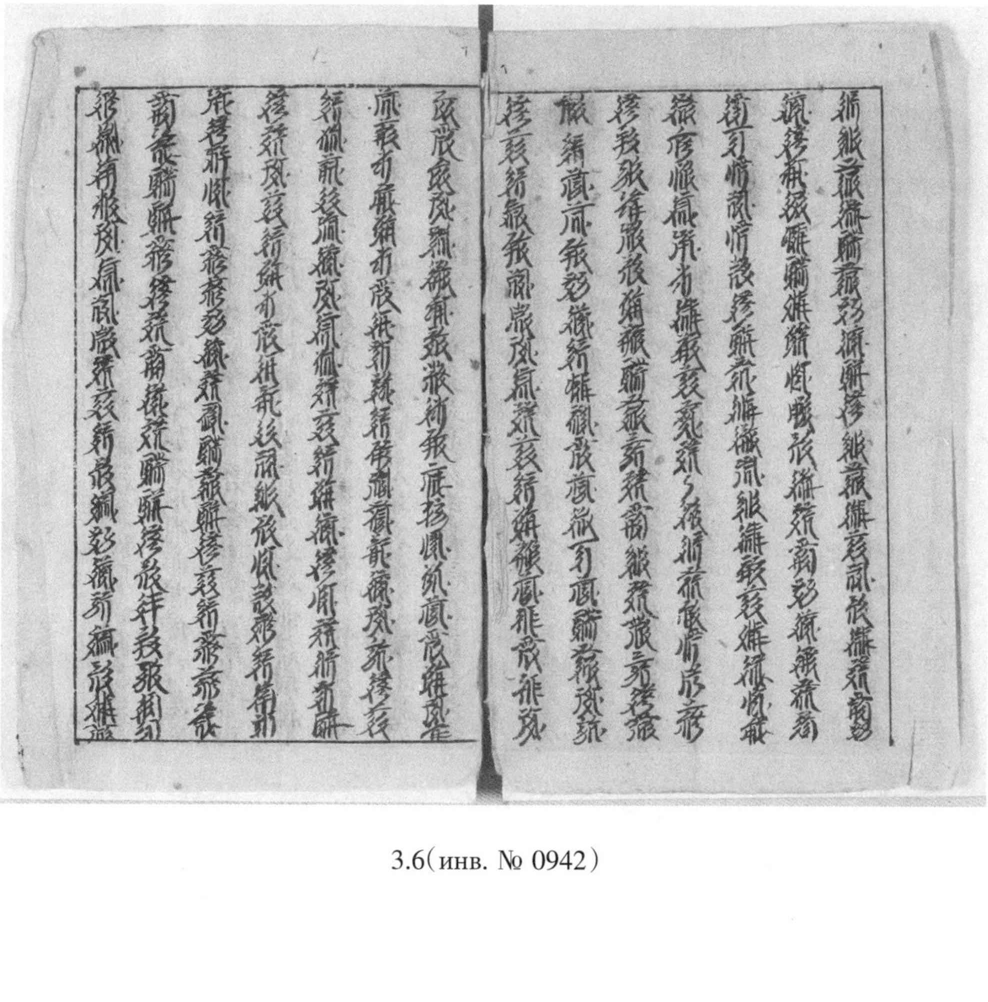

3.6(инв. № 0942)

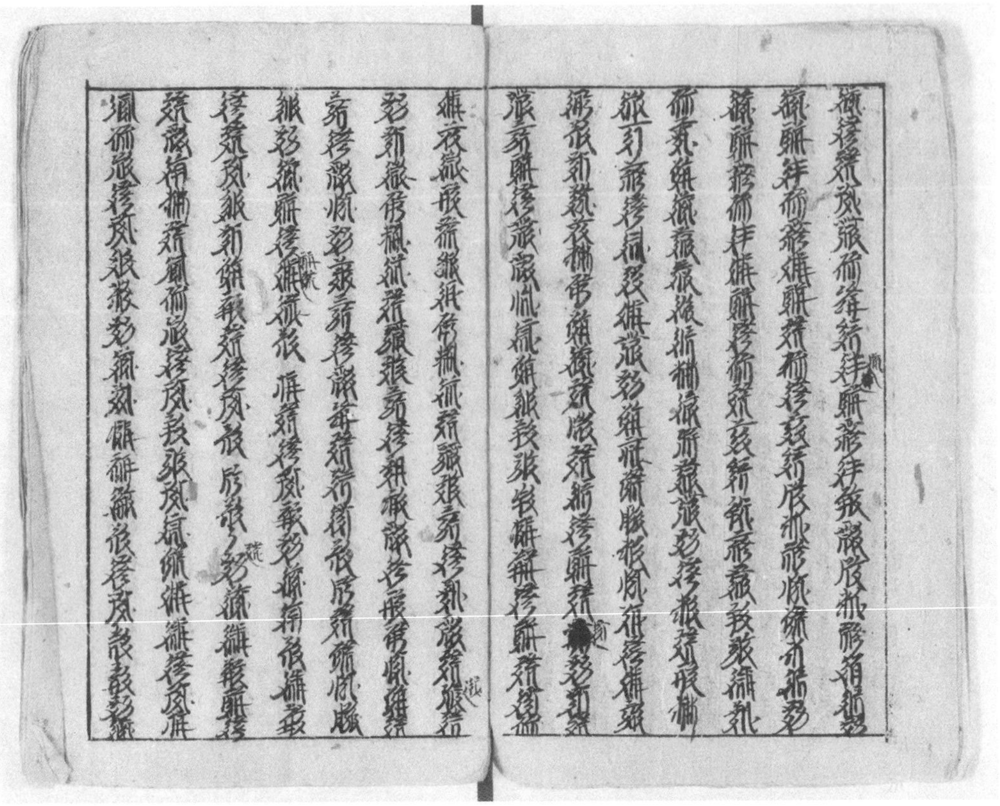

3.7(инв. № 0942)

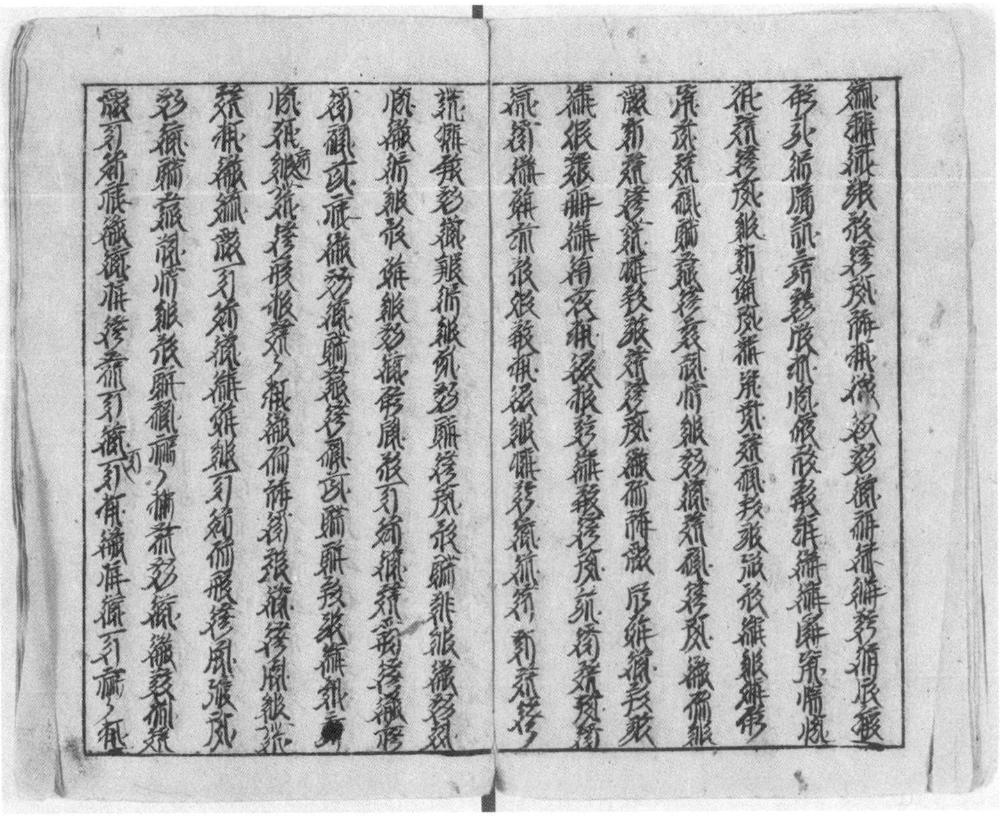

3.8(инв. № 0942)

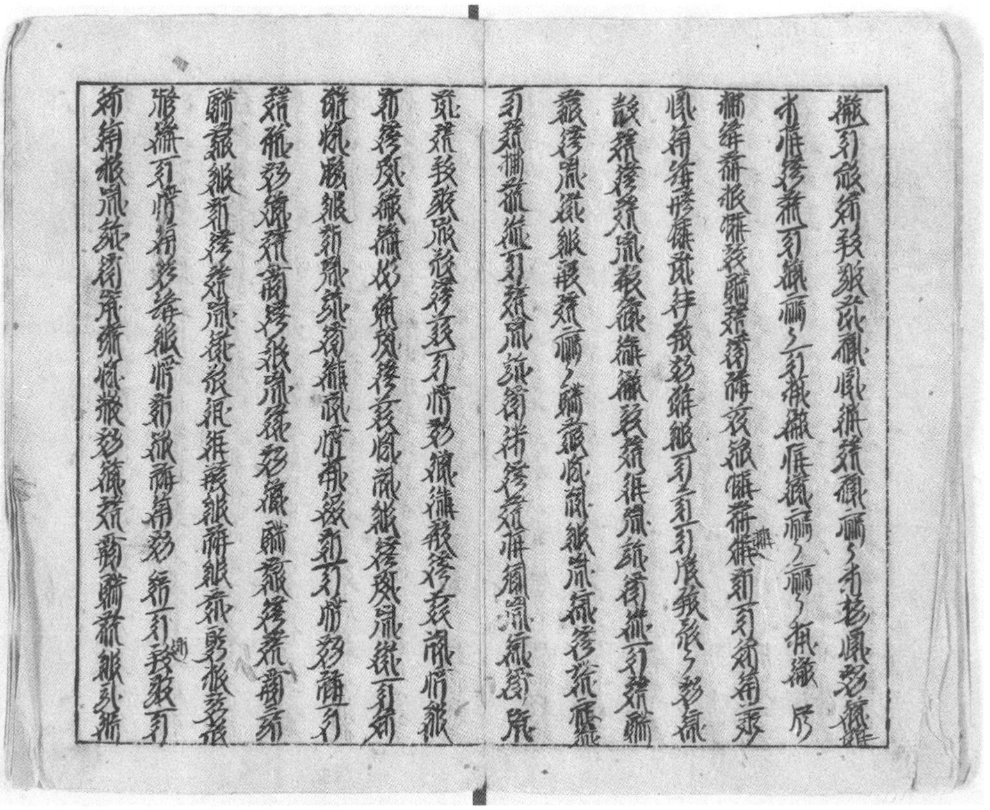

3.9（инв. № 0942）

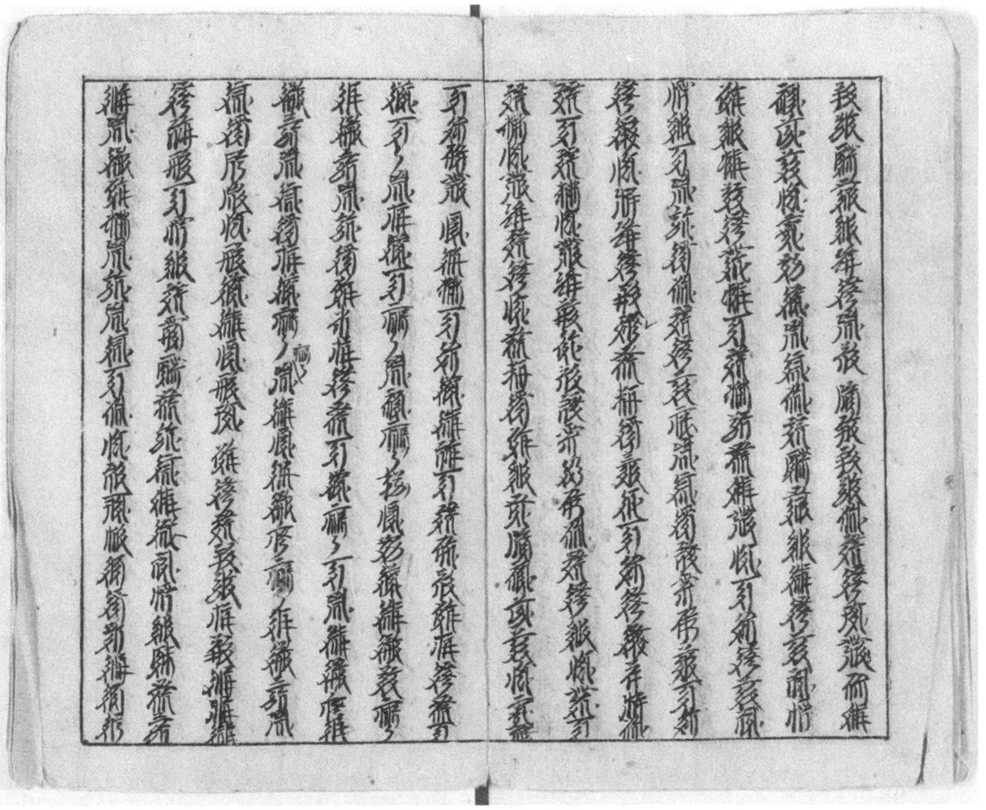

3.10（инв. № 0942）

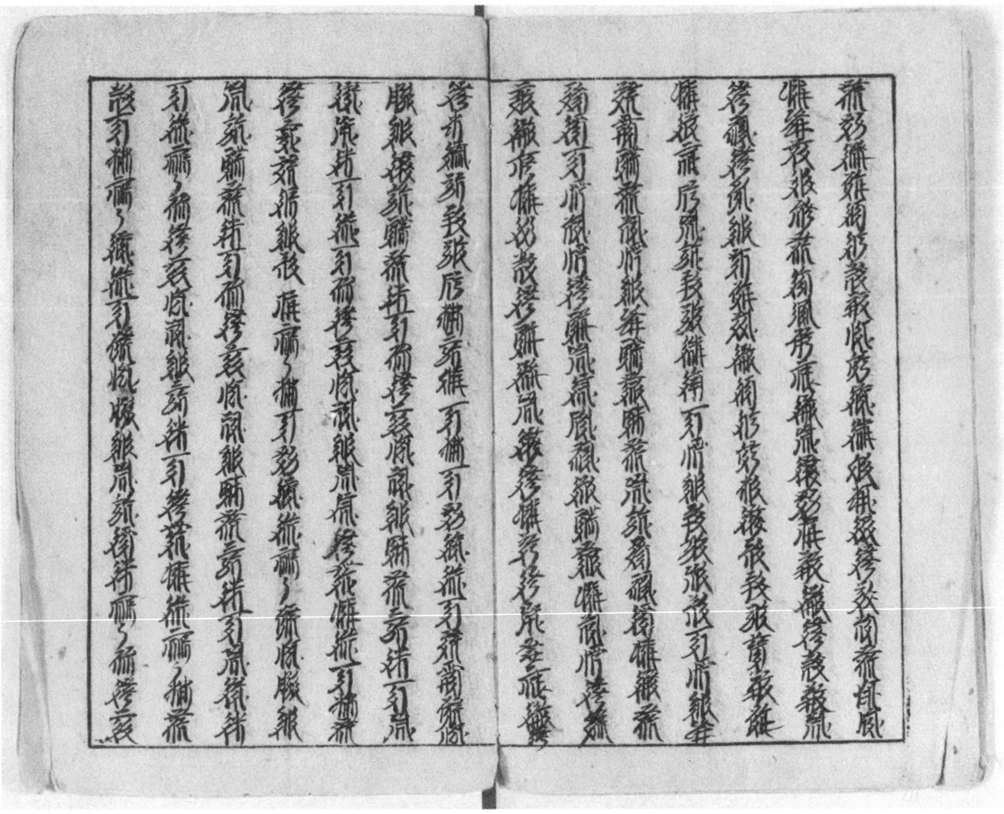

3.11（инв. № 0942）

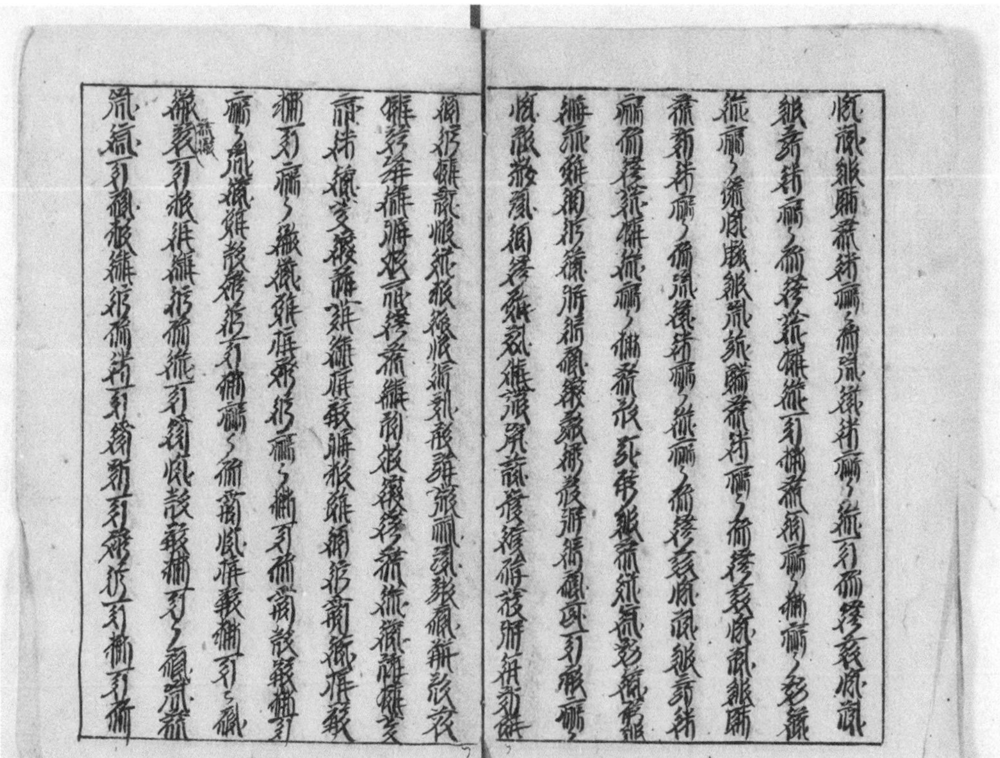

3.12（инв. № 0942）

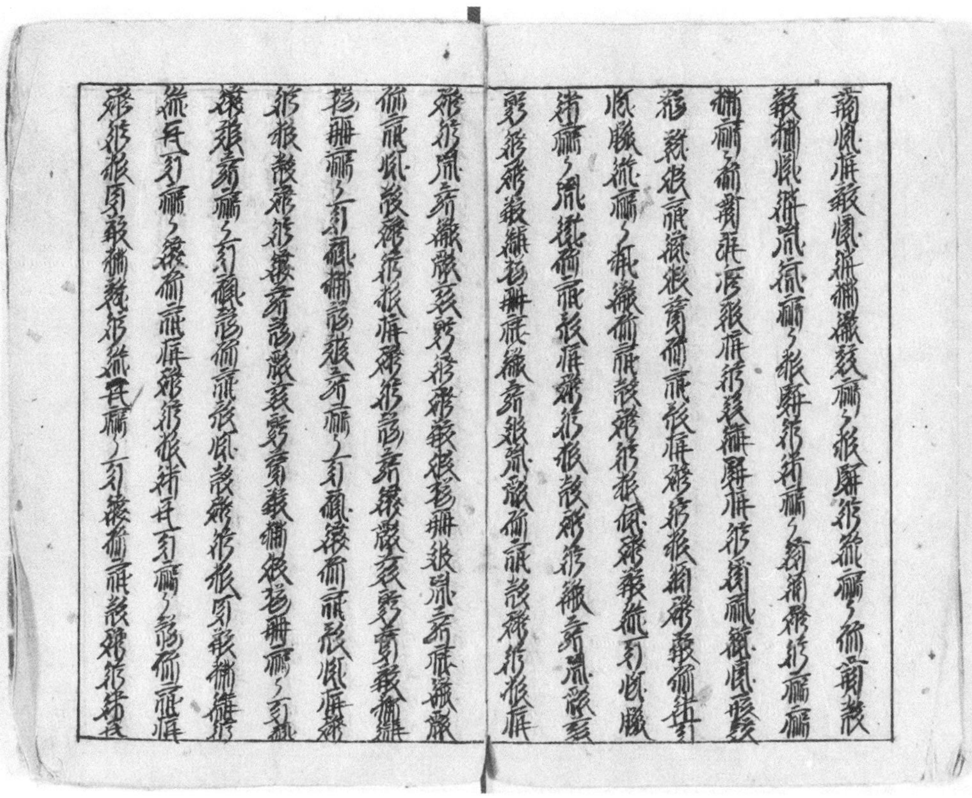

3.13（инв. № 0942）

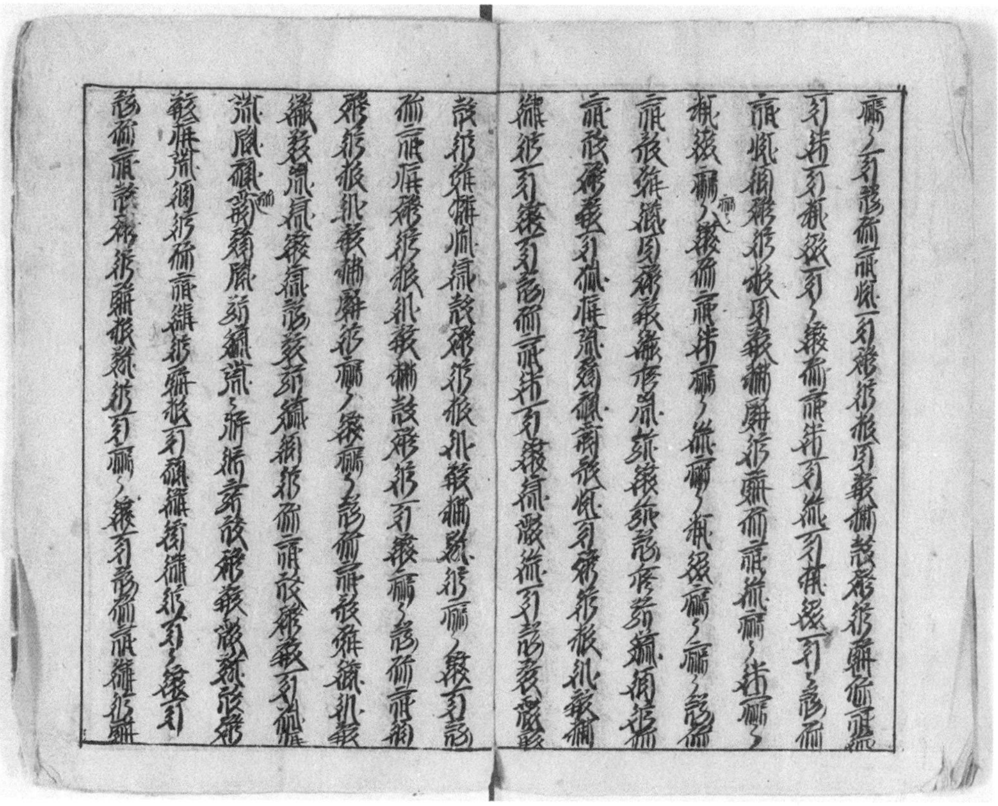

3.14（инв. № 0942）

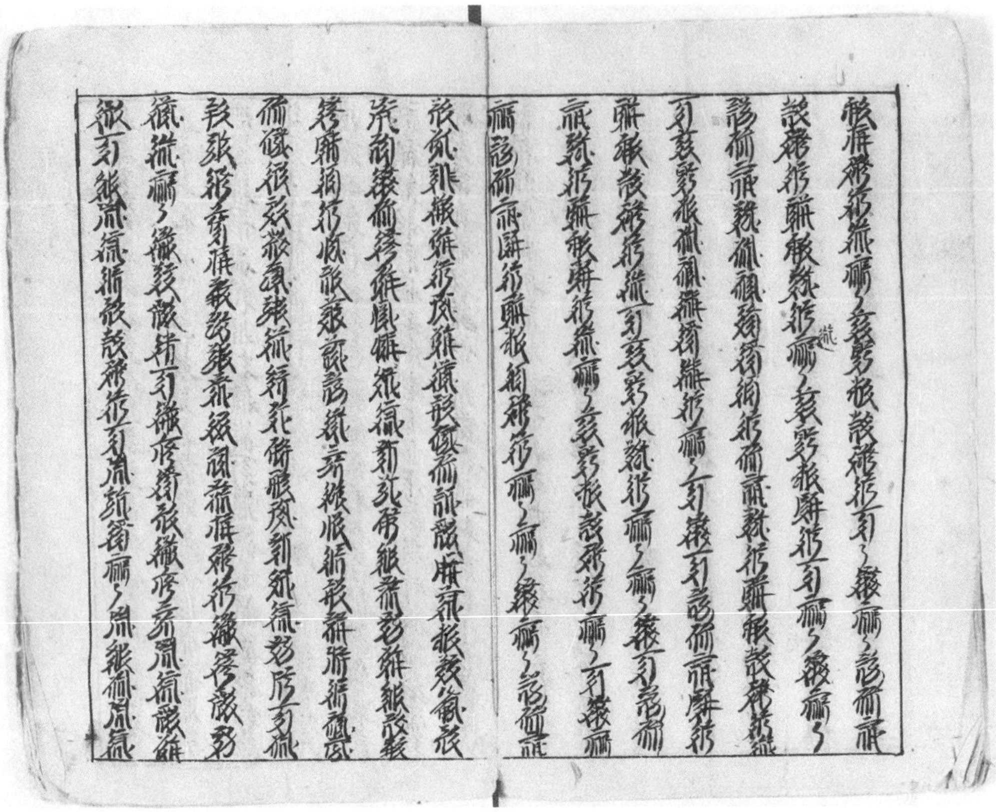

3.15(инв. № 0942)

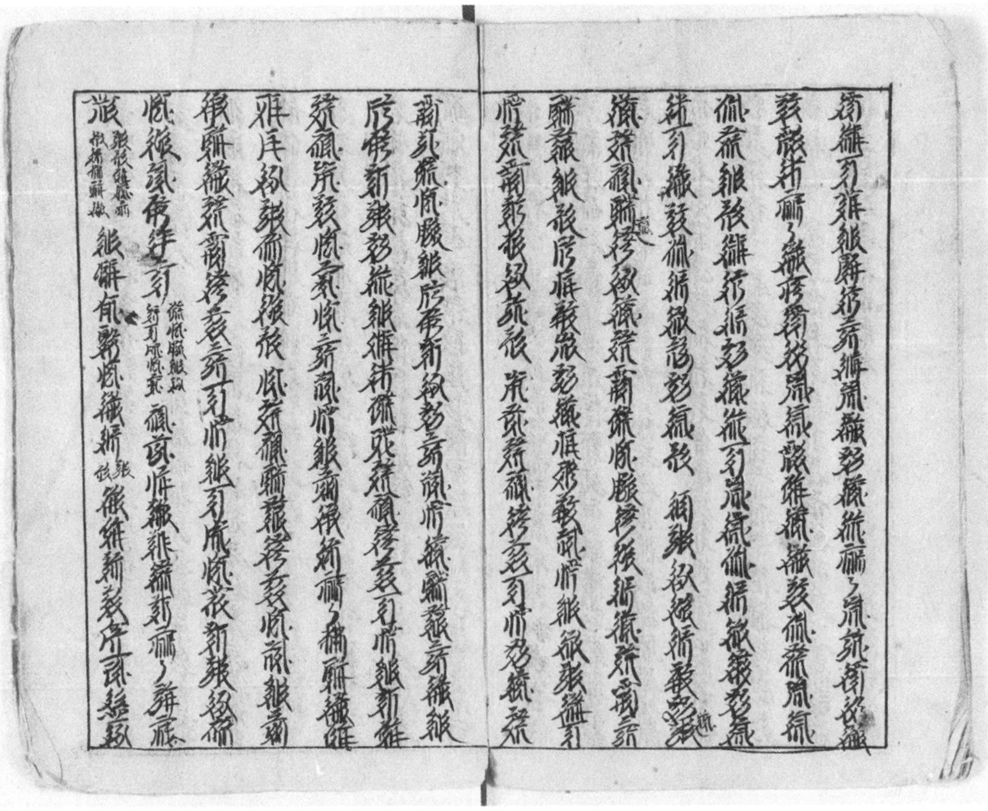

3.16(инв. № 0942)

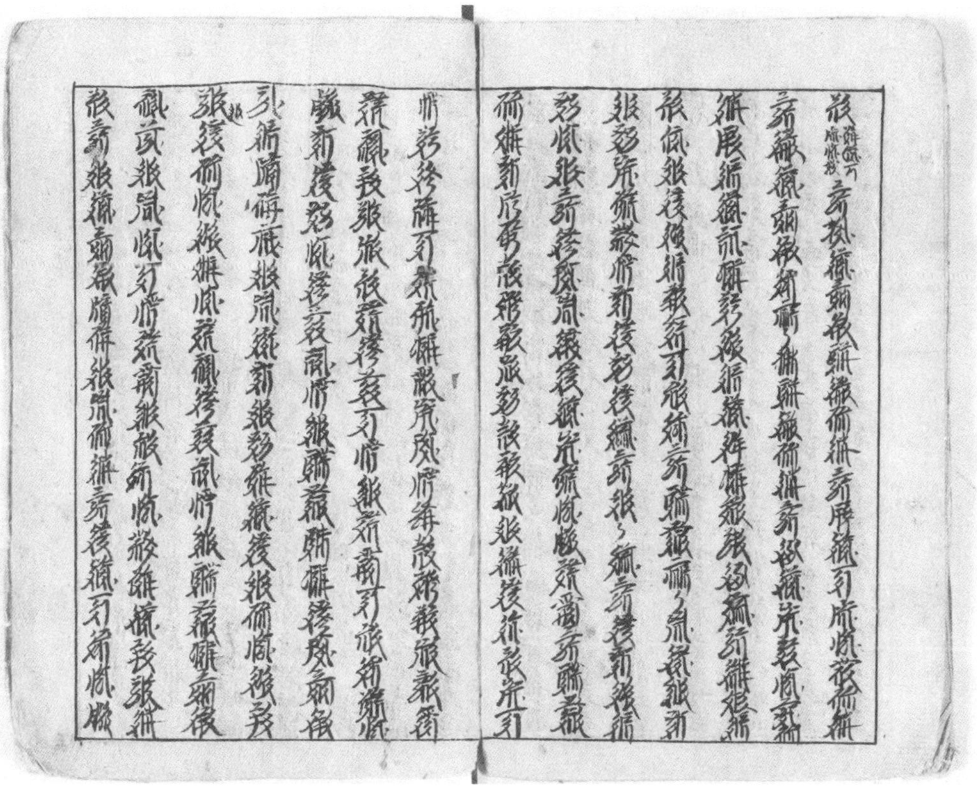

3.17（инв. № 0942）

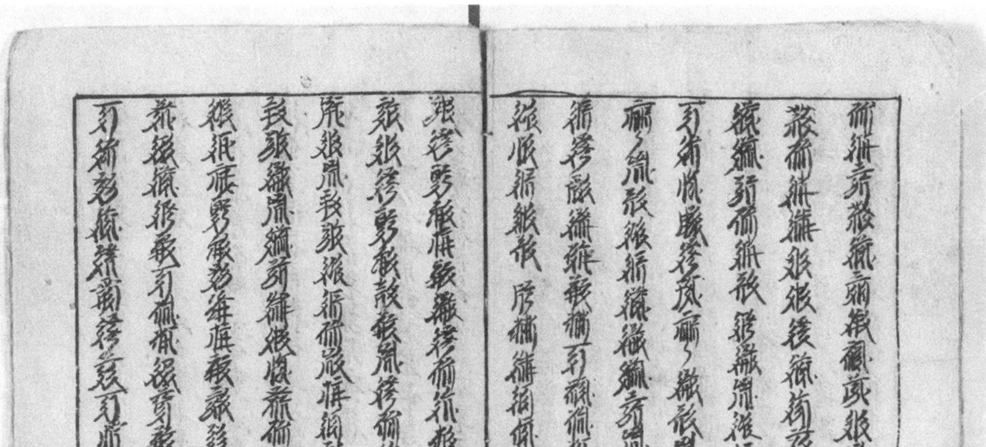

3.18（инв. № 0942）

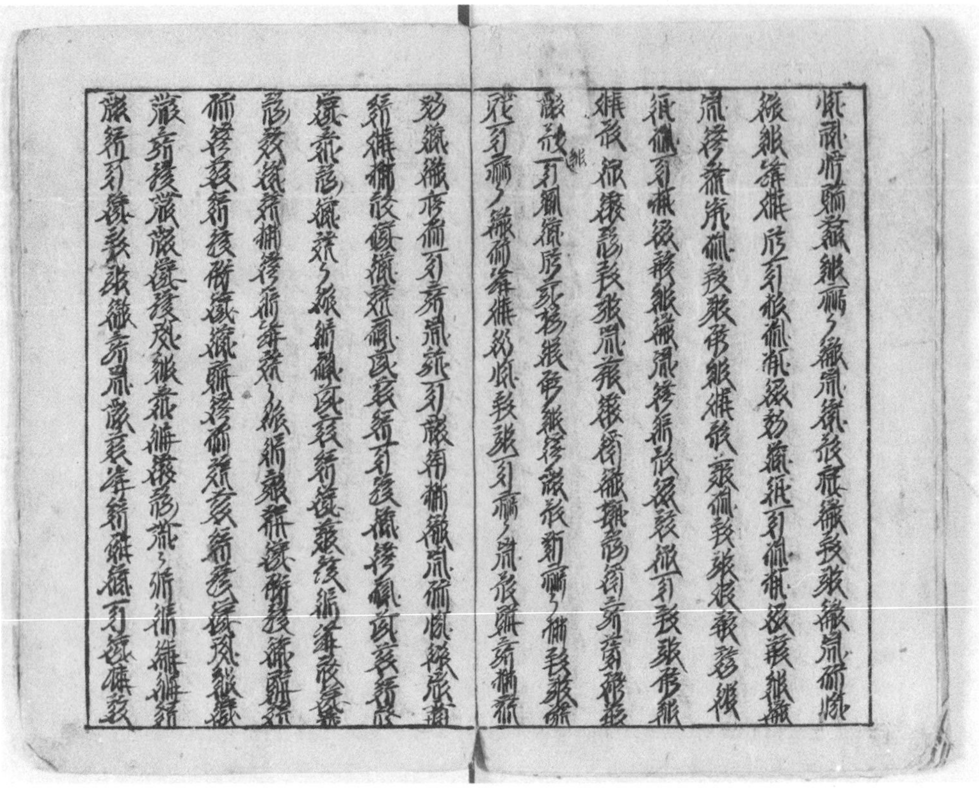

3.19(инв. № 0942)

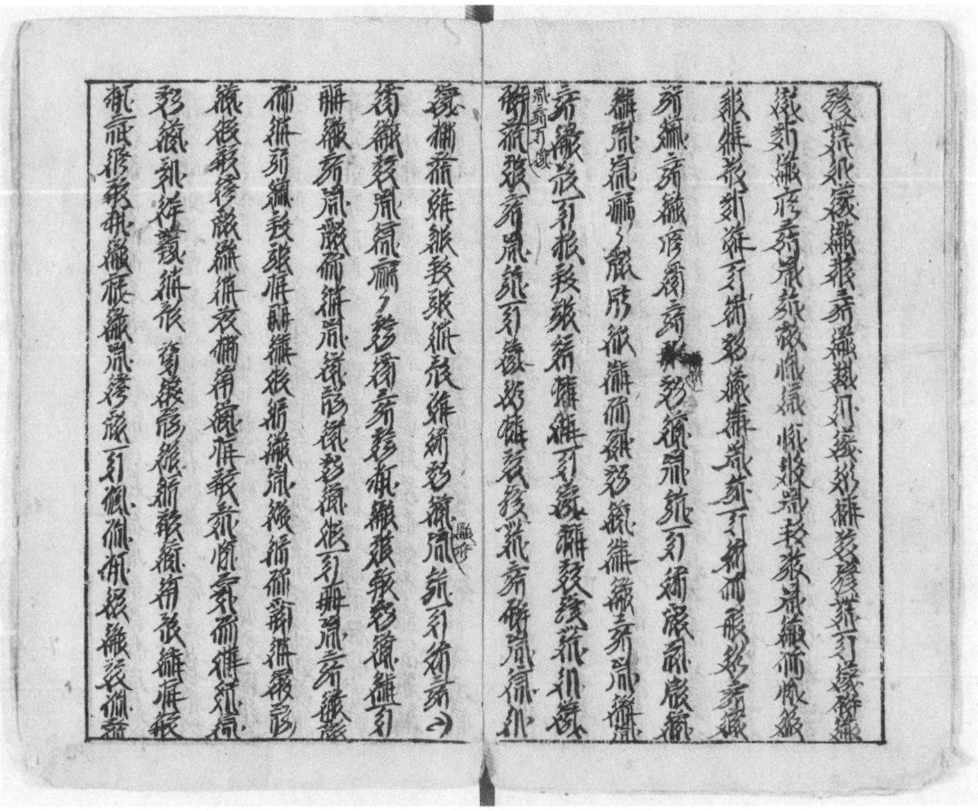

3.20(инв. № 0942)

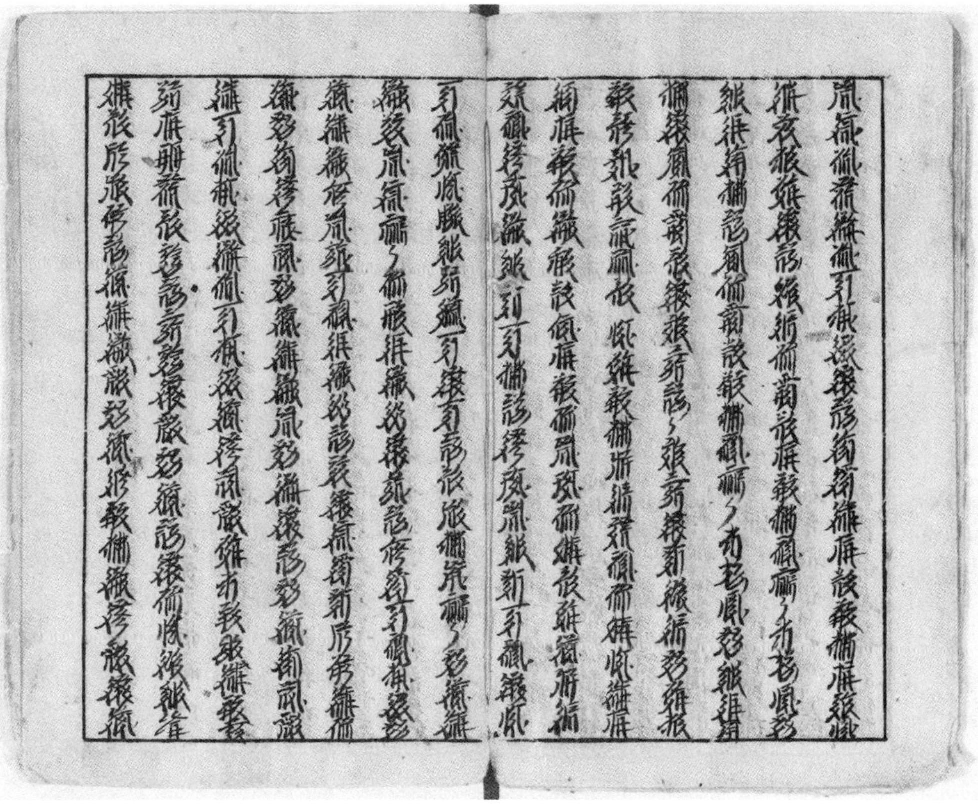

3.21（инв. № 0942）

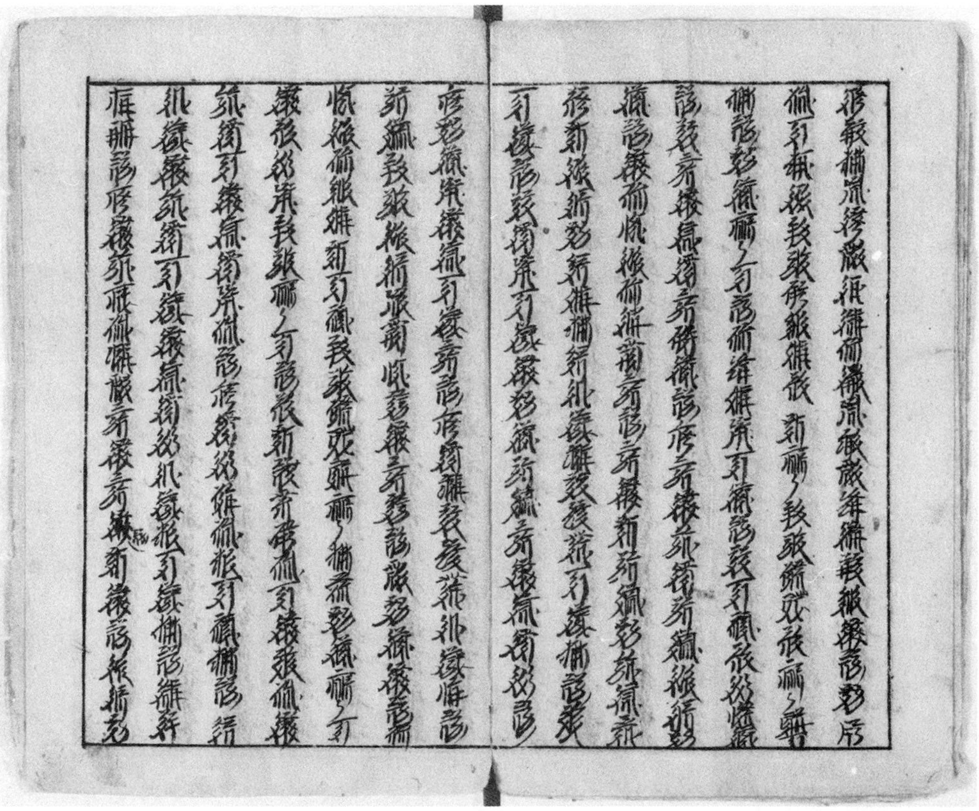

3.22（инв. № 0942）

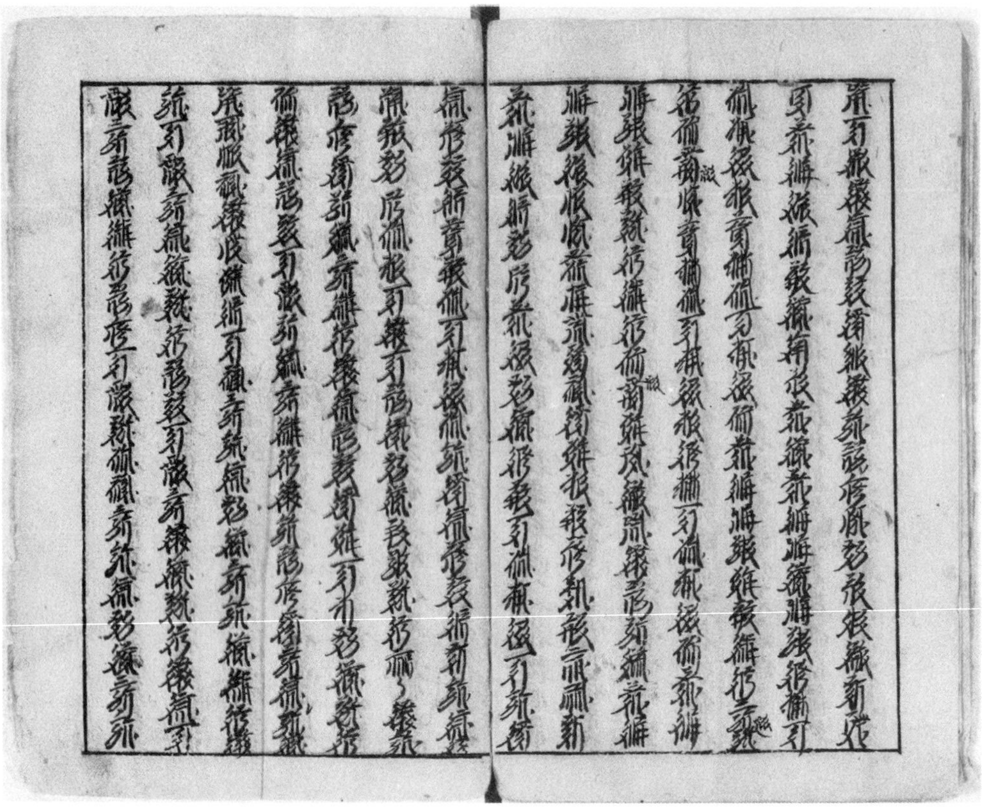

3.23(инв. № 0942)

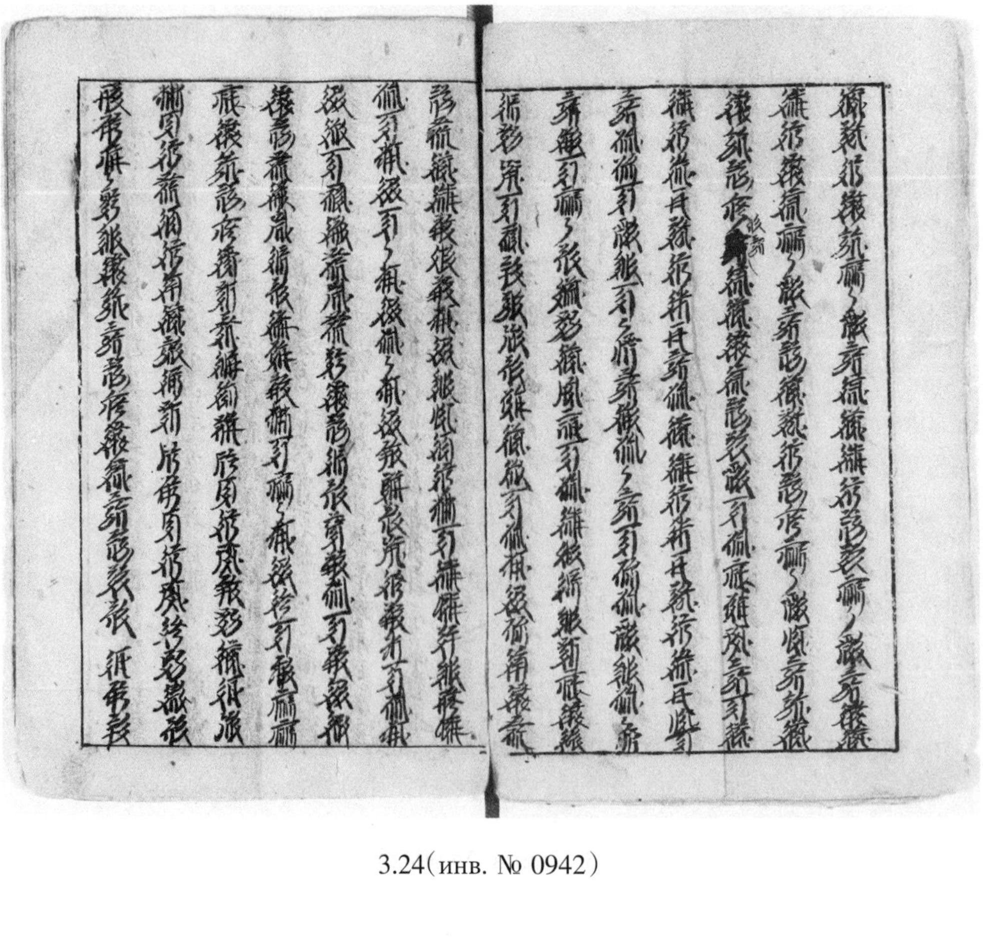

3.24(инв. № 0942)

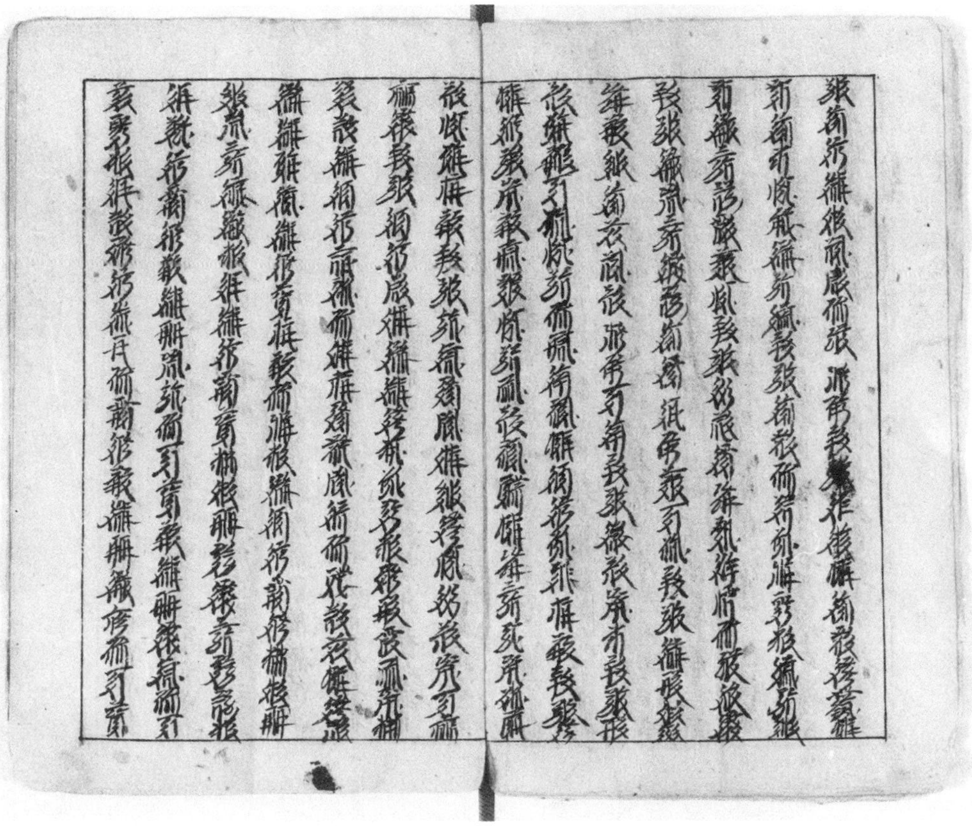

3.25(инв. № 0942)

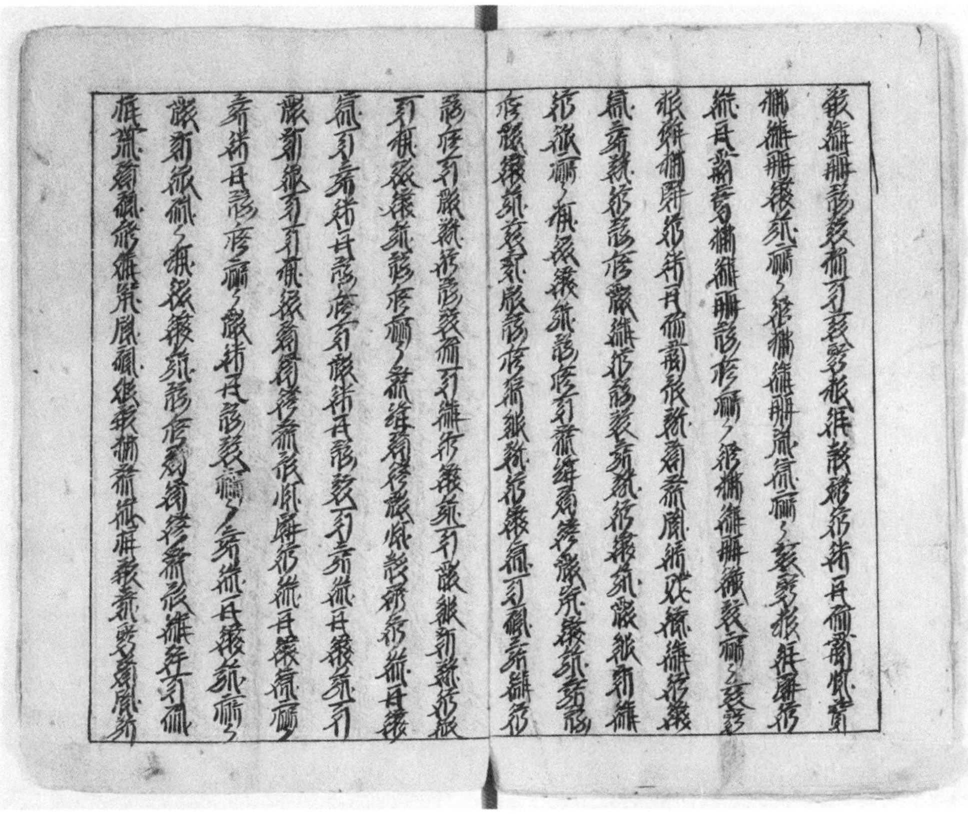

3.26(инв. № 0942)

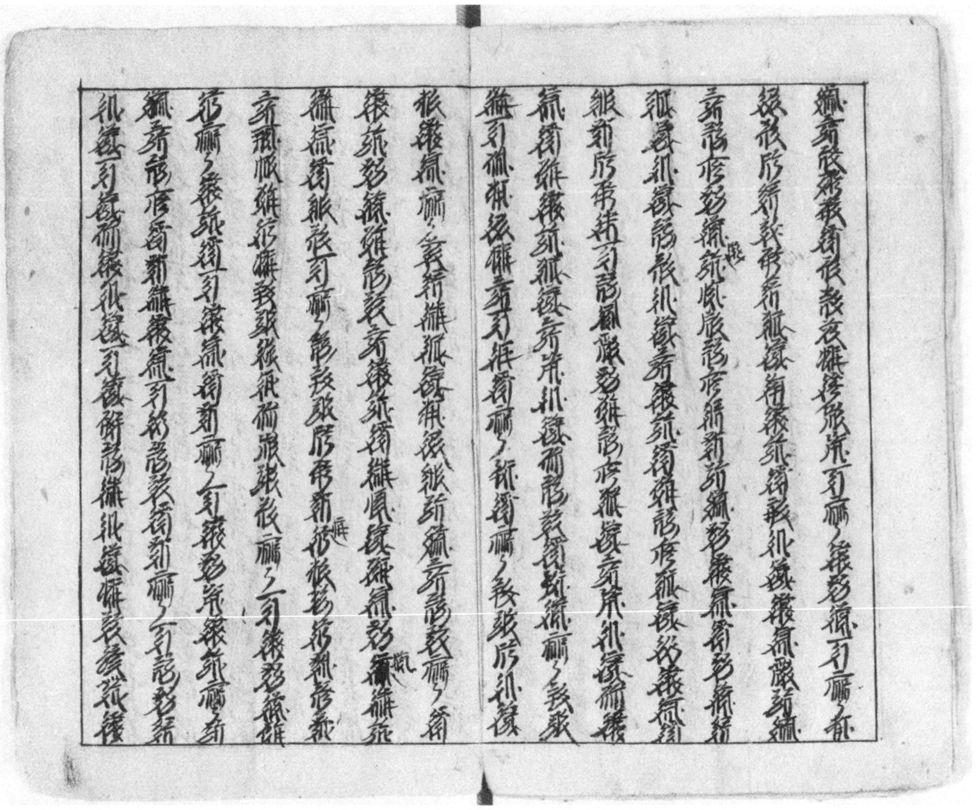

3.27（инв. № 0942）

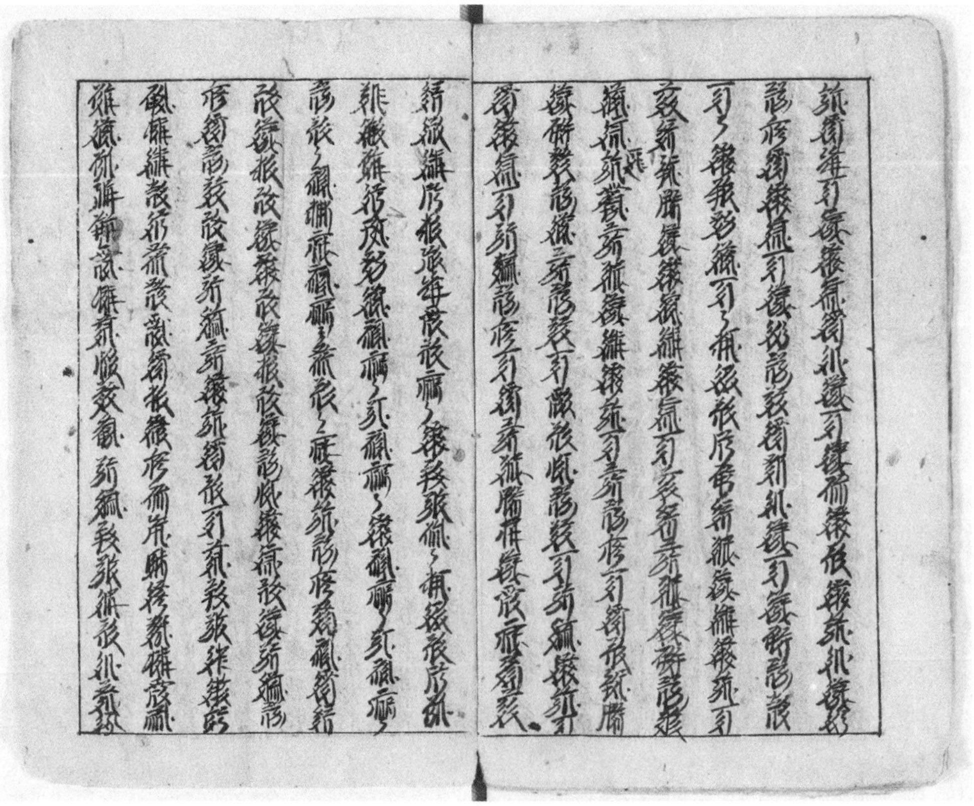

3.28（инв. № 0942）

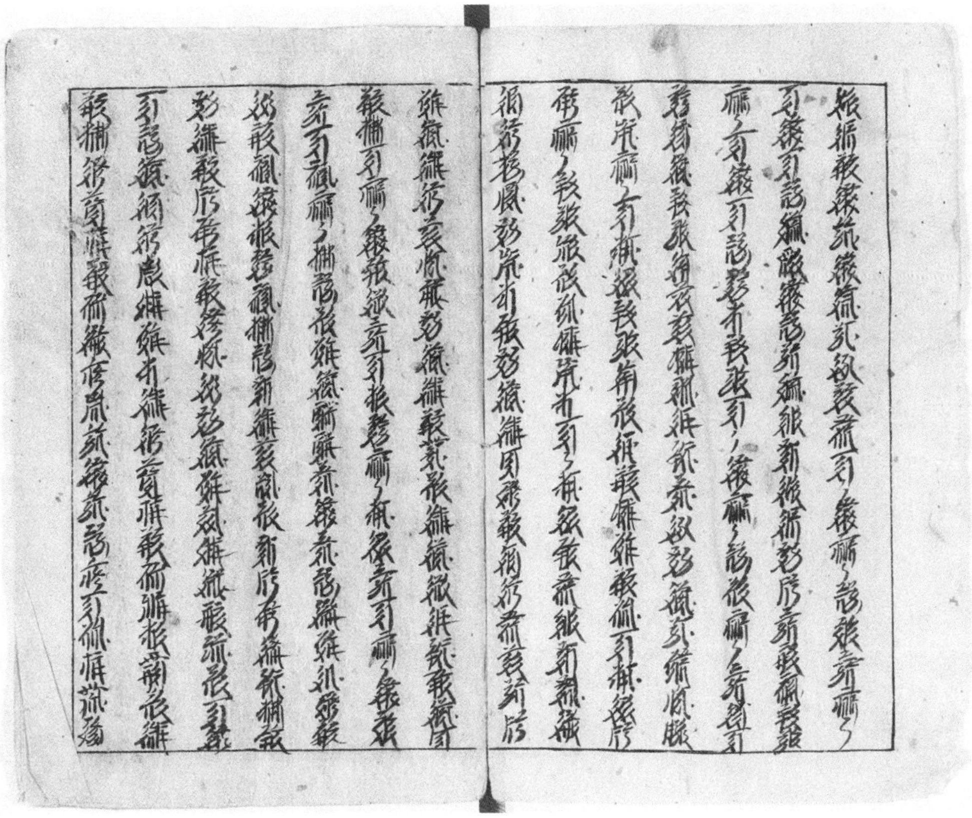

3.29（инв. № 0942）

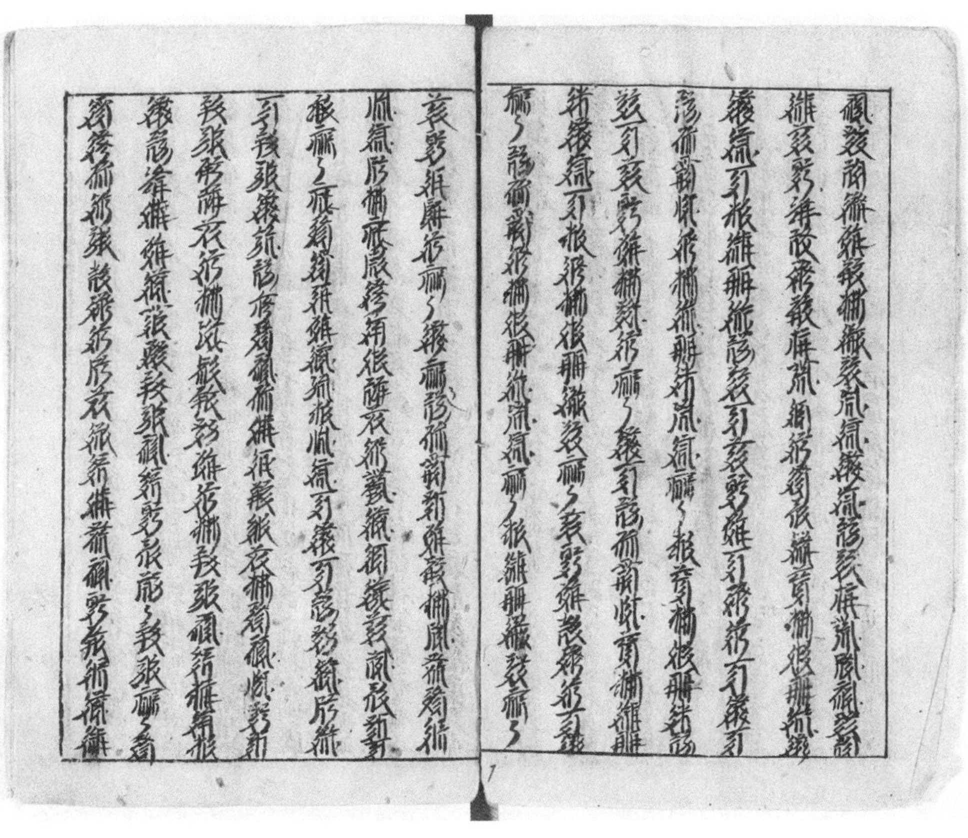

3.30（инв. № 0942）

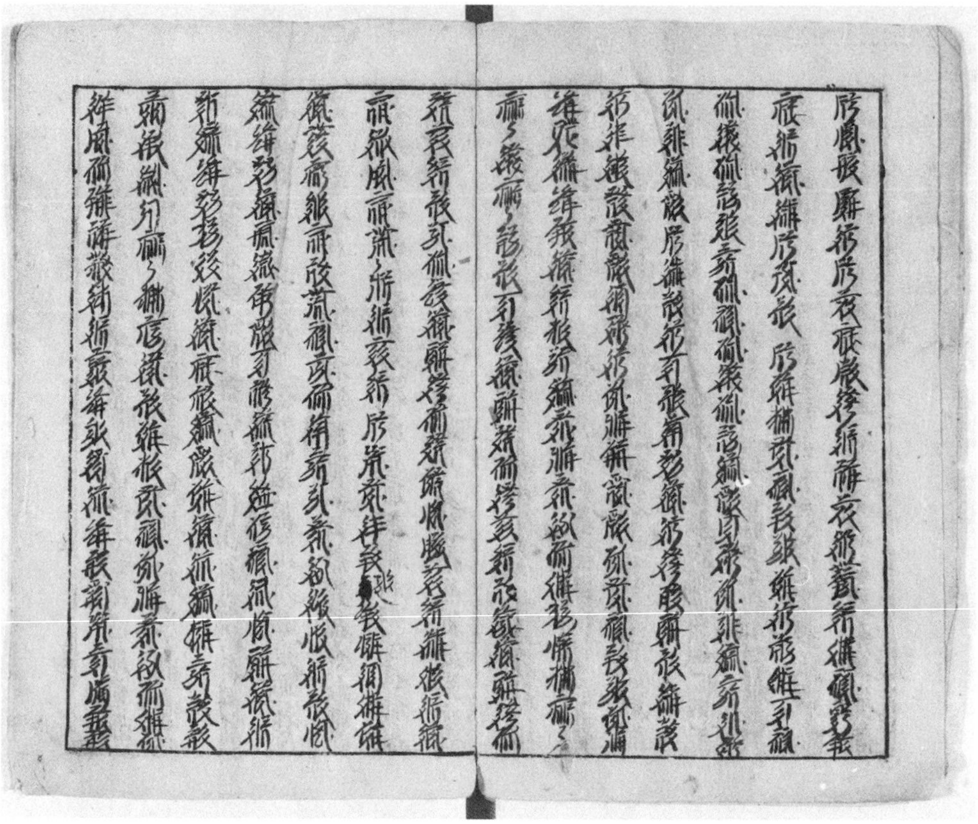

3.31（инв. № 0942）

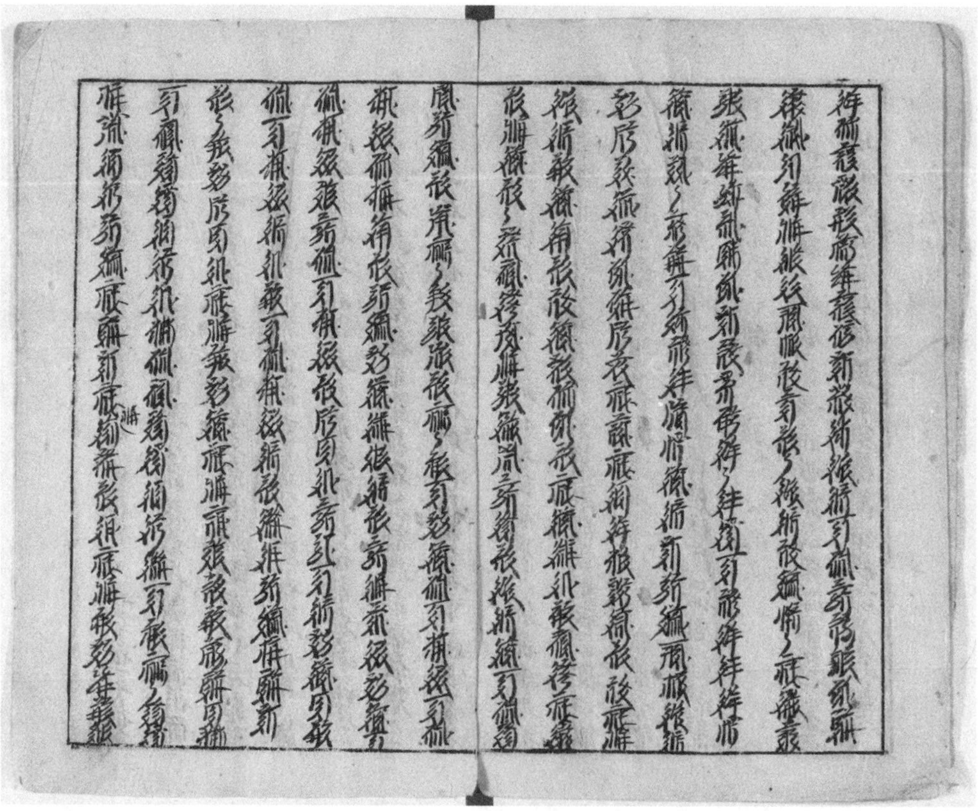

3.32（инв. № 0942）

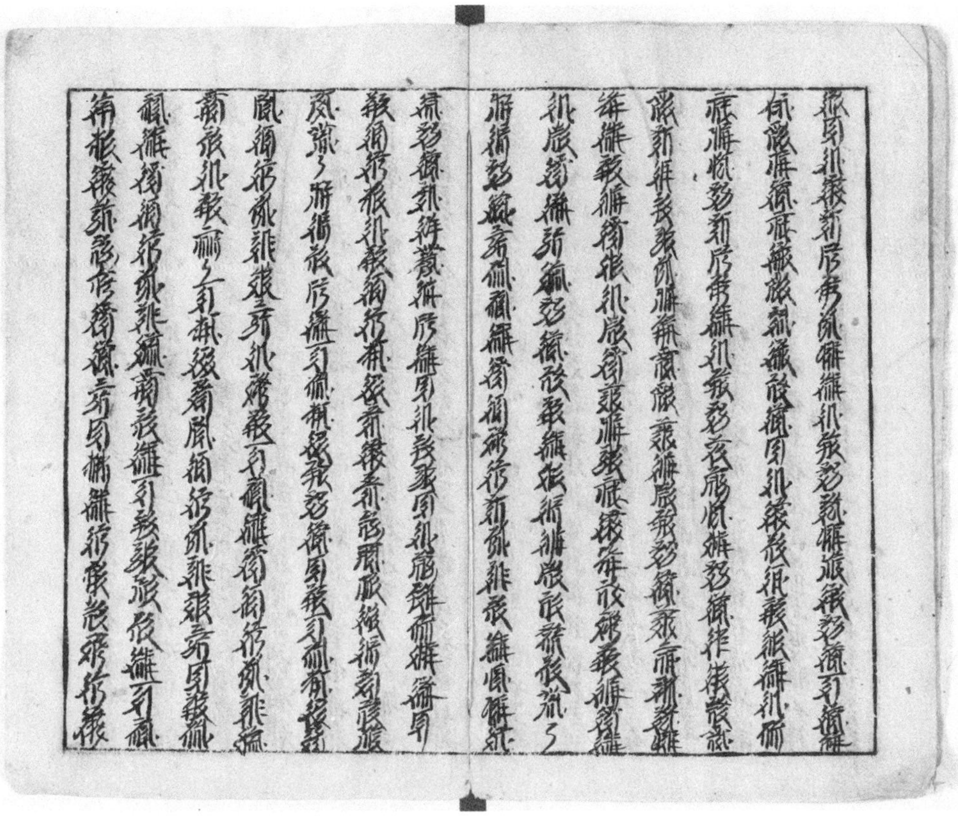

3.33（инв. № 0942）

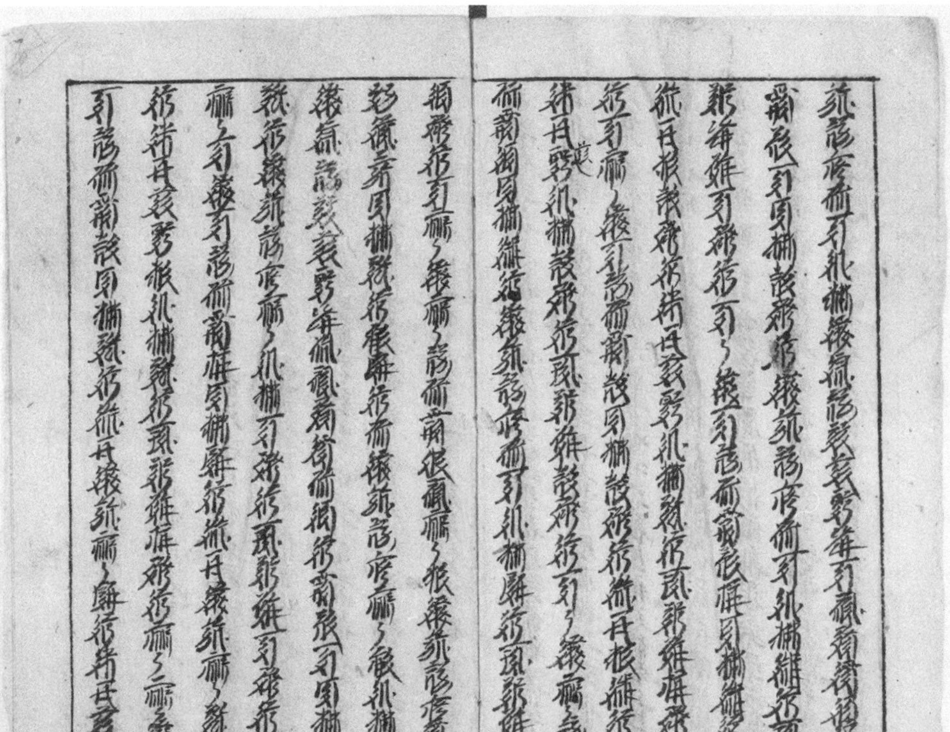

3.34（инв. № 0942）

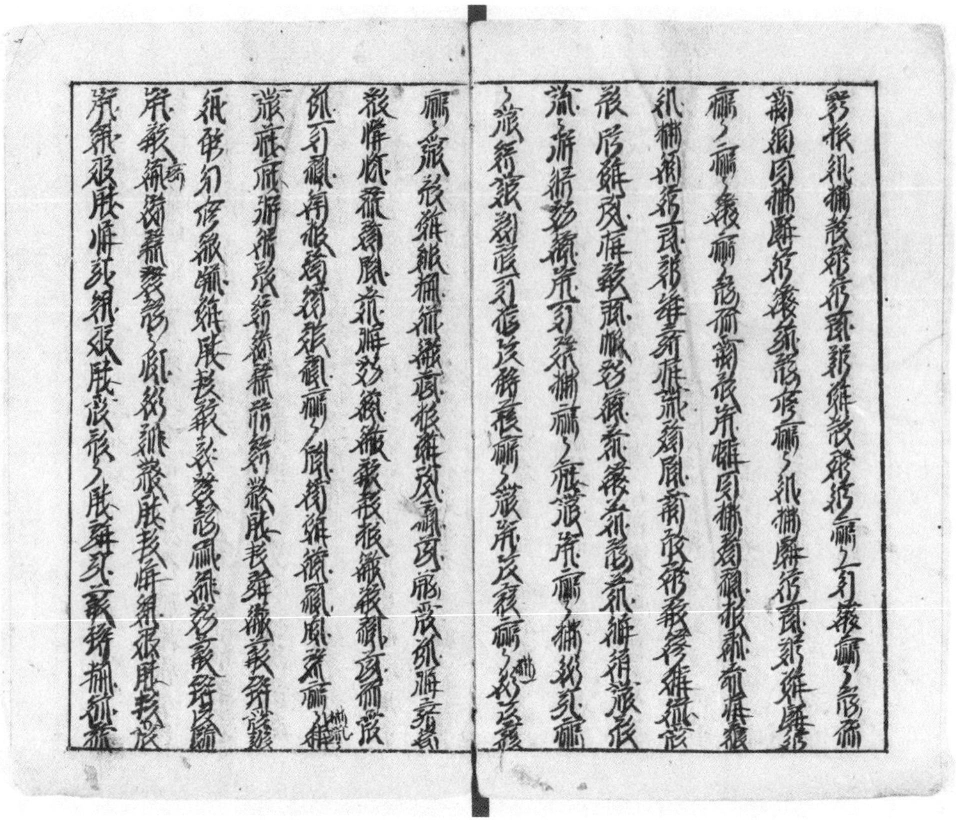

3.35(инв. № 0942)

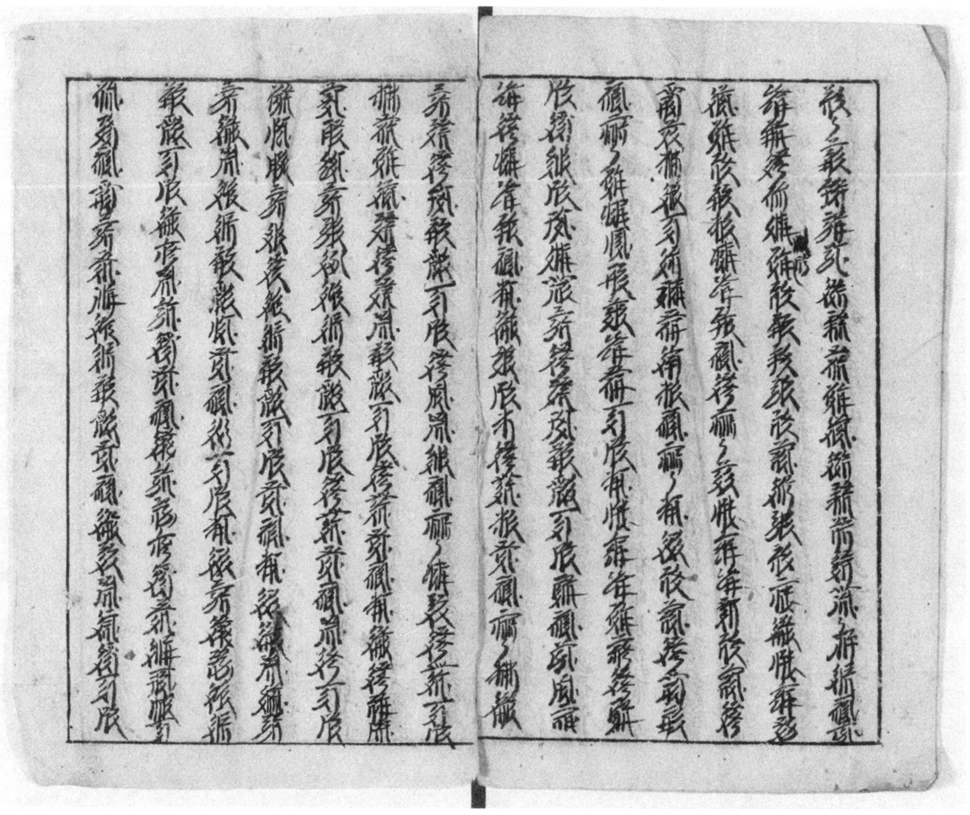

3.36(инв. № 0942)

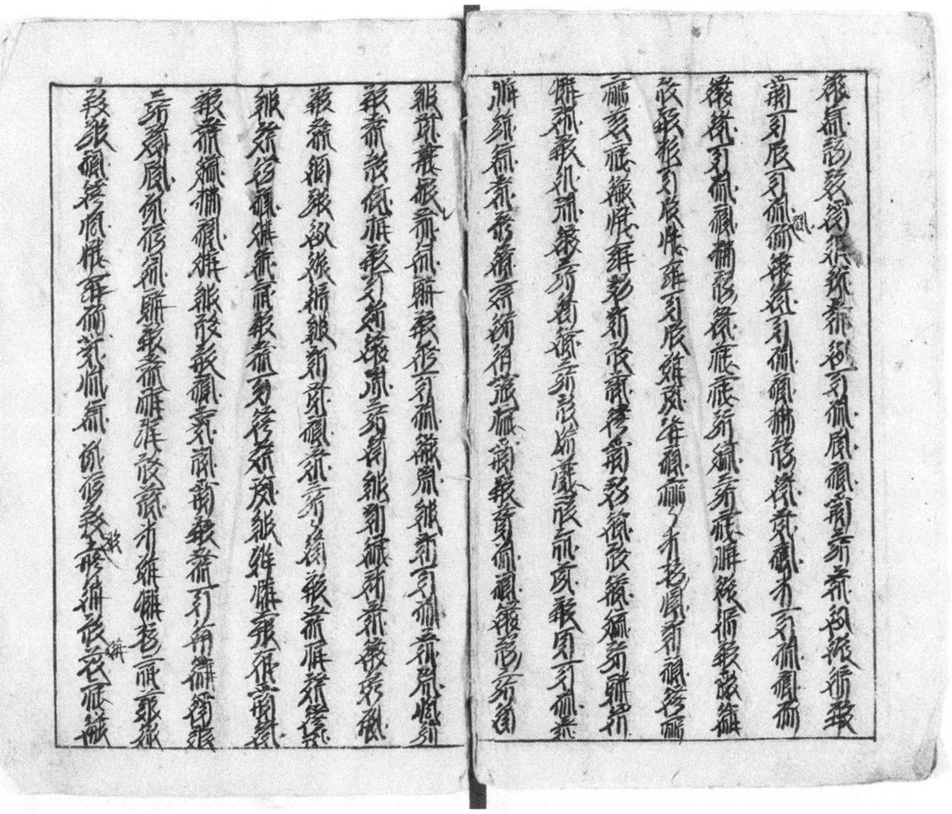

3.37（инв. № 0942）

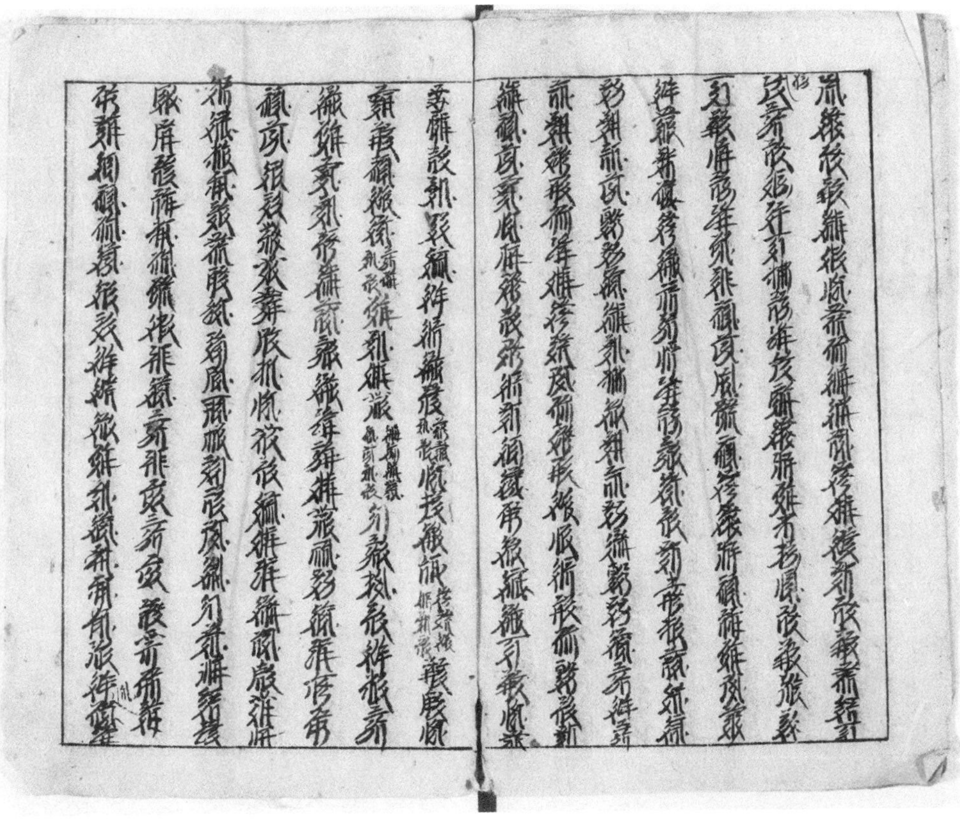

3.38（инв. № 0942）

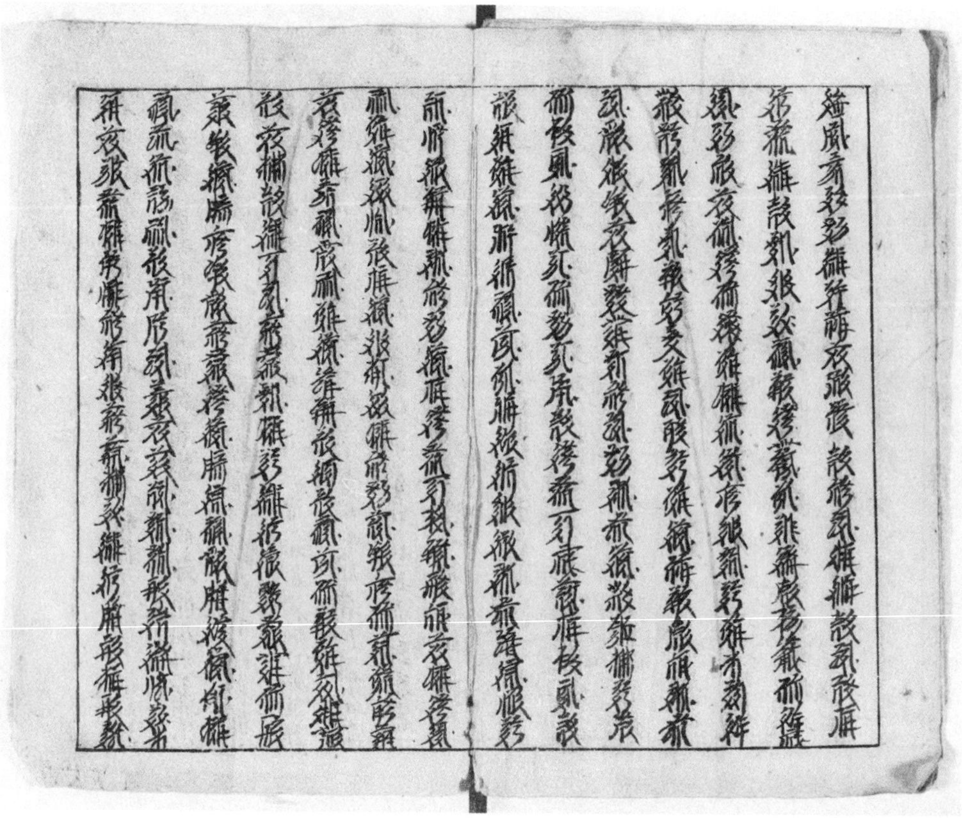

3.39(инв. № 0942)

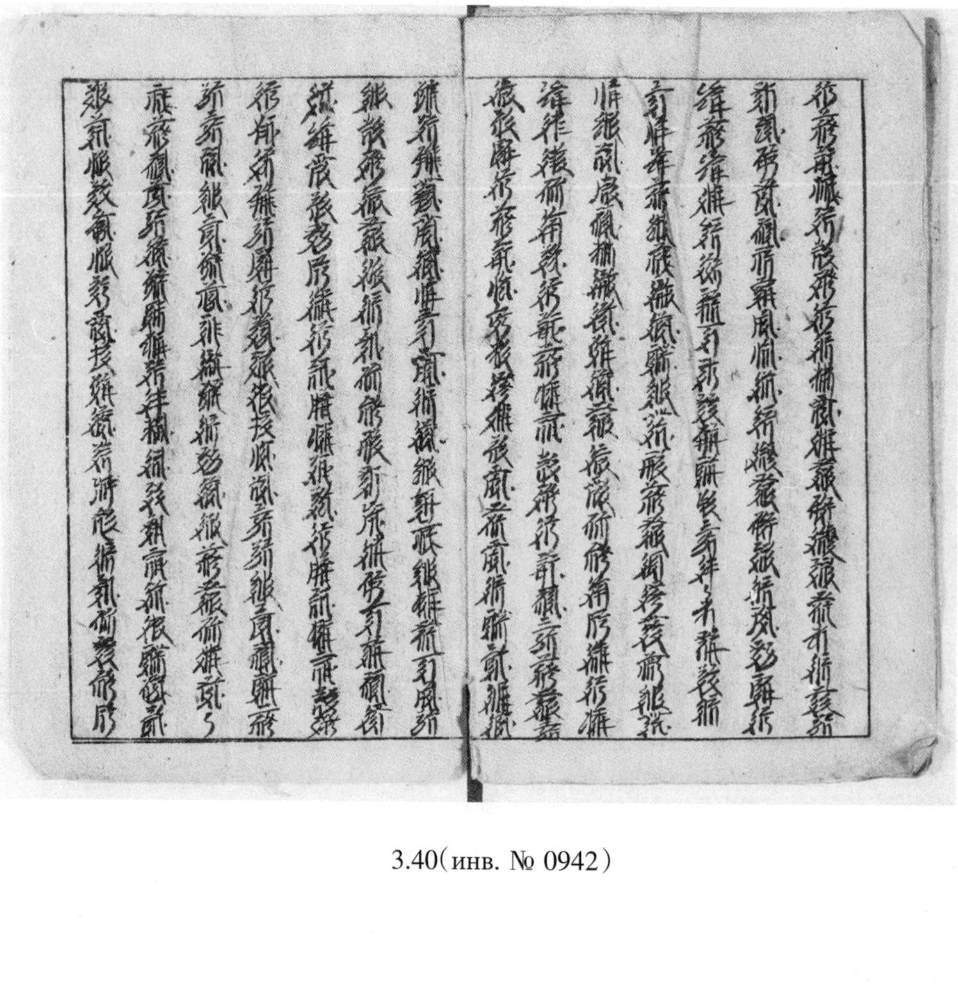

3.40(инв. № 0942)

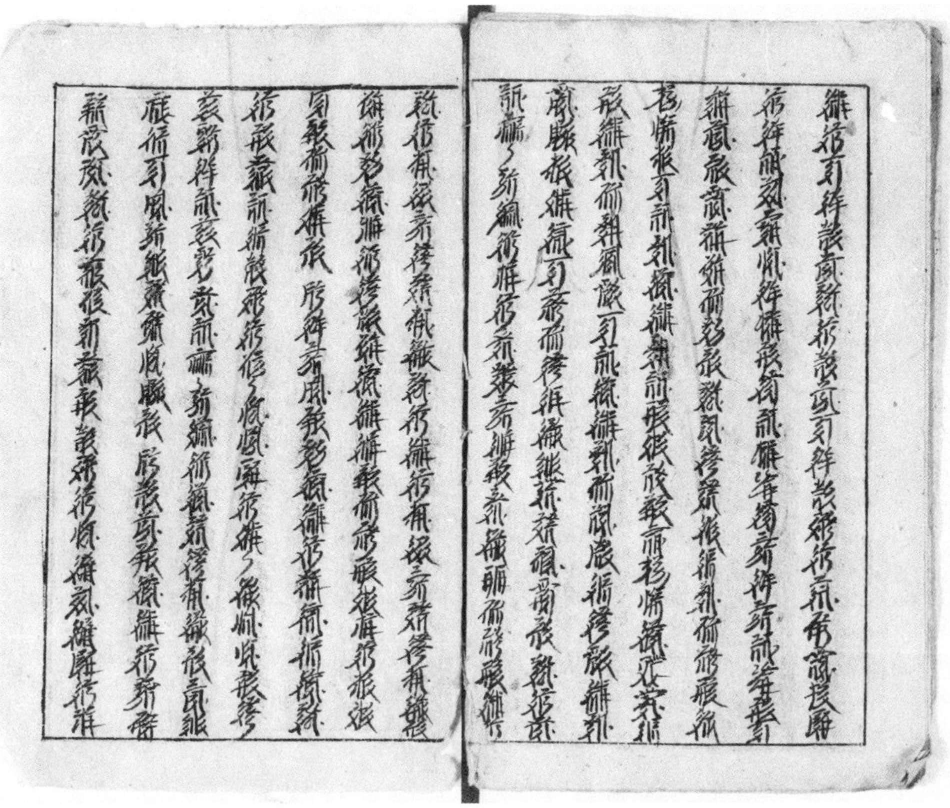

3.41(инв. № 0942)

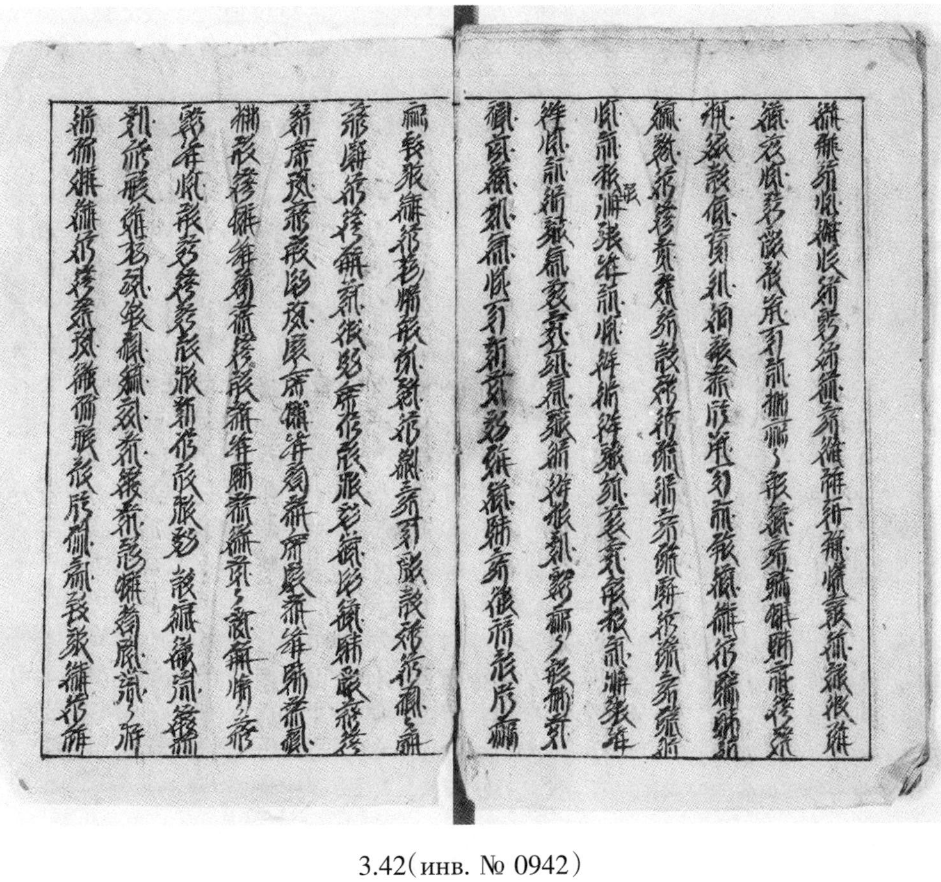

3.42(инв. № 0942)

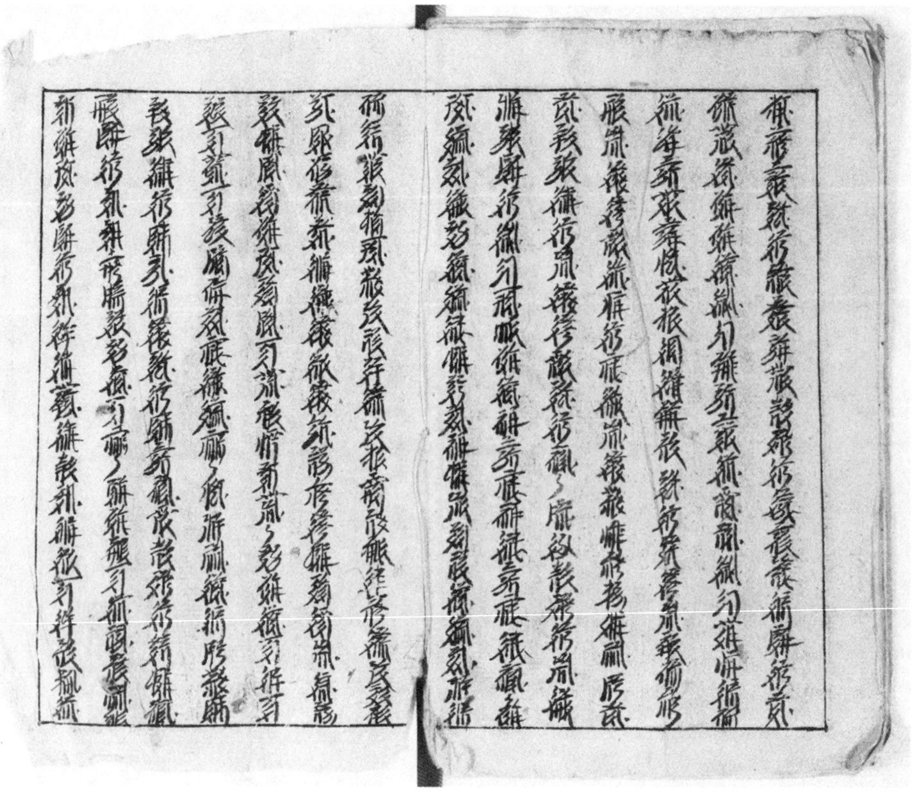

3.43(инв. № 0942)

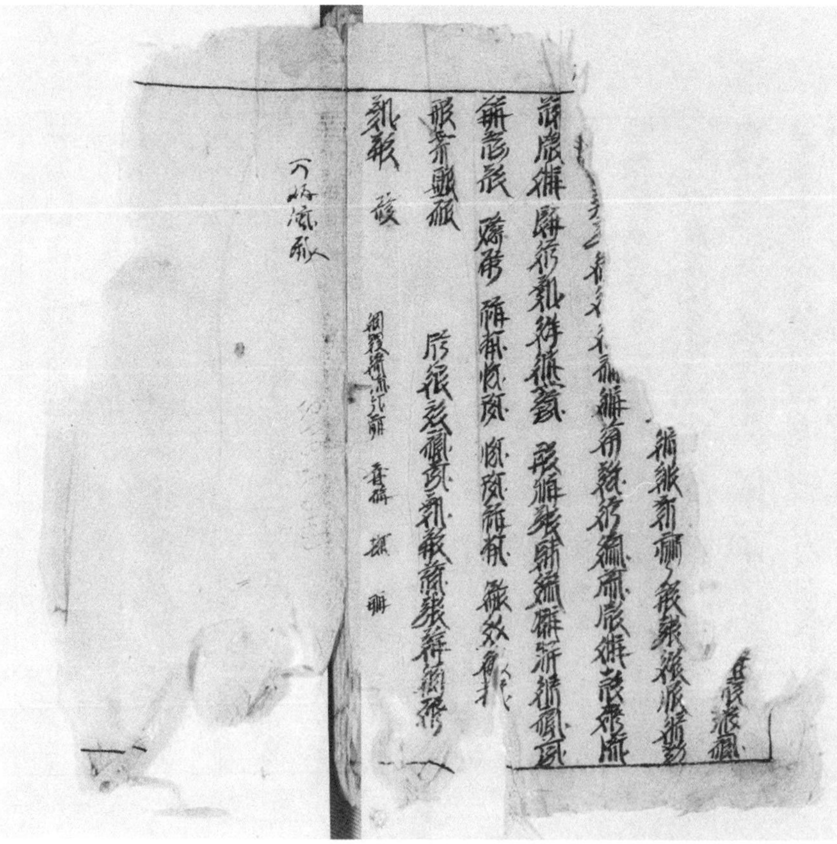

3.44(инв. № 0942)

4. 修华严奥旨妄尽还源观

4.1（инв. № 6174）

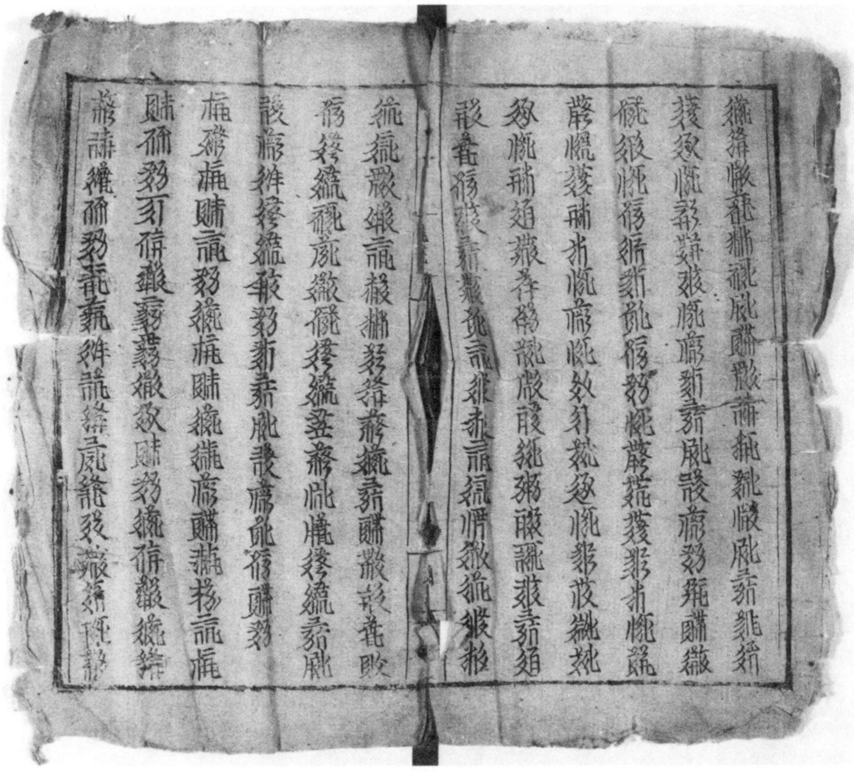

4.2（инв. № 6174）

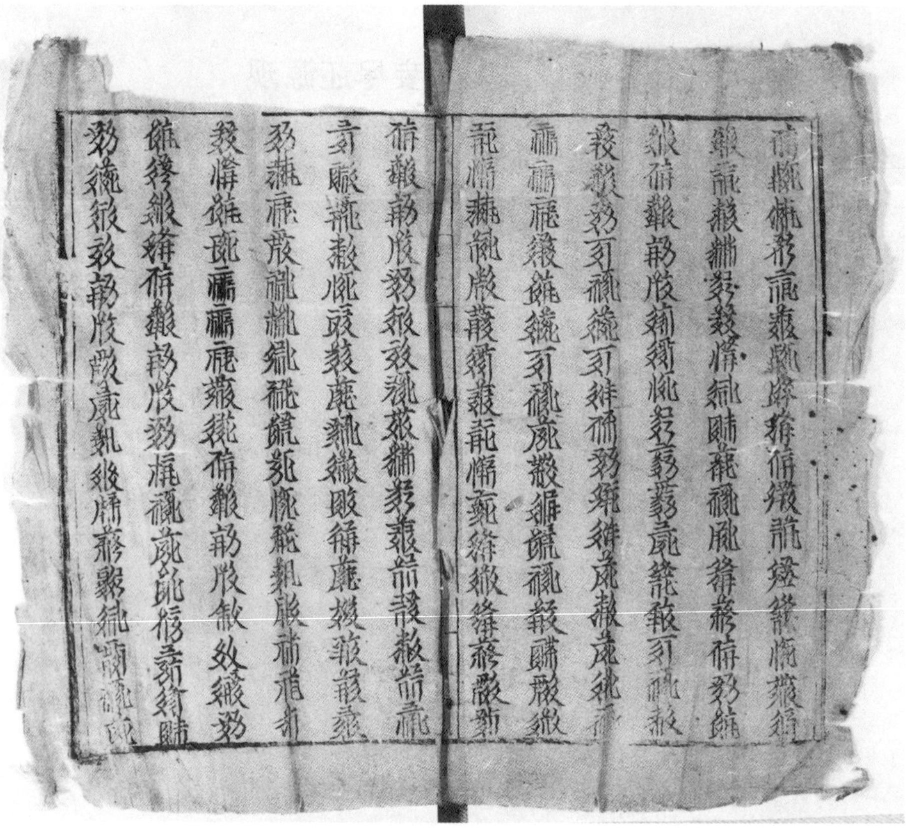

4.3（инв. № 6174）

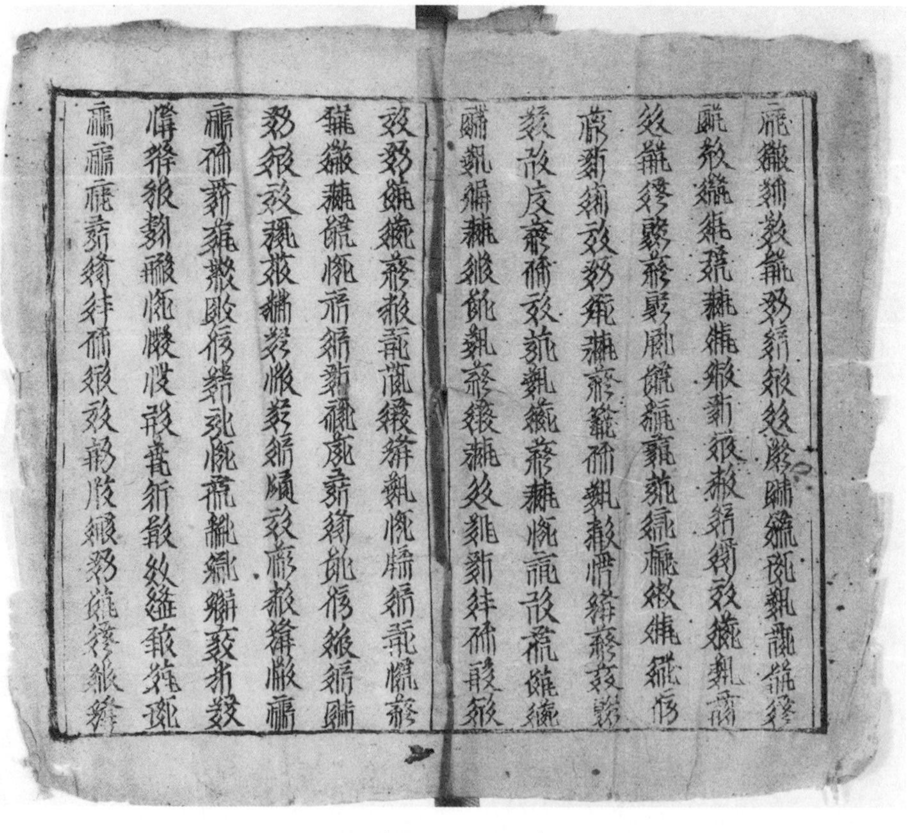

4.4（инв. № 6174）

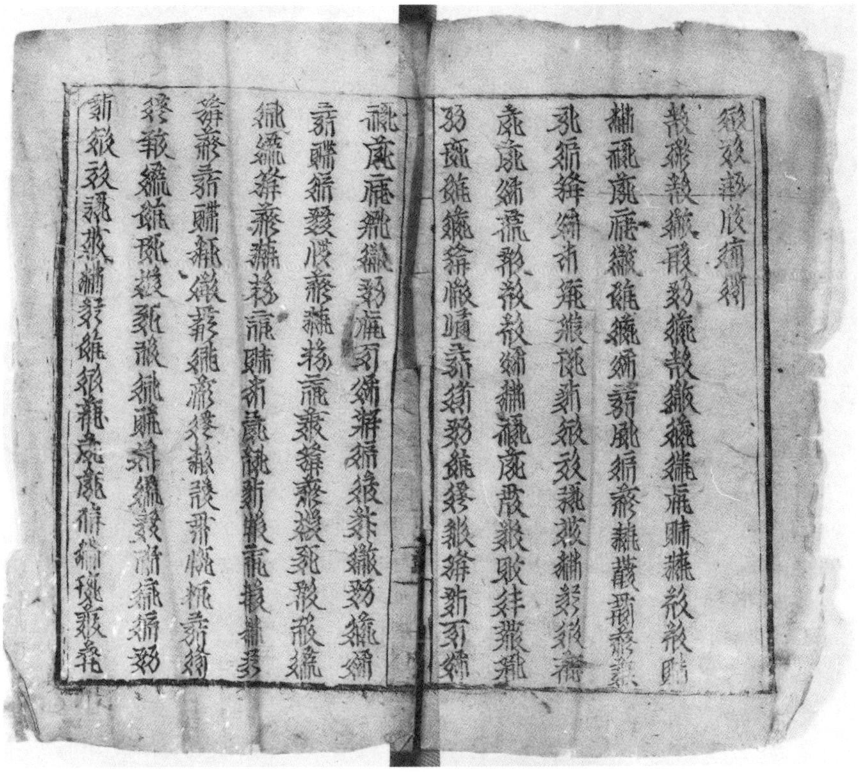

4.5（инв. № 6174）

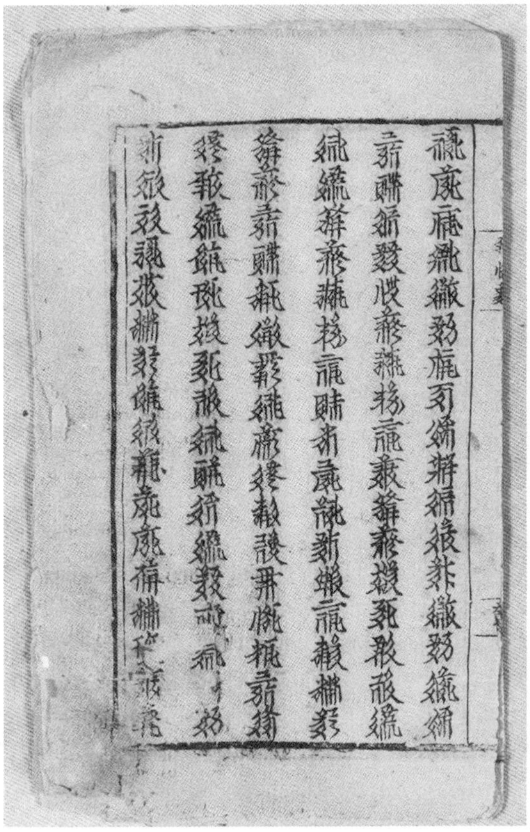

4.5（инв.№7689）–001

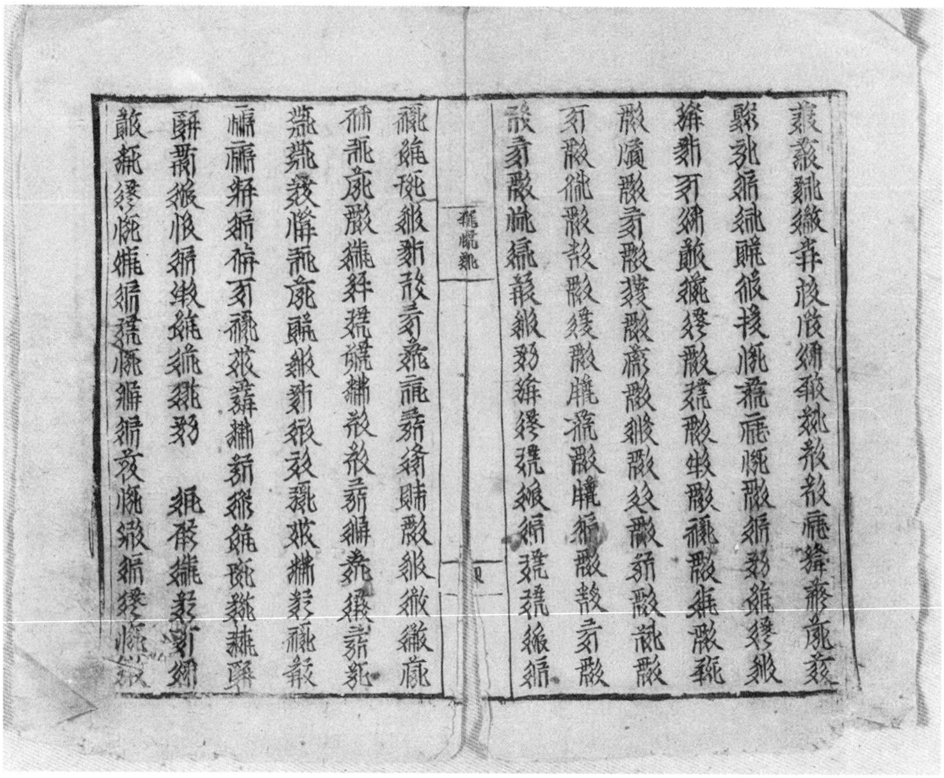

4.7（инв. № 7689）

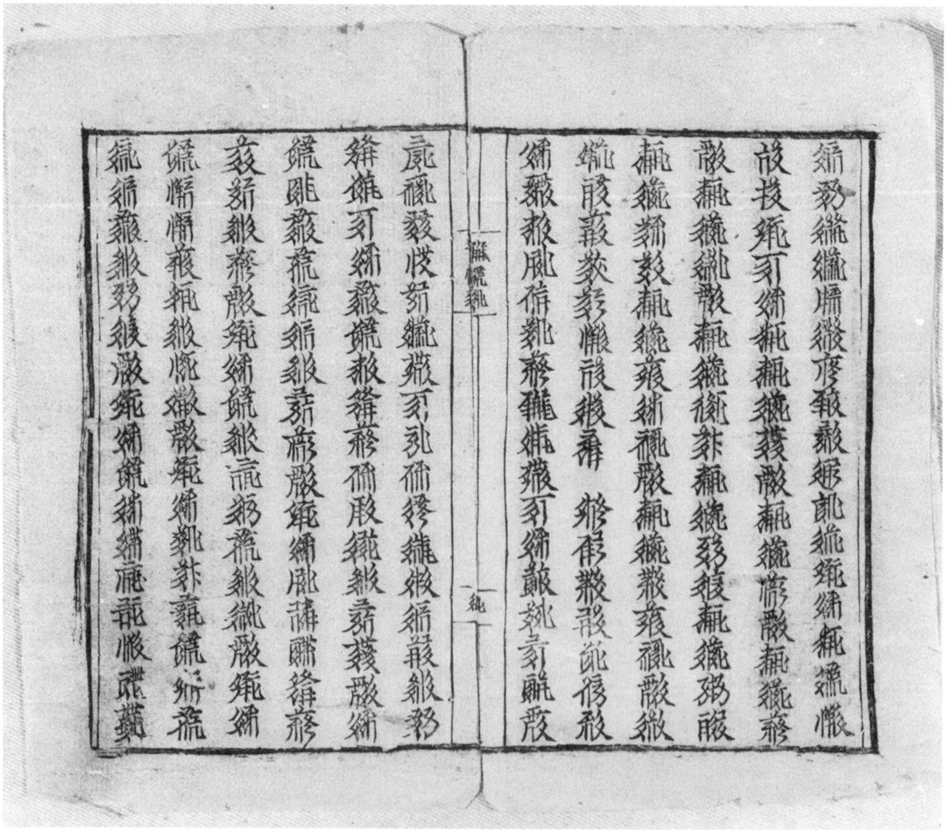

4.8（инв. № 7689）

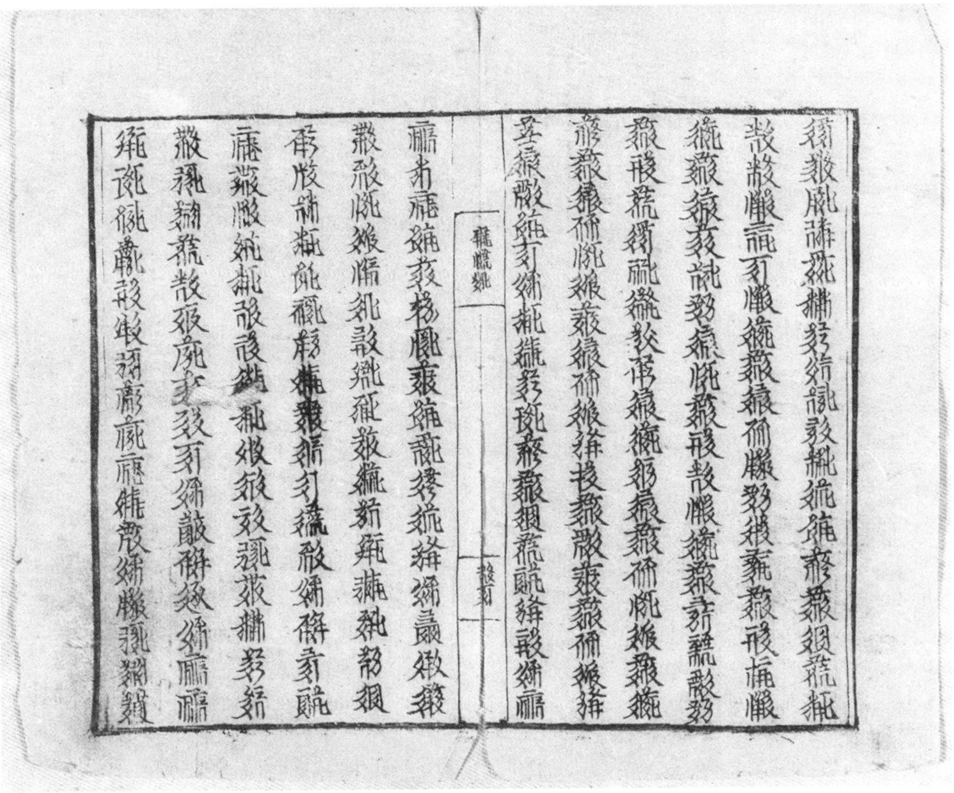

4.9(инв. № 7689)

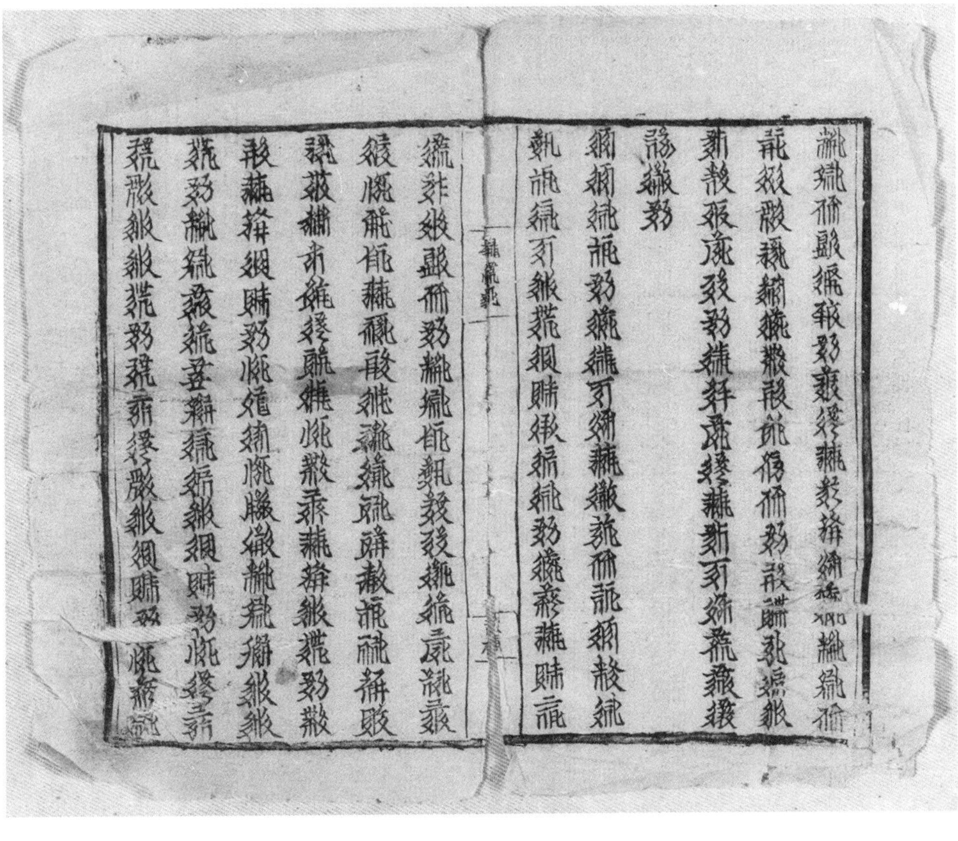

4.10(инв. № 7689)

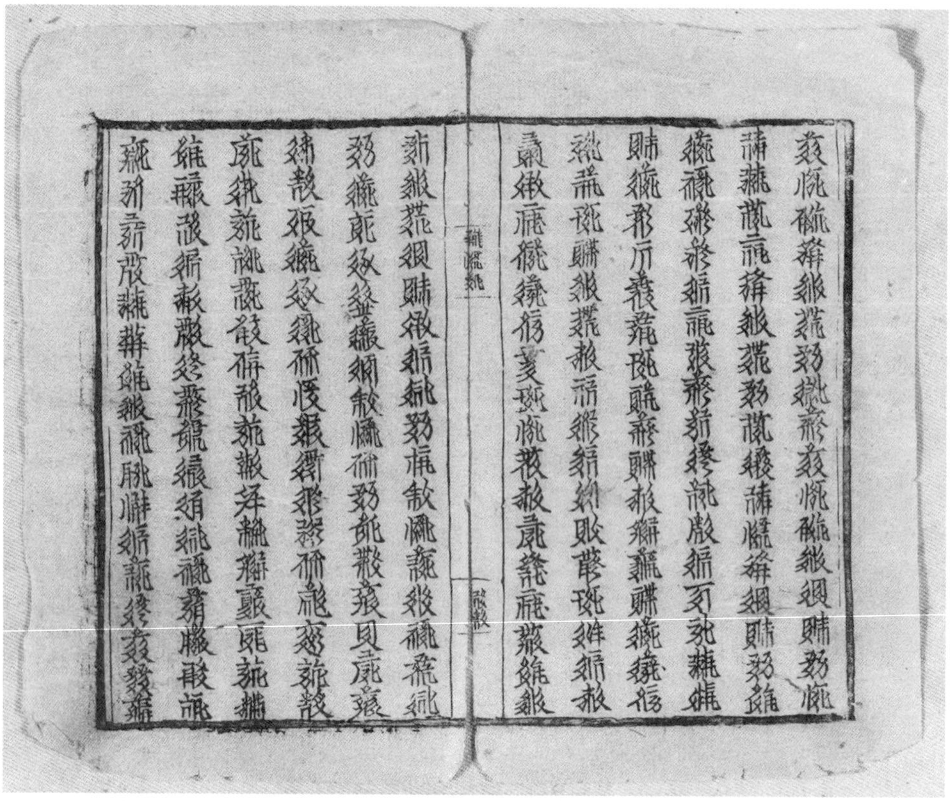

4.11(инв. № 7689)

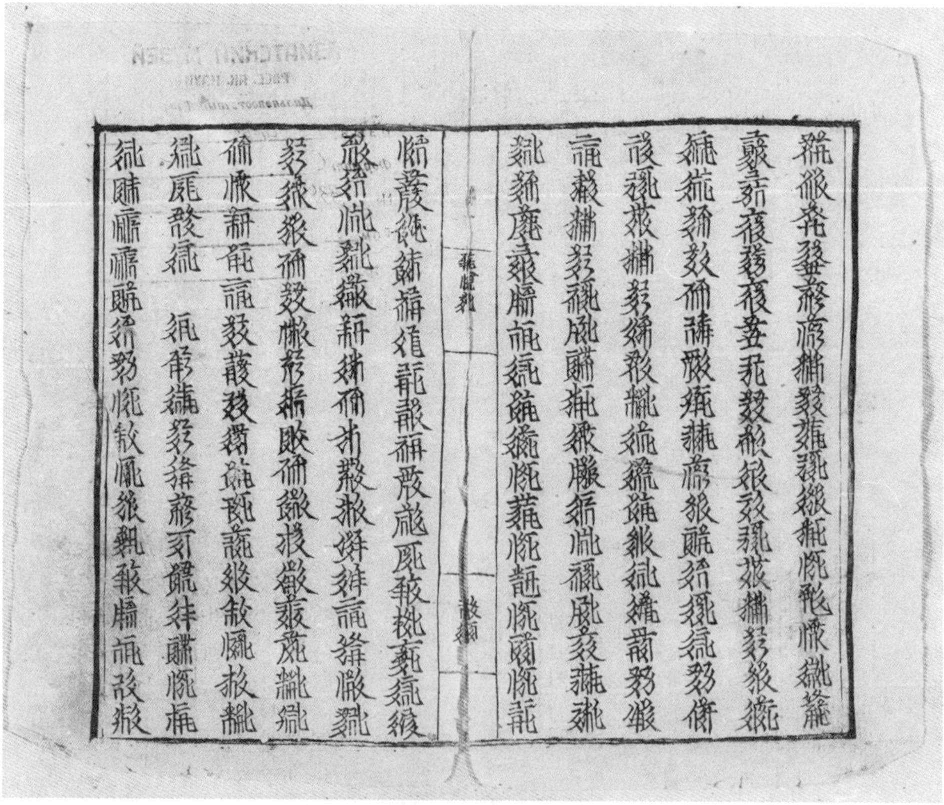

4.12(инв. № 7689)

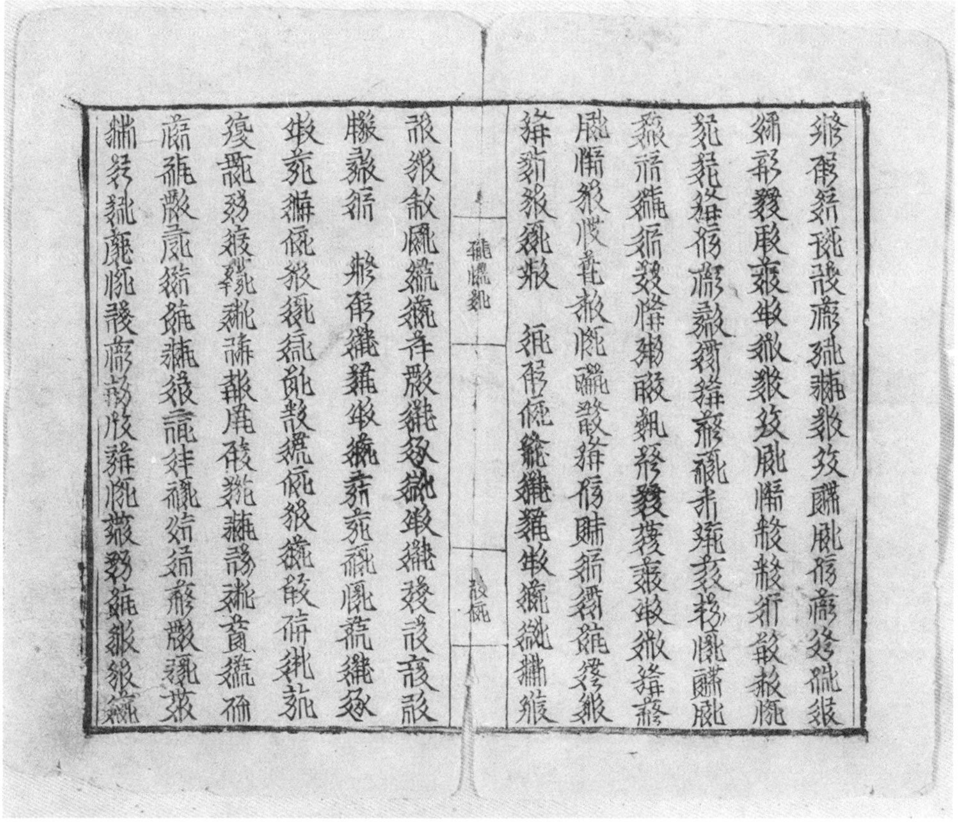

4.13(инв. № 7689)

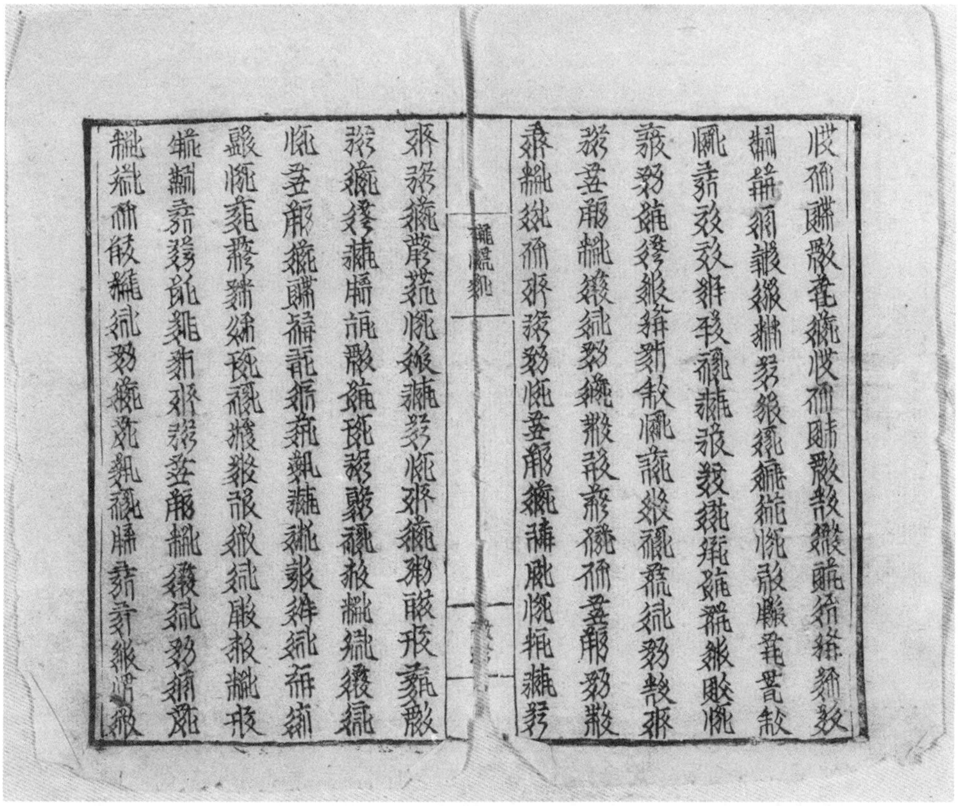

4.14(инв. № 7689)

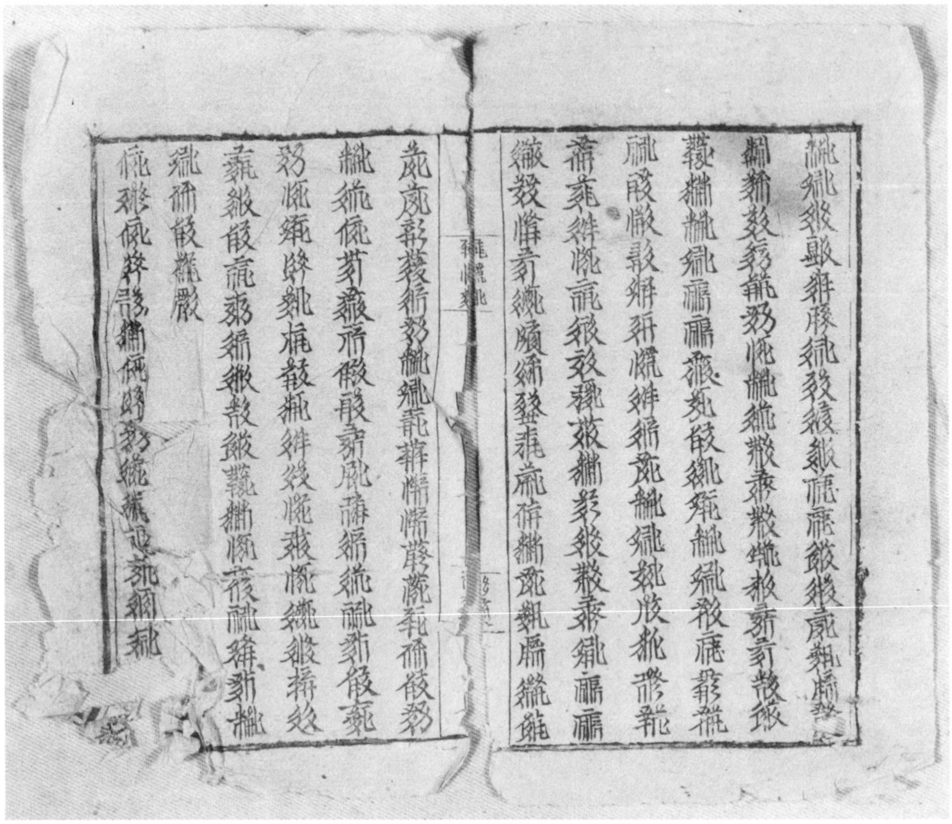

4.15（инв. № 7689）

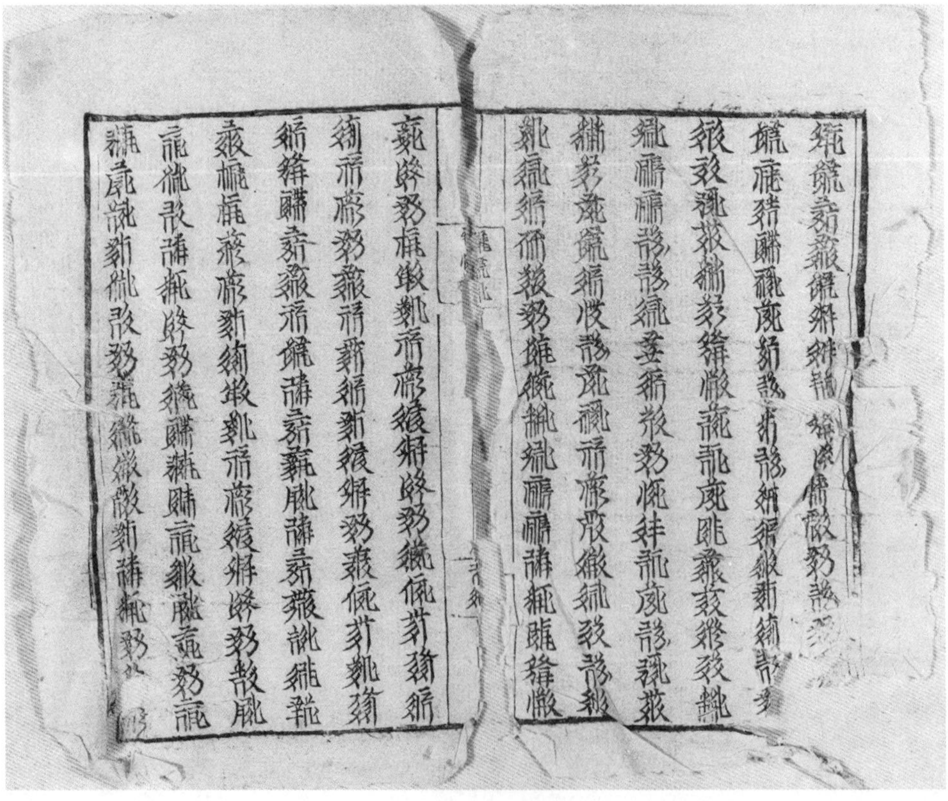

4.16（инв. № 7689）

4.16（инв. № 6174）

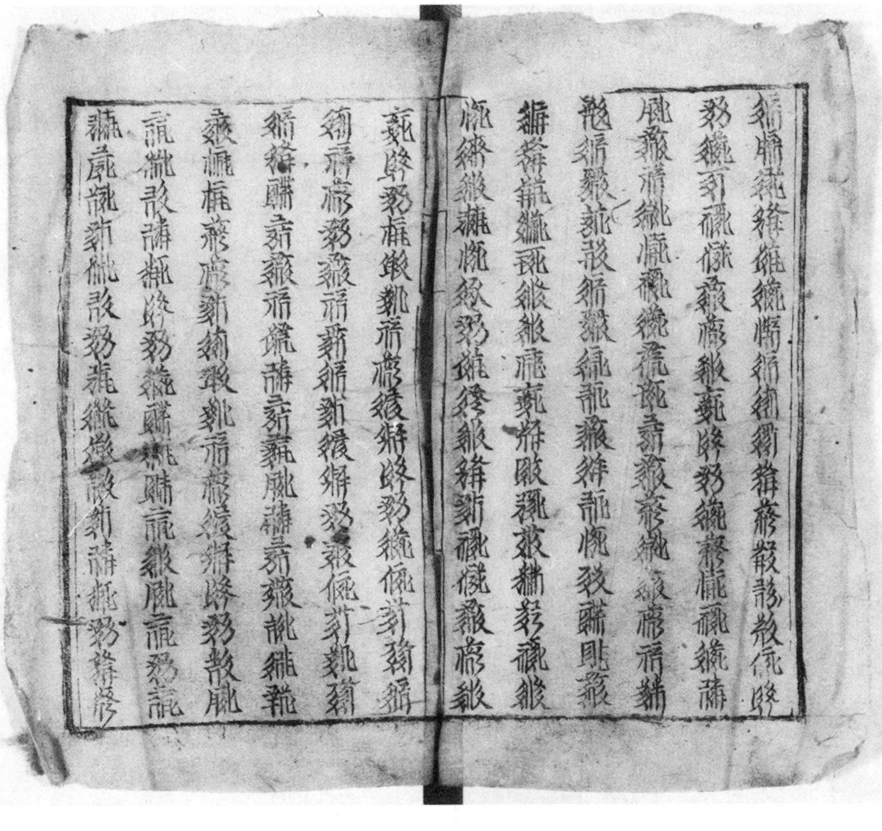

4.17（инв.№ 6174）

4.18（инв.№7689）

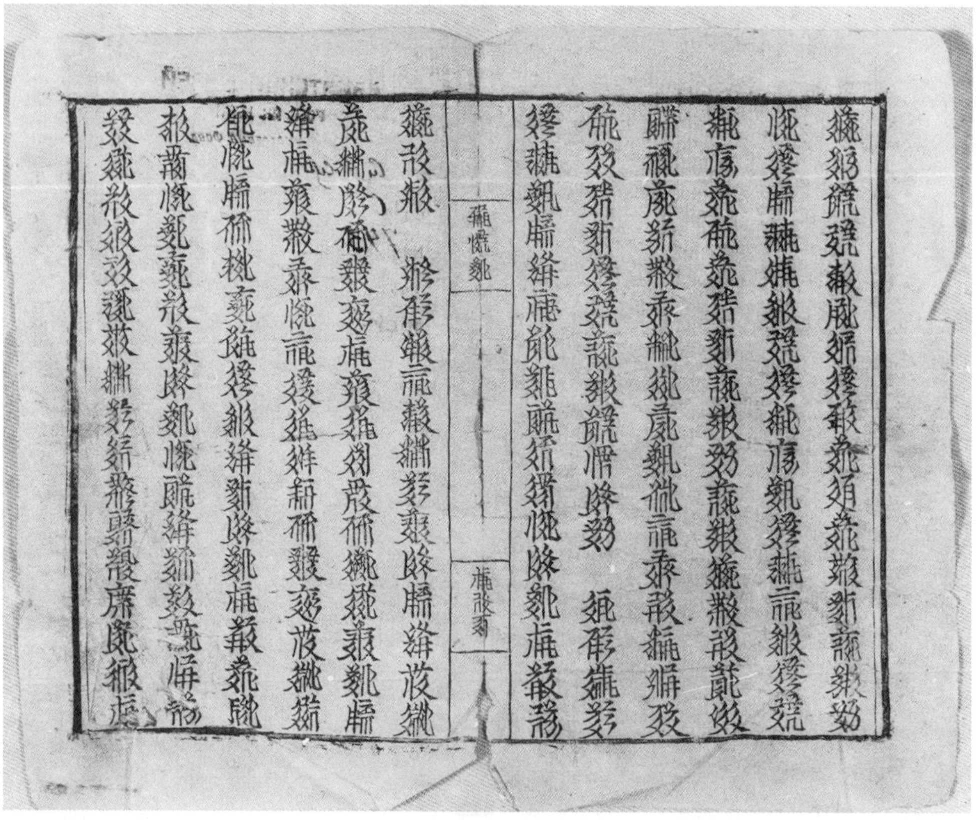

4.19（инв.№7689）

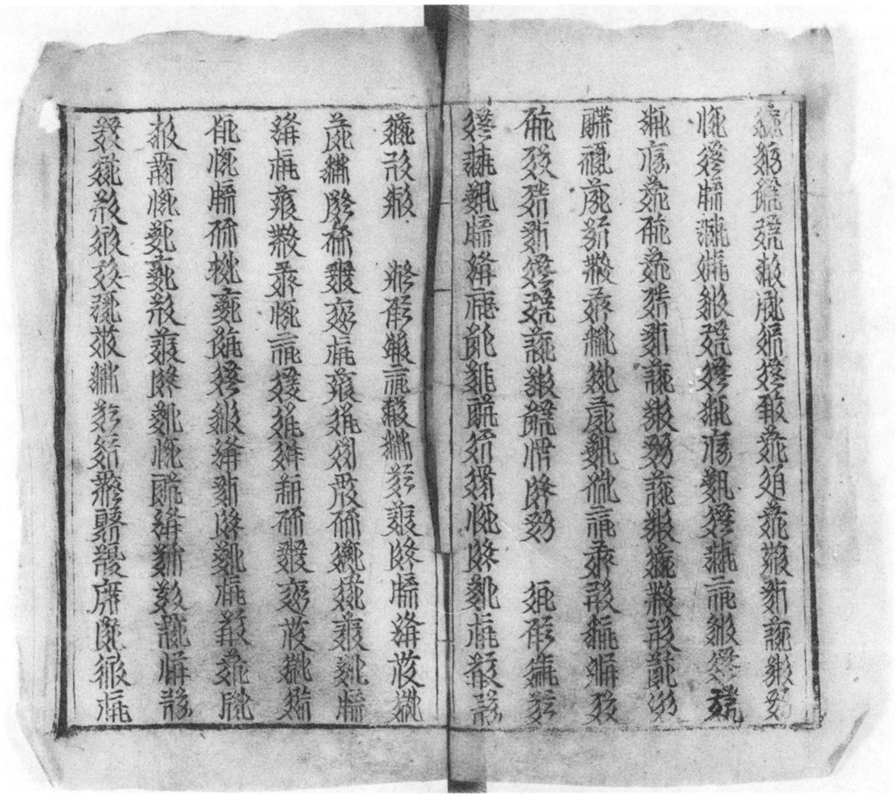

4.19(инв. № 6174)

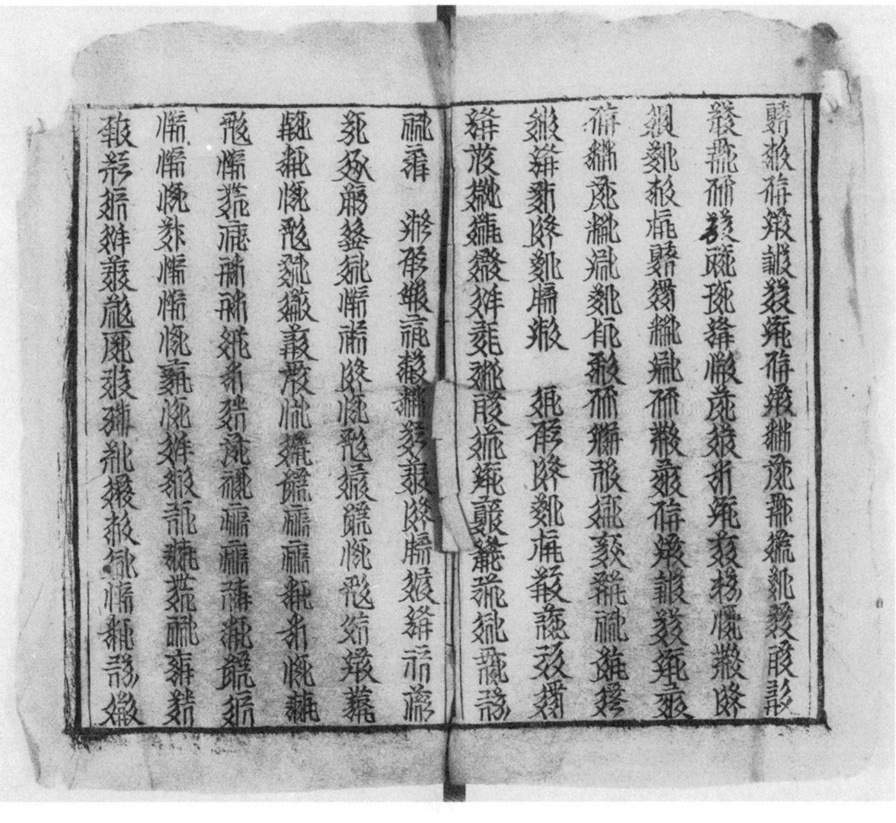

4.20(инв.№ 6174)

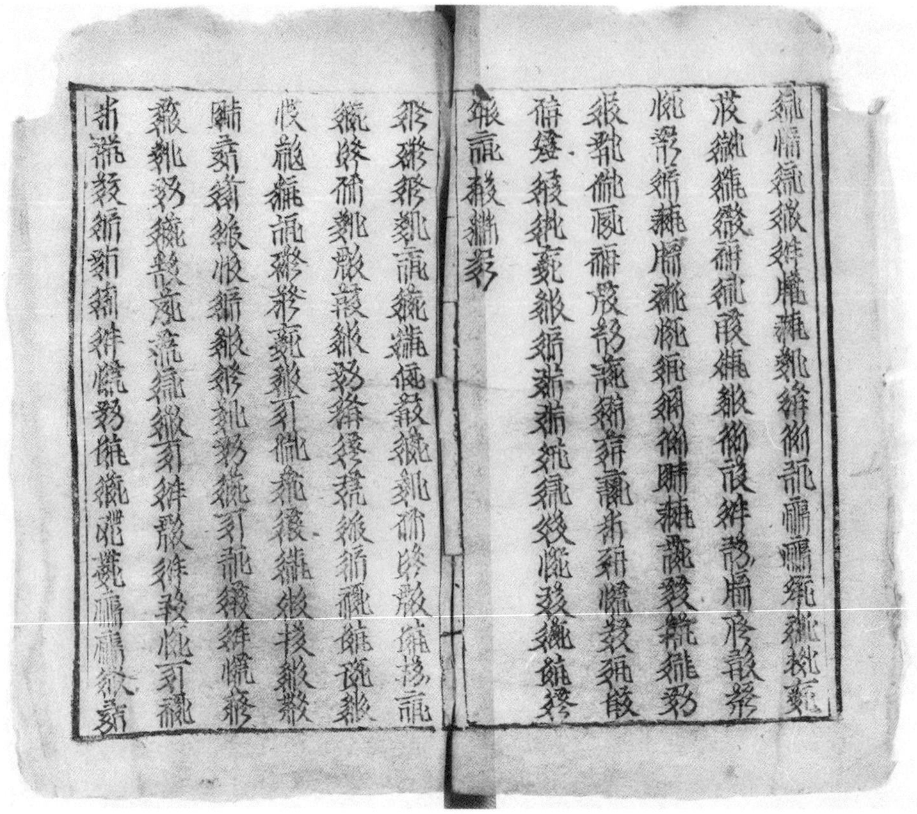

4.21（инв.№ 6174）

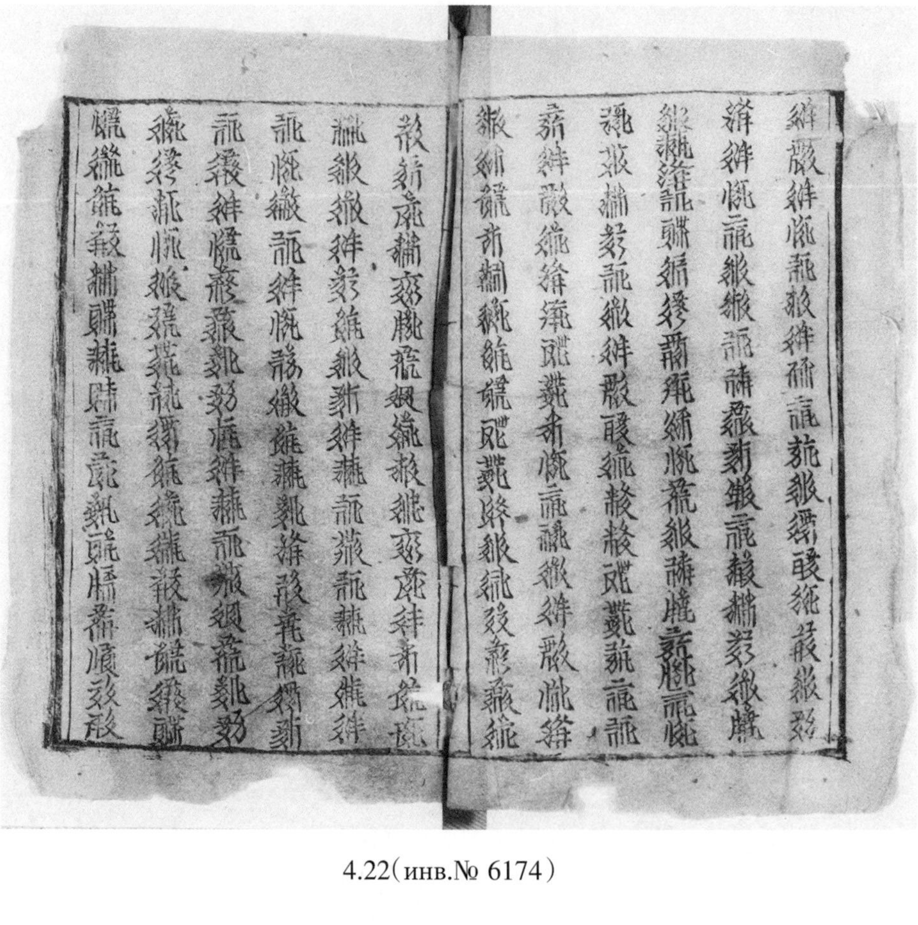

4.22（инв.№ 6174）

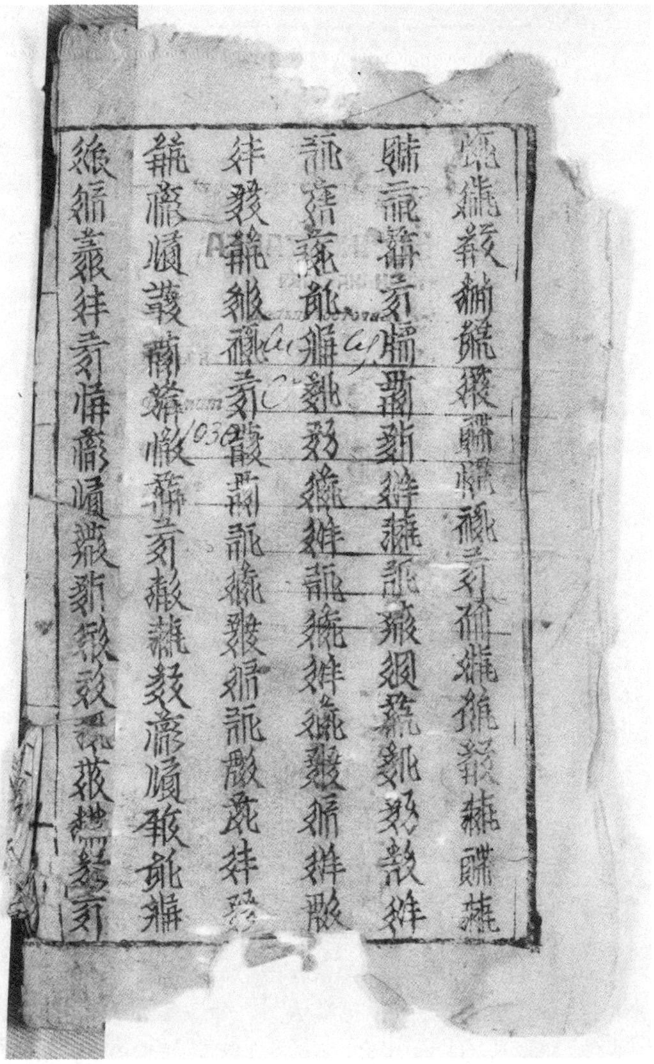

4.23（инв.№ 6174）

5. 金师子章云间类解

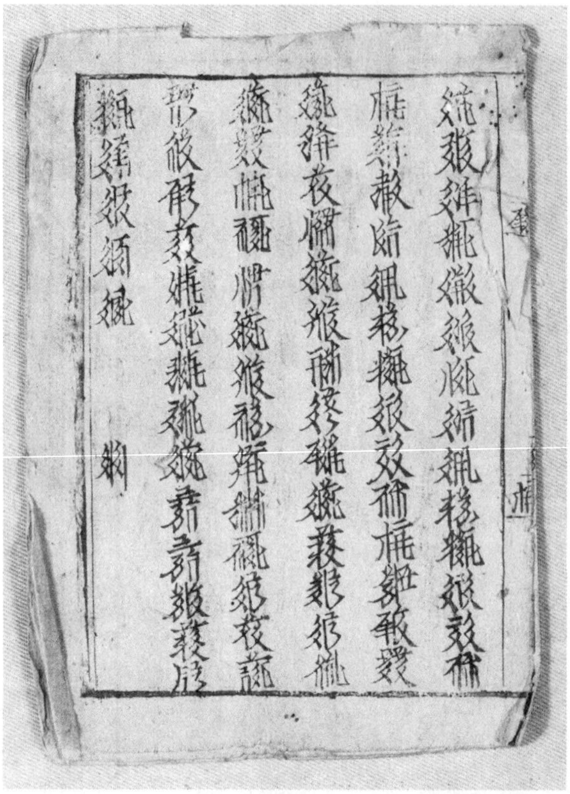

5.2（инв.№ 0739）

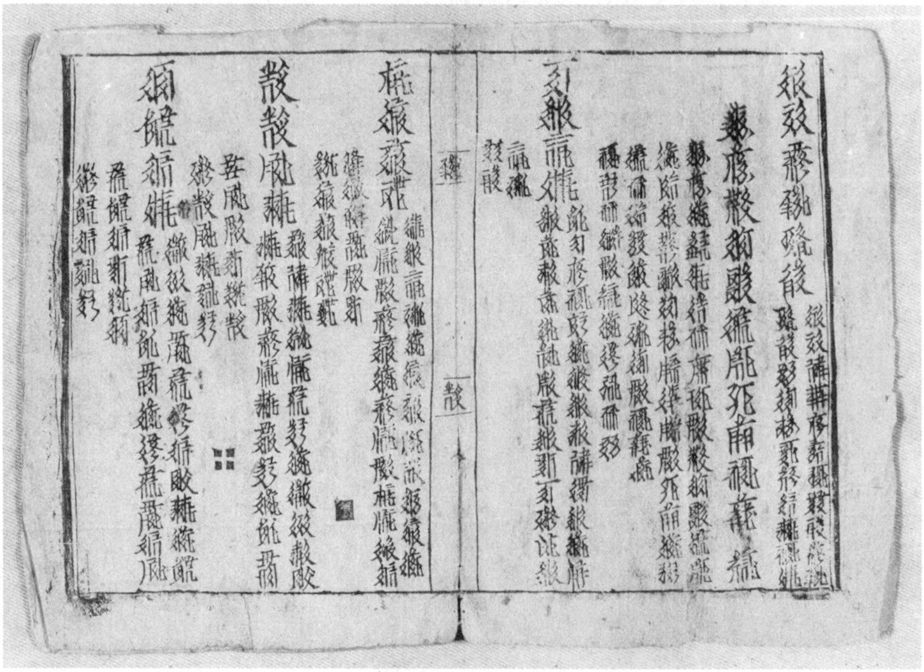

5.3（инв.№ 0739）

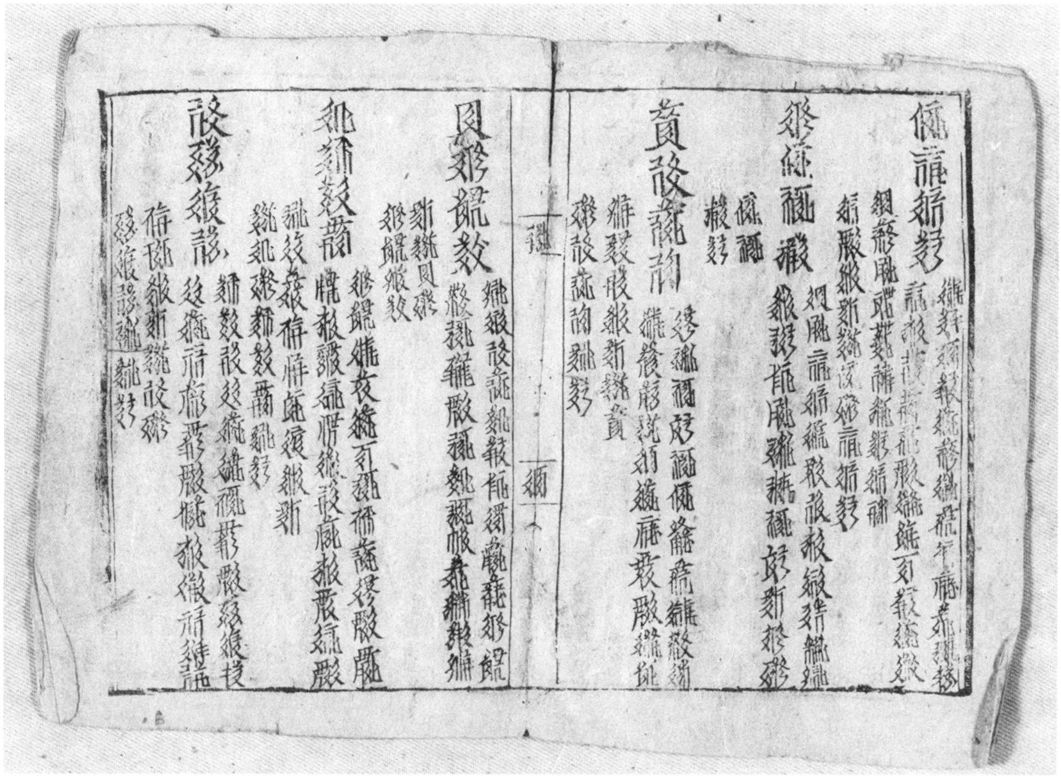

5.4（инв.№ 0739）

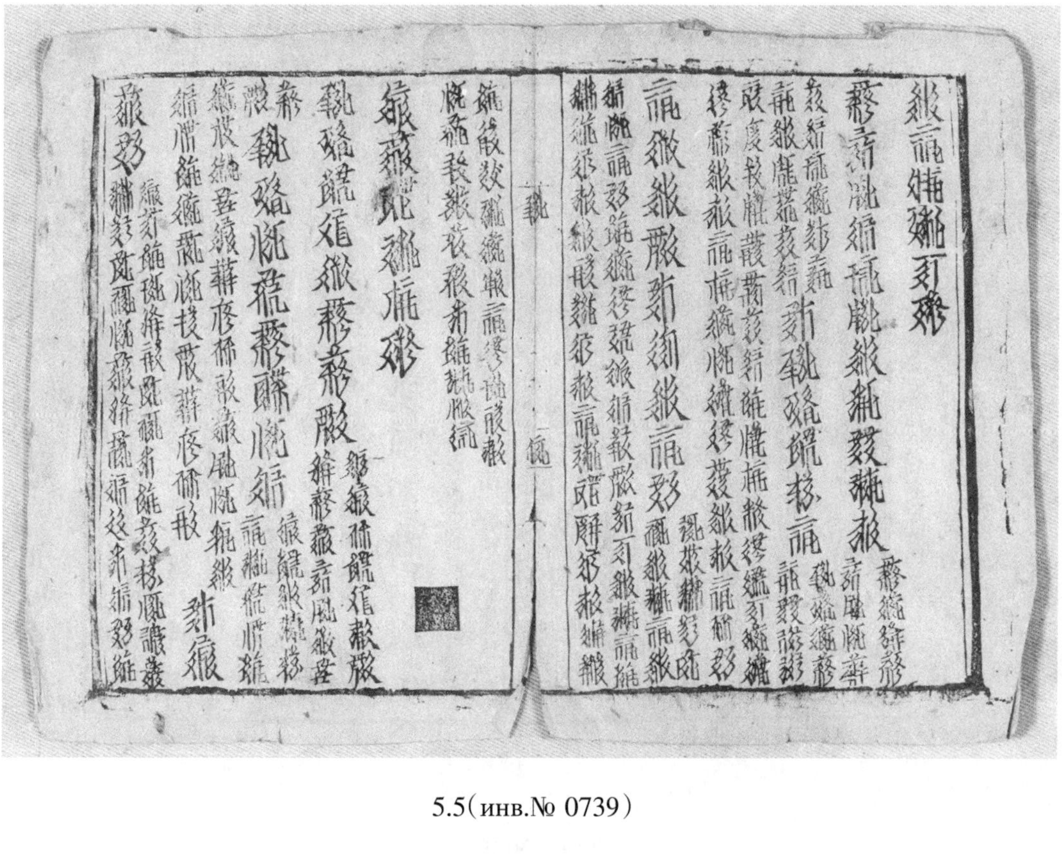

5.5（инв.№ 0739）

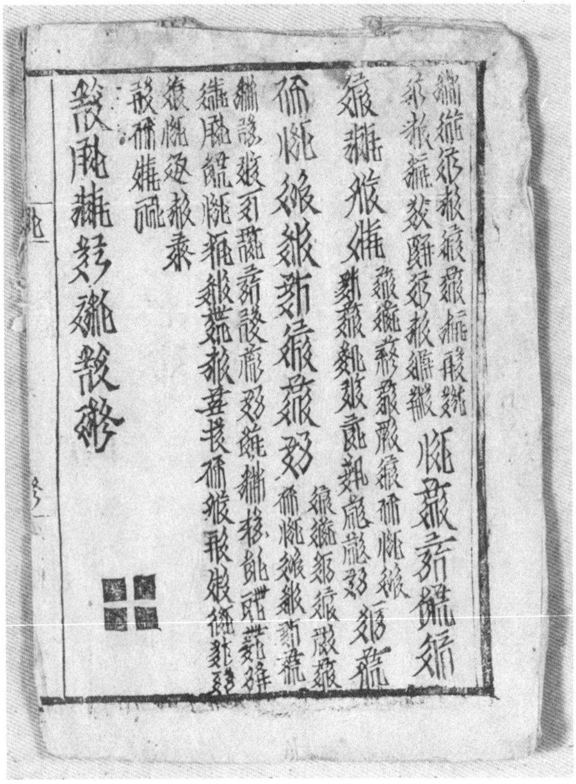

5.6(инв.№ 0739)

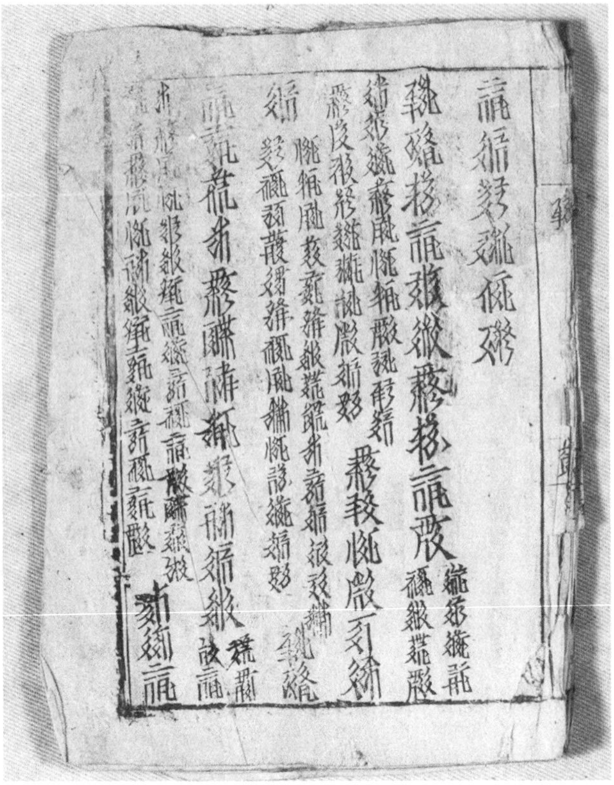

5.7(инв.№ 0739)

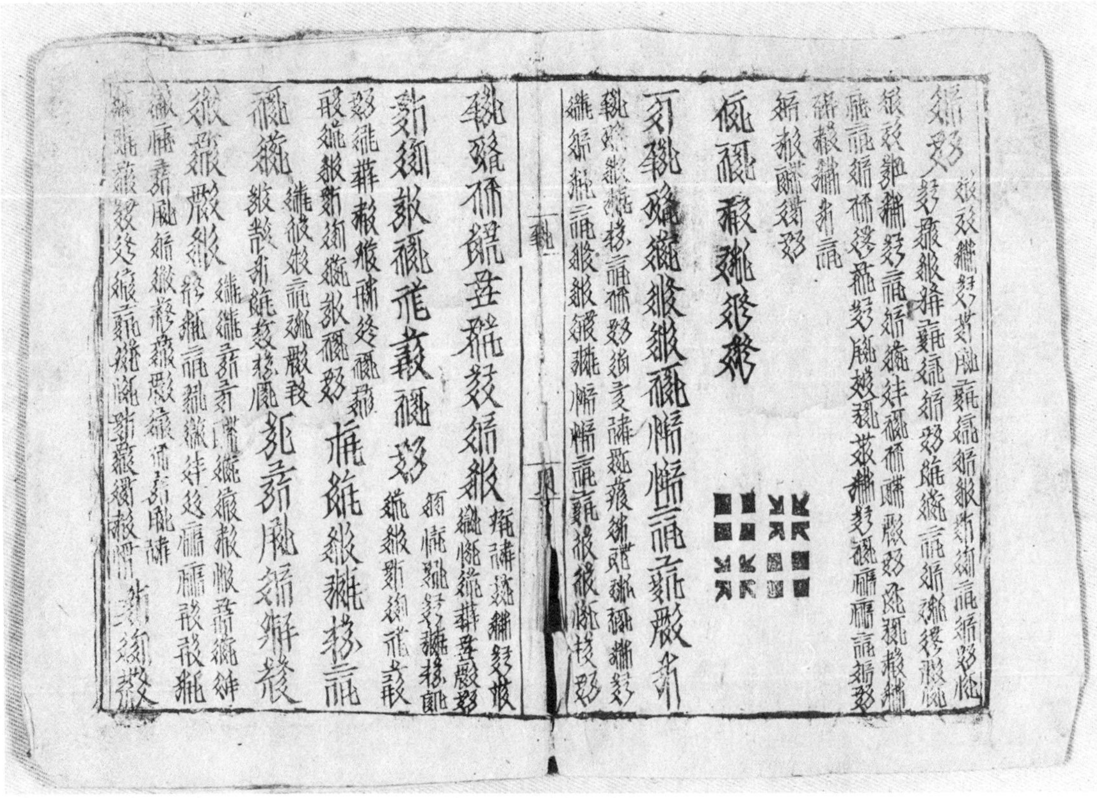

5.8(инв.№ 0739)

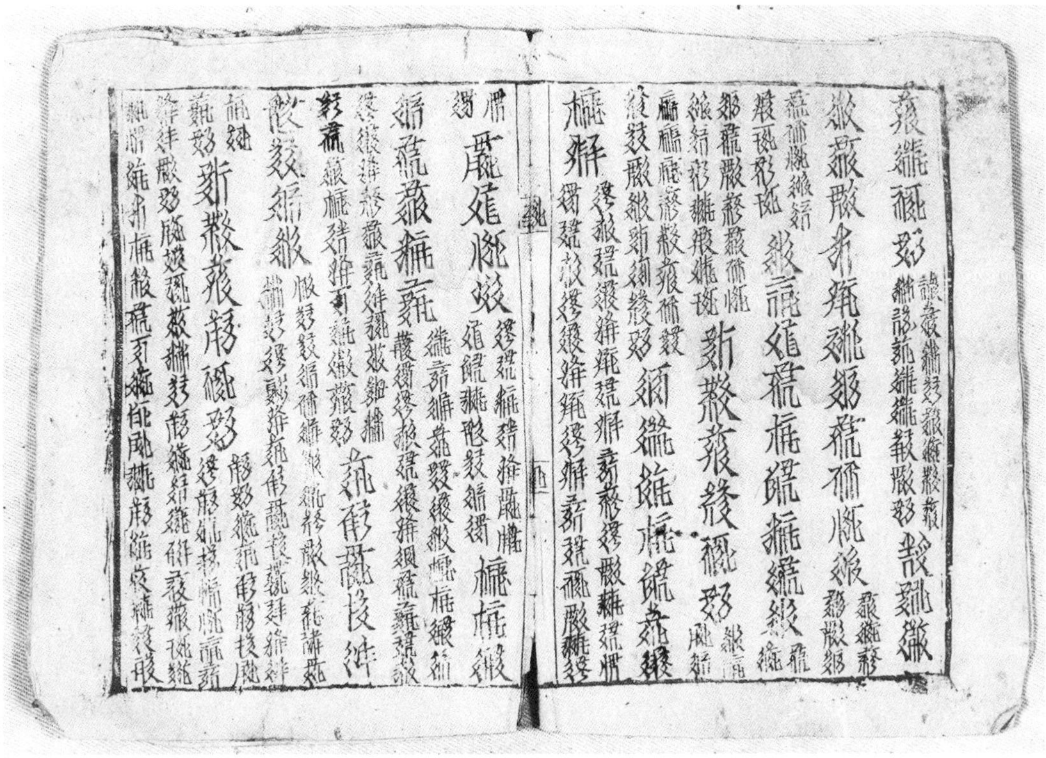

5.9（инв.№ 0739）

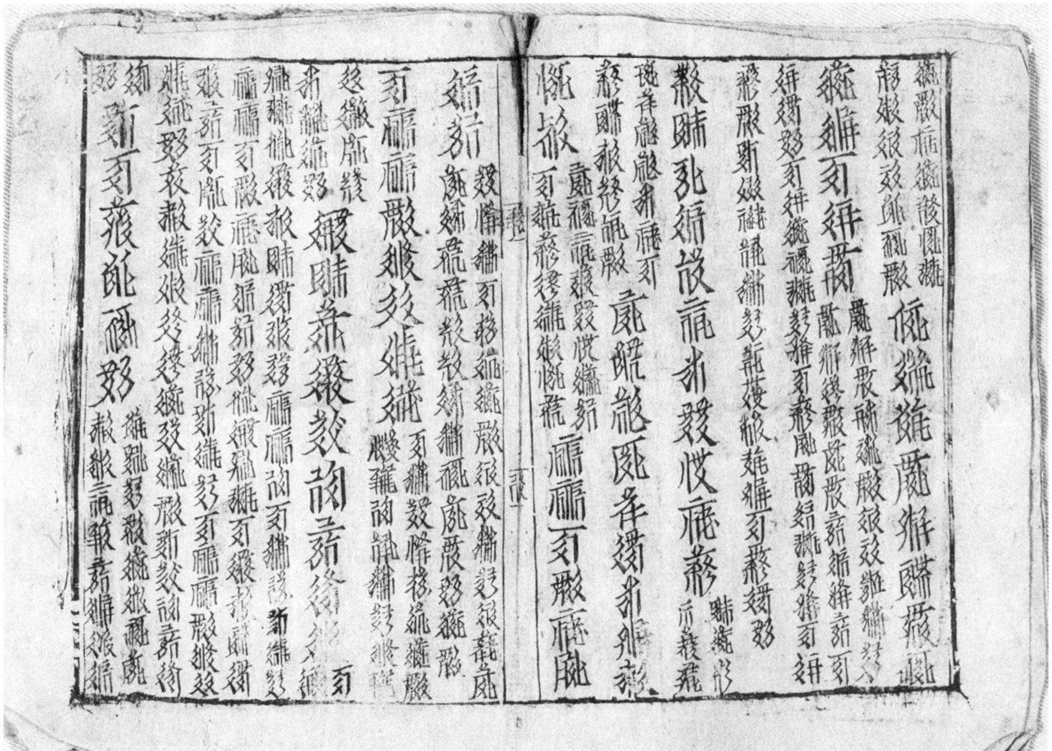

5.10（инв.№ 0739）

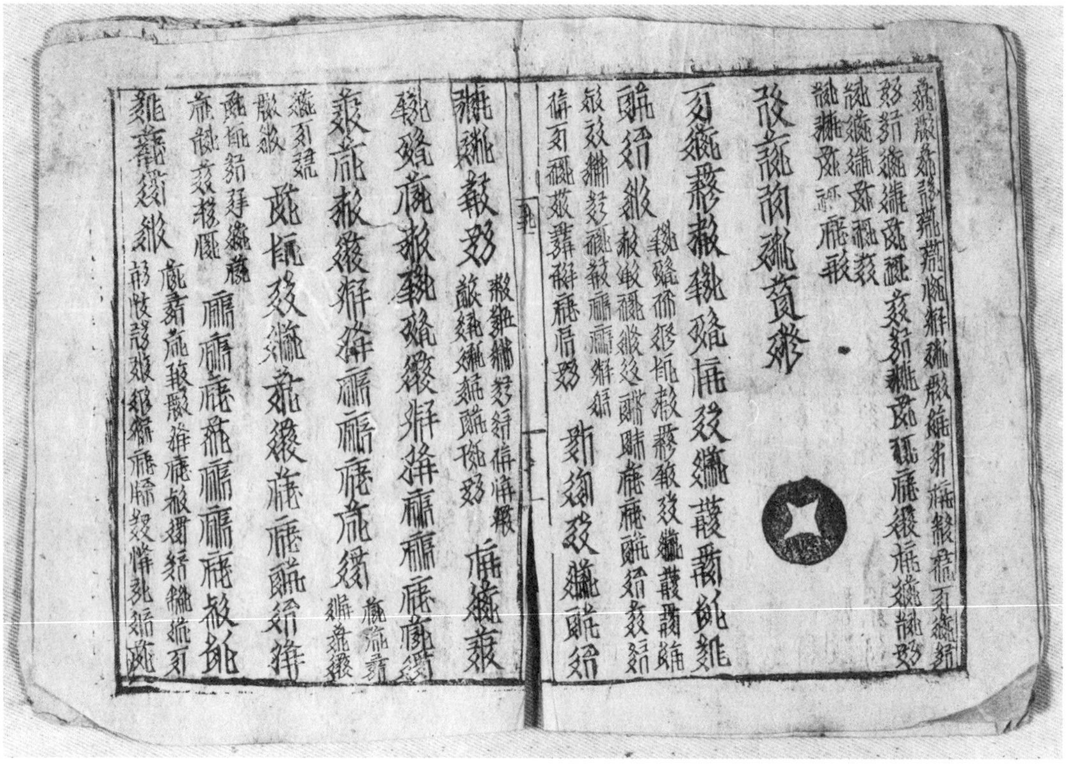

5.11(инв.№ 0739)

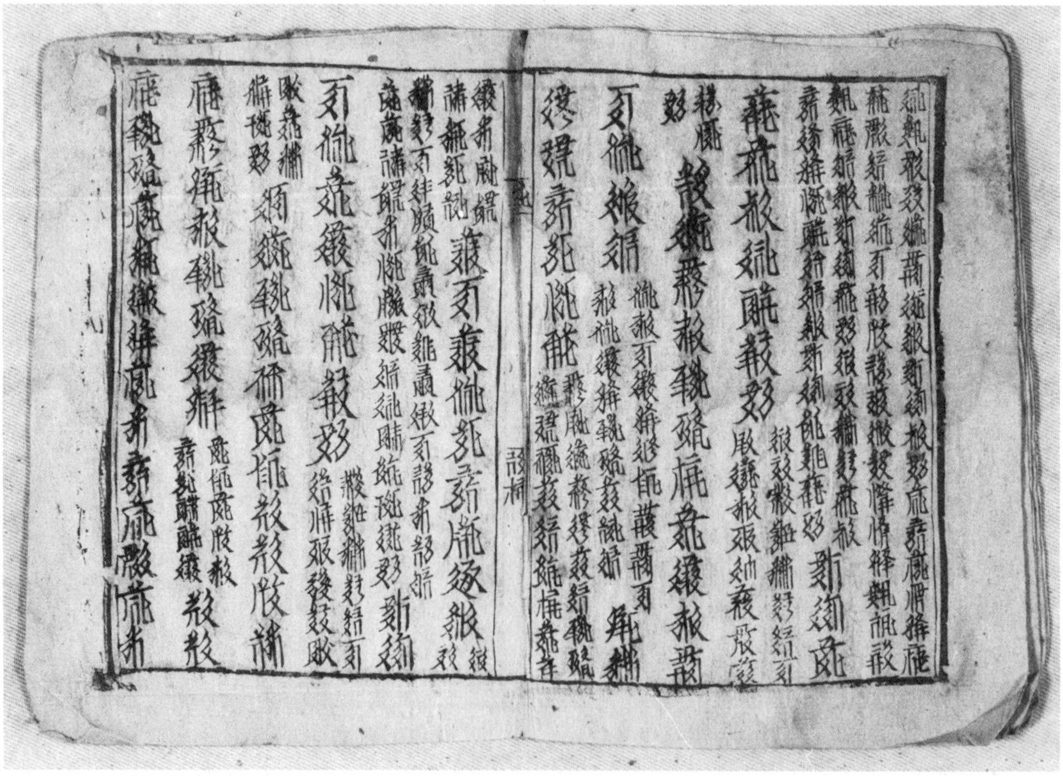

5.12(инв.№ 0739)

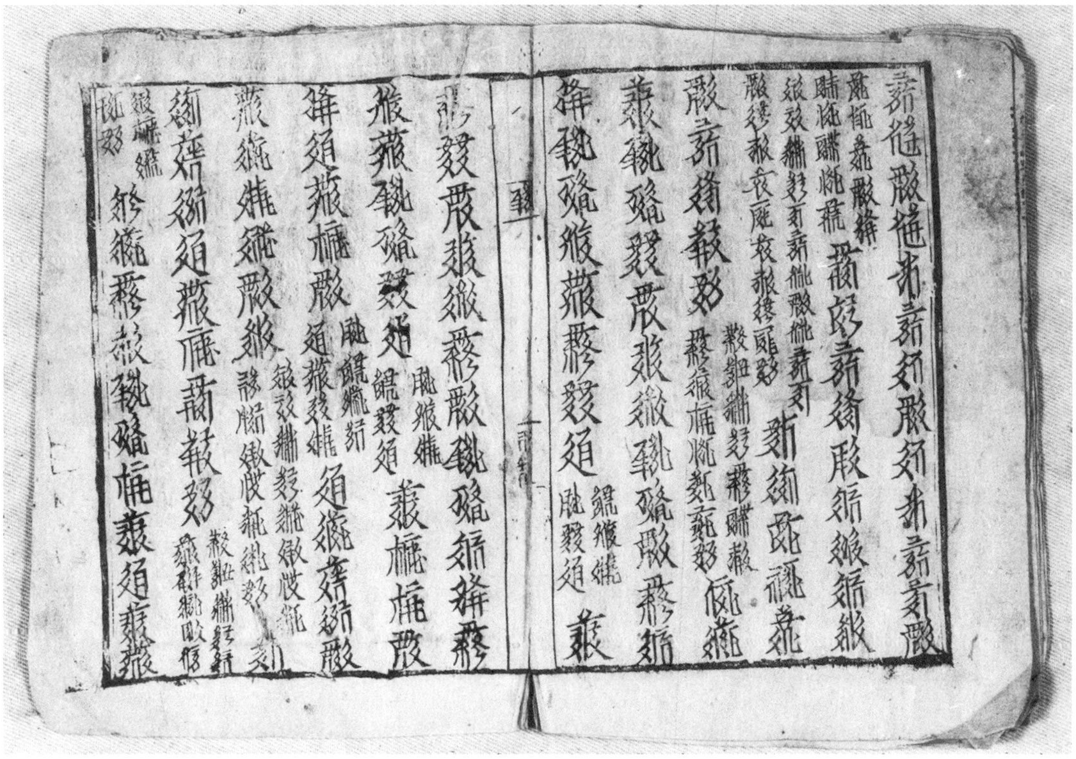

5.13（инв.№ 0739）

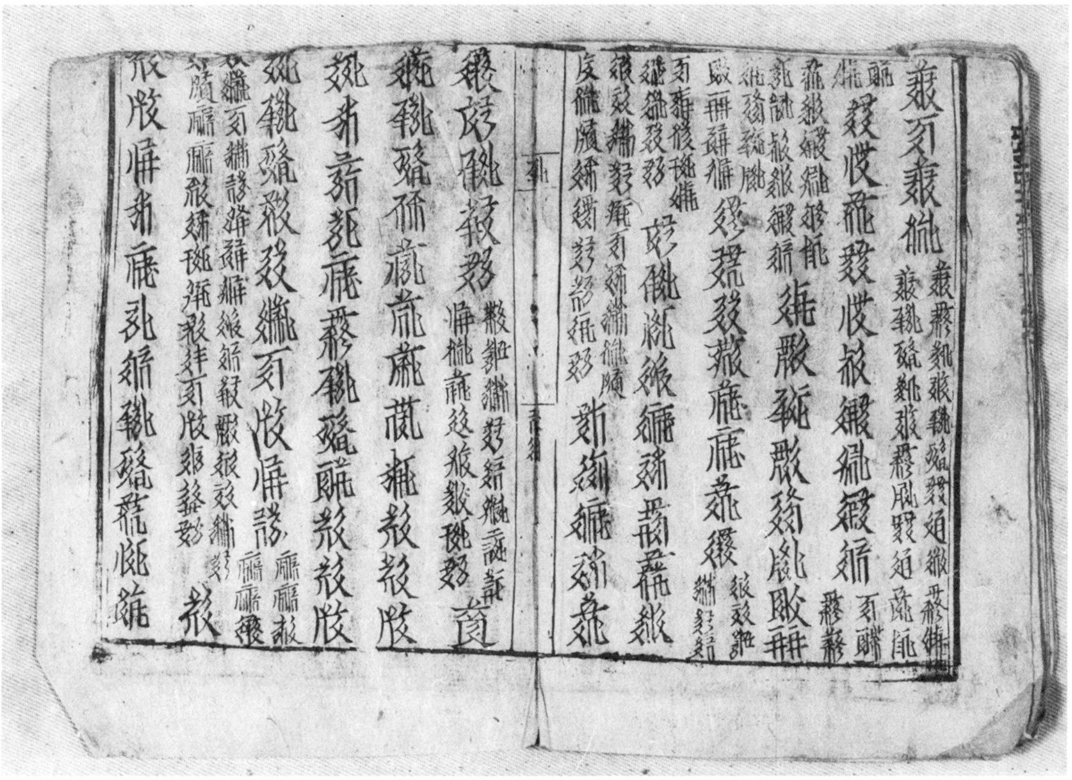

5.14（инв.№ 0739）

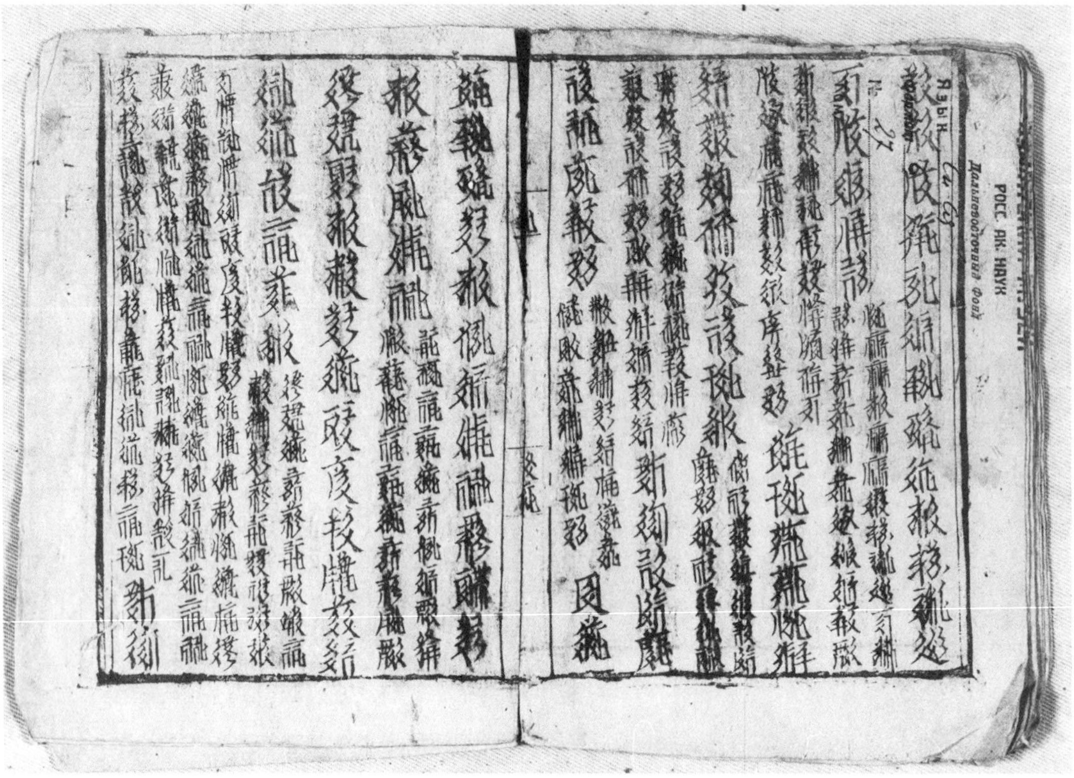

5.15(инв.№ 0739)

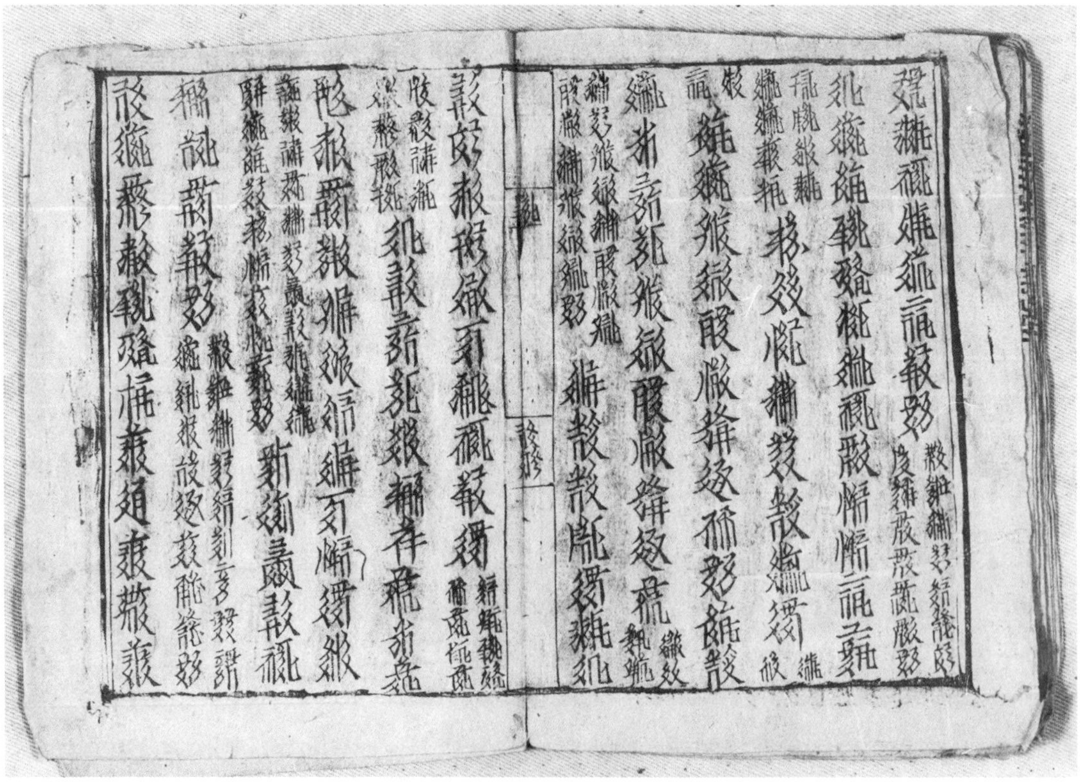

5.16(инв.№ 0739)

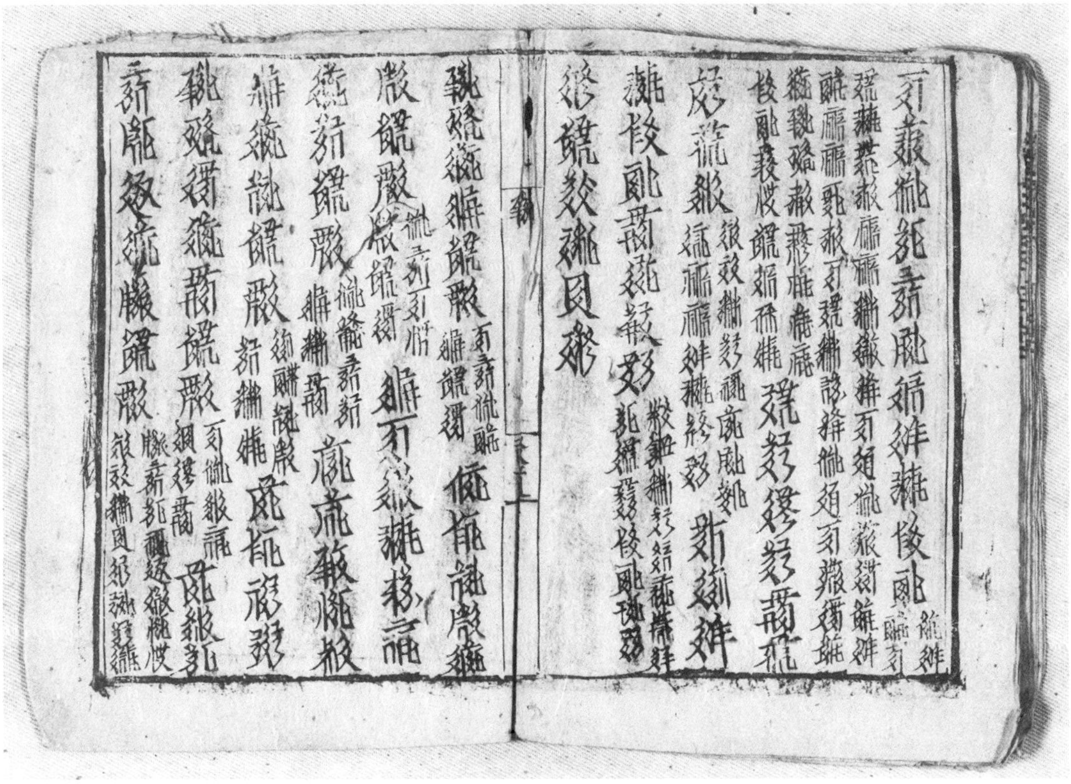

5.17（инв.№ 0739）

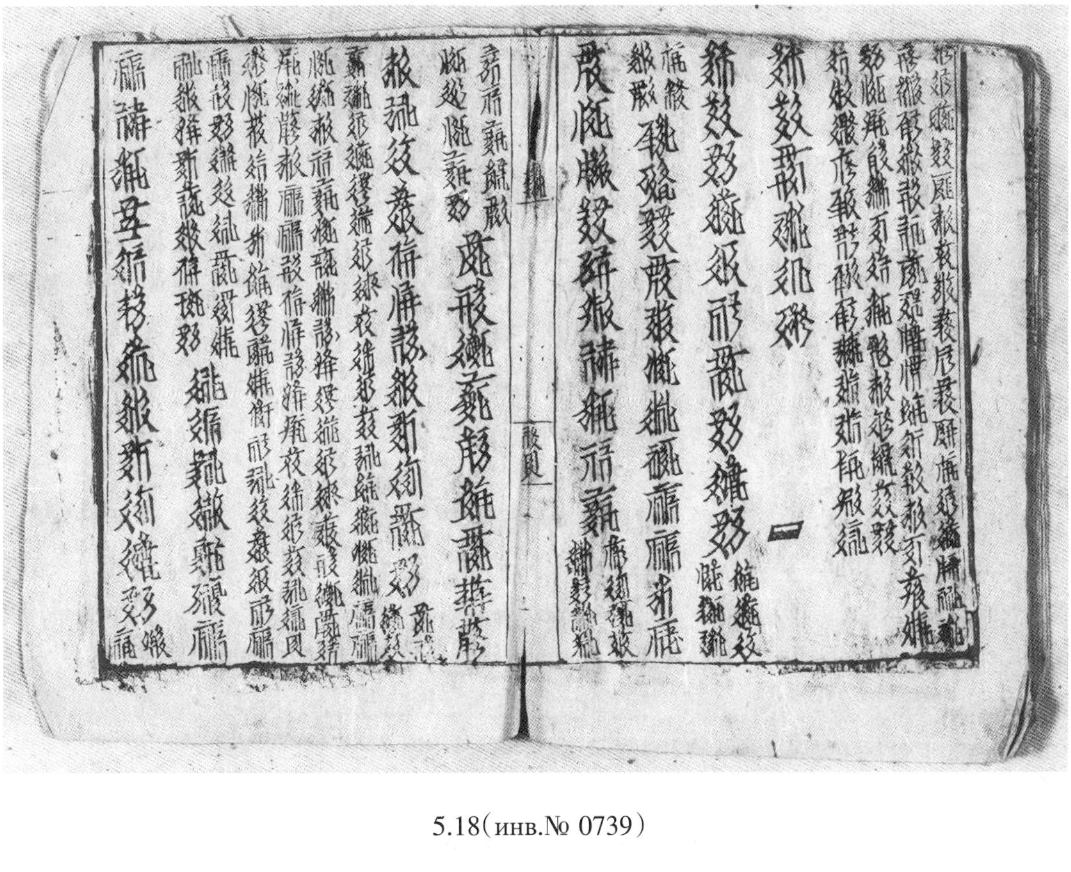

5.18（инв.№ 0739）

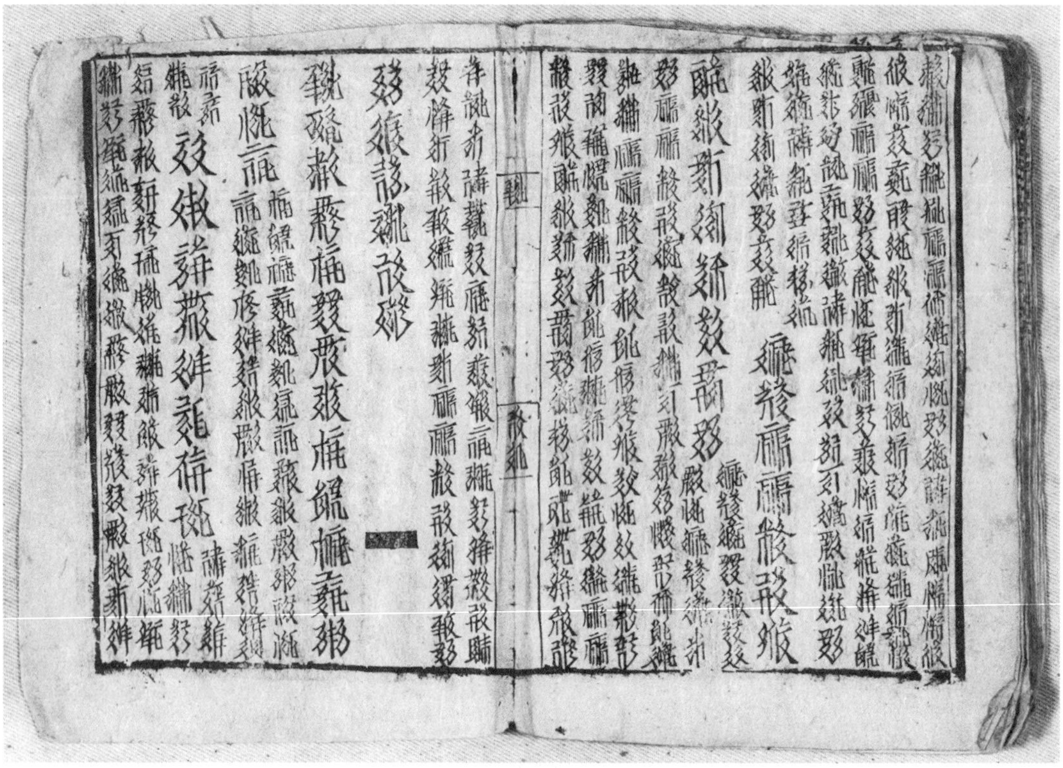

5.19（инв.№ 0739）

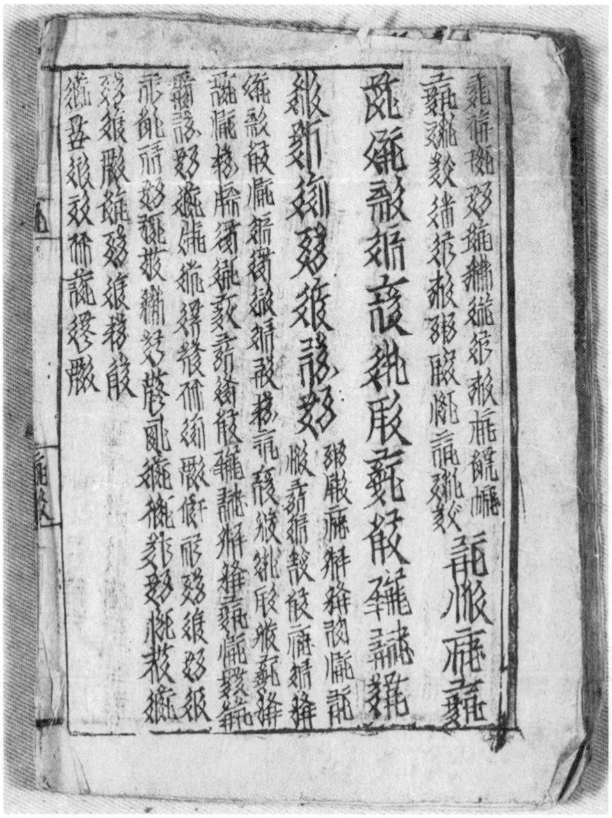

5.20（инв.№ 0739）

后　记

本项研究在2009年年底被批准为中国社会科学院重点课题（1000000076），2010年年底被国家社科基金重大项目“黑水城西夏文文献整理与研究”（10&ZD081）立为子课题，全部研究工作在2011年年底完成。当时没有立即交付出版，是考虑到应该在西夏录文下面附上标音，还应该在书后附上一个详细的词语索引，这在当前国际上的同类出版物里是不可或缺的。然而由于其他工作缠身，标音和索引的编制就不得不搁置下来，没想到一直搁置了6年。

为此要特别感谢郭垚垚和张映晖两位博士研究生在紧张的学习之余为所有的西夏字加上了标音，又编制了书后的“汉夏词语对照索引”。她们从事这项繁琐而枯燥的工作时表现出了极大的耐心和细心，令人感动。

20世纪以后陆续出土的西夏文献数以千计，要对每一件文献都做出详细的解读还需要几代人的共同努力。我们这部书只是为读者提供了沧海之一滴，如果能够吸引更多有志于学术研究的朋友走到这条道路上来，那将是我们最大的满足。

聂鸿音　孙伯君

2018年1月13日

后 记

[illegible]

[illegible]

[illegible]